主赐月光永居天园
谨以此书纪念月光十五周年

庞月光先生（1947年11月－2002年11月）回族，出身于教育世家，父亲庞士谦阿訇是我国著名伊斯兰教育家，1937年曾作为"中国法鲁克留埃学生团"团长率学生赴埃及"爱资哈尔大学"留学长达9年，并受聘担任埃及国王法鲁克的东方事务顾问。

庞月光先生是中国语言学会、中国音韵学研究会、中国训诂学研究会、中国书法家协会会员，北京教育学院原中文系主任、教授。主要从事古代汉语、汉字学、古汉语词汇学、《说文》研读、古代文化、中文工具书等的教学与研究。

专业著述愈300万字，主要著作有：《抱朴子外篇全译》《实用古汉语词典》《简明语文词典》《汉字汉语基础》《语法应用通则》《语法》《〈历代名臣言行录〉今译》。

代表性论文有：《〈抱朴子外篇〉注释札记》《论古今字与通假字》《顾炎武"四声一贯"说述评》《先秦汉语介词"于"、"於"、"乎"刍议》《也谈双声叠韵》《关于"谐声"问题》《通假字的构成条件及字例辨析》《〈汉语大词典〉失误管窥》等。

庞月光先生一生专心教育、研究学问，以时不我待的洪荒之力希冀将"文革"的损失夺回。他承袭父亲及前辈教育者的风范，知行合一，教育成果多次受到教育部与教育学院的各种表彰和奖励；书法作品也多次获奖并参与捐赠；同时积极支持并参与各项民族事业与活动。

庞月光先生以锲而不舍的精神匆匆度过了短暂而光辉的一生，终因工作繁忙，积劳成疾，于2002年11月29日突患肝癌不幸辞世。

他将毕生精力都无私地奉献给了祖国的教育事业。

2017年10月6日

抱朴子外篇译注

(晋)葛洪 著

庞月光 译注

学苑出版社

图书在版编目（CIP）数据

抱朴子外篇译注 / 庞月光注译 . — 北京：学苑出版社，2017.11

ISBN 978-7-5077-5370-7

Ⅰ．①抱… Ⅱ．①庞… Ⅲ．①古典哲学－中国－东晋时代②《抱朴子》－译文③《抱朴子》－注释 Ⅳ．① B235.7

中国版本图书馆 CIP 数据核字（2017）第 274636 号

封面题签：李正伟　　封面绘图：李正伟
封面设计：石器时代　　正文制作：李红权

出 版 人：孟　白
责任编辑：洪文雄
印制总监：张　翔
出版发行：学苑出版社
社　　址：北京市丰台区南方庄 2 号院 1 号楼
邮政编码：100079
网　　址：www.book001.com
电子信箱：xueyuanpress@163.com
联系电话：010-67601101（销售部）　67603091（总编室）
印 刷 厂：北京京华虎彩印刷有限公司
开本尺寸：787×1092　1/16
印　　张：37
字　　数：833 千字
版　　次：2018 年 3 月北京第 1 版
印　　次：2018 年 3 月北京第 1 次印刷
定　　价：248.00 元

目 录

纪念庞月光老师 …………………………………… 王　宁 1
友人·媒人·故人（代序）………………………… 李　燕　孙燕华 4

前　言 …………………… 1

卷第一　　　嘉遁 ……………… 1
卷第二　　　逸民 ……………… 33
卷第三　　　勖学 ……………… 60
卷第四　　　崇教 ……………… 77
卷第五　　　君道 ……………… 91
卷第六　　　臣节 ……………… 123
卷第七　　　良规 ……………… 135
卷第八　　　时难 ……………… 146
卷第九　　　官理 ……………… 150
卷第十　　　务正 ……………… 153
卷第十一　　贵贤 ……………… 156
卷第十二　　任能 ……………… 160
卷第十三　　钦士 ……………… 164
卷第十四　　用刑 ……………… 168
卷第十五　　审举 ……………… 194
卷第十六　　交际 ……………… 215
卷第十七　　备阙 ……………… 231
卷第十八　　擢才 ……………… 234
卷第十九　　任命 ……………… 240

卷第二十　　　名实 ……………… 250
卷第二十一　　清鉴 ……………… 262
卷第二十二　　行品 ……………… 272
卷第二十三　　弭讼 ……………… 295
卷第二十四　　酒诫 ……………… 301
卷第二十五　　疾谬 ……………… 317
卷第二十六　　讥惑 ……………… 336
卷第二十七　　刺骄 ……………… 343
卷第二十八　　百里 ……………… 355
卷第二十九　　接疏 ……………… 359
卷第三十　　　钧世 ……………… 361
卷第三十一　　省烦 ……………… 367
卷第三十二　　尚博 ……………… 374
卷第三十三　　汉过 ……………… 384
卷第三十四　　吴失 ……………… 390
卷第三十五　　守塉 ……………… 400
卷第三十六　　安贫 ……………… 407
卷第三十七　　仁明 ……………… 416
卷第三十八　　博喻 ……………… 423
卷第三十九　　广譬 ……………… 464
卷第四十　　　辞义 ……………… 499

卷第四十一	循本 …… 503	卷第四十九	知止 …… 561
卷第四十二	应嘲 …… 505	卷第五十	穷达 …… 570
卷第四十三	喻蔽 …… 510	卷第五十一	重言 …… 574
卷第四十四	百家 …… 516	卷第五十二	自叙 …… 578
卷第四十五	文行 …… 518		
卷第四十六	正郭 …… 521	附录一	葛洪传（《晋书》）…… 602
卷第四十七	弹祢 …… 531	附录二	《抱朴子外篇》佚文 … 604
卷第四十八	诘鲍 …… 536	附录三	葛洪撰述书目表 …… 614

后　记 …… 618
再版后记 …… 李正伟 619

纪念庞月光老师

我和北京教育学院的学术来往始于80年代初，那时我刚借调到文化部，学姐邵幼珍在那里做中文系副主任，约我去担任现代汉语和古代汉语两门课，和那里渐渐熟悉。1982年庞月光老师毕业分配到教育学院，1986年到1989年，他又到北大去听古代汉语研究生的课，教育学院中文系的现代汉语和古代汉语课也就由他来上了。上世纪90年代，我还经常去教育学院作讲座，月光老师当时已经是中文系的副主任，同行之间联系较多，遇到问题就常常交流、讨论，成为很好的学术朋友。

对庞月光老师较深入的了解，是在他1992年到北师大来做高级访问学者的时候。那一年我除了上本科生的古代汉语外，还给硕士生开《左传》讲读，给博士生开《说文》学，他在校工作量不减，但这两门课和学术讨论从没有耽误过。课后他总会留下，把问题记在纸片儿上，来跟我讨论，为此常常耽误吃饭。

1994年，北京市教委提出通过自学考试提高小学教师的学历和水平，请顾明远先生主编一套适合小学教师达到大专水平的教材，其中一本《汉字汉语基础》的编写任务落到我的头上。我考虑到自己对北京市小学老师的教学情况比较生疏，请月光老师来做副主编。在这本教材的编写过程中，我看到他一丝不苟的态度和严谨的治学精神。我们的编写理念非常一致，那就是既要强调科学性和逻辑性，又要考虑到小学语文教学的实用性和小学老师的接受程度。月光老师建议召开北京市区教研员、不同年龄段的小学老师的调研会，他在教育学院工作，有方便条件，组织会议的工作都是他来做的。这就又使我了解到他的业务能力和敬业精神。之后，我和邹晓丽老师主编《汉语应用通则丛书》，邹老师看到他写的《汉字汉语基础》的稿子，力主请他和刘利老师一起撰写《语法应用通则》分册，他多次和我们讨论，非常认真地提出："汉语语法是有现成讲稿的，但要强调'应用'，又必须讲'通则'，与一般的写法有什么不同？"这提醒了我和邹老师，我们为此定出了一个具体要求，他看了要求，把讲课的讲稿改了好几遍。这些都让我们感到他作为一名教师的教育情怀和修养。

1995年，贵州人民出版社要出一套"中国历代名著全译"，要我推荐撰稿人，其他经、子典籍还好找人，一部《抱朴子》，难度较大，这部书分为内外篇，分量也重。我深知《抱朴子》翻译成白话的难度，问月光是否愿意试一试，没想到他很快答应，与贵州人民出版社联系，承担了《外篇》部分，《内篇》是贵州师范大学顾久老师承担的。《抱朴子外篇》难词难句很多，参考的资料又少，月光没有拖延，按时交了稿。我在月光工作期间读过一部分手稿，也和他讨论过一些问题，知道他为了翻译的准确跑过多次图书馆，查阅过许多历史书和工具书。那时他教学和系里的工作都很重，翻译这部书要如何点灯熬油，埋头苦干，花费多少精力，是可以想像的。

这三本书的写作时期，是月光学术发展的黄金期，我很荣幸地见证了他的发展与成就，更见证了他的刻苦与守信。

月光从小习学书法，1976年他还在当工人的时候，作品就两次入选荣宝斋书画作品展。1981年大学毕业前，在大学生书法比赛中获过二等奖。1991年在北京民族文化宫举办个人书法展，请启功先生题写展标，启先生看了他的字，欣然同意了。1993年，他的作品入选全国第五届青年书法篆刻展，并进入首届中国书画博览会，成就已经很高。他编辑了《赵孟頫书法全集》《柳公权书法全集》，写有长篇前言，显示了很高的书法鉴赏品位和眼光。这些年，我在有些场合见到一些"青年书法家"态度狂妄时，便常常想起月光。他有很高的书法艺术造诣，却从不夸口自傲。那时我知道他在教育学院开书法课，给自己的母校和工作过的教育学院题词、写字，也在看他的手稿时欣赏过那一笔纯熟、流畅的钢笔字，曾经问过他如何学习书法，他没有任何夸耀，只是说，是"无意之间喜欢上了"。他的奖项、荣誉，在他生前我只知道启功先生题写展标的那一次个展，很多是在后来从他相濡以沫的妻子李正伟那里知道的。

我常常想，月光的成长并不十分顺利，他当过工人，1977年高考成绩优秀却没能进入重点高校，凭他的水平和成就，在教育学院评教授还遇到很多障碍。他的素质堪称优秀，但在那个年代，他的努力、成就和收获是很不对等的。后来知道了他青年时代成长的道路，对他的了解也就更深一层。他的父亲庞士谦大阿訇是一位回族教育家，严守伊斯兰教清正的教义，刚正不阿，一生爱国敬业，眼界开阔，对改革教育有很多深入的想法。月光生长在这样的家庭，受到良好的家庭教育。他是"文革"前"老高二"的学生，就读于北京31中，也就是1911年建校的崇德中学，那是一所培养过邓稼先、杨振宁、梁思成、关肇直、林同炎和孙道临的名校，奠定了他在智力和志向成长时期的最佳基础。他是77届的大学生，这一代人摆脱了长年的困境，多数勤奋、优秀，身上遗存着 50 年代早期教育赋予的无私和奋进，他们根柢好，求知欲强，吃苦耐劳，学习习惯也极佳，月光是很典型的这一代人。虽然月光的父亲 1957 年蒙冤，在那个时代背着沉重的家庭出身包袱；但正是由于经历曲折，体验过艰苦，却能自尊、自强，珍惜一切学习机会。他的性格里铸进了那个时代的优越，却因英年早逝未能达到顶峰。月光与我有 10 岁之差，在我的教学生涯里，遇到过很多和他年龄相当、与他阅历相仿的学生和朋友，因为受到很多条件的限制，发展的空间不足，心情也难以舒畅。眼看他们英年早逝，理想未酬，心里时常泛起一种哀伤。这不仅是他们自己和家人的遗憾，更是时代的损失。在学术队伍中，因为缺乏这一代人，继承出现断档，又深感那个摧残人才的年代留下的后果实在难以用语言表述。

"览往昔兮俊彦，哀当世兮莫知"，写在月光与正伟书画合展的前夕，以纪念故人，告慰今人，宣知来者。

王　宁
2017 年 10 月 31 日

友人·媒人·故人（代序）

李白有诗云"小时不识月，呼作白玉盘"，当代的人们"小时"不但"识月"，而且知道月上既无宫殿，亦无嫦娥，只有人类骚扰的痕迹，完全没有了幻想的诗意。

然而，浪漫的李白还是为我们留下了极富联想的名句："床前明月光……"在月光下我们仍然可以保持着那份多愁善感的心境，留守着那份温馨甜美的幻想……

友人

我们的朋友庞先生，名月光，多么含蓄而优美的名字。他的为人和形象都配得上这个名字。

出身名门，为月光的人生画出了既定的符号。他的父亲庞士谦大阿訇在伊斯兰教协会是大家尊敬的学者，曾担任过埃及国王的东方事务顾问，是伊斯兰经学院的主要创始人，在学术研究方面颇有建树。父亲是月光的榜样，无论在什么情况下，不辍地学习是青年时期的月光留给我们的最深印象。

月光爱好颇广：读书、习字、唱歌、拉小提琴……干什么都十分认真而努力。唱歌时专心致志，音准第一，且决不能唱错半拍；拉琴时揉弦儿一点儿不含糊，力度和情绪一定到位；读书时绝对要"咬文嚼字"，无论是书上错了，还是自己错了，都要查个明白。练习书法更是每天定时、定点的功课。1976年地震期间，大家都不敢进到楼里，而他却在一楼办公室里气定神闲地在报纸上练着大楷。看他实在投入，我们介绍他结识了书法大家郑诵先老人，拜郑老为师，从此研习章草。现在我们看到的月光的书法皆为当年苦心经营的作品，颇得郑诵先老人的神韵。

在我们的朋友之中有几位致力于学问，甘心坐冷板凳的人：中国人民大学清史研究所的李景屏教授，北京地方志办公室的罗保平先生，还有庞月光先生。

月光生前担任北京教育学院中文系主任，正教授，教学之余编纂了几本非常实用的工具书。他最大的成就即为东晋葛洪的《抱朴子外篇》的译注。《内篇》前人已有注释，《外篇》尚未有注释，因此这项工作既是历史上的第一次，也是月光业绩的浓重一笔。为此，他花费了许多业余时间，搜集各种资料，吸纳各家观点，令人佩服。但遗憾的是，他没有赶上习近平主席号召加强文化自信的新时代，因此有些观点和探究还没能完全展开和诠释，可惜呀！

媒人

虽然北京是个多民族聚集的地域，但是回族和满族仍然是属于"少数"，加之生活习惯的差异，青年男女的婚姻问题并不是太好解决。然而，我们却促成了庞月光和李正伟的美满姻缘。

这还得从李苦禅老人说起。

苦老人缘颇好，认识的朋友隶属于社会各层面。大家都知道他习武，因此有一些武术界的朋友，其中有前辈武师王芗斋先生，大名鼎鼎，因此研习大成拳的王芗斋老人的弟子李见宇先生，因同样是书画界人士，也就成了苦老的朋友。

李见宇先生是回族，二女儿李正伟是师大女附中66届"老初三"的学生。她与庞月光这位"老高二"的，北京三十一中高材生非常般配，于是我俩便成了他们的媒人。安排他俩在我们家见面之后，双方都很满意，尤其是两家都是北京回民之中的名人，又有共同的爱好，这就构成了他们共同交流的基础。我们也替他俩高兴。

媒人有多种类型的，有"三仙姑""刘媒婆"那类的，也有我们这样的"介绍人"，尤其当时"文革"尚未结束，我们也常为自己能在非常时期，在回族有限的范围内，搭桥并促成了这样一对同样喜欢文学与书画的，志同道合的美满姻缘而感到喜悦，从此更增进了与月光及他们这个小家庭的友情。

故人

怀故人是古典诗词中的重要题材，年轻时只是读前人的文章、诗词而感伤，没想到近十多年来，我们也已要经常"怀故人"了，李景屏是一位，庞月光也是其中的一位。

"怀人"有各种情感，而"怀故人"更令人伤情，比如苏轼的《江城子》中的名句"十年生死两茫茫，不思量，自难忘。……"十年尚且如此，十五年又当如何？月光离开我们已经十五年了！如果他能活到2017年，应是70岁，应该还有充沛的精力工作。在这十五年中可以做多少事，出多少书，讲多少课，培养多少学生啊……

  我们的家经常成为"小沙龙"，只要几位志趣相投的朋友一到，话匣子马上打开，一段史实、一段文章、一个象形字的演变、一张名画的点评……争论不已，十分尽兴，那是多么令人怀念的时光啊……直到今日，我们还会觉得庞月光、李景屏会随时推门而入，然而，这一切都成为了幻觉……

尾声

  学苑出版社再版庞月光译注的《抱朴子外篇》，既是对庞月光先生最好的纪念，也是为加强文化自信做出的最得力的工作。作为月光的好友，我们感谢出版社的努力，同时祝贺正伟和女儿庞然的成功！

李　燕　孙燕华

2017 年 10 月 24 日

前　言

一

魏晋时期是我国历史上思想较为活跃的阶段。汉末的农民起义，在摧垮汉王朝的同时，也使人们对董仲舒以来的儒家正统观念产生了深刻的怀疑。于是，众多的士人争相对哲学、政治、伦理、道德、宗教、文学等各方面问题发表自己的见解，出现了一批思想家，造成了这一时期子论兴盛发达的局面。葛洪的《抱朴子外篇》就是东晋初年在他将近四十岁时写就的一部杰出子论①。

葛洪是两晋之交时代的一位重要学者。《晋书·葛洪传》说："洪博闻深洽，江左绝伦，著述篇章，富于班、马。又精辩玄赜，析理入微。"就文献所载其撰述之多、涉猎之广而言②，或仅就《外篇》今存之八万余言所显现的葛稚川的学识而言，《晋书》之评绝非虚誉。但很可惜，葛洪的著作绝大部分已经亡佚，幸存的《抱朴子内外篇》《神仙传》和《肘后备急方》就成了研究葛洪仅有的第一手资料。而历来似乎对于《抱朴子外篇》并未给予应有的重视。其历代无注本行世即其明证。笔者以为原因有四。一是《外篇》中多有抨击时弊、"弹断风俗""取憎在位、招摈于时"之论，矛头所指，非独一代为然。故当时以至后来的统治者避之犹恐不及，当然不会热衷其播扬。二是葛洪同时还是著名的道师、丹鼎道教的创始者，热衷于争权夺位和纵情享乐的东晋统治者更重视的是他那据说可以延年益寿的炼丹术和养生之道。三是《外篇》为葛洪"骋辞章"之作③，"征事数典之处比比皆是"④，加之无注，阅读困难，

---

① 《外篇·自叙》有"至建武中乃定"的话。又，据胡孚琛考证，《外篇》约在公元317年改定，《内篇》直到公元324年还在修改中，而《外篇·自叙》写作最晚，写时葛洪已年近五十。但到公元333年葛洪入罗浮山隐居之前，《抱朴子》全书已传于世。说见《魏晋神仙道教——〈抱朴子内篇〉研究》，人民出版社1989年6月第一版，第109页。
② 可参见本书附录三《葛洪撰述书目表》。
③ 《内篇·黄白》："余若欲以此辈事骋辞章于来世，则余所著《外篇》及杂文二百余卷，足以寄意于后代，不复须此。"
④ 见杨明照《抱朴子外篇校笺·前言》。

妨碍了它的广泛流传。四是自宋代尤袤《遂初堂书目》起，将《外篇》与《内篇》合一，归入道家类，《四库全书》沿袭其误，致《外篇》淹没于道家书中，问津者鲜。

纵观《抱朴子外篇》可知，葛洪在其中对社会、对文学以及其他不少问题颇多"越世高谈"，提出了不少与众说迥异的见解，极能开人耳目、启迪后人，是极有价值的珍贵古籍。

二

葛洪，字稚川，自号抱朴子，丹阳句容（今江苏省句容县）人氏。生于晋武帝太康四年（公元283年），卒于晋哀帝兴宁元年（公元363年），寿得81岁[1]。葛洪在《外篇·自叙》中将自己的远祖依稀上追至葛天氏，也就是《吕氏春秋·古乐》所记"昔葛天氏之乐，三人操牛尾，投足以歌八阕"中的葛天氏，大致是原始社会后期牧猎时代。而可靠的是由葛洪上溯近三百年，在西汉末做荆州刺史的曩祖，他起兵讨伐王莽，失败后遇赦而徙琅玡。其子浦庐承父志，再度起兵佐助刘秀，建有大功，东汉开国，被举为骠骑大将军，封下邳僮县侯。因念弟葛文功高身残而未得封赏，遂让国于弟，渡江南下，家于句容。

葛洪的祖父名叫葛系，三国时效力于吴，学无不涉，名重一时，才任经邦，历担重职，并封寿县侯。葛洪的从祖葛玄，时人称之为"葛仙翁""太极仙翁"，是当时大名鼎鼎的道师，他博览群书，学贯今古，好弹琴，精医术，上师从于左慈学习道家经典，下带数百名弟子。他是葛洪真正的"师爷"。葛洪的父亲葛悌，能文善武，尤重孝友清廉，吴时官至会稽太守，入晋为邵陵太守。

葛洪就是出生在这样一个既有书香又有武气的世代官宦之家。从《外篇·自叙》中可以看出，葛洪是很为自己家族的世系感到骄傲的。

葛洪是葛悌的第三子。葛悌夫妇晚年得子，对他娇宠有加。但紧跟着的却是接踵而至的不幸。首先是剧烈的社会动荡。内有"八王之乱"，皇族为争权夺利而相互攻杀，连年开战，导致数十万生灵涂炭，数百万民众流离失所。外

---

[1] 关于葛洪年寿，据王明先生统考，约有三说。一说八十一，持此论者有《晋书·葛洪传》、吴士鉴等《晋书斠注》、余嘉锡《疑年录稽疑》、唐王松年《仙苑编珠》引马枢《道学传》、元张天雨《玄品录》等。二说六十一，持此论者有刘汝霖《东晋南北朝学术编年》据《太平寰宇记》一百六十引袁彦伯《罗浮记》、侯外庐等《中国思想通史》第三卷、陈国符《道藏源流考》。三说不足六十，仅钱宾四《葛洪年历》持此说。王明先生经多方考证，认为八十一之说可信。

有"五胡乱华",北方的匈奴、鲜卑、羯、氐、羌五族乘中原之乱大举南侵,兵荒马乱,尸横遍野,晋王朝被迫南迁。而这时葛洪的家庭又加上一重灾难,父亲在葛洪13岁时辞世,家道中落。羸弱多病的葛洪不得不在辛苦稼穑之余勤勉求学。艰苦的条件并未使葛洪萎靡不振、得过且过,而是发奋学习,广泛阅读了《孝经》《论语》《诗经》《尚书》《易经》等大量古代典籍。随后又投拜从祖葛玄的昔日弟子郑隐门下。郑隐本是江南名儒,通五经、解音律,以《尚书》《易经》传授弟子。晚年好仙道,尽传葛玄金液神丹秘法,且"不徒明五经、知仙道而已,兼综九宫三棋、推步天文、《河》《洛》谶记,莫不精研"。(《内篇·遐览》)而葛洪对《河图》《洛书》等"一视便止,不得留意",对星书、九宫、三棋等"了不从焉",至老大方才学习风角、望气等,但也只是"粗知其旨,又不精研",(均见《外篇·自叙》)故而郑隐说葛洪"君有甄事之才,可教也。然君所知者虽多而未精,又意在于外学,不能专一,未中以经深涉远耳"。(《内篇·遐览》)虽然如此,郑隐还是因为葛洪的勤奋、有志和广学而在数年熏陶之后将仙丹法及诸要诀悉授葛洪。晋惠帝永宁二年(公元302年),郑隐料到江南战事将起,遂率弟子前往霍山,而葛洪未随行。次年张昌率流民起义,部将石冰攻打扬州,葛洪奉命募兵镇压,以战功得授伏波将军。然葛洪志不在仕途,不久解甲,准备到洛阳访求异书,但遭逢战乱,中途受阻。这时遇到故友嵇含被任命为广州刺史,请葛洪做他的参军。葛洪出于避乱的目的而答应了,先行催兵,嵇含却未及成行而为仇人所杀。于是葛洪羁留广州,共达十余年。期间,南海太守鲍玄对他极赏识。鲍玄本人精于图谶之学,据说能推断未来。他既授葛洪秘籍,又将女儿嫁给他,使葛洪在广州期间得以潜心著述。《抱朴子》即在此期间完成初稿。晋愍帝建兴二年(公元314年),葛洪返回故乡。而此前此后,军门郡衙多次敦请葛洪为官,葛洪皆因不慕荣利、欲成一家之言而不肯应聘。

公元317年,原琅玡王司马睿在建康即位,是为晋元帝,于是进入东晋。因葛洪之资才品行,兼前有军功,辟之为掾,并赐爵关内侯,食句容之邑二百户。约晋成帝咸和二年(公元327年)。司徒王导召补其为州主簿,转司徒掾,迁咨议参军。但葛洪终觉世事沧桑,人生无常,于是再次归隐,修道养性,并率子侄、门徒从事炼丹实验。这期间葛洪的密友,文史学家干宝曾荐葛洪"才堪国史",选为散骑常侍,领大著作,而葛洪坚辞不受。他深信服食丹药可以延年却老、羽化成仙,因而在年届五旬垂老之时,请求到传闻产丹的交趾郡出为勾漏县令。晋成帝以其资高,初未应允,经葛洪说明缘由方才同意。葛洪携子侄同至广州,刺史邓岳执意挽留,欲表举为东官太守。葛洪再一次坚辞,入罗浮山炼丹修道,著书立说,如是三十年而卒。

纵观葛洪一生，可概括出以下几点：

一是自小素性寡欲，无所爱玩；为人木讷，不好荣利；闭门却扫，不善交游。二是虽不乏武略，有治军之才，但主要还是在文才上自视甚高，十五六岁时的诗赋等作品即自谓可行于后世，二十余岁就立下了创作一部子书、立一家之言的志向，一生勤奋，著述宏富。三是不慕仕途，多次放弃为官的机会，而一心归隐。四是思想上先儒而后道。葛洪的思想前期以儒家思想为主，同时也杂有部分道家、法家的思想，《外篇》就是前期思想的集中体现。后期在不放弃儒家的前提下又归入道家，而以道为内，以儒为外。《内篇·塞难》就提到："道者，万殊之源也；儒者，大淳之流也。"《内篇·明本》也说："道者，儒之本也；儒者，道之末也。"

三

《抱朴子》的内篇与外篇原是两部书。《内篇·序》说它们是"各起次第"的，《内篇·黄白》明言《外篇》早于《内篇》。《外篇·自叙》说："凡著《内篇》二十卷，《外篇》五十卷，……其《内篇》言神仙方药鬼怪变化养生禳邪却祸之事，属道家。其《外篇》言人间得失，世事臧否，属儒家。"正由于两书的性质不同，《隋书·经籍志》以下的目录书几乎都是分别著录的。前已言及，宋代尤袤《遂初堂书目》始将二书合一归入道家类。《四库全书总目提要》并称《外篇》"亦以黄、老为宗"，显然是不妥当的。

《外篇》52卷，涉及的内容是多方面的，其中显示出的作者的基本态度是"不忍违情曲笔，错滥真伪"，不惧怕"取憎在位，招摈于时"，从而以苦言直辞"弹断风俗"。这种不畏强御的精神与当时大量的"虚美隐恶"、粉饰现实之作有天壤之别。《酒诫》《疾谬》《讥惑》《刺骄》等篇对社会现实各种弊病的抨击是直言不讳、不遗余力的，就是《汉过》《吴失》两篇，用意也还是在托古讽今[①]，正如鲁迅先生所说是"论及晋末社会状态"[②]。今择其要者综述《外篇》的内容及成就。

1. 葛洪的政治观

葛洪的政治观中主要包括三个方面，一是反对豪族垄断仕途，二是主张严

[①] 陈澧于《崇教》"汉之末世，吴之晚年"等句处批曰："不敢言晋朝，托之汉、吴耳。"又于《汉过》篇首批曰："此篇指斥当时之事，托言汉末耳。"王国维于《吴失》篇末批曰："《汉过》《吴失》二篇，皆为晋而作。"
[②] 见孙伏园《鲁迅先生开列的中国文学入门书十二部》中《抱朴子外篇批语》。

刑峻法以治国，三是出于对封建纲常的维护而对无君论进行的批判。而这些政治主张的目的在于创造一个清明的政治局面。

葛洪对当时官吏选拔制度的批评在《外篇》中多处可见：

> 孤贫而精六艺者，以游、夏之资，而抑顿乎九泉[渊]之下；因风而附凤翼者，以驽庸之质，犹回邅乎霞[云]霄之表。舍本逐末者，谓之勤修庶几；拥经求己者，谓之陆沈迂阔。于是莫不蒙尘触雨，戴霜履冰，怀黄握白，提清挈肥，以赴邪径之近易，规朝种而暮获矣。（《勖学》）

> 若夫王孙公子，优游贵乐，婆娑绮纨之间，不知稼穑之艰难，目倦于玄黄，耳疲乎郑卫，鼻餍乎兰麝，口爽于膏粱；冬沓貂狐之缊（温）丽，夏缜纱縠之翩飘；出驱庆封之轻轩，入宴华房之粲蔚；饰朱翠于楹梲，积无已于篚匦；陈妖冶以娱心，涵醴醁以沈醉；行为会饮之魁，坐为博奕（弈）之帅；省文章既不晓，睹学士如草芥；口笔乏乎典据，牵引错于事类；剧谈则方战而已屈，临疑则未老而憔悴。虽叔（菽）麦之能辨（辨），亦奚别乎瞽聩哉！（《崇教》）

> 秉维之佐，牧民之吏，非母后之亲，则阿谄之人也。……或有不开律令之篇卷，而窃大理之位；不识几案之所置，而处机要之职；不知《五经》之名目，而飨儒官之禄；不闲尺纸之寒暑，而坐著作之地；笔不狂简，而受驳议之荣；低眉垂翼，而充奏劾之选；不辨人物之精粗，而委以品藻之政；不知三才之军势，而轩昂节盖之下；屡为奔北之辱将，而不失前锋之显号；不别菽麦之同异，而悉叨顾问之近任。……绁豸狗而责卢、鹊之效，缨鸡、鹜而崇鹰扬之功，其不可用，亦较然矣。（《吴失》）

> 或有德薄位高，器盈志溢，闻财利则惊掉，见奇士则坐睡。龚缕杖策，被褐负笈者，虽文艳相、雄，学优融、玄，同之埃芥，不加接引。若夫程郑、王孙、罗裒之徒，乘肥衣轻，怀金挟玉者，虽笔不集札，菽麦不辨，为之倒屣，吐食握发。（《交际》）

> 亦有出自卑碎，由微而著，徒以翕肩敛迹，偓伊侧立，低眉屈膝，奉附权豪，因缘运会，超越不次。毛成翼长，蝉蜕泉壤，便自轩昂，目不步足，器满意得，视人犹芥。或曲晏（宴）密集，管弦嘈杂（嘈），后宾填门，不复接引；或于同造之中，偏有所见，复未必全得也。直以求之差勤，以数接其情，苞苴继到，壶榼不旷者耳。（《刺骄》）

当时的官吏选拔制度是"九品中正制"，虽然也标榜以才能分品，实际上却是首重门第。世胄公子、权贵之亲，倚仗家族的权势，虽不学无术，甚或酒囊饭袋，照样平流进取，坐至公卿，不胜其任但占据着显赫的位置。由此而导致阿谀逢迎、溜须拍马、结党营私、卖官鬻爵、唯财是视的世风。人们追求的不是道德学问，而是想方设法攀附权贵来升官发财。所以社会上大行其道的是吃喝玩乐、声色犬马、荒淫腐化。猥琐小人飞黄腾达，而真正的俊杰之士却被委弃，遭压抑。始于汉代的察举制虽然在当时名义上还在施行，但早已变了味。作者引俗谚讥讽说："举秀才，不知书；察孝廉，父别居。寒素清白浊如泥，高第良将怯如鸡。""古人欲达勤诵经，今世图官免（勉）治生。"（《审举》）甚至于说："余徒恨不在其位，有斧无柯，无以为国家流秽浊于四裔，投畀于有北。"（《交际》）其深恶痛绝溢于言表。葛洪反对门阀世族垄断仕途，要求选贤任能的思想在很多篇章都有论述，尽管葛洪很自矜于自己的家世，但葛氏一族远非豪门，即便葛洪不避仕途，恐怕充其量不过充当他人僚属或一般地方官。而葛洪所关注的世事都有关国家大政与世风，与其在仕途上可能获得的地位反差甚大。由此看来，葛洪的不慕仕宦、不交权贵、赞扬遁世，固然不乏自认为的"才非政事、器乏治民"，又有著成子书传于后世的理想，加上全身远祸的想法，以及对隐逸山林炼丹求长寿的真心热爱，但《外篇》中表现出的对当时社会的不满与无奈，不能不说是其中的重要因素。

葛洪对豪族独霸仕途的挞伐是切中时弊的。

葛洪政治主张的另一主要内容是对严刑峻法的提倡。他对道家的"无为而治"不感兴趣，认为"我清静而民自正，我无欲而民自朴"（《用刑》）是不切实际的幻想。他说：

> 世人薄申韩之实事，嘉老、庄之诞谈。然而为政莫能错刑。杀人者原其死，伤人者赦其罪，所谓土桦瓦戟，无救朝饥者也。道家之言，高则高矣，用之则弊。（《用刑》）

认为根本是行不通的。他还从孟子的"徒善不足为政"（《孟子·离娄上》）出发，反对"纯仁"的"德教"：

> 莫不贵仁，而无能纯仁以致治也；莫不贱刑，而无能废刑以整民也。……夫德教者，黼黻之祭服也；刑罚者，捍刃之甲胄也。若德教治狡暴，犹以黼黻御剌锋也。（《用刑》）

原因则在于"黎庶巧伪，趋利忘义，若不齐之以威，纠之以刑，远羡义、农之风，则乱不可振，其祸深大"。葛洪认为，刑罚如同水火，"所以活人，亦所以杀人，存乎能用之与不能用。夫症瘕不除，而不修越人之术者，难图老彭之寿也；奸党实繁，而不严弹违之制者，未见其长世之福也。"（并见《用刑》）这显然是受到法家思想的影响。

葛洪把封建社会的君臣关系看作天经地义的，而且是永恒的，因而特别强调"君道"和"臣节"。不但各有专篇论说之，甚至于说"君臣之道，次于天地"（《应嘲》），足见他对君臣之道的重视。那么，他在《诘鲍》一篇中对鲍敬言无君论的批驳也就在情理之中了。鲍敬言认为，君主制并非与人类俱在，而是在人们当中产生了强弱、愚智的分化后才产生的，它违背自然和人性，带给人民的是无尽的苦难，是天下不太平的根源，因而，社会应该回到"无君无臣"的原始荒蛮时代去。鲍敬言其人史无可考，但其主张却并非空穴来风。曹魏时代玄学代表人物阮籍、嵇康一派从崇尚自然，进而否定"名教"，到鲍敬言则发展为无君论。其说在揭露君主制是一种人压迫人的社会制度这一点上是尖锐而深刻的，但他的倒退到原始社会去的主张却是死路一条。而葛洪正是抓住这一点来批判无君论的。

葛洪首先采用《易传》所用的无类比附的方法论证道：

> 盖闻冲昧既辟，降浊升清，穹隆仰煮，旁泊俯停。乾坤定位，上下以形。远取诸物，则天尊地卑，以著人伦之体；近取诸身，则元首股肱，以表君臣之序。降杀之轨，有自来矣。

并由此得出"人君后宫三千"是"圣人所制"，"其德与天地合"的荒谬结论。这种辩白当然是站不住脚的，但也暴露了封建道德的本质。

不过，葛洪在"诘鲍"过程中对鲍敬言美化原始社会的批判是符合历史发展趋势的。他认为："庇体广厦、粳粱嘉旨"并设官分职的文明社会，比茹毛饮血而无阶级无尊卑的原始社会好。而"设官分职"则必然产生君主。虽然葛洪是从"贼杀并兼"是人类本性和君主、国家是人们争斗的公正仲裁者这两个错误的前提来进行论证的，而且目的是维护君主制，但他对君主、国家是历史必然产物的猜测是正确的。联系葛洪的"今胜于古"的文学观，可以看出，葛洪实际上具有发展前进的历史观。

2. 葛洪的文学观

文论是《外篇》的又一重要内容。《外篇》中涉及文学问题的有《钧世》《尚博》《辞义》《文行》《百家》《应嘲》等篇。

葛洪的个人风格是不喜浮华、崇尚质朴，不但挞伐贵游的奢靡，甚至对流行服饰的"屡改"亦颇有微词。这种思想追求表现在文学问题上，则必然的是对"饰弄华藻""皮肤鲜泽"的欺世诳俗之作的反对。

> 古诗刺过失，故有益而贵；今诗纯虚誉，故有损而贱也。（《辞义》）
> 属笔之家，亦各有病……其浅者则患乎妍而无据，证援不给，皮肤鲜泽，而骨髓迥弱也。繁华晔晔，则并七曜以高丽；沈微沦妙，则侪玄渊之无测。（《辞义》）
> 而著书者，徒饰弄华藻，张磔迂阔，属难验无益之辞，治靡丽虚言之美……适足示巧表奇以诳俗。何异画仓敖以救饥，仰天汉以解渴。（《应嘲》）

葛洪文学观的更重要的方面是后世胜于前代。

> 守株之徒，喽喽所玩，有耳无目，何肯谓尔！其于古人所作为神，今世所著为浅，贵远贱近，有自来矣。……是以古书虽质朴，而俗儒谓之坠于天也；今文虽金玉，而常人同之于瓦砾也。（《钧世》）
> 又世俗率神贵古昔，而黩贱同时。虽有追风之骏，犹谓之不及造父之所御也；……虽有益世之书，犹谓之不及前代之遗文也。是以仲尼不见重于当时，《太玄》见蚩薄于比肩也。俗士多云"今山不及古山之高，今海不及古海之广，今日不及古日之热，今月不及古月之朗"，何肯许今之才士不减古之枯骨？重所闻，轻所见，非一世之所患矣。（《尚博》）

他还列举了具体的作品来证明这一点：

> 且夫《尚书》者，政事之集也，然未若近代之优文、诏策、军书、奏议之清富赡丽也；《毛诗》者，华彩之辞也，然不及《上林》《二京》《三都》之汪濊博富也。
> 若夫俱论宫室，而奚斯"路寝"之颂，何如王生之赋灵光乎！同说游猎，而《叔田》《卢铃》之诗，何如相如之言上林乎！并美祭祀，而《清庙》《云汉》之辞，何如郭氏《南郊》之艳乎！等称征伐，而《出军（车）》《六月》之作，何如陈琳《武军》之壮乎！（并见《钧世》）

葛洪还探究了其中的原因：

> 且夫古者事事醇素，今则莫不彫饰。时移世改，理自然也。至于蜀锦丽而且坚，未可谓之减于蓑衣；辎軿妍而又牢，未可谓之不及椎车也。
>
> 若舟车之代步涉，文墨之改结绳，诸后作而兼于前事，其功业相次千万者，不可复缕举也。（并见《钧世》）

贵古贱今，这是自孔子至思孟学派的儒家传统观念。汉代王充曾经对此进行过批判，葛洪则承继王充，进一步批驳这种无视时代前进、事物演变的观点，表现出一种大胆反传统、反盲目崇古的精神，因而是有积极意义的。而且其中还透露出他对文学由简而繁、由质朴而华丽的发展趋势有所认识，表现了葛洪社会发展的历史观，这些都是难能可贵的。但他在这里放弃了反对形式主义的主张，仅以篇章的繁简、辞句的华美与否作为评判作品的标准，则显然是偏颇的，无形中为当时已很盛行的形式主义文学制造了理论根据。正是从这种错误的观点出发，他认为汉代的《二京》《羽猎》等赋作超过了《诗经》，无保留地称赞它们是"汪濊博富""万家无也"（《外篇》佚文，见《太平御览》卷六〇二），说二陆的作品"辞富""理约"，为"一代之绝"（同上，卷五九九），甚至认为潘岳、夏侯湛的悼亡诗是《诗经》"未有足以偶"之的。这很可能是葛洪为强调今胜于古而在论述上出现了矫枉过正，但也表明他在这个问题上还没有形成一以贯之的稳定的看法。

葛洪的反传统精神在很大程度上是受王充的启发。他特别推崇王充："余雅谓王仲任作《论衡》八十余篇，为冠伦大才。"不但说王充"学博才大"，而且为《论衡》篇幅巨大辩白："言少则至理不备，辞寡即庶事不畅，是以必须篇累卷积，而纲领举也。"（并见《喻蔽》）

同样是受王充的影响，葛洪的文学观念的范围比较宽泛。他重视学术著作，故其文论也主要是指学术文而言。《自叙》篇说："洪年十五六岁时，所作诗、赋、杂文，当时自谓可行于代，至于弱冠，更详省之，殊多不称意。""洪年二十余，乃计作细碎小文妨弃功日，未若立一家之言，乃草创子书。"表现出思想家对文学作品的轻视。

除"今胜于古"的观点之外，葛洪的文论思想中还包括"文德并重"的内容。重德而轻文也属于儒家的传统观念。孔子就曾说过："有德者必有言，有言者不必有德。"（《论语·宪问》）"行有余力，则以学文。"（《论语·学而》）"德行"在孔门设教的四科之中是居于首位的。葛洪却不这样认为，他说：

> 荃可以弃，而鱼未获则不得无荃；文可以废，而道未行则不得无

文。……且文章之与德行,犹十尺之与一丈,谓之余事,未之前闻。……且夫本不必皆珍,末不必悉薄,譬若锦绣之因素地,珠玉之居蚌石,云雨在于肤寸,江河始于咫尺尔。则文章虽为德行之弟,未可呼为余事也。

德行为有事,优劣易见;文章微妙,其体难识。夫易见者粗也,难识者精也。夫惟粗也,故铨衡有定焉;夫惟精也,故品藻难一焉。(并见《尚博》)

葛洪对司马迁的评论以及对子书的高度评价也反映出他的不为儒家思想所局限的特点:

班固以史迁先黄老而后六经,谓迁为谬。夫迁之洽闻,旁综幽隐,沙汰事物之臧否,核实古人之邪正。其评论也,实原本于自然;其褒贬也,皆准的乎至理。不虚美,不隐恶,不雷同以偶俗。刘向命世通人,谓为实录,而班固之论,未可据也。(《明本》)

正经为道义之渊海,子书为增深之川流。(《尚博》)

先民……不以璞不生板桐之岭,而捐曜夜之宝;不以书不出周、孔之门,而废助教之言。犹彼操水者,器虽异而救火同焉;譬若针灸者,术虽殊而攻疾均焉。(《百家》)

葛洪主张对古今的作品都要进行全面、公允而客观的评价,不能听凭主观的好恶。比如在《钧世》篇中提出"古书者虽多,未必尽美",学习者应当把它当作"山渊","采伐渔猎其中"。在《辞义》篇中说:"五味舛而并甘,众色乖而皆丽。近人之情,爱同憎异,贵乎合己,贱于殊涂。夫文章之体,尤难详审,苟以入耳为佳,适心为快,鲜知忘味之《九成》,《雅》《颂》之风流也。"他还认为由于作者有诸多方面的差异,会导致作品的不同特点:

夫才有清浊,思有修短,虽并属文,参差万品。或浩瀁而不渊潭,或得事情而辞钝,违物理而言工,盖偏长之一致,非兼通之才也。(《辞义》)

这和曹丕在《典论·论文》中的"气之清浊有体,不可力强而致"的看法是颇为一致的。

3. 葛洪的养性处世观

葛洪主张对人的各种欲望,大至名望利禄,小至吃饭穿衣,应当清心寡欲，不去贪求；人应当做的是修养自身，"藏器""蓄德"，在时机得当时也不妨建功立业。

> 凡所谓志人者，不必在乎禄位，不必须乎勋伐也。太上无己，其次无名，能振翼以绝群，骋迹以绝轨，为常人所不能为，割近才所不能割。（《逸民》）
> 目之所好，不可从也；耳之所乐，不可顺也；鼻之所喜，不可任也；口之所尝，不可随也；心之所欲，不可恣也。……是以智者严隰括于性理，不肆神以逐物，检之以恬愉，增之以长算。其抑情也，剧乎堤防之备决；其御性也，过乎腐辔之乘奔。故能内保永年，外免衅累也。（《酒诫》）
> 盖君子藏器以有待也，蓄德以有为也。非其时不见也，非其君不事也，穷达任所值，出处无所系。其静也，则为逸民之宗；其动也，则为元凯之表。或运思于立言，或铭勋乎国器。殊途同归，其致一也。（《任命》）

为此，葛洪提出了守堉、安贫、知止、仁明等方面的要求。如："祸莫大于无足，福莫厚乎知止。"（《知止》）"耻诡遇以干禄，羞衔沾以要荣。"应该"专锐思乎六经"（《安贫》）。使"侈糜之门闭"，以建立"道德之功"。

其中应特别提到的是他的颇见新意的"仁明"说。其中"仁"是指爱、不忍之心及由此引申而来的行为准则；而"明"是辨别是非、预测未来等聪明才智。而在二者之中，葛洪认为"明"更为重要：

> 夫料盛衰于未兆，探机事于无形，指倚伏于理外，距浸润于根生者，明之功也。垂恻隐于昆虫，虽见犯而不校，睹觳觫而改牲，避行苇而不蹈者，仁之事也。尔则明者才也，仁者行也。杀身成仁之行可力为，而至鉴玄测幽之明难妄假。精粗之分，居然殊矣。（《仁明》）

他高度评价"明"的作用：

> 炽潜景以易咀生，结栋宇以免巢穴，选禾稼以代毒烈，制衣裳以代裸饰，后[役]舟楫以济不通，服牛马以息负步，序等威以镇祸乱，造器械以戒不虞，创书契以治百官，制礼律以肃风教，皆大明之所为，非偏人之所能辨也。（《仁明》）

葛洪把人类从野蛮到文明的发展过程，同人类智慧——也就是"明"——的发展过程联系了起来，充分肯定"明"的作用。而且认为"有仁无明"不仅无益，而且是非常危险的："心不违仁而明不经国，危亡之祸，无以杜遏。"（《仁明》）所以在遇到"仁"与"明"矛盾时，应毫不犹豫地"舍仁用明"，因为"仁可时废，而明不可无也"。这种把"明"置于"仁"之上的观点，显然有别于儒家的传统观念。葛洪在这里把二者及其关系作为道德问题提出来，实际上却是和当时玄学中视开发民智为罪恶之源的蒙昧主义作斗争。

4. 葛洪的时俗观

葛洪在《交际》《酒诫》《疾谬》《讥惑》《刺骄》等篇中对当时"风颓教沮"的社会习俗进行了激烈抨击。他指出，一系列坏风气的根源是"元康名士"所鼓吹的"放达"。这些人"诬引老、庄"（《疾谬》），"无戴、阮之自然，而效其倨慢"，"亦是丑女暗于自量之类也"（《刺骄》）。他们或狂诞轻薄，或荒淫颓废，或全无廉耻，或趋炎附势。他们"或乱项科头，或裸袒蹲夷，或濯脚于稠众，或溲便于人前"（《刺骄》），甚至"狐蹲牛饮，争食竞割"，"入他堂室，观人妇女，指玷修短，评论美丑"，"其或妾媵藏避不及，至搜索隐僻，就而引曳"，同时又"举足不离绮襦纨袴之侧，游乐不去势利酒客之门"（《疾谬》），"星言宵征，守其门庭，翕然谄笑，卑辞悦色，提壶执贽，时行素媚，勤苦积久，犹见嫌拒，乃行因托长者以构合之。其见受也，则踊悦过于幽系之遇赦；其不合也，则懊悴剧于丧病之逮己也"（《交际》）。这些人一旦"因缘运会，超越不次，毛成翼长，蝉蜕泉壤，便自轩昂，目不步足，器满意得，视人犹芥"（《刺骄》）。实际他们"胸中无一纸之诵，所识不过酒炙之事"，"终日无及义之言，彻夜无箴规之益"。

疗救的办法就是"崇教"。所谓"崇教"，就是加强对"王孙公子"的儒家伦理、纲常、道德教育。因为这些"贵游子弟"对社会的风俗具有导向的作用，但他们"生乎深宫之中，长乎妇人之手，忧惧之劳，未常（尝）经心。或未免于襁褓之中，而加青紫之官；才胜衣冠，而居清显之位"。如果他们"目倦于玄黄，耳疲乎郑卫，鼻餍乎兰麝，口爽于膏粱"，"陈妖冶以娱心，涵醽醁以沈醉"，则必然"触情纵欲"而沦为"非人"，在"交构之变，千端万绪"的复杂的社会情况面前，必不能辨"邪正之真伪"。所以必须"选明师以象成之，择良友以渐染之；督之以博览，示之以成败"；"朝夕讲忠孝之志道，正色证存亡之轨迹，以洗濯垢涅，闲邪矫枉，宜必抑情，遵宪法，入德训者矣"（并见《崇教》）。

由此可见，葛洪在强调严刑峻法的同时，也重视德教的作用。只不过前者是为"整民"，而后者则用于"宗室公族及贵门富年"。

总而言之，《抱朴子·外篇》集中体现了葛洪前期的思想。其中对东汉末年以来世道陵夷、风俗颓败的揭露批评是生动而深刻的，对世家大族垄断官场仕途的挞伐是切中时弊的。他对无君论的批判及在文论中表现的贵今思想是符合历史进化观的。他的仁明之辩与当时的蒙昧主义针锋相对，具有积极的意义。他的严刑峻法及崇教等主张对于恢复儒家伦理道德的权威和整顿混乱的社会秩序都有着重大影响。葛洪作为有自己的社会抱负和人生理想的思想家，他在《外篇》中的理论振聋发聩、惊世骇俗；同时体现出反传统的精神和鼓吹的勇气。这些足以在中国思想史上写下光辉的一页。

无论如何，江苏句容茅山上的抱朴峰、句容县境的葛村、杭州的葛岭，以及广东罗浮山上的葛洪炼丹遗址等，都永远地记载了葛洪的名字与业绩，记下了后人对他的崇高评价和怀念之情。

四

《抱朴子》一书初稿的写作，约在葛洪初次客居广州（公元306年）到他封关内侯（公元318年）之间这一段时间。《外篇·自叙》："洪年二十余，乃计作细碎小文妨弃功日，未若立一家之言，乃草创子书。会遇兵乱，流离播越，有所亡佚，连在道路，不复投笔十余年，至建武中乃定。"考建武仅二年，即公元317年、318年。这样看来，上述估计是比较可靠的。《内篇·黄白》："余若以此辈骋辞章于来世，则余所著《外篇》及杂文二百余卷，足以寄意于后代，不复须此。"这又证明《外篇》成稿在《内篇》之前[①]。

《晋书·葛洪传》转引《内篇·序》："故余所著子，言黄白之事，名曰《内篇》；其余驳难通释，名曰《外篇》。大凡内外一百一十六篇。"按：《隋书·经籍志》著录《内篇》21卷，归道家；《外篇》30卷，归杂家。《新唐书·艺文志》著录《内篇》10卷，归道家；《外篇》20卷，归杂家。《抱朴子》在二志书中类别归属相同而卷数大有歧异。又按：现行本《内篇》存20篇，《外篇》存52篇，较116篇之数尚欠44篇。清代严可均《铁桥漫稿》卷六《代继莲龛为抱朴子叙》中认为："今本仅《内篇》之十五六，《外篇》之

[①] 《外篇·自叙》有"至建武中乃定"的话。又，据胡孚琛考证，《外篇》约在公元317年改定，《内篇》直到公元324年还在修改中，而《外篇·自叙》写作最晚，写时葛洪已年近五十。但到公元333年葛洪入罗浮山隐居之前，《抱朴子》全书已传于世。说见《魏晋神仙道教——〈抱朴子内篇〉研究》，人民出版社1989年6月第一版，第109页。

十三四耳。"也就是认为《抱朴子》亡佚过半。严氏曾代继昌从多种类书中辑得《内篇》佚文52条，《外篇》佚文93条。

《外篇·自叙》中清楚地交代了葛洪《外篇》的写作目的："念精治五经，著一部子书，令后世知其为文儒而已。"

现将《抱朴子外篇》的重要版本列举如次：明正统《道藏》本，明嘉靖鲁藩承训书院刊本，明万历吉藩崇德书院刊《二十家子书》本，旧写本，明万历吴兴慎懋官慎岑楼刊本，卢舜治本，清乾隆《四库全书》文溯阁抄本，清嘉庆兰陵孙氏刊《平津馆丛书》本，清光绪湖北崇文书局刊《子书百家》本，民国八年上海扫叶山房《百子全书》本。1935年上海世界书局《诸子集成》收《抱朴子》于卷八，所据为《平津馆丛书》本，并有孙星衍"校正"。重要的批校者有：明徐济忠，清顾广圻、陈澧，近代王国维、陈汉章。清继昌①、陈昌荣的《抱朴子外篇校勘记》现收在《诸子集成》卷八《抱朴子外篇》之后。另外，孙诒让《札迻》、俞樾《曲园杂纂》、孙人和《抱朴子校补》中都有若干有关《抱朴子外篇》的校札。《文史》第二十三辑、二十四辑连载的杨明照先生的《〈抱朴子外篇〉校证》是目前最为精到的校勘。

《抱朴子外篇》一向没有注本行世。四川杨明照先生历时半个世纪完成的《抱朴子外篇校笺》（1991年12月第1版，至目前仅出版上册），收入中华书局《新编诸子集成》（第一辑），是目前最完善的《外篇》校勘注释本，大有功于学林。其《前言》中说到："'博闻深洽'的葛洪，在《外篇》里使用了大量的典故，要为之作注，的确不怎么容易；流传了一千六百余年的古籍，要举正其错讹衍脱，也同样不容易。""从事《抱朴子外篇》的校和笺，难度比已校注过的《文心雕龙》《刘子》两书都大。曾有避难就易，另换一书（拟换徐幹《中论》或《颜氏家训》）打算。"但最终仍是"贾勇为之，驽马十驾，幸底于成"。我们在感念其凿破鸿蒙、创通阃奥的巨大贡献的同时，也应学习这种锲而不舍的治学精神。

本译注原文以中华书局1959年版"改正"本《诸子集成》本为底本，前25卷基本依照杨明照先生《抱朴子外篇校笺》（上）；后27卷校勘的最主要依据是杨明照先生《〈抱朴子外篇〉校证》，参校明正统《道藏》本、《百子全书》本，参考孙星衍"校正"和继昌、陈其荣的《抱朴子外篇校勘记》。依照古籍整理惯例和本丛书的要求，原文疑有讹误处一律不予改动，只在注释中以校记说明。但译文只能依照改正后的意思来作，故凡出现译文与原文不相对应的情况，请注意校记。《诸子集成》仅有老式断句标点，笔者以为所断不妥处

---

① 据清严可均《铁桥漫稿》卷六《代继莲龛叙抱朴子校勘记》可知，所谓继昌《抱朴子外篇校勘记》实际上是严可均所作。

较多,为节省篇幅,凡属断句标点与《诸子集成》本不同者未作逐一说明。

注释中一个重要的指导思想是努力为葛洪在《外篇》行文使用的大量事典、语典追本溯源,以便使人们对葛洪其人的学识和思想脉络有一个更完整和深入的了解。无奈为学识所限,难以完成此初衷,恳请见谅。

庞月光

1996年5月31日

卷第一　嘉　遁①

①嘉遁：出《易·遁》："九五；嘉遯，贞吉。"孔颖达《正义》："嘉，美也。"陆德明《经典释文》："遯，隐退也。"庞按：遁、遯为异体字。嘉遁谓合乎正道、合于时宜的退隐。《三国志·管宁传》："在乾之姤，匿景藏光，嘉遁养浩，韬韫儒墨，潜化傍流，畅于殊俗。"陈澧批语："抱朴之隐遁，所以避害。故此篇首述其旨。"

题　解

虽然《抱朴子·外篇》的整体内容是"言人间得失，世事臧否，属儒家"，但以"嘉遁"首篇，却说明外篇中也渗透着不少道家的遁世思想，这一点和内篇是相通的。

本篇假托怀冰先生与赴势公子以为主客辩难，对其主张合道地隐遁予以申明。

怀冰先生是一位"含琳琅而不吐"，"茹八石之精英"，"万物不能搅其和，四海不足汩其神"的隐者。赴势公子认为怀冰先生有本领应造福于社会，否则是"太平遗冠世之才"，"圣朝乏乎元凯之用"，于其本人也"存有关机之累，没无金石之声"。怀冰先生回答的中心是"至人无为"，全身远祸。主观上是"贵不以爵，富不以财"，追求"优游以自得"，而不愿"苦形于外物"；而客观上，整个社会环境并不利于真正的人才发挥能力，俊才入世相当于"寸胶不能治黄河之浊，尺水不能却萧丘之热"。他还认为，"切磋后生，弘道养正"与"立朝""即戎"是"殊途一致"的。最终以赴势公子叹服并愿执弟子礼作结。

这里直接表达的是隐遁不仕，希求以著述传世的人生态度，但也间接透露出对当时社会的某种不满。

【原文】

抱朴子曰："有怀冰先生者，薄周流之栖遑①，悲吐握之良苦②。让膏壤于陆海③，爰躬耕乎斥卤④。秘六奇以括囊⑤，含琳琅而不吐⑥。谧清音则莫之或闻⑦，掩辉藻则世不得睹。背朝华于朱门⑧，保恬寂乎蓬户⑨。绝轨躅于金、张之间⑩，养浩然于幽人之作⑪。谓荣显为不幸，以玉帛为草土⑫。抗灵规于云表⑬，独违今而遂古。庇峻岫之巍峨，藉翠兰之芳茵。漱流霞之澄液，茹八石之精英⑭。思眇眇焉若居乎虹霓之端⑮，意飘飘焉若在乎倒景之邻⑯。万物不能挠其和，四海不足汨其神。

【注释】

①周流：犹言周游。《吕氏春秋·遇合》："孔子周流海内，再干世主，如齐至卫，所见八十余君。"栖遑：忙碌不安，奔忙不定。陆机《演连珠》："是以利尽万物，不能睿童昏之心；德表生民，不能救栖遑之辱。"

②吐握：吐哺握发之省称。《韩诗外传·三》："成王封伯禽于鲁，周公诫之曰：'往矣，子无以鲁国骄士。吾文王之子，武王之弟，成王之叔父也。又相天子，吾于天下亦不轻矣，然一沐三握发，一饭三吐哺，犹恐失天下之士。'"言一次洗发中多次将头发握干，一顿饭多次吐出食物以急忙接待士人。后遂以之形容求才若渴，礼贤下士。汉王褒《圣主得贤臣颂》："昔周公躬吐握之劳，故有圄空之隆。"

③膏壤：肥沃的土地。《史记·货殖列传》："关中自汧（qiān）、雍以东至河、华，膏壤沃野千里。"陆海：物产富饶之地。《汉书·地理志下》："（秦地）有鄠杜竹林，南山檀柘，号称陆海，为九州膏腴。"颜师古注："言其地高陆而饶物产，如海之无所不出，故云陆海。"

④爰：句首语气词。斥卤：盐碱地。《说文·卤部》："卤，西方碱地也。……东方谓之㡿，西方谓之卤。"庞按：㡿、斥为古今字。

⑤六奇：本谓陈平事刘邦先后所献六条奇计。《史记·陈丞相世家》："凡六出奇计，辄益邑，凡六益封。奇计或颇秘，世莫得闻也。"后以指出奇制胜的谋略。括囊：出《易·坤》："六四：括囊，无咎无誉。象曰：'括囊无咎'，慎不害也。"孔颖达《正义》："括，结也。囊，所以贮物，以譬心藏知也。闭其知而不用，故曰括囊。"以结扎袋口喻缄口不言。

⑥琳琅：出《书·禹贡》："厥贡惟球、琳、琅、玕。"《楚辞·九歌·东皇太一》："抚长剑兮玉珥，璆锵鸣兮琳琅。"王逸注："璆、琳、琅皆美玉名也。"此比喻美妙的文辞。后皆仿此。

⑦谧：无声，此谓不言。清音：以清越之音喻高妙的言论。

⑧朝华：早晨的花朵。喻年轻而有才气。《文选·班固〈答宾戏〉》："朝为荣华，夕而憔悴。"

⑨蓬户：编蓬草而为门。《礼记·儒行》："蓬户瓮牖。"孔颖达《正义》："蓬户，谓编蓬为户，又以蓬塞门，谓之蓬户。"指穷人的陋室。

⑩轨躅（zhuó）：即轨迹。躅谓足迹。《汉书·叙传上》："伏周孔之轨躅。"颜师古注

引郑氏曰："蹢,迹也。三辅谓牛蹄处为蹢。"金、张:指金日䃅(mī)䃅(dī)、张安世。金日䃅本匈奴休屠王太子,国亡而为汉廷俘虏。初为马监,后以笃敬忠诚为武帝所信爱,拜车骑将军,以功封为秺侯。其后人七世内侍。张安世为张汤之子,汤为人所陷自杀,武帝悯之,进其子安世,以强记为帝所奇,擢尚书令,迁光禄大夫,昭帝时拜右将军,封富平侯,宣帝时拜大司马。其子孙相继,自宣帝、元帝以来为侍中、中常侍、诸曹散骑及列校尉者凡十余人。金、张二家亲近宠贵比于外戚。分见《汉书》之《霍光金日䃅传》《张汤传》。后因以金张为显宦之家的代称。

⑪幽人:隐士,出《易·履》:"九二·履道坦坦,幽人贞吉。"孔颖达《正义》:"幽人贞吉者,既无险难,故在幽隐之人守正得吉。忤,通伍。杨明照考,以为当作"伍"。

⑫草土:犹言粪土,鄙夷轻贱之辞也。

⑬灵规:灵谓福分,福气。《左传·隐公三年》:"若以大夫之灵,得保首领以没。"杨伯峻注:"灵,福也。"规谓谋求,谋划。《商君书·错法》:"是以明君之使其民也,使必尽力以规其功。"

⑭八石:指道家炼丹常用的八种原料:丹砂、雄黄、雌黄、空青、硫磺、云母、戎盐、硝石。

⑮虹霓:雨后所出彩虹有内外两道,在内者鲜艳明亮,为主虹,或称正虹、雄虹、虹;在外者色彩暗淡,为副虹,或称雌虹、雌霓、霓。合称为虹霓。

⑯倒景(yǐng):指天上最高处,日月之光反由下向上照;下视日月之影皆倒,故称。《史记·司马相如列传》:"贯列缺之倒景兮,涉丰隆之滂沛。"裴骃集解:"列缺,天闪也。倒景,日在下。"

【译文】

抱朴子说:"有一位怀冰先生,鄙薄孔子周游天下的忙碌不安,又觉得周公吐哺握发以求贤才过于悲苦,于是让出了富饶和肥沃的土地,亲自到盐碱地去耕作。胸藏出奇制胜的谋略而不显现,腹怀珠玑但不吐露。有高妙的见解,但没有人听说过;能写很华美的文章,但世上不能够看到。抛却富有朝气的才华,不用之于朱门大户,只是保住恬静的荜户蓬门。足迹绝不涉功臣世族之家,只在隐士行列中怡养浩然正气。把荣耀显达称为不幸,将宝玉绫罗视如粪土。把对福祚的谋求抛到九霄云外,独自背离时尚而追随古人。以巍峨的深山峻岭为荫庇,坐卧于生满青翠芳香兰花的如茵草地上。用流霞所凝的清水漱洗,品尝八种石料的精髓,思绪遥远似乎置身于彩虹的顶端,神志飘飘好像是在九天的最高处。万物都搅扰不了他的平和,四海也不足以弄乱他的精神。

【原文】

于是有赴势公子闻之①,慨然而叹曰:'空谷有项领之骏者②,孙阳之耻也③;太平遗冠世之才者,赏真之责也。安可令俊民全其独善之分④,而使圣朝乏乎元凯之用哉⑤!'

【注释】

①赴势：犹言趋炎附势。

②空谷：出《诗·小雅·白驹》："皎皎白驹，在彼空谷。"《毛传》："空，大也。"项领：出《诗·小雅·节南山》："驾彼四牡，四牡项领。"《毛传》："项，大也。"《郑玄笺》："四牡者，人君所乘驾，今但养大其领，不肯为用。喻大臣自恣，王不能使也。"

③孙阳：《庄子·马蹄》："及至伯乐，曰：'我善治马。'"陆德明《经典释文》："伯乐，姓孙名阳，善驭马。"或以为秦穆公臣。

④俊民：《书·洪范》："俊民用章，家用平康。"谓贤者得以显用，国家因此而太平昌盛。独善，出《孟子·尽心上》："穷则独善其身，达则兼善天下。"

⑤元凯：八元八凯，传说中的古代贤臣。《左传·文公十八年》："昔高阳氏有才子八人：苍舒、隤（tuí）敳（ǎi）、梼（táo）戭（yǎn）、大临、尨（páng）降、庭坚、仲容、叔达，齐圣广渊，明允笃诚，天下之民，谓之八恺。高辛氏有才子八人：伯奋、仲堪、叔献、季仲、伯虎、仲熊、叔豹、季狸，忠肃共懿，宣慈惠和，天下之民，谓之八元。"杜预注："恺，和也；元，善也。"凯与恺同。

【译文】

于是有一位好趋附权势的公子听说了，感慨地叹息道：'空阔的山谷中有放荡不羁的骏马，是相马者伯乐的耻辱；太平盛世忽略了冠世英才，是鉴别选拔真才者的责任。怎么能让贤明的人才实现他独善其身的志向，而使圣明的朝廷缺少八元八凯般的贤达俊士呢！'

【原文】

乃造而说曰：'徒闻振翅竦身，不能凌厉九霄①，腾跚玄极，攸叙彝伦者②，非英伟也。今先生操立断之锋③，掩炳蔚之文④；玩图籍于绝迹之薮⑤，括藻丽乎鸟兽之群⑥；陈龙章于晦夜⑦，沉琳琅于重渊；蛰伏于盛夏，藏华于当春。虽复下帷覃思⑧，殚毫骋藻，幽赞太极⑨，阐释元本；言欢则木梗怡颜如巧笑⑩，语戚则偶象噸顣而滂沱⑪；抑轻则鸿羽沉于弱水⑫，抗重则玉石漂于飞波；离同则肝胆为胡越⑬，合异则万殊而一和；切论则秋霜春肃，温辞则冰条吐葩⑭；摧高则峻极颓沦⑮，竦卑则渊池嵯峨⑯；疵清则倚暗夜光⑰，救浊则立澄黄河。然不能沾大惠于庶物⑱，著弘勋于皇家；名与朝露皆晞⑲，体与蜉蝣并化⑳；忽崇高于圣人之宝㉑，忘川逝于大耋之嗟㉒。窃为先生不取焉。

【注释】

①凌厉：凌空高飞。班固《览海赋》："遵霓雾之掩荡，登云涂以凌厉。"《广雅·释言》："凌，驰也。"简化字作"凌"，原为二字。《广雅·释诂一》："厉，上也。"王念孙疏证："厉训为上，故自下而上亦谓之厉。"

②攸叙彝伦：安排好社会的正常秩序。《书·洪范》："王乃言曰：'呜呼，箕子！惟天阴骘下民，相协厥居，我不知其彝伦攸叙。'"孔安国传："常道所以次叙。"

③立断之锋：以可立即截断的刀锋形容处事果决之才。《新序·杂事二》："故所以尚干将、莫邪者，贵其立断也。"

④炳蔚：形容文采鲜明华美。语本《易·革》："九四：象曰：'大人虎变'，其文炳也。上六：象曰：'君子豹变'，其文蔚也。"

⑤玩：深入研究，反复体会。《易·系辞上》："是故君子居则观其象而玩其辞，动则观其变而玩其占。"绝迹之薮：谓断绝人迹处。

⑥括：搜括。

⑦龙章：龙形花纹。《礼记·郊特牲》："旂十有二旒，龙章而设日月，以象天也。"《礼记·明堂位》："有虞氏服韨，夏后氏山，殷火，周龙章。"孔颖达《正义》："周人加龙以为文章。"

⑧下帷覃（tán）思：下帷，放下室内悬挂的帷幕，指教授学生。《史记·儒林列传》："下帷讲诵，弟子传以久次相授业，或莫见其面。盖三年董仲舒不观于舍园，其精如此。"为其言所本。覃思出孔安国《〈古文尚书〉序》："于是遂研精覃思，博考经籍，采摭群言，以立训传。"

⑨幽赞：出《易·说卦》："幽赞于神明而生蓍。"陆德明《经典释文》："幽，深也；赞，明也。谓使隐微难见者显明。太极，古代哲学家对最原始的混沌之气的称谓，为宇宙万物之源。《易·系辞上》："易有太极，是生两仪，两仪生四象，四象生八卦。"孔颖达《正义》："太极谓天地未分之前，元气混而为一，即是太初，太一也。"

⑩木梗：木偶人。《战国策·赵策一》："夜半，土梗与木梗斗。"巧笑：美好的笑。出《诗经·卫风·硕人》："巧笑倩兮，美目盼兮。"

⑪颦（pín）蹙（cù）：皱眉。《孟子·滕文公下》："（陈仲子）他日归，则有馈其兄生鹅者，已频蹙曰：'恶用是鶃鶃者为哉？'"孙奭《音义》："频，亦作颦。"滂沱，出《诗·陈风·泽陂》："涕泗滂沱。"孔颖达《正义》："目涕鼻泗一时俱下，滂沱然也。"

⑫弱水：古代河流，由于水浅或当时无用舟楫习惯，古人以为是其水弱不能载舟，故称。称弱水处甚多，《尚书》《山海经》《史记》《汉书》《后汉书》《新唐书》皆有，所指并非一处。神话传说中亦用以称险恶河海。李朏《海内十洲记·凤麟洲》："凤麟洲在西海之中央，地方一千五百里，洲四面有弱水绕之，鸿毛不浮，不可越也。"

⑬中医认为肝与胆互为表里，故常用于比喻关系密切。《庄子·德充符》："自其异者视之，肝胆楚越也；自其同者视之，万物皆一也。"楚越敌国，言对立疏远。胡越，因胡在北，越地在南，喻辽远。《淮南子·俶真训》："是故自其异者视之，肝胆胡越；自其同者视之，万物一圈也。"

⑭切论：严厉深切的批评。肃：萎缩，萧瑟。《礼记·月令》："季春行冬令，则寒气时发，草木皆肃。"郑玄注："肃，谓枝叶缩栗。"葩，《说文·艸部》："葩，华也。"

⑮峻极：《礼记·中庸》："发育万物，峻极于天。"郑玄注："峻，高也。"孔颖达疏："言圣人之道高大，与山相似，上极于天。"后以"峻极"谓极高。

⑯嵯峨：山高峻貌。汉刘安《招隐士》："山气茏葱兮石嵯峨。"

⑰倚：偏倚、不正。夜光，指月。《楚辞·天问》："夜光何德，死则又育？"王逸注："夜光，月也。"

⑱庶物：众物，万物。包括庶民百姓。
⑲句本《诗·小雅·湛露》："湛湛露斯，匪阳不晞。"《毛传》："晞，干也。"
⑳蜉（fú）蝣（yóu）：虫名。幼虫生活在水中，成虫的生存期极短。《诗·曹风·蜉蝣》："蜉蝣之羽，衣裳楚楚。"《毛传》："蜉蝣，渠略也，朝生夕死。"
㉑《易·系辞下》："天地之大德曰生，圣人之大宝曰位。"乃此句所本。
㉒川逝：本《论语·子罕》："子在川上，曰：'逝者如斯夫，不舍昼夜。'"大耋之嗟，出《易·离》："九三：日昃之离，不鼓缶而歌，则大耋之嗟，凶。"耋，年老，有七十、八十两说。

【译文】

于是就到怀冰先生那儿去劝说道：'我只听说振翅奋飞，竦身一跃，不能飞至九霄云外，腾游在天的最高处，安排好人世间的正常秩序的人，不是英伟之才。如今先生手握挥可立断的刀剑，掩藏鲜明华美的文采；在没有人迹的地方研究文籍图书，在鸟兽群中搜集华美的装饰，在黑夜中摆列龙形的花纹，把美玉沉入深渊；盛夏时却像虫子一样冬眠，正当春天反把花收起来。虽然更进一步地教授学生深入思考，放开笔尽力施展自己的文才，令隐而难晓的万物之源显而易见，阐释根本。谈得欢乐了，木梗也会满面愉悦显出美好的笑容；谈得忧伤了，土偶似乎也皱眉蹙额涕泪滂沱。按低轻物就使羽毛沉入弱水，抬举重物就使玉石漂浮在水流上。分离同在一处的，近如肝胆也会变得远同北胡和南越；合并分开的，那么相差万千也能并在一起。严厉的批评像秋霜一样使阳春肃杀一片，温和的言辞则能使冰条开出鲜花。摧折高物，那么高峻的山峰也要塌落；耸拔低矮的东西，那么深渊池潭也将变成高山。非议清物会偏颇地说月亮无光，援救浊者就马上使黄河清明澄澈。但是，这不能使广大的百姓得到恩惠，不能在皇帝面前显出功勋。名声像晨露被晒干一样很快就消失了，躯体和短命的蜉蝣一样很快被化解了。忘记了崇高的被称作圣人宝物的地位，忘却了孔夫子高龄时于川上所发"逝者如斯"的感叹。我认为先生不该取这态度。

【原文】

'盖闻："大者天地，其次君臣①。"先圣忧时，思行其道，"三月无君，皇皇如也②"。耻今圣不与尧、舜一致，悯此黎民不可比屋而封③；故或负鼎而龙跃④，或扣角以凤歌⑤；不须蒲轮而后动⑥，不待文王而后兴⑦。潜初飞五⑧，与时消息⑨；进有攸往之利⑩，退无濡尾之累⑪；明哲以保身⑫，宣化以济俗⑬。使夫承兰风以倾柯⑭，濯清波以遣秽者，若沉景之应朗鉴，方圆之赴规矩。故勋格上下，惠沾八表⑮。夫有唐所以巍巍⑯，重华所以恭己⑰，西伯所以三分⑱，姬发所以革命⑲，桓、文所以一匡⑳，汉高所以应天㉑，未有不致群贤为六翮㉒，托豪杰为舟楫者也。若令各守洗耳之高㉓，人执耦耕之分㉔，则稽古之化不建㉕，英明之盛不彰，明良之歌不作㉖，括天之网不张矣㉗。

【注释】

①此二句见《国语·晋语五》："宋人弑昭公，赵宣子请师于灵公以伐宋。公曰：'非

晋国之急也。'对曰：'大者天地，其次君臣，所以为明训也。……'"

②《孟子·滕文公下》："周霄问曰：'古之君子仕乎？'孟子曰：'仕。传曰："孔子三月无君，则皇皇如也。"'"《礼记·檀弓上》："既葬，皇皇如有望而弗至。"郑玄注："皇皇，忧悼在心之貌也。"皇皇如，惶恐不安貌。

③黎民：民众，百姓。《书·尧典》："黎民于变时雍。"孔安国传："黎，众。"比屋而封：挨家挨户分封给领地。句出《书·大传·五》："周人可比屋而封。"

④指伊尹背负鼎俎见商汤事。《战国策·赵策四》："伊尹负鼎俎而干汤，姓名未著而受三公。"《韩非子·难言》："上古有汤，至圣也；伊尹，至智也。夫至智说至圣，然且七十说而不受，身执鼎俎为庖宰，昵近习亲，而汤乃仅知其贤而用之。"鼎，烹煮器具。俎，砧板。龙跃，言兴起，语本《易·乾》："九二：见龙在田。""九四：或跃在渊。"

⑤指春秋时宁戚击牛角而歌以求仕于齐桓公事。《吕氏春秋·举难》："宁戚欲干齐桓公，穷困无以自进。于是为商旅，将任车以至齐。暮宿于郭门之外。桓公郊迎客，夜开门，爝火甚盛，从者甚众。宁戚饭牛居车下，望桓公而悲，击牛角疾商歌。桓公闻之，抚其仆之手曰：'异哉，之歌者非常人也。'命后车载之。"凤歌，出《论语·微子》："楚狂接舆歌而过孔子曰：'凤兮凤兮，何德之衰！'"该事与此处文义无关，作者仅求"凤歌"与"龙跃"相骈俪。

⑥蒲轮：以蒲草包裹车轮的车子。为求减小震动。《史记·平津侯主父列传》："始以蒲轮迎枚生。"枚生指枚乘。《汉书·武帝纪》："遣使者安车蒲轮，束帛加璧，征鲁申公。"颜师古注："以蒲裹轮，取其安也。"

⑦句本《孟子·尽心上》："孟子曰：'待文王而后兴者，凡民也。若夫豪杰之士，虽无文王犹兴。'"朱熹《集注》："兴者，感动奋发之意。"

⑧潜初：指隐而未仕。飞五，言出仕。本《易·乾》："初九，潜龙勿用。"又"九五，飞龙在天，利见大人"。

⑨句出《易·丰》："彖曰：……日中则昃，月盈则食，天地盈虚，与时消息，而况于人乎！况于鬼神乎！"

⑩攸：所也。攸往谓封侯建国。语本《易·屯》："元亨，利贞。勿用有攸往，利建侯。"

⑪濡（rú）尾：喻力不胜任，处境尴尬。语出《易·未济》："小狐汔（qì）济，濡其尾，无攸利。"孔颖达疏："小才不能济难事，同小狐虽难渡水，而无余力，必须水汔方可涉川，未及登岸而濡其尾。济不免濡，岂有所利？"濡，沾湿。汔，水尽而未干。

⑫语本《诗·大雅·烝民》："既明且哲，以保其身。"孔颖达疏："既能明晓善恶，且又是非辨知，以此明哲，择安去危，而保全其身，不有祸败。"

⑬宣化：传布君命以教化百姓。《汉书·宣帝纪》："今吏或以不禁奸邪为宽大，纵释有罪为不苛，或以酷恶为贤，皆失其中。奉诏宣化如此，岂不谬哉！"

⑭此句以趁祥瑞之风令繁枝倾垂，喻利用圣明时代以治弊端。下句同此。

⑮八表：八方之外，指极远的地方。三国魏曹叡《苦寒行》："遗化布四海，八表以肃清。"

⑯有唐：有：名词词头，唐：传为尧所建的朝代，即陶唐。此指唐尧，帝喾（kù）之

子,姓伊祁,名放勋。初封于陶,后徙于唐。《书·五子之歌》:"惟彼陶唐,有此冀方。今失厥道,乱其纪纲,乃底而亡。"巍巍:高大。《论语·泰伯》:"子曰:'大哉,尧之为君也!巍巍乎!唯天为大,唯尧则之。'"

⑰重华:虞舜的美称。《史记·五帝本纪》:"虞舜者,名曰重华。"恭己:谓恭谨律己以至于无为而治,出《论语·卫灵公》:"无为而治者,其舜也与?夫可为哉?恭己正南面而已矣。"

⑱西伯:周文王。《孟子·离娄上》:"吾闻西伯善养老者。"焦循正义:"西伯即文王也。纣命为西方诸侯之长,得专征伐,故称西伯。"三分:乃三分天下有其二之省,见《论语·泰伯》:"三分天下有其二以服事殷、周之德,其可谓至德也已矣。"

⑲姬发:周武王发。《说文·女部》:"黄帝居姬水,因水为姓。"周人以黄帝之后后稷为祖,故亦姓姬。《史记·周本纪》:"西伯崩,太子发立,是为武王。"革命:实施变革以应天命。古以为王者受命于天,改朝换代乃天命变革,故称"革命"。《易·革》:"彖曰,……天地革而四时成。汤、武革命,顺乎天而应乎人。"

⑳桓:齐桓公;文:晋文公。此句本《论语·宪问》:"子曰:'管仲相桓公,霸诸侯,一匡天下,民到于今受其赐。'"古书言此事仅及齐桓公,作者于晋文公乃连类言及也。

㉑汉高:汉高祖刘邦之省言。应天:参见上注⑲之"革命"注释。

㉒"致":杨明照考,当作"鼓"。然"致"亦可通。翮(hé),鸟羽的茎。六翮谓鸟双翼的正羽。此以鸟之两翼喻得力的助手。

㉓洗耳,古贤者许由事。刘向《说苑·尊贤》:"昔者,尧让许由以天下,洗耳而不受。"

㉔句本《论语·微子》:"长沮、桀溺耦而耕。孔子过之,使子路问津焉。"耦耕,二人各执一掘土工具耜(sì),协同操作以耕田。

㉕稽古之化:考察并顺而实行合于古道的教化。

㉖明良之歌:语本《书·益稷》:"元首明哉,股肱良哉,庶事康哉!"是对明君、良臣和诸事安顺的歌颂。

㉗此句以上天布下的罗网比喻朝廷统治。班固《幽通赋》:"观天网之纮覆兮,实棐谌而相训。"

【译文】

'我仿佛听说:"最大的是天地,其次是君臣。"先代圣人珍惜时间,想推行自己的主张。"三个月没找到任用自己的国君,就惶恐不安。"对当今的君主不能和尧舜一样而感到羞耻,怜悯于百姓不挨家挨户都值得旌表,因此有的背着鼎去求取官职,有的敲牛角唱歌以求任用。并不等待轮缠蒲草的车子来接才动身,也不等一定像文王那样的贤君才出仕。隐而不仕或出仕为官,都随时代的变化而变化。向前可以有封侯之利,退后没有力不胜任的忧虑。洞察事理以保全自身,传布德化来救助世俗,使社会乘祥瑞之风摧折时弊的冗枝,用清水来洗濯去污秽,就像是隐藏的美景被明镜照亮,使方更合于方矩,圆更符于圆规。因而上下都可建功立业,恩惠可以达到极远的四面八方。唐尧之所以建立巍如高山的伟大事业，虞舜之所以恭谨律己无为而治，周文王之所以三分天下有其二，周武王之所以施变革以应天命，齐桓公晋文公之所以使整个天下得到匡正，汉高祖之所以顺从天意，没有不罗致大批贤者作为自己的羽翼，依靠才智出众的人作为自己的舟船的。如果让人们都像许由那样不愿过问世事，都像长沮桀溺那样并耕于田间，那么上古时代的教化不能建立，英明君主创立盛世不能成功，贤明君臣的颂歌唱不起来，像天网一样的对整个天下的统治也就不能施行了。

【原文】

'故藏器者珍于变通随时①，英逸者贵于吐奇拨乱②。若乃耀灵翳景于云表③，则丽天之明不著④，哮虎韬牙而握爪⑤，则搏噬之捷不扬；太阿潜锋而不击⑥，则立断之劲不显；骥骆踠趾而不驰，则追风之迅不形⑦；并默则子贡与喑者同口⑧，咸瞑则离朱与矇瞽不殊矣⑨。先生洁身而忽大伦之乱⑩，得意而忘安上之义。存有关机之累⑪，没无金石之声⑫，庸人且犹愤色⑬，何有大雅而无心哉⑭！

【注释】

①语本《易·系辞下》："君子藏器于身，待时而动。"器：才能。句言君子怀才，在适当的时候施展。

②拨乱：平定祸乱。《诗·大雅·江汉序》："《江汉》，尹吉甫美宣王也。能兴衰拨乱，命召公平淮夷。"

③耀灵：太阳。《楚辞·天问》："角宿未旦，曜灵安藏？"王逸注："曜灵，日也。"庞按：曜、耀古今字。翳（yì）：隐藏。景：阳光。

④丽：照亮。《易·离》："象曰：'离，丽也。日月丽乎天。'"王弼注："丽犹著也。"

⑤哮虎：怒吼咆哮之虎。本《诗·大雅·常武》："进厥虎臣，阚如虓虎。"毛传："虎之自怒虓然。"《文选·贾谊〈七启〉》："哮阚之兽。"李善注："哮与虓同。"韬：掩藏，敛藏。《后汉书·姜肱传》："肱卧于幽暗，以被韬面，言患风疾，不欲出风。"

⑥太阿：古宝剑名，传为欧冶子、干将所铸。《越绝书·外传·记宝剑》："欧冶子、干将凿茨山，泄其溪，取铁英，作为铁剑三枚，一曰龙渊，二曰泰阿，三曰工布。""太"与"泰"通。《战国策·韩策一》："韩卒之剑戟……龙渊、太阿，皆陆断马牛，水击鹄雁，当敌即斩坚。"

⑦骥骆：骏马，良马。王充《论衡·案书》："故马效千里，不必骥骆；人期贤知，不必孔墨。"曹丕《典论·论文》："咸以自骋骥骆于千里，仰齐足而并驰。"踠趾：曲足，蜷脚。追风：形容马驰迅疾。《文选·贾谊〈七启〉》："驾超野之驷，乘追风之舆。"李善注："超野、追风，言疾也。"

⑧子贡：孔子弟子端木赐，字子贡。《论语·先进》："言语：宰我、子贡。"《孟子·公孙丑上》："宰我、子贡，善为说辞。"《史记·仲尼弟子列传》："子贡利口巧辞。"喑（yīn）：缄默不言。《墨子·亲士》："臣下重其爵位而不言，近臣则喑，远臣则唫。"唫、

曚同义。

⑨离朱：传说中视力特强的人。《庄子·骈拇》："是故骈于明者，乱五色，淫文章青黄黼黻之煌煌。非乎！而离朱是已。"此言故视力过于敏锐者，会被五色迷乱，陶醉于美丽的花纹和绚烂辉煌的色彩。这是很错误的！而离朱正是这样的人。《孟子》作"离娄"。《慎子》："离朱之名，察秋毫之末于百步之外。"矇（méng）瞽（gǔ）：《周礼·春官·序官》"瞽矇"郑玄注引郑众曰："无目眹谓之瞽，有目眹而无见谓之矇。"眹（zhèn）：眼球，瞳仁。

⑩大伦：基本的人伦关系。《孟子·公孙丑下》："景子曰：'内则父子，外则君臣，人之大伦也。'"此指君臣。

⑪《鬼谷子·权篇》："故口者，机关也，所以关闭情意也。"故机关谓口，则关机言闭口不语。

⑫金石：钟鼎碑碣之类，有功勋可镌刻其上。故金石之声谓可垂后世的功业。

⑬愤色：杨明照考，以为"色"乃"邑"字之误，甚是。"愤邑"同"愤悒"，愤恨忧郁。《后汉书·应邵传》："岂繄自谓必合道衷，心焉愤邑，聊以藉手。"

⑭大雅：称德高才大者。《文选·班固〈西都赋〉》："大雅宏达，于兹为群。"李善注："大雅，谓有大雅之才者。《诗》有《大雅》，故以立称焉。"

【译文】

'因此，胸怀奇才的人重视随时代变通，才华出众的人崇尚出奇谋整治乱世。至于说太阳的光辉如果被云彩遮住了，那么照亮天空的光明就不能显现；咆哮的老虎藏起牙齿收起利爪，那么搏杀啃咬的敏疾就看不出来了；太阿宝剑藏起锋刃而不砍杀，它一下斩断的劲力就显示不出来；骏马蜷曲蹄子而不奔驰，那么追风的高速也不形于外；都闭上嘴保持沉默，那么善言巧辩的子贡和哑人没有区别；都闭着眼睛，那么明目的离朱和盲者毫无二致。先生洁身自好，但忽略了君臣这一基本人伦的混乱；悠然自得，但忘记了安顿君主的起码责任。活着有不能吐言展才的缺陷，死后也不能勒名于钟鼎碑碣垂留后世，平庸之人尚且愤懑忧郁，为什么有大德大才的您反而无动于衷呢？

【原文】

'夫绳舒则木直①，正进则邪凋，有虞举则四凶戮②，宣尼任则少卯殂③；犹震雷骇则鼙鼓堙④，朝日出则萤烛幽也。不拯招魂之病⑤，则无以效越人之绝伎⑥；不奖多难之世，则无以知非常之远量。高拱以观溺⑦，非勿践之仁也⑧；怀道以迷国⑨，非作者之务也⑩。若俟中唐殖占日之草⑪，朝阳繁鸣凤之音⑫；郊跱独角之兽⑬，野攒连理之林⑭，长旌卷而不悬⑮，干戈戢而莫寻⑯，少伯方将告退于成功⑰，孰能相攉乎陆沉哉⑱？深愿先生不远迷复哉！'

【注释】

①绳：墨线。《荀子·劝学》："故木受绳则直，金就砺则利。"

②有虞：谓舜。亦称虞舜。《书·尧典》："师锡帝曰：'有鳏在下，曰虞舜。'"言诸

侯之师对尧帝说:"民间有位无妻者,叫作虞舜。"《史记·五帝纪》:"帝舜为有虞。"四凶:传为尧舜时四个恶名昭彰的部落首领。《左传·文公十八年》:"舜臣尧,宾于四门,流四凶族浑敦、穷奇、梼杌、饕餮,投诸四裔,以御螭魅。"《尚书·尧典》记此事无"四凶"之称:"流共工于幽州,放驩兜于崇山,窜三苗于三危,殛鲧于羽山。"按穷奇即共工,浑敦即驩兜,饕(tāo)餮(tiè)即三苗,梼(táo)杌(wù)即鲧。

③宣尼:孔子。《汉书·平帝纪》:"(元始元年)追谥孔子曰褒成宣尼公。"少卯,少正卯之省,鲁人,孔子摄行相事时杀之。《荀子·宥坐》:"孔子为鲁摄相,朝七日而诛少正卯。门人进问曰:'夫少正卯,鲁之闻人也,夫子为政而始诛之,得无失乎?'孔子曰:'居!吾语女其故。人有恶者五,而盗窃不与焉:一曰心达而险,二曰行辟而坚,三曰言伪而辩,四曰记丑而博,五曰顺非而泽。此五者,有一于人,则不得免于君子之诛,而少正卯兼有之。故居处足以聚徒成群,言谈足以饰邪营众,强足以反是独立。此小人之桀雄也,不可不诛也。"枭(xiāo):悬首示众。

④鼛(gāo)鼓:一种用于指挥劳役的大鼓。《说文·鼓部》:"鼛,大鼓也。"《周礼·地官·鼓人》:"以鼛鼓鼓役事。"郑玄注:"鼛鼓长丈二尺。"堙(yīn):埋没,掩盖。

⑤招魂之病:古所谓招魂,或为已死者"招魂复魄"(见《仪礼·士丧礼》郑玄注),或欲使生者"复其精神,延其年寿"(见《楚辞·招魂》王逸题解),于此处皆不惬。此言招魂,乃招去生者之魂令其死,故"招魂之病"言必死之病。

⑥越人:战国时名医扁鹊,原名秦越人,渤海郑(今河北任丘市北)人。一说家于卢国(今山东济南西南),故又名卢医。学医于长桑君,医道精湛,擅长各科。行医随俗为变,在邯郸为"带下医",过洛阳为"耳目痹医",入咸阳为"小儿医"。名闻天下。因与轩辕时扁鹊相类,乃号之为扁鹊。《史记》有《扁鹊传》。

⑦高拱:双手相抱并高抬于胸前。显示一种旁观不介入的态度。《墨子·非儒下》:"君若言而未有利焉,则高拱下视,会噎为深。"

⑧勿践之仁:出《诗·大雅·行苇》:"敦彼行苇,牛羊勿践履。"诗言,那丛聚的道旁芦苇,牛羊不要去践踏。多以为此乃周之祖先公刘事,其行仁及道旁之苇。后以为仁慈之典。

⑨句本《论语·阳货》:"怀其宝而迷其邦,可谓仁乎?"

⑩作者:谓圣者。本《礼记·乐记》:"作者之谓圣,述者之谓明。"言首创者称之为圣人,从述者称之为明人。

⑪中唐:出《诗·陈风·防有鹊巢》:"中唐有甓(pì)。"毛传:"中,中庭也;唐,唐涂也。"故中唐言庭院中的道路。占日之草,指蓂(míng)荚,古代传说中的一种瑞草。《竹书纪年》卷上:"有草夹阶而生,月朔始生一荚,月半生十五荚,十六日以后,日落一荚,及晦而尽;月小,则一荚焦而不落。名曰蓂荚,一曰历荚。"自此句以下四事皆盛世吉祥之兆。

⑫句本《诗·大雅·卷阿》:"凤皇鸣矣,于彼高冈;梧桐生矣,于彼朝阳。"毛传:"梧桐盛也,凤皇鸣也,臣竭其力,则地极其化。"

⑬跱(zhì):止也。独角之兽:麒麟。《尔雅·释兽》:"麐,麕身,牛尾,一角。"麐

为麟的本字。麕（jūn），獐子。

⑭连理：异根草木而枝干连生。班固《白虎通·封禅》："德至草木，朱草生，木连理。"

⑮旌：军旗。《楚辞·九歌·国殇》："旌蔽日兮敌若云，矢交坠兮士争先。"

⑯戢（jí）：收藏兵器。《诗·周颂·时迈》："载戢干戈，载櫜弓矢。"寻：使用。《左传·庄公二十八年》："今令尹不寻诸仇雠而于未亡人之侧，不亦异乎！"杜预注："寻，用也。"

⑰少伯：春秋越国范蠡，字少伯。《国语·越语下》："反至五湖，范蠡辞于王曰：'君王勉之，臣不复入越国矣。'……遂乘轻舟以泛游五湖，莫知其所终极。"

⑱陆沉：言隐居。《庄子·则阳》："方且与世违，而心不屑与之俱，是陆沉者也。"郭象注："人中隐者，譬无水而沉也。"又，杨明照以为，此句与下句末皆有"哉"于尾，似嫌重出；且"沉"与上文之"音""林""寻"同在侵韵，故此句"哉"字乃衍文。是也。

【译文】

'墨线拉开木材就会锯直，正义者进身邪恶就会衰败。虞舜被奉立四个凶恶的部落首领就被惩罚，孔子被任用就诛杀了少正卯；这就像是雷声震响大鼓之音也被掩盖，太阳一出来萤火虫和火把的光就显得暗淡无光一样。不拯救会夺去生命的疾病，那么神医扁鹊的绝技就无法显现；不在多灾多难的时代辅佐君王，就无从了解一个人非同一般的才能。高拱双手看人溺水，不符合公刘不准踩踏路旁芦苇的仁德精神；胸怀治国之道而使国家混乱，不是圣贤之人该存的追求。如果等待庭院道边长出可显示日期的灵草，凤凰的鸣叫在朝阳之坡频响；郊外有独角的瑞兽麒麟到来，野地簇聚着连理的树枝；战旗卷起来不再悬挂，武器都收起来没人使用，那时范蠡之流还正要在功成之后告退，还有谁能从隐居中把您提拔出来呢？非常希望先生不要在迷途上走得更远。'

【原文】

于是怀冰先生萧然遐眺①，游气天衢②，情神辽缅，旁若无物③。俯而答曰：'呜呼！有是言乎？盖至人无为④，栖神冲漠⑤。不役志于禄利⑥，故害辱不能加也⑦；不躅跨于险途⑧，故倾坠不能为患也。藜藿不供，而意佚于方丈⑨；齐编庸民，而心欢于有土⑩。寝宜僚之舍⑪，闭干木之间⑫；携庄、莱之友⑬，治陋巷之居⑭。确岳峙而不拔⑮，岂有怀于卷舒乎⑯？以欲广则浊和，故委世务而不纡吗⑰；以位极者忧深，故背势利而无余疑。其贵不以爵也，富不以财也⑱。侣云鹏以高逝，故不紫翻于腐鼠⑲；以蕃、武为厚诫⑳，故不改乐于箪瓢㉑。

【注释】

①萧然：平静、淡漠、悠闲貌。

②气：精神。《孟子·公孙丑上》："我善养吾浩然之气。"天衢（qú）：四通八达的大路谓之衢。天空广阔，可任意通行，故称天衢。

③旁若无物：犹言旁若无人。《左传·昭公十一年》："晋荀吴谓韩宣子曰：'不能救陈，又不能救蔡，物以无亲。'"杨伯峻注引顾炎武曰："物，人也。"《史记·刺客列传》："高渐离击筑，荆轲和而歌于市中，相乐也，已而相泣，旁若无人者。"

④语出《庄子·知北游》："是故至人无为，大圣不作。"至人，道家指超凡脱俗，达无我境界者。

⑤栖神：凝神专一。《淮南子·泰族训》："今夫道者，藏精于内，栖神于心，静漠恬淡，说缪胸中。"冲漠，虚寂恬静。《文选·张协〈七命〉》："冲漠公子，含华隐曜。"李善注："冲漠，冲虚恬漠也。"

⑥役志：用心。《书·洛诰》："惟不役志于享。"享，贡享。

⑦杨明照考，此句与下句不俪，"加"字上疑脱一字。

⑧躇（chú）跱（chí）：同"躇跱"，连绵词，徘徊不前貌。《文选·嵇康〈琴赋〉》："宽明弘润，优游躇跱。"李善注："躇跱，跱躇竦跱。"

⑨藜（lí）藿（huò）：藜，俗称灰菜，嫩叶可食；藿，豆叶，嫩时可食。藜藿泛指粗劣的饭菜。《韩非子·五蠹》："粝粢之食，藜藿之羹。"方丈：面前列一丈见方的美食。《孟子·尽心下》："食前方丈，侍妾数百人。"赵岐注："极五味之馔食，列于前方一丈。"

⑩齐编庸民：齐民，犹言平民。《庄子·渔父》："上以忠于世主，下以化于齐民。"编民，编入户籍的平民。此句言与编在户籍的平民等齐。有土：谓有封地。《礼记·大学》："有德此有人，有人此有土。"《史记·平准书》："宗室有土。"

⑪宜僚：熊宜僚，春秋楚人。白公胜欲杀子西。石乞曰，市南有名熊宜僚者，得之可当五百人。白公自请之，宜僚固辞；承之以剑，不动。白公胜曰："不为利诱，不为威惕，不泄人言以求媚者。"遂去。见《左传·哀公十六年》。

⑫干木：段干木，战国魏人。守道不仕，魏文侯就造其门，请为相，段干木逾墙避之。文侯出过其庐而轼，并待之以客礼。文侯每见之，立倦而不敢息。见《吕氏春秋》《淮南子》等。

⑬庄、莱：庄子和老莱子。《庄子·秋水》："庄子钓于濮水，楚王使大夫二人往先焉，曰：'愿以境内累矣。'庄子持竿不顾，曰：'吾闻楚有神龟，死已三千岁矣，王巾笥而藏之庙堂之上。此龟者，宁其死为留而贵乎？宁其生而曳尾于涂中乎？'二大夫曰：'宁生而曳尾涂中。'庄子曰：'往矣！吾将曳尾于涂中。'"老莱子，楚人。至孝。与妻耕于蒙山下。楚王闻其贤，欲聘之，遂亲造老莱子之门，老莱子允诺。而其妻以为："可食以酒肉者，可随以鞭捶；可授以官禄者，可随以铁钺。"去而之江南。老莱子随而居之，一年成落，三年成聚。见《列女传》、皇甫谧《高士传》。

⑭陋巷：狭小简陋的居室。《论语·雍也》："贤哉，回也！一箪食，一瓢饮，在陋巷，人不堪其忧，回也不改其乐。"刘宝楠正义："颜子陋巷，即《儒行》所云'一亩之宫，环堵之室'。解者以为街巷之巷，非也。"按《儒行》乃《礼记》篇名。

⑮确：坚定，坚决。《易·乾》："（文言）乐则行之，忧则违之，确乎其不可拔。"陆德明《经典释文》引郑玄云："（确），坚高之貌。"

⑯卷舒：卷谓退隐，舒谓仕进。《论语·卫灵公》："君子哉，蘧伯玉！邦有道则仕，邦无道则可卷而怀之。"晋潘岳《西征赋》："孔随时以行藏，蘧与国而舒卷。"

⑰纡（yū）眄：偷眼斜视。

⑱语本《荀子》《淮南子》。《荀子·儒效》："故君子无爵而贵，无禄而富。"《淮南子·精神训》："至贵不待爵，至富不待财。"

⑲语本《庄子·逍遥游》："北冥有鱼，其名为鲲，鲲之大，不知其几千里也。化而为鸟，其名为鹏，鹏之背，不知其几千里也。怒而飞，其翼若垂天之云。是鸟也，海运则将徙于南冥。"又《秋水》："惠子相梁，庄子往见之。或谓惠子曰：'庄子来，欲代子相。'于是惠子恐，搜于国中三日三夜。庄子往见之，曰：'南方有鸟，其名为鹓鶵，子知之乎？夫鹓鶵，发于南海而飞于北海，非梧桐不止，非练实不食，非醴泉不饮。于是鸱得腐鼠，鹓鶵过去，仰而视之曰："吓！"今子欲以子之梁国吓我邪？'"按鹓（yuān）鶵（chú），鸾凤之属；练实，竹食色白，故名练食；醴泉，甘泉；鸱，鹞鹰。

⑳蕃、武：陈蕃、窦武。东汉人。陈蕃，字仲举，汝南平兴人，官至太傅，封高阳侯；窦武，灵帝母窦太后兄，拜大将军。时灵帝幼，太后临朝，中常侍曹节、王甫等用事，多行贪虐。陈蕃、窦武会谋欲诛之，谋泄，二人被杀。事见《后汉书》之《陈蕃传》及《窦武传》。

㉑参上文"治陋巷之居"注。

【译文】

于是怀冰先生平静悠闲地眺望远方，神游太空，面容神色幽远而深沉，似乎身旁无人存在。俯身回答说：'哎呀！有这种话吗？大概到了最高境界的人是顺应自然，清静虚无，凝神专一，虚寂恬静的。不用心于追求俸禄利益，因此损害和侮辱都不能加于其身；不会在险途上徘徊，因此坍塌坠落都不能对他构成祸患。野菜都吃不饱，但情绪都比有方丈美食还要快乐；虽然和编入户籍的平民一样贫贱，却比有封地的诸侯还高兴。睡在勇士熊宜僚的房子里，关上隐者段干木的大门；与庄周、老莱子之类的人交友，整理狭小简陋的居室。意念坚定，就像屹立的山峰一样不可动摇，难道还会关心仕进还是隐退吗？感觉欲望多污浊之气会融入，所以就抛却世俗的追求毫不瞥视；认为位极人臣的人忧虑深重，因此远离权势利益毫不犹豫。似乎觉得尊贵不是靠爵位，富有不是靠财产。和云中的大鹏一起高翔远去，所以不会在腐鼠周围飞来绕去；以陈蕃、窦武谋事被杀为深重的教训，所以不改变一筐饭一瓢水的自有乐趣。

【原文】

'且夫玄黄邈邈①，而人生倏忽①。以过隙之促②，托罔极之间，迅乎犹奔星之暂见③，飘乎似飞矢之电经。聊且优游以自得④，安能苦形于外物哉⑤！夫鸾不絓网⑥，骥不堕阱⑦。相彼鸟兽，犹知为患；风尘之徒⑧，曾是未寤也⑨？

【注释】

①玄黄：天地。《易·坤》："夫玄黄者，天地之杂也。天玄而地黄。"倏（shū）忽：顷刻间，极短的时间。《战国策·楚策四》："（黄雀）昼游乎茂树，夕调乎酸咸。倏忽之

间，坠于公子之手。"

②过隙：喻时间短暂，光阴易逝。《礼记·三年问》："三年之丧，二十五月而毕，若驷之过隙。"《庄子·知北游》："人生天地之间，若白驹之过郤，忽然而已。"陆德明《释文》："郤，本亦作隙。隙，孔也。"

③奔星：流星。《汉书·司马相如传》："奔星更于闺闼，宛虹拖于楯轩。"颜师古注："奔星，流星也。"见（xiàn）：出现。"现"的本字。

④优游：悠闲，从容。《诗·大雅·卷阿》："伴奂尔游矣，优游尔休矣。"朱熹《诗集传》："优游，闲暇之意。"班固《东都赋》："莫不优游而自得，玉润而金声。"

⑤外物：身外之物，指利禄功名之类。《庄子·外物》："外物不可必，故龙逢诛，比干戮，箕子狂，恶来死，桀纣亡。"

⑥鸾：传说中凤属之鸟。《说文·鸟部》："鸾，赤神灵之精也。赤色五采，鸡形，鸣中五音。颂声作则至。"

⑦骥："麟"之通假。《广雅·释兽》："麟，……不入陷阱，不罗不罔，文章彬彬。"麟，同麐。参上文"郊跱独角之兽"句注。

⑧风尘：指仕途、官场。《文选·班固〈答宾戏〉》："商鞅挟三术以钻孝公，李斯奋时务而要始皇，彼皆蹑风尘之会，履颠沛之势。"

⑨杨明照《校笺》引王广恕曰："'吝'，疑是'若'字。"极是。

【译文】

'另外天地辽阔无边，而人生是短暂的。以自己白驹过隙般的短暂人生，托身于没有尽头的时空中，其迅疾就像流星闪现，其短暂如飞箭被闪电照亮。姑且无拘无束、悠然自得地生活，怎么能让身外的名利地位劳累自己的躯体呢？鸾凤不会被罗网所阻，麒麟不会坠入陷阱。看那些鸟兽尚且懂得祸患的产生，追逐仕进官位的人，难道连这些鸟兽都不如吗？

【原文】

'若夫要离灭家以效功①，纪信赴燔以诳楚②，陈贾刎颈以证弟③，仲由投命而葅醢④，嬴门伏剑以表心⑤，聂政感惠而屠菹⑥，荆卿绝膑以报燕，樊公含悲而授首⑦，皆下愚之狂惑，岂上智之攸取哉⑧！

【注释】

①吴王阖庐篡庶父僚而即君位。僚之子庆忌极富勇力，万人莫敌，王欲杀之，诉之于要离，要离允诺，唯期王助之。王加要离罪名，执其妻与子，焚而扬其灰。要离以此取信于庆忌，于自卫返吴舟中射杀之。见《吴越春秋》《吕氏春秋》等。

②纪信：汉高祖刘邦将军。汉三年，项羽围刘邦于荥阳，"汉王食乏。……汉将军纪信说汉王曰：'事已急矣，请为王诳楚为王，王可以间出。'于是汉王夜出女子荥阳东门被甲二千人，楚兵四面击之。纪信乘黄屋车，傅左纛，曰：'城中食尽，汉王降。'楚军皆呼万岁。汉王亦与数十骑从城西门出，走成皋。项王见纪信，问：'汉王安在？'信曰：'汉王已出矣。'项王烧杀纪信"。（《史记·项羽本纪》）

③陈贾：《孟子·公孙丑下》有陈贾，高诱以为《战国策》之魏人姚贾与陈贾为一人。但均不见刎颈证弟事。待考。

④仲由：孔子弟子，字子路，一字季路。好勇，至孝，有政才。初仕鲁；后仕卫，为孔悝邑宰。孔悝之母为卫太子蒯聩之姊，二人共谋立蒯聩为君，劫逼孔悝，"季子（按即子路）将入，遇子羔将出，曰：'门已闭矣。'季子曰：'吾姑至焉。'子羔曰：'弗及，不践其难。'季子曰：'食焉，不辟其难。'子羔遂出。子路入，及门，公孙敢门焉，曰：'无入为也。'季子曰：'是公孙也，求利焉而逃其难。由不然，利其禄，必救其患。'有使者出，乃入，曰：'大子焉用孔悝？虽杀之，必或继之。'且曰：'大子无勇，若燔台，半，必舍孔叔。'大子闻之，惧，下石乞、盂黡敌子路，以戈击之，断缨。子路曰：'君子死，冠不免。'结缨而死"（《左传·哀公十五年》）。又《礼记·檀弓上》："孔子哭子路于中庭。……既哭，进使者而问故。使者曰：'醢之矣！'遂命覆醢。"菹（zū）醢（hǎi）：肉酱。亦指被剁为肉酱。

⑤嬴门：战国时魏国隐士侯嬴，因为大梁夷门监者而称嬴门。魏公子信陵君无忌曾厚遇之。后秦军围邯郸，魏王使晋鄙将军救赵，实驻兵观望。侯嬴为信陵君献窃符救赵之策，并约以公子至晋鄙军日自刭以谢。事成而赵存，侯嬴亦如言北向自刭。见《史记·魏公子列传》。

⑥战国时韩国严遂与相韩傀相害，惧诛而亡之齐，求可为复仇者。识勇士聂政，遂厚交之，以黄金百镒为聂政母寿。聂政于母亡后为严遂复仇，仗剑入众兵，刺杀韩傀，因自揭面皮，抉目，自屠出肠而死。见《战国策·韩策二》及《史记·刺客列传》。

⑦荆卿：荆轲，战国卫国人，后之燕，燕人谓之荆卿。樊公，樊於（wū）期，本为秦将，避罪至燕，为燕太子丹门客。太子丹患秦且灭六国，因田光结识荆轲，欲使入刺秦王以阻秦兵，故尊荆轲为上卿。荆轲苦于无可取信于秦者，乃私见樊於期，告之其事，求樊於期之首。樊於期自刎。荆轲携樊於期首及燕督亢地图，与秦武阳共入秦。"既至秦，持千金之资币物，厚遗秦王宠臣中庶子蒙嘉。嘉为先言于秦王，……秦王闻之，大喜。乃朝服，设九宾，见燕使者咸阳宫。荆轲奉樊於期头函，而秦武阳奉地图匣，以次进。至陛下，秦武阳色变振恐，群臣怪之。荆轲顾笑武阳，前为谢曰……秦王谓轲曰：'起，取武阳所持图。'轲既取图奉之。发图，图穷而匕首见，因左手把秦王之袖，而右手持匕首揕抗之。未至身，自引而起，绝袖。……遂拔（剑）以击荆轲，断其左股。荆轲废，乃引其匕首提秦王，不中，……左右既前斩荆轲"。（《史记·刺客列传·荆轲》）

⑧《论语·阳货》："子曰：'唯上智与下愚不移。'"为其句所本。

【译文】

'至于要离杀死家人去效劳立功，纪信因诳骗项羽救刘邦而被烧死，陈贾以自刎来为弟弟做证，子路为结冠缨而被剁为肉酱，侯嬴伏剑自杀来表明忠心，聂政为感恩而行刺自杀，荆轲为报答燕公子而被砍断了腿，樊於期含悲献出了自己的头，这些都是下等的愚蠢人癫狂糊涂的行为，哪里是有大智的人所应取法的呢！

【原文】

'盖禄厚者责重，爵尊者神劳。故漆园垂纶，而不顾卿相之贵①；柏成操耝，而不屑诸侯之高②。羊说安乎屠肆③，杨朱吝其一毛④。侥求之徒，昧乎可欲，集不择木，仕不料世，贪进不虑负乘之祸⑤，受任不计不堪之败；论荣贵则引伊、周以救溺⑥，言亢悔则讳覆𫗧而不记⑦；伺河龙之睡而拨明珠⑧，居量表之宠而冀无患⑨；耽漏刻之安⑩，蔽必至之危；无朝菌之荣，望大椿之寿⑪；似蹈薄冰以待夏日，登朽枝而须劲风；渊鱼之饮芳饵，泽雉之咽毒粒；咀漏脯以充饥⑫，酣鸩酒以止渴也⑬。

【注释】

①漆园：指庄子。《史记·老子韩非列传》："庄子者，蒙人也，名周。周尝为蒙漆园吏。"蒙地当今河南商丘东北。此二句参上文"携庄、莱之友"句注。

②柏成：柏成子高，亦作伯成子高、柏成子皋，传为尧舜禹时高士。《庄子·天地》："尧治天下，伯成子高立为诸侯。尧授舜，舜授禹，伯成子高辞为诸侯而耕。禹往见之，则耕在野。禹趋就下风，立而问焉，曰：'昔尧治天下，吾子立为诸侯。尧授舜，舜授予，而吾子辞为诸侯而耕，敢问，其故何也？'子高曰：'昔尧治天下，不赏而民劝，不罚而民畏。今子赏罚而民且不仁，德自此衰，刑自此立，后世之乱自此始矣。夫子阖行邪？无落吾事！'俋俋乎耕而不顾。"按：阖，何不。落，妨碍，耽误。俋（yì）俋，努力耕作貌。

③羊说（yuè）：楚人屠羊说。楚昭王之失国也，屠羊说走而从之。及昭王返，欲赏从者，羊说坚辞不受；欲显扬其名，拒之；以其陈义甚高，欲封之三公之位，亦坚拒，宁返屠羊之肆。说见《庄子·让王》。

④杨朱：战国魏人。其学说重在爱己、为我，与墨家"兼爱"之说相反。被孟子斥为异端。《孟子·尽心上》："杨子取'为我'，拔一毛而利天下，不为也。"《列子·杨朱》："杨朱曰：'伯成子高不以一毫利物，舍国而隐耕；大禹不以一身自利，一体偏枯。古之人损一毫以利天下，不与也；悉天下奉一身，不取也。人人不损一毫，人人不利天下，天下治矣。'禽子问扬朱：'去子体之一毛，以济一世，汝为之乎？'杨子曰：'世固非一毛之所济。'禽子曰：'假济，为之乎？'杨子弗应。"

⑤负乘（chéng）：出《易·解》："六三：负且乘，致寇至，贞吝。象曰：'负且乘'，亦可丑也。自我致戎，又谁咎也。"孔颖达疏："乘者，君子之器也；负者，小人之事也。施之于人，即在车骑之上而负于物也，故寇盗知其非己所有，于是竞欲夺之。"此言卑贱者负他人财物，乘于高车显耀，将致盗贼劫夺。后世以"负乘"谓居非其位，才不称职，将招致祸患。

⑥伊、周：伊尹和周公。伊尹于成汤见任国政。后成汤之孙太甲立为帝。"帝太甲既立三年，不明，暴虐，不遵汤法，乱德，于是伊尹放之于桐宫。三年，伊尹摄行政当国，以朝诸侯。帝太甲居桐宫三年，悔过自责，反善，于是伊尹乃迎帝太甲而还之政。"（《史记·殷本纪》）《史记·鲁周公世家》："周公旦者，周武王弟也。……及武王即位，旦常辅翼武王，用事居多。……其后武王既崩，成王少，在强葆之中。周公恐天下闻武王崩而畔，周公乃践阼代成王摄行政当国。……成王长，能听政，于是周公乃还政于成王，成王临朝。"救溺，此喻救助危难。

⑦亢悔：本《易·乾》："上九：亢龙有悔。"孔颖达正义："上九，亢阳之至，大而

极盛,故曰亢龙,此自然之象。以人事言之,似圣人有龙德,上居天位,久而亢极,物极则反,故有悔也。"意谓居高位而不知谦退,则盛极而衰,不免败亡之悔。覆悚(sù):出《易·鼎》:"鼎折足,覆公悚。"谓倾覆鼎中美食,喻力不胜任而败事。

⑧典出《庄子·列御寇》:"人有见宋王者,锡车十乘,以其十乘骄稚庄子。庄子曰:'河上有家,贫,恃纬萧而食者,其子没于渊,得千金之珠。其父谓其子曰:"取石来锻之!夫千金之珠,必在九重之渊而骊龙颔下。子能得珠者,必遭其睡也。使骊龙而寤,子尚奚微之有哉?"今宋国之深,非直九重之渊也;宋王之猛,非直骊龙也。子能得车者,必遭其睡也。使宋王而寤,子为齑(jī)粉夫!'"按:锡,赐古今字。骄稚,骄矜炫耀。纬萧,编织蒿草为帘箔。锻,击也。骊龙,黑龙。奚微之有,有奚微,有何微小物。齑粉,粉末。

⑨宠:地位贵宠。《潜夫论·论荣》:"宠位不足以尊我,而卑贱不足以卑己。"

⑩漏刻:本指古代计时器,即漏壶,此指短暂的时间,犹顷刻。《汉书·王莽传》:"虏知殄灭,在于漏刻。"

⑪二句本《庄子·逍遥游》:"朝菌不知晦朔,蟪蛄不知春秋。……上古有大椿者,以八千岁为春,八千岁为秋。"陆德明《经典释文》引司马彪云:"(朝菌)大芝也,天阴生粪土上,见日则死,一名日及,故不知月之终始也。"又"(大椿)木,一名橁。橁,木槿也"。郭庆藩集释:"案《齐民要术》引司马云:木槿也,以万六千岁为一年。一名蕣椿。与《释文》所引小异。"

⑫漏脯:隔宿干肉,古人以为被漏水所沾,有毒,可杀人。嵇康《答难养生论》:"故嗜酒者自抑于鸩醴,贪食者忍饥于漏脯。"

⑬鸩(zhèn)酒:《说文·鸟部》:"鸩,毒鸟也。"《楚辞·离骚》:"吾令鸩为媒兮,鸩告余以不好。"洪兴祖补注:"《广志》云:其鸟大如鸮,紫绿色,有毒,食蛇蝮,雄名运日,雌名阴谐,以其毛历饮卮,则杀人。"按历饮卮,过酒杯,即浸于酒也。

【译文】

'大体说来,俸禄丰厚的人责任重大,爵位尊贵的人要多操心劳神。因此,庄周垂钓于濮水,对卿相的尊贵不加顾望;柏成子高亲自耕种而不屑于诸侯的高位,屠羊说安于在市肆里中做个屠夫,杨朱则不肯拔一毛以利天下。非分贪求的人,被他们可以实现的欲望弄得暗昧无知,就像鸟落脚没选择好树木一样,求官但对时事没有估计,贪图仕进而没想到居非其位、才不称职所造成的祸患,接受职位没有考虑能力承受不了的失败;谈论荣耀显贵想学习伊尹、周公挽救颓危之势,说到盛极衰败后的悔恨又避讳力不胜任而败事;想乘着河中之龙睡着的机会拨取明珠,身居可制定法度规章的高位却希冀没有祸患;沉浸在片刻的安宁之中,却不了解必然到来的危险;没有朝菌那样的繁茂,却期望像大椿那样长寿。这就像走在薄冰上等待夏天降临,踩在枯朽的树枝上等待劲风吹来;潭中之鱼吞吃钓饵,沼地的雉鸡咽下毒丸;咀嚼变质有毒的干肉充饥,畅饮鸩酒来止渴一样。

【原文】

'昔箕子睹象箸而流泣①,尼父闻偶葬而永叹②,盖寻微以知著,原始以见终③。然而暗夫蹈机而不觉④，何前识之至难⑤？而利欲之瘝笃邪⑥！周成贤而信流言，公旦圣而走南楚，托《鸱鸮》以告悲，赖金縢以仅免。况能寤之主，不世而一有；不悦之谤，无时而暂乏；德不以激烈风而起毙禾，事不以载圭璧而称多才⑦，嗟泣靡及，宜其然也。

【注释】

①《史记·宋微子世家》："箕子者，纣亲戚也。纣始为象箸，箕子叹曰：'彼为象箸，必为玉桮；为桮，则必思远方珍怪之物而御之矣。舆马宫室之渐自此始，不可振也。'"司马贞索引："马融、王肃以箕子为纣之诸父，服虔、杜预以为纣之庶兄。"按诸父乃伯父、叔父的统称。

②尼父（fǔ）：孔子。孔子卒，鲁哀公诔词称孔子（字仲尼）为尼父。见《左传·哀公十六年》。《孟子·梁惠王上》："仲尼曰：'始作俑者，其无后乎？'为其象人而用之也。"《礼记·檀弓下》："孔子谓为刍灵者善，谓为俑者不仁，殆于用人乎哉。"郑玄注："俑，偶人也，有面目机发，有似于生人。"按刍灵谓送葬用的草扎人马；机发谓以机关发动。永叹：长叹。

③原始：考察探究事物的初始。

④蹈机：谓处于事物发展的表征已很明显的时候。

⑤前识：先见之明。《老子》："前识者，道之华而愚之始。"王弼注："前识者，前人而识也，下德之伦也。竭其聪明以为前识，役其智力以营庶事。"按下德，德之下者也。

⑥瘝：杨明照校，当作"弥"，甚是。

⑦"周成贤而信流言"以下数句：周灭商的第二年，周武王生病。周公旦持玉璧和玉圭向大王古公亶（dǎn）父、王季历和文王昌三代先王祷告，愿用自己顶替武王生病。史官把周公的祝祷词记在典册上，放在以金属板封缄的匣子里。次日，武王病愈。武王去世后，武王的另一弟弟管叔及其他人散布流言，说周公对幼主成王（武王之子）不利，周公于是躲避到南方楚地去，并在那儿写了一首叫《鸱鸮》的诗（今《诗经》有此篇）给成王，以表忠心。到了秋天，雷电暴风大作，庄稼都倒伏了，大树拔起，国人都很害怕。成王与大夫们方打开那个匣子见到了周公当初的祝祷词。成王悔而自责，亲到郊外迎接周公。倒伏的庄稼又重新立起。见《书·金縢》等，文长不便引。金縢（téng）：即以金属板封缄之匣。縢：封闭。多才：周公祷词中自称"多才多艺"，谓比武王更适于去奉事逝去的先王。

【译文】

'从前箕子看见用象牙筷子而流泪，孔子听说用偶俑随葬而长叹，都是发现了小毛病而知道大问题，推究起始而预见终了。但是愚昧的人对事情已经出现的表征都觉察不到，怎么会有最难做到的先见之明？而只能是对利益的更顽固的追求！周成王贤明但听信流言，周公旦圣德但避走到南楚，借《鸱鸮》来表达自己的伤悲，依靠金縢匮中收藏的祝文才除掉不实的恶名。更何况能够醒悟的君主并不是每代都有的，而令人不悦的诽谤之词却是总不缺少；道德不能像周成王那样激发起大风而扶起倒伏的禾苗，做事也不能像周公那样持圭璧自称多才，甘愿代替武王去死，叹息和哭泣也不能挽回，这也是很必然的。

【原文】

'夫渐渍之久①，则胶漆解坚；浸润之至②，则骨肉乖析③。尘羽之积，则沉舟折轴；三至之言，则市虎以成④。故江充疏贱，非亲于元储⑤，后母假继，非密于伯奇⑥；而掘梗之诬，灭父子之恩；袖蜂之诳，破天性之爱。又况其他，安可自必？嗟乎！伍员所以怀忠而漂尸⑦；悲夫！白起所以秉义而刎颈也⑧。盖彻鉴所为寒心，匠人之所眩惑矣⑨。

【注释】

①渐（jiān）渍（zì）：浸泡。

②浸润：本义亦为浸泡。《论语·颜渊》："浸润之谮、肤受之诉不行焉，可谓明也已矣。"谮（zèn）：诬陷，说坏话。谓不断施加的谗言和急迫切肤的诬告都在你这里行不通，那么你就可以说是看事明白了。何晏《论语集解》引郑玄云："谮人之言，如水之浸润，渐以成之。"故后代以"浸润"指谗言。

③骨肉：言至亲，指有至近血缘关系的父母兄弟子女等。

④《战国策·魏策二》："庞葱与太子质于邯郸，谓魏王曰：'今一人言市有虎，王信之乎？'王曰：'否。''二人言市有虎，王信之乎？'王曰：'寡人疑之矣。''三人言市有虎，王信之乎？'王曰：'寡人信之矣。'庞葱曰：'夫市之无虎明矣，然而三人言而成虎。今邯郸去大梁也远于市，而议臣者过于三人矣。愿王察之矣。'王曰：'寡人自为知。'于是辞行，而谗言先至。后太子罢质，果不得见。"

⑤《汉书·江充传》："江充，字次倩，赵国邯郸人也。……上（武帝）说之。……大见信用，威震京师。……后上幸甘泉，疾病，充见上年老，恐晏驾后为（戾）太子所诛，因是为奸，奏言上疾祟在巫蛊。于是上以充为使者治巫蛊。……是时，上春秋高，疑左右皆为蛊祝诅，有与亡，莫敢讼其冤者。充既知上意，因言宫中有蛊气，先治后宫希幸夫人，以次及皇后，遂掘蛊于太子宫，得桐木人。太子惧，不能自明。收充，自临斩之，骂曰：'赵虏！乱乃国父子不足邪！乃复乱吾父子也？'太子繇是遂败。"按桐木人乃江充使人预埋之，下文中"掘梗"之"梗"即指此。又江充此前曾诬告赵太子，致其被废，故戾太子骂之。元储：储君，即太子。

⑥《说苑》佚文："王国君前母子伯奇，后母子伯封，兄弟相爱。后母欲其子为太子，言王曰：'伯奇爱妾，王上台视之。'后母取蜂除其毒而置衣领之中，往过伯奇。伯奇往视袖中，杀蜂。王见，让伯奇。伯奇出，使者就袖中有死蜂，使者白王。王见蜂追之，已自投河中。"又见蔡邕《琴操上·履霜操》（《初学记》引）等多书。

⑦伍员（yùn）：字子胥，本楚人。父奢、兄尚为楚王所杀，奔至吴，以吴师伐楚，得报父兄仇。后吴败越，越人请和，吴王将许，伍员谏阻而不听。四年后，"吴将伐齐，越子（勾践）率其众以朝焉。王（夫差）及列士皆有馈赂。吴人皆喜，唯子胥惧，曰：'是豢吴也夫！'谏曰：'越在，我心腹之疾也。壤地同而有欲于我。夫其柔服，求济其欲也，不如早从事焉。得志于齐，犹获石田也，无所用之。越不为沼，吴其泯矣。今君易之，将

以求大，不亦难乎！'弗听。使于齐，属其子于鲍氏，为王孙氏。反役，王闻之，使赐之属镂以死。将死，曰：'树吾墓槚，槚可材也。吴其亡乎！'"（《左传·哀公十一年》）按"使于齐"谓伍员使于齐；下接言嘱己之子于鲍氏，后其子至齐，为王孙氏；反役谓自艾陵之战返还；属镂，剑名；槚（jiǎ）：楸树。《史记·伍子胥列传》："（吴王）乃使使赐伍子胥属镂之剑，……伍子胥仰天叹曰：'……必树吾墓上以梓，令可以为器；而抉吾眼县吴东门之上，以观越寇之入灭吴也。'乃自刭死。吴王闻之大怒，乃取子胥尸盛以鸱夷革，浮之江中。"按鸱夷，皮口袋。

⑧白起：战国秦人，善用兵，事秦昭王，屡建战功，自左庶长迁为武安君。后秦遣五大夫王陵攻赵邯郸，久攻不下，损兵多。秦王欲使病愈之白起代替王陵。"武安君言曰：'邯郸实未易攻也。且诸侯救日至。彼诸侯怨秦之日久矣。今秦虽破长平军，而秦卒死者过半，国内空。远绝河山而争人国都，赵应其内，诸侯攻其外，破秦军必矣。不可。'秦王自命，不行；乃使应侯请之，武安君终辞不肯行，遂称病。……秦军多失亡。武安君言曰：'秦不听臣计，今如何矣！'秦王闻之，怒，强起武安君，……应侯请之，不起。……居三月，秦军数却，使者日至。秦王乃使人遣白起，不得留咸阳中。……秦昭王与应侯群臣议曰：'白起之迁，其意尚怏怏不服，有余言。'秦王乃使使者赐之剑自裁……遂自杀。"（《史记·白起列传》）

⑨匠人：杨明照《校笺》引王广恕，以为当作"近人"。

【译文】

'被水浸泡得时间长了，那么坚固的胶和漆也要化解开裂；谗言不断，那么亲生骨肉也会出矛盾生嫌隙。尘埃、羽毛积聚多了，照样会沉没舟船压断车轴；有三个人说市上有老虎，那么这种谎言也会被人相信。因此江充血缘疏远地位低下，并非比太子和皇帝更亲近，后母只是续弦的继妻，并不比伯奇和父亲更密切；但掘出桐木人的诬诳，毁灭了父子恩情；袖中藏蜂制造的假象，破坏了天伦友爱。又何况其他情况，怎么可以自认为必然如何呢？可叹哪！伍员之所以胸怀忠诚而漂尸河中；可悲呀！白起之所以满腔正义而自刎脖颈。这些令洞察事物者寒心，使日光短浅者糊涂。

【原文】

'又欲推短才以厘雷同①，仗独是以弹众非。然不睹金虽克木，而锥钻不可以伐邓林②；水虽胜火，而升合不足以救焚山。寸胶不能救黄河之浊③，尺水不能却萧丘之热④。是以身名并全者甚稀，而先笑后号者多有也⑤。畏亢悔而贪荣之欲不灭⑥，忌毁辱而争肆之情不遣⑦，亦犹恶湿而泳深渊，憎影而不就阴⑧，穿舟而息漏，猛曩而止沸者也⑨。

【注释】

①厘：改变；改正。《后汉书·梁统传》："议者以为隆刑峻法，非明王急务，施行日久，岂一朝所厘。"李贤注："厘，犹改也。"雷同：谓随声附和。《礼记·曲礼上》："毋剿说，毋雷同。"郑玄注："雷之发声，物无不同时应者；人之言当各由己，不当然也。"

②邓林：古代传说中的树林。《山海经·海外北经》："夸父与日逐走，入日，渴欲得

饮，饮于河渭，河渭不足，北饮大泽。未至，道渴而死。弃其杖，化为邓林。"

③据宋沈括《梦溪笔谈·辩证一》："东阿亦济水所经，取井水煮胶，谓之阿胶，用搅浊水则清。"是胶可澄水。孔融《同岁论》（《太平御览》引）："阿胶经寸，不能止黄河之浊。"为此句所出。

④萧丘：传说南海中的岛屿。《抱朴子》佚文："南海之中，萧丘之上，有自生之火，常以春起而秋灭。丘方千里。当火起时满此丘，上纯生一种木，火起正著此木。木虽为火所著，但小焦黑，人或以为薪者。火著如常薪，但不成炭，炊熟则灌灭之。后复更用，如此无穷。"《抱朴子·内篇·论仙》："水性纯冷，而有温谷之汤泉；火体宜炽，而有萧丘之寒焰。"

⑤先笑后号：言先喜后悲，先吉后凶。号：号咷，啼哭呼喊。《易·同人》："九五：同人先号咷后笑。"又《旅》："上九：……旅人先笑后号咷。"

⑥亢悔：见上文"言亢悔则讳覆䤸而不记"句注。

⑦肆：当谓显位。《易·系辞下》："其旨远，其辞文，其言曲而中，其事肆而隐。"韩康伯注："事显而理微也。"

⑧语本《庄子·渔父》："人有畏影恶迹而去之走者，举足愈数而迹愈多，走愈急而影不离身。自以尚迟，疾走不休，绝力而死。不知处阴以休影，处静以息迹，愚亦甚矣。"

⑨语本枚乘《上书谏吴王》："欲汤之沧，一人炊之，百人扬之，无益也。不如绝薪止火而已。"

【译文】

'又要以己身所不擅长去改变众口一词的局面，依靠一个人的正确去抨击众人的错误。但是没看到金属虽然可以制服树木，但锥子钻子不能用来砍伐邓林；水虽然能够战胜火，而一升一合，也不够用以扑灭山火。一寸长的胶不能令混浊的黄河变清，一尺高的水不能退掉萧丘岛上的热气。因此自身和名声两全的人非常稀少，而先大笑后号哭的人很多。害怕盛极而衰的悔恨，但贪图荣华的欲望没有灭绝；忌讳诋毁污辱，但争夺显赫的想法没有摒弃，就好像厌恶水却潜入深潭，憎恨影子但不去背阴处，凿破船底来制止船漏，拼命烧火去让水不沸腾一样。

【原文】

'夫七尺之骸，禀之以所生①，不可受全而归残也②；方寸之心③，制之在我，不可放之于流遁也④。躬耕以食之，穿井以饮之，短褐以蔽之⑤，蓬庐以覆之，弹咏以娱之⑥，呼吸以延之，逍遥竹素⑦，寄情玄毫⑧，守常待终⑨，斯亦足矣。且夫道存则尊，德胜则贵⑩，隋珠弹雀，知者不为⑪。何必须权而显，俟禄而饱哉！

【注释】

①据杨明照考，"以"为衍文，其说甚是。此句唯四字方可与下"制之在我"句俪也。所生：谓生身父母。《诗·小雅·小宛》："夙兴夜寐，无忝尔所生。"朱熹《诗集传》："各求无辱于父母而已。"

②《礼记·祭义》："乐正子春曰：'吾闻诸曾子，曾子闻之夫子曰："天之所生，地之所养，无人为大。父母全而生之，子全而归之，可谓孝矣；不亏其体，不辱其身，可谓全矣。"'"《孝经》亦以不毁伤身体为"孝之始"。皆为句意所本。

③方寸之心：指心，因处胸中方寸之地，故称。

④流遁：流荡逃遁。《庄子·外物》："夫流遁之志，决绝之行，噫，其非至知厚德之任与！"

⑤褐：用粗毛或粗麻编成的衣服。《说文·衣部》："褐，粗衣。"《诗·豳风·七月》："无衣无褐，何以卒岁？"郑玄笺："褐，毛布也。"《墨子·非乐上》："昔者齐康公兴乐万，万人不可衣短褐，不可食糟糠。"孙诒让《墨子间诂》："短褐，即裋褐之借字。"扬雄《方言》卷四："襜褕……其短者谓之裋褕。"按裋（shù）褐乃童仆所穿粗布衣，襜（shān）褕（yú），一种宽大的单衣。

⑥二句本《书·大传》："子夏作壤室，编蓬户，弹琴瑟其中，以歌先生之风。"（《艺文类聚》引）

⑦逍遥：玩味。曹丕《与曹歌令吴质书》："既妙思六经，逍遥百氏。"按妙（miào），精彩。竹素：犹言竹帛，即竹简和白绢。上古无纸，故以之书文字。故竹素指史册典籍。《三国志·吴志·陆凯传》："明王圣主取士以贤，不拘卑贱，故其功德洋溢，名流竹素。"

⑧玄毫：犹言笔墨。玄指墨，毫指笔。

⑨句本《列子·天瑞》："贫者士之常也，死者人之终也。处常得终，当何忧哉？"故此句言安于贫困以待人生终了。

⑩德胜：杨明照考，当作"德盛"，甚是。

⑪隋珠：即"随珠"，传说中的宝珠。《淮南子·览冥训》高诱注："隋侯，汉东之国姬姓诸侯也。隋侯见大蛇伤断，以药傅之。后蛇于江中衔大珠以报之，因曰隋侯之珠。"句本《庄子·让王》："今且有人于此，以随侯之珠，弹千仞之雀，世必笑之。"按依诸侯国言，以"随"为是，后世多用"隋"字。

【译文】

'七尺高的身躯，是从父母那里秉承而来的，不能承受时完整而归还时残缺。方寸大小的心，控制它在于自身，不能让它放任自流。亲自耕种吃饭，凿井饮水，用短的粗布衣服遮蔽身体，用蓬草的房子藏身，弹琴唱歌自娱自乐，吐故纳新以延年益寿，在史册典籍中玩味自得，在笔墨中寄托情怀，甘守贫贱以待终年，这样也就够了。再说，道义在胸就尊崇，德操高尚就高贵，用隋侯之珠去打鸟雀，聪明的人不会去做。何必要等待权势来荣显，等待俸禄才充实呢？

【原文】

'且夫安贫者以无财为富，甘卑者以不仕为荣。故幼安浮海而澄神①，胡子甘心于退耕②。逢、比有令德之罪③，信、布陷功大之刑④。一枝足以戢鸾羽⑤，何烦乎丰林？潢洿足以泛龙鳞⑥，岂事乎沧海？藜藿嘉于八珍⑦，寒泉旨于醴、酪⑧；摄缕美于赤舄⑨，缊袍丽于衮服⑩；把樵安于杖钺⑪，鸣条乐乎丝竹⑫；茅茨艳于丹楹⑬，采橼珍于刻桷⑭；登嵩峰为台榭⑮，疵岩雷为华屋⑯；积篇章为敖庾⑰，宝玄谈为金玉⑱；弃细人之近恋，捐庸隶之所欲；游九皋以含欢⑲，遣智慧以绝俗。同屈尺蠖⑳，藏光守朴；表拙示讷㉑，知止常足㉒。然后咀嚼芝芳，风飞云浮；晞景九阳㉓，附翼高游㉔；仰栖梧桐㉕，俯集玄洲㉖。孰与衔辔而伏枥㉗，同被绣于牺牛哉㉘！

【注释】

①谓汉末魏初管宁不受征辟事。《三国志·魏书·管宁传》："管宁，字幼安，北海朱虚人也。……天下大乱，……遂与（邴）原及平原王烈等至于辽东。……中国少安，客人皆还，唯宁晏然若将终焉。……（魏）文帝即位，征宁，遂将家属浮海还郡。"按"大乱"指黄巾起义及其后各路军阀混战。澄神：内心宁静澄澈。

②胡子：胡昭。《三国志·魏书·管宁传》："颖川胡昭，字孔明，亦养志不仕。……胡昭始避地冀州，亦辞袁绍之命，遁还乡里。太祖为司空丞相，频加礼辟。昭往应命，既至，自陈一介野生，无军国之用，归诚求去。太祖曰：'人各有志，出处异趣，勉卒雅尚，义不相屈。'昭乃转居陆浑山中，躬耕乐道，以经籍自娱，闾里敬而爱之。"按太祖谓曹操，曹丕立魏为文帝，追其父操为武帝，庙号太祖。

③逢、比：关龙逢、比干。《韩诗外传·卷四》："桀为酒池，可以运舟，糟丘足以望十里，一鼓而牛饮者三千人。关龙逢进谏曰：'古之人君，身行礼义，爱民节财，故国安而身寿。今君用财若无穷，杀人若恐弗胜。君若弗革，天殃必降，而诛必至矣。君其革之。'立而不去朝。桀因而杀之。"按"牛饮"谓如牛之饮；"弗胜"谓不尽；"革"谓改正。又"纣作炮烙之刑，王子比干曰：'主暴不谏，非忠也；畏死不言，非勇也。见过即谏，不用即死，忠之至也。'遂谏，三日不去朝。纣囚而杀之"。按炮（páo）烙（luò）为古代酷刑之一，据《史记》裴骃集解引《列女传》，其刑令罪人行加油铜柱上，下有炭火，行辄堕炭火中。

④信、布：韩信、黥布。韩信本项羽营郎中，因羽不用而归汉。刘邦听萧何之言，拜信为大将。自是伐魏、举赵、降燕、定齐，围项羽于垓下且逼其自杀，于刘邦之定天下功最高。初立为齐王，后徙为楚王。"汉六年，人有上书告楚王信反。……上令武士缚信，载后车。……至雒阳，赦信罪，以为淮阴侯。信知汉王畏恶其能，常称病不朝从。汉十年，陈豨果反，上自将而往，信病不从。……（吕后）乃与萧相国谋，诈令人从上所来，言豨已得死，列侯群臣皆贺。相国绐信曰：'虽疾，强入贺。'信入，吕后使武士缚信，斩之长乐钟室。"（《史记·淮阴侯列传》）黥（qíng）布，本名英布，因曾犯法被黥面，故又称黥布。本为项羽封为九江王，楚汉相争时，听随何之言归汉，后被封淮南王。汉十一年，韩信、彭越先后被杀，布因恐，发兵反。"上遂发兵自将东击布。……布军败走，渡淮，数止战，不利，与百余人走江南。……番阳人杀布兹乡民田舍，遂灭黥布。"（《史记·黥布列传》）

⑤鸾羽：即鸾鸟。见上文"鸾不絓网"句注。

⑥潢（huáng）洿（wū）：池塘。龙鳞：此即指龙。《大戴礼记·易本命》："有鳞之虫三百六十，而蛟龙为之长。"

⑦藜藿：见上文"藜藿不供，而意侠于方丈"句注。八珍：古代八种烹饪方法。《周礼·天官·膳夫》："珍用八物。"郑玄注："珍，谓淳熬、淳母、炮豚、炮牂、捣珍、渍、熬、肝膋也。"泛指珍馐美味。《三国志·魏书·卫觊传》："饮食之肴，必有八珍之味。"

⑧醽（líng）、醁（lù）：皆美酒名。分言之，醽为湘东美酒，以用衡阳东南酃湖水酿之而得名；醁则以用豫章（今江西南昌）康乐县乌程乡渌水之水酿造得名。合言之则泛指美酒。

⑨摄缕：据杨明照校考，"摄"通"躡"，"缕"乃"履"字之音误。躡履一般指拖着或趿（tā）拉着鞋，此处当指后部无帮的拖鞋。赤舄（xì）：古代天子、诸侯所穿的鞋，赤色，下加木底成双层底。《诗·豳风·狼跋》："公孙硕肤，赤舄几几。"又《大雅·韩奕》："王锡韩侯，淑旂绥章，簟笰错衡，玄衮赤舄，钩膺镂钖。"毛传："赤舄，人君之盛屦也。"《周礼·天官·屦人》郑玄注："舄有三等，赤舄为上。"

⑩缊（yùn）袍：内絮粗旧丝绵或乱麻的衣服（古代中国无棉花），贫者所穿。《论语·子罕》："衣敝缊袍，与衣狐貉者立，而不耻者，其由也与？"邢昺疏："缊袍，衣之贱者。"衮（gǔn）服：即衮衣，古代帝王及上公所穿绘有卷龙的礼服。《周礼·春官·司服》："享先王则衮冕。"郑玄注引郑众曰："衮，卷龙衣也。"

⑪把橦（chuáng）：只手可握的木棍。《孟子·告子上》："拱把之桐梓，人苟欲生之，皆知所以养之者。"赵岐注："拱，合两手也；把，以一手把之也。"杖钺（yuè）：手执斧钺。钺，大斧。

⑫鸣条：风吹树枝发声。《古文苑》卷十一引董仲舒《雨雹对》："太平之世，则风不鸣条，开甲散萌而已。"丝竹，原分指弦乐器与管乐器，此指音乐。

⑬茅茨：本指茅草盖的屋顶，引而指简陋的居室。袁宏《后汉纪·桓帝纪下》："不慕荣宦，身安茅茨。"丹楹，用红漆涂的楹柱，指华丽之居。

⑭采椽：栎木或柞木椽子。言俭朴。《韩非子·五蠹》："尧之王天下也，茅茨不翦，采椽不斫。"刻桷（jué）：刻有花纹的方形椽子。

⑮嵩峰：高山。台榭：《书·泰誓》："惟宫室台榭，陂池侈服，以残害于尔万姓。"孔颖达疏引李巡曰："台，积土为之，所以观望也。台上有屋谓之榭。"

⑯疪：乃瘴字之异体，显系"庇"字之误。杨明照考亦以"庇"为是。岩霤（liù）：岩，洞穴；霤，原谓屋檐，借指屋宇。故岩霤谓以岩洞为居。

⑰敖庾：庾谓粮库。秦代于荥阳西北邙山上建大仓曰敖仓。《史记·项羽本纪》："汉军荥阳，筑甬道属之河以取敖仓粟。"

⑱玄谈：作者自谓外篇属儒家，故此处"玄谈"当为深奥、广泛之谓，非以老庄、《周易》为依托纯辨名理之论。

⑲九皋（gāo）：曲折深远的沼泽。出《诗·小雅·鹤鸣》："鹤鸣于九皋，声闻于野。"毛传："皋，泽也。言身隐而名著也。"陆德明《经典释文》："《韩诗》云：九皋，九折之泽。"

⑳尺蠖（huò）：尺蠖蛾的幼虫。体长而软，屈伸而行，常用以先屈后伸之喻。《易·系辞下》："尺蠖之屈，以求信也；龙蛇之蛰，以存身也。""信"通"伸"。

㉑语本《老子》："大巧若拙，大辩若讷。"

㉒语本《老子》:"知足不辱,知止不殆。"

㉓晞(xī):曝晒。九阳:句本《楚辞·远游》:"朝濯发于汤谷,夕晞余身兮九阳。"王逸注:"九阳,谓天地之涯。"

㉔语本《后汉书·光武帝纪上》:"天下士大夫捐亲戚,弃土壤,从大夫于矢石之间者,其计固望其攀龙鳞,附凤翼,以成其所志耳。"以"附凤翼"同"攀龙鳞"骈偶,故附翼谓乘凤。下句"仰栖梧桐"亦可证。

㉕见上文"不鹓翩于腐鼠"句注。

㉖玄洲:神话中的十洲之一,见《海内十洲记》。然未言有凤。杨明照以为作者误将凤麟洲记为玄洲。《海内十洲记·凤麟洲》:"凤麟洲在西海之中央,地方一千五百里。洲四面有弱水绕之,鸿毛不浮,不可越也。洲上多凤、麟,数万,各为群。"

㉗孰与:比某某如何,用于比照式的疑问句。辔(pèi):马的嚼子和缰绳。枥(lì):马槽。

㉘牺牛:古代祭祀用的牛。《庄子·列御寇》:"或聘于庄子。庄子应其使曰:'子见夫牺牛乎?衣以文绣,食以刍叔,及其牵而入于太庙,虽欲为孤犊,其可得乎?'"

【译文】

'另外安于贫穷的人把没有钱财当作富有,甘愿卑微的人以不当官为荣耀。因此管宁浮海归乡而内心宁静澄澈,胡昭甘心情愿亲自耕种田地。关龙逢和比干有道德太好的罪过,韩信和英布因功大而遭刑罚。一根树枝就可以令鸾凤落脚,何必麻烦用茂密的树林呢?池塘和水洼就能浮起蛟龙,哪里还用得着到大海中去呢?野菜比珍馐更加味美,清凉的泉水比美酒还要甘甜;拖鞋比帝王的赤舄更漂亮,絮麻的袍子比三公的衮服还好看;拿根木棒比扛着斧钺安全,风吹树枝比丝竹乐器的演奏动听;茅草房子比红柱的华屋艳丽,原木椽子比雕刻的椽子珍贵;登上高山就是登台榭,有岩洞蔽身就是住进了华美的房屋;写出的著作积累起来就是大粮仓,珍爱自己的玄妙议论就是金子和玉石;抛开短见的人依恋的浅显追求,扔掉平庸仆人般的欲望;在曲折深远的沼泽中遨游而感到欢乐,运用聪明才智就感到超凡脱俗。和尺蠖一样曲身收敛,藏起光亮保守淳朴之风;表现笨拙之态,显示言语迟钝,懂得凡事有限度就总是知足。这样之后再去体味芝兰的芬芳,像风一样飘飞,像云一样浮动。到天地的边缘去沐浴阳光,乘凤到高空去畅游,向上在梧桐树上栖息,向下在北海玄洲落脚。这与咬上嚼子关在马厩中的马、披上绣衣准备做祭品的牛相比怎么样?'

【原文】

赴势公子曰:'夫入而不出者,谓之耽宠忘退;往而不反者,谓之不仕无义①。故达者以身非我有②,任乎所值。隐显默语,无所必固③。时止则止,时行则行④。束帛之集⑤,庭燎之举⑥,则君子道长,在天利见⑦。若运涉阳九⑧,逸胜之时,则不出户庭,括囊勿用⑨。龙起凤戢,随时之宜。古人所以或避危乱而不肯入⑩,或色斯而不终日者⑪,虑巫山之失火,恐芝艾之并焚耳⑫。

【注释】

①"入而不出","往而不反"本《韩诗外传》卷五:"朝廷之士为禄,故入而不能出;山林之士为名,故往而不能返。入而亦能出,往而亦能返,通移有常,圣也。"按通移谓转化、转变。"不仕无义"出《论语·微子》:"子路曰:'不仕无义。长幼之节,不可废也;君臣之义,如之何其废之?欲洁其身而乱大伦。'"

②句本《庄子·知北游》:"舜问乎丞曰:'道可得而有乎?'曰:'汝身非汝有也,汝何得有夫道?'舜曰:'吾身非吾有也,孰有之哉?,曰:'是天地之委形也。'"

③隐显默语:出《易·系辞上》:"子曰:'君子之道,或出或处,或默或语。'"必固:出《论语·子罕》:"子绝四:毋意,毋必,毋固,毋我。"谓不臆测、不断言,不固执,不自以为是。

④句出《易·艮》:"彖曰:艮,止也。时止则止,时行则行,动静不失其时,其道光明。"

⑤束帛:捆在一起的五匹帛。古用为聘问的礼品。

⑥庭燎:庭院中用以照明的火炬。齐桓公曾设庭燎以待贤士。事见《韩诗外传》卷三。

⑦二句本《易经》。《易·泰》:"彖曰:'泰:小往大来,吉,亨。'则是天地交而万物通也;上下交而其志同也;内阳而外阴,内健而外顺;内君子外小人,君子道长,小人道消也。"又《易·乾》:"九五:飞龙在天,利见大人。"喻圣德之人得居王位,是出仕的有利时候。

⑧阳九:道家称天厄为阳九,地亏为百六。故"阳九"谓灾荒年景和厄运。《汉书·食货志上》:"(王)莽耻为政所致,乃下诏曰:'予遭阳九之厄,百六之会。'"曹植《王仲宣诔》:"会遭阳九,炎光中矇。"

⑨不出户庭:出《易·节》:"初九:不出户庭,无咎。"括囊:见上文"秘六奇以括囊"句注。

⑩《论语·泰伯》:"危邦不入。"故此言不入危乱之地。

⑪色斯:《论语·乡党》:"色斯举矣,翔而后集。"谓表情略有变化,则使鸟飞离,盘旋而后落。后世遂以"色斯"表离去。又,杨明照以本句与上句不俪,且上句出于"危邦不入",以为当删上句"乱"字。是也。

⑫句本《淮南子·俶真训》:"巫山之上,顺风纵火,膏夏紫芝与萧艾俱死。"高诱注:"巫山,在南郡。膏夏,大木也,其理密白如膏,故曰膏夏。紫芝,皆喻贤智也。萧艾,贱草,皆喻不肖。"

【译文】

赴势公子说:'入朝为官不知退隐的人,被称为沉溺于高位忘记退身;隐遁山林不肯入仕的人,被称为不做官不合道义。因此通达事理的人认为身体不属于自己,随所遇到的情况而变。或隐逸,或显达,或沉默,或发言,没有一个一成不变的做法。时势需要停就停,时势需要做就做。在君主礼聘俊士、虚位求贤的时候,君子掌权,就应该出仕为官。至于遭遇厄运,谗言占上风的时候,就足不出户,缄口不言,不为君用。是像龙那样兴起，还是像凤那样隐藏，是随情况而改变的。古代的人之所以有的躲避危险不入危邦求仕，有的迅速离开不等一天终了，是顾虑巫山失火，把紫芝萧艾一起烧死。

【原文】

'方今圣皇御运①，世夷道泰，仁及苍生②，惠风遐迈，威肃鬼方③，泽沾九裔④；仪坤德以厚载⑤，拟乾穹以高盖⑥；神化则云行雨施⑦，玄泽则烟煴汪濊⑧；四门穆穆以博延⑨，主思英逸以俾乂⑩。此乃千载所希值，剖判之一会⑪。而先生慕嘉遁之偏枯，不觉狂、华之患害也⑫；务乎单豹之养内，未睹暴虎之犯外也⑬。是闻涉水之或溺，则谓乘舟者皆败；以商臣之凶逆⑭，则谓继体无类也⑮。'

【注释】

①圣皇：用于称颂时君。依杨明照推，当指东晋元帝。

②苍生：草木丛生处。《书·益稷》："帝光天之下，至于海隅苍生。"孔安国传："言所及广远。"

③鬼方：本上古种族。《易·既济》："高宗伐鬼方，三年克之。"后以指远方。

④九裔："裔"有边远义。《左传·文公十八年》："流四凶族浑敦、穷奇、梼杌、饕餮，投诸四裔。"杜预注："裔，远也。"

⑤坤：谓大地。《易·坤》："象曰……坤厚载物。"又《易·说卦》："坤也者，地也。"

⑥乾：谓天空。《易·说卦》："乾，天也。"

⑦神化：出《易·系辞下》："神而化之，使民宜之。"谓神妙的潜移默化。云行雨施：出《易·乾》："云行雨施，品物流行。"喻广施恩泽。

⑧玄泽：圣恩。《文选·应祯〈晋武帝华林园集诗〉》："玄泽滂流，仁风潜扇。"李善注："玄泽，圣恩也。"烟煴（yūn）：阴阳二气汇合充溢貌。《文选·张衡〈思玄赋〉》："天地烟煴，百卉含葩。"李善注引《周易》曰："天地烟煴，万物化醇。"汪濊（huì）：深广。《汉书·司马相如传》："威武纷云，湛恩汪濊。"颜师古注："汪濊，深广也。"

⑨四门穆穆：出《书·舜典》："宾于四门，四门穆穆。"孔安国传："四门，四方之门。……四方诸侯来朝者，舜宾迎之。"《史记·五帝纪》："'宾于四门，四门穆穆'，诸侯远方宾客皆敬。"故"穆穆"言端庄恭敬。

⑩俾（bǐ）乂（yì）：出《书·尧典》："下民其咨，有能俾乂？"孔安国传："俾，使。乂，治。"按"咨"谓嗟叹。

⑪剖判：指开天辟地。《韩非子·解老》："唯夫与天地剖判也具生，至天地之消散也不死不衰者谓常。"

⑫狂、华：《韩非子·外储说右上》："太公望东封于齐。齐东海上有居士曰狂矞、华士昆弟二人者，立议曰：'吾不臣天子，不友诸侯，耕作而食之，掘井而饮之，吾无求于人也，无上之名，无君之禄，不事仕而事力。'太公望至于营丘，使吏执而杀之。"《淮南

子》《论衡》"喬"作"獝"。按"喬"为"獝"字声符,二字上古都在质部,得通。而《抱朴子》二处作"狷",不知何据,字形不近,音亦不通。不知是否受到《论语·子路》"必也狂狷乎"句的影响。

⑬《庄子·达生》:"鲁有单豹者,岩居而水饮,不与民共利。行年七十,而犹有婴儿之色。不幸遇饿虎,饿虎杀而食之。豹养其内,而虎食其外。"为句之所本。

⑭商臣乃楚成王之子,成王立之为太子,后又欲立商臣庶弟王子职而黜商臣。商臣以宫甲围成王,成王被逼自缢。事见《左传·文公元年》等。

⑮继体:谓非创业之主。无类,犹言不肖。又杨明照《校笺》引孙人和,以为"继体"下脱"者"字。依上句例,是也。

【译文】

'如今圣明的皇帝统御国运,世上平和大道安泰,仁慈布及山野,恩惠传播到远方,威风使域外的方国肃然,德泽使天边也能得到。学习大地以厚德托载万物,模仿天穹高高笼罩人间;神妙的感化如云如雨潜移默化,皇恩广施浩荡无边;恭敬地打开四面之门以便广请贤才,君主盼望超逸的英杰来让他们治理国家。这是千年少遇的时候,是开天辟地以来的唯一机会。但先生追慕合道退隐这种有偏颇之举,没感觉到狂狷、华士行为的祸害,追求像单豹一样地涵养内心,但没有看到凶恶的老虎吃了他的躯体。这相当于听说渡河有人淹死了,就说乘船的人都会遇险;因为楚国商臣凶恶悖逆,就说继承者也没有好人了。'

【原文】

怀冰先生曰:'圣化之盛,诚如高论。出处之事,人各有怀。故尧、舜在上,而箕、颍有巢栖之客①;夏后御世,而穷薮有握耒之贤②。岂有虑于此险哉?盖各附于所安也。是以高尚其志,不仕王侯,存夫爻象③;匹夫所执,延州守节,圣人许焉④。

【注释】

①《吕氏春秋·求人》:"昔者尧朝许由于沛泽之中,……许由辞,……遂之箕山之下,颍水之阳,耕而食,终身无经天下之色。"《汉书·鲍宣传》:"尧、舜在上,下有巢由。"《文选·陆机〈演连珠〉》:"是以巢箕之叟,不眄丘园之币。"刘孝标注:"古之隐人,结巢以居,故曰巢父。或言即许由也。"《汉书·古今人表》等以巢父、许由为二人。

②夏后:夏之君主,指禹。握耒(lěi)之贤:柏成子高。见上文"柏成操耕,而不屑诸侯之高"句注。

③爻(yáo)象:爻指《周易》中组成卦的基本符号,"—"为阳爻,"--"为阴爻。每三爻成一卦,共八卦,称经卦;两卦相重(共六爻)得六十四卦,称别卦。"爻"含交错变化之意。别卦所表示的事物形象称"爻象"。《易·蛊》:"上九:不事王侯,高尚其事。象曰:'不事王侯',志可则也。"

④《论语·子罕》:"子曰:'三军可夺帅也,匹夫不可夺志也。'"为圣人嘉许匹夫所执之出处。延州:延陵季子,亦即吴季札。乃春秋吴国君寿梦少子,有才,寿梦曾欲立

之。及寿梦卒，长子诸樊即位，又从父愿而欲让位于季礼，坚辞不受。"固立之，弃其室而耕，乃舍之。"（《左传·襄公十四年》）又《左传·昭公二十七年》杜预注："季子本封延陵，后复封州来，故曰延州来。"延州即延州来之省。

【译文】

怀冰先生说：'圣明教化的繁盛，确实像你所说的那样。出仕还是隐居的事，人们各怀想法。因此尧、舜在位的时候，箕山颍水有筑巢而居的许由；夏禹统御天下的时候，偏僻的地方也有亲身持耒耜种地的贤者柏成子高。怎么会想到这些危险呢？大约是各自归于觉得安适的地方。因此崇尚自己的志向不去王侯那里做官，表现在爻象之中；普通百姓执着的志向，像延陵季子守节不肯为君，是圣人所赞成的。

【原文】

'仆所以逍遥于丘园①，敛迹乎草泽者，诚以才非政事，器乏治民；而多士云起②，髦彦鳞萃③，文武盈朝，庶事既康④，故不欲复举燿以厕日月之间⑤，拊瓺瓴于洪钟之侧⑥，贡轻扇于坚冰之节，衒裘炉乎隆暑之月⑦，必见捐于无用，速非时之巨噬⑧。若拥经著述，可以全真成名，有补末化；若强所不堪，则将颠沛惟咎⑨，同悔小狐⑩。故居其所长，以全其所短耳。虽无立朝之勋，即戎之劳⑪，然切磋后生⑫，弘道养正，殊涂一致，非损之民也⑬。劣者全其一介，何及于许由⑭；圣世旷而容之，同旷于有唐，不亦可乎！'

【注释】

①丘园：本指乡村、家园，此指隐居处。《易·贲》："六六：贲于丘园，束帛戋戋。"

②多士：众多的贤士，也指百官。《诗·大雅·文王》："济济多士，文王以宁。"

③髦彦：髦本指毛发中的长毫，引申指杰出人物。《尔雅·释言》："髦，俊也。"郭璞注："士中之俊，犹毛中之髦。"彦：贤才，俊士。《诗·郑风·羔裘》："彼其之子，郑之彦兮。"毛传："彦，士之美称。"

④庶事既康：见上文"明良之歌不作"句注。

⑤燿（yì）燿（yào）：燐火。《诗·豳风·东山》："町畽鹿场，熠燿宵行。"毛传："熠燿，燐也。燐，萤火也。"段玉裁订："（燐火）谓鬼火荧荧然者也。"厕：插置；放于某某之间。

⑥拊（fǔ）：击打。瓺（biān）瓴（líng）：粗陋的陶质小盆瓮。

⑦衒（xuàn）：卖弄；自夸。后代用"炫"。

⑧速：请；招。《诗·小雅·伐木》："既有肥羜，以速诸父。"郑玄笺："速，召也。"按羜（zhù）为小羊。

⑨颠沛：本指仆倒，引而指困顿挫折。《论语·里仁》："君子无终食之间违道，造次必于是，颠沛必于是。"言君子无一餐饭之时离开仁道，无论匆忙、困顿皆如此。

⑩见上文"退无濡尾之累"句注。

⑪即戎：谓作战。《易·夬》："不利即戎，利有攸往。"

⑫切磋：本指加工器物。《尔雅·释器》："骨谓之切，象谓之磋。"郭璞注："皆治器

之名也。"此指教育引导。

⑬杨明照考，以为"损"下当有"化"字，可参。译文姑据此。

⑭杨明照曰："此句文意不属。非'何'为'可'之误，即'及'当作'反'。"似前说较妥，译文据之。

【译文】

'我之所以在隐逸中逍遥，在草野民间收敛行迹，实在是因为才干不适于政事，缺少治理百姓的能力。而众多贤士像白云般兴起，杰出的人才像鱼鳞一样聚集排列，文臣武将满朝，诸事妥帖，因此不想再举小小燐火放在太阳月亮之间，在洪钟旁边拍打盆盆罐罐，在结坚冰的季节献上一把轻扇，在盛夏月份卖弄皮裘和火炉，这必然因为无用而被人们扔掉，因为不合时宜大大招致人们的讥笑。如果抱着经典著书立说，还能够保全天性成就名声，对教化有微小的补益；如果强迫去干不能胜任的事，只能是走入困境还尽是过错，将有和过河小狐一样的始易终难的后悔。故此只是发挥长处，而掩盖短处罢了。虽然没有立于朝廷的勋效，上阵作战的功劳，但培养磨砺年轻人，弘扬大道培养正气，与他们可算是殊途同归，并非有坏作用的人。至差也能保全自身一人，可以追随许由；伟大通达的时代可以原谅并容纳我们，正如当年唐尧宽大地对待许由、巢父一样，不也可以吗！'

【原文】

赴势公子勃然自失①，肃尔改容②，曰：'先生立言助教③，文讨奸违，摽退静以抑躁竞之俗④，兴儒教以救微言之绝⑤。非有出者，谁叙彝伦⑥？非有隐者，谁诲童蒙⑦？普天率土，莫匪臣民⑧，亦何必垂缨执笏者为是⑨，而乐饥衡门者可非乎⑩！夫群迷乎云梦者⑪，必须指南以知道⑫；并乎沧海者⑬，必仰辰极以得反⑭。今闻嘉训，乃觉其蔽。请负衣冠⑮，策驽希骥⑯，泛爱与进，不嫌择焉⑰。'"

【注释】

①自失：因感空虚而若有所失。

②肃尔：尔，词尾。肃尔犹言肃然，恭敬而认真貌。

③立言：谓著书立说。《左传·襄公二十四年》："大上有立德，其次有立功，其次有立言，虽久不废，此之谓不朽。"孔颖达疏："立言，谓言得其要，理足可传，其身既没，其言尚存。"

④摽（piāo）：本义乃高举，引申为倡言。躁竞：急于进取而争竞。三国魏嵇康《养生论》："今以躁竞之心，涉希静之涂。"

⑤微言之绝：汉刘歆《移书让太常博士》："及夫子没而微言绝。"《汉书》颜师古注："（微言）精微要妙之言耳。"

⑥见上文"攸叙彝伦"句注。

⑦童蒙：无知的儿童。《易·蒙》："匪我求童蒙，童蒙求我。"朱熹本义："童蒙，幼

稚而蒙昧。"

⑧句本《诗·小雅·北山》:"溥天之下,莫非王土;率土之滨,莫非王臣。"

⑨垂缨执笏（hù）:垂下冠带,手持笏板,是臣子面君的形式。此指在朝为官。笏:朝会时手执的狭长板子,依品第分别以玉、象牙、竹制成,可记事。

⑩乐饥衡门:出《诗·陈风·衡门》:"衡门之外,可以栖迟;泌之洋洋,可以乐饥。"毛传:"衡门,横木为门。言浅陋也。栖迟,游息也。泌,泉水也。洋洋,广大也。乐饥,可乐道忘饥。"实即指隐居。

⑪云梦:古薮泽。据考,汉魏之前所指云梦并不很大,晋以后云梦泽的范围被越说越大,洞庭湖亦被包括在内。

⑫指南:当谓司南。琢勺形磁石置盘以辨向,为指南针之祖。《韩非子·有度》:"先王立司南以端朝夕。"陈奇猷集释:"司南其制盖如今罗盘针,故可以正朝夕也。朝夕犹言东西,日朝出自东,夕入于西。"王充《论衡·是应》:"司南之杓,投之于地,其柢指南。"

⑬"并"字下显然脱一字。杨明照考,以为当是"失"字。

⑭辰极:北斗星。《文选·嵇康〈琴赋〉》:"披重壤以诞载兮,参辰极而高骧。"吕向注:"辰极,北斗也。"

⑮负衣冠:谓执弟子礼。

⑯希骥:谓仰慕、追随才俊。《后汉书·文苑传下·赵壹》:"君学成师范,缙绅归慕,仰高希骥,历年滋多。"李贤注引《法言》曰:"希骥之马,亦骥之乘。"

⑰泛爱:广爱众人,犹言博爱也。《论语·学而》:"泛爱众而亲仁。"又《论语·述而》:"子曰:'与其进也,不与其退也。'"故"与进"言赞成、鼓励进步。

【译文】

赴势公子突然感觉若有所失,变为恭敬的面容,说道:'先生著书立说辅助教化,写作文章讨伐奸逆,倡导退隐恬静来抑制急于争抢的风俗,兴举儒家教诲来拯救孔子以后断绝了的精深微妙之言。没有出仕为官的人,谁来整肃常道?没有隐逸山林的人,谁来教诲儿童?普天下所有的士人,没有谁不是皇帝的臣民,为什么一定要垂冠缨执笏板才是对的,而乐道忘饥居住陋室的隐者就不对呢?成群的人在云梦泽中迷失了方向,必须要有司南指明方向才知道路途;一起在大海中迷失了方向,必须仰观北斗星才能够返回。现在听到您的出色的教诲,才看到自己的无知。我请求为您拿衣帽当个学生,您鞭打我这个驽马,使我能追随骏马,广施仁爱,帮我进步,不要嫌弃呀。'"

卷第二 逸 民

题 解

　　这一篇除了继续以与《嘉遁》篇相似的主客问答形式阐述作者对隐逸的高度赞扬，比之为驺虞、鸳鸾、云鹏和应龙外，更用了很大篇幅，就当初太公望诛杀隐士狂矞、华士兄弟之事予以严厉谴责，并就此大发议论，并反复强调"所谓志人者，不必在乎禄位，不必须乎勋伐"，"天爵贵于印绶""道义既备，可轻王公"。

　　对于太公杀狂矞、华士之举，作者把它与唐尧、虞舜、夏禹、成汤、魏文侯、晋平公等人，尤其是周公旦和汉高祖刘邦宽以待人、礼贤下士的胸怀和作风作了比较，认为太公"长于用兵，短于为国"，其"苛酷""残贼""适足以驱俊民以资他国，逐贤能以遗仇敌"。作者认为太公之谬还在于，"俗之所患者，病乎躁于进趋"，而缺少"安贫乐贱者"，认为"诚宜优仿""卓然不群之士"，"以兴谦退"之风。显然，作者实际上是借此对晋代"纷扰日久"，"求竞成俗"，以及不能真正对士人"贵而重之"，不"惧于失人"提出了严厉批评。

【原文】

　　抱朴子曰："余昔游乎云台之山而造逸民①，遇仕人在焉。仕人之言曰：'明明在上②，总御八纮③，华夷同归，要荒服事④；而先生游柏成之遐武⑤，混群伍于鸟兽⑥。然时移俗异，世务不拘，故木食山栖，外物遗累者⑦，古之清高，今之逋逃也⑧。君子思危于未形，绝祸于方来，无乃去张毅之内热⑨，就单豹之外害⑩，畏盈抗虑⑪，忘乱群之近忧；避牛迹之浅巇，而堕百仞之不测；违濡足之泥泾⑫，投炉冶而不觉乎？'

【注释】

　　①云台山：古称云台者有二，一在今四川苍溪县东南，又名天柱山；一在今陕西华阴县，即华山之北峰。《内篇》有言云台山处，见《金丹》及《登涉》，指前者。而后者隐逸者与道家多居之。杨明照以为此泛指高山，言其高耸入云，如《淮南子·俶真训》"云台之高，堕者折脊碎脑"句然。

　　②明明：亦如《嘉遁》篇以"圣皇"称时君，意谓其明智、明察。出《诗·大雅·

江汉》：“明明天子，令闻不已。”按令闻谓美好的声誉。

③八纮(hóng)：八方极远之地。《淮南子·地形训》："九州之外，乃有八殥，亦方千里；八殥之外，而有八纮，亦方千里。"纮：天地的周界。

④要(yāo)荒：古代王畿以外按距离远近分为五服，每服五百里，最远为荒服，其次要服。故以"要荒"称极远之地。各书对每服的距离有不同说法。刘向《新序·杂事二》："要荒来宾，麟凤在郊。"服事：五服之内所封诸侯定期朝贡，各依服数以事天子。

⑤柏成：柏成子高。见《嘉遁》篇"柏成操耜，而不屑诸侯之高"句注。遐武：前人的足迹。《文选·张衡〈东京赋〉》："轶五帝之长驱，踵三皇之遐武。"薛综注："遐，远也；武，迹也。"

⑥此句义言隐逸山林。

⑦外物：见《嘉遁》篇"安能苦形于外物哉"句注。遗累：杨明照引孙人和，以为当作"遣累"。按孙、杨之说诚合于作者的用语习惯，然"遗"有弃去义，且稚川之先后亦有以"遗累"连文者，如《文选·陆机〈吊魏武帝文〉》："既睎古以遗累，信简礼以薄葬。"《宋书·蛮夷传·婆黎国》："子因以遗情遗累，虚心为道，而据事剖析者，更由指掌之间乎！"本文《交际》篇"内遗心竞之累"尤为确证。

⑧逋(bū)：逃也。《说文·辵部》："逋，亡也。"

⑨张毅：见《庄子·达生》："有张毅者，高门县薄，无不走也，行年四十而有内热之病以死。"按"高门县(xuán)薄，无不走也"谓无论富贵之家、小户人家，莫不趋走参谒。

⑩单豹之外害：见《嘉遁》篇"务乎单豹之养内，未睹暴虎之犯外也"句注。

⑪抗虑：思虑遥远。

⑫泾：杨明照曰："'泾'字误。当依藏本、吉藩本改为'浧'。"按即"湿"字。

【译文】

抱朴子说："我以前到云台山游历，并到一位隐逸的人那里去拜访，遇到一位做官的人在那儿，这位做官的人说：'贤明的君主在上，统御着四面八方很远的地方，华夏和四夷同归其版图，极远处都来臣服奉事；而先生却去寻游柏成子高的遥远足迹，与鸟兽为伍成群。但是时代已经前进，风俗已经变化，社会追求的是不受约束。因此以野树的果实充饥，在山中居住，抛却身外之物的拖累，古代认为是清高，现在认为是逃避。君子考虑危险是在它没形成的时候，杜绝祸患应在它到来之前，岂不是去掉了张毅的内心焦灼，而走向单豹被虎吃掉的危险境地；害怕盈满而思虑遥远，却忘记了惑乱百姓的忧患就在眼前；避开了牛蹄窝的小小危险，却堕入万丈的深渊；躲开能把脚沾湿的泥水之地，却落进冶炼的炉子而没觉察吧？'

【原文】

逸民答曰：'夫锐志于雏鼠者，不识驺虞之用心①；盛务于庭粒者，安知鸳鸾之远指②？犹焦螟之笑云鹏③，朝菌之怪大椿④，坎蛙之疑海鳖⑤，井蛇之嗤应龙也⑥。子诚喜惧于劝沮⑦，焉识玄旷之高韵哉⑧！吾幸生于尧、舜之世，

何忧不得此人之志乎？'

【注释】

①驺（zōu）虞：传说中的义兽。《诗·召南·驺虞》："彼茁者葭，壹发五豝，于嗟乎驺虞。"毛传："驺虞，义兽也。白虎黑文，不食生物，有至信之德则应之。"

②鹓鸾：鹓雏与鸾鸟，皆凤属。"鹓"通"鹓（yuān）"。《庄子·秋水》谓鹓雏"非梧桐不止，非练实不食，非醴泉不饮"。《汉书·息夫躬传》："鹰隼横厉，鸾俳佪兮！"颜师古注："鸾，神鸟也。"《旧唐书·文苑传上·杨炯》："鸾者，太平之瑞也。"

③焦螟：传说中一种极小的虫。《列子·汤问》："江浦之间生么虫，其名曰焦螟。群飞而集于蚊睫，弗相触也；栖宿去来，蚊弗觉也。"云鹏，见《嘉遁》篇"侣云鹏以高逝"句注。

④见《嘉遁》篇："无朝菌之荣，望大椿之寿"句注。

⑤典见《庄子·秋水》："子独不闻夫埳井之蛙乎？谓东海之鳖曰：'吾乐与！出跳梁乎井干之上，入休乎缺甃之崖；赴水则接腋持颐，蹶泥则没足灭跗；还虷蟹与科斗，莫吾能若也。且夫擅一壑之水，而跨跱埳井之乐，此亦至矣，夫子奚不时来入观乎！'东海之鳖左足未入，而右膝已絷矣。于是逡巡而却，告之海曰：'夫千里之远，不足以举其大；千仞之高，不足以极其深。禹之时十年九潦，而水弗为加益；汤之时八年七旱，而崖不为加损。夫不为顷久推移，不以多少进退者，此亦东海之大乐也。'于是埳井之蛙闻之，适适然惊，规规然自失也。"按埳同坎，坎井谓浅井；跳梁，跳跃貌；井干，井口边，井台；甃（zhòu），井壁砖；跗（fū），足背；虷（hán），即孑孓，蚊子的幼虫；絷（zhí），绊；适（tì）适，惊怖之容；规规，自失貌。

⑥井蛇：杨明照考，当为"鱼蛇"。按井蛇当因上句致误。应龙：有翼之龙。句本《文选·班固〈答宾戏〉》："应龙潜于潢汙，鱼鼋媟之。不睹其能奋灵德，合风云，超忽荒，而踆昊苍也。"按媟（xiè），轻侮不敬；踆（jù），以足据持。

⑦惧：令人惧，恐吓。劝沮：鼓励和禁止。《墨子·非命中》："发宪布令以教诲，明赏罚以劝沮。"

⑧玄旷：高远开旷。晋陆机《赠冯文罴迁斥丘令》："迈心玄旷，矫志崇邈。"

【译文】

隐居者回答说：'愿望迫切地去获取小老鼠的，理解不了义兽驺虞的用心；致全力去追求庭院中的米粒的，怎么能知道凤凰的远大目标呢？就像是微小的焦螟嘲笑云中的大鹏，短命的朝菌骇怪长寿的大椿，小坑里的青蛙疑惑海中的巨鳖，鱼和蛇嗤笑有翅的应龙一样。您确实喜欢筌人听闻地进行鼓励和阻止，哪里能理解高远开阔的高尚神韵呢！我有幸生活在尧舜一样的时代，怎么会忧虑不能获得这些人的思想呢？'

【原文】

仕人曰：'昔狂狷、华士义不事上，隐于海隅，而太公诛之①。吾子沉遁②，不亦危乎？'

【注释】

①见《嘉遁》篇"不觉狷、华之患害也"句注。
②沉遁：深深地隐居，谓坚决不出仕。

【译文】

为官者说：'从前狂狷、华士自觉正义而不奉事国君，隐居在海边，而太公吕尚杀了他们。您坚决隐逸不仕，不也很危险吗？'

【原文】

逸民曰：'吕尚长于用兵，短于为国①，不能仪玄黄以覆载②，拟海岳以博纳，褒贤贵德，乐育人才，而甘于刑杀，不修仁义；故其劫杀之祸，萌于始封，周公闻之，知其无国也③。夫攻守异容，道贵知变，而吕尚无烹鲜之术④，出致远之御⑤，推战陈之法⑥，害高尚之士，可谓赖甲胄以完刃⑦，又兼之浮泳；以射走之仪，又望求之于准的者也。'

【注释】

①吕尚：《史记·齐太公世家》："太公望吕尚者，东海上人。……其先祖……虞夏之际封于吕，……本姓姜氏，从其封姓，故曰吕尚。……于是周西伯猎，果遇太公于渭之阳，……载与俱归，立为师。……周西伯昌之脱羑里归，与吕尚阴谋修德以倾商政，其事多兵权与奇计，故后世之言兵及周之阴权，皆宗太公为本谋。……天下三分，其二归周者，太公之谋计居多。……散鹿台之钱，发钜桥之粟，以振贫民；封比干墓，释箕子囚；迁九鼎，修周政，与天下更始，师尚父谋居多。"
②玄黄：天地。本之《易》天玄地黄之说。
③《韩诗外传》卷十："昔者太公望周公旦受封而见。太公问周公何以治鲁。周公曰：'尊尊亲亲。'太公曰：'鲁从此弱矣。'周公问太公曰：'何以治齐？'太公曰：'举贤尚功。'周公曰：'后世必有劫杀之君矣。'后齐日以大，至于霸，二十四世而田氏代之。鲁日以削，三十四世而亡。"故"知其无国"谓知其将要丢掉国家。
④烹鲜：谓治国。《老子》六十四章："治大国若烹小鲜。"河上公注："烹小鱼，不去肠，不去鳞，不敢挠，恐其糜也。治国烦，则下乱。"
⑤杨明照《校笺》引孙人和曰："按：'出致远之御'，义不可通。'出'乃'拙'之坏字。《官理》篇云：'故良骏败于拙御。是其义矣。'"依此，句义以不善御马致远喻缺乏长远统治之法。
⑥陈：阵的古字。
⑦杨明照校，以为"完"乃"免"字之误，并引《淮南子·说林》"尝被甲而免射者，被而入水，可谓不知类矣"为据。

【译文】

隐居者说：'吕尚长于用兵打仗，而短于治理国家。不能效法玄天黄地来覆盖天下和托载万物，模仿大海和高山来广泛接纳人才，褒奖贤者，尊崇仁人，乐于培育人才；而甘心于刑罚杀戮，不修治仁义；因此他用威胁和杀害造成祸患，是从他开始被封就萌芽的，周公听说了，知道他们将来会失掉国家。进攻和防守情况是不一样的，道的可贵之处在于知道变化，而吕尚没有治理国家的办法，没有可使马跑远路的御马之术，将列阵打仗的方法推而广之，杀害高尚的士人，可以说与依赖甲胄来抵挡刀剑，又想穿着它去游泳；用箭去射飞快移动的箭靶，又想要求射中靶心是一样的。'

【原文】

'夫倾庶鸟之巢，则灵凤不集；漉鱼鳖之池，则神虬遐逝；刳凡兽之胎，则麒麟不跱其郊①；害一介之士，则英杰不践其境。吕尚创业垂统②，以示后人，而张苛酷之端，开残贼之轨③，适足以驱俊民以资他国，逐贤能以遗仇敌也。去彼市马骨以致骏足④，轼陋巷以退秦兵者⑤，不亦远乎！子谓吕尚何如周公乎？'

【注释】

①漉（lù）：使干涸，使净尽。虬（qiú）：无角龙。刳（kū）：剖开。跱（zhì）：来到。以上六句本《大戴礼记·易本命》："故帝王好坏巢破卵，则凤皇不翔焉；好竭水搏鱼，则蛟龙不至焉；好剖胎杀夭，则麒麟不来焉。"

②创业垂统：把基业传留后人。一般指君王。《孟子·梁惠王下》："君子创业垂统，为可继也。"

③残贼：残忍暴虐。汉袁康《越绝书·吴人内传》："纣为天下，残贼奢侈，不顾邦政。"

④典见《战国策·燕策一》："郭隗先生曰：'臣闻古之君人有以千金求千里马者，三年不能得。涓人言于君曰：'请求之。'君遣之。三月得千里马，马已死，买其骨五百金，反以报君。君大怒曰：'所求者生马，安事死马而捐五百金！'涓人对曰：'死马且买之五百金，况生马乎！天下必以王为能市马，马今至矣。'于是不能期年，千里之马至者三。"按涓人谓侍从宦官；捐，浪费；期（jī）年，一整年。

⑤本《吕氏春秋·期贤》："魏文侯过段干木之闾而轼之。其仆曰：'君胡为轼？'曰：'此非段干木之闾欤！段干木盖贤者也，吾安敢不轼！且吾闻段干木未尝肯以己易寡人也，吾安敢骄之！段干木光乎德，寡人光乎地；段干木富乎义，寡人富乎财。'其仆曰：'然则君何不相之？'于是君请相之，段干木不肯受。则君乃致禄百万，而时往馆之。……居无几何，秦兴兵欲攻魏，司马唐谏秦君曰：'段干木，贤者也，而魏礼之，天下莫不闻，无乃不可加兵乎？'秦君以为然，乃按兵辍不敢攻之。"按轼谓立车上手扶轼木致敬。

【译文】

'把一般鸟的巢穴掀翻，灵凤也就不会落下；把鱼鳖所在池塘的水放净，那么神龙就会远远地跑掉；剖取平常兽类的胚胎，麒麟就不会来到郊外；杀害一位士人，杰出的人才就不会踏上你的土地。吕尚创立了周朝的基业并传留后代，为后人做出榜样，但他开苛刻严酷之端，是凶残暴虐的先导，足够驱赶俊杰而帮助其他国家，斥逐贤能来赠送给仇敌了。距离那买马的骨头而使骏马到来，向贤者居住的陋巷致敬导致秦兵退走的做法，不也太远了吗？您说吕尚怎么比得上周公呢？'

【原文】

仕人曰：'不能审也①。'

【注释】

①审：详知。

【译文】

为官者说：'不能深入理解您的意思。'

【原文】

逸民曰：'夫周公大圣，以贵下贱①，吐哺握发②，惧于失人。从白屋之士七十人，布衣之徒亲执贽所师见者十人，所友者十有二人，皆不逼以在朝也③。设令吕尚居周公之地，则此等皆成市朝之暴尸④，而沟涧之腐胔矣⑤。

【注释】

①句出《易·屯》："象曰：……以贵下贱，大得民也。"

②见《嘉遁》篇"悲吐握之良苦"句注。

③白屋：指不旋采色，露出木材的房屋。一说，以白茅覆顶的房屋。《汉书·王莽传上》："开门延士，下及白屋。"颜师古注："白屋，谓庶人以白茅覆屋者也。"《说苑·尊贤》："周公旦白屋之士所下者，七十人。"《荀子·尧问》："伯禽将归于鲁，周公谓伯禽之傅曰：……我，文王之为子，武王之为弟，成王之为叔父，吾于天下不贱矣，然而吾所执贽而见者十人，还贽而相见者三十人，貌执之士者百有余人。"《韩诗外传》卷三："周公践天子之位七年，布衣之士所执贽而师见者十人，所友见者十二人，穷巷白屋所先见者四十九人，时进善者百人。"按各书所载人数有异，不必拘也。贽（zhì）：见尊者所持的礼物。

④《周礼·秋官·掌戮》："凡杀人者，踣诸市，肆之三日。"《礼记·檀弓》郑玄注："肆，陈尸也。大夫以上于朝，士以下于市。"

⑤胔（zǐ）：尸体。

【译文】

隐居者说：'周公是位大圣人，有尊贵的地位却谦逊地对待低贱的人，吃一次饭三次吐出来，洗一次头发要用手握住三次，害怕失掉人才。跟随他的有平民百姓七十人，无官职而由他亲自拿着礼物以师礼去拜见的十人，和他交朋友的十二人，全都不以一定上朝为官相逼迫。假如吕尚在周公的位置上，那这些人全得成为市上朝中暴露的死尸，或水沟里的腐烂骨殖了。

【原文】

'唐尧非不能致许由、巢父也①，虞舜非不能胁善卷、石户也②，夏禹非不能逼柏成子高也③，成汤非不能录卞随、务光也④，魏文非不能屈干木也⑤，晋平非不能吏亥唐也⑥，然服而师之⑦，贵而重之。岂六君之小弱也？诚以百行殊尚⑧，默默难齐⑨，慕尊贤之美称，耻贼善之丑迹，取之不足以增威，放之未忧于官旷，从其志则可以阐弘风化，熙隆退让⑩，厉苟进之贪夫⑪，感轻薄之冒昧；虽器不益于旦夕之用，才不周于立朝之俊，不亦愈于胁肩低眉⑫，谄媚权右⑬，提贽怀货⑭，宵征同尘⑮，争津竞济，市买名品，弃德行学问之本，赴雷同比周之末也⑯？彼六君尚不肯苦言以侵隐士，宁肯加之锋刃乎！圣贤诚可师者，吕尚居然谬矣⑰。

【注释】

①见《嘉遁》篇"各守洗耳之高"及"箕、颍有巢栖之客"二句注。

②善卷、石户：皆《庄子》中人物。《庄子·让王》："舜以天下让善卷，善卷曰：'余立于宇宙之中，冬日衣皮毛，夏日衣葛绤；春耕种，形足以劳动；秋收敛，身足以休食；日出而作，日入而息，逍遥于天地之间而心意自得，吾何以天下为哉！悲夫，子之不知余也！'遂不受。于是去而入深山，莫知其处。"按葛（gé）指以葛纤维制的布和衣服，绤（chī）则为其细者。又："舜以天下让其友石户之农，石户之农曰：'捲捲乎后之为人，葆力之士也！'以舜之德为未至也，于是夫负妻戴，携子以入于海，终身不反也。"按"后"谓君王，此指舜；捲捲，用力貌，言勤苦；葆力言心志坚定。

③见《嘉遁》篇"柏成操耕，而不屑诸侯之高"句注。

④事见《庄子·让王》："汤将伐桀，先后谋于卞随、瞀光，皆曰'非吾事也'，问之孰可，亦皆曰'吾不知也'。及汤与伊尹谋而克桀，以让卞随，卞随辞曰：'后之伐桀也谋乎我，必以我为贼也；胜桀而让我，必以我为贪也。吾生乎乱世，而无道之人再来漫我以其辱行，吾不忍数闻也。'乃投椆水而死。汤又让瞀光曰：'知者谋之，武者遂之，仁者居之，古之道也。吾子胡不立乎？'瞀光辞曰：'废上，非义也；杀民，非仁也；人犯其难，我享其利，非廉也。吾闻之曰：非其义者，不受其禄；无道之世，不践其土。况尊我乎！吾不忍久见也。'乃负石而自沉于庐水。"按瞀光，赵本及《吕氏春秋》作"务光"。

⑤见《嘉遁》篇"轼陋巷以退秦兵"句注。

⑥亥唐：见《孟子·万章下》："晋平公之于亥唐也，入云则入，坐云则坐，食云则食；虽疏食菜羹，未尝不饱，盖不敢不饱也。然终于此而已矣。"按入云则入谓云入则入，下同；疏食，即疏食，粗米饭。

⑦服而师之：杨明照以为藏本之"复而肆之"是，且引陈汉章、孙人和说，考辨甚详，不赘引。译文从"复而肆之"。

⑧百行（xíng）殊尚：各种品行者所尚悬殊。百行，《诗·卫风·氓》："士之耽兮，犹可说也。"郑玄笺："士有百行，可以功过相除。"嵇康《与山巨源绝交书》："故君子百行，殊途而同致。"

⑨默默：徐济忠、孙星衍以为当作"语默"，杨明照以为当作"默语"。按杨说是。"默语"本《易·系辞上》："子曰：君子之道，或出或处，或默或语。"

⑩熙隆：令兴盛；令盛行。《三国志·吴志·诸葛恪传》："诸葛恪得承祖考风流之烈，……并履忠勤，熙隆世业。"

⑪厉：打击；制止。皇甫谧《高士传·序》："然则高让之士，王政所先，厉浊激贪

之务也。"苟进:苟且以求取禄位。《楚辞·贾谊〈惜誓〉》:"或偷合而苟进兮,或隐居而深藏。"

⑫胁肩:耸肩缩头,故作敬畏。《孟子·滕文公下》:"胁肩谄笑,病于夏畦。"按后句言比夏天在菜地里工作还累。

⑬权右:权门右族,谓显贵。古以右为上。汉荀悦《申鉴·政体》:"嘉守节而轻狭陋,疾威福而尊权右。"

⑭货:财物。《书·洪范》:"八政:一曰食,二曰货,……"孔颖达疏:"货者,金玉布帛之总名。"

⑮宵征:出《诗·召南·小星》:"肃肃宵征,夙夜在公。"毛传:"宵,夜。征,行。"同尘:本《老子》五十六章:"和其光,同其尘。"魏源本义:"以尘之至杂而无所不同,则于万物无所异矣。"

⑯雷同:《楚辞·九辩》:"世雷同而炫曜兮,何毁誉之昧昧。"王逸注:"俗人群党相称举也。"比周:结党营私。《管子·立政》:"群徒比周之说胜,则贤不肖不分。"

⑰居然:显然。《三国志·魏志何夔传》:"显忠直之赏,明公实之报,则贤不肖之分,居然别矣。"

【译文】

 '唐尧不是不能让许由、巢父来为官,虞舜不是不能强迫善卷和石户之农,夏禹不是不能威逼柏成子高,商汤不是不能任用卞随和务光,魏文侯不是不能让段干木屈心就仕,晋平公不是不能让亥唐为官,但都从其本志并以之为师,珍视并尊重他们。难道这六位君主弱小无能吗?实在是因为各种德行的人崇尚的东西很不相同,或沉默或言语难于划一,美慕尊崇贤者的美称,耻于杀害良才的恶行,让他们来,不足以增加自己的威风;放走他们,也不会发愁官员匮乏,听任他们的意志就能够弘扬德风教化,使退让之风兴盛起来;打击苟且求进贪求官职的人,让他们感觉到轻浮浅薄的无知。虽然这样不利于人才早晚使用,也不能使立于朝廷的人更全面,但不也比耸肩低头,向权门显贵谄媚,手提怀揣着财物去送礼,连夜奔走于尘俗之路,像抢渡口过河一样相互竞争。用钱购买名位品级,丢掉了道德品行学问这些根本的东西,都走向结党营私互相称举的歧出末路强吗?那六位君主尚且不肯用逆耳之言损伤隐士,怎么肯向他们施以刀剑呢?圣贤们真是值得师法的,吕尚显然是错了。

【原文】

 '汉高帝虽细行多阙,不涉典艺,然其弘旷恢廓,善恕多容,不系近累,盖豁如也①。虽饥渴四皓,而不逼也。及太子卑辞致之,以为羽翼,便敬德矫情,惜其大者,发《黄鹄》之悲歌,杜婉妾之觊觎②。其珍贤贵隐,如此之至也。宜其以布衣而君四海,其度量盖有过人者矣。

【注释】

①汉高帝:汉高祖刘邦。庙、谥全称"太祖高皇帝",故称。细行:小事,小节。阙:不足。后代多用"缺"。典艺:典籍。不系近累:不为身边琐事所牵累束缚。豁如:犹言

豁然。《史记·高祖本纪》："高祖，沛丰邑中阳里人，姓刘氏，字季。……仁而爱人，喜施，意豁如也。常有大度，……为泗水亭长，廷中吏无所不狎侮。好酒及色。"又《郦生陆贾列传》："沛公不好儒，诸客冠儒冠来者，沛公辄解其冠，溲溺其中。与人言，常大骂。"又："陆生时时前说称《诗》《书》。高帝骂之曰：'乃公居马上而得之，安事《诗》《书》！'陆生曰：'居马上得之，宁可以马上治之乎？……'高帝不怿而有惭色，乃谓陆生曰：'试为我著秦所以失天下，吾所以得之者何，及古成败之国。'陆生乃粗述存亡之征，凡诸十二篇。每奏一篇，高帝未尝不称善，左右呼万岁。号其书曰《新语》。"

②四皓：即下引《留侯世家》中四老人。本隐居于商山。及高祖欲废太子刘盈而改立戚夫人子如意，吕后用张良计迎之。以须眉皆白而称"皓"。婉妾：指戚夫人。觊（jì）觎（yú）：非分的希望或企图。《史记·留侯世家》："上……愈欲易太子。留侯谏，不听，因疾不视事。叔孙太傅称说引古今，以死争太子。上详许之，犹欲易之。及燕，置酒，太子侍，四人从太子，年皆八十有余，须眉皓白，衣冠甚伟。上怪之，问曰：'彼何为者？'四人前对，各言名姓，曰东园公，甪里先生，绮里季，夏黄公。上乃大惊，曰：'吾求公数岁，公避逃我，今公何自从吾儿游乎？'四人皆曰：'陛下轻士善骂，臣等义不受辱，故恐而亡匿。窃闻太子为人仁孝，恭敬爱士，天下莫不延颈欲为太子死者，故臣等来耳。'上曰：'烦公幸卒调护太子。'……召戚夫人……曰：'我欲易之，彼四人辅之，羽翼已成，难动矣。吕后真而主矣。'戚夫人泣，上曰：'为我楚舞，吾为若楚歌。'歌曰：'鸿鹄高飞，一举千里。羽翮已就，横绝四海。横绝四海，当可奈何！虽有矰缴，尚安所施！'……竟不易太子。"按"甪"音 lù（路）；矰（zēng）缴（zhuó），射鸟用拴绳的箭。

【译文】

'汉高祖刘邦虽然在小事小节上多有缺漏，不学儒家经典，但是他气度恢弘开阔，善于原谅多有容忍，不为身边琐事所束缚，总之是很豁达的。虽然渴望得到商山四皓，但也不逼迫他们。等到太子用谦卑的言辞把他们请来辅佐自己，就尊敬他们的道德而掩饰自己的真情，重视他们的大节，唱出悲伤的《黄鹄歌》，杜绝了戚夫人立儿子如意为太子的企图。他珍视贤者尊重隐士，到了这种地步。他以普通百姓的身份而君临天下就是应该的了，大概他的度量确有过人之处。

【原文】

'且夫吕尚之杀狂、华者，在于恐其沮众也①。然俗之所患者，病乎躁于进趋，不务行业耳②，不苦于安贫乐贱者之太多也。假令隐士往往属目③，至于情挂势利，志无止足者，终莫能割此常欲，而慕彼退静者也。开辟已降，非少人也，而忘富遗贵之士，犹不能居万分之一。仲尼亲受业于老子，而不能修其无为④；子贡与原宪同门，而不能模其清苦⑤。四凶与巢、由同时⑥，王莽与二龚共世⑦，而不能效也。凡民虽复笞督之，危辱之，使追狂、华，犹必不肯，乃反忧其坏俗邪？吕尚思不及此，以军法治平世，枉害贤人，酷误已甚矣！赖其功大，不便以至颠沛耳⑧。

【注释】

①沮：令颓丧，令消沉。

②行业：品行和事业。《三国志·魏志·武帝纪》："太祖少机警，有权数，而任侠放荡，不治行业。"

③往往：处处。《管子·度地》："令下贫守之，往往而为界，可以毋败。"

④说见《大戴礼记》《吕氏春秋》《韩诗外传》等多书。《史记·老子韩非列传》："孔子适周，将问礼于老子。老子曰：'子所言者，其人与骨皆已朽矣，独其言在耳。且君子得其时则驾，不得其时则蓬累而行。吾闻之，良贾深藏若虚；君子盛德，容貌若愚。去子之骄气与多欲，态色与淫志，是皆无益于子之身。吾所以告子，若是而已。'"按蓬累而行谓如飞蓬之流转；"良贾"句言出色的商人深藏宝货如同无有；"君子"二句言君子身有盛德，外貌则谦退若愚。老子所之即谓"无为"。

⑤子贡、原宪：同为孔子弟子。《史记·仲尼弟子列传》："端木赐，卫人，字子贡。……子贡好废举，与时转货赀。……常相鲁卫，家累千金。"按废谓出售，举通贮；废举言贱入存贮贵贵卖出。又："原宪，字子思。……亡在草泽中。子贡相卫，而结驷连骑，排藜藿入穷阎，过谢原宪。宪摄敝衣冠见子贡。子贡耻之，曰：'夫子岂病乎？'原宪曰：'吾闻之，无财者谓之贫，学道而不能行者谓之病。若宪，贫也，非病也。'"

⑥四凶，巢、由：分见《嘉遁》篇"有虞则四凶戮""各守洗耳之高"及"箕、颍有巢栖之客"句注。

⑦王莽：字巨君，汉元帝皇后之弟。及汉平帝立，元帝后临朝称制，委政于莽，不久弑平帝立孺子婴，自称摄皇帝。三年后称假皇帝，未几篡位自立，国号新。后光武帝刘秀等起兵讨之，兵败被杀。见《汉书·王莽传》。二龚：龚胜与龚舍。"两龚皆楚人也。胜字君宾，舍字君倩。二人相友，并著名节，故世谓之楚两龚。少皆好明经。"二人皆多次受聘，或至官辄去，或托病告归；任官则秉义直谏。后俱归乡里。舍先卒。王莽篡位后，多次使人征迎龚胜，胜卒绝食而死。见《汉书·王贡两龚鲍传》。

⑧颠沛：见《嘉遁》篇"则将颠沛惟咎"句注。

【译文】

另外，吕尚杀狂狷、华士的原因，在于害怕他们令众人颓丧消沉。但世风让人担心的，是急于求取，和不致力于德行事业的毛病，并不是苦于安心乐意于贫贱的人太多了。假如是隐士而处处瞩目事事关心，以至于感情寄托在权势利益上，想法永不满足，就最终不能割舍这种常人的欲望，而追慕那种退让和恬静了。开国以来，并非缺少人才，但忘掉财富地位的人，还不能有这些人的万分之一。孔子亲身受业于老子，但是不能学习到他的"无为"；子贡与原宪是同门弟子，但不能模仿他的清苦。四凶和巢父、许由同时代，王莽和龚胜、龚舍二人同时代，但都不能效法他们。普通百姓即使反复地鞭打责罚他们，威胁屈辱他们，让他们去追随学习狂狷、华士尚且不肯，怎么却反而担心狂狷、华士会败坏风俗呢？吕尚想不到这些，用管理军队的办法来治理太平之世，屈杀贤人，残酷荒谬已太过分了！不过是仗恃他功劳大，不马上让他倒台就是了。

【原文】

'且吕尚之未遇文王也，亦曾隐于穷贱，凡人易之，老妇逐之，卖佣不售，屠钓无获①，曾无一人慕之②。其避世也③，何独虑狷、华之沮众邪？设令殷纣以尚逃遁，收而敛之④，尚临死，岂能自谓罪所应邪？魏武帝亦刑法严峻，果于杀戮⑤，乃心欲用乎孔明。孔明自陈不乐出身。武帝谢遣之曰："义不使高世之士，辱于污君之朝也⑥。"其鞭挞九有⑦，草创皇基⑧，亦不妄矣。

【注释】

①说见《战国策》《韩诗外传》《淮南子》等多书。《战国策·秦策五》："太公望，齐之逐夫，朝歌之废屠，子良之逐臣，棘津之雠不庸，文王用之而王。"高诱注："太公望吕尚，老妇所逐。卖肉于朝歌，肉上生臭，不售，故曰废屠。子良不用而斥逐也。钓鱼于棘津，鱼不食饵。卖庸作，又不能自售也。"按朝歌、棘津为地名，朝歌乃殷都；子良，人名；售，卖出；卖佣，出卖劳力。穷贱：困顿卑贱。

②曾：表让步的副词。意为"连……都……"。

③其：杨明照赞同陈澧说，以为当作"共"。

④敛：杨明照赞同孙星衍说，以为当作"殺"（杀）。

⑤魏武帝：曹操，字孟德，小字阿瞒。生前并未为帝，其子曹丕为魏文帝，追尊曹操为武帝，庙号太祖。《三国志·魏书·武帝纪》裴松之注引《曹瞒传》："（太祖）持法峻刻，诸将有计划胜出己者，随以法诛之，及故人旧怨，亦皆无余。其所刑杀，辄对之垂涕嗟痛之，终无所活。初，袁忠为沛相，尝欲以法治之；沛国桓邵亦轻之。及在兖州，陈留边让言议颇侵太祖，太祖杀让，族其家。忠、邵俱避难交州，太祖遣使就太守士燮尽族之。桓邵得出首，拜谢于庭中，太祖谓曰：'跪可解死邪！'遂杀之。"果：果敢，有决断。《论语·雍也》："由也果，于从政乎何由？"

⑥孔明：胡昭之字。见《嘉遁》篇"胡子甘心于退耕"句注。谢遣：辞别遣散。高世：超绝世俗。污君：无道之君。《孟子·公孙丑上》："柳下惠不羞污君，不卑小官。"

⑦九有：九州。《诗·商颂·玄鸟》："奄有九有。"毛传："九有，九州也。"《三国志·魏书·武帝纪·评》："汉末，天下大乱，雄豪并起，而袁绍虎视四州，强盛莫敌。太祖运筹演谋，鞭挞宇内，揽申、商之法术，该韩、白之奇策，……终能总御皇机，克成洪业者，惟其明略最优也。"按申、商谓申不害与商鞅，韩、白谓韩信与白起。

⑧草创：初创，创建，开始兴办。皇基：帝王的基业。

【译文】

'况且吕尚在没遇上文王的时候，也曾经隐居于困顿低贱之中，一般人都看不起他，老妇人都哄他走，给人干活没人要，宰牛钓鱼都无收获，连一个羡慕他的人都没有。都一样是避世，为什么单单顾虑狂狷、华士会使众人颓丧呢？假使殷纣王因为吕尚逃避于世，就把他抓起来杀掉，吕尚临死的时候，难道会自认为罪有应得吗？魏武帝曹操也刑法严厉，杀人毫不犹豫，而有心想任用胡昭。胡昭自己说，不乐于做官。曹操送走他说：'据正义，不让超绝世俗的士人，在无道昏君的朝廷上受屈辱。'那么曹操挥鞭征战九州，初创了魏朝的皇家基业，也不是胡说了。

【原文】

'纷扰日久,求竞成俗,或推货贿以龙跃,或阶党援以凤起①,风成化习,大道渐芜,后生昧然,儒训遂堙②。将为立身,非财莫可。苟有卓然不群之士,不出户庭③,潜志味道④,诚宜优访⑤,以兴谦退也。夫使孙、吴荷戈,一人之力耳。用其计术,则贤于万夫⑥。今令大儒为吏,不必切事。肆之山林,则能陶冶童蒙⑦,阐弘礼敬⑧。何必服巨象使捕鼠,韝鸢……也⑨!'

【注释】

①货贿:财货,财物。《周礼·天官·大宰》:"六曰商贾,阜通货贿。"郑玄注:"金玉曰货,布帛曰贿。"龙跃、凤起,皆喻人之兴起。

②堙(yīn):泯灭;埋没。《国语·周语下》:"绝后无主,堙替隶圉。"韦昭注:"堙,没也。"

③不出户庭:出《易·节》:"初九:不出户庭,无咎。"

④潜志:犹言潜心,谓专心致志。《后汉书·赵昱传》:"清己疾恶,潜志好学,虽亲友希得见之。"味道:体味哲理;体察道理。汉蔡邕《被州辟辞让申屠蟠》:"安贫乐潜,味道守真。"

⑤优访:优谓嘉奖。《后汉书·东平宪王苍传》:"昔萧相国加以不名,优忠贤也。"按不名谓赞拜时不自呼其名。

⑥孙、吴:春秋时孙武和战国时吴起。《史记·孙子吴起列传》:"孙子武者,齐人也,以兵法见于吴王阖庐。……阖庐知孙子能用兵,卒以为将。西破强楚,入郢,北威齐晋,显名诸侯,孙子与有力焉。……吴起者,卫人也。好用兵。……魏文侯以为将,击秦,拔五城。……以为西河守,以拒秦、韩。……太史公曰:'世俗所称师旅,皆道《孙子》十三篇、《吴起兵法》。'"贤:强;胜过。《仪礼·乡射礼》:"若右胜,则曰右贤于左。"

⑦陶冶:以造砖瓦冶金属喻教化培育。《汉书·董仲舒传》:"或夭或寿,或仁或鄙,陶冶而成之,不能粹美。"颜师古注:"陶以喻造瓦,冶以喻铸金也。言天之生人有似于此也。"

⑧礼敬:杨明照曰:"'敬',疑当作'教'。"并引《庄子》《列子》《韩诗外传》《法言》《申鉴》及本书内外篇多处以证。译文从"礼教"。

⑨韝(gōu)鸢:驾鸢鸟于臂。"韝"本谓架鹰。徐济忠、孙星衍、王国维、杨明照并谓"鸢"下有脱文。

【译文】

'动荡不安的时间长了,贪求争竞成了风俗,有的人靠以钱财贿赂而像龙一般跃升,有的人靠同伙的帮助像凤一样兴起,这种风气已经形成,常理正道逐渐荒废,年轻人暗昧无知,儒家的训导于是被埋没了。准备要立身,除了钱没有什么能行。如果有异常卓越超出常人的人,不出家门入于仕途,专心深入地体察哲理,确实应该嘉奖拜望,以倡导谦和退让的风气。假如让孙武和吴起各自扛起武器,也只是一个人的力量。而运用他们的计谋战术,就比一万人还要强。现在让儒家大师去当官,不一定切合情事。而放他们于山野林间不来为官,却能够培养教育儿童,弘扬礼仪教化。为什么一定要降服大象让它去捉老鼠,把鸾凤像驾鹰一样驾在臂上……'

【原文】

'……则钟鼎镌其声①。若乃零沦薮泽,空生徒死,亦安足贵乎?'

【注释】

①杨明照曰:"孙星衍谓'脱仕人曰数语',甚是。"钟鼎镌其声:谓铭刻其功勋业绩于钟鼎。

【译文】

'……就会在钟鼎上铭刻他们的功勋业绩。至于飘零沦落在沼泽野地的人,白白生来白白死去,又哪里值得尊重呢?'

【原文】

逸民答曰:'子可谓守培塿①,玩狐丘②,未登阆风而临云霓③;翫滢汀④,游潢洿⑤,未浮南溟而涉天汉⑥。凡所谓志人者,不必在乎禄位,不必须乎勋伐也⑦。太上无己,其次无名⑧,能振翼以绝群,骋迹以绝轨⑨,为常人所不能为,割近才所不能割,少多不为凡俗所量,恬粹不为名位所染⑩,淳风足以濯百代之秽⑪,高操足以激将来之浊。何必纡朱曳紫⑫,服冕乘轺⑬,被牺牛之文绣⑭,吞詹何之香饵⑮,朝为张天之炎热,夕成冰冷之委灰!

【注释】

①培(pǒu)塿(lǒu):小土丘。《方言》卷十三:"冢,秦晋之间谓之坟,或谓之培。自关而东谓之丘。小者谓之塿,大者谓之丘。"汉应劭《风俗通·山泽·培》引《左传》:"培塿无松柏。"

②狐丘:狐穴居的小山丘。

③阆(làng)风:传说中神仙居住的山。《楚辞·离骚》:"朝吾将济于白水兮,登阆风而緤马。"王逸注:"阆风,山名,在昆仑之上。"霓:副虹。云霓借指高空。

④翫(wán):观赏。滢(yìng)汀(tìng):极小的河流。

⑤潢(huáng)洿(wū):池塘。

⑥南溟(míng):南方的大海。《庄子·逍遥游》:"是鸟也,海运则将徙于南冥。南冥者,天池也。"按冥,后代作"溟"。天汉:天河。《诗·小雅·大东》:"维天有汉,监亦有光。"毛传:"汉,天河也。"按监(jiàn),照视。

⑦伐:功劳。《左传·庄公二十八年》:"且旌君伐。"杜预注:"伐,功也。"按句言还要表彰您的功劳。

⑧二句本《庄子·逍遥游》:"故曰至人无己,神人无功,圣人无名。"太上:最上。

⑨骋迹:纵横驰骋,往来自如。《文选·吴质〈答东阿王书〉》:"步武之间,不足以骋迹。"李周翰注:"言步迹之间地小,何足使良马驰骋其轨迹也。"

⑩恬：淡泊；淡漠。
⑪淳：敦厚质朴。
⑫纡（yū）朱曳（yè）紫：佩朱、紫印绶。言地位显贵。朱、紫为高官所佩印上绶带的颜色。
⑬服冕乘轺（yáo）：戴礼帽乘轻车。冕：《说文·曰部》："冕，大夫以上冠也。"
⑭见《嘉遁》篇"同被绣于牺牛哉"句注。
⑮詹何：《淮南子·原道》："加之以詹何、娟嬛之数。"高诱注："詹何、娟嬛，古善钓人名。"

【译文】

隐居者回答说：'您可以称是守着小山坡，在狐狸所居的土丘上玩耍，没有登上过仙人的阆风山却到了云霞之上；在小小溪流边玩赏，在池塘中游泳，未曾漂浮于南方的大海却涉足天河。凡是所谓守志隐逸的人，不必在于俸禄爵位，不必等待功勋表彰。最高境界是没有自身，其次是没有名声。能够抖动翅膀飞离群鸟，能够放马奔驰脱开常轨，做常人不能做的事情，割舍浅者不肯割舍的东西，他们的多少不是世俗的人所能衡量的，他们的淡泊纯粹不被名誉地位所沾染，淳厚质朴的作风足以洗濯百代的污秽，高尚的节操足以冲刷将来的混浊。为什么一定要佩带上红绶紫绶的官印，戴上礼帽坐上轻便马车，如同披上当祭品的牛的纹饰绣帔，吞吃善钓者詹何的香饵，早上是铺天盖地的热气，晚上变成了被抛弃的冰冷灰烬呢！

【原文】

'夫斥鷃不以蓬榛易云霄之表①，王鲔不以幽岫贸沧海之旷②，虎、豹入广厦而怀悲，鸿、鹍登嵩峦而含戚③。物各有心，安其所长。莫不泰于得意，而惨于失所也。经世之士，悠悠皆是④，一日无君，惶惶如也⑤。譬犹蓝田之积玉⑥，邓林之多材⑦，良工大匠，肆意所用。亦何必栖鱼而沉鸟哉！嘉遁高蹈⑧，先圣所许；或出或处，各从攸好。

【注释】

①句本《庄子·逍遥游》："穷发之北有冥海者，天池也。……有鸟焉，其名为鹏，背若太山，翼若垂天之云，搏扶摇羊角而上者九万里，绝云气，负青天，然后图南，且适南冥也。斥鷃笑之曰：'彼且奚适也？我腾跃而上，不过数仞而下，翱翔蓬蒿之间，此亦飞之至也。而彼且奚适也？'"鷃：同鴳。蓬榛：丛生的草和灌木。

②王鲔（wěi）：鲟鱼和鳇鱼的古称。《诗·周颂·潜》："有鳣有鲔，鲦鲿鰋鲤。"陆玑疏："鲔鱼，形似鳣而色青黑，头小而尖，似铁兜鍪，口在颔下，……大者不过七八尺，……大者为王鲔。"按鳣（zhān），大鲤鱼；鲦（tiáo），白鲦鱼；鲿（cháng），黄颊鱼；鰋（yǎn）：鲇鱼；兜鍪（móu），头盔。贸：交换。

③鸿、鹍（kūn）：皆水鸟名。鸿即大雁，或谓指天鹅。鹍即鹍鸡，似鹤而黄白色。

④经世：治理国事、世事。《后汉书·西羌传论》："计日用之权宜，忘经世之远略。"悠悠：众多貌；充溢貌。《论语·微子》："滔滔者天下皆是也。"《史记·孔子世家》"滔

滔"作"悠悠"。是悠悠、滔滔义近。

⑤见《嘉遁》篇"三月无君,皇皇如也"句注。惶,皇的后起字。

⑥蓝田:地名,处渭河平原南端、秦岭北麓、渭河的支流灞河上游。秦置县。今属陕西。盛产美玉。

⑦邓林:见《嘉遁》篇"而锥钻不可以伐邓林"句注。

⑧嘉遁:见《嘉遁》篇名注。高蹈:原谓远行,引而指隐居。三国魏钟会《檄蜀文》:"诚能深鉴成败,邈然高蹈,投迹微子之踪,措身陈平之轨,则福同古人,庆流来裔。"

【译文】

'斥鹖不用蓬草榛莽与云霄之上相交换,鲜鱼也不用幽静的洞穴与广阔的大海相交换,虎豹进入大厦会心怀悲伤,大雁和白鹤登上高山则胸含忧戚。各种东西都各有想法,安心于适合它们生长的地方,无不是合于心意则安适,失去居所就悲惨。治理国事的人世上到处都有,他们一天没有国君,就惶恐不安。就像是蓝田积存的玉石,邓林多有的木材,良好的玉工木匠可以随意取用,又何必让鱼栖居在树上,让鸟沉入水中呢!合于时宜的退隐远避,是古代圣人所赞成的;有人出仕有人隐居,各随所好。

【原文】

'盖士之所贵,立德立言①。若夫孝友仁义,操业清高,可谓立德矣;穷览《坟》《索》②,著述粲然③,可谓立言矣。夫善卷无治民之功④,未可谓之减于俗吏;仲尼无攻伐之勋,不可以为不及于韩、白矣⑤。身名并全,谓之为上;隐居求志,先民嘉焉⑥。夷、齐一介,不合变通⑦,古人嗟叹,谓不降辱⑧。夫言不降者,明隐逸之为高也;不辱者,知羁絷之为污也。圣人之清者,孟轲所美⑨,亦云天爵贵于印绶⑩。志修遗荣,孙卿所尚,道义既备,可轻王公⑪。而凼人所畏唯势,所重唯利。盛德身滞,便谓庸人;器小任大,便谓高士。或有乘危冒险,投死忘生,弃遗体于万仞之下⑫,邀荣华乎一朝之间,比夫轻四海、爱胫毛之士⑬,何其缅然邪!'

【注释】

①句参《嘉遁》篇"先生立言助教"句注。立德:树立德业。《左传·襄公二十四年》孔颖达疏:"立德,谓创志垂法、博施济众,圣德立于上代,惠泽被于无穷。"

②坟、索:三坟八索。此泛指古代典籍。《左传·昭公十二年》:"是良史也,子善视之。是能读三坟、五典、八索、九丘。"杜预注:"皆古书名。"

③粲(càn)然:鲜明貌;显著貌。

④善卷:见本篇上文"虞舜非不能胁善卷、石户也"句注。

⑤韩、白:韩信和白起。《史记·淮阴侯列传》:"淮阴侯韩信者,淮阴人也。……上常从容与信言诸将能不,各有差。上问曰:'如我能将几何?'信曰:'陛下不过能将十万。'上曰:'于君何如?'曰:'臣多多而益善耳。'上笑曰:'多多益善,何为为我禽?'

信曰：'陛下不能将兵，而善将将，此乃信之所以为陛下禽也。'"按禽，后代作擒。另参《嘉遁》篇"信，布有功大之刑"句注。《史记·白起王翦列传》："白起者，郿人也。善用兵，……太史公曰：'……白起料敌合变，出奇无穷，声震天下。'"另参《嘉遁》篇"白起所以秉义而刎颈也"句注。

⑥二句本《论语·季氏》："隐居以求其志，行义以达其道，吾闻其语矣，未见其人也。"邢昺疏："隐居以求其志者，谓隐遁幽居以求遂其己志也。"

⑦夷、齐：伯夷、叔齐。《史记·伯夷列传》："伯夷、叔齐，孤竹君之二子也。父欲立叔齐。及父卒，叔齐让伯夷。伯夷曰：'父命也。'遂逃去。叔齐亦不肯立而逃之。……闻西伯昌善养老，盍往归焉。及至，西伯卒，武王载木主，号为文王，东伐纣。伯夷、叔齐叩马而谏曰：'父死不葬，爰及干戈，可谓孝乎？以臣弑君，可谓仁乎？'左右欲兵之。太公曰：'此义人也。'扶而去之。武王已平殷乱，天下宗周，而伯夷、叔齐耻之，义不食周粟，隐于首阳山，采薇而食之。……遂饿死于首阳山。"按孤竹，国名，在今河北东部卢尤县；载文王木主谓以车载文王之木制神位。一介：耿介；正直磊落。《书·秦誓》："如有一介臣，断断猗无他伎。"

⑧二句本《论语·微子》："子曰：'不降其志，不辱其身，伯夷、叔齐与？'"

⑨二句本《孟子·万章下》："孟子曰：'伯夷，圣之清者也。'"

⑩句本《孟子·告子上》："孟子曰：'有天爵者，有人爵者。仁义忠信，乐善不倦，此天爵也；公卿大夫，此人爵也。古之人，修其天爵，而人爵从之；今之人，修其天爵，以要人爵，既得人爵而弃其天爵，则惑之甚者也，终亦必亡而已矣。'"印绶：印章及系印丝带。此指官位，亦即孟子所言"人爵"也。

⑪以上四句本《荀子·修身》："志意修则骄富贵，道义重则轻王公。"遗：遗留；带来。

⑫遗体：自己的身体。《大戴礼记·曾子大孝》："身者，父母之遗体也。"

⑬四海：犹言天下。《书·大禹谟》："文命敷于四海，祗承于帝。"按文命言文德教命，即礼乐教化。胫（jìng）：小腿。爱胫毛：见《嘉遁篇》："杨朱吝其一毛"句注。

【译文】

'大致说来，士人所重视的，是树立道德功业建立言论学说。像那些孝顺父母亲爱兄弟讲求仁义，志行节操清高，可以称为树立道德功业；穷尽地阅览古代典籍，著述辉煌灿烂，可以称为建立言论学说。善卷没有治理百姓的功绩，不能说他比一般的官吏要差，孔子没有攻战征伐的勋业，不能认为他不如韩信和白起。安身和立名都完美齐全，称它为最好；隐居去追求自己的志向，古代贤人也是嘉许的。伯夷、叔齐光明正大，不能够因时制宜、随变而通，古人为他们感叹，称他们不降志不辱身。说他们"不降"，说明隐逸是高尚的；说"不辱"，可知受捆绑束缚是污秽肮脏的。圣人中的清高者，是孟轲所赞美的，又说上天赐予的爵位比官印更可贵。志向美好会带来荣华，是荀况所崇尚的，道德仁义具备了以后，可以轻视王爷公爵。而世上人所害怕的只有势力，所重视的只有利益。德行深厚而仕途未通，就说是平庸的人；才能不高而任职很重，就说是高尚人士。有的人冒着危险，舍死忘生，把身体投向万丈深渊，来

求取一个早晨的荣耀显贵。与那些轻视天下、吝惜小腿汗毛的人相比,是差得多么远呐!'

【原文】

仕人曰:'潜退之士,得意山泽,不荷世贵①,荡然纵肆,不为时用,嗅禄利……②诚为天下无益之物③,何如?'

【注释】

①不荷世贵:难解。疑当作"不荷世蒉"。《论语·宪问》:"子击磬于卫,有荷蒉而过孔子之门者。"朱熹集注:"此荷蒉者亦隐士也。"后以指隐遁。汉焦赣《易林·蹇之井》:"荷蒉隐名,以避乱倾。终身不仕,遂其洁清。""不荷世蒉"当谓不为尘世作些许贡献,与"爱胫毛"义近,亦隐逸之谓也。

②徐济忠、孙星衍、杨明照皆以为"利"下有脱字。

③物:指人。《左传·昭公十一年》:"不能救陈,又不能救蔡,物以无亲。"杨伯峻注引顾炎武曰:"物,人也。"

【译文】

为官者说:'潜居退隐的人,在山野湖泽随意而满足,不为世上作一点贡献,飘荡恣纵。不为时代所用,闻到俸禄利益……实在是天下没有益处的人。你认为怎么样?'

【原文】

逸民答曰:'夫麟不吠守,凤不司晨①,腾黄不引犁②,尸祝不治庖也③。且夫扬大明乎无外④,宣妪煦之和风者⑤,日也。耀华灯于暗夜,冶金石以致用者,火也。天下不可以经时无日,不可以一旦无火,然其大小,不可同也。江海之外⑥,弥纶二仪⑦,升为云雨,降成百川;而朝夕之用,不及累仞之井,灌田溉园,未若沟渠之沃。校其巨细,孰为旷哉?

【注释】

①司晨:谓雄鸡报晓。《尸子》卷下:"使星司夜,月司时,犹使鸡司晨也。"

②腾黄:神马名。《文选·张衡〈东京赋〉》:"扰泽马与腾黄。"李善注引《瑞应图》:"腾黄,神马,一名吉光。"

③尸祝:祭祀时对神主掌祝者,即主祭人。"尸"本指祭祀时替死者受祭的人,后以木制神主代之,故尸亦指神主。庖:厨房。治庖谓掌厨做饭。句本《庄子·逍遥游》:"庖人虽不治庖,尸祝不越樽俎而代之矣。"

④大明:本指太阳。《易·乾》:"云行雨施,品物流行,大明终始,六位时成。"李鼎祚集解引侯果曰:"大明,日也。"此指日之巨大光明。

⑤杨明照引徐济忠,并证之以他本及《礼记》《淮南子》等,以为"风"当作"气"。甚是。妪(yǔ)煦:生养覆育。妪指地赋物以形体,煦指天降气以养物。

⑥外:杨明照引徐济忠,以为当作"水"。是,下文皆述水之功用。

⑦弥纶二仪：弥纶言弥缝贯通。《易·系辞上》："《易》与天地准，故能弥纶天地之道。"孔颖达正义："弥谓弥缝补合，纶谓经纶牵引。"又："是故《易》有太极，是生两仪。两仪生四象，四象生八卦。"孔颖达正义："不言天地而言两仪者，指其物体；下与四象相对，故曰两仪，谓两体容仪也。"

【译文】

隐居者说：'麒麟不会像狗那样叫唤看门，凤凰不会像雄鸡那样报晓，神马不拉犁，主祭者不做饭。而且在无穷的空间中播扬最大的光明，发挥生养照育万物作用的，是太阳；在暗夜中点亮华灯，冶炼金属矿石来为我们使用的，是火。天下不能一会儿没有太阳，也不能一会儿没有火，但是他们的大小是不可能一样的。江海的水，弥缝贯通苍天大地，上升就成为云和雨，降下就形成了无数河流；但早晚的应用不如几丈深的水井，浇灌田地园圃不如沟渠令大地润泽。但如果比较一下大小，哪一个宽阔广大呢？

【原文】

'桀、纣，帝王也；仲尼，陪臣也。今见比于桀、纣，则莫不怒焉；见拟于仲尼，则莫不悦焉。尔则贵贱果不在位也①。故孟子云："禹、稷、颜渊，易地皆然矣②。"宰予亦谓："孔子贤于尧、舜远矣③。"夫匹庶而钧称于王者，儒生高极乎唐、虞者，德而已矣，何必官哉！

【注释】

①文本《庄子·盗跖》："子张曰：'昔者桀、纣贵为天子，富有天下，今谓臧聚曰："汝行如桀、纣。"则有怍色，有不服之心，小人所贱也。仲尼、墨翟，穷为匹夫，今谓宰相曰："子行如仲尼、墨翟。"则变容易色称不足者，士诚贵也。故势为天子未必贵也，穷为匹夫未必贱也。贵贱之分，在行之美恶。'"按子张乃孔子弟子颛孙师之字，臧聚谓仆隶役夫，怍（zuò）谓变容色。陪臣：古代诸侯的卿大夫对于天子是隔了一层的臣，称陪臣。孔子只做过鲁国司寇，对于周天子是陪臣。

②句义见《孟子·离娄下》："孟子曰：'禹、稷、颜回同道。禹思天下有溺者，由己溺之也；稷思天下有饥者，由己饥之也，是以如是其急也。禹、稷、颜子易地则皆然。'"按稷指后稷，名弃，舜农官，周之祖先。由通犹。末句言颜回如处禹、稷之位亦将如彼。

③见《孟子·公孙丑上》："宰我曰：'以予观于夫子，贤于尧、舜远矣。'"按宰我乃孔子弟子，名宰予，字子我，故其发言自称名。

【译文】

'夏桀、商纣是帝王，孔子只是周天子的臣子之臣，但现在如果谁被比作桀、纣，没有不生气的；而被比作孔子，没有不高兴的。由此可知，贵贱最终并不在于地位。因此孟子说："大禹、后稷、颜回，地位换一下都是一样的。"宰予也说："孔子比尧舜贤德得多啦。"那些普通百姓被与天子并称，儒生可达到与唐尧、虞舜平列，无非指道德罢了，为什么一定要官位呢？

【原文】

'且夫交灵升于造化①，运天地于怀抱；恢恢然世故不栖于心术②，茫茫然宠辱不汩其纯白③。流俗之所欲，不能染其神；近人之所惑，不能移其志。荣华，犹赘疣也④；万物，犹蜩翼也⑤。若然者，岂肯诘屈其支体，俯仰其容仪，挹酌于其所不喜⑥，修索于其所弃遗⑦，怡颜以取进，曲躬以避退；恐俗人之不悦，戚我身之凌迟；屈龙渊为锥钻之用⑧，抑灵鼖为鼗鼙之音⑨；推黄钺以适钐镰之持⑩，挠华旗以入林杞之下乎⑪！

【注释】

①杨明照曰："'灵升'二字费解，疑'升'为'府'之误。'灵府'，心也。（见《庄子·德充符》'不可入于灵府'成疏）"按成玄英疏曰："灵府者，精神之宅，所谓心也。"造化：大自然。

②恢恢：广大开阔。《老子》："天网恢恢，疏而不失。"此指心胸开阔。心术：内心。《礼记·乐记》："奸声乱色不留聪明，淫乐慝礼不接心术。"

③茫茫：壮盛。《淮南子·俶真训》："茫茫沉沉，是谓大治。"高诱注："茫茫沉沉，盛貌。"

④赘疣（yóu）：皮肤所生的瘊子或肉瘤。

⑤蜩（tiáo）：蝉。蜩翼极言其轻薄。

⑥挹（yì）酌：本谓以瓢舀取。引申为求取，获取。

⑦"修索"难解。杨明照疑"修"为"循"之误。译文从"循索"。

⑧龙渊：传欧冶子、干将所造三把宝剑之一。

⑨灵鼖（fén）：《说文·鼓部》："鼖，大鼓谓之鼖。鼖八尺而两面，以鼓军事。"鼗（táo）、鼙（pí）：均为小鼓。鼗，长柄摇鼓，即拨浪鼓。鼙，古代乐队中为大鼓打拍节的小鼓，后不设，以击鼓侧来代替。

⑩黄钺（yuè）：饰金的大斧。钐（shàn）：大镰刀。

⑪林杞：丛生的杞木。杞，杞柳，一种丛生小灌木。

【译文】

'况且心灵与大自然相合，似乎天地的运行就在怀抱之中；心胸开阔，世上的一切变故都不放在心中，精神壮健，所有宠幸羞辱都不能扰乱他的纯洁无瑕。世间平庸者所追求希望的，不能沾染他的精神；浅薄的人所迷信的，不能改变他的志向。显贵荣耀就像皮肤的赘疣，世间万物就像薄薄的蝉翼。像这样的人，哪里肯弯曲他的躯体四肢，劳动他的表情举止，去获取他所不喜欢的事物，去追求他抛掉不要的东西；作出和悦的表情求取晋升，弯腰打躬来避免贬职；害怕俗人不高兴，忧伤自己的地位衰落；委屈龙渊宝剑当锥子钻子使用，压住大鼓让它发出小鼓的声音；把饰金的大斧改成手持的镰刀，弯曲装饰华丽的大旗放入丛生的杞树之下呢！

【原文】

'古公杖策而捐之①，越翳入穴以逃之②，季札退耕以委之③，老莱灌园以远之④，从其所好，莫与易也。故醇而不杂，斯则富矣；身不受役，斯则贵矣。若夫剖符有土⑤，所谓禄利耳，非富贵也。且夫官高者其责重，功大者人忌之，独有贫贱，莫与我争，可得长宝而无忧焉⑥。

【注释】

①古公：大（tài）王亶（dǎn）父。周之祖先，文王祖父。原居于邠，狄入侵之，事之以皮帛、犬马、珠玉，皆不得免，于是杖策而去，于岐山之下成国。事见《孟子·梁惠王下》《庄子·让王》等。杖策：拄杖。

②越翳（yì）：越王翳，原王子搜。《庄子·让王》：“越人三世弑其君，王子搜患之，逃乎丹穴。而越国无君，求王子搜不得，从之丹穴。王子搜不肯出，越人薰之以艾，乘以王舆。王子搜援绥登车，仰天而呼曰：'君乎，君乎！独不可以舍我乎！'”

③季札：见《嘉遁》篇"延州守节"句注。

④老莱：见《嘉遁》篇"携庄、莱之友"句注，其灌园事未详所出。《史记》《说苑》《孟子》赵岐注记有於陵子终（或作於陵子仲、陈仲子）逃聘而为人灌园事。或作者误记，或别有所本。

⑤剖符有土：古代以竹符一剖为二，君臣各执其一，以为分封及授官凭证。

⑥宝：珍藏。《礼记·礼器》："家不宝龟，不藏圭，不台门，言有称也。"

【译文】

'古公亶父手拄木杖而抛弃故土，越翳进入山洞逃避为君，季札退避躬耕扔掉即位，老莱子浇菜园远离出仕，都是追随自己的爱好，不肯与荣华相交换的。因此淳朴单一没有掺杂，这就是富有了；身躯不受外物的役使，这就是显贵了。至于剖分竹符而得到封地，只不过是俸禄利益罢了，不是真正的富贵。再说，官位高的人责任重大，功劳大的人别人嫉妒，只有贫贱，没有人和我争夺，可以长久地珍藏而没有忧虑了。

【原文】

'濯裘布被，拔葵去织，豚不掩豆，菜肴粝餐，又获逼下邀伪之讥①；树塞反坫，三归玉食②，穰侯之富③，安昌之泰④，则有僭上污浊之累⑤。未若游神典文，吐故纳新⑥，求饱乎耒耜之端⑦，索缊乎杼轴之间⑧。腹仰河而已满，身集一枝而余安⑨，万物芸芸，化为埃尘矣。馇粥糊口⑩，布褐缊袍⑪，淡泊肆志，不忧不喜，斯为尊乐，喻之无物也。

【注释】

①濯裘布被、豚（tún）不掩豆为春秋齐相晏婴事。《礼记·檀弓》："晏子一狐裘三十年。"郑玄注："言其大俭，逼下。"孔颖达正义："狐裘贵在轻新，而晏子一狐裘三十年，是俭不知礼也。"又《礼器》："晏平仲祀其先人，豚肩不掩豆，浣衣濯冠以朝，君子以为隘矣。"孔颖达正义："大夫祭用少牢，士用特豚，而平仲今用豚，豚又过小，并豚两肩不掩豆也。……肩在俎，今云豆，喻其小，假豆言之。……浣衣濯冠以朝者，大夫须鲜华之美，而晏氏浣衣濯冠以朝君，是不华也。"按豚同豘；豚肩，猪腿；豆，食具，高足碗；

俎（zǔ），礼器，祭祀时牲体陈置于俎；浣（huàn），洗涤；少牢，祭祀用羊、豕二牲为少牢，牛、羊、豕俱用为太牢；特豚，一整豚。拔葵去织：战国鲁相公仪休事。《史记·循吏列传》："公仪休者，鲁博士也。以高弟为鲁相。……使食禄者不得与下民争利，……食茹而美，拔其园葵而弃之。见其家织布好，而疾出其家妇，燔其机，云'欲令农士工女安所雠其货乎'？"按高弟，为官成绩优异；葵谓葵菜，古代常用蔬菜之一；雠（shòu），通"售"。菜肴粝餐为春秋楚相孙叔敖事。《韩非子·外储说左下》："孙叔敖相楚，栈车牝马，粝饭菜羹，枯鱼之膳，冬羔裘，夏葛衣，面有饥色，则良大夫也，其俭逼下。"按栈车指竹木编成的车；牝（pìn）马：母马，谓劣马。《史记·平津侯主父列传》等载汉相公孙弘"为布被，食不重肉。……汲黯曰：'弘位在三公，奉禄甚多，然为布被，此诈也。'"逼下：对下属产生压力。邀伪：欺诈，弄虚作假。

②树塞反坫（diàn），三归玉食谓管仲。《论语·八佾》："子曰：'管仲之器小哉！'或曰：'管仲俭乎？'曰：'管氏有三归，官事不摄，焉得俭！''然则管仲知礼乎？'曰：'邦君树塞门，管仲亦树塞门；邦君为两君之好，有反坫，管仲亦有反坫。管仲而知礼，孰不知礼？'"另见《礼记》《晏子春秋》《韩非子》《论衡》等。树塞：类今之照壁。反坫：用以扣放酒杯的土筑台子。三归：众说不一，或以为娶三姓妻，或以为具三处家庭，或以为广收敛，等等。

③穰（rǎng）侯：战国秦昭王母宣太后异母弟魏冉，封于穰，号曰穰侯。对秦之增广疆域削弱他国有功，权亦重。后秦昭王免其相国，穰侯出关而就封邑，所从辎车千乘有余。见《史记·穰侯列传》。

④安昌：汉相安昌侯张禹。《汉书·张禹传》："张禹，字子文，……河平四年，代王商为丞相，封安昌侯。……禹为人谨厚，内殖货财，家以田为业。及富贵，多买田至四百顷，皆泾渭溉灌，极膏腴上贾。它财物称是。禹性习知音声，内奢淫，身居大第，后堂理丝竹管弦，……入后堂饮食，妇女相对，优人管弦铿锵极乐，昏夜乃罢。"

⑤僭（jiàn）：超越身分，冒在上者之职或名行事。《谷梁传·隐公五年》："初献六羽，始僭乐也。"范宁注："下犯上谓之僭。"

⑥吐故纳新：道家养生术，谓吐出浊气，吸纳清气。《庄子·刻意》："吹呴呼吸，吐故纳新，熊经鸟申，为寿而已矣。"

⑦耒（lěi）耜（sì）：掘土工具。

⑧缊：显系"温"字之误。杼（zhù）轴：织机上的两个部件，即用以持纬线的梭子和用来承经线的筘（kòu）。代指织机。

⑨句本《庄子·逍遥游》："鹪鹩巢于深林，不过一枝；偃鼠饮河，不过满腹。"按鹪（jiāo）鹩（liáo）为一种小鸟。

⑩饘（zhān）粥：稠粥。

⑪缊袍：见《嘉遁》篇"缊袍丽于衮服"句注。

【译文】

'穿用洗过的裘皮衣服和麻布被子，拔掉自家种的葵菜，放弃自家织布，祭祖的猪腿小得遮不住盘底，素菜粗食，又获得逼迫下属和弄虚作假的讥刺；树立影壁，修筑放杯的土台，娶三姓女子，吃美味食物，像穰侯魏冉那样富有，像安昌侯张禹那样奢侈，就会有被认为越分冒用和行为污浊的麻烦。不如在经典文字中神游，吐出浊气吸收清气，在锄犁之端去求饭吃，在织机当中去找衣穿。肚子依赖一条河流就足够喝饱了，身子落在一枝树杈上就安全有余，世上万物众多，在心目中都化成了灰尘。用稠粥糊口，穿粗布短衣和旧絮的袍子，淡泊纵情，不忧伤也不欢喜，这就是尊贵快乐，没有什么东西能为它作比喻。

【原文】

'夫仕也者，欲以为名邪？则修毫可以泄愤懑，篇章可以寄姓字，何假乎良史，何烦乎镵鼎哉①！孟子不以矢石为功②，扬云不以治民益世③。求仁而得，不亦可乎④？'

【注释】

①镵（chán）鼎：刻字于鼎。此句与《嘉遁》篇"没无金石之声"义同。王国维"镵"校"钟"。杨明照以为当作"谗"。谗鼎，春秋鲁国鼎名，见之于《左传》《韩非子》《吕氏春秋》等。此可备一说，译文仍从"镵"。

②矢石：古守城用弓箭垒石。代指征战。《史记·晋世家》："矢石之难，汗马之劳。"《史记·孟子荀卿列传》："孟轲，驺人也。……天下方务于合从连衡，以攻伐为贤，而孟轲乃述唐虞三代之德，是以所如者不合。退而与万章之徒序《诗》《书》，述仲尼之意，作《孟子》七篇。"

③扬云：扬子云之省。汉扬雄，字子云。一生不曾为官，而好古乐道，著述颇丰，有《太玄》《法言》《方言》《训纂》《州箴》等著作及《甘泉》《羽猎》《长杨》《河东》四篇大赋。

④论出《论语·述而》："求仁而得仁，何怨！"

【译文】

'出仕为官，是想凭它来得名吗？那么用毛笔就可以发泄郁积的怨恨，写就的篇章就可以寄托姓名，为什么一定要借助于好的史官，烦劳镵刻在鼎上呢？孟子不依靠征战建功立业，扬雄不仰仗治理百姓裨补于世。寻求仁义而得到了仁义，不也就可以了吗？'

【原文】

仕人又曰：'隐遁之士，则为不臣，亦岂宜居君之地，食君之谷乎？'

逸民曰：'何谓其然乎！昔颜回死，鲁定公将躬吊焉，使人访仲尼。仲尼曰："凡在邦内，皆臣也。"定公乃升自东阶，行君礼焉①。由此论之，"率土之滨，莫匪王臣"可知也②。在朝者陈力以秉庶事③，山林者修德以厉贪浊，殊涂同归，俱人臣也。王者无外，天下为家④，日月所照，雨露所及，皆其境也。安得悬虚空⑤，餐咀流霞⑥，而使之不居乎地，不食乎谷哉？

【注释】

①说本《孔子家语·曲礼·子夏问》:"颜回死,鲁定公吊焉,使人访于孔子。孔子对曰:'凡在封内,皆臣子也。礼,君吊其臣,升自东阶,向尸而哭。'"按邦、封古音近通用。

②率土之滨二句,见《嘉遁》篇"普天率土"句注。

③陈力:施展、发挥才力。

④句出《礼记·礼运》:"今大道既隐,天下为家。"其与"天下为公"对言,谓天下归一家独有。

⑤徐济忠、陈澧、杨明照皆谓此句有脱误。故译文恐有穿凿之嫌。

⑥扬雄《甘泉赋》:"噏清云之流霞兮,饮若木之露英。"此为句之所本。

【译文】

为官者又说:'隐居避世的人,就是不做臣子,又怎么应该居住在君主的土地上,吃君主的粮食呢?'

隐居者说:'这话从哪里说起来呢?从前颜回死的时候,鲁定公准备亲自去吊唁,派人去询问孔仲尼,仲尼说:"凡是在邦国之内,都是臣子。"鲁定公于是从东边的台阶登堂,行了国君的礼节。由此说来,"境域之内,没有人不是天子的臣下"这两句诗就可以理解了。在朝廷的人施展才力来经办各种事情,在山林的人修养自己的德行来磨砺整饬贪婪和污浊,殊途同归,都是臣子。天子没有统治之外的东西,整个天下都属于他。日月所能照耀到的地方,雨露所能施及的地方,都是他的疆域。哪能够悬在空中,吞吃咀嚼流云,让人不居住在地上,不吃粮食呢?

【原文】

'夫山之金玉,水之珠贝,虽不在府库之中,不给朝夕之用,然皆君之财也。退士不居肉食之列①,亦犹山水之物也,岂非国有乎?许由不窜于四海之外②,四皓不走于八荒之表也③。故曰:"万邦黎献,共惟帝臣④。"干木不荷戈成境,筑垒疆场,而有蕃魏之功⑤。今隐者洁行蓬荜之内⑥,以咏先王之道,使民知退让,儒墨不替,此亦尧、舜之所许也。昔夷、齐不食周粟⑦,鲍焦死于桥上⑧,彼之硁硁⑨,何足师表哉!

【注释】

①肉食之列:指在位者。出《左传·庄公十年》:"齐师伐我,公将战。曹刿请见。其乡人曰:'肉食者谋之,又何间焉!'"

②许由:见《嘉遁》篇"各守洗耳之高""箕、颍有巢栖之客"二句注。

③四皓:见本篇上文"虽饥渴四皓,而不逼也"句注。

④句见《书·益稷》:"万邦黎献,共惟帝臣。"谓万国众民中之贤者,皆为帝王臣子。

⑤杨明照以为"场"系"埸"之误。疆埸(yì):边境,国界。事见本篇"轼陋巷以退秦兵"句注。

⑥蓬荜（bì）：荜通筚。蓬门筚户之省。以草、荆、竹编成的门。形容穷苦人所居的简陋房屋。《礼记·儒行》："儒有一亩之宫，环堵之室，筚门圭窬，蓬户瓮牖。"按圭窬谓圭形小门，瓮牖谓以瓮为窗。

⑦见本篇上文"夷、齐一介，不合变通"句注。

⑧鲍焦：传春秋时隐士。怨世不用己，衣弊肤现，采蔬于道。子贡难之以非其世而采其蔬，乃弃蔬，立枯于洛水之上，事见《庄子》《韩诗外传》《新序》《风俗通义》等。

⑨硁（kēng）硁：固执貌。出《论语·子路》："言必信，行必果，硁硁然小人哉！"

【译文】

'山中的金玉，水里的珠宝，即使不在仓库里，不供早晚使用，但全都是国君的财产。隐退之士没排于在位者的行列里，也相当于山中水里的东西，难道不是王朝所有吗？许由没有逃到四海之外去，商山四皓也没跑到八方极远处去。因此说："所有邦国中的民之贤者，全都是皇帝的臣子。"段干木没有扛着武器戍守边境，在国界上修造营垒，但是有保卫魏国的功劳。如今隐居的人在蓬户筚门的陋室中保持清白的行为，以歌颂先王的道德，让老百姓懂得谦退忍让，儒家和墨家都不能替代，这也是尧和舜所容许的。当初伯夷、叔齐不吃周朝的粮食，鲍焦死在桥上，他们这样浅陋固执，哪里值得做我们的学习榜样呢？

【原文】

'昔安帝以玄𫄸玉帛聘周彦祖①。桓帝以玄𫄸玉帛聘韦休明②。顺帝以玄𫄸玉帛聘杨仲宣，就拜侍中，不到③。魏文帝征管幼安，不至；又就拜光禄勋，竟不到④；乃诏所在常以八月致羊一口，酒二斛。桓帝玄𫄸玉帛聘徐孺子，就拜太原太守及东海相，不到⑤。顺帝以玄𫄸玉帛聘樊季高，不到；乃诏所在常以八月致羊一口，酒二斛，又赐几杖，待以师傅之礼⑥。献帝时，郑康成州辟举贤良方正、茂才，公府十四辟，皆不就；公车征左中郎、博士、赵相、侍中、大司农，皆不起⑦。昭帝公车征韩福，到，赐帛五十匹及羊酒⑧。法高卿再举孝廉，本州五辟，公府八辟，九举贤良、博士，三征，皆不就⑨。桓帝以玄𫄸玉帛、安车软轮聘韩伯休，不到⑩。以玄𫄸玉帛、安车软轮聘姜伯雅，就拜太中大夫，擢为太守，不起⑪。然皆见优重，不加威辟也。若此诸帝褒隐逸之士不谬者，则吕尚之诛华士为凶酷过恶⑫，断可知矣。'

【注释】

①玄𫄸（xūn）玉帛：玄，黑而略带红色。𫄸：浅绛红。此谓玄色𫄸色之帛加玉，为帝王延聘贤士之礼。周彦祖：东汉周燮，字彦祖。"举孝廉、贤良方正，特征，皆以疾辞。延光二年，安帝以玄𫄸羔币聘燮。……因自载到颍川阳城，遣生送敬，遂辞疾而归。"（《后汉书·周燮传》）按汉代选官主要有二途，一为由地方按孝廉、茂才、贤良方正、有道、明经等科目向朝廷举荐，称为察举，省称为举；二是由上至皇帝，下至各级官员聘请，皇帝称征，官员为辟，合称征辟。聘在礼节上较征、辟为优。拜为直接授予官职。

②东汉人韦著,"字休明。少以经行知名,不应州郡之命。……延熹二年,桓帝公车备礼征,至霸陵,称病归。乃入云阳山,采药不反。……复诏京兆尹重以礼敦劝,著遂不就征"。(《后汉书·韦彪传》)

③杨仲宣:杨明照校,以为"宣"字乃宋代为避宋钦宗赵桓讳改而未校复者。《后汉书·杨厚传》:"杨厚,字仲桓,广汉新都人也。……厚少学(父)统业,精力思述。……不应州郡、三公之命,方正、有道、公车特征皆不就。永建二年,顺帝特征,诏告郡县督促发遣。……及至,拜议郎,三迁为侍中,……时大将军梁冀威权倾朝,遣弟侍中不疑以车马、珍玩致遗于厚,欲与相见。厚不答,固称病求退,帝许之。……梁太后诏备古礼以聘厚,遂辞疾不就。建和三年,太后复诏征之,经四年不至。年八十二,卒于家。"与本文小异。侍中,职官名。两汉的侍中为正规官职外的加官之一,侍从皇帝,出入宫廷,东汉已成亲信贵重之职。

④管幼安:曹魏管宁,字幼安。魏文帝听华歆之荐,诏以宁为太中大夫,固辞不受。明帝即位,诏以宁为光禄勋,并诏青州刺史以礼迎。管宁以草莽臣之名上疏,称疾固辞。自文帝黄初四年至明帝青龙年间,征命屡至,且每年八月赐牛酒。见《三国志·魏书·管宁传》。按太中大夫为掌议论之官。光禄勋:九卿之一,是皇帝身边高级官员,居宫中,并掌宫廷宿卫,光禄大夫、太中大夫等皆其属官。

⑤徐孺子:《后汉书·徐稺传》:"徐稺,字孺子,豫章南昌人也。……屡辟公府,不起。……后举有道,家拜太原太守,皆不就。延熹二年,尚书令陈蕃、仆射胡广等上疏荐稺等,……桓帝乃以安车玄纁,备礼征之,并不至。……灵帝初,欲蒲轮聘稺,会卒。"

⑥樊季高:"高"乃"齐"字之误,盖"齐"之草书似"高"而致。《后汉书·方术上·樊英传》:"樊英,字季齐,南阳鲁阳人也。……州郡前后礼请不应,公卿举贤良方正、有道,皆不行。……永建二年,顺帝策书备礼,玄纁征之,复固辞疾笃。乃诏切责郡县,驾载上道。英不得已,到京,称病不肯起。乃强舆入殿,犹不以礼屈。……帝不能屈,而敬其名,使出就太医养疾,月致羊酒。至四年三月,天子乃为英设坛席,令公车令导,尚书奉引,赐几杖,待以师傅之礼,延问得失。英不敢辞,拜五官中郎将。数月,英称疾笃,诏以为光禄大夫,赐告归。令在所(按当乙作'所在')送谷千斛,常以八月致牛一头,酒三斛。"按五官中郎将为中郎之长官,隶属光禄勋,在诸中郎将中地位最高。几杖:坐几与手杖。几乃古人席地而坐时凭依并搁置物件的矮桌。

⑦郑康成:《后汉书·郑玄传》:"郑玄,字康成,北海高密人也。……玄自游学,十余年乃归乡里。……遂隐修经业,杜门不出。……大将军何进闻而辟之,州郡以进权威,不敢违意,遂迫胁玄,不得已而诣之。进为设几杖,礼待甚优。玄不受朝服,而以幅巾见。一宿逃去。……后将军袁隗表为侍中,以父丧不行。……时大将军袁绍总兵冀州,遣使要玄,大会宾客,玄最后至,乃延升上坐。……绍乃举玄茂才,表为左中郎将,皆不就。公车征为大司农,给安车一乘,所过长吏送迎。玄乃以病自乞还家。"按汉代以公家车马递送所征者。大司农为九卿之一,掌管国家财政。

⑧韩福:西汉人。嵇康《圣贤高士传》:"韩福者,以行义修洁,汉昭帝时以德行征,病不进。元凤元年,诏赐帛五十匹,遣长吏时以存问,常以八月(《汉书·昭帝纪》作二月)赐羊酒。"

⑨法高卿：《后汉书·逸民·法真传》："法真，字高卿，扶风郿人。……博通内外图典，为关西大儒。……辟公府，举贤良，皆不就。同郡田弱荐真曰：'处士法真，体兼四业，学穷典奥，幽居恬泊，乐以忘忧，将蹈老氏之高踪，不为玄纁屈也。……'会顺帝西巡，弱又荐之。帝虚心欲致，前后四征。真曰：'吾既不能遁形远世，岂饮洗耳之水哉！'遂深自隐绝，终不降屈。"

⑩安车輀（yáo）轮：可以乘坐的轻便车。古车立乘，坐乘可安。韩伯休：《后汉书·逸民·韩康传》："韩康，字伯休，一名恬休，京兆霸陵人。……常采药名山，卖于长安市，口不二价三十余年。时有女子从康买药，康守价不移。女子怒曰：'君是韩伯休那？乃不二价乎？'康叹曰：'我本欲避名，今小女子皆知有我，何用药为？'乃遁入霸陵山中。博士公车连征不至。桓帝乃备玄纁之礼，以安车聘之。使者奉诏造康，康不得已，乃许诺。辞安车，自乘柴车，冒晨先使者发。……康因（中）道逃遁。"

⑪姜伯雅：杨明照引陈汉章、孙人和、孙志祖，以为"雅"乃"淮"形近之误。是。皇甫谧《高士传·姜肱传》："姜肱，字伯淮。……凡一举孝廉，十辟公府，九举有道、至孝、贤良，公车三征，皆不就。……灵帝诏征为犍为太守。肱得诏，……乃隐身遁命，乘船浮海，使者追之不及。再以玄纁聘，不就。即拜太中大夫，又逃不受诏。"揵：应作"犍"。犍（qiān）为：在今四川。

⑫杨明照以为"华士"上疑脱"狂狷"二字。

【译文】

'从前汉安帝用黑色与浅绛色的布帛加玉征聘周燮周彦祖。汉桓帝用黑色与浅绛色的布帛加玉征聘韦著韦休明。汉顺帝用黑色与浅绛的布帛加玉征聘杨厚杨仲桓，于所在封拜侍中，没有到京。魏文帝征聘管宁管幼安，不来，又前往封拜为光禄勋，最后也没到任；于是下诏书到他所在的地方官府，在每年八月送一只羊，两斛酒。汉桓帝用黑色与浅绛色的布帛加玉征聘徐穉徐孺子，于所在拜封为太原太守和东海相，不到任。汉顺帝用黑色与浅绛色的布帛加玉征聘樊英樊季齐，不到京；于是下诏到他所在地方，在每年八月送一只羊，两斛酒，又赐予坐几和手杖，以太师太傅的礼节待他。汉献帝的时候，郑玄郑康成州辟举他为贤良方正、茂才，公府辟举他十四次，都没就任；朝廷用公车征召为左中郎、博士、赵相、侍中、大司农，都没应召。汉昭帝用公车征召韩福，到了京城，赐予五十四帛和羊、酒。法真法高卿两次被举为孝廉，本州五次辟举，公府八次辟举，九次被举为贤良、博士，朝廷三次征召，都不接受。汉桓帝用黑色与浅绛色的布帛加玉和可坐乘的轻便车子征召韩康韩伯休，不到京。用黑色加浅绛色的布帛加玉和可坐的轻便车子征聘姜肱姜伯淮，于所在拜封为太中大夫，犍为太守，没有应召。但这些人都受到优待和尊重，不施加威逼和刑罚。如果这些帝王褒扬隐逸之士并非错误，那么吕尚诛杀隐者华士是凶恶残酷过分的，当然就可以知道了。'

【原文】

仕人乃怅然自失，慨尔永叹曰：'始悟超俗之理，非庸琐所见矣。'"

【译文】

　　做官的人于是感到若有所失,感慨地长叹道:'这才开始领悟超出世俗的道理,不是平庸委琐的人所能理解的。'"

卷第三 勖 学①

①勖（xù）学：勉励学习。

题 解

本篇较深入地阐述了学习的重要性，以及作者本人对学习的理解。作者认为，学习具有十分重要的意义，"进可以为国，退可以保己"，对于刻画、骑乘等一些具体的技艺尚且如此，那么关于人伦、道德、阴阳、鬼神等更是非学无以知。良好的先天禀赋并不能代替后天的学习。而学习必须抓紧人生，不浪费时日。前代的圣人贤士如周公、孔子、墨翟、董仲舒等为后代做出了这方面的榜样，他们对某些事物的准确判断与预测，实际上全都来自于学习而得的渊博知识。人的先天才性固然有优劣之分，但只要"往而不辍，则山泽可越也"。

作者对当时学习风气的沦丧凋坠深为感慨，世所风靡的沉溺声色、竞逐名利是作者所深恶痛绝的。他希望在天下完全太平后，儒学教育可以复兴，"穷览洽闻"的儒生可以得到朝廷的重用，从而建立唐尧、虞舜时代那种升平昌盛的社会。如果"不重儒术，舍先圣王道"，则将重蹈秦朝二世而亡的覆辙。

当然，在我们今天看来，作者所强调的学习有明显的局限性。一是只重书本，不涉实践，二是眼光只在治国平天下上面，而把科学知识、生产技能等等看作无关紧要的"易事"。

【原文】

抱朴子曰："夫学者所以清澄性理①，簸扬埃秽②，雕锻矿璞③，磨炼屯钝④，启导聪明，饰染质素⑤，察往知来，博涉劝戒。仰观俯察⑥，于是乎在；人事王道，于是乎备。进可以为国，退可以保己。是以圣贤罔莫孜孜而勤之⑦，夙夜以勉之，命尽日中而不释⑧，饥寒危困而不废⑨。岂以有求于当世哉？诚乐之自然也。

【注释】

①性理：杨明照引《中论·治学》及《晋书》，以为当作"理性"。其说是。理性言

人之本性。《后汉书·党锢传序》："圣人导人理性，裁抑宕佚，慎其所与，节其所偏。"

②"簸"不成字。（《康熙字典》《中华大字典》《汉语大字典》均无其字）当依鲁藩本等改作"簸"。"簸扬"见于《诗·小雅·大东》："维南有箕，不可以簸扬。"按"箕"指箕宿，星名，二十八宿之一，共四星，呈畚箕状。

③雕锻矿璞：意为雕璞锻矿。

④砻（lóng）炼：磨炼。

⑤饰染质素：意即"饰质染素"。此以为质朴装饰、为素丝染色比喻学习对人的作用。

⑥本之于《易·系辞上》："仰以观于天文，俯以察于地理。"

⑦孜孜：不知倦怠貌，出《书·益稷》："予何言？予思日孜孜。"孔颖达疏："孜孜者，勉功不怠之意。"

⑧本之于《论衡·别通》："孔子病，商瞿卜期日中。孔子曰：'取书来！比至日中何事乎？'圣人之好学也，且死不休。念在经书，不以临死之故弃忘道艺，其为百世之圣，师法祖修，盖不虚矣。"按师法祖修谓为后人所学习效法。

⑨古来饥寒危困而读书不辍者多有。杨明照笺列举汉代倪宽、朱买臣、匡衡、黄霸等，分见《史记·儒林列传》《汉书·朱买臣传》《汉书·循吏传》等，文长兹不赘引。

【译文】

抱朴子说："学习能令人的本性清明澄澈，去除尘埃和污秽，有如雕刻璞玉和锻打矿石，磨炼迟钝笨拙，启发引导聪明，就像为质朴装饰为素丝染色，观察已往以预知未来，广泛涉猎来对人们鼓励阻止。仰视天象俯察人世存在于其中，人之间的事和做君主的道理在这里面齐备。前进可以为国家，后退可以保自身。因此，圣贤的人无不孜孜不倦地勤奋于它，夜以继日地努力于它。生命将要终止仍然手不释卷，挨饿受冻危险困难都不停止。难道是对当时的人世间有什么要求吗？实在是因为发自内心以此为乐。

【原文】

"夫斫削刻画之薄伎，射御骑乘之易事，犹须惯习，然后能善。况乎人理之旷，道德之远，阴阳之变，鬼神之情①，缅邈玄奥，诚难生知②。虽云色白，匪染弗丽；虽云味甘，匪和弗美③。故瑶华不琢，则耀夜之景不发④；丹青不治，则纯钩之劲不就⑤。火则不钻不生，不扇不炽；水则不决不流，不积不深。故质虽在我，而成之由彼也。登阆风⑥，扪晨极⑦，然后知井谷之暗隘也⑧；披七经⑨，玩百氏，然后觉面墙之至困也⑩。

【注释】

①鬼神之情：出《易·系辞上》："精气为物，游魂为变，是故知鬼神之情状。"高亨注："精气犹灵气也。灵气不附于实物，而自成为灵物，是为神。游魂离去人身，而成为人之变化，是为鬼。圣人明乎此，故知鬼神之情状。"

②生知：言生而知之。本《论语·述而》："子曰：'我非生而知之者，好古敏以求之者也。'"

③二句本《礼记·礼器》："君子曰：'甘受和，白受采。'"孔颖达正义："甘为众味之本，不偏主一味，故得受五味之和；白是五色之本，不偏主一色，故得受五色之采。以其质素，故能包受众味及众采也。"

④景：本指日光，引申而指亮光。

⑤丹青：杨明照笺以为丹青分指"赤金"铜与"青金"锡，辨之甚详，极是。春秋时冶铁技术尚在初期，被称为"恶金"，而铸剑戟则用"美金"——青铜。参见《国语·齐语》。出土兵器，如越王勾践剑亦足证之。又"纯钩"当作"纯钧"。《艺文类聚》六十引《吴越春秋》佚文："越王允常聘欧冶子作名剑五枚，三大二小，一曰纯钧，……秦客薛烛见纯钧之剑曰：'臣闻王之初造此剑，赤堇之山破而出锡，若耶之溪涸而出铜，太一下观，天精下降。于是欧冶子因天地之精，悉其伎巧，造为此剑。'"

⑥阆风：见《逸民》篇"未登阆风而临云霓"句注。

⑦晨极：当作"辰极"。辰极，北斗星。

⑧井谷：井中；井底。《易·井》："井谷射鲋，瓮敝漏。"为所本。

⑨七经：指儒家七部经典。具体所指各书说法不一。东汉《一字石经》作《易》《诗》《书》《仪礼》《春秋》《公羊》《论语》；《后汉书·张纯传》李贤注作《诗》《书》《礼》《乐》《易》《春秋》《论语》。宋、清还另有说法，不赘举。

⑩面墙：《书·周官》："不学墙面，莅事惟烦。"孔安国传："人而不学，其犹正墙面而立，临政事必烦。"后因以"面墙"喻不学而见识浅薄。

【译文】

"那些砍削雕刻绘画之类的简单技艺，射箭驾车骑马之类的容易事，还必须熟习惯练，然后才能掌握得好，更何况做人的道理的丰富，规律和道德的辽远，阴阳的变化，鬼神的情状，遥远而精深微妙，实在难于生而知之。即使是颜色白，不经浸染也不漂亮；即使是味道美，不经调制也不好吃。因此美玉不琢磨，那么它在黑夜中发出亮光的景象也显现不出来；红铜青锡不经过加工，也不能造就纯钧宝剑以显示其强劲。火不钻就不能燃着，不扇就不能炽烈；水不决开就不会流出，不积聚不能湛深。故此本质虽然在自身，而成就他却在于外界环境。登上仙山阆风，摸到北极星，然后才能知道井中的黑暗狭小；翻阅了"七经"，熟悉了诸子百家，然后才能知道一无所学会使人极端困难。

【原文】

"夫不学而求知，犹愿鱼而无网焉，心虽勤而无获矣；广博以穷理，犹顺风而托焉①，体不劳而致远矣。粉黛至则西施以加丽，而宿瘤以藏丑②；经术深则高才者洞达，卤钝者醒悟③。文梓干云，而不可名台榭者④，未加班输之结构也⑤；天然爽朗，而不可谓之君子者，不识大伦之臧否也⑥。

【注释】

①徐济忠、孙人和、杨明照皆谓"托"下脱一字，孙、杨以为"舟"字，甚是。

②宿瘤：战国齐桑女，后因有识见而为闵王之后。因项有大瘤，故名。后世以为丑女

典型,见《列女传·辩通·齐宿瘤女传》。

③杨明照以为"卤"上当有"而"字。是。

④文梓:有纹理的梓树,为良木美材。《墨子·公输》:"荆有长松、文梓、楩枬、豫章。"按楩(pián)即黄楩,南方大木,质地坚密,为建筑良材;枬(nán)同楠。又,据《太平御览》引文,"名"字下有"之为"二字。

⑤班输:《汉书·叙传上》:"(答宾戏)班输权巧于斧斤。"颜师古注:"班输,即鲁公输班也。一说,班,鲁班也,与公输氏为二人也,皆有巧艺也。古乐府云:'谁能为此器?公输与鲁班。'"

⑥臧否(pǐ):臧,善,收益;否,恶,损失。

【译文】

"不学习而想求得知识,就像希望得到鱼但是没有网,内心虽然很迫切但没有收获;以广泛的学习来穷究事理,就像顺着风乘坐舟船,身体不用劳累就到达远方了。有了白粉青黛这些化妆品,西施就更加漂亮,而丑女宿瘤得以藏丑;对经典的研究深入,那么才能高的人对事物的理解就会更加透彻,笨拙迟钝的人也可以醒悟。有纹理的梓木长到云彩那么高,也不能称之为台榭,原因在于没有经过公输班连接构架;天生性格直爽开朗,不能称它为君子,原因在于不懂基本的伦理道德的善恶得失。

【原文】

"欲超千里于终朝①,必假追影之足②;欲凌洪波而遐济,必因艘楫之器;欲见无外而不下堂,必由之乎载籍;欲测渊微而不役神,必得之乎明师。故朱绿所以改素丝,训诲所以移蒙蔽。披玄云而扬大明,则万物无所隐其状矣;舒竹帛而考古今,则天地无所藏其情矣。况于鬼神乎?而况于人事乎③?泥涅可令齐坚乎金玉④,曲木可攻之以应绳墨,百兽可教之以战陈⑤,畜牲可习之以进退⑥,沉鳞可动之以声音⑦,机石可感之以精诚⑧,又况乎含五常的而禀最灵者哉⑨!

【注释】

①终朝:出《诗·小雅·采绿》:"终朝采绿,不盈一匊。"毛传:"自旦至食时为终朝。"按食谓朝食,即早饭。古人一日两餐,朝食在今言上午十时左右。

②追影之足:以能够追上自己在前方的影子形容奔跑迅速,指骏马。

③自"披玄云"以下六句本于《易·乾》:"文言曰:……夫'大人'者,与天地合其德,与日月合其明,与四时合其序,与鬼神合其吉凶,先天而天弗违,后天而奉天时。天且弗违,而况于人乎,况于鬼神乎!"

④此句谓以泥土为原料烧制成陶瓷。涅:黑泥。《说文·水部》:"涅,黑土在水中也。"

⑤据《大戴礼记·五帝德》《史记·五帝本纪》等载,黄帝轩辕氏曾教熊罴、貔貅、貙虎,与炎帝战于阪泉之野。战陈(zhèn):陈乃阵的古字。

⑥《书·舜典》记舜之臣夔之言曰:"於!予击石拊石,百兽率舞。"按击、拊(fǔ)

均拍打之意。

⑦《荀子·劝学》:"昔者瓠巴鼓瑟而沉鱼出听。"《说文·鱼部》:"传曰:'伯牙鼓琴,鱏鱼出听。'"为此句所本。按瓠(hù)巴乃传说中古善弹瑟者;鱏(xún),同鲟。

⑧《吕氏春秋·精通》《韩诗外传》《史记·李将军列传》分别记载养由基、熊渠子、李广出见石,以为兕或虎而射之,中石没镞而饮羽。后人评之为"精诚所至,金石为开"。

⑨《汉书·刑法志》:"夫人宵天地之貌,怀五常之性,聪明精粹,有生之最灵者也。"按宵通肖;貌(mào),貌的古字。人头圆足方,古以为天圆地方,故以为人与天地相类似。五常:颜师古注曰:"五常,仁、义、礼、智、信。"故此句指人。

【译文】

"想在一个早上就走出千里之外,必须借助于能追上自身影子的快马;想凌驾大浪渡水远去,必须依靠船和桨这种器具;要想所知道得无所不包又不走出屋子,必须从书籍中来;要想探知深渊中隐藏的东西又不役使神灵,必须从明师那里得到。因此,红色和绿色能改变素丝的颜色,训诫和教诲能改变愚昧无知者的心灵。太阳冲破黑云施放无尽的光明,那么万物都不能隐藏它的形状了;打开书籍史册考查古代现代的事情,那么天上地下都不能隐藏它的情形了。何况只是鬼神呢?更何况只是人间之事呢?黑色的泥巴可以让它与金玉一样坚硬,弯曲的木头可以加工得合于绳墨,各种野兽可以教给它们排成战阵,牲畜可以训练它们前进后退,水中的鱼可以用音乐来感动它,机器和石头可以用真诚的感情感动它,又何况有着仁义礼智信并天生智慧最高的人类呢!

【原文】

"低仰之驷①,教之功也;鸷击之禽②,习之驯也。与彼凡马野鹰,本实一类,此以饰贵,彼以质贱。运行潦而勿辍③,必混流乎沧海矣;崇一篑而弗休,必钧高乎峻极矣④。大川滔漾,则虬、螭群游⑤;日就月将,则德立道备⑥。乃可以正梦乎丘、旦⑦,何徒解桎乎困蒙哉!

【注释】

①低仰:马驾车时合于脚步节奏地一低一仰。驷(sì):一车所套之四马称驷。

②鸷(zhí)击之禽:供人役使搏击擒杀其他鸟的猛禽,如猎鹰。

③行潦:《诗·大雅·泂酌》:"泂酌彼行潦。"毛传:"行潦,流潦也。"孔颖达正义:"行者,道也;潦者,雨水也。行道上雨水流聚,故云流潦也。"

④篑(kuì):运土的竹具,如今之挑筐。钧:通匀。峻极:见《嘉遁》篇"摧高则峻极颓沦"句注。

⑤虬(qiú)、螭(chī):皆龙属。《说文·虫部》:"虬,龙无角者(依段玉裁校)。"又"螭,若龙而黄"。

⑥二句本《诗·周颂·敬之》:"日就月将,学有缉熙于光明。"就、将皆谓前行,不断进取。缉熙言发扬光大。《淮南子·修务》高诱注:"《诗·颂·敬之》篇,言为善者日有所成就,月有所奉行,当学之是明。此勉学之谓也。"

⑦语本《论语·述而》:"子曰:'甚矣,吾衰也!久矣,吾不复梦见周公。'"《吕氏春秋·博志》:"盖闻孔丘、墨翟昼日讽诵习业,夜亲见文王、周公旦而问焉。用志如此其精也,何事而不达,何为而不成!故曰精而熟之,鬼将告之。非鬼告之也,精而熟之也。"故此句谓专精于学习,则可领会其精神,如有周公、孔子于梦中为之解疑,凡事皆可成。

【译文】

"驷马拉车低昂合节,是训练它们的结果;凶猛攻击的猎鹰,是反复练习才驯服的。它们和那些一般的马,野生的鹰,本来实际上是一类,这些马和鹰凭后来的修整而高贵,而那些凡马和野鹰因只有先天的本性而低贱。路上的积水流注如果不停止,必然会和大海一样;一筐土一筐土地加高,如果不停止,一定能和极高点等同。大河滔滔无边,那么虬龙就会成群地游动;每天有成就,每月有进步,那么道德就可以树立,修养就可以完备。于是可以安然地梦见孔子和周公了,怎么会只是解除窘迫的束缚呢!

【原文】

"昔仲由冠鸡带独①,霜珥鸣蝉②,杖剑而见,拔刃而舞,盛称南山之劲竹,欲任掘强之自然③;尼父善诱④,染以德教,遂成升堂之生⑤,而登四科之哲⑥。子张鄙人,而灼聚凶猾⑦,渐渍道训,成化名儒,乃抗礼于王公⑧,岂直免于庸陋⑨!

【注释】

①《史记·仲尼弟子列传》:"仲由,字子路,卞人也。少孔子九岁。子路性鄙,好勇力,志伉直,冠雄鸡,佩猳豚,陵暴孔子。孔子设礼稍诱子路,子路后儒服委质,因门人请为弟子。"裴骃集解:"冠以雄鸡,佩以猳豚。二物皆勇,子路好勇,故冠带之。"独:同豚。

②霜(shuāng):《字汇补·雨部》:"霜,《复古编》与雙同。"南朝梁沈约《俗说》:"慕客(容)庞饷谢白狼吓一霜。"《北堂书钞》引作"雙"。简化作"双"。珥(ěr):剑鼻。剑柄上端向侧面的突出部分,因似耳而得名。

③事见《说苑·建本》:"孔子谓子路曰:'汝何好?'子路曰:'好长剑。'孔子曰:'非此之问也。请以汝之所能,加之以学,岂可及哉!'子路曰:'学亦有益乎?'孔子曰:'夫人君无谏臣则失政,士无教友则失德,……君子不可以不学。'子路曰:'南山有竹,弗揉自直,斩而射之,通于犀革,又何学为乎?'孔子曰:'括而羽之,镞而砥砺之,其入不益深乎?'子路拜曰:'敬受教哉!'"掘,通倔。

④尼父善诱:见《论语·子罕》:"夫子循循然善诱人。"诱:引导。

⑤句本《论语·先进》:"子曰:'由也,升堂矣!未入于室也。'"按堂为正厅,室为内室,升堂后方可入室。故孔子谓子路学问已相当好,但还有待精深。

⑥四科:见《论语·先进》:"德行:颜渊、闵子骞、冉伯牛、仲弓,言语:宰我、子贡,政事:冉有、季路,文学:子游、子夏。"四科,即指德行、言语、政事、文学。季路即子路。

⑦子张：孔子弟子颛孙师，字子张。据《尸子》载，曾为贩马经纪人，故此称其"鄙人"。灼聚：孔子弟子颜涿聚。《吕氏春秋》载其曾为梁父山大盗。涿，或作啄。啄、涿属屋部，灼属药部，屋、药旁转，故得相通。

⑧抗礼：抗通伉。对等，平等。

⑨直：通特。只，仅仅。

【译文】

"从前子路戴着雄鸡形的发冠并佩有小公猪样的饰品，剑的双珥装饰着鸣蝉，手执宝剑来见人，拔出利刃就开始舞动，极力称赞南山上强劲的竹子，本性想做一个强悍凶暴的人；孔子善于诱导，用道德教育来感染他，于是成了德行、言语、政事、文学四门具备的有才能的人。子张是个粗鄙的人，而颜灼聚凶恶而狡猾，为道理的训导所浸渍，逐渐变化成为有名的儒者，于是在后代获得和王公们同等的礼敬，难道只是免除了平庸粗陋吗？

【原文】

"以是贤人悲寓世之倏忽①，疾泯没之无称②；感朝闻之弘训③，悟通微之无类④；惧将落之明戒⑤，觉罔念之作狂⑥；不饱食以终日⑦，不弃功于寸阴⑧；鉴逝川之勉志⑨，悼过隙之电速⑩；割游情之不急，损人间之末务；洗忧贫之心⑪，遣广愿之秽；息畋猎博弈之游戏⑫，矫昼寝坐睡之懈怠⑬；知徒思之无益⑭，遂振策于圣途。学以聚之，问以辩之⑮，进德修业⑯，温故知新⑰。

【注释】

①见《嘉遁》篇"以过隙之促"句注。

②句本《论语·卫灵公》："君子疾没世而名不称焉。"

③句本《论语·里仁》："子曰：'朝闻道，夕死可矣。'"

④通微：洞察细微的事物。三国魏刘劭《人物志·九徵》："色平而畅者，谓之通微。通微也者，智之原也。"按畅（chàng）通畅，通达。

⑤将落：《左传·昭公十八年》："夫学，殖也。不学将落。"孔颖达正义："夫学如殖草木也，令人日长日进，犹草木之生枝叶也；不学则才知日退，将如草木之队落枝叶也。"按知为智之本字，队为坠之本字。

⑥句本《书·多方》："惟圣罔念作狂，惟狂克念作圣。"谓即使圣人无善念亦将成为狂颠之人，而狂颠者能有善念则将成圣人。

⑦见《论语·阳货》："子曰：'饱食终日，无所用心，难矣哉！'"

⑧寸阴：出《淮南子·原道训》："圣人不贵尺之璧，而重寸之阴，时难得而易失也。"

⑨参见《嘉遁》篇"忘川逝于大鳌之嗟"句注。

⑩参见《嘉遁》篇"以过隙之促"句注。

⑪忧贫：出《论语·卫灵公》："子曰：'……君子忧道不忧贫。'"

⑫博弈：博指六博，或作六簙，古代一种掷采下棋的比赛游戏。《论语·阳货》刘宝

楠正义、《楚辞·招魂》王逸注及洪兴祖补注引《古博经》考之甚详，可参阅。马王堆汉墓曾出土博具。弈：下棋，即围棋。

⑬昼寝：出《论语·公冶长》："宰予昼寝，子曰：'朽木不可雕也，粪土之墙不可杇也。于予与何诛！'"坐睡：坐着打盹儿。未见典所从出。

⑭《论语·为政》："思而不学则殆。"又《卫灵公》："子曰：'吾尝终日不食，终夜不寝，以思，无益，不如学也。'"《荀子·劝学》："吾尝终日而思矣，不如须臾之所学也。"皆为句之所本。

⑮二句出《易·乾》："文言曰：……君子学以聚之，问以辩之。"孔颖达正义："君子学以聚之者，九二从微而进，未在君位，故且习学以畜其德。问以辩之者，学有未了，更详问其事，以辩决于疑也。"

⑯亦出《易·乾》："文言曰：……子曰：'君子进德修业。忠信，所以进德也。修辞立其诚，所以居业也。'"

⑰出《论语·为政》："子曰：'温故而知新，可以为师矣。'"

【译文】

"因此贤德的人为生活在世上的短暂而悲伤，厌恶死后埋没而无可称名于世；感慨于孔子'朝闻道夕死可也'的伟大训示，明白洞察小事乃智慧之源，对任何人都是一样的；戒惧地对待不学习将如草木之衰落的明白告诫，觉悟到即使圣人如无善念也将成为愚顽无知者；不是整天吃饱了无所事事，不放弃每一寸光阴；有鉴于孔子在河边感叹逝者如斯而自勉其志，为人生如白驹过隙，像闪电一样迅速而伤心；割断潜心于不急切需要之事的想法，扔掉人间的世俗琐事；洗刷忧虑自身贫穷的心情，驱开有众多欲望的肮脏想法；停止打猎下棋等等的游戏，矫正白天睡觉或坐着打盹儿的懈怠行为；知道空想是没有益处的，于是在前代圣人的道路上挥鞭疾驰。靠学习来积累德行，以互相询问进行论辩来解决疑难，增进道德并修治学业，温习旧学以获取新知。

【原文】

"夫周公上圣，而日读百篇①；仲尼天纵，而韦编三绝②。墨翟大贤，载文盈车③；仲舒命世，不窥园门④。倪宽带经以芸锄⑤，路生截蒲以写书⑥，黄霸抱桎梏以受业⑦，宁子勤夙夜以倍功⑧，故能究览道奥，穷测微言，观万古如同日，知八荒若户庭，考七耀之盈虚⑨，步三、五之变化⑩，审盛衰之方来，验善否于既往，料玄黄于掌握⑪，甄未兆以如成。故能盛德大业，冠于当世，清芬令问⑫，播于罔极也。

【注释】

①事见《墨子·贵义》："子墨子曰：'昔者，周公旦朝读书百篇，夕见漆十士。'"（按漆通七）。又见于《金楼子》，"朝"作"旦"。杨明照据以证句中"日"乃"旦"字之误。译文从之。

②天纵：见《论语·子罕》："太宰问于子贡曰：'夫子圣者与？何其多能也！'子贡曰：'固天纵之将圣，又多能也。'"天纵言上天所赋不为限量。韦编三绝：见《史记·

孔子世家》："孔子晚而喜读《易》，序《彖》《系》《象》《说卦》《文言》。读《易》，韦编三绝。"古之典籍以熟皮条（即"韦"）编简以成册，孔子反复读之，至皮条多次断折。

③事见《墨子·贵义》："子墨子南游使卫，关中载书甚多。弦唐子见而怪之曰：'吾夫子教公尚过曰："揣曲直而已。"今夫子载书甚多，何有也？'子墨子曰：'……翟上无君上之事，下无耕农之难，吾安敢废此！'"按"关"指车厢木栏。翟（dí）乃墨子之名。

④见《嘉遁》篇"虽复下帷覃思"句注。

⑤倪宽：《汉书·兒宽传》："兒宽，千乘人也。……贫无资用，尝为弟子都养。时行赁作，带经而锄，休息辄读诵，其精如此。"按弟子都养乃为学生烹炊做饭者；赁作谓卖佣。锄（chú）：除草。又兒（ní）宽即倪宽。

⑥路生：指汉代人路温舒。《汉书·路温舒传》："路温舒，字长君，钜鹿东里人也。父为里监门。使温舒牧羊，温舒取泽中蒲，截以为牒，编用写书。"按牒（dié）本指书写所用木片。

⑦《汉书·循吏·黄霸传》："黄霸……守丞相长史，坐公卿大议廷中知长信少府夏侯胜非议诏书大不敬，霸阿从不举劾，皆下廷尉，系狱当死。霸因从胜受《尚书》狱中，再踰冬，积三岁乃出。"按踰同逾。"再踰冬"谓过两个冬天。

⑧宁子：战国时人宁越。《吕氏春秋·博志》："宁越，中牟之鄙人也，苦耕稼之劳，谓其友曰：'何为而可以免此苦也？'其友曰：'莫如学。学三十岁，则可以达矣。'宁越曰：'请以十五岁。人将休，吾将不敢休；人将卧，吾将不敢卧。'十五岁而周威公师之。"

⑨七耀：指日、月、五星，皆照耀于天，故名。五星指东方岁星、南方荧惑、西方太白、北方辰星、中央镇星。

⑩步：推步，即推算、推测。三、五：三谓三辰，即日、月、星；五即上注⑨所言五星。

⑪玄黄：指天地。《易·坤》："夫玄黄者，天地之杂也。天玄而地黄。"

⑫清芬：以清香之气喻高洁之德。陆机《文赋》："咏世德之骏烈，诵先人之清芬。"令问：令闻，美好的名声。问通闻，汉王符《潜夫论·赞学》："夫此四子者，耳目聪明，忠信廉勇，未必无俦也，而及其成名立绩，德音令问不已，而有所以然，夫何故哉？"

【译文】

"周公是德智超群的人，还要一早晨就读一百篇书；孔子是上天所赋予人间的天才，还要勤读至于韦编三绝。墨翟是大贤人，而拉载典籍装满一车；董仲舒是名于一世的人才，但讲学中三年不到庭园去。倪宽带着经典下地锄草，路温舒截断蒲草当简牒写书，黄霸抱着镣铐向人学习，宁越日夜不停勤学以求加倍的功效，因此，他们能够透彻地看到道的奥秘，完全地理解隐微的言论，观察千年万代的历史如同发生在同一天里，了解四野八荒的事情就像出现于庭院之中，考察日月五星的盈满和亏缺，推断三辰五星的变化，审视将来的繁盛和衰败，验证过去的正确与错误，预料天地的变化如同在掌握之中，辨别没有先兆的事情就像已发生过的一样。因此能够使高尚的品德和盛大的事业在当时位居第一，出色的修养和美好的名声传向无边的远方。

【原文】

"且夫闻商羊而戒浩漾①，访鸟砮而洽东肃②，咨萍实而言色味③，讯土狗而识坟羊④，披《灵宝》而知山隐⑤，因折俎而说专车⑥，瞻离毕而分阴阳之候⑦，由冬蠡而觉闰余之错⑧，何神之有？学而已矣。夫童谣犹助圣人之耳目，岂况《坟》《索》之弘博哉⑨！

【注释】

①商羊：传说中的鸟名。据说大雨前则屈一足起舞。《孔子家语·辩政》："齐有一足之鸟，飞集于宫朝下，止于殿前，舒翅而跳。齐侯大怪之，使使聘鲁问孔子。孔子曰：'此鸟名曰商羊，水祥也。昔童儿有屈其一脚，振讯两眉两跳，且谣曰："天将大雨，商羊鼓舞。"今齐有之，其应至矣。急告民趋治沟渠，修堤防，将有大水为灾。'顷之大霖，雨水溢泛。"

②王国维、杨明照以为"东"当作"陈"。是。砮（nǔ）：石制箭镞。《国语·鲁语下》："仲尼在陈，有隼集于陈侯之庭而死，楛矢贯之，石砮，其长尺有咫。陈惠公使人以隼如仲尼之馆问之。仲尼曰：'隼之来也远矣。此肃慎氏之矢也。昔武王克商，通道于九夷百蛮，使各以其方贿来贡，使无忘职矣。于是肃慎氏贡楛矢石砮，其长尺有咫。先王欲昭其令德之致远也，以示后人，使永监焉，故铭其栝曰："肃慎氏之贡矢。"以分大姬，配虞胡公而封诸陈。……君若使有司求诸故府，其可得也。'使求，得之金椟，如之。"按隼（sǔn）鸟名，猛禽；楛（hù），木名；八寸为咫，尺有咫言一尺有余；肃慎：古东北地区少数民族；栝（guā）：箭杆；大（tài）姬，武王长女，嫁胡公。洽：广博，此谓详知。

③萍实：浮萍所结之实。刘向《说苑·辨物》："楚昭王渡江，有物大如斗，直触王舟，止于舟中。昭王大怪之，使聘问孔子。孔子曰：'此名萍实，令剖而食之。惟霸者能获之。此古祥也。'……孔子归，弟子请问。孔子曰：'异时小儿谣曰："楚王渡江得萍实，大如拳，赤如日，剖而食之美如蜜。"此楚之应也。'"

④事见《国语·鲁语下》："季桓子穿井，获如土缶，其中有羊焉。使问之仲尼曰：'吾穿井而获狗，何也？'（韦昭注："获羊而言狗者，以孔子博物，测之也。"）对曰：'以丘之所闻，羊也。丘闻之，木石之怪曰夔、蝄蜽，水之怪曰龙、罔象，土之怪曰坟羊。'"坟羊言雌雄不成者。

⑤山隐：人名，山隐居之省称。《河图纬·河图绛象》："太湖中洞庭山，林屋洞天，即禹藏真文之所，一名包山。吴王阖闾登包山之上，命龙威丈人入包山，得书一卷，凡一百七十四字，而还。吴王不识，使问仲尼，诡云：'赤乌衔书以授王。'仲尼云：'昔吾游西海之上，闻童谣曰："吴王出游观震湖，龙威丈人名隐居，北上包山入灵墟，乃造洞庭窃禹书。天帝大文不可舒，此文长传百六初。今强取出丧国庐。"丘按谣言，乃龙威丈人洞中得也。赤乌所衔，非丘所知也。'吴王惧，乃复归其书。"

⑥折俎：古祭祀或宴会时，宰杀牺牲置于俎，此牺牲称折俎。《国语·鲁语下》："吴

伐越，堕会稽，获骨焉，节专车。（按堕〔huī〕，毁坏。节专车言一节骨之长独占一车）吴子使来好聘，且问之仲尼，曰：'无以吾命。'宾发币于大夫及仲尼，仲尼爵之（韦昭注："爵之，饮之酒也。"）。既彻俎（按谓撤去牲俎）而宴，客执骨而问（按执折俎之骨而问之），曰：'敢问骨何为大？'仲尼曰：'丘闻之：昔禹致群神于会稽之山，防风氏（按南方汪芒氏国之君）后至，禹杀而戮之，其骨节专车，此为大矣。'"

⑦事见《史记》《论衡》《孔子家语》等。《论衡·明雩》："孔子出，使子路赍雨具。有顷，天果大雨。子路问其故，孔子曰：'昨暮月离于毕。'后日，月复离毕。孔子出，子路请赍雨具，孔子不听。出果无雨。子路问其故，孔子曰：'昔日，月离其阴，故雨；昨暮，月离其阳，故不雨。'"按雩（yú），古代为祈雨而举行的祭祀，离（lí）毕谓附于毕星。毕乃二十八宿之一，有星八颗。月离毕古以为天将降雨之征兆。《史记》载此事时孔子曾引《诗·小雅·渐渐之石》："月离于毕，俾滂沱矣。"

⑧《左传·哀公十二年》："冬十二月，螽，季孙问诸仲尼。仲尼曰：'丘闻之，火伏而后蛰者毕。今火犹西流，司历过也。'"按：冬十二月乃周历，按夏历（即今农历）为十月。其时犹见螽（zhōng）斯（虫名），故季孙问之。孔子以为应不见火星（心宿二）及昆虫，而火星尚在西天，故乃掌管历法者之误。

⑨坟、索：见《逸民》篇"穷览坟、索"句注。

【译文】

"听说商羊鸟起舞就告诫大雨的到来，被问及射鸟的石头箭镞就清楚陈国与肃慎人的历史掌故，被咨询浮萍的果实就能说出其颜色与味道，被讯问土中之狗就知道是土怪坟羊，由阅读过《灵宝》之书就了解是山隐居入山取书，依据俎案上的牲体就可以说清装满一车的一节骨的由来，见到月亮附于毕星的情况就能预言下雨还是晴天，由入冬而见螽斯就觉察置闰的错误，有什么神奇的呢？不过就是学习而来罢了。童谣尚且能帮助圣人耳聪目明，更何况博大精深的古代典籍呢！

【原文】

"才性有优劣，思理有修短①，或有夙知而早成，或有提耳而后喻②。夫速悟时习者，骥骒之脚也③；迟解晚觉者，鹑鹊之翼也。彼虽寻飞绝景④，止而不行，则步武不过焉⑤；此虽咫尺以进⑥，往而不辍，则山泽可越焉。明暗之学⑦，其犹兹乎？

【注释】

①思理：思辨能力。《晋书·戴若思传》："思理足以研幽，才鉴足以辨物。"

②提耳：出《诗·大雅·抑》："匪面命之，言提其耳。"郑玄笺："我非但对面语之，亲提撕其耳。"陆德明《经典释文》："提，拽也。"

③骥骒（lù）：指良马。《论衡·案书》："故马效千里，不必骥骒；人期贤知，不必孔墨。"

④寻：言短暂。《后汉书·邳彤传》："彤寻与世祖会信阳。"绝景（yǐng）：离开自己的影子。夸言其快。景，影的古字。

⑤步武：古以六尺为步，半步为武。
⑥咫：八寸为咫。
⑦明暗：谓人的聪明与迟钝。

【译文】

"人的才能天分有优劣之分，思辨能力也长短不齐，有人很早就能明白就能成熟，有的耳提面命地教导后才能理解。那些很快领悟迅速学习的人，就像骏马的腿；那些理解晚领悟慢的，就像鹡鸰喜鹊的翅膀。前者虽然可以一下子就飞得离开自己的影子，但如果止步不前，那么一步远的距离也过不去；后者虽然一尺一尺地往前走，但如果前进不止，那么大山大潮也能越过去。聪明者和愚昧者的学习，大概是同样的道理。

【原文】

"盖少则志一而难忘，长则神放而易失，故修学务早，及其精专，习与性成，不异自然也。若乃绝伦之器，盛年有故，虽失之于旸谷，而收之于虞渊①，方知良田之晚播，愈于卒岁之荒芜也。日烛之喻，斯言当矣②。

【注释】

①旸（yáng）谷、虞渊：本指日出处、日落处。《淮南子·天文训》："日出于旸谷。……是谓晨明。……至于虞渊，是谓黄昏。"此以喻年龄之少长。

②《艺文类聚》八十引《尚书大传》《说苑·建本》载有师旷答晋平公问七十可否学之语。《说苑·建本》："晋平公问于师旷曰：'吾年七十，欲学，恐已暮矣。'师旷曰：'何不炳烛乎？'平公曰：'安有为人臣而戏其君乎？'师旷曰：'盲臣安敢戏君？臣闻之：少而好学，如日出之阳；壮而好学，如日中之光；老而好学，如炳烛之明。炳烛之明，孰与昧行乎？'平公曰：'善哉。'"按炳通秉。

【译文】

"大致说来，年轻的时候思想专一，学东西不容易忘记，年岁大了精神分散就容易忘掉，因此学习应尽早努力，等到精深专一，习惯性格已经形成不会改变，就和与生俱来没有区别了。至于说出类拔萃的人才，年轻时遇到变故，那么虽然在年轻时候耽误了，还可以在中晚年补回来。这样才能知道在良田中播种晚了，也比终年荒芜要强。师旷当年用太阳和火把做的比喻是非常恰当的。

【原文】

"世道多难，儒教沦丧，文、武之轨①，将遂凋坠。或沉溺于声色之中，或驱驰于竞逐之路。孤贫而精六艺者②，以游、夏之资③，而抑顿乎九泉之下④；因风而附凤翼者⑤，以驽庸之质，犹回遑乎霞霄之表⑥。舍本逐末者，谓之勤修庶几⑦；拥经求己者⑧，谓之陆沉迂阔⑨。于是莫不蒙尘触雨，戴霜履冰，怀黄握白，提清挈肥，以赴邪径之近易，规朝种而暮获矣⑩。

【注释】

①文、武:周文王与周武王。轨:道也。文武之道指其修身治国之道及礼乐文章。《论语·子张》:"文武之道未坠于地,在人,贤者识其大者,不贤者识其小者,莫不有文武之道焉。"朱熹集注:"文武之道,谓文王、武王之谟训功烈,与凡周之礼乐文章皆是也。"

②六艺:儒家的六种经典。《史记·滑稽列传》:"孔子曰:'六艺于治一也。《礼》以节人,《乐》以发和,《书》以道事,《诗》以达意,《易》以神化,《春秋》以义。'"

③游、夏:孔子弟子言偃,字子游,卜商,字子夏。

④九泉:杨明照以《清鉴》《博喻》《广譬》《正郭》之文为证,以为此"九泉"及《名实》篇"翠虬沦乎九泉"皆当作"九渊",乃避唐高祖李渊讳改而未校复者。此说极是。九泉无深渊之义。九渊出《庄子·列御寇》:"夫千金之珠,必在九重之渊而骊龙颔下。"

⑤附凤翼:依附帝王等以获名利地位。扬雄《法言·渊骞》:"攀龙鳞,附凤翼,巽以扬之,勃勃乎其不可及也。"

⑥杨明照引孙人和,以为"霞霄"当作"云霄"。

⑦庶几:贤才。本《易·系辞下》:"子曰:'颜氏之子,其殆庶几乎!'"此指颜回近于圣人而未至。

⑧指君子。出《论语·卫灵公》:"子曰:'君子求诸己,小人求诸人。'"

⑨陆沉:此与《嘉遁》篇"孰能相擢于陆沉哉"句有异,言愚昧迂执而遭埋没。《论衡·谢短》:"夫知古不知今,谓之陆沉。然则儒生,所谓陆沉者也。"

⑩规:谋求。《商君书·错法》:"是以明君之使其民也,使必尽力以规其功。"

【译文】

"人世间的道德多遭劫难,儒家学说沦落丧亡,周文王周武王的修身治国之道,将由此而凋谢堕落。有的人沉溺在声色当中,有的人驰骋在竞争的路上。孤独贫穷但精通六经的人,凭着像子游、子夏一样的资质,却被压抑在九重深渊之下;借助风力攀附在凤凰翅膀上的人,仅以驽钝平庸的天赋,还是能够在云霄之上盘旋。舍弃根本追逐细枝末节的人,被称为勤奋学习的近圣贤才;抱着经典努力求学的人,被说成旱地沉没不合时宜。于是没有人不顶着风尘淋着雨水,冒着寒霜踏着坚冰,怀揣黄金手握白银,提着清酒拿着肥肉,奔向抄近易行的邪恶路途,谋求早上下种晚上就收获。

【原文】

"若乃下帷高枕①,游神九典②,精义赜隐③,味道居静,确乎建不拔之操,扬青于岁寒之后④,不搉世以投迹⑤,不随众以萍漂者,盖亦鲜矣。汲汲于进趋⑥,悒闷于否滞者⑦,岂能舍至易速达之通涂,而守甚难必穷之塞路乎?此川上所以无人⑧,《子衿》之所为作⑨,悯俗者所以痛心而长慨,忧道者所以含悲而颓思也。

【注释】

①下帷：见《嘉遁》篇"虽复下帷罩思"句注。高枕：谓不忧世事。出《战国策·齐策四》："三窟已就，君姑高枕为乐矣。"

②九典：九种典籍。多称"九经"。其名目说法不一。《汉书·艺文志》作《易》《书》《诗》《春秋》《礼》《乐》《论语》《孝经》及小学。

③精义赜（zé）隐：出《周易》。《系辞下》："精义入神，以致用也。"孔颖达正义："言圣人用精粹微妙之义入于神化。"《系辞上》："探赜索隐，钩深致远。"孔颖达正义："赜，谓幽深难见。"

④岁寒：出《论语·子罕》："岁寒，然后知松柏之后彫也。"

⑤揆（kuí）：揣度，估量。投迹：举步，投身。《庄子·天地》："且若是，则其自为处危，其观台多物将往，投迹者众。"

⑥汲汲：心情急切貌。《礼记·问丧》："其往送也，望望然，汲汲然，如有追而弗及也。"孔颖达正义："汲汲然者，促急之情也。"

⑦悒（yì）：忧郁不快。否（pǐ）滞：停滞，阻塞，此言仕途不畅。

⑧川上：《论语·子罕》："子在川上，曰：'逝者如斯夫！不舍昼夜。'"

⑨子衿（jīn）：《诗·郑风》篇名。序曰："子衿，刺学校废也。乱世则学校不修焉。"

【译文】

"至于下帷讲学不忧世事，专心致志于多种古代经典，精心地探求深幽隐微的事理，体味大道并安居静处，牢固树立了不可改变的节操，像松柏一样在寒冬之后还显现青翠，不揣测世风就举步前往，不追随众人像浮萍般漂荡的人，大概也太少了。急切地想提高地位，对于官运不通郁闷不乐的人，怎么能够放弃最容易又能迅速到达的畅通道路，而守着非常艰难且肯定不通的堵塞的道路呢？这就是大河边上所以没有人发出孔子那样的感叹，《诗经·子衿》之所以要创作，怜悯风俗的人之所以内心发出沉痛的长叹，为道德而忧虑的人之所以心含悲伤沮丧深思的原因。

【原义】

"夫寒暑代谢，否终则泰①，文武迭贵，常然之数也②。冀群寇毕涤③，中兴在今，七耀遵度④，旧邦惟新⑤，振天惠以广埽⑥，鼓九阳之洪炉⑦，运大钧乎皇极⑧，开玄模以轨物⑨。陶冶庶类⑩，匠成翘秀⑪，荡汰积埃，革邪反正，戢干戈，橐弓矢⑫，兴辟雍之庠序⑬，集国子，修文德⑭，发金声，振玉音⑮。降风云于潜初⑯，旅束帛乎丘园⑰。令抱翼之凤，奋翮于清虚⑱；项领之骏，骋迹于千里⑲。使夫含章抑郁⑳、穷览洽闻者，申公、伏生之徒㉑，发玄缥㉒，登蒲轮㉓，吐结气，陈立素㉔，显其身，行其道，俾圣世迪唐、虞之高轨，驰升平之广涂，玄流沾于九垓㉕，惠风被乎无外。五刑厝而颂声作㉖，和气洽而嘉穟生㉗，不亦休哉！

【注释】

①否（pǐ）终则泰：谓困厄至极则转为通泰。本《易·杂卦》："否泰，反其类也。"

②数（shù）：规律，法则。

③群寇：指晋王朝以外的各割据势力。

④七耀：见本篇上文"考七耀之盈虚"句注。

⑤句出《诗·大雅·文王》："周虽旧邦，其命维新。"毛传："乃新在文王也。"陈奂传疏："维，犹乃也；维新，乃新也。……言周至文王而始新之。"故"维新"即乃始更新。晋历四帝后为前赵所灭，元帝司马睿在建康重建东晋，故言。

⑥孙星衍曰："（惠）疑作'彗'。"甚是。《左传·昭公十七年》："冬，有星孛于大辰，西及汉。申须曰：'彗，所以除旧布新也。'"按"孛（bó）"即彗星别名，其出现亦称孛。大辰即大火星，或称心宿二。汉，银河。申须，鲁大夫。孔颖达正义："彗，埽帚也。其形似彗，故名焉。埽所以埽去尘，彗星象之，故'所以除旧布新也'。言此星见，必有除旧之事。"埽，同扫。

⑦九阳：谓太阳。《后汉书·仲长统传》："沆瀣当餐，九阳代烛。"按沆瀣（hàng xiè）指夜间水汽。

⑧大钧：造化，大自然。《文选·贾谊〈鵩鸟赋〉》："云蒸雨降兮，纠错相纷。大钧播物兮，坱圠无垠。"李善注："如淳曰：'陶器作器于钧上，此以造化为大钧。'"钧为制陶之转轮，故言。按坱（yǎng）圠（yà）为漫无边际貌。皇极：至高无上的准则，指大中至正之道，是帝王统治天下的准则。出《书·洪范》："五，皇极，皇建其有极。"孔颖达疏："皇，大也；极，中也。施政教，治下民，当使大得其中，无有邪僻。"

⑨轨物：规范事物。陆倕《新刻漏铭》："宁可以轨物字民，作范垂训者乎？"

⑩陶冶：本言制陶冶金。《荀子·王制》："农夫不斫削不陶冶而足械用。"喻教化培育。《汉书·董仲舒传》："臣闻命者天之令也，性者生之质也，情者人之欲也。或夭或寿，或仁或鄙，陶冶而成之，不能粹美。"庶类：本指万物。《国语·郑语》："夏禹能单平水土，以品处庶类者也。"韦昭注："禹除水灾，使万物高下各得其所。"此指众人。

⑪匠成：培养造就。《淮南子·泰族训》："入学庠序，以修人伦，此皆人之所有于性，而圣人之所匠成也。"翘秀：出类拔萃的人才。《颜氏家训·文章》："凡此诸人，皆其翘秀者。"王利器引卢文弨曰："翘，高貌；翘秀，谓其出拔尤异者。"

⑫橐：孙星衍曰："疑作'櫜'。"櫜（gāo）本指弓袋，用为动词，将弓矢装入弓袋。出《诗·周颂·时迈》："载戢干戈，载櫜弓矢。"按"载"为动词词头。孔颖达正义："櫜者，弓衣，一名韬。故内（nà）弓于衣谓之韬弓。"

⑬杨明照引徐济忠、陈澧，证"之"字当为"立"字之误，甚确。此处为连续三字句，对偶后成排比。译文从"立"。辟（bì）雍：周天子所立大学。《礼记·王制》："大学在郊，天子曰辟廱。"郑玄注："辟，明也。廱，和也。所以明和天下。"孔颖达正义："云所以明和天下者，谓于此学中习学道义，欲使天下之人悉皆明达谐和。"廱同雍。庠（xiáng）序：古代地方学校，后泛指学校。《孟子·梁惠王上》："谨庠序之教，申之以孝弟之义。"又《滕文公上》："夏曰校，殷曰序，周曰庠，学则三代共之。"《白虎通义·辟雍》："乡曰庠，里曰序。"与《孟子》说有别。

⑭国子：贵族子弟。《周礼·地官·师氏》："以三德教国子。"郑玄注："国子，公卿大夫之子弟。"文德：指礼乐教化。与"武功"相对。《易·小畜》："（象曰）君子以懿

文德。"《论语·季氏》："故远人不服，则修文德以来之。"

⑮发金声、振玉音：谓以钟发声，以磬收韵。以喻始终皆不同凡响。语出《孟子·万章下》："孔子之谓集大成。集大成也者，金声而玉振之也。金声也者，始条理也；玉振之也者，终条理也。始条理者，智之事也。终条理者，圣之事也。"

⑯风云：出《易·乾》："云从龙，风从虎，圣人作而万物睹。"谓同类相感应。后因以"风云"言知遇，相从。潜初：见《嘉遁》篇"潜初飞五，与时消息"句注。

⑰束帛：捆为一束的五匹帛。古以为聘问之礼。丘园：本指丘墟园圃。《易·贲》："六五·贲于丘园，束帛戋戋。"王肃注："失位无应，隐处丘园。"后以指隐居之处。

⑱翮（hé）：《说文·羽部》："翮，羽茎也。"后以代指翅膀。清虚：天空。

⑲项领之骏：见《嘉遁》篇"空谷有项领之骏者"句注。

⑳含章：包含美质。《易·坤》："六三，含章可贞。"孔颖达正义："章，美也。"

㉑申公：汉鲁人，名培，师从齐人浮丘伯受《诗》。后居家教《诗》并为《诗》训诂，所传之《诗》称为《鲁诗》。伏生：汉济南人，名胜，字子贱。秦时博士。始皇焚书，伏生将《尚书》藏壁中。及汉定，伏生求遗书，仅得二十九篇，教于齐鲁之间。汉文帝时，伏生已逾九十，文帝使晁错往从学，由伏生之女通传口授，即为《今文尚书》。二人于《史》《汉》皆有传，唯仅称"申公""伏生"。

㉒玄纁：见《逸民》篇"昔安帝以玄纁玉帛聘周颜祖"句注。

㉓蒲轮：见《嘉遁》篇"不须蒲轮而后动"句注。

㉔立素：难解。杨明照引徐济忠，并引证《嘉遁》篇"逍遥竹素，寄情玄毫"句，以为"立"为"玄"字之误。是。"玄素"谓墨与帛；"陈玄素"指陈言于玄素，即从事著述。

㉕玄流：清水。喻君主的恩泽。九垓（gāi）：中央至八极之地。

㉖五刑：五种刑罚。秦以前为墨（刺刻面额并染黑）、劓（yì，割鼻）、刖（fèi，即刖[yuè]，断足）、宫（阉割）、大辟（杀）。见《书·舜典》孔传。秦汉为黥（qíng，即墨刑）、劓、斩左右趾、枭首（斩首悬褂示众）、菹（zū）其骨肉（剁为肉酱）。见《汉书·刑法志》及《后汉书·崔骃传》引崔寔《政论》。

㉗穟（suì）：同穗。

【译文】

"寒冷和暑热是相互交替的，困厄到了头就会转为畅通，文臣和武将交替显贵，这是必然的规律。希望所有外寇全消灭掉，现在王朝重新兴盛起来，日月五星按规律运行，旧邦变为新国，挥动天彗清扫辽阔的太空，鼓动起太阳这座巨大的熔炉，把自然的运行作为最高的准则，打开无形的模子使万物得以规范，教化众人，造就良才，荡涤积累的尘埃，改变邪恶成为正义，把武器收入仓库，把弓箭装进口袋，兴办国学，设立乡校，集中公卿大夫的子弟，学习礼乐教化，像奏乐用钟起乐、以磬收韵一样有始有终。要在人未登仕途时就发现其才能予以任用，在人隐逸时就要以礼相聘。让收着翅膀的凤凰展翅在天空中飞翔，让高大的骏马一日千里地驰骋。让心含美质、忧愤烦闷、遍览群书、广有见闻的人，像申培、伏生之类，受到礼聘，登上蒲草缠轮的聘贤车子，抒发内心沉积的想法，以著述阐明自己的主张，显达其身，推行其道，使圣明的时代按照唐、虞时代的高尚轨范去实践，在太平的宽阔大路上奔驰，君主的恩泽流布四野，恩惠之风吹遍普天下。五种刑罚闲置不用而颂扬之声响起，阴阳之气交合协调适当并长出好的禾穗，这不是很美好吗？

【原文】

"昔秦之二世①，不重儒术，舍先圣之道，习刑狱之法②。民不见德，唯戮是闻③。故惑而不知反迷之路，败而不知自救之方，遂堕坠于云霄之上，而齑粉乎不测之下④。惟尊及卑，可无鉴乎？"

【注释】

①秦之二世：以下文内容言，此"二世"当指秦之两代皇帝，非指秦之二世皇帝胡亥而言。

②依《史记·秦始皇本纪》和《李斯列传》，李斯在始皇三十四年上奏，认为百姓应依法令，在家则努力于农、工，出仕则学习法令刑罚。而"今诸生不师今而学古，以非当世，惑乱黔首"。他认为："古者天下散乱，莫之能一，是以诸侯并作，语皆道古以害今，饰虚言以乱实，人善其所私学，以非上之所建立。""私学而相与非法教，人闻令下，则各以其学议之，……如此弗禁，则主势降乎上，党与成乎下。"他请求"非秦记皆烧之。非博士官所职，天下敢有藏《诗》《书》百家语者，悉诣守、尉杂烧之，有敢偶语《诗》《书》者，弃市。……若欲有学法令，以吏为师"。胡亥为始皇次子，始皇崩后，与赵高、李斯谋，矫遗诏立胡亥。听赵高之言，不坐朝廷见大臣，任赵高处事。赵高"乃行诛大臣及诸公子，……宗室振恐。群臣谏者以为诽谤"。赵高甚至建议"严法而刻刑，令有罪者坐相诛，至收族，灭大臣而远骨肉；贫者富之，贱者贵之，尽除去先帝之故臣。……"二世竟然其言，更为法律。

③句出《左传·僖公二十三年》："卜偃称疾不出，曰：'……民不见德，而唯戮是闻，其何后之有？'"

④齑（jī）：本指捣碎的姜、蒜、韭菜等，引申为细、碎。

【译文】

"从前秦朝的两代皇帝，不重视儒家思想，舍弃古代圣人的学说，让人们都学习刑法处罚。百姓见不到恩德，而只听到杀戮。因此在糊涂的时候不懂迷途知返，失败了也不知道自救的方法，于是像是从云霄的上边坠落下来，在不测的深渊中摔成了碎末。想一想，尊贵和卑贱的人们能够不作为鉴戒吗？"

卷第四　崇　教

题　解

开篇首述不要因小事而误大道，而不误大道"莫良乎学。学之广在于不倦，不倦在于固志"。由此逐步引向本篇的主旨——"王孙公子"的教育问题。这些人生活优越，既不懂稼穑的艰辛，又没有必须的知识能力，却在很年轻时就"加青紫""居清显"，这实际上就孕育着"倾巢覆车之祸"。解决的办法就是勤奋刻苦地学习，同时要有良师益友对他们施以居安思危之教。而这些师友必须既像董仲舒、桓荣那样有广博的知识，又要像龚遂、王吉那样有正直高尚的品格。

而"汉之末世、吴之晚年"所选之师"有师友之名，无拾遗之实"。讲求的是声色狗马、博棋渔猎，宫殿、苑囿皆唯恐不奢侈，车盖、服饰咸唯恐不华美。再加上烦琐的人际交往，以至于"保国安家者至稀，而倾挠泣血者无算也"。

作者相信"今圣明在上"，必然会"坚堤防以杜决溢，明褒贬以彰劝沮"。但显而易见的是，他所指的汉、吴弊端，是"不敢言晋朝，托之汉、吴耳"。他的上述"相信"也只是希望而已。

【原文】

抱朴子曰："澄视于秋毫者①，不见天文之焕炳②；肆心于细务者，不觉儒道之弘远。玩鲍者忘茞蕙③，迷大者不能反。夫受绳墨者无枉刬之木④，染道训者无邪僻之人。饰治之术⑤，莫良乎学。学之广在于不倦，不倦在于固志。志苟不固，则贫贱者汲汲于营生⑥，富贵者沉伦于逸乐⑦。是以遐览渊博者，旷代而时有；面墙之徒⑧，比肩而接武也⑨。

【注释】

①秋毫：鸟兽在秋天新生的细毛。喻细微之物。《商君书·错法》："夫离朱见秋毫百步之外，而不能以明目易人。"

②焕炳：明亮。《论衡·超奇》："天晏，列星焕炳。"

③鲍：咸鱼，盐渍鱼。茞（zhǐ）：香草名，即白芷。句本《大戴礼记》："与君子游，苾乎如入兰芷之室，久而不闻，则与之化矣；与小人游，贷乎如入鲍鱼之次，久而不闻，

则与之化矣。"按苾（bì）谓芳香；贷谓差。

④绳墨：木工弹直线用的工具，即墨线。《礼记·经解》："绳墨诚陈，不可欺以曲直。"枉刳（kū）：《说文·木部》："枉，邪曲也。"又《刀部》："刳，判也。"按判即剖解。

⑤饰治：本指精心制作。《越绝书·外传记越地传》："勾践遣使者取于南社，徙种六山，饰治为马箠，献之吴。"引申指培养造就。按马箠（chuí）谓马鞭。

⑥汲汲：见《勖学》篇"汲汲于进趋"句注。

⑦沉伦：杨明照据藏本、鲁藩本等十一种本校，"伦"应为"沦"。

⑧面墙：见《勖学》篇"然后知面墙之至困也"句注。

⑨比肩接武：肩碰肩，脚跟脚。形容人多拥挤。武，足迹。

【译文】

抱朴子说："能清楚地看见秋天毫颖的人，看不到天体分布运行的光芒闪耀；尽心于小事情的人，感觉不到儒家学说的博大精深。习惯于咸鱼腥臭的人就忘记了白芷和蕙兰的香气，沉溺过度的人不能迷途知返。弹过墨线，就不会把木头剖锯歪斜；接受了儒道的训示教诲，就不会有邪恶乖戾的人。对人进行培养造就，没有比学习更好的了。知识的广博在于不倦地学习；学习不知疲倦就要有稳固的志向。志向如果不稳固，那么贫穷低贱的人就急切地谋生存，富有显贵的人就沉溺在安逸享乐中。因此广泛阅览知识渊博的人，多少代才有时出现；而不学无术的人，却是肩挨肩脚碰脚多得很。

【原文】

"若使素士则昼躬耕以糊口①，夜薪火以修业；在位则以酣宴之余暇，时游观于劝诫②，则世无视内③、游、夏不乏矣④。亦有饥寒切己，藜藿不给⑤，肤困风霜，口乏糟糠⑥，出无从师之资，家有暮旦之急，释耒则农事废，执卷则供养亏者⑦，虽阙学业，可恕者也。所谓千里之足，困于盐车之下⑧；赤刀之矿⑨，不经欧冶之门者也⑩。

【注释】

①素士：犹言布衣之士。此指贫寒的读书人。

②劝诫：勉励与告诫。《汉书·古今人表序》："归乎显善昭恶，劝戒后人。"戒与诫通。

③视内：杨明照引徐济忠、陈汉章、孙人和，以为当作"视肉"，甚是。《史记·李斯列传》："处卑贱之位而计不为者，此禽鹿视肉，人面而能强行者耳。"司马贞索隐："禽鹿犹禽兽也，言禽兽但知视肉而食之。《庄子》及《苏子》曰：'人而不学，譬之视肉而食。'扬子《法言》曰：'人而不学，如禽何异？'言不能游说取荣贵，即如禽兽，徒有人面而能强行耳。"后因以"视肉"借指禽兽。按司马贞所引《庄子》之文今佚，见之《北堂书钞》《太平御览》等类书。

④游、夏：见《勖学》篇"以游、夏之资"句注。

⑤藜藿：见《嘉遁》篇"藜藿不供"句注。

⑥糟糠：酒渣、谷皮等粗劣食物，贫者所食。《墨子·公输》："舍其粱肉，邻有糠糟而窃之。"《荀子·荣辱》："今使人生而未睹刍豢稻粱也，惟菽藿糟糠之为睹，则以至足为在此也。"

⑦卷（juàn）：印刷为书之前，古籍曾缮写于帛，装成卷轴以便收藏，后世因以"卷"泛称书籍、书本。叶德辉《书林清话·书之称卷》："帛之为书，便于舒卷，故一书谓之几卷。凡古书，以一篇作一卷。《汉书·艺文志》有称若干篇者，竹也；有称若干卷者，帛也。"

⑧典出《战国策·楚策四》："夫骥之齿至矣，服盐车而上太行，蹄申膝折，尾湛胕溃，漉汁洒地，白汗交流，中阪迁延，负辕不能上。伯乐遭之，下车攀而哭之，解纻衣以幂之。骥于是俛而喷，仰而鸣，声达于天，若出金石者，何也？彼见伯乐之知己也。"

⑨赤刀：古宝刀。《书·顾命》："越玉五重，陈宝，赤刀、大训、弘璧、琬琰在西序，大玉、夷玉、天球、河图在东序。"孔颖达疏："上言陈宝，则非宝不得陈之，故知赤刀为宝刀也。"

⑩欧冶：即欧冶子，春秋时著名铸剑工。《吕氏春秋·赞能》："得十良剑，不若得一欧冶。"

【译文】

"如果是寒素之士，就白天亲身去耕作来糊口，夜里点上灯修治学业；如果是在位的人，就在酣畅宴饮的余暇里，时或浏览鼓励和劝诫的箴言，那么世上就没像禽兽一样的人，子游、子夏那样的贤人也就不缺少了。也有饥饿寒冷切身，野菜都吃不饱，皮肉受风霜的侵袭，连糟糠之食都吃不上，出门没有拜师求学的钱财，家中有早晚随时的危急，放下农具，农活就停了；拿起书卷，就缺乏生活供给，这样的人即使有缺于学业，也可以原谅。这就是所说的千里马被拉盐车困住了，能制成宝刀的矿石进不了欧冶子的家门那种情况。

【原文】

"若夫王孙公子①，优游贵乐，婆娑绮纨之间②，不知稼穑之艰难③，目倦于玄黄④，耳疲乎郑、卫⑤，鼻餍乎兰麝⑥，口爽于膏粱⑦；冬沓貂狐之缊丽⑧，夏缜纱縠之翾飘⑨；出驱庆封之轻轩⑩，入宴华房之粲蔚；饰朱翠于楹梲⑪，积无已于箧匮⑫；陈妖冶以娱心⑬，涵醲醇以沉醉⑭；行为会饮之魁，坐为博奕之帅⑮。省文章既不晓，睹学士如草芥⑯；口笔乏乎典据⑰，牵引错于事类⑱。剧谈则方战而已屈⑲，临疑则未老而憔悴⑳。虽叔麦之能辩㉑，亦奚别乎瞽瞽哉？"

【注释】

①王孙公子：先秦指王和公爵的后代子孙，后泛指贵家子弟。

②婆娑：逍遥；闲散自得。《文选·班彪〈北征赋〉》："登障隧而遥望兮，聊须臾以婆娑。"绮纨：《楚辞·招魂》："纂组绮缟，结琦璜些。"洪兴祖补注："绮，文缯也。"谓有花纹的丝织品。《战国策·齐策四》："下宫糅罗纨，曳绮縠。"鲍彪注："纨，素也。"

谓白色细绢。连言则指精美的丝织品。

③稼穑：《书·洪范》："土爱稼穑。"孔安国传："种曰稼，敛曰穑。"

④玄黄：黑色与黄色。泛指绚丽色彩。《古文苑·班婕妤〈捣素赋〉》："阅绞练之初成，择玄黄之妙匹。"章樵注："择颜色所宜而染之。"

⑤郑、卫：指郑、卫两国地方的音乐。古以为淫靡。《南史·萧惠基传》："自宋大明以来，声伎所尚多郑、卫，而雅乐正声鲜有好者。"

⑥餍（yàn）：满足。《左传·哀公十六年》："吾闻之，以险徼幸者，其求无餍。"

⑦爽：伤败；败坏。《老子》十二章："五音令人耳聋，五味令人口爽。"王弼注："爽，差失也。失口之用，故谓之爽。"犹今言吃伤了。

⑧沓（tà）：重叠。《庄子·田子方》："适矢复沓，方矢复寓。"成玄英疏："沓，重也。"缊丽：杨明照曰："'缊'，疑当作'温'。温丽，谓貂狐重袭，既温且丽也。"杨说是。

⑨缜（zhěn）：细致；细密。《礼记·聘义》："缜密以栗，知也。"郑玄注："缜，緻也。""緻"简化为"致"。纱縠：精细、轻薄的丝织品的通称。分言之，轻者为纱，绉者为縠。

⑩庆封：春秋齐国大夫。《左传·襄公二十七年》："齐庆封来聘，其车美。"轩：古代一种前顶较高而有帷幕的车，大夫以上乘坐。《左传·哀公十五年》："太子与之言曰：'苟使我入获国，服冕乘轩，三死无与。'"杜预注："轩，大夫车。"

⑪楹（yíng）梲（zhuō）：楹为厅堂前柱，梲为梁上短柱。《论语·公冶长》："臧文仲居蔡，山节藻梲。"包咸曰："梲者，梁上楹，画为藻文，言其奢侈。"

⑫箧（qiè）匮（guì）：箱柜。小箱曰箧。匮，后作櫃，简化为柜。

⑬妖冶：本谓艳丽，引申指美女。张衡《七辩》："鼙鼓协吹，竽籁应律，金石合奏，妖冶邀会。"

⑭醴醶：见《嘉遁》篇"寒泉旨于醴、醶"句注。

⑮奕：系"弈"字形近之误。

⑯草芥：小草。用以比喻轻贱。《孟子·离娄上》："视天下悦而归己，犹草芥也，惟舜为然。"

⑰典据：典实和根据。晋范宁《春秋谷梁传序》："释《谷梁传》者虽近十家，皆肤浅末学，不经师匠，辞理典据既无可观，又引《左氏》《公羊》以解此传，文义违反，斯害也已。"

⑱牵引：援引；引证。《汉书·夏侯胜传》："（夏侯建）又从五经诸儒问与《尚书》相出入者，牵引以次章句，具文饰说。"

⑲剧谈：原指畅谈。《汉书·扬雄传》上："（扬雄）口吃不能剧谈。"此指激烈论辩。

⑳憔悴：困顿。《孟子·公孙丑上》："民之憔悴于虐政，未有甚于此时者也。"

㉑叔麦：杨明照据藏本等十种本，校为"菽麦"。句本《左传·成公十八年》："周子有兄而无慧，不能辨菽麦。"辩：通辨。

【译文】

"至于那些王孙公子，悠闲自得，富贵享乐，穿绸挂缎逍遥盘桓，不懂得耕种和收获的艰难,绚丽的色彩都看得厌倦了,淫靡的乐歌都听得疲惫了,鼻子闻够了兰草麝香的气息,口中吃伤了肥美的食物;冬天有重重叠叠的貂皮狐皮的衣服,夏天则有细致而轻飘的纱绉衣服;出门乘坐的是庆封坐过的那种轻便的高车,进门在华丽耀眼的房中宴饮;大小柱子都用红绿的颜色来装饰,箱柜中没完地积存珍宝;排列艳丽的美女来使心情愉快,沉湎在美酒当中以求酣醉;走起路是喝酒的魁首,坐下来是赌博的元帅。看文章既看不懂,对读书人又看不起;说话写文章缺乏典实根据,援引古事总是牵强错误。激烈辩论刚一开始就已经服输了,面对疑难问题没老却已经困顿不堪。即使能够辨别豆子和麦子,又和瞎子有什么区别呢?"

【原文】

抱朴子曰:"盖闻帝之元储,必入太学,承师问道①。齿于国子者,以知为臣,然后可以为君;知为子,然后可以为父也②。故学立而仕,不以政学,操刀伤割,郑乔所叹③。触情纵欲,谓之非人④。而贵游子弟⑤,生乎深宫之中,长乎妇人之手,忧惧之劳,未常经心⑥。或未免于襁褓之中,而加青紫之官⑦;才胜衣冠,而居清显之位。操杀生之威,提黜陟之柄⑧;荣辱决于与夺,利病感于唇吻;爱恶无时暂乏,毁誉括厉于耳⑨。嫌疑象类⑩,似是而非,因机会以生无端⑪,藉素信以设巧言,交构之变⑫,千端万绪,巧算所不能详⑬,毫墨所不能究也。无术学⑭,则安能见邪正之真伪,具古今之行事?自悟之理,无所感假,能无倾巢覆车之祸乎!

【注释】

①元储:储君;太子。三句本《大戴礼记·保傅》:"帝入太学,承师问道。"

②齿:类。《管子·弟子职》:"同嗛以齿。"尹知章注:"齿,类也。谓食者则以其所尽之类而进。"国子:公卿大夫子弟。句本《礼记·文王世子》:"是故知为人子,然后可以为人父;知为人臣,然后可以为人君。"

③说本《左传·襄公三十一年》。郑卿子皮欲使其属臣尹何作邑宰,子产认为太年轻,子皮则建议边干边学。子产认为,这样"犹未能操刀而使割也,其伤实多"。"侨闻学而后入政,未闻以政学者也。若果行此,必有所害"。子产,名公孙侨,郑国大夫,故称之为郑乔。乔、侨古通。

④《说苑·修文》:"传曰:'触情纵欲,谓之禽兽。'"为句之所本。

⑤贵游子弟:贵为王公子弟而未曾任官。

⑥杨明照曰:"'之'(按指'忧惧之劳'之'之')当作'哀'。"是。句本《荀子·哀公》:"鲁哀公问于孔子曰:'寡人生于深宫之中,长于妇人之手,寡人未尝知哀也,未尝知忧也,未尝知劳也,未尝知惧也,未尝知危也。'"常:通尝。

⑦青紫之官:汉代丞相、太尉金印紫绶,御史大夫银印青绶,故青紫之官谓高官。

⑧黜(chù)陟(zhì):人才的进退,官吏的升降。《书·周官》:"诸侯各朝于方岳,大明黜陟。"

⑨括（guō）厉：犹言聒（guō）噪。说话琐碎吵闹令人烦躁。括：通聒。
⑩嫌疑象类：嫌疑、象类均为相似之意。故此言表面看来极为相像。
⑪无端：无因由；平白无故。《楚辞·九辩》："塞充倔而无端兮，泊莽莽而无垠。"王逸注："媒理断绝，无因缘也。"
⑫交构：相互构陷。《后汉书·陈蕃传》："而今左右群竖，恶伤党类，妄相交搆，致此刑谴。"搆，构（構）古相通。
⑬筭（suàn）：计数，计算。
⑭术学：道术学识。《史记·张丞相列传》："申屠嘉可谓刚毅守节矣，然无术学，殆与萧、曹、陈平异矣。"

【译文】

抱朴子说："大致听说皇帝的太子必须进太学，接受师教，询问道理。属于贵胄子弟的人，要以懂得如何做臣子，然后才能够去做国君；懂得如何当儿子，然后才可以去当父亲。因此学习立身做官不从政事上学习，犹如不会操刀的人持刀会伤人，是郑国的子产所叹息的事。触动情欲纵欲荒淫，称之为不是人。然而没有官职的贵族子弟生在深宫里边，在妇人的手中长大，担忧恐惧哀痛辛苦的事情，心中从来没有想到。有的还在襁褓之中，就被封予很高的官职；刚刚可以穿戴得起成人的衣帽，就处在清要而显达的位置上。有置人生死的地位，掌握提职贬官的大权；他人的荣耀耻辱取决于他的给予还是剥夺，是获利益还是受损害全由他的嘴唇来决定；喜爱还是厌恶没有一时或缺，诽谤抑或称誉不断在耳边吵闹。表面看来很有能力，实际却并非如此，借机会生无端的是非，仗着平素的信任设计巧妙的言辞。相互构陷，办法千变万化，巧妙的计算不能详尽，笔墨难以穷究。没有道术和学识，怎么能发现邪恶的虚伪和正直的真诚，掌握古代现今的行事方法呢？自己杜撰的道理，并无根据，能不带来倾覆巢穴翻倒车辆的灾祸吗！

【原文】

"先哲居高，不敢忘危①，爱子欲教之义方，雕琢切磋，弗纳于邪伪②。选明师以象成之③，择良友以渐染之④，督之以博览，示之以成败，使之察往以悟来，观彼以知此，驱之于直道之上⑤，敛之乎检括之中⑥，懔乎若跟挂于万仞⑦，栗然有如乘奔以履冰⑧。故能多远悔吝⑨，保其贞吉也。

【注释】

①句本《易·系辞》下："是故君子安而不忘危。"
②三句本之《左传》《诗经》。《左传·隐公三年》："石碏谏曰：'臣闻爱子，教之以义方，弗纳于邪。'"《诗·卫风·淇奥》："有匪君子，如切如磋，如琢如磨。"毛传："治骨曰切，象曰磋，玉曰琢，石曰磨。道其学而成也。听其规谏以自修，如玉石之见琢磨也。"义方：行事应守的规范和道理。
③象成：陈澧、杨明照认为当作"匠成"。是。见《勖学》篇"匠成翘秀"句注。
④渐（jiān）染：犹言浸染。渍染；沾染。《楚辞·东方朔〈七谏·沉江〉》："日渐

染而不自知兮，秋毫微哉而变容。"王逸注："稍渍为渐，汙变为染。"

⑤直道：犹正道。指正确的道理、准则。《礼记·杂记》："其余则直道而行之是也。"

⑥检括：本指检点约束，引申为规矩，法度。

⑦懔（lǐn）乎：犹懔然。戒惧貌。懔同凛。《荀子·议兵》："纣刳比干，囚箕子，为炮烙刑，杀戮无时，臣下懔然，莫必其命。"跟挂：身体以脚跟倒挂。《文选·张衡〈西京赋〉》："突倒投而跟絓，譬陨绝而复联。"挂与絓通。

⑧乘奔：骑乘奔马。《文选·张衡〈东京赋〉》："常翘翘以危惧，若乘奔而无辔。"履冰：出《诗·小雅·小旻》："战战兢兢，如临深渊，如履薄冰。"又：杨明照曰："此与上句参差不齐，非'有'字为衍文，即上句'若'上脱一字。"按依稚川之行文，杨前说是。

⑨悔吝：灾祸。本《易·系辞上》："悔吝者，忧虞之象也。"

【译文】

"先辈哲人身居高位也不敢忘记危险，爱儿子就要用道义来教导他，有如加工玉石象牙一样精雕细琢，不要把他放到邪恶虚伪当中去。选择贤明的老师培养他，选择良好的朋友来影响他，督促他博览群书，向他展示成功失败的例子，让他能观察以往悟知未来，观察其他事情以明了自己面对的问题，督促他走向正直的路，管束他要合于规矩，小心戒惧就像用脚跟倒挂在万丈高空，战战兢兢就像骑着奔马踏在冰上。因此能够更多地远离祸患，保持其守正道而来的吉祥。

【原文】

"昔诸窦蒙遗教之福①，霍禹受率意之祸②，中山、东平以好古而安③，燕刺由面墙而危④。前事不忘，今之良鉴也⑤。汤、武染乎伊、吕，其兴勃然；辛、癸染乎推、崇，其亡忽焉⑥。朋友师傅，尤宜精简。必取寒素德行之士，以清苦自立，以不群见惮者。其经术如仲舒、桓荣者⑦，强直若龚遂、王吉者⑧，能朝夕讲论忠孝之至道，正色证存亡之轨迹，以洗濯垢涅，闲邪矫枉⑨，宜必抑情遵宪法，入德训者矣。

【注释】

①诸窦：指汉文帝后窦氏家人。《史记·外戚世家》载，窦皇后兄窦长君，弟窦广国皆受封，并被厚赐田宅金钱，家于长安。周勃、灌婴等为之选有节长者为师，二人"由此为退让君子，不敢以尊贵骄人。""孝景帝立，乃封广国为章武侯。长君前死，封其子彭祖为南皮侯。吴楚反时，窦太后从昆弟子窦婴，任侠自喜，将兵，以军功为魏其侯。窦氏凡三人为侯。窦太后好黄帝、老子言，帝（文帝）及太子（后为景帝）、诸窦不得不读黄帝、老子书，尊其术。"是"遗教"指黄帝、老子之教。

②霍禹：霍光之子。初，霍光妻霍显使人毒杀宣帝后许氏，立己之小女成君。霍光卒，霍氏权势日见侵削，又恐谋杀许后事泄，子禹及从孙云、山等谋反，被发觉。霍云、霍山等自杀，霍显等弃市，霍禹腰斩。说详《汉书·霍光传》。

③据杨明照考于《史》及两《汉》，封中山者皆不好古，亦皆不安。引《后汉书·东

平宪王苍传》："苍少好经书，雅有智思……是时中兴三十余年，四方无虞，苍以天下化平，宜修礼乐，乃与公卿共议定南北郊冠冕车服制度，及光武庙登歌八佾舞数。肃宗即位，尊重恩礼逾于前世，诸王莫与为比。"刘苍薨后，"封上苍自建武以来章奏及所作书记、赋、颂、七言、别字、歌诗，并集览焉。……立四十五年，子怀王忠嗣"。以此较之，"中山"当为"河间"。引《史记·五宗世家》："河间献王德，……好儒学，被服造次必于儒者。山东诸儒多从之游。二十六年卒，子共王不害立。"

④燕刺：汉燕刺王刘旦。汉武帝四子。据《汉书·武五子·燕刺传》："乃卫太子败，齐怀王又薨，旦自以次第当立，上书求入宿卫。上（武帝）怒，下其使狱。后坐臧（藏）匿亡命，削良乡、安次、文安三县。武帝由是恶旦，后遂立少子为太子。帝崩，太子立，是为孝昭帝。"刘旦对此极为不满，与人结谋共反而自立，事泄自缢而死。又：杨明照曰："上句之'中山'既非其伦，疑原在此句'燕刺'上。再参稽两汉所封中山四王史实，合是中山靖王。"并引《汉书》，兹不赘。面墙：见《勖学》篇"然后知面墙之至困也"句注。唯《燕刺王传》记刘旦"博学经书杂说"，非面墙之辈。杨明照以为不当以辞害意。

⑤句本《战国策·赵策》："前事不忘，后事之师。"

⑥句出于《墨子·所染》："舜染于许由、伯阳，禹染于皋陶、伯益，汤染于伊尹、仲虺，武王染于太公、周公。此四王者，所染当，故王天下，立为天子，功名蔽天地。举天下仁义显人，必称此四王者。夏桀染于干辛、推哆（音chǐ），殷纣染于崇侯、恶来，厉王染于厉公长父、荣夷终，幽王染于傅公夷、蔡公谷，此四王者，所染不当，故国残身死，为天下僇。举天下不义辱人，必称此四王者。"按僇（lù）谓羞辱。忽焉：犹忽然，短暂貌。

⑦仲舒：即董仲舒，西汉名儒，汉景帝时为博士。为人廉洁正直。《史记·儒林传》载："进退容止，非礼不行，学者皆师尊之。""至卒，终不治产业，以修学著书为事。故汉兴至于五世之间，唯董仲舒名为明于《春秋》，其传公羊氏也。"《汉书·董仲舒传》载："及仲舒对册，推明孔氏，抑黜百家，立学校之官，州群举茂材孝廉，皆自仲舒发之。""仲舒所著，皆明经术之意，及上疏条教，凡百二十三篇。而说《春秋》事得失，《闻举》《玉杯》《蕃繁》《清明》《竹林》之属，复数十篇，十余万言，皆传于后世。"桓荣：东汉初人。《后汉书·桓荣传》："桓荣，字春卿，沛郡龙亢人也。少学长安，习《欧阳尚书》，事博士九江朱普。贫窭无资，常客佣以自给，精力不倦，十五年不窥家园。""（王）莽败，天下乱。荣抱其经书与弟子逃匿山谷，虽常饥困，而讲论不辍。""（光武）帝即召荣，令说《尚书》，甚善之。拜为议郎，赐钱十万，入使授太子。"

⑧龚遂、王吉：皆西汉人。《汉书·循吏·龚遂传》："龚遂，字少卿，山阳南平阳人也。以明经为官，至昌邑郎中令，事王（刘）贺。贺动作多不正，遂为人忠厚，刚毅有大节，内谏争于王，外责傅相，引经义，陈祸福，至于涕泣，蹇蹇亡已。面刺王过，王至掩耳起走，曰：'郎中令善愧人'，及国中皆畏惮焉。……会昭帝崩，亡子，昌邑王贺嗣立，官属皆征入。……王即位二十七日，卒以淫乱废。昌邑群臣坐陷王于恶不道，皆诛，死者二百余人，唯遂与中尉王阳（即王吉）以数谏争得减死，髡为城旦。"又《王吉传》："王吉，字子阳，琅邪皋虞人也。少好学明经，以郡吏举孝廉为郎，补若庐右丞，迁云阳令。

举贤良为昌邑中尉。而王好游猎，驱驰国中，动作无节，吉上疏谏。……虽不治民，国中莫不敬重焉。久之，昭帝崩，亡嗣，大将军霍光秉政，遣大鸿胪中正迎冒邑王。吉即奏书戒王，……王既到，即位二十余日以行淫乱废。"按文中"明经""孝廉""贤良"等皆汉代察举制度中的科目。

⑨闲邪：防止邪恶。出《易·乾》："闲邪存其诚。"矫枉：矫正弯曲，喻纠正偏邪。《孟子·滕文公下》："枉己者未有能直人者也。"汉赵岐注："人当以直矫枉耳。"

【译文】

"从前，汉朝的窦氏诸人蒙受黄、老遗训带来的福气，霍禹却遭受到轻率行事带来的灾祸，汉河间献王刘德和东平王刘苍都因为爱好古代事物而安然无恙，汉燕剌王刘旦因为不学无术而招致危险。以前的事不忘记，就可以作为现在的良好借鉴。商汤王和周武王受到伊尹、吕尚的熏染，他们的兴起勃勃有生机；商纣和夏桀受到推哆、崇侯的熏染，他们的灭亡迅疾而短暂。朋友和老师尤其应该精细简拔。必须选取门第寒微有好的道德品行的士人，在清苦当中靠自己的力量有建树，以卓然不群让别人畏惧的人。他们的经学研究应该像董仲舒和桓荣，他们的倔强耿直应该像龚遂和王吉，能够早晚地讲解议论忠君孝父的最高道义，严肃地论证生存灭亡的故迹的规律，以便洗涤污垢沉泥，防止邪恶纠正偏斜，一定要抑制情欲遵循法度，达到以道德教育人。

【原文】

"汉之末世、吴之晚年则不然焉①。望冠盖以选用②，任朋党之华誉③，有师友之名，无拾遗之实④。匪唯无益，乃反为损。故其所讲说，非道德也；其所贡进⑤，非忠益也。唯在于新声艳色，轻体妙手，评歌讴之清浊，理管弦之长短，相狗马之剿驽⑥，议遨游之处所，比错涂之好恶⑦，方雕琢之精粗，校弹棋樗蒲之巧拙⑧，计渔猎相搏之胜负⑨，品藻妓妾之妍蚩，指摘衣服之鄙野，争骑乘之善否，论弓剑之疏密。招奇合异，至于无限；盈溢之过，日增月甚。

【注释】

①陈澧曰："不敢言晋朝，托之汉、吴耳。"

②冠盖：为官者的礼帽与车盖，借指贵官、官宦人家。

③朋党：指同类人为以恶相济结成的集团。《战国策·赵策》："臣闻明王绝疑去谗，屏流言之迹，塞朋党之门。"

④拾遗：补正他人的缺点过失。《史记·汲郑列传》："臣愿为中郎，出入禁闼，补过拾遗，臣之愿也。"

⑤贡进：汉代有地方向中央贡举人才的制度，即贡举。

⑥剿（chāo）：轻捷。《三国志·吴志·孙策传》"乃攻破虎等"裴松之注引《吴录》："策笑曰：'闻卿能坐跃，剿捷不常，聊戏卿耳！'"

⑦错涂：错，本指金银嵌饰。错涂连言之谓涂饰。

⑧弹棋：古代博戏之一。最早出于汉。《西京杂记》卷二："成帝好蹴鞠，群臣以蹴鞠为劳体，非至尊所宜。帝曰：'朕好之，可择似而不劳者奏之。'家君作弹棋以献。帝大

悦。"《后汉书·梁冀传》李贤注引《艺经》曰："弹棋，两人对局，白黑棋各六枚，先列棋相当，更先弹之。其局以石为之。"按"蹴（cù）鞠（jū）"为古代的一种足球运动。樗（chū）蒲：亦古代博戏之一。汉马融《樗蒲赋》："昔有玄通先生游于京都，道德既备，好此樗蒲。"

⑨相掊（pǒu）：即相扑。古称角抵或角觝。起源于战国，秦汉称为角抵、角觝，晋以后称相扑。日本今之相扑即源于我国。

【译文】

"汉代和孙吴的末叶可不是这样。就看宦官人家的地位来选用人，听信团伙同党的浮华不实的赞誉，虽有老师朋友的名义，却无补正过失的实际作用。不但没有好处，却反而会带来损害。因此他们所讲解论述的，是不合乎道理和道德的；他们所荐举的，皆非忠诚有益的人才。有的只是新奇的音乐，艳丽的色彩，轻盈的体态，巧妙的手法，评判歌声的清越粗浊，调理管弦的长短高低，审视狗和马的迅捷驽钝，议论游览的处所，比较涂饰的好坏，品评玩物的粗细，较量弹棋樗蒲的灵巧笨拙，比试打鱼、狩猎、相扑的胜负，品评侍妾家妓的美丑，指责衣服的鄙陋粗野，竞争车马的优劣，讲究弓剑的粗糙与精致。寻找和积攒奇奇怪怪的东西永无休止；对充裕盈满的追求，一天比一天厉害。

【原文】

"其谈宫殿，则远拟瑶台、琼室①，近效阿房、林光②，以千门万户为局促，以昆明、太液为浅陋③，笑茅茨为不肖，以土阶为朴駮④。民力竭于功役，储蓄靡于不急，起土山以准嵩、霍⑤，决渠水以象九河⑥；登凌霄之华观，辟云际之绮窗⑦。淫音噪而惑耳，罗袂挥而乱目，濮上北里⑧，迭奏迭起；或号或呼，俾昼作夜⑨。流连于羽觞之间⑩，沉沦乎弦节之侧⑪。

【注释】

①瑶台、琼室：《淮南子·本经训》："晚世之时，帝有桀纣，为璇室瑶台，象廊玉床。"按瑶、琼、璇（xuán）皆美玉。《竹书纪年》卷上："（殷帝辛）九年，王师伐有苏，获妲己以归，作琼室，立玉门。"

②阿（ē）房（páng）：秦始皇三十五年始建之宫。《史记·秦始皇本纪》："（始皇）乃营作朝宫渭南上林苑中。先作前殿阿房，东西五百步，南北五十丈，上可以坐万人，下可以建五丈旗。周驰为阁道，自殿下直至南山。……阿房宫未成；成，欲更择令名名之。作宫阿房，故天下谓之阿房宫。"司马贞索隐："此以其形名宫也，言其宫四阿旁广也。"林光：秦代离宫。《三辅黄图·宫》："林光宫，胡亥所造，纵广各五里，在云阳县界。"《汉书·郊祀志下》："三月甲子，震电灾林光宫门。"颜师古注："林光，秦离宫名也。"

③昆明：汉代昆明池。《汉书·武帝纪》："（元狩三年春）发谪吏穿昆明池。"颜师古注引臣瓒曰："《西南夷传》有越嶲、昆明国，有滇池，方三百里。汉使求身毒国，而为昆明所闭。今欲伐之，故作昆明池象之，以习水战，在长安西南，周回四十里。"太液：汉太液池。《三辅黄图·池沼》："太液池，在长安故城西，建章宫北，未央宫西南。太液

④茅茨：茅草盖的屋顶，借指茅屋。《墨子·三辩》："昔者尧、舜有茅茨者，且以为礼，且以为乐。"土阶：土台阶。《子华子·晏子问党》："婴闻之，尧不以土阶为陋。"朴䫵（ái）：本谓鲁钝，此指粗陋。

⑤嵩、霍：嵩高山与霍山。《尔雅·释山》："霍山为南岳，……嵩高山为中岳。"按嵩高山即嵩山古名，在今河南登封县；霍山乃今安徽潜山县天柱山之别名。

⑥九河：黄河的九条支流。《书·禹贡》："九河既道。"唐陆德明《经典释文》引《尔雅·释水》："九河：徒骇一，太史二，马颊三，覆釜四，胡苏五，简六，洁七，钩盘八，鬲津九。"

⑦绮窗：雕刻或绘饰精美的窗户。《文选·左思〈蜀都赋〉》："开高轩以临山，列绮窗而瞰江。"吕向注："绮窗，彫画若绮也。"

⑧濮上：《礼记·乐记》："桑间濮上之音，亡国之音也。"郑玄注："濮水之上，地有桑间者，亡国之音，于此之水出也。昔殷纣使师延作靡靡之乐，已而自沉于濮水。"北里：古舞曲名。《史记·殷本纪》："帝纣……好酒淫乐，嬖于妇人。爱妲己，妲己之言是从。于是使师涓作新淫声，北里之舞，靡靡之乐。"

⑨二句本《诗·大雅·荡》："既愆尔止，靡明靡晦；式号式呼，俾昼作夜。"郑玄笺："女既过沉湎，又不为明晦，无有止息也。醉则号呼相效，用昼作夜，不视政事。"陆德明《经典释文》："一本作'或号或呼'。"

⑩流连：双声连绵词。盘桓；滞留。羽觞（shāng）：酒器。《楚辞·招魂》："瑶浆密勺，实羽觞些。"洪兴祖补注："杯上缀羽，以速饮也。一云作生爵形，实曰觞，虚曰觯。"按爵通雀。

⑪弦节：琴瑟的节拍。晋张华《王公上寿酒食举乐歌诗表》："盖以依咏弦节，本有因循，而识乐知音，足以制声，度曲法用，率非凡近所能改。"

【译文】

"他们谈论宫殿，远的要和夏桀商纣的瑶台琼室相比，近的要效法阿房宫和林光宫，认为千门万户是局促小气，认为昆明池和太液池浅而简陋。嘲笑茅草房不像样，认为土台阶太粗陋。百姓的劳力都用在了服劳役上，积累的钱财都浪费在不必要的地方，堆积土山要瞄准嵩高山和霍山，开挖水渠要仿效黄河九派；登上高入云霄的华丽楼阁，打开云朵当中雕饰的窗户。淫靡的音乐喧响并迷惑耳朵，丝绸的衫袖挥舞则扰乱眼睛，濮上和北里的淫靡乐曲更迭奏响；有人号叫有人呼喊，把白天当成了黑夜。在酒樽杯盏之间流连，在音乐节拍之上沉沦。

【原文】

"或建翠翳之青葱①，或射勇禽于郊坰②；驰轻足于嶮峻之上③，暴僚隶于盛日之下；举火而往，乘星而返；机事废而不修，赏罚弃而不治。或浮文艘于涚濭④，布密网于绿川，垂香饵于涟潭，纵擢歌于清渊⑤，飞高缴以下轻鸿⑥，引沉纶以拔潜鳞；或结罝罘于林麓之中⑦，合重围于山泽之表，列丹飙于丰草⑧,骋逸骑于平原⑨,纵卢、猎以噬狡兽⑩,飞轻鹞以鸷翔禽⑪,劲弩殪狂兕⑫,长戟毙熊虎。如此,既弥年而不猒⑬,历载而无已矣。

【注释】

①翠:鸟名,即翠鸟。《楚辞·九歌·东君》:"翾飞兮翠曾。"王逸注:"翾然若飞似翠鸟之举也。"按翾(xuān)谓小飞貌。翳(yì):羽毛做的华盖。《说文·羽部》:"翳,翠盖也。"青葱:翠绿色。《文选·扬雄〈甘泉赋〉》:"翠玉树之青葱兮,璧马犀之璘㻞。"吕向注:"青葱,玉树色也。"

②郊垧(jiōng):泛指郊外。垧指远郊。《尔雅·释地》:"邑外谓之郊,郊外谓之牧,牧外谓之野,野外谓之林,林外谓之垧。"

③轻足:善跑的猎犬。《文选·张衡〈西京赋〉》:"乃有迅羽轻足,寻景追括。"薛综注:"轻足,好犬也。"崄(xiǎn):高峻。

④滉(huàng)瀁(yǎng):本为水大貌。此指大水。

⑤"擢"字误。杨明照依《藏》本等六种本校为"櫂"。櫂(zhào)歌:行船时所唱的歌。

⑥缴(zhuó):本指系于箭上的生丝绳。此兼代指箭。

⑦罝(jū)罦(fú):捕兔网。

⑧丹飙:杨明照认为飙、焱、熛音同得通,故丹飙即赤熛,"谓宵田持火之辉煌也"。《汉语大词典》解作红旗,然无旁证。译文从杨说。

⑨逸骑(jì):奔腾的马匹。

⑩卢、猎(què):韩卢、宋猎,皆古代名犬。《诗·齐风·卢令》:"卢令令,其人美且仁。"毛传:"卢,田犬。令令,缨环声。"《战国策·秦策三》:"以秦卒之勇,车骑之多,以当诸侯,譬若驰韩卢而逐蹇兔也。"陈奂曰:"韩之田犬称卢,义实本于《诗》之卢也。"猎,或作猠、鹊。《礼记·少仪》:"乃问犬名。"郑玄笺:"畜养者当呼之名,谓若韩卢、宋鹊之属。"孔颖达引桓谭《新论》作"宋猠"。《集韵·药韵》:"猠,宋良犬名,或作猎。"

⑪鹞(yào):鹰类猛禽的统称。《说文·鸟部》:"鹞,鸷鸟也。"又:"鸷,击杀鸟也。"

⑫殪(yì):杀死。《诗·小雅·吉日》:"殪此大兕。"毛传:"殪,壹发而死。"兕(sì):犀牛。

⑬猒(yàn):猒,厌的古字。

【译文】

"有的人制造用绿色的翠鸟羽毛作华盖的车子,有的人到郊野去射猎猛禽;让善跑的猎犬在险峻的高山上奔驰,把僚属奴隶都在烈日下暴晒,举着火把前去,披着星光回来;枢机大事废弃不管,赏罚制度扔开不用。有的在广阔的水域里泛起有纹饰的船只,在绿色的河流中密布渔网,在有波纹的池塘中放下钓饵,在清澈的潭水上纵声唱起渔歌,高高地射出羽箭打下鸿雁,拉起鱼网捕到深水的鱼鳖;有的在树林里山坡上结扎上兽网,在山地沼泽多层围猎,在丰茂的草地上密布火炬夜间打猎,在平坦的原野上放马奔驰，放出韩卢、宋猈那样的猎犬咬住狡猾的野兽，纵起鹘鹰捉到飞翔的游禽，强劲的弩箭射死疯狂的犀牛，长柄的利戟刺倒大熊和老虎。这样干，整年都不生厌，数载也不停止。

【原文】

"而又加之以四时请会，祖送庆贺①，要思数之密客②，接执贽之嘉宾。人间之务，密勿罔极③。是以雅正稍远，遨逸渐笃。其去儒学，缅乎邈矣。能独见崇替之理④，自拔沦溺之中，舍败德之崄涂，履长世之大道者，良甚鲜矣。嗟乎！此所以保国安家者至稀，而倾挠泣血者无箄也⑤。

【注释】

①祖：本指出行前祭祀路神。《左传·昭公七年》："公将往，梦襄公祖。"杜预注："祖，祭道神。"引申为饯行。《文选·〈荆轲歌〉序》："燕太子丹使荆轲刺秦王，丹祖送于易水上。"张铣注："祖者，将祭道以相送。"

②要（yāo）：邀请。数（shuò）：亲密；亲近。《左传·成公十六年》："无日不数于六卿之门，国之材人无不事也。"杜预注："数，不疏。"

③密勿：勤勉努力。《诗·小雅·十月之交》："黾勉从事，不敢告劳。"王先谦《诗三家义集疏》："鲁'黾勉'作'密勿'。"

④崇替：盛衰；兴废。《国语·楚语下》："吾闻君子唯独居思念前世之崇替者，与哀殡丧，于是有与，其余则否。"俞樾《古书疑义举例·两字对文而误解例》："按崇替二字对文。韦（昭）注曰'崇，终也；替，废也'，是未达崇字之义。《文选·东京赋》薛综注曰：'崇犹兴也。'然则崇替犹言兴废。"

⑤倾挠：败亡；败坏。出《左传·成公十三年》："挠乱我同盟，倾覆我国家。"泣血：典出《说苑·权谋》："下蔡威公闭门而哭，三日三夜，泣尽而继以血。旁邻窥墙而问之曰：'子何故而哭，悲若此乎？'对曰：'吾国且亡。'曰：'何以知也？'应之曰：'吾闻病之将死也，不可为良医；国之将亡也，不可为计谋。吾数谏吾君，吾君不用，是以知国之将亡也。'……居数年，楚王果举兵伐蔡。"箄（suàn）：计数。

【译文】

"而且又加上四季的邀请和朝会，祖饯送行和庆节贺喜，邀请想与之密切关系的亲密客人，接待提着礼物的嘉宾。人与人之间的事情，努力应酬也没有头。因此高尚和正确就逐渐远去，嬉游放逸之心慢慢牢固。这样做离开儒家学说是越来越远了。能够独自认识兴废盛衰的道理，自己从沦落沉溺当中解脱出来，丢掉败坏道德的危险道路，在长久延续的坦途上迈步的人，实在太少了。唉！这就是保守住自己的国家和封邑的人非常稀有，而社稷衰败以致以血做泪的人无数的原因。

【原文】

"今圣明在上，稽古济物①，坚堤防以杜决溢，明褒贬以彰劝沮②；想宗室公族，及贵门富年，必当竞尚儒术，抟节艺文③，释老、庄之意不急④，精六经之正道也⑤。"

【注释】

①稽古：考察古事。出《书·尧典》："曰若稽古，帝尧曰放勋。"济物：犹言济人。嵇康《与山巨源绝交书》："子文无欲卿相而三登令尹，是乃君子思济物之意也。"

②劝沮：见《逸民》篇"子诚喜惧于劝沮"句注。

③撙节：节制，克制，抑制。《礼记·曲礼上》："君子恭敬、撙节、退让以明礼。"郑玄注："撙，犹趋也。"王引之《经义述闻》："趋，读局促之促，谓自抑损也。"孙希旦曰："有所抑而不敢肆谓之撙，有所制而不敢过谓之节。"

④老、庄：杨明照曰："指何晏、王衍以来蔚然成风之玄学。"庞按：稍后于何晏有玄学家王弼。几与之同时的王衍仅为一清谈家，无玄学论著。故"衍"恐为"弼"之误。又：孙星衍、徐济忠、杨明照皆以"意"字为衍文。

⑤六经：即六艺，见《勖学》篇"孤贫而精六艺者"句注。

【译文】

"如今圣明的皇帝在上，考察古道来济助今人，加固堤防来杜绝决口溢水，明确褒贬来昭示鼓励和阻止；设想皇帝的同宗、王公之族，以及贵族中的年轻人，一定会争相崇尚儒家学说，节制辞章文艺，放弃不切实用的老子、庄子的思想，而要精通六经阐发的正道。"

卷第五　君　道

题　解

　　顾名思义，这一篇的内容是讲为君之道。他首先讲玄黄剖判决定了尊卑等威和君臣之道。这无疑是对天人感应学说的一种认可。作为君主，要辨是非以明奖惩，宽严得当将会使臣下尽职尽责，而是非的标准是六艺、五教、礼刑、忠信等等。作者认为，帝王江山的稳固在于人和，而不在于山高水深、金城汤池，因而要广纳善言，强干固本，及时杜绝覆国的微小征兆。要同情并赈济百姓的疾苦。要求节俭，戒奢华，容谠言，退谄谀，以仁爱之心统御国家，那就会使百姓谦让，贤人效力，物产丰饶，外族钦服，这是国家长治久安的根本。否则即使文有华章，武摧钩铬，也无救于土崩瓦解。作者所反复强调的是居安思危、临深履冰的戒惧长存的精神和求贤用能的胸怀和魄力。

　　作者又列举了反其道而行的昏惑之君的所作所为，那就是不览经典，聚财耽玩，恩威不当，赏罚失衡，任用亲族，宠幸佞人，致使良言缄口，展力无由。他们的衰弱败亡完全是自己造成的。田氏夺齐、姬周代殷、始皇灭顶都是前车之鉴。作者以为，"巍巍之称""东岳之封"都是可以实现的，只要能够"匪怠匪荒""兼策载驰""念兹在兹"，就可以庶乎圣道了。

【原文】

　　抱朴子曰："清玄剖而上浮，浊黄判而下沉①，尊卑等威，于是乎著②。往圣取诸两仪，而君臣之道立③；设官分职，而雍熙之化隆④。君人者，必修诸己以先四海⑤，去偏党以平王道⑥，遣私情以标至公，拟宇宙以笼万殊⑦。真伪既明于物外矣，而兼之以自见；听受既聪于接来矣，而加之以自闻⑧。仪决水以进善⑨，钧绝弦以黜恶。昭德塞违⑩，庸亲昵贤⑪。使规尽其圆，矩竭其方，绳肆其直，斤效其斫。器无量表之任，才无失授之用。

【注释】

　　①清玄、浊黄：说本《易·坤》："（文言）夫玄黄者，天地之杂也，天玄而地黄。"剖判：此谓开天辟地。《韩非子·解老》："唯夫与天地之剖判也俱生，至天地之消散也不死不衰者谓常。"

②句本《易·系辞》上:"天尊地卑,乾坤定矣。卑高以陈,贵贱位矣。"等威:《左传·文公十五年》:"示有等威。"杜注:"等威,威仪之等差。"

③两仪:天地。《易·系辞》上:"是故易有太极,是生两仪。"孔颖达正义:"不言天地而言两仪,指其物体;下与四象相对,故曰两仪,谓两体容仪也。"又《序卦》:"有天地,然后有万物;有万物,然后有男女;有男女,然后有夫妇;有夫妇,然后有父子;有父子,然后有君臣。"

④雍熙:谓和乐升平。《文选·张衡〈东京赋〉》:"百姓同于饶衍,上下共其雍熙。"薛综注:"言富饶是同,上下咸悦,故能雍和而广也。"

⑤修己:出《论语·宪问》:"修己以安百姓,尧舜其犹病诸?"

⑥句本《书·洪范》:"无偏无党,王道荡荡。无党无偏,王道平平。"

⑦宇宙:谓天地。《庄子·让王》:"余立于宇宙之中,冬日衣皮毛,夏日衣葛絺;……日出而作,日入而息,逍遥于天地之间。"万殊:各种不同的事物和现象。

⑧《韩诗外传》一:"传曰:'聪者自闻,明者自见。'"盖为句之所本。

⑨《左传·成公八年》:"君子曰:'从善如流。'"为句之所本。

⑩句见于《左传·桓公二年》:"君人者,将昭德塞违,以临照百官,犹惧或失之,故昭令德以示子孙。"

⑪句本《左传·僖公二十四年》:"庸勋亲亲,昵近尊贤,德之大者也。"杜预注:"庸,用也。昵,亲也。"

【译文】

抱朴子说:"天地初分,清澈玄黑的剖开后向上浮,混浊土黄的剖开后向下沉,尊贵卑贱的等级在这时显明起来。往古的圣人从天地两仪取法,君臣的地位关系就确立了;设立官位分别职掌,那么和乐升平的风气就昌隆起来了。作为统治人民的君主,必须提高自己的修养,以便成为天下的带动者,去掉偏私和朋党,让王道能够通行无阻;抛开私人情面,树立最公平的标准;模仿宇宙来统御世上千差万别的事物。既能从外表上看清事物的真伪,又增加上自己的见解;既能清楚地理解所听到的意见,又增加上自己的分析。以决口的大水为仪范来听取善言,像断绝琴弦一样贬斥恶语。昭明德行,杜绝无道;任用亲属,亲近贤人。让圆规尽量发挥它画圆的效能,方矩完全地表现它画方的作用,墨线彻底地展示它弹直线的特长,斧子全部地施放它砍削的能力。人才没有光看外表的任命,也不会因未授应有的职务而不能发挥作用。

【原文】

"考名责实,屡省勤恤,树训典以示民极①,审褒贬以彰劝沮②,明检齐以杜僭滥③,详直枉以违晦吝④。其与之也,无叛理之幸;其夺之也,有百氏之撑⑤。匠之以六艺⑥,轨之以忠信,莅之以慈和,齐之以礼刑⑦。扬仄陋以伸沉抑⑧,激清流以澄臧否⑨。使物无诡道,事无非分。立朝牧民者⑩,不得侵官越局⑪;推毂即戎者⑫,莫敢惮危顾命。悦近以怀远,修文以招携⑬。阜百姓之财粟⑭,阐进德之广涂⑮,杜机伪之繁务,……⑯则明罚敕法⑰,哀敬折狱⑱;

淳化洽⑲，则匿瑕藏疾⑳，五教在宽㉑。

【注释】

①训典：王者教导民众的法则。《书·毕命》："弗率训典，殊厥井疆，俾克畏慕。"孔安国传："其不循教道之常，则殊其井居田界，使能畏为恶之祸，慕为善之福。"民极：民众的准则。《书·君奭》："前人敷乃心，乃悉命汝，作汝民极。"孔安国传："前人文、武，布其乃心，为法度，乃悉以命汝矣，为汝民立中正矣。"

②劝沮：见《逸民》篇"子诚喜惧于劝沮"句注。

③僭（jiàn）滥：赏罚失当，过而无度。出《诗·商颂·殷武》："不僭不滥，不敢怠遑。"毛传："赏不僭，刑不滥也。"

④直枉：谓正直与邪曲。出《论语·为政》："哀公问曰：'何为则民服？'孔子对曰：'举直错诸枉，则民服；举枉错诸直，则民不服。'"晦吝："晦"乃"悔"字之误。"悔吝"，见《崇教》篇"故能多远悔吝"句注。

⑤百氏：杨明照曰："'百'当作'伯'。"见《论语·宪问》："问管仲。曰：'人也。夺伯氏骈邑三百，饭疏食，没齿无怨言。'"孔安国曰："伯氏，齐大夫。骈邑，地名。齿，年也。伯氏食邑三百家，管仲夺之，使至疏食，而没齿无怨言，以其当理也。"㨍（yǎn）：侵夺；夺去。《淮南子·氾论训》："怯者夜见立表，以为鬼也；见寝石，以为虎也。惧㨍其气也。"高诱注："㨍，夺也。"

⑥匠：教育；培养。六艺：见《勖学》篇"孤贫而精六艺者"句注。

⑦《论语·为政》："道之以政，齐之以刑，民免而无耻；道之以德，齐之以礼，有耻且格。"为句所本。

⑧仄（zè）陋：本为自谦之词。《晏子春秋·重而异者》："如婴者，仄陋之人也。"此指有才德而地位卑微者。《后汉书·应奉传》："于是兴学校，举仄陋。"

⑨清流：喻指德行高洁有名望的士人。臧否：见《勖学》篇"不识大伦之臧否也"句注。

⑩牧民：治民。《书·吕刑》："四方司政典狱，非尔惟作天牧。"孙星衍疏："言惟汝非为天牧民也。"《国语·鲁语上》："且夫君也者，将牧民而正其邪者也。"

⑪侵官、越局：皆谓超越自己的职掌范围，侵犯其他官员的职权。

⑫推毂（gǔ）：推车前进。为古代帝王任命将帅时的一种隆重礼节。毂指车轮中心有洞可插轴，并可连接辐条的部件。《史记·张释之冯唐列传》："臣闻上古王者之遣将也，跪而推毂，曰阃以内者，寡人制之；阃以外者，将军制之。"后称任命将帅之礼。即戎：用兵；作战。出《易·夬》："告自邑，不利即戎，所尚乃穷也。"包咸解"即戎"曰："即，就也；戎，兵也。言以攻战。"

⑬二句本《论语》《左传》。《论语·子路》："近者悦，远者来。"《左传·僖公七年》："臣闻之，招携以礼，怀远以德。"杜预注："携，离也。"指离心，有贰心。

⑭阜：丰厚；富有。《诗·小雅·颉弁》："尔酒既旨，尔殽既阜。"郑玄笺："阜，犹多也。"

⑮阐：打开。《说文·门部》："阐，开也。"《文选·班固〈东都赋〉》："握乾符，

阐坤珍。"吕延济注:"阐,开也。"

⑯此处孙星衍校"脱一句"。实脱二句,一句与上句"杜机伪之繁务"相骈,六字;一句与下文"淳化洽"相俪,三字。

⑰明罚敕法:出《易·噬嗑》:"象曰:'雷电噬嗑,先王以明罚敕法。'"言以雷震电照的精神明确刑罚,整饬法律。

⑱哀敬折狱:以怜悯敬慎之心断案。《书·吕刑》:"哀敬折狱,明启刑书胥占,咸庶中正。"孔安国传:"当怜下人之犯法,敬断狱之害人。"

⑲淳化:淳厚的教化。《文选·张衡〈东京赋〉》:"清风协于玄德,淳化通于自然。"薛综注:"淳厚之化通于神明也。"洽:周遍;普施。《孟子·公孙丑上》:"以文王之德,百年而后崩,犹未洽于天下。"

⑳匿瑕藏疾:以玉藏瑕疵山隐蛇蝎喻人器量大能包容。出《左传·宣公十五年》:"谚曰:'高下在心。'川泽纳污,山薮藏疾,瑾瑜匿瑕,国君含垢,天之道也。"

㉑句出《书·舜典》:"汝作司徒,敬敷五教,在宽。"孔安国传:"布五常之教,务在宽,所以得人心,亦美其前功。"《左传·文公十八年》:"举八元,使布五教于四方,父义、母慈、兄友、弟共、子孝。"按"共",谓恭也。

【译文】

"考察名义要求得实效,频繁地省察并经常地体悯,树立王者教民的常规向百姓展示准则,审慎地进行褒贬来昭明鼓励和阻止。明确法度与原则以杜绝赏罚失当,详审曲直以避免灾祸。他给予的时候,没有背离道理的侥幸者;他夺取的时候,就像管仲剥夺伯氏封邑一样理由充足。用六经来培养造就他们,用忠信来约束要求他们,用慈祥与和善对待他们,用礼教和刑罚来戒敕他们。提举有才德无地位的人,使埋没的人才得以伸展;任用高洁之士来澄清善良与丑恶。让人们不行诡诈之道,事情没有理所不当。在朝为官管理百姓的人,不能侵犯其他官员而超越了自己的职权;身拜将官领兵作战的人,不能害怕危险顾惜性命。让近处的百姓愉快,让远处的人们怀德归附;加强文治来招引未臣服的人。让百姓的粮食钱财富足,开辟增进道德的广阔道路。杜绝机巧伪诈的过多追求,……那么就明确责罚整顿法律,以同情敬慎之心审理诉讼;让敦厚的教化遍施天下,那就会像美玉匿瑕山泽藏疾一样量大能容,五常之教以宽厚为本。

【原文】

"外总多士于文武①,内建维城之穆属②,使亲疏相持,尾为身干③,枝虽茂而无伤本之忧,流虽盛而无背源之势④。石磐岳峙,式遏觊觎。见三苗之倾殄,则知川源之未可恃也⑤;睹翳幽之不守,则觉严崄之不足赖也。夫江、汉犹存,而强楚虏辱⑥;剑阁自如,而子阳赤族⑦。四岳、三涂,实不一姓⑧;金城汤池,未若人和⑨。守在海外⑩,匪山河也。

【注释】

①多士:众多的贤士。《诗·大雅·文王》:"济济多士,文王以宁。"

②维城：谓连城以卫国。《诗·大雅·板》："怀德维宁，宗子维城。无俾城坏，无独斯畏。"孔颖达正义："怀德之下即言宗子维城，明以此怀德为宗子之城。宗子，王之適（dí）子也。有天下者，皆欲福及长世。恐子孙之不安，故言以德为城，使免于患难。城可以御寇难，故以城喻焉。"穆属：古宗庙排序，始祖庙居中，以下父子依序为昭穆，昭在左，穆在右。《书·酒诰》："乃穆考文王，肇国在西土。"孔安国传："父昭子穆。"是穆属言子辈。维城穆属则泛指对君主起拱卫作用的皇族子弟。

③尾为身干：杨明照曰："尾，喻帝室。身，喻诸侯。"此说似觉未安，当以身喻君主，尾喻郡国。

④二句以本、源喻中央政权，以枝、流喻地方郡国。

⑤三苗：古国名。《书·舜典》："窜三苗于三危。"孔安国传："三苗，国名，缙云氏之后，为诸侯，号饕餮。"《战国策·魏策》："魏武侯与诸大夫浮于西河，称曰：'河山之险，岂不亦信固哉？'……吴起对曰：'河山之险，信不足保也。……昔者，三苗之居，左彭蠡之波，右有洞庭之水，文山在其南，而衡山在其北。恃此险也，为政不善，而禹放逐之。'"

⑥义本《荀子·议兵》："汝、颍以为险，江、汉以为池，限之以邓林，缘之以方城，然而秦师至，而鄢、郢举若振槁然。是岂无固塞隘阻也哉？其所以统之者非其道也。"

⑦剑阁：栈道名，在今四川剑阁县东北大剑山与小剑山之间，是川陕间的主要通道，军事戍守要地。《水经注·二十·漾水》："又东南径小剑戍北，西去大剑三十里，连山绝险，飞阁通衢，故谓之剑阁也。"子阳：公孙述，字子阳。《后汉书·公孙述传》："公孙述，……王莽天凤中为导江卒正（李贤注：'王莽改蜀郡为导江，太守曰卒正。'）居临邛，复有能名。……于是自立为蜀王，……建武元年四月，遂自立为天子。……（光武）帝必欲降之，……述终无降意。"后兵败受伤而死，妻、子及家族尽遭夷灭。赤族：诛灭全族。颜师古曰："诛杀者必流血，故云赤族。"

⑧句本《左传·昭公四年》："四岳、三涂、阳城、大室、荆山、中南，九州之险也，是不一姓。"四岳：东岳泰山，西岳华山，南岳衡山，北岳恒山。三涂以下皆山名。三涂山位于今河南嵩县西南。

⑨金城汤池：金属造的城墙，灌注沸水的护城河。形容城池险固。《汉书·蒯通传》："必将婴城固守，皆为金城汤池，不可攻也。"按婴城谓加固城墙。人和：出《孟子·公孙丑下》："天时不如地利，地利不如人和。"赵岐注："人和，得民心之所和乐也。"

⑩守在海外：言德政施于海外。《左传·昭公二十三年》："古者，天子守在四夷。"杜预注："德及远。"

【译文】

"在外统领众多的贤士从事文治武功，在内以怀德之心建立有如连城般牢固的宗族关系，使亲族和外人相互帮持，郡国诸侯成为君主的骨干力臣，树枝即使茂盛也没有损伤树干的忧虑，河流水势再大也不会有倒流向源头的局面。像大石一般屹立，像山岳一样耸峙，就能阻止住别人的非分之想。见到三苗的彻底灭亡，就能知道河流湖泊是不能倚仗的；见到隐蔽深幽的地方把守不住，就该懂得山崖之险是不能依赖的。

长江汉水还存在,但强大楚国的国君被俘受辱;剑阁依然如故,但公孙述被杀死全族。四岳和三涂山,实在不属于一姓所有;铜铁的城墙和沸水的护城河,不如民心和乐。守卫是靠仁德布于海外,不是依靠山河之险。

【原文】

"是以贤君抱……惧不足①,而改过恐有余。谋当计得,犹思危而弗休焉;战胜地广,犹戒盈而夕惕焉②。象浑穹以遐焘③,式坤厚以广载。运重光以表微④,致远思乎未兆。资春景以妪煦⑤,范秋霜以肃物。詶咨以校同异⑥,平衡以铨群言。虚己以尽下情,推功以劝将来⑦。御之以术⑧,则终始可竭也;整之以度⑨,则参差可齐也。嶷若阆风之凌霄⑩,而诸下不得以轻重料焉;窈若玄渊之万仞,而亵近不能以多少量焉⑪。然则君之流源不穷,而百僚之才力毕陈矣;我之涯畔无外,而彼之斤两可限矣⑫。

【注释】

①徐济忠谓"抱"字下"疑有'德'字"。译文从之。

②《国语》《吕氏春秋》等书载赵襄子(盾)伐狄人而胜之,将食而有忧色,认为自己德行未积,战胜乃侥幸,非福也。夕惕:言至夜晚仍心怀忧惧,工作不懈。出《易·乾》:"君子终日乾乾,夕惕若厉,无咎。"孔颖达正义:"夕惕,谓终竟此日,后至向夕之时,犹怀忧惕。若厉者,若,如也;厉,危也。言寻常忧惧,恒如倾危,乃得无咎。"

③焘(dào):覆盖。《说文·火部》:"焘,溥覆照也。"《逸周书·作雒》:"将建诸侯,凿取其方一面之土,焘以黄土,苴以白茅,以为土封,故曰受列土于周室。"孔晁注:"焘,覆也。"按苴(jū)谓包裹。

④重(chóng)光:谓日、月二重之光。《文选·陆云〈大将军宴会被命作〉》:"蠢暑重光,协风应律。"李善注引张晏曰:"重光,谓日、月也。"表微:令隐微不明者显现。《礼记·檀弓下》:"君子表微。"郑玄注:"表,犹明也。"

⑤妪(yǔ)煦(xù):生养覆育。妪,指大地赋物以形体;煦,指上天降气以养物。三国魏高堂隆《谏明帝疏》:"是以有国有家者,近取诸身,远取诸物,妪煦养育,故称'恺悌君子,民之父母'。"

⑥詶(chóu)咨:此言咨询,询问。

⑦推功:推赞功勋;按功表彰。《韩非子·人主》:"明主者,推功而爵禄,称能而官事。"

⑧术:本指方法、手段,此特指君主控制和使用臣下的策略和手段。《韩非子·定法》:"术者,因任而授官,循名而责实,操杀生之柄,课群臣之能者也。此人主之所执也。"又《难三》:"法者,编著之图籍,设之于官府而布之于百姓者也。术者,藏之于胸中,以偶众端而潜御群臣者也。故法莫如显,而术不欲见。"

⑨度:法度;规范。《后汉书·班固传》:"铺观二代洪纤之度,其赜可探也。"按赜(zé)谓奥秘。

⑩嶷(nì):高峻。阆风:见《逸民》篇"未闻登阆风而临云霓"句注。

⑪"而亵近"三字，杨明照以为吉藩本之"则近侍"极是。
⑫涯畔：边际。"涯畔无外"，"斤两可限"各就君臣之权而言。

【译文】

"因此贤明的君主有良好的道德还害怕不够，而改正错误则害怕有遗留。谋略合适方针得当，还要不断地想到危险；打仗胜利版图广阔，还要免除自满而戒惧勤政。要模仿天宇广阔地覆盖，要学习大地博大地承载。运用日月二重的明亮令隐微之事显明，在没有先兆时就有了长远的设想。借助春天的阳光来生养抚育，仿效秋天的严霜来清肃万物。靠咨询来比较同异，以称量来权衡群言。靠虚心全面地了解百姓的情况，论功行赏以便鼓励将来。用恰当的手段来统御臣下，那么臣下会自始至终尽心竭力；用法度来整顿，或长或短都可以齐整。高得像阆风山那样到了云霄之上，那么众多在下边的人不能用轻重来估计它；深邃犹如万丈深渊，那么近处的人不能用多少来度量它。这样，君主手下的人才就会源源不断，而诸多臣僚的才学能力就会全部使用出来；君主的权力广阔无边，那么臣子的权力就可得到限制。

【原文】

"发号吐令，则輷若雷霆之激响①，而不为邪辩改其正；画法创制，则炳若七曜之丽天②，而不以爱恶曲其情。宏略远罩，则蔼若密云之高结③；居贞成务④，则确若嵩、岱之根地。料倚伏于未萌之前⑤，审毁誉于巧言之口。不使敦朴散于雕伪，不使一体浇于二端。虽能独断，必博纳乎刍荛⑥；虽务含弘⑦，必清耳于浸润⑧。

【注释】

①輷（hōng）：象声词，状车声、雷声等巨大声响。霆：疾雷，迅雷。《尔雅·释天》："疾雷为霆。"（据阮元校去"霆"下之"霓"字）《素问·五常政大论》："乃为雷霆。"王冰注："霆谓迅雷，卒如火之爆者，即霹雳也。"

②七曜：即七耀。见《勖学》篇："考七耀之盈虚"句注。丽：附着。《易·离》："彖曰：'离，丽也。'日月丽乎天，百谷草木丽乎土。"王弼注："丽犹著也。"

③蔼：茂密笼罩貌。

④居贞：遵守正道。《易·颐》："居贞之吉，顺以从上也。"成务：成就事业。《易·系辞上》："夫《易》何为者也？夫《易》开物成务，冒天下之道，如斯而已者也。"《文心雕龙·程器》："盖士之登庸，以成务为用。"

⑤倚伏：谓祸福。本《老子》五十八章："祸兮，福之所倚；福兮，祸之所伏。"谓祸福相因，互相依存。后以倚伏代指祸福。

⑥句本《诗·大雅·板》："先民有言，询于刍荛。"刍（chú）荛（ráo）：割草打柴的人。

⑦含弘：包容博厚。谓恩德广被，宽厚仁慈。《易·坤》："（彖曰）至哉坤元，万物资生……含弘光大，品物咸亨。"此语之所出。孔颖达疏："包含宏厚，光著盛大，故品类之物皆得亨通。"

⑧浸润：谗言。本《论语·颜渊》："子张问明。子曰：'浸润之谮，肤受之诉，不行焉，可谓明也已矣。'"何晏集解引郑玄曰："谮人之言，如水之浸润，渐以成之。"

【译文】

"发号施令，就像霹雳一样震响，而不因邪恶巧辩而改其正义；谋划新法，创新制度，则明亮得像日月星辰挂在天上，而不因喜爱厌恶而扭曲实情。宏图大略笼罩远方，其繁茂就像浓云在高空密集；遵守正道成就事业，其坚定就像嵩山岱岳在大地扎根。在萌芽之前就能够预料祸福，审慎地分辨出自巧言之口的诽谤与赞誉。不让敦厚淳朴之风由于浮夸虚伪而毁坏，不让上下同心的一个整体由于分歧而感情浇薄。虽然可以一人裁断，但一定广泛采纳哪怕是牧人樵夫的见解；虽然追求宽厚地包容，必须排除谗言的干扰。

【原文】

"民之饥寒，则哀彼责此；百姓有罪，则谓之在予①。嘉祥之臻，则念得神之祐②；或逢天之怒，则思桑林之引咎③。不吝改弦于宜易之调④，不耻反迷于朝过之涂⑤。虎吼以警密，麟跱以接疏。路无击壤之叟，则羞闻和音之作⑥；民有不粒之匮，则愧临方丈之膳⑦。处飞阁之概天⑧，则惧役夫之劳瘁；茹柔嘉之旨脆⑨，则忧敬授之失时⑩；聆管弦之宴羨⑪，则戚逸乐之有过；瞻藻丽之采粲，则虑赋敛之惨烈。遵放勋之麤裘⑫，准卫文之大帛⑬；追有夏之卑宫⑭，识露台之不果⑮；鉴章华之召灾⑯，悟阿房之速祸⑰。

【注释】

①《论语·尧曰》："周有大赉，善人是富。虽有周亲，不如仁人。百姓有过，在予一人。"刘宝楠正义引宋翔凤，认为"虽有周亲"四句为周武王语。《国语·周语上》："在《汤誓》曰：'余一人有罪，无以万夫；万夫有罪，在余一人。'"韦昭注："天子自称曰余一人。"按予、余为古今字。

②杨明照曰："'嘉祥之臻，则念得神之祐'，与下'或逢天之怒，则思桑林之引咎'参差不齐，定有误字。吉藩本'或'作'感'，极是。改'或'为'感'，属上句读，则上下四句无奇觚之嫌矣。"嘉祥：犹言祥瑞。《文选·班固〈东都赋〉》："启灵篇兮披瑞图，获白雉兮效素乌，嘉祥阜兮集皇都。"

③桑林：古地名。《吕氏春秋·顺民》："汤克夏而正天下，天大旱，五年不收。汤乃以身祷于桑林，曰：'余一人有罪，无乃万夫；万夫有罪，在余一人。无以一人之不敏，使上帝鬼神伤民之命。'于是剪其发，䥝其手，以身为牺牲，用祈福于上帝。民乃甚说，雨乃大甚。"

④《淮南子·氾论训》："故圣人所由曰道，所为曰事。道犹金石，一调不更；事犹琴瑟，每弦改调。"高诱注："金石，钟磬也，故曰（一）调而不更。琴瑟弦有数急，柱有前却，故调。事亦如之也。"

⑤朝过：朝过夕改之省。《大戴礼记·曾子立事》："朝有过夕改，则与之；夕有过朝改，则与之。"

⑥击壤之叟：谓称颂太平盛世。《论衡·艺增》："传曰：'有年五十击壤于路者，观者曰："大哉，尧德乎！"击壤者曰："吾日出而作，日入而息，凿井而饮，耕田而食；尧何等力？"'"和音：治世之音。《礼记·乐记》："是故治世之音安以乐，其政和，……声音之道，与政通矣。"

⑦方丈：见《嘉遁》篇"而意佚于方丈"句注。

⑧飞阁：高阁。曹植《赠丁仪》："凝霜依玉除，清风飘飞阁。"概天：谓与天平齐。

⑨柔嘉：美味；美食。《国语·周语中》："无亦择其柔嘉，选其馨香，洁其酒醴，品其百笾。"韦昭注："柔，脆；嘉，美。"按笾（biān）为宴会时盛果脯的竹器。旨脃（cuì）：味美脆嫩。脃同脆。

⑩敬授之失时：本《书·尧典》："乃命羲、和，钦若昊天，历象日月星辰，敬授人时。"孔安国传："敬记天时以授人也。"敬授人时，谓按上天的意志制定历法，敬授失时则谓未按上天意志规定的季节从事生产。

⑪晏羨（yán）："羨"通"衍"。晏衍言怪腔怪调，淫邪之声。《文选·扬雄〈长杨赋〉》："抑止丝竹晏衍之乐，憎闻郑、卫幼眇之声。"李善注："晏衍，邪声也。"

⑫放勋：尧。《书·尧典》："曰若稽古，帝尧曰放勋。"陆德明释文引马融云："放勋，尧名。"一说为尧之字。麤裘：杨明照以为《六韬》《淮南子》等言尧衣鹿裘："'鹿'，盖'麤'之省。鹿裘，即麤裘。"然古书未见"鹿"通"麤"之证，而《礼记》《列子》《晏子春秋》《后汉书》及唐诗中多有"鹿裘"。故杨说不妥。译文从"鹿裘"。

⑬事见《左传·闵公二年》："卫文公大布之衣，大帛之冠。"杜预注："大帛，厚缯。"郑玄注《礼记》则认为"帛，当为白，声之误也。大帛，谓白布冠也。"译文从郑说。

⑭语本《论语·泰伯》："禹，吾无间然矣。菲饮食而致孝乎鬼神，恶衣服而致美乎黻冕，卑宫室而尽力乎沟洫。禹，吾无间然矣。"按"间"谓批评，沟洫（xù）谓沟渠。

⑮《史记·文帝本纪》："（文帝）尝欲作露台，召匠计之，直百金。上曰：'百金，中民十家之产。吾奉先帝宫室，常恐羞之，何以台为！'"

⑯章华：章华台，春秋楚灵王所建之离宫。由于奢华，当时即受到大夫伍举的批评，认为令国民疲，财用尽，年谷败，百官烦。后又出兵企图征服吴、越，民不堪饥劳，三军叛，公子弃疾作乱，灵王逃亡，终自缢。见《国语》之《楚语》《吴语》等。章华其地众说不一，或以为在华容，今湖北监利；或以为在城父，今安徽亳州。

⑰阿房：见《崇教》篇"近效阿房、林光"句注。速：召，请。《诗·小雅·伐木》："既有肥羜，以速诸父。"郑玄笺："速，召也。"

【译文】

"百姓有了饥寒，就同情他们责备自己；百姓有了罪过，就应认为是自己的责任。达到吉祥如意，就想到是得到了神的护佑；有时遇到天灾，就想像商汤祈雨那样自认过错。不吝惜在应该改变声调的时候改弦更张，不耻于在早晨犯了错的迷途上晚上之前就折返。以老虎的警觉眼光来面对关系厚密者，像卓立的麒麟一样对待关系疏远者。如果路上没有拍击土地唱颂歌的老人，就羞于听到和谐音乐的奏响；如果有百姓贫困到没有粮食吃，就应愧于面对丰盛的膳食。身处与天齐高的楼阁之上，就害怕服劳役的人过度劳苦；吃到柔软脆爽的美味食品，就忧虑敬献这些会耽误天授的农时；听到淫邪之声，就担忧安逸享乐太过度了；看到宫室修饰华丽色彩斑斓，就顾虑赋税聚敛残酷苛重。遵从唐尧穿鹿皮裘衣的典范，效法卫文公白布为冠的榜样；追随夏禹低矮宫殿的楷模，学习汉文帝最终没建露台的先例。要以楚灵王章华台召来灾难为借鉴，醒悟秦代阿房宫带来的祸患。

【原文】

"诰誓，则念依时之失信①；耽玩，则觉褒、妲之惑我②。征伐，则量力度时，不令百里有号泣之愤③；诛戮，则遗情任理，不使鸱夷有抱柱之魂④。鉴操彤之杜伯⑤，惟人立之呼豕⑥。废嫡，则戒晋献之巨惑⑦；立庶，则念刘表之殄祀⑧。蒐畋，则乐失兽而得士⑨，识弛网而悦远⑩；偏爱，则虑袖蜂之谮巧⑪，飞燕之专宠⑫。独任，则悟鹿马之作威⑬，恭、显之恶直⑭；纳策，则思汉祖之吐哺⑮，孝景之诛错⑯。

【注释】

①杨明照曰："此句文意不属。依时则未失信，失信则未依时，其有误无疑。"以为"失"乃"守"字之误。按杨说极是。《左传·僖公二十五年》："晋侯围原，命三日之粮。原不降，命去之。谍出，曰：'原将降矣。'军吏曰：'请待之。'公曰：'信，国之宝也，民之所庇也。得原失信。何以庇之？所亡滋多。'退一舍而原降。"此乃文之所本。按晋侯谓晋文公。

②《国语·晋语一》："殷辛伐有苏，有苏氏以妲己女焉。妲已有宠，于是乎与胶鬲比，而亡殷。周幽王伐有褒，褒人以褒姒女焉。褒姒有宠，生伯服，于是乎与虢石甫比，逐太子宜臼，而立伯服，太子出奔申。申人、鄫人召西戎以伐周，周于是乎亡。"按殷辛即商纣；周指西周。

③百里：百里奚之省。《公羊传·僖公三十三年》："秦伯将袭郑，百里子与蹇叔子谏曰：'千里而袭人，未有不亡者也。'秦伯怒曰：'若尔之年者，宰上之木拱矣。尔曷知！'师出，百里子与蹇叔子送其子而戒之曰：'尔即死，必于殽之嵚岩，是文王之所辟风雨者也。吾将尸尔焉。'子揖师而行。百里子与蹇叔子从其子而哭之。秦伯怒曰：'尔曷为哭吾师！'对曰：'臣非敢哭君师，哭臣之子也。'"亦见《谷梁传》。《左传》载此事仅有蹇叔而无百里奚。按秦伯谓秦穆公。

④杨明照曰："'遗'，疑当作'遣'。遣情，犹言去情。"并引内外篇多处以证。译文从杨说。鸱夷：革囊。此指伍员谏吴王不听，反被赐死，盛之革囊浮于江之事，见《嘉遁》篇"伍员所以怀忠而漂尸"句注。

⑤《国语·周语上》："周之兴也，鸑鷟（yuè zhuó，凤属鸟名）鸣于岐山；其衰也，杜伯射王（宣王）于鄗（hào，即镐京）。"韦昭注："杜，国；伯，爵。陶唐氏之后。周春秋曰：'宣王杀杜伯而无辜。后三年，宣王会诸侯田于圃，日中，杜伯起于道左，衣朱衣，冠朱冠，操朱弓朱矢射宣王，中心折脊而死。'"

⑥人立呼豕：事见《左传·桓公十八年》及《庄公八年》。齐襄公与其异母妹文姜原私通。后文姜嫁为鲁桓公夫人。于齐襄公、鲁桓公相会时复相通，遭桓公之责，文姜告之齐襄公。襄公于宴后使公子彭生驾车乘桓公并杀之。鲁人究此事，齐侯杀彭生。八年后，"齐侯游于姑棼，遂田于贝丘。见大豕，从者曰：'公子彭生也！'公怒曰：'彭生敢见！'射之，豕人立而啼。公惧，队（zhuì，坠的本字）于车，伤足，丧屦"。

⑦事见春秋三传及《史记·晋世家》。晋献公原立申生为太子。伐骊戎获骊姬，立为夫人，生奚齐。骊姬欲立奚齐，遂"谓大子曰：'君梦齐姜，必速祭之！'大子祭于曲沃，归胙于公。公田，姬置诸宫。六日公至，毒而献之。公祭之地，地坟；与犬，犬毙；与小臣，小臣亦毙。姬泣曰：'贼由大子。'大子奔新城"（《左传·僖公四年》）。后申生自缢，骊姬又谮重耳、夷吾二公子亦知其事，致二人亡走。及献公卒，奚齐被杀，晋乱。按齐姜为申生之母，胙（zuò）为祭祀之肉，坟言隆起。

⑧殄（tiǎn）祀：谓其业不继，无人祀之。《后汉书·刘表传》："刘表字景升，山阳高平人。……二子：琦、琮。表初以琦貌类于己，甚爱之。后为琮娶其后妻蔡氏之侄，蔡氏遂爱琮而恶琦，毁誉之言日闻于表。表宠耽后妻，每信受焉。又妻弟蔡瑁及外甥张允并得幸于表，又睦于琮。而琦不自宁，尝与琅邪人诸葛亮谋自安之术。……亮曰：'君不见申生在内而危，重耳居外而安乎？'琦意感悟，阴规出计。会表将江夏太守黄祖为孙权所杀，琦遂求代其任。"刘表病重，琦归省，为张允等所阻，"琦流涕而去，人众闻而伤焉。遂以琮为嗣。……会曹操军至新野，琦走江南。……及操军到襄阳，琮举州请降。……操以琮为青州刺史，封列侯"。依此，则刘表并未立庶，仅废长立幼耳。

⑨刘向《新序·杂事二》："晋文公逐麋而失之，问农夫老古曰：'吾麋何在？'老古以足指曰：'如是往。'公曰：'寡人问子，以足指，何也？'老古振衣而起曰：'一不意人君如此也！虎豹之居也，厌闲而近人，故得；鱼鳖之居也，厌深而之浅，故得；诸侯，厌众而亡其国。《诗》云："维鹊有巢，维鸠居之。"君放不归，人将居之。'于是文公恐。归遇栾武子，栾武子曰：'猎得兽乎？而有悦色。'文公曰：'寡人逐麋而失之，得善言，故有悦色。'栾武子曰：'其人安在乎？'曰：'吾未与来也。'栾武子曰：'居上位而不恤其下，骄也；缓令急诛，暴也；取人之言而弃其身，盗也。'文公曰：'善！'还载老古与俱归。"

⑩弛网：谓帝王施行仁德。《史记·殷本纪》："汤出，见野张网四面，祝曰：'自天下四方，皆入吾网。'汤曰：'嘻，尽之矣！'乃去其三面，祝曰：'欲左，左；欲右，右；不用命，乃入吾网。'诸侯闻之，曰：'汤德至矣，及禽兽。'"

⑪袖蜂之谤：见《嘉遁》篇"袖蜂之班"句注。

⑫飞燕：赵飞燕。《汉书·外戚传下》："孝成赵皇后，本长安宫人。初生时，父母不举，三日不死，乃收养之。及壮，属阳阿主家，学歌舞，号曰飞燕。成帝尝微行出，过阳阿主，作乐。上见飞燕而说之，召入宫，大幸。有女弟，复召入，俱为婕妤，贵倾后宫。许后之废也，……乃立婕妤为皇后。……皇后既立，后宠少衰，而弟绝幸，为昭仪。……姊弟颛宠十余年。"

⑬作威：言滥用威权。《史记·秦始皇本纪》："赵高欲为乱，恐群臣不听，乃先设验，持鹿献于二世，曰：'马也。'二世笑曰：'丞相误耶？谓鹿为马。'问左右，左右或

默,或言马以阿顺赵高。或言鹿,高阴中诸言鹿者以法。后群臣皆畏高。"

⑭ 恭、显:弘恭、石显。二人为汉元帝时宦官。"宣帝时任中书官。恭明习法令故事,善为请奏,能称其职。恭为令,显为仆射。元帝即位数年,恭死,显代为中书令。是时,元帝被疾,不亲政事,方隆好于音乐,以显久典事,中人无外党,精专可信任,遂委以政。事无大小,因显白决,贵幸倾朝,百僚皆敬事显。显为人巧慧习事,能探得人主微指,内深贼,持诡辩以中伤人,忤恨睚眦,辄被以危法。初元中,前将军萧望之及光禄大夫周堪、宗正刘更生(后改名刘向)皆给事中。望之领尚书事,知显专权邪辟,建白以为'尚书百官之本,国家枢机,宜以通明公正处之。……宜罢中书宦官,应古不近刑人。'元帝不听。繇是大与显忤。后皆害焉:望之自杀,堪、更生废锢,不得复进用。"(汉书·佞幸传)恶(wù)直:嫉害正直的人。

⑮ 汉祖吐哺:据《史记》载,汉三年,项羽围刘邦于荥阳,邦之臣郦食(yì)其(jī)建议复立六国后世,认为此举将使刘邦"南乡称霸,楚必敛衽而朝"。张良向刘邦陈其事不可八,以为"'诚用客之谋,陛下事去矣。'汉王辍食吐哺,骂曰:'竖儒,几败而公事!'"(《留侯世家》)

⑯ 错:晁错。《史记·袁盎晁错列传》载晁错"数上书孝文时,言削诸侯事,及法令可更定者。书数十上,孝文不听,然奇其材,迁为中大夫"。景帝时听晁错之言,法令多所更定。错又上书请削诸侯封地,遭窦婴等反对。吴楚七国反,以诛杀晁错为名。"及窦婴、袁盎进说,上令晁错衣朝衣斩东市。晁错已死,谒者仆射邓公为校尉,击吴楚军为将。还,上书言军事,谒见上。上问曰:'道军所来,闻晁错死,吴楚罢不?'邓公曰:'吴王为反数十年矣,发怒削地,以诛错为名,其意非在错也。且臣恐天下之士噤口,不敢复言也。'上曰:'何哉?'邓公曰:'夫晁错患诸侯强大不可制,故请削地以尊京师,万世之利也。计划始行,卒受大戮,内杜忠臣之口,外为诸侯报仇,臣窃为陛下不取也。'于是景帝默然良久,曰:'公言善,吾亦恨之。'"按恨言遗憾。

【译文】

"发布训诫文告,就要想到按照时间信守诺言;沉溺于玩乐,就要警觉褒姒、妲己迷惑君主之事再发。征伐他国,要估量力量,审度时机,不让百里奚向军队大哭的事出现;惩罚杀戮,要抛开私情,依照道理,不再有伍子胥那样被装入皮囊抛入江中的冤魂。要以持朱弓朱箭的杜伯为前鉴,想到像人一样站立起来啼叫的野猪。废黜嫡子,就要警戒晋献公犯的大错误;立庶为嗣,就要想到刘表基业无继。打猎,就应为放跑了野兽而得到了贤士而高兴,懂得网开三面令远人悦服;偏爱,就应顾虑袖中放蜂的无稽诽谤,赵飞燕受到的独有宠爱。专任一人,就要想到指鹿为马的滥用威权,弘恭和石显嫉害忠正;采纳良策,就想到汉高祖辍食吐哺,汉景帝冤杀了晁错。

【原文】

"旨甘之进,则疏仪狄①;容悦姑息,则沉栾激②。除蒸子之谄③,亲放麋之仁④。鉴白龙以辍轻脱⑤,观嬴……以节无餍⑥。防人彘之变于六宫之中⑦,止汗血之求于绝域之外⑧。除恶犬,以遏酒酸之患⑨;市马骨,以招追风之骏⑩。轼怒蛙以劝勇⑪，避螳螂以励武⑫。聆公庐之谠言⑬，容保申之正直⑭。剔腹背无益之毛，揽六翮凌虚之用⑮。烹如簧以谧司原之箴，折菀浣以迪梁伯之美⑯。放丹姬以弭婉娈之迷⑰，退子瑕以杜余桃之惑⑱。藏渊中之鱼，操利器之柄⑲。勿惮徙薪之烦，以省焦烂之费⑳，鼓廉耻之陶冶㉑，明考试之准的。

【注释】

①仪狄：传说为夏禹时善酿酒者。《战国策·魏策二》："昔者帝女令仪狄作酒而美，进之禹。禹饮而甘之，遂疏仪狄，绝旨酒，曰：'后世必有以酒亡其国者。'"

②容悦：曲意逢迎以取悦于上。《孟子·尽心上》："有事君人者，事是君，则为容悦者也。"赵岐注："为苟容以悦君者也。"朱熹集注："阿殉以为容，逢迎以为悦。"姑息：犹苟安。《礼记·檀弓上》："君子之爱人也以德，细人之爱人也以姑息。"郑玄注："息犹安也。言苟容取安。"栾激：春秋晋赵鞅家臣。《说苑·君道》："赵简子（即赵鞅，谥简）与栾激游，将沉于河，曰：'吾尝好声色矣，而栾激致之；吾尝好宫室台榭矣，而栾激为之；吾尝好良马善御矣，而栾激求之。今吾好士六年矣，而栾激未尝进一人，是进吾过而黜吾善也。'"

③烝子之诒：指易牙事。《管子·小称》："夫易牙以调和事公。公曰：'惟烝婴儿之未尝。'于是烝其首子而献之公。人情非不爱其子也。于子之不爱，将何有于公？"按"烝"为"蒸"的古字。

④放麑：杨明照引《韩非子》，并证之以《淮南子》《说苑》及《风俗通义》，以为"麋"当作"麑"。《韩非子·说林上》："孟孙猎，得麑，使秦西巴持之归。其母随之而啼，秦西巴弗忍而与之。孟孙适至而求麑，答曰：'余弗忍而与其母。'孟孙大怒，逐之。居三月，复召以为其子傅。其御曰：'曩将罪之，今召以为子傅，何也？'孟孙曰：'夫不忍麑，又且忍吾子乎？'"按麑（ní）谓幼鹿。

⑤《说苑·正谏》："吴王欲从民饮酒。伍子胥谏曰：'不可。昔白龙下清泠之渊化为鱼，渔者豫且射中其目。白龙上诉天地。天帝曰："当是之时，若安置而形？"白龙对曰："我下清泠之渊化为鱼。"天帝曰："鱼，固人之所射也。若是，豫且何罪？"夫白龙，天帝贵畜也；豫且，宋国贱臣也。白龙不化、豫且不射。今弃万乘之位，而从布衣之士饮酒，臣恐其有豫且之患矣。'王乃止。"

⑥孙星衍曰："（赢下）脱一字。"杨明照曰："'赢'之下或上实脱一字。"并以为可在"赢"后补"露"或"路"，亦可于"赢"前沾"路"或"潞"。按以前说为好。赢（léi）露：瘦弱，病弱；引申亦指衰败，穷困。汉应劭《风俗通义·十反》："久抱重疾，气力赢露。"《左传·昭公元年》："勿使有所壅闭湫底，以露其体。"杜预注："湫（qiū），集也；底（dǐ），滞也。露，赢也。壹之，则血气集滞而体赢露。"

⑦《史记·吕太后本纪》："吕后最怨戚夫人及其子赵王，乃召永巷囚戚夫人。……太后遂断戚夫人手足，去眼，煇耳，饮瘖药，使居厕中，命曰'人彘'。"按"煇（xūn）"同"熏"。六宫：古代皇后的寝宫，正寝一，燕寝五，合为六宫。《礼记·昏义》："古者，天子后立六宫，三夫人、九嫔、二十七世妇、八十一御妻，以听天下之内治，以明章妇顺，故天下内和而家理。"郑玄注："天子六寝，而六宫在后，六宫在前，所

以承副施外内之政也。"

⑧汗血：马名。产于西域，流汗如血，故称。《史记·大宛列传》："得乌孙马好，名曰'天马'。及得大宛汗血马，益壮，更名乌孙马曰'西极'，名大宛马曰'天马'云。"《汉书·武帝纪》："（太初）四年春，贰师将军（李）广利斩大宛王首，获汗血马来。"颜师古注引应劭曰："大宛旧有天马种，蹋石汗血，汗从前肩转出，如血，号一日千里。"按蹋石言蹄落石有迹。绝域：极远之地。

⑨"酤"，顾广圻，俞樾皆以为乃"酸"字之误。杨明照以为二人说极是。《韩非子·外储说右上》："宋人有酤酒者，升概甚平，遇客甚谨，为酒甚美，县帜甚高，然而不售，酒酸。怪其故，问其所知闾长者杨倩。倩曰：'汝狗猛耶？'曰：'狗猛，则何故而不售？'曰：'人畏焉。或令孺子怀钱挈壶瓮而往酤，而狗迓而龁之，此酒所以酸而不售也。'"此语之所本。

⑩市马骨：见《逸民》篇"去彼市马骨以致骏足"句注。追风：骏马名。晋崔豹《古今注·鸟兽》："秦始皇有七名马：追风、白兔、蹑景、犇电、飞翮、铜爵、神凫。"

⑪轼怒蛙：轼原指车厢前供乘者凭扶的横木，引而指伏轼致敬。轼怒蛙事见《吴越春秋·勾践伐吴外传》。越王勾践将伐吴，"恐军士畏法不使，自谓未能得士之死力。道见蛙张腹而怒，将有战争之气，即为之轼。其士卒有问于王曰：'君何为敬蛙虫而为之轼？'勾践曰：'吾思士卒之怒久矣，而未有称吾意者。今蛙虫无知之物，见敌而有怒气，故为之轼。'于是军士闻之，莫不怀心乐死，人致其命"。

⑫事见《韩诗外传·八》："齐庄公出猎，有螳螂举足将搏其御轮。问其御曰：'此何虫也？'御曰：'此是螳螂也。其为虫，知进而不知退，不量力而轻就敌。'庄公曰：'此为人必为天下勇士矣。'于是回车避之。而勇士归之。"

⑬公庐之谠（dǎng）言：见《说苑·正谏》："赵简子（鞅）举兵而攻齐，令军中有敢谏者，罪至死。被甲之士名曰公庐，望见简子大笑。简子曰：'子何笑？'对曰：'臣有宿笑。'简子曰：'有以解之则可，无以解之则死。'对曰：'当桑之时，臣邻家夫与妻俱之田。见桑中女，因往追之，不能得，还，其妻怒而去之。臣笑其旷也。'简子曰：'今吾伐国失国，是吾旷也。'于是罢师而归。"庐与庐通。杨明照据藏本顾广圻、王国维校，以为"公庐"当作"虎会"，并证之以《新序·杂事》："赵简子上羊肠之坂，群臣皆偏袒推车，而虎会独担戟行歌，不推车。简子曰：'寡人上坂，群臣皆推车，会独担戟行歌不推车，是会为人臣侮其主。为人臣侮其主，其罪何若？'虎会对曰：'为人臣而侮其主者，死而又死。'简子曰：'何谓死而又死？'虎会曰：'身死，妻子又死，若是谓死而又死。君既已闻为人臣而侮其主者之罪矣，君亦闻为人君而侮其臣者乎？'简子曰：'为人君而侮其臣者，何若？'虎会对曰：'为人君而侮其臣者，智者不为谋，辩者不为使，勇者不为斗。……'简子曰：'善！'乃罢群臣推车为士大夫，置酒与群臣饮，以虎会为上客。"按公庐与虎会似俱为谠言。谠言：正直之言。

⑭《吕氏春秋》："荆文王得茹黄之狗，宛路之矰，以畋于云梦，三月不反；得丹之姬，淫，期年不听朝。葆申曰：'先王卜以臣为葆，吉。今王得茹黄之狗，宛路之矰，畋三月不反；得丹之姬，淫，期年不听朝。王之罪当笞。'王曰：'不谷免衣襁褓而齿于诸侯，愿请变更而无笞。'葆申曰：'臣承先王之令，不敢废也。王不受笞，是废先王之令

也。臣宁抵罪于王，毋抵罪于先王。'王曰：'敬诺。'引席，王伏。葆申束细荆五十，跪而加之于背，如此者再，谓王起矣。王曰：'有笞之名，一也。'遂致之。申曰：'臣闻君子耻之，小人痛之。耻之不变，痛之何益？'葆申趣出，自流于渊，请死罪。文王曰：'此不谷之过也，葆申何罪？'王乃变更，召葆申，杀茹黄之狗，析宛路之矰，放丹之姬。后荆国兼国三十九。令荆国广大至于此者，葆申之力也，极言之功也。"按荆国即楚国；葆通保，谓师保之官；"析"，当为"折"字之误。

⑮《韩诗外传·六》："晋平公游于（西）河而乐，曰：'安得贤士与之乐此也！'船人盍胥跪而对曰：'主君亦不好士耳。夫珠出于江海，玉出于崑山，无足而至者，犹主君之好也。士有足而不至者，盖主君无好士之意耳。何患于无士乎？'平公曰：'吾食客门左千人，门右千人。朝食不足，夕收市赋；暮食不足，朝收市赋。吾可谓不好士乎？'盍胥对曰：'夫鸿鹄一举千里，所恃者六翮尔，背上之毛，腹下之毳，益一把，飞不为加高；损一把，飞不为加下。今君之食客，门左门右各千人，亦有六翮在其中矣，将皆背上之毛、腹下之毳耶？'"毳（cuì），谓鸟兽的细毛。此以腹背之毛喻无足轻重的冗员，六翮谓得力的骨干之臣。

⑯二句之"烹如簧""折菀䇬"即上文"容保申之正直"所据之典。孙诒让曰："案：《吕氏春秋·直谏》篇说荆文王听葆申谏，杀茹黄之狗，折宛路之矰。《说苑·正谏》篇作如黄之狗，菌簬之矰。此'簧'当作'黄'，'䇬'当作'路'。'菀''宛'字通。"司原之箴：出《左传·襄公四年》："（魏绛曰）昔周辛甲之为太史也，命百官官箴王阙。于《虞人之箴》曰：'芒芒禹迹，画为九州，经启九道。民有寝庙，兽有茂草；各有所处，德用不扰。在帝夷羿，冒于原兽，忘其国恤，而思其麀牡。武不可重，用不恢于夏家。兽臣司原，敢告仆夫。'虞箴如是，可不惩乎？"按辛甲为人名，箴王阙谓批评天子的过失，夷羿即后羿，冒言贪恋，恤言忧患，麀（yōu）牡泛指禽兽，"用不恢于夏家"言因此不能扩展夏之疆土，兽臣即虞人（掌畋猎），仆夫代指君王（犹左右、陛下之代指君王），惩谓警戒。梁伯：杨明照曰："疑即梁鸯。"并引《列子·黄帝》："周宣王之牧正有役人梁鸯者，能养野禽兽。委食于园庭之内，虽虎狼雕鹗之类，无不柔顺者。"

⑰丹姬：即"容保申之正直"句注所言"丹之姬"省称。

⑱子瑕：弥子瑕，春秋卫国灵公之嬖大夫。《韩非子·说难》："昔者，弥子瑕有宠于卫君。卫国之法，窃驾君车者罪刖。弥子瑕母病，人闻，有夜告弥子，弥子矫驾君车以出。君闻而贤之，曰：'孝哉！为母之故，忘其犯刖罪。'异日，与君游于果园，食桃而甘，不尽，以其半啗君。君曰：'爱我哉！忘其口味，以啗寡人。'及弥子色衰爱弛，得罪于君。君曰：'是固尝矫驾吾车，又尝啗我以余桃。'"

⑲二句本《老子·三十六章》："鱼不可脱于渊，国之利器不可以示人。"《韩非子·喻老》："势重者，人君之渊也。""赏罚者，邦之利器也。"

⑳即曲突徙薪之典。《淮南子·说山》："淳于髡之告失火者。"高诱注："淳于髡，齐人也。告其邻突将失火，使曲突徙薪。邻人不从，后竟失水。言者不为公，救火者焦头烂额为上客。"

㉑陶冶：此以陶瓦冶金喻教化培育。

【译文】

"遇上进献美味的食物,就仿效大禹疏远仪狄;如有曲意逢迎媚上苟安,就学习赵简子把栾激沉入水中淹死。屏除蒸熟儿子献给君主的谄谀的人,亲近放生小鹿的仁慈的人。以被射伤的白龙为借鉴就要废止轻佻,看到瘦弱困穷就节制贪得无厌。预防吕后把戚夫人残害成'人彘'的事情在六宫中再次出现,制止像汉武帝那样到极远的地方去夺取汗血马。除掉恶狗,以制止酒酸的祸患;买来马骨,来招致追风的骏马。像越王勾践那样扶轼向怒蛙致敬以鼓励勇敢作战,学习齐庄公车子避开螳螂来激励将士的勇武精神。听取当初公庐向赵鞅所说的那种忠善之言,容许保申向楚文王表现的那种正直。别除如腹背之毛一样的无用冗员,搜求像翅膀正羽一样的骨干之臣。烹煮如黄之犬以就使管狩猎官员的告诫停止下来,折断菀路之箭以达到梁鸳的高尚境界。赶走丹姬以杜绝美女的迷惑,斥退弥子瑕来杜绝吃剩桃子的引诱。像鱼藏入深渊一样维护自己的地位与权力,像拿武器的柄一样掌握住赏罚大权。不要怕搬开柴薪的麻烦,以免被烧得焦头烂额,尽量发挥廉耻之教的培育作用,明确选拔考核官吏的标准。

【原文】

"怒不越法以加虐,喜不逾宪以厚遗。割情于所爱,而有犯者无赦;采善于所憎,而有劳者不遗。倾下……以纳忠①,闻逆耳而不讳②。广乞言于诽谤③,虽委抑而不距。掩细瑕而录大用,忘近恶而念远功,使夫曹刿、孟明有修来之效④,魏尚、张敞立雪耻之绩⑤;射钩之贼臣,著匡合之弘勋⑥,释缚之左车,吐止戈之高策⑦。则鸱枭化为鸳鸾⑧,邪伪变成忠贞⑨;芳颖秀于斥卤⑩,夜光起乎泥汀。剚锐载胥⑪,九功允谐⑫。西面逡巡,以延师友之才⑬;尊事老叟,以敦孝悌之行⑭。

【注释】

①孙星衍曰:"('下'下)脱一字。"杨明照据徐济忠及吉藩本等六种版本校脱"问"字。

②逆耳:谓忠言。《史记·留侯世家》:"且忠言逆耳利于行,毒药苦口利于病。"

③诽谤:批评;进谏。《汉书·贾山传》:"其所以莫敢告者何也?亡养老之义,亡辅弼之臣,亡进谏之士,纵恣行诛,退诽谤之人,杀直谏之士。"

④曹刿:春秋鲁将,其事见之于《左传》《战国策》《吕氏春秋》《史记》等。《淮南子·氾论训》:"昔者,曹子为鲁将兵,三战不胜,亡地千里。使曹子计不顾后,足不旋踵,刎颈于陈中,则终身为破军擒将矣。然而曹子不羞其败,耻死而无功。柯之盟,揄三尺之刃,造桓公之胸,三战所亡,一朝而反之。勇闻于天下,功立于鲁国。"按陈乃阵之古字,揄(yú)谓挥动。柯之盟事,指"(齐桓公)五年,(齐)伐鲁,鲁师将败。鲁庄公请献遂邑以平,桓公许,与鲁会于柯而盟。鲁将盟,曹沫以匕首劫桓公于坛上,曰:'反鲁之侵地!'桓公许之。于是遂与曹沫三败所亡地于鲁"(《史记·齐世家》)。司马贞曰:"沫,音亡葛反。《左传》《谷梁》并作曹刿,然则沫宜音刿,沫、刿声相近而字异

耳。"按二字古音皆为月部字，入声。孟明：春秋秦将。秦穆公不听蹇叔之谏，使百里奚之子百里孟明视等袭郑，晋人"败秦师于殽，获百里孟明视、西乞术、白乙丙以归"（《左传·僖公三十三年》）。秦穆公之女、晋文公夫人文嬴为三帅求情，因使归。"秦伯素服郊次，乡师而哭，"归咎于己，不替孟明。两年后，孟明率师报仇，又败，"秦伯犹用孟明。孟明增修国政，重施于民"。（《左传·文公二年》）又《三年》："秦伯伐晋，济河焚舟，取王官及郊。晋人不出。遂自茅津济，封殽尸而还。遂霸西戎，用孟明也。"

⑤魏尚：汉槐里人，文帝时为云中太守，因言削爵。冯唐为之请曰："今臣窃闻魏尚为云中守，其军市租尽以飨士卒，（出）私养钱，五日一椎牛，飨宾客军吏舍人。是以匈奴远避，不近云中之塞。虏曾一入，尚率车骑击之，所杀甚众。上功莫（幕）府，一言不相应，文吏以法绳之。其赏不行而吏奉法必用。臣愚，以为陛下法太明，赏太轻，罚太重。且云中守魏尚坐上功首虏差六级，陛下下之吏，削其爵，罚作之。由此言之，陛下虽得廉颇、李牧，弗能用之。"（《史记·张释之冯唐列传》）文帝遂令冯唐持节赦魏尚，复以为云中守。张敞：汉河东平阳人，宣帝时为京兆尹，市无偷盗。"使者奏敞贼杀不辜。天子薄其罪，欲令敞得自便利，即先下敞前坐杨恽不宜处位奏，免为庶人。……天子思敞功效，使使者即家在所召敞。……天子引见敞，拜为冀州刺史。敞起亡命，复奉使典州。……因劾奏广川王。天子不忍致法，削其户。敞居部岁余，冀州盗贼禁止。守太原太守，满岁为真，太原郡清。"（《汉书·张敞传》）

⑥句言管仲。公子纠、公子小白皆齐襄公弟。齐襄公无道，故鲍叔牙奉公子小白出奔莒，管仲、召忽奉公子纠奔鲁。及襄公被杀，公子纠与公子小白皆归而争入，战于乾时，管仲射小白，中带钩。小白入立为齐君，是为齐桓公。迫鲁杀公子纠，召忽自杀，而管仲因鲍叔牙之荐获释并受到桓公重用，官至相，于齐桓公称霸诸侯多有力焉。事见《左传·庄公八年》及《庄公九年》，以及《僖公二十四年》杜预注。贼：本之《国语·晋语四》："管仲贼桓公。"韦昭注："贼，谓为子纠射桓公。"匡合：本《论语·宪问》："子曰：'桓公九合诸侯，不以兵车，管仲之力也。'"又"子曰：'管仲相桓公，霸诸侯，一匡天下，民到于今受其赐。'"

⑦事见《史记·淮阴侯列传》。李左车初仕赵，封广武君。韩信、张耳率兵击赵，陈余不听李左车之计，而韩信用背水阵擒赵王，斩陈余。"乃令军中毋杀广武君，有能生得者购千金。于是有缚广武君而致戏下者，信乃解其缚，东乡坐，西乡对，师事之。"韩信问之以攻燕、齐之策，李左车对以"案甲休兵，镇赵抚其孤，百里之内，牛酒日至，以飨士大夫醳兵，北首燕路，而后遣辩士奉咫尺之书，暴其所长于燕，燕必不敢不听从。燕已从，使喧言者东告齐，齐必从风而服，……如是，则天下事皆可图也。兵固有先声而后实者，此之谓也"。韩信从其策，燕果从风而靡。

⑧鸺（xiū）鶹（xiāo）：即鸺鹠（liú），为鸱（chī）鸮（xiāo），即猫头鹰的一种。古以为不祥之鸟。此泛指恶鸟。鸳鸯：见《逸民》篇"安知鸳鸯之远指"句注。

⑨忠贞：忠诚坚贞。《书·君牙》："惟乃祖乃父，世笃忠贞。"《国语·晋语二》："昔君问臣事君于我，我对以忠贞，君曰：'何谓也？'我对曰：'可以利公室，力有所能，无不为，忠也；葬死者，养生者，死人复生不悔，生人不愧，贞也。'"

⑩斥卤：盐碱地。

⑪剡(yǎn)锐:本言锐利,比喻得力之臣。载胥:出《诗·大雅·桑柔》:"其何能淑?载胥及溺。"按淑,善也;载,形容词词头;胥,皆。载胥由全都之义引申为齐全。句意本《孟子·万章上》:"天下之士多就之者,帝将胥天下而迁之焉。"

⑫九功:六府三事合称九功。《左传·文公七年》:"夏书曰:'戒之用休,劝之以九歌,勿使坏。'九功之德皆可歌也,谓之九歌。六府、三事谓之九功。水、火、金、木、土、谷谓之六府,正德、利用、厚生谓之三事。"允谐:和谐。允,确实,果真。出《书·益稷》:"庶尹允谐。"孔颖达疏:"信皆和谐。言职事修理也。"按修理言整齐有序。

⑬句本《说苑·君道》。燕王哙误信人言,效法尧舜禅让之举,将王位让于其相子之。三年后,燕国大乱,齐国乘机伐燕,杀燕王哙及子之,燕几至亡国。哙之子燕昭王即位,欲求强国复仇,于是向燕国贤士郭隗请教。郭隗回答:"帝者之臣,其名臣也,其实师也;王者之臣,其名臣也,其实友也;霸者之臣,其名臣也,其实宾也;危国之臣,其名臣也,其实虏也。今王将东面,目指气使以求臣,则厮役之材至矣;南面听朝,不失揖让之礼以求臣,则人臣之材至矣;西面等礼相亢,下之以色,不乘势以求臣,则朋友之材至矣;北面拘指逡巡而退以求臣,则师傅之材至矣。如此,则上可以王,下可以霸。唯王择焉。"逡(qūn)巡:退却,恭顺貌。

⑭义本《礼记·文王世子》:"遂设三老五更群老之席位焉。"郑玄注:"三老五更各一人也,皆年老更事致仕者也。天子以父兄养之,示天下之孝悌也。名以三五者,取象三辰五星。"颜师古注《汉书》引蔡邕,以为"更"乃叟字之误。

【译文】

"发怒时也不超越法律加重残害,高兴了也不脱离原则过分地赐赠。对喜欢的人要割舍感情,犯了过错也不饶恕;对厌恶的人要采纳善言,有功劳了也不遗漏。倾身下问以采纳忠言,听到逆耳的话不忌讳。广泛征求批评意见,即使是否定贬低也不拒绝。忽略细小的缺点而任用大的本领,忘却短近的坏行为而考虑长远的作用。让那些曹刿、孟明视之类的人能努力以求将来之功,魏尚、张敞之类的人能建立洗雪耻辱的功绩;让管仲那种射中带钩的刺杀之臣,建树匡天下合诸侯的巨大功勋,与解除捆绑的李左车一样的人,贡献不动干戈而取胜的高明策略。那么猫头鹰就会变成鹓雏鸾凤,邪恶就会变成忠贞,盐碱地上就会长出香花,泥污中就会挖出夜明珠。得力的臣子齐备了,六府三事就可以和谐有序。以平等之礼或恭顺之貌相待,以便请来可以为师为友的人才而成帝王之业;尊敬侍奉历事的长者,以便敦厚孝父母敬兄长的品行。

【原文】

"是以渊蟠者仰赴,山栖者俯集①。炳尉内弼②,虩阈外御③。政得于上,而物倾于下;惠发乎迩,而泽迈乎远。明哲宣力于攸苨,黔庶让畔于薮泽④。尔乃蠲滋章之法令⑤,振大和之清风⑥。蒲轮玉帛,以抽丘园之俊民⑦;元凯毕集,以究论道之损益⑧。减牧羊之多人⑨,反不酤之至醇⑩,张仁让之闉⑪,杜华竞之津⑫,旌义正之操⑬,弘道素之格。使附德者,若潜萌之悦甘雨;见归者,犹行潦之赴大川⑭。黎民安之,若绿叶之缀修柯;左衽仰之⑮,若众星之系北辰⑯。

【注释】

①渊蟠者、山栖者皆指隐士,仰赴、府集皆言出仕。

②炳蔚:指文臣。语本《易·革》:"大人虎变,其文炳也……君子豹变,其文蔚也。"

③虓(xiāo)阚(kǎn):本指虎暴怒吼叫貌,引申指武将。本于《诗·大雅·常武》:"阚如虓虎。"

④黔庶:黔首庶民。指百姓。让畔:由于圣王的德化,致种田人在田界处互让土地。《史记·五帝本纪》:"舜耕历山,历山之人皆让畔。"

⑤蠲(juān):去除;减免。滋章之法令:出《老子》五十七章:"法令滋彰,盗贼多有。"

⑥大(tài)和:天地间冲和之气。出《易·乾》:"保合大和,乃利贞。"朱熹本义:"大和,阴阳会合冲和之气也。"

⑦蒲轮:见《嘉遁》篇"不须蒲轮而后动"句注。玉帛:见《逸民》篇"昔安帝以玄纁玉帛聘周祖彦"句注。丘园:见《勖学》篇"旅束帛乎丘园"句注。俊民:见《嘉遁》篇"安可令俊民全其独善之分"句注。

⑧元凯:见《嘉遁》篇"而使圣朝乏乎元凯之用哉"句注。论道:出《周礼·考工记序》:"或坐而论道,或作而行之。"郑玄注:"论道,谓谋虑治国之政令也。"

⑨《新序·杂事二》:"淳于髡等曰:'三人共牧一羊,羊不得食,人亦不得食。何如?'邹忌曰:'敬诺。减吏省员,使无扰民也。'"

⑩不酢:不经酿造。酢本指一夜酿成的酒,即最为短暂的酿酒过程。不酢则言虽最短的酿酒过程也不进行。至醇:醇本指味道浓厚的酒。至醇则指水。古之无盐梅调味之肉汁为大羹,以无酿之水为玄酒,用以祭祀。故至醇即玄酒,亦即清水。此句实喻反之于敦厚淳朴。

⑪闱(wěi):门。

⑫华竞:浮华于争竞。津:本指渡口,此指门径。

⑬旌:表彰。《左传·庄公二十八年》:"且旌君伐。"杜预注:"旌,章也。"

⑭行潦:积水。

⑮左衽:谓边远少数民族。古以为未开化,衣襟左掩,与中原之右衽不同,故言。《论语·宪问》:"微管仲,吾其被发左衽矣。"

⑯北辰:北极星。《尔雅·释天》:"北极谓之北辰。"《论语·为政》:"子曰:'为政以德,譬如北辰,居其所而众星共之。'"

【译文】

"因而湖泽的隐者会奔赴而来,山里逸士也将向这里汇集。内有文臣辅弼,外有勇将御敌。上边施政恰当,下边物产丰富;恩惠从身边发出,能够达到遥远的地方。洞察世理的哲人在自己的职位上尽心竭力,普通百姓在山野湖泽互相谦让。于是免除过度的法律命令,吹起阴阳谐调的冲和之风。以蒲轮之车和美玉布帛,去迎接山丘田园中的出色人才，八元八凯般的得力臣子都集聚起来，探究治国中的得失。减少多余的官吏，让民风返还淳朴，打开仁德谦让之门，关闭群起竞争的途径，旌表充满正气的操守，弘扬素守正道的标格。让追随道德的人，像土中萌芽的种子欢迎甘甜的雨水；归附我们的人，像路上的积水流向大河。百姓安定，像绿叶长在长长的树枝上；外族向往，像众星朝向北斗。

【原文】

"是以七政不乱象于玄极①，寒温不谬节而错集。四灵备觌②，芝华灼粲③。甘露淋漉以霄坠④，嘉穗婀娜而盈箱⑤。丹魃逐于神潢⑥，玄厉拘于广朔⑦。百川无沸腾之异⑧，南箕谧偃禾之暴⑨。物无诡时之凋，人无嗟慨之响。囹圄虚陈，五刑寝厝⑩。正朔所不加⑪，冕绅所不暨⑫，毡裘皮服⑬，山栖海窜，莫不含欢革面⑭，感和重译⑮，灵禽贡于彤庭⑯，瑶环献自西极⑰。员首遽善⑱，犹氲氲之顺劲风⑲，要荒承指⑳，若响亮之和绝音㉑。诚升隆之盛致，三、五之轨躅也㉒。故能固庙祧于无极㉓，繁本枝乎百世矣㉔。

【注释】

①七政：日、月加金、木、水、火、土合称七政。一说指北斗七星。玄极：天空。

②四灵：指麟、凤、龟、龙四种灵畜。《礼记·礼运》："何谓四灵？麟、凤、龟、龙谓之四灵。"孔颖达疏："以此四兽皆有神灵，异于他物，故谓之灵。"觌（dí）：显现。《国语·周语中》："武不可觌，文不可匿。觌武无烈，匿文不昭。"韦昭注："觌，见也。"按"见"音 xiàn（现）。

③芝华：即芝草，菌类植物。古以为瑞草，故又名灵芝。灼（zhuó）粲（càn）：光辉灿烂。

④甘露：甜美的露水。《老子》三十二章："天地相合，以降甘露。"河上公注："侯王动作能与天相应合，天即下甘露，善瑞也。"淋漉（lù）：流滴。

⑤婀娜：柔长而美。典见《尚书大传·卷五》及《韩诗外传》《说苑》等。《韩诗外传》："成王之时，有三苗贯桑而生，同为一秀，大几满车，长几充箱。民得而上诸成王。成王问周公曰：'此何物也？'周公曰：'三苗同为一秀，意者天下殆同一也。'比几三年，果有越裳氏重九译而至，献白雉于周公。"

⑥丹魃（bá）：即旱魃。传说中引起旱灾的怪物。《诗·大雅·云汉》："旱魃为虐，如惔如焚。"孔颖达疏："《神异经》曰：'南方有人，长二三尺，袒身，而目在顶上，走行如风，名曰魃，所见之国大旱，赤地千里。'"故名曰"丹"魃。按惔（tán）谓心如火烧。神潢：传说、神话中的河流名。《文选·张衡〈东京赋〉》："囚耕父于清泠，溺女魃于神潢。"李善注："神潢，亦水名，未知所在。"

⑦玄厉：厉鬼；恶鬼。《左传·成公十年》："晋侯梦大厉。"杜预注："厉，鬼也。"广朔：杨明照引王广恕，以为当作"度朔"，并证之以《论衡》等。此说极是。度朔为传说中东海中山名。《论衡·乱龙》："上古之人，有神荼、郁垒者，昆弟二人，性能执鬼，居东海度朔山上，立桃树下，简阅百鬼。鬼无道理，妄为人祸，荼与郁垒缚以芦索，执以

食虎。"

⑧句本《诗·小雅·十月》:"百川沸腾,山冢崒崩。"王引之《经义述闻》:"(崒)当读为猝。猝,急也。"郑玄以为二句意谓"贵小人""君道坏"。

⑨南箕:星名,即箕宿,共四星,呈箕形,夏秋之间见于南方,故称。《孙子·火攻》:"日者,月在箕、壁、翼、轸;凡此四宿者,风起之日也。"《诗·小雅·巷伯》:"哆兮侈兮,成是南箕。彼谮人者,谁适与谋?"郑玄笺:"箕星哆然,踵狭而舌广。今谮人之因寺人之近嫌而成言其罪,犹因箕星之哆而侈大之。"按哆(chǐ)谓张口。是南箕与风有关,古人又认为其主口舌,因以喻谗佞。故此句语义双关。谧偃禾之暴:用周成王悟己之过,亲迎周公,"天即反风起禾"之事。参见《嘉遁》篇"德不以激烈风而起毙禾"句注。

⑩五刑:见《勖学》篇"五刑厝而颂声作"句注。

⑪正朔:本指帝王新颁的历法。汉武帝以前,帝王易姓必改正朔,故夏、商、周、秦、汉之正朔各不相同。汉武帝后直至今天,正朔未变,都用夏历,即以建寅之月为岁首。而正朔已成为中央王朝的代称。三国蜀雍闿《答严》:"今天下鼎立,正朔有三。"归服中央王朝则称为奉正朔或归正朔或受正朔。《尚书大传》:"正朔所不加,即君子所不臣也。"《汉书·宣帝纪》:"(呼韩邪)单于非正朔所加,王者所客也。"又《终军传》:"南越窜屏葭苇,与鸟鱼群,正朔不及其俗。"

⑫冕绅:古代礼冠和官服的腰带。代指中原地方的服饰礼仪。暨(jì):到。《国语·周语》:"若七德离判,民乃携贰,各以利退,上求不暨,是其外利也。"韦昭注:"暨,至也。"

⑬毡裘:以毛毡制成的衣服。蔡琰《胡笳十八拍》:"毡裘为裳兮骨肉震惊。"皮服:兽皮制的衣服。《书·禹贡》:"岛夷皮服。"此句二者皆用为动词。

⑭革面:语出《易·革》:"君子豹变,小人革面。"孔颖达疏:"小人革面者,小人处之但能变其颜面容色顺上而已。"此言彻底悔过。

⑮重(chóng)译:谓多重翻译;辗转翻译。《尚书·大传》:"成王之时,越裳重译而来朝,曰道路悠远,山川阻深,恐使之不通,故重三译而朝也。"

⑯灵禽:此指白雉。《尚书大传》:"交趾之南有越棠国。周公居摄六年,制礼作乐,天下和平。越棠氏以三象重译而献白雉。"《汉书·平帝纪》:"元始元年春正月,越棠氏重译献白雉一,黑雉二,诏使三公以荐宗庙。"彤庭:汉代宫廷以朱漆涂饰,故称。班固《西都赋》:"于是玄墀釦砌,玉阶彤庭。"按釦(kòu)砌指金玉镶嵌的台阶。

⑰瑶环:指白环,白玉制成的环。《竹书纪年》卷上:"西王母之来朝,献白环玉玦。"西极:西方极远之地。《楚辞·离骚》:"朝发轫于天津兮,夕余至乎西极。"

⑱员首:员乃圆的本字,故员首即圆首,谓人。《淮南子·精神》:"故头之圆也象天,足之方也象地。"遽(jù):快;迅疾。《庄子·天地》:"厉之人夜半生其子,遽取火而视之,汲汲然唯恐其似己也。"

⑲氤(yīn)氲(yūn):云雾弥漫貌。《水经注·沮水》:"汉武帝获宝鼎于汾阴,将荐之甘泉。鼎至中山,氤氲有黄云盖焉。"此指云雾。

⑳要荒:见《逸民》篇"要荒服事"句注。

㉑响：回声。《易·系辞上》："其受命也如响。"孔颖达疏："如响之应声也。"

㉒三、五：指三皇五帝。《楚辞·刘向〈九叹·思古〉》："背三、五之典刑兮，绝《洪范》之辟纪。"王逸注："言君施行，背三皇五帝之常典。"按辟（pì）纪谓法纪。轨躅：见《嘉遁》篇"绝轨躅于金、张之间"句注。

㉓庙祧（tiāo）：庙谓供祀先祖神位的屋舍。祧指远祖之庙。《礼记·祭法》："远庙为祧。"孙希旦集解："盖谓高祖之父、高祖之祖之庙也。谓之远庙者，言其数远而将迁也。"连言之则泛指祖庙。

㉔本枝：同一家族的嫡出子孙为本，庶出子孙为枝。《诗·大雅·文王》："文王孙子，本支百世。"毛传："本，本宗也；支，支子也。"《左传·庄公六年》引作"本枝百世"。

【译文】

"因此日月五星在天空中不会乱象，寒暑不会错了季节乱了顺序。麟、凤、龟、龙四种灵物全都出现，灵芝开花光辉灿烂。甘露从天空中滴落，多姿丰满的禾穗一穗即可装满车厢。制造旱灾的怪物被从神潢中赶走，恶鬼被束缚在度朔山上。江河没有沸腾的怪异现象，也不会出现谗言导致的周公蒙冤禾苗倒伏的灾异。草木没有不合季节的凋谢，人也没有发出嗟叹和感慨。监狱空设无人，刑具也都放置起来。不用皇朝历法的地方，中原礼仪达不到的地方，那些穿毡裘着皮服、在山上居住、在海上藏匿的人，没有不含笑改过，感于和气辗转翻译来修好的，白雉贡献到朝廷上，玉环从西方极远的地方送来。人们迅速地归于善良，就像烟云顺随强劲的风；离国都极远的地方接受意旨，就像回声应和响亮的声音。这实在是太平隆盛的极致，合于三皇五帝的轨范。因此而能使祖庙永立无穷，根固枝荣繁盛百代。

【原文】

"夫根深则末盛矣，下乐则上安矣。马不调，造父不能超千里之迹①；民不附，唐、虞不能致同天之美②。马极则变态生，而倾偾惟忧矣③；民困则多离叛，其祸必振矣④。可不战战以待旦乎⑤！可不栗栗而虑危乎！人主不澄思于治乱，不深鉴于亡征⑥，虽目分百寻之秋毫⑦，耳精八音之清浊⑧，文则琳琅堕于笔端⑨，武则钩铬摧于指掌⑩，心苞万篇之诵，口播涛波之辩，犹无补于土崩，不救乎瓦解也⑪。何者？不居其大，而务其细，滞乎下人之业，而暗元本之端也。

【注释】

①《荀子》《韩诗外传》《淮南子》皆见其事。《韩诗外传》卷三："六马不和，造父不能以致远；弓矢不调，羿不能以中微；士民不亲附，汤、武不能以战胜。"《史记·赵世家》："造父幸于周缪王。造父取骥之乘匹，与桃林盗骊、骅骝、绿耳，献之缪王。缪王使造父御，西巡狩，见西王母，乐之忘归。而徐偃王反，缪王日驰千里马，攻徐偃王，大破之。乃赐造父以赵城，由此为赵氏。"按缪王即穆王。

②同天之美：谓伟大可与天同。语本《论语·泰伯》："巍巍乎，唯天为大，唯尧则之。"此句连带言及舜。

③极：疲困。《汉书·王褒传》："胸喘肤汗，人极马倦。"吴善述《说文广义校订》："极，又因穷极之义引为困也，病也，疲也。"倾偾（fèn）：僵仆，跌倒。

④杨明照引徐济忠，以为"其"上应有"而"字，并"必"字当为"不"。其说是。振：挽救。《荀子·尧问》："天使夫子振寡人之过也。"

⑤待旦：《书·太甲上》："先王昧爽丕显，坐以待旦。"《孟子·离娄下》："周公思兼三王，以施四事；其有不合者，仰而思之，夜以继日；幸而得之，坐以待旦。"故"待旦"多以指最高统治者勤政。

⑥亡征：国家将亡的征兆。《韩非子·亡征》："亡征者，非曰必亡，言其可亡也。"

⑦秋毫：见《崇教》篇"澄视于秋毫者"句注。

⑧八音：古代对乐器的统称。《周礼·春官·大师》："皆播之以八音：金、石、土、革、丝、木、匏、竹。"郑玄注："金，钟镈也；石，磬也；土，埙也；革，鼓鼗也；丝，琴瑟也；木，柷敔也；匏，笙也；竹，管箫也。"按柷（zhù）、敔（yǔ）均木制乐器名。

⑨琳、琅：皆美玉名。此喻华美的辞章。

⑩钩（gōu）铬（gē）：兵器名，即钩，似剑而弯曲。

⑪土崩、瓦解：《史记·秦始皇本纪》："秦之积衰，天下土崩瓦解。"张守节正义："言秦国败坏，若屋宇崩颓，众瓦解散也。"

【译文】

"根深，树的枝叶才能茂盛；百姓快乐，君主才能安稳。马不经过训练，即使是造父也不能驾驭它们到千里之外去；百姓不归附，就是唐尧、虞舜也不能实现美好的天下统一。马疲倦了就会发生动作变化，而有摔倒的忧虑；百姓困窘就会有很多离心叛变者，而导致不可挽救的祸患。能不小心谨慎地等待天明！能不战战兢兢地顾虑危险吗！君主不透彻地思考治乱的问题，不敏锐地发现亡国的先兆，即使眼睛能分辨百丈之外的秋毫之末，耳朵能听清八音的清越重浊，写文章就像美玉从笔端坠落，练武能使刀剑在手中折断，心中记诵着万篇文章，辩论起来口若悬河，仍然不能补救土崩瓦解。为什么呢？是因为不能从大处着眼而追求细小的东西，停滞在下等人的事情上，不清楚事情的根本哪。

【原文】

"诚能事过乎俭，临深履冰①，居安不忘乘奔之戒，处存不废虑亡之惧，操纲领以整毛目②，握道数以御众才③，韩、白毕力以折冲④，萧、曹竭能以经国⑤，介一人之心致其果毅⑥，谋夫协思进其长算；则人主虽从容玉房之内⑦，逍遥云阁之端⑧，羽爵腐于甘醪⑨，乐人疲于拊髀⑩，犹可以垂拱而任贤⑪，高枕以责成⑫。何必居茅茨之狭陋⑬，食薄味之大羹⑭，躬监门之劳役⑮，怀损命之辛勤，然后可以惠流苍生，道洽海外哉？

【注释】

①临深履冰：本《诗·小雅·小旻》："战战兢兢，如临深渊，如履薄冰。"毛传："（如临深渊）恐队也。（如履薄冰）恐陷也。"按队乃坠的本字。

②操纲领以整毛目：实即操纲整目，操领整毛之合句。《南齐书·高逸传·顾欢》："臣闻举网提纲，振裘持领。纲领既理，毛目自张。"

③道数：道的精髓之理。《后汉书·朱晖传》："人不敦庞则道数不远。"李贤注："数犹理也。言人不敦厚不能入道之精理也。"

④韩、白：韩信、白起。参《逸民》篇"不可以为不及于韩、白矣"句注。折冲：令敌人的战车折返后退，言克敌制胜。冲指冲车，战车的一种。《吕氏春秋·召类》："夫修之于庙堂之上，而折冲乎千里之外者，其司城子罕之谓乎？"高诱注："冲，车。所以冲突敌之军，能陷破之也。有道之国，不可攻伐，欲使攻己者折还其冲车于千里之外，不敢来也。"

⑤萧、曹：萧何、曹参。二人皆刘邦重臣。萧何，沛人，曾为沛主吏掾，刘邦为亭长，萧何曾佐之。及从入关中，诸将皆争取金帛，独何收秦相府律令图书藏之，汉以是知天下关塞险隘、户口多少。又进举韩信以为大将。楚汉相争，何守关中，供给馈饷，军中未尝匮乏。天下定，以功第一封酂侯，为开国名相。事见《史记·萧相国世家》。曹参，亦为沛人。秦时为狱掾。与萧何同佐刘邦定天下，封平阳侯。参始微之时与萧何相善，及为将相，则生嫌隙。萧何将死之时，所推贤唯曹参。参代何为汉相国，诸事一遵萧何约束，故百姓歌之曰："萧何为法，顜若画一，曹参代之，守而勿失。载其清净，民以宁一。"按顜（jiǎng）言公正严明。

⑥介一人之心：孙星衍、杨明照皆以为当作"介人一心"。介人，武士；甲士。《诗·大雅·板》："价人维藩，大师维垣。"郑玄笺："价，甲也。被甲之人，谓卿士掌军事者。"《荀子·君道》引作"介人"。果毅：果敢坚毅。出《书·泰誓》："尔众士，其尚迪果毅，以登乃辟。"孔颖达疏："果为果敢，毅为强决……皆言其心不犹豫也。"

⑦玉房：华丽的房屋。晋陆机《吊魏武帝文》："陈法服于帷座，陪窈窕于玉房。"

⑧云阁：夸言楼阁之高。《汉书·扬雄传》："（《甘泉赋》）乘云阁而上下兮。"颜师古注："云阁，亦言其高入云也。"

⑨羽爵：即羽觞。见《崇教》篇"流连于羽觞之间"句注。醪（lǎo）：带渣的酒，又称浊酒，即醪糟。此泛指酒。《后汉书·樊儵传》："又野王岁献甘醪、膏饧。"

⑩抃（biàn）儛（wǔ）：击掌而舞。《说文·手部》："抃，拊手也。"按拊（fǔ）谓拍击。儛，舞蹈，跳舞。《庄子·在宥》："跪坐以进之，鼓歌以儛之。"

⑪垂拱：垂衣拱手。谓不亲理事务。《书·武成》："惇信明义，崇德极功，垂拱而天下治。"孔颖达疏："谓所任得人，人皆称职，手无所营，下垂其拱。"此称颂帝王无为而治。

⑫高枕：头枕高枕头。言无忧无虑。《战国策·齐策四》："三窟已就，君姑高枕为乐矣。"责成：指令属下负责完成某事。《韩非子·外储说右下》："人主者，守法责成以立功者也。"

⑬茅茨：见《嘉遁》篇"茅茨艳于丹楹"句、《崇教》篇"笑茅茨为不肖"句注。

⑭大（tài）羹：不和五味的肉汁。《礼记·乐记》："大飨之礼，尚玄酒而俎腥鱼，大羹不和，有遗味者矣。"郑玄注："大羹，肉湇，不调以盐菜。"按湇（qì）即肉汁。

⑮监门：看守门户。《荀子·荣辱》："或监门御旅，抱关击柝。"杨倞注："监门，主门也。"

【译文】

"如果确实能够凡行事都节俭，如临深渊，如履薄冰，静处时不忘记骑马奔驰时的警戒，国家存在时不忘记亡国的恐惧，提起网纲和裘领来整理网眼和裘毛，掌握道的精髓来统御众多的人才，韩信、白起一样的武将尽力地克敌制胜，萧何、曹参一样的文臣尽力地治理国家；掼甲的武士一心表现果敢刚毅；出谋划策的人协调其思虑，提出长远的计划；那么君主即使在华美的房屋里悠闲自得，在入云的楼阁里逍遥无事，雀形酒杯被甜酒腐蚀，艺人们因击掌跳舞而疲惫，仍然可以垂衣拱手地任用贤人，高枕无忧地求得成功。何必居住在茅草盖顶的狭小简陋的房子里，吃着味道淡薄的不加调味的肉汁，亲自去做看门的苦事，付出有损生命的劳动，然后才能广施恩惠于众百姓，使其道义远播海外呢？

【原文】

"昏惑之君，则不然焉。其为政也，或仁而不断，朱紫混漫①，正者不赏，邪者不罚；或苛猛惨酷，或纯威无恩②，刑过乎重，不恕不逮。根露基颓，危犹巢幕③，而自比于天日④，拟固于泰山，谓克明俊德者不难及⑤，小心翼翼者未足算也⑥。于是无罪无辜⑦，淫刑以逞，民不见德，唯戮是闻⑧。

【注释】

①谓滥封官爵。朱紫：见《逸民》篇"何必纡朱曳紫"句注。混漫：杂乱。

②依上句"或仁而不断，朱紫混漫"句例，此句首"或"字为衍文。

③巢幕：燕巢于幕之省。燕子在帐幕上筑巢。喻处境非常危险。语本《左传·襄公二十九年》："（吴公子札）自卫如晋，将宿于戚，闻钟声焉，曰：'异哉！吾闻之也，辩而不德，必加于戮，夫子获罪于君以在此，惧犹不足，而又何乐？夫子之在此也，犹燕之巢于幕上。'"

④典见《韩诗外传·二》：夏桀无道，伊尹谏之，"曰：'君王不听臣言，大命至矣，亡无日矣！'桀拍然而抃，嗑然而笑曰：'子又妖言矣。吾有天下，犹天之有日也。日有亡乎？日亡，吾亦亡也。'于是伊尹接履而趋，遂适于汤。汤以为相。"

⑤语出《书·尧典》："克明俊德，以亲九族。"孔安国传："能明俊德之士任用之，以睦高祖玄孙之亲。"

⑥小心翼翼：语出《诗·大雅·大明》："维此文王，小心翼翼。"郑玄笺："小心翼翼，恭惧貌。"未足筭（suàn）：不值得考虑；不值一提。筭本指计数用的筹码，引申指算计，谋划。

⑦无罪无辜：出《诗·小雅·十月之交》："无罪无辜，谗口嚣嚣。"按辜亦罪也；嚣

嚣：众多貌。

⑧句出《左传·僖公二十三年》。晋公子重耳流亡在外，随者有狐毛、狐偃兄弟二人。晋怀公即位，执二人之父狐突，令召二子还，狐突答以不能令二子为贰臣，并说："父教子贰，何以事君？刑之不滥，君之明也，臣之愿也。淫刑以逞，谁则无罪？臣闻命矣。"于是被杀。卜偃闻而称疾不出，说道："《周书》有之：'乃大明服。'己则不明，而杀人以逞，不亦难乎？民不见德，而唯戮是闻，其何后之有？"按"乃大明服"谓伟大贤明而后臣民乃顺服。

【译文】

"昏庸糊涂的君主就不是这样，他们为政的时候，或者施仁德而缺乏果决，滥封官职，正直的人不赏赐，邪恶的人不惩罚；或者苛刻严厉，惨烈残酷，只有威严没有恩德，刑罚过重，没有饶恕没有追悔。树根暴露，墙基毁坏，危险就像在帐幕上筑鸟巢，但还自比于天上的太阳，认为稳固同于泰山，认为能够明察任用俊德之士不难做到，恭敬谨慎不值得考虑。于是对无罪无辜的人滥施刑罚以求快意，百姓见不到仁德，而只听到杀戮。

【原文】

"官人则以顺志者为贤，擢才则以近习者为前。上宰鼎列①，委之母后之族；专断顾问，决之阿谄之徒。所扬引则远九族外亲，而不简其器干②；所信仗则在于琐才曲媚，而憎乎方直③；所抑退则从雷同，而不察之以情；所宠进则任美谈，而不考其绩用④。掌要治民之官，御戎专征之将，或贪污以坏所在矣，或营私以乱朝廷矣，或懦弱以败庶事矣，或恇怯以失军利矣⑤。终于不觉，不忍黜斥，犹加亲委，冀其晚效。器小任大，遂及于祸。良才远量无援之士，或披褐而朝隐⑥，或沉沦于穷否，怀道括囊，展力莫由，陵替之灾⑦，所以多有也。

【注释】

①上宰：宰辅；辅政大臣。一般指宰相。鼎：指三公。因如鼎足为三，故名。列：九列，即九卿。

②杨明照曰："此二句文意不属，'远'下疑脱一字（或是'及'字）。"并证以下句。杨说是。九族：同姓亲族中，上自高祖下至玄孙九代人。器干：犹才干。《三国志·魏志·徐邈传》："邈同郡韩观曼游，有鉴识器干，与邈齐名。"

③杨明照曰："以上文'而不简其器干'句例之，'憎'之上或下脱去一字。"杨说是。

④任：相信。《战国策·魏策二》："王闻而弗任也。"高诱注："任，信也。"绩用：犹功用。《书·尧典》："九载，绩用弗成。"孔安国传："三考九年，功用不成，则放退之。"

⑤恇（kuāng）怯：胆怯；懦弱。《后汉书·袁绍传》："馥素性恇怯，因然其计。"

⑥披褐：本书之《交际》《任命》《吴失》《博喻》并有之，然皆作"被褐"。所出之《老子》及《老子》帛书甲、乙本亦皆作"被褐"。故此处"披"乃本当作"被"，系后人妄改。《老子》第四十七章："知我者希，则我者贵。是以圣人被褐怀玉。"《后汉书·文苑下·赵壹传》："（刺世疾邪赋）被褐怀珠玉。"李贤注："言处卑贱而怀德义也。"朝（cháo）隐：虽居位于朝而淡泊恬退与隐居无异。汉扬雄《法言·渊骞》："或问，柳下惠非朝隐者与？"

⑦陵替：语本《左传·昭公十八年》："于是乎下陵上替，能无乱乎？"下陵上替言在下者驾陵于上，在上者废弛。故陵替谓纲纪废弛，上下失序。

【译文】

"任人为官则以顺从己意的人为贤者，选拔人才就以近旁熟悉的人优先。辅政大臣和三公九卿，都封给了母后的家族；决断大事听取意见，则听之于阿谀谄媚的人。所提拔的远至九族外亲，而不查验他们的才能；所信任倚仗的都是曲意逢迎的平庸之才，而憎恶正直的人；所贬抑都是由于听取随声附和之言，不去作深入的调查；所宠幸擢进的都是相信赞美之辞，而不去考查其作用。掌握大权治理百姓的官员，统管三军专任征伐的将领，有的贪污渎职，有的经营私利扰乱朝纲，有的怯懦软弱弄坏了好多事情，有的胆小恐惧丧失军机。但最终没觉察到，不忍心贬黜斥退，仍然亲近信任，希望他们以后尽力。才能小任职重，于是造成祸患。才能出众、深谋远虑但孤立无援的人，有的身处低位，虽在朝却等于隐居；有的沉沦在穷乡僻壤，虽然胸怀治国之道，但却像装入袋中，无法施展，朝纲废弛上下失序的灾祸就经常发生了。

【原文】

"又经典规戒，弗闻弗览；玩弄亵宴，是耽是务。高楼观而下道德，广苑囿而狭招纳①，深池沼而浅恩信，悦狗马而恶謇谔②，贵珠玉而贱智略，丰绮纨而约惠泽，缓赈济而急聚敛，勤畋弋而忽稼穑，重兼并而轻民命③，进优倡而退儒雅④，厚嬖幸而薄战士⑤，流声色而忘庶事，先酺游而后听断，数苦役而疏犒赐⑥。工造费好不急之器，圈聚食肉靡谷之物⑦。然则危亡不可以怨天，微弱不可以尤人也⑧。夫吉凶由己，汤、武岂一哉？

【注释】

①苑囿：畜养禽兽供帝王玩乐的园林。

②謇谔：当作謇（jiǎn）谔（è）。直言争辩；正直敢言。《后汉书·陈忠传》："忠臣尽謇谔之节，不畏逆耳之害。"

③兼并：并吞，侵吞。汉晁错《论贵粟疏》："此商人所以兼并农人，农人所以流亡者也。"

④优倡：表演歌舞杂戏的艺人。《史记·孔子世家》："优倡侏儒为戏而前。"

⑤嬖（bì）幸：本谓得宠，引申指受宠爱的人。《后汉书·杨震传》："方今九德未事，嬖幸充庭。"

⑥数（shuò）：频繁；屡次。《孙子·行军》："屡赏者窘也，数罚者困也。"

⑦食肉之物谓兽，靡谷之物谓鸟。《吕氏春秋·慎小》："齐桓公即位，三年三言，而天下称贤，群臣皆说。去食肉之兽，去食粟之鸟，去丝罝之网。"

⑧怨天、尤人：怨恨命运，责怪他人。语本《论语·宪问》："子曰：'不怨天，不尤人，下学而上达，知我者其天乎！'"《玉篇·乙部》："尤，责也；怨也。"

【译文】

"另外，经典和规劝告诫，都没听过没看过；而玩物、戏耍、轻漫、闲适，却是他们沉迷和追求的。楼观高耸而道德低下，苑囿广阔而贤路狭窄，有深深的池塘水潭但恩德和信义却很浅薄，喜欢狗马却厌恶直言进谏的人，珍视珠宝玉器却轻贱智谋方略，富有丝绸锦缎却缺少仁爱恩泽，赈灾济贫缓慢而聚财敛税急迫，勤于猎取禽兽而忽视耕种收获，看重吞并财产而轻视百姓命运，招进戏子艺人而斥退文人雅士，厚待受宠的姬妾侍臣而薄遇疆场的征战将士；流连于淫声女色而忘记了众多的事务，酣畅游玩放在前边而听陈述做决断放在后边，苦役频繁而犒赏稀少。精工制造耗费良材的不切实用的东西，圈围聚养吃肉费粮的鸟兽。这样的话，危险灭亡就不能埋怨上天，颓微衰弱就不能怪罪他人了。吉凶福祸是由于己身，商汤、周武难道只有一个吗？

【原文】

"昔周文掩未埋之骨，而天下称其仁①；殷纣剖比干之心，而四海疾其虐②。望在具瞻③，毁誉尤速。得失之举，不在多也。凡誉重则蛮、貊归怀④，而不可以虚索也；毁积即华夏离心，而不可以言救也。是以小善虽无大益，而不可不为；细恶虽无近祸，而不可不去也。

【注释】

①事见《吕氏春秋·异用》："周文王使人抇池，得死人之骸，吏以闻于文王。文王曰：'更葬之。'吏曰：'此无主矣。'文王曰：'有。有天下者，天下之主也；有一国者，一国之主也。今我非其主也？'遂令吏以衣棺更葬之。天下闻之，曰：'文王贤矣！泽及髊骨，又况人乎！'或得宝以危其国，文王得朽骨以喻其意。"按抇（hú）谓挖掘，髊（cī）指肉烂尽的骸骨。

②纣王剖比干心事，见《嘉遁》篇"逢、比有令德之罪"句注。

③具瞻：为众人所瞻望。言地位显赫。语出《诗·小雅·节南山》："赫赫师尹，民具尔瞻。"郑玄笺："此言尹氏，汝居三公之位，天下之民俱视汝之所为。"

④蛮、貊（mò）：指四方落后的部族。蛮本为长江中游及以南地区少数民族的泛称。貊本为一北方部族名。《书·武成》："华夏蛮貊，罔不率俾，恭天成命。"孔颖达正义："华夏谓中国也；言蛮貊，则戎夷可知也。"

【译文】

"从前周文王掩埋露出的尸骨，而天下的人都称赞他的仁德；殷纣王剖取比干的心，而四海之内都痛恨他的暴虐。遥远的近旁的人都瞻望的地位显赫的人，批评和赞誉尤其来得迅速。有关得失的行为，并不在于很多。凡备受赞誉者，荒蛮部族就会归附向往，而不能凭空获得；批评累积者，则会使华夏的人都离心离德，不能靠言语来解救。因此小的善事虽然没有大的好处，但也不能不去做；小的恶行虽然不会马上招致祸患，但也不能不去掉。

【原文】

"若乃肆情纵欲，而不与天下共其乐，故有忧莫之恤也；削基憎峻①，而不觉下堕则上崩，故倾颓莫之扶也。于是辔策去于我手②，神物假而不还③。力勤财匮④，民不堪命⑤，众怨于下，天怒于上，田成盗全齐于帷幄⑥，姬昌取有二于西邻⑦，陈、吴之徒⑧，奋剑而大呼，刘、项之伦，挥戈而飙骇⑨，云梯乘于百雉之上⑩，皓刃交于象魏之下⑪，飞锋内荐⑫，禁兵外溃⑬，而乃忧悲以思邈世之大贤⑭，拥彗以延岩栖之智士⑮，慕伊、吕于嵩岫⑯，招孙、吴于草莱⑰，拜昌言而无所⑱，思嘉筭而莫问，犹大厦既燔，而运水于沧海⑲，洪潦凌室，而造船于长洲矣⑳。

【注释】

① "憎峻"，与下文意不连属。杨明照以为当作"增峻"，并证以藏本等五种本。极是。

②辔（pèi）策：缰绳和马鞭。此以喻法律，人主持之以御国家。

③神物：古代认为代表国家政权的器物，如玉玺、宝鼎之类。也指帝位。此指帝王的实际权力。

④力勤：劳力消耗过度，力竭。《文子·上仁》："力勤财尽，有旦无暮。"

⑤民不堪命：《国语·周语上》："厉王虐，国人谤王。召公告王曰：'民不堪命矣！'"韦昭注："言民不堪暴虐之政令。"

⑥田成：田成子之省称。名田恒，汉避文帝讳而称之为田常。初，春秋时，陈公子完以陈乱而避于齐，并更为田氏。其后宗族日强，至齐简公时，完后人田乞专齐政。乞之子田恒继，大斗出贷小斗收进以收民心。简公四年，田恒杀简公立平公，自任齐相，齐国之政尽归田氏。七十二年后，田恒曾孙自立为齐太公，田齐取代吕齐。事见《史记·田敬仲完世家》及《齐太公世家》等。帷幄（wò）：幕府、军帐，为决策处。田氏得齐乃以其术而非军兵，故言。

⑦姬昌取有二：见《嘉遁》篇"西伯所以三分"句注。西邻：本指西部邻国，春秋时指秦。文王盖出于秦地，于殷商王朝而言亦在西，故借以指文王。

⑧陈、吴之徒：指陈胜、吴广。秦二世时发闾左適戍渔阳，二人皆为屯长。会天雨路塞而失期，依法当斩，陈、吴乃谋起事反秦。据陈后陈胜立为王，国号张楚。秦之亡，陈胜、吴广首其事。见《史记·陈涉世家》。

⑨刘、项：指刘邦、项羽。刘邦，字季。秦时为泗上亭长，为县送徒郦山，徒多道亡，乃遣散余徒。会陈胜起兵，众人拥刘邦为沛公。与秦兵战，屡胜，先破秦入咸阳，降秦王子婴。事见《史记·高祖本纪》。项羽，名籍，字羽。斩会稽守起事，军兵日壮，冠于诸侯。其勇亦无敌，破秦军，羽功最大。自立为西楚霸王。事见《史记·项羽本纪》。

飙骇：言如暴风般迅猛兴起。《文心雕龙·时序》："春秋以后，角战英雄，六经泥蟠，百家飙骇。"

⑩云梯：古代攻城时攀登城墙的长梯。《墨子·公输》："公输盘为楚造云梯之械，成，将以攻宋。"雉：古代计算城墙面积的单位。《左传·隐公元年》："都城过百雉，国之害也。"杜预注："方丈曰堵，三堵曰雉。一雉之墙，长三丈，高一丈。"此百雉指城墙。

⑪象魏：古天子宫门外的一对高建筑，亦称"阙"或"观"。《周礼·天官·太宰》："正月之吉，始和，布治于邦国都鄙，乃县治象之法于象魏，使万民观治象，挟日而敛之。"郑玄注引郑众云："象魏，阙也。"徐锴《说文解字系传》："中央阙而为道，……以其阙然为道谓之阙，以其上可远观谓之观，以其县法谓之象魏。"

⑫荐：频繁，接连不断。《左传·襄公二十二年》："政令无常，国家罢病，不虞荐至。"杜预注："荐，仍也。"

⑬禁兵：保卫京城或宫廷的军队。曹植《东征赋》序："建安十九年，王师东征吴寇，余典禁兵卫宫省。"

⑭杨明照曰："'而乃'，疑当作'尔乃'。"杨说是。

⑮拥彗：执帚扫地。《史记·孟子荀卿列传》载邹衍之自齐如燕，燕昭王"拥彗先驱，请列弟子之座而受业"。司马贞索隐："按：彗，帚也。谓之扫地以衣袂拥帚而却行，恐尘埃之及长者，所以为敬也。"

⑯伊、吕：伊尹和吕尚。伊尹见《嘉遁》篇"论贵荣则引伊、周以救溺"句注。吕尚见《逸民篇》"吕尚长于用兵"句注。

⑰孙、吴：孙武和吴起。见《逸民》篇"使孙、吴荷戈"句注。

⑱昌言：善言；恰当的言论。出《书·皋陶谟》："禹拜昌言曰：'俞！'"孔颖达疏："禹乃拜受其当理之言。"按"俞"乃应允之辞。

⑲义本《韩非子·说林上》："失火而取水于海，海水虽多，火必不灭也，远水不救近火也。"

⑳洪潦凌室：杨明照曰："孙星衍曰：'（"室"）《意林》（四）作"空"。'照按：'空'字是。"并证以《广譬》篇"洪水凌空，而伐舟于东闽，不亦晚乎"句。长洲：古苑名，故址在今太湖北。春秋时为吴王阖闾游猎处。《吴越春秋·阖闾内传》："射于鸥陂，驰于游台，兴乐石城，走犬长洲。"颜师古注《汉书·枚乘传》"不如长洲之苑"句，引孟康曰："以江水洲为苑也。"

【译文】

"至于放任感情恣纵欲望，而不和天下的人共享欢乐，所以有了忧虑也没有人怜悯；削弱根基却增加高度，而没有感觉下层坍塌则上层崩溃，因此倾覆颓毁也没有人扶助。于是法律的缰绳和马鞭离开了我们的掌握，帝王之位如同被借走而不归还。劳力耗费钱财匮乏，百姓不堪忍受，众人在下边埋怨责备，天在上边发怒，田成子在帐幕中就盗得了整个齐国，周文王在西部取得了三分之二的天下，陈胜、吴广之流举剑高呼，刘邦、项羽等人挥起长戈迅猛兴起，云梯登上了百雉的城墙，白色的刀刃在宫廷门口交斗，飞箭向内齐射，禁军在外溃败，这时才忧愁悲伤地想到超出世人的大贤者，想抱着扫帚延请山野隐居的智谋之士，敬慕洞穴高山中的伊尹、吕尚，想把孙武、吴起从田野中招请来，拜求善言但找不到地方，愿得良谋而无人可问，就像是大厦已经被烧着了，才到大海去运水，洪水滔天了，才到长洲上去造船一样。

【原文】

"夫巍巍之称，不可骄吝搆①；而东岳之封，未易以恣欲修也②。上圣兼策载驰③，犹惧不逮前；而庸主缓步按辔④，而自以为过之⑤。或于安而思危，或在崄而自逸。或功成治定，而匪怠匪荒⑥；或缀旒累卵⑦，而不觉不寤。不有辛、癸之没溺⑧，曷用贵钦明之高济哉⑨？念兹在兹⑩，庶乎庶乎⑪！"

【注释】

①以下句"未易以恣欲修也"句例之，此句"可"下脱一字，或亦为"以"字。巍巍：崇高伟大。《论语·泰伯》："巍巍乎，舜禹之有天下也而不与焉！"何晏集解："巍巍，高大之称。"骄吝：亦出《论语·泰伯》："如有周公之才之美，使骄且吝，其余不足观也已。"搆（gòu）：构架；造成；达到。

②东岳：泰山。古以为五岳之首。封：帝王在泰山筑坛祭天，报天之功。常与禅（shàn）连称为"封禅"。禅指在梁父山上辟场祭地，报地之德。封禅事应由开国君主或建立丰功伟业的帝王进行。《史记·封禅书》及《齐太公世家》皆载齐桓公称霸后欲行封禅，为管仲所谏止。

③载驰：出《诗·鄘风·载驰》："载驰载驱，归唁卫侯。"毛传："载，辞也。"言"载"乃虚词。

④按辔：扣紧马缰，令马缓行。《史记·绛侯周伯世家》："壁门士吏谓从属车骑曰：'将军约，军中不得驱驰。'于是天子乃按辔徐行。"

⑤杨明照曰："以上文'犹惧不逮前'句例之，'而'字疑衍。"

⑥匪怠匪荒：出《书·大禹谟》："无怠无荒，四夷来王。"

⑦缀旒（liú）：旒，通斿，冠冕前后的玉串。缀旒言危险。《文选·潘勖〈册魏公九锡文〉》："当此之时，若缀旒然。"张铣注："旒，冠上垂珠而缀于冠者，言帝室之危如旒之悬。"累卵：堆叠的卵，亦喻危险。出《韩非子·十过》："故曹，小国也，而迫于晋楚之间，其君之危，犹累卵也。"

⑧辛：殷纣。癸：夏桀。见《崇教》篇"辛、癸染乎推、崇"句注。

⑨钦明：敬肃明察。《书·尧典》："曰若稽古，帝尧曰放勋，钦明文思安安，允恭允让，光被四表。"陆德明释文引马融曰："威仪表备谓之钦，照临四方谓之明。"后世以"钦明"为颂扬帝王之词。高济：犹高蹈、高躅，谓崇高的品行。

⑩念兹在兹：《尚书·大禹谟》："帝念哉！念兹在兹，释兹在兹。"为语之所出。意为所念而为者在于此。后谓念念不忘其事。陶潜《命子》："温恭朝夕，念兹在兹。"

⑪庶乎：语出《论语·先进》："子曰：'回也，其庶乎！'"何晏集解："言回庶几圣道。"故此言近于圣道。

【译文】

"崇高伟大之称,不能以傲慢咨睿的态度来获得;可以到东岳泰山去封坛祭天的功劳,不易以咨纵情欲来造就。极圣的帝王加倍地挥鞭驱驰,还怕跑得赶不上前面的人;而平庸的君主扣住缰绳缓步而行,还自认为超过了先圣。有的居于平安就想到危险,有的身在险境却自以为安逸。有的王业成功统治稳定,也不怠慢,不荒废;有的危险有如缀旒累卵,还没感觉不省悟。没有商纣、夏桀的倒台,哪里还用得着珍视君主的敬肃明察的崇高品行呢?念念不忘于此,就差不多接近圣道了。"

卷第六　臣　节

题　解

　　本篇叙述作者所认为的臣子应有的道德节操。他引用古人君臣犹元首、股肱的比喻，认为君须臣助，自古而然。他赞扬"犯颜""匡过"的耿介之臣，而鄙薄"俯伏唯命"的"佞谄之徒"。他认为良臣应遵循宪章，公平处事，勤政廉明，正直不阿，任劳而推功，疾恶则如仇，即使如足履冰，似手执热，也义不容辞。他列举的古来的名臣有伊尹、周公、伊吉甫、召虎、魏绛、李牧、文翁、召信臣等，并认为以他们为榜样，完全可以建立如皋陶、后稷一样的业绩，可以镌功彝器，名垂青史。而那些"废公营私"、阿媚诡君的佞臣，即便上蔽主明、下杜贤路、巧言令色、文过饰非，如赵高、董卓般擅权专威，终不免"身膏斮锋"之祸。

　　作者还认为，除去那些"才力绝伦""文武兼允"，属于"万夫之特"一类奇才，作为臣子一定要量力受官行事，既不超载，也不侵冒，更不贪利。否则，将不仅自身倾溺，还要"祸逮君亲"。

　　如果摒除其中的诸如忠君等消极因素，那么上述很多主张至今仍然可以作为道德伦理修养的借鉴。

【原文】

　　抱朴子曰："昔在唐虞①，稽古钦明②，犹俟群后之翼亮③，用臻巍巍之成功④。故能熙帝之载⑤，庶绩其凝⑥，四门穆穆，百揆时序⑦，蛮夷无猾夏之变⑧，阿阁有鸣凤之巢也⑨。喻之元首，方之股肱⑩，虽有尊卑之殊邈，实若一体之相赖也⑪。

【注释】

　　①唐、虞：尧、舜。尧因封于唐，故名唐尧；舜之先人国于虞，故名虞舜。分别省称之为唐、虞。

　　②稽古：见《嘉遁》篇"则稽古之化不建"句注。钦明：见《君道》篇"曷用贵钦明之高济哉"句注。

　　③后：列国诸侯。《书·尧典》："肆觐东后。"郑玄注："东后，东方之诸侯也。"翼亮：辅佐。《三国志·魏志·高堂隆传》："镇抚皇畿，翼亮帝室。"

④巍巍：崇高伟大。《论语·泰伯》："子曰：'大哉尧之为君也！巍巍乎！唯天为大，唯尧则之。'"

⑤熙：使兴盛；发扬。由兴盛、兴起引申而来。《书·尧典》："咨！四岳。有能奋庸熙帝之载，使宅百揆，亮采惠畴？"孔安国传："奋，起。庸，功。载，事也。访群臣有能起发其功，广尧之事者。"

⑥句出《书·皋陶谟》："百工惟时，抚于五辰，庶绩其凝。"谓各项事业皆可成功。

⑦句出《书·尧典》："纳于百揆，百揆时叙。宾于四门，四门穆穆。"孔安国传："揆，度也。度百事，总百官，纳舜于此官。舜举八凯，使揆度百事。百事时叙，无废事业。穆穆，美也。四门，四方之门。舜流四凶族，四方诸侯来朝者，舜宾迎之，皆有美德，无凶人。"

⑧句出《书·尧典》："蛮夷猾夏，寇贼奸宄。"孔安国传："猾，乱也。夏，华夏。"

⑨《文选·古诗（西北有高楼）》李善注："《尚书中侯》曰：'昔黄帝轩辕，凤皇巢阿阁。'《周书》曰：'明堂咸有四阿。'然则阁有四阿，谓之阿阁。"

⑩义出《书·益稷》："股肱喜哉，元首起哉。"以大腿和胳膊喻左右辅佐之臣，以头颅喻君主。

⑪杨明照《抱朴子外篇校笺》（中华书局1991年12月第一版）此二句断为"虽有尊卑之殊，邈实若一体之相赖也。""邈"字显应从上。

【译文】

抱朴子说："从前唐尧虞舜的时候，研习古事，庄敬明察，仍然需要列国的诸侯来辅佐光大，因此而成就崇高伟大的功业。故而他们能够弘扬帝王的事业，各种事情都能成功，诸侯们恭谨肃然，百官承顺服从，外族不来扰乱华夏，四檐高阁上有鸣凤巢栖。用人的头和腿、臂来比喻，说明他们虽然有尊卑的巨大差别，实际就像是整个身体的各部分一样，是互相依赖的。

【原文】

"君必度能而授者，备乎覆𫗧之败①；臣必量才而受者，故无流放之祸②。夫如影如响③，俯伏惟命者，偷容之尸素也④；违令犯颜⑤，謇謇匪躬者⑥，安上之民翰也⑦。先意承指者⑧，佞谄之徒也；匡过弼违者⑨，社稷之髋也⑩。必将伏斧锧而正谏⑪，据鼎镬而尽言⑫。忠而见疑，诤而不得者，待放可也⑬；必死无补，将增主过者，去之可也。

【注释】

①覆𫗧：见《嘉遁》篇"言亢悔则讳覆𫗧而不记"句注。

②流放：把犯人放逐于边远地方。《汉书·眭两夏侯京翼李传赞》："仲舒下吏，夏侯囚执，眭孟诛戮，李寻流放，此学者之大戒也。"

③如影如响：以影之随形，响之应声喻随声附和，顺遂主意。《管子·任法》："然故下之事上也，如响之应声也；臣之事主也，如影之从形也。"

④偷容：偷合苟容。谓苟且迎合以取悦于人。《荀子·臣道》："不恤君之荣辱，不恤

国之臧否，偷合苟容，以持禄养交而已耳，谓之国贼。"按恤（xù），谓忧念。尸素：乃尸禄素餐或尸位素餐之省。谓居其位空食俸禄而不尽其职。《说苑·至公》："久践高位，妨群贤路，尸禄素餐，贪求无厌。"《汉书·朱云传》："今朝廷大臣，上不能匡主，下亡其益民，皆尸位素餐，孔子所谓'鄙夫不可与事君'，'苟患失之，亡所不至'者也。"按尸本指古代祭祀时代死者受祭的人。

⑤犯颜：谓敢于冒犯君主的尊严而直言进谏。《韩非子·外储说左下》："犯颜极谏，臣不如东郭牙，请立以为谏臣。"

⑥蹇（jiǎn）蹇匪躬：出《易·蹇》："六二，王臣蹇蹇，匪躬之故。"高亨注曰："言王臣謇謇忠告直言者，非其身之事，乃君国之事也。"言为君国忠直谏诤。蹇，通"謇"。

⑦民翰：杨明照据吉藩本，以为"屏翰"谊长。今从之。屏翰乃国家重臣之喻，出《诗·大雅·板》："价人维藩，大师维垣，大邦维屏，大宗维翰。"毛传："藩，屏也；垣，墙也；翰，干也。"按翰通幹，简化为干。

⑧先意承指：预先揣摩君主之意，或秉承君主意旨，谄媚逢迎。《韩非子·八奸》："此人主未命而唯唯，未使而诺诺，先意承旨，观貌察色，以先主心者也。"旨、指意同。

⑨弼违：纠正过失。语出《书·益稷》："予违，汝弼。"孔安国传："我违道，汝当以义辅正我。"

⑩鲠（gěng）：本为喉中卡着的骨头。比喻刚正坚强的骨干之臣。

⑪斧锧（zhì）：斧子与砧板。古代刑具，用于斩首，人置锧上，以斧砍之。《晏子春秋·问下十一》："寡君之事毕矣，婴无斧锧之罪，请辞而行。"《汉书·项籍传》："孰与身伏斧质，妻子为戮乎？"颜师古注："质谓锧也。古者斩人，加于鑕上而斫之也。"按鑕同砧。

⑫鼎镬（huò）：古代用以烹人的刑具。《汉书·郦食其传赞》："郦生自匿监门，待主然后出，犹不免鼎镬。"

⑬待放：人臣辞职等待放逐。《公羊传·宣公元年》："古者，大夫已去，三年待放。"何休注："古者刑不上大夫，……刑之则恐误刑贤者，死者不可复生，刑者不可复属，故有罪放之而已，所以尊贤者之类也。"《楚辞·东方朔〈七谏〉序》："古者，人臣三谏不从，退而待放。"

【译文】

"国君必须审度能力而授予官职，防备因不胜其职而败事；臣子必须估量能力而接受官职，因此才没有犯罪被流放的祸患。如影随形、如响应声一样俯首听命的人，是苟且迎合取悦于人、居位食禄不尽职的人；而敢于违犯命令冒犯君主尊严、忠直谏诤的人，是使主上安位的国家的重臣。预先揣摩或秉承意旨的，是巧言谄媚之徒；能匡正主上过失的，是国家的刚正骨干。必须准备伏身于斧子和砧板直言劝谏，手把烹人的鼎镬来尽忠言。忠心而受到怀疑，直言相劝无用的时候，辞职等待放逐就行了；就是坚决去死也于事无补，还会增加君主过失的时候，离开就行了。

【原文】

"其动也，匪训典弗据焉①；其静也，匪宪章弗循焉②。请托无所容③，申绳不顾私④。明刑而不滥乎所恨，审赏而不加乎附己。不专命以招权⑤，不含污而谈洁。进思尽言以攻谬，退念推贤而不蔽。夙兴夜寐，戚庶事之不康也⑥；俭躬约志，若策奔于薄冰也。

【注释】

①训典：见《君道》篇"树训典以示民极"句注。

②宪章：典章制度。《后汉书·袁绍传》："触情放慝，不顾宪章。"《颜氏家训·文章》："朝廷宪章，军旅誓诰，敷显仁义，发明功德，牧民建国，施用多途。"

③请托：以私事相嘱托；走门路，通关节。《汉书·翟方进传》："为相公絜，请托不行郡国。"颜师古注："言不以私事托于四方郡国。"

④绳：法度。《商君书·开塞》："王道有绳。"董仲舒《春秋繁露·五行相生》："执绳而制四方。"

⑤专命：不奉上命而自由行事。《左传·闵公二年》："师在制命而已，禀命则不威，专命则不孝，故君之嗣适不可以帅师。"杨伯峻注："专制命之权，而不受君命。"招权：揽权；弄权。《荀子·仲尼》："以巭啬而不行施道乎上，为重招权于下以妨害人，虽欲无危，得乎哉？"按巭同吝。

⑥夙兴夜寐：出《诗·卫风·氓》："夙兴夜寐，靡有朝矣。"庶事不康：本《书·益稷》："元首明哉，股肱良哉，庶事康哉。"孔安国传："众事乃安。"

【译文】

"他们行动时，不是先王的书不作依据；他们静处时，不是典章制度不去遵循。私相嘱托不答应，伸张法律不顾私情。刑罚分明，不胡乱施加给所痛恨的人；奖赏审慎，不无理给予依附自己的人。不自由行事而把持权力，不自含污垢却枉谈廉洁。出仕为官就想直言谴责荒谬，去职下野就想推举贤人不使埋没。早起晚睡，忧虑各种事情不安宁顺利；自身节俭意愿简约，像鞭打奔马在薄冰上奔跑。

【原文】

"纳谋贡士，不宣之于口；非义之利，不栖之乎心。立朝则以砥矢为操①，居己则以羔羊为节②。当危值难，则忘家而不顾命；擎衡执铨③，则平怀而无彼此。仪萧、曹之指挥④，羡张、陈之奇画⑤，追周勃之尽忠⑥，准二鲍之直视⑦，蹈婴、弘之节俭⑧，执恬、毅之守终⑨；甘此离、纪炙身之分⑩，戒彼韩、英失忠之祸⑪。出不辞劳，入不数功，归勋引过，让以先下，专诚祗栗⑫，恒若天威之在颜也⑬；宵兴虔悚，有如汤镬之在侧也⑭。

【注释】

①砥矢：磨石和箭。象征坦荡正直。出《诗·小雅·大东》："周道如砥，其直如矢。"朱熹集传："砥，砺石，言平也。矢，言直也。"《东观汉记·和帝纪》："朝无宠族，政如砥矢。"

②羔羊：出《诗·召南·羔羊》。其序曰："召南之国化文王之政，在位皆节俭正直，德如羔羊也。"后以称士大夫操行洁白、进退有节。

③擎衡执铨：执掌选拔官吏的权利。铨衡，以称重的器具喻考核选拔官吏。《三国志·魏志·夏侯玄传》："夫官才用人，国之柄也，故铨衡专于台阁，上之分也。"擎，同揽。

④仪萧、曹之指挥：杨明照以当作"仪萧公之宇宙"，并引藏本、鲁藩本、吉藩本、慎本、旧写本，以及顾广圻说等以证，并以为"仪萧、曹之指挥"乃卢本臆改。其说虽辩，然笔者以为现句更为恰切，故不取杨说。萧、曹连称于稚川书中非止一处。二人先后为相，调遣百官，于汉有大功，故言指挥。

⑤张、陈：张良和陈平。张良，字子房，其先为韩人。刘邦立国封功臣时，张良未有战功，刘邦则赞其"运筹策帷帐中，决胜千里外，子房功也"，因封之为留侯。于封二十余大功臣后，余臣争功不休，人心不稳。于是张良为刘邦出谋，先封刘邦最憎之功臣雍齿为什方侯，众心乃平，谓："雍齿尚为侯，我属无患矣。"又曾为太子招商山四皓，阻止刘邦恢复六国之封，分见《逸民》篇"虽饥渴四皓而不逼"及《君道》篇"纳策则思汉祖之吐哺"句注。陈平，阳武（在今河南境内）人。少家贫而好读书。先从项羽而后归刘邦。项羽围刘邦于荥阳时，陈平为设反间计，令项羽疑亚父范增等。又使女子二千夜出荥阳东门为饵，而与刘邦自西门出逃。人告楚王韩信反，为刘邦谋，伪巡狩云梦而擒之。其后又以护军中尉从刘邦攻陈豨、黥布。《史记》称其"凡六出奇计，辄益封，凡六益封"。惠帝时为左丞相。吕后崩后，与周勃合谋诛诸吕。文帝时专为丞相。于此二人，《史记》有《留侯世家》和《陈丞相世家》，《汉书》分别有传。

⑥忠：藏本、鲁藩本、吉藩本、旧写本作"规"。杨明照据此以为"孙氏依卢本改'规'为'忠'，大谬，当校正"，并举尽规连文之例以证。按尽规、尽忠皆习用语。尽规言竭力谋划，尽忠谓竭尽忠诚，非尽瘁身殉亦可言之。以绛侯言，其忠于刘氏显于史。故此处作"忠"甚恰。不取杨说。《左传·宣公十二年》："林父之事君也，进思尽忠，退思补过，社稷之卫也。"周勃：沛人。出身寒微，从刘邦起兵，佐之定天下。为人木强敦厚，刘邦以为可托大事。吕后崩后，诸吕欲危刘氏，勃谋之于陈平，诛诸吕，安汉室，立孝文帝。司马迁曰："绛侯周勃始为布衣时，鄙朴人也，才能不过凡庸。及从高祖定天下，在将相位，诸吕欲作乱，勃匡国家难，复之乎正。虽伊尹、周公，何以加哉！"《史记》《汉书》有传。

⑦二鲍：东汉鲍永、鲍恢。《后汉书·鲍永传》："鲍永，字君长，上党屯留人也。……（光武帝刘秀）建武十一年，征为司隶校尉。帝叔父赵王（刘）良尊戚贵重，永以事劾良大不敬，由是朝廷肃然，莫不戒慎。乃辟扶风鲍恢为都官从事，恢亦抗直不避强御。帝常曰：'贵戚且宜敛手，以避二鲍。'其见惮如此。"

⑧婴、弘：晏婴、公孙弘。其节俭事已详《逸民篇》"濯裘布被，狁不掩豆，菜肴枯飡"三句注。

⑨恬、毅：蒙恬、蒙毅兄弟二人。蒙恬为秦将，攻齐而大破之。"秦已并天下，乃使蒙恬将三十万众北逐戎狄，收河南。筑长城，因地形用制险塞，起临洮，至辽东，延袤万余里。于是渡河，据阳山，逶蛇而北。暴师于外十余年，居上郡。是时蒙恬威振匈奴。始

皇甚尊宠蒙氏，信任贤之。而亲近蒙毅，位至上卿，出则参乘，入则御前。恬任外事而毅常内谋，名为忠信，故虽诸将相莫敢与之争焉。"赵高私事公子胡亥，始皇命蒙毅法治之。毅言其罪当死，而始皇赦之。始皇崩后，李斯、赵高立胡亥；而赐公子扶苏死，囚蒙恬。赵高谗蒙氏兄弟，终杀蒙毅，逼蒙恬自杀。

⑩离、纪：要离、纪信。其"炙身"事，见《嘉遁》篇"若夫要离灭家以效功，纪信赴燔以诳楚"二句注。

⑪韩、英：韩信、黥布。其"失忠之祸"见《嘉遁》篇"信，布陷功大之刑"句注。

⑫祗（zhī）栗：敬慎恐惧。《汉书·匡衡传》："盖钦翼祗栗，事天之容也。"

⑬天威在颜：句本《左传·僖公九年》："天威不违颜咫尺，……余敢贪天子之命无下拜？"

⑭汤镬（huò）：煮着沸水的大锅。古以作烹人的刑具。《史记·廉颇蔺相如列传》："臣知欺大王之罪当诛，臣请就汤镬。"

【译文】

"进献了谋略举荐了贤士，不挂在口头上；不该取的利益，不放在心里。站在朝廷上就要以磨石和箭矢为操守的象征，要求自己就要以羔羊为志节的榜样。面临危难时，就忘掉家庭不顾生命；掌握铨选人才的权利，就公平待人不分彼此。学习萧何、曹参的安排调遣，敬慕张良、陈平的神奇策略，追随周勃的尽忠报效，效法鲍永鲍恢刚直不阿，步随晏婴、公孙弘的节约俭省，执着蒙恬、蒙毅的终身守志，甘心于要离、纪信被烧而死的本分，警戒韩信、英布失去忠贞的灾祸。出外不辞劳苦，回返不数功劳，功勋让给别人，过错归于自己，谦让为先，真诚专一并敬慎戒惧，总像上天的威严就在面前；白天黑夜的虔诚敬肃，似乎沸腾的刑镬在旁边一样。

【原文】

"负荷寄托，则以伊、周为师表①；宣力四方，则以吉、召为轨仪②；送往视居③，则竭忠贞而不回；搏噬干纪④，则若鹰鹯之鸷鸟雀⑤；蕃扞壃场⑥，则慕魏绛、李牧之高踪⑦；莅众抚民，则希文翁、信臣之德化⑧。夫忠至者无……以为国⑨，况怀智以迷上乎？义督者灭祀而无惮⑩，况黜辱之敢辞乎？故能保劳贵以显亲⑪，托良哉于舆歌⑫。昆吾彝器⑬，能者镌勋。皋陶、后稷⑭，亦何人哉⑮！"

【注释】

①寄托：托付，委托。《论语·泰伯》："曾子曰：'可以托六尺之孤，可以寄百里之命，临大节而不可夺也。君子人与？君子人也。'"按孤谓幼君。伊、周：伊尹、周公。见《嘉遁》篇"论荣贵则引伊、周以救溺"句注。

②吉、召（shào）：周宣王时臣尹吉甫和召虎。《诗·小雅·六月》："薄伐玁狁，至于太原。文武吉甫，万邦为宪。"毛传："吉甫，尹吉甫也。有文有武。"郑玄笺："吉甫，此时大将也。"又《大雅·韩奕》："江汉之浒，王命召虎，式辟四方。"毛传："召虎，召穆公也。"杨明照以为"召"指周厉王时召公燕惠侯。然燕惠侯并未"宣力四方"，故不

取杨说。

③杨明照引徐济忠校,并鲁藩本、旧写本、崇文本,以为"视"应为"事"。杨说是。《左传·僖公九年》:"(晋献)公曰:'何谓忠贞?'(荀息)对曰:'公家之利,知无不为,忠也;送往事居,耦俱无猜,贞也。'"杜预注:"往,死者;居,生者。耦,两也。送死事生,两无猜恨,所谓正也。"此即文之所出。

④搏噬:搏击吞噬。《列子·黄帝》:"异类杂居,不相搏噬也。"干纪:违犯法纪。《左传·襄公二十三年》:"毋或如臧孙纥干国之纪,犯门斩关。"杜预注:"干,亦犯也。"

⑤鹯(zhān):猛禽,又名晨风。形似鹞,羽色青黄,以鸠鸽燕雀为食。《孟子·离娄上》:"为丛驱爵者,鹯也。"鸷(zhé):搏击、攻杀。

⑥蕃扞(hàn):藩屏;护卫。《汉书·贾谊传》:"陛下所以为蕃扞及皇太子之所恃者,唯淮阳、代二国耳。"壃(jiāng)埸(yì):边界。《左传·桓公十七年》:"疆埸之事,慎守其一,而备其不虞。"孔颖达疏:"疆埸谓界畔也。"壃、疆,异体字。

⑦魏绛:春秋晋臣。据《左传》载,晋悼公之弟扬干扰乱军队行列,魏绛斩其驾车者,悼公怒,欲杀之。恰魏绛上书晋侯自责,并将伏剑,为人劝阻。悼公感其信之诚,跣足而出自责。后又赐之礼食,使佐新军。又用魏绛之谋,和戎狄而免边患,令晋八年中九合诸侯。"晋侯以乐之半赐魏绛,曰:'子教寡人,和诸戎狄,以正诸华,八年之中,九合诸侯,如乐之和,无所不谐,请与子乐之。'辞曰:'夫和戎狄,国之福也。八年之中,九合诸侯,诸侯无慝,君之灵也。二三子之劳也,臣何力之有焉?抑臣愿君安其乐而思其终也。……书曰:"居安思危。"思则有备,有备无患。敢以此规。'"(《襄公十一年》)李牧:战国赵将。《史记·廉颇蔺相如列传》:"李牧者,赵之北边良将也。常居代雁门备匈奴。以便宜置吏,市租皆输入莫府,为士卒费。日击数牛飨士,习射骑,谨烽火,多间谍,厚遇战士。为约曰:'匈奴即入盗,急入收保,有敢捕虏者斩。'匈奴每入,烽火谨,辄入收保,不敢战。如是数岁,亦不亡失。然匈奴以李牧为怯,虽赵兵亦以为吾将怯。赵(孝成)王让李牧,李牧如故。赵王怒,召之,使他人代将。岁余,匈奴每来,出战。出战数不利,失亡多,边不得田畜。复请李牧,牧杜门不出,固称疾。赵王乃复强起使将兵,牧曰:'王必用臣,臣如前,乃敢奉命。'王许之。李牧至,如故约。匈奴数岁无所得,终以为怯。边士日得赏赐而不用,皆愿一战。于是乃具选车得千三百乘,选骑得万三千匹,百金之士五万人,彀者十万人,悉勒习战。大纵畜牧,人民满野。匈奴小入,详北不胜,以数千人委之。单于闻之,大率众来入。李牧多为奇陈,张左右翼击之,大破杀匈奴十余万骑。灭襜褴,破东胡,降林胡,单于奔走。其后十余岁,匈奴不敢近赵边城。"按彀(gòu)者谓射箭手;襜(dān)褴(lán)、东胡、林胡皆匈奴部族名。高踪:高尚行迹。《文选·傅咸〈赠何劭王济〉》:"岂不企高踪,麟趾邈难追。"张铣注:"岂不慕高轨,但踪迹邈远难可追攀也。"

⑧文翁:西汉景帝、武帝时蜀守。据《汉书·循吏·文翁传》,文翁为庐江舒人,少好学,以郡县吏察举。景帝末为蜀郡太守,仁爱好教化。欲改变蜀地蛮夷风,选派敏悟有才者诣京师受业。学成归蜀,文翁任之为右职。"又修起学官于成都市中,招下县子弟以为学官弟子,为除更繇。高者以补郡县吏,次为孝弟力田。……每出行县,益从学官诸生明经饬行者与俱,使传教令,出入闺阁。县邑吏民见而荣之。数年,争欲为学官弟子,富

人至出钱以求之。繇是大化，蜀地学于京师者比齐、鲁焉。至武帝时，乃令天下郡国皆立学校官，自文翁为之始云。……至今巴蜀好文雅，文翁之化也。"信臣：召（shào）信臣。与文翁同时。《汉书·循吏·召信臣传》："召信臣，字翁卿，九江寿春人也。以明经甲科为郎，出补谷阳长。举高第，迁上蔡长。其治视民如子，所居见称述。超为零陵太守，……迁为南阳太守，其治如上蔡。信臣为人勤力有方略，好为民兴利，务在富之。躬勤耕农，出入阡陌，止舍离乡亭，稀有安居时。行视郡中水泉，开通沟渎，起水门提阏凡数十处，以广灌溉，岁岁增加，多至三万顷。民得其利，畜积有余。信臣为民作均水约束，刻石立于田畔，以防分争。禁止嫁娶送终奢靡，务出于俭约。……其化大行，郡中莫不耕稼力田，百姓归之，户口增倍，盗贼狱讼衰止。吏民亲爱信臣，号之曰召父。……元始四年，诏书祀百辟卿士有益于民者，蜀郡以文翁，九江以召父应诏书。"

⑨夫忠至者无……以为国：徐济忠曰："有误字。"孙星衍曰："脱一字。"杨明照曰："以下文'义督者灭祀而无惮'例之，确脱一字（或是'私'字）。"译文从加"私"字。

⑩督：通"笃"，厚也。《左传·僖公十二年》："余嘉乃勋，应乃懿德，谓督不忘。"杨伯峻注："督借为笃，厚也。言其甚不能忘也。"

⑪杨明照以《嘉遁》《酒诫》《疾谬》及《内篇·论仙》皆以"荣贵"连文，疑此处"劳"字误。译文从"荣"字。

⑫良哉：见本篇上文"方之股肱"句注。舆歌：舆，众。《史记·郦生陆贾列传》："人众车舆，万物殷富。"故舆歌为民众之歌。江淹《为萧骠骑让封第二表》："镌金刻石，既不可诠；舆歌里诵，其谓臣何！"

⑬昆吾：山名。《山海经·中山经》："又西二百里曰昆吾之山，其上多赤铜。"郭璞注："此山出名铜，色赤如火。"后以之名掌冶铸之官。《逸周书·大聚》："乃召昆吾，冶而铭之金版，藏府而朔之。"彝器：宗庙常用青铜祭器的总称。钟、鼎、尊、豆等皆是。《左传·襄公十九年》："且夫大伐小，取其所得以作彝器。"杜预："彝，常也。谓钟鼎为宗庙之常器。"

⑭皋（gāo）陶（yáo）：传说中虞舜时司法官。《书·舜典》："帝曰：'皋陶，蛮夷猾夏，寇贼奸宄。汝作士，五刑有服，五服三就。五流有宅，五宅三居。惟明克允。"按宄（guǐ）为外起贼寇；士谓司法之官；五刑，五种刑罚；服，施行；就，处所。流，流放；宅，去处；居，等。后稷：舜时农官，周人的祖先。《国语·周语上》："昔我先王世后稷，以服事虞、夏。"

⑮句法《孟子·滕文公上》："舜何人也？予何人也？有为者亦若是。"

【译文】

"身负先君的临终嘱托，就以伊尹、周公为师表；到四方去显示武力，就以尹吉甫、召虎为仪范；吊送死者，奉事生者，就竭尽忠心而不回避；搏击消灭违犯法纪的现象，就像是枭鹰追捕鸟雀；保卫边疆，就追慕魏绛、李牧的高尚行迹；治理安抚百姓，就希求文翁、召信臣那样的道德教化。最为忠诚的人为国家没有私心，更何况胸含智慧却使主上迷惑呢？正义笃厚的人被杀光了后代也不怕，更何况会逃避贬斥受辱呢？因此能保住名誉地位并显荣亲人，获得众人股肱良哉的歌颂。在昆吾精铜铸造的铜器上，多能者会镌刻上功勋。皋陶后稷又算什么呢？"

【原文】

抱朴子曰："人臣勋不弘，则耻俸禄之虚厚也；绩不茂，则羞爵命之妄高也。履信思顺，天人攸赞①；畏盈居谦，乃终有庆②。举足则蹈道度，抗手则奉绳墨，褒崇虽淹留，而悔辱亦必远矣。若夫损上以附下，废公以营私，阿媚曲从，以水济水③，君举虽谬，而谄笑赞善；数进玩好，陷主于恶；巧言毁政，令色取悦④；上蔽人主之明，下杜进贤之路；外结出境之交，内树背公之党。虽才足饰非，言足文过，专威若赵高⑤，擅朝如董卓⑥，未有不身膏剡锋⑦，家糜汤火者也。然而愚瞽舍正即邪，违真侣伪，亲览倾偾⑧，不改其轨，殃祸之集，匪降自天也⑨。"

【注释】

①语本《易·系辞上》："《易》曰：'自天佑之，吉无不利。'子曰：'佑者，助也。天之所助者，顺也；人之所助者，信也。履信思乎顺，又以尚贤也。是以自天佑之，吉无不利也。'"

②语本《易·谦》："谦，亨。君子有终。象曰：'谦，亨。天道下济而光明，地道卑而上行。天道亏盈而益谦，地道变盈而流谦，鬼神害盈而福谦，人道恶盈而好谦。谦，尊而光，卑而不可逾，"君子"之"终也"。'"

③以水济水：谓以水给水调味。出《左传·昭公二十年》："君所谓可，据亦曰可；君所谓否。据亦曰否。若以水济水，谁能食之？"

④巧言、令色：出《论语·学而》："子曰：'巧言令色，鲜矣仁。'"何晏集解引包咸曰："巧言，好其言语。令色，善其颜色。"

⑤赵高：秦宦官。其昆弟数人皆生隐宫。秦始皇闻赵高强力，通狱法，举为中车府令。高因私事公子胡亥。始皇崩，高矫诏赐公子扶苏死，立胡亥为二世。旋杀李斯。"李斯已死，二世拜赵高为中丞相，事无大小辄决于高。""高乃谏二世曰：'天子无故贼杀不辜人，此上帝之禁也，鬼神不享，天且降殃，当远避宫以禳之。'二世乃出居望夷之宫。留三日，赵高诈诏卫士，令士皆素服持兵内乡。入告二世曰：'山东群盗兵大至！'二世上台观而见之，恐惧，高即因劫令自杀。"（《史记·李斯列传》）其余参《勖学》篇"昔秦之二世不重儒术"句、《君道》篇"独任则悟鹿马之作威"句、本篇上文"执恬、毅之守终"句注。

⑥董卓：东汉末陇西临洮人。汉少帝时宦官擅权，大将军何进与司隶校尉袁绍谋诛之，太后不从。何进乃召董卓入京。卓未至而何进先败，宦官段珪等劫帝出走。董卓迎帝还宫。收何进余部，"卓又使吕布杀执金吾丁原，并其众。故京都兵权唯在卓。……策免司空刘弘而卓代之，俄迁太尉，假节钺虎贲。遂废帝为弘农王。寻又杀王及何太后。立灵帝少子陈留王，是为献帝。卓迁相国，封郿侯，赞拜不名，剑履上殿。……初平元年二月，乃徙天子都长安。……卓至西京，为太师，号曰尚父，乘青盖金华车。"（《三国志·魏书·董卓传》）后为司徒王允等共谋诛杀。《后汉书》亦有传。

⑦膏（gào）：指赴死或受死。曹植《离缴雁赋》："甘充君之下厨，膏函牛之鼎镬。"剡（yǎn）锋：锐利的锋刃。

⑧倾偾（fèn）：僵仆。引申为覆败。

⑨匪降自天：出《诗经》。《小雅·十月》："下民之孽，匪降自天。"又《大雅·瞻卬》："乱匪降自天。"

【译文】

抱朴子说："臣子如果功劳不大，就耻于不应有的优厚俸禄；政绩不佳，就羞于徒有其名的高官显爵。履行诺言心念忠顺，上天和人世都会帮助；害怕自满自居谦虚，最终总会是吉祥的。抬脚就要合乎道义法度，举手就要遵循规矩准则，那么受到褒奖居于高位即使时间长久，而灾祸和屈辱也一定会远远离开。至于损害君国而施惠下民，败坏公事而经营私利；阿谀谄媚曲意顺从，就像用水给水来调味，君王行为虽然荒谬却谄笑称好；频繁进献玩物珍宝，使君主陷于罪恶，以巧妙的言词破坏了政事，以伪善的脸色博取欢心；对上遮蔽了君主的光明，对下堵塞了进贤的道路；在外结交国外的君主，在内拉起背离朝廷的私党。即使才能足以掩盖错误，言谈足以遮住过失，独擅威势像赵高，专掌朝政如董卓，也没有不身遭利刃，家中被毁坏的。但愚蠢瞎眼的人舍弃正义走向邪道，背离真实，与虚伪为伍，亲眼见到别人倒台，而不改弦更张，灾祸就不是从天上降下来的了。"

【原文】

抱朴子曰："臣喻股肱，则手足也^①，履冰执热，不得辞焉。是以古人方之于地，掘之则出水泉，树之则秀百谷；生者立焉，死者入焉。功多而不望赏，劳瘁而不敢怨^②。审识斯术，保己之要也。"

【注释】

①股肱喻臣出《尚书》。《说命下》："股肱惟人，良臣惟圣。"又《益稷》："臣作朕股肱耳目。"

②说见《荀子·尧问》："子贡问于孔子曰：'赐为人下而未知也。'孔子曰：'为人下者乎？其犹土也；深抇之而得甘泉焉，树之而五谷蕃焉，草木殖焉，禽兽育焉；生则立焉，死则入焉，多其功而不德。为人下者其犹土也！'"按，"抇（hú）"谓挖掘。

【译文】

抱朴子说："臣子被比喻为大腿和胳膊，那么就有手和脚了，即使踏在冰上拿烫东西，也不能拒绝。因此，古人把它比作土地，挖掘就能出泉水，在它上面种植就能生长各种谷物；人活着在它上边站立，死了埋到它里边去。功劳多了不盼望奖赏，辛劳过度不敢埋怨。深刻地理解这种办法，就是保护自己的要诀。"

【原文】

抱朴子曰："臣职分则治，统广则多滞。非贲、获之壮^①，不可以举兼人之重;非万夫之特②,不可以总异言之局③。韩侯所以罪侵冒之典④,子元所以惧不胜之祸也⑤。若乃才力绝伦,文武兼允⑥,入有腹心之高算⑦,出有折冲之远略⑧,虽事殷而益举,两循而俱济⑨,舍之则彝伦斁⑩,委之而无其人者,兼之可也;非此器也,宜自忖引,辕若载重⑪,尠不及矣⑫。常人贪荣,不虑后患,身既倾溺,而祸逮君亲,不亦哀哉!人皆辞斧斤所未开⑬,而莫让摄官所不堪⑭。嗟乎!陈、李所以作戒于力以⑮,而子房所以高蹈于挹盈也⑯。"

【注释】

①贲(bēn)、获:战国勇士孟贲、乌获之省。《汉书·司马相如传下》:"臣闻物有同类而殊能者,故力称乌获,捷言庆忌,勇期孟贲。"颜师古注:"乌获,秦武王力士也。""孟贲,古之勇士也,水行不避蛟龙,陆行不避豺狼,发怒吐气,声响动天。"《孟子·告子下》:"然则举乌获之任,是亦为乌获而已矣。"杨伯峻注:"《史记·秦本纪》言秦武王时有力士乌获,但此时孟子年已逾七十,而乌获远在西方之秦,未必能举肯举以为例证,此乌获或者是古之有力人,秦之力士又袭用其名耳。"

②万夫之特:本《诗·秦风·黄鸟》:"维此奄息,百夫之特。"郑玄笺:"百夫之中最雄俊也。"按奄息为人名。

③杨明照曰:"'言'字误。当依藏本、鲁藩本、旧写本改作'官'。……此句谓各有司存,不能越局也。"依此,则"总异官之局"乃总各官而为之长之谓也。

④事见《韩非子·二柄》:"昔者韩昭侯醉而寝,典冠者见君之寒也,故加衣于君之上,觉寝而说,问左右曰:'谁加衣者?'左右对曰:'典冠。'君因兼罪典衣,杀典冠。其罪典衣,以为失其事也;其罪典冠,以为越其职也。非不恶寒也,以为侵官之害甚于寒。故名主之畜臣,臣不得越官而有功,不得陈言而不当。越官则死,不当则罪。"侵冒:谓超越权限侵犯他官职权。

⑤事见《汉书·朱博传》:"朱博字子元,杜陵人也。……(哀帝)免(孔)光为庶人,以博代光为丞相,封阳乡侯,食邑二千户。博上书让曰:'故事封丞相不满千户,而独臣过制,诚惭惧,愿还千户。'上许焉。"

⑥允:令人信服。《左传·文公四年》:"君子是以知出姜之不允于鲁也。"杜预注:"始来不见尊贵,故不为国人所敬信也。"

⑦腹心:出《诗·周南·兔罝》:"赳赳武夫,公侯腹心。"

⑧折冲:见《君道》篇"韩、白毕力以折冲"句注。

⑨杨明照引王国维校,以为"循"乃"脩"字之误。并谓"两脩,即上文之'文武兼允'也"。

⑩句出《书·洪范》:"彝伦攸斁。"斁(dù):败坏。

⑪杨明照引陈澧,以为"若"当作"弱"。并证之以《知止》篇。甚是。

⑫尠(xiǎn)不及矣:出《易·系辞下》:"子曰:'德薄而位尊,知小而谋大,力小而任重,鲜不及矣。'"高亨注:"鲜,少也。及,及于祸难也。及于祸难,古语只曰及。免于祸难,古语只曰免。语之简省者也。"尠,今写作"鲜"。

⑬杨明照曰:"此句喻官多职少,入仕不易。"

⑭摄官：本为任职的谦词，谓暂时代理。《左传·成公二年》："敢告不敏，摄官承乏。"这里谓为官。

⑮"力以"，显有误。杨明照依多本校为"少"。甚是。陈：陈蕃，见《嘉遁》篇"以蕃、武为厚诚"句注。李：李膺。《后汉书·党锢·李膺传》："李膺，字元礼，颍川襄城人也。"恒帝时为司隶校尉，因罪杀中常侍张让之弟张朔。"自此诸黄门常侍皆鞠躬屏气，休沐不敢复出宫省。……是时朝廷日乱，纲纪颓陁，膺独持风裁，以声名自高。士有被其容接者，名为登龙门。"后与陈蕃、窦武共谋诛宦官，未成被杀。按风裁谓风纪。

⑯《史记·留侯世家》："留侯乃称曰：'家世相韩，及韩灭，不爱万金之资，为韩报仇强秦，天下振动。今以三寸舌为帝者师，封万户，位列侯，此布衣之极，于良足矣。愿弃人间事，欲从赤松子游耳。'乃学辟谷，道引轻身。"按赤松子为传说中神农时雨师，吐故纳新，导引轻举；辟（bì）谷为道家修炼术之一，不食五谷。高蹈：言超脱退避。钟会《檄蜀文》："诚能深鉴成败，翻然高蹈，投迹微子之踪，措身陈平之轨，则福同古人，庆流来裔，百姓士民，安堵乐业。"挹（yì）盈：舀取盈满的液体。喻谦退。《潜夫论·遏利》："是以持盈之道，挹而损之，则亦可以免于亢龙之悔、乾坤之愆矣。"

【译文】

抱朴子说："臣子的职掌本分就是治理国家。涉事过宽多数行不通。如果不是像孟贲、乌获那样强壮，就不能够举起两个人的重量；不是从万人中选的杰出人物，就不能充任众官之长。这就是韩昭侯所以治罪侵官越权的典冠，朱博所以惧怕不胜其封的祸患的原因。假如说才力出类拔萃，文才武略都令人信服，在内有腹心谋臣的高明见解，在外有克敌制胜的深谋大略，政事繁多而越要成功，文武两面都能顾及，没有他们常规就要败坏，除了他们就没有这样的人了，那么兼为数职是可以的；如果不是这种人才，应自己估量，车辕细弱而超载，很少有不出事的。一般人贪图荣显，不考虑后患，不但自身覆亡，而且祸及国君和亲人，不是太可悲哀了吗？人们都是在人多职少入仕不易时躲开，但没人因不胜任辞去所担当的官职。唉！这就是陈蕃、李膺所以成为力所不及的鉴戒，张良所以功成名就后超脱退避的原因。"

卷第七 良 规

题 解

　　本篇开首所述,是智者应藏器以待时机,原因在于个人不能改变世之大势,而时机的得当与否对于个人的事业又有极大的作用。

　　但这篇"善良规劝"的中心内容是对历代罢黜帝王的强烈批评。作者认为,商汤、周武、伊尹、周公、霍光、孙綝等各有不同的废君之事,虽事出有因,然"小顺大逆",因而导致了王莽之徒的奸变。作者重述君权神授之说,把君主比作天,比作父,因而不可改易。要推孝父之心而及于君。所以臣子的责任就是忠于职守、匡正主过、不忘恭敬,决不能废退君主,否则"安用彼相"?夏桀、商纣的骄乱乃由佞臣翼成,所以需要的只是"改置忠良"。黜君之臣多"计在自利",虽然一时加官晋爵,"弘赏暴集",但这有如饮鸩止渴、牺牛被绣,非本人罹难,即后人遭殃。而后代很多人困于诡辩,"不折之以大道",因而得出了作者认为有悖义正的荒谬结论。更何况"所废之君未必悉非"呢?

　　作者所言"桀、纣之恶不若是其恶"、真圣人应不怕批评等观点也许有可取之处。但他论述的中心——是帝王就不能改易的观点,是一种迂腐的忠君思想,即使在封建社会也难于被人认可,并且理所当然地被历史所拒绝。

【原文】

　　抱朴子曰:"翔集而不择木者①,必有离罻之禽矣②;出身而不料时者,必有危辱之士矣。时之得也,则飘乎犹应龙之览景云③;时之失也,则荡然若巨鱼之枯崇陆。是以智者藏其器以有待也④,隐其身而有为也。若乃高岩将霣⑤,非细缕所缀;龙门沸腾⑥,非掬壤所遏,则不苟且于干没⑦,不投险于侥幸矣。"

【注释】

　　①翔集:出《论语·乡党》:"色斯举矣,翔而后集。"
　　②离:遭受。后多作"罹"。罻(wèi):捕鸟的小网。《文选·张华〈鹪鹩赋〉》:"鹰鹯过犹俄翼,尚何惧于罿(chōng)罻。"李善注:"罿罻皆网也。"

③应龙：一种有翼的龙。《文选·班固〈答宾戏〉》："应龙潜于潢汙，鱼鼋媟之。"吕延济注："应龙，有翼之龙也。"景云：祥云；瑞云。《淮南子·天文训》："虎啸而谷风生，龙举而景云属。"《文选·应贞〈晋武帝华林园集诗〉》："凤鸣朝阳，龙翔景云。"李善注引孙辱之曰："一名庆云。"

④藏器有待：喻怀才以待机施展。语本《易·系辞下》："君子藏器于身，待时而动。"

⑤霣（yǔn）：《说文·雨部》："霣，雨也。"雨应读 yù（玉），谓雨落。引申指坠落。

⑥龙门沸腾：龙门即禹门口，在今山西省河津县西北和陕西省韩城市东北。黄河至此，两岸峭壁对峙，形如门阙，河水至此，湍急翻腾，故云。沸腾，出《诗·小雅·十月之交》："百川沸腾，山冢崒崩。"

⑦干没：此词有多解。或以为侵吞公家和他人财物。黄生《义府·下·干没》："《汉书·张汤传》'干没'注：'得利为干，失利为没。'非也。言以公家财物入己，如水之淹物，沉没无迹也。不水而没，故曰干，与陆沉意同。"或以为冒险侥幸。《三国志·魏志·胡昭传》："恪岂敢倾根竭本，寄命洪流，以徼干没乎？"裴松之注："盖谓有所徼射，不计干燥之与沉没而为之。"或以为投机图利。《汉书·张汤传》："（汤）始为小吏，干没，与长安富贾田甲、鱼翁叔之属交私。"颜师古注："服虔曰：'干没，射成败也。'"顾炎武《日知录·干没》："干没大抵是徼幸取利之意。"译文取顾炎武说。

【译文】

抱朴子说："鸟如果起飞落下不选择树木，必然有落到网里的；人出仕为官而不估计时机，必然有遭危受辱的。抓住了时机，轻松腾飞就像飞龙观览祥云；失掉了时机，心神不定就像大鱼落到了干枯的陆地上。因此有智慧的人会隐藏起自己才能待机施展，隐居起来以便有所作为。至于高高的山岩将要坠落，不是细小的丝线能够系缀住的；黄河龙门波涛翻腾，不是一把土所能阻遏的，所以不苟且投机取巧，不冒险侥幸取利。"

【原文】

抱朴子曰："周公之摄王位，伊尹之黜太甲①，霍光之废昌邑②，孙綝之退少帝③，谓之舍道用权，以安社稷④。然周公之放逐狼跋，流言载路⑤；伊尹终于受戮，大雾三日⑥；霍光几于及身，家亦寻灭⑦；孙綝桑荫未移，首足异所⑧。皆笑音未绝，而号咷已及矣。

【注释】

①周公摄王位、伊尹黜太甲事，见《嘉遁》篇"论荣贵则引伊、周以救溺"句注。

②《汉书·霍光传》："霍光，字子孟，骠骑将军去病弟也。……元平元年，昭帝崩，亡嗣，……承皇太后诏，……迎昌邑王贺。贺者，武帝孙，昌邑哀王子也。既至，即位，行淫乱。光忧懑，独以问所亲故吏大司农田延年。延年曰：'将军为国柱石，审此人不可，何不建白太后，更选贤而立之？'光即与群臣俱见白太后，具陈昌邑王不可以承宗庙状。……（太后）召昌邑王伏前听诏。……太后诏归贺昌邑，赐汤沐邑二千石。昌邑群臣

坐亡辅导之谊，陷主于恶，光悉诛杀二百余人。"

③《三国志·吴书·孙綝传》："孙綝（shēn），字子通。……綝以孙亮始亲政事，多所难问，甚惧。……綝入谏不从。亮遂与公主鲁班、太常全尚、将军刘承诛綝。亮妃，綝从姊女也，以其谋告綝。綝率众夜袭全尚，遣弟恩杀承于苍龙门外，遂围宫。使光禄勋告庙废亮，召群司议曰：'少帝荒病昏乱，不可以处大位，承宗庙，以告先帝废之。诸君若有不同者，下异议。'皆震怖，曰：'唯将军令。'綝遣中书郎李崇夺亮玺绶，以亮罪状班告远近。"

④杨明照曰："'舍'字于此文义不属，疑为'合'之误。"证之甚详。汉宣帝于霍光薨后曾下诏称霍光"率三公九卿大夫定万世册以安社稷"，"功德茂盛"，"功如萧相国"。《汉书·霍光传·赞》称其"匡国家，安社稷"，"虽周公、阿衡，何以加此！"按阿衡本商代师保之官，伊尹曾任之，故以指伊尹。孙綝所立之吴景帝孙休下诏称孙綝"大将军忠计内发，扶危定倾，安康社稷，功勋赫然。昔汉孝宣践阼，霍光尊显，褒德赏功，古今之通义也。其以大将军为丞相、荆州牧，食五县。"

⑤周公放逐：见《嘉遁》篇"公旦圣而走南楚"句注。狼跋：出《诗·豳风·狼跋》："狼跋其胡，载疐其尾。"毛传："跋，躐；疐，跲也。老狼有胡，进则躐其胡，退则跲其尾，进退有难。"胡：兽颔下垂肉。跋、躐（liè）皆指踩踏。疐（zhì）、跲（jiá）皆言牵绊。引而言窘迫狼狈。《三国志·蜀书·法正传》："主公之在公安也，北畏曹公之强，东惮孙权之逼，近则惧孙夫人生变于肘腋之下。当斯之时，进退狼跋。"流言载路：《书·金縢》："武王既丧，管叔及其群弟乃流言于国曰：'公将不利于孺子。'"按孺子，指武王之子成王。

⑥事见《竹书纪年·上》："（太甲）七年，王潜出自桐，杀伊尹，天大雾三日。"

⑦《汉书·霍光传》："宣帝始立，谒见高庙，大将军光从骖乘，上内严惮之，若有芒刺在背。……及光身死，而宗族竟诛。……赞曰：'……然光不学亡术，暗于大理，阴妻邪谋，立女为后，湛溺盈溢之欲，以增颠覆之祸，死财三年，宗族诛夷，哀哉？"参见《崇教》篇"霍禹受辜意之祸"句注。

⑧桑荫未移：语本《战国策·赵策四》："昔有尧见舜于草茅之中，席陇亩而荫庇桑，荫移而授天下传。"言时间短暂。孙綝被杀事见《三国志·吴书·孙綝传》。綝废孙亮而立孙休，是为吴景帝。一时"綝一门五侯，皆典禁兵，权倾人主"。綝奉牛酒诣休，休未受，綝酒后出怨言："帝非我不立，今上礼见拒，是与凡臣无异，当复改图耳。"后求出屯武昌。"将军魏邈说休曰：'綝居外必有变。'武卫士施朔又告'綝欲反有征'。休密问张布，布与丁奉谋于会杀綝。""（永安元年十二月）戊辰腊会，綝称疾，休强起之。"事前令兵于府内纵火。"遂入，寻而火起，綝求出，休曰：'外兵自多，不足烦丞相也。'綝起离席，奉、布左右缚之。……遂斩之。"

【译文】

抱朴子说："周公代理国政，伊尹贬黜了太甲，霍光废掉了昌邑王，孙綝使吴少帝退位，被称为合乎正道临时变通来安定国家。但周公被放逐时艰难窘迫，道路上流言遍布；伊尹最终被杀，大雾下了三天；霍光灾祸几乎及身，死后不久全家覆灭；孙继不长的时间就身首异处。都是笑声没停,而号啕大哭之声已经响起来了。

【原文】

"夫危而不持,安用彼相①?争臣七人,无道可救②。致令王莽之徒,生其奸变,外引旧事以饰非,内包豺狼之祸心,由于伊、霍基斯乱也③。将来君子,宜深鉴兹矣。夫废立之事,小顺大逆,不可长也。召王之谲,已见贬抑④,况乃退主,恶其可乎!此等皆计行事成,徐乃受殃者耳。若夫阴谋始权,而贪人卖之,赤族殄祀,而他家封者,亦不少矣⑤。

【注释】

①语本《论语·季氏》:"危而不持,颠而不扶,则将焉用彼相矣!"包咸曰:"言辅相人者,当能持危扶颠,若不能,何用相为?"

②语本《孝经·谏诤》:"昔者天子有争臣七人,虽无道,不失其天下。"争(zhèng):后作"诤"。谏诤:规劝。

③事见《汉书·王莽传》。王莽,字巨君,汉元皇后之甥。曾封新都侯,拜大司马。哀帝时免就国。平帝立,太皇太后临朝称制,委政于莽。张竦为陈崇草奏,称王莽"公卿咸叹公德,同盛公勋,皆以周公为比,宜赐安汉公。"又以女为皇后。刘庆上书言:"周成王幼少,称孺子,周公居摄。今帝富于春秋,宜令安汉公行天子事,如周公。"群臣皆曰:"宜如庆言。"平帝疾,莽诈依周公故事作策藏于金縢置前殿。平帝崩,莽托言卜相最吉而选宣帝玄孙中最幼者孺子婴为帝,年二岁。群臣进符命,且奏言:"臣闻周成王幼小,周道未成,成王不能共事天地,修文武之烈。周公权而居摄,则周道成,王室安;不居摄,则恐周队失天命。""说曰:周公服天子之冕,南面而朝群臣,发号施令,常称王命。……臣请安汉公居摄践阼,……赞曰'假皇帝',民臣谓之'摄皇帝',自称曰'予',平决朝事,常以皇帝之诏称'制'。未几篡位。"《王莽传·赞》:"莽诵六经以文奸言。"

④指晋文公召周襄王事。《春秋·僖公二十八年》:"天王(周襄王)狩于河阳。"杜预注:"晋实召王,为其辞逆而意顺,故经以狩为辞。"《左传》:"是会也,晋侯(文公)召王,以诸侯见,且使王狩。仲尼曰:'以臣召君,不可以训,故书曰"天王狩于河阳"。言非其地也。且明德也。'"《论语·宪问》:"子曰:'晋文公谲而不正。'"何晏集解引郑玄:"谲者,诈也。谓召天子而使诸侯朝之。仲尼曰:'以臣召君,不可以训,故书曰:"天王狩于河阳。"'是谲而不正也。"谲(jué):欺诈。

⑤据《汉书·霍光传》,霍光之妻霍显曾毒杀皇后事于霍光卒后泄,子霍禹等人谋反,皆坐后诛。于此案有功者张章、董忠、杨恽、金安上、史高等皆封侯。

【译文】

"危险而不去扶助,哪里还用得着你来辅佐?如果有七位直言谏诤的大臣,无道之君就可以拯救了。致使王莽之类的人发动其邪恶的变乱,在外引用历史上的先例掩盖他们的罪恶,内里包藏着豺狼般的害人企图,都是由伊尹、霍光导源了这种变乱。将来的君子应该深深接受这种教训。废主另立的事情,符合小道理而违背大道理,不能够助长。晋文公召周襄公,而诳称巡狩,已经受到贬低批评,更何况是废退君主,难道可行吗！这些都只是计谋施行使事情成功，慢慢才遭受灾祸的。至于私下的阴谋刚刚开始策划，就被贪婪的人出卖了，杀光族人灭绝后代，而别的人受封的，也不在少数。

【原文】

"若有奸佞翼成骄乱①，若桀之干辛、推哆，纣之崇侯、恶来②，厉之党也，改置忠良，不亦易乎？除君侧之众恶，流凶族于四裔③；拥兵持壃④，直道守法，严操柯斧⑤，正色拱绳⑥；明赏必罚，有犯无赦；官贤任能，唯忠是与；事无专擅，请而后行；君有违谬，据理正谏。战战兢兢，不忘恭敬，使社稷永安于上，己身无患于下。功成不处，乞骸告退⑦，高选忠能，进以自代，不亦绰有余裕乎⑧？何必夺至尊之玺绂，危所奉之见主哉⑨！

【注释】

①骄乱：骄本指马壮健难驯。故骄乱谓难于收拾的动乱。
②《墨子·所染》："夏桀染于干辛、推哆，殷纣染于崇侯、恶来。"干辛、推哆（chǐ）为夏桀时邪臣，崇侯虎、恶来为商纣时谀臣。
③流凶族：见《嘉遁》篇"有虞举则四凶戮"句注。
④壃："疆"之异体。
⑤柯斧：斧柄。贾谊《新书·审微》："萌芽不伐，且折斧柯。"喻指杖柄。蔡邕《琴操·龟山操》："予欲望鲁兮，龟山蔽之，手无斧柯，奈龟山何！"
⑥拱绳：拱，执也。《国语·周语下》："行头皆官师，拥铎拱稽。"韦昭注："拱，执也。"按"稽"谓法度。绳，亦指法度。
⑦乞骸：向君主求取骸骨归葬故乡。言官吏自请退职。《晏子春秋·外篇上二十》："臣愚不能复治东阿，愿乞骸骨，避贤者之路。"
⑧绰有余裕：出《孟子·公孙丑下》："我无官守，我无言责也，则吾进退，岂不绰绰然有余裕哉！"
⑨见（xiàn）：见、现为古今字。

【译文】

"如果有邪恶巧言的人助成难于收拾的动乱，像夏桀时的干辛和推哆，商纣时的崇侯虎和恶来，是一些凶恶的家伙，改换为忠诚贤良的人，不也很容易吗？除掉国君周围的众多邪恶的人，把凶恶的人放逐到四方边远的地方去；掌握军队守卫疆界，以恰当的办法保守法度，严格地运用法规，严肃地把握准则；有功必赏，有罪必罚，有犯法者决不饶恕；任用贤者能人，只授官给忠者；事情没有自作主张的，都在请示之后才实施；国君有了违道荒谬的行为，就据理直言劝谏。小心谨慎，不忘记谦恭有礼貌，使得江山社稷在上永远安定，自身在下也就没有祸患。功成业就但不自居，自己请求退职，选择杰出的忠诚能干的人，推荐上去代替自己，不是也宽宽绰绰很有回旋余地吗？何必要去夺天子的玺印，危及所奉事的君主呢？

【原文】

"夫君,天也,父也①。君而可废,则天亦可改,父亦可易也。功盖世者不赏,威震主者身危②。此徒战胜攻取,勋劳无二者,且犹鸟尽而弓弃,兔讫而犬烹③。况乎废退其君,而欲后主之爱己,是奚异夫为人子而举其所生捐之山谷,而取他人养之,而云'我能为伯瑜、曾参之孝④,但吾亲不中奉事,故弃去之'?虽日享三牲⑤,昏定晨省⑥,岂能见怜信邪?

【注释】

①《左传·宣公四年》:"君,天也,天可逃乎?"《说苑·建本》:"贤臣之事君也,受官之日,以主为父,以国为家。"

②语出《史记·淮阴侯列传》:"蒯生曰:'……且臣闻勇略震主者身危,而功盖天下者不赏。'"

③句本《文子·上德》:"狡兔得而猎犬烹,高鸟尽而良弓藏,功成名遂身退,天道然也。"《韩非子·内储说下》:"狡兔尽则良犬烹,敌国灭则谋臣亡。"

④伯瑜:亦作"伯俞",据说为汉代人,韩姓。古代有名孝子。《说苑·建本》:"伯俞有过,其母笞之,泣。其母曰:'他日笞子,未尝见泣,今泣,何也?'对曰:'他日俞得罪,笞尝痛。今母之力不能使痛,是以泣。'"曾参:孔子弟子,后代尊之为曾子。其父曾晳亦孔子弟子。《史记·仲尼弟子列传》张守节正义引《韩诗外传》:"曾子曰:'吾尝仕为吏,禄不过钟釜,尚犹欣欣而喜者,非以为多也,乐道养亲也。亲没之后,吾尝南游于越,得尊官,堂高九仞,榱提三尺,转毂百乘,然犹北向而泣者,非为贱也,悲不见吾亲也。'"《礼记·祭义》:"曾子曰:'孝有三:大孝尊亲,其次弗辱,其下能养。'"又《大戴礼记》有《曾子本孝》《曾子立孝》《曾子大孝》《曾子事父母》四篇。《孟子·离娄上》:"曾子养曾晳,必有酒肉。将彻,必问所与。问有余,必曰'有'。"

⑤三牲:牛、羊、猪。《孝经·纪孝行》:"虽日用三牲之养,犹不为孝也。"邢昺疏:"三牲,牛、羊、豕也。"

⑥昏定晨省:出《礼记·曲礼上》:"凡为人子之礼,冬温而夏清,昏定而晨省。"谓晚间安排床衽,服侍就寝;早上省视问安。按清(qìng),谓凉。

【译文】

"国君,就是天,就是父亲。国君可以黜废,那么天也就可以改,父亲也可以换了。功劳盖世的人不被奖赏,声威使君主惊恐的自身就有危险。这些人就是打了胜仗攻占了地盘,功勋无人可比的人,尚且像鸟打光了弓就被扔掉,兔子没了狗就被煮食了一样。更何况废退他的国君,想让后来的主人宠爱自己,这和作为别人的儿子,却把生他的父母举起扔进山谷,请来别的人奉养他们,而说'我能做到像韩伯瑜、曾参那样孝顺,但我的双亲不适合侍奉,所以抛弃了他们'。有什么区别呢?这些人即使每日供奉牛、羊、豕三牲,晚上服侍就寝,早上省视问安,怎么能够被人同情信任呢?

【原文】

"霍光之徒,虽当时增班进爵,赏赐无量①,皆以计见崇,岂斯人之诚心哉？夫纳弃妻而论前婿之恶，买仆虏而毁故主之暴，凡人庸夫，犹不平之。何者？重伤其类，自然情也。故乐羊以安忍见疏②，而秦西以过厚见亲③。而世人诚谓汤、武为是，而伊、霍为贤，此乃相劝为逆者也。

【注释】

①班：此指朝班，即上朝时所站的位次。《汉书·霍光传》："（宣帝）明年下诏曰：'夫褒有德，赏元功，古今通谊也。大司马大将军光宿卫忠正，宣德明恩，守节秉谊，以安宗庙。其以河北、东武阳益封光万七千户。'与故所食凡二万户。赏赐前后黄金七千斤，钱六千万，杂缯三万疋，奴婢百七十人，马二千匹，甲第一区。"《三国志·吴书·孙綝传》："（孙休）又下诏曰：'……大将军忠计内发，扶危定倾，安康社稷，功勋赫然。昔汉孝宣践阼，霍光尊显，褒德赏功，古今之通义也。其以大将军为丞相、荆州牧，食五县。'恩为御史大夫、卫将军，据右将军，皆县侯。干杂号将军、亭侯。闿亦封亭侯。綝一门五侯，皆典禁兵，权倾人主……（孙休）恐其有变，数加赏赐。"按孙恩、孙据、孙干、孙闿皆孙綝弟。

②《战国策·魏策一》："乐羊为魏将而攻中山。其子在中山，中山之君烹其子而遗之羹。乐羊坐于幕下而啜之，尽一杯。文侯谓睹师赞曰：'乐羊以我之故，食其子之肉。'赞对曰：'其子之肉尚食之，其谁不食？'乐羊既罢中山，文侯赏其功而疑其心。"安忍：安于做残忍的事。《左传·隐公四年》："夫州吁，阻兵安忍。阻兵，无众；安忍，无亲。众叛亲离，难以济矣。"孔颖达疏："安忍，行虐事刑杀过度也。"按阻兵言仗恃武力。

③秦西：即秦西巴。事见《君道》篇"亲放麑之仁"句注。

【译文】

"霍光之类的人，虽然当时排班向前，爵位提高，接受了无数赏赐，全都是凭计谋升进，哪里是他们的真心诚意呢？纳娶了别人休弃的妻子而议论前夫的坏处，买了别人的奴仆而诽谤原来主人的凶暴，那么就是最一般最平庸的人，也会不平的。为什么呢？看重对其同类的人的怜悯，是很自然的感情。因此乐羊因为安于残忍而被疏远，秦西巴因为太多的仁厚而被亲近。而世人真心地认为商汤和周武是对的，伊尹和霍光是贤德的，这是相互鼓励做悖逆的事情。

【原文】

"又见废之君，未必悉非也。或辅翼少主，作威作福①，罪大恶积②，虑于为后患；及尚持势，因而易之，以延近局之祸。规定策之功，计在自利，未必为国也。取威既重③，杀生决口④。见废之主，神器去矣⑤，下流之罪⑥，莫不归焉。虽知其然，孰敢形言？无东牟、朱虚以致其计⑦，无南史、董狐以证其罪⑧，将来今日，谁又理之？独见者乃能追觉桀、纣之恶不若是其恶，汤、武之事不若是其美也⑨。

【注释】

①作威作福：语出《书·洪范》："惟辟作福，惟辟作威，惟辟玉食。臣无有作福作

威玉食。"本指国君专行赏罚，独揽威权。后以指握有生杀予夺大权；或滥用权势，独断专行。《汉书·王商传》："窃见丞相作威作福，从外制中，取必于上。"曹丕《与夏侯尚诏》："卿腹心重将，特当任使，恩施足死，惠爱可怀，作威作福，杀人活人。"

②罪大恶积：出《易·系辞下》："故恶积而不可掩，罪大而不可解。"

③取威：言获取威势。出《左传·僖公二十七年》："报施救患，取威定霸，于是乎在矣。"

④决：杨明照曰："'决'与'绝'音同得通。"其说不妥。"决"，见母月部；"绝"，从母月部。从先秦至唐，二字同韵而声母相去甚远。"决"本为冲决，引而有灭绝之义。故决口即杀人。

⑤神器：本指代表国家政权的器物，如玉玺之类。借指帝位、政权。《汉书·叙传上》："世俗见高祖兴于布衣，不达其故，以为适遭暴乱，得奋其剑。游说之士至比天下于逐鹿，幸捷而得之，不知神器有命，不可以智力求也。"颜师古注引刘德曰："神器，玺也。"

⑥语本《论语·子张》："子贡曰：'纣之不善，不如是之甚也。是以君子恶于下流，天下之恶皆归焉。'"

⑦杨明照曰："'计'疑为'讨'之形误。"东牟、朱虚：刘邦庶长子齐悼惠王刘肥之子刘章、刘兴居。《史记·齐悼惠王世家》："章入宿卫于汉，吕太后封为朱虚侯，以吕禄女妻之。后四年，封章弟为东牟侯，……高后崩，赵王吕禄为上将军，吕王产为相国，皆居长安中，聚兵以威大臣，欲为乱。朱虚侯章以吕禄女为妇，知其谋，乃使人阴出告其兄齐王，欲令发兵西，朱虚侯、东牟侯为内应，以诛诸吕，……吕禄、吕产欲作乱关中，朱虚侯与太尉（周）勃、丞相（陈）平等诛之。朱虚侯首先斩吕产，于是太尉勃等乃得尽诛诸吕。"

⑧南史、董狐：见于《左传》的春秋时代两位良史。《宣公二年》记晋灵公不君，"赵穿攻灵公于桃园。宣子未出山而复。太史书曰：'赵盾弑其君。'以示于朝。宣子曰：'不然！'对曰：'子为正卿，亡不越竟，反不讨贼，非子而谁？'……孔子曰：'董狐，古之良史也，书法不隐。'"按赵盾谥宣子；董狐即太史之名。又《襄公二十五年》载齐庄公与大夫崔杼之妻通，崔杼弑庄公，"太史书曰：'崔杼弑其君。'崔子杀之。其弟嗣书，而死者二人。其弟又书，乃舍之。南史氏闻太史尽死，执简以往。闻既书矣，乃还"。

⑨《论语》《尸子》《淮南子》等书皆有此议。如《论衡·齐世》："世常以桀、纣与尧、舜相反，称美则说尧、舜，言恶则举桀、纣。孔子曰：'纣之不善，不若是之甚也。'则知尧、舜之德，不若是其盛也。"

【译文】

"再说被废黜的君王也不一定全是错的。有的人辅佐储君，利用职权独断专行，罪过大作恶多，害怕日后造成祸患；趁权势还在手中，所以改易国君，因此导致眼前的灾祸。谋求策立天子的功劳，想的是获取私利，未必是为的国家。获得很大的权势之后，就要大肆杀戮。被废弃的君主，皇位丧失了，各种各样的罪过就像水流向低处一样没有不归于他的。即使知道这种情况，又有谁敢说话？没有东牟侯和朱虚侯进行讨伐，没有南史和董狐来证明他们的罪过，将来那一天，谁又来管这件事？唯有见解独到的人，才能够回溯去思考夏桀、商纣的罪恶并不是坏成那样，商汤、周武的事业也不是就那么好。

【原文】

"方策所载①，莫不尊君卑臣，强干弱枝②。《春秋》之义，天不可雠。大圣著经，资父事君③。民生在三，奉之如一④。而许废立之事，开不道之端，下陵上替⑤，难以训矣。俗儒沉沦鲍肆⑥，困于诡辩，方论汤、武为食马肝⑦，以弹斯事者，为不知权之为变，贵于起善而不犯顺⑧，不谓反理而叛义正也。

【注释】

①方策：简册；典籍。《礼记·中庸》："文武之政，布在方策。"郑玄注："方，版也。策，简也。"孔颖达疏："言文王、武王为政之道皆布列在于方版简策。"

②强干弱枝：以加强本干削弱枝叶喻加强中央力量，削弱地方势力。语本《史记·汉兴以来诸侯年表序》："而汉郡八九十，形错诸侯间，犬牙相临，秉其阸塞地利，强本干，弱枝叶之势，尊卑明而万事各得其所矣。"

③大圣著经：据《史记》等记载，《春秋》《孝经》为孔子所作。资父事君：谓取法于孝父去事君。《孝经·士》："资于事父以事母而爱同，资于事父以事君而敬同。故母取其爱，而君取其敬。兼之者，父也。故以孝事君则忠，以敬事长则顺。"《史记·孔子世家》："（孔子）因史记作《春秋》，……约其文辞而指博。故吴楚之君自称王，而《春秋》贬之曰'子'；践土之会实召周天子，而《春秋》讳之曰'天王狩于河阳'：推此类以绳当世。……《春秋》之义行，则天下乱臣贼子惧焉。"

④《国语·晋语一》："民生于三，事之如一，父生之，师教之，君食之；非父不生，非食不长，非教不知生之族也。"

⑤下陵上替：见《君道》篇"陵替之灾"句注。

⑥鲍肆：卖咸鱼干鱼的店铺。《说苑·杂言》："与善人居，如入兰芷之室，久而不闻其香，则与之化矣；与恶人居，如入鲍鱼之肆，久而不闻其臭，亦与之化矣。"

⑦食马肝：出《史记·儒林列传·辕固生》："（辕固生）与黄生争论景帝前。黄生曰：'汤、武非受命，乃弑也。'辕固生曰：'不然。夫桀、纣虐乱，天下之心皆归汤、武，汤、武与天下之心而诛桀、纣，桀、纣之民不为之使而归汤、武，汤、武不得已而立，非受曰为何？'黄生曰：'冠虽敝，必加于首；履虽新，必关于足。何者？上下之分也。今桀、纣虽失道，然君上也；汤、武虽圣，臣下也。夫主有失行，臣下不能正言匡过以尊天子，反因过而诛之，代立践南面，非弑而何也？'辕固生曰：'必若所云，是高帝代秦即天子之位非邪？'于是景帝曰：'食肉不食马肝，不为不知味；言学者无言汤、武受命，不为愚。'遂罢。"《汉书·儒林传》颜师古注："马肝有毒，食之烹杀人，幸得无食。言汤、武为杀，是背经义，故以为喻也。"

⑧犯顺：违背正道，违反情理。《左传·襄公二十五年》："其辞顺，犯顺不祥。"

【译文】

"典籍上所记载的，没有不尊崇国君轻贱臣子，褒扬天子贬低诸侯的。《春秋》

经的意义，是不能与上天平起平坐。大圣人孔子著述经典，要求取法于孝父去为国君服务。对于百姓活在世上不可少的父、师、君三个方面，要以同一的精神加以尊奉。但是赞许废主重立，开了背离正道的先河，上下的顺序颠倒了，难以当作准则。平庸的儒生们像沉溺在腥臭的鱼店里一样，为诡辩所困扰，才有人把商汤、周武说成是吃了有毒的马肝，以此来批评这类事的人，就认为这是不懂得权变，他们重视的是从善心出发，不背离人情，而没看到这是违反道理有背正义的。

【原文】

"而前代立言者，不折之以大道①，使有此情者加夫立剡锋之端②，登方崩之山，非所以延年长世，远危之术。虽策命暂隆③，弘赏暴集，无异乎牺牛之被纹绣④，渊鱼之爱莽麦⑤，渴者之资口于云日之酒⑥，饥者之取饱于郁肉漏脯也⑦。而属笔者皆共褒之，以为美谈，以不容诛之罪为知变，使人於悒而永慨者也⑧。"

【注释】

①折：批评、责难。《史记·吕太后本纪》："陈平、绛侯曰：'于今面折廷争，臣不如君。'"

②剡（yǎn）锋：锐利的锋刃。

③策命：以策书封官授爵。《左传·僖公二十八年》："王命尹氏及王子虎、内史叔兴父策命晋侯为侯伯。"杜预注："以策书命晋侯为伯也。"

④《逸民》篇有"被牺牛之文绣"句。据此，此句"纹"当为"文"。见《嘉遁》篇"同被绣之牺牛哉"句注。

⑤莽麦：以有毒的莽草浸制的麦粒，可用以毒鱼。

⑥杨明照曰："'资'字误。当依藏本、鲁藩本、吉藩本、旧写本改作'恣'。"又杨据王国维说，"云日"即"运日"。是也。《说文·鸟部》："鸩，毒鸟也。一曰运日。"《文选·左思〈吴都赋〉》："白雉落，黑鸩零。"刘逵注："鸩鸟，一名云日。黑色，长颈赤喙，食蝮蛇，体有毒，古人谓之鸩毒。"

⑦郁肉：腐败变质的肉。张机《金匮要略·禽兽虫鱼禁忌篇·治食郁肉漏脯中毒方》注："郁肉，密器盖之隔宿者也。"漏脯：见《嘉遁》篇"咀漏脯以充饥"句注。

⑧於（wū）悒（yì）：犹呜咽。悲哽叹息之声。汉牟融《理惑论》："玉石同匮，猗顿为之於悒；朱紫相夺，仲尼为人叹息。"

【译文】

"而前代著书立说的人，不用大道理来对此予以批评，让有这种行为的人就像站在锐利刀锋的尖端上，登上将要崩塌的山峰一样，并非延年益寿、远离危险的办法。虽然策封官职一时隆盛，丰厚的赏赐迅速集聚，这和做牺牲的牛披上绣花纹的帷帐，潭中的鱼喜欢有毒的麦粒，口渴的人尽情地饮用鸩酒，饥饿的人吃腐败有毒的肉解饿没有区别。而动笔写文章的人全都去褒扬它，把它作为让人称颂的事情，把处死都不能抵偿的罪过看成懂得权变，真让人呜咽而长叹了。"

【原文】

或谏余以此言为伤圣人，必见讥贬。余答曰："舜、禹历试内外，然后受终文祖①。虽有好伤圣人者，岂能伤哉②！昔严延年廷奏霍光为不道，于时上下肃然，无以折也③。况吾为世之诫，无所指斥，何虑乎常言哉？"

【注释】

①据《尚书·尧典》记载，尧年老时欲寻找接替自己的人，四方诸侯推荐了虞舜。尧对舜进行考验。先以己之二女妻于舜，从女儿处了解舜的德操。继而以舜掌德教，舜笃行父义、母慈、兄友、弟恭、子孝五种美德，臣民亦顺从之；使舜总理百官，百官听命，诸事顺遂；令其接待四方诸侯，诸侯皆端庄恭顺；又置之山林使受风雨之苦，而后传位于舜。"正月上日，受终于文祖。"依马融说，上日即朔日，亦即初一。孔安国传："终，谓尧终帝位之事。文祖者，尧文德之祖庙。"按禹史无历试内外受终文祖之载，此作者连带言之耳。

②此句杨明照《校笺》断为："虽有好伤，圣人者岂能伤哉！""好伤"难解，故不取。

③《汉书·酷吏传·严延年》："严延年，字次卿，东海下邳人也。……以选除补御史掾，举侍御史。是时大将军霍光废昌邑王，尊立宣帝。宣帝初即位，延年劾奏光'擅废立，亡人臣礼，不道'。奏虽寝，然朝廷肃然敬惮。"

【译文】

有人劝我说，这话是有伤圣人的，肯定要受到人们的讥笑贬低。我回答说："舜和禹经历了里里外外的多次考验，然后在文祖之庙接受了帝位。即使有喜好中伤圣人的人，难道能够伤害他们吗？当年严延年在朝廷上劾奏霍光擅废立不行正道，朝廷上下肃然起敬，没有反驳意见。何况我是为世间提出警告，没有指责哪个，为什么要顾虑常人的言论呢？"

卷第八 时 难

题 解

　　本篇的主旨是感叹臣子建立功业机遇难得。作者认为，作为人臣，为君为国而尽心竭力仅仅是一种主观愿望，而良好的建功立业的客观条件不但是或然的，而且是百无一遇的。"明主不世而出"，实际上意味着庸君代而常有；君昏于上则臣奸于下，于是奸佞当道，皂白颠倒，忠正之士往往"反获立死之罪"，"旋受危身之祸"。"以智告愚"，当然是"必不入"；即使是臣贤而君圣，也"未必即受"。所以，从历史的经验看，虽有伊尹、傅说、吕尚等得遇明主，施展了才能，成为"高勋之臣"，但毕竟"旷代而一有"，而"老死于庸儿之伍"的"王佐之器"却是多得"委积乎史策"；更有孙膑、韩非、屈原、晁错信而见疑，忠而被谤，非死即刑。所以作者感慨"为臣不易，岂一涂也哉"！

　　作者在《良规》篇中迂执地主张君王不可改易，而且近于天真地认为"改置忠良，不亦易乎"！而从本篇的议论看，他也许并不是真心而一贯地那样看待这一点的。封建时代，大批"邈世之材秉竿拥筑"，老死蓬蒿，应该说是具有普遍性的。

【原文】

　　抱朴子曰："尽节无隐者①，可为也。若夫使言必纳而身必安者，须时。时之否也，夫奸凶之徒，妒所不逮，拥上抑下②，恶直丑正③，忧畏公方之弹击邪枉④，是以务除胜己以纾其诛⑤。明主不世而出，庸君迷于皂白⑥，既不能受用忠益，或乃宣泄至言⑦。于是弘恭、石显之徒⑧，饰巧辞以构象似⑨，假至公以售私奸。令献长生之术者，反获立死之罪⑩；进安上之计者，旋受危身之祸⑪。故曰：非言之难也，谈之时难也。

【注释】

　　①尽节：尽心竭力保全节操。《管子·形势解》："入则务疾作，以实仓廪；出则尽节死敌，以安社稷。"无隐：谓无保留。出《礼记·檀弓上》："事君有犯而无隐。"按"犯"言冒犯。

②杨明照曰:"'拥'字与上下文意不属,疑为'壅'之误。"杨说是。"壅"乃"甕"之异体,"拥"之繁体为"擁",故易致误。壅:障蔽;阻隔。《晏子春秋·问上九》:"左右为社鼠,用事者为猛狗,主安得无壅,国安得无患乎?"《韩非子·难四》:"夫日兼照天下,一物不能当也。人君兼照一国,一人不能壅也。"此当为句之所本。

③恶直丑正:出《左传·昭公二十八年》:"恶直丑正,实蕃有徒。"杜预注:"言害正直者实多徒众。"按害言痛恨嫉害。

④公方:公正方直的人。《汉书·杜周传》:"近谄谀之人而远公方,信谗贼之臣而远忠良。"

⑤纾(shū):排除;解除。《左传·庄公三十年》:"斗穀於菟为令尹,自毁其家,以纾楚国之难。"诛:惩罚。《荀子·富国》:"诛而不赏,则勤励之民不劝。"谓勤劳奋勉之民不能获得鼓励。

⑥皁:乃皁斗之省。皁斗即橡子之壳斗,可染黑色,故"皁"引申有黑色义。皁白:多喻非与是。晋袁宏《后汉纪·桓帝纪上》:"孟轲以为人无是非之心,非人也。弟于是何太无皁白邪?"

⑦宣泄:本为泄露,此谓抛弃。至言:最高明的言论。《庄子·天地》:"至言不出,俗言胜也。"《吕氏春秋·异宝》:"以和氏之璧、道德之至言以示贤者,贤者必取至言矣。"

⑧弘恭、石显:见《君道》篇"恭、显之恶直"句注。

⑨象似:犹言雷同,谓随声附和。

⑩语本《韩非子·外储说左上》:"客有教燕王为不死之道者,王使人学之。所使学者未及学而客死。王大怒,诛之。王不知客之欺己,而诛学者之晚也。夫信不然之物,而诛无罪之臣,不察之患也。且人所急无如其身,不能自使其无死,安能使王长生哉?"依此,则获立死之罪者为学者,非献者也。

⑪当指晁错事。晁错于汉景帝朝为御史大夫,请削诸侯封邑,以尊天子,安宗庙。其父曰:"刘氏安矣,而晁氏危矣。"后吴楚七国果反,以诛晁错为名,加之窦婴、袁盎进说,晁错被诛。

【译文】

抱朴子说:"尽心竭力完成臣子的使命而毫无保留,是应该做的。至于让说出话来一定被采纳而自己又一定安全无恙,那要等待时机。时机不对,邪恶凶暴的家伙嫉妒还来不及,蒙蔽君主压抑群臣,痛恨嫉害正直的人,担心害怕公正方直的人弹劾抨击奸邪不正的行为,因此尽力除掉胜过自己的人以逃脱惩罚。贤明的君主不是每代都出现的,昏庸的国君黑白是非不分,既不能得到尽忠报效的益处,有的甚至抛弃至理之言。于是弘恭、石显这样的人,用巧妙的言辞随声附和,假借大公无私以施展自己的阴谋诡计。使贡献长生办法的人,反而获马上处死的罪过;进上令君主安稳计策的人,立即遭遇丢失性命的灾祸。因此说,不是说话难,而是说话的时机难找。

【原文】

"夫以贤说圣,犹未必即受,故伊尹干汤,至于七十也。以智告愚,则必不入，故文王谏纣，终于不纳也①。言不见信，犹之可也。若乃李斯之诛韩非②，庞涓之刖孙膑③，上官之毁屈平④，袁盎之中晁错⑤，不可胜载也。为臣不易⑥，岂一涂也哉！盖往而不反复者，所以功在身后⑦；而藏器俟时者⑧，所以百无一遇。高勋之臣，旷代而一有；陷冰之徒⑨，委积乎史策。悲夫，时之难遇也，如此其甚哉！由兹以言，吾知渭滨吕尚之俦⑩，岩间傅说之属⑪，怀其王佐之器⑫，抱其邈世之材，秉竿拥筑，老死于庸儿之伍，而遂不遭文王、高宗者，必不訾矣⑬。"

【注释】

①以上二事本之《韩非子·难言》："上古有汤，至圣也；伊尹，至智也。夫至智说至圣，然且七十说而不受，身执鼎俎为庖宰，昵近习亲，而汤乃仅知其贤而用之。故曰：以至智说至圣，未必至而见受，伊尹说汤是也。以智说愚必不听，文王说纣是也。故文王说纣而纣囚之。"干（gān）：干谒；有所求而请见。

②《史记·老子韩非列传》："韩非者，韩之诸公子也。……与李斯俱事荀卿，斯自以为不如非。……秦王见《孤愤》《五蠹》之书，曰：'嗟乎，寡人得见此人与之游，死不恨矣！'李斯曰：'此韩非之所著书也。'秦因急攻韩。韩王始不用非，及急，乃遣非使秦。秦王悦之，未信用。李斯、姚贾害之，毁之曰：'韩非，韩之诸公子也。今王欲并诸侯，非终为韩不为秦，此人之情也。今王不用，久留而归，此自遗患也。不如以过法诛之。'秦王以为然，下吏治非。李斯使人遗非药，使自杀。韩非欲自陈，不得见。秦王后悔之，使人赦之，非已死矣。"

③《史记·孙子吴起列传》："孙膑尝与庞涓俱学兵法。庞涓既事魏，得为惠王将军，而自以为能力不及孙膑，乃阴使召孙膑。膑至，庞涓恐其贤于己，疾之，则以法刑断其两足而黥之，欲隐勿见。"刖（yuè）：断脚的酷刑。

④《史记·屈原贾生列传》："屈原者，名平，楚之同姓也。为楚怀王左徒，博闻强志，明于治乱，娴于辞令，入则与王图议国事，以出号令；出则接遇宾客，应对诸侯。王甚任之。上官大夫与之同列，争宠而心害其能。怀王使屈原造为宪令。屈平属草稿未定，上官大夫见而欲夺之，屈平不与。因谗之曰：'王使屈平为令，众莫不知，每一令出，平伐其功，以为"非我莫能为"也。'王怒而疏屈平。"按"伐"谓夸功。

⑤中（zhòng）：中伤。《史记·袁盎晁错列传》："袁盎者，楚人也，字丝。……袁盎素不好晁错。……吴楚反，闻，晁错谓丞史曰：'夫袁盎多受吴王金钱，专为蔽匿，言不反。今果反，欲请治盎宜知计谋。'丞史曰：'事未发，治之有绝，今兵西乡，治之何益！且袁盎不宜有谋。'晁错犹与未决。人有告袁盎者，袁盎恐，夜见窦婴，为言吴所以反者，愿至上前口对状。窦婴入言上，上乃召袁盎入见。晁错在前，及盎请辟人赐间，错去，固恨甚。袁盎具言吴所以反状，以错故，独急斩错以谢吴，吴兵乃可罢。"晁错乃衣朝衣被斩于东市。

⑥出《论语·子路》："为君难，为臣不易。"

⑦往而不反：出《韩诗外传·五》："朝廷之士为禄，故入而不出；山林之士为名，故往而不返。"故"往而不反"谓隐居不仕。反、返古今字。

⑧藏器俟时：参见《良规》篇"是以智者藏其器以有待也"句注。

⑨陷冰：犹沉溺；沉沦。

⑩《史记·齐太公世家》："太公望吕尚者，东海上人。……吕尚盖尝穷困，年老矣，以渔钓奸周西伯。西伯将出猎，卜之，曰：'所获非龙非彲，非虎非罴，所获霸王之辅。'于是周西伯猎，果遇太公于渭之阳，与语大说，曰：'自吾先君太公曰"当有圣人适周，周以兴"。子真是邪？吾太公望子久矣。'故号之曰'太公望'。载与俱归，立为师。"按"奸"音（gān），谓干谒；彲音（chī），即螭，一种无角龙。

⑪《史记·殷本纪》："帝武丁即位，思复兴殷，而未得其佐。三年不言，政事决定于冢宰，以观国风。武丁夜梦得圣人，名曰说。以梦所见视群臣百吏，皆非也。于是乃使百工营求之野。得说于傅险中。是时说为胥靡，筑于傅险。见于武丁，武丁曰是也。得而与之语，果圣人，举以为相，殷国大治。故遂以傅险姓之，号曰傅说。"司马贞索隐："（傅险）旧本作'险'，亦作'岩'也。"说（yuè）：按胥靡谓刑徒。武丁，即下文"高宗"。

⑫王佐：佐君成就王业的人。《汉书·董仲舒传赞》："刘向称'董仲舒有王佐之材，虽伊、吕无以加，管、晏之属，伯者之佐，殆不及也'。"

⑬不訾（zī）：不可计数。《史记·货殖列传》："其先得丹穴，而擅其利数世，家亦不訾。"司马贞索隐："谓其多，不可訾量。"按丹穴产朱砂。

【译文】

"贤德的臣子向圣明的君主进言，尚且未必立刻接受，所以伊尹干谒商汤有七十次之多。聪明的臣子劝谏愚蠢的君王，则必然不被接受，因此周文王劝谏商纣，最终也没有被采纳。说话不被信任，也还罢了。至于李斯害死韩非，庞涓砍掉孙滨的脚，上官大夫诋毁屈原，袁盎中伤晁错，就列举不完了。做臣子不容易，岂止是一个方面呢？这大约就是隐居而不再回返的人们，其高尚节操为后世效法；而身怀奇才等待机会的人所以一百次也难有一次机遇的原因。建立极大功勋的臣子，多少代才有一位；而沉沦于蓬蒿的人们在史书中却堆积得很多呀！悲哀呀，时机难以遇到，居然到了这种程度。从这点来说，我知道了渭水之滨吕尚之类的人，山岩间傅说之类的人，胸怀佐成王业的本领，怀抱超越世俗的才能，却手握钓竿抱持木杵，老死在平庸者的行列里，而没有遇到周文王、商高宗的，肯定无以数计。"

卷第九　官　理

题　解

本篇接续《时难》篇的话题，重申良臣要想创造伟大的功勋和业绩，必须有像唐尧、虞舜一样的贤明君主，正如骏马须造父一样的出色御手才能奔逸驰骋。智士遇明主可以"揖让而颂声作"；而即使圣贤若孔丘、晏婴，假如"主则非也"，照样不能止其倒台出亡以至遭弑，不能拯救国家的覆灭，甚至还会祸及自身。

作者感叹国君器小将妨碍臣子建功立业，先设"鬐鬻背千金而逐蛱蜨，越人弃八珍而甘蛙黾"以为喻，后举卫灵公不解孔圣之言，秦孝公难容商君之论以为例，旨在说明，君主在"缉隆平之化，收良能之勋"上也是至关重要的一环。他们应该"赏好"并"识恶"，重视发挥大禹、后稷一类贤臣的作用，令其能像"騄駬骋逸迹"一样使"百揆时序"，国家昌隆。那么，这其实已不只是臣子的为官之理，更是帝王的为君之道了。

【原文】

抱朴子曰："騄駬之骋逸迹，由造父之御也①；禹、稷之序百揆②，遭唐、虞之主也。故能不劳而千里至，揖让而颂声作。若乃臧获之乘骕骦③，殷辛之临三仁④，欲长驱轻骛，则謷急辕逼⑤；欲尽规竭忠，则祸如发机⑥。所以车倾于险涂，国覆而不振也。故良骏败于拙御，智士踬于暗世⑦。仲尼不能止鲁侯之出⑧，晏婴不能遏崔杼之乱⑨。其才则是，主则非也。

【注释】

①騄（lù）駬（ěr）：古骏马名。周穆王八骏之一。本作"绿耳"，又作"騄耳"。《史记·秦本纪》："造父以善御幸于周缪王，得骥、温骊、骅骝、騄耳之驷。"颜师古注《汉书·地理志下》："绿耳，耳绿色。"造父：见《君道》篇"马不调，造父不能超千里之迹"句注。

②百揆（kuí）：众多政务。出《书·禹典》："纳于百揆，百揆时叙。"

③臧获：奴婢的贱称。扬雄《方言》卷三："臧甬侔获，奴婢贱称也。荆、淮、海、岱杂齐之间，骂奴曰臧，骂婢曰获。齐之北鄙，燕之北郊，凡民男而壻婢谓之臧，女而妇奴谓之获；亡奴谓之臧，亡婢谓之获。"按壻同婿。骕（sù）骦（shuāng）：原作肃爽，又

作骕骦。骏马名。《左传·定公三年》:"唐成公如楚,有两肃爽马。"杜预注:"肃爽,骏马名。"《后汉书·马融列传》:"登于疏镂之金路,六骕骦之玄龙。"

④殷辛:殷商帝辛,后代谓之纣。三仁:说见《论语·微子》:"微子去之,箕子为之奴,比干谏而死。孔子曰:'殷有三仁焉。'"古书一般认为微子为纣之同母兄,其母立为正妻后方生纣,故纣得嗣立;箕子、比干皆为纣之叔父。

⑤骛(wù):急速行进。《文选·潘岳〈射雉赋〉》:"彼游田之致获,咸乘危以驰骛。"徐爰注:"骛,疾也。"辕逼:车重而重力过于靠前,致压迫服马。

⑥发机:谓扳动弩弓的发矢扳机,令箭射出。喻短暂。《淮南子·原道训》:"恬然则纵之,迫则用之。其纵之也若委衣,其用之也若发机。"高诱注:"机,弩机关。"

⑦踬(zhì):绊倒。《左传·宣公十五年》:"杜回踬而颠,故获之。"按杜回时为结草所绊。

⑧鲁侯:指鲁昭公。据《左传》及《史记·鲁周公世家》,鲁昭公二十五年,鲁之孟孙、叔孙、季孙三家合力攻昭公,公奔至鲁齐之境,齐为之取郓,使居之。三年后求救于晋,晋人前已受季氏贿赂,故仅使昭公居于晋之干侯而未助之入鲁。至昭公三十二年卒于干侯。孔子正当其时。

⑨参见《良规》篇"无南史、董狐以证其罪"句注。崔杼弑齐庄公后,晏婴"门启而入,枕尸股而哭,兴,三踊而出"。见之于《左传·襄公二十五年》《晏子春秋》《史记》。

【译文】

抱朴子说:"骏马放开了奔跑,是由于造父驾车;禹和后稷能使众多政务顺理成章,是由于遇到了唐尧、虞舜那样的君主。因此骏马能够不费力就到达千里远的地方,禹、稷拱手就能使颂扬之声四起。至于说让贱奴驾驭骏马,商纣王君临微子、箕子和比干三位仁者,想要长途而轻快地奔跑,但缰绳太紧辕头过重;想竭尽忠心地规劝进谏,但灾祸像扣动了弩机一样马上降临。因此车在险路上翻倒,国家覆亡不能重振。所以,好马败坏在拙劣的驾车人手中,有智谋者被黑暗的时代所羁绊。孔子不能制止鲁昭公被赶出国门,晏婴不能阻挡崔杼杀齐庄公。他们人是有才能的,而君主却很糟糕。

【原文】

"夫君犹器也,臣犹物也,器小物大,不能相受矣。髫孺背千金而逐蛱蝶①,越人弃八珍而甘蛙黾②,即患不赏好③,又病不识恶矣。夫不用,则虽珍而不贵矣;莫与,则伤之者必至④。昔卫灵听圣言而数惊⑤,秦孝闻高谈而睡寐⑥,而欲缉隆平之化,收良能之勋,犹却行以逐驰,适楚而首燕也⑦。"

【注释】

①髫(tiáo)孺:幼童。髫:《说文·髟部新附》:"髫,小儿垂结也。"蛱(jiá)蝶(dié):蝴蝶。《说文·虫部》:"蛱,蛱蝶也。""蝶,蛱蝶也。"

②越:古南方少数民族名。分布于长江中下游以南地区。八珍:见《嘉遁》篇"藜

霍嘉于八珍"句注。黾（měng）：蛙的一种。《尔雅·释鱼》："鼀𪓰，蟾诸。在水者黾。"郭璞注："耿黾也，似青蛙，大腹，一名土鸭。"按鼀（qù）𪓰（cù）谓蟾蜍。

③即：杨明照曰："'即'当作'既'，始能与上下文意吻合。"是。

④语出《易·系辞下》："子曰：'君子安其身而后动，易其心而后语，定其交而后求。……危以动，则民不与也；惧以语，则民不应也；无交而求，则民不与也。莫之与，则伤之者至矣。'"

⑤《论语·卫灵公》："卫灵公问陈于孔子。孔子对曰：'俎豆之事，则尝闻之矣；军旅之事，未之学也。'明日遂行。"按陈（zhèn），谓军阵。是卫灵公曾向孔子求教。其"数惊"事未详。

⑥《史记·商君列传》载商鞅初见秦孝公状："公孙鞅闻秦孝公下令国中求贤者，将修缪公之业，东复侵地。乃遂西入秦，因孝公宠臣景监以求见孝公。孝公既见卫鞅，语事良久，孝公时时睡，弗听。罢而孝公怒景监曰：'子之客妄人耳，安足用邪！'景监以让卫鞅。卫鞅曰：'吾说公以帝道，其志不开悟矣。'"睡寐：谓坐着打盹儿。

⑦《荀子·乐论》："犹欲之楚而北求之也。"《战国策·魏策四》："魏王欲攻邯郸，季梁闻之，中道而反。衣焦不申，头尘不去，往见王曰：'今者臣来，见人于大行，方北面而持其驾，告臣曰："我欲之楚。"臣曰："君之楚，将奚为北面？"曰："吾马良。"臣曰："马虽良，此非楚之路也。"曰："吾用多。"臣曰："用虽多，此非楚之路也。"曰："吾御者善。"此数者愈善，而离楚愈远耳。'"首：朝向。古读去声。

【译文】

"国君相当于容器，臣子就像其中所盛之物，容器小东西大，就放不下了。垂发的小孩抛却千金之财却去追逐蝴蝶，南方越人扔掉各种美味却认为青蛙好吃，既有不欣赏好的错误，又犯不识别坏的毛病。如果不使用，那么即使珍贵也不被重视了；没人支持，那么伤害者必然到来。从前卫灵公听孔圣人的话屡感震惊，秦孝公听商鞅的高明谈论却坐着睡着了，而想要成就昌隆安定的局面，让贤良多才的人建立功勋，就像是倒退着走路去追逐奔马，想去楚国却向燕国走一样。"

卷第十　务　正

题　解

　　本篇所论的命题是，丰功伟业的建立离不开众多贤士的襄助。作者以比喻开篇：大海靠诸河，玄圃凭木石，大厦赖群材。而唐尧、虞舜以及卫灵公皆因能够识贤、聚贤、用贤，所以才"格天之化洽""逐鹿之奸寝"。众人的力量是巨大的，故"万钧不足举"；众人的智慧是无边的，遂"庶绩不足康"。如能用之，那么重现古代圣者创造的太平盛世也就不在话下了。即或国君有失，国内有乱，也不至有亡国之危。

　　论述中透露出的另外一层意思是：人无全才，也定有所长，任用人才要扬其长而避其短。所用的比喻是生动的：直木为辕而曲木为轮，牛马架乘而鸡犬吠守。这种用人的思想似乎在今天仍然是适用的。

【原文】

　　抱朴子曰："南溟引朝宗以成不测之深①，玄圃崇本石以致极天之峻②。大夏凌霄，赖群橑之积③；轮曲辕直，无可阙之物。故元凯之佐登④，而格天之化洽⑤，折冲之才周⑥，则逐鹿之奸寝⑦。舜、禹所以有天下而不与⑧，卫灵所以虽骄恣而不危也⑨。"

【注释】

　　①南溟：南方大海。溟指海。《文选·张协〈杂诗〉之十》："云根临八极，雨足洒四溟。"李善注："四溟，四海也。"朝宗：以臣下朝见帝王比喻小水流注于大水。出《书·禹贡》："江汉朝宗于海。"孔颖达疏："朝宗是人事之名，水无性识，非有此义。以海水大而江汉小，以小就大，似诸侯归于天子，假人事而言之也。"

　　②杨明照引陈澧曰："'本'字疑误，或当作'木'。"并证之以其他十种本。是。玄圃：传说中神仙所居昆仑山名。《文选·张衡〈东京赋〉》："左瞰阳谷，右睨玄圃。"李善注："《淮南子》曰：'……悬圃在昆仑阊阖之中。''玄'与'悬'古字通。"极天：上达于天。《诗·大雅·崧高》："崧高维岳，骏极于天。"毛传："极，至也。"

　　③夏：虽可与"厦"通，然参之《君道》《钧世》《辞义》篇用例及正统道藏等本，当作"厦"。橑（lǎo）：本指屋橑。此泛指木材。

　　④元凯：见《嘉遁》篇"而使圣朝乏乎元凯之用哉"句注。佐：辅佐之臣。《韩非

子·定法》:"申不害,韩昭侯之佐也。"

⑤格天:感通于上天。语本《书·君奭》:"在昔成汤既受命,时则有若伊尹,格于皇天。"

⑥折冲:见《君道》篇"韩、白毕力以折冲"句注。

⑦逐鹿:喻争夺统治权。出《史记·淮阴侯列传》:"秦失其鹿,天下共逐之,于是高材疾足者先得焉。"裴骃集解引张晏曰:"以鹿喻帝位也。"

⑧句出《论语·泰伯》:"子曰:'巍巍乎!舜、禹之有天下也而不与焉!'"对此"与"字说解有别。何晏谓"言己不与求天下而得之";颜师古谓"委任贤臣以成其功而不身亲其事也";杨伯峻谓"这里含着'私有''享受'的意思。"以上文推之,作者理解当与颜说近。

⑨《左传·襄公二十九年》载卫灵公时吴国公子季札"适卫,说蘧瑗、史狗、史鳅、公子荆、公子发、公子朝,曰:'卫多君子,未有患也。'"按"说"(yuè)。《说苑·尊贤》:"鲁哀公问于孔子曰:'当今之时,君谁贤?'对曰:'卫灵公。'公曰:'吾闻之,其闺门之内,姑姊妹无别'。对曰:'臣观于朝廷,未观于堂陛之间也。灵公之弟曰公子渠牟,其知足以治千乘之国,其信足以守之。而灵公爱之。又有士曰王林,国有贤人,必进而任之,无不达也;不能达,退而与分其禄。而灵公尊之。又有士曰庆足,国有大事,则进而治之,无不济也。而灵公说之。史鳅去卫,灵公邸舍三月,琴瑟不御,待史鳅之入而后入。臣是以知其贤也。'"卫灵公骄恣,见《史记·孔子世家》:"孔子遂事卫,……卫灵公问孔子:'居鲁得禄几何?'对曰:'奉粟六万。'卫人亦致粟六万。居顷之,或谮孔子于卫灵公。灵公使公孙余假一出一入。孔子恐获罪焉,居十月,去卫。"司马贞索隐:"(一出一入)谓以兵仗出入,以胁夫子也。""灵公问兵陈,孔子曰:'俎豆之事则尝用之,军旅之事未之学也。'明日,与孔子语,见蜚雁,仰视之,色不在孔子,孔子遂行。"

【译文】

抱朴子说:"南海收纳注入的河水而成就了难以测量的湛深,神仙居住的玄圃累积木石以达到通天的高峻。大厦高出云表,依靠众多的木材叠架;车轮圆曲,车辕笔直,没有可以缺少的材料。所以有八元八凯一样的辅佐之臣被任用,那么感动上天的德化就能遍施天下;克敌制胜的人才完备,争夺天下的祸心就会止息。这就是舜和禹虽有天下而不事必躬亲,卫灵公虽然骄傲恣纵但没有危险的原因。

【原文】

"众力并,则万钧不足举也;群智用,则庶绩不足康也①。故繁足者死而不弊②,多士者乱而不亡③。然剑戟不长于缝缉,锥钻不可以击断,牛马不能吠守,鸡犬不任驾乘。役其所长,则事无废功;避其所短,则世无弃材矣。"

【注释】

①任用众人之论见于《文子》《吕氏春秋》《淮南子》等书。《文子·自然》:"乘众人之智者,即无不任也;用众人之力者,即无不胜也;用众人之力者,乌获不足恃也;乘众人之势者,天下不足用也。"钧:古重量单位。《书·五子之歌》:"关石和钧,王府则

有。"孔颖达疏:"《律历志》云:二十四铢为两,十六两为斤,三十斤为钧,四钧为石。"《书·益稷》:"庶事康哉!"孔安国传:"众事乃安。"

②繁足者:常称百足之虫。指马陆、蜈蚣等多环节节肢动物,由于每节有足一至二对,故称。义本《文选·曹冏〈六代论〉》:"百足之虫,至死不僵。"李善注引《鲁连子》:"百足之虫,至断不蹶者,持之者众也。"喻势力雄厚者不易垮台。

③多士:谓多有贤士。《书·多方》:"猷,告尔有方多士,暨殷多士。"《诗·大雅·文王》:"济济多士,文王以宁。"

【译文】

"众人的力量合在一起,万钧重的东西也不禁一举;大家的智慧都用在一处,诸多的事情也不禁一料理。因此,百足之虫死而不僵,贤士众多的国家即使动乱也不会灭亡。但是宝剑和长戟不适宜于缝纫连缀,锥子钻子不能用来砍断东西,牛马不能吠叫看家,鸡和狗不能胜任驾车骑乘。利用它们的长处,那么做事就没有无效的劳动;避开它们的短处,那么世上就没有该抛弃的材料了。"

卷第十一 贵 贤

题 解

本篇在四句讽喻之后即直入主题:"招贤用才者,人主之要务也。"作者的君臣分工是很明确的:为臣者要对公事尽心竭力,要"进善退恶,知无不为",要"立功立事"以报答君主;而君主的责任是选择隐逸的贤才,令其发挥才智,"职尽其才,禄称其功"。所以帝王如果"乐治定而忽智士",就相当于"欲至远涂而弃骐骥"了。为臣者在没有优秀的君主时,可以"嘉遁而无忧",可凭自己的道德修养而"轻王公",而身为帝王则别无选择,所以必须"贵贤"。

作者认为,问题在于人君多为"承家继体",非开创之主,其生活环境使他难于了解生活的艰辛和盛衰的道理,他们精心于犀象珠玉、声色犬马,不懂得为国事做长远的打算,因而忽视了"定倾之器",那么其自身的倒台和国家的覆亡就是必然的结果了。

其君臣之说当然只能是历史之论了,但其提请注意的要懂得稼穑艰难,经受忧惧考验,警惕物欲诱惑等等,在任何时代都是有意义的。

【原文】

抱朴子曰:"舍轻艘而涉无涯者,不见其必济也;无良辅而羡隆平者,未闻其有成也。鸿鸾之凌虚者,六翮之力也①;渊虬之天飞者,云雾之偕也②。故招贤用才者,人主之要务也;立功立事者,髦俊之所思也③。若乃乐治定而忽智士者,何异欲致远涂而弃骐骥哉④!

【注释】

①六翮(hé):翮本指鸟羽之茎,引而指双翅中的正羽。此指双翼。

②偕:乃"阶"字之误。"阶"繁体作"階",形近而误。旧写本正作"階"。虬(qiú):无角龙。《楚辞·离骚》:"驷玉虬以乘鹥兮,溘埃风余上征。"王逸注:"有角曰龙,无角曰虬。"

③立功、立事:皆谓建功立业。《左传·襄公二十四年》:"大上有立德,其次有立功,其次有立言,虽久不废,此之谓不朽。"孔颖达疏:"立功,谓拯厄除难,功济于时。"《管子·版法》:"凡将立事,正彼天植。"尹知章注:"立经国之事。"髦俊:才智杰

出之士。《汉书·叙传下》:"世宗晔晔,思弘祖业,畴咨熙载,髦俊并作。""髦"本指毛发中的长毫,引而指出类拔萃的人物。《尔雅·释言》:"髦,俊也。"郭璞注:"士中之俊,如毛中之髦。"

④致:依文推之,当作"至"。

【译文】

抱朴子说:"舍弃轻便的船只而去徒涉不见边际的湖海,不能认为一定会渡过去;没有好的辅佐之臣而追慕隆盛太平的局面,没听说能够成功。鸿雁和鸾凤能升上高空,靠的是双翅的力量;潭中的虬龙能够在天上飞翔,是以云雾为阶梯。所以招纳贤者使用人才,是君主的重要事情;而建立功勋成就事业,是才智杰出之士要考虑的问题。至于喜欢太平安定而忽略智谋之士,和想要去远处却丢开骏马有什么区别呢?

【原文】

"夫拔丘园之否滞①,举遗漏之幽人②,职尽其才,禄称其功者,君所以待贤者也③;勤夙夜之在公④,竭心力于百揆⑤,进善退恶,知无不为者,臣所以报知己也。世有隐逸之民,而无独立之主者⑥,士可以嘉遁而无忧⑦,君不可以无臣而致治。是以傅说、吕尚不汲汲于闻达者⑧,道德备则轻王公也⑨。而殷高、周文乃梦想乎得贤者⑩,建洪勋必须良佐也。

【注释】

①丘园:见《勖学》篇"旅束帛乎丘园"句注。否(pǐ)滞:被阻塞的人才。

②幽人:见《嘉遁》篇"养浩然于幽人之件"句注。

③语本《韩非子·八奸》:"明主之为官职爵禄也,所以进贤材,劝有功也。故曰:贤材者处厚禄,任大官;功大者有尊爵,受重赏;官贤者,量其能;赋禄者,称(chèn)其功。"

④出《诗·鲁颂·有駜》:"夙夜在公,在公明明。"夙夜谓日夜勤慎。

⑤百揆:见《官理》篇"禹、稷之序百揆"句注。

⑥独立:谓超凡拔俗,与众不同。出《易·大过》:"君子以独立不惧,遁世无闷。"孔颖达疏:"君子于衰难之时,卓尔独立,不有畏惧。"

⑦嘉遁:见《嘉遁》篇题注。

⑧傅说、吕尚:见《时难》篇"吾知渭滨吕尚之侔,岩间傅说之属"二句注。汲汲:见《勖学》篇"汲汲于进趋"句注。闻达:显达,有名望。本《论语·颜渊》:"子张问:'士何如斯可谓之达矣?'子曰:'何哉,尔所谓达者?'子张对曰:'在邦必闻,在家必闻。'子曰:'是闻也,非达也。夫达也者,质直而好义,察言而观色,虑以下人。在邦必达,在家必达。夫闻也者,色取仁而行违,居之不疑。在邦必闻,在家必闻。'"诸葛亮《出师表》:"苟全性命于乱世,不求闻达于诸侯。"

⑨语本《荀子·修身》:"志意修则骄富贵,道义重则轻王公。内省,而外物轻矣。"

⑩殷高、周文:殷高宗武丁、周文王昌。

【译文】

"选拔丘墟园圃中被阻滞的人才,提举被遗漏的隐逸贤者,让职务能全部发挥他们的才能,俸禄与他们的功劳相称,这是国君对待贤良人士的办法;为公昼夜勤奋工作,对职务尽心竭力,进谏善言弹劾恶人,知道的事无不去做,这是臣子报答知己君主的态度。世上有隐逸的臣民,而没有超凡拔俗的君主时,士人可作合时宜的退隐而不必忧虑国事,国君不可能没有臣子而治理好国家。因此,傅说、吕尚不急切于显达,是因为修养德行具备了,就轻视天子与诸侯。而商高宗周文王做梦都想得到贤者,因为建立宏大的勋业必须有优秀的辅佐之臣。

【原文】

"患于生乎深宫之中,长乎妇人之手,不识稼穑之艰难,不知忧惧之何理①,承家继体②,蔽乎崇替③。所急在乎侈靡④,至务在乎游晏⑤,般于畋猎⑥,湎于酣乐⑦,闻淫声则惊听,见艳色则改视。役聪用明,止此二事;鉴澄人物⑧,不以经神。唯识玩弄可以悦心志,不知奇士可以安社稷。犀象珠玉,无足而至自万里之外;定倾之器,能行而沦乎四境之内⑨。二竖之疾既据而募良医⑩,栋桡之祸已集而思谋夫⑪,何异乎火起乃穿井,觉饥而占田哉⑫!夫庸隶犹不可以不拊循而卒尽其力⑬,安可以无素而暴得其用哉⑭!"

【注释】

①语本《荀子·哀公》:"鲁哀公问于孔子曰:'寡人生于深宫之中,长于妇人之手,寡人未尝知哀也,未尝知忧也,未尝知劳也,未尝知惧也,未尝知危也。'"

②承家:本指大夫承继封邑。出《易·师》:"上六:大君有命,开国承家,小人勿用。"继体:嫡子继承帝位。《史记·外戚世家·序》"自古受命帝王及继体守文之君,非独内德茂也,盖亦有外戚之助焉。"司马贞索隐:"按:继体谓非创业之主,而是嫡子继先帝之正体而立者也。"

③崇替:兴废盛衰。参见《崇教》篇"能独见崇替之理"句注。

④侈靡:奢侈淫靡。《战国策·楚策四》:"专淫逸侈靡,不顾国政,郢都必危矣。"

⑤游晏:杨明照曰:"'晏'字误。当依藏本、鲁藩本、吉藩本、慎本、卢本、旧写本、柏筠堂本、文溯本、丛书本、崇文本作'宴'。"是。游宴谓交游宴饮,泛指游乐。《汉书·张安世传》:"鸿嘉中,上欲遵武帝故事,与近臣游宴。"

⑥般(pán):游乐。《尔雅·释诂上》:"般,乐也。"扬雄《太玄·乐》:"大乐无间,民神禽鸟之般。"一说谓盘桓。

⑦湎(miǎn):沉迷于酒。《书·酒诰》:"罔敢湎于酒。"《说文·水部》:"湎,沈于酒也。"又《酉部》:"酣,酒乐也。"

⑧鉴澄:辨识明察。语本《淮南子·说山训》:"人莫鉴于沐雨,而鉴于澄水者,以其休止不荡也。"

⑨说本《韩诗外传·六》:"晋平公游于西河而乐,曰:'安得贤士与之乐此也?'船人盍胥跪而对曰:'主君亦不好士耳。夫珠出于江海,玉出于昆山,无足而至者,犹主君

之好也。士有足而不至者，盖主君无好士之意耳！何患乎无士也？'"

⑩二竖：谓病魔。出《左传·成公十年》："（晋景）公疾病，求医于秦，秦伯使医缓为之。未至，公梦疾为二竖子，曰：'彼，良医也，惧伤我，焉逃之？'其一曰：'居肓之上，膏之下，若我何？'医至，曰：'疾不可为也，在肓之上，膏之下；攻之不可，达之不及，药不至焉，不可为也。'"按竖谓童子；缓为人名；肓（huāng），指横膈膜与心脏之间，膏指心尖脂肪。攻谓用灸，达谓用针。

⑪栋桡（náo）：屋梁脆弱弯曲。出《易·大过》："栋桡，本末弱也。"高亨注："造屋者用本末弱之木材造屋栋，乃大事上之错误，其屋将坏矣。"喻形势危急。

⑫占（zhān）：察看。《方言》卷十："占，视也。"《后汉书·段颎传》："上占天心，不为灾伤。"

⑬拊（fǔ）循：安抚；抚慰。《荀子·富国》："垂事养民，拊循之，咿呕之。"杨倞注："拊循，慰悦之也。"按咿（wā）呕（ōu），像小儿语声，示慈爱。卒（cù）：言短时间内。

⑭依上句之例，此句脱三字；句首二字（依杨明照说，或为"贤士"），"素"字上或下一字。

【译文】

"最怕的就是出生在深宫当中，在女人的手中长大，不懂得耕种收获的艰难，不知道忧愁恐惧是怎么回事，继承了王位，对兴废盛衰一无所知。最急切的是如何奢侈淫靡，最追求的是怎样游乐宴饮。盘桓在畋猎中，沉醉在酣饮里，听见浮靡的音乐就竖起耳朵，看见艳丽的女色就转过眼睛。耳聪目明，都是用在这两方面；明察人物的事，则不放在心上。只知道玩赏器物可以使心情愉快，不知道非常之士可以安定国家。犀角象牙珍珠美玉，没有脚却从万里之外奔来；能挽救颓局的人才，会走路但却在国境以内沉沦。病已入膏肓才去寻找好医生，房子大梁变形的灾祸已成才想找出谋划策的人，这和火着起来才打井，觉得饿了才去察看田地有什么不同呢？平庸的奴隶尚且不可以不加抚慰而仓促之间让他尽力，贤德之士怎么能够平素无恩而一下子就让他为你所用呢？"

卷第十二 任 能

题 解

本篇是从批驳"臣贤于君不可任"的论点入手的,而论点在篇题中已经点明:任能。作者非常坚决地认为,一定要任用"高贤""猛将"这种能力很强的人,让他们充分发挥自己的特长,犹如让鹰犬"寻飞逐走",令骏马纵逸奔驰。这些人当然比无能之辈要"难御""难临",但他们的作用却是后者无法取代的。作者列举的历史上因敢用能者而成功的例子很多,很典型,因而有很强的说服力。而他这一说法的基础应该是《贵贤》篇所述的君臣所司有别。作者可能很赞同《淮阴侯列传》中韩信的话:君主虽"不能将兵,而善将将"。

作者所以要特设一篇来论述"任能"的问题,当然也是有感而发。东汉以后,豪门垄断宦途,世族出身者"平流进取,坐至公卿",贤能与否根本不是任人的标准和条件。寒门子弟即使文韬如良、平,武略似信、布,也与仕路无涉。难怪葛稚川要这样严厉斥责和大声疾呼了。

【原文】

或曰:"尾大于身者,不可掉①;臣贤于君者,不可任。故口不容而强吞之者,必哽②;才非匹而安仗之者,见轻。"

【注释】

①语本《左传·昭公十一年》:"末大必折,尾大不掉。"《说文·手部》:"掉,摇也。"

②语本《论衡·效力》:"渊中之鱼,递相吞食,度口所能容,然后咽之;口不能受,哽咽不能下。"

【译文】

有人说:"尾巴比身子还大,就摇摆不动了;臣子比君主还有本事,就不能任用了。因此口中容不下的东西而硬要吞下去,就一定会噎住,才能不能匹敌而放心去倚仗能臣,就会受到轻视。"

【原文】

抱朴子曰："诡哉言乎！昔者荆子总角而摄相事，实赖二十五老，臻乎惠康①；子贱起家而治大邦，实由胜己者多，而招其弘益②。齐桓杀兄而立，鸟兽其行，被发彝酒，妇闾三百，委政仲父，遂为霸宗；夷吾既终，祸乱亟起③。鲁用季子二十余年，内无粃政，外无侵削；人之亡没，殄瘁响集④。岂非才所不逮，其功如彼；自任其事，其祸如此乎？

【注释】

①《孔子家语·六本》："荆公子行年十五而摄荆相事。孔子闻之，使人往观其为政焉。使者反，曰：'视其朝，清净而少事，其堂上有五老焉，其廊下有二十壮士焉。'孔子曰：'合二十五人之智以治天下，其固免矣，况荆乎？'"本文"二十五老"之说当本之《说苑·尊贤》"廊下有二十五俊士。堂上有二十五老人"。唯其人误作"介子推"。按介子推或称介之推，乃晋文公臣，与孔子不同时。《北堂书钞》引《说苑》作"荆公子"。总角：古时儿童上束发为二，形如角，故称。此借指儿童。

②子贱：孔子弟子宓（fú）不齐，字子贱。《韩诗外传·八》："子贱治单父，其民附。孔子曰：'告丘之所以治之者。'……对曰：'所父事者三人，所兄事者五人，所友者十有二人，所师者一人。'孔子曰：'……夫举贤者，百福之宗也，而神明之主也。……《诗》曰："恺悌君子，民之父母。"子贱其似之矣。"

③彝酒：经常饮酒。《书·酒诰》："文王诰教小子，有正有事，无彝酒。"孔安国传："教之皆无常饮酒。"有齐桓公品行事，分见各书。《左传·僖公十七年》："齐侯好内多宠，内嬖如夫人者六人。"《庄子·盗跖》："昔者桓公小白，杀兄入嫂，而管仲为臣。"《荀子·仲尼》："齐桓，五伯之盛者也。前事，则杀兄而争国；内行，则姑姊妹之不嫁者七人。"《韩非子·外储说右下》："昔者桓公之霸也，内事属鲍叔，外事属管仲。桓公被发而御妇人，日游于市。"又《难二》："昔者桓公宫中二市，妇闾（注谓'里门也'）二百，被发而御妇人。得管仲为五伯长，失管仲得刁竖而身死，蛆流出尸（户）不葬。"夷吾：管仲，名夷吾，字仲。亟（qì）：频繁；连续。

④粃（bǐ）：本指空瘪之谷。引申为坏的，不良的。殄瘁：出《诗·大雅·瞻卬》："人之云亡，邦国殄瘁。"季子名友。《说苑·尊贤》："（鲁）僖公即位而任季子，鲁国安宁，外内无忧。行政二十一年，季子之卒后，邾击其南，齐伐其北，鲁不胜其患，将乞师于楚，以取全耳。……公子买不可使戍卫，公子遂不听君命而擅之晋。内侵于臣下，外困于兵乱，弱之患也。僖公之性，非前二十一年常贤，而后乃渐变为不肖也，此季子存之所益，亡之所损也。"

【译文】

抱朴子说："这是一种奇谈怪论！从前荆公子还未成年就担任楚相，实际依靠的是二十五位老者，达到使百姓受恩而安乐，宓子贱初任官职就治理大国，实际上是由于任用了很多比他本人强的人，从而为国家带来巨大收益。齐桓公杀死哥哥做了国君，行为像禽兽一样，披散头发，饮酒无度，宫内的妓院有三百间，把政事委托管仲，于是成为霸主；管仲死了以后，祸乱很快发生了。鲁国任用季友二十多年，国内没有不良的政事,在外没有被他国侵夺;他一死,国家的凋敝像回声一样立即到来。难道不是才能不及,依靠臣子取得了那么大的成功;而自己担负政事时,却造成了这么大的祸患吗?

【原文】

"汉高决策于玄帏,定胜乎千里,则不如良、平;治兵多而益善,所向无敌,则不如信、布。兼而用之,帝业克成①。故疾步累趋,未若托乘乎逸足;寻飞逐走,未若假伎乎鹰、犬。夫劲弩难彀,而可以摧坚逮远;大舟难乘,而可以致重济深;猛将难御,而可以折冲拓境②;高贤难临,而可以攸叙彝伦③。

【注释】

①良、平:张良、陈平。信、布:韩信、黥布。事见《史记·高祖本纪》:"高祖曰:'……夫运筹策帷帐之中,决胜于千里之外,吾不如子房;镇国家,抚百姓,给馈馕,不绝粮道,吾不如萧何;连百万之军,战必胜,攻必取,吾不如韩信。此三人者,皆人杰也,吾能用之,此吾所以取天下也。"又《淮阴侯列传》:"上常从容与信言诸将能不,各有差。上问曰:'如我能将几何?'信曰:'陛下不过能将十万。'上曰:'于君何如?'曰:'臣多多而益善耳。'上答曰:'多多益善,何为为我禽?'信曰:'陛下不能将兵,而善将将,此乃信之所以为陛下禽也。'"黥(qíng)布:原名英布,因曾受黥刑(在额上刺字涂黑)而称黥布。原在项羽帐下,战则能以少胜众。项羽封之为九江王。后归刘邦,佐之定天下,多战功,封淮南王,见《史记·黥布列传》。参见《嘉遁》篇"信、布陷功大之刑"句注。张良、陈平事见《嘉遁》篇"秘六奇以括囊"句及《臣节》篇"羡陈、张之奇画"句注。

②折冲:令敌战车后撤,故犹退敌。参《君道》篇"韩、白毕力以折冲"句注。拓境:扩展领土。《后汉书·傅燮传》:"世宗拓境,制置四郡。"

③攸叙彝伦:见《嘉遁》篇"攸叙彝伦者"句注。

【译文】

"汉高祖在军帐中决定策略,在千里之外获取胜利,他不如张良、陈平;统率军队越多越好,所向无敌,他不如韩信、英布。但他能兼用这两方面的人才,皇帝大业因而能成功。因此迈开快步不断地奔跑,不如骑上快马;追逐飞鸟跟踪走兽,不如借助于鹰犬。强劲的弓弩难于拉开,但可以穿破坚甲射达远处;巨大的船只难于驾乘,但可以负载重物渡过深水;勇猛的大将难于驾驭,但是可以克敌制胜开拓疆域;超群的贤才难于统管,但是可以令常道有序。

【原文】

"昔鲁哀庸主也,而仲尼上圣,不敢不尽其节①;齐景下才也,而晏婴大贤,不敢不竭其诚②。岂有人臣当与其君校智力之多少,计局量之优劣,必须尧、舜乃为之役哉!何事非君?何使非民③?耻令其君不及唐、虞,此亦达者之用心也。"

【注释】

①说本《韩非子·五蠹》:"仲尼,天下圣人也,修行明道以游海内,海内说其仁,美其义,……鲁哀公,下主也,南面君国,境内之民莫敢不臣。……故仲尼反为臣,而哀公顾为君。"

②《史记·管仲晏婴列传》:"晏平仲婴者,莱之夷维人也。事齐灵公、庄公、景公,以节俭力行重于齐。……其在朝,君语及之,即危言;语不及之,即危行。国有道,即顺命;无道,即衡命。以此三世显名于诸侯。""危"言正直。

③句出《孟子·万章下》:"伊尹曰:'何事非君?何使非民?'治亦进,乱亦进,曰:'天之生斯民也,使先知觉后知,使先觉觉后觉。予,天民之先觉者也。予将以此道觉此民也。'"

【译文】

"从前,鲁哀公是个平庸的君主,孔子是个大圣人,但不敢不尽其忠贞;齐景公才能低下,晏婴是个大贤者,但不敢不竭其诚心。哪里有作为臣子,却要和他的君主比较智力的高低,计算器量的大小,必须是尧舜那样的君主才为其所用的呢?什么国君不能侍奉,什么百姓不能驱使呢?耻于使自己的国君赶不上唐尧、虞舜,这也是通达事理人的想法。"

卷第十三　钦　士

题　解

"钦士"者，尊重士人之谓也。而这也就是本篇的主旨之所在。作者在这短短小文中，列举了自西周、春秋、战国、西汉，以至三国时代的十数个例子，令人信服地说明，能够真正地尊重士人，实在地任用贤者，"地必不侵""主必不辱"。而"失士"将要"破国亡家"。所以，这远不是有贤士国重，无贤士国轻的问题。正因如此，明主都是礼贤下士，广开言路，以"致贤""得士"为"首务"。从表面看，从一时看，似乎是"以贵下贱"，降低了身份，实际上却是借助贤士的力量"远其明"，"广其聪"，成就了伟业。孰得孰失，是显而易见的。

由篇中列举的历史例证可以看出，如何对待士人是个古老而又常讲常新的话题。之所以如此，是因为哪个时代都存在这个问题，不独稚川所处之晋代为然也。

【原文】

抱朴子曰："由余在戎，而秦穆惟忧①；楚杀得臣，而晋文乃喜②。乐毅出而燕坏③，种、蠡入而越霸④。破国亡家，失士者也。岂徒有之者重，无之者轻而已哉！柳惠之墓，犹挫元寇之锐⑤，况于坐之于朝廷乎？干木之隐，犹退践境之攻⑥，况于置之于端右乎⑦？郅都之象，使劲虏振慑⑧；孔明之尸，犹令大国寝锋⑨。以此御侮⑩，则地必不侵矣；以此率师，则主必不辱矣。

【注释】

①事见《韩非子·十过》："昔者戎王使由余聘于秦。穆公问之曰：'寡人尝闻道而未得自见之也，愿闻古之明主得国失国何常以。'由余对曰：'臣尝得闻之矣，常以俭得之，以奢失。'……由余出，公乃召内史廖而告之曰：'寡人闻邻国有圣人，敌国之忧也。今由余，圣人也，寡人患之，吾将奈何？'内史廖曰：'臣闻戎王之居，僻陋而道远，未闻中国之声，君其遗之女乐，以乱其政，而后为由余请期，以疏其谏，彼君臣有间，而后可图也。'君曰：'诺。'乃使史廖以女乐二八遗戎王，因为由余请期，戎王许诺。……由余归，因谏戎王，戎王弗听。由余遂去之秦，秦穆公迎而拜之上卿，……兼国十二，开地千里。"

②得臣：楚国令尹，一名子玉。楚、晋城濮之役，子玉率楚师而大败，"晋焚楚军，火数日不息，文公叹。左右曰：'胜楚而君犹忧，何？'文公曰：'吾闻能胜安者唯圣人，是以惧。且子玉犹在，庸可喜乎！'子玉之败而归，楚成王怒其不用其言，贪与晋战，让责子玉，子玉自杀。晋文公曰：'我击其外，楚诛其内，内外相应。'于是乃喜。"（《史记·晋世家》）

③乐毅：本魏人。燕昭王为报齐仇而求贤士，乐毅往而见用。"昌国君乐毅为燕昭王合五国之兵而攻齐，下七十余城，尽郡县之以属燕。三城未下，而燕昭王死。惠王即位，用齐人反间，疑乐毅，而使骑劫代之将。乐毅奔赵，赵封以为望诸君。齐田单欺诈骑劫，卒败燕军，复收七十城以复齐。燕王悔，惧赵用乐毅承燕之弊以伐燕。"（《战国策·燕策二》）

④种、蠡：文种、范蠡。《史记·越世家》："范蠡事越王勾践，既苦身勠力，与勾践深谋二十余年，竟灭吴，报会稽之耻。北渡兵于淮以临齐、晋，号令中国，以尊周室，勾践以霸，而范蠡称上将军。"《韩诗外传·六》："越王勾践困于会稽，疾据范蠡、大夫种而霸南国。"

⑤柳惠：柳下惠之省。依郑玄、赵岐等说，柳下惠为鲁国大夫，姓展名禽，字季，柳下为其封邑。《战国策·齐策四》："昔者秦攻齐，令曰：'有敢去柳下季垄五十步而樵采者，死不赦！'"

⑥干木退攻：见《逸民》篇"轼陋巷以退秦兵者"句注。

⑦端右：宰辅重臣。《周书·赵善传》："虽位居端右，而逾自谦退。"

⑧此二句当与下"孔明"二句骈俪。故非此句"使"上脱一字（或是"宜"字），即下"犹"字为衍文。《史记·酷吏列传·郅都》："郅都者，杨人也。……都为人勇，有气力，公廉。……是时民朴，畏罪自重，而都独先严酷，致行法不避贵戚，列侯宗室见都侧目而视，号曰'苍鹰'。……孝景帝乃使使持节拜都为雁门太守，……匈奴素闻郅都节，居边为引兵去，竟郅都死不近雁门。匈奴至为偶人象郅都，令骑驰射，莫能中，见惮如此。"

⑨据杨明照考，此乃首述死孔明退司马懿兵事，约七十年后习凿齿于《汉晋春秋》中有详述："诸葛亮卒，杨仪等整军而出，百姓奔告宣王（司马懿），宣王追焉。姜维令仪反旗鸣鼓，若将向宣王者。宣王乃退，不敢逼。于是仪结陈而去，入谷然后发丧。宣王之退也，百姓为之谚曰：'死诸葛，走生仲达。'或以告宣王，宣王曰：'吾能料生，不便料死也。'"

⑩御侮：抵御外侮。出《诗·大雅·緜》："予曰有御侮。"孔颖达疏："御侮，有武力之臣能折止敌人之冲突者，是能扞御侵侮，故曰御侮也。"

【译文】

抱朴子说："由余在戎国，而秦穆公为此而焦虑；楚国杀掉了得臣，而晋文公感到高兴。乐毅离开以后燕国就衰败了，文种和范蠡来到后越国成为了霸主。破坏了国家丧失了家园，是失掉了贤士造成的。怎么仅仅是有他们国家地位就重，没有他们就轻呢？柳下惠的坟墓尚且挫伤了重兵的锐气，更何况他坐在朝廷上呢？段干木隐居尚且使踏入国境的敌人退兵,更何况让他担任宰辅之臣呢?郅都的画像还让强劲的敌寇震惊恐惧,孔明的尸首还让大国收敛了进攻的锋芒。用他们来抵御外侮,那么疆土肯定不会被侵夺;用他们来统率军队,那么国君肯定不会遭受侮辱了。

【原文】

"是以明主旅束帛于穷巷①,扬滞羽于瘁林,飞翘车于河梁②,辟四门而不倦③,不吝金璧,不远千里,不惮屈己,不耻卑辞,而以致贤为首务,得士为重宝。举之者受上赏,蔽之者为窃位④。

【注释】

①旅束帛于穷巷:见《嘉遁》篇"束帛之集"句及《勖学》篇"旅束帛乎丘园"句注。

②翘车:《左传·庄公二十二年》引逸诗:"翘翘车乘,招我以弓。"杜预注:"翘翘,远貌。古者聘士以弓。"后因谓礼聘贤士的车为"翘车"。

③辟四门:言广开贤路,访求人才。出《书·舜典》:"舜格于文祖,询于四岳,辟四门,明四目,达四聪。"孔安国传:"开辟四方之门未开者,广致众贤。"

④蔽贤为窃位之说,见于《论语·卫灵公》:"子曰:'臧文仲其窃位者与?知柳下惠之贤而不与立也。'邢昺疏:'不称举与立于朝廷也。'"

【译文】

"因此圣明的君主把聘贤的礼帛送到偏僻的街巷,从颓败的树林中解救困滞的灵禽,让礼聘贤士的车子在河桥上飞驰,打开延请贤者的大门永不倦怠,不吝惜黄金玉璧,不以千里为远,不怕委屈自己,不耻于谦卑的言辞,而以招致贤者为首先的追求,把得到士人看作得到彝鼎宝器。举荐贤士的人要受上等的赏赐,埋没贤士的人等于窃居其位。

【原文】

"故公旦执贽于白屋①,秦邵拜昌于张生②。邹子涉境,而燕君拥篲③;庄周未食,而赵惠竦立④。晋平接亥唐,脚痹而坐不敢正⑤;齐任之造稷丘,虽频繁而不辞其劳⑥。楚王受笞于保申⑦,简去甲于公庐⑧,彼虽降高抑满,以贵下贱,终亦并目以远其明,假耳以广其聪。龙腾虎踞⑨,宜其然也。"

【注释】

①见《逸民》篇"从白屋之士七十人"句注。

②邵:旧写本作"昭"。孙诒让曰:"案旧写本是也。张生即范雎。《史记》本传载雎更姓名曰张禄,因王稽以见秦昭王。故此称为张生也。"杨明照以为甚确,并证之以《说苑》称张禄(即范雎)为张生以为证。事详《战国策·秦策三》:"范雎至,秦王庭迎,……秦王屏左右,宫中虚无人,秦王跪而请曰:'先生何以幸教寡人?'范雎曰:'唯唯。'有间,秦王复请,范雎曰:'唯唯。'若是者三。秦王跽曰:'先生不幸教寡人乎?'

范雎曰：'非敢然也。……'……范雎曰：'臣居山东，闻齐之内有田单（文），不闻其王；闻秦之有太后、穰侯、泾阳、华阳，不闻其有王。……臣今见王独立于庙朝矣，且臣将恐后世之有秦国者，非王之子孙也。'秦王惧，于是乃废太后，逐穰侯，出高陵，走泾阳于关外。昭王谓范雎曰：'昔者，齐公得管仲时以为仲父。今吾得子，亦以为父。'"拜昌：拜昌言，即拜求昌国之言。

③邹子：邹衍。事见《君道》篇"拥篲以延岩栖之智士"句注。

④杨明照考，赵惠当指赵惠文王，马叙伦《庄子年表》谓庄周与赵惠文王同时。其事未详。

⑤痹（bì）：肢节疼痛麻木并屈伸不利。《太平御览·三七二》引《韩非子》佚文："晋平公与唐彦（当为'亥唐'之倒且误）坐而出，叔向入。公曳一足，叔向问之，公曰：'吾待唐子，腓痛足痹而不敢申。'叔向不悦。公曰：'子欲贵，吾爵子；子欲富，吾禄子。夫唐先生无欲也。非正坐，吾无以养之。'"故正文当有脱误，或"正"上脱"不"字，或"正"当作"伸"。

⑥杨明照引徐济忠校、王国维校，并证以卢本、柏筠堂本、文溯本、丛书本，崇文本，以为"任"当作"侯"。又"稷丘"当作"小稷"。《韩非子·难一》："齐桓公时，有处士曰小臣稷，桓公三往而弗得见。桓公曰：'吾闻布衣之士，不轻爵禄，无以易万乘之主；万乘之主，不好仁义，亦无以下布衣之士。'于是五往得见之。"

⑦见《君道》篇"容保申之正直"句注。

⑧杨明照引顾广圻批及孙人和说，及吉藩本，以为"简"前有"赵"字。事见《说苑·正谏》："赵简子举兵而攻齐，令军中有敢谏者，罪至死。被甲之士名曰公卢，望见简子大笑。简子曰：'子何笑？'对曰：'臣有宿笑。'简子曰：'有以解之则可，无以解之则死。'对曰：'当桑之时，臣邻家夫与妻俱之田。见桑中女，因往追之，不能得，还，其妻怒而去之。臣笑其旷也。'简子曰：'今吾伐国失国。是吾旷也。'于是罢师而归。"庐、卢古通。

⑨龙腾虎踞：喻势力强盛，雄踞一方。本《太平御览》卷一五六引吴勃《吴录》："刘备曾使诸葛亮至京，因睹秣陵山阜，叹曰：'钟山龙盘，石头虎踞，此帝王之宅。'"

【译文】

"所以周公旦向平民中的贤者致送见尊者的礼物，秦昭王向张禄拜求昌国之策。邹衍进入国境，燕昭王抱着扫帚迎接；庄周没吃饭，赵惠文王肃立在一旁。晋平公迎接亥唐时，脚麻木了都不敢不正坐；齐桓公拜访小臣稷，虽然往返多次但不辞辛劳。楚王接受保申的鞭笞，赵简子听从公庐的巧谏而罢兵，他们虽然屈降自己的高贵身份，谦下地对待地位低的士人，最终又借助于这些人的眼睛看得更远，借助于这些人的耳朵听得更多。成就了龙腾虎踞般的事业，也是理所当然的。"

卷第十四 用 刑

题 解

　　本篇论证恢复刺面涂墨、割鼻、剁腿以及阉割等酷刑的必要性，而主旨是"以杀止杀""刑为仁佐"。作者认为，想单纯依靠君主的贤明和道德感召，以达到"道洽化醇"是不可能的。虽然施刑是"不美"的事，但正如"病笃痛甚"，"不得不攻之以针石，治之以毒烈"一样，是不得已而为之的手段。作者在引用了《周易》之后，又证之以轩辕氏用武力征服炎帝、蚩尤，尧、舜放逐四凶，周公杀管叔、蔡叔等一系列史实，以说明法废刑弱、多仁寡威会导致祸乱滋生，而严厉的刑罚则会带来国家的安定和昌盛。作者还驳斥了严刑存于末世的说法，认为法是仁的保证，所以法应无时不在。如果到了君位已岌岌可危时才施行严法，将无济于事。周、秦之兴皆由法严刑重，其败则咸因穷奢侈，失权柄，"纲绝网紊"，"用刑失理"，非由严刑。汉代废肉刑而施鞭挞，名轻而实重。

　　不管我们怎样评价葛雅川恢复肉刑的具体主张，起码有一点是应当肯定的，即"厚惠薄敛"，"举贤任才"，以德、理、仁、义陶冶世风是不可少的，而同时还需要健全的法律，二者不可偏废。

【原文】

　　抱朴子曰："莫不贵仁，而无能纯仁以致治也；莫不贱刑，而无能废刑以整民也①。咸云②：'明后御世，风向草偃③，道洽化醇，安所用刑？'余乃论之曰：'夫德教者，黼黻之祭服也④；刑罚者，捍刃之甲胄也。若德教治狡暴，犹以黼黻御剡锋也；以刑罚施平世⑤，是以甲胄升庙堂也。故仁者养物之器，刑者惩非之具，我欲利之，而彼欲害之，加仁无俊⑥，非刑不止。刑为仁佐，于是可知也。

【注释】

　　①整民：使天下之民整齐一致。《左传·庄公二十三年》："夫礼，所以整民也。"孔颖达疏："夫礼者，所以整理天下之民。"
　　②陈澧以为"咸"当作"或"。杨明照引吉藩本证之。
　　③语本《论语·颜渊》："君子之德，风；小人之德，草。草上之风，必偃。"

④黼（fǔ）黻（fú）："黼"指礼服上白黑相间的花纹，"黻"指黑青相间的花纹。连言则泛指礼服上的花纹。《晏子春秋·谏下十五》："公衣黼黻之衣，素绣之裳，一衣而王采具焉。"

⑤平世：太平之世。与"乱世"相对。《孟子·离娄下》："禹、稷当平世，三过其门而不入，孔子贤之。"

⑥悛（quān）：悔改。《方言》卷六："悛，改也。自山而东或曰悛。"《书·泰誓上》："惟受罔有悛心。"孔安国传："悛，改也。言纣纵恶无改心。"

【译文】

抱朴子说："没有人不重视仁慈，但没有纯粹的仁慈能达到国家安定的；没有人不轻贱刑罚，但没有能废除刑罚而治理好百姓的。有人说：'圣明的君主统御社会，以德教之风感化百姓，大道行于天下，教化精醇无邪，刑罚干什么用呢？'我却这样论述这个问题：'德教，是绣着花纹的祭祀礼服；刑罚，是抵挡刀剑的盔甲。用德教去整治狡猾凶暴的人，就像甩绣衣去抵御锐利的刀锋；把刑罚施加于太平之世，好似穿甲带盔上朝廷。因此，仁德是教育人的工具，刑罚是惩治非法的武器。我想对他施利，别人却想对他加害，使用仁德不知悔改，不用刑罚不肯停止。刑罚是仁德的佐助，于是就能够知道了。

【原文】

'譬存玄胎息，呼吸吐纳，含景内视，熊经鸟伸者，长生之术也①。然艰而且迟，为者尠成②，能得之者，万而一焉。病笃痛甚，身困命危，则不得不攻之以针石③，治之以毒烈。若废和、鹊之方④，而慕松、乔之道⑤，则死者众矣。仁之为政，非为不美也。然黎庶巧伪⑥，趋利忘义，若不齐之以威，纠之以刑⑦，远羡羲、农之风⑧，则乱不可振，其祸深大。以杀止杀⑨，岂乐之哉！

【注释】

①玄：天然之气；元气。《汉书·礼乐志》："玄气之精，回复此都。"颜师古注："玄，天地。"胎息：道家的一种修炼方法。《后汉书·方术传下·王真》："王真年且百岁，视之面有光泽，似未五十者。自云：'周流登五岳名山，悉能行胎息胎食之法，嗽舌下泉咽之。'"李贤注引《汉武内传》："习闭气而吞之，名曰胎息；习嗽舌下泉而咽之，名曰胎食。"《抱朴子·内篇·释滞》："得胎息者，能不以鼻口嘘吸，如坐胞胎之中，则道成矣。"呼吸吐纳、熊经鸟申：皆道家导引养生术。《庄子·刻意》："吹呴呼吸，吐故纳新，熊经鸟申，为寿而已矣。"成玄英疏："吹冷呼而吐故，呴暖吸而纳新，如熊攀树而自悬，类鸟飞空而伸脚。"按呴（xǔ）谓嘘气。含景内视：服食日光，目不视外界之物。亦为古代养生术。

②尠（xiǎn）：少有。后代用"鲜"字。

③针石：用砭石制成的石针。古代针灸用石针，后世用金针。《韩非子·喻老》："疾在腠理，汤熨之所及；在肌肤，针石之所及。"

④和、鹊：皆古代名医。和，又称医和、秦和。《左传·昭公元年》："晋侯（平公）

·169·

求医于秦,秦伯(景公)使医和视之。"鹊,扁鹊,见《嘉遁》篇"则无以效越人之绝伎"句注。

⑤松、乔:赤松子(或作赤松、赤诵、赤诵子)和王子乔(或作王侨、王乔、王子侨)。皆传说中仙人。各书所载互有异同。《楚辞·远游》:"闻赤松之清尘,愿承平乎遗则。"《史记·留侯世家》:"愿弃人间事,欲从赤松子游耳。"司马贞索隐引《列仙传》:"神农时雨师也,能入火自烧,昆仑山上随风雨上下也。"《淮南子·齐俗训》:"今夫王乔、赤诵子吹呕呼吸,吐故纳新,遗形去智,抱素反真,以游玄眇,上通云天。"许君注:"王乔,蜀武阳人也。为柏人令,得道而仙。赤诵子,上谷人也。病疠入山,导引轻举。"《列仙传·王子乔传》:"王子乔者,周灵王太子晋也。好吹笙,作凤凰鸣。游伊、洛之间,道士浮丘公接以上嵩高山。"

⑥巧伪:出《庄子·盗跖》:"此夫鲁国之巧伪人孔丘非邪?"

⑦说本《论语·为政》:"子曰:'道之以政,齐之以刑,民免而无耻。'"按"道(dǎo)"谓引导;"免"谓免罪。(先秦免过、免祸、免刑等多仅用一"免"字)

⑧羲、农:伏羲、神农。本《淮南子·氾论训》:"夫神农、伏羲不施赏罚而民不为非,然而立政者不能废法而治民。"

⑨说本《商君书·画策》:"故以战去战,虽战可也;以杀去杀,虽杀可也;以刑去刑,虽重刑可也。"

【译文】

'譬如保存人的元气闭气而吞,呼浊吸清吐故纳新,吞服日光不视外物,如熊攀枝而自悬,似鸟飞天而伸腿,这是长生的办法。但是它艰难而且缓慢,练习的人很少能够成功的,能掌握这种方法的,一万人中也就有一个人。病得重了,疼得厉害了,身体不能动,生命受到威胁,那就不得不用针石来攻病,用烈性的药物来治疗了。如果废弃医和、扁鹊的办法,却追慕赤松子、王子乔那样的长寿,那么死的人就会很多了。以仁德来从事政事,并不是不好,但普通百姓巧诈虚伪,追逐利益而忘记了正义,如果不用威势来调理,不用刑罚来惩治,那么远远地美慕伏羲、神农时的风范,就要乱得不可收拾,祸患将是深重的。以杀戮制止杀戮,难道会为此感到快乐吗?

【原文】

'八卦之作,穷理尽性①,明罚用狱,著于噬嗑②;系以徽缠,存乎习坎③。然用刑其然尚矣④。逮于轩辕,圣德尤高,而躬亲征伐,至于百战,殭尸涿鹿,流血阪泉,犹不能使时无叛逆,载戢干戈⑤。亦安能使百姓皆良?民不犯罪而不治者,未之有也⑥。唐、虞之盛,象天用刑⑦,窜、殛、放、流⑧,天下乃服。汉文玄默,比隆成、康,犹断四百,鞭死者多⑨。夫匠石不舍绳墨⑩,故无不直之木;明主不废戮罚,故无陵迟之政也⑪。

【注释】

①《易·系辞下》:"古者包牺氏之王天下也,仰则观象于天,俯则观法于地,观鸟兽之文与地之宜,近取诸身,远取诸物,于是始作八卦,以通神明之德,以类万物之情。"

穷理尽性：谓穷尽天地万物的规律、道理和性质。出《易·说卦》："穷理尽性，以至于命。"韩康伯注："命者生之极，穷则尽其极也。"按包牺即伏羲。包、伏上古音近，羲乃牺（繁体为犧）的声符，二字古音同。

②噬（shì）嗑（hé）：易六十四卦之一，震下离上，形为䷔。《易·噬嗑》："噬嗑，亨。利用狱。"王弼注："噬，啮也。嗑，合也。"按啮谓咬。孔颖达疏："此卦之名，假借口象以为义，以为刑法也。凡上下之间有间隔，当须用刑法去之，乃得亨通，故云噬嗑亨也。利用狱者，以刑除间隔之物，故利用狱也。"

③徽纆（mò）：绳索。习坎：易六十四卦之一，坎上坎下，形为䷜。《易·坎》："上六：系用徽纆，置于丛棘。"孔颖达疏："用其徽纆之绳置于丛棘，谓囚执之处，以棘丛而禁之也。"

④其然：杨明照以藏本等十种版本，校为"其来"。

⑤《史记·五帝纪》："轩辕之时，神农氏世衰。诸侯相侵伐，暴虐百姓，而神农氏弗能征。于是轩辕乃习用干戈，以征不享。诸侯咸来宾从。而蚩尤最为暴，莫能伐。炎帝欲侵陵诸侯，诸侯咸归轩辕。轩辕乃修德振兵，治五气，艺五种，抚万民，度四方，教熊罴貔貅䝙虎，以与炎帝战于阪泉之野。三战，然后得其志。蚩尤作乱，不用帝命。于是黄帝乃征师诸侯，与蚩尤战于涿鹿之野，遂禽杀蚩尤。而诸侯咸尊轩辕为天子，代神农氏，是为黄帝。天下有不顺者，黄帝从而征之，平而去之，披山通道，未尝宁居。"涿（zhuō）鹿、阪（bǎn）泉皆地名。涿鹿一般认为在今河北涿鹿县东南。阪泉所在则有三说，一说在今山西省阳曲县东北，一说在今河北省涿鹿县东南，一说在今山西省运城县南。载戢干戈：见《嘉遁》篇"干戈戢而莫寻"句注。

⑥杨明照曰："'而不治'三字，与上下文意不属，疑不字衍。"依上下文意推之，似应前"不"衍，作"民犯罪而不治者，未之有也"较妥。

⑦象天用刑：象征天道而施用刑罚。即象刑。相传上古无肉刑，仅以特别服饰加之犯人以示辱，称为象刑。《书·益稷》："皋陶方祗厥叙，方施象刑惟明。"《荀子·正论》："世俗之为说者曰：'治古无肉刑。墨黥；慅婴；共，艾毕；菲，对屦；杀，赭衣而不纯。治古如是。'"此谓以墨画脸代替黥刑，用戴草作的冠缨代替割鼻的劓（yì）刑，用割去衣服的蔽膝代替宫刑，用穿麻鞋代替剕脚的剕刑，用穿秃边的赭色衣服代替杀头。

⑧窜、殛、放、流：见《嘉遁》篇"有虞举则四凶戮"句注。

⑨事见《汉书·刑法志》："及孝文即位，躬修玄默，劝趣农桑，减省租赋。……选张释之为廷尉，罪疑者予民，是以刑罚大省，至于断狱四百，有刑错之风。……遂下令曰：'制诏御史：……其除肉刑，有以易之；及令罪人各以轻重，不亡逃，有年而免。具为令。'丞相张苍、御史大夫冯敬奏言：'肉刑所以禁奸，所由来久矣。……臣谨议请定律曰：……当劓者，笞三百；当斩左止者，笞五百；……臣昧死请。'制曰：'可。'是后，外有轻刑之名，内实杀人。斩右止者又当死；斩左止者笞五百，当劓者笞三百，率多死。"玄默：清静无为。成、康：周代成王、康王。《汉书·景帝纪赞》："至于孝文，加之以恭俭，孝景遵业，五六十载之间，至于移风易俗，黎民醇厚。周云成、康，汉言文、景，美矣！"

⑩匠石：出《庄子·徐无鬼》："郢人垩慢其鼻端，若蝇翼，使匠石斫之。"此泛指

木匠。

⑪陵迟：衰落；衰败。《诗·王风·大车·序》："《大车》，刺周大夫也。礼义陵迟，男女淫奔。"孔颖达疏："陵迟，犹陂陁，言礼义废坏之意也。"陂（pō）陁（tuó）言崩溃，颓坏。

【译文】

'八卦的发明，把道理性质都讲透了，明确用惩罚使刑狱，显示在"噬嗑"这一卦当中；用绳索来拘禁罪犯，存在于"习坎"这一卦当中。这样看来，用刑法由来已久了。到了黄帝轩辕氏，圣明的德行尤其高尚，但是亲自去征战讨伐，至于上百次，陈僵尸于涿鹿，流鲜血于阪泉，仍然不能使得当时没有叛逆者，不能收藏起武器。又怎么能让百姓全都是善良的呢？让百姓犯了罪不予惩治，还没有过。唐尧、虞舜的盛世，模拟天道而使用象征性刑罚，放逐了共工等四凶，天下才震服了。汉文帝清静无为，国家的隆盛可以和周代的成王康王时代相比，尚且断案四百，鞭打死很多人。木匠不抛弃墨线，因此没有加工后不直的木材；贤明的君主不废除杀戮刑罚，所以没有衰落的政权。

【原文】

'盖天地之道，不能纯仁，故青阳阐陶育之和，素秋厉肃杀之威①。融风扇则枯瘁摅藻②，白露凝则繁英彫零。是以品物阜焉③，岁功成焉④。温而无寒，则蜎动不蛰⑤，根植冬荣；宽而无严，则奸宄并作⑥，利器长守。故明赏以存正，必罚以闲邪。劝沮之器⑦，莫此之要。观民设教，济其宽猛⑧，使懦不可狎，刚不伤恩。五刑之罪，至于三千⑨，是绳不可曲也；司寇行刑，君为不举⑩，是法不可废也。绳曲，则奸回萌矣⑪；法废，则祸乱滋矣。

【注释】

①青阳：春天。《尔雅·释天》："春为青阳。"郭璞注："气清而温阳。"《尸子·仁意》："春为青阳，夏为朱明，秋为白藏，冬为玄英。"素秋：秋天。《三国志·蜀书·郤正传》："朱阳否于素秋，玄阴抑于孟春。"按青阳、素秋之说皆与五行学说有关。春属木，木色青，故称青春，春阳气上升，故又称青阳。秋属金，其色白，故称白藏或素秋。

②摅（shū）：有舒展意。《文选·班固〈答宾戏〉》："卒不能摅首尾，奋翼鳞。"吕向注："摅，舒也。"引申为展现。

③阜：繁衍生息。《周礼·地官·大司徒》："以阜人民，以蕃鸟兽。"

④岁功：本指一年的农业收成。《汉书·礼乐志》："阳出布施于上而主岁功，阴入伏藏于下而时出佐阳。阳不得阴之助，亦不能独成岁功。"此以喻王者治国治民当刚柔相济，恩威并施。《春秋繁露·四时之副》："圣人副天之所行以为政，故以庆副煖而当春，以赏副暑而当夏，以罚副清而当秋，以刑副寒而当冬。庆、赏、罚、刑异事而同功，皆王者之所以成德也。"

⑤蜎：同"蠕"。蜎动谓爬行的昆虫之类。

⑥奸宄（guǐ）：《书·舜典》："蛮夷猾夏，寇贼奸宄。"孔安国传："群行攻劫曰寇，

杀人曰贼,在外曰奸,在内曰宄。""奸宄"此指违法作乱者。

⑦劝沮之器:鼓励与阻止的手段。参见《逸民》篇"子诚喜惧于劝沮"句注。

⑧说本《左传·昭公二十年》引孔子语:"政宽则民慢,慢则纠之以猛;猛则民残,残则施之以宽。宽以济猛,猛以济宽,政是以和。"

⑨五刑:指墨(即黥,刺刻面额并以墨染之)、劓(yì,割鼻)、剕(fèi,即"刖",断足)、宫(男阉割,女破坏生殖机能)、大辟(死刑)五等刑罚。三千:指三千条目。出《书·吕刑》:"墨罚之属千,劓罚之属千,剕罚之属五百,宫罚之属三百,大辟之罚其属二百,五刑之属三千。"

⑩不举:古代逢大的天灾人事,君主皆除去盛馔并撤乐偃息,称为"不举"。《周礼·天官·膳夫》:"大丧则不举,大荒则不举,大札则不举,天地有灾则不举,邦有大故则不举。"按荒指农业收成,大札指瘟疫,烖为灾的异体,大故谓刑杀(依郑众说)。《左传·庄公二十年》:"夫司寇行戮,君为之不举。"孔颖达疏:"不举者,贬膳食彻声乐也。"按:依《国语·楚语》,天子至大夫之日食谓之举,士庶人谓之食。杨伯峻于《春秋左传注·庄公二十年》论之甚详,可参看。

⑪奸回:奸恶邪僻。《书·泰誓》:"崇信奸回,放黜师保。"《左传·宣公二年》:"德之休明,虽小,重也。其奸回昏乱。虽大,轻也。"按此句言铸鼎。若德行美好,鼎即使小,君主亦重。反之则轻。

【译文】

'大体说来,天地间的大道理不能是单纯的仁德,因此春天显示造就培育的作用,秋天发挥酷烈萧索的威力。春天融和的风吹起来,干枯委顿的生物将展现华彩;秋天的白露凝结,繁盛的鲜花就要凋谢零落。因此世间万物才繁衍生息,一年的农业过程才能完成。如果只有温暖没有寒冷,蠕动的虫子就不蛰伏,植物就会冬天开花;如果只有宽大没有严厉,那么奸邪违法的事就会发生,就要武器常握。因此赏罚分明以维护正义,惩罚必备以防止奸邪。鼓励和阻止的手段,没有比这个更重要的。审视民情,设立教化,宽大和严厉相结合的刑罚来补充,使得柔和但不被轻视,刚猛而不失恩爱。五种刑罚的罪名,多至三千条,这表明法律的准绳是不能弯曲的;司寇掌管刑法,国君要为此减膳撤乐,这显示法律是不能废除的。法绳弯曲,奸恶邪僻就会萌芽;法律废除,祸患动乱就会滋生。

【原文】

'亡国非无令也,患于令烦而不行;败军非无禁也,患于禁设而不止。故众慝弥蔓,而下黩其上。夫赏,贵当功而不必重,罚,贵得罪而不必酷也。鞭朴废于家,则僮仆怠惰;征伐息于国,则群下不虔①。爱,待敬而不败,故制礼以崇之;德,须威而久立,故作刑以肃之②。班、倕不委规矩③,故方圆不戾于物;明君不释法度,故机诈不肆其巧。

【注释】

①朴(pū):刑杖。说本《吕氏春秋·荡兵》:"家无怒笞,则竖子婴儿有过也立见;

国无刑罚，则百姓之悟相侵也立见；天下无诛伐，则诸侯之相暴也立见。故怒笞不可偃于家，刑罚不可偃于国，诛伐不可偃于天下。有巧有拙而已矣。"

②语出《汉书·刑法制》："爱待敬而不败，德须威而久立，故制礼以崇敬，作刑以明威也。"

③班、倕（chuí）：皆古代著名巧匠。《孟子·离娄上》："离娄之明，公输子之巧，不以规矩，不能成方员。"赵岐注："公输子，鲁班，鲁之巧人也。"《庄子·胠箧》："攦工倕之指，而天下始人有其巧矣。"攦（lì），谓拗断。《楚辞·九章·怀沙》："巧倕不斫兮，孰察其拨正。"王逸注："倕，尧巧工也。"

【译文】

'国家灭亡并非因为没有法令，坏事就坏在法令烦琐并且不实行；军队打败仗并非因为没有禁令，坏事就坏在禁令虽设而不起作用。因此众多的邪恶蔓延，臣下轻慢君王。赏赐，重要之处在于符合功劳，但不必重；惩罚，可贵之处在于罪有应当，但不必严酷。在家里，鞭打责罚如果不用了，奴仆就懈怠懒惰；在国家，法律制裁如果停止了，众多下民就会不敬爱主上。爱，需要尊敬才能不衰败，所以要制定礼，以便让人们崇尚它；德，必得威权方会长远确立，所以要制定刑，以便让人们恭敬它。鲁班、工倕不扔开圆规方矩，所以制作的东西都不离方圆；贤明的君主不放弃法度，所以狡诈的人不能任意虚巧。

【原文】

'唐、虞其仁如天，而不原四罪①；姬公友于兄弟②，而不赦二叔③。仲尼之诛正卯④，汉武之杀外甥⑤，垂泪惜法，盖不获已也。故诛一以振万，损少以成多。方之梳发，则所利者众；比于割痈，则所全者大。是以灸刺惨痛，而不可止者，以痊病也；刑法凶丑，而不可罢者，以救弊也。六军如林⑥，未必皆勇，排锋陷火，人情所惮。然恬颜以劝之，则投命者尠；断斩以威之，则莫不奋击。故役欢笑者，不及叱咤之速；用诱悦者，未若刑戮之齐。

【注释】

①语出《大戴礼记·五帝德》："宰我曰：'请问帝尧。'孔子曰：'高辛之子也，曰放勋。其仁如天，其知如神。'"四罪：四罪人，即共工、驩兜、三苗、鲧。见《嘉遁》篇"有虞举则四凶戮"句注。

②姬公：周公旦。友于兄弟：出《论语·为政》所引《尚书》："孝乎惟孝，友于兄弟，施于有政，是亦为政。"

③二叔：指周武王弟管叔、蔡叔。《书·金縢》："武王既丧，管叔及其群弟乃流言于国，曰：'公将不利于孺子。'"《史记·周本纪》："成王少，周初定天下，周公恐诸侯畔周，公乃摄行政当国。管叔、蔡叔群弟疑周公，与武庚作乱，畔周。周公奉成王命，伐诛武庚、管叔，放蔡叔。"按武庚为商纣之子，纣灭后为武王所封。《邓析子》《吕氏春秋》等记周公诛杀管、蔡二人，《左传》所记与《史记》一致，当为《史记》所本。至于周公、管、蔡之长幼，诸书所言各异。

④见《嘉遁》篇"宣尼任则少卯枭"句注。

⑤事见《汉书·东方朔传》:"隆虑公主子昭平君尚帝(武帝)女夷安公主,隆虑主病困,以金千斤钱千万为昭平君豫赎死罪,上许之。隆虑主卒,昭平君日骄,醉杀主傅,狱系内官。以公主子,廷尉上请请论。左右人人为言:'前又入赎,陛下许之。'上曰:'吾弟老有是一子,死以属我。'于是为之垂涕叹息,良久曰:'法令者,先帝所造也,用弟故而诬先帝之法,吾何面目入高庙乎!又下负万民。'乃可其奏,哀不能自止,左右尽悲。"隆虑(lú)公主为汉武帝妹,"尚"谓娶,"请论"谓请论其罪。

⑥六军:本指天子所统领的军队。《周礼·夏官·序官》:"凡制军,万有二千五百人为军。王六军,大国三军,次国二军,小国一军。"后用以统称国家军队。《三国志·魏志·辛毗传》:"且四方之寇,莫大于河北;河北平,则六军盛而天下震。"

【译文】

'唐尧、虞舜的仁义像天一样广阔,但并不原谅共工等四个罪人;周公与兄弟友善,但并不赦免管叔和蔡叔。孔仲尼杀少正卯,汉武帝杀外甥,都是流着眼泪但又顾惜法律,不得已而为啊。所以杀一个人但挽救一万人,损害了少数人但成全了多数人。用篦头发来打比方,掉几根头发,但对多数头发有利;用割痛疽来作比喻,去掉了毒疮,所保全的是整个身体。因此,艾灸针刺虽然疼得很厉害,但也不能抛开不用,为的是治好疾病;施刑执法虽然凶狠难看,但也不能作罢,为的是解除弊端。六军的兵将像树林一样,未必都勇敢,排开利刃冲入火海,害怕是人之常情。但以平静的表情去鼓励人们,舍命的人很少;用斩杀的办法来威吓,就没有人不奋力进击。因此用让人高高兴兴的办法,不如大声呵斥迅速;用让人愉快的诱导的办法,不如刑罚杀戮来得整齐划一。

【原文】

'是以安于感深谷而严其法①,卫子疾弃灰而峻其辟②。夫以其所畏禁其所翫③,峻而不犯,全民之术也。明治病之术者,杜未生之疾;达治乱之要者,遏将来之患。若乃以轻刑禁重罪,以薄法卫厚利,陈之滋章,而犯者弥多④,有似穿窬以当路,非仁人之用怀也⑤。

【注释】

①安于:董安于,春秋晋臣。《韩非子·内储说上》:"董阏于为赵上地守,行石邑山中,见深涧峭如墙,深百仞。因问其旁乡左右曰:'人尝有入此者乎?'对曰:'无有。'曰:'婴儿、盲聋、狂悖之人,尝有入此者乎?'对曰:'无有。'牛马犬彘尝有入此者乎?'对曰:'无有。'董阏于喟然太息曰:'吾能治矣。使吾法之无赦,犹入涧之必死也,则人莫之敢犯也,何为不治?'"按"阏(yān)"与"安"古音近得通。

②卫子:指商鞅,本为卫人,故此处称为卫子。后仕于秦而封于商地,方称商鞅。弃灰:把灰烬弃于路。据《韩非子·内储说上》,商代即治弃灰者以刑。《盐铁论·刑德》:"商君刑弃灰于道,而秦民治。"《汉书·五行志中之下》:"秦连相坐之法,弃灰于道者黥。"

③翫（wán）：玩忽；轻视。
④滋章：越发明确。出《老子》五十七章："法令滋章，盗贼多有。"
⑤说本《大戴礼记·盛得》："故曰刑罚之所从生有源，不务塞其源，而务刑杀之，是为民设陷以贼之也。"

【译文】

'因此董安于受到深谷的启发而严厉其刑法，商鞅痛恨把灰烬丢弃于路而峻整其律条。用人们所畏惧的来禁止人们所轻忽的，严厉而使人不敢侵犯，是保全人民的办法。明了治病方法的人，要在生病之前预先杜绝；通达治理混乱要旨的人，要在祸患到来前就去阻遏。至于说以轻的刑罚禁绝重罪，以薄的法律卫护厚利，那么就会越是陈述得清楚，违犯者也越多，就像在道路上凿陷阱等于害人一样，不是仁德的人应有想法。

【原文】

'善为政者，必先端此以率彼，治亲以整疏，不曲法以行意①，必有罪而无赦。若石碏之割爱以威亲②，晋文之忍情以斩颉③。故仁者为政之脂粉，刑者御世之辔策；脂粉非体中之至急，而辔策须臾不可无也。肃恭少怠，则慢惰已至；威严暂弛，则群邪生心。当怒不怒，奸臣为虎；当杀不杀，大贼乃发。水久坏河，山起咫尺。寻木千丈，始于毫末；钻燧之火④，勺水可灭；鹄卵未孚，指掌可縻⑤。及其乘冲飙而燎巨野，奋六羽以凌朝霞⑥，则虽智勇，不能制也。

【注释】

①曲法：犹言枉法。《史记·酷吏列传》："所爱者，挠法活之；所憎者，曲法诛灭之。"行意：按自己意志行事。《国语·越语下》："王曰：'……子听吾言，与子分国。不听吾言，身死，妻子为戮。'范蠡对曰：'臣闻命矣。君行制，臣行意。'"

②威（miè）：灭（灭）的古字。石碏（què）：春秋卫国大夫。其子石厚与公子州吁交厚。"（鲁隐公）四年春，卫州吁弑桓公而立。……州吁未能和其民，厚问定君于石子（碏）。石子曰：'王觐为可。'曰：'何以得觐？'曰：'陈桓公方有宠于王。陈、卫方睦，若朝陈使请，必可得也。'厚从州吁如陈。石碏使告于陈曰：'卫国褊小，老夫耄矣，无能为也。此二人者，实弑寡君，敢即图之。'陈人执之，而请莅于卫。九月，卫人使右宰丑莅杀州吁于卫。石碏使其宰獳羊肩莅杀石厚于陈。"（《左传·隐公四年》）

③当初晋文公作为公子重耳在外流亡至曹，曹君对他极无礼，而曹国大夫僖负羁曾将璧藏于饭中馈之。后晋文公以兵围曹，"数之以其不用僖负羁，而乘轩者三百人也。且'献状'。令无入僖负羁之宫，而免其族，报施也。魏犫、颠颉怒曰：'劳之不图，报于何有？'爇僖负羁氏。魏犫伤于胸。公欲杀之而爱其材，使问，且视之，病将杀之。魏犫束胸见使者曰：'以君之灵，不有宁也！'距跃三百，曲踊三百。乃舍之。杀颠颉以徇于师。"爇（ruò），焚烧。距跃谓前跃，曲踊谓纵跃，三百即三趈（mò），跳三下。

④钻燧（suì）：钻燧取火。古以木钻（棒状）、木燧（盘状而凿洞）靠绳牵引旋转以

取火。所用木料随季节而异。详见《论语·阳货》刘宝楠正义之引述。

⑤孚（fū）：鸟类等伏卵育雏。后作"孵"。《淮南子·人间训》："夫鸿鹄之未孚于卵也，一指篾之，则靡而无形矣；及至其筋骨之已就，而羽翮之既成也，则奋翼挥䎒，凌乎浮云，背负青天，膺摩赤霄，翱翔乎忽荒之上，析惕乎虹蜺之间，虽有劲弩、利矰、微缴、蒲且子之巧，亦弗能加也。"按䎒（huì）谓羽翼，析惕犹徜徉，蒲且（jū）子为古之善射者。䃺：通摩。碎烂。

⑥六羽：杨明照曰："'羽'盖'翮'之残误。古籍中无言六羽者。本书《嘉遁》《君道》《贵贤》《广譬》五篇，并有'六翮'之文，此固不应独作'六羽'也。《意林》四引正作'六翮'，不误。当据改。"杨说是。唯"无言六羽者"则非也。古有六羽之舞，见《春秋·隐公五年》。

【译文】

'善于从事政事的人，必须先端正自己以作为大家的表率；治理亲近的人，以便整顿疏远的人，不枉曲法律依己意行事，有了罪过必须惩罚。就像石碏大义灭亲让人杀死自己的儿子，晋文公隐忍自己的感情斩了颠颉。所以仁德只是从事政事的脂粉，刑法才是驾驭社会的缰绳和马鞭；脂粉不是身体急需的东西，但缰绳和马鞭是驾马一刻也离不开的。严肃恭谨稍有懈怠，轻慢懒惰就会到来；权力和尊严略一松弛，众多邪念就会萌生于人心。应当发怒而不发怒，奸邪的臣子就会变成老虎；应当杀头而不杀头，大的强盗就会出现。水冲得久了河床将会损坏，高山也是一尺尺累积起来的。从一丈来高到千丈大树，也是一丝一毫地生长；刚刚钻木点燃的火，一勺水就能浇灭；天鹅的蛋还没孵出时，一只手就可以碾碎。等到小火乘飓风而成燎原之势，天鹅抬起翅膀飞到朝霞之上，即使有智有勇也不能控制了。

【原文】

'故明君治难于其易，去恶于其微①，不伐善以长乱②，不操柯而犹豫焉③。然则刑之为物，国之神器④，君所自执，不可假人，犹长剑不可倒捉，巨鱼不可脱渊也。乃崇替之所由⑤，安危之源本也。田常之夺齐⑥，六卿之分晋⑦，赵高之弑秦⑧，王莽之篡汉⑨，履霜逮冰，由来渐矣⑩。或永叹于海滨⑪，或恧心乎望夷⑫，祸延宗祧⑬，作戒将来者，由乎慕虚名于往古，忘实祸于当己也。'

【注释】

①句本《老子》六十三章："图难于其易，为大于其细。"

②伐善：自夸优点。出《论语·公冶长》："颜渊曰：'愿无伐善。'"何晏集解引孔安国曰："不自称己之善。"

③操柯：谓执法。见《良规》篇"严操斧柯"句注。

④神器：见《君道》篇"神物假而不还"句，《良规》篇"见废之主，神器去矣"句注。

⑤崇替：兴废；盛衰。

⑥见《君道》篇"田成盗全齐于帷幄"句注。

⑦《史记·晋世家》:"昭公六年卒。六卿强,公室卑。"司马贞索隐:"韩、赵、魏、范、中行及智氏为六卿。"又"(顷公)十二年,……六卿欲弱公室,乃遂以法尽灭其族,而分其邑为十县,各令其子为大夫。晋益弱,六卿皆大"。

⑧事见《史记·秦始皇本纪》:"沛公(刘邦)将数万人已屠武关,使人私于(赵)高。高恐二世怒,诛及其身,乃谢病不朝见。……使使责让高以盗贼事。高惧,乃阴与其婿咸阳令阎乐、其弟赵成谋曰:'上不听谏,今事急,欲归祸于吾宗。吾欲易置上,更立公子婴。……'……遣乐将吏卒千余人至望夷宫殿门,缚卫令仆射……遂斩卫令,……前即二世数曰:'足下骄恣,诛杀无道,天下共畔足下,足下其自为计。'……二世自杀。"

⑨见《逸民》篇"王莽与二龚共世"句、《良规》篇"致令王莽之徒生其奸变"句注。

⑩履霜逮冰:本于《易·坤》:"初六,履霜,坚冰至。"《文言》:"臣弑其君,子弑其父,非一朝一夕之故,其所由来者渐矣。"

⑪《史记·田完世家》:"(康公)贷立十四年,淫于酒、妇人,不听政。太公(田和)乃迁康公于海上,食一城,以奉其先祀。……康公之十九年,田和立为齐侯,列于周室。"参《君道》篇"田成盗全齐于帷幄"句注。田常即陈成子,本名田恒,司马迁避汉文帝讳改称田常。

⑫杨明照曰:"'咐'乃平津本写刻之误,当依各本改作'拊'"。是。拊(fǔ):拍击。《左传·襄公二十五年》:"公拊楹而歌。"杜预注:"拊,拍也。"

⑬祧(tiāo):远祖的庙。

【译文】

'因此明智的君主治理难事是在它还容易的时候,去除邪恶在它还微小的时候,不夸耀自己的优点以助长悖乱,不在执法中犹豫不决。这样说来,刑法这东西,是代表政权的神圣之物,应是国君自己掌握,不能托付别人,就像宝剑不能倒着拿,大鱼不能离开深潭一样。这是兴废盛衰产生的原因,安定危险的根本来源。田常的后人最终夺取了齐国,六卿瓜分了晋国大权,赵高杀死了秦二世,王莽篡夺了汉朝,都像是从踏霜以至于坚冰到来,是逐渐形成的。有人在海滨长叹不已,有人在望夷宫捶胸顿足,祸患延及祖庙,成为后代的鉴戒,起源就在羡慕古代的虚浮名誉,忘掉了面前的实际祸患。'

【原文】

或人曰:'刑辟之兴,盖存叔世①。立人之道,唯仁与义。我清静而民自正,我无欲而民自朴②,烹鲜之戒③,不欲其烦。宽以爱人则得众,悦以使人则下附④。故孟子以体仁为安⑤,扬子云谓申、韩为屠宰⑥。夫繁策急辔,非造父之御⑦;严刑峻罚,非三、五之道⑧。故有虞手不指挥,口不烦言,恭己南面,而治化雍熙矣⑨。宓生政以率俗,弹琴咏诗,身不下堂,而渔者宵肃矣⑩。

【注释】

①语本《左传·昭公六年》:"夏有乱政,而作《禹刑》;商有乱政,而作《汤刑》;周有乱政,而作《九刑》。三辟之兴,皆叔世也。"孔颖达疏引服虔曰:"政衰为叔世。"

②语出《老子》五十七章:"故圣人云:'我无为而民自化,我好静而民自正,我无事而民自富,我无欲而民自朴。'"

③烹鲜:治国。参《逸民》篇"而吕尚无烹鲜之术"句注。

④语本《论语·尧曰》:"宽则得众。"

⑤《孟子·离娄上》:"仁,人之安宅也。"

⑥扬子云:汉代扬雄,字子云。曾著《法言》《太玄》《方言》。申、韩:申不害、韩非。皆为法家代表人物。《史记·老子韩非列传》:"申不害者,京人也,故郑之贱臣。学术以干韩昭侯,昭侯用为相。内修政教,外应诸侯十五年。终申子之身,国治兵强,无侵韩者。申子之学本于黄、老而主刑名。著书二篇,名曰《申子》。……韩非者,韩之诸公子也。喜刑名法术之学,而其归本于黄老。"扬雄《法言·问道》:"申、韩之术,不仁之至矣!若何牛羊之用人也?"

⑦造父:见《君道》篇"马不调,造父不能超千里之迹"句注。

⑧三、五:三皇五帝。见《君道》篇"三、五之轨躅"句注。

⑨说本《淮南子·原道训》:"昔舜耕于历山,期年,而田者争处墝埆,以封壤肥饶相让;钓于河滨,期年,而渔者争处湍濑,以曲隈深潭相予。当此之时,口不设言,手不指麾,执玄德于心,而化驰若神。"按墝(qiāo)埆(què)谓瘠薄的土地;湍濑(lài)谓水浅流急处。恭己:恭谨律己。参见《嘉遁》篇"重华所以恭己"句注。雍熙:和乐升平。参《君道》篇"而雍熙之化隆"句注。

⑩《韩诗外传·卷二》:"(宓)子贱治单父,弹鸣琴,身不下堂,而单父治。巫马期以星出,以星入,日夜不处,以身亲之,而单父亦治。巫马期问于子贱。子贱曰:'我任人,子任力。任人者佚,任力者劳。'人谓子贱则君子矣。佚四肢,全耳目,平心气,而百官理,任其数而已。巫马期则不然。弊性事情,劳力教诏,虽治犹未至也。"《吕氏春秋·具备》:"宓子贱治亶父,……三年,巫马旗短褐衣弊裘,而往观化于亶父。见夜渔者,得则舍之。巫马旗问焉,曰:'渔为得也,今子得而舍之,何也?'对曰:'宓子不欲人之取小鱼也。所舍者,小鱼也。'"

【译文】

有人说:'刑法的兴起,大约存在于衰乱之世。立身做人的途径,只有仁和义。君主自己清静无为,百姓自然就行正道;君主自己没有贪欲,百姓自然就质朴,治理国家所戒惧的,就是不要烦琐。对人宽缓仁爱就会得到多数人的拥护,以愉悦的态度用人,下边的人就会亲附。因此孟子以体恤仁慈为安泰,扬雄称申不害和韩非是刽子手。频繁的鞭打和过紧的缰绳,不是造父驾车的方法;严厉的刑罚,不是三皇五帝之道。因此虞舜手不指挥,口不多说,恭谨律己面南为君,而统治教化和乐升平。宓不齐行政事以身作则,弹着琴唱着诗,身不离开堂屋,而打鱼的人夜间一样恭敬守法。

【原文】

'必能厚惠薄敛，救乏擢滞，举贤任才，劝穑省用①，招携以礼，怀远以德②，陶之以成均③，治之以庠序④。化上而兴善者，必若靡草之逐惊风⑤；洗心而革面者⑥，必若清波之涤轻尘。朝有德让之群后，野无犯礼之轨躅⑦。圜土可以虚芜⑧，楚革可以永格⑨，何必赏罚可以为国乎⑩？'

【注释】

①劝穑：即劝稼。鼓励农耕。稼穑，析言之稼谓种植，穑谓收获；浑言则皆言农耕。

②招携、怀远：见《君道》篇"悦近以怀远，修文以招携"二句注。

③成均：古代大学。《礼记·文王世子》："三而一有焉，乃进其等，以其序，谓之郊人，远之，于成均，以及取爵于上尊也。"郑玄注："董仲舒曰：五帝名大学曰成均。"

④治：此与上句"陶"为对文，当依杨明照说作"冶"。庠序：见《勖学》篇"兴辟雍之（立）庠序"句注。

⑤化上：谓下化于上，即民受君之教化。靡：倒下。《左传·庄公十年》："吾视其辙乱，望其旗靡。"句本《论语·颜渊》："君子之德，风；小人之德，草。草上之风，必偃。"

⑥洗心、革面：皆出《易》。《系辞上》："圣人以此洗心。"又《革》："君子豹变，小人革面。"后即以"洗心革面"喻彻底悔改。

⑦轨躅（zhuó）：参见《嘉遁》篇"绝轨躅于金、张之间"句注。本指车迹，此指人的行为。

⑧圜（yuán）土：牢狱。《周礼·地官·比长》："若无授无节，则唯圜土内之。"郑玄注："圜土者，狱城也。"

⑨楚：刑杖。《礼记·学记》："入学鼓箧，孙其业也。夏楚二物，收其威也。"按夏谓以榎（jiǎ）木所制，楚谓牡荆所制，皆刑杖。革：当谓鞭。与楚皆以材质命名。格：停止；搁置。《史记·梁孝王世家》："窦太后心欲以孝王为后嗣。大臣及袁盎等有所关说于景帝，窦太后义格。"

⑩杨明照曰："此句语意欠明，'可'上似脱一字。"杨说是。所脱或是"乃"字。

【译文】

'必须能够厚施恩惠薄收赋税，救助受困乏被阻滞的人们，提拔任用贤德的人才，鼓励农耕节约用度，用礼来招引未归附的人，用德行来安抚边远的人，用太学陶冶人才，用庠序培养贤士。以君德化民并兴扬良善，必然像弱草随强风而倒；去除杂念并彻底改悔，一定如清水洗涤尘土。朝廷上有以德谦让的诸侯，民间没有违背礼仪的行为。监狱可以空虚荒芜，刑杖甲胄可以永远搁置不用。为什么一定要用赏罚才能治理国家呢？'

【原文】

抱朴子答曰：'《易》称"明罚敕法"①，《书》有"哀矜折狱"②。爵人于朝，刑人于市③，有自来矣，岂从叔世④？多仁则法不立，威寡则下侵上⑤。夫法不立，则庶事沮矣；下侵上，则逆节明矣⑥。至醇既浇于三代，大朴又散于秦、汉⑦。道衰于畴昔，俗薄乎当今。而欲结绳以整奸欺⑧，不言以化狡猾⑨；委辔策而乘奔马于险涂，舍柁橹而泛虚舟以凌波；盘旋以逐走盗⑩，揖让以救灾火⑪；斩晁错以却七国⑫，舞干戈以平赤眉⑬，未见其可也。

【注释】

① 明罚敕法：见《君道》篇"则明罚敕法"句注。

② 哀矜折狱：见《君道》篇"哀敬折狱"句注。《尚书大传》卷二引作"哀矜折狱"。

③ 语出《礼记·王制》："爵人于朝，与士共之；刑人于市，与众弃之。"孔颖达正义："此云爵人于朝，谓殷法也。……刑人于市，与众弃之者，亦谓殷法，谓贵贱皆刑于市。周则有爵者刑于甸师氏也。"按甸师乃官名，职掌中包括执行王之同姓者死刑。

④ 杨明照引徐济忠，并慎本、旧写本、崇文本，以为"从（從）"乃"徒"字之误。

⑤ 杨明照曰："'多仁'当作'仁多'，与下句之'威寡'相俪。"是。句出《韩非子·内储说上》："爱多则法不立，威寡则下侵上。"

⑥ 杨明照引陈澧，并证以藏本等十种版本，以为"明"当作"萌"。是。《管子·势》："逆节萌生，天地未形，先为之政，其事乃不成。"尹知章注："言将为篡杀凶逆之节。"

⑦ 二句本《庄子·缮性》："德又下衰，及唐、虞，始为天下，兴治化之流，澆淳散朴。"陆德明释文："澆本亦作浇。"澆、浇为异体字，醇、淳相通。

⑧ 结绳：传说有文以前的记事方法。《易·系辞下》："上古结绳而治，后世圣人易之以书契。"孔颖达疏引郑玄曰："事大大结其绳，事小小结其绳，义或然也。"

⑨ 不言：不靠言语，仅以德感化人民。出《老子》二章："是以圣人处无为之事，行不言之教。"

⑩ 盘旋：指在仪式礼节中按既定程式回旋进退。《淮南子·氾论训》："夫弦歌鼓舞以为乐，盘旋揖让以修札。"

⑪ 揖让：宾主相见的仪节。《左传·昭公二十五年》："子大叔见赵简子，简子问揖让、周旋之礼焉。对曰：'是仪也，非礼也。'"

⑫ 斩晁错：见《君道》篇"孝景之诛错"句及《时难》篇"进安上之计者，旋受危身之祸"二句注。

⑬ 干戈：杨明照引《韩非子》《淮南子》等多书，证此"干戈"当为"干戚"，甚是。干戚为古代武舞所执之舞具。《礼记·乐记》："比音而乐之，及干、戚、羽、旄，谓之乐。"孔颖达疏："干，盾也；戚，斧也。武舞所执之具。"故干戚可舞，而干戈只用于击杀。赤眉：西汉末以琅邪人樊崇等为首的农民起义军。因以红色涂眉以为标志，故称。

【译文】

抱朴子回答说：'《周易》上说"要严肃刑罚整饬法度"，《尚书》上有"用哀怜同情的心情判决诉讼"的话。说明在朝廷上授人爵位，在街市上实施刑罚，是由来已久的，怎么会只是在衰败之世呢？仁义过多法律就立不住，权威太少下边就会冒犯上级。法律立不住，众多事务就会被扰乱；下边冒犯上级，背逆礼节的事就发生了。极其淳厚的风气在夏商周三代就已经浮薄，非常朴实的品质在秦汉也已经消失了。大道在过去已经衰落，风俗在现在已经浇薄。而想要用结绳记事来整治奸诈，不依靠言语来改变狡猾；抛开缰绳鞭子而在险路上驾乘奔马，不用船舵船橹而在大波大浪上漂浮空船；用仪节的程式来赶走盗贼，用宾主之礼来救灾灭火；用斩杀晁错来让反叛的七国退兵，用执盾牌大斧跳舞来平定赤眉军，没看出它会行得通。

【原文】

'盖三皇步而五常骤，霸、王以来，载驰载骛①。当其弊也，吏欺民巧，寇盗公行②，髡钳不足以惩无耻③，族诛不能以禁觊觎④。重目以广视，累耳以远听，抗烛以理滞事⑤，焦心以息奸源，而犹市朝有呼嗟之音⑥，边鄙有不闻之柱。

【注释】

①杨明照以藏本等十种版本校"常"为"帝"。是。《后汉书·曹褒传》："且三五步骤，优劣殊轨。"李贤注引《孝经钩命决》："三皇步，五帝骤，三王驰，五霸骛。"班固《白虎通德论·号》"骤"作"趋"。清陈立《白虎通疏证》："盖谓世愈降，德愈卑，政愈促也。"

②公行：公然行动。《左传·襄公三十一年》："盗贼公行，而天厉不戒。"

③髡（kūn）钳：古代刑罚。剃去头发并用铁圈束颈。《史记·季布栾布列传》："乃髡钳季布，衣褐衣，置广柳车中。"

④族诛：一人犯罪，整个家族皆予诛杀。觊觎：见《逸民》篇"杜婉妾之觊觎"句注。

⑤抗（kàng）烛：抗谓举也。《仪礼·既夕礼》："甸人抗重自出自道。"郑玄注："抗，举也。"语本《韩非子·外储说左上》："郢人有遗燕相国书者，夜书，火不明，因谓持烛者曰：'举烛。'而误书'举烛'，举烛非书意也，燕相国受书而说之。曰：'举烛者，尚明也；尚明也者，举贤而任之。'燕相白王，王大悦，国以治。"按东汉之前"烛"仅指火炬、火把，尚未有蜡烛。

⑥呼嗟：哀叹。《楚辞·卜居》："吁嗟嘿嘿兮，谁知吾之廉贞。"汉王符《潜夫论·救边》："一人吁嗟，王道为亏。"《汉书·王莽传下》："宣呼嗟告天以求救。"吁、呼二字上古音近，皆为晓母鱼部。

【译文】

'大致说来，三皇时为政如缓行，五帝时如疾走，夏禹、商汤、周王以至春秋五霸以来，则像是飞快地奔跑了。它的弊病方面是，官吏欺诈，百姓巧伪，抢劫盗窃公然而行，剃头束颈的刑罚不足以惩戒无耻的行为，灭族杀头不能够禁止非分的企图。借助众人的眼睛来看到更多的东西，借助众人的耳朵听到远处的声音，举着火把来处理积存的事情，忧心如焚地平息奸邪的根源，但仍然是街市上有呼号叹息的声音，边远偏僻的地方有没听说过的冤屈。

【原文】

'作威作福者①，或发乎瞻视之下；凶家害国者，或构乎萧墙之内②。而欲以太昊之道③，治偷薄之俗④；以画一之歌⑤，救鼎涌之乱，非识因革之随时，明损益之变通也。所谓刻舟以摸遗剑⑥，参天而射五步⑦；摜犀兕之甲以涉不测之渊⑧，袗却寒之袭以御郁隆之暑⑨；踵之解结，颐之搔背，其为愦愦⑩，莫此之剧矣。

【注释】

①作威作福：独揽威权，专横独断。参《君道》篇"独任则悟鹿马之作威"句注。

②萧墙：门内短墙，类后世之照壁。故萧墙之内言家中或内部。出《论语·季氏》："吾恐季孙之忧，不在颛臾，而在萧墙之内也。"《释名·释宫室》："萧廧在门内。萧，肃也。将入于此，自肃敬之处也。"廧、墙异体字。按季孙氏乃鲁之握有重权的家族，颛（zhuān）臾为鲁之属国。

③太昊（hào）：即伏羲氏。《汉书·古今人表》："太昊帝宓羲氏。"宓、伏古音同得通。参本篇上文"远羡羲、农之风，则乱不可振"二句注。

④偷薄：刻薄，不厚道。

⑤画一之歌：汉代颂扬萧何、曹参德政的歌谣。《汉书·循吏传序》："汉兴之初，反秦之敝，与民休息，凡事简易，禁罔疏阔，而相国萧、曹以宽厚清静为天下帅，民作'画一之歌'"。颜师古注："谓歌曰：'萧何为法，讲若画一，曹参代之，守而勿失。'""讲"谓始终一贯。

⑥本《吕氏春秋·察今》："楚人有涉江者，其剑自舟中坠于水，遽契其舟，曰：'是吾剑之所从坠。'舟止，从其所契者入水求之。舟已行矣，而剑不行。求剑若此，不亦惑乎！以此故法为其国，与此同。"

⑦本《淮南子·说山训》："越人学远射，参天而发，适在五步之内，不易仪也。世之变矣，而守其故，譬犹越人之射也。"高诱注："射远反直仰向天而发，矢势尽而还，故近在五步之内。参，犹望也；仪，射法。"

⑧摜（guàn）：披戴。兕（sì）：雌犀牛。

⑨袗（zhěn）：本指单衣。此为动词，当单衣穿。郁隆：隆盛的暑气。郭璞《山海经图赞·南山·育队谷》："淡雰是扇，以散郁隆。"雰（fēn），谓雾气。

⑩愦（kuì）愦：昏庸；糊涂。班固《咏史》："百男何愦愦，不如一缇萦。"缇（tí）萦为汉淳于意之女，为赎父罪自愿没身为婢。

【译文】

'擅权专横的人，有的就出现在眼皮底下；给家庭和国家带来灾祸的人，或许就在照壁里边起事。而想用伏羲的办法来治理刻薄的风俗，用颂扬萧何曹参的歌谣拯救鼎沸一样的混乱，这并非懂得随时代沿袭和变革，明白减损和增益的变通的道理。这就是所说的刻船来寻找掉下水的宝剑，望高空射箭所以只能射出五步之遥；披上犀甲去渡极深的水潭，穿上却寒的裘衣抵御隆盛的暑气；用脚跟去解绳扣，用腮帮去搔脊背，昏乱没有比这再厉害的了。

【原文】

'但当先令而后诛，得情而勿喜①，使伯氏无怨于失邑②，虞、芮知耻而无讼耳③。若强暴掩容，操绳而不惮④；诱于含垢⑤，草蔓而不除⑥，恃藏疾之大言⑦，忘膏肓之近急⑧，何异焦喉之渴切身，而遥指沧海于万里之外；滔天之水已及，而方造舟于长洲之林⑨？安得免夸父之祸⑩，脱沦水之害哉！

【注释】

①得情：获取犯罪者的真情。出《论语·子张》："孟氏使阳肤为士师，问于曾子。曾子曰：'上失其道，民散久矣。如得其情，则哀矜而勿喜。'"按阳肤为曾子弟子，士师乃典狱官。

②见《君道》篇"其夺之也有百氏之捔"句注。

③虞、芮：二国名。《诗·大雅·緜》："虞、芮质厥成，文王蹶厥生。"毛传："虞、芮之君相与争田，久而不平。乃相谓曰：'西伯，仁人也，盍往质焉？'乃相与朝周。入其境，则耕者让畔，行者让路；入其邑，男女异路，斑白不提挈；入其朝，士让为大夫，大夫让为卿。二国之君感而相谓曰：'我等小人，不可以履君子之庭。'乃相让以其所争为闲田而退。"

④杨明照谓"惮"乃"弹"之形误。译文从之。

⑤含垢：容忍污垢。出《左传·宣公十五年》："谚曰：'高下在心。'川泽纳污，山薮藏疾，瑾瑜匿瑕，国君含垢，天之道也。"含垢言国君宜以长远为重，勿以小不忍而危社稷。

⑥草蔓而不除：本《左传·隐公元年》："无使滋蔓，蔓难图也。蔓草犹不可除，况君之宠弟乎！"

⑦藏疾：见上文"诱于含垢"句注。

⑧膏肓：见《贵贤》篇"二竖之疾既据而募良医"句注。

⑨长洲：传说中海中十洲之一。《十洲记》谓长洲"一洲之上，专是林木"。

⑩出《山海经·海外北经》："夸父与日逐走，入日；渴，欲得饮，饮于河、渭。河、渭不足，北饮大泽。未至，道渴而死。"

【译文】

'只是还应当先出法令而后诛杀，审得了罪情也不要高兴，让人们像伯氏被剥夺了城邑一样没有怨言，像虞国和芮国的人一样懂得羞耻而不再争讼。如果强暴者遮掩真面目，但不能绳之以法；被人君应容忍污垢之说所迷惑，不去除像滋生蔓延的野草一样的邪恶，仗恃应当隐忍耻辱的大话，忘记了病入膏肓的切近紧急，这和已经口干舌燥，却远远指着万里之外的大海；滔天的洪水已经到来，才到长洲的树林中去造船有什么区别呢？怎能免得了夸父渴死的祸患，逃脱沉入水中的灾难呢！

卷第十四　用刑

【原文】

'世人薄申、韩之实事①，嘉老、庄之诞谈。然而为政莫能错刑②，杀人者原其死，伤人者赦其罪，所谓土柈瓦载③，无救朝饥者也。道家之言，高则高矣，用之则弊，辽落迂阔，譬犹干将不可以缝线④，巨象不可使捕鼠，金舟不能凌阳侯之波⑤，玉马不任骋千里之迹也。

【注释】

①申、韩：见本篇上文"扬子云谓申、韩为屠宰"句注。

②错：通措。搁置。

③土柈（pán）瓦载（zì）："柈"即"盘"之异体。载：切成大块的肉。《礼记·曲礼上》："凡进食之礼，左殽右载。"郑玄注："殽，骨体也；载，切肉也；……殽在俎，载在豆。"陆德明释文："载，大脔（luán）。"

④杨明照曰："以《务正》篇'然剑戟不长于缝缉'，《备阙》篇'缝缉则长剑不及数寸之针'例之，则此'缝线'当作'缝缉'。"杨说是。干将：古剑名。传春秋时吴有干将、莫邪夫妇善铸剑，为吴王阖闾铸阴阳剑，阳曰"干将"，阴曰"莫邪"。见《吴越春秋·阖闾内传》。后以"干将"泛称利剑。

⑤阳侯：波涛之神。《楚辞·九章·哀郢》："凌阳侯之泛滥兮，忽翱翔之焉薄？"王逸注："阳侯，大波之神。"

【译文】

'世上的人鄙薄申不害、韩非的切实有用的学说，而嘉许老子、庄周荒诞不经的论调。但是真正用于政事不能措置刑罚，杀人的赦免了他的死刑，伤人的饶恕了他的罪过，这正是所说的，用泥盘子装上瓦片充当的肉块，不能解救没吃上早饭的饥饿者。道家的学说，高倒是高，真正使用起来就糟糕了，辽远空旷不切实际，就像名剑干将不能用来缝纫，大象不能让他捕鼠，铜铁的船不能在波涛上漂浮，玉雕的马也不能驰骋千里一样。

【原文】

'若行其言，则当燔桎梏，堕囹圄①，罢有司，灭刑书，铸干戈②，平城池，散府库，毁符节③，撤关梁④，掊衡量⑤，胶离朱之目，塞子野之耳⑥。泛然不系⑦，反乎天牧⑧；不训不营，相忘江湖⑨。朝廷阒尔若无人⑩，民则至死不往来⑪。可得而论，难得而行也。

【注释】

①堕（huī）：损毁。《春秋·定公十二年》："叔孙州仇帅师堕郈。"杜预注："堕，毁也。"

②铸：谓熔销。《说文·金部》："铸，销金也。"

③符节：古代符信的一种，以金、玉、竹等制，刻文字，一分为二，分持之，以两半相合为验。

④关梁：关口和桥梁。泛指水陆交通必经处。多用以征税。

⑤掊（pǒu）：击破；砸碎。《庄子·逍遥游》："吾为其无用而掊之。"陆德明释文引司马彪："击破也。"说本《庄子·胠箧》："掊斗折衡，而民不争。"郭象注："夫小平乃大不平之所用也。"

⑥离朱：古代明目者，传为黄帝时人。子野：春秋晋乐师师旷，字子野。语本《庄子·胠箧》："擢乱六律，铄绝竽瑟，塞瞽旷之耳，而天下始人含其聪矣；灭文章，散五采，胶离朱之目，而天下始人含其明矣。"

⑦语本《庄子·列御寇》："巧者劳而知者忧，无能者无所求，饱食而敖游，泛若不系之舟。"

⑧孙星衍曰："（牧）旧写本作'放'。""天放"出《庄子·马蹄》："一而不党，命曰天放。"成玄英疏："直置放任，则物皆自足，故名曰天放也。"陆德明释文曰："崔（譔）本（放）作'牧'，云：'养也。'"杨明照据此以为"放""牧"均通。然"天牧"出《书·吕刑》："非尔惟作天牧。"乃为天牧民者。译文取"放"。

⑨相忘江湖：出《庄子·大宗师》："泉涸，鱼相与处于陆，相呴以湿，相濡以沫，不如相忘于江湖。"郭象注："与其不足而相爱，岂若有余而相忘？"

⑩阒（qù）：空寂无人。

⑪出《老子》六十七章："甘其食，美其服，乐其俗，安其居。邻邦相望，鸡犬之声相闻，民至老死不相往来。"

【译文】

'如果实行他们的理论，那就应当烧掉镣铐，拆毁监狱，撤销官吏，销毁刑书，熔化武器，拆去城墙，填平护城河，散发库藏，毁掉符节，撤去水陆关卡，砸碎秤杆升斗，粘住离朱的眼睛，堵住师旷的耳朵。像没拴的船一样自由自在，返回到放任自然的时代；不接受训教无任何谋求，在江河湖海中自足而互相忘却。朝廷空寂像没人一样，百姓们则是至死不相交往。这种主张可以谈论，但难以实行。

【原文】

'俗儒徒闻周以仁兴，秦以严亡，而未觉周所以得之不纯仁，而秦所以失之不独严也。昔周用肉刑，刖足劓鼻①。盟津之令，后至者斩②，毕力赏罚，誓有孥戮③。考其所为，未尽仁也。及其叔世，网法翫文，人主苛虐，号令不出宇宙④，礼乐征伐，不复由己⑤。群下力竞，还为长蛇⑥。伐本塞源，毁冠裂冕⑦。或沉之于汉⑧，或流之于彘⑨。失柄之败，由于不严也。

【注释】

①见本篇上文"五刑之罪，至于三千"句注。

②盟津：即孟津，古黄河渡口。周武王伐纣时会诸侯于此。兴师之时，"师尚父（太公望）号曰：'总尔众庶，与尔舟楫，后至者斩。'"（《史记·周本纪》）

③孥（nú）戮：出《书·甘誓》："予则孥戮汝。"孔安国传："孥，子也。非但止汝身，辱及汝子。"颜师古《匡谬正俗》则曰："或以为奴，或加刑戮，无有所赦耳。此非

弩子之弩。"译文从孔传。

④宇宙：房檐和房梁。此指房屋。

⑤语本《论语·季氏》："孔子曰：'天下有道，则礼乐征伐自天子出；天下无道，则礼乐征伐自诸侯出。'"

⑥长蛇：喻指贪暴者。出《左传·定公四年》："申包胥如秦乞师，曰：'吴为封豕长蛇，以荐食上国。'"按荐言屡次。

⑦语出《左传·昭公九年》："王（周景王）使詹柏辞于晋，曰：'……我在伯父，犹衣服之有冠冕，木水之有本原，民人之有谋主也。伯父若裂冠毁冕，拔本塞原，专弃谋主，虽戎狄，其何有余一人？'"按"辞"言责备，"伯父"乃周天子称晋君，"余一人"乃天子自称。

⑧事见《左传·僖公四年》。齐桓公伐楚，楚成王使人问何故，"管仲对曰：'……（周）昭王南征而不复，寡人是问。'对曰：'……昭王之不复，君其问诸水滨。'"《史记·周本纪》张守节正义引《帝王世纪》云："昭王德衰，南征，济于汉，船人恶之，以胶船进王。王御船至中流，胶液船解，王及祭公俱没于水中而崩。"

⑨指周厉王事。西周厉王暴虐，为民流之于彘。详《国语·周语上》。按彘在今山西霍县。

【译文】

'平庸的儒生们只听说周代因仁德而兴起，秦朝因为严酷而灭亡，但没悟到周之所以得天下不单纯是仁德，而秦之所以失天下不仅仅是严酷。当初周是使用肉刑的，有砍脚有割鼻。孟津会师的命令规定，迟到的要斩首，尽力于赏赐惩罚，对将士的告诫中有诛及子孙。考查他们的所作所为，不全是仁慈。等到衰落之时，国法失效，律条被轻视，君主苛刻残暴，命令不出宫室，礼制、乐教和征伐的事不再由君主掌握。众多臣民靠实力相互竞争，又返还为长蛇一样的贪婪暴虐者。就像树砍伐了树根，河流堵塞了水源，也像毁掉了冠冕。有的沉入汉水，有的被流放到彘地。丢掉权柄的失败，就在于执法不严。

【原文】

'秦之初兴，官人得才。卫鞅、由余之徒，式法于内①；白起、王翦之伦，攻取于外②。兼弱攻昧③，取威定霸④，吞噬四邻，咀嚼群雄，拓地攘戎，龙变虎视⑤，实赖明赏必罚，以基帝业。降及杪季⑥，骄于得意，穷奢极泰。加之以威虐，筑城万里⑦，离宫千余，钟鼓女乐，不徙而具⑧。骊山之役⑨，太半之赋，闾左之戍⑩，坑儒之酷⑪，北击猃狁⑫，南征百越⑬，暴兵百万，动数十年。天下有生离之哀，家户怀怨旷之叹⑭。白骨成山，虚祭布野。徐福出而重号咷之仇⑮，赵高入而屯豺狼之党⑯。天下欲反，十室九空⑰。其所以亡，岂由严刑？此为秦以严得之，非以严失之也。

【注释】

①贾谊《新书·过秦》上："秦孝公据殽、函之固，拥雍州之地，君臣固守以窥周

室。有席卷天下，包举宇内，囊括四海之意，并吞八荒之心。当是时也，商君佐之，内立法度，务耕织，修守战之具，外连衡而斗诸侯，于是秦人拱手而取西河之外。"由余：见《钦士》篇"由余在我，而秦穆惟忧"二句注。

②白起：见《嘉遁》篇"白起所以秉义而刎颈也"句、《逸民》篇"不可以为不及于韩、白矣"句注。王翦：秦始皇将。于始皇十八年、十九年先后攻破赵、燕并定为郡。后又破楚并略定其城邑，并南征百越。司马迁称其"料敌合变，出奇无穷，声震天下"。"王翦为秦将，夷六国。当是时，翦为宿将，始皇师之。"见《史记·白起王翦列传》。

③兼弱攻昧：出《左传·宣公十二年》："兼弱攻昧，武之善经也。"

④取威定霸：出《左传·僖公二十七年》："先轸曰：'报施救患，取威定霸，于是乎在矣。'"

⑤龙变：比喻乘时兴起。《史记·魏豹彭越列传论》："得摄尺寸之柄，其云蒸龙变，欲有所会其度，以故幽囚而不辞云。"虎视：喻伺机攫取。出《易·颐》："虎视眈眈，其欲逐逐。"《后汉书·臧洪传》："今王室将危，贼臣虎视，此诚义士效命之秋也。"

⑥杪（miǎo）：本指树梢，引申为末端。

⑦筑城万里：《史记·蒙恬列传》："秦已并天下，乃使蒙恬将三十万众北逐戎、狄，收河南。筑长城，因地形，用制险塞，起临洮，至辽东，延袤万余里。"

⑧《史记·秦始皇本纪》："关中计宫三百，关外四百余。……乃令咸阳之旁二百里内宫观二百七十复道甬道相连，帷帐钟鼓美人充之，各案署不移徙。"

⑨骊（lí）山之役：指修筑秦始皇墓的工程。骊山，又作郦山，地在今陕西临潼东南。《史记·秦始皇本纪》："始皇初即位，穿治郦山。及并天下，天下徒送诣七十余万人，穿三泉，下铜而致椁，宫观百官奇器珍怪满之。令匠作机弩矢，有所穿近者辄射之。以水银为百川江河大海，机相灌输，上具天文，下具地理。以人鱼膏为烛，度不灭者久之。"

⑩《汉书·食货志上》："至于始皇，遂并天下，内兴功作，外攘夷狄，收泰半之赋，发闾左之戍。"颜师古注："泰半，三分取其二。""闾，里门也。言居在里门之左者，一切发之。"秦时贫贱者居闾里之左，后因借指平民。泰、太古通。《淮南子》述此即作"太半之赋"。

⑪坑儒：秦始皇三十五年，接受李斯的私学诽谤朝政，以古非今者应予族诛的建议，在咸阳活埋儒生四百六十余人。史称"坑儒"。见《史记·秦始皇本纪》《李斯列传》。

⑫猃（xiǎn）狁（yǔn）：也作玁狁。古代北方少数民族。《史记·匈奴列传》："匈奴，其先祖夏后氏之苗裔也，曰淳维。唐虞以上有山戎、猃狁、荤粥，居于北蛮，随畜牧而转移。"裴骃集解引晋灼云："尧时曰荤粥音（xūn，yù），周曰猃狁，秦曰匈奴。"自秦汉以下言之，猃狁乃匈奴古称。参本篇上文"筑城万里"句注。

⑬百越：古代南方越人的总称。分布在今浙、闽、粤、桂等地，因部族众多，故总称百越。《史记·李斯列传》："又北逐胡貉，南定百越，以见秦之强。"参本篇上文"白起、王翦之伦，攻取于外"二句注。

⑭怨旷：男女长期离别。《诗·邶风·雄雉序》："军旅数起，大夫久役，男女怨旷。"郑玄笺："国人久处军役之事，故男多旷女多怨也。男旷而苦其事，女怨而望其君子。"

⑮《史记·秦始皇本纪》:"(二十八年)齐人徐巿等上书,言海中有三神山,名曰蓬莱、方丈、瀛州,仙人居之。请得斋戒,与童男女求之。于是遣徐巿发童男女数千人,入海求仙人。"《汉书·伍被传》述此事曰:"徐福得平原大泽,止王不来。于是百姓悲痛愁思,欲为乱者十室而六。"巿(fú)、福二字上古音有别(同为帮母,而"巿"在月部、"福"在职部),秦汉以后音稍趋近。

⑯赵高:见《臣节》篇"专威若赵高"句注。

⑰九空:杨明照据《文选·任昉〈天监三年策秀才文〉》李善注所引,以为当作"而九"。甚是。

【译文】

'秦国最初兴起时,任命百官得到了一些有才能的人。卫鞅、由余等人,在国内执掌法度,白起、王翦等人,在国外攻城取地。兼并弱小的国家,攻打昏昧的诸侯;获取威势,奠定霸业,吞噬四邻的土地,咀嚼诸多的强国,开拓疆域驱逐戎族,像龙一样乘时而起,像虎一样雄视天下,实际都依靠奖赏分明惩罚得当,因而为皇帝大业奠定了基础。到了衰末之世,由于过分得意而骄横,奢侈安逸到极点。再加上刑罚暴虐,修建万里长城,千余所离宫,钟鼓乐器和歌舞的伎女,不用搬动就到处都有。骊山陵墓的浩大工程,三分之二比率的赋税,尽征同左平民去戍守,对儒生的残酷坑杀,向北攻打匈奴,向南征讨百越,一下子动用军队上百万人,每件事都是几十年。普天之下有生生离别的哀痛,家家户户怀着怨女旷男的叹息。白骨堆积成山,无尸遥设的空祭遍布旷野。徐福出海加重了令人号啕大哭的仇恨,赵高入朝积聚了豺狼般的党羽。天下人都要造反,十家中占了九家。秦之所以灭亡,怎么会是由于严厉的刑罚呢?这是秦以严厉的刑罚得天下,不是因为严刑失天下呀。

【原文】

'且刑由刃也①,巧人以自成,拙者以自伤。为治国有道,而助之以刑者,能令慝伪不作,凶邪改志。若纲绝网紊,得罪于天,用刑失理,其危必速。亦犹水火者所以活人,亦所以杀人,存乎能用之与不能用。

【注释】

①由:通犹。《墨子·兼爱下》:"为彼者由为己也。"毕沅校注:"由,与犹同。"

【译文】

'况且刑法就像刀子,灵巧的人可以用它成就自己,笨拙的人可以用它伤害自己。为使治理国家符合君道,而用刑法来辅助的人,能让邪恶虚伪的念头不起,凶暴奸邪的人改变想法。如果朝纲断绝法网紊乱,获罪于上天,使用刑罚不合道理,危险必然迅速到来。刑法又像水和火,可以用来养活人,也可以用来杀人。在于能使用它还是不能使用。

【原文】

'夫症瘕不除,而不修越人之术者①,难图老彭之寿也②;奸党实繁,而不严弹违之制者，未见其长世之福也③。但当简于、张之徒，任以法理世④；选赵、陈之属⑤，委以案劾。明主留神于上，忠良尽诚于下。见不善，则若鹰鹯之搏鸟雀⑥；睹乱萌，则若薙田之芟芜薉⑦。庆赏不谬加⑧，而诛戮不失罪，则太平之轨不足迪。令而不犯，可庶几废刑致治，未敢谓然也。'

【注释】

①症（zhēng）瘕（jiǎ）：腹中结块的病。痛有定处者为症，聚散无常者为瘕。越人：见《嘉遁》篇"则无以效越人之绝伎"句注。

②老彭：当指彭祖。《庄子·逍遥游》："而彭祖乃今以久特闻。"陆德明释文引李颐云："名铿，尧臣，封于彭城。历虞、夏至商，年七百岁，故以久寿见闻。"

③此句当与"难图老彭之寿也"句骈俪，故"其"字当为衍文。

④孙星衍曰："（'世'）疑衍。"杨明照引吉藩本以为当删。是。于、张：于定国、张释之。张释之于汉文帝时拜为廷尉。有人惊文帝舆马，又有人盗高庙坐前玉环。释之皆不顾文帝之怒，坚决依律条断案。见《史记·张释之冯唐列传》。于定国乃名臣于公之子。宣帝时超擢为廷尉，"其决疑平法，务在哀鳏寡，罪疑从轻，加审慎之心。朝廷称之曰：'张释之为廷尉，天下无冤民；于定国为廷尉，民自以不冤。'"（《汉书·于定国传》）。

⑤赵、陈：赵禹、陈咸。赵禹于汉武帝时以刀笔吏积功迁为御史大夫，与张汤论定律条。禹为人廉。为御史大夫，公卿相造请，不行报谢，务在绝请托。见《史记·酷吏列传》。陈咸，字子康，"有异材，抗直，数言事，刺讥近臣，书数十上，迁为左曹。……元帝擢咸为御史中丞，总领州郡奏事，课第诸刺史，内执法殿中，公卿以下皆敬惮之"。

⑥鹰鹯（zhān）：皆猛禽名。

⑦薙（tì）田之芟（shān）芜薉（huì）：薙谓除草。芟谓清除。芜薉，即荒芜；田地杂草丛生。

⑧庆赏：褒奖赏赐。《周礼·地官·族师》："刑罚庆赏，相及相共。"

【译文】

'腹中的瘀块没除掉，但不学习神医扁鹊的医术，难于谋求彭祖那样的长寿；邪恶的团伙很多，但不严格弹劾违法的制度，就看不到他会有绵延长久的福分。就是要简拔于定国、张释之之类的人，任用他们负责法律诉讼；选用赵禹、陈咸之类的人，任用他们主持监察弹劾。贤明的君主在上边经心，忠诚善良的臣子在下边尽忠。看见不好的事情，就像鹯鹰追捕鸟雀；看见作乱的萌芽，就像清除田间的杂草。赏赐不胡乱施与，惩罚杀戮不加于无罪，那么，太平盛世的轨范不够继承的。发出命令就无人违犯，就差不多可以废弃刑法并导致安定太平，我不敢说它是对的。'

【原文】

或曰：'然则刑罚果所以助教兴善，式遏轨忒也①。若夫古之肉刑，亦可复与？'

【注释】

①式遏：见《君道》篇"式遏觊觎"句注。轨忒（tè）："轨"通"宄"，内乱。《左

传·成公十七年》:"臣闻乱在外为奸,在内为轨。"忒:邪恶。

【译文】

有人说:'这样说来,刑罚果然可以协助教化兴举善事,阻止奸邪产生了。至于古代的肉刑,也可以恢复吗?'

【原文】

抱朴子曰:'曷为而不可哉!昔周用肉刑,积祀七百①。汉氏废之,年代不如②。至于改以鞭笞,大多死者,外有轻刑之名,内有杀人之实也③。及于犯罪上不足以至死,则其下唯有徒谪鞭杖,或遇赦令,则身无损;且髡其更生之发,挝其方愈之创④,殊不足以惩次死之罪。今除肉刑,则死罪之下无复中刑在其间,而次死罪不得不止于徒谪鞭杖,是轻重不得不适也⑤。又犯罪者希而时有耳,至于杀之则恨重,而鞭之则恨轻,犯此者为多。今不用肉刑,是次死之罪,常不见治也⑥。

【注释】

①祀:年。《尔雅·释天》:"夏曰岁,商曰祀,周曰年。"《汉书·律历志》下:"周凡三十六(应为三十七)王,八百六十七岁。"七百说则出自《左传·宣公三年》:"成王定鼎于郏鄏(jiá,rǔ),卜世三十,卜年七百。"

②两汉自公元前206年(刘邦汉高祖元年)至公元220年(汉献帝建安二十五年),共合426年。如减去王莽摄政及新莽共十八年(即公元6年[孺子婴居摄元年]至公元24年[淮阳王更始二年]),则汉代共408年。

③见本篇上文"汉文玄默,比隆成、康,犹断四百,鞭死者多"四句注。

④挝(zhuā):击;打。

⑤孙星衍校疑后"不"字衍。杨明照是之。按:非删下"不"字文意不得连属。

⑥按此处所论与后汉仲长统《昌言·损益》近,可参《后汉书·仲长统传》。

【译文】

抱朴子说:'为什么不可以呢!当初周朝使用肉刑,相传了七百年。汉代废除肉刑,年代不如周朝。至于改用鞭打,被打死的占大多数,表面上有轻刑的名义,内里却有杀人的实情。至于犯了罪不足构成死刑,那么往下就只有服苦役、流放、鞭打、杖击了,有时遇到赦免的命令,那么身体没有什么损伤;况且剃光可以再生的头发,打出可以很快长好的创伤,实在太不足以惩罚仅次于死刑的罪过。现在取消肉刑,那么在死罪之下不再有恰当的刑罚在这中间,而仅次于死刑的罪,就不得不只限于服役、流放、鞭打、杖击,这样轻重就不能很合适了。再有,犯罪的人是稀少的,只是不时才有,至于杀死他嫌重,而鞭打又嫌轻,犯这种罪的是多数。如今不用肉刑,这种仅次于死的罪过,常常得不到应有的惩治。

【原文】

'今若自非谋反大逆,恶于君亲,及用军临敌犯军法者,及手杀人者,以肉刑代其死，则亦足以惩示凶人。而刑者犹任坐役，能有所为，又不绝其生类之道①，而终身残毁，百姓见之，莫不寒心，亦足使未犯者肃栗，以彰示将来，乃过于杀人。杀人，非不重也。然辜之三日②，行埋弃之，不知者众，不见者多也。若夫肉刑者之为摽戒者也多③。

【注释】

①生类：指一切有生命者。《列子·说符》："天地万物与我并生类也，类无贵贱。"

②辜：弃市暴尸。《说文·桀部》："磔（zhé），辜也。"段玉裁注："凡言磔者，开也，张也，剔其胸腹而张之，令其干枯不收。"按"不收"，谓不收尸。

③摽（biāo）戒：惩戒；以前失为戒。

【译文】

'现在如果不是谋划反叛大逆不道，诽谤国君和双亲，以及用兵打仗面对敌人时犯了军法的人，还有亲手杀人的人，那么以肉刑代替死罪，也足够用以警告凶恶的人了。而受刑的人还可以干些坐着的活，能干些事情，又没夺去其生命，而他终生的残缺不全，百姓们看见，没有不心惊胆战的，也足以让没犯罪的人肃然战栗，昭示给将来的，还要超过死刑。死刑不是刑不重，但是暴尸三天，就要埋掉，不知道的人很多，没看见的人也很多。至于受肉刑的人作为惩戒办法作用就大了。

【原文】

'昔魏世数议此事，诸硕儒达学，洽通殷理者，咸谓宜复肉刑，而意异者驳之，皆不合也。魏武帝亦以为然①。直以二陲未宾，远人不能统至理者，卒闻中国刖人肢体，割人耳鼻，便当望风谓为酷虐，故且权停，以须四方之并耳②。通人扬子云亦以为肉刑宜复也③。但废之来久矣，坐而论道者④，未以为急耳。'"

【注释】

①《三国志·陈群传》和《钟繇传》载有陈纪、陈群父子及钟繇恢复肉刑的主张。"群对曰：'臣父纪以为："汉除肉刑而增加笞，本兴仁恻而死者更众，所谓名轻而实重者也。名轻则易犯，实重则伤民。……且杀人偿死，合于古制。至于伤人，或残毁其体而裁剪毛发，非其理也。若用古刑，使淫者下蚕室，盗者刖其足，则永无淫放穿窬之奸矣。"……今以笞死之法易不杀之刑，是重人支体而轻人躯命也。'时钟繇与（陈）群议同，王朗及议者多以为未可行。太祖深善繇、群言，以军事未罢，顾众议故，且寝。"

②《三国志·钟繇传》载魏明帝太和年间，钟繇上疏求复肉刑。"司徒王朗议，以为：'繇欲轻减大辟之条，以增益刖刑之数，此即起偃为竖，化尸为人矣。……前世仁者，不忍肉刑惨酷，是以废而不用。不用已来，历数百年。今复行之，恐所减之文未彰于万民之目，而肉刑之问已宣于寇仇之耳，非所以来远人也。……'议者百余人，与朗同者多。帝以吴、蜀未平，且寝。"故"二陲"谓东吴与西蜀。

③扬雄《法言·先知》："唐、虞象刑惟明，夏后肉辟三千，不胶者卓矣。……井田

之田，田也；肉刑之刑，刑也。田也者，与众田之；刑也者，与众弃之。……为国不迪其法，而望其效，譬诸算乎？"

④坐而论道：出《周礼·考工记序》："坐而论道，谓之王公。"

【译文】

'当初魏代曾经几次讨论这个问题，诸位大儒，精通学问、见识广博、深明道理的人，全都认为应当恢复肉刑，而意见不同，驳斥他们的人，全都于理不合。魏武帝曹操也认为是这样。只是因为二处边陲没有宾服，边远的人不能领会深刻的道理，仓促间听说中国这里砍断人的肢体，割掉人的耳朵、鼻子，略有耳闻就认为是残酷暴虐，因此暂时停一下，来等待四方的统一。学问通达的扬雄也认为肉刑应当恢复。只是废除它的时间已经很长了，坐下来空说道理的人，不认为它是急需的罢了。'"

卷第十五　审　举

题　解

本篇开头，作者重申已在《臣节》《贵贤》，尤其是《务正》篇强调过的圣君必须贤臣佐助的观点，然后论述衡量和选拔人才的标准和方法。作者认为，古已有之的贡士制度是一项良好的制度，而汉代末年有背其旨，贡士名存实亡，因此产生"举秀代，不知书；察孝廉，父别居。寒清素白浊如泥，高第良将怯如鸡"的局面。作者严厉批评了卖官鬻爵的办法，认为这导致了整个选官制度的混乱和社会风气的败坏，后代应深以为戒。

在具体论述选拔人才的方法的时候，作者认为首先是要"遣私情"，去利欲，并广泛调查、审慎比较。而最重要的还是试经答策，不但可以选拔人才，而且可以引导人们读书学习，"长益风教"，故意义重大。前代宁越、朱买臣等人的成功，现今江南"儒业"的衰落从正反两方面证明了这一点。另外还论及对在贡士上舞弊者禁锢为官的必要性，试经答策的具体措施，并建议推而广之，用法律考核在职官吏。

这些论述也许具有导源隋代始行的科举制度的意义。

【原文】

抱朴子曰："华、霍所以能崇极天之峻者①，由乎其下之厚也；唐、虞所以能臻巍巍之功者②，实赖股肱之良也③。虽有孙阳之手④，而无骐骥之足，则不得致千里矣；虽有稽古之才，而无宣力之佐，则莫缘凝庶绩矣⑤。人君虽明并日月⑥，神鉴未兆，然万机不可以独统⑦，曲碎不可以亲总，必假目以遐览，借耳以广听，诚须有司，是康是赞⑧。

【注释】

①华、霍：华山与霍山。《尔雅·释山》："华山为西岳，霍山为南岳。"霍山为天柱山别名，地在今安徽境内。

②巍巍：见《嘉遁》篇"夫有唐所以巍巍"句注。

③股肱之良：见《嘉遁》篇"明良之歌不作"句注。

④孙阳：见《嘉遁》篇"孙阳之耻也"句注。

⑤凝庶绩：见《臣节》篇"庶绩其凝"句注。

⑥明并日月：出《礼记·经解》："天子者，与天地参，故德配天地，兼利万物，与日月并明，明照四海而不遗微小。"

⑦万机：帝王日常的纷繁政务。原作"万几"，出《书·皋陶谟》："无教逸欲有邦，兢兢业业，一日二日万几。"孔安国传："几，微也，言当戒惧万事之微。"张衡《东京赋》："访万机，询朝政。"

⑧是康是赞：康言治理。蔡邕《独断》："安乐治民曰康。"赞言佐助。《左传·闵公二年》："以此赞国，择利而为之。"

【译文】

抱朴子说："华山和霍山之所以有达于天上那么高峻，是由于它下边根基的雄厚；唐尧、虞舜之所以能成就巍巍的功业，实际是依靠得力的辅佐之臣。即使有伯乐一样善于辨马的双手，但是没有宝马的四足，那么也不能一日千里；即使有明鉴古法的才能，但没有效力的佐臣，也不能使各项事情成功。国君即使贤明可与日月并论，能精明地洞察没有先兆的事情，但是也不能各项繁杂事物全由自己统管，必须借助别人的眼睛去看远处，借助别人的耳朵来广听闻，确实需要设官分职的专门官吏，协助治理国家。

【原文】

"故圣君莫不根心招贤，以举才为首务。施玉帛于丘园①，驰翘车于岩薮②。劳于求人，逸于用能，上自槐棘，降逮皂隶③，论道经国④，莫不任职。恭己无为⑤，而治平刑措；而化洽无外，万邦咸宁⑥。设官分职，其犹构室，一物不堪，则崩桡之由也。然未贡举之士，格以四科⑦，三事九列⑧，是之自出，必简标颖拔萃之俊。而汉之末叶，桓、灵之世，柄去帝室，政在奸臣⑨，网漏防溃，风颓教沮，抑清德而扬谄媚，退履道而进多财。力竞成俗，苟得无耻，或输白售之宝，或卖要人之书，或父兄贵显，望门而辟命；或低头屈膝，积习而见收。

【注释】

①杨明照曰："'施'当作'旅'，形之误也。"并证以《文选·张衡〈东京赋〉》《晋书·隐逸传》及本书《勖学》《钦士》等篇。甚是。玉帛：圭璋加束帛。古以为聘贤之礼。参见《勖学》篇"旅束帛乎丘园"句注。

②翘车：见《钦士》篇"飞翘车于河梁"句注。

③槐棘：即三槐九棘。周代朝廷种三槐、九棘，公卿大夫分坐其下，以为三公九卿定位。后以代指三公九卿。皂隶：贱役。《左传·隐公五年》："若夫山林川泽之实，器用之资，皂隶之事，官司之守，非君所及也。"

④论道经国：《书·周官》："论道经邦，燮理阴阳。"孔安国传："佐王论道，以经纬国事。"

⑤恭己无为：见《嘉遁》篇"重华所以恭己"句注。

⑥此二句前之"而"字当在下句"万邦咸宁"之首。万邦咸宁：出《易·乾》："首出庶物，万国咸宁。"

⑦四科：汉代举士的四种科目。《通典·选举一》："（汉武帝）令郡国举孝廉各一人，……限以四科：一曰德行高洁，志节清白；二曰学通行修，经中博士；三曰明习法令，足以决疑，能按章覆问，文中御史；四曰刚毅多略，遭事不惑，明足决断，材任三辅县令。"

⑧三事：三公。《诗·小雅·雨无正》："三事大夫，莫肯夙夜。"孔颖达疏："三事大夫为三公耳。"九列：九卿。《汉书·韦玄成传》："明明天子，俊德烈烈，不遂我遗，恤我九列。"颜师古注："九列，卿之位。"

⑨《后汉书·梁冀传》："（梁冀）专擅威柄，凶恣日积，机事大小，莫不咨决之。宫卫近侍，并所亲树，禁省起居，纤微必知。百官迁召，皆先到冀门笺檄谢恩，然后敢诣尚书。""在位二十余年，穷极满盛，威行内外，百僚侧目，莫敢违命。天子（桓帝）恭己而不敢有所亲豫。"笺檄乃官员给上司的书启。

【译文】

"所以圣明的君主没有不出自本心地招纳贤才，以举拔人才为首要的事情。把圭璋束帛这样的聘贤之礼送到田园，用翘车到山野去礼聘贤士。寻求贤人是辛劳的，而任用有能力的人又会得到安逸，上自三公九卿，下至奴仆差役，谈论正道，治理国家，无不尽职尽责。恭谨律己以德化民，而社会安定平和，刑罚放置无用；德化周遍无遗，各国都安宁无事。设置官员，分别职掌，就像造房子一样，一个部件经受不住，都会成为倒塌毁坏的原因。而未被地方贡举的士人，用四科的标准来衡量，三公九卿从这里出，一定简拔出类拔萃的隽才。但是汉代末年，桓帝灵帝的时代，帝王失去了权柄，政权握在奸臣手中，法网开漏，堤防溃决，风气颓废，教化衰败，压抑品德高尚者而扬举行为诌媚的人，贬退躬行正道者而提拔财产多的人。以实力相争成为风俗，苟且而得，没有羞耻之心，有的献纳自己购得的宝物，有的炫耀显要人物的书信，有的父亲哥哥身居要职，被人看门第而征召授职；有的低头屈膝，时间长了也被任命为官。

【原文】

"夫铨衡不平，则轻重错谬；斗斛不正，则少多混乱；绳墨不陈，则曲直不分；准格倾侧，则淄杂实繁。以之治人，则虐暴而豺贪，受取聚敛，以补买官之费；立之朝廷，则乱剧于棼丝①。引用驽庸，以为党援，而望风向草偃②，庶事之康③，何异悬瓦砾而责夜光④，弦不调而索清音哉！何可不澄浊飞沉，沙汰臧否⑤，严试对之法，峻贪夫之防哉！畛瘁攸阶⑥，可勿畏乎？

【注释】

①棼（fén）丝：乱丝。语本《左传·隐公四年》："臣闻以德和民，不闻以乱。以乱，犹治丝而棼之也。"

②风向草偃：见《用刑》篇"风向草偃"句注。

③庶事之康：见《嘉遁》篇"明良之歌不作"句注。

④言求其如明月珠、夜光璧。《楚辞·九章·涉江》："被明月兮珮宝璐。"王逸注："言己背被明月之珠。"《史记·李斯列传》："垂明月之珠，服太阿之剑。"《战国策·楚策一》："（楚王）乃遣使车百乘，献鸡骇之犀、夜光之璧于秦王。"

⑤沙汰：挑选；淘汰。蔡邕《太尉杨公碑》："沙汰虚冗，料简贞实。"臧否：见《勖学》篇"不识大论之臧否"句注。

⑥畛疹：见《任能》篇"畛疹响集"句注。

【译文】

"秤杆不平，轻重就要弄错；斗斛不放正，多少就会混乱；墨线不拉开，曲直就分不出来；筛格倾斜，渣滓杂物就会多了。用这种人来管理人，就会暴虐而贪婪，搜刮民财来补上买官的花费；让他们站立朝廷，就会使朝纲比乱丝还要混乱。任用愚笨平庸的的人作为自己的党羽，还要指望以好的品德去引导百姓，诸多事务顺利，这和悬挂起瓦片要求它夜里发光，琴弦没调就要听清越的音乐有什么区别呢？怎么能不澄清污浊，超拔隐贤，拣选忠奸，明鉴善恶，严格考校对策的方法，对贪婪之徒严加防范呢！将会由此导致国家灭亡人民困苦，能不害怕吗？

【原文】

"古者诸侯贡士，适者谓之有功，有功者增班进爵；贡士不适者谓之有过，有过者黜位削地①。犹复不能令诗人谧'大车''素餐'之刺②，山林无'伐檀''兔置'之贤③。况举之无非才之罪，受之无负乘之患④，衡量一失其格，多少安可复损乎⑤？夫孤立之翘秀⑥，藏器以待贾⑦；琐碌之轻薄，人事以邀速。夫唯待价⑧，故顿沦于穷瘁矣；夫唯邀速，故佻窃而腾跃矣。

【注释】

①《尚书大传》："古者诸侯之于天子也，三年一贡士。天子命与诸侯辅助为政，所以通贤共治，示不独专，重民之至。大国举三人，次国举二人，小国举一人。一适谓之攸好德，再适谓之贤贤，三适谓之有功。有功者天子赐之车服弓矢，再赐以秬鬯，三赐以虎贲百人，……有不贡士谓之不率正者，天子黜之。一不适谓之过，再不适谓之敖，三不适谓之诬。诬者天子绌之，一绌，少绌以爵；再绌，少绌以地；三绌而爵地毕。"按秬（jù）鬯（chàng），是一种用黑黍和郁金草酿成的酒，一般用于祭祀。

②大车：此指《诗·小雅·无将大车》篇。其序曰："无将大车，大夫悔将小人也。"《荀子·大略》："君人者不可以不慎取臣，匹夫不可以不慎取友。……取友善人，不可不慎，是德之基也。《诗》曰：'无将大车，维尘冥冥。'言无与小人处也。"素餐：出《诗·魏风·伐檀》："彼君子兮，不素餐兮！"郑玄笺："彼君子者，斥伐檀之人。仕有功，乃肯受禄。"王符《潜夫论·三式》："子孙虽有食旧德之义，然封疆立国，不为诸侯；张官置吏，不为大夫。必有功于民，乃得保位。故有考绩黜陟，九锡三削之义。《诗》云：'彼君子兮，不素餐兮！'由此观之，未有得以无功而禄者也。"

③《诗·魏风·伐檀·序》："伐檀，刺贪也。在位贪鄙，无功而受禄，君子不得仕进尔。"桓宽《盐铁论·国疾》："今公卿处尊位，执天下之要，十有余年，功德不施于天

下,而勤劳于百姓,百姓贫陋困穷,而私家累万金,此君子所耻,而《伐檀》所刺也。"兔罝(jū):《诗·周南》篇名。其序言乃"后妃之化",与《抱朴子》此处文意不符。杨明照引《文选·桓温·荐谯元彦表》刘良注:"兔罝,网也。《诗》云'肃肃兔罝',喻殷纣之贤人退于山林,网禽兽而食之。"与此文意正合。(王先谦推断刘良本于《韩诗》。果若此,则葛稚川亦本于《韩诗》也)

④负乘:见《嘉遁》篇"贪进不虑负乘之祸"句注。

⑤杨明照以为"多少"与"优劣"同,"损"犹"约"也。按"损犹约也"之"约"乃简约之义,非谓缠约、束约也。

⑥翘秀:见《勖学》篇"匠成翘秀"句注。

⑦待贾(jià):出《论语·子罕》:"子贡曰:'有美玉于斯,韫匵而藏诸?求善贾而沽诸?'子曰:'沽之哉!沽之哉!我待贾者也。'"韫(yùn)匵(dú)谓藏于柜中。

⑧依上文"待贾"推之,此处"价"当作"贾"。

【译文】

"古时候诸侯贡献贤士,贡献了合适的称之为有功,而有功的人要提官职进爵位;贡献的士人不合适称之为有过错,有过错的人要降低官位削减封地。这样仍然不能让诗人们停止'大车''素餐'的讽刺,不能让山林中没有'伐檀''兔罝'的贤者。何况举荐士人没有非难贤才的罪过,接受他们没有令小人当权的祸患。衡量即使一旦失去它的标准,人才能的优劣又怎么会再正确评价呢?超群独立的出色人才,收藏起自己的才能待价而沽;猥琐庸碌的浅薄家伙,靠交际应酬而被招请。就因为待价而沽,所以困厄沉沦于劳苦不得志中;就因为被招请,所以窃取官位飞黄腾达。

【原文】

"盖鸟鸱屯飞①,'则鸳凤幽集②;豺狼当路,则麒麟遐遁③。举善而教,则不仁者远矣④;奸伪荣显,则英杰潜逝。高概耻与阘茸为伍⑤,清节羞入饕餮之贯⑥。举任并谬,则群贤括囊⑦;群贤括囊,则凶邪相引;凶邪相引,则小人道长⑧;小人道长,则椿杌比肩⑨。颂声所以不作,怨嗟所以嗷嗷也。

【注释】

①鸟:杨明照据藏本等十种本校"枭",并证以《管子》《史记》及本书《交际》《疾谬》《博喻》篇。当依杨说。

②鸳凤:凤鸟,传说中的瑞鸟。喻君子、贤者。

③《文选·曹植〈赠白马王彪〉》:"鸱枭鸣衡轭,豺狼当路衢。"李善注:"鸱枭、豺狼,以喻小人也。"

④《论语·为政》:"季康子问:'使民敬、忠以勤,如之何?'子曰:'临之以庄则敬,孝慈则忠,举善而教不能则勤。'"又《颜渊》:"舜有天下,选于众,举皋陶,不仁者远矣。汤有天下,选于众,举伊尹,不仁者远矣。"

⑤阘(tà)茸:庸碌低劣。司马迁《报任安书》:"今已亏形为扫除之隶,在阘茸之中。"贾谊《吊屈原文》:"阘茸尊显兮,谗谀得志。"颜师古曰:"阘茸,猥贱也。阘,下

也，茸，细毛也。言非豪杰也。”

⑥饕（tāo）餮（tiè）：及下文“祷（táo）杌（wù）”，皆为“四凶”之列。《左传·文公十八年》：“尧臣舜，宾于四门，流四凶族浑敦、穷奇、梼杌、饕餮，投诸四裔，以御魑魅。”宋蔡沈曰：“《春秋传》所记四凶之名与此（指《书·舜典》）不同，说者以穷奇为共工，浑敦为驩兜，饕餮为三苗，梼杌为鲧，不知其果然否也。”一说饕餮为一种贪残的怪物。《左传·文公十八年》杜预注：“贪财为饕，贪食为餮。”后以指贪婪者。

⑦括囊：见《嘉遁》篇“秘六奇以括囊”句注。

⑧小人道长：出《易·否》：“彖曰：‘……小人道长，君子道消也。’”

⑨梼杌：见上文注⑤。此泛指恶人。

【译文】

“大致说来，猫头鹰成群飞翔，凤凰就会潜藏；豺狼当道，麒麟就会远远逃走。以行为善良者作为教化的榜样，不仁德的人就会远离；邪恶虚伪的人荣耀显贵，出众的人才就要潜藏远去。气概卓越的人耻于与低贱的人为伍，节操高洁者羞于进入贪婪者的行列。荐举任用全都荒谬，那么众多贤者就会闭口不言；群贤闭口不言，就令凶险邪恶者相接而至；凶邪者接连到来，小人之道就会增长；小人之道增长，恶人就会多至比肩而立。这就是颂扬之声没有响起，但埋怨叹息却很厉害的原因。

【原文】

“高干长材，恃能胜己，屈伸默语[①]，听天任命，穷通得失，委之自然[②]，亦焉得不堕多党者之后，而居有力者之下乎？逸伦之士，非礼不动[③]，山峙渊渟[④]，知之者希，驰逐之徒，蔽而毁之，故思贤之君，终不知奇才之所在，怀道之人，愿效力而莫从。虽抱稷、卨之器[⑤]，资邈世之量，遂沉滞诣死，不得登叙也。而有党有力者，纷然鳞萃，人乏官旷，致者又美，亦安得不拾掇而用之乎？

【注释】

①屈伸：犹言进退。《荀子·不苟》：“与时屈伸，柔从若蒲苇，非慑怯也。”默语：见《嘉遁》“隐显默语”句注。意即隐显。

②语本《庄子·让王》：“古之得道者，穷亦乐，通亦乐。所乐非穷通也，道德于此，则穷通为寒暑风雨之序矣。”

③非礼不动：本《论语·颜渊》：“子曰：‘非礼勿视，非礼勿听，非礼勿言，非礼勿动。’”

④渊渟（tíng）：潭水积聚不流。仲长统《昌言》：“人之性有山峙渊渟者。”

⑤稷：后稷。见《臣节》篇“皋陶、后稷”句注。卨（xiè）：又作契、偰，音同。《诗·商颂·玄鸟》：“天命玄鸟，降而生商。”郑玄笺：“天使鳦下而生商者，谓鳦遗卵，娀氏之女简狄吞之而生契，为尧司徒，有功封商。”陆德明释文：“（契）又作卨，古字也。”玄鸟即鳦（yì），亦即燕子。

【译文】

"优异的干才、能力出众的人,倚仗自己的才能傲视他人,无论进退隐显,都听天由命;无论困厄显达有得有失,全托付给自然,又怎么能不落到同党众多的人之后,居有权势财力的人之下呢?超群的士人,不合乎礼的事不去做,山峰一样屹立,深潭一样停蓄,了解他们的人很少,到处奔走追逐的人还要阻碍诋毁他们,所以思慕贤才的国君始终不知道奇逸人才在什么地方,胸怀治国之道的人,愿意为国效力但不知途径。即使抱有稷和契那样的才能,积蓄了远过世人的本领,却埋没停滞一直到死,不能登上仕途依才为官。而有团伙能依靠权势财力的人,纷纷如鱼鳞般聚集,加之人才缺乏,官位空虚,举荐他们的人又为之美言,又怎么能不被收罗任用呢?"

【原文】

"灵、献之世,阉官用事①,群奸秉权,危害忠良②。台阁失选用于上③,州郡轻贡举于下。夫选用失于上,则牧守非其人矣;贡举轻于下,则秀、孝不得贤矣④。故时人语曰:'举秀才,不知书;察孝廉⑤,父别居。寒素清白浊如泥,高第良将怯如鸡⑥。'又曰:'古人欲达勤诵经,今世图官免治生⑦。'盖疾之甚也。

【注释】

①《后汉书·宦者列传·单超》载汉桓帝忌大将军梁冀擅权,与常侍单超、左悺商定诛之。事后,"(左)悺、(唐)衡迁中常侍,封(单)超新丰侯,二万户,(徐)璜武原侯,(具)瑗东武阳侯,各万五千户,赐钱各千五百万;悺上蔡侯,衡汝阳侯,各万三千户,赐钱各千三百万。……又封小黄门刘普、赵忠等八人为乡侯。自是权归宦官,朝廷日乱矣"。又《曹节》载曹节以迎灵帝入宫即位"封长安乡侯,六百户"。又曹节、王甫等诬勃海王刘悝谋反而诛之,"以功封者十二人"。又《张让》:"是时(张)让、(赵)忠及夏恽、郭胜……十二人皆为中常侍,封侯贵宠,父兄子弟布列州郡,所在贪残,为人蠹害。"

②东汉桓帝时,士大夫李膺、陈蕃等联合太学生郭泰、贾彪等,起而抨击宦官当权。宦官上书"诬告膺等养太学游士,交结诸郡生徒,更相驱驰,共为部党,诽讪朝廷,疑乱风俗"。李膺、陈寔等二百余人遭捕。后虽释放,然终身不得为官。灵帝时,膺等复起,与大将军窦武等谋诛宦官,事败,膺等百余人被诛,陆续被处死、流徙、囚禁者六七百人。事见《后汉书·党锢列传》。

③台阁:即尚书台。原为皇帝办理文书的机构。东汉光武帝"愠数世之失权,忿强臣之窃命",故"虽置三公,事归台阁"(《后汉书·仲长统传》),台阁首长尚书渐成事实上的宰相。汉代的选官主要有地方向朝廷荐举人才和朝廷及各级官员征召布衣二途,前者称贡举,后者称征辟(bì)。《后汉书·郎𫖮传》:"又今选举皆归三司,非有周、召之才,而当则哲之重,每有选用,辄参之掾属,公府门巷,宾客填集,送去迎来,财货无已。其当选者,竞相荐谒,各遣子弟,充塞道路,开长奸门,兴致浮伪,非所谓率由旧章也。"按三司谓三公,周、召(shào)招周公、召公;则哲谓知人,本《书·皋陶谟》"知人则

哲"。

④东汉王符《潜夫论·考绩》："群僚举士者，或以顽鲁应茂才，以桀逆应至孝，以贪饕应廉史，以狡猾应方正，以谀谄应直言，以轻薄应敦厚，以空虚应有道，以嚚暗应明经，以残酷应宽博，以怯弱应武猛，以愚顽应治剧，名实不相符，求贡不相称。富者乘其材（财）力，贵者阻其势要，以钱多为贤，以刚强为上。凡在位所以多非其人，而官听所以数乱荒也。"按茂才以下皆汉代选举科目。茂才即秀才，为避光武帝刘秀讳改称茂才。

⑤孝、廉：原皆为选举科目。《汉书·武帝纪》："元光元年冬十一月，初令郡国举孝、廉各一人。"颜师古注："孝谓善事父母者，廉谓清洁有廉隅者。"后往往合为一科。

⑥杨明照曰："'鸡'，《意林》四引乍'䘑'，袁楚客《规魏元忠书》(《新唐书·魏元忠传》)引作'蝇'；《太平御览》四九六引作'蝇'。照按：'䘑'字是。今本作鸡，乃写者不晓古音妄改。（古音泥读如涅，䘑读如蔑，杨慎《谭苑醍醐》五《䘑音蔑》条有说[《丹铅杂录》五同]）'䘑''蝇'，二字虽误，然足以证原非'鸡'字也。"杨说非是。"泥"字上古属脂部，"鸡"，上古属支部；中古则均在齐韵，上、中古都可为韵。而"䘑（měng）"上古在阳部，中古在耿韵，与"泥"字读音相去甚远。又"泥"字平声，而"涅"字入声；"䘑"字上声，"蔑"亦入声，绝无"泥读如涅，䘑读如蔑"的可能。䘑以䘑为义符，蝇（蠅）以䘑为声符，皆不当。故"鸡"字当矣。

⑦杨明照引陈澧、王国维，校"免"为"勉"，是。

【译文】

"汉灵帝汉献帝的时候，宦官当政，奸臣们掌权，伤害忠诚善良的大臣。尚书台在上边选用人才失当，地方各州郡在下边轻视贡举贤士。上边选用人才失当，那么州牧太守就不是恰当的人选；下边轻视贡举贤士，那么秀才、孝廉等称谓就没有加给贤德的人。因此当时的人说：'被举荐为秀才，却不认识书本；被定为孝廉，却和父亲不在一起生活。被称为寒素清白的官员污浊得像泥巴，高门大族的武将胆小得像鸡一样。'又说：'古人要想仕途通畅要勤奋地诵读经典，现今时代图谋为官的人得勤奋地经营家业。'也许恨得太厉害了。

【原文】

"于时悬爵而卖之，犹列肆也①；争津者买之，犹市人也。有直者无分而径进，空拳者望途而收迹。其货多者其官贵，其财少者其职卑。故东园积卖官之钱②，崔烈有铜臭之嗤③。上为下效，君行臣甚④。故阿佞幸，独谈亲容⑤；桑梓议主，中正吏部，并为魁侩，各责其估⑥。清贫之士，何理有望哉！是既然矣。又邪正不同，譬犹冰炭⑦；恶直之人，憎于非党。刀尺颠到者⑧，则恐人之议己也⑨；达不由道者，则患言论之不美也。乃共构合虚诬，中伤清德，瑕累横生，莫敢救拔。

【注释】

①《后汉书·孝灵皇帝纪》："（光和元年）初开西邸卖官，自关内侯、虎贲、羽林，入钱各有差。私令左右卖公卿，公千万，卿五百万。"

②"东"字误。秦汉之东园皆为少府属下官署,掌陵墓内器物、葬具的制造与供应,与卖爵事无涉。《后汉书·孝灵皇帝纪》"初开西邸卖官"李贤注引乐资《山阳公载记》云:"时卖官,二千石二千万,四百石四百万,其以德次应选者半之,或三分之一。于西园立库以贮之。"是西邸当在西园中,为卖官贮钱之所。杨明照《抱朴子外篇校笺》考辨甚详。

③事见《后汉书·崔寔传》:"寔从兄烈,有重名于北州,历位郡守、九卿。灵帝时,开鸿都门榜卖官爵,公卿州郡下至黄绶各有差。其富者则先入钱,贫者先到官而后倍输,或因常侍、阿保别自通达。……烈时因傅母入钱五百万,得为司徒。及拜日,天子临轩,百僚毕会。帝顾谓亲倖者曰:'悔不小靳,可至千万。'程夫人于傍应曰:'崔公冀州名士,岂肯买官,赖我得是,反不知姝邪!'烈于是声誉衰减。久之不自安,从容问其子钧曰:'吾居三公,于议者如何?'钧曰:'大人少有英称,历位卿守,论者不谓不当为三公;而今登其位,天下失望。'烈曰:'何为然也?'钧曰:'论者嫌其铜臭。'"

④说本《孟子·滕文公上》:"上有好者,下必有甚焉者矣。"

⑤孙星衍曰:"'故阿'以下数句有脱字。"而观其文,仅"阿"下脱一字,当为"保"字。参见"崔烈有铜臭之嗤"句注。李贤注曰:"阿保,谓傅母也。"傅母乃辅导保育贵族子女的老年妇女。

⑥桑梓:出《诗·小雅·小弁》:"维桑与梓,必恭敬止。"朱熹集传:"桑、梓,二木。古者五亩之宅,树之墙下,以遗子孙给蚕食、具器用者也……桑梓,父母所植。"东汉以后以指故乡。议主:即中正,为避重而改称议主。中正,秦末陈胜自立为楚王时置,掌纠察群臣过失。后转为品藻人物的官员。历魏、晋、南北朝,唐废。《唐语林·文学》:"近代有中正。中正,乡曲之表也,藻别人物,知其乡中贤愚出处。"吏部:杨明照曰:"当乙作'部吏'。"又曰:"此四句就郡国言,谓强宗、豪吏操纵州郡贡举,而又从中勒索也。"

⑦冰炭:喻性质相反,不能相容。出《韩非子·显学》:"夫冰炭不同器而久,寒暑不兼时而至。"

⑧刀尺:本指剪刀与尺。裁剪工具。喻人才品评。颠到:到,通倒。扬雄《太玄》:"升堂颠到,失去众也。"

⑨此句"人"前脱一字,或为"他",补之方可与"则患言论之不美也"句相俪。

【译文】

"那时出售爵位,就像在店里陈列着货物一样;人们像争抢渡口一样来购买,犹如市上的顾客。有钱的人本无资格但径直进入,握空拳的人看着仕路却止住了脚步。那些财货多的人官职高,财货少的人官职低。因此西园积累起卖官的钱财,纳钱为官的崔烈遭到有铜臭味的耻笑。上行下效,国君做了,臣子会更厉害。因此傅母与宦官单独地密商其事,地方上负责品评贡举人才的官员,和中正官的属员,一起做卖官捣客的魁首,各自求取他们的报酬。清苦贫寒的士人,怎么还会有希望呢!实际情况就是这样。还有,邪恶与正直不能共处,就像是冰和炭;厌恶正直的人,恨他们不属自己同党者。品评与进退标准颠倒的人,就害怕别人议论自己;显达但不是通过正路的人，就担心言论不好听。于是一起虚构罪名，恶意中伤品德清白的人，无端而生的罪名积累得多了，没有人敢于援救提拔。

【原文】

"于是曾、闵获商臣之谤①，孔、墨蒙盗跖之垢②。怀正居贞者③，填筈乎泥汙之中④；而狡猾巧伪者，轩翥乎虹霓之际矣⑤。而凡夫浅识，不辨邪正，谓守道者为陆沉⑥，以履径者为知变。俗之随风而动，逐波而流者，安能复身于德行⑦，苦思于学问哉！是莫不弃检括之劳⑧，而赴用赂之速矣。斯诚有汉之所以倾⑨，来代之所宜深鉴也。"

【注释】

①曾：曾参。见《良规》篇"而云我能为伯瑜、曾参之孝"句注。闵：孔子弟子闵损，字子骞。《论语·先进》："子曰：'孝哉闵子骞！人不间于其父母昆弟之言。'"《艺文类聚》二十引《说苑》佚文："闵子骞兄弟二人，母死，其父更娶，复有二子。子骞为其父御车失辔，父持其手，衣甚单。父则归呼其后母儿，持其手，衣甚厚温。即谓其妇曰：'吾所以娶汝，乃为吾子，今汝欺我，去，无留。'子骞前曰：'母在一人单，母去四子寒。'其父默然。故曰'孝哉闵子骞'！"商臣：见《嘉遁》篇"以商臣之凶逆"句注。

②孔、墨：孔子、墨子。韩非称孔之儒学与墨之墨学为"显学"，即著名的学说。《吕氏春秋·有度》："孔、墨之弟子徒属充满天下，皆以仁义之术教导于天下。"盗跖（zhí）：亦作"盗蹠"。《史记·伯夷列传》："盗蹠日杀不辜，肝人之肉，暴戾恣睢，聚党数千人横行天下。"司马贞索隐："盗蹠，柳下惠之弟。"张守节正义："蹠者，黄帝时大盗之名。以柳下惠弟为天下大盗，故世放（fǎng）古，号之盗蹠。"

③居贞：见《君道》篇"居贞成务"句注。

④填筈（zé）：压迫；排挤。《说文·竹部》："筈，迫也。"

⑤轩翥：飞升。出《楚辞·远游》："鸾鸟轩翥而翔飞。"洪兴祖补注引《方言》（1）："翥，举也。楚谓之翥。"《文选·王粲〈赠蔡子笃〉》："归雁载轩。"李善注："轩，飞貌。"虹霓：见《嘉遁》篇"思眇眇焉若居虹霓之端"句注。

⑥陆沉：见《勖学》篇"谓之陆沉迂阔"句注。

⑦杨明照证"身"前或脱一"勤"字，补之方可与"苦思于学问"句俪。是。

⑧杨明照曰："'是'以下疑脱'以'字。"是。检括：规矩，法度。

⑨杨明照疑"倾"字下脱一"偾"或"坠"字。是。又"有汉"即汉代。"有"为名词词头。

【译文】

"于是，曾参和闵子骞遭到弑父的商臣一样的攻击，孔丘和墨翟蒙受盗跖一样的恶名。胸怀正直遵循正道的，被填挤到泥汙当中；狡猾奸巧虚伪的，飞升到彩虹之间。但是平庸的人们见识浅薄，不能辨别邪恶正直，称遵守正道的人是旱地沉没，把走歪门邪道的人当作懂得变化。世俗那些见风使舵，随波逐流的人，怎么能恢复有德之行，在学问上冥思苦想呢！因此，就没有人不放弃循规蹈矩的烦劳，而去走使用贿赂的捷径了。这无疑是汉代倾覆的原因，也是后代应该深以为鉴的。"

【原文】

或曰："吾子论汉末贡举之事，诚得其病也。今必欲戒既往之失，避倾车之路，改有代之弦调①，防法甑之或变，令濮上巴人②，反安乐之正音，腠理之疾，无退走之滞患者③，岂有方乎？士有风姿丰伟，雅望有余，而怀空抱虚，干植不足，以貌取之，则不必得贤；徐徐先试，则不可仓卒。将如之何？"

【注释】

①改有代之弦调：见《君道》篇"不吝改弦于宜易之调"句注。

②濮上：见《崇教》篇"濮上、北里"句注。巴人：即下里巴人。下里即乡里。巴乃古国名，地当今川东、鄂西一带。《文选·宋玉〈对楚王问〉》："客有歌于郢中者，其始曰《下里巴人》，国中属而和者数千人。……其为《阳春白雪》，国中属而和者数十人。"李周翰曰："《下里巴人》，下曲名也。"

③说本《韩非子·喻老》："扁鹊见蔡桓公，立有间，扁鹊曰：'君有疾在腠理，不治将恐深。'桓侯曰：'寡人无疾。'扁鹊出，桓侯曰：'医之好治不病以为功。'居十日，扁鹊复见，曰：'君之病在肌肤，不治将益深。'"桓侯又不应。扁鹊出，桓侯又不悦。居十日，扁鹊复见，曰：'君之病在肠胃，不治将益深。'桓侯又不应。扁鹊出，桓侯又不悦。居十日，扁鹊望桓公而还走。桓侯故使人问之。扁鹊曰：'疾在腠理，汤熨之所及也；在肌肤，针石之所及也；在肠胃，火齐之所及也；在骨髓，司命之所属，无奈何也。今在骨髓，臣是以无请也。'居五日，桓公体痛，使人索扁鹊，已逃秦矣。桓侯遂死。"腠（còu）理：皮下肌肉间的空隙。

【译文】

有人说："您议论汉朝末年贡举的事情，确实说到了症结所在。现在一定要戒除以往的过失，避开翻车的道路，改变前代的张弦设柱和曲调，防止轻视法律可能带来的变化，让奢靡的濮上之音和低贱的《下里巴人》返还成为安乐的雅正之音，让刚刚到达皮下的疾病不要因退走医生而成为沉重的疾患，是不是有什么方法呢？士人有的风度姿态丰满魁伟，严整的仪容绰绰有余，但缺乏内在的修养，根本的东西不足，如果根据外貌取用他，那么不一定能够得到贤者；如果慢慢地先试一试，就又不能很快得到。怎么办呢？"

【原文】

抱朴子答曰："知人则哲，上圣所难①。今使牧守皆能审良才于未用，保性履之始终②，诚未易也。但共遣其私情，竭其聪明，不为利欲动，不为属托屈。所欲举者，必澄思以察之，博访以详之，修其名而考其行③，校同异以备虚饰。令亲族称其孝友④，邦闾归其信义。尝小仕者，有忠清之效，治事之干，则寸锦足以知巧，刺鼠足以观勇也。

【注释】

①语本《书·皋陶谟》:"皋陶曰:'都!在知人,在安民。'禹曰:'吁!咸若时,惟帝其难之。知人则哲,能官人;安民则惠,黎民怀之。'"其中"帝"指尧。

②性履:犹言性行。本性与行为。

③杨明照曰:"'修'当作'循',形之误也。"是。

④孝友:出《诗·小雅·六月》:"侯谁在矣,张仲孝友。"《毛传》:"善父母为孝,善兄弟为友。"句本《论语·子路》:"子贡问曰:'何如斯可谓之士矣?'子曰:'行己有耻,使于四方,不辱君命,可谓士矣。'曰:'敢问其次。'曰:'宗族称孝焉,乡党称弟焉。'"

【译文】

抱朴子回答说:"能透彻地了解人就可称为明智,这对于大圣人也是困难的。如今让州牧郡守全都能够在任用之前精审良才,保证他们的本性和行为有始有终,实在不容易。只要都能驱遣他们的私情,充分发挥他们的聪明才智,不为私利而动心,不为请托而屈服。所要荐举的,一定深思熟虑反复观察,广泛询问详细了解,按其名声考查他们的行为,比较异同以全面了解虚名之下实际的不足。让他的家里人和亲戚都称赞他孝敬父母亲爱兄弟,乡亲邻居夸奖他守信讲义。尝试着当个小官,如果有忠诚清廉的政绩,处理事情的才干,那么一寸锦缎也可以知道其工巧,就是刺杀老鼠也可以看出勇敢了。

【原文】

"又秀、孝皆宜如旧试经答策①,防其罪对之奸②,当令必绝。其不中者勿署,吏加罚禁锢③。其所举书不中者④,刺史太守免官⑤,不中左迁⑥。中者多不中者少,后转不得过故。若受赇而举所不当⑦,发觉有验者除名,禁锢终身,不以赦令原,所举与举者同罪。今试用此法治,一二岁之间⑧,秀、孝必多不行者,亦足以知天下贡举不精之久矣。过此,则必多修德而勤学者矣。

【注释】

①汉代察举制中,岁贡之士入京后还要经一定的考核。西汉时由皇帝亲自问策;东汉时,"诸生试家法,文吏试笺奏。"(《东汉会要·选举》)。至三国魏,"三府议:'举孝廉本以德行,不复限以试经。'"(《三国志·魏书·华歆传》)

②罪对:孙星衍曰:"'罪'疑作'置'"。孙说是。置对谓对问,答辩。《文选·刘歆〈移书让太常博士〉》:"哀帝令歆与五经博士讲论其议,诸儒博士或不肯置对。"李善注:"言诸博士既不肯立左氏,而又不肯与歆论议相对也。"

③禁锢(gù):谓禁止做官。《左传·成公二年》:"子反请以重币锢之。"孔颖达正义:"《说文》云:'锢,铸塞也。'铁器穿穴者,铸铁以塞之使不漏。禁人使不得仕宦者,其事亦似之,故谓之禁锢。今世犹然。"

④杨明照曰:"王国维'书'校'尽'。照按:主校是。"按二字繁体分别作"書""盡",形近致误。

⑤当时的地方政区是州、郡、县三级制。州的行政长官为刺史，郡的行政长官为太守。

⑥左迁：降职，贬官。《汉书·朱博传》："（博）迁为大司农。岁余，坐小法，左迁犍为太守。"

⑦赇（qiú）：贿赂。举所：当乙作"所举"。

⑧杨明照断此句为"今试用此法，治一二岁之间"。

【译文】

"另外秀才、孝廉都应该用如前的办法，考试经典设问求答，防止置对时的伪诈，应当让这种情况绝对消灭。其中不合格的人不安排官职，官吏则加重处罚不准为官。那些贡举的人全不合格的，刺史太守罢免官职，不准降级。所贡举合格的多不合格的少，以后调任不准超过原职。如果接受贿赂并且所贡举的人不合适，发现后验证确凿的免职为民，终生不准做官，不准依据赦免的命令宽恕，所贡举人的罪过和贡举人同罪。现在如果试用这种方法治理，一两年之间，秀才、考廉肯定多有不敢来参加策试的，也就足以知道天下贡举不够精良已经多么长时间了。经用这种方法，那么必然使修养品德勤于学习的人多起来。

【原文】

"又诸居职，其犯公坐者，以法律从事；其以贪浊赃污为罪，不足至死者，刑竟及遇赦，皆宜禁锢终身，轻者二十年。如此，不廉之吏，必将化为夷、齐矣①。若乃临官受取，金钱山积，发觉则自恤得了，免退则旬日复用者，曾、史亦将变为盗跖矣②。如此，则虽贡士皆中，不辞于官长之不良。"

【注释】

①夷、齐：伯夷、叔齐。见《逸民》篇"夷、齐一介"句注。

②曾：曾参。《孟子·公孙丑下》："曾子曰：'晋，楚之富，不可及也。彼以其富，我以吾仁；彼以其爵，我以吾义。吾何慊乎哉？'"按慊（qiàn）谓不满。《大戴礼记·曾子制言》多载其安贫乐道之论。史：春秋卫国大夫史鰌（qiū），字子鱼。《大戴礼记》《韩诗外传》等载其临死嘱子"治丧于北堂"，欲以尸谏卫灵公进用贤者蘧伯玉，退佞幸弥子瑕。盗跖：见本篇上文"孔、墨蒙盗跖之垢"句注。

【译文】

"再有各正在官位的人，他们渎职犯罪的，按照法律办事；那些因为贪污受贿获罪，又不够死罪的，在服刑之后以及遇到赦免，也都应当终生禁止做官，轻的也要禁止二十年。这样的话，不廉洁的官吏，也必然会变成伯夷、叔齐了。如果是当上官就收受财物，金钱像山一样堆积，事发之后自己赎救便可以了结，免官退职而不久又被任用的话，曾参和史鰌也会变成盗跖了。这样做，即使贡举的士人全都合格，也不能消除在上为官者的不良。"

【原文】

或曰："能言不必能行。今试经对策虽过，岂必有政事之才乎？"

抱朴子答曰："古者犹以射择人①，况经术乎？如其舍旃②，则未见余法之贤乎此也。夫丰草不秀墝土③，巨鱼不生小水，格言不吐庸人之口，高文不堕顽夫之笔。故披《洪范》而知箕子有经世之器④，览九术而见范生怀治国之略⑤。省夷吾之书，而明其有拨乱之干⑥；视不害之文，而见其精霸王之道也⑦。今孝廉必试经无脱谬，而秀才必对策无失指，则亦不得暗蔽也。良将高第取其胆武，犹复试之以策，况义士乎？假令不能必尽得贤能，要必愈于了不试也。

【注释】

①《礼记·燕义》："春合诸学，秋合诸射，以考其艺而进退之。"《仪礼·射义》郑玄注："选士者先考德行，乃后决之于射。"

②旃：兼词，乃"之焉"的合音。

③墝（jī）：后代借用"瘠"字。

④《洪范》：《尚书》篇名。记载的是周文王向箕子请问上天使世间之人安居的常理，箕子做了较系统的回答，其中谈到"天乃锡禹洪范九畴"，即九种大法。九畴包括"五行""五事""八政""五纪""皇极""三德""稽疑""念用庶征""五福"和"六极"。箕子乃商纣之亲，或以为纣之诸父，或以为纣之庶兄。

⑤范生：范蠡。《史记·货殖列传》："范蠡既雪会稽之耻，乃喟然而叹曰：'计然之策七，越用其五而得意。既已施于国，吾欲用之家。'乃乘扁舟，浮于江湖。"按计然为范蠡之师。据《越绝书》，献九术以灭吴的乃是文种。或葛稚川兼采诸书也。

⑥夷吾：管仲名夷吾，字仲。《史记·管仲晏婴列传》："管仲既用，任政于齐，齐桓公以霸，九合诸侯，一匡天下，管仲之谋也。……其为政也，善因祸而为福，转败而为攻。……管仲卒，齐国遵其政，常强于诸侯。"《汉书·艺文志》有《筦子》（"筦"与"管"同）八十六篇。今人多认为是战国至秦汉时之伪作。

⑦不害：申不害。见《用刑》篇"扬子云谓申、韩为屠宰"句注。《史记》载其著《申子》二篇。《汉书·艺文志》录有《申子》六篇。

【译文】

有人说："能说不一定能干。现在考试经典回答策问即使通过，难道一定有从事政事的才能吗？"

抱朴子回答说："古时候还曾用射箭来选择人才，何况是经义呢？假如舍弃它，那么还没见到其他的方法比它强的。茂盛的草不生长在瘠薄的土地上，大鱼不生长在小水坑里，可为准则的语言不会从平庸的人口中说出来，优秀的文章不会出自愚顽者的笔下。因此，翻阅《尚书·洪范》就知道箕子有经管世事的才能，看过为越王勾践出的九种计策，就发现范蠡怀着治理国家的谋略。读了管仲的书，就明白他有拨乱反正的才干；浏览申不害的文章，就看出他精通称霸诸侯实行王道的办法。假如现在孝廉必须测试经典没有脱漏错误，而秀才必须回答策问没有失掉主旨，那么也就使他们不愚昧无知了。好的武将考核优异取其胆大勇武，还要再考试策问，何况文士呢？假使不一定得到的都是贤能者，总要比完全不考试强多了。

【原文】

"今且令天下诸当在贡举之流者，莫敢不勤学，但此一条，其为长益风教，亦不细矣。若使海内畏妄举之失，凡人息侥幸之求，背竞逐之末，归学问之本，儒道将大兴，而私货必渐绝；奇才可得而役，庶官可以不旷矣。"

【译文】

"假如现在让天下所有应该在贡举行列的人，没有人敢不勤奋学习，仅此一条，这种方法给风俗教化带来的长久好处，也就不小了。如果让四海之内的人对胡乱贡举人感到畏惧，凡夫俗子断了侥幸求官的念头，离开争逐官爵的末途，回到求学问的根本的路上去，儒家的学说将大为兴盛，私人的贿赂必然渐渐消失；出色的人才能够任用，百官可以不空缺了。"

【原文】

或曰："先生欲急贡举之法，但禁锢之罪，苛而且重，惧者甚众。夫急辔繁策，伯乐所不为①；密防峻法，德政之所耻。"

【注释】

①伯乐：见《嘉遁》篇"孙阳之耻也"句注。

【译文】

有人说："先生想要严格贡举的办法，但是采取禁止为官的惩罚，苛刻而沉重，畏惧的人太多。缰绳勒得过紧，鞭打过于频繁，是伯乐所不做的事；严密的防范，严厉的刑法，是仁德之政认为羞耻的事。"

【原文】

抱朴子曰："夫骨填肉补之药，长于养体益寿，而不可以救暍溺之急也①；务宽含垢之政②，可以莅敦御朴，而不可以拯衰弊之变也。虎狼见逼，不挥戈奋剑，而弹琴咏诗，吾未见其身可保也③；燎火及室，不奔走灌注，而揖让盘旋④，吾未见其焚之自息也。今与知欲卖策者论此，是与跖议捕盗也⑤。"

【注释】

①暍（yē）：中暑。《说文·日部》："暍，伤暑也。"

②含垢：见《用刑》篇"诱于含垢"句注。

③《太平御览》三五一引，"身"下有"之"字。有"之"方可与"吾未见其焚之自息也"句骈俪。

④揖让盘旋：见《用刑》篇"盘旋以逐走盗，揖让以救灾火"二句注。

⑤策：授爵封官的文书。《左传·昭公三年》："郑伯如晋，公孙段相，甚敬而卑，礼无违者。晋侯嘉焉，授之以策。"杜预注："策，赐命之书。"跖：盗跖。见本篇上文"孔、墨蒙盗跖之垢"句注。

【译文】

抱朴子说："那些填补骨头长出肉的药，优点在于保养身体延年益寿，但不能解救中暑溺水的急难；追求宽宏容忍污垢的政策，可以统御敦厚朴实的百姓，但不能拯救衰败颓坏的趋势。虎狼逼到了眼前，不挥举刀剑，而是弹琴诵诗，我看不出他可以保护自己；大火烧着了房子，不奔跑着浇水，而是谦恭有礼地走来走去，我看不出火会自己熄灭。现在和只知贪欲出卖封策的人谈这些，就是和盗跖谈捕盗贼的事。"

【原文】

抱朴子曰："今普天一统，九垓同风①，王制政令，诚宜齐一。夫衡量小器，犹不可使往往而有异，况人士之格，而可参差而无检乎？江表虽远，密迩海隅②，然染道化，率礼教，亦既千余载矣③。往虽暂隔，不盈百年④。而儒学之事，亦不偏废也。惟以其土宇褊于中州⑤，故人士之数，不得钧其多少耳。及其德行才学之高者，子游、仲任之徒⑥，亦未谢上国也。

【注释】

①九垓（gāi）：中央至八极之地。《国语·郑语》："王者居九畡之田。"韦昭注："九畡，九州之极数。"《说文·土部》"垓"字条下引作"垓"。段玉裁注："畡者，垓之异也。"

②江表：江之外，即江南。自中原言之，长江中下游以南在长江之外，故称。密迩：靠近。出《书·太甲》："予弗狎于弗顺，营于桐宫，密迩先王其训，无俾世迷。"

③据《史记·吴太伯世家》，吴之祖吴太伯及弟仲雍，皆为周文王伯父，见弟季历及其子昌贤，父太王欲立之，遂奔荆蛮而立国。五传至周章，逢武王克殷，因封周章为吴君，又十四传至吴寿梦，"与中国时通朝会"（《吴越春秋·吴太伯传》）。依《史记·十二诸侯年表》，吴寿梦元年当周简王元年，依公历在公元前585年，而葛稚川此书定稿在东晋初——东晋元帝立于公元317年，合计为九百年之数。

④自孙策封吴侯（建安三年，即公元198年）至孙皓降晋（天纪四年，即晋武帝咸宁六年，亦即公元280年），共八十二年。

⑤土宇：疆土；国土。《后汉书·荀彧传》："公前屠邺城，海内震骇，各惧不得保其土宇，守其兵众。"褊（biǎn）：《说文·衣部》："褊，衣小也。"段玉裁注："引申为凡小之称。"中州：古豫州处九州之中，故称中州。泛指中原地区。

⑥子游：孔子弟子言偃，字子游。《论语·先进》："文学：子游、子夏。"司马贞《史记索隐》言其为吴郡人，"今吴郡有言偃冢"。《论衡·自纪》："王充者，会稽上虞人也，字仲任。"《后汉书·王充传》："充少孤，乡里称孝。后到京师，受业太学，师事扶风班彪。好博览而不守章句。家贫无书，常游洛阳市肆，阅所卖书，一见辄能诵忆，遂博通众流百家之言。……以为俗儒守文，多失其真，乃闭门潜思，绝庆吊之礼，户牖墙壁各

置刀笔。著《论衡》八十五篇，二十余万言。"其友谢夷吾荐王充曰："充之天才，非学所加，虽前孟轲、孙卿，近汉扬雄、刘向、司马迁，不能过也。"（李贤注引谢承《后汉书》）

【译文】

抱朴子说："如今全国统一，九州同受天子教化，帝王的旨意行政的命令，确实应该整齐划一。秤衡升斗这些小的器具，尚且不能让它们在各处有所不同，更何况衡量士人的标准，怎么能参差不齐并且不加查检呢？江南地方虽然遥远，靠近海边，但沾染正道风化，遵循礼教，也已经千年以上了。以前虽然曾经短时间阻隔，但不足百年。而儒家学说也没有偏废。只是因为那里地方比中原狭窄，所以士人的数目，不能和中原等同罢了。至于说那里品德行为才能学问高的人，言偃、王充之类，也不比北方中原地区的逊色。

【原文】

"昔吴土初附，其贡士见偃以不试①。今太平已近四十年矣②，犹复不试，所以使东南儒业衰于在昔也。此乃见同于左衽之类③，非所以别之也。且夫君子犹爱人以礼，况为其恺悌之父母邪④！法有招患，令有损化，其此之谓也。今贡士无复试者，则必皆修饰驰逐，以竞虚名，谁肯复开卷受书哉？所谓饶之适足以败之者也。

【注释】

①据《晋书·孔坦传》载，东晋初"太兴三年，秀、孝多不敢行；其有到者，并托疾。（元）帝欲除署孝廉，而秀才如前制。（孔）坦奏曰：'……自丧乱以来，十有余年，……家废讲诵，国阙庠序，率尔责试，窃以为疑。然宣下以来，涉历三载，累遇庆会，遂未一试。扬州诸郡，接近京都，惧累及君父，多不敢行。其远州边郡，掩诬朝廷，冀于不试，冒昧来赴。既到审试，遂不敢会。……愚以王命无贰，宪制宜信。去年察举，一皆策试。如不能试，可不拘到，遣归不署。……可申明前下，崇修学校，普延五年，以展讲习。……'帝纳焉。"

②自孙皓降晋（公元280年）至此书定稿（公元317年），共37年。

③左衽：见《君道》篇"左衽仰之"句注。

④恺（kǎi）悌（tì）：和乐平易。《诗经》多见，作"岂弟"。如《大雅·旱麓》："岂弟君子，神所劳矣。"《左传·僖公十二年》引作"恺悌"。杜预注："恺，乐也；悌，易也。"

【译文】

"从前吴地刚刚归附中原时，那里贡举的士人因未行考试而被埋没。如今天下太平已将近四十年了，仍旧不进行考试，因此使东南的儒家学业比以前衰微了。这是让我们被边远未开化民族同化的主意，不是让我们和他们区别开来的办法。况且君子爱别人还要依据礼，更何况作为他们和乐平易的父母呢？法律有的会招来祸患，命令有时会损害教化,恐怕说的就是这种情况吧!现在贡举士人再不进行考试,那么肯定全都去作假和奔走,来争抢虚名,谁还肯去开卷读书呢?所谓让他们更丰厚富足,其实恰恰足以败坏他们。

【原文】

"自有天性好古,心悦艺文,学不为禄,味道忘贫,若法高卿、周生烈者①。学精而不仕②,徇乎荣利者,万之一耳。至于宁越、倪宽、黄霸之徒③,所以强自笃励于典籍者,非天性也,皆由患苦困瘁,欲以经术自拔耳。向使非汉武之世,则朱买臣、严助之属④,亦未必读书也。今若取富贵之道,幸有易于学者,而复素无自然之好,岂肯复空自勤苦,执洒扫为诸生⑤,远行寻师问道者乎?

【注释】

①法高卿:见《逸民》篇"法高卿再举孝廉"句注。周生烈:《三国志·魏书·王肃传》"自魏初征士燉煌周生烈"裴松之注:"此人姓周生,名烈。何晏《论语集解》有烈义例,余所著述见《武帝中经簿》。"

②陈澧曰:"'仕'字疑衍,或下有脱字。"陈说是。译文从其前说,一读至"者"。

③宁越:见《勖学》篇"宁子勤夙夜以倍功"句注。倪宽:见同篇"倪宽带经以芸锄"句注。黄霸:见同篇"黄霸抱桎梏以受业"句注。

④《汉书·朱买臣传》:"朱买臣,字翁子,吴人也。家贫,好读书,不治产业。常艾薪樵,卖以给食,担束薪,行且诵书。……会邑子严助贵幸,荐买臣。召见,说《春秋》,言《楚词》,帝甚说之,拜买臣为中大夫,与严助俱侍中。"《汉书·严助传》:"严助,会稽吴人。……郡举贤良。对策百余人,武帝善助对,繇是独擢助为中大夫。……上令助等与大臣辩论,中外相应以义理之文,大臣数诎。"

⑤洒扫:原出《诗经》,多见。《论语·子张》:"子游曰:'子夏之门人小子,当洒扫、应对、进退,则可矣,抑末也。本之则无,如之何!'"后以洒扫及应对、进退为执弟子礼之基。

【译文】

"自然有天性喜好古风,内心热爱典籍,学习不为俸禄,体味正道而忘记了贫困,像法真、周生烈那样的人。学业精深但不追求荣耀利益的人,一万人中也就只有一个。至于宁越、倪宽、黄霸这些人,之所以强迫自己努力学习典籍,不是出自天性,完全是由于困苦窘迫,想用经典之学自我解脱罢了。当初假如不是汉武帝的时代,那么朱买臣、严助之类的人也未必读书。现在如果寻找发财做官的道路,幸好有比读书学习容易的,再加上平时没有天生来的喜好,哪里肯再去白白地下勤苦功夫,洒水扫地当学生,走远路寻找老师去求问道理呢?

【原文】

"兵兴之世,武贵文寝,俗人视儒士如仆虏,见经诰如芥壤者,何哉?由于声名背乎此也。夫不用,譬犹售章甫于夷越①,徇髯蛇于华夏矣②。今若遐迩一例,明考课试,则必多负笈千里③,以寻师友,转其礼赂之费,以买记籍者,不俟终日矣④。"

【注释】

①章甫:商代一种礼冠。语本《庄子·逍遥游》:"宋人资章甫而适诸越,越人断发文身,无所用之。"陆德明释文引李颐曰:"资,货也。章甫,殷冠也。以冠为货。"

②髯蛇:大蛇。《淮南子·精神训》:"越人得髯蛇以为上肴,中国得而弃之无用。"《太平御览》引文及《说文》并作"蚺"。

③负笈(jí):背着书箱。言远游求师。《后汉书·李固传》:"常步行寻师。"李贤注引谢承《后汉书》:"固改易姓名,杖策驱驴,负笈追师三辅,学五经,积十余年。"

④不俟终日:出《易·系辞下》:"君子见几而作,不俟终日。"

【译文】

"兴兵动武的时代,武将尊贵而文人被搁置,俗人把儒生看作和仆人奴隶一样,把经典看作草芥尘土一样,为什么呢?是由于名声与这种追求相背离。不用,就像卖礼冠给南夷越人,到中原地方来炫耀大蛇一样。现在如果远近一律,公开考核,那么必然使背着书箱走千里路去寻师访友,把送礼行贿得钱转而去买典籍的人多起来,用不了一天的时间。"

【原文】

抱朴子曰:"才学之士堪秀、孝者,已不可多得矣。就令其人,若如桓、灵之世,举吏不先以财货,便安台阁主者,则虽诸经兼本解①,于问无不对,犹见诬枉,使不得过矣。常追恨于时执事,不重为之防。

【注释】

①诸经兼本解:孙人和以为"文义不明。'兼本解',当作'无不解'"。杨明照曰:"'本'字疑为衍文。'诸经兼解'谓兼解诸经也。"然依杨说,则此句与"于问无不对"不成骈偶。故译文不取此二说。

【译文】

抱朴子说:"有才学的士人值得荐为秀才、孝廉的,已经是不可多得了。即使确实有这样的人,如果在汉桓帝、灵帝的时候,荐举官吏不先以钱财贿赂,让台阁的主事者便利安稳,那即使修各部经典者都有合乎原意的解释,对问题没有不能回答的,还是被诬陷冤枉,让他不能通过。我常常为当时的有关官员不能非常用心地防范这种情况产生感到遗憾。

【原文】

"余意谓新年当试贡举者①,今年便可使儒官才士,豫作诸策②,计足周用。集上禁其留草殿中③,封闭之;临试之时,亟赋之。人事因缘于是绝。当答策者，皆可会著一处，高选台省之官亲监察之。又严禁其交关出入，毕事乃遣。违犯有罪无赦。如此，属托之冀窒矣。夫明君恃己之不可欺，不恃人之不欺己也。亦何耻于峻为斯制乎？若试经法立，则天下可以不立学官④，而人自勤乐矣。

【注释】

①杨明照曰："'新年'，既与下句之'今年'对举，则新年谓明年也。"极是。
②就政事、经义等设问，由应试者对答，所答称策。
③陈澧曰："'禁'字下疑有脱字。"
④学官：学校。桓宽《盐铁论·散不足》："皇帝建学官，亲近忠良，欲以绝怪恶之端。"

【译文】

"我的意思是说，如果明年应当对贡举的人进行考试，那么今年就可以让教师学士们预先准备各种对策，设想周全准备充足。考试前把他们封闭在临时的房子里，禁止出入；临到考试的时候，当时进行创作。各种关系的请托说情于是可以断绝。应当答策的，全都可以会聚到一起，严格地选取尚书台的官员，亲自监督检察他们。还要严禁他们结交和出入，事情完毕才能遣散。违犯的人判罪决不赦免。这样的话，私下请托的希望就不存在了。贤明的君主应当依靠自己不会被欺骗，不能依靠别人不欺骗自己。又为什么耻于严格地实行这种制度呢？如果考试经过法律来确立，那么天下就可以不设立学校，而人们自然就勤奋并乐于学业了。

【原文】

"案四科亦有明解法令之状①。今在职之人，官无大小，悉不知法令。或有微言难晓，而小吏多顽，而使之决狱，无以死生委之②，以轻百姓之命，付尤知之人也。作官长不知法，为下史所欺而不知，又决其口笔者③，愦愦不能知食法④，与不食不问，不以付主者，或以意断事，蹉跌不慎法令，亦可令廉良之吏，皆取明律令者试之如试经，高者随才品叙用。如此，天下必少弄法之吏、失理之狱矣。"

【注释】

①四科：见本篇上文"格以四科"句注。
②无：孙人和疑为"兼"字之误。杨明照以为"无"下疑脱"异"字。卢本、柏筠堂本、文渊本、崇文本作"是"。译文从"是"。
③陈澧曰："此数句文意未明，或有脱误。"
④愦愦：王国维校"愦愦"。译文从之。

【译文】

"考查一下汉代举士的四种科目当中也有明确解释法令的内容。如今在职的人们，官位无论大小，全都不懂法令。有的地方语言隐微不好懂，而小官员大多愚蠢，而让他们来断案子，这是把生死的大事交给这种人，因而轻视百姓的生命，把它们交给无知的人了。作为主管官员不懂法律，被下属官吏所欺骗而不知道，而断案又决定于他们的口和笔的人，昏庸而不能知道下属贪赃枉法，以及虽不贪赃但不查问，不上报主管官员。有的人靠主观臆断来断案，莽撞失误，不慎重执法，也可以让头脑清楚能力出色的官吏，全都选取明白法律条令的人来考试，就像考试经典一样。成绩好的按照才能分等任用。这样，天下就一定会少有玩弄法律的官吏和审理不当的案件了。"

卷第十六　交　际

题　解

本篇阐述作者的交友观。

作者赞同交友，并引《易》《诗》、孔圣之论以及管、鲍之交的故事等进行论证。作者又对交友提出极严格的要求，即务必取舍一致，业尚相同，能拾遗斥谬，并能"终始一契"。虽然这样的朋友"良未易得"，但原则绝不放弃。作者认为，穷达通塞要付之自然，并且都要视为身外之物。为了自身的显达而不择手段地去谄媚逢迎，作者是深恶痛绝的，不但严厉谴责，而且认为应该"流浊于四裔，投畀于有北"。作者还批驳了那种认为时代已经改变，且"行立乎己，名成乎人"的观点，认为关键还是自身的"金玉""灵鸟""芳兰"一般的价值，舍此就彼，"虽得达不足贵"，更何况结交俗友会"移直道"，使自己走向庸俗。

通观此篇可以看出，作者主张交友，但抨击走权门，市虚名，买官位的不良社会风气，主张抛弃交际的功利目的，提倡高尚的友谊。他对"时移世变，古今别务"的批评，可能在今天仍有很深刻的社会意义。

【原文】

抱朴子曰："余以朋友之交，不宜浮杂。面而不心，扬雄攸讥①。故虽位显名美，门齐年敌，而趋舍异规，业尚乖互者，未尝结焉。或有矜其先达，步高视远，或遗乎陵迟之旧好，或简弃后门之类味②，或取人以官而不论德。其不遭知己，零沦丘园者③，虽才深智远，操清节高者，不可也；其进趋偶合，位显官通者，虽面墙庸琐④，必及也。如此之徒，虽能令壤虫云飞⑤，斥鷃戾天⑥，手捉刀尺⑦，口为祸福，得之则排冰吐华，失之则当春彫悴⑧，余代其踧踖⑨，耻与共世。

【注释】

①孙星衍曰："（扬雄）藏本作'扬云'。从《意林》改。"杨明照以为"孙改非是"，并证以鲁藩本等九种版本，以及《逸民》《酒诫》等篇，以为当作"扬云"。甚是。扬雄，字子云，省称扬云，乃本书通例。《法言·学行》："朋而不心，面朋也，友而不心，面友

也。"孔颖达曰:"同门曰朋,同志曰友。"

②后门:寒微的门第。《晋书·刘元海载记》:"幽冀名儒,后门秀士,不远千里,亦皆游焉。"类味:谓气味相似者。

③丘园:见《勖学》篇"旅束帛乎丘园"句注。

④面墙:见《勖学》篇"然后觉面墙之至困也"句注。

⑤壤虫:幼虫。《淮南子·道应训》:"吾比夫子,犹黄鹄与壤虫也。"许慎注:"壤虫,虫之幼也。"

⑥斥鷃:见《逸民》篇"夫斥鷃不以蓬榛易云霄之表"句注。戾(hì)天:出《诗经》。如《小雅·小宛》:"宛彼鸣鸠,翰飞戾天。"毛传:"戾,至也。"

⑦刀尺:以裁剪工具喻权柄。《晋书·李含传》:"妄弄刀尺。"

⑧彫:通凋。

⑨王广恕曰:"('踧')疑当作'踢'。"杨明照曰:"王说是。"踢(jú)踖(jí):局促不安。

【译文】

抱朴子说:"我认为朋友之间的交往不应该浮泛杂乱。只有面交没有心交,是扬子云曾讥讽过的。所以即使地位显赫名声美好,门户相当年龄相近,但是取舍的标准不同,事业追求相互矛盾的人,也没有结为朋友的。有些人自负先行显达,昂首阔步,有些人丢弃地位衰落的老朋友,有些人抛开门第寒微的同道,有些人以官位选择人而不论他的品德。那些没有遇上知己者,沉沦隐居的人,即使才能高智慧大,操守清廉气节高尚,也不认可为友;那些努力奔走偶遇机会,地位显要官运亨通的人,即使不学无术庸俗猥琐,也一定与他交往。这样的家伙,即使能够让土里的爬虫在云中飞翔,让斥鷃上达于天,手握人才进退大权,口中决定人的祸福,得到他就能化开冰雪开出鲜花,失掉他们就会正当春天却使花朵凋谢枯萎,我仍然替他感到不安,耻于和他生活在同一时代。

【原文】

"穷之与达,不能求也。然而轻薄之人,无分之子,曾无疾非峨然之节①,星言霄征②,守其门廷,翕然谄笑,卑辞悦色,提壶执贽,时行索媚;勤苦积久,犹见嫌拒,乃行因托长者以构合之。其见受也,则踊悦过于幽系之遇赦;其不合也,则懊悴剧于丧病之逮己也。通塞有命,道贵正直,否泰付之自然,津涂何足多咨?嗟乎细人,岂不鄙哉!人情不同,一何远邪!每为慨然,助彼羞之。

【注释】

①"俄然"与"节"不惬。孙人和以为当作"峨"。杨明照以为孙说是。峨然,高峻不阿,卓然特立。

②星言:出《诗·鄘风·定之方中》:"星言夙驾,说于桑田。"义为星见而夙驾,"言"为连词。此割"星言"二字以代"夙驾",犹"友于"割之于"友于兄弟"以代

"兄弟",其例一也。

【译文】

"困厄和显达,是不能以人力求得的。但是轻浮浅薄的人,没有资格的人,居然并不痛恨并非高尚的节操,早早晚晚地奔走,守住人家的门庭,献上趋附谄媚的笑容,言词卑微,表情和悦,提着酒壶拿着礼物,不时去讨好取媚;频繁而辛苦得时间长了,还是被嫌弃拒绝,于是委托贵显者来牵线搭桥。他如果被接受了,就跳跃高兴超过在牢狱中遇到了赦免;如果没被人接受,那么懊丧忧伤比丧事疾病及于自身还要厉害。通达还是困顿有命运的安排,为人之道重要的是正直,运气的好坏归于自然,门径哪里值得那么赞叹!唉,小人们哪,难道还不觉得鄙陋吗!人的感情不同,又差得多么远呢!每每为此慨然叹息,替他们感到害羞。

【原文】

"昔庄周见惠子从车之多,而弃其余鱼①。余感俗士不汲汲于攀及至也②。瞻彼云云驰骋风尘者,不懋建德业,务本求己③,而偏徇高交以结朋党,谓人理莫此之要,当世莫此之急也。以岳峙独立者为涩吝疏拙,以奴颜婢睐者为晓解当世④。风成俗习,莫不逐末,流遁遂往,可慨者也。

【注释】

①事见《淮南子·齐俗训》:"故惠子从车百乘以过孟诸,庄子见之,弃其余鱼。"许慎注:"惠子名施,仕为梁相。从车百乘,志尚未足。孟诸,宋泽。庄子名周,隐而不仕。见惠施之不足,故弃余鱼。"

②依杨明照说,"不"前脱一"莫"或"无"字。

③求己:本《论语·卫灵公》:"君子求诸己,小人求诸人。"

④睐(lài):目光。

【译文】

"当初庄子看见惠施跟随的车辆众多,而弃掉了多余的鱼。我有感于庸俗之士,无不急切地去攀附已经到了极点。看那芸芸众生在仕宦之途上驰骋奔走,不努力地去建立德行功业,致力于根本求之于自己,而是偏私屈从攀附巴结以结成集团,认为人间道理没有比这更重要的,当今世上没有比这更紧急的了。把山岳一般屹立不与人勾结的人,当作是笨拙不切实际;把一副奴才表情婢女眼神的人,当作是了解当时社会。风气已经形成,没有人不追逐末节,流荡逃遁随波逐流,值得慨叹。

【原文】

"或有德薄位高,器盈志溢,闻财利则惊掉,见奇士则坐睡①。繿缕杖策②,被褐负笈者③,虽文艳相、雄④,学优融、玄⑤,同之埃芥,不加接引。若夫程郑、王孙、罗裒之徒⑥,乘肥衣轻,怀金挟玉者,虽笔不集札⑦,菽麦不辨⑧,为之倒屣⑨,吐食握发⑩。

【注释】

①见奇士则坐睡：谓秦孝公初见商鞅事。见《官理》篇"秦孝闻高谈而睡寐"句注。

②繿（lán）缕：与"蓝缕""褴褛"同，言衣服破烂。

③被褐：见《君道》篇"被褐而朝隐"句注。负笈：见《审举》篇"则必多负笈千里以寻师友"句注。

④相：司马相如。字长卿，蜀郡成都人。所作《子虚赋》受到汉武帝的赞赏。及见武帝，又为作《上林赋》《大人赋》等。据《汉书·艺文志》记载，其赋共有二十九篇（今存六篇）。《汉书·叙传》下称其赋"文艳用寡，子虚乌有，寓言淫丽，托风终始，多识博物，有可观采，蔚为辞宗、赋颂之首"，其作多为汉魏文人赋仿效。《史记》《汉书》均有传。雄：扬雄。亦蜀郡成都人。早年钦佩司马相如，写了较多的赋，中年以后转向哲学、语言方面。其赋作总数，综合各书，有十五篇左右，今存较多，以《甘泉赋》《羽猎赋》《河东赋》《长杨赋》更为有名。《汉书》有传。

⑤融：马融。字季长，东汉时扶风茂陵（今陕西西安与宝鸡之间）人。少而好学，"才高博洽，为世通儒，教养诸生，常有千数。"注《孝经》《论语》《诗》《易》《三礼》《尚书》《列女传》《老子》《淮南子》《离骚》。"玄：郑玄。字康成，北海高密（今山东潍坊与青岛之间）人。曾师事马融，辞归时，融叹曰："郑生今去，吾道东矣。"因家贫而客耕东莱，从学之人数百上千。注《周易》《尚书》《毛诗》《仪礼》《礼记》《论语》《孝经》《尚书大传》《六艺论》等凡百余万言。二人皆于《后汉书》有传。

⑥程郑、王孙、罗裒（yòu）：其中"王孙"为卓王孙之省。三人皆汉代蜀地巨富。卓氏本赵人，以冶铁富。秦破赵，迁至临邛，"即铁山鼓铸，运筹策倾滇、蜀之民，富至僮千人。田池射猎之乐，拟于人君。程郑，山东迁虏也，亦冶铸，贾椎髻之民，富埒卓氏"（《史记·货殖列传》）。按椎髻之民谓南方少数民族，埒（liè）谓等同。《汉书·货殖传》载，汉成帝、哀帝时，卓、程家族衰落，成都罗裒靠赊贷、盐井等，"訾至巨万"。

⑦集札：谓落笔于木简，谓为文。

⑧菽麦不辨：见《崇教》篇"虽叔麦之能辩"句注。

⑨倒屣（xǐ）：倒穿着鞋。谓匆忙迎客。出《三国志·魏志·王粲传》："时（蔡）邕才学显著，贵重朝廷，常车骑填巷，宾客盈坐。闻粲在门，倒屣迎之。"

⑩吐食握发：见《嘉遁》篇"悲吐握之良苦"句注。

【译文】

"有的人品德浮薄而地位显赫，器小易盈志满意得，听到钱财利益就吃惊掉头，看到奇逸之士却坐着打盹儿。而衣裳褴褛、手拄木棍、身披褐衣、背负书箱的人，即使文词华美超过司马相如和扬雄，学问比马融、郑玄还要出色，也视同尘埃草芥，不予接待。至于像程郑、卓王孙、罗裒之类的人，乘坐肥马驾的车，穿轻暖的衣服，怀中揣金手里握玉，即使不动笔写文章，豆子、麦子分不清，但也要为他们倒屣出迎、吐食握发来接待。

【原文】

"余徒恨不在其位，有斧无柯①，无以为国家流秽浊于四裔②，投畀于有北③。彼虽赫奕，刀尺决乎……④，势力足以移山拔海，吹呼能令泥象登云，造其门庭，我则未暇也。而多有下意怡颜，匍匐膝进，求交于若人，以图其益。悲夫！生民用心之不钧⑤，何其辽邈之不肖也哉！余所以同生圣世而抱困贱，本后顾而不见者，今皆追瞻而不及，岂不有以乎！然性苟不堪，各从所好，以此存亡，予不能易也。"

【注释】

①以斧柯谓权柄。有斧无柯，言不掌握权力。

②四裔：见《嘉遁》篇"有虞举则四凶戮"句注。

③畀（bì）：给予。有北：即北方。"有"为词头。出《诗·小雅·巷伯》："取彼谮人，投畀豺虎。豺虎不食，投畀有北。"毛传："北方寒凉而不毛。"

④孙星衍曰："有脱文。"依下"势力足以移山拔海"句例之，此处脱四字。译文付阙。

⑤生民：即指人民；人们。出《书·毕命》："道洽政治，泽润生民。"

【译文】

"我只恨没有身在其位，手中没有权柄，没办法为国家把这些污浊肮脏的家伙流放到边远地方，驱逐到极北的地区去。他们虽然显赫光耀，进退大事决定于……势力足能够移动高山和大海，吹气能让泥象登上云端，但是到他们家去，我还没有闲功夫。但也有很多人低声下气表情和悦，趴在地上以膝盖走路，请求和这些人交往，以图自己的利益。悲惨哪！人们用心不均衡，是多么差别巨大互不相同啊！我之所以和他们同是生在圣明的时代，但抱守困顿卑微，并且后顾无人效法，如今即使想后悔补救都来不及，难道不是有原因的吗！但人性如果不能忍受，还是各自追随自己的爱好，无论生死都是这样，我是不能改变的。"

【原文】

或又难曰："时移世变，古今别务，行立乎己，名成乎人。金玉经于不测者，托于轻舟也；灵乌萃于玄霄者，扶摇之力也①；芳兰之芬烈者②，清风之功也；屈士起于丘园者③，知己之助也。今先生所交必清澄其行业，所厚必沙汰其心性，孑然只跱，失弃名辈，结仇一世，招怨流俗，岂合和光以笼物，同尘之高义乎④？若比智而交，则白屋不降公旦之贵⑤；若钧才而游，则尼父必无入室之客矣⑥。"

【注释】

①乌：藏本、鲁藩本、吉藩本、旧写本作"鸟"。杨明照曰："'鸟'字是。孙妄改为'乌'，大谬。"并证以下文"子云玉浮鸟高，皆有所固"及"吾以为宁作……不飞之鹏"二句。甚确。灵鸟指鹏。句本《庄子·逍遥游》："《谐》之言曰：'鹏之徙于南冥也，水击三千里，抟扶摇而上者九万里。'"按"抟（tuán）"谓"拊翼徘徊而上也"。（见陆德明《经典释文》引崔譔）扶摇：旋风。（依成玄英说）

②杨明照曰："'芬烈'上有脱字,观上下排句自明。"按此句当为"……于"二字误为"之"字。

③丘园:谓隐逸者所居。

④语本《老子》四章:"锉其兑,解其纷,和其光,同其尘。"王弼注:"无所特显,则物无所偏争也;无所特贱,则物无所偏耻也。"意谓调和光明,使近同于尘埃。喻随俗而处,不露锋芒。

⑤见《逸民》篇"从白屋之士七十人"句注。

⑥入室:语出《论语·先进》:"由也升堂矣,未入于室也。"邢昺疏:"言子路之学识深浅,譬如自外入内,得其门者。入室为深,颜渊是也;升堂次之,子路是也。"言弟子得师精髓,造诣高深。

【译文】

有人又非难我说:"时间有推移时代有改变,古代与现代的追求是不一样的,掌握行为在于自己,而成就名声却在于别人。金玉要渡过深水,必须装到船上;大鹏飞上高空,要借助旋风的力量;兰花散发浓郁的芳香,要靠清风来传播;被压抑的士人从隐逸中出仕,要靠知己者的帮助。而现在先生所交往的人,一定要他的行为事业清而又清,所密切的人一定要拣选他的情感欲望,孑然孤立,丢掉了很多有名望的人,与全社会结仇,招致流俗人的怨恨,这难道合乎以和缓之光笼罩万物,等同于尘埃以随俗这样的正大道理吗?如果是同等智力者才相交友,那么普通百姓的家就不会有出现屈尊而降的周公;如果是才能相当者才往来,那么孔子也不会有造诣高深的入室弟子了。"

【原文】

抱朴子曰:"吾闻详交者不失人,而泛结者多后悔。故曩哲先择而后交,不先交而后择也。子之所论,出人之计也;吾之所守,退士之志也。子云玉浮鸟高,皆有所因,诚复别理一家之说也。吾以为宁作不载之宝,不飞之鹏,不扬之兰,无党之士,亦……损于夜光之质①,垂天之大②,含芳之卉,不朽之兰乎?且夫名多其实,位过其才,处之者犹觊免于祸辱,交之者何足以为荣福哉!

【注释】

①孙星衍曰:"('亦'下)疑当有'何'字。"孙说是。译文从有"何"字。

②《庄子·逍遥游》:"鹏之背不知其几千里也,怒而飞,其翼若垂天之云。"陆德明引司马彪曰:"若云垂天旁。"

【译文】

抱朴子说:"我听说审慎交往的不会失掉该交的人,而浮泛结交的往往后悔。所以从前的哲人是先选择而后结交,而不是先结交而后选择。您所谈论的是出仕为官者的想法,我所保守的是谦退士人的志向。您说到玉渡河鸟高飞,都要有所依托,实在又是另外遵循的一种理论。我认为宁肯当不过河的宝贝，不飞升的大鹏，不飘香的兰花，无朋党的士人，又怎么会损害夜光玉璧的本质，鲲鹏那云垂天边般的巨大，内含芬芳的花卉，不枯朽的兰花呢？况且名声超过实际情况，地位超过才能，处在那种地位的人自己还很少有免于灾祸侮辱的，和他们交往的人哪里能够有荣耀福气哪！

【原文】

"由兹论之，则交彼而遇者，虽得达不足贵；芘之而误者①，譬如荫朽树之被笮也②。彼尚不能自止其颠蹶，亦安能救我之碎首哉！吾闻大丈夫之自得而外物者，其于庸人也，盖逼迫不获已而与之形接，虽以千计，犹蚤虱之积乎衣，而赘疣之攒乎体也。失之虽以万数，犹飞尘之去嵩、岱，邓林之堕朽条耳③。岂以有之为益，无之觉损乎？

【注释】

①芘（bì）：通庇。荫蔽；庇护。
②笮：见《审举》篇"填窄乎泥泞之中"句注。
③邓林：见《嘉遁》篇"而锥钻不可以伐邓林"句注。

【译文】

"从这一点来说，那么和他们交往而遇到了机会，即使能够腾达也不值得宝贵；受到人家庇护而误了前程，就像在朽烂的树下乘凉被砸着。那些人自己尚且不能避免跌倒，又怎么能解救我们被打碎脑袋呢！我听说大丈夫自得其乐超然物外，他们对于平庸的人，大概只在迫不得已的时候才与他们接触，这样的人即使数以千计，就像衣服里积攒的跳蚤虱子，身体上长得很多的瘊子一样。失掉他们即使数以万计，就像嵩山、泰山吹走了一些尘土，邓林中坠落了几根朽枝一样。怎么会认为有他们就有好处，没有他们就觉得有损失呢？

【原文】

"且夫朋友也者，必取乎直谅多闻①，拾遗斥谬，生无请言，死无托辞，终始一契，寒暑不渝者。然而此人良未易得，而或默语殊涂②，或憎爱异心，或盛合衰离，或见利忘信。其处今也，譬犹禽鱼之结侣，冰炭之同器③，欲其久合，安可得哉！夫父子天性，好恶宜钧，而子政、子骏，平论异隔④；南山、伯奇，辩讼有无⑤。面别心殊，其来尚矣。总而混之，不亦难哉！

【注释】

①谅：各本或作"亮"。依《疾谬》篇"疾美而无直亮之针艾"、《自叙》篇"亦何理于人之不见亮乎"例之，葛雅川惯以"亮"通"谅"也。
②默语：见《嘉遁》篇"隐显默语"句注。
③冰炭同器：见《审举》篇"譬犹冰炭"句注。
④子政、子骏：汉刘向，字子政；其少子刘歆（xīn），字子骏。父子俱治春秋经传，

向擅《谷梁》，歆好《左氏》。刘"歆以为左丘明好恶与圣人同，亲见夫子，而《公羊》《谷梁》在七十子后，传闻之与亲见之，其详略不同。歆数以难向，向不能非间也。"(《汉书·楚元王传》附《刘歆传》)

⑤南山、伯奇：未详。译文阙。

【译文】

"况且所谓朋友，一定要取他们正直诚信见闻广博，能补正过失指斥谬误，活着的时候不请对方通关节，死的时候没有托付的私事，从始至终完全相合，无论冷热都不改变。然而这种人实在不容易得到，有的在隐逸和出仕上路途不同，有的在憎恶和喜爱上想法有别；有的隆盛时相合衰微时离开，有的见到利益就忘记信义。他们在今天共处，就像鸟和鱼结为伴侣，冰和炭火放在一个器皿里，想要他们长久地相合，怎么可能呢！父子之间有天然的血缘关系，喜好和厌恶应该是相同的，但刘向和刘歆父子，平时议论问题就意见不同；……表面和内心都有很大差别，这种情况由来已久。混在一起笼统言之，不也太难了吗！

【原文】

"世俗之人，交不论志，逐名趋势，热来冷去；见过不改，视迷不救；有利则独专而不相分，有害则苟免而不相恤；或事便则先取而不让，值机会则卖彼以安此。凡如是，则有不如无也。

【译文】

"世俗的人，交朋友不论思想，只是追逐名声趋附权势，权势隆盛就来，权势衰落就离开；见到过失不帮助改正，见到迷惑不帮助补救；有利益独自占有不分给别人，有危害苟且求免不救助对方；或者事有便利就先去占取并不谦让，到关键时候就出卖对方以求自己安全。凡是这样的朋友，那么有还不如没有。

【原文】

"天下不为尽不中交也，率于为益者寡而生累者众。知人之明，上圣所难①。而欲力厉近才，短于鉴物者，务广其交，又欲使悉得，可与经夷险而不易情，历危苦而相负荷者，吾未见其可多得也。虽搜琬琰于培塿之上②，索鸾凤乎鹪鹩之巢③，未为难也。吾亦岂敢谓蓝田之阳④，丹穴之中为无此物哉⑤！亦直言其稀已矣。

【注释】

①见《审举》篇"知人则哲"句注。

②琬(wǎn)琰(yǎn)：泛指美玉。培(pǒu)塿(lǒu)：见《逸民》篇"君可谓守培塿"句注。

③鸾凤：见《嘉遁》篇"夫鸾不絓网"句及《逸民》篇"安知鸳鸾之远指"句注。鹪(jiāo)鹩(liáo)：一种小鸟，体长约三寸。以细枝、草叶、羽毛等为巢，大如鸡卵。

《方言》卷八："桑飞，自关而东谓之工爵，或谓之过蠃，或谓之女鸥。"郭璞注："桑飞，即鹪鹩也。"

④蓝田：见《逸民》篇"譬犹蓝田之积玉"句注。

⑤丹穴：传说中的山名。《山海经·南山经》："丹穴之山……有鸟焉，其状如鸡，五采而文，名曰凤皇。"

【译文】

"天下的人并不是都不适宜交往，大体上能带来好处的少，而带来麻烦的多。透彻地了解人，对于至圣来说都是困难的事。而想要努力磨炼才成就的短近之才，缺乏鉴别事物能力的人，致力于广泛地交往，又要让他交往的人都恰当，可以和他们经历平地险途都不改变感情，遇上危难困苦还能互相分担，我没看出他们能找到很多。即使是到小土丘上去搜求美玉，到鹪鹩的巢中去寻找鸾凤，也都不算难了。我又怎么敢说蓝田的阳坡、丹穴当中没有这些东西呢！也只是说它很稀少罢了。

【原文】

"夫操尚不同，犹金沉羽浮也；志好之乖次，犹火升而水降也①。苟不可同，虽造化之灵，大块之匠②，不可使同也，何可强乎！余所禀讷騃③，加之以天挺笃懒，诸戏弄之事，弹棋博弈④，皆所恶见；及飞轻走迅，游猎傲览，咸所不为，殊不喜嘲亵。凡此数者，皆时世所好，莫不耽之，而余悉阙焉，故亲交所以尤辽也⑤。加以挟直，好吐忠荩⑥，药石所集，甘心者尠。又欲勉之以学问，谏之以驰竞，止其摴蒲⑦，节其沉湎，此又常人所不能悦也。

【注释】

①以偶句例之，前两句"不"字前夺"之"字，"羽"字前夺"而"字。

②造化、大块：皆指大自然。《庄子·大宗师》："今一以天地为大炉，以造化为大冶。"又《齐物论》："夫大块噫气，其名为风。"

③讷（nè）騃（ái）：口齿笨拙头脑愚钝。

④弹棋：见《崇教》篇"校弹棋樗蒲之巧拙"句注。博弈：见《勖学》篇"息畋猎博弈之游戏"句注。

⑤辽：通"寥"，稀少。上古音"辽"为来母宵部，"寥"为来母幽部，宵、幽旁转。中古二字同音，《广韵》中皆为落萧切。

⑥忠荩（jìn）：忠诚。"荩"此义出《诗·大雅·文王》："王之荩臣，无念尔祖。"本指王所进用之臣（"荩"通"进"），后引申指忠诚之臣。

⑦摴蒲：见《崇教》篇"校弹棋樗蒲之巧拙"句注。"摴"通"樗"。

【译文】

"操守崇尚的不同，就像是金属下沉羽毛浮起；志向爱好的差别，就像是火向上升水向下降。如果不能够相同，那即使是大自然的灵气，上天的巧工，也不能让他们相同，怎么能靠强力达到呢！我天生来口齿笨拙脑筋愚钝，再加上生性懒惰，各种玩要的事情，博戏下棋之类，都讨厌看见；至于飞鹰走犬，打猎游览，都不去做，特别不喜欢嘲弄玩笑。凡是这几件事，全都是现在社会上所喜好的，没有不沉溺于此的，而我全都没有，所以我所亲密交往者尤为稀少。加上性格直爽，喜欢尽吐忠言，药物和针石加在病人身上，感到快意的很少。又要用学问来勉励人家，劝人不要驰逐争抢名利，阻止人家玩博戏，节制人家沉溺于嗜酒，这又是一般人所不能高兴的。

【原文】

"毁方瓦合①，违情偶俗。人之爱力，甚所不堪，而欲好日新，安可得哉！知其如此而不辩改之，可不谓之暗于当世，拙于用大乎②？夫交而不卒，合而又离，则两受不弘之名，俱失克终之美。夫厚则亲爱生焉，薄则嫌隙结焉，自然之理也，可不详择乎！为可临觞拊背，执手须臾，欲多其数而必其全，吾所惧也。"

【注释】

①毁方瓦合：毁去棱角，与陶盆陶罐相合。谓从众。出《礼记·儒行》："慕贤而容众，毁方而瓦合。"郑玄注："去己之大圭角，下与众人小合也。"

②拙于用大：出《庄子·逍遥游》："惠子谓庄子曰：'魏王贻我大瓠之种，我树之成而实五石。以盛水浆，其坚不能自举也。剖之以为瓢，则瓠落无所容。非不呺然大也，吾为其无用而掊之。'庄子曰：'夫子固拙于用大矣。'"

【译文】

"毁掉棱角才能与陶盆相合，违背真情才能与俗人对等。人们吝惜气力，实在让人受不了，而想让他们一天比一天好，怎么可能呢！知道他们这样而不加分辨指正，能够不说是对现实社会暗昧无知，笨拙于驾驭大事物吗？交往却不能到头，先和睦而后又分开，那么两边都要得到不够宽宏的名声，都要失掉有始有终的美誉。敦厚就会产生亲密友好，刻薄就会造成猜忌隔阂，是很自然的道理，能不审慎选择吗！为能在酒席前拍拍背，握一下手，就要交往很多并且各方面都好的人，这是我所畏惧的。"

【原文】

或曰："然则都可以无交乎？"

抱朴子答曰："何其然哉①！夫畏水者何必废舟楫，忌伤者何必弃斧斤？交之为道，其来尚矣。天地不交则不泰，上下不交即乖志。夫不泰则二气隔并矣，志乖则天下无国矣②。然始之甚易，终之竟难③。患乎所结非其人，败于争小以忘大也。《易》美金兰④，《诗》咏百朋⑤，'虽有兄弟，不如友生'⑥。切思、三益，大圣所嘉⑦。门人所以增亲，恶言所以不至⑧；管仲所以免诛戮而立霸功⑨，子元所以去亭长而驱朱轩者⑩，交之力也。

【注释】

①杨明照依《逸民》《用刑》《正郭》三篇之用例，以为"何"下当有"为"或

"谓"字。

②句本《易》。《泰》:"彖曰:'泰,小往大来吉亨,则是天地交而万物通也,上下交而其志同也。'"又《否》:"彖曰:'……大往小来,则是天地不交而万物不通也,上下不交而天下无邦也。'"

③孙星衍曰:"('竟难')藏本作'宽难',卢本如此。疑作'寔难'。"杨明照曰:"吉藩本作'觉难',较胜。"译文取孙说。

④《易·系辞》上:"子曰:'……二人同心,其利断金;同心之言,其臭如兰。'"后以"金兰"指深交,契合的友情。

⑤《诗·小雅·菁菁者莪》:"既见君子,锡我百朋。"此百朋本指极多的货币,后被附会为众多的朋友。

⑥句在《诗·小雅·常棣》:"虽有兄弟,不如友生。"

⑦切思:乃"切偲(sī)"之误。《论语·子路》:"子曰:'朋友切切偲偲,兄弟怡怡。'"何晏集解引马融曰:"切切偲偲,相切责之兒。"谓相切磋勉励。兒,貌的古字。三益:《论语·季氏》:"孔子曰:'益者三友,损者三友。友直、友谅、友多闻,益矣。'"故"三益"谓交往正直、诚信、博学三种益友带来的好处。

⑧《尚书大传》:"孔子曰:'文王得四臣,吾亦得四友:自吾得(颜)回也,门人加亲,是非疏附与?……自吾得(仲)由也,恶言不至于门,是非御侮与?'"

⑨《史记·管晏列传》:"(管仲)少时常与鲍叔牙游,鲍叔知其贤。……已而鲍叔事公子小白,管仲事公子纠。及小白立,为桓公,公子纠死,管仲囚焉。鲍叔遂进管仲。管仲既用,任政于齐,齐桓公以霸。"

⑩子元:西汉朱博,字子元。家贫,初为亭长。为人刚直仗义,与御史大夫陈咸交厚。陈咸因罪下狱,博去吏职救之,免其死罪。后陈咸为长史,荐博为栎阳令,徙云阳、平陵县,入为长安令,迁冀州刺史、琅邪太守等。哀帝时为光禄大夫,迁京兆尹,数月超为大司空。见《汉书·朱博传》。朱轩:红漆车,显贵所乘。

【译文】

有人说:"这样说来,人们都可以没有交往了?"

抱朴子回答说:"怎么能这样说呢!怕水的人为什么一定要废掉船和桨,忌讳损伤的人为什么一定要丢弃斧子呢?相交作为一种规律,由来已久了。天和地不交合就不通泰,上下不交合就会思想分离。不通泰就阴阳二气失调,思想分离就会使天下没有国家。但好的开始容易,好的结果则实在困难。担心的是所结交的不是恰当的人,失败就在于在小事上争夺而忘掉大事。《周易》赞美金兰之好,《诗经》歌颂有众多的朋友,'即使有兄弟,也不如有朋友'。朋友间可以相互切磋勉励,可以获得正直、诚信、多闻三方面的好处,是大圣人孔子所嘉许的。学生们之所以增进亲密,攻击诽谤的话之所以不会到来;管仲之所以避免被杀掉并协助桓公建立了霸业,朱博之所以离开了亭长的位置而乘上华美的车子,都是靠的交友的力量。

【原文】

"单弦不能发《韶》《夏》之和音①,孑色不能成衮龙之玮烨②,一味不能合伊鼎之甘③，独木不能致邓林之茂④。玄圃极天⑤，盖由众石之积；南溟浩瀁⑥，实须群流之赴。明镜举则倾冠见矣，羲和照则曲影觉矣，檃括修则枉刺之疾消矣⑧，良友结则辅仁之道弘矣⑨。

【注释】

①《韶》：舜时音乐。《夏》：禹时音乐。
②孑（jié）：单独。衮龙：见《嘉遁》篇"缊袍丽于衮服"句注。玮烨：音wěi yè。
③伊：伊尹。见《嘉遁》篇"故负鼎而龙跃"句注。
④邓林：见《嘉遁》篇"而锥钻不可以伐邓林"句注。
⑤玄圃：传说中昆仑之山名。
⑥南溟：见《逸民》篇"未浮南溟而涉天汉"句注。浩瀁（yǎng）：水大无边貌。
⑦羲和：传说中为日御车者。《楚辞·离骚》："吾令羲和弭节兮。"按弭节谓停车。后以羲和代指太阳。
⑧檃（yǐn）括：矫正竹木斜曲的工具。亦作"檃栝"。《荀子·性恶》："枸木必将待檃栝烝矫然后直。"杨倞注："檃栝，正曲木之木也。"刺：有误。杨明照疑作"剌"，并引《广雅·释诂》。杨说可取。剌（là）有枉戾不正义。《淮南子·修务》："琴或拨剌枉桡。"高诱注："拨剌，不正。"
⑨语本《论语·颜渊》："曾子曰：'君子以文会友，以友辅仁。'"

【译文】

"一根弦不能发出《韶》乐、《夏》歌的和谐之音，一种颜色不能绣成衮服上的多彩蛟龙，一种味道不能调出伊尹鼎中的美味，一棵树不能成就邓林的繁茂。昆仑山上的玄圃上及天空，是由众多的石头累积起来的；南海浩荡无边，必须无数的河流流赴其中。举起镜子就能看到帽子歪了，阳光照耀就能感觉影子扭曲。矫正之器得以施用就能使竹木歪斜扭曲的毛病得以消除，结交好的朋友就能使培养仁德的风气弘扬。

【原文】

"达者知其然也，所企及则必简乎胜己，所降结则必料乎同志。其处也则讲道进德，其出也则齐心比翼。否则钓鱼钓之业①，泰则协经世之务。安则有以精义，危则有以相恤。耻令谭、青专面地之笃②，不使王、贡擅弹冠之美③。夫然，故交道可贵也。

【注释】

①此用吕尚典。《史记·齐太公世家》："太公望吕尚以渔钓奸周西伯。"按"奸（gān）"谓干求。故此句"鱼"乃"渔"之误。
②《列子·汤问》："薛谭学讴于秦青，未穷青之技，自谓尽之，遂辞归。秦青弗止，饯于郊衢，抚节悲歌，声振林木，响遏行云。薛谭乃谢求反，终身不敢言归。"面地：面向地俯伏，示钦佩之至。
③王、贡：汉代王吉，字子阳；贡禹，字少翁。俱琅邪人。二人交好，世称"王阳在位，贡公弹冠"。谓王吉为官，贡禹也准备出仕。见《汉书·王吉传》。

【译文】

"通达的人是知道这一点的,他们所盼望结交的,一定选择胜过自己的人;他们所肯于结交的,一定估计与自己志同道合。他们隐居相处时就探讨道理增进品德,他们出仕为官时就齐心协力比翼齐飞。否滞时就一起心存远志隐逸江湖,通泰时就协力同心治理国家。平安时就精研事物隐微的道理,危险时就互相救助。耻于让薛谭和秦青专有钦佩之至的笃厚友情,不让王吉和贡禹独占弹冠相庆的深交美名。这样,交谊之道才是可贵的。

【原文】

"然……人实未易知①,势利生去就,积毁坏刎颈之契,渐渍释胶漆之坚。于是有忘素情之绸叹②,或睚眦而不思③,遂令元伯、巨卿之好④,独著于昔;张耳、陈余之变⑤,屡构于今。推往寻来,良可叹也!夫梧禽不与鸱枭同枝⑥,麟虞不与豺狼连群⑦,清源不与浊潦混流,仁明不与凶暗同处。何者?渐染积而移直道,暴迫则生害也。"

【注释】

①杨明照曰:"'然'下似脱一'人'字。"此书中确屡言知人未易、知人则哲。杨说是,译文从有"人"字。

②绸:通"稠"。

③睚(yá)眦(zì):瞋目怒视。指小的怨恨。

④元伯、巨卿:东汉张劭字元伯,范式字巨卿。范式年轻时求学于太学,与张劭为友。二人将归乡里时,范式与张劭约,二年后将往拜其母。至其日,范式如期而至。后张劭卒,其灵柩不肯入墓穴,及至范式赶到,叩丧并执绋而引,柩于是乃前。见《后汉书·独行·范式传》。

⑤张耳、陈余:秦汉之际人。二人俱山大梁,陈余年少,父事张耳,二人为刎颈之交。陈胜起兵,二人立陈人武臣为赵王,同事之。后张耳于武臣被杀后更立赵歇为赵王。既而遭秦兵之围,求陈余救而不得,二人生嫌隙。项羽封诸侯,以张耳为王,陈余为侯,陈余怒,借兵攻张耳,至张耳转投刘邦,陈余佐赵王。汉三年,韩信、张耳共击赵,斩陈余于泜水之上。见《史记·张耳陈余列传》。

⑥梧禽:凤凰。见《嘉遁》篇"不萦翻于腐鼠"句、"仰栖梧桐"句注。鸱枭:见《君道》篇"则鸱枭化为鸳鸯"句注。

⑦麟:麒麟。见《嘉遁》篇"郊跱独角之兽"句注。虞:驺虞。见《逸民》篇"不识驺虞之用心"句注。

【译文】

"但是人实在是不容易了解的,权势和利益往往造成离散或者相聚,毁谤积累得多了能够破坏刎颈之交,浸泡时间长了能够化解坚固的胶和漆。于是产生了忘掉平素感情的众多叹息,有的因为小的嫌隙而不考虑原来的感情,于是让张劭和范式的友谊独自在从前享名,张耳和陈余绝决的事在现在却经常发生。推究以往探寻未来,实在值得叹息呀!凤凰不和猫头鹰落在同一枝树枝上,麒麟驺虞不和豺狼结为一群,清澈的源泉不和混浊的积水流到一起,仁德明理的人不和凶暴昏昧的人相处。为什么呢?浸染久了会改变正直的道德,过分接近会产生危害。"

【原文】

或人曰:"敢问全交之道可得闻乎?"

抱朴子答曰:"君子交绝犹无恶言①,岂肯向所异辞乎②?杀身犹以许友,岂名位之足竞乎?善交狎而不慢,和而不同③,见彼有失,则正色而谏之;告我以过,则速改而不惮。不以忤彼心而不言④,不以逆我耳而不纳;不以巧辩饰其非,不以华辞文其失;不形同而神乖,不匿情而口合;不面从而背憎,不疾人之胜己;护其短而引其长,隐其失而宣其得,外无计数之诤,内遗心竞之累。夫然后《鹿鸣》之好全⑤,而《伐木》之刺息⑥。若乃轻合而不重离,易厚而不难薄,始如形影,终为参、辰⑦,至欢变为笃恨,接援化成仇敌,不详之悔,亦无以……⑧

【注释】

①《史记·乐毅列传》:"臣闻古之君子,交绝不出恶声。"张守节正义,"言君子之人,交绝不说己长而谈彼短"。

②杨明照以为"肯"乃"背"字之误。是。

③和而不同:出《论语·子路》:"子曰:'君子和而不同。'"何晏集解:"君子心和,然其所见各异,故曰不同。"

④忤(wǔ):触犯;违逆。

⑤《鹿鸣》:《诗·小雅》篇名。其序曰:"《鹿鸣》,燕群臣嘉宾也。"

⑥《伐木》:《诗·小雅》篇名。内有"鸟鸣嘤嘤"句,喻求友。《韩诗·伐木·序》:"《伐木》废,朋友之道缺,饥者歌其食,劳者歌其事,诗人伐木,自苦其事,故以为文。"

⑦参(shēn)、辰:星名。皆在二十八宿之列。参星属西方白虎七宿;辰星即心宿,亦即大火。二星此出彼没,永不共天。借以比喻对立不睦。

⑧孙星衍曰:"('亦无以')下有脱文。"译文阙。

【译文】

有的人说:"大胆问您一下,保全友情的办法,可以说给我们听听吗?"

抱朴子回答说:"君子与人断绝交情尚且没有恶言,怎么会背后说人家的坏话呢?有人牺牲自身来为朋友作出奉献,名誉地位哪里值得争抢呢?善于交往则亲近而不轻慢,友善但不苟同,见到对方有过失,就严肃地劝谏他;对方告诉自己有过失,就迅速改正而不畏难。不因为会违逆对方的情绪而不说,不因为不顺自己的耳而不听;不用巧妙的辩解来掩饰自己的错处,不用华美的言辞遮盖自己的过失;不表面赞同而内心反对，不藏匿真情而口头迎合；不当面顺从而背后憎恨，不嫉妒人家胜过自己；遮护对方的缺点而发挥其长处，隐藏对方的过失而宣扬其成绩，外表既没有斤斤计较的争执，内心更抛弃暗中争胜的牵累。这样之后，如同《诗·鹿鸣》所歌唱的宴请宾客的友谊才是周全的，而如同《诗·伐木》所讽刺的失去友情的情况才会止息。至于说轻视交好也不重视分手，容易相厚也不难情薄，开始时如影随形，到最后像冬季出现的参星与夏季出现的辰星永不相见一样对立不睦，由最为交欢变为非常憎恨，互相帮助化成互为仇敌，不审慎造成的后悔，……

【原文】

"往者汉季陵迟①，皇辔不振②，在公之义替③，纷竞之俗成。以违时为清高，以救世为辱身，尊卑礼坏，大伦遂乱④。在位之人，不务尽节，委本趋末，背实寻声。王事废者其誉美，奸过积者其功多。莫不飞轮兼策，星言假寐⑤，冒寒触暑，以走权门；市虚华之名于秉势之口，买非分之位于卖官之家。或争所欲，还相屠灭。

【注释】

①陵迟：日益衰落。参《用刑》篇"故无陵迟之政也"句注。
②辔：以缰绳喻皇权、朝纲。
③在公：见《贵贤》篇"勤夙夜之在公"句注。
④大伦：见《嘉遁》篇"先生洁身而忽大伦之乱"句注。
⑤星言：见本篇上文"星言宵征"句注。假寐：穿衣坐睡。《诗·小雅·小弁》："假寐永叹。"郑玄笺："不脱冠衣而寐曰假寐。"

【译文】

"当初汉朝末年国势衰落，皇帝对全国的控制已不大灵便，为公做事的义务之心已经废弃，纷纷竞争的风气已经形成。以背离时代为纯洁高尚，以救助社会为辱没自身，尊卑的礼制破坏了，基本的伦理道德混乱了。身在官位的人，不努力于保全节操，而是丢弃自身修养的根本而奔向争名夺利的末路，离开内在本质的追求而寻求虚伪的名声。君王的事情贻误败坏他的名誉反倒更美，奸诈罪过累积的人功劳反而更大。没有人不快马加鞭，星夜兼程和衣而睡，冒严寒顶酷暑，来奔走于权贵之门；从掌权者的口中购买虚华的名声，从卖官人的家里购买本来无分的地位。有的还为争夺所要的东西，而相互屠杀。

【原文】

"于是公叔、伟长疾其若彼，力不能正，不忍见之，尔乃发愤著论，杜门绝交，斯诚感激有为而然①。盖矫枉而过正②，非经常之永训也。徒当远非类之党，慎诡黩之源③。何必裸袒以诡彼己④，断粒以刺玉食哉！夫交之为非，重谏而不止，遂至大乱。故礼义之所弃，可以绝矣。"

【注释】

①公叔：东汉朱穆，字公叔。曾撰《绝交论》。《后汉书》本传李贤注引其文曰："或曰：'子绝存问，不见客，亦不答也，何故？'曰：'古者进退趋业，无私游之交，相见以公朝，享会以礼纪，否则朋徒受习而已。'曰：'人将疾子，如何？'曰：'宁受疾。'曰：'受疾可乎？'曰：'世之务交游也久矣，敦千乘不忘于君，犯礼以追之，背公以从之。其愈者，则儒子之爱也；其甚者，则求蔽过窃誉，以赡其私。事替义退，公轻私重，居劳于听也。或于道而求其私，赡矣。是故遂往不反，而莫敢止焉。是川渎并决，而莫之敢塞，游獠蹂稼，而莫之禁也。《诗》云："威仪棣棣，不可算也。"后生将复何述？而吾不才，焉能规此？实悼无行，子道多阙，臣事多尤，思复白圭，重考古言，以补往过。时无孔堂，思兼则滞，匪有废也，则亦焉兴？是以敢受疾也，不亦可乎！'"伟长：三国魏徐幹，字伟长。所著《中论》有《谴交》篇，其略云："……先王之教官，既不以交游导民；而乡之考德，又不以交游举贤。是以不禁其民，而民自舍之。及周之衰，而交游兴矣。……取士不由于乡党，考行不本于阀阅。多助者为贤才，寡助者为不肖。序爵听无证之论，班禄采方国之谣。民见其如此者，知富贵可以从众为也，知名誉可以虚哗获也，乃离其父兄，去其邑里，不修道艺，不治德行，讲偶时之说，结比周之党，汲汲皇皇，无日以处。……详察其为也，非欲忧国恤民，谋道讲德也。徒营己治私，求势逐利而已。有策名于朝，而称门生于富贵之家者，比屋有之。为之师而无以教，弟子亦不受业。然其于事也，至乎怀丈夫之容，而袭婢妾之态；或奉货而行赂，以自固结，求志属托，规图仕进。然掷目指掌，高谈大语。若此之类，言之犹可羞，而行之者不知耻。嗟乎！王教之败，乃至于斯乎？"

②矫枉过正：纠正偏差超过了应有限度。《后汉书·仲长统传》："逮至清世，则复入于矫枉过正之检。"

③谄黩：谄上黩下。亦作"谄渎"。本《易·系辞下》："君子上交不谄，下交不渎。"

④彼己：指功德不称其位者。出《诗·曹风·侯人》："彼其之子，不称其服。"《左传·僖公二十四年》引作"彼己……"。郑玄笺："不称者言其德薄而服尊。"

【译文】

"于是朱穆、徐幹痛恨这种情况，没有力量纠正，又不忍心看下去，就发愤著书立论，关起门来断绝交往，这确实是有感慨而激发才这样做的。大体说来，纠正偏差过了头，不能作为长远的永久的准则。只要远离与自己不同类的人，慎重地对待谄上欺下的根源，何必赤身裸体去改易道德不称其服的现象，绝食来讥刺饮食奢华呢！与人交往的坏的方面，反复劝谏也不能制止，于是导致大乱。所以礼义所抛弃的事，是可以与之断绝的。"

卷第十七　备　阙

题　解

　　本篇阐述避短扬长，发挥人才的优势方面的道理。作者先后列举了大至天地日月，小至飞鸟走兽的众多自然的事物，无非是要说明，万能的东西是没有的，各有其所短，也必有其所长。"物既然矣，人亦如之"，真正意义的"全能"的人实际上是不存在的，自吕望、惠施，至于刘邦、韩信、周勃、蒋琬，都是典型的例子。而作者列举这些人的主要用意还在于，只有不求全责备，取其大节，才能发现"逸侪拔萃之才"，才能发挥他们"匡世济民"的巨大作用。

　　这段议论亦非无感而发，当时的社会豪门当权，世族子弟几乎占尽上品。而对人之所求，皆在于细节具体、小洁曲碎，从而令巨象、大鹏般的贤才无晋身之阶。所以，这段议论在很长的历史中都会有其意义。

【原文】

　　抱朴子曰："騕褭能奋兰筋以绝景①，而不能履冰以乘深；猛虎能似雷霆以搏噬，而不能踊云雾以凌虚；鸿、鹍不能振翅于笼罩之中②，轻鹞不能电击于几筵之下。物既然矣，人亦如之。故能调和阴阳者③，未必能兼百行④，修简书也；能敷五迈九者⑤，不必能全小洁，经曲碎也。

【注释】

①騕（yǎo）褭（niǎo）：古骏马名。《文选·张衡〈思玄赋〉》："斥西施以弗御兮，絷騕褭以服箱。"李善注引应劭曰："騕褭，古之骏马也，赤喙玄身，日行五千里。"兰筋：马眼上部的筋，筋节坚者能行千里。《文选·陈琳〈为曹洪与魏文帝书〉》："整兰筋，挥劲翮。"李善注引《相马经》："一筋从玄中出，谓之兰筋。玄中者，目上陷如井字。兰筋鉴（坚？）者千里。"

②鸿、鹍（kūn）：见《逸民》篇"鸿鹍登嵩峦而含戚"句注。

③调和阴阳：指宰相治理天下，使阴阳有序，风调雨顺。《汉书·贡禹传》："调和阴阳，陶冶万物。"

④百行（xíng）：各种品行。参《逸民》篇"诚以百行殊尚"句注。

⑤敷五迈九：五指五教，即五常之教。见《君道》篇"五教在宽"句注。"九"指九

德,具体内容各书说法不一。《尚书》指宽而栗、柔而立、愿而恭、乱而敬、扰而毅、直而温、简而廉、刚而塞、强而义。《左传》指心能制义曰度、德正应和曰莫、照临四方曰明、勤施无私曰类、教诲不倦曰长、赏庆刑威曰君、慈和偏服曰顺、择善而从曰比、经纬天地曰文。《逸周书》指忠、信、敬、刚、柔、和、固、贞、顺。

【译文】

抱朴子说:"骏马能够奋起千里之足像脱开影子一样飞快奔跑,但不能踏冰前进、游过深水;猛虎能够像雷霆一样搏斗吞噬,但不能乘云驾雾登上天空。大雁和仙鹤不能在笼子当中振起翅膀,轻巧的鹞子不能在设祭的几案下边像闪电一样出击。事物如此,人也是同样道理。能够调和阴阳治理国家的人,未必能够兼有各种各样的优点,著书立说;能够亲身实践五常之教并具备九种品德的人,不一定能在小事上很周全,经管细碎的事务。

【原文】

"惠子,上相之标也,而不能役舟楫以凌阳侯①;汉高,神武之杰也,而不能治产业,端检括②;淮阴,良将之元也,而不能修农商,免饥寒③;周勃,社稷之髀也,而不能答钱谷,责狱辞④。若以所短弃所长,则逸倚拔萃之才不用矣;责具体而论细礼,则匠世济民之勋不著矣⑤。

【注释】

①惠子:惠施。说本《说苑·杂言》:"梁相死,惠子欲之梁。渡河,而遽堕水中。船人救之。"阳侯:见《用刑》篇"金舟不能凌阳侯之波"句注。又,"以"为衍文。

②汉高:汉高祖刘邦。《史记·高祖本纪》:"(高祖)常有大度,不事家人生产作业。及壮,试为吏,为泗水亭长,廷中吏无所不狎侮。好酒及色。"

③《史记·淮阴侯列传》:"淮阴侯韩信者,淮阴人也。始为布衣时,贫无行,不得推择为吏,又不能治生商贾,常以人寄食饮,人多厌之者。"

④《史记·陈丞相世家》:"孝文皇帝既益明习国家事,朝而问右丞相(周)勃曰:'天下一岁决狱几何?'勃谢曰:'不知。'问:'天下一岁钱谷出入几何?'勃又谢不知,汗出沾背,愧不能对。"

⑤杨明照以为"匠"乃"匡"字之误。是。

【译文】

"惠施,是上等国相的榜样,但是不能驾船摇桨在江河上漂浮;汉高祖,是英明威武的英雄,但是不能管理家里的产业,认真地检点约束。淮阴侯,是良将中的魁首,但是不能务农经商,避免挨饿受冻;周勃,是国家的敢于直言的臣子,但是不能答出钱谷的数量,问案的多少。如果因为他们的短处而抛弃他们的长处,那么出类拔萃的人才将不能被任用了;要求具体的小事谈论细微的礼节,那么可以匡正世风救助百姓的功勋也就不能建立了。

【原文】

"天不能平其西北，地不能隆其东南①，日月不能摘光于曲穴②，冲风不能扬波于井底③。擿齿，则松槚不及一寸之筳④；挑耳，则栋梁不如鶬鹒之羽⑤。弹鸟，则千金不及丸泥之用；缝缉，则长剑不及数分之针。何必伏巨象而捕鼠，制大鹏以司晨乎？故姜牙卖煎无所售⑥，而见师于文、武；蒋生愦慢于百里，而独步三槐⑦。"

【注释】

①本之《淮南子·天文训》："昔者共工与颛顼争为帝，怒而触不周之山，天柱折，地维绝。天倾西北，故日月星辰移焉；地不满东南，故水潦尘埃归焉。"

②摛（chī）：舒展，此为放射。

③冲风：强风；猛烈的风。《楚辞·九歌·少司命》："冲风至兮水扬波。"

④擿（tī）：剔出，挑（tiǎo）出。槚（jiǎ）：楸树。筳（tíng）：小竹片；小竹枝。

⑤鶬鹒：见《交际》篇"索鸾凤乎鶬鹒之巢"句注。

⑥姜牙：据司马贞《史记·齐太公世家》索隐引谯周曰："（太公望吕尚）姓姜，名牙。"司马贞以为"牙"为其字，"尚"是其名。煎：孙星衍疑当作"浆"；孙诒让以为当训佣；杨明照以为盖"庸"字之误。杨说是。

⑦蒋生：蒋琬。三国蜀人。随刘备入蜀，任广都长，众事不理，时醉，刘备欲加罪戮，诸葛亮以为"蒋琬，社稷之器，非百里之才也"。故刘备仅免其官。及刘备为汉中王，蒋琬入为尚书郎，后又在诸葛亮丞相府中为东曹掾。诸葛亮曾密表后主刘禅，以为亮之身后事可托蒋琬。诸葛亮卒后，蒋琬累官至大司马。见《三国志·蜀书·蒋琬传》。三槐：见《审举》篇"上自槐棘，降逮皁隶"句注。又，"步"字下夺"于"字。

【译文】

"天不能抬平它的西北方，地不能隆起它的东南角，日月不能把光芒射入曲折的洞穴，大风不能在井底扬起波澜。剔牙，松树楸树不如一寸长的小竹枝；掏耳朵，栋梁不如小鸟羽毛。打鸟，千金之珠不如泥丸适用；缝纫，长剑不如几分长的针。何必驯服大象去捕捉老鼠，强制大鹏去报晓呢？因此姜子牙为人干活儿都无人雇用，但被周文王和周武王拜为师；蒋琬治理百里地方显得糊涂怠慢，但担任三公无人可比。"

卷第十八　擢　才

题　解

作者在前边各篇多次涉及人才的选拔问题，这里又专篇讨论。

作者认为，选拔人才首先要识别人才，而识别人才是非常困难的事情。首先，"英逸之才，非浅短所识"，识别者自身既要有对人才的渴望，又要具备敏锐的目光，不要被"暗俗""末叶"等时代的烟雾遮住眼睛。其次，"弘伟之士"自身追求高远，外在如子贡所说的孔子，围有数仞高墙，又如沦泥之玉、沉川之珠，不肯自陈于市肆，这些都增加了人才识别的难度。再次，贤才逸士几乎总是受到诽谤、攻击甚至陷害。无意攻击者是因为人才"异乎己""不求我"；有意攻击者则是嫉贤妒能，孙膑、韩非等的遭遇很能说明这一点。所以，"怀经国之术""有匡危之具"者不但常被埋没，常被人诬为"劫剽""穿逾"，而且常有杀身之危。作者认为，在这种情况下，"冠群"之才必须坚持自己的操守，因为"履径""剸节"实际是对自身价值的破坏，不再成其为"和璧""赤刀"了。可做的只能是等待"明并悬象、玄鉴表微"的明君。

如果联系作者在《时难》篇所言"明主不世而出"，那么这种等待的概率也就可想而知了。

【原文】

抱朴子曰："华章藻蔚，非矇瞍所玩①；英逸之才，非浅短所识。夫瞻视不能接物，则衮龙与素褐同价矣；聪鉴不足相涉，则俊民与庸夫一概矣。眼不见，则美人不入神焉；莫之与，则伤之者至焉②。且夫爱憎好恶，古今不均，时移俗易，物同价异。譬之夏后之璜③，曩直连城，鬻之于今，贱于铜铁。故昔以隐居求志为高士，今以山林之儒为不肖。故圣世人之良干，乃暗俗之罪人也；往者之介洁，乃末叶之嬴劣也。

【注释】

①矇（méng）瞍（sǒu）：盲人。《楚辞·九章·怀沙》："玄文处幽兮，矇瞍谓之不章。"洪兴祖补注："有眸子而无见曰矇，无眸子曰瞍。"

②见《官理》篇"莫与，则伤之者必至"句注。

③夏后之璜：相传为夏后氏珍宝。夏后氏即禹所建的夏王朝。璜为半璧形的玉。

【译文】

抱朴子说："华美的花纹灿烂辉煌，不是盲人所能观赏的；超群出色的人才，不是目光短浅的人所能认识的。观察如果不能接触外物，那么绣龙的衮服和原色的粗麻衣价值相同；聆听不足以分辨事物，那么出色的人才和平庸的百姓就没有区别。眼睛看不见，那么美就不能被内心所感受；无人援助，那么损伤就会到来。况且爱好和憎恶古今有所不同，时代推移风俗改变，同样的东西就有不同的价值。比如夏代的半璧形玉，古时价值连城，到今天来卖，比铜铁价还低。因此从前把隐居不仕追求心志当作高尚之士，现在认为山林中的儒生不贤德。所以圣明时代的优秀骨干，乃是暗昧庸俗时代的罪人；从前的狷介高洁之士，乃是衰落末世的低下之徒。

【原文】

"弘伟之士，履道之生，其崇信匪徒重仞之墙①，其渊泽不唯吕梁之深也②。故短近不能赏，而浅促不能测焉。因以异乎己而薄之矣，以不求我而疾之矣，不贵不用，何足言乎？乃有播埃尘于白圭，生疮痏于玉肌；讪疵雷同③，攻伐独立，曾参蒙劫剽之垢④，巢、许获穿逾之谤⑤。……⑥自匪明并悬象⑦，玄鉴表微者⑧，焉能披泥抽沦玉，澄川掇沉珠哉！夫圭璋居肆而不售，矧乃翳于槃璞乎？奇士扣角而见遏⑨，况乃潜于罜薮乎⑩？

【注释】

①语本《论语·子张》："子贡曰：'譬之宫墙，赐之墙也及肩，窥见室家之好。夫子之墙数仞，不得其门而入，不见宗庙之美，百官之富。'"
②语本《庄子·达生》："孔子观于吕梁，县水三十仞，流沫四十里，鼋鼍鱼鳖之所不能游也。"此吕梁在今江苏徐州东南，巨石齿列，波流汹涌。
③雷同：见《逸民》篇"赴雷同比周之末也"句注。
④说本《战国策·秦策二》："昔者曾子处费，费人有与曾子同名族者杀人。人告曾子母曰：'曾参杀人。'曾子之母曰：'吾子不杀人。'织自若。有顷焉，人又曰：'曾参杀人。'其母尚织自若也。顷之，一人又告之曰：'曾参杀人。'其母惧，投杼逾墙而走。"
⑤巢、许：巢父、许由。见《嘉遁》篇"各守洗耳之高"句注。
⑥《意林》引此段于该处有"识珍者必拾浊水之明珠，赏气者必将秽薮之芳蕙"二句，杨明照以为当据补。译文补之。
⑦悬象：指日月。本《易·系辞上》："县象著明，莫大乎日月。"县、悬古今字。
⑧玄鉴：本指明镜，此指明察。
⑨扣角：见《嘉遁》篇"或扣角以凤歌"句注。
⑩罜：不成字。杨明照证乃"罜"字之误。"罜"通"皋"。

【译文】

"胸怀博大的士人，实践正道的儒生，他们所崇尚信仰的不局限于几丈高的墙，其内涵不仅像是吕梁的深谷。因此短视近才不能赞赏，浅薄局促者不能理解。因为和自己不同而鄙薄他们，因为不有求于自己而疾恨他们，不重视不任用，哪里还值得一说呢？于是就有在白色的珪玉上播撒灰尘，在白皙的皮肤上创出伤瘢；诽谤挑剔众口一词，攻击讨伐意见独立者；曾参蒙受抢劫的罪名，巢父、许由也会受到穿洞逾墙的攻击这样的事。认识珍宝的人一定会拾取浊水中的明珠，欣赏香气的人必然要捡起泥沼里的芳兰。如果不是光同日月，明察秋毫，怎么能够拨开泥汙抽出沉埋的美玉，澄清大河拾取坠底的珍珠呢！美玉摆在店铺里还可能卖不出去，更何况隐藏在大块璞石里面呢？奇逸之士扣角求仕尚且会被阻遏，更何况隐居在山野草泽之中呢？

【原文】

"孙膑思骋其秘略，而司马刖之①；韩非愿建治绩，而李斯杀之②。贾谊慷慨，怀经国之术，而武夫排之③；子政忠良，有匡危之具，而恭、显陷之④。和氏所以抱璞而泣血⑤，禽息所以发愤而碎首也⑥。夫玉石易别于贤愚，爱宝情笃于好士，以易别之宝，合笃好之物，犹获罪截趾，历世受诬，况乎难知之贤，非意所急！逸人画蛇足于无形⑦，奸臣畏忠贞之害己；体曲者忌绳墨之容，夜裸者憎明烛之来。是以高誉美行，抑而不扬，虚构之谤，先形生影。又无楚人号哭之荐，万无一遇，固其宜矣。

【注释】

①事见《时难》篇"庞涓之刖孙膑"句注。此云"司马"，不知何据。据《史记》，庞涓为魏之将军，作者或比之为司马也。

②事亦见《时难》篇"李斯之诛韩非"句注。杨明照证"建"字下当有"其"字。是。

③《史记·屈原贾生列传》："贾生，名谊，雒阳人也。年十八，以能诵诗属书闻于郡中。……文帝诏以为博士。是时贾生年二十余，最为少。每诏令议下，诸老先生不能言，贾生尽为之对，人人各如其意所欲出。诸生于是乃以为能不及也。……贾生以为汉兴至孝文二十余年，天下和洽，而固当改正朔，易服色，法制度，定官名，兴礼乐，乃悉草具其事仪法，……悉更秦之法。孝文帝初即位，谦让未遑也。诸律令所更定，及列侯悉就国，其说皆自贾生发之。于是天子议以为贾生任公卿之位。绛（绛侯周勃）、灌（婴）、东阳侯（张相如）、冯敬之属尽害之，乃短贾生曰：'雒阳之人，年少初学，专欲擅权，纷乱诸事。'于是天子后亦疏之，不用其议，乃以贾生为长沙王太傅。"

④子政：刘向，字子政。以"明经有行，擢为散骑宗正给事中"。"患苦外戚许、史在位放纵，而中书宦官弘恭、石显弄权"，遂与萧望之等"欲白罢退之。未白而语泄，遂为许、史及恭、显所谮诉"，被罢官下狱，后被废十余年。见《汉书·刘向传》。

⑤事见《韩非子·和氏》："楚人和氏得玉璞楚山中，奉而献之厉王。厉王使玉人相之，玉人曰：'石也。'王以和为诳，而刖其左足。及厉王薨，武王即位，和又奉其璞而献之武王。武王使玉人相之，又曰：'石也。'王又以和为诳，而刖其右足。武王薨，文王即位，和乃抱其璞而哭于楚山之下，三日三夜，泣尽而继之以血。王闻之，使人问其故，

曰：'天下之刖者多矣，子奚哭之悲矣？'和曰：'吾非悲刖也，悲夫宝玉而题之以石，贞士而命之以诳，此吾所以悲也。'王乃使玉人理其璞，而得宝焉，遂命曰和氏之璧。"

⑥禽息：春秋秦大夫。知百里奚贤而荐于秦穆公，而禽息为私而遭刑。公后知百里奚之贤，乃召禽息而谢罪。"禽息对曰：'臣闻忠臣进贤不私显，烈士忧国不丧志，奚陷刑，臣之罪也。'乃对使者以首触楹而死。"见《文选·班固〈演连珠〉》李善注引《韩诗外传》佚文。

⑦出《战国策·齐策二》："楚有祠者，赐其舍人卮酒。舍人相谓曰：'数人饮之不足，一人饮之有余。请画地为蛇，先成者饮酒。'一人蛇先成，引酒且饮之，乃左手持卮，右手画蛇曰：'吾能为之足。'未成，一人之蛇成，夺其卮曰：'蛇固无足，子安能为之足？'遂饮其酒。为蛇足者终亡其酒。"此言无中生有。

【译文】

"孙膑希望发挥胸藏的韬略，但被庞涓砍掉了脚；韩非希望建立治国的佳绩，但被李斯杀害。贾谊豪爽激昂，胸怀治理国家的道术，但武将们排斥他；刘向忠诚善良，有匡扶国危的才具，但弘恭和石显陷害他。这也正是和氏抱璞石哭出了血，禽息发泄愤懑撞碎了头的原因。玉和石头比贤能愚钝容易辨别，喜好宝物的心情比喜好士人强烈，凭着容易辨别的宝贝，再加上君王对宝贝的强烈爱好，和氏尚且获罪被砍去脚，历三代君主遭受诬枉，更何况难以了解的贤人，不是人主所急需呢！进谗言者无中生有为之制造罪名，奸佞的臣子畏惧忠贞之士对他们有妨害；自身弯曲的东西忌讳墨线的样子，夜间裸体的人憎恶明亮火把的到来。因此名誉高尚行为美好的人被压抑不能显扬，而虚构的攻击之词却是先于实体而生出了影子。再加上没有像楚人和氏号啕大哭一样地去荐举贤人，他们遇上知音者的机会连万分之一也没有，也就是必然的了。

【原文】

"夫以玉为石者，亦将以石为玉矣；以贤为愚者，亦将以愚为贤矣。以石为玉，未有伤也；以愚为贤者，亡之诊也。盖诊亡者，虽存而必亡；犹脉死者，虽生而必死也。可勿慎乎！於戏，悲夫！莫之思者也。昔仲尼上圣也，东受累于齐人，南见塞于子西①；文种大贤也，初不齿于荆俗，末雍游于钧如②。竞年立功，不亦难乎？夫结绿、玄黎，非陶、猗不能市也③；千钧之重，非贲、获不能抱也④。《白雪》之弦，非灵素不能徽也⑤；迈伦之才，非明主不能用也。

【注释】

①《史记·孔子世家》："（齐）景公问政孔子，……景公说，将欲以尼谿田封孔子。晏婴进曰：'夫儒者滑稽而不可轨法；倨傲自顺，不可以为下；崇丧遂哀，破产厚葬，不可以为俗；游说乞贷，不可以为国。自大贤之息，周室既衰，礼乐缺有间。今孔子盛容饰，繁登降之礼，趋详之节，累世不能殚其学，当年不能究其礼。君欲用之以移齐俗，非所以先细民也。'后景公敬见孔子，不问其礼。……景公曰：'吾老矣，弗能用也。'孔子遂行，反乎鲁。"又："（楚）昭王将以书社地七百里封孔子。楚令尹子西曰：'王之使使

诸侯有如子贡者乎？'曰：'无有。''王之辅相有如颜回者乎？'曰：'无有。''王之将率有如子路者乎？'曰：'无有。''王之官尹有如宰予者乎？'曰：'无有。''且楚之祖封于周，号为子男五十里。今孔丘述三五之法，明周、召之业，王若用之，则楚安得世世堂堂方数千里乎？夫文王在丰，武王在镐，百里之君卒王天下。今孔丘得据土壤，贤弟子为佐，非楚之福也。'昭王乃止。"

②文种：春秋时越国大夫。本楚人，楚平王时为宛令，不治官职，有若狂颠。后事越王勾践，颇得重用，与范蠡共助勾践灭吴。事分见《文选》李善注所引及《北堂书钞》所引《吴越春秋》佚文、《国语·越语》等。"不齿于荆俗"或本为范蠡事。蠡本亦楚人，"被发佯狂，倜傥负俗"，唯文种知其为贤俊之士。见《史记·越世家》张守节正义所引《吴越春秋》佚文等。钧如：疑"如"字有误。"钧"原指鼎，喻国政。

③陶、猗：陶朱公和猗顿。范蠡助勾践复国灭吴后，乘舟浮于江湖，易姓名，适齐为鸱夷子皮，之陶为朱公，治产为巨富。猗顿，春秋鲁人。初贫，以盐起家，后讨教于陶朱公，大畜牛羊，富拟王公。见《史记·货殖列传》。

④贲、获：孟贲、乌获。见《臣节》篇"非贲、获之壮，不可以举兼人之重"二句注。

⑤《白雪》：古琴曲。《淮南子·览冥训》："昔者师旷奏《白雪》之音，而神物为之下降。"灵素：即素女，传为黄帝时人，善弦歌。《史记·孝武本纪》："泰帝使素女鼓五十弦瑟，悲，帝禁不止，故破其瑟为二十五弦。"

【译文】

"把玉当作石头的人，也会把石头当作玉；把贤者当作蠢人的人，也会把蠢人当作贤者。把石头当作玉，没有什么妨害；而把蠢人当成贤者，是国家灭亡的症状。大概说来，症状显示灭亡的，即使还存在，但必然得灭亡；就像脉象上显示死亡，即使活着却肯定要死一样。能够不谨慎吗！唉，悲惨哪！没有人考虑这些事情。当初，孔子作为一个至高的圣人，在东边受到齐国人的伤害，在南边受到楚国子西的阻挠；文种是个大贤人，开始时受到楚国庸俗之徒的鄙视，最后秉掌国政时游刃有余。抓紧时间建立功勋，不是太困难了吗？结绿、玄黎这样的美玉，不是陶朱公、猗顿买不起；千钧重的东西，不是孟贲、乌获那样的勇士不能抱动。《白雪》那样的高尚音乐，不是素女不能弹奏；出类拔萃的贤才，不是圣明的君主不能使用。

【原文】

"然耀灵、光夜之珍①，不为莫求而亏其质，以苟且于贱贾；洪钟、周鼎②，不为委沦而轻其体，取见举于侏儒；峄阳、云和③，不为不御而息唱，以竞显于淫哇④；冠群之德，不以沉抑而履径，而剸节于流俗⑤。是以和璧变为滞货，柔木废于勿用⑥；赤刀之矿，不得经欧冶之炉⑦；元凯之畴，终不值四门之辟也⑧。"

【注释】

①耀灵：太阳的别称。《楚辞·远游》："恐天时之代序兮，耀灵晔而西征。"光夜：

"夜光"之倒用,以求与"耀灵"骈俪。指月亮。《楚辞·天问》:"夜光何德,死则又育?"王逸注:"夜光,月也。"

②杨明照曰:"以上文'然耀灵、光夜之珍'句例之,'鼎'下疑脱去二字(或是'之宝'二字)。"

③峄(yì)阳:峄山南坡。《书·禹贡》:"峄阳孤桐。"孔安国传:"峄山之阳特生桐,中琴瑟。"云和:山名。《周礼·春官·大司乐》:"云和之琴瑟。"谓其山所产之材为制乐器的良材。峄阳、云和皆为乐器之称。

④淫哇:淫邪之声。《文选·嵇康〈养生论〉》:"目惑玄黄,耳务淫哇。"李善注:"《法言》曰:'哇则郑。'李轨曰:'哇,邪也。'"

⑤劓(tuán):脱离;改变。

⑥柔木:质地柔韧良好的树木。出《诗·小雅·巧言》:"荏染柔木,君子树之。"马瑞辰《毛诗传笺通释》:"盖读'柔'如'柔嘉维则'之柔,柔即善也,非泛言柔弱之木。"

⑦赤刀、欧冶:见《崇教》篇"赤刀之矿,不经欧冶之门者也"句注。

⑧元凯:见《嘉遁》篇"而使圣朝乏乎元凯之用哉"句注。畴,通俦。四门之辟:见《钦士》篇"辟四门而不倦"句注。

【译文】

"但是,发出日、月般光亮的珍宝,不因为无人求取而减损它的本质,而只图眼前降低身价;大钟和周代的鼎鼐,不因为被委弃埋没减轻分量,而被侏儒举起;精美的琴瑟不能因为无人弹奏就停止歌唱,而去争奏淫邪之声;超出众人的道德,不因为被埋没压抑去走门路,而改变节操同于流俗。因此和氏璧变成了积压的货物,良好的木材被废弃不用;可制成赤刀那样宝剑的矿石,不能进入欧冶子的炼炉;八元八凯一类的贤才,始终没有赶上迎贤之门打开。"

卷第十九　任　命

题　解

本篇以对话的形式阐述对出仕与隐逸的看法。"居泠先生"学识精博，修养高深，但甘居畎亩，不求闻达。于是"翼亮大夫"前来劝说。他认为应效法宁戚、伊尹，取积极的入世态度，以求发挥自己的作用。原因在于，再有本领的人也得依赖一定的客观条件，年期不久，人生难再，满腹经纶如果不施用于社会是极大的浪费。况且如果不表现才能，邈俗高士与庸琐之徒也难有区别。

居泠先生则认为，面对历史，个人的作用是有限的，不可能救"流末"于"已然"；穷达通塞有其客观必然性，不能靠人力强求；人与生俱来的爱好是难于改变的；出仕必待客观条件成熟自然而成，"诡遇""自衒"不但是"不高"的表现，而且如鱼嚼香饵，祸将不远；而且"处"可"运思于立言"，"出"能"铭勋乎国器"，二者"殊涂同归"，并无轩轾。所以儒士重要的是自身"能为可贵之行"，"能为可用之才"，至于是否被重视被任用，则完全不必放在心上，这才是"至人之用怀也"。

【原文】

抱朴子曰："余之友人有居泠先生者，恬愉静素①，形神相忘，外不饰惊愚之容②，内不寄有为之心，游精坟诰，乐以忘忧③。昼竞羲和之末景④，夕照望舒之余耀⑤，道靡远而不究，言无微而不研。然车迹不轫权右之国⑥，尺牍不经贵势之庭。是以名不出蓬户⑦，身不离畎亩⑧。

【注释】
①恬愉：《淮南子·原道训》："恬愉无矜而得于和。"高诱注："恬愉，无所好憎也。"
②惊愚：令愚昧鄙俗者震惊。
③乐以忘忧：出《论语·述而》："其为人也，发愤忘食，乐以忘忧，不知老之将至云尔。"
④羲和：太阳。参《交际》篇"羲和照则曲影觉矣"句注。
⑤望舒：神话中为月驾车之神，《楚辞·离骚》："前望舒使先驱兮，后飞廉使奔属。"王逸注："望舒，月御也。"

⑥轫（rèn）：用于阻挡车轮的木块。《楚辞·离骚》："朝发轫于苍梧兮，夕余至乎县圃。"洪兴祖补注："轫，止车之木，将行则发之。"引申为停车。国：孙星衍疑作"閾"（yù），杨明照以为当作"域"。孙说较胜。閾：门口。权右：见《逸民》篇"诣媚权右"句注。

⑦蓬户：见《嘉遁》篇"保恬寂乎蓬户"句注。

⑧畎（quǎn）亩：《国语·周语下》："天所崇之子孙，或在畎亩，由欲乱民也。"韦昭注："下曰畎，高曰亩。亩，垄也。"泛指田野。

【译文】

抱朴子说："我的朋友中，有一位称作居泠先生的，心神安适愉悦平静素淡，精神超脱于形骸，外表没有令愚俗者震惊的样子，内心也不存在有所作为的想法，精神遨游于古代典籍，快乐并忘掉了忧愁。白天要争抢太阳的最后一点光线，晚上还要用月亮的余光照明。道术无深不究，学说无隐不求。但是车子不在掌权者的大门口停驻，书信也不经过有势力人家的院子。因此名字不出自家的蓬草之门，身子不离开田地。

【原文】

"于是翼亮大夫候而难之，曰：'余闻渊蟠起则玄云赴，道化霑则逸才奋①。故康衢有角歌之音②，鼎俎发凌风之迹③。沽之则收不訾之贾④，踊之则超在天之举。耀逸景于旸谷⑤，播大明乎九垓⑥。勋荫当世，声扬罔极。故寻仞之涂甚近而弗往者，虽追风之脚不能到也；楔梲之下至卑而不动者，虽鸿、鹖之翅未之及也。况乎寝足于大荒之表⑦，敛羽于幽梧之枝，安得效迅以寻景⑧，振轻乎苍霄哉？

【注释】

①霑（zhān）：浸润；普施；使受益。

②康衢：四通八达的大路。角歌：见《嘉遁》篇"或扣角以凤歌"句注。

③鼎俎：见《嘉遁》篇"故或负鼎而龙跃"句注。

④訾（zī）：本指价值，此谓估量。此用待价而沽之典，言有才可用。

⑤旸（yáng）谷：日出处。参《勖学》篇"虽失之于旸谷"句注。

⑥大明：见《勖学》篇"披玄云而扬大明"句注。九垓：见《审举》篇"九垓同风"句注。

⑦寝足：止步。寝谓止息。《商君书·开塞》："一国行之，境内独治；二国行之，兵则少寝；天下行之，至德复立。"大荒：边远荒凉的地方。《文选·左思〈吴都赋〉》："出乎大荒之中，行乎东极之外。"刘逵注："大荒，谓海外也。"

⑧寻景（yǐng）：追赶影子。言迅疾。

【译文】

"于是翼亮大夫等候并且责难他说：'我听说渊中的蟠龙飞起浓云就会跟随，道德教化普施隐逸的贤才就会出仕为官。因此大路上就有扣角而歌求取官职的声音，背负鼎俎干仕者也显现出乘风而上的痕迹。出卖就能收到无法计算的价钱，跳跃一下就能超过飞举上天的人。在太阳升起的旸谷放射亮光，在普天之下播撒光明。功勋使当世人得到裨益，声名的传播却是没有尽头。因此几尺长的路虽然很近，但如果不走，即使是追风宝马的快腿也走不到；房柱之下的高度虽然很低，但如果不飞，即使是大雁仙鹤的翅膀也飞不到。更何况驻足在遥乱的荒野，敛翅于幽静的梧桐枝头，怎么能够放开速度去追逐影子，抖开翅膀飞上苍天呢？

【原文】

'年期奄冉而不久，托世飘迅而不再，智者履霜则知坚冰之必至，处始则悟生物之有终。六龙促轨于大浑①，华颠倏忽而告暮②，古人所以映顺流而顾叹③，晒过隙而兴悲矣④。

【注释】

①六龙：指太阳。传日神乘车，驾以六龙，羲和御之。大浑：本指元气未剖的原始混沌状态。此指天空。
②华颠：白首。指年老。颠即头顶。
③句本《论语·子罕》："子在川上，曰：'逝者如斯夫！不舍昼夜。'"
④过隙：见《嘉遁》篇"以过隙之促"句注。

【译文】

'光阴荏苒但并不长久，人生在世飘忽而过没有下回，聪明的人踏霜就能知道结冰的严冬必然到来，身处开头就知道有生命的东西总有终了。太阳在天空中经过是短促的，白发一下子就会告诉你老年的到来。这就是古人之所以面对流逝的大河发出感叹，看见过隙的白驹就引起悲伤。

【原文】

'先生资命世之逸量，含英伟以邈俗；锐翰汪濊以波涌①，六奇抑郁而渊稸②；然不能凌扶摇以高竦③，扬清耀于九玄。器不陈于瑚、簋之末④，体不免于负薪之劳，犹奏和音于聋俗之地，鬻章甫于被发之域⑤。徒忘寤于翰林⑥，锐意以穷神，崇琬琰于怀抱之内，吐琳琅于毛墨之端⑦，躬困屡空之俭⑧，神劳坚高之间⑨，譬若埋尺璧于重壤之下，封文锦于沓匮之中，终无交易之富，孰赏埋翳之珍哉？

【注释】

①锐翰：指精粹的文笔。
②六奇：见《嘉遁》篇"秘六奇以括囊"句注。稸（xù）：同蓄。
③扶摇：见《交际》篇"扶摇之力也"句注。
④瑚（hú）、簋（guǐ）：古宗庙中盛黍稷的礼器。商曰瑚，周曰簋。此喻治国安邦之才。
⑤参见《审举》篇"譬犹售章甫于夷越"句注。

⑥翰林：文翰荟萃之地，犹言文苑。
⑦毛墨："毛"乃"毫"字之误。毫墨犹言笔墨。
⑧屡空：经常贫困。出《论语·先进》："回也其庶乎！屡空。"何晏集解："言（颜）回庶几圣道，虽数空匮而乐在其中。"
⑨坚高：本《论语·子罕》："颜渊喟然叹曰：'仰之弥高，钻之弥坚；瞻之在前，忽焉在后'"是颜回赞孔子的话。此言孔子之道。

【译文】

'先生具备闻名于世的非凡本领、胸含超越凡俗的英气伟才；文笔精粹犹如波涛汹涌的江河，内心深怀出奇制胜的策略；但是不能乘大风而高飞，在高空中发出光辉。不能跻身于治国安邦的朝臣行列之尾，自己也不能避免背负柴薪的辛劳，就像在聋人的地方演奏和谐的音乐，在披发蛮荒地域卖礼帽。一心沉浸在文苑之中而不省悟，刻意追求而穷尽精神，在内心中累积美玉般的情操学问，在笔端写下宝石般的好文章，自己却困厄于经常的贫穷之中，心神在艰深的学问里劳顿，就像把盈尺的玉璧埋在深深的土壤里，把花纹华丽的锦缎封存在多层的柜子里，最终也不能与人交换而致富，又有谁能赏识您隐藏着的珍宝呢？

【原文】

'夫龙骥维絷①，则无以别乎蹇驴②；赤刀韬锋③，则曷用异于铅刃？鳣鲔不居牛迹④，大鹏不滞蒿林⑤。愿先生委龙蛇之穴⑥，升利见之涂⑦；释户庭之独洁，览二鼠而远悟⑧，越穷谷以登高⑨，袭丹藻以改素，竞惊飙于清晨，不盘旋以错度，收名器于崇高，响钟鼎之庆祚⑩。柏成一介之夫，采薇何足多慕乎⑪？'

【注释】

①龙骥：骏马。《周礼·夏官·廋人》："马八尺以上为龙。"故龙马、龙骏、龙骥等皆指骏马。维絷（zhí）：束缚；羁绊。
②蹇（jiǎn）：瘸；跛。
③赤刀：见《崇教》篇"赤刀之矿"句注。
④鳣（zhān）鲔（wěi）：鲟鳇鱼的古称，长七八尺至二三丈。牛迹：牛蹄踏出的泥窝。
⑤说本《庄子·逍遥游》："穷发之北有冥海者，天池也。……有鸟焉，其名为鹏，抟扶摇而上者九万里，绝云气，负青天，然后图南，且适南冥也。斥鴳笑之曰：'彼且奚适也？我腾跃而上，不过数仞而下，翱翔蓬蒿之间，此亦飞之至也！而彼且奚适也？'"
⑥说本《易·系辞下》："龙蛇之蛰，以存身也。"
⑦利见：见《嘉遁》篇"在天利见"句注。
⑧说本《史记·李斯列传》："（李斯）年少时为郡小吏，见吏舍厕中鼠食不絜，近人犬，数惊恐之。斯入仓，观仓中鼠，食积粟，居大庑之下，不见人犬之忧。于是李斯乃叹曰：'人之贤不肖譬如鼠矣，在所自处耳。'"按"絜"为"洁"的古字。

⑨语本《孟子·滕文公上》:"吾闻出于幽谷迁于乔木者,未闻下乔木而入于幽谷者。"

⑩名器:谓象征地位的名号与车服仪制。本《左传·成公二年》:"唯器与名,不可以假人,君之所司也。"杜预注:"器,车服;名,爵号。"崇高:谓地位优越且俸禄丰厚。出《易·系辞上》:"崇高莫大乎富贵。"庆祚:幸福;福气。

⑪柏成:杨明照以为当依旧写改作"伯夷"。是。伯夷与弟叔齐,乃孤竹君之子,为让君储之位而分别逃而之周。及文王被杀,武王欲伐纣,二人力阻未果,遂于平殷之后义不食周粟,隐于首阳山,采薇而食,遂饿死于首阳山。见《史记·伯夷列传》。译从取"伯夷"。

【译文】

'骏马被绳子拴住,那么就没办法和瘸驴相区别;宝刀插在刀鞘里,那么凭什么来和铅刀相分开呢?鲟鱼不会停留在牛的蹄印里,大鹏不会停滞在蓬蒿丛中。希望先生离开您隐居的地方,登上面见君主的道路;放弃家门以内的个人的高洁,看到两种老鼠就应有深刻的领悟,跳出无路的山谷而登上乔木,用红色的花纹改变素白的颜色,要早早吹起惊人的狂飙,不要徘徊犹豫错过时机,要以高尚的地位求取富贵,振响吉庆福祚的大钟。伯夷不过是草芥之人,其采薇又有什么值得过多地敬慕呢?'

【原文】

"居泠先生应曰:'盖闻灵机冥缅,混芒眇昧①,祸福交错乎倚伏之间②,兴亡缠绵乎盈虚之会。迅游者不能脱逐身之景③,乐成者不能免理致之败④;匡流末者,未若挺治乎无兆之中;整已然者,不逮反本乎玄朴之外。是以觉尺蠖者⑤,甘屈以保伸;识通塞者,不惨悦于否泰。

【注释】

①杨明照曰:"'眛',字书所无。此平津本写刻之误。当依藏本等改作'昧'。"是。灵机:犹言玄机、天机,谓上天的意志。混芒:混沌蒙昧,此指广大无边的宇宙。

②见《君道》篇"料倚伏予未萌之前"句注。

③杨明照证"遊"乃"逝"字之误。是。

④乐成:快乐于功成名就。《商君书·更法》:"民不可与虑始,而可与乐成。"理致:义理情致。

⑤尺蠖:见《嘉遁》篇"同屈尺蠖"句注。

【译文】

"居泠先生回答说:'我听说上天的意志幽暗而遥远,广大无边的宇宙深微难测,祸福相互依存相互转化,兴盛与灭亡存在于盈满与虚空的发展变化之中。跑得再快的人也脱不开追逐自身的影子,快乐于成功者不能避免义理情致的衰败;匡正衰微末世,不如在未有衰微先兆时进行大胆的治理;整治既成的衰败之局,不如返回到纯真朴实的时代之前。因此看到尺蠖受到启发的人,甘心受屈以保证将来能有所伸展;懂得通达与阻塞道理的人,不因运气的好坏而伤悲或愉快。

【原文】

'且夫洪陶范物①,大象流形②,躁静异尚,翔沉舛情。金宝其重,羽矜其轻。笃隘者,执束于滓涅;达妙者,逍遥于玄清。潢洿纳行潦而潘溢③,渤澥吞百川而不盈④。鲉虾踊悦于泥泞⑤,赤螭凌厉乎高冥⑥。嚼香饵者,快嗜欲而赴死;味虚淡者,含天和而趋生⑦。识机神者,瞻无兆而弗惑;暗休咎者,触强弩而不惊。各附攸好,安肯改营?

【注释】

①洪陶范物:以陶工用范模造陶器比喻大自然创造万物。
②大象:此指上天,亦即大自然。流形:赋物以形。出《易·乾》:"云行雨施,品物流形。"孔颖达正义:"言乾能用天之德,使云气流行,雨泽施布,故品类之物,流布成形,各得亨通,无所壅蔽。"
③潘(fān)溢:水满溢出。
④渤澥(xiè):即渤海。"澥"指海湾。
⑤鲉(yóu):小鱼。
⑥螭(chī):无角龙。凌厉:见《嘉遁》篇"不能凌厉九霄"句注。
⑦天和:自然和顺之气。《庄子·庚桑楚》:"故敬之而不喜,侮之而不怒者,唯同乎天和者为然。"

【译文】

'况且大自然创造万物,上天令万物流布成形,急躁与安静的崇尚不同,飞动与沉着的性情各异。金属重视它的沉重,羽毛自负它的轻飘。过于浅隘者会被束缚在沉滓污泥当中,通达深微的人会在天空中无拘无束。池塘受纳沟中的流水就会溢出,渤海吞入了很多条大河却还不满。小鱼和小虾在泥泞中跳跃并且很喜悦,而赤龙却要飞升到天空中去。咀嚼香饵的,快意于一时的口欲而走向死亡;体味清虚寡淡的,腹含自然和顺之气而永葆生存。懂得机微玄妙的,没有看到先兆也不会惶惑;昏昧于吉祥凶险的,触动了硬弩也不知吃惊。各自趋附于所好,怎么肯改变谋求呢?

【原文】

'吾闻五玉不能自剖于嵩岫①,腾蛇不能无雾而电征②,龙渊不能勿操而断犀兕③,景钟不能莫扣而扬洪声④。金芝须商风而激耀⑤,仓庚俟烟煴而修鸣⑥;骐骥不苟驰以赴险,君子不诡遇以毁名⑦。运屯⑧,则沉沦于勿用;时行,则高竦乎天庭。士以自衒为不高,女以自媒为不贞。何必委洗耳之峻标⑨,效负俎之干荣哉⑩?

【注释】

①五玉:出《书·舜典》:"修五礼、五玉、三帛、二生、一死贽。"班固以为璜、璧、璋、圭、琮。
②腾蛇:传说中一种能飞的蛇。《韩非子·难势》:"慎子曰:'飞龙乘云,腾蛇

游雾。'"

③龙渊：古宝剑名。传欧冶子所造。

④景钟：春秋晋景公所铸钟。《国语·晋语七》："昔克潞之役，秦来图败晋功，魏颗以其身却退秦师于辅氏，亲止杜回，其勋铭于景钟。"韦昭注："景钟，景公钟。"

⑤金芝：金色芝草。传说中的仙药。《汉书·宣帝纪》："金芝九茎产于函德殿铜池中。"颜师古注引服虔曰："金芝，色像金也。"商风：秋风。"商"本五音阶（宫、商、角、徵、羽）之一。古人以五音配四季，商则配秋，故商风即秋风。

⑥仓庚：鸟名，即黄鹂、黄莺。《禽经》："仓鹒，鵹黄、黄鸟也。"张华注："今谓之黄鹂、黄莺是也。"

⑦诡遇：本指违背礼法驱车横射禽兽，比喻以不正当手段去获取。三国魏刘劭《人物志·释争》："是故孟之反以不伐获圣人之誉，管叔以辞赏受嘉重之赐，夫岂诡遇以求之哉，乃纯德自然之所合也。"按"伐"言自我夸功。

⑧运屯（zhūn）：运交屯卦。"屯"为六十四卦之一，卦形为䷂，震下坎上，含艰难困顿义。《易·屯》："屯，刚柔始交而难生。"

⑨洗耳：见《嘉遁》篇"若令各守洗耳之高"句注。

⑩负俎：见《嘉遁》篇"故或负鼎以龙跃"句注。

【译文】

'我听说五种美玉不能自己从嵩山洞穴中剖开石头出来，会飞的腾蛇不能没有云雾而像闪电一样迅疾远行，龙渊宝剑不能没人拿着就斩断犀牛，大钟不能没人击撞而发出洪亮的声音。金色灵芝等待秋风而闪烁它的光芒，黄莺等待弥漫的云雾而发出长鸣；骏马不随便奔跑而走入险境，君子不胡乱猎取名誉地位而毁掉名声。运气不顺，就隐伏而不要有所作为；时来运转，就可以竦身于朝廷出仕为官。士人以自我炫耀为不高尚，女子以为自己做媒为不贞洁。为什么一定要抛开许由洗耳的高尚风格，而效法伊尹背负砧板去求取荣耀呢？

【原文】

'夫其穷也，则有虞婆娑而陶钧①，尚父见逐于愚妪②，范生来辱于溺箦③，弘、式匿奇于耕牧④；及其达也，则淮阴投竿而称孤⑤，文种解属而纡青⑥，傅说释筑而论道⑦，管子脱桎为上卿⑧。盖君子藏器以有待也，稽德以有为也⑨，非其时不见也，非其君不事也，穷达任所值，出处无所系。其静也，则为逸民之宗；其动也，则为元凯之表⑩。或运思于立言⑪，或铭勋乎国器⑫。殊涂同归，其致一焉。

【注释】

①陶钧：杨明照以为当作"陶钧"。按《淮南子·原道训》有"（舜）钓于河滨"语，故"陶钧""陶钧"皆有据。译文从"陶钧"。

②见《逸民》篇"老妪逐之"句注。

③杨明照引孙诒让、王国维，证此句"箦"当作"箦"，甚是。箦（zé）：席子。《史

记·范雎蔡泽列传》:"须贾为魏昭王使于齐,范雎从。留数月,未得报。齐襄王闻雎辩口,乃使人赐雎金十斤及牛、酒,雎辞谢不敢受。须贾知之,大怒,以为雎持魏国阴事告齐,故得此馈。令雎受其牛酒,还其金。既归,心怒雎,以告魏相。魏相,魏之诸公子,曰魏齐。魏齐大怒,使舍人笞击雎,折胁折齿。雎详死,即卷以箦,置厕中。宾客饮者醉,更溺雎,故僇辱以惩后。"

④弘:公孙弘,汉代齐菑川人。少时家贫,牧猪于海滨,年四十余始学《春秋》等书。武帝招贤良文学之士,弘以贤良为博士。后官至丞相。见《史记·平津侯主父列传》。式:卜式。河南人,以牧羊致富。武帝时上疏愿输半数家财助边。召拜中郎。令牧羊上林,羊多而肥。式谓治民亦犹是。帝奇其言,拜为缑氏令。后迁成皋令,拜为齐王太傅,转为相。见《汉书·卜式传》。

⑤淮阴:淮阴侯韩信。困时钓于城下,曾受漂母之饭数十日。汉四年立为齐王,故言"称孤"。

⑥屩(juē):草鞋。《史记·范雎蔡泽列传》:"夫虞卿蹑屩檐簦,一见赵王,赐白璧一双,黄金百镒。"纡(yū)青:佩青色绶带的印信。指九卿。按九卿青绶乃汉制,此仅言文种显贵。参《擢才》篇"文种大贤也"句注。

⑦参见《时难》篇"岩间傅说之属"句注。

⑧管子:管仲。参《交际》篇"管仲所以免诛戮而立霸功"句注。管仲事公子纠,曾箭射齐桓公中带钩,后因遭囚。

⑨稸:同蓄。

⑩元凯:见《嘉遁》篇"而使圣朝乏乎元凯之用哉"句注。

⑪立言:本《左传·襄公二十四年》:"大上有立德,其次有立功,其次有立言,虽久不废。此之谓不朽。"

⑫国器:国之宝器,指钟鼎之类。

【译文】

'在他们困顿的时候,虞舜曾闲散而快乐地制陶垂钓,吕尚曾被愚蠢的老妇人驱赶,范雎曾受到用席裹着扔到厕所并有人向他身上撒尿的侮辱,公孙弘和卜式曾过耕牧的生活隐匿自己的才能;到他们得志的时候,韩信扔开钓竿被立为王,文种脱掉草鞋位列卿相,傅说抛掉木杵而论述治国之道,管仲解除了桎梏成为上卿。大体说来君子身怀才能是要有所等待的,积蓄德行是会有所作为的,但不是恰当的时候不显现,不是知遇的国君不奉事,困厄还是得志任凭所遇,不论出仕还是隐居都不要记挂于心。隐居静处,就要做隐逸者的榜样;出仕做官,就要做八元八凯那样的表率。有的把神思用于著书立说,有的功勋铸刻于国家的宝器。不同的道路有相同的归处,所达到的结果是一样的。

【原文】

'士能为可贵之行,而不能使俗必贵之也;能为可用之才,而不能使世必用之也。被褐,茹草,垂纶,置兔,则心欢意得,如将终身;服冕乘轺,兼朱重紫，则若固有之，常如布衣。此至人之用怀也①。

【注释】

①至人：道家以指超凡脱俗，达到无我境界的人。《庄子·逍遥游》："故曰至人无己，神人无功，圣人无名。"又《齐物论》："至人神矣，大泽焚而不能热，河汉沍而不能寒，疾雷破山、风振海而不能惊。"沍（hù），谓凝结。

【译文】

'士人能够做出值得重视的行为，但不能让世俗一定重视他；能够成为有用的人才，但不能让社会一定使用他。身披褐衣，口嚼粗食，垂线钓鱼，张网捕兔，也心情愉快，洋洋自得，就像将终身如此；戴礼帽乘轺车，做朱衣紫绶的高官，就像是当然应该这样，一直像个普通百姓一样。这是最高境界的人的胸怀。

【原文】

'若席上之珍不积①，环堵之操不粹者②，予之罪也。知之者希，名位不臻，以玉为石，谓凤曰鹯者，非余罪也。夫汲汲于见知③，悒悒于否滞者④，裳民之情也⑤；浩然而养气⑥，淡尔而靡欲者，无闷之志也⑦。时至道行，器大者不悦；天地之间，知命者不忧⑧。若乃徇万金之货，以索百十之售⑨，多失骬毛⑩，我则未暇矣。'

【注释】

①席上之珍：坐席上的珍宝，喻儒者美善的才学。出《礼记·儒行》："儒有席上之珍以待聘。"

②环堵之操：儒者自身的节操。亦出《礼记·儒行》："儒有一亩之宫，环堵之室。""环堵"谓四面皆有一方丈的土墙，言居室之狭小。

③汲汲：见《勖学》篇"汲汲于进趋"句注。

④悒（yì）悒：忧郁不乐。《大戴礼记·曾子制言中》："故君子无悒悒于贫。"

⑤孙星衍曰："（'裳'）即'常'字。"杨明照引鲁藩本等九种版本，以及《抱朴》它篇以为当为"常"字。

⑥浩然养气：说本《孟子·公子丑上》："我善养吾浩然之气……其为气也，至大至刚，以直养而无害，则塞于天地之间。"

⑦无闷：没有苦恼。出《易·乾》："《文言》曰：'遁世无闷，不见是而无闷。'"

⑧知命者不忧：语本《易·系辞上》："乐天知命，故不忧。"

⑨百十：孙星衍、杨明照分别据旧写本、卢本和慎本、柏筠堂本、文溯本、丛书本、崇文本，并《百家》和《内篇·极言》，以为当作"百千"。译文从"百千"。

⑩失骬毛：见《嘉遁》篇"杨朱吝其一毛"句注。

【译文】

'如果我的才学积聚得不够，个人的节操不够纯粹，这是我的罪过；知道我的人少，名誉地位不高，把美玉当作石头，把凤凰当作鹯雀，就不是我的罪过。急切地想被人了解,对运气不佳郁郁不乐,这是普通百姓的情感;以宽广坦荡的态度培养正气,淡泊而无个人欲望,这是没有苦闷者的思想境界。时运到来且正道得以行世,才能大的人也不会高兴;身处天地之间,了解命运的人是没有忧虑的。至于说拿着价值万金的货物到处展示,以求卖几百几千的价钱,使个人付出巨大代价,我可是没有闲工夫。'"

卷第二十　名　实

题　解

　　本篇讨论的是名称与其实际内容的关系这样一个古老的话题。作者假托汉末，批评当时"品藻乖滥"的社会现实。这其中固然有"智大量远者"如大山屹立，而非蓬飞萍浮；似嵩岱巨材，未能插株涂要，以致见者稀少的原因。有佞者以"珍赂"开路，靠朋党佐助，加之见风使舵、拍马逢迎、排斥异己等手段这样的原因。但作者认为重要的问题在于"当涂"者的专权任私，是他们荐举"附己""同私"之徒，诋毁和阻滞贤士，导致奸党立、主威夺、国危亡。而明君可以排除干扰，"招贤""擢奇"，从屠钓者中选拔吕望，从饲牛者中选择百里奚，从囚犯中选拔管仲，这正是他们事业成功且隆盛的原因。真正"才运量逸""器兼元凯"者的重要标志是洁身守滞、乐居陋巷、非礼不动、藏器全真、外表粗拙、内心淡泊。真正的圣明之主当然应该透过其貌愚、面垢看到他们的才能，但他们的真正价值在于"名实虽漏于一世，德音可邀乎将来"。

【原文】

　　门人问曰："闻汉末之世，灵、献之时，品藻乖滥①，英逸穷滞，饕餮得志②，名不准实，贾不本物③。以其通者为贤，塞者为愚。其故何哉？"

【注释】

　　①品藻：对人的品评鉴定。《汉书·扬雄传下》："爱及名将尊卑之条，称述品藻。"颜师古注："品藻者，定其差品及文质。"

　　②饕（tāo）餮（tiè）：贪得无厌者。

　　③贾（jià）：价的古字。

【译文】

　　学生们问道："听说汉朝末年的时候，灵帝献帝的时代，品评鉴定人才错杂不当，优秀的超群的人才被困顿埋没，贪得无厌的人得志，事物的名称不符合实际，价格不代表货色。人们认为显达的人贤能，认为困厄的人愚蠢。它的原因是什么呢？"

【原文】

抱朴子答曰："夫雷霆輷磕①，而或不闻焉；七曜经天②，而或不见焉。岂唯形器有聋瞽哉！心神所蔽，亦又如之。是以闻格言而不识者，非无耳也；见英异而不知者，非无目也，由乎聪不经妙，而明不逮奇也。夫智大量远者，盘桓以山峙③；器小志近者，蓬飞而萍浮。夫唯山峙，故莫之能动焉；夫唯萍浮，故流而不滞焉。

【注释】

①輷（hōng）磕：象声词。"輷"本指车声，"磕"本指石声。

②七曜：即"七耀"。见《勖学》篇"考七耀之盈虚"句注。

③盘桓：停滞不动。《文选·班固〈幽通赋〉》："承灵训其虚徐兮，伫盘桓而且俟。"李善注："盘桓，不进也。"

【译文】

抱朴子回答说："雷声隆隆，但也有人听不见；日月五星在天上运行，但也有人看不见。难道仅仅是人的形体有耳聋眼瞎吗！精神的遮蔽，也和这是一样的。因此听见格言警句而不能辨别，并不是没有耳朵；看见杰出的人才但不认识，并不是没有眼睛，是因为耳朵没听到过美妙的声音，眼睛不能抓住神奇的事物。智能高器度大的人，滞留不动，像山一样屹立；器度狭小志向浅近的人，像蓬草一样飞舞，像浮萍一样漂浮。而只有山一般屹立，所以才没有人能撼动它；只有像萍草一样漂浮，所以才随波逐流不能停住。

【原文】

"方之货也，则缄连以待贾者①，唯至珍而难售②；鸣鼓以徇之者，虽凡蔽而易尽。比之材也，则结根于嵩、岱者，虽竦盖千仞，垂荫万亩，而莫之知也；插株于涂要者，虽钩曲庆细而速朽③，而犹见用也。故庙堂有枯杨之瑚、簋④，穷谷多不伐之梓、豫也⑤。

【注释】

①缄（jiān）连：以绳索缠束。"缄"，本义为扎束器物的绳索。

②唯：徐济忠、杨明照校"虽"。是。"虽（雖）""唯"形近易误。

③杨明照以为此句与对应句"虽竦盖千仞，垂荫万亩"参差不齐，并引司马相如《上林赋》《楚辞·刘向〈九叹·逢纷〉》等，证"庆"上当有"胶"或"缭"字。"胶"字较胜。胶庆：回环弯曲。

④瑚、簋：见《任命》篇"器不陈于瑚、簋之末"句注。

⑤梓、豫："梓"谓梓树，"豫"即钓樟，又名乌樟，正名枕（chén）树。二木皆优良材种，故为良材代称。

【译文】

"用货物打个比方，那么封藏起来待价而沽的，即使最为珍贵但难以售出；敲着鼓到处展示的，即使平凡破旧但容易卖光。用木材打个比方，那么扎根在嵩山、泰岳的，即使高达千丈，覆盖万亩，但是没人知道；生长在要道上，即使弯弯曲曲，细小而容易腐烂，但还是要被使用。所以太庙的殿堂里多有枯干杨木做的礼器，但阻塞不通的山谷中却多有没有砍伐的梓木和乌樟。

【原文】

"是以窃华名者，蝼、蜥腾于云霄；失实贾者，翠虬沦乎九泉①。于是斥鷃凌风以高奋②，灵凤卷翮以幽戢；铅锋充太阿之宝③，犬羊佻虎狼之资矣④。夫佞者鼓珍赂为劲羽，则无高而不到矣；乘朋党为舟楫，则无远而不济矣。

【注释】

①杨明照曰："'九泉'，当作'九渊'。"是。
②斥鷃：见《逸民》篇"夫斥鷃不以蓬榛易云霄之表"句注。
③太阿：见《嘉遁》篇"太阿潜锋而不击"句注。
④佻（tiāo）：窃取。《国语·周语中》："郤至佻天之功以为己力，不亦难乎！"韦昭注："佻，偷也。"

【译文】

"因此窃得了华美的名称，蝼蛄蜥蜴也能飞升云霄；失掉了符合实际的价钱，翠龙也会沉沦在深渊。斥鷃乘风高飞，祥瑞的凤凰却卷起翅膀深深地藏起；铅刀冒充太阿宝剑，狗和羊窃取了虎狼的资格。巧言善辩的人鼓动起他们用珍宝财物做成的强劲翅膀，没有什么高处不能飞到；乘坐上由帮派团伙构成的舟船，没有什么远处不能驶达。

【原文】

"持之以夙兴侧立①，加之以先意承指②，其利口谀辞也似辩，其道听涂说也似学③，其心险貌柔也似仁，其行污言洁也似廉，其好说人短也似忠，其不知忌讳也似直，故多通焉。且亦奉望我者，欲我益之；不求我者，我不能爱，自然之理也。

【注释】

①夙兴：见《臣节》篇"夙兴夜寐"句注。
②先意承指：亦见《臣节》篇"先意承指者"句注。
③道听涂说：出《论语·阳货》："子曰：'道听而涂说，德之弃也。'"邢昺疏引马融曰："闻之于道路，则传而说之。"

【译文】

"持之以恒地早早起床侍立一旁，再加上预先猜到意图、秉承意旨行事，他们说起阿谀之词口齿伶俐似乎很雄辩，他们道听途说似乎肯于学习，他们内心险恶外表柔和似乎很仁慈，他们行为污秽言辞雅洁似乎很廉直，他们喜欢谈论人家的短处似乎很忠诚，他们不知道有什么顾忌避讳似乎很直率，因此多方通达。再说逢迎我的人，希望我给他带来好处；不求我的人，我不可能喜欢他，这是很自然的道理。

【原文】

"夫贤常少而愚常多。多则比周而匿瑕①，少则孤弱而无援；佞人相汲引而柴正路②，俊哲处下位而不见知；拔茅之义圮③，而负乘之群兴④；亢龙高坠⑤，泣血涟如⑥。故子西逐大圣之仲尼⑦，臧仓毁命世之孟轲⑧。二生不免斯患，降兹亦何足言！斯祸盖与开辟并生，苦之匪唯一世也。历览振古⑨，多同此疾。

【注释】

①比周：谓结党营私。《管子·立政》："群徒比周之说胜，则贤不肖不分。"

②柴（zhài）：阻塞。《庄子·外物》："德溢乎名，名溢乎暴，谋稽乎諙，知出乎争，柴生乎守，官事果乎众宜。"郭象注："柴，塞也。"按"諙（xián）"，谓急难。

③杨明照曰："'圮'当作'圮'，形之误也。"是。圮（pǐ）：衰败。拔茅：即拔茅连茹。出《易·泰》："拔茅茹以其汇。"王弼注："茅之为物，拔其根而相牵引者也。"比喻递相推荐引进。

④负乘：见《嘉遁》篇"贪进不虑负乘之祸"句注。

⑤亢龙：见《嘉遁》篇"畏亢悔而贪荣之欲不灭"句注。

⑥泣血涟如：无声痛哭，泪尽血出。言极度悲伤。出《易·屯》："乘马班如，泣血涟如。"

⑦子西逐仲尼：见《擢才》篇"南见塞于子西"句注。

⑧事见《孟子·梁惠王下》："鲁平公将出。嬖人臧仓者请曰：'他日君出，则必命有司所之，今乘舆已驾矣，有司未知所之。敢请。'公曰：'将见孟子。'曰：'何哉？君所为轻身以先于匹夫者，以为贤乎？礼义由贤者出。而孟子之后丧逾前丧。君无见焉！'公曰：'诺。'"按"后丧逾前丧"谓办母丧超过以前所办父丧。言其不合礼义。

⑨振古：出《诗·周颂·载芟》："振古如兹。"毛传："振，自也。"

【译文】

"贤能者总是很少而蠢人总是多的。愚蠢的人多就要相互勾结隐匿缺点，贤者少就孤独弱小无人救援；巧言者相互提拔并阻塞了正当的仕途，才识不凡的人却身处下位而不被了解；递相推荐的义风破坏了，小人居君子之位的事就会大量出现；居高位不知谦退将坠落到地上，哭泣得泪尽血出。所以楚国子西赶走了大圣人孔子，臧仓诽谤著名于世的孟轲。这两位先生尚且不能避免这种祸患，以下的人又哪里值得提起呢！这种灾祸大概和开天辟地一起产生，人世受此苦难不只是一代人了。——观察古来各朝，多有与此相同的问题。

【原文】

"至于驽蹇矫首于琱辇①，骐骥委牧乎林坰②，彼已尸禄③，邦国殄瘁④，下凌上替⑤，实此之由。或虫流而莫敛⑥，或逆窜于申亥⑦，或擢筋于庙梁⑧，或绝命于望夷⑨，盖所拔之非真，而忠能之不用也。

【注释】

①琱（diāo）辇：玉饰的车子。对车的美称。

②駥（róng）骥：骏马。林坰（jiōng）：旷野。《文选·陈琳〈为曹洪与魏文帝书〉》："夫绿骥垂耳于林坰，鸿雀戢翼于汙池。"李善注引《尔雅》："野外谓之林，林外谓之坰。"

③彼己：见《交际》篇"何必裸袒以诡彼己"句注。尸禄：空食俸禄无所作为。"尸"为古代祭祀时代死者受祭的人，引申为在其位而无所作为。《说苑·至公》："久践高位，妨群贤路，尸禄素飡，贪欲无猒。"

④邦国殄瘁：见《任能》篇"殄瘁响集"句注。

⑤下凌上替：见《君道》篇"陵替之灾"句注。凌、陵音同得通。

⑥虫流莫敛：齐桓公于管仲卒后，不听管仲临终之言，重召易牙、竖刁、常之巫等。及桓公病，五公子各树党争立，易牙等相与作乱，桓公于宫中求食求饮皆不得，"蒙衣袂而绝于寿宫。虫流出于尸，上盖以杨门之扇，三月不葬"（《吕氏春秋·知接》）。又见《韩非子·十过》《史记·齐太公世家》等。

⑦楚灵王在做令尹时及为王之后，曾因杀人、取财等令多人对其心怀仇恨。后灵王率兵伐徐，这些人与欲夺君位的公子比、公子弃疾等人杀太子禄等，公子比为王，公子黑肱为令尹。灵王所率师闻之而溃。芋地之尹申亥引灵王至家。灵王于申亥家自缢而亡。事见《左传·昭公十三年》。

⑧《韩非子·奸劫弑臣》："淖齿之用齐也，擢湣王之筋，悬之庙梁，宿昔而死。"淖齿本楚人，楚使之救齐，任为齐相。因欲与燕分齐地，故杀湣王。又见《战国策》等。

⑨见《用刑》篇"赵高之弑秦"句注。

【译文】

"至于驽劣瘸腿的马趾高气扬地拉着美玉雕饰的车子，而高大的骏马却被弃牧于林地郊野，德薄位尊者空食俸禄不尽职，国家困苦不堪，上下失序纲纪废坠，实际上都是从这里产生的。有的尸腐生虫而无人收葬，有的逃窜至申亥家中自尽，有的被抽筋悬挂在祖庙的房梁上，有的在望夷宫中丧命。原因在于所选拔不是真正的人才，而忠诚贤能的人不被任用。

【原文】

"故明君勤于招贤，而汲汲于擢奇，导达凝滞，而严防壅蔽。才诚足委，不拘于屠钓①；言审可施，抽之于戎戍②。或举于牛口之下，而加之于群僚之上③；或拔于桎梏之中，而任以社稷之重④。故能勋业隆济，拓境服远，取威定功，垂统长世也。

【注释】

①屠钓：指吕尚。见《逸民》篇"屠钓无获"句注。

②事指刘敬。刘敬，原名娄敬，汉初人。自齐往戍陇西过洛阳时，往见刘邦，力谏刘邦定都关西而勿都洛阳。邦然其言，赐姓刘，拜为郎中，号为奉春君。见《史记·刘敬叔孙通列传》。

③指百里奚。说见《史记·商君列传》："赵良曰：'夫五羖大夫，荆之鄙人也。闻秦缪公之贤而愿见，行而无资，自粥于秦客，被褐食牛。期年，缪公知之，举之于牛口之下，加之以百姓之上，秦国莫敢望焉。'"因另说百里奚乃秦穆公以五张黑羊皮赎之于楚人，故称"五羖（gǔ）大夫"。又缪音 mù，粥音 yù，被音 pī，食音 sì。

④指管仲。见《交际》篇"管仲所以免诛戮而立霸功"句注。又：杨明照曰："'群'上'于'字盖涉上句衍，下文可证。"笔者以为"加"后"之"字似为衍文。

【译文】

"所以圣明的君主勤于招纳贤人，急切地提拔出奇的人才；疏通滞留士人的仕途，而严格防止壅塞阻蔽。如果人才确实值得任用，那就不受他是屠者渔夫的限制；建议确实可以施用，就把他们从戍边的士卒中抽选出来。有的人从低贱的地位提拔上来，放到众官之上的位置；有的人从桎梏中解脱出来，任命为社稷重臣。所以能够使功业成功而昌盛，开拓边疆臣服远人，获取威望奠定功勋，使基业长久流传。"

【原文】

"夫直绳者，枉木之所憎也；清公者，奸慝之所仇也。人主不能运玄鉴以索隐，而必须当涂之所举①。然每观前代专权之徒，率其所举皆在乎附己者也，所荐者先乎利己者也②，毁所畏而进所爱。所畏则至公者也，所爱则同私者也。至公用则奸党破，众私立则主威夺矣；奸党破则升泰之所由也，主威夺则危亡之端渐矣。毁所畏则恐辞之不痛，虽刖劓之，犹未惬意焉③，故必除之而后快也；彼进所爱则苦谈之不美④，虽位超之，犹未逞心焉，故必危彼以安此也。是故抱杠而死，无愆而黜者，有自来矣。

【注释】

①当涂：指居要职、掌大权的人。《韩非子·三守》："何谓三守？人臣有议当途之失，用事之过，举臣之情。"本书"途"基本用"涂"字。

②杨明照曰："此二句平列，非'皆'为'者'之误，即'荐'下'者'字当作'皆'。"是也。译文从后说。

③惬（yàn）：因满足而愉悦。

④杨明照曰："'彼'字盖涉下误衍，上文'毁所畏'可证。"是。

【译文】

"笔直的墨线，是弯曲的木材所憎恶的；清廉于公事的人，是奸恶的人所仇恨的。君主不能运用他的洞察的眼光找到隐逸的贤士，就一定要居要职掌大权的人来荐举。但是常常看到前代专权的人们，他们所提拔的所有的人都是依附于他们的人；所荐举的所有的人都首先是对他们有利的人，诋毁他们所畏惧的人，晋升他们所喜欢的人。而他们所畏惧的正是最出以公心的人，所喜欢的正是一起营私利的人。最出以公心的人被任用，奸邪者的团伙就要被破除；众多营私的人得以立身君主的权威就要被侵夺；奸邪的团伙破除太平安定就会由此而来，君主的权威被侵夺国家的危险灭亡就开头了。诋毁所畏惧的人唯恐言词不够厉害，就是砍腿割鼻，仍然不能快意于心，一定要除掉他们才高兴；他们晋升所喜欢的人，竭力为他们美言还嫌不够好，即使地位超过了能力，仍然不称心，所以必须危害至公者以使所荐举的人安定。因此抱屈而死，没有罪过而被贬斥的人，是由来已久的。

【原文】

"所以体道合真，巍然特立，才远量逸，怀霜履冰①，思绵天地，器兼元凯②，执经衡门③，渊渟岳立。宁洁身以守滞，耻胁肩以苟合④。乐饥陋巷⑤，以励高尚之节⑥；藏器全真⑦，以待天年之尽。非时不出，非礼不动。结褐嚼蔬，而不悒悒也⑧；黄发终否⑨，而不悢悢也⑩。安肯蹙太山之峻，以适凿枘之中⑪；敛垂天之羽⑫，为戒旦之役；编于仕类，而抑郁庸儿之下；舍鸾凤之林，适枳棘之薮⑬；竞腐鼠于踞鸱⑭，而枉尺以直寻哉⑮！

【注释】

①怀霜：喻高洁。语本《后汉书·文苑传下·祢衡》："忠果正直，志怀霜雪。"履冰：喻戒慎。出《诗·小雅·小旻》："战战兢兢，如临深渊，如履薄冰。"

②元凯：见《嘉遁》篇"而使圣朝乏乎元凯之用哉"句注。

③衡门：见《嘉遁》篇"而乐饥衡门者可非乎"句注。

④胁肩：见《逸民》篇"不亦愈于胁肩低眉"句注。

⑤乐饥陋巷：见《嘉遁》篇"故不改乐于箪瓢"句注。

⑥杨明照以为"励"疑当作"厉"，并证以本书他篇多处。甚确。

⑦藏器：见《嘉遁》篇"故藏器者珍于变通随时"句注。

⑧悒悒：见《任命》篇"悒悒于否滞者"句注。

⑨黄发：指年老，或指老人。《诗·鲁颂·閟宫》："黄发台背，寿胥与试。"郑玄笺："黄发、台背，皆寿征也。"颜师古曰："黄发，老寿之人也，谓发落更生新发也。"（《汉书·韦贤传》注）

⑩悢（liàng）悢：悲伤惆怅。《文选·嵇康〈与山巨源绝交书〉》："顾此悢悢，如何可言！"李周翰注："悢悢，悲恨也。"

⑪凿枘（ruì）："凿"谓榫眼，"枘"谓榫头。此为偏义复合词，指榫眼。

⑫垂天之羽：见《嘉遁》篇"侣云鹏以高逝"句注。

⑬枳（zhǐ）棘：二者皆木名且多刺。常以喻小人恶人。《韩非子·外储说左下》："夫树橘柚者，食之则甘，嗅之则香；树枳棘者，成而刺人。故君子慎所树。"

⑭见《嘉遁》篇"故不萦翩于腐鼠"句注。

⑮枉尺直寻：出《孟子·滕文公下》："陈代曰：'不见诸侯，宜若小然，今一见之，大则以王，小则以霸。且《志》曰："枉尺而直寻。"宜若可为也。'孟子曰：'……且夫

枉尺而直寻者，以利言也。如以利，则枉寻直尺而利，亦可为与?'"赵岐注："枉尺直寻，欲使孟子屈己信（shēn）道，故言宜若可为也。尺小寻大，不可枉大就小而以要利也。"故"枉尺直寻"言以小的损失求得大的利益。

【译文】

"所以贤士体味正道合于天性，卓然挺立，才能远大器度超群，胸怀高洁慎重行事，思想与天地相连，才能同元凯比美，隐居诵经，内心像停蓄的深潭屹立的山峰。宁肯保洁自身拘守于滞留，耻于耸肩谄媚来苟且附和。乐于在陋巷中挨饿，以此磨砺高尚的节操；收起才干保全本性，这样走完人生的路途。不是恰当的时候不出仕，不合乎礼的事不做。身穿粗麻布衣口嚼粗糙食物，但并不悒悒不乐；直到老年都运气不佳，但绝不悲伤不已。他们怎么肯缩减高峻的泰山，以适合放入榫眼；收起遮天的翅膀，来做报晓的差使；编入官吏之中，降低身份到了平庸之徒以下；舍弃鸾凤所在的树林，进入枸橘荆棘丛中；和蹲踞的猫头鹰争抢腐烂的老鼠，小有损失而大得利益呢！

【原文】

"且大贤之状也至拙，其为味也甚淡，萧然自足，泊尔无知，知之者稀而不戚，时不能用而不闷①。虽并日无藜藿之糁②，不以易不义之太牢也③；虽缊袍无卒岁之服④，不肯乐无道之狐白也⑤。独可散发高枕⑥，守其所有已⑦，绝不曲躬低眉，求其所未须也。

【注释】

①不闷：见《任命》篇，"无闷之志也"句注。
②并日：连续两天。出《礼记·儒行》："易衣而出，并日而食。"郑玄注："二日用一日食也。"言生活艰苦。藜藿：见《嘉遁》篇"藜藿不供"句注。糁（sǎn）：有米的羹。羹以肉或菜制成，掺入碎米为糁。
③太牢：古代用于祭祀的牛、羊、豕三牲各一称为太牢。《庄子·至乐》："具太牢以为膳。"成玄英疏："太牢，牛羊豕也。"
④杨明照曰："'缊袍'与'卒岁'当互乙，上文'虽并日无藜藿之糁'可证。"缊袍：见《嘉遁》篇"缊袍丽于衮服"句注。
⑤狐白：狐狸腋下的白毛皮制成的衣服。《史记·孟尝君列传》："此时孟尝君有一狐白裘，直千金，天下无双。"裴骃集解引韦昭曰："以狐之白毛皮为裘，谓集狐腋之毛，言美而难得者。"
⑥散发（fà）：喻隐居而逍遥自得。
⑦杨明照引陈澧曰："'有已'，疑当作'已有'。"是。

【译文】

"况且大贤者的外貌是非常粗拙迟钝的，用味道来比方是很寡淡的，凄清但自觉满足，淡泊但自己并不觉得，知道他们的人少但并不忧伤，时代不能任用他们但并不郁闷。即使两天都吃不上一顿野菜掺饭，也不去换不义的太牢；即使絮麻的袍都穿不到年底，也不肯以不合于道而来的白狐裘为乐。只愿意散开头发高枕而卧，拘守他已有的东西,绝不去弯腰低眉,求取他所不需要的一切。

【原文】

"德薄位厚,弗交也;名与实违,弗亲也;荣华驰逐,弗务也;豪侠奸权,弗接也;俗说细辩,不答也;胁肩所赴,弗随也。貌愚而志远,面垢而行洁。确乎若嵩、岱,铨衡所不能测也;浩乎若沧海,斗斛所不能校也。峻其重仞之高,隐其百官之富①。观彼佻窃,若草莽也。邈世之操,眇焉冠秋云之表;遗俗之神,缅焉栖九玄之端。虽穷贱,而不可胁以威;虽危苦,而不可动以利。

【注释】

①二句本《论语·子张》:"叔孙武叔语大夫于朝曰:'子贡贤于仲尼。'子服景伯以告子贡。子贡曰:'譬之宫墙。赐之墙也及肩,窥见室家之好。夫子之墙数仞,不得其门而入,不见宗庙之美,百官之富。得其门者或寡矣。'"

【译文】

"品德差地位高的人,不交往;名声与实际相违背的人,不亲近;奔走追逐荣显华贵,不下力;强横的侠士和奸诈的权贵,不接触;平庸的言谈琐细的论辩,不回答;耸肩谄媚者去的地方,不跟随。外貌愚笨而志存高远,面目肮脏而德行雅洁。其坚定就像嵩山、岱岳,不是用秤所能称量的;其浩荡就像大海,不是用斗斛所能测计的。增加他数丈高的修养的围墙,隐藏起犹如众多房舍般的丰富学识。看那些人窃取名利官位,就像丛生的野草。超绝世人的德操,高可达秋天云宵以外;脱离世俗的精神,辽远地栖身于九天之上。即使困顿卑下,但不能用威力来胁迫;即使危险困苦,但不能用利益来打动。

【原文】

"其所业耳可闻而不可尽也①;其所执守,可见而不可论也。故疾之者,齐声而侧目;爱之者,寡弱而无益。亦犹撮壤不能填决河,升水不能殄原火。于是鼖鼓戬雷霆之音②,鞀鞞恣哫謷之响③。芳蕙芟夷④,臭鲍佩御。玄邕倾弃而不羞⑤,醨酪专灌于圆丘⑥。汗血驱放而垂耳⑦,跛蹇驰骋于銮轩⑧。此古人之所以怀沙负石,赴流鱼葬,而不堪与之同世也⑨。已矣!悲夫!

【注释】

①杨明照据藏本等五种本,及《交际》篇,《内篇·明本》等,以为"耳"当作"尚"。甚是。

②鼖鼓:见《逸民》篇"抑灵鼖为鼗鼙之音"句注。

③鞀(táo)鞞(pí):即"鼗鼙"。见《逸民》篇"抑灵鼖为鼗鼙之音"句注。泛指小鼓。鼛(gāo):古代用于役事的大鼓。《诗·大雅·緜》:"百堵皆兴,鼛鼓弗胜。"毛传:"鼛,大鼓也,长一丈二尺。"郑玄笺:"百堵同时起,鼛鼓不能止之使休息也。"哫:

语多貌。謩须频击，故以喋言之。

④芟（shān）夷：除草。《左传·隐公六年》："为国家者，见恶如农夫之务去草焉，芟夷蕴崇之，绝其本根，勿使能殖。"杜预注："芟，刈也。夷，杀也。"按"蕴崇"谓堆积。

⑤玄鬯（chàng）：即秬（jù）鬯。秬即黑黍。秬鬯是用黑黍和郁金香草酿造的一种香酒，用于祭祀或赏赐诸侯。羞：进献食物。《左传·昭公二十七年》："羞者献体改服于门外。"杜预注："羞，进食也。"

⑥醨（lí）酪（lào）：薄味酒。圆丘：又称圜丘，祭天的圆形高坛。《三辅黄图·圆丘》："昆明故渠南，有汉故圆丘。今按：高二丈，周回百二十步。"

⑦汗血：见《君道》篇"止汗血之求于绝域之外"句注。

⑧銮（luán）轩：即銮舆、銮驾。天子的车驾。因有銮铃，故称。

⑨商末申徒狄不忍纣之乱，谏而不听，负石自沉于河。事见《庄子》《荀子》《韩诗外传》等。屈原怀忠而被楚王放逐，作《怀沙》，怀石投汨罗江而死。见《史记·屈原贾生列传》。

【译文】

"他们所尊崇的东西，可以听到但不能全了解；他们所执守的精神，能够看见但不能参与讨论。所以恨他们的人，异口同声斜目而视；爱他们的人，人少势弱无济于事。也就像一撮土不能堵住黄河决口，一升水不能扑灭燎原大火。于是大鼓收藏起它的雷霆一般的声音，而小鼓却无拘束地像频击的大鼓那样振响。芳香的兰蕙被割除干净，腥臭的鲍鱼却佩带在身上。玄鬯被倾倒而未能进献，薄酒却被用来醉酒祭天的圜丘。汗血宝马被驱赶流放而垂下耳朵，瘸腿驽马却驾上銮舆奔跑。这就是古代贤人之所以宁肯怀抱石头，投河去葬身鱼口，也不肯和群小同在世上的原因。算了吧！太悲惨啦！

【原文】

"然捐玄黎于污泞①，非夜光之不真也，由莫识焉；投彤、卢而不弯②，非繁弱之不劲也③，坐莫赏焉。故琼瑶俟荆和而显连城之价④，乌号须逢门而著陷坚之功⑤，飞菟待子豫而飙腾⑥，俊民值知己而宣力。若夫美玉不出重岫，良弓不凿百札⑦，骥騄不服朱轩⑧，命世不履爵势，则孰知其能摅符彩之耀晔，顿云禽于千仞，骋逸迹以追风，康庶绩于百揆乎⑨？

【注释】

①玄黎：古代美玉名。

②彤、卢：彤弓和卢弓。分别为红色和黑色，以色名之也。天子以赐有功之臣，使专征伐。出《书·文侯之命》："父义和，其归视尔师，宁尔邦。用赉尔秬鬯一卣，彤弓一，彤矢百，卢弓一，卢矢百，马四匹，父往哉！"

③繁弱：古良弓名。出《左传·定公四年》："封父之繁弱。""封父"为国名。

④荆和：楚国和氏。见《擢才》篇"和氏所以抱璞而泣血"句注。

⑤乌号：良弓名。《淮南子·原道训》："射者扞乌号之弓。"高诱注。"乌号，桑柘，其材坚劲，乌峙其上，及其将飞，枝必桡下，劲能复（覆）巢，乌随之，乌不敢飞，号呼其上。伐其枝以为弓，因曰乌号之弓也。一说黄帝铸鼎于荆山鼎湖，得道而仙，乘龙而上。其臣援弓射龙，欲下黄帝，不能也。乌，於也；号，呼也。于是抱弓而号，因名其弓为乌号之弓也。"逢门：即逢蒙，古之善射者。《孟子·离娄下》："逢蒙学射于羿，尽羿之道。"《汉书·艺文志》："《逢门射法》二篇。"颜师古注："即逢蒙。"

⑥飞菟（tù）：亦作"飞兔"。古骏马名。《吕氏春秋·离俗》："飞兔、要褭，古之骏马也。"子豫：当为古之善御者，其事未详。

⑦札：铠甲的叶片。多以皮革为之。古之革甲一般由七层皮革叠合而成，此言"百札"，夸言之也。

⑧朱轩：见《交际》篇"子元所以去亭长而驱朱轩者"句注。

⑨庶绩、百揆：分见《臣节》篇"庶绩其凝""百揆时序"二句注。

【译文】

"但是把玄黎宝玉丢弃在污泥当中，并非其夜间发光不是真的，是因为没人认得它；把彤弓卢弓扔掉而不拉动它，不是良弓不够强劲，是因为没有人赏识它。所以琼瑶美玉还要等待荆山和氏才能显示它连城的价值，乌号良弓也须善射的蓬蒙才表现它的射透坚甲的能力，飞菟、骏马等待子豫驾驭才像狂风一样奔腾，出色的人才遇到知己的君主才会发挥出能力。至于美玉不从深深的洞穴中出来，良弓不能射透百层铠甲，骏马不能服驾红漆的车子，闻名于世的贤人不能获得高爵权位，那么谁能知道他们能放出瑞玉般的耀眼光彩，能让千仞云霄中的飞鸟落地，能飞驰得脱开身影追上迅风，能让百官的各项事务都顺利进行呢？

【原文】

"夫其不遇，亦得不杂糅于瓦石，钩贱于朽木，列镳于下乘①，等望于凡琐哉！嗟乎！彉棘矢而望高手于渠、广②，策疲驽而求继轨于周穆③，放斧斤而欲双巧于班、墨④，忽良才而欲彝伦之攸叙⑤，不亦难乎？名实虽漏于一世，德音可邀乎将来。乐天知命⑥，何虑何忧！安时处顺⑦，何怨何尤哉！"

【注释】

①镳（biāo）：马嚼子。代指乘驭之马。下乘：下等；下品。用于马。

②彉（guō）：拉满弓。棘矢：酸枣树枝做的箭。出《左传·昭公十二年》："唯是桃弧、棘矢，以共御王事。"桃木之弓棘枝之箭可用以避邪消灾，不能用于射。渠：熊渠子。楚之善射者，见《韩诗外传》等。广：李广。汉名将，亦善射。见《史记·李将军列传》。

③周穆：周穆王。传其有八骏马，造父为之御，日驰千里，西巡狩见西王母，返破徐偃王之乱。事见《穆天子传》等。

④班、墨：公输班、墨子。《墨子》《战国策》《吕氏春秋》等记公输班为楚造云梯以攻宋事。《淮南子》《论衡》等记公输班、墨子刻木为鸢，飞之三日不集。故班、墨为工

巧之人的代表。

⑤彝伦攸叙：见《嘉遁》篇"攸叙彝伦者"句注。

⑥乐天知命：参《任命》篇"知命者不忧"句注。

⑦安时处顺：出《庄子》。《大宗师》："且夫得者时也，失者顺也。安时而处顺，哀乐不能入也。"

【译文】

"它们没遇到识货的人，也不能和瓦片石头掺杂在一起，和朽烂的木头同样低贱，和下等的马匹排在一块儿，和平庸低贱的人同样看待。唉！拉满弓射的是棘枝做的箭，却还想追上高名的射手熊渠子和李广；鞭打驽钝疲弱的马，却还想接继周穆王的仪轨；放下了斧子不用，却还想与公输班、墨翟同样工巧；忽视出色的人才，却还想让社会的常道能正常运行，不是太困难了吗？名声和实际利益虽然一生未得，但道德之音却可以在将来显现。快乐地顺从天意了解命运，有什么可忧虑的呢！安于时运随遇而安，有什么可怨恨的呢！"

卷第二十一　清　鉴

题　解

　　本篇以对答论辩的方式阐述作者的识人、用人观，即了解人很困难，因此要精心细致地审查人，循序渐进地任用人，而"顿任"将导致极大的损失。

　　作为立论者的对方的观点是：正如各种自然现象内在必形于外，将发必兆于先一样，人的才能品性并不难认识，并举出上至文王接吕尚，下至玄德见孔明的一系列例子，尤其是"郭泰中才，犹能知人"，来证明这一点。抱朴子的反驳意见认为：虽然不能说"人物了不可知"，但"存乎大明"。尧帝、周公、孔子、季札等古代的圣贤尚且不免识人有失，更何况常人呢！而且所谓识人，需要的是"见俊才于无名之中""探其潜生之心计，定其始终之事行"，并不是像郭泰那样去评判"显而易识"者，像叔向之母，申氏之子那样偶然猜中。因为人是复杂的，不像天地山川一样规律明显。

　　作者所言委人以治国重任应审慎选人的看法是对的，但其依靠"明哲"来慧眼识才的办法，起码在今天看来是不妥当的。

【原文】

　　抱朴子曰："咸谓：'勇力绝伦者①，则上将之器；洽闻治乱者，则三、九之才也②。'然张飞、关羽，万人之敌，而皆丧元辱主，授首非所③；孔融、边让，文学邈俗，而并不达治务，所在败绩④。邓禹、马援，田间诸生，而善于用兵⑤；萧何、曹参，不涉经诰，而优于宰辅⑥。尔则知人果未易也。欲试可乃已⑦，则恐成……，折足覆𫗧⑧；欲听言察貌，则或似是而非，真伪混错。然而世人甚以为易，经耳过目，谓可精尽。余甚猜焉，未敢许也。

【注释】

①杨明照据吉藩本，以为"咸"当作"或"。译文从之。

②三、九：指三公九卿。《后汉书·郎𫖮传》："陛下践祚以来，勤心庶政，而三、九之位，未见其人。"李贤注："三公九卿也。"

③张飞：三国蜀将，字益德。涿郡（今属河北省）人。与关羽俱事刘备，于当阳阻曹操之追杀，破刘璋助刘备入主益州，败曹军张郃等皆立大功。刘备率军伐吴前，张飞被帐下将张达、范强所杀。关羽，字云长，河东解（今山西省解县）人，亡命至涿郡，乃结识

张飞,共事刘备。曾为曹操所擒,拜为偏将军,随操征袁绍,于万众之中斩绍大将颜良,曹操表封为汉寿亭侯。建安二十四年,关羽攻曹仁于樊城,曹操遣于禁助曹仁,会天大雨,汉水泛溢,于禁所督军皆没,于禁降关羽,关羽又斩曹将庞德,于是威震华夏。曹操遣人劝孙权袭关羽之后,许以割江南之地封权。关羽两面受敌,引军退还,为孙权军斩于临沮。事见《三国志·蜀书·关张马黄赵传》。

④孔融:字文举,孔子二十世孙。少有俊才。汉献帝时为北海相。时黄巾军蜂起,融起兵迎击,先败于张饶,后又为管亥围于都昌。虽志在靖难,然才疏意广,未有胜绩。后为曹操所杀。曹丕深好孔融文辞,赞之为"扬、班俦也",并以金帛征天下孔融文章。见《后汉书·孔融传》。又《文苑下·边让传》:"边让字文礼,少辩博,能属文。……让后以高才擢进,屡迁,出为九江太守,不以为能也。初平中,王室大乱,让去官还家。恃才气,不屈曹操,多轻侮之言。建安中,其乡人有构让于操,操告郡就杀之。"

⑤邓禹:字仲华,新野(今属河南省)人。少游学长安,与刘秀相亲善。刘秀收河北,禹杖策往见,刘秀大悦,与定计议。任使诸将,多访于禹。禹以前将军持节西入关,大破王匡、刘均诸军,名震关西。刘秀即位,是为光武帝,拜禹为大司徒,时方二十四岁。见《后汉书·邓禹传》。马援:字文渊。茂陵(今陕西省西安市西兴平县)人。少有大志。任郡督邮,以纵囚亡命北地牧畜,宾客多归附之,王莽以为新城大尹,莽败,依隗嚣。后归刘秀。隗嚣叛据陇西,援为刘秀聚米为山谷指画形势,遂率师破之。建武中拜伏波将军。平交趾(今两广及越南)。八十余尚将兵讨武陵蛮民造反。曾言丈夫立志穷当益坚,老当益壮。亦言男儿要当死于边野,以马革裹尸还。皆成传世名言。

⑥萧何、曹参:见《君道》篇"萧、曹竭能以经国"句注。

⑦试可乃已:出《书·尧典》:"岳曰:'异哉,试可乃已。'"孔安国传:"言余人尽已,唯鲧可试,无成乃退。"

⑧孔星衍曰:"旧写本'成'字空白,疑衍。"杨明照以为不仅无衍,且脱三字。杨说是。此句与下文"则或似是而非"骈偶,脱三字无疑,译文付阙。折足覆𫗧,见《嘉遁》篇"言亢悔则讳覆𫗧而不记"句注。

【译文】

抱朴子说:"有人说:'勇力无比的人,就是统帅之才;广闻世事治平混乱的人,就是三公九卿的人选。'但是张飞、关羽可以抵敌万人,但是都丢了脑袋还使君主受辱,死在不该死的地方;孔融、边让文章学问超凡脱俗,但并不通达治民的事务,在任职的地方都失败了。邓禹、马援是乡间出身的人,却善于用兵;萧何、曹参没涉猎过经典,但在宰相位置上成绩优异。这样就能知道了解人果真是不容易的。如果要试用不行才免职,就怕……折断鼎足倾覆食物;如果听说话看外貌,那又有的人表面可以,实际不行,真假混杂交错。但是世上的人们以为这很容易,只要经过耳朵听眼睛看,就认为可以精选净尽了。我对此很怀疑,不敢赞同。

【原文】

"区别臧否,瞻形得神,存乎其人①,不可力为。自非明并日月,听闻无音者②,愿加清澄,以渐进用,不可顿任。轻假利器,收还之既甚难,所损者亦已多矣。无以一事暗保其余。同乎己者,未必可用;异于我者,未必可忽也。"

【注释】

①二句本《易·系辞上》:"神而明之,存乎其人。"

②无音:指没有的声音;一般人听不到的声音。《吕氏春秋·重言》:"故圣人听于无声,视于无形。"

【译文】

"区别善恶,看外貌而得其精神,从而全面地了解人,不是靠主观努力能够达到的。如果不是圣明同于日月,能够听见没有的声音的人,希望选拔人才时更加注意详查,逐渐提升任用,不能一下子委任。轻易地给予大权,收回大权既很困难,损失的东西也很多。不要因为一件事做得好而错误地认为其他事也是如此。和自己一致的,不一定可用;和自己不一致的,不一定应该忽视。"

【原文】

或难曰:"夫在天者垂象,在地者有形①,故望山度水,则高深可推;风起云飞,则吉凶可步②。智者睹木不瘁,则悟美玉之在山;觌岸不枯,则觉明珠之沉渊。彗星出,则知鳝鱼之方死③;日月蚀,则识骐驎之共斗④。华、霍不须称,而无限之重可知矣;江、河不待量,而不测之数已定矣。鸿鹄之翼,骐骥之足,虽未飞走,轻迅可必也⑤;豪曹之剑⑥,徐氏匕首⑦,虽未奋击,其立断无疑也。

【注释】

①天象:指日月星辰。地形:指山川草木。

②步:推步。见《勖学》篇"步三、五之变化"句注。

③杨明照据《淮南子》《论衡》《博物志》等有"鲸鱼死而彗星出"之说,以为"鳝"乃"鱷"("鲸"之异体)字之误。译文从杨说。

④骐驎:即"麒麟"。《战国策·赵策四》:"有覆巢毁卵,而凤皇不翔;刳胎焚夭,而骐驎不至。"本又作"麒麟"。本《淮南子·天文训》:"麒麟斗而日月蚀。"

⑤杨明照曰:"以下文'虽未奋击,其立断无疑也'例之,'轻'字上亦当有'其'字。"

⑥豪曹:古名剑。汉袁康《越绝书·外传记宝剑》:"王使取豪曹。薛烛对曰:'豪曹非宝剑也。'"

⑦徐氏匕首:战国赵有男子名徐夫人,以藏锋利匕首闻名。荆轲刺秦王之匕首即得之于徐氏。见《战国策·燕策三》及《史记·刺客列传》等。

【译文】

有人辩驳说:"在天来说要显示日月星辰等天象,在地来说要有山川草木等物形,所以仰望山峰估量流水,那么高度深度就可以推想;风起云涌,那么或吉或凶就可以预料了。聪明人看到树木不枯黄,就会悟到有美玉在山中;看到涯岸不干涸,就会感觉明珠沉在潭里。彗星出现就知道鲸鱼刚刚死去,日月有蚀就知道麒麟正在相斗。华山、霍山不需要称量,而无限的沉重就能知道了;长江、黄河不需要计量,而无法测量的数目也已确定了。大雁的翅膀,骏马的蹄子,即使没有起飞奔跑,轻捷迅速是必然的;豪曹宝剑,徐夫人的匕首,即使没有挥起砍削,但砍下去立时可断是无疑的。

【原文】

"驳子有吞牛之容①,鹗鷇有凌鹜之貌②。卉茂者土必沃,鱼大者水必广。虎尾不附狸身,象牙不出鼠口。叔鱼无猒之心,见于初生之状③;食我灭宗之征,著乎开胞之始④。申童觉窃妻之巫臣⑤,张负知将贵之陈平⑥。范子所以绝迹于五湖者,以勾践蜂目而鸟喙也⑦;赵人所以息意于争锋者,以白起首锐而视直也⑧。文王之接吕尚,桑阴未移,而知其足师矣⑨;玄德之见孔明,暑景未改,而腹心已委矣⑩。

【注释】

①驳:传说中的一种猛兽。《尔雅·释兽》:"驳,如马,倨牙,食虎豹。"《山海经·西山经》:"有兽焉,其状如马,而白身黑尾,一角,虎牙爪。音如鼓,其名曰驳。是食虎豹,可以御兵。"

②鹗(è)鷇(kòu):雏鹗。鹗即俗称之鱼鹰。

③叔鱼:春秋晋人羊舌鲋,字叔鱼。《国语·晋语八》:"叔鱼生,其母视之曰:'是虎目而豕喙,鸢肩而牛腹,谿壑可盈,是不可餍也,必以贿死。'遂不视。"韦昭注:"不自养视。"成人后为晋大夫。邢侯与雍子争鄐田,雍子纳女于叔鱼,叔鱼蔽罪邢侯,邢侯怒而杀之。事见《左传·昭公十四年》。

④食我:春秋晋杨食我,字伯石。父为叔向(羊舌肸),母为夏姬之女。(参下条)初叔向欲娶该女,遭母反对,以为其母夏姬亡一国(陈国)两卿(孔宁、仪行父),且甚美必有甚恶。晋平公强使娶之,生伯石。叔向母往视,闻其声而还。曰:"是豺狼之声也。狼子野心。非是,莫丧羊舌氏矣。"后杨食我与祁盈结党为乱,身被杀,羊舌氏灭族。见《左传·昭公二十八年》。

⑤陈国夏姬甚美,陈灵公及大夫孔宁、仪行父通之。夏姬之子夏徵舒杀灵公,楚庄公讨之,杀夏徵舒,而欲纳夏姬。其臣申公巫臣谏阻之。楚公子反欲娶,又为巫臣所阻。巫臣设法令夏姬回郑国母家,而自己借出使齐国之机至郑,娶夏姬逃至晋。临行遇申叔跪从其父将适郢,申叔跪谓巫臣除有外交使命的警惧之心,又有"桑中之喜"(《桑中》乃《诗》之篇名,诗文描写男女幽会)预言其将窃妻以逃。见《左传·成公二年》。

⑥《史记·陈丞相世家》:"邑中有丧,平贫,侍丧,以先往后罢为助。张负既见之丧所,独伟视平,平亦以故后去。负随平至其家,家乃负郭穷巷,以弊席为门,然门外多有长者车辙。张负归,谓其子仲曰:'吾欲以女孙予陈平。'张仲曰:'平贫不事事,一县中尽笑其所为,独奈何予女乎?'负曰:'人固有好美如陈平而长贫贱者乎?'卒与女。"

⑦《史记·越王勾践世家》:"范蠡遂去,自齐遗大夫种书曰:'蜚鸟尽,良弓藏;狡兔死,走狗烹。越王为人长颈鸟喙,可与共患难,不可与共乐。子何不去?'"勾践蜂目,未详所出。

⑧严尤《三将叙》:"平原君劝赵孝成王受冯亭,王曰:'受之,秦兵必至,武安君必将,谁能当之者乎?'对曰:'渑池之会,臣察武安君小头而面锐,瞳子白黑分明,视瞻不转。小头而面锐者,敢断决也;瞳子白黑分明者,见事明也;视瞻不转者,执志强也。可与持久,难与争锋。廉颇为人勇鸷而爱士,知难而忍耻,与之野战则不如,持守足以当之。'王从其计。"

⑨《说苑·尊贤》:"尧、舜相见,不违桑阴;文王举太公,不以日久。"葛稚川解为互文,故称文王、吕尚事"桑阴未移"。

⑩玄德:刘备,字玄德。涿郡涿县人。孔明:诸葛亮,字孔明。琅玡阳都人。刘备由徐庶之荐得知诸葛,遂诣亮,三往乃见。亮为之析天下大势,提出"跨有荆、益,保其岩阻,西和诸戎,南抚夷越,外结好孙权,内修政理;天下有变,则命一上将将荆州之军以向宛、洛,将军身率益州之众出于秦川"以收复中原的方针。于是刘备与诸葛亮情好日蜜。见《三国志·蜀书·诸葛亮传》。

【译文】

"幼小的驳也有吞牛的凶猛样子,雏鹗也有侵犯攻击的外貌。花草茂盛的土壤必定肥沃,鱼长得大必然水域宽广。老虎尾巴不会附着在狸子身上,象牙不会出自老鼠之口。羊舌鲋贪得无厌的品性,在出世时就显露出来了;杨食我导致灭宗的征兆,在落生之初就很明显了。申氏童子预感到将窃取妻子的巫臣,张负知道以后会显贵的陈平。范蠡之所以在五湖消失了踪影,是因为勾践长着蜂样的眼睛鸟一般的嘴;赵国人之所以在打仗中不正面争锋,是因为白起头长得尖眼神发直。周文王接受吕尚,桑树阴影还没移动,就知道他值得为师了;刘备去见诸葛亮,日暮还没有变化,心腹之言已经托付给他了。

【原文】

"郭泰中才,犹能知人①,故入颍川则友李元礼②,到陈留则结符伟明③,入外黄则亲韩子助④,至蒲亭则师仇季知⑤,止学舍则收魏德公⑥,观耕者则拔茅季伟⑦,奇孟敏于担负⑧,戒元艾之必败⑨。终如其言,一无差错。必能简精钝于符表,详舒急乎声气,料明暗于举厝⑩,察清浊于财色,观取与于宜适,谓虚实于言行⑪,考操业于闺阃⑫,校始终于信效。善否之验,不其易乎?"

【注释】

①郭泰:字林宗,太原界休(今山西介休)人。博学,多弟子。好品题人物,奖拔士人,多如所鉴。《后汉书》作"郭太",乃作者范晔为避父讳而改。

②李元礼:李膺,字元礼,颍川襄城(今属河南)人。于洛阳初见郭泰即大奇之,遂相友善。郭泰归乡里,送者车数千辆,郭泰"唯与李膺同舟而济"。见《后汉书·郭太传》。

③《后汉书·符融传》:"符融,字伟明,陈留浚仪(今河南开封)人也。……后游太学,师事少府李膺。……郭林宗始入京师,时人莫识。融一见嗟服,因以介于李膺,由是知名。"

④韩子助:韩卓,字子助。陈留人,有知人之明。曾为符融荐于太守为主簿。曾有奴腊日窃食祭其先,卓义其心而免之。事见《后汉书·符融传》李贤注所引谢承《后汉书》、袁山松《后汉书》等。

⑤仇季知(zhì):仇览,字季智,一名香。陈留考城(今河南兰考)人。曾为蒲亭长。四十以后入太学。"时诸生同郡符融有高名,与览比宇,宾客盈室。览常自守,不与融言。融观其容止,心独奇之,乃谓曰:'与先生同郡壤,邻房牖。今京师英雄四集,志士交结之秋,虽务经学,守之何固?'览乃正色曰:'天子修设太学,岂但使人游谈其中?'高揖而去,不复与言。后融告郭林宗,林宗因与融赍刺就房谒之,遂请留宿。林宗嗟叹,下床为拜。"(《后汉书·循吏传·仇览》)又"蒲亭"当作"蒲亭"。

⑥据《太平御览》引《郭林宗别传》:"郭泰……止学舍则收魏德公。"

⑦《后汉书·郭太传》:"茅容,字季伟,陈留人也。年四十余,耕于野,时与等辈避雨树下,众皆夷踞相对,容独危坐愈恭。林宗行见之而奇其异,遂与共言,因请寓宿。旦曰,容杀鸡为馔,林宗谓为己设,既而以供其母,自以草蔬与客共饭。林宗起拜之曰:'卿贤乎哉!'因劝令学,卒以成德。"

⑧《后汉书·郭太传》:"孟敏字叔达,钜鹿杨氏(今河北巨鹿县)人也。客居太原。荷甑堕地,不顾而去。林宗见而问其意。对曰:'甑已破矣,视之何益?'林宗以此异之,因劝令游学,十年知命,三公俱辟,并不屈云。"

⑨《后汉书·郭太传》:"黄允,字子艾,济阴(今山东定陶)人也。以隽才知名。林宗见而谓曰:'卿有绝人之才,足成伟器。然恐守道不笃,将失之矣。'后司徒袁隗欲为从女求姻,见允而叹曰:'得婿如是足矣。'允闻而黜遣其妻夏侯氏。妇谓姑曰:'今当见弃,方与黄氏长辞,乞一会亲属,以展离诀之情。'于是大集宾客三百余人,妇中坐,攘袂数允隐匿秽恶十五事。言毕,登车而去。允以此废于时。"《后汉纪》作"黄元艾"。

⑩厝(cuò):"措"的古字。

⑪谓:陈澧疑有误,杨明照疑为"课"。是。

⑫闺阃(kǔn):此指家族内部。

【译文】

"郭泰是个中等才能的人,尚且能够了解人,所以进入颍川就与李膺李元礼交友,到了陈留就与符融符伟明结识,进外黄就亲近韩卓韩子助,到蒲亭就以仇览仇季知为师,止宿学舍中就收留了魏德公,看耕田人就提拔了茅容茅季伟,觉察到挑担子的孟敏奇异不凡,告诫黄元艾将来必定失败。最后都像他说的一样,一点儿差错都没有。这说明确实能够从外表就选择出精明还是迟钝,从声音气息中就能了解舒缓还是急躁,从举手投足中就能料定是明白还是糊涂,从对财色的态度就能看清是廉洁还是污浊,从行为是否得当就观察他们如何收受和给予,从言行就能评论他们虚浮还是扎实,从如何对待家族小事就能考验出他的志行德操,从是否言而有信就可以校查出他是否有始有终。善恶的验证，不是很容易吗？"

【原文】

抱朴子答曰："余非谓人物了不可知，知人挺无形理也。徒以斯术存乎大明，非夫当人自许①。然而世士各谓能之，是以有云，以警付任耳。夫貌望丰伟者不必贤，而形器尪瘁者不必愚②，咆哮者不必勇，淳淡者不必怯。或外候同而用意异，或气性殊而所务合。非若天地有常候，山川有定止也。

【注释】

①当人：孙星衍曰："（当）疑作常。"按"当"之繁体"當"与"常"形近而误。译文从孙说。

②尪（wāng）瘁：孱弱枯槁。

【译文】

抱朴子回答说："我并不是说人是完全不能了解的，了解人完全没有具体的道理。只是因为这种办法由最为圣明的人掌握，不是一般人自己称许的。但是世上的人各自都认为能够知人，所以才说这个话，以警惕把这事轻易交付于人。外表看来丰满魁伟的人不一定贤能，而身材瘦弱憔悴的人不一定愚蠢，咆哮叫喊的人不一定勇敢，质朴淡泊的人不一定怯懦。有的外在表现相同而目的却不同，有的脾气禀性悬殊而追求恰巧相合。并不像天地那样有固定的物候，山岳河流那样有不变的地方。

【原文】

"物亦故有远而易知，近而难料，譬犹眼能察天衢，而不能周项领之间；耳能闻雷霆，而不能识蚁虱之音也。唐、吕、樊、许善于相人状①，唯知寿夭贫富，官秩尊卑，而不能审情性之宽克，志行之洿隆。惟帝难之②，况庸人乎？而吾子举论形之例，诘精神之谈，未修其本③，殆失指矣。

【注释】

①唐、吕、樊、许：皆古代善相人者。唐：唐举。《荀子·非相》："今之世，梁有唐举，相人之形状颜色，而知其吉凶妖祥。世俗称之，古之人无有也，学者不道也。"《史记》载其为蔡泽言寿事。吕：吕公。《史记·高祖本纪》："吕公者，好相人，见高祖状貌，因重敬之，引入坐。萧何曰：'刘季固多大言，少成事。'高祖因狎侮诸客，遂坐上坐，无所诎。酒阑，吕公因目固留高祖。高祖竟酒，后。吕公曰：'臣少好相人，相人多矣，无如季相，愿季自爱。臣有息女，愿为季箕帚妾。'酒罢，吕媪怒吕公曰：'公始常欲奇此女，与贵人。沛令善公，求之不与，何自妄许与刘季？'吕公曰：'此非儿女子所知也。'卒与刘季。吕公女乃吕后也。"按"季"乃刘邦之字。樊：其名未详。《艺文类聚》《太平御览》等类书引其《樊氏相法》。杨明照据《隋书·经籍志》推断樊氏乃秦末汉初人。许：许负。有薄姬者，本吴人。秦末魏豹立为魏王时，纳薄姬于魏宫。许负相其当生天子。及豹被虏，姬输织室。刘邦见而纳后宫，生子，八岁立为代王，后立为帝，即汉孝文帝。见《史记·外戚世家》。又《绛侯周勃世家》："条侯（周）亚夫自未侯为河内守

时，许负相之，曰：'君后三岁而侯，侯八岁为将相，持国秉，贵重矣，于人臣无两，其后九岁而君饿死。'亚夫笑曰：'臣之兄已代父侯矣，有如卒，子当代，亚夫何说侯乎？然既已贵如负言，又何说饿死？指示我。'许负指其口曰：'有从理入口，此饿死法也。'居三岁，其兄绛侯胜之有罪，孝文帝择绛侯子贤者，皆推亚夫，乃封亚夫为条侯，续绛侯后。"后因立内外战功，历官将军、车骑将军、太尉、丞相。后其子为父向尚方工官买五百套可葬甲盾，督工甚紧，不予钱，庸工怒而上告，牵连亚夫，入廷尉，不食五日，呕血而死。

②惟帝难之：见《审举》篇"知人则哲上圣所难"句注。

③杨明照曰："'修'疑'循'之形误。"是。

【译文】

"事物也因为这个原因有的很遥远但容易了解，有的近在身边却难于料定，就像是眼睛能够看清广阔的天空，但不能充分地了解自己的脖子周围；耳朵能听见雷霆，但不能辨别蚂蚁虱子的声音一样。唐举、吕公、樊氏、许负善于相人外貌，也只知道长寿短命贫穷富足，官位的高低，而不能详细知道性情宽厚还是苛刻，志向操行低下还是高尚。了解人对尧帝来说都很困难的事，更何况一般人呢！而您所列举的谈论人外貌的例子，探究人精神的说法，没有说到事情的根本，恐怕有失于基本宗旨。

【原文】

"夫亡射之箭，皆破秋毫。然准的恒不得为工①。叔向之母②，申氏之子③，非不一得，然不能常也。陶唐稽古而失任④，姬公钦明而谬授⑤。尼父远得崇替于未兆⑥，近失澹台于形骸⑦。延州审清浊于千载之外⑧，而蔽奇士于咫尺之内⑨。知人之难，如此其甚。郭泰所论，皆为此人过上圣乎？但其所得者，显而易识；其所失者，人不能纪。

【注释】

①杨明照引《韩非子》，以为"亡"当作"妄"，"恒"前应有"无"字。极是。《韩非子·外储说左上》："夫新砥砺杀矢，彀弩而射，虽冥而妄发，其端未尝不中秋毫也；然而莫能复其处，不可谓善射，无常仪的也。"此乃句之所本。

②叔向之母：见本篇上文"食我灭宗之征，著乎开胞之始"二句注。

③申氏之子：见本篇上文"申童觉窃妻之巫臣"句注。

④据《尚书·尧典》，上古洪水为害，尧帝征治水者，皆推鲧，尧任之，然九年不果。

⑤周初，周公旦辅佐武王，封商纣之子武庚禄父，使管叔、蔡叔监之。及成王即位，周公以成王年少，摄行政事。管叔、蔡叔不服，与武庚作乱叛周。事见《孟子》《史记》等。"谬授"即指任用管、蔡不当。

⑥《论语·为政》："子张问：'十世可知也？'子曰：'殷因于夏礼，所损益可知也；周因于殷礼，所损益可知也。其或继周者，虽百世可知也。'"

⑦失澹（tán）台：《韩非子·显学》："澹台子羽，君子之容也，仲尼几而取之，与处久而不称其貌。……故孔子曰：'以容取人乎，失之子羽。'"《史记·仲尼弟子列传》

作"澹台灭明,字子羽"。"状貌甚恶。欲事孔子,孔子以为材薄。既已受业,退而修行,行不由径,非公事不见卿大夫。南游至江,从弟子三百人,设取予去就,名施乎诸侯。孔子闻之,曰:'……以貌取人,失之子羽。'"二说于澹台而言完全相反。

⑧延州:即吴公子札。《左传·襄公二十九年》记其聘于鲁,请观周乐。使乐工为之歌《周南》《召南》《邶》《鄘》《卫》《郑》《齐》诸国风及《雅》《颂》,皆有深悟的评。观《象箾》《南籥》之舞亦然。杜预注:"季子本封延陵,后复封州来,故曰延州来。"延州乃延州来之省。

⑨《韩诗外传·十》:"吴延陵季子游于齐,见遗金,呼牧者取之。牧者曰:'子何居之高,视之下,貌之君子,而言之野也!吾有君不君,有友不友,当暑衣裘,君疑取金者乎?'延陵子知其为贤者,请问姓字,牧者曰:'子乃皮相之士也,何足语姓字哉!'遂去。延陵季子立而望之,不见乃止。"

【译文】

"无目的射出的箭,总能射中秋毫那么小的东西,但如果没有一个固定的目标不能算擅长射箭。叔向的母亲,申家的儿子,不是没有一次说对了,但不能总是如此。唐尧考订古事但也曾失于任人,周公敬肃明察但也曾授官荒谬。孔子对久远的事可以在没有征兆时看出兴废盛衰,但却由于以貌取人而失误于近在身边的澹台子羽;吴公子季札能清楚地分辨千年古曲的清浊,但却误识了近在咫尺的奇逸之士。了解人是如此的困难。郭泰说那些话,全因为这个人比大圣人还高明吗?就其言中者来说,都是很明显容易识别的;而他所说错的,人们未能记录。

【原文】

"且夫所贵,贵乎见俊才于无名之中,料逸足乎吴坂之间①,掇怀珠之蚌于九渊之底,指含光之珍于积石之中。若伯喈识绝音之器于烟烬之余②,平子剔逸响之竹于未用之前③。六军之聚,市人之会,暂观一睹,无所眩惑,探其潜生之心计,定其始终之事行,乃为独见不传之妙耳。若如未论④,必俟考其操蹈之全毁,观其云为之好丑,此为丝线既经于铨衡,布帛已历于丈尺,徐乃说其斤两之轻重,端匹之修短⑤,人皆能之,何烦于明哲哉!"

【注释】

①吴(yú)坂(bǎn):即"虞坂"。在春秋虞国(今山西平陆)境内,为狭窄而危险的斜坡路。《文选·刘琨〈答卢谌诗一首并书〉》:"昔骐骥倚辀于吴坂,长鸣于良、乐,知与不知也。"

②伯喈:东汉蔡邕字伯喈。《后汉书·蔡邕传》:"吴人有烧桐以爨者,邕闻火烈之声,知其良木,因请而裁为琴,果有美音,而其尾犹焦,故时人名曰'焦尾琴'焉。"

③平子:张衡字平子。未见书载其"剔逸响之竹"事。

④杨明照以为"未"乃"来"字之误。甚确。"来论"指对话或论辩时对方的观点。

⑤端匹:古布帛计量单位。或谓二丈为端,二端为两,即匹也;或谓六丈为端,四丈为匹。

卷第二十一　清鉴

【译文】

"况且人们所珍贵的，在于从无名的人中发现出色的人才，从吴坂的艰险山路间辨认出骏马，从九重深潭底上捞出有珍珠的蚌，在积石当中指出发光的宝贝。像蔡邕那样在烟火灰烬中识别出能演奏奇妙音乐的乐器，张衡在使用之前就挑拣出能发出超绝之声的竹材。天子六军聚集在一起，街市的人汇合在一处，短时间地看见一眼，不会被迷惑住，探究出某个人内心潜在的想法，确切地预测他的自始至终的事迹行为，才是独到的不传于人的高超能力呢。如果像您所说，一定要等到考查出一个人德操行为是完美还是败坏，看到一个人说话做事是美好还是丑恶，这是丝线已经称过重量，布帛已经量过尺寸，慢慢才说出它们分量轻重，尺寸长短，这是人们都能干的，何必再去烦劳明智睿哲的人呢！"

卷第二十二　行　品

题　解

本篇讨论人的操行品德。全篇由两部分组成。前一部分是对人的操行品德的分列。作者首先把人的行品分为两大类，即所谓"善人"与"恶者"。"善人"中有圣、贤、道、孝、仁、忠、明、智等等共三十八种，而在"恶者"之下则列举有悖、逆、凶、恶、虐、谗、佞、暴等达四十五种。于此可见作者对于人品的观察分析是很下了一番工夫的。后一部分是讨论"人技未易知，真伪或相似"的原因，共列举十条，总的意思是说，人的仪表、风度、举止、言谈等等外在的东西都不一定与人的内在能力、修养相一致，完全相反者抑或有之。还有的人有某一方面的优点，比如身手矫健并勇力过人，比如"孝友温淑"且"履信思顺"，比如任劳任怨又宽宏大量；但第一种不一定能带兵打仗，第二种不一定能事业有成，第三种不一定能果断执法。再加上人有时会发生逆变，"始正而终邪"，则更难逆料。作者因而再次发出知人未易的感叹，并衷心希望能"精微以求，存乎其人"。

【原文】
抱朴子曰："拟玄黄之覆载①，扬明并以表微②；文彪昺而备体③，独澄见以入神者，圣人也。

【注释】
①玄黄：天地。本《易·坤》："（文言）夫玄黄者，天地之杂也。天玄而地黄。"
②明并："明并日月"之省。
③彪昺（bǐng）：亦作"彪炳"。文采焕发貌。《西京杂记》："文章璀璨，彪炳涣汗。"

【译文】
抱朴子说："模仿天地那样覆盖托载，发扬可与日月相比的光辉以扬举已经衰微的学说；文章文彩灿烂诸体兼备，有独到而透彻的见解可入于神化，这样的人是圣人。

【原文】
"禀高亮之纯粹，抗峻标以邈俗，虚灵机以如愚，不贰过而谄默者①，贤人也。

【注释】

①贰过：出《论语·雍也》："有颜回者好学，不迁怒，不贰过。不幸短命死矣！"谄黩：谄上渎下。语本《易·系辞下》："君子上交不谄，下交不渎。"黩、渎音同相通。

【译文】

"禀受精纯完美的高风亮节，具备正直高尚的风格而远离尘俗，把机巧之心放置一旁似乎很愚蠢，不重复错误也不谄上侮下，这样的人是贤人。

【原文】

"居寂寞之无为①，蹈修直而执平者，道人也。

【注释】

①寂寞：清静恬淡。《文子·微明》："道者，寂寞以虚无，非有为于物也。"

【译文】

"甘处恬淡清静，遵循高尚正直之路而执守端正的人，是有道的人。

【原文】

"尽烝尝于存亡①，保发肤以扬名者②，孝人也。

【注释】

①烝（zhēng）尝：祭祀祖先。《尔雅·释天》："秋祭曰尝，冬祭曰蒸。"烝、蒸古今字。存亡：此实指死者。本《礼记·中庸》："事死如事生，事亡如事存，孝之至也。"

②语本《孝经·开宗明义章》："身体发肤，受之父母，不敢毁伤，孝之始也。"

【译文】

"尽心力于已故先人的祭祀，保护好自己的头发皮肤以努力显扬自己名声的人，是孝敬的人。

【原文】

"垂恻隐于有生，恒恕己以接物者①，仁人也。

【注释】

①恕己：扩充自己的仁爱之心。《汉书·成帝纪》："崇宽大，长和睦，凡事恕己，毋行苛刻。"又《杜钦传》："克己就义，恕以及人。"颜师古注："恕，仁也。言以仁爱为心，内省己志施之于人也。"

【译文】

"对于生命赐予恻隐同情，总能够广施仁爱之心以待人接物的人，是仁慈的人。

【原文】

"端身命以徇国①，经险难而一节者，忠人也。

【注释】

①端：杨明照据《太平御览》所引，以为"竭"字较长。译文从"竭"。

【译文】

"竭尽自己的一生为国家献身,经历危险困难而节操如一的人,是忠诚的人。

【原文】

"觌微理于难觉①,料倚伏于将来者②,明人也。

【注释】

①觌(dí):见。
②倚伏:见《君道》篇"料倚伏于未萌之前"句注。

【译文】

"能在难以觉察的地方发现隐微的道理,能够预料将来的祸福的人,是明理的人。

【原文】

"量理乱以卷舒①,审去就以保身者,智人也。

【注释】

①杨明照曰:"'理',疑当作'治'。此盖唐避高宗讳改而未校复者。"卷舒:见《嘉遁》篇"岂有怀于卷舒乎"句注。

【译文】

"估量治乱以决定隐居还是出仕,审慎地选择离职还是就官来保全自身的人,是聪明的人。

【原文】

"顺通塞而一情,任性命而不滞者,达人也。

【译文】

"无论境遇顺利与否都心境顺畅如一,任凭命运的安排而感情没有滞涩的人,是通达的人。

【原文】

"不枉尺以直寻①,不降辱以苟合者,雅人也②。

【注释】

①枉尺直寻:见《名实》篇"而枉尺以直寻哉"句注。
②《诗·大序》:"言天下之事,形四方之风,谓之雅。雅者,正也。"

【译文】

"不做小损于节而大有收获的事,不降志辱身而苟且适世的人,是正直的人。

【原文】

"据体度以动静①,每清详而无悔者②,重人也。

【注释】

①杨明照引本篇下文及后《弭讼》《诘鲍》"礼度"连用之例,以为此句"体度"乃"礼度"之形误。(二字繁体为"體""禮")译文从之。

②杨明照以为"清详"当依旧写本作"精详"。译文从之。

【译文】

"根据礼仪法度来决定行动与否,每次都精细审慎地观察以便不干后悔的事,这样的人是慎重的人。

【原文】

"体冰霜之粹素,不染洁于势利者,清人也。

【译文】

"自身体现冰霜的纯粹素洁,不被权势利益所污染的人,是高洁的人。

【原文】

"笃始终于寒暑,虽危亡而不猜者,义人也。

【译文】

"无论严寒酷暑都确实有始有终,即使是危急灭亡的时候也不嫌弃的人,是有正义感的人。

【原文】

"守一言于久要①,历岁衰而不渝者②,信人也。

【注释】

①久要:长时间的贫困。出《论语·宪问》:"见利思义,见危授命,久要不忘平生之言,亦可以为人矣。""要"通"约"。(依杨树达说)

②杨明照曰:"'岁'疑'盛'之误。"译文从"盛"。又杨氏《校笺》"岁"字脱,据《诸子集成》及藏本、百子本补。

【译文】

"能在长久的贫困中遵守一句诺言,经历盛衰而不改变的人,是有信用的人。

【原文】

"摛锐藻以立言①,辞炳蔚而清允者,文人也。

【注释】

①摛(chī)锐藻:铺陈精粹的辞藻。言施展出色的文才。

【译文】

"施展出众的文才以建立学说,辞藻华丽鲜明而精当的人,是有文采的人。

【原文】

"奋果毅之壮烈，骋干戈以静难者，武人也。

【译文】

"振作起果敢坚毅豪壮激越的精神，挥舞干戈平定危难的人，是勇武的人。

【原文】

"甄坟、索之渊奥①，该前言以穷理者，儒人也。

【注释】

①坟、索：见《逸民》"穷览坟、索"句注。

【译文】

"鉴别深奥的古代典籍，全面了解前人学说并穷究道理的人，是读书人。

【原文】

"锐乃心于精义，吝寸阴以进德者，益人也。

【译文】

"专心一致地钻研精深的经义，珍惜每一寸光阴以求品德的提高的人，是不断进步的人。

【原文】

"识多藏之厚亡①，临禄利而如遗者，廉人也。

【注释】

①句出《老子》四十四章："甚爱必大费，多藏必厚亡。"

【译文】

"懂得收藏越多必定损失越大，面对利禄就像丢弃掉的东西一样，这样的人是清廉的人。

【原文】

"不改操于得失，不倾志于可欲者①，贞人也。

【注释】

①可欲：出《老子》三章："不见可欲，使民心不乱。"

【译文】

"无论得失都不改变自己的操守，不因可引起欲念的事物而丧失志向的人，是守志不移的人。

【原文】

"恤急难而忘劳①，以忧人为己任者，笃人也。

【注释】
①恤（xù）：救济。
【译文】
"救济急难者而忘记了辛劳，以为他人忧虑为己任的人，是敦厚的人。

【原文】
"洁皎分以守终，不逊避而苟免者①，节人也。
【注释】
①苟免：出《礼记·曲礼上》："临财毋苟得，临难毋苟免。"
【译文】
"以洁白无瑕抱守终身，不退避苟且以求免祸的人，是有气节的人。

【原文】
"飞清机之英丽，言约畅而判滞者，辩人也。
【译文】
"以清静的心机发挥英丽的才华，用简洁流畅的语言剖决疑难问题的人，是雄辩的人。

【原文】
"每居卑而推功，虽处泰而滋恭者，谦人也。
【译文】
"总是身处卑位并推让功劳，虽然居于安逸的地位却更加谦恭的人，是谦逊的人。

【原文】
"崇敦睦于九族①，必居正以赴理者，顺人也。
【注释】
①九族：上推四世高祖，下推四世玄孙，合本人共九世，称九族。一说父族四、母族三、妻族二为九族。
【译文】
"对九族亲属都尊崇亲厚和睦，凡事必遵循正道依从道理的人，是顺理的人。

【原文】
"临凝结而能断，操绳墨而无私者，干人也。
【译文】
"遇到纠缠不清的事能够决断，掌握准绳没有偏私的人，是干练的人。

【原文】

"拔朱紫于中构①，剖犹豫以允当者，理人也。

【注释】

①中构：半夜。《玉篇·宀部》："寱，夜也。《诗（鄘风·墙有茨）》曰：'中寱之言。'中夜之言也。"构通寱。朱、紫二色暗中难辨，故言。

【译文】

"能在暗夜中拣选朱、紫二色，解决疑难问题平允适当的人，是头脑清晰的人。

【原文】

"步七曜之盈缩①，推兴亡之道度者，术人也。

【注释】

①见《勖学》篇"考七耀之盈虚"句注。曜（yào）、耀古今字。步：推步。

【译文】

"预测日月五星的盈满与亏缺，推断兴盛和灭亡规律的人，是有道术的人。

【原文】

"赴白刃而忘生，格兕虎于林谷者，勇人也。

【译文】

"奔赴白刃交锋的战场舍死忘生，在树林山谷中与犀牛老虎格斗的人，是勇敢的人。

【原文】

"整威容以肃众，仗法度而无二者，严人也。

【译文】

"以庄重威严的态度整饬众人，执掌法度公平无二的人，是严厉的人。

【原文】

"创机巧以济用，总音数而并精者，艺人也。

【译文】

"创造灵巧的机械以便于应用，包括音乐、数术都很精通的人，是有才艺的人。

【原文】

"凌强御而无惮，虽险逼而不沮者，黠人也①。

【注释】

①黠（xiá）：坚强。《说文·黑部》："黠，坚黑也。"桂馥义证："《汉书·赵充国传》：'以尤桀黠，皆斩之。'颜注：'桀，坚也。黠，恶也；为恶坚也。'馥谓当为：黠，

坚也；桀，恶也。"

【译文】

"被豪强所欺凌而不害怕，就是危险临近也不畏惧的人，是坚强的人。

【原文】

"执匪懈于夙夜①，忘劳瘁于深峻者，勤人也。

【注释】

①句本《诗·大雅·烝民》："夙夜匪解，以事一人。"解、懈古今字。

【译文】

"无论白天黑夜都坚持不懈，即使在深山峻岭中也会忘记劳顿困病的人，是勤奋的人。

【原文】

"蒙谤讟而晏如①，不慑惧于可畏者②，劲人也。

【注释】

①谤讟（dú）：出《左传·昭公元年》："师徒不顿，国家不罢，民无谤讟，诸侯无怨。"杜预注："讟，诽也。"

②慑（shè）：恐惧；害怕。《庄子·达生》："死生惊惧不入乎其胸中，是故遻物而不慑。"按遻（è），谓遇也。

【译文】

"蒙受诽谤仍然安宁恬适，不畏惧可怕东西的人，是强劲的人。

【原文】

"闻荣誉而不欢，遭忧难而不变者，审人也。

【译文】

"听到荣誉并不感到欢乐，遭遇忧愁艰难也不改变情绪的人，是明白的人。

【原文】

"知事可而必行，不犹豫于群疑者，果人也。

【译文】

"知道事情可行就一定要去做，不因为众人的怀疑而犹豫的人，是果断的人。

【原文】

"循绳墨以进止，不干没于侥幸者①，谨人也。

【注释】

①干没：见《良规》篇"不苟且于干没"句注。

【译文】

"循规蹈矩地前进或停步,不投机侥幸的人,是谨慎的人。

【原文】

"奉礼度以战兢,及亲疏而无尤者,良人也。

【译文】

"遵奉礼仪法度畏惧小心,无论亲疏远近都不怨恨的人,是善良的人。

【原文】

"履道素而无欲,时虽移而不变者,朴人也。

【译文】

"实践道的平易的本质而无个人欲望,时间虽在推移但并不改变的人,是朴实的人。

【原文】

"凡此诸行,了无一然,而不跻善人之迹者,下人也。

【译文】

"凡是这些操行一样也没有,又不能追随善良人足迹的人,是下等人。"

【原文】

门人请曰:"善人之行,既闻其目矣;恶者之事,可以戒俗者,愿文垂诰焉①。"

抱朴子曰:"不致养于所生,损道而危身者②,悖人也。

【注释】

①文:疑有误。卢本作"闻"。译文从"闻"。
②杨明照曰:"'道'之上或下脱去一字。上下文辞句可证。"是。庞按所脱或是"道"上"孝"字。译文从补"孝"字。

【译文】

学生们请问道:"善良的人的操行,我们已经听到它们的名目了;恶劣者的事情,可以作为一般人的鉴戒,希望听到您赐予示告。"

抱朴子说:"不奉养自己的父母,损害孝道而危及自身的人。是昏乱悖理的人。

【原文】

"怀邪伪以偷荣,豫利己而忘生者,逆人也。

【译文】

"心怀邪恶虚伪而苟且求荣,乐于利己而不顾生命的人,是叛逆的人。

【原文】

"背仁义之正途,苟危人以自安者,凶人也。

【译文】

"背离仁义的正路,随便地危害他人以求自安的人,是凶暴的人。

【原文】

"好争夺而无猒,专丑正而害直者①,恶人也。

【注释】

①丑正:出《左传·昭公二十八年》:"叔敖曰:'《郑书》有之:"恶直丑正,实蕃有徒。"'"

【译文】

喜好相互争夺没有满足,专门玷污损害正直者,这样的人是罪恶的人。

【原文】

"出绳墨以伤刻,心好杀而安忍者,虐人也。

【译文】

"超出规矩过分地刻薄,内心喜好杀戮的残忍的人,是暴虐的人。

【原文】

"饰邪说以浸润①,构谤累于忠贞者,谗人也。

【注释】

①浸润:见《君道》篇"必清耳于浸润"的句注。

【译文】

"掩饰邪恶的说法以进谗言,为忠实坚贞的人编造大量攻击的话,这样的人是说坏话的人。

【原文】

"虽言巧而行违,实履浊而假清者,佞人也。

【译文】

"虽然言语巧妙但与行为不一致,实际干着污浊的事但假装高洁的人,是能说会道的人。

【原文】

"不原本于枉直①,苟好胜而肆怒者,暴人也。

【注释】

①枉直:见《君道》篇"详直枉以违晦吝"句注。

【译文】

"不推究原本的邪曲正直,却由于好占上风而恣意发怒的人,是暴戾的人。

【原文】

"揞细善以取信,阴挟毒而无亲者,奸人也。

【译文】

"做些细小的善事来取得信任,实际上怀着恶毒之心不近人情的人,是奸诈的人。

【原文】

"承风指以苟容,揆主意而扶非者,谄人也。

【译文】

"顺风向以求苟且取悦于上,揣度主上的意图帮助为非作歹的人,是谄媚的人。

【原文】

"言不计于反覆,好轻诺而无实者,虚人也。

【译文】

"说话不在乎反复无常,喜好轻易许诺但又不算数的人,是虚伪的人。

【原文】

"睹利地而忘义,弃廉耻以苟得者,贪人也。

【译文】

"看见有利的地位就忘记了正义,放弃廉耻以苟且求利的人,是贪婪的人。

【原文】

"觌艳逸而心荡①,饰夸绮而思邪者,淫人也。

【注释】

①觌:音 dí。

【译文】

"看见艳丽超群的人就心神飘荡,看见过分华美的装饰就心生邪念的人,是淫荡的人。

【原文】

"见成事而疑惑,动失计而多悔者,暗人也。

【译文】

"看到事情成功仍心存疑惑,经常谋划有误而多有后悔的人,是糊涂的人。

【原文】

"背训典而自任,耻请问于胜己者,损人也。

【译文】

"违背先王教导的法则而自行其是,耻于向胜过自己的人求问的人,是给自己带来损失的人。

【原文】

"知善事而不逮,虽多为而无成者,劣人也。

【译文】

"知道好的事情而不追逐,虽然干了很多但一事无成的人,是低劣的人。

【原文】

"委德行而不修,奉权势以取媚者,弊人也。

【译文】

"把道德操行抛开不去修治,趋奉有权有势者以讨好的人,是糊涂的人。

【原文】

"履蹊径以侥速,推货贿以争津者,邪人也。

【译文】

"走门径以贪求速进,行贿赂以争抢地位的人,是邪恶的人。

【原文】

"既傲很以无礼①,好凌辱乎胜己者,悍人也。

【注释】

①傲很:倨傲狼戾。很、狠古今字。

【译文】

"既倨傲狼戾没有礼貌,又好凌辱胜过自己者,这样的人是凶悍的人。

【原文】

"被抑枉而自诬,事无苦而振慑者,怯人也。

【译文】

"被人冤屈欺侮就为自己编造罪名,事情无关紧要而震惊恐惧的人,是怯懦的人。

【原文】

"治细辩于稠众,非其人而尽言者,浅人也。

【译文】

"在稠人广众中争辩一些琐细的问题,对不恰当的人直言相告的人,是浅薄的人。

【原文】

"暗事宜之可否,虽企慕而不及者,顽人也。

【译文】

"不明白事情适宜与否,虽仰慕他人但又不追赶的人,是愚妄的人。

【原文】

"知事非而不改,闻良规而增剧者,惑人也。

【译文】

"知道事情不对但还不改,听到好的规劝反倒变本加厉的人,是昏惑的人。

【原文】

"无济恤之仁心,轻告绝于亲旧者,薄人也。

【译文】

"没有帮助怜悯的仁爱之心,轻易地和亲戚故旧断绝往来的人,是薄情的人。

【原文】

"既疾其所不逮,喜他人之有灾者,妒人也。

【译文】

"既疾恨自己不如的人,又为别人有灾祸而高兴,这样的人是爱嫉妒的人。

【原文】

"专财谷而轻义,观困匮而不振者①,吝人也。

【注释】

①杨明照引证《君道》等五篇,以为此句之"振"当作"赈"。是。

【译文】

"独占钱财粮食而轻视道义,看见别人困顿匮乏而不予救济的人,是吝啬的人。

【原文】

"冒至危以侥幸,值祸败而不悔者,愚人也。

【译文】

"冒最大的危险以企求意外的成功,遇上灾祸失败也不后悔的人,是愚蠢的人。

【原文】

"情局碎而偏党，志唯务于盈利者，小人也。

【译文】

"人性狭隘猥琐而偏私，心志只致力于获取利益的人，是爱小的人。

【原文】

"骋鹰犬于原兽，好博戏而无已者①，迷人也。

【注释】

①博戏：参见《勖学》篇"息畋猎博弈之游戏"句注。

【译文】

"放出鹰犬追逐野兽，喜好博戏而没有止境的人，是沉迷的人。

【原文】

"忘等威之异数，快饰玩之夸丽者，奢人也。

【译文】

"忘记了不同等级的人有不同的威仪，快意于装饰玩物过分华丽的人，是奢侈的人。

【原文】

"耽声色于饮谦，废庆吊于人理者，荒人也。

【译文】

"沉溺于宴饮声色，贻误了人之常理的喜庆丧吊的人，是荒唐的人。

【原文】

"既无心于修尚，又怠惰于家业者，懒人也。

【译文】

"既无志于提高品德修养，又懈怠懒惰于置办家产的人，是慵懒的人。

【原文】

"无抑断之威仪①，每脱易而不思者②，轻人也。

【注释】

①抑断："抑抑断断"之省。审慎严谨又专诚守一之貌。《诗·小雅·宾之初筵》："其未醉止，威仪抑抑。"《书·秦誓》："如有一介臣，断断猗，无他伎。"

②脱易：轻率简慢。《韩非子·八经》："脱易不自神曰弹威。"

【译文】

"没有审慎专诚的威仪，又总是轻率简慢不假思索的人，是轻脱的人。

【原文】

"观道义而如醉,闻货殖而波扰者,秽人也。

【译文】

"对待事物的道理和品德原则就像酒醉者一样,而听说经商就情绪波动烦扰的人,是污秽的人。

【原文】

"杖浅短而多谬①,暗趋舍之臧否者,笨人也。

【注释】

①杨明照引证《嘉遁》等三篇及内篇二处,以"杖"当作"仗"。是。

【译文】

"内心所倚仗的短浅而多有谬误,对于取舍褒贬暗昧无知的人,是愚拙的人。

【原文】

"憎贤者而不贵,闻高言而如聋者,嚚人也①。

【注释】

①嚚（yín）:愚顽。《书·尧典》:"父顽母嚚。"《广雅·释诂》:"嚚,愚也。"

【译文】

"不珍视而且憎恶贤者,听到高尚的言谈时就像聋子一样的人,是愚顽的人。

【原文】

"睹朱紫而不分①,虽提耳而不悟者②,蔽人也。

【注释】

①朱紫:《论语·阳货》:"恶紫之夺朱也。"何晏集解引孔安国曰:"朱,正色;紫,间色之好者。恶其邪好而夺正色。"后以朱紫言正邪、是非、善恶。

②提耳:出《诗·大雅·抑》:"匪面命之,言提其耳。"喻恳切教导。

【译文】

"看见是非善恶不能分辨,虽经恳切教导仍不醒悟的人,是壅蔽的人。

【原文】

"违道义以趑趄①,冒礼刑而罔顾者,乱人也。

【注释】

①趑（zī）趄（jū）:疑惧观望。刘向《新序·杂事五》:"《易》曰:'臀无肤,其行趑趄。'"本又作"赼赼。"今本《易·夬》作"次且"。

【译文】

"违背正道和伦理原则而又疑惧观望,冒犯礼制刑法肆无忌惮的人,是头脑昏乱的人。

【原文】

"每动作而受嗤,言发口而违理者,拙人也。

【译文】

"每个动作行为都遭人嗤笑,话一出口就违背常理的人,是拙陋的人。

【原文】

"事酋豪如仆虏①,值衰微而背惠者,慝人也②。

【注释】

①酋豪:部落首领。《汉书·匈奴传下》:"匈奴使怒,收乌桓酋豪,缚到悬之。"
②慝(tè):邪恶。《诗·鄘风·柏舟》:"之死矢靡慝。"毛传:"慝,邪也。"马瑞辰以为反复无常者。

【译文】

"像奴仆一样侍奉首领,遇上权势衰微就忘恩负义的人,是邪恶的人。

【原文】

"损贫贱之故旧,轻人士而踞傲者①,骄人也。

【注释】

①踞(jù):通"倨"。

【译文】

抛弃贫穷低贱的老朋友,轻视士人并傲慢不逊的人,是骄狂的人。

【原文】

"弃衰色而广欲,非宦学而远游者,荡人也。

【译文】

"舍却姿色衰减的妻子而广求新欢,不是学习仕宦所需的知识而离家远走的人,是浪荡的人。

【原文】

"无忠信之纯固,背恩养而趋利者,叛人也。

【译文】

"没有精纯稳固的忠诚与信用,背弃爱护养育而追求利益的人,是叛逆的人。

【原文】

"当交颜而面从,至析离而背毁者,伪人也。

【译文】

"当面时表示遵从,等到离开就毁约的人,是虚伪的人。

【原文】

"习强梁①而专己,距忠告而不纳者,刺人也②。"

【注释】

①强梁:本指强劲有力。引申而有强横独断之意。《墨子·鲁问》:"譬有人于此,其子强梁不材,故其父笞之,其邻家之父举木而击之。"

②刺:刚愎拒劝。《逸周书·谥法》:"愎佷遂过曰刺。"孔晁注:"去谏曰愎,反是曰佷。"

【译文】

"学习强横独断者的固执己见,拒绝别人的忠告不予采纳的人,是刚愎自用的人。"

【原文】

抱朴子曰:"人技未易知,真伪或相似。士有颜貌修丽,风表闲雅,望之溢目,接之适意;威仪如龙虎,盘旋成规矩。然心蔽神否,才无所堪,心中所有,尽附皮肤。口不能吐片奇,笔不能属半句;人不能宰民,出不能用兵;治事则事废,衔命则命辱。动静无宜,出处莫可。盖难分之一也。

【译文】

抱朴子说:"人的本领不容易了解,真假在表面上有时相似。士人有的面貌漂亮,风度仪表闲雅,看见他们有些目不暇接,与他们谈话也很顺心;他们庄重的仪容如龙似虎,回旋进退符合仪节的规矩。但是内心壅蔽精神闭塞,其才能胜任不了任何事情,心中的东西都附着在表面上。口中吐不出一段惊人的话,笔下写不出半个完整的句子;在内不能治理民众,出征不能用兵打仗;做事情事情就要失败,接受使命使命就要被辱没。无论动静都不相宜,无论出处都不恰当。这大概就是士人难以分辨的第一条。

【原文】

"士有貌望朴悴,容观矬陋①,声气雌弱,进止质涩。然而含英怀宝,经明行高,干过元凯②,文蔚春林。官则庶绩康用③,武则克全独胜。盖难分之二也。

【注释】

①矬(cuó):身材矮小。服虔《通俗文》:"侏儒曰矬。"

②元凯:见《嘉遁》篇"而使圣朝乏乎元凯之用哉"句注。

③杨明照曰:"'康用'二字误倒,当乙转。"甚是。"用康"谓因之而康也。

【译文】

"士人有的貌相质朴干枯,外表矮小丑陋,发声吐气像女人一样轻弱,动作朴实迟钝。但他们胸怀出色的才能学问，明了经典行为高尚，才干超过八元八凯，文章华美像春天的树林。为文官则各项事顺利，做武将就能战胜所有敌人独自取胜。这大概是士人难以分辨的第二条。

【原文】

"士有谋猷渊邃①，术略入神，智周成败，思洞幽玄，才兼能事，神器无宜；而口不传心，笔不尽意，造次之接，不异凡庸。盖难分之三也。

【注释】

①谋猷：谋略。出《书·文侯之命》："亦惟先正克左右昭事厥辟，越小大谋猷罔不率从，肆先祖怀在位。"此言亦因先臣能在文王左右服务，于大小谋略无不听从，故先祖安于其位。

【译文】

"士人有的智谋深邃，韬略入于神化，智慧用否关乎成败，思想能洞透幽谷天空，才能全面能成事业，没有一种国家神器可与相比；但是口才不能传达心声，笔不能尽抒思想，仓促接触，与平庸的人没有区别。这大概是士人难以分辨的第三条。

【原文】

"士有机变清锐①，巧言绮粲，揽引譬喻，渊涌风厉；然而口之所谈，身不能行；长于识古，短于理今，为政政乱，牧民民怨。盖难分之四也。

【注释】

①杨明照据藏本、鲁藩本、吉藩本及本篇上文等，以为"变"当为"辩"。

【译文】

"士人有的机敏善辩，头脑清楚敏锐，巧妙的言辞华美漂亮，又有引用又有比喻，如波涛涌起狂风疾吹一般；但口中所说的，自身不能实行；长于认识古代，短于治理当今，从政则政事混乱，治民则民众怨恨。这大概是士人难以辨别的第四条。

【原文】

"士有外形足恭①，容虔言恪，而神疏心慢，中怀散放，受任不忧，居局不治。盖难分之五也。

【注释】

①足恭：过分谦敬以取媚于人。出《论语·公冶长》。"子曰：'巧言、令色、足恭，左丘明耻之，丘亦耻之。'"

【译文】

"士人有的外在表现过分谦敬，表情虔诚言语谨慎，但心神疏忽简慢，内怀松散疏放，接受任命而忧惧，身居官位却不能治理。这大概是士人难以分辨的第五条。

【原文】

"士有控弦命中，空拳入白，倒乘立骑，五兵毕习①；而体轻虑浅，手剿心怯，虚试无对，而实用无验；望尘奔北，闻敌失魄。盖难分之六也。

【注释】

①五兵：五种兵器。具体所指不一。郑玄注《周礼》引郑玄以为车之五兵为戈、殳、戟、酋矛、夷矛；步卒五兵无夷矛有弓矢。范宁注《谷梁传》以为矛、戟、钺、楯、弓矢。颜师古注《汉书》以为矛、戟、弓、剑、戈。

【译文】

"士人有的拉弓就能命中，赤手空拳敢于闯入白刃之阵，倒立乘车站立骑马，五种兵器都很熟练；但是身体轻便思虑短浅，手脚便捷但内心怯懦，假装试手时没有对手，而实战应用从不应验，望见尘土飞扬就后退奔逃，听说敌人到来就失魂落魄。这大概是士人难以分辨的第六条。

【原文】

"士有梗概简缓，言希貌朴，细行阙漏，不为小勇，跼蹐拘检①，犯而不校②，握爪垂翅，名为弱愿③。然而胆劲心方，不畏强御，义正所在，视死犹归，支解寸断，不易所守。盖难分之七也。

【注释】

①跼（jú）蹐（jí）：局促不安。
②犯而不校：出《论语·泰伯》"有若无，实若虚，犯而不校"。
③愿：质朴而恭谨。《书·皋陶谟》："愿而恭"孔颖达疏："愿者，悫谨良善之名。"按"悫（què）"言恭谨。

【译文】

"士人有的气概简易缓慢，言语稀少外貌朴实，行事小处常有缺漏，不做小小的勇敢的事，局促戒惧拘谨检点，冒犯他也不计较，就像猛兽收起爪甲大鹏垂下翅膀，表面上是软弱老实。然而胆量壮劲用心刚直，不畏豪强，只要是正义的事，视死如归，就是被肢解被寸断，也不改变操守。这可能是士人难以分辨的第七条。

【原文】

"士有孝友温淑①，恂恂平雅，履信思顺②，非礼不蹈，安困洁志，操清冰霜；而疏迟迂阔，不达事要，见机不作，所为无成，居己梁倡③，受任不举。盖难分之八也。

【注释】

①孝友：出《诗·小雅·六月》："侯谁在矣？张仲孝友。"毛传："善父母为孝，善兄弟为友。"
②履信思顺：见《臣节》篇"履信思顺"句注。

③梁倡：叠韵连绵词。亦作"梁昌"。处境狼狈，进退失据。《楚辞·王逸〈九思·疾世〉》："居嶙廓兮勦畴，远梁昌兮几迷。"自注："梁昌，陷据失所也，迷惑欲还也。"

【译文】

"士人有的孝顺父母亲爱兄弟温和善良，恭敬谨慎平和文雅，遵守信义思想顺从，不合乎礼的事不去做，安心于贫困并保持自己的高洁志向，德操比冰霜还清洁；但是舒缓迟钝不合时宜，不了解事情的要领，见到机会也不行动，所干的事情没有成功的，使自己处境狼狈，授受任命也不能胜任。这恐怕是士人难以辨别的第八条。

【原文】

"士有行己高简，风格峻峭，啸傲偃蹇①，凌侪慢俗，不肃检括②，不护小失，适情率意，旁若无人。朋党排谴，谈者同败，士友不附，品藻所遗。而立朝正色，知无不为，忠于奉上，明以摄下。盖难分之九也。

【注释】

①啸傲：放歌长啸，傲然自得。谓放旷不受约束。《文选·陶潜〈杂诗〉》："啸傲东轩下，聊复得此生。"偃蹇（jiǎn）：叠韵连绵词。傲慢。《左传·哀公六年》："彼皆偃蹇，将弃子之命。"杜预注："偃蹇，骄敖。"敖、傲古今字。
②检括：见《崇教》篇"敛之乎检括之中"句注。

【译文】

"士人有的立身行事清高简约，风格高峻峭拔，放旷不羁傲慢不逊，出类拔萃而轻慢世俗，不严格于检点约束，不在乎小的过失，按自己感情想法任意行事，像旁边没有人一样。结成团伙的人们排斥攻击他们，谈论者一齐败坏他们，文人中的朋友不趋附他们，品评鉴定的官员把他们放到一边。但是他们如果立于朝廷就会严肃认真，知道的事没有不去做的，忠诚地奉事主上，严明地统摄部下。这也许是士人难以分辨的第九条。

【原文】

"士有含弘旷济，虚己受物①，藏疾匿瑕②，温恭廉洁，劳谦冲退③，救危全信。寄命不疑，托孤可保。而纯良暗权，仁而不断，善不能赏，恶不忍罚，忠贞有余，而干用不足，操柯犹豫④，废法效非，枉直混错⑤，终于负败。盖难分之十也。

【注释】

①虚己：犹虚心。《韩诗外传》卷二："君子盛德而卑，虚己以受人。"
②藏疾匿瑕：见《君道》篇"匿瑕藏疾"句注。
③劳谦：勤劳而谦逊。出《易·谦》："九三：劳谦，君子有终，吉。"
④操柯：见《良规》篇"严操斧柯"句注。
⑤枉直：见《君道》篇"详直枉以违晦吝"句注。

【译文】

"士人有的包容博厚广泛救助,虚心接受各种意见,像山泽藏疾美玉匿瑕一样量大能容,温和恭敬而廉洁,勤劳、谦逊、冲和、退让,救助危难保全信用,寄予重任不用怀疑,委托遗孤可有保证。但是纯粹的善良而暗昧于权变,仁德但缺乏果断,善良的不能奖赏,恶劣的不忍惩罚,忠贞有余而干练不足,执法犹豫不决,废弃刑法并效法错误的榜样,曲直混杂,最终导致失败。这可能是士人难以辨别的第十条。

【原文】

"夫物有似而实非,若然而不然。料之无惑,望形得神,圣者其将病诸,况乎常人?故用才取士,推昵结友,不可以不精择,不可以不详试也。若乃性行之惑变①,始正而终邪,若王莽初则美于伊、霍②,晚则剧于赵高③,又非中才所能逆尽也。

【注释】

①惑:杨明照校证为"或"字之误。

②王莽:参见《逸民》篇"王莽与二龚共世"句及《良规》篇"致令王莽之徒,生其奸变"句注。伊、霍:见《良规》篇"伊尹之黜太甲,霍光之废昌邑"二句注。

③赵高:见《君道》篇"独任则悟鹿马之作威"句、《臣节》篇"专威若赵高"句、《用刑》篇"赵高之弑秦"句注。

【译文】

"事物有的表面相似而实质不同,好像是那样实际不是那样。料定其没有疑惑,见到外貌就得知内心,圣者对此恐怕也难以做到,更何况一般人呢?因此用人才取士人,荐举亲近的人结交朋友,不能够不精心选择,不能够不仔细考察。至于性情操行有的人会变化,开始正派而最终邪恶,像王莽最初比伊尹、霍光还要贤德,后来则比赵高还要坏,又不是中等才能的人所能完全预料的。

【原文】

"若令士之易别,如鹪鹩之与鸿鹄①,狐兔之与龙麟者,则四凶不得官于尧朝②,管、蔡不得几危宗周③,仲尼无澹台之失④,延陵无捐金之恨⑤,伊尹无七十之劳⑥,项羽无嫌范之悔矣⑦。所患于其如碔砆之乱瑾瑜⑧,鹪螟之似凤皇⑨,凝冰之类水精⑩,烟熏之疑云气,故令不谬者尠也。惟帝难之⑪,矧乎近人哉!

【注释】

①鹪(jiāo)鹩(liáo):一种体长约三寸的小鸟。

②四凶:见《嘉遁》篇"有虞举则四凶戮"句注。

③管、蔡:见《用刑》篇"姬公友于兄弟,而不赦二叔"二句注。宗周:因周为所封诸侯国之宗主国,故称周王朝为宗周。

④仲尼失澹台：见《清鉴》篇"近失澹台于形骸"句注。

⑤杨明照以为"捐"或为"指"字之误。是。译文从之。参《清鉴》篇"而蔽奇士于咫尺之内"句注。

⑥伊尹七十之劳：见《时难》篇"故伊尹干汤至于七十也"句注。

⑦事见《史记·项羽本纪》。范增辅项羽霸诸侯，为羽尊为亚父。曾于鸿门宴劝羽杀刘邦，未听。多出奇计。刘邦患之，"乃用陈平计间项王。项王使者来，为太牢具，举欲进之。见使者，详惊愕曰：'吾以为亚父使者，乃反项羽使者。'更持去，以恶食食项王使者。使者归报项王，项王乃疑范增与汉有私，稍夺之权。范增大怒，曰：'天下事大定矣，君王自为之。愿赐骸骨归卒伍。'项王许之。行未至彭城，疽发背而死"。

⑧碔（wǔ）砆（fū）：外观似玉的石头。

⑨鹪䳚：又作"焦明""鹪明"等。传说中的神鸟。似凤凰。《史记·司马相如列传》："犹鹪明已翔乎廖廓。"《说文》等皆称其南方神鸟。

⑩水精：今作水晶。

⑪惟帝难之：见《审举》篇"知人则哲，上圣所难"二句注。

【译文】

"如果想让士人容易鉴别，就像鹪鹩和天鹅，狐狸兔子和蛟龙麒麟那样，那么四凶就不会在唐尧朝上做官，管叔、蔡叔就不会几乎威胁了周王朝，孔子就不会失误于澹台灭明，延陵季子就不会有指金让贤士来拾的遗憾，伊尹就不会有干谒七十次的劳苦，项羽就不会有怀疑范增的悔恨了。所忧虑的就在于像碔砆这种似玉的石头混杂在美玉当中，鹪䳚与凤凰相似，冰块很像水晶，烟气容易被当作云雾，所以让人们不发生错误是很少的。这对于古代圣帝来说都是很困难的，更何况浅近之人呢！

【原文】

"夫惟大明，玄鉴幽微，灵铨揣物，思灼沉昧，瞻山识璞，临川知珠。士于难分之中，而无取舍之恨者，使臧否区分，抑扬咸允。武丁、姬文不独治，而傅说、吕尚不永弃①，高、莽、宰嚭不得成其恶②，弘恭、石显无所容其伪矣③。斯盖取士之较略，选择之大都耳。精微以求，存乎其人，固非毫翰之所备缕也。"

【注释】

①武丁：殷高宗。武丁、傅说，见《时难》篇"岩间傅说之属"句注。姬文：周文王。姬文、吕尚，见《时难》篇"吾知渭滨吕尚之俦"句注。

②高：赵高。莽：王莽。参见本篇上文"若王莽初则美于伊、霍，晚则剧于赵高"二句注所见篇目词句。宰嚭（pǐ）：即伯嚭。本楚人，奔吴，夫差时为太宰。夫差伐越而败之，越王勾践使大夫文种纳美人于太宰嚭以行成。吴王欲许之，伍员谏阻，遭太宰嚭之谮，遂与越平。二十年后，越灭吴，吴王自杀，勾践诛太宰嚭。事见《左传》《国语》《史记》等。

③弘恭、石显：见《君道》篇"恭、显之恶直"句注。

【译文】

"只有圣明如太阳,才可以洞悉隐微之事,其灵性能权衡怀揣之物,其神思可以照亮暗昧不明之人,在山中能识别璞玉,在水边可以知道珍珠。让士人在难于鉴别当中没有取舍不当的遗憾,让褒贬区分、官位升降都恰当。让商武丁、周文王不独享治国出色的美名,而傅说、吕尚之类的贤才不长久被弃,赵高、王莽、伯嚭那样的人不能干成他们的坏事,弘恭、石显没有地方容纳他们的奸伪。这差不多就是取士的要领,选才的大概。至于精心细微地去挑选,全面地去了解一个人,当然不是笔墨所能叙述完备的。"

卷第二十三　弭　讼

题　解

　　本篇以二人对答的形式讨论由于婚争而出现的诉讼问题。很有可能是针对当时多见的一类社会现象有感而发。

　　有人在阐述了当时对婚姻意义的正统理论之后，建议允许女家在允婚之后悔婚，只要"倍还酒礼，归其币帛"；凡二次、三次悔婚的，则须加倍、加两倍地偿还聘礼。这样就可不必诉诸公堂了。

　　抱朴子认为此法不妥当。因为这仅为"贫者所惮"，却正中富者下怀；如果"后许者或能富殖"，代为偿还，则导致前后两家的仇恨；还会使女家在择婿问题上采取不严肃的态度。假如女子相貌出众，将会有"豪右权臣"代其偿礼，从而助长女方"委衰逐盛"，弃贫趋富。最后提出了由女方父兄叔伯一起"报板"的办法。

　　作者的议论似有其言之成理的方面，但持论的偏颇也是明显的。最主要的是他完全站在男家的立场上，而没把男女两家摆在平等的位置上。这无疑是作者的历史局限性。

【原文】

　　姑子刘君士由之论曰："人纲始于夫妇①，判合拟乎二仪②。是故大婚之礼，古人所重，将合二姓之好，以承祖宗之基。主人拜迎于门，听命于庙③。玄纁贽币，亲御授绥④。婿有三年之丧⑤，致命女氏，女氏许诺而不敢改。大丧既没，请命于婿，婿有辞焉，然后乃嫁。所以崇敬让也。岂有先讼后婚之谓乎⑥？

【注释】

　　①人纲：人伦纲纪，为人处世的道德准则。
　　②二仪：见《君道》篇"往圣取诸两仪"句注。
　　③见《礼记·昏义》："昏礼者，将合二姓之好，上以事宗庙，而下以继后世也。故君子重之。是以昏礼：纳采、问名、纳吉、纳征、请期，皆主人筵几于庙，而拜迎于门外，入揖让而升，听命于庙，所以敬慎重正昏礼也。"按古代订婚凡六礼：纳采（男方送求婚礼物）、问名（男方托媒请问女子名字及生辰）、纳吉（男方卜得吉兆，备礼告女方，

·295·

决定缔结婚姻)、纳征(送聘礼至女家。礼有玄纁、束帛、俪皮。又称纳币)、请期(男方卜得吉日,使媒告知女方)、亲迎(婿亲至女家迎新娘)。又见《仪礼·士昏礼》。

④《仪礼·士昏礼》:"壻御妇车,授绥。"言婿为新娘驭车,于新娘升车时,亲将车上拉手的绳带交于其手。

⑤壻:婿的古字。三年丧:古代臣为君、子为父、妻为夫要服丧三年,为丧服中最重的一种。此指丧父。

⑥后壻:杨明照以为藏本等所作之"后婚"较胜。译文从"后婚"。

【译文】

姑姑的儿子刘先生刘士由说:"人伦纲纪是从夫妇开始的,其分合模拟天地。因此结婚的礼节是古人所重视的,要用它来联系两个姓氏的友好关系,来继承祖宗的基业。主人家要到门口行礼迎接,要到家庙中听取祖先的命令。要用黑加浅红的缯帛作为骋礼,亲自驾车去接,把登车时手拉的绳带交到对方手中。男方家父亲去世了,告诉了女方家,女方家答应而不敢更改。三年守丧过后,女方家向男家请求,男方答应了,然后才嫁过去。用它来崇尚恭敬谦让。哪里有先打官司而后结婚的说法呢?

【原文】

"而末世轻慢,伤化败俗,举不修义①,䜣而弗与②,讼阋秽辱③,烦塞官曹。今可使诸争婚者,未及同牢④,皆听义绝,而倍还酒礼,归其币帛。其尝已再离者,一倍裨娉⑤;其三绝者,再倍裨娉。如此,离者不生讼心,贪吝者无利重受,乃王治之要术,不易之永法也。"

【注释】

①杨明照曰:"'修'疑'循'之误。"

②杨明照曰:"'䜣'字误,当疑藏本等改作'许'。"

③讼阋(xì):因争吵而诉讼。

④同牢:即共牢。《礼记·昏义》:"妇至,壻揖妇以入,共牢而食,合卺而酳。"孔颖达正义:"共牢而食者,在夫之寝,壻东面,妇西面,共一牲牢而同食,不异牲。"按合卺(jǐn)而酳(yìn)谓以同一酒器含酒漱口。后"同牢""合卺"皆为婚礼代称。

⑤裨(bì)娉(pìn):加量补偿聘礼。娉、聘古今字。

【译文】

"但到衰败的时代轻浮简慢,伤风化败习俗,全都不遵循道义,许婚而又毁约,争吵污辱,烦扰之事充塞官府。现在可以让诸多因婚事而争讼的人,在婚礼之前,听任恩义断绝,但要加倍偿还酒礼,归还作为聘礼的缯帛。那些已经是第二次退婚的,要补加一倍的聘礼,那些第三次断绝婚约的,要补加两倍的聘礼。这样一来,退婚的人不会生诉讼的想法,贪婪吝啬的人也没有重利可得,这是君主治理的重要手段,不变的长远办法。"

【原文】

抱朴子答曰:"刘君悯德让之凌替①,疾民争之损化,虽速我讼,室家不足②;用和之贵③,将遂沦胥。创谠言以拾世遗④,建嘉谋以拯流遁⑤。纷哗之俗,将以此而易;无耻之风,将由兹而移。弥纶情伪⑥,固难间矣⑦。诚经国之永法,至益之笃论也。

【注释】

①凌替:见《君道》篇"陵替之灾"句注。
②句出《诗·召南·行露》:"谁谓女无家!何以速我狱?虽速我狱,室家不足!"速谓招致。
③句本《论语·学而》:"礼之用,和为贵。"沦胥(xū):出《诗经》。《小雅·小旻》:"如彼泉流,无沦胥以败。"
④谠(dǎng)言:正直之言。《汉书·叙传上》:"吾久不见班生,今日复闻谠言。"颜师古注:"谠言,善言也。"
⑤流遁:见《嘉遁》篇"不可放之于流遁也"句注。
⑥弥纶:出《易·系辞上》:"易与天地准,故能弥纶天地之道。"
⑦间(jiàn):非难;批评。《论语·先进》:"子曰:'孝哉闵子骞!人不间于其父母昆弟之言。'"

【译文】

抱朴子回答说:"刘先生哀怜仁德谦让之风的衰败,痛恨百姓起争端损害教化,虽然只是招一个人去打官司,但也会使家庭用度不足;和睦相处的宝贵传统,也将连带受损。您首先说出如此正直的话来补正世人的过失,出这样好的办法来拯救道德的流荡衰败。纷乱喧哗的鄙俗,将因此而改变;不知羞耻的风气,将从今而转移。如此全面地了解世上的真伪,无疑难以受到批评。这实在是治理国家的长远方法,最为有益的恰当言论。

【原文】

"洪以不敏①,不识至理,造次承问,窃有疑焉。夫婚媾之结②,义无逼迫,彼则简择而求,此则可意乃许。轻诺后悔,罪在女氏,食言弃信③,与夺任情,严防峻制,未之能弭。今猥恣之,唯责禆娉倍④,贫者所惮也⑤,丰于财者,则适其愿矣。后所许者,或能富殖,助其禆娉,必所甘心。然则先家拱默⑥,不得有言,原情论之,能无怨叹乎?

【注释】

①不敏:不够敏捷明达。《国语·晋语二》:"款也不才,寡智不敏,不能教导,以至于死。"韦昭注:"敏,达也。"
②婚媾(gòu):婚姻;嫁娶。
③食言:言已出而又不践之。谓言而无信。出《书·汤誓》:"尔无不信,朕不食

言。"孔安国传:"食尽其言,伪不实。"

④杨明照曰:"'倍',疑应乙在'责'字下。"

⑤杨明照《校笺》自"唯"一读至"也",本书不取。

⑥拱默:拱手缄默。《汉书·鲍宣传》:"以苟容曲从为贤,以拱默尸禄为智。"

【译文】

"葛洪我因为不够敏达,不能理解至深的道理,仓促之间承您垂问,私下里有个疑问。结为婚姻关系,应该是没有逼迫的,那一方选择之后才来求婚,这一方感到满意之后才会许诺。如果轻易许诺又后悔了,罪过是在女家,背离诺言抛弃信义,允婚悔约任情而为,就是严密防范、严厉制裁,尚且不能消除。如今又荒谬地放任他们,只是要求加倍退聘,这对于贫穷的人是可怕的,而财产丰厚者,则正中其下怀。后来所许配的人,也可能财产充足,帮助她家退聘,必然心甘情愿。这样先那一家拱手缄默,不能说什么,但是依情理说来,能够不怨恨叹息吗?

【原文】

"夫不伏之人,视死犹归,血刃之祸,于是将起。今苟惜其辞讼之小丑,而构其难忍之大恨,所谓爱其僦览之烦①,忘其凋殒之酷也。夫买物于市者,或加价而夺之,则尠忍而不忿然矣;况乎见夺待告之妻哉!此法遂用者,将使结婚者虽纳敬、亲迎②,犹抱有见夺之虑。何者?刘君之论,以同牢为断,固也。

【注释】

①僦(jiù):送。《汉书·王莽传中》:"宝货皆重则小用不给,皆轻则僦载烦费。"颜师古注:"僦,送也。"

②结婚:古指缔结婚姻关系,犹今言订婚。王广恕曰:"('敬')疑作'徵'。"杨明照以为"王说甚确"。纳徵(征),见本篇上文"主人拜迎于门,听命于庙"二句注。

【译文】

"那些心中不服气的人,视死如归,刀刃见血的灾祸,将会由此而起。现在如果痛惜以言辞相争讼的小的丑行,而酿成那种难于忍见的大憾事,正像所说的光嫌送览诉讼案卷太麻烦,而忘记了人的丧亡的残酷。在街市上买东西,有人还加价钱争夺,尚很少忍下不愤愤然的;更何况被夺走待娶的妻子呢!这种方法如果施用,将会使缔结了婚约的人即使已经纳征、亲迎,仍然抱有被夺走妻子的顾虑。为什么呢?刘先生的论点,以行婚礼与否为裁决的根据,必然是这种情况。

【原文】

"尔则女氏虽受币积年,恒挟在意之威①,恃可数夺,必惰于择壻;壻小不得意,便得改悔。结仇速祸,莫此之甚矣。囊人画法,虑关终始,杜渐防萌,思之良精。而不关恣夺之路②,断以报板之制者③,殆有意乎?

【注释】

①王广恕曰:"'在'疑当作'任'。"是。

②王广恕曰:"'关'疑当作'开'。"是。

③板:牍,即书写所用木简。报板,即女之父兄等受聘时书名于板,回报男方以为凭证。

【译文】

"那样的话,女方家即使接受缯帛聘礼已经几年,仍然总有任意选婿的威风,依仗可以几次改聘,必然急惰于选择女婿;女婿稍不称心,就可以悔改。结仇招祸,没有比这更厉害的了。从前人制定法律,要考虑到事情的前因后果,杜绝发展防止萌生,考虑得非常精细。但是不会开启恣意争抢之路,而是以报板的制度来管理,恐怕是有想法的吧?

【原文】

"倘令女有国色①,倾城绝伦②,而值豪右权臣之徒③,目玩冶容④,心忘礼度,资累千金,情无所吝,十倍还娉,犹所不惮,况但一乎?华氏不难于杀孔父而取其妻⑤;楚人为子迎妇,以其美而自纳之⑥。以此论之,岂惜倾竭居产,以助女氏还前家之直哉!小人轻薄,睚眦成怨,又喜委衰逐盛,蹋冷趋热。此法之行,则必多夺贫贱而与富贵者矣。不审吾君何方以防弊乎?"

【注释】

①国色:女子容貌极美冠绝一国。《公羊传·僖公十年》:"骊姬者,国色也。"何休注:"其颜色一国之选。"

②倾城:亦言女子极美。出《汉书·外戚传上·李夫人》:"初,夫人兄延年性知音,善歌舞,武帝爱之。……延年侍上起舞,歌曰:'北方有佳人,绝世而独立,一顾倾人城,再顾倾人国。宁不知倾城与倾国,佳人难再得。'"

③豪右:世家大户。《后汉书·明帝纪》:"滨渠下田,赋与贫人,无令豪右得固其利。"李贤注:"豪右,大家也。"

④冶容:本指女子修饰得很妖媚。出《易·系辞上》:"慢藏诲盗,冶容诲淫。"引申为艳丽的容貌。《越绝书·外传记计倪传》:"丽质冶容,宜求监于前史。"

⑤事见《左传》。《桓公元年》:"宋华父督见孔父之妻于路,目逆而送之,曰:'美而艳。'"又《桓公二年》:"春,宋督攻孔氏,杀孔父而取其妻。"杜预注:"华父督,宋戴公孙也。孔父嘉,孔子六世祖。"

⑥《史记·楚世家》:"平王二年,使费无忌如秦为太子建取妇。妇好,来,未至,无忌先归,说平王曰:'秦女好,可自娶,为太子更求。'平王听之,卒自娶秦女。"《左传》记之较略。又杨明照《校笺》自"楚人"一至"纳之"断句,本书不取。

【译文】

"倘若是女子容貌冠于一国,倾倒一城出类拔萃,而遇上豪门大族掌权大臣之类

· 299 ·

的人，眼睛惯看艳丽的容貌，忘记了礼法规矩，家财巨富，毫不吝惜，就是十倍地偿还聘礼，也不害怕，更何况只增加一倍呢？华督不以杀死孔父嘉而夺取他的妻子为难事，楚平王为儿子迎接媳妇，因为女子长得漂亮而自己纳娶了。从这种事说来，难道还吝惜倾家荡产来帮助女家偿还前一家的聘礼吗！平民百姓浅薄无知，瞪一下眼睛就会结成仇怨，又喜欢抛却衰落而追逐隆盛，践踏贫寒而趋附权势。这种措施的实行，就必然较多地侵夺贫贱者而帮助了富贵者，不清楚您用什么方法防止这些弊病呢？"

【原文】

或曰："可使女氏受娉礼无丰约，皆以即日报板，后皆使时人署姓名于别板，必十人已上，以备远行及死亡。又令女之父兄若伯叔，答壻家书，必手书一纸。若有变悔而证据明者，女氏父母兄弟皆加刑罪。如此，庶于无讼者乎！"

【译文】

有人说："可以让女方接受聘礼无论多少，全都要当天就报板，然后让当时在场的人全部在另外的板上署上姓名，一定要十个人以上，以防备远行和死亡。又让女子的父亲、哥哥或者伯伯、叔叔为男方写回信，必须亲手书写每人一篇。如果有变卦悔婚而证据明确的，女方的父母兄弟全都要加刑治罪。这样，差不多就没有打这种官司的人了。"

卷第二十四　酒　诫

题　解

抱朴子对酒的戒语首先是从节欲的角度出发的。他认为目、耳、鼻、口、心的各种欲望都不能恣意任从，故对近味之酒也应如此，更何况酒还是有"巨损"而无"细益"的毒物，会令君子败德，小人速罪呢！接下去描写了人们酒醉后的种种丑态，并援引历史上远至夏桀、商纣，近至曹植、徐邈的一系列例证，来说明酒为害之深。历史上虽多次有酒禁，但都成效甚微，原因之一是民之笃好，二是为官者多不能以身作则，所谓酒禁反而为有势者擅市专利提供了机会。

作者虚拟的反驳意见认为，桀、纣之亡等历史悲剧的主因并不在酒，而历史上还有很多因酒而成大事的例子。抱朴子则认为，和其他任何事物一样，酒也有个限量适度的问题，而且单纯依靠酒并不能使刘邦、于定国、管辂、扬雄等成就其事业。至于秦穆公之饮盗，则为"舍法长恶"之举，颇不足取。

虽然作者的论证有明显的逻辑漏洞，但他抨击骄奢淫逸的社会风气的出发点是完全正确的。

【原文】

抱朴子曰："目之所好，不可从也；耳之所乐，不可顺也；鼻之所喜，不可任也；口之所嗜，不可随也；心之所欲，不可恣也。故惑目者，必逸容鲜藻也；惑耳者，必妍音淫声也；惑鼻者，必苣蕙芬馥也；惑口者，必珍羞嘉旨也；惑心者，必势利功名也。五者毕惑，则或承之祸为身患者，不亦信哉！

【译文】

抱朴子说："眼睛所喜好看的，不能够信从；耳朵所乐意听的，不能够顺随；鼻子所爱闻的，不能够任情；口中所愿吃的，不能够听凭；心中所想要的，不能够恣意。原因在于迷惑眼睛的，必然是超众的容貌鲜艳的装饰；迷惑耳朵的，必然是迷丽之音淫邪之声；迷惑鼻子的，必然是兰蕙的芬芳香气；迷惑人口的，必然是美味佳肴；迷惑人心的，必然是权势利益功勋名誉。五方面全被迷惑，那么也许紧接着就要身遭祸患了，不是确实如此吗？

【原文】

"是以智者严檃括于性理①,不肆神以逐物②,检之以恬愉,增之以长算。其抑情也,剧乎堤防之备决;其御性也,过乎腐辔之乘奔。故能内保永年,外免衅累也。盖饥寒难堪者也,而清节者不纳不义之谷帛焉③;困贱难居者也,而高尚者不处危乱之荣贵焉④。盖计得则能忍之心全矣,道胜则害性之事弃矣。

【注释】

①檃括:见《交际》篇"檃括修则枉刺之疾消矣"句注。

②逐物:追求身外之物。语出《庄子·天下》:"惜乎惠施之才,骀荡而不得,逐万物而不反。"按骀(dài)荡谓无约束。

③指列子。《庄子·让王》:"子列子穷,容貌有饥色。客有言之于郑子阳者,曰:'列御寇盖有道之士也,居君之国而穷,君无乃为不好士乎!'郑子阳即令官遗之粟。子列子见使者,再拜而辞。使者去。子列子入,其妻望之而拊心曰:'妾闻为有道者之妻子皆得佚乐,今有饥色。君过而遗先生食,先生不受,岂不命邪!'子列子笑谓之曰:'君非自知我也。以人之言而遗我粟,至其罪我也,又且以人之言,此吾所以不受也。'"

④《韩诗外传》九:"楚庄王使使赍金百斤聘北郭先生。先生曰:'臣有箕箒之使,愿入计之。'即谓妇人曰:'楚欲以我为相。今日相,即结驷列骑,食方丈于前,如何?'妇人曰:'夫子以织屦为食,食粥毚履,无怵惕之忧者,何哉?与物无治也。今如结驷列骑,所安不过容膝;食方丈于前,所甘不过一肉。以容膝之安,一肉之味,而殉楚国之忧,其可乎!'于是遂不应聘,与妇去之。"

【译文】

"因此聪明的人用情绪和理智严格地矫正自己,不放纵心神去追逐外物,用恬静愉悦的心绪来约束自己,并加之以长远的打算。他们控制自己的情绪,超过防备堤坝决口;他们驾驭自己的心性,超过缰绳腐朽时骑乘奔马。因此能够内保长寿,外免祸患。大致说饥饿寒冷是难于安忍的,但节操高洁的人不接受不正当的粮食布帛;贫困低贱是难于耐受的,但志行高尚的人不做危乱时候的荣显高贵者。因为方针得当则能够忍耐的心就会保全,正道占上风则损害本性的事情就会被抛弃。

【原文】

"夫酒醴之近味,生病之毒物,无毫分之细益,有丘山之巨损。君子以之败德,小人以之速罪,耽之惑之,鲜不及祸。世之士人,亦知其然,既莫能绝,又不肯节,纵心口之近欲,轻召灾之根源,似热渴之恣冷,虽适己而身危也。小大乱丧,亦罔非酒①。

【注释】

①句出《书·酒诰》:"王若曰:'……天降威,我民用大乱丧德,亦罔非酒惟行;越小大邦用丧,亦无非酒唯辜。'"

【译文】

甜酒近似于美味,但它是产生疾病的毒物,没有一分一毫的小小益处,却有山丘一样的巨大损害,君子因为它而败坏了德行,小人因为它而招致犯罪,沉迷于它且被它所迷惑,很少有不赶上祸患的。世上的士人们,也知道这一点,但是既不能断绝,又不肯节制,这是放纵内心和口腹的浅近欲望,轻视导致灾祸的根源,就像又热又渴的时候放任地求凉,虽然一时舒服,但对身体有危害。大大小小的祸乱丧亡,也无非因为酒。

【原文】

"然而俗人是酣是湎①。其初筵也,抑抑济济②,言希容整,咏《湛露》之'厌厌'③,歌'在镐'之'恺乐'④,举'万寿'之觯⑤,诵'温克'之义⑥。日未移晷⑦,体轻耳热。夫琉璃海螺之器并用⑧,满酌罚余之令遂急。醉而不止⑨,拔辖投井⑩。

【注释】

①《说文·酉部》:"酣,酒乐也。"又《水部》:"湎,沉于酒也。"

②抑抑:审慎谦谨貌。出《诗·小雅·宾之初筵》:"其未醉止,威仪抑抑。"毛传:"抑抑,慎密也。"济(qí)济:庄敬貌。《诗·大雅·公刘》:"跄跄济济,俾筵俾几。"俾筵俾几谓令人设筵几。

③厌厌:安静。《诗·小雅·湛露》:"湛湛露斯,匪阳不晞。厌厌夜饮,不醉无归。"毛传:"厌厌,安也。"

④说本《诗·小雅·鱼藻》:"王在在镐,岂乐饮酒。"在镐(hào):犹言"于镐"。镐即镐京,周之都城。岂(kǎi)乐,快乐。岂、恺古今字。

⑤万寿:出《诗经》。《豳风·七月》:"称彼兕觥,万寿无疆!"称谓举也。又《小雅·楚茨》:"报以介福,万寿攸酢。"酢(zuò)谓举杯酬答。

⑥温克:醉酒后能够自持。出《诗·小雅·小宛》:"人之齐圣,饮酒温克。"郑玄笺:"中正通知之人,饮酒虽醉犹能温藉自持以胜。"

⑦晷(guǐ):日影。

⑧琉璃:一种半透明的玉石,有多种颜色。

⑨杨明照引陈其荣,以为"不止"当作"不出"。《诗·小雅·宾之初筵》:"既醉而出,并受其福;醉而不出,是谓伐德。"伐德谓败坏道德。

⑩《汉书·游侠传·陈遵》:"遵嗜酒,每大饮,宾客满堂,辄关门,取客车辖投井中,虽有急,终不得去。"辖:车轴头用以阻挡车轮不脱落的铁插销。

【译文】

"但是世俗的人畅快于酒沉湎于酒。他们初入筵席的时候,谦谨而庄敬,言语稀少,容貌整洁,歌咏安逸的雅诗《湛露》,唱起'王在在镐,岂乐饮酒'的诗句,举起'万寿无疆'的酒杯,体会'饮酒温克'的诗意。太阳尚未移影,就身子发轻耳朵发热。琉璃海螺的酒器一起使用,斟满杯罚余沥的酒令频繁地响起。客人醉酒而不能离去,主人为留客而拔掉车辖投入井中。

【原文】

"于是口涌鼻溢，濡首及乱①。屡儛蹮蹮，舍其坐迁②；载号载呶③，如沸如羹④。或争辞尚胜，或哑哑独笑⑤，或无对而谈，或呕吐几筵，或傎蹶良倡⑥，或冠脱带解。

【注释】

①濡首：语出《易·未济》："上九：有孚于饮酒，无咎。濡其首，有孚失是。象曰：'饮酒濡首，亦不知节也。'"后以"濡首"言酒后失态。及乱：至于醉乱。出《论语·乡党》："唯酒无量，不及乱。"

②二句出《诗·小雅·宾之初筵》："舍其坐迁，屡舞僊僊。"僊僊（xiān xiān）：舞步轻扬。杨明照据此及《群书治要》所引，以为此处"蹮（xiān）蹮"当作"僊僊"。儛（wǔ）：同"舞"。

③载号（háo）载呶（náo）：亦出《诗·小雅·宾之初筵》："宾既醉止，载号载呶。"

④如沸如羹：出《诗·大雅·荡》："文王曰咨，咨汝殷商！如蜩如螗，如沸如羹。"郑玄笺："饮酒号呼之声，如蜩螗之鸣；其笑语沓沓，又如汤之沸，羹之方熟。"

⑤哑（è）哑：笑声。

⑥傎（diān）蹶：跌倒。良倡：即"梁倡"。见《行品》篇"居己梁倡"句注。

【译文】

"于是酒喝得从口鼻中溢出，沾湿头发至于醉乱。频繁起舞，不合饮酒起坐之礼，又是号叫又是喧闹，像水沸腾又像烹煮肉羹。有的以言辞相争竞抢上风，有的'呃呃'独自傻笑。有的没有对象自己说话，有的呕吐得几案坐席到处都是，有的跌倒在地无进退之仪，有的发冠脱落衣带开解。

【原文】

"贞良者流华督之顾盼①，怯懦者效庆忌之蕃捷②，迟重者蓬转而波扰，整肃者鹿踊而鱼跃。口讷于寒暑者，皆摇掌而谱声③；谦卑而不竞者，悉裨瞻而高交④。廉耻之仪毁，而荒错之疾发；阘茸之性露⑤，而傲佷之态出⑥。

【注释】

①华督顾盼：见《弭讼》篇"华氏不难于杀孔父而取其妻"句注。

②参见《嘉遁》篇"若夫要离灭家以效功"句注。《吴越春秋·阖闾内传》："要离即进曰：'大王患庆忌乎？臣能杀之。'王曰：'庆忌之勇，世所闻也。筋骨果劲，万人莫当。走追奔兽，手接飞鸟，骨腾肉飞，拊膝数百里。吾尝追之于江，驷马驰不及，射之，暗接矢不可中。今子之力，不如也。'要离曰：'王有意焉，臣能杀之。'……遂如卫，求见庆忌。见曰：'阖闾无道，王子所知。……愿因王子之勇，阖闾可得也。何不与我东之于吴？'庆忌信其谋。后三月，拣练士卒，遂之吴。将渡江，于中流，要离力微，坐与［于］上风，因风势以矛钩其冠，顺风而刺庆忌。庆忌顾而挥之，三捽其头于水中，乃加于膝上。'嘻嘻哉！天下之勇士也，乃敢加兵刃于我！'"

③摇掌而谐声：杨明照以为《群书治要》所引之"抚掌"较胜。

④裨瞻：杨明照以为《意林》所引之"裨胆"较长。"胆"之繁体"膽"与"瞻"形近致误。

⑤阘（tà）茸：庸碌低劣。桓宽《盐铁论》："诸生阘茸无行，多言而不用，情貌不相副。"

⑥傲佷：《行品》《疾谬》二篇此词皆作"傲很"。杨明照据此以为此处亦当作"傲很"。见《行品》篇"既傲很以无礼"句注。

【译文】

"忠贞善良的人变得像华父督一样到处乱看，怯懦的人效法庆忌的强壮敏捷；迟慢稳重的人像飞蓬一样旋转像波浪一样搅扰不安，整齐严肃的人像鹿一样蹦跳像鱼一样跃起。无论气氛冷热都不善言辞的人，都鼓掌唱出合谱的歌声；谦卑而与人无争的人，全都鼓起勇气高交朋友。廉洁知耻的仪节被毁坏，而荒唐错乱的毛病都产生了；庸碌低能的本性显露了，傲慢凶恶的样子出现了。

【原文】

"精浊神乱，臧否颠倒。或奔车走马，赴阬谷而不惮，以九折之阪为蚁封①；或登危蹋颓，虽堕坠而不觉，以吕梁之渊为牛迹也②。或肆忿于器物，或酗酱于妻子③；加枉酷于臣仆，用剡锋乎六畜④；炽火烈于室庐⑤，掊宝玩于渊流；迁威怒于路人，加暴害于士友。褻严主以夷戮者，有矣；犯凶人而受困者，有矣。

【注释】

①九折之阪：九折阪，地名，在今四川省荥经县，近二郎山。地处邛崃山，山路曲折艰险，须回折而上，故名。《汉书·王尊传》："（尊）迁益州刺史。先是，琅邪王阳为益州刺史，行部至邛郲九折阪，叹曰：'奉先人遗骸，奈何数乘此险！'后以病去。及尊为刺史，至其阪，问吏曰：'此非王阳所畏道邪？'史对曰：'是。'尊叱其驭曰：'驱之！王阳为孝子，王尊为忠臣。'"蚁封：蚁穴口的小土堆。

②吕梁：见《擢才》篇"其渊泽不唯吕梁之深也"句注。

③酗酱（yòng）：酗酒至昏乱。

④剡锋：见《君道》篇"剡锋载胥"句注。六畜：本指马、牛、羊、猪、犬、鸡。此泛指禽畜。

⑤杨明照曰："'火烈'二字当乙转，上下各句可证。"是。

【译文】

"精神混浊错乱，是非善恶颠倒了位置。有的飞车跑马奔向深坑山谷，而把九折阪当作蚂蚁洞口的小土堆；有的登上危险的将要坍塌的高处，即使坠落下去也没觉察到，而把吕梁山上的深渊当作牛蹄印。有的用器物来泄愤懑，有的向妻子儿子发酒疯；对奴仆施以无端的酷刑，用利刃加之于牲畜；把房子点起烈火，把宝贝玩物抛入深潭河流；转移怒气到过路人身上，用暴力伤害士人朋友。轻慢了严厉的主人而被杀戮者，是有的，冒犯了凶恶的人而受困者，是有的。

【原文】

"言虽尚辞，烦而叛理；拜伏徒多，劳而非敬。臣子失礼于君亲之前，幼贱悖慢于耆宿之坐①。谓清谈为诋訾②，以忠告为侵己。于是白刃抽而忘思难之虑，棒杖奋而罔顾乎前后。构漉血之仇，招大辟之祸③。"

【注释】

①君亲：此特指君主。耆宿：年高有德者。《后汉书·樊儵传》："耆宿大贤，多见废弃。"

②清谈：清雅的谈论。汉刘桢《赠五官中郎将》诗之二："清谈同日夕，情盼叙忧勤。"

③大辟：见《勖学》篇"五刑厝而颂声作"句注。

【译文】

"言谈虽然追求辞藻，但繁絮而背离道理；下拜的礼节虽然很多，但徒劳而无敬意。臣下、儿子在君主、父母面前有失礼节，年幼微贱的人在老人座前悖礼轻慢。把清雅的谈话说成诋毁辱骂，把忠实的劝告当作侵害自己。于是刀剑拔出来而忘记考虑将会造成灾难；棍棒举起来而不顾前因后果。结下流血之仇，招来杀身之祸。

【原文】

"以少凌长，则乡党加重责矣；辱人父兄，则子弟将推刃矣①；发人所讳，则壮士不能堪矣；计数深克，则醒者不能恕矣。起众患于须臾，结百痾于膏肓②。奔驷不能追既往之悔③，思改而无自反之蹊。盖智者所深防，而愚人所不免也④。其为祸败，不可胜载。

【注释】

①推刃：仇家子弟一往一来循环报复。出《公羊传·定公四年》："父受诛，子复仇，推刃之道也。"

②痾（ē）：本指疾病。此喻指旧仇宿怨。《后汉书·袁谭传》："愿捐弃百痾，追摄旧义，复为母子昆弟如初。"膏肓：见《贵贤》篇"二竖之疾既据而募良医"句注。

③说本《论语·颜渊》："子贡曰：'惜乎！夫子之说君子也，驷不及舌。'"何晏集解引郑玄曰："过言一出，驷马追不及舌。"

④愚：杨明照据《群书治要》，以为当作"庸"。译文从"庸"。

【译文】

"年轻人凌辱年长者，那么乡里将要加重责罚；侮辱别人的父兄，那么儿子弟弟就循环报复；揭出了别人避讳的东西，意气豪壮的人也不能容忍；计谋过于苛刻，头脑清醒的人将不能原谅。短时间内就要引起众多的祸患，会结下重病般的难解宿怨。飞奔的骏马不能追回已经做出的后悔的事，想改变但没有可以返回的道路。这是聪明人严密防范，而庸碌者不可避免的事。酒所造成的灾祸失败，多得记述不过来。

【原文】

"然而欢集，莫之或释，举白盈耳①，不论于能否②。计沥䨻予小余③，以稽迟为轻己。倾匡注于所敬④，殷勤变而成薄。劝之不持⑤，督之不尽，怨色丑音所由而发也。

【注释】

①举白：举杯告尽，犹今言干杯。《汉书·叙传上》："设宴饮之会，及赵、李诸侍中皆引满举白，谈笑大嚎。"颜师古注引服虔曰："举满梧，有余白沥者，罚之也。"

②陈其荣、杨明照皆谓当无"于"字。

③杨明照据藏本、吉藩本等，以为"计"当作"料"。笔者以为"计"字胜。沥䨻(liù)：本指屋檐滴水，此指杯中剩余的点滴残酒。

④匡：即"筐"的本字。"倾匡"言倾其所有。

⑤持：即持满，指持酒满杯。荀悦《汉纪·武帝纪二》："（灌夫）行酒至（田）蚡，蚡曰：'不得持满。'"

【译文】

"但是人们欢聚的时候，没有人会丢弃它，干杯的声音不绝于耳，不论能喝不能喝。计较流下的几滴当作没喝干净，把迟缓当作轻视自己。把所有的酒都斟给所尊敬的人，热情反倒变成薄慢。如果劝酒时对方不肯持酒满杯，督促也不把酒喝光，怨恨的表情和难听的话语则由此而生。

【原文】

"夫风经府藏①，使人惚怳②，及其剧者，自伤自虞。或遇斯疾，莫不忧惧，吞苦忍痛，欲其速愈。至于醉之病性，何异于兹！而独居密以逃风，不能割情以节酒。若畏酒如畏风，憎醉如憎病，则荒沉之咎塞，而流连之失止矣。夫风之为疾，犹展攻治，酒之为变，在乎呼噏③。及其闷乱，若存若亡，视泰山如弹丸，见沧海如盘盂，仰嚾天堕④，俯呼地陷，卧待虎狼，投井赴火，而不谓恶也。夫用身之如此，亦安能惜敬恭之礼，护喜怒之失哉！

【注释】

①风：中医学中人外感疾病的"六淫（即风、寒、暑、湿、燥、火六气太过）"之一，为阳邪。亦即风寒、风湿、中风等说中之"风"。府藏：后写作"腑脏"。指体内全部器官，包括心、肺、脾、肝、贤五脏和大肠、小肠、胃、胆、膀胱、三焦六腑。

②惚怳(huǎng)：恍惚。

③呼噏(xī)：即呼吸。

④嚾(huàn)：呼唤。

【译文】

"风经过五脏六腑，就使人精神恍惚，等到病得厉害了，就会自己伤悲自己忧愁。遇上这种病的人，没有不担忧恐惧的，吞吃苦药忍受疼痛，想让它迅速痊愈。至于喝醉酒伤害人身的性质，和这个有什么不同呢！但是偏偏住在严密的房子里逃避受风，而不能割舍欲望节制喝酒。如果畏惧酒像畏惧风那样，憎恶喝醉像憎恶生病一样，那么荒唐沉迷的错误就会被阻塞，滞留盘桓的过失就会被制止了。风造成疾病，尚且要施行医治，更何况酒所造成的病变，关系到人的呼吸。等到醉酒者知觉昏闷精神错乱，半死不活的时候，把泰山看得像弹丸一样，把大海看得像盘碗一样，仰头呼唤天塌下来，俯身喊叫地陷下去，躺下等待虎狼到来，投身于井跑向烈火，而不怕凶险。对待自己的身体是这样，又怎么能珍惜恭恭敬敬的礼节，防止喜怒时候的过失呢？

【原文】

"昔仪狄既疏，大禹以兴①；糟丘酒池，辛、癸以亡②；丰侯得罪，以戴尊衔盃③；景升荒坏，以三雅之爵④；刘松烂肠，以逃暑之饮⑤；郭珍发狂，以无日不醉⑥。信陵之凶短⑦，襄子之乱政⑧，赵武之失众⑨，子反之诛戮⑩，汉惠之伐命⑪，灌夫之灭族⑫，陈遵之遇害⑬，季布之疏斥⑭，子建之免退⑮，徐邈之禁言⑯，皆是物也。世人好之乐之者甚多，而戒之畏之者至少。彼众我寡，良箴安施？且愿君子节之而已。

【注释】

①见《君道》篇"旨甘之进，则疏仪狄"二句注。

②据《韩非子》《韩诗外传》等记载，夏桀、商纣皆曾为酒池糟丘。

③丰侯：传说中的诸侯，因喝酒而亡国。乡射礼于罚爵上图其头戴杯盂之形，作为罚酒之用。见《太平御览》所引崔骃《酒箴》等。

④景升：汉末刘表，字景升。据《太平御览》引曹丕《典论》："荆州牧刘表跨有南土，子弟骄贵，以酒器名三爵：上者伯雅，受七胜［升］；中雅受六胜；季雅受五胜。"

⑤刘松：亦东汉末人。《太平御览》引曹丕《典论》："大驾都许，使光禄大夫刘松北镇袁绍军，与绍子弟日共宴饮。尝以盛夏三伏之际，昼夜酣饮，极醉至于无知，云以避一时之暑。二方化之，故南荆有三雅之爵，河朔有避暑之饮。"烂肠：传烈酒多饮会令肠烂。葛洪《神仙传·王远》："王方平语蔡经家人曰：'吾欲赐汝辈美酒。此酒方出天厨，其味醇酽，非俗人所宜饮，饮之或能烂肠。今当以水和之。'"

⑥郭珍：亦见《太平御览》所引《典论》："雒阳令郭珍居财巨亿，每暑夏召客，侍婢数十，盛装饰，被罗縠，袒裸其中，使之进酒。"

⑦信陵：魏公子无忌，其兄魏安釐王封其为信陵君。因人之毁而见夺兵权，"乃谢病不朝，与宾客为长夜饮，饮醇酒，多近妇女。日夜为乐饮者四岁，竟病酒而卒。"见《史记·魏公子列传》。

⑧事见《新序·刺奢》："赵襄子饮酒，五日五夜不废酒。谓侍者曰：'我诚邦士也夫！饮酒五日五夜矣，而殊不病。'优莫曰：'君勉之！不及纣二日耳。纣七日七夜，今君五日。'襄子惧，谓优莫曰：'然则吾亡乎？'优莫曰：'不亡。'襄子曰：'不及纣二日耳，不亡何待？'优莫曰：'桀、纣之亡也，遇汤、武。今天下尽桀也，而君纣也。桀、纣并

世，安能相亡？然亦殆矣。'"

⑨赵武：春秋晋卿。周天子派来慰劳他的使者曾在洛水旁劝其遥继禹功而大力庇护百姓，赵武回答："老夫罪戾是惧，焉能恤远？吾侪偷食，朝不谋夕，何其长也。"前此，赵武曾在郑国作为主宾痛饮。稚川将此二事联系为因果关系。见《左传·昭公元年》。

⑩子反：楚国司马。楚共王与晋厉公鄢陵之战中，子反饮谷阳竖所献酒。共王欲召之与谋，子反醉而不能见，故楚师宵遁。还师而斩之。见《左传》《韩非子》《史记》等。

⑪《史记·吕后本纪》："太后遂断戚夫人手足，去眼，煇耳，饮瘖药，使居厕中，命曰'人彘'。居数日，乃召孝惠帝观人彘。孝惠见，问，乃知其戚夫人，乃大哭，因病，岁余不能起。使人请太后曰：'此非人所为。臣为太后子，终不能治天下。'孝惠以此日饮为淫乐，不听政。"崩时年二十三岁。

⑫灌夫：汉初人。平吴楚七国之乱有大功。为人刚直不好面谀。多次因酒醉辱骂武安侯丞相田蚡，为田蚡劾以使酒骂不敬之罪，诛杀全家。见《史记·魏其武安侯列传》。

⑬陈遵：参本篇上文"拔辖投井"句注。遵于更始年间为大司马护军，留朔方，为贼所败，时醉见杀。

⑭季布：本楚人，从项羽。后为刘邦所赦。季布为河东守，汉文帝时因人有言布贤者，故欲召以为御史大夫。又有人言其勇，然因酒纵性难以接近，因见罢。见《史记·季布栾布列传》。

⑮子建：曹植，字子建。曹操之子。操奇子建之才，多次欲立为嗣，而子建任性而行，饮酒不节，而其兄曹丕"御之以术，矫情自饰，宫人左右，并为之说，故遂定为嗣"。见《三国志·魏书·陈思王植传》。

⑯徐邈：三国魏尚书郎。"时科禁酒，而邈私饮至于沉醉。校事赵达问以曹事，邈曰：'中圣人。'"平日醉客不敢直言酒，故称浊酒为贤人，清酒为圣人。见《三国志·魏书·徐邈传》。

【译文】

"古时候仪狄被疏远了，大禹因而兴起；酒糟成为山丘酒液注满池塘，商纣、夏桀因而灭亡；丰侯获罪，因而其图形头顶酒尊口衔酒杯；刘表荒唐败坏，是因为有称作伯雅、仲雅、季雅的酒爵；刘松喝烂了肠子，是想要解除暑热的豪饮；郭珍发疯，是因为没有一天不喝醉的。信陵君的不幸短命，赵襄子的败乱政事，赵武的不愿广庇民众，楚国子反的被杀头，汉惠帝的被戕害了性命，灌夫的被杀掉全家，陈遵的被贼人杀害，季布的被疏远斥退，曹植的未成为太子，徐邈的难言'酒'字，全都是因为酒这个东西。世上的人喜爱它以它为乐的很多，而戒酒畏惧酒的人很少。对方人多我方人少，良好的规劝又怎么施行呢？暂且只是希望修养高的人节制就是了。

【原文】

"曩者既年荒谷贵，人有醉者相杀，牧伯因此辄有酒禁①，严令重申，官司搜索，收执榜徇者相辱，制鞭而死者太半。防之弥峻，犯者至多。至乃穴地而酿，油囊怀酒。民之好此，可谓笃矣。余以匹夫之贱，托此空言之书，未如之何矣②。

【注释】

①《后汉书》《三国志》皆有荒年禁酒、酿酒者施以刑罚的记载。

②末如之何：出《论语·卫灵公》："子曰：'不曰"如之何如之何"者，吾末如之何也已矣。'"末：否定性无定代词。

【译文】

"从前曾有已是收成遭荒粮价昂贵，有人喝醉了酒杀人，州长官因此而有不准喝酒的禁令，严格命令多次告诫，官府搜索，捉拿起来施以杖击和巡街的侮辱，被鞭打至死的达三分之二。防范越加严酷，而违犯的还是很多。甚至于在地上挖坑酿造，用油布口袋盛了揣在怀里。平民百姓喜好它，可以说是很深了。我以一个平民的微贱地位，只是把意思写在这说空话的书里，没有办法能对此怎么样。

【原文】

"又临民者虽设其法，而不能自断斯物，缓己急人，虽令不从①；弗躬弗亲，庶民弗信②。以此而教，教安得行！以此而禁，禁安得止哉！沽卖之家，废业则困，则修饰赂遗，依凭权右，所属吏不敢问。无力者独止，而有势者擅市。张垆专利③，乃更倍售，从其酤买，公行靡惮，法轻利重，安能免乎哉？"

【注释】

①语本《论语·子路》："子曰：'其身正，不令而行；其身不正，虽令不从。'"

②语出《诗·小雅·节南山》："弗躬弗亲，庶民弗信。"

③垆（lú）：古时酒店中安放酒瓮的锻炉形土台。借指酒店。

【译文】

"再有，治理百姓的官员虽然为此设立法律，但自己不能断绝这东西，宽于对己严于律人，即使下令也不会听从的；自己不亲自做到，老百姓也是不会相信的。以此来推行教化，教化怎么行得通呢！以此来禁止，禁了以后怎么能止呢！卖酒的家庭，停了这个行业就会发生困难，于是用送礼贿赂去取悦依靠权贵，属下的官员不敢过问。只是没有力量的人停止了卖酒，而有势利的人独占市场。摆开酒垆垄断厚利，于是更加倍地出售，从容地买卖，公开进行毫不畏惧，刑法轻而利润重，怎能够免除此事呢？"

【原文】

或人难曰："夫夏桀、殷纣之亡，信陵、汉惠之残，声色之过，岂唯酒乎①！以其生患于古，而断之于今，所谓以褒姒丧周②，而欲人君废六宫③；以阿房之危秦④，而使王者结草庵也。盖闻昊天表酒旗之宿⑤，坤灵挺空桑之化⑥，燎柴员丘⑦，瘗薶坎泽⑧，裸鬯仪彝⑨，实降神祇⑩，酒为礼也。

【注释】

①据《列女传》记载，夏桀弃礼义，淫于妇人，为奇伟之戏，造烂漫之乐，听用其妃

末喜之言，昏乱失道，骄奢自恣。《史记·殷本纪》："（纣）好酒淫乐，嬖于妇人，爱妲己，妲己之言是从。于是使师涓作新淫声，北里之舞，靡靡之乐。"信陵、汉惠：分见本篇上文"信陵之凶短""汉惠之伐命"二句注。

②周幽王本有后，为申侯之女，其子宜臼为太子。后幽王得褒姒而爱之，欲废申后、太子，立褒姒及其子伯服。申侯怒，结犬戎等攻幽王，杀之于骊山下，立太子宜臼，是为东周首君平王。见《史记·周本纪》。

③六宫：见《君道》篇"防人嵔之变于六宫"句注。此泛指后妃。

④见《君道》篇"悟阿房之速祸"句注。

⑤酒旗：星座名。《晋书·天文志上》："轩辕右角南三星曰酒旗，酒官之旗也。主宴飨饮食。"

⑥据《太平御览》等类书所引《酒经》等记载，酒最初的产生是剩饭倾于空心桑树中，自然酝酿发酵而成。

⑦柴（chái）：烧柴生烟以祭天的仪式。于圜丘举行。今北京天坛有圜丘。员、圜古今字。

⑧瘗（yì）薶（mái）圻泽：瘗薶为古代祭地礼仪之一种。把祭品如牲、帛等埋入地下祭地为瘗。薶，又作"埋"。《礼记·祭法》："瘗埋于泰折，祭地。""泰折"为都城北郊祭地处。今北京地坛亦在城北。据此亦可知此处"圻"乃"折"字之误。据《周礼·春官·大司乐》，祭地在"夏至日，于泽中方丘奏之"。

⑨祼（guàn）鬯（chàng）：以香酒灌地以告神的祭祀仪式。

⑩神祇（qí）：天神与地神。

【译文】

有人反驳我说："夏桀、商纣的灭亡，信陵君、汉惠帝的早逝，是声色的过错，怎么会仅仅因为酒呢！用古时他们产生祸患的先例，来判断今天的事，正像所说的因褒姒造成了西周的灭亡，而让君主废掉六宫后妃；因为阿房宫造成了秦朝的危机，就让帝王都去造草房。大概听说苍天显现'酒旗'这一早宿，大地显现出空桑酿酒的造化之功，在圜丘烧柴祭天，在泰折泽中方丘祭地，都以行仪彝器灌香酒于地，真的降下了天神地神，都是以酒为礼。

【原文】

"千钟、百觚，尧、舜之饮也①；唯酒无量，仲尼之能也②。姬旦酒肴不彻，故能制礼作乐③；汉高婆娑巨醉，故能斩蛇鞭旅④。于公引满一斛，而断狱益明⑤；管辂倾仰三斗，而清辩绮粲⑥。扬云酒不离口，而《太玄》乃就⑦；子圉醉无所识，而霸功以举⑧。一瓶之醪倾，而三军之众悦⑨；解毒之筯行，而盗马之属感⑩。消忧成礼，策勋饮至⑪，降神合人，非此莫以也。内速诸父，外将嘉宾，'如淮''如渑'，《春秋》所贵⑫。由斯言之，安可识乎⑬？"

【注释】

①传说尧、舜皆海量。《孔丛子·儒服》："尧、舜千钟，孔子百觚。"觚（gū）：

酒具。

②句出《论语·乡党》:"唯酒无量,不及乱。"

③《韩诗外传·卷四》:"周公酒肴不离于前,钟石不解于悬,以辅成王,而宇内亦治。"《尚书大传》:"周公居摄六年,制礼作乐,天下和平。"

④《史记·高祖本纪》:"高祖被酒,夜径泽中,令一人行前。行前者还报曰:'前有大蛇当径,愿还。'高祖醉,曰:'壮士行,何畏!'乃前,拔剑击斩蛇。蛇遂分为两,径开。"鞠旅:向军队发出出征号令。犹誓师。出《诗·小雅·采芑》:"钲人伐鼓,陈师鞠旅。"郑玄笺:"二千五百人为师,五百人为旅。此言将战之日,陈列其师旅誓告之也。"

⑤于公:于定国。《汉书·于定国传》:"(于定国)决疑平法,务在哀鳏寡,罪疑从轻,加审慎之心。……定国食酒至数石不乱。冬月请治谳,饮酒益精明。"谳(yàn)谓上报的案卷。

⑥据《三国志·魏书·管辂传》及裴松之注,管辂(lù)字公明,平原(今山东德州)人。貌丑且嗜酒。八九岁即喜仰观星辰。十五时始读《诗》《论语》《易》,便开渊布笔,辞义斐然。往琅琊太守单子春处会宾客,至则先求饮清酒三升,然后请论金、木、水、火、土、鬼神之情,"唱大论之端,遂经于阴阳,文采葩流,枝叶横生,少引圣籍,多发天然。子春及众士互共攻劫,论难锋起,而辂人人答对,言皆有余"。时号之神童。《北堂书钞》等引此,"三斗"皆作"三升",与裴注同,此处应为"三升"。

⑦据《汉书·扬雄传》赞语,扬雄"家素贫,耆酒,人希至其门。时有好事者载酒肴从游学"。《太玄》乃扬雄拟《易》而作。扬雄字子云,省称"扬云"。耆,嗜的古字。

⑧子圉(yǔ):孙星衍曰:"疑有误。"按子圉——即晋怀公并无霸业之举。怀公乃晋文公之侄。杨明照据此以为当系稚川误记,应为"晋文",即公子重耳。在流亡至齐时,桓公以姜氏妻之。姜氏惧其滞留而无四方之志,"与子犯谋,醉而遣之"。见《左传·僖公二十三年》。

⑨《吕氏春秋·顺民》:"越王苦会稽之耻,欲深得民心,以致必死于吴。……有酒,流之江,与民同之。"当为句之所本。醪(láo):汁渣混合的酒,即浊酒。

⑩《韩诗外传·卷十》:"秦缪公将田而丧其马,求三日而得之于茎山之阳,有鄙夫乃相与食之。缪公曰:'此骏马之肉,不得酒者死。'缪公乃求酒,遍饮之然后去。明年,晋师与缪公战,晋之右路石者围缪公而击之,甲已堕者六札矣。食马者三百余人,皆曰:'吾君仁而爱人,不可不死。'还击晋之右路石,免缪公之死。"

⑪饮至:《左传·桓公二年》:"凡公行,告于宗朝;反行,饮至、舍爵、策勋焉,礼也。"杨伯峻注:"诸侯凡朝天子,朝诸侯,或与诸侯盟会,或出师攻伐,行前应亲自祭告祢庙,或者并祭告祖庙,又遣祝史祭告其余宗庙。返,又应亲自祭告祖庙,并遣祝史祭告其余宗庙。祭告后,合群臣饮酒,谓之饮至。"

⑫句出《左传·昭公十二年》:"晋侯以齐侯晏,中行穆子相。投壶,晋侯先,穆子曰:'有酒如淮,有肉如坻,寡君中此,为诸侯师。'中之。齐侯举矢曰:'有酒如渑,有肉如陵,寡人中此,与君代兴。'亦中之。"淮、渑(shéng)皆水名。淮即淮河。渑,源出今山东淄博,北流至博兴县东南入时水。久湮。

⑬识:孙星衍、杨明照谓当作"诚"。是。

【译文】

"喝个千杯万盏,是尧舜的喝法;只在酒上没有限量,是孔子的本领。周公美酒佳肴不撤去,所以能够制定周礼创制音乐;汉高祖刘邦醉态蹒跚,所以能够斩杀大蛇誓师起事。于定国斟满斛酒,而断案断得更清楚;管辂喝下三升酒,清晰的论辩更加华丽灿烂。扬雄酒不离口,《太玄》才写成;晋文公重耳醉得什么都不知道了,霸业却因此而成功。一坛醪酒倒到江水里,三军将士都高兴;解毒的酒依次斟满杯子,连偷马的人们都受到感动。消解忧愁完成礼仪,策记功勋会饮宗庙,祈降神灵会聚朋友,除酒以外没有更合适的东西了。在内招待族人,在外奉持宾客,'酒像淮河''酒像渑水',《春秋》经传对此都很看重。由此说来,怎么能够戒除呢?"

【原文】

抱朴子答曰:"酒旗之宿,则有之矣。譬犹悬象著明,莫大乎日月;水火之原,于是在焉①。然节而宣之,则以养生立功;用之失适,则焚溺而死。岂可恃悬象之在天,而谓水火不杀人哉?宜生之具,莫先于食;食之过多,实结症瘕。况于酒醴之毒物乎!

【注释】

①古以为日乃火之本原,月乃水之本原。《淮南子·天文训》:"物类相动,本标相应,故阳燧见日,则燃而为火;方诸见月,则津而为水。"高诱注:"阳燧,金也。取金杯无缘者,熟摩令热,日中时以当日下,以艾承之,则燃得火也。方诸,阴燧,大蛤也。熟磨令热,月盛时以向月也,则水生。以铜盘承之,下水数滴。"

【译文】

抱朴子回答说:"'酒旗'的星宿是有的。就像是天空的星象,最明亮的莫过于太阳月亮;水火的本原,因此而存在。但有节制地发挥水火的作用,就能够怡养身心建立功业;用得不适当,就会被烧被淹而死。怎么能够依仗上天星象就说水火不能杀人呢?宜于人生存的东西,没有比食物更在先的了;但是吃得太多了,就成实症聚结腹中结为癥块。更何况是酒这样的毒物呢!

【原文】

"夫使彼夏桀、殷纣、信陵、汉惠荒流于亡国之淫声,沉溺于倾城之乱色①,皆由乎酒熏其性,醉成其势,所以致极情之失,忘修饰之术者也。我论其本,子识其末,谓非酒祸,祸其安出?是独知猛雨之霑衣,而不知云气之所作;唯患飞埃之瞇目②,而不觉飙风之所为也。

【注释】

①倾城:见《弭讼》篇"倾城绝伦"句注。
②瞇(sǎn):尘沙迷眼。

【译文】

"使那夏桀、商纣、信陵君、汉惠帝荒唐流连于灭亡国家的靡靡邪音,沉溺在倾倒全城的迷人美色的，全都是由于酒熏迷了他们的心性，喝醉导致了那种局面，所以造成最为惰情的失误，忘记了修养品德的办法。我谈论的是事情的根本，您所知道的是事情的末梢，如果说不是酒带来的祸患，那么祸患从哪儿来的呢？这等于是只知道暴雨打湿衣服，而不知道是云气造成了暴雨；只知道厌恶飞尘迷眼，但没感觉到是大风吹起来的。

【原文】

"千钟、百觚，不经之言①，不然之事，明者不信矣。夫圣人之异自才智，至于形骸非能兼人，有七尺三丈之长②，万倍之大也。一日之饮，安能至是？仲尼则畏性之变，不敢及乱③。周公则终日百拜，肴干酒澄④。上圣战战，犹且若斯，况乎庸人，能无悔乎？

【注释】

①不经：谓不见于经传，没有根据。《汉书·司马迁传赞》："唐、虞以前虽有遗文，其语不经，故言黄帝、颛顼之事未可明也。"颜师古注："非经典所说。"

②七尺：孙星衍曰："疑有误。"杨明照以为原系旁注，后误入正文。甚是，译文从之。

③不敢及乱：见本篇上文"濡首及乱"句注。

④《礼记·聘义》："酒清，人渴而不敢饮也；肉干，人饥而不敢食也。"言恭俭也。周公此事未详。

【译文】

"尧、舜能饮千杯百盏，是荒诞无稽之谈，不合事实的说法，明白人是不相信的。圣贤的人与众不同在于他的才能智慧，至于身躯并不能两倍于人，有三丈的身高，万倍于常人那么大。一天之中喝酒，怎么能喝那么多呢？孔子畏惧本性的改变，不敢扰乱心性；周公一天要下拜上百次，熟肉干了不敢吃，酒澄清了不敢喝。大圣人小心戒惧，尚且如此，何况平庸之人，能够不后悔吗？

【原文】

"汉高应天，承运革命①，向虽不醉，犹当斩蛇。于公聪达，明于听断，小大以情②，不失枉直，是以刑不滥加，世无怨民。但其健饮，不即废事。若论大醉，亦俱无知。决疑之才，何赖于酒？未闻皋繇、甫侯、子产、释之，醉乃折狱也③。

【注释】

①应天革命：本于《易·革》："汤、武革命，顺乎天而应乎人。"革命谓施变革以应天命。

②小大以情：句本《左传·庄公十年》："小大之狱，虽不能察，必以情。"

③皋繇：即皋陶。据《书·尧典》记载，舜曾命皋陶任"士"——狱讼之官，审理

寇贼，分别罪之轻重予以惩罚。甫侯：原为吕侯，周穆王时臣。曾建议周穆王制定法律，穆王命之于吕侯，其律从轻。后封于甫，即为甫侯。其律或称《吕刑》（《书·吕刑》），或《甫刑》（《史记·周本纪》）。子产：郑国相公孙侨，字子产。《汉书·刑法制》："春秋之时，王道寝坏，教化不行，子产相郑而铸刑书。"铸刑书即铸刑书于鼎。释之：张释之。见《用刑》篇"但当简于、张之徒，任以法理世"句注。

【译文】

"汉高祖顺应天命，承受世运实施变革以遂天意，当时即使不醉，也会斩杀大蛇。于定国聪颖通达，听讼断案很清楚明白，案子无论大小都依情处理，不会失之于冤屈，因此刑罚不会滥加于人，世上没有含怨的百姓。但是他的酒量大，没有即刻耽误事情。如果说喝得大醉，也就无知觉了，解决疑案的才能，怎么会依赖酒呢？没听说皋陶、甫侯、子产、张释之这些人是喝醉了酒断案子的。

【原文】

"管辂年少，希当剧谈，故假酒势以助胆气。若过其量，亦必迷错。及其刺毫厘于爻卦①，索鬼神之变化②，占气色以决盛衰③，聆鸟鸣以知方来④，候风云而克吉凶⑤，观碑柏而识祸福⑥，岂复须酒，然后审之？

【注释】

①据《三国志·魏书·管辂传》裴松之注，管辂从郭恩读《易》，"数十日中，意便开发，言难逾师。于此分蓍下卦，用思精妙，占覃上诸生疾病死亡、贫富丧衰，初无差错，莫不惊怪，谓之神人也"。又："辂为何晏所请，果共论《易》九事，九事皆明。"又："魏郡太守钟毓，清逸有才，难辂《易》二十余事，自以为难之至精也。辂寻声投响，言无停滞，分张爻象，义皆殊妙。毓即谢辂。"

②《三国志·魏书·管辂传》："父为利漕，利漕民郭恩兄弟三人皆得躄疾，使辂筮其所由。辂曰：'卦中有君本墓，墓中有女鬼，非君伯母，当叔母也。昔饥荒之世，当有利其数升米者，排著井中，嘖嘖有声，推一大石下，破其头。孤魂冤痛，自诉于天。'于是恩涕泣服罪。"又："时信都令家妇女惊恐，更互疾病，使辂筮之。辂曰：'君北堂西头，有两死男子，一男持矛，一男持弓箭，头在壁内，脚在壁外。持矛者主刺头，故头重病不得举也；持弓箭者主射胸膛，故心中悬痛不得饮食也。……'于是掘徙骸骨，家中皆愈。"

③《三国志·魏书·管辂传》："辂族兄孝国，居在斥丘，辂往从之，与二客会。客去后，辂与孝国曰：'此二人天庭及口耳之间同有凶气，异变俱起，双魂无宅，流魂于海，骨归于家，少许时当并死也。'复数十日，二人饮酒醉，夜共载车，牛惊下道入漳河中，皆即溺死也。"

④《三国志·魏书·管辂传》："辂又至郭恩家，有飞鸠来在梁头，鸣甚悲。辂曰：'当有老公从东方来，携豚一头，酒一壶。主人虽喜，当有小故。'明日果有客，如所占。恩使客节酒、戒肉、慎火，而射鸡作食，箭从树间激中数岁女子手，流血惊怖。辂至安德令刘长仁家，有鸣鹊来在阁屋上，其声甚急。辂曰：'鹊言东北有妇昨杀夫，牵引西家人

夫离娄,候不过日在虞渊之际。告者至矣。'到时,果有东北同伍民来告,邻妇手杀其夫,诈言西家人与夫有嫌,来杀我壻。"按"离娄"谓纠缠。

⑤《三志·魏书·管辂传》:"辂至列人典农王弘直许,有飘风高三尺余,从申上来,在庭中幢幢回转,息以复起,良久乃止。直以问辂,辂曰:'东方当有马吏至,恐父哭子,如何!'明日胶东吏到,直子果亡。"按"列人"乃地名。

⑥《三国志·魏书·管辂传》:"辂随军西行,过毌丘俭[父]墓下,倚树哀吟,精神不乐。人问其故。辂曰:'林木虽茂,无形可久;碑诔虽美,无后可守。玄武藏头,苍龙无足,白虎衔尸,朱雀悲哭。四危以备,法当灭族。不过二载,其应至矣。'卒如其言。"毌(guàn)丘俭父名兴,其碑乃名家索靖手笔。俭感魏明帝之顾命,兴兵讨司马师,兵败被杀。

【译文】

"管辂年纪轻,希望能侃侃而谈,所以借酒力来助胆。但如果过了量,也肯定要迷糊错乱。等到他在爻卦当中探寻一毫一厘的差别,索求鬼神的变化,占卜气色来预断隆盛衰败,聆听鸟鸣以知道未来,观察风云判断吉凶,守望碑石柏树以认识祸福,哪里还需要喝酒然后才能详审这些事物呢?

【原文】

"扬云通人,才高思远,英赡之富,禀之自天,岂藉外物,以助著述?及其数饮,由于偶好;亦或有疾,以宣药势耳。子圉肆志,盖已素定,虽复不醉,亦于终果。瓶醪悦众,寓言之喻,诚能赏罚允当,威恩得所,长算纵横,应机无方,则士思果毅,人乐奋命。其不然也,虽流酒渊,何补胜负?缪公饮盗,造次之权,舍法长恶,何足多称哉!岂如慎之邪?"

【译文】

"扬雄是个学识广博的人,才能高思虑远,出色的禀赋来自于上天,怎么会借助于外物来帮助著述呢?至于他经常饮酒,是由于偶然的爱好,也许是有病,不过借酒来发挥药力罢了。晋文公可以实现愿望,应该说早已有定数,即使不喝醉酒,也是这个结果。以一瓶酒来取悦众人,不过是托辞寓意的说法,如果确实能够赏赐惩罚都很分明,施威施恩恰到好处,长远考虑经营天下,应对变化不拘一格,那么士人就会想到果敢坚毅以尽力,人们乐于效命。如果不能这样,就是酒流成深潭,对胜负又有什么补益呢?秦穆公赐饮盗马贼,是仓促应变,丢开了法律,助长了邪恶,哪里值得多多称道呢!难道能赶上慎重对待吗?

卷第二十五 疾　谬

题　解

　　本篇是对"礼教渐颓，敬让莫崇"情况下多种社会现象的批评。共分为五个部分。

　　第一部分主要批评低级粗俗的"嘲戏之谈"，因为它会"构隙致祸""绝交坏身"。作者认为志士要想成就传世的大事业，一定要"尊辞令，敬威仪"，因为这是"远辱之良术，全交之要道"。

　　第二部分批评"仗气力以求畏"的霸道行径。指出获取他人尊重靠的是"德盛操清"，依靠暴力只能使人憎恶。所披露的"敢为此者""率多冠盖之后，势援之门"的现象，颇令今人深思。

　　第三部分重点批评妇女之在社会上抛头露面，认为女子应做好"绩麻""中馈"等内务，认为圣人重视男女有别是"杜渐之明制"，并进一步认为这是治理好国家的基础。

　　第四部分批评那些无视基本礼节，或轻率交往，或唐突他家，或引外人入内室，或乱男女之大节等的"托云率任""强为放达"的行为，因为这些都是"无礼"的，而"无礼"是众多历史悲剧的原因，提倡君子之交淡如水。

　　第五部分从批评"戏妇"和视权势待人开始，再次笔伐啸傲纵逸的人生态度，以及由此导致的胸无点墨，只认酒炙的现象，建议以舆论和降名品的办法加以改变。

【原文】

　　抱朴子曰："世故继有，礼教渐颓，敬让莫崇，傲慢成俗。侪类饮会，或蹲或踞，暑夏之月，露首袒体。盛务唯在摴蒱弹棋①，所论极于声色之间；举足不离绮繻纨袴之侧，游步不去势利酒客之门。不闻清谈讲道之言，专以丑辞嘲弄为先。以如此者为高远，以不尔者为骇野②。

【注释】

①摴蒱：同樗蒲。摴蒱、弹棋，见《崇教》篇"校弹棋樗蒲之巧拙"句注。
②駴（ɑi）：愚；呆。

· 317 ·

【译文】

抱朴子说:"世事接连不断,礼仪教化逐渐衰颓,谦让的精神无人崇尚,而傲慢无礼成了风气。同类的人聚会饮酒,有的人蹲着,有的人伸腿坐着,暑热的夏月,光着脑袋袒露着身体。热切的追求只在于弹棋博戏,谈话的中心在于淫声女色之间;抬脚不离开绫罗绸缎旁边,走动不外乎富贵酒友的家门。听不到清雅的谈话和讲道的言论,专门把用丑话嘲弄他人放在前边。把这样做的人看成是才高志远,把不如此的人当作呆傻粗鄙。

【原文】

"于是驰逐之庸民,偶俗之近人,慕之者犹宵虫之赴明烛,学之者犹轻毛之应飙风。嘲戏之谈,或上及祖考,或下逮妇女。往者务其必深焉,报者恐其不重焉。倡之者不虑见答之后患,和之者耻于言轻之不塞。周禾之芟,温麦之刈①,实由报恨,不能已也。利口者扶强而党势,辩给者借鍒以刺瞂②。以不应者为拙劣,以先止者为负败。如此,交恶之辞,焉能默哉?

【注释】

①芟(shān):除草。此言割。刈(yì):割取。事见《左传·隐公三年》:"郑武王、庄公为(周)平王卿士。王贰于虢。郑伯怨王,王曰:'无之。'故周、郑交质。王子狐为质于郑,郑公子忽为质于周。王崩,周人将畀虢公政。四月,郑祭足帅师取温之麦;秋,又取成周之禾,周、郑交恶。"

②鍒(róu):依句当为"釾"("矛"的后起字)。鍒、釾二字虽古音叠韵,但声母"釾"为明纽,"鍒"为日纽,且无以鍒为釾之例,故此字当为"釾"形近之误。俞樾、陈汉章、杨明照以为通假,笔者以为不妥。瞂(fá):盾牌。

【译文】

"于是奔走追逐的平庸之辈,与俗人为伍的浅近之徒,羡慕这些就像黑夜里的飞虫扑向明亮的火把,学习这些就像轻轻的羽毛被大风吹起。嘲弄嬉戏的言谈,有的向上涉及祖父、父亲,有的向下涉及到女人。问话人问得务求深细,答话人回答唯恐不重。首先谈起的人不顾虑答话的后患,随后说话的则以话不深不能堵住对方的嘴为耻。正如成周的谷子被抢,温地的麦子被割,实际都由于要报仇,弄得没完没了。口齿伶俐的人攀扶强枝并依靠团伙的势力,能言善辩的人借用他人的矛来刺盾牌。把不应对的人当作拙劣者,认为先退让的人是失败了。这样一来,相互仇视的言辞怎么能够沉默下来呢?

【原文】

"其有才思者之为之也,犹善于依因机会,准拟体例,引古喻今,言微理举,雅而可笑,中而不伤,不根人之所讳①,不犯人之所惜。若夫拙者之为之也,则枉曲直凑,使人愕愕然②。妍之与媸,其于宜绝,岂唯无益而已哉!

【注释】

①枨（chéng）：触及，触动。

②杨明照引徐济忠、陈其荣并旧写本等，以为"愕愕然"当作"愕然"。是。

【译文】

"那些由有文才有思想的人说出来的，还善于寻找恰当的机会，仿照文章体例，引用古典来说明今天，言语含蓄理由完备，文雅而可笑，言中但不伤害，不触动人家所避讳的东西，不侵犯人家所珍惜的东西。至于那些笨拙的人干这件事，就不论曲直都一律信口中伤，令人惊讶。但无论言辞美丑，都应彻底断绝，岂止是没有好处而已呢！

【原文】

"乃有使酒之客①，及于难侵之性，不能堪之，拂衣拔棘②，而手足相及。丑言加于所尊，欢心变而成仇，绝交坏身，构隙致祸。以杯螺相掷者，有矣；以阴私相讦者③，有矣。昔陈灵之被矢④，灌氏之泯族⑤，匪降自天，口实为之。枢机之发，荣辱之主⑥。三缄之戒⑦，岂欺我哉？

【注释】

①《史记·季布栾布列传》"使酒难近"司马贞索隐："因酒纵性谓之使酒，即酗酒也。"

②棘：通"戟"。

③讦（jié）：揭发、攻击他人隐私或短处。

④陈灵公及孔宁、仪行父通于夏姬，夏姬之子怒而射杀灵公。事见《左传·庄公十年》。

⑤灌氏泯族：见《酒诫》篇"灌氏之灭族"句注。

⑥"枢机"二句，出《易·系辞上》："言行，君子之枢机；枢机之发，荣辱之主也。"枢机本指弩弓之搬机。

⑦刘向《说苑·敬慎》："孔子之周，观于太庙，右陛之侧，有金人焉，三缄其口，而铭其背曰：'古之慎言人也。'"

【译文】

"还有喝酒使性的人，遇上性格难惹的人，不能忍受，撩起衣襟拔出剑戟，手脚并用相斗。难听的话辱骂所尊敬的人，欢娱之心变成仇恨，断绝了交情损伤了身体，造成了嫌隙导致了灾祸。用酒杯相互抛掷的，有之；以阴私相攻击的，有之。当初陈灵公被射死，灌夫被灭族，都不是自天而降，实际上都是由于嘴招致的。口如弩机，发言则将导致荣辱。铜铸人像口上贴三道封条的鉴戒，难道是欺骗我们吗？

【原文】

"激雷不能追既往之失辞①，班输不能磨斯言之既玷②。虽不能三思而吐清谈，犹可息谑调以防祸萌也。尊其辞令，敬其威仪，使言无口过，体无倨容③，可法可观，可畏可爱④。盖远辱之良术，全交之要道也。

【注释】

①激雷：杨明照引陈其荣曰："《治要》作'激电'，当从之。"译文取"激电"。

②说本《诗·大雅·抑》："白圭之玷，尚可磨也；斯言之玷，不可为也。"

③倨（jù）：傲慢。《左传·襄公二十九年》："直而不倨。"杜预注："倨，傲。"

④句本《左传·襄公三十一年》："故君子在位可畏，施舍可爱，进退可度，周旋可则，容止可观，做事可法，德行可象，声气可乐，动作有文，言语有章，以临其下，谓之有威仪也。"

【译文】

"迅疾的闪电不能追回已经说出去的失误的言辞，公输班不能磨掉这种话语上既有的斑点。即使不能反复思考之后吐出清雅的言谈，还可以停止戏谑调笑来防止祸患萌生。尊重别人的言谈，恭敬别人的仪表，让自己说话没有不恰当的语言，外表没有傲慢无礼的样子，值得效法值得观看，值得敬畏值得喜爱。这大约是脱离耻辱的好办法，保全友谊的重要途径。

【原文】

"且夫慢人者，不爱其亲者也；轻斗者，不重遗体者也①。皆陷不孝，可不详乎！然而迷谬者无自见之明，触情者讳逆耳之规。疾美而无直亮之针艾②，群惑而无指南以自反。谄媚小人，欢笑以赞善；面从之徒，拊节以称功，益使惑者不觉其非，自谓有端、晏之捷③，过人之辩，而不悟斯乃招患之旌，召害之符，传非之驿，倾身之车也。岂徒减其方策之令闻，亏其没世之德音而已哉！

【注释】

①遗体：子女的身体乃父母所生，故称子女的身体为父母的遗体。《礼记·祭义》："身也者，父母之遗体也。"

②疾美：杨明照据《群书治要》眉批，以为当作"疢（chèn）美"。是。《左传·襄公二十三年》："臧孙曰：'季孙之爱我，疾疢也；孟孙之恶我，药石也。美疢不如恶石。夫石犹生我，疢之美，其毒滋多。'"疢指热病，人烧面红，故有美疢之说。直亮：见《交际》篇"必取乎直谅多闻"句注。直亮即直谅。艾：艾蒿。其叶干后制成艾绒，可用于灸疗。

③端：端木赐。孙子弟子，字子贡。《论语》载其善言语，《史记》言其"利口巧辞"。晏：晏婴。春秋齐相。《晏子春秋》多言其能言善辩事，如曾使楚，楚王使人绑缚一人过，问则答以乃齐人，坐盗，以辱晏婴。晏婴则答以"橘生淮南则为橘，生于淮北则为枳"，乃水土之异，致楚王惭。

【译文】

"况且对人傲慢的人，是不会热爱自己的亲人的；轻易斗殴的人，是不重视父母给予的躯体的。都陷于不孝顺，能够不谨慎吗！但是迷惑于谬误之言的人没有自见之明，触动了感情的人听不进逆耳的劝告。得了面孔红润的热病，但没有正直的针刺艾灸来救治；很多人迷惑，而没人指明方向让他们返回。谄媚的小人，欢笑着赞许称好；当面顺从的家伙，击节来称颂有功，就更使得迷惑的人感觉不出他的错误，自认为有子贡、晏婴一样的敏捷，超过常人的辩才，而没悟出这是招致灾祸的旌旗，召唤戕害的符节，传送是非的驿马，使人倾覆的车辆。难道仅仅是减少他们在史册中的美名，损伤他们身后的好声望吗！

【原文】

"盖虽有偕老之慎，不能救一朝之过；虽有陶朱之富①，不能赎片言之谬。故毫厘之失，有千里之差②；伤人之语，有剑戟之痛③。积微致著，累浅成深，鸿羽所以沉龙舟，群轻所以折劲轴，寸飙所以燔百寻之室，蠹蝎所以仆连抱之木也。古贤何独跼蹐恂恂之如彼，今人何其愦慢傲放之如此乎？

【注释】

①陶朱：见《擢才》篇"非陶、猗不能市也"句注。

②《史记·太史公自序》："故《易》曰：'失之豪厘，差以千里。'"裴骃集解："今《易》无此语，《易纬》有之。"颜师古《汉书·司马迁传》注："斯盖《易》家之别说者也。""豪"通"毫"。

③说本《荀子·荣辱》："伤人以言，深于矛戟。"

【译文】

"看来就是有伴随到老的谨慎，也不能挽救一时的过失；就是有陶朱公一样的富有，也不能赎回几句话的谬误。所以失之毫厘，差之千里；伤人的话语，能够像剑戟一样刺痛人。小的积聚起来就成为大的，浅的累加起来就成为深的，这就是鸿雁的羽毛之所以能够使龙船沉没，众多的轻物之所以能折断强劲的车轴，小风之所以能使百寻高的房子焚毁，蠹虫之所以能使几人合抱的大树仆倒的原因所在。古代的贤者为什么单单小心戒惧恭敬谨慎成那样，现在的人们为什么昏聩懈怠倨傲狂放成这样呢？

【原文】

"是以高世之士，望尘而旋迹；轻薄之徒，响赴而影集。谋事无智者之助，居危无切磋之益①。良史悬笔，无可书之善；谈者含音，无足传之美。令闻不著，丑声宣流。没有余败，贻讥将来。始无可法，终无可纪。斯亦志士之耻也。

【注释】

①切磋：见《崇教》篇"雕琢切磋"句注。

【译文】

"因此高于凡世的士人们望见尘俗就转身退缩，而轻浮浅薄的家伙，则像回声一样趋赴像影子一样追随。谋划事情没有有智谋的人帮助,处于危险之中没有可以商量的好朋友。出色的史官停了笔,因为没有值得书写的好事;谈话的人闭上了嘴,因为没有值得传诵的美谈。美好的声誉并不显著,丑恶的名声到处传扬。死了以后败坏还在继续,直至将来仍然招人讥刺。开始就没有可以效法的东西。最后更不存值得记载的事迹。这也是有志之士的耻辱。

【原文】

"安忍为之,过而不改,斯诚委夷路而陷丛棘,舍嘉旨而咽钩吻者也①。岂所谓以小善为无益而不为,以小恶为无损而不止,以至恶积而不可掩,罪大而不可解者邪?余愿世人改其无检之行,除其骄吝之失②,遣其夸矜尚人之疾,绝息嘲弄不典之言,则赵胜之门无去客③,黄祖之棓无所用矣④。"

【注释】

①钩吻:植物名,灌木,子有毒。亦称断肠等。

②骄吝:语出《论语·泰伯》:"子曰:'如有周公之才之美,使骄且吝,其余不足观也已。'"

③事见《史记·平原君虞卿列传》:"平原君赵胜者,赵之诸公子也。……喜宾客,宾客盖至者数千人。……平原君家楼临民家。民家有躄者,槃散行汲。平原君美人居楼上,临见,大笑之。明日,躄者至平原君门,请曰:'臣闻君之喜士,士不远千里而至者,以君能贵士而贱妾也。臣不幸有罢癃之病,而君之后宫临而笑臣,臣愿得笑臣者头。'平原君笑应曰:'诺。'躄者去,平原君笑曰:'观此竖子,乃欲以一笑之故杀吾美人,不亦甚乎!'终不杀。居岁余,宾客门下舍人稍稍引去者过半。平原君怪之,曰:'胜所以待诸君者未尝敢失礼,而去者何多也!'门下一人前对曰:'以君不杀笑躄者,以君为爱色而贱士,士即去耳。'于是平原君乃斩笑躄者美人头,自造门进躄者,因谢焉。其后门下乃复稍稍来。"

④黄祖之棓(bàng):谓黄祖杀祢衡事,详后《弹祢》篇"而复走荆楚,终陷极刑"句注。"棓"乃"棒"字之异体。

【译文】

"忍心去这样做了,有了过错而不改正,这实在是抛开平坦的道路而陷入荆棘丛中,扔掉美味的食物而去吞咽毒草。难道这就是所说认为小的善事没有什么好处而不去做,因为小的坏事没有什么损害就不停止,以至于坏事累积多了不能掩盖,罪过大了不能化解吗?我希望世上的人们改正他们的不加检点的行为,去除他们高傲而吝啬的毛病,丢弃他们自负并盛气凌人的缺点,禁绝嘲弄而不合准则的言谈。这样的话,那么赵胜的家中就没有离去的门客,黄祖的棍棒也就没有用处了。"

【原文】

抱朴子曰:"或有不治清德以取敬,而仗气力以求畏。其入众也,则亭立不坐,争处端上,作色谐声,逐人自安;其不得意,恚怼不退。其行出也①,

则逼狭之地，耻于分涂，振策长驱，推人于险；有不即避，更加摅顿②。呜呼，悲哉！此云古之卑而不可逾③，推荫让路，劳谦下士④，无竞于物，立若不胜衣，行若不容身者⑤，何其缅然之不肖哉！

【注释】

① "行出"二字当乙转，观上文"入众"可知。

② 摅（shū）：腾跃。摅顿，此为偏义复合词，并无停顿意。

③ 云：王广恕、杨明照皆谓当作"去"，极是。作"去"方可与"何其缅然之不肖哉"相呼应。

④ 劳谦：见《行品》篇"劳谦冲退"句注。

⑤《韩诗外传·卷七》："孔子曰：'昔者周公事文王，行无专制，事无身已，身若不胜衣，言若不出口，有奉持于前，洞洞焉若将失之。可谓能子矣。'"《论语·乡党》："入公门，鞠躬如也，如不容。"二句言敛身逊退之貌。

【译文】

抱朴子说："有的人不修治高洁的德行来获取尊敬，而是依仗强力求得畏惧。他们进到众人之中，就站立着不坐下，争要正位上座，板起面孔提高音调，赶开别人自安其位；如果不能称心，则愤愤然不肯退居下位。他们走在路上，在非常狭窄的地方，耻于与人分路而行，挥动马鞭长驱直入，把别人推到危险的地方；有人不及避开，反而更加跃马狂奔。哎呀，可悲呀！这与古人的谦卑到极点，推让树荫和道路，勤劳谦恭地屈身待士，不与人争抢外物，站着像承架不住衣服，走路像无处容身的人，差得是多么远哪！

【原文】

"夫德盛操清，则虽深自挹降①，而人犹贵之；若履蹈不高，则虽行凌暴，而人犹不敬。假令外服人体，内失人心，所谓见憎恶，非为见尊重也。昔庠生未食，赵王侧立②；骓衍入坛，燕君拥篲③。康成之里，逆房望拜④；林宗之庭，莫不卑肃⑤。非力之所服也。

【注释】

① 挹（yì）：通"抑"。

②《钦士》篇已注未详。

③ 见《君道》篇"拥篲以显岩栖之士"句注。壇：疆的异体字。

④ 康成：汉末郑玄，字康成。著名经学大师，所著书凡百余万言。为时之北海相孔融所深敬，特嘱其所居高密县为立"郑公乡"。"建安元年自徐州还高密，道遇黄巾贼数万人，见玄皆拜，相约不敢入县境。"见《后汉书·郑玄传》。

⑤ 参见《清鉴》篇"郭泰中才，犹能知人"及以下各句所引《后汉书·郭太传》。《太平御览》五四二引《郭太别传》："乡人见太，皆于床下拜。"

【译文】

"假如品德美好操行高洁，那么即使自己深深地抑制谦退，而人们还是尊重他；

如果德行不高，那么即使施行强暴，而人们还是不尊重。假如表面上制服了人的形骸，内里失去了人心，正所谓是被人憎恶，而不是被人尊重了。当初庄子没吃饭，赵王侧身站立一旁；邹衍进入疆界，燕王抱着扫帚相迎。郑玄的宅里，造反的贼人望见而下拜；郭泰家的院子中，没有人不谦卑而严肃。这些都不是靠武力制伏的。

【原文】

"夫以抄盗致财，虽巨富不足嘉；凶德胁人，虽见惮不足荣也。然而庸民为之不恶，故闻其言者，犹鸱枭之来鸣也；睹其面者，若鬼魅之见形也。其所至诣，则如妖怪之集也；其在道涂，则甚逢虎之群也。愚夫行之，自矜为豪；小人征之，以为横阶。乱靡有定，寔此之由也。

【译文】

"用劫掠偷窃的方法弄来财物，即使是巨富也不值得嘉许；以无德的恶行胁迫他人，即使是被人畏惧也不值得荣耀。但是平庸的百姓做来并不忌讳，所以人们听到他们的说话，就像听到猫头鹰的鸣叫；看到他们的样子，就像见到了鬼魅现形。他们所到的地方，人们觉得就像妖怪聚集到一起；他们走在路上，人们遇见超过遇上虎群。愚蠢的人这样做，自负地认为是有豪气；小人们向他们学习，以为是有力的晋身之阶。混乱不能制止，实在是由于这个原因。

【原文】

"然敢为此者，非必笃顽也，率多冠盖之后①，势援之门，素颇力行善事，以窃虚名；名既粗立，本情便放：或假财色以交权豪，或因时运以侥荣位，或以婚姻而连贵戚，或弄毁誉以合威柄。器盈志溢，态发病出，党成交广，道通步高。清论所不能复制，绳墨所不能复弹，遂成鹰头之蝇，庙垣之鼠②。

【注释】

①冠盖：见《崇教》篇"望冠盖以选用"句注。
②《魏略》："君侧之人，众所畏惧，所谓鹰头之蝇，庙垣之鼠者也。"

【译文】

"但是敢于这样做的人，不一定是很愚顽的人，多数是仕宦人家的后代，有势力后盾的家庭，平索很是努力地去做了些好事，来窃取虚假的名声；名声刚刚建立，本性就露出来了：有的借助钱财女色来交往权贵豪门，有的依靠时机运气以窃取荣耀地位，有的用联姻的手段和显贵者结为亲戚，有的玩弄诋毁和赞扬来掌握权威。一旦胸怀志向获得满足，就真相显现，病态露出，团伙结成交际广阔，仕途通畅步步高升。清雅的空谈不再能限制他们，道德的准绳不再能约束他们，于是变成了老鹰头上的苍蝇，宗庙墙中的老鼠。

【原文】

"所未及者，则低眉埽地以奉望之；居其下者，作威作福以控御之①。故胜己者则不得闻，闻亦阳不知也；减己者则不敢言，言亦不能禁也。夫灾虫害谷，至降霜则殄矣；佞雄乱群，值严时则败矣。独善其身者②，唯可以不肯事之，不行效之而已耳。有斧无柯③，其如之何哉？"

【注释】

①"作威作福"：前应有"则"字，以与上句"则低眉埽地以奉望之"相俪。埽（sǎo）：扫的本字。作威作福：见《君道》篇"独任则悟鹿马之作威"句注。

②说出《孟子·尽心上》："穷则独善其身，达则兼善天下。"

③有斧无柯：见《交际》篇"有斧无柯"句注。

【译文】

"对他们所不如的人，他们低眉顺眼地扫地来侍奉仰望；对处于自己下位的人，就擅用威权独断专横来控制。所以，德才超过自己的人他们不能得知，听说了也假装不知道；而不如自己的人不敢说话，说了也不能制止。造成灾害的害虫损伤庄稼，到降霜时就会殄灭；巧言窃取高位的人惑乱众人，遇到法律严厉的时候就要失败。注重自身修养保持节操的人，也只能够不肯为他们做事，不去效法他们罢了。有斧头但不握有柄，又能怎么办呢？"

【原文】

抱朴子曰："《诗》美雎鸠，贵其有别①。在《礼》：男女无行媒不相见，不杂坐，不通问，不同衣物，不得亲授。姊妹出适而反，兄弟不共席而坐。外言不入，内言不出②。妇人送迎不出门，行必拥蔽其面③。道路男由左，女由右④。此圣人重别杜渐之明制也。

【注释】

①《诗·周南·关雎》："关关雎鸠，在河之洲。"毛传："关关，和声也。雎鸠，王鸠也。鸟挚而有别。水中可居者曰洲。后妃说乐君子之德，无不和谐，又不淫其色，慎固幽深，若关雎之有别焉，然后可以风化天下。"

②说皆本《礼记·曲礼上》："男女不杂坐，不同椸枷，不同巾栉；不亲授；嫂、叔不通问；诸母不漱裳；外言不入于捆，内言不出于捆。"椸（yí）枷（jià），衣架。巾栉，头巾与梳篦。泛指盥洗用具。通问，问候。诸母，庶母。捆（kǔn），门槛。

③说见《礼记·内则》："女子出门，必拥蔽其面。"

④杨明照据《礼记·王制》及《内则》等，以为"左""右"当互乙。是，译文从之。

【译文】

抱朴子说："《诗经》赞美雎鸠，是看中它们雌雄有别。从《礼记》来说，男女不经过媒人不能相见，不错杂而坐，不相互问候，不用共同的衣物，不能亲手交给对方东西。姐妹出嫁后回娘家，兄弟不能和她们同坐一张席。男子的有关公务的话不到闺房去说，妇女有关闺房的事不到外面去说。妇女迎送客人不出大门，走路必须遮挡住面孔。道路是男子在右边走，女子在左边走。这是圣人注重男女之别，防微杜渐的高明的制度。

【原文】

"且夫妇之间可谓昵矣，而犹男子非疾病不昼居于内①，将终不死妇人之手②，况于他乎？昔鲁女不幽居深处，以致扈荦之变③；孔妻不密潜户庭，以起华督之祸④。史激无防，有汗种之悔⑤；王孙不严，有杜门之辱⑥。而今俗妇女，休其蚕织之业⑦，废其玄紞之务⑧。不绩其麻，市也婆娑⑨。舍中馈之事⑩，修周旋之好。更相从诣，之适亲戚，承星举火，不已于行，多将侍从，晡晔盈路，婢使吏卒，错杂如市，寻道亵谑，可憎可恶。

【注释】

①《礼记·檀弓上》："（君子）非疾也，不昼夜居于内。"

②《礼记·丧大记》："男子不死妇人之手。"郑玄注："君子重终，为其相亵。"

③扈荦（luò）：名叫荦的养马人。事见《左传·庄公三十二年》。鲁庄公于梁氏习祭天之礼，其女观之，有牧马人荦自墙外与之戏。女之兄公子般怒，使人鞭之。后子般即位，庄公母弟庆父使荦杀子般。

④见《弭讼》篇"华氏不难于杀孔父而取其妻"句注。

⑤徐济忠、顾广圻皆改"汗"为汙（污）。是。又"激"乃"敫（jiǎo）"字之误。《战国策·齐策六》："齐闵王之遇害，其子法章变姓名为莒太史家庸夫。太史敫女奇法章之状貌，以为非常人，怜而常窃衣食之，与私焉。莒中及齐亡臣相聚求闵王子，欲立之，法章乃自言于莒。共立法章为襄王。襄王立，以太史氏女为王后，生子建。太史敫曰：'女无媒而嫁者，非吾种也，污吾世矣！'终身不睹君王后。"

⑥卓王孙有女名文君，新寡家居，好音。司马相如饮于卓氏，故以琴心挑之，文君与之私奔。卓王孙大怒，不与一钱。相如、文君遂酤酒为生。"卓王孙闻而耻之，为杜门不出。"事见《史记·司马相如列传》《汉书·司马相如传》。

⑦语出《诗·大雅·瞻卬》："妇无公事，休其蚕织。"

⑧玄紞（dǎn）：本指礼冠上系塞耳玉（名"珥"[ěr耳]）的丝带。《国语·鲁语下》："王后亲织玄紞。"故后以"玄紞"指女红。

⑨语出《诗·陈风·东门之枌》："不绩其麻，市也婆娑。"枌（fén）乃树名。

⑩中馈：家中供膳诸事。出《易·家人》："无攸遂，在中馈。"孔颖达疏："妇人之道……其所职，主在于家中馈食供祭而已。"

【译文】

"另外，夫妇之间可以说很亲密了，尚且男子不是生病不白天居于内室，临终时不死在妇人手里，更何况其他呢？当初鲁女不深居家中，以至引发扈荦的变乱；孔父嘉的妻子不严密地藏在家里，因而引起华督杀孔父嘉夺其妻子的祸事。太史敫未加防范，故有玷污其族类的悔恨；卓王孙家规不严，才生出闭门不出的羞辱。而现在的庸俗女人，停止了她们的养蚕纺织的本业，荒废了她们女红的活计。不去搓麻线，而在街市上盘桓逗留。丢开在家里做饭的事情，致力于与他人周旋。还相互跟随着到亲戚家去，披着星星举着火把，不断于道，多带侍从，满路招摇，像婢女一样地使唤官吏兵卒，错乱混杂像市场一样，想办法开轻慢的玩笑，可憎可恶。

【原文】

"或宿于他门，或冒夜而反。游戏佛寺，观视渔畋，登高临水，出境庆吊[1]。开车褰帏[2]，周章城邑，杯觞路酌，弦歌行奏。转相高尚，习非成俗，生致因缘，无所不肯，诲淫之源，不急之甚。刑于寡妻，家邦乃正[3]。愿诸君子，少可禁绝。妇无外事，所以防微矣。"

【注释】

① 说本《礼记·典礼下》："妇人不越疆而吊。"

② 褰（qiān）帏（wéi）：撩起帷幔。古妇人之车有帷幔障蔽之。

③ "刑于寡妻"二句：本于《诗·大雅·思齐》："刑于寡妻，至于兄弟，以御于家邦。"

【译文】

"有时住宿在别人的家中，有时不顾黑夜返回。到佛寺中去游玩，观看捕鱼打猎，登高山游水滨，出州郡疆界去贺喜吊丧。敞开车子撩起帷帐周游城市，走在路上碰杯饮酒，演奏音乐。还辗转相互攀比，习惯了的坏事成了风气，活活送上门去的机会，没有人不肯干，这是教诲淫乱的根源，是社会最不需要的。以礼法要求自己的妻子，家庭和国家才能走正路。希望诸位君子，应该稍加禁绝。女人没有家庭以外的事情，以便防微杜渐。"

【原文】

抱朴子曰："轻薄之人，迹厕高深，交成财赡，名位粗会，便背礼叛教，托云率任，才不逸伦，强为放达，以傲兀无检者为大度，以惜护节操者为涩少。于是腊鼓垂无赖之子[1]，白醉耳热之后[2]，结党合群，游不择类，奇士硕儒，或隔篱而不接；妄行所在，虽远而必至。携手连袂，以遨以集，入他堂室，观人妇女，指玷修短，评论美丑。不解此等何为者哉！

【注释】

① 腊鼓垂：继昌以为有脱误。杨明照以为当作"伏腊鼓缶"。可取。"伏腊"乃伏祭腊祭之合称，泛指节日。杨恽《报孙会宗书》："田家作苦，岁时伏腊，烹羊炮羔，斗酒自劳。"鼓缶（fǒu）：敲奏一种瓦质乐器。桓宽《盐铁论·散不足》："往者民间酒会，各以党俗，弹筝鼓缶而已。"

② 白：本指罚酒的杯。《说苑·善说》："魏文侯与大夫饮酒，使公乘不仁为觞政，

曰：'饮不釂者，浮以大白。'"后以指畅饮酒或喝过头。

【译文】

抱朴子说："轻浮浅薄的人，置身于修养高深的人中，与财产富足的人交往，名誉地位刚刚得到，就背弃礼义脱离教化，借口说是直率任性，但才能并不出众，勉强做出开展豁达的样子，把倨傲不加检点作为大度，把珍惜爱护节操作为生涩幼稚。于是伏祭腊祭时候鼓缶的刁顽之徒，喝过了头酒醉耳朵发热之后，结为朋党合为一群，交往不选择合适的人，德才出众的人和儒学大师，也许仅隔一道篱笆而不与交接；而行为不端者所在的地方，即使远也一定要去。手拉手袖连袖，或游玩或聚会，进到他人的房子里，看人家的妇女，指点长短，评论美丑。真不知道他们是干什么的！

【原文】

"或有不通主人，便共突前，严饰未办，不复窥听，犯门折关，逾垝穿隙①，有似抄劫之至也。其或妾媵藏避不及②，至搜索隐僻，就而引曳，亦怪事也。夫君子之居室，犹不掩家人之不备。故入门则扬声，升堂则下视③。而唐突他家，将何理乎！

【注释】

①垝（guǐ）：墙的坍塌处。

②妾媵（yìng）：古诸侯贵族女子出嫁，以侄女、妹妹从嫁，称媵。后以"妾媵"泛指侍妾。

③杨明照据《礼记·曲礼上》"将上堂，声必扬，将入户，视必下"，以为此处"入门""升堂"当互乙。译文从之。

【译文】

"有的人不通报主人，就一起冲撞向前，衣裳不整，不再偷看偷听，而是强行打开门撞断门闩，翻墙豁钻墙洞，就像劫掠的强盗来了一样。有时人家侍妾来不及躲避，甚至搜索隐蔽偏僻处，到跟前把人拉出来，这也是怪事情。君子人居家过日子，也不在家中人不防备时突然袭击。所以升堂门就要高声说话，进门就要目光下视。在别人家横冲直撞，又是什么道理呢！

【原文】

"然落拓之子，无骨骾而好随俗者，以通此者为亲密，距此者为不恭，诚为当世不可以不尔。于是要呼愦杂①，入室视妻，促膝之狭坐，交杯觞于咫尺，弦歌淫冶之音曲，以誂文君之动心②。载号载呶③，谑戏丑亵，穷鄙极黩。尔乃笑乱男女之大节④，蹈《相鼠》之无仪⑤。夫桀倾纣覆⑥，周灭陈亡⑦，咸由无礼，况匹庶乎！

【注释】

①要（yāo）：约请。后写作"邀"。

②誂（tiǎo）：挑逗，诱引。
③载号载呶：见《酒诫》篇"载号载呶"句注。
④杨明照以为吉藩本之"笑"上有"喧"字较胜。
⑤《相鼠》：《诗·鄘风》篇名。其首章曰："相鼠有皮，人而无仪！人而无仪，不死何为？"毛传："无礼仪者虽居尊位，犹为暗昧之行。"
⑥桀倾纣覆：见《酒诫》篇"糟丘酒池，辛、癸以亡"句注。
⑦周灭：见《酒诫》篇"所谓以褒姒丧周"句注。陈亡：陈灵公与孔宁、仪行父通于夏姬，夏姬之子夏徵舒怒而杀灵公。楚借此入陈讨夏徵舒，灭陈以为楚县。事见《左传·宣公九年、十年、十一年》。

【译文】

"但是放荡不羁的人，缺乏主见喜好追随世俗的人，把通此道称为亲密，把拒绝这样的人叫作不顺服，真诚地认为现今不能不这样。于是邀呼些糊涂的乱七八糟的人，进到内室看妻子，双膝相近地坐在一起，咫尺之间交杯而饮，弹琴歌唱淫佚妖冶的音乐，以挑逗卓文君一样的春心。又是号叫又是喧闹，调笑戏弄丑恶而轻慢，极尽鄙陋污浊。这是嘲笑扰乱男女之间的基本礼法，重蹈《相鼠》讽刺的没有威仪。夏桀、商纣的倾覆，西周和陈国的灭亡，都源于无礼，更何况一般平民百姓呢！

【原文】

"盖信不由中，则屡盟无益；意得神至，则形器可忘。君子之交也，以道义合，以志契亲，故淡而成焉；小人之接也，以势利结，以狎慢密，故甘而败焉①。何必房集内谦，尔乃款诚；著妻妾饮会，然后分好昵哉！

【注释】

①《礼记·表记》："故君子之接如水，小人之接如醴。君子淡以成，小人甘以坏。"《庄子·山木》："且君子之交淡若水，小人之交甘若醴。君子淡以亲，小人甘以绝。"盖因小人之交有利在焉，故甘甜。而醴（lǐ，甜酒）易腐败，因以为喻。

【译文】

"假如诺言不是发自内心，那么反复多次发誓也没有用；人在得意之时，是会忘形的。君子之间的交往，是靠道德正义相结合，以志趣投合相亲密的，所以简淡而成功；小人之间的交往，是凭权势利益相勾结，借戏笑轻慢相密切的，所以甘甜而失败。为什么一定要在房中会聚在内室宴饮，这才是真诚；让妻妾来参与饮酒会聚，然后才情义亲昵呢！

【原文】

"古人鉴淫败之曲防①，杜倾邪之端渐，可谓至矣。修之者为君子②，背之者为罪人。然禁疏则上宫有穿窬之男，网漏则桑中有奔随之女③。纵而肆之，其犹烈猛火于云梦，开积水乎万仞，其可扑取寻簪，遏以撮壤哉？然而俗习行惯,皆曰此乃京城上国,公子王孙贵人所共为也。"

【注释】

①曲防:遍设堤防。《孟子·告子下》:"无曲防,无遏籴,无有封而不告。"按"遏籴(dí)"谓禁止购粮,"有封"言有所封赏,"告"指告于盟主。

②杨明照以为"修"当为"循"。

③上宫、桑中:地名。皆出《诗·鄘风·桑中》:"爰采唐矣,沬之乡矣。云谁之思?美孟姜矣。期我乎桑中,要我乎上宫,送我乎淇之上矣。"窬(yú):翻墙。《诗·鄘风·桑中·序》:"《桑中》,刺奔也。"

【译文】

"古人鉴于淫佚败国而遍设堤防,防止邪僻于开端萌芽,可说是到达极点。这样做的是君子,违背它的是罪人。但是禁查疏松美人居所就有翻墙的男子;礼网有漏洞桑林之中就有私奔的女人。如果放纵不加约束,那就会像在云梦泽中燃起烈火,在万仞高山上打开了积水,怎么能用扫帚去扑灭,用一把土去阻挡呢?但是这已经成了习惯风气,都说这是京城当中中原地方,公子王孙有地位的人都这样做。"

【原文】

余每折之曰:"夫中州,礼之所自出也,礼岂然乎?盖衰乱之所兴,非治世之旧风也。夫老聃,清虚之至者也,犹不敢见乎所欲,以防心乱①。若使柳下惠洁□高行②,屡接褒谌,将不能不使情生于中,而色形于表。况乎情淡者万未一,而抑情者难多得。如斯之事,何足长乎!

【注释】

①老聃(dān):依《史记·老子韩非列传》,老子姓李名耳字聃。《老子》三章:"不见可欲,使心不乱。"

②孙星衍曰:"('洁'下)疑脱一字。"杨明照以为"行"下漏"方"字。按《嘉遁》篇有"先生洁身而忽大伦之乱"句,疑"洁"下脱"身"字。柳下惠:春秋鲁大夫展禽,食邑柳下,谥惠。相传他与女子共坐一夜不曾淫乱。

【译文】

我常常驳斥说:"中原地方,是礼产生的地方,礼怎么会是这样呢?这恐怕是社会衰败混乱时代所兴起的,不是安定繁荣的时代旧有的风习。老子,是清静虚无到极点的人,尚且不敢看引人欲望的东西,以防止内心被扰乱。至于说柳下惠虽然志行高洁,但屡次接触亲密快乐的事,也将不能不让内心生出情感,色欲显露于外。更何况情欲寡淡的人万人中不一定有一个,而压抑感情的难于多得。像这样的事,怎么能让它滋长呢!

【原文】

"穷士虽知此风俗不足引进,而名势并乏,何以整之?每以为慨。故常获憎于斯党，而见谓为野朴之人，不能随时之宜。余期于信己而已，亦安以我之不可，从人之可乎！可叹非一，率如此也。已矣夫，吾末如之何也。彼之染入邪俗，沦胥以败者，曷肯纳逆耳之说言，而反其东走之远迹哉①？"

【注释】

①东走：出《韩非子·说林上》："慧子（按即惠施）曰：'狂者东走，逐者亦东走，其东走则同，其所以东走之为则异。'"此即迷走之意。

【译文】

"困顿的士人虽然知道这种风俗不能让它发展，但是名声权势都缺少，用什么来整治它呢？常常因此而感慨叹息。所以总是被这些人憎恨，而被说成是粗鲁朴野的人，不能追随时宜。我所企求的只在于相信自己，又怎么会以我认为不可以的事，去追随别人认可的事呢！值得感叹的并非一件事，全都是这样。算了吧，我不知道对这怎么办。那些人被邪恶的风习所浸染，将沦落于败亡，怎么肯听进逆耳的忠言劝告，从已经走得很远的迷途上返回呢？"

【原文】

抱朴子曰："俗间有戏妇之法①，于稠众之中，亲属之前，问以丑言，责以慢对，其为鄙黩，不可忍论。或蹙以楚挞②，或系脚倒悬。酒客酗醟③，不知限齐，至使有伤于流血，踒折支体者④。可叹者也！古人感离别而不灭烛，悲代亲而不举乐⑤。礼论：娶者羞而不贺⑥。今既不能动蹈旧典，至于德为乡间之所敬，言为人士之所信，诚宜正色矫而呵之，何谓同其波流⑦，长此弊俗哉！然民间行之日久，莫觉其非，或清谈所不能禁，非峻刑不能止也。……⑧遂诎周而疵孔，谓傲放为邈世矣。

【注释】

①戏妇：犹后代之闹洞房。
②蹙（cù）：逼迫。
③醟（yòng）：喝酒至醉。
④踒（wō）：骨折。
⑤本《礼记·曾子问》："孔子曰：'嫁女之家，三夜不息烛，思相离也；取妇之家，三日不举乐，思嗣亲也。'"孔颖达疏："所以不举乐者，思念己之取妻，嗣续其亲，则是亲之代谢。所以悲哀感伤，重世之改变也。"
⑥羞：本指进献食品，泛指进献礼品。说本《礼记·曲礼上》："贺取妻者曰：'某子使某，闻子有客，使某羞。'"又《郊特牲》："昏礼不贺。"
⑦谓：用同为。
⑧陈澧、王国维、杨明照皆认为"止也"之后有脱文。译文付阙。

【译文】

抱朴子说："民间有戏弄新娘的做法，在众人当中，在亲属面前，对新娘用丑恶的言语发问，用轻慢的问话求答，它的粗野污浊，不忍心再去谈起。有的逼以鞭打，有的捆住脚倒挂起来。酒客酗酒，不知道检点约束，以至于有受伤流血、折断四肢的。值得叹息呀！古人伤感女儿出嫁离别而不灭掉火把，悲伤于娶妻意味着亲人的代谢而不奏乐。按礼：对娶亲之家进献礼物但不表示祝贺。现在既然不能按照古老的典籍去实践，以达到德操为乡邻所尊敬，言谈为士人们所信服，也实在应该严肃地纠正斥责那些行为，为什么随波逐流，助长这种败坏的风气呢！但是平民之中这样行事时间已经长了，没人觉得不对，也许是空谈不能禁绝，不用严厉的刑罚不能制止。……于是歪曲周公挑剔孔子，把傲慢狂放称为超越世俗。

【原文】

"或因变故，佻窃荣贵；或赖高援，翻飞拔萃。于是便骄矜夸骛，气凌云物，步高视远，眇然自足。顾瞻否滞失群之士，虽实英异，忽焉若草。或倾枕而延宾，或称疾以距客。欲令人士立门以成林，车骑填噎于闾巷，呼谓尊贵，不可不尔。

【译文】

"有的借变故之机，窃取了荣耀地位；有的依靠有力的后援，腾达超群。于是就骄傲自负狂妄自大，神气上了云头，脚往高抬眼向远望，眯起眼睛显出自足的样子。而看一看那些运气不济困顿失群的士人，虽然实际上才能超群，但像草一样被人忽视，有时倾斜了枕头来延请宾客，有时谎称疾病把宾客拒之门外。想要让士人们像树林一样站在门口，车马塞满街巷，而且说身份高不，不能不那样。

【原文】

"夫人以势位言之，则周公勤于吐握①；以闻望校之，则仲尼恂恂善诱②。咸以劳谦为务，不以骄慢为高。汉之末世，则异于兹，蓬发乱鬓，横挟不带，或袒衣以接人，或裸袒而箕踞③。朋友之集，类昧之游，莫切切进德④，訚訚修业⑤，攻过弼违⑥，讲道精义。

【注释】

①吐握：见《嘉遁》篇"悲吐握之良苦"句注。

②《论语·子罕》："夫子循循然善诱人。"刘宝楠正义："循循，或作恂恂。"

③箕踞：随意地张开两腿坐着，形如簸箕。古以为不合礼节的坐姿。

④切切：相互诚恳地切磋勉励貌。出《论语·子路》："子路问曰：'何如斯可谓之士矣？'子曰：'切切、偲偲、怡怡如也，可谓士矣。朋友切切、偲偲，兄弟怡怡。'"

⑤訚（yín）：《玉篇·言部》："訚，和敬皃。"按"皃"为貌的古字。

⑥弼违：见《臣节》篇"匡过弼违者"句注。

【译文】

"如果以权势地位来说，那么周公勤于吐哺握发；以名气声望来比较，孔子善于有步骤地引导人。全都以勤劳谦恭为紧要事情，而不以骄横傲慢为高尚。汉朝末叶就和这不一样了，人们蓬乱着鬓发，横披着衣服不系大带，有的穿着内衣接待客人，有的袒露着身体叉腿而坐。朋友的聚会，同类人的交往，没有人诚恳地切磋以增进品德，和悦恭敬地修治学业，相互批评错误纠正过失，谈论道理精研经义。

【原文】

"其相见也，不复叙离阔，问安否①。宾则入门而呼奴，主则望客而唤狗②。其或不尔，不成亲至，而弃之不与为党。及好会，则狐蹲牛饮，争食竞割。挈、拨、淼、折，无复廉耻。以同此者为泰，以不尔者为劣。终日无及义之言③，彻夜无箴规之益。诬引老、庄，贵于率任，大行不顾细礼④，至人不拘检括⑤，啸傲纵逸，谓之体道。呜呼惜乎！岂不哀哉！

【注释】

①《礼记·曲礼上》："主人不问，客不先举。"郑玄注："客自外来，宜问其安否无恙，及所为来故。"

②《礼记·曲礼上》："尊客之前不叱狗。"孔颖达正义："若有尊客至而主人叱骂于狗，则似嫌倦其客，欲去之也。卑客亦当然，举尊为甚。"

③无及义之言：本《论语·卫灵公》："子曰：'群居终日，言不及义，好行小慧，难矣哉！'"

④大行不顾细礼：本《史记·项羽本纪》："樊哙曰：'大行不顾细礼，大礼不辞小让。'"

⑤检括：见《崇教》篇"敛之乎检括之中"句注。

【译文】

"他们相见的时候，不再叙说阔别的情况，问候平安与否。客人进门就呼叫奴仆，主人看见客人就喝骂狗。如果其中有的人不这样，就不再成亲好至爱，而离弃他不与他为同伙。等到盛会时，就像狐狸一样蹲踞像牛一样豪饮，争着吞吃抢着切割，互相拽拉、互相碰撞、过量倒酒、糟踏食品，不再有廉耻之心。以同样这么做的为好，以不这样做的人为差。整天没有涉及品德根本的话，整夜没有有益的规劝言语。虚妄地援引老子和庄子的学说，重视放纵任性，所谓行大事不能顾及小的礼节，道德修养境界最高的人不受礼的约束，放歌长啸而傲视细行检点，把放纵无度称为体会真道。哎呀可惜呀！难道不值得哀痛吗！

【原文】

"于是嘲嗾以叙欢交，极黩以结情款。以倾倚申脚者为妖妍标秀，以风格端严者为田舍朴騃，以茧镇抗指者为剿令鲜倚①，以出言有章者为摺答猝突②。凡彼轻薄之徒，虽便辟偶俗③，广结伴流，更相推扬，取达速易；然率皆皮肤狡泽④，而怀空抱虚，有似蜀人瓠壶之喻⑤。胸中无一纸之诵，所识不过酒炙之事。所谓傲很明德,即聋从昧,冒于货财,贪于饮食,左生所载不才之子也⑥。

【注释】

①此句意未详,望文妄译之。

②出言有章:出《诗·小雅·都人士》:"其容不改,出言有章。"搚(lā)答:拉杂对答。搚,拉的古字。

③便(pián)辟(pì):谄媚逢迎。《论语·季氏》:"友便辟,友善柔,友便佞,损矣。"邢昺疏:"便辟,巧辟人之所忌以求容媚者也。"

④狡:通"姣"。

⑤瓠(hú)壶:用葫芦制成的容器。喻虚有其表者。《三国志·蜀书·张裔传》载张裔任益州太守,有与孙权暗通的老将雍闿假鬼神之指示曰:"张府君如瓠壶,外虽泽而内实粗,不足杀,令缚与吴。"

⑥"所谓"以下文,本之《左传·文公十八年》:"颛顼氏有不才子,不可教训,不知话语;……傲很明德,以乱天常,……贪于饮食,冒于货贿。"据此,文中"冒于货财"应作"冒于货贿"。《左传》传为左丘明所作。

【译文】

"于是调笑会聚叙谈欢悦之交,极尽污浊而结下友情。歪斜倚靠伸腿而坐的人被认为是艳丽美好标致漂亮,而风度格调端庄严肃的人被看作出自农家粗陋愚鲁,把庸劣呆笨违抗上意的人当作敏捷美好、卓尔不群,把说出话来有法度有文采的人当作拉杂啰唆仓促唐突。凡是那些轻浮浅薄的家伙,虽然谄媚逢迎迎合世俗,广泛勾结朋辈同流,相互推崇赞扬,获取显达迅速而简单,但全都是外表佼美鲜泽,而内心空洞无物,就像蜀人用瓠壶作的比喻。胸中没有一张纸那么多的记诵,所知道的不过是喝酒吃肉的事情。就是所谓对人倨傲狠戾,跟随着聋子、瞎子,贪于财物,馋于饮食,是左丘明所记载的没有才能的人。

【原文】

"若问以《坟》《索》之微言①,鬼神之情状②,万物之变化,殊方之奇怪③,朝廷宗庙之大礼,郊祀禘祫之仪品④,三正四始之原本⑤,阴阳律历之道度⑥,军国社稷之典式⑦,古今因革之异同,则悗悸自失,喑呜俛仰⑧,蒙蒙焉,莫莫焉。虽心觉面墙之困⑨,而外护其短乏之病,不肯谧已,强张大谈曰:'杂碎故事,盖是穷巷诸生,章句之士⑩,吟咏而向枯简,匍匐以守黄卷者所宜识,不足以问吾徒也。'

【注释】

①《坟》《索》:见《逸民》篇"穷览《坟》《索》"句注。

②句出《易·系辞上》:"精气为物,游魂为变,是故知鬼神之情状。"

③殊方:异域;远方。班固《西都赋》:"逾崑崙,越巨海,殊方异类,至于三

万里。"

④郊祀：到郊外祭祀天地，南郊祭天，北郊祭地。郊为大祀，祀为群祀。禘（dì）祫（xiá）：帝王祭祀始祖的一种隆重仪式。

⑤三正：夏、商、周三代分别以寅月、丑月、子月为岁首，合称三正。四始：旧以正月旦（正月初一早晨）、冬至、腊明日（腊日的第二天）、立春为四始。

⑥阴阳律历：古以乐律为阴，历法为阳，研究时往往互相联系。

⑦社：祭祀土地神；稷：祭祀谷神。古以社稷为国家的代称。

⑧俛（fǔ）仰：此言沉默深思。俛：俯的异体字。

⑨面墙：见《勖学》篇"然后觉面墙之至困也"句注。

⑩章句：剖解篇章字句。此言拘于章句而不通大义。

【译文】

"如果问他们三坟、八索中的隐微语言，鬼神的情形状态，世间万物的变化，异域他方稀奇特异的事物，朝廷上和宗庙中的大礼，郊祭天地和祭祀祖先的仪式用品，夏商周三代的月建和一年四始的起源，居阴的乐律和居阳的历法的制定方法和尺度，有关军务、国政的土神谷神祭祀的典礼仪式，从古至今的沿袭和变革的异同，就惊慌而茫然失措，闭口无言陷于沉默，蒙蒙然无所知，默默然无所语。虽然心中感觉到不学无术带来的困惑，但在外表上还要遮护自己的知识贫乏，不肯闭上嘴，勉强张口大谈说：'繁杂琐碎的旧事，全是陋巷当中的众儒生，辨析章节句读的士人，面向干枯的竹简吟咏诗句，在古籍中爬行的人所应该知道的，不值得向我这样的人发问。'

【原文】

"诚知不学之弊，硕儒之贵，所祖习之非，所轻易之谬；然终于迷而不返者，由乎放诞者无损于进趋故也。若高人以格言弹而呵之，有不畏大人而长恶不悛者①，下其名品，则宜必惧然，冰泮而革面②，旋而东走之迹矣③。"

【注释】

①畏大人：出《论语·季氏》："孔子曰：'君子有三畏：畏天命，畏大人，畏圣人之言。'"杨伯峻注："古代对于在高位的人叫'大人'"。

②泮（pàn）：融解。《诗·邶风·匏有苦叶》："士如归妻，迨冰未泮。"

③杨明照曰："'旋而'二字当互乙。"是。东走：见本篇上文"而反其东走之远迹哉"句注。

【译文】

"确实了解不学习的弊端，儒学大师的可贵，所尊崇东西的错误，轻视学习的荒谬；但最终迷途未能知返，是由于认为放纵荒诞不会妨碍仕途进步。如果高人用格言来抨击呵责他们，有不畏惧在位者而长久作恶不知悔改的，降低他们名位品级，就必然会害怕，像冰冻融解一样改过，从迷走的路途上转身返回。"

卷第二十六　讥　惑

题　解

　　作者在本篇中对"惑"的抨击是从对"礼"的强调开始的。作者认为，其他动物虽然有的能"应对""知言""识往""知来"，但因为"无礼"而不能与人并肩。作者列举了历史上的事实来证明遵礼则胜，失礼则败。作者认为两晋之交时"礼"遭到极大破坏，很多人在丧亲时的表现就是典型。他们对故去的亲人缺乏真情，不明白"哭以泄哀，妍拙何在"的道理，像追逐时尚衣服一样地"转声音"，"效北语"，"无复念之情"，甚至在守丧时找借口"美食大饮"，"至于沉醉"。作者对此是深恶痛绝的，不但称之为"风颓教沮"，"政化蛊役"，而且转弯抹角地咒骂这些人是无羽无毛的禽兽。作者的目的当然是维护封建的伦理道德，但这在世风奢靡的当时是有积极意义的。就是在伦理道德教育面临严峻挑战的今天，我们也不妨从中汲取一些有用的东西。

【原文】

　　抱朴子曰："澄浊剖判，庶物化生。羽族或能应对焉，毛宗或有知言焉；干鹊识往①，归终知来②；玄禽解阴阳③，蚍蝣远泉流④。蓍龟无以过焉⑤，甘、石不能胜焉⑥。夫唯无礼，不厕贵性⑦。厥初邃古，民无阶级⑧，上帝悼混然之甚陋，悯巢穴之可鄙，故构栋宇以去鸟兽之群，制礼数以异等威之品；教以盘旋⑨，训以揖让。立则磬折，拱则抱鼓。趋步升降之节，瞻视接对之容，至于三千。盖检溢之隄防，人理之所急也，故"俨若"冠于《曲礼》⑩，望貌首于五事⑪。出门有见宾之肃，闲居有敬独之戒⑫。颜生整仪于宵浴⑬，仲由临命而结缨⑭。恭容暂废，惰慢已及。安上治民，非此莫以。

【注释】

　　①干鹊（jué）：即鸦（gān）鹊，又作"乾鹊"，亦即今之喜鹊。《淮南子·氾论训》："乾鹊知来不知往。"高诱注："乾鹊，鹊也。"《论衡·龙虚》："狌狌知往，乾鹊知来。"宋吴曾《能改斋漫录·辨误一》："《易》统卦有云：'鹊者，阳物，先物而动，先事而应。'"故可知鹊亦为"知来"，不当"识往"。

　　②归终：传说中的神兽。《太平御览》卷九〇八引汉刘安《淮南万毕术》："归终知来，猩猩知往。"

③玄禽：即玄鸟，亦即燕子。《诗·商颂·玄鸟》："天命玄鸟，降而生商。"郑玄注"玄鸟，鳦也。"按"鳦（yǐ）"即燕子古名。其鸟春分来，秋分去，故云"解阴阳"。

④虵（shé）蚁（yǐ）：分别为蛇、蚁的异体字。

⑤蓍（shī）龟：古以蓍草和龟甲占卜吉凶，因以指占卜。《易·系辞上》："探赜索隐，钩深致远，以定天下之吉凶，成天下之亹亹者，莫大乎蓍龟。"按亹（wěi）亹言勤勉不倦。

⑥甘、石：战国时齐人甘公与魏人石申。二人皆擅天文之学。《史记·天官书》："（昔之传天数者）在齐，甘公；楚，唐昧；赵，尹皋；魏，石申。"

⑦贵性：具有可贵的禀性。指人类。《抱朴子·内篇·论仙》："有生最灵，莫过乎人，贵性之物，宜必钧一。"

⑧阶级：尊卑上下的等级。王符《潜夫论·班禄》："上下大小，贵贱亲疏，皆有等威，阶级衰杀。"

⑨盘旋：合于礼仪的回旋进退。

⑩俨若：恭敬貌。《礼记·曲礼上》："毋无敬，俨若思。"

⑪五事：指修身五事。《书·洪范》："五事：一曰貌，二曰言，三曰视，四曰听，五曰思。貌曰恭，言曰从，视曰明，听曰聪，思曰睿。"

⑫敬独：本《礼记·大学》："此谓诚于中，形于外，故君子必慎其独也。"

⑬颜生：指颜回。事未详。

⑭仲由临命而结缨：见《嘉遁》篇"仲由投命而葅醢"句注。

【译文】

抱朴子说："开天辟地之后，各种东西化育产生。禽类有的能够语言对答，兽类有的能听懂人话；喜鹊知道已往，归终知道未来；燕子能理解阴阳，蛇和蚂蚁会远离泉水河流。卜筮也不能超过它们，甘公和石申也不能胜过它们。只是因为没有礼教，所以不能置身于高贵的人类的行列。当初远古的时候，人民不分尊卑上下，天帝怜悯人民混然一体甚为鄙野，同情人民居住巢穴过分简陋，所以建造房屋以使人离开鸟兽之群，制定礼仪制度来区分等级威仪；教给人们依照仪节回旋进退，训导人们宾主相见的礼仪。站立要像磬一样躬身，拱手要像怀中抱一面鼓。小步快走上下台阶的礼节，高瞻低视接谈应答的表情，甚至达到三千项。这是约束过度行为的堤防，是做人的道德规范所急需的。所以'俨若'放在《礼记·曲礼》的开头，貌恭在五事中列为首位。出门时有见客人恭敬的要求，闲居时有独处要谨慎的戒语。颜回夜间沐浴也要整顿仪容，子路临死时还要系上冠缨。如今恭敬的态度暂时被废弃，懈怠简慢已经开始流行。要想安定君主治理百姓，除此以外没有别的办法。

【原文】

"盖人之有礼，犹鱼之有水矣。鱼之失水，虽暂假息，然枯糜可必待也①；人之弃礼，虽犹靦然②，而祸败之阶也。鲁秉周礼，暴兵不加③；魏式干木，锐寇旋斾④。大楚带甲百万，而有振槁之脆⑤；强秦殽函袭崄，而无折柳之固⑥，岂非弃三本而丧根柢之攸召哉⑦！矧乎安逸触情，丧乱日久，风颓教沮，抑断之仪废，简脱之俗成⑧。近人值政化之蛊役⑨，庸民遭道网之绝絭，犹网鱼之去水罟⑩，围兽之出陆罗也。

【注释】

①依下文"而祸败之阶也"句例之，"可"字当为衍文。

②覥（tiǎn）然：面目具备之貌。《国语·越语下》："余虽覥然而人面哉，吾犹禽兽也。"韦昭注："覥，面目之貌。"

③鲁秉周礼，暴兵不加：其事未详所出。

④见《逸民》篇"轼陋巷以退秦兵"句注。按："式"固乃"轼"之古字，然以本书之例，当为"轼"。

⑤带甲：披甲的将士。脆（cuì）：脃的异体。振槁之脆，指楚顷襄王十年（前289）秦将白起伐楚，克鄢、郢事。参《君道》篇"强楚虏辱"句注。

⑥初，晋与秦共伐郑，郑臣烛之武说秦穆公退兵，并遣三秦将助郑戍守，致秦晋有隙。后秦欲借其将助守之机袭郑，未成，还师途中为晋伏兵于殽山，大败秦师，俘秦师三帅孟明、西乞、白乙丙。事见《春秋》三传之《僖公三十二年》及《三十三年》。

⑦三本：此指礼之三本。《荀子·礼论》："礼有三本：天地者，生之本也；先祖者，类之本也；君师者，治之本也。"

⑧简脱：落拓不羁。

⑨政化：政治与教化。《孔子家语·相鲁》："遂隳三都之城，强公室，弱私家，尊君卑臣，政化大行。"蛊役：悖乱而低下。

⑩罟（gǔ）：网。

【译文】

"大致说来，人有礼仪就像鱼有水一样。鱼失去了水，虽然暂时还能苟延残喘，但是干枯腐烂是必然到来的；人丢弃了礼，虽然暂时还有脸面，但却是祸患和失败到来的阶梯。鲁国秉承周礼，凶暴不义的军队不敢侵犯；魏君敬重段干木，精锐的敌寇班师撤军。巨大的楚国有百万大军，但脆弱得像去落枯叶一样；强悍的秦国经崤山函谷关的天险去偷袭郑国，但还不如折下的柳枝结实，难道不是丢弃了礼的三本而丧失了根蒂所招致的吗？况且安逸引发情欲，动乱时间长了，风习颓丧，教化败坏，恭敬谨慎的威仪被破坏了，落拓不羁的习惯形成了。浅近的人们恰遇政事风化悖乱而低下，平庸的百姓赶上道德之网断绝而絭乱，于是像网中之鱼离开了渔网，被围的野兽逃出了兽笼。

【原文】

"丧乱以来，事物屡变，冠履衣服，袖袂财制①，日月改易。无复一定，乍长乍短，一广一狭，忽高忽卑，或粗或细；所饰无常，以同为快。其好事者，朝夕放效②，所谓京辇贵大眉，远方皆半额也。余实凡夫，拙于随俗，其服物变不胜，故不变；无所损者，余未曾易也。虽见指笑，余亦不理也。岂苟欲违众哉？诚以为不急耳。

【注释】

①财：通"裁"。

②放（fǎng）效：后写作"仿效"。《汉书·匡衡传》："今长安天子之都，亲承圣化，然其习俗无以异于远方，郡国来者无所法则，或见侈靡而放效之。"

【译文】

"时势动乱以来，事物不断发生变化，帽子、鞋、衣服袖子的裁剪样式，日月改变，没有一定之规，忽而长忽而短，一会儿宽一会儿窄，一下子高一下子低，有时粗有时细；装饰的东西也没有一定，以与人相同为快意。那些好事的人，早早晚晚地仿效他人，正像人们所说的京城中以宽大的眉毛为好，远的地方就能画成半个额头宽。我实在是个凡夫俗子，在追随风气上很笨拙，衣服用度变不胜变，所以就不变；没有损坏的，我从来不换。虽然被人指说嘲笑，我也不理睬。我怎么会随便地与众人相背离呢？实在是认为不必要罢了。

【原文】

"上国众事，所以胜江表者多，然亦有可否者。君子行礼，不求变俗，谓违本邦之他国，不改其桑梓之法也；况其在于父母之乡，亦何为当事弃旧而强更学乎？吴之善书，则有皇象、刘纂、岑伯然、朱季平①，皆一代之绝手，如中州有钟元常、胡孔明、张芝、索靖②，各一邦之妙，并用古体，俱足周事。余谓废已习之法，更勤苦以学中国之书，尚可不须也。

【注释】

①皇象：三国吴广陵江都（今属江苏省）人，字休明。工书法，师杜度，善篆、隶、章草。传天发神谶碑、吴大帝碑为其所书。见《三国志·吴书·赵达传》裴注引《吴录》及唐张怀瓘《书断》。刘纂：三国吴臣。岑伯然：或即岑昏。朱季平：或即朱育。亦皆吴臣。

②钟元常：三国魏钟繇，字元常。《法书要录》："魏钟繇才思通敏，真书绝世，刚柔备焉，点画之间多有异趣，可谓幽深无际，古雅有余。秦汉以来，一人而已。"胡孔明：三国魏胡昭，字孔明。《三国志·魏书·管宁传》附胡昭："昭善史书，与钟繇、邯郸淳、卫觊、韦诞并有名，尺牍之迹，动见楷模。"张芝：东汉敦煌酒泉人，字伯英。善草书，首先脱去草书中之隶意，变章草为今草。传其临池学书，池水尽黑；家之衣帛，必书而后漂煮。三国魏韦诞称其为"草圣"。见《后汉书·张奂传》、张怀瓘《书断》。索靖：晋敦煌龙勒人，字幼安。张芝姊子。善书法，尤善章草，出于韦诞而险峻过之。时卫瓘为尚书令，索靖为郎，人称"一台二妙"。见《书断》《宣和书谱》。

【译文】

"北方的各种事情，胜过江南的很多，但是也有应当否定的。君子行礼不追求改变习俗，就是说离开家乡到别的地方去，不改他家乡的办法；更何况他还在自己的家乡，又为什么要丢掉老习惯而勉强地另外学习呢？吴地善于书法的，就有皇象、刘纂、岑伯然、朱季平，都是一代最好的书家，正像中原有钟繇、胡昭、张芝、索靖，各都是一方的出色人才，都写的古体字，都足够成事。我认为扔掉已经习惯的方法，重新勤奋刻苦地学习中原的书法，尚可不必。

【原文】

"况于乃有转易其声音，以效北语，既不能便良，似可耻可笑，所谓不得邯郸之步，而有匍匐之嗤者①。此犹其小者耳。乃有遭丧者，而学中国哭者，令忽然无复念之情。昔钟仪、庄舄，不忘本声，古人韪之②。孔子云：'丧亲者，若婴儿之失母，其号岂常声之有③？'宁令哀有余而礼不足。哭以泄哀，妍拙何在！而乃治饰其音，非痛切之谓也。又闻贵人在大哀，或有疾病，服石散以数食④，宣药势以饮酒，为性命。疾患危笃，不堪风冷，帏帐茵褥，任其所安。于是凡琐小人之有财力者，了不复居于丧位，常在别房，高床重褥，美食大饮；或与密客，引满投空，至于沉醉，曰：'此京洛之法也。'不亦惜哉！

【注释】

①典出《庄子·秋水》："且子独不闻夫寿陵余子之学行于邯郸与？未得国能，又失其故行矣，直匍匐而归耳。"成玄英疏："寿陵，燕之邑；邯郸，赵之都。弱龄未壮，谓之余子。"

②韪（wěi）：赞美。钟仪：春秋楚臣。楚犯郑，钟仪为郑所擒，献于晋。"晋侯（景公）观于军府，见钟仪。问之曰：'南冠而絷者谁也？'有司对曰：'郑人所献楚囚也。'使税（tuō）之。召而吊（慰问）之。问其族，对曰：'泠人（乐官）也。'公曰：'能乐乎？'对曰：'先人之职官也，敢有二事？'使与之琴，操南音。公曰：'君王何如？'对曰：'非小人之所得知也。'固问之，对曰：'其为大子也，师、保奉之，以朝于婴齐而夕于侧也。（婴齐，楚令尹，字子重。侧，楚司马，字子反）不知其他。'公语范文子。文子曰：'楚囚，君子也。言称先职，不背本也；乐操土风，不忘旧也；称大子，抑无私也；名其二卿，尊君也。不背本，仁也；不忘旧，信也；无私，忠也；尊君，敏也。仁以接事，信以守之，忠以成之，敏以行之。事虽大，必济。君盍归之，使和晋、楚之成。'公从之，重为之礼，使归求成。"（《左传·成公九年》）庄舄（què）：《史记·张仪列传》附陈轸传："越人庄舄仕楚执珪，有顷而病。楚王曰：'舄故越之鄙细人也，今仕楚执珪，贵富矣，亦思越否？'中谢对曰：'凡人之思，在其病也。彼思越则越声，不思越则楚声。使人往听之，犹尚越声也。'"按执圭乃楚国爵位；中谢谓侍御官。

③《礼记·杂记下》："曾申问于曾子曰：'哭父母有常声乎？'曰：'中路婴儿失其母焉，何常声之有？'"依此，则"孔子"当为"曾子"之误，非稚川误记，即别有所本。

④石散（sǎn）：粉末状矿物类药。

【译文】

"更何况还有改变他的语音来效法北方话，既然不能很快就说得很好，似乎就可羞可笑了，正像所说的没有学到邯郸的步法，只能爬着回去而被人嘲笑。这还是其中的小事。还有的遇到丧事而学北方哭的，使他一下子不再有思念的感情。当初钟仪、庄舄没有忘记本来的乡音，受到古人的赞美。孔子说：'死了亲人的人，就像婴儿失去母亲，他的号哭怎么还会有正常的声音呢？'宁肯让哀痛有余而礼仪不足。哭是用来抒发哀伤的，好听不好听有什么关系！但是却造作夸饰哭声，并不是在表达痛切的感情。又听说有地位的人在大哀痛当中，有的病得很厉害，服食石散以便多吃饭，喝酒以发挥药效，为的是生命。病势危急，经不住风吹和寒冷，帏幔帐子和席子褥子，怎么舒服怎么用。于是平庸猥琐的小人中有钱财的，就在服丧中完全不待在守丧的位置上，总在别的房子里，高床铺上多层褥子，吃精美的食物，喝大量的酒；或者和亲密的客人一满杯一满杯地喝酒，以至于大醉，说：'这是京城洛阳的做法。'不是太可痛惜了吗！

【原文】

"余之乡里，先德君子①，其居重难，或并在衰老，于礼唯应缞麻在身，不成丧至毁者，皆过哀啜粥，口不经甘②。时人虽不肖者，莫不企及自勉。而今人乃自取如此，何其相去之辽缅乎！又凡人不解，呼谓中国之人，居丧者多皆奢溢。殊不然也。吾闻晋之宣、景、文、武四帝，居亲丧皆毁瘠逾制③，又不用王氏二十五月之礼，皆行七月服④。于时天下之在重哀者，咸以四帝为法。世人何独不闻此，而虚诬高人，不亦惑乎！"

【注释】

①先德：以德为先。《管子·小问》："桓公曰：'善哉！牧民何先？'管子对曰：'有时先事，有时先政，有时先德，有时先恕。'"

②缞（cuī）麻：古时丧服，以麻布为之。其制乃以麻布条披于胸前。服三年丧者用之。

③毁瘠：因居丧过哀而极度瘦弱。《礼记·曲礼》："居丧之礼，毁瘠不形，视听不衰，升降不由阼阶，出入不当门隧。……五十不致毁，六十不毁，七十唯衰麻在身，饮酒，食肉，处于内。"又《杂记》："子贡问丧。子曰：'敬为上，哀次之，瘠为下。'"又《丧服四制》："父母之丧，衰冠，绳缨，菅屦，三日而食粥。"

④按三年丧为周之古制。自汉文帝起行短丧，三十六天即除丧服。西汉末哀帝时民间已有恢复三年丧者。王莽时规定六百石以上官员都要服丧二十五月（即两年加一月以示三年）。东汉光武帝刘秀时废此制，曹操更主张当月丧。司马炎受魏禅即位为晋武帝，追尊祖父司马懿为宣帝，伯父司马师为景帝，父司马昭为文帝。他们都实行七月丧制。

【译文】

"我的乡里那些有德行的君子，他们遇上父母去世，有时自己也已经年老体弱了，按照礼，只需身穿孝服，不必为完成丧事而毁坏了身体，但全都是由于过于哀痛只吃些粥，不吃甘美的食品。当时的人们即使不贤德的，也无不以希望赶上他们自我勉励。而现在却自己如此地想办法奢侈享乐，相差是多么远哪！再有，平庸的人不理解，都说中原的人们居丧时多数都奢侈过度。完全不是这样。我听说晋朝的宣、景、文、武四位皇帝，在亲人的丧期当中，全都因过哀而极度瘦弱，超越了制度，并且不用王氏的二十五个月的丧礼，全都实行七个月服丧。在那个时候，天下在父母丧亡的丧期中的人，全都以这四个皇帝为榜样。世上的人为什么偏偏不听这些，而凭空诬蔑高尚的人，不也太糊涂了吗！"

卷第二十七　刺　骄

题　解

本篇分三段来批评傲慢待人的骄气。

第一段先谈位高者应当防骄，尤其是那些出身低微而靠逢迎权豪骤然发迹者，往往不知所以，"器满意得""便自轩昂"，实际上恰恰是不懂得自我尊重。真正的自我尊重是"以贵下贱""卑以自牧"；而真正的"伟人巨器"并不追求外表的修饰，争抢贵人的宠幸。作者期望"在位君子无以貌取人"。

第二段则讥刺那些并无戴良、阮籍那样的才学，却要仿效他们那并不可取的傲放，认为属于东施效颦之类。作者再次强调"欲人之敬之，必见自敬"的道理，并号召贤士儒者应当共同矫正时下的风气，不随波逐流，即使因此而不能富贵也在所不惜。

第三段则借议论汉末批评当时贵胄子弟"无清白之操业"而又"纵情恣欲"，却可以平步青云，并认为这正是是非颠倒和善恶扭曲的根源。

【原文】

抱朴子曰："生乎世贵之门，居乎热烈之势，率多不与骄期而骄自来矣。非夫超群之器，不辩于免盈溢之过也①。盖劳谦虚己，则附之者众；骄慢倨傲，则去之者多。附之者众，则安之征也；去之者多，则危之诊也②。存亡之机，于是乎在，轻而为之，不亦蔽哉！

【注释】

①"于免"二字，卢本作"免于"，当据乙。

②诊：症状。《素问·风论》："帝曰：'五藏风之形状不同者何？愿闻其诊及其病能。'"王冰注："诊谓可言之证。"

【译文】

抱朴子说："生在世代贵显的家庭，处于权势显赫的地位，多数人不和骄气相约而骄气自然就会到来了。不是那种超群的人才，不能分辨和避免自满的过失。大体说来勤劳谦逊而虚心的，那么归附他的人就多；骄矜傲慢待人无礼，那么离开他的人就多。归附的人多，这是平安的征兆；离去的人多，则是危险的症状。存亡的关键就在这里，轻率地对待它，不是太糊涂了吗！

【原文】

"亦有出自卑碎,由微而著,徒以禽肩敛迹①,偓伊侧立②,低眉屈膝,奉附权豪,因缘运会,超越不次。毛成翼长,蝉蜕泉壤,便自轩昂,目不步足,器满意得,视人犹芥。或曲晏密集③,管弦嘈杂④,后宾填门,不复接引;或于同造之中⑤,偏有所见,复未必全得也,直以求之,差勤以数接其情,苞苴继到⑥,壶榼不旷者耳⑦。孟轲所谓'爱而不敬,豕畜之'也⑧。而多有行诸,云是自尊重之道。自尊重之道,乃在乎以贵下贱,卑以自牧⑨,非此之谓也。乃衰薄之獘俗⑩,膏肓之废疾⑪,安共为之?可悲者也。

【注释】

①禽(xī)肩:耸肩。畏惧竦敬貌。《文选·扬雄〈解嘲〉》:"范雎,魏之亡命也,……禽肩蹈背,扶服入橐。"吕向注:"禽肩,畏惧貌。"敛迹:收敛行迹。谓有所顾忌而不敢放肆。《三国志·魏书·武帝纪》"迁顿丘令"裴注引《曹瞒传》:"后数月,灵帝爱幸小黄门蹇硕叔父夜行,即杀之。京师敛迹,莫敢犯者。"

②偓(wò)伊:卢本作"优伊"。陈其荣曰:"《玉篇》:'偓促,拘之皃。''偓伊'当与'喔咿'通。《楚辞·卜居》:'吾将喔咿嚅唲以事妇人乎?'《玉篇》:'喔咿嚅唲,谓强笑噱也。'伊优,屈曲佞媚皃,见今《字典》,义亦相近。"按偓、优(優)字形不近,无缘致误。"偓促"诂此不合。陈后说是。

③曲晏:百子本作"曲宴",当据正。曹植《赠丁翼》:"吾与二三子,曲宴比城隅。"黄节注:"曲宴犹私宴也。"

④嘈杂:陈其荣曰:"承训本作'嘈𠴹'。荣按张衡《东京赋》:'奏严鼓之嘈𠴹'。𠴹,《玉篇》本作'唪',五葛、才曷二切。嘈嘈唪唪,或作嘈啐喳啐,并同。"按𠴹、嗒、喳、啐音(zá)、唪、喳并音è(饿),义亦同。杨明照曰:"按《藏》本、吉藩本、慎本、卢本,旧写本并作'嘈𠴹',是也。《知止篇》'金口嘈𠴹',《内篇·论仙》'砰磕嘈𠴹',亦作'嘈𠴹',此固不应独作'嘈杂'也。"杨说是。

⑤同造:"造"为秦汉官爵名,如上造、大良造等。故"同造"谓等级相当之同僚。

⑥苞苴(jū):本指蒲包,即用苇、茅等包裹盛装鱼肉等食品的容器。《礼记·少仪》:"笏、书、脩、苞苴……其执之皆尚左手。"泛指礼物。贾谊《新书·礼》:"苞苴时有,筐篚时至,则群臣附。"

⑦壶榼(kē):泛指盛酒或茶水的容器。《淮南子·氾论训》:"雷水足以溢壶榼,而江河不能实酒卮。"

⑧《孟子·尽心上》:"孟子曰:'食而弗爱,豕交之也;爱而不敬,兽畜之也。'"

⑨自牧:自我修养。出《易·谦》:"谦谦君子,卑以自牧也。"王弼注:"牧,养也。"

⑩獘俗:"獘"乃"獘"之形误。"獘"即"弊"之异体。

⑪膏肓:见《贵贤》篇"二竖之疾既据而募良医"句注。

【译文】

"也有的出身微贱,从卑微发展成显赫,只靠着耸起肩膀收敛形迹,取媚诌笑,侧身而立，低眉顺眼弯腰屈膝，奉承趋附权势豪门，抓住时机把握运气，因而打破次序超越升迁。等到羽翼丰满了，像蝉脱掉了蝉蜕，就傲慢起来，眼睛不看自己的双脚，自高自大，得意忘形，把别人看得犹如草芥。有的私宴一个接一个，乐器之声嘈杂吵闹，后到的客人堵住了大门，不再接待引入；有的在同僚当中有片面的见解，未必看得全面，只是因为有所求，略微殷勤地多次接受别人的情谊，馈赠不断，酒壶不空罢了。正如孟轲所说的'喜爱但是不尊敬，等于像猪一样畜养'。现在却有很多人这样做，认为是自我尊重的办法。真正的自我尊重的办法，是在于以尊贵的身份谦下地对待地位低贱的人，以谦卑精神自我修养，并不是说这样做。这是世风颓败浅薄时代的鄙陋习俗，进入膏肓的重病，怎么都去这样做呢？真是可悲的事情。

【原文】

"若夫伟人巨器，量逸韵远，高蹈独往，萧然自得，身寄波流之间①，神跻九玄之表②，道足于内，遗物于外③，冠摧履决，蓝缕带索，何肯与俗人竞干佐之便僻④，修佞幸之媚容，效上林喋喋之啬夫⑤，为春蜩夏蝇之聒耳⑥！求之以貌，责之以妍，俗人徒睹其外形之粗简，不能察其精神之渊邈。务在皮肤，不料心志，虽怀英抱异，绝伦迈世，事动可以悟举世之术，言发足以解古今之惑，含章括囊⑦，非法不谈，而茅蓬不能动万钧之铿锵⑧，侏儒不能看重仞之弘丽；因而蚩之⑨，谓为凡愦。夫非汉滨之人⑩，不能料明珠于泥沦之蟥；非泣血之民，不能识夜光于重崖之里⑪。蟭螟屯蚊眉之中，而笑弥天之大鹏⑫；寸鲋游牛迹之水，不贵横海之巨鳞⑬。故道业不足以相涉，聪明不足以相逮，理自不合，无所多怪。所以疾之而不能默者，愿夫在位君子无以貌取人，勉勖谦损，以永天秩耳⑭。"

【注释】

①波流：喻世事的变化。出《庄子·应帝王》："壶子曰：'吾与之虚而委蛇，不知其谁何，因以为弟靡，因以为波流，故逃也。'"郭象注："变化颓靡，世事波流，无往而不因也。"按委（wēi）蛇（yí），随顺貌。

②九玄：九天。本书《任命》篇："扬清耀于九玄。"

③遗物于外：杨明照曰："按'遗物'二字当互乙，始能与'道足'相俪。"是。

④干佐：主管一事的佐助之官。《三国志·魏书·邓艾传》："（邓艾）以口吃，不得作干佐。"便（pián）僻：应作"便辟"，谄媚逢迎。出《论语·季氏》："友便辟，友善柔，友便佞，损矣。"邢昺疏："便辟，巧辟之人之所忌以求容媚者也。"

⑤事见《史记·张释之冯唐列传》："释之从行，登虎圈。上问上林尉诸禽兽簿，十余问，尉左右视，尽不能对。虎圈啬夫从旁代尉对上所问禽兽簿甚悉，欲以观其能口对响应无穷者。文帝曰：'吏不当若是邪？尉无赖！'乃诏释之拜啬夫为上林令。释之久之前曰：'陛下以绛侯周勃何如人也？'上曰：'长者也。'又复问：'东阳侯张相如何如人也？'上复曰：'长者。'释之曰：'夫绛侯、东阳侯称为长者，此两人言事曾不能出口，岂敩此

啬夫谍谍，利口捷给哉！且秦以任刀笔之吏，吏争以亟疾苛察相高，然其敝徒文具耳，无恻隐之实。以故不闻其过，陵迟而至于二世，天下土崩。今陛下以啬夫口辩而超迁之，臣恐天下随风靡靡，争为口辩而无其实。且下之化上急于景响。举错不可不审也。'文帝曰：'善。'乃止不拜啬夫。""谍谍"，《汉书》作"喋喋"。

⑥春蜩：杨明照曰："按春季无蜩，疑字有误。"并疑为"䵷"（蛙之异体）字之误。译文从之。

⑦括囊：见《嘉遁》篇"秘六奇以括囊"句注。

⑧铿锵：此指钟声。《礼记·乐记》："钟声铿，铿以立号，号以立横，横以立武。孔颖达疏："钟声铿者，言金钟之声铿铿然也。"《洛阳伽蓝记·永宁寺》："至于高风永夜，宝铎如鸣，铿锵之声，闻及十余里。"

⑨蚩：杨明照以为当作"嗤"，并证以《嘉遁》《逸民》《行品》《辞义》《正郭》诸篇之例。是。

⑩滨：杨明照曰："《藏》本、鲁藩本、吉藩本、旧写本作'东'，慎本作'陈'（徐校'东'）。按'东'字是。'陈'乃'东'之误。"甚是。《左传·桓公六年》："汉东之国，随为大。"《淮南子·览冥训》："譬如隋侯之珠，和氏之璧，得之者富，失之者贫。"高诱注："隋侯，汉东之国姬姓诸侯也。"故隋珠又称汉东珠或汉东蚌。其地当今湖北隋州东。译文从"东"。

⑪见《擢才》篇"和氏所以抱璞而泣血"句注。夜光：见《审举》篇"何异悬瓦砾而责夜光"句注。

⑫蟭螟：见《逸民》篇"犹焦螟之笑云鹏"句注。

⑬鲋（fù）：鲫鱼。本《庄子·外物》："庄周家贫，故往贷粟于监河侯。（按即魏侯。《说苑》引作魏文侯）监河侯曰：'诺。我将得邑金，将贷子三百金，可乎？'庄周忿然作色曰：'周昨来，有中道而呼者。周顾视车辙中，有鲋鱼焉。周问之曰："鲋鱼来！子何为者邪？"对曰："我，东海之波臣也。君岂有斗升之水而活我哉？"周曰："诺。我且南游吴越之王，激西江之水而迎子，可乎？"鲋鱼忿然作色曰："吾失我常与，我无所处。吾得斗升之水然活耳，君乃言此，曾不如早索我于枯鱼之肆。"'"

⑭天秩：上天规定的品秩等级。《书·皋陶谟》："天秩有礼，自我五礼有庸哉！"孔颖达疏："天又次叙爵命，使有礼法。"

【译文】

"至于伟人大才，器量超卓气韵远大，隐居独行，超逸而自得其乐，寄身于江河湖海当中，精神升到九重天外，内心修养深厚，可以遗弃身外之物，就是发冠损坏鞋子开裂，衣服破烂以绳为带，又怎么肯去和俗人争抢受宠幸的辅佐官员的位置，做出一副巧言获幸者的谄媚表情，仿效上林苑中喋喋不休的小吏，像春天的青蛙和夏天的苍蝇那样在人耳边吵闹不休呢！如果以貌取人，要求人外表漂亮，那么俗人只看到他们外貌粗陋简朴，而不能体察他们精神上的深远。只看表面，而不去估量内心的思想，即使是胸怀出色的才能，出类拔萃远过世人，做起事情可以让人理解使整个社会改变的办法，说出话来足以解开从古至今的疑难问题，内含玑珠腹藏韬略，不合于法度的话不说，但正如茅草不能敲响万钧重的大钟，侏儒不能看到几仞高的宏伟壮丽的大房子一样；反而因此而受到讥笑，说他们平庸昏聩。不是汉水东岸的人，不能判断出泥沼之中的蚌里有明珠；不是哭泣出血的人，不能看到重重山崖以内有夜光宝玉。小虫子蟭螟住在蚊子的眉毛里，但却嘲笑遮天蔽日的大鹏；一寸长的小鲫鱼在牛蹄子窝的水里游动，但也不以横渡海洋的大鲲为贵。因此道德学业不能相互涉及，耳聪目明也不相衔接，所依据的道理不相合，没有更多值得奇怪的。之所以要非难它而不能沉默不语，是希望在位的君子不要以貌取人，要勉励谦虚退让，以便永葆上天规定的品秩等级。"

【原文】

抱朴子曰："世人闻戴叔鸾、阮嗣宗傲俗自放，见谓大度①，而不量其材力非傲生之匹，而摹学之。或乱项科头②，或裸袒蹲夷③；或濯脚于稠众，或溲便于人前；或停客而独食④，或行酒而止所亲。此盖左衽之所为⑤，非诸夏之快事也⑥。夫以戴、阮之才学，犹以跂踸自病⑦，得失财不相补⑧。向使二生敬蹈检括，恂恂以接物，兢兢以御用⑨，其至到何适但尔哉！况不及之远者，而遵修其业，其速祸危身，将不移阴，何徒不以清德见待而已乎！

【注释】

①戴叔鸾：《后汉书·逸民列传·戴良》："戴良，字叔鸾，汝南慎阳人也。……良少诞节，母熹驴鸣，良常学之以娱乐焉。及母卒，兄伯鸾居庐啜粥，非礼不行，良独食肉饮酒，哀至乃哭，而二人俱有毁容。或问良曰：'子之居丧，礼乎？'良曰：'然。礼所以制情佚也，情苟不佚，何礼之论！夫食旨不甘，故致毁容之实。若味不存口，食之可也。'论者不能夺之。良才既高达，而议论尚奇，多骇流俗。同郡谢季孝问曰：'子自视天下孰可为比？'良曰：'我若仲尼长东鲁，大禹出西羌，独步天下，谁与为偶？'举孝廉，不就。再辟司空府，弥年不到，州郡迫之，乃遁辞诣府，悉将妻子，既行在道，因逃入江夏山中。优游不仕，以寿终。"诞节谓放纵不羁。阮嗣宗：《三国志·魏书·王粲传》："（阮）瑀子籍，才藻艳逸，而倜傥放荡，行己寡欲，以庄周为模则。"裴松之注："籍字嗣宗。《魏氏春秋》曰：'籍旷达不羁，不拘礼俗。性至孝，居丧虽不率常检，而毁几至灭性。兖州刺史王昶请与相见，终日不得与言，昶叹赏之，自以不能测也。……后朝论以其名高，欲显崇之，籍以世多故，禄仕而已，闻步兵校尉缺，厨多美酒，营人善酿酒，求为校尉，遂纵酒昏酣，遗落世事。尝登广武，观楚、汉战处，乃叹曰："时无英才，使竖子成名乎？"时率意独驾，不由径路，车迹所穷，辄恸哭而反。籍少时尝游苏门山，苏门山有隐者，莫知名姓，有竹实数斛、臼杵而已。籍从之，与谈太古无为之道，及论五帝三王之义，苏门生萧然曾不经听。籍乃对之长啸，清韵响亮，苏门生逌尔而笑。籍既降，苏门生亦啸，若鸾凤之音焉。至是，籍乃假苏门先生之论以寄所怀。其歌曰："日没不周西，月出丹渊中，阳精蔽不见，阴光代为雄。亭亭在须臾，厌厌将复隆。富贵俯仰间，贫贱何必终。"又叹曰："天地解兮六合开，星辰陨兮日月颓，我腾而上将何怀？"籍口不论人过，而自然高迈，故为礼法之士何曾等深所仇疾。'"

②乱项：歪戴发冠。项指冠的后部。《仪礼·士冠礼》："宾右手执项，左手执前进容。"贾公彦疏："冠后为项。"科头：不戴发冠，裸露发髻《战国策·韩策一》："秦带甲百余万，车千乘，骑万匹，虎挚之士，跿跔科头，贯颐奋戟者，至不可胜计也。"鲍彪注："科头，不著兜鍪。"跿（tú）跔（qǔ）谓腾跃，兜鍪（móu）谓头盔。

③蹲夷：踞坐。贾谊《新书·等齐》："诸侯王所在之宫卫，织履蹲夷，以皇帝所在宫法论之。"

④依下句"或行酒而止所亲"例之，此句似于"独食"二字间夺一字。

⑤左衽：见《君道》篇"左衽仰之，若众星之系北辰"句注。衽、衽异体字。

⑥诸夏：中原各诸侯国。泛指中原地区。《左传·闵公元年》："诸夏亲暱，不可弃也。"

⑦趁（chěn）踔（chuō）：独立特行，与众不同。《孟子·尽心下》："如琴张、曾皙、牧皮者，孔子之所谓狂矣。"赵岐注："琴张，子张也。子张之为人蹉踔谲诡。"趁、蹉异体字。

⑧财：通"才"。

⑨竞竞：《藏》本作"兢兢"。按"兢兢"是。《诗·小雅·小旻》："战战兢兢，如临深渊，如履薄冰。"毛传："兢兢，戒也。"

【译文】

抱朴子说："世上人听说戴良和阮籍傲视世俗放荡不羁，被称为大度，而不衡量自己的资质能力并非可与傲世之人相比，却去追慕学习他们。有的歪戴帽子或结发不戴帽，有的袒胸露背伸腿箕坐；有的在众人面前洗脚，有的当着人面撒尿；有的把客人搁在一边自己吃东西，有的斟酒只给自己的亲人。这些差不多都是未开化的外族人干的事，不是各华夏民族认为愉快的事情。凭戴良、阮籍的才能学问，尚且因为独立特行自寻其病，得失还不能相补偿。如果当初让这二位先生恭谨行事检点约束，小心谨慎地待人接物，戒惧持重地控制自己的行为，他们的造诣何止像今天这样呢！况且远不如他们的人，却学着干他们的事情，那么招致祸患危及自身，将是不久的事情，何止是不能凭高洁的德行而被人敬待呢！

【原文】

"昔者西施心痛而卧于道侧，姿颜妖丽，兰麝芬馥，见者咸美其容而念其疾，莫不踌躇焉。于是邻女慕之，因伪疾伏于路间，形状既丑，加之酷臭，行人皆憎其貌而恶其气，莫不睨面掩鼻，疾趋而过焉①。今世人无戴、阮之自然，而效其倨慢，亦是丑女暗于自量之类也②。

【注释】

①典出《庄子·天运》："故西施病心而矉其里，其里之丑人见而美之，归亦捧心而矉其里。其里之富人见之，坚闭门而不出；贫人见之，挈妻子而去之走。"按"矉"（pín）通"颦"，皱眉。睨面掩鼻：杨明照曰："按'面'疑为'而'之误。《新书·劝学篇》：'夫以西施之美而蒙不洁，则过之者莫不睨而掩鼻。'《淮南子·修务篇》：'今夫毛

嫱西施,天下之美人,……则布衣韦带之人过之者,莫不左右睥睨而掩鼻。'并其证。"甚确。

②亦是:当乙为"是亦"。

【译文】

"从前西施心口疼而躺在道边上,恣态面容妖艳美丽,芝兰麝香芬芳馥郁,看见的人都感觉到她的容颜美丽并惦念她的疾病,无不止步不前。于是邻居的女子羡慕她,照样子假装生病趴伏在路上,样子既丑陋,再加上恶臭,过路人全都憎恶她的面貌,讨厌她的臭气,无不斜视着捂住鼻子,快步走开。如今世上的人没有戴良和阮籍那样的天生资质,却效法他们的傲慢,也属于丑女暗昧于自我衡量之类的事情。

【原文】

"帝者犹执子弟之礼于三老、五更者①,率人以敬也。'人而无礼',其刺深矣②。夫慢人必不敬其亲也。盖欲人之敬之,必见自敬焉。不修善事,则为恶人;无事于大,则为小人。纣为无道,见称独夫③;仲尼陪臣,谓为素王④;则君子不在乎富贵矣。今为犯礼之行,而不喜闻'遄死'之讥,是负豕而憎人说其臭,投泥而讳人言其污也。昔辛有见被发而祭者,知戎之将炽⑤。余观怀、愍之世⑥,俗尚骄亵,夷旁自遇,其后羌胡猾夏,侵掠上京⑦。及悟斯事,乃先著之妖怪也。今天下向平,中兴有征,何可不共改既往之失,修济济之美乎!

【注释】

①三老、五更:皆官名。三老掌教化。秦始设于乡。汉代重之,于县、郡、国皆设三老。与五更皆以致仕三公任之。《礼记·文王世子》:"适东序,释奠于先老,遂设三老、五更、群老之席位焉。"郑玄注:"三老、五更各一人也,皆年老更事致仕者也。天子以父兄养之,示天下之孝悌也。名以二、五者,取象三辰五星,天所因以照明天下者。"

②句出《诗·鄘风·相鼠》:"相鼠有体,人而无礼。人而无礼,胡不遄(chuán)死。"毛传:"遄,速也。"

③独夫:残暴无道众叛亲离的统治者。说本《书·泰誓》:"独夫受,洪为作威。"孔安国曰:"受,纣也。"

④素王:有帝王之德而未居其位者。《淮南子·主术训》:"孔子之通,智过于苌宏,勇服于孟贲……然而勇力不闻,伎巧不知,专成教道,以成素王。"《论衡·定贤》:"孔子不王,素王之业在《春秋》。"

⑤见《左传·僖公二十二年》:"初,平王之东迁也,辛有适伊川,见被发而祭于野者,曰:'不及百年,此其戎乎!其礼先亡矣。'秋,秦、晋迁陆浑之戎于伊川。"杨伯峻考,二者中隔一百三十三年。

⑥怀、愍:指西晋最后二帝晋怀帝司马炽和晋愍帝司马邺。

⑦羌胡猾夏:西晋为匈奴政权前赵所灭。羌胡乃对西北方少数民族的泛称,故言。上

京：对京都的通称。《文选·班固〈幽通赋〉》："有羽仪于上京。"李善注："有羽翼于京师也。"

【译文】

"天子尚且对三老、五更两个职位的人行儿子弟弟般的礼节，就是要为人作尊敬人的表率。'作为人而没有礼貌'，对人的讽刺是很深刻的。傲慢地对待别人必然不尊敬他的双亲。大体说来，想要人们尊重你，你一定要自己尊重自己。不做善良的事情，就是凶恶的人；不干大事业，就是小人。商纣做无道的事，被人称作独夫；孔子是周天子的臣下之臣，但被人称作素王，这说明君子并不在于有财产有地位。如今做了违犯礼的事，但不喜欢听'很快会死'的讥刺，等于是背着猪但憎恶别人说他臭，投身到泥里但忌讳别人说他肮脏。从前辛有看见披散头发祭祀的人，知道戎族将会发达。我看到晋怀帝、晋愍帝的时候，社会风气崇尚骄傲轻慢，像外族一样自己对待自己，这以后羌族人扰乱华夏，入侵掠夺京城。等到明白了这件事，才想到它是先以怪异的情况显明了的。如今天下的人们都向往安定，国家的中兴是有征兆的，怎么能不一起改掉以往的过失，去修治众多美好的东西呢！

【原文】

"夫入虎狼之群，后知贲、育之壮勇①；处礼废之俗，乃知雅人之不渝。道化凌迟，流遁遂往，贤士儒者，所宜共惜，法当扣心同慨，矫而正之。若力之不能，末如之何，且当竹柏其行，使岁寒而无改也②。何有便当崩腾竞逐其阘茸之徒③，以取容于若曹邪！去道弥远，可谓为痛叹者也④。

【注释】

①贲：见《臣节》篇"非贲、狄之战，不可以举兼人之重"句注。育：夏育。周时勇士，卫人，传力举千钧。
②句本《论语·子罕》："岁寒，然后知松柏之后彫也。"
③阘茸：见《审举》篇"高概耻与阘茸为伍"句注。
④可谓为痛叹者也：杨明照曰："按'谓为'二字谊复，疑衍其一（盖原止有'谓'字，写者旁注'为'字于其侧，后遂误入正文耳）。"按似当"谓"字衍。

【译文】

"进入虎狼之群以后，才能知道孟贲和夏育的强壮和勇敢；置身于礼仪废弃的风俗当中，才能知道雅正之人的矢志不渝。道德教化衰落，流荡逃循顺流而下，贤德的士人读书的人们，都应该感到惋惜，理当捶胸顿足，共同慨忿，尽力矫正。如果是力量不够，不能对它有什么办法，也应当让自己的行为像竹子柏树一样正直高洁，即使在一年的寒冷季节中也不改变。哪里有马上就到那些卑贱的家伙面前去奔走竞争，来向这些人去讨好呢！离开正道更加远了，应当为此痛心叹息。

【原文】

"其或峨然守正，确尔不移，不蓬转以随众，不改雅以入郑者①，人莫能憎而知其善。而斯以不同于己者，便共仇雠而不数之②。嗟乎，衰弊乃可尔邪！君子能使以亢亮方楞③，无党于俗，扬清波以激浊流，执劲矢以厉群枉，不过当不见容与不得富贵耳。天爵苟存于吾体者④，以此独立不达，亦何苦何恨乎！而便当伐本瓦合，铺糟握泥，翦足适履，毁方入圆⑤，不亦剧乎！

【注释】

①雅：此指雅乐。《文心雕龙·乐府》："河间荐雅而罕御，故汲黯致讥于《天马》也。"郑：见《崇教》篇"耳疲于郑、卫"句注。

②数（shuò）：亲近；亲密。《左传·成公十六年》："无日不数于六卿之门。"杜预注："数，不疏。"

③"以"字可疑。或为"己"字之误。（"以""已"古通，"己""已"形近）译文从"己"。

④天爵：见《逸民》篇"亦云天爵贵于印绶"句注。

⑤瓦合、毁方入圆：见《交际》篇"毁方瓦合"句注。握泥：杨明照曰："'握'当为'掘'字之误也（慎本、卢本、《汇函》本、柏筠堂本、文溯本、《丛书》本、崇文本作'掘'，屈旁尚不误）。《楚辞·渔父》：'世人皆浊，何不淈其泥而扬其波；众人皆醉，何不铺其糟而歠其醨。即此文所本。'"淈（gǔ）泥谓扰乱，搅浑；铺糟谓吃酒糟。皆以喻随波逐流，屈志从俗。翦（zǔn）：《说文·刀部》："翦，减也。"段玉裁注："翦、撙古今字。"翦足适履犹言削足适履。《淮南子·说林训》："夫所以养而害所养，譬犹削足而适履，杀头而便冠。"

【译文】

"其中有的人屹然不动据守正道，坚定不移，不像蓬草一样随风旋转以追随俗众，不改雅正之音而去奏淫邪的音乐，并没有人恨他而是了解他们的优秀品质。而现在只是因为他和自己不一样，就都以他为敌而不与他亲近。唉！世风的衰败居然能够如此！君子能够让自己刚强诚信正直不阿，不和俗人结为朋党，掀起清澈的波浪冲刷污泥浊水，手持强劲的武器去抨击众多的邪恶，只不过是必然不被容纳并且不能够富有显贵罢了。天然的爵位如果在我的身上，凭这一点而卓然独立不求显达，又有什么可痛苦可遗憾的呢！而很快就丢失了根本苟且地合于众人，随波逐流，削足适履，抛弃立身准则来曲意投合别人，不是太过分了吗！

【原文】

"夫节士不能使人敬之而志不可夺也，不能使人不憎之而道不可屈也，不能令人不辱之而荣犹在我也，不能令人不摈之而操不可改也。故分定计决，劝沮不能干；乐天知命，忧惧不能入。困瘁而益坚，穷否而不悔。诚能用心如此者，亦安肯草靡萍浮，以索凿枘①，效乎礼之所弃者之所为哉！"

【注释】

①以索："以索续组"之省。用粗绳连接丝带。凿枘（ruì）："圆凿方枘"之省。凿指

榫眼，枘指榫头。出《楚辞·九辩》："圆凿而方枘兮，吾固知其鉏铻而难入。"以喻不相接不相容。

【译文】

"坚贞有节操的人即使不能让他人尊敬也不能丢掉志向，不能让他人不憎恨所遵的正道也不能变样，不能让别人不侮辱而荣耀仍存在于自身，不能让人不抛弃但操守不能改变。所以本分既定方计已决，鼓励和阻止都不能干扰；乐从天道安守命运，忧愁和恐惧都不能进入。困窘劳苦却更加坚定，不显达不走运但也不后悔。如果真能这样掌握自己的思想，又怎么肯像草一样随风倒像浮萍一样在水上漂浮，像用粗绳子去连接丝带、用圆榫眼入方榫头一样迎合世俗，效法礼法所抛弃者干的事情呢！"

【原文】

抱朴子曰："闻之汉末诸无行①，自相品藻次第，群骄慢傲不入道检者，为都魁雄伯，四通八达，皆背叛礼教而从肆邪僻②，讪毁真正，中伤非党，口习丑言，身行弊事。凡所云为，使人不忍论也。夫古人所谓通达者，谓通于道德达于仁义耳，岂谓通乎亵黩而达于淫邪哉！有似盗跖，自谓有圣人之道五者也③。此俗之伤破人伦，剧于寇贼之来，不能经久，岂所损坏一服而已④！

【注释】

①无行：无善行；品行不端。《史记·淮阴侯列传》："（信）始为布衣时，贫无行，不得推择为吏。"裴骃集解引李奇曰："无善行可推举选择。"

②从（zòng）肆：放纵恣肆。从、纵古今字。嵇康《卜疑》："从容纵肆，遗望好恶。"

③说本《庄子·胠箧》："跖之徒问于跖曰：'盗亦有道乎？'跖曰：'何适而无有道邪？夫妄意室中之藏，圣也；入先，勇也；出后，义也；知可否，知也；分均，仁也。五者不备，而能成大盗者，天下未之有也。'"

④一服：古王畿之外每五百里为一服。

【译文】

抱朴子说："听说汉朝末年那些品行不端，自己相互之间品评次序等级，成群人一起傲慢自大，不受正道约束的人，全是都会中的首领称霸于一方，四面八方相互勾结畅通无阻，全都背叛礼义教化而行为放纵奸邪乖戾，诽谤诋毁纯正的人，攻击中伤不与他们结为朋党的人，口中说惯了丑恶的言辞，自身干着坏事。他们的一切所说所作，都使人不愿意谈论。古人所说的通达，只是说通于道德达于仁义，怎么会是说通于轻慢污浊达于淫佚邪恶呢！就像盗跖，也说自己有圣、勇、义、智、仁五种圣人的道德。这种风气对于人的伦理关系的破坏，比不能长久的外寇强盗到来要厉害，岂止是损坏一服之地而已！

【原文】

"若夫贵门子孙，及在位之士，不惜典刑①，而皆科头袒体，踞见宾客，既辱天官②,又移染庸民。后生晚出,见彼或已经清资③,或佻窃虚名,而躬自为之。则凡夫便谓立身当世,莫此之为美也。夫守礼防者,苦且难,而其人多穷贱焉;恣骄放者,乐且易,而为者皆速达焉。于是俗人莫不委此而就彼矣。世间或有少无清白之操业,长以买官而富贵。或亦其所知足以自饰也,其党与足以相引也。而无行之子便指以为证,曰彼纵情恣欲而不妨其赫奕矣④。此敕身履道而不免于贫贱矣⑤;而不知荣显者有幸,而顿沦者不遇,皆不由其行也。

【注释】

①惜:怕。《吕氏春秋·长利》:"我,国士也,为天下惜死;子,不肖人也,不足爱也。"

②天官:泛指百官。《礼记·曲礼下》:"天子建天官。"《汉书·李寻传》:"举有德行道术通明之士充备天官。"王先谦补注:"天工人代,故官曰天官。"

③清资:清贵官职。当时多由士族担任。《北史·宋游道传》:"出州入省,历忝清资,而长恶不悛,曾无忌讳。"

④赫奕:显赫貌。应劭《风俗通义·过誉·汝南陈茂》:"谨按《春秋》王人之微,处于诸侯之上,坐则专席,止则专馆,朱轩驾驷,威烈赫奕。"

⑤敕身:戒敕己身。《汉书·礼乐志》:"敕身斋戒,施教申申。"颜师古注引应劭曰:"敕,谨敬之貌。"

【译文】

"至于高贵门第的子孙们,以及在官位上的士人,不惧怕礼法,而全都束发而不戴冠,袒露着身体,伸腿箕坐会见客人,既辱没自己的官职,又影响到平民百姓。后来出生的子弟,看到他们有的已经获得了清显的官职,有的窃取了虚伪的名声,于是自己也照着去做。那么平民百姓就认为在社会上立身,没有什么比这更美的了。谨守礼法的人,痛苦而又困难,而这种人多数困顿卑贱;任性傲慢放纵的人,快乐而且容易,而这样做的人全都迅速显达了。于是庸俗的人无不丢弃守礼法而去傲慢放纵。社会上也有操行德业毫无清白可言的人,经常以买官而又富有又显贵。或许是他们所知道的知识足够用来自我掩饰,他们的朋党完全有力量相互选拔荐举。于是那些品行不端的人就以此为证,说那些人放纵感情恣肆欲望,但没有妨碍他们显赫荣耀;这些人严求自身履行正道,但却不免于贫穷卑贱,而不懂得荣耀显贵的人受宠幸,而困顿沉沦的人不被赏识,全都不依据他们的操行。

【原文】

"然所谓四通八达者,爱助附己,为之履不及纳,带不暇结,携手升堂,连袂入室,出则接膝①,请会则直致,所惠则得多,属托则常听,所欲则必副,言论则见饶,有患则见救;所论荐则塞驴蒙龙骏之价,所中伤则孝己受商臣之谈②。故小人之赴也,若决积水于万仞之高堤,而放烈火乎云梦之枯草焉。欲望肃雍济济③，后生有式，是犹炙冰使燥，积灰令炽矣。"

【注释】

①"出则接膝"："出"字前或后疑脱一字，观下文"请会则直致"可知。接膝：膝相挨接，犹促膝。谓亲密。

②孝己：《庄子·外物》："人亲莫不欲其子之孝，而孝未必爱，故孝己忧而曾参悲。"成玄英疏："孝己，殷高宗之子也，遭后母之难，忧苦而死。"商臣，见《嘉遁》篇"以商臣之凶逆"句注。

③肃雍：恭敬谦和。《诗·周颂·清庙》："於穆清庙，肃雝显相。"《汉书·刘向传》引作"肃雍显相"。是雝、雍古通。济（jǐ）济：众多貌。

【译文】

"然而所谓四通八达的人，喜爱帮助、归附他们的人，为了他们会鞋都来不及穿好，衣带都来不及系上，拉着手进到堂屋，袖连袖地进入内室，出门则促膝而坐，请入盟则毫不犹豫，施惠则所得很多，嘱托事情总是接受，所想要的必然能够兑现，言语不当会受到宽容，有难会得到援救；所评定推荐的准是瘸驴标上骏马的价钱，所诋毁中伤都属孝己得到商臣的评价。所以小人们奔赴这条路，就像在万仞高的堤坝上开口放水，在云梦泽的枯草中放起烈火。还希望谦逊之礼整齐和谐，年轻人有楷模可学习，那就像用火烤冰想让它干燥，堆积灰烬想让它炽燃一样。"

卷第二十八 百　里

题　解

"百里"者，县令之谓也。作者在本篇中从基层地方官的角度再次提出选拔官吏和任用人才的问题。

作者在篇初提出了"烦剧所钟，其唯百里""令长不堪，则国事不举，万机有阙""令长尤宜得才"的观点。但现实的情况是"至公之情不行，任私之意不违"，造成了多数县令是依靠父兄的地位或贵人的门路而被任用的。他们的贪婪和残暴令黎民百姓不堪荼毒而群聚为盗。这些不胜其任的令长之官有各种各样的恶劣表现。即使事后受到惩处，而造成的损害却是无法挽回的。

作者希望"秉国之钧，出纳王命者"能够像王良、伯乐相马那样公正而审慎地选择人才，那么就完全可以造就三皇五帝一样的隆盛时代。

【原文】

抱朴子曰："三台九列①，坐而论道②；州牧郡守，操纲举领。其官益大，其事愈优③。烦剧所钟，其唯百里④。众役于是乎出，诛求之所丛赴⑤。牧、守虽贤，而令长不堪⑥，则国事不举，万机有阙⑦，其损败岂徒止乎一境而已哉！令长尤宜得才，乃急于台省之官也⑧。

【注释】

①三台：《后汉书·袁绍传》："坐召三台，专制朝政。"李贤注引《晋书》："汉官，尚书为中台，御史为宪台，谒者为外台，是谓三台。"九列：见《审举》篇"三事九列"句注。

②坐而论道：《周礼·考工记》："国有六职，百工与居一焉。或坐而论道，或作而行之……坐而论道，谓之王公；作而行之，谓之士大夫。"郑玄注："论道，谓谋虑治国之政令也。"

③优：安逸；悠闲。陆机《演连珠》："臣闻倾耳求音，眡优听苦；澄心徇物，形逸神劳。"按眡（shì）谓观看。

④百里：《汉书·百官公卿表上》："县大率方百里。"故为县的代称。又借指县令。《后汉书·循吏传·仇览》："（王）涣谢遣曰：'枳棘非鸾凤所栖，百里岂大贤之路。'"李贤注："时涣为县令，故自称百里也。"

⑤诛求：杨明照曰："'诛'，《藏》本、鲁藩本、吉藩本、慎本、旧写本作'调'。按《省烦》篇：'费薄则调求者无苛矣。'则此以作'调'为是。"调求：征收赋税。

⑥令长：秦汉时县之长官治万户以上为令，不足万户为长。后以"令长"泛指县之长官。

⑦万机：见《审举》篇"然万机不可以独统"句注。

⑧台省：汉代尚书台，东汉末改为尚书省；曹魏有中书省，都是代表朝廷发布政令的中枢机关。后以"台省"指政府的中央机构。

【译文】

抱朴子说："三台和九卿，陪侍帝王谋虑治国大政；州牧和郡守，掌管事情的大纲要领。人们的官越大，他们事情越是悠闲。烦难繁重的事所集中的，只有县令。众多的劳役要从这里出，各种赋税都来自这里。即使州牧郡守贤德，县令如果不胜任，国家的事情就不能施行，各种事业就会有缺漏，它所造成的损失难道仅止于一县境内而已吗！县令尤其应该得到合格的人才，比朝廷里的官员还要急迫。

【原文】

"用之不得其人，其故无他也，在乎至公之情不行，而任私之意不违也。或父兄贵重，而子弟以闻望见选；或高人属托，而凡品以无能见叙①。或是所宿念②，或亲戚匪他。知其不可而能用此等。亦时有快者，不为尽无所中也，要于不精者率多矣。其能自效立③，勉修清约，夙夜在公④，以求众誉，惧风绩之不美，耻知己之谬举，尟矣。庸猥之徒，器小志近，冒于货贿，唯富是图，肆情恣欲，无止无足。在所司官，知其有足赖⑤，主人举劾弹纠，终于当解；虑其结怨，反见中伤，不敢犯触，而恣其贪残矣。如此，黎庶亦安得不困毒而离判⑥？离判者众，则不得不屯聚而为群盗矣。

【注释】

①叙：本谓按规定的才能等级次第或劳绩大小授予官职。《周礼·天官·宫伯》："凡在版者，掌其政令，行其秩叙。"郑玄注："叙，才等也。"贾公彦疏："秩谓依班秩受禄；叙者，才艺高下为次第。"

②宿念：昔日的爱怜之情。《三国志·吴书·吴主传》"此言之诚，有如大江"裴注引三国魏鱼豢《魏略》："当垂宿念，为之先后，使获攀龙附骥，永自固定。"

③效立：《藏》本作"独立"。杨明照引《擢才》《刺骄》《汉过》《安贫》《穷达》诸篇例，证此处当作"独"。译文从"独"。

④夙夜在公：见《贵贤》篇"勤夙夜之在公"句注。

⑤赖：利益；好处。《国语·齐语》："相语以利，相示以赖。"韦昭注："赖，赢也。"

⑥离判：离心，背叛。《国语·周语中》："尊贵、明贤、庸勋、长老、爱亲、礼新、亲旧……若七德离判，民乃携贰。"

【译文】

"用人不当，原因没有别的，就在于极为公正的感情并没流行，而放任私欲的意向不能被抛弃。有的是父亲哥哥位高权重,而儿子弟弟靠他们的声望被选用;有的有地位高的人嘱托,而平庸之辈无能却被任命为官。有的是昔日爱怜的人,有的是亲戚而不是别人。知道他们不行却还只能用这样的人。也不时有令人愉快的人,不是全都不中用,关键是不出色的人居多。那些能够自己独立,勤勉努力地学习从政清明简约,白天黑夜用于公务,来寻求众人的赞誉,害怕法度纲纪不好,耻于知己的人胡乱荐举的人,太少了。庸俗猥琐的家伙们,才能小志向低,贪要贿赂,只图发财,放纵自己的感情和欲望,没有停止和满足的时候。主管的官员,知道他们有很多利益,如果主管官员列举罪过弹劾,最后一定会被解职;但是顾虑他会记仇,自己反被中伤,所以不敢触犯,而听任他贪婪凶残。像这样下去,黎民百姓又怎么能够不遭困顿受痛苦离心背叛呢?离心背叛人多了,就不能不屯扎聚集而成为成群的强盗了。

【原文】

"夫百寻之室,焚于分寸之飙;千丈之陂,溃于一蚁之穴①。何可不深防乎?何可不改张乎?而秉斤两者,或舍铨衡而任情;掌柯斧者,或曲绳墨于附己。选之者既不为官择人,而求之者又不自谓不任。于是莅政而政荒,牧民而民散。或有秽浊骄奢而困百姓者矣,或有苛虐酷烈而多怨判者矣,或有暗塞退愦而庶事乱者矣,或有潦倒疏缓而致弛坏者矣,或有好兴不急而疲人力者矣,或有藏养逋逃而行凌暴者矣,或有不晓法令而受欺弄者矣,或有以音声酒色而致荒湎者矣,或有围棋挎蒱而废政务者矣②,或有田猎游饮而忘庶事者矣,或有不省辞讼而刑狱乱者矣③。百姓不堪,起为寇贼。衅咎发闻④,置于丛棘⑤,亏君上之明,益刑书之烦,而民之荼毒,亦已深矣。

【注释】

①说本《韩非子·喻老》:"千丈之隄以蝼蚁之穴溃,百尺之室以突隙之烟焚。"
②挎蒱:见《崇教》篇"校弹棋樗蒲之巧拙"句注。挎、樗,蒱、蒲古通。
③刑狱乱:杨明照曰:"按以上文各句相例,'乱'字当乙在'刑'字之上。"是。
④衅咎:罪过;过失。《说苑·正谏》:"民之衅咎,血成于通涂。"
⑤置于丛棘:出《易·坎》:"系用徽纆,置于丛棘。"古时囚犯人处四周围以丛棘以防犯人逃跑。后即以丛棘借指监牢。

【译文】

"百寻高的房子,会由于一点小风而焚毁;千丈长的堤坝,会由于一个蚂蚁洞而溃决。怎么能不严加防范呢?怎么能不改弦更张呢?而掌管称量重量的人,有的放弃用秤称而根据自己的感情;掌握法律的人,有的在依附自己的人身上歪曲了准绳。选举的人既没有为官而选择的人,而求官的人又不说自己不胜其任。于是处理政事则政事荒疏,治理百姓则百姓离散。有的政事污浊骄奢淫逸,使百姓困顿;有的苛刻暴虐残酷严厉,多有仇恨叛变者;有的暗昧闭塞迟缓昏聩,各项事务都很混乱;有的举止散漫疏怠迟钝,导致法纲松弛风气败坏;有的喜欢举办并非急需的事,使得人力困乏;

有的隐藏供养逃犯而实施欺凌残暴；有的不懂得法律条令，被欺骗戏耍；有的因为淫邪的音乐和酒色而导致荒唐沉迷；有的下棋博戏荒废了政务；有的为打猎、郊游和酣饮而忘记了各项事情；有的不懂诉讼之事使断案量刑混乱。百姓忍受不了，造反起事而成为强盗。过失显露，于是被关入了监牢，损害了皇帝的圣明，增加了法律条文的烦琐，而百姓所遭的困苦已经很深了。

【原文】

"夫用非其人，譬犹被木马以繁缨①，何由骋迹于追风？以壤龙当云雨②，安能耀景于天衢哉？若秉国之钧③，出纳王命者，审良、乐之顾盼④，不令跛蹇厕骐骥；冒昧苟得，暗于自量者，虑中道之颠踬⑤，不以驽薾服鸾衡⑥。则何患庶绩之不康⑦，何忧四凶之不退⑧！三皇岂足四⑨，五帝岂难六哉！"

【注释】

①繁（pán）缨：辂马的腹带与颈带。《礼记·礼器》："大路繁缨一就，次路繁缨七就。"孔颖达疏："繁谓马腹带也。"《仪礼·既夕礼》："荐马缨，三就入门。"郑玄注："缨，今马鞅也。"

②壤龙：即土龙，以泥土制成，古用以乞雨。《淮南子·说山训》："圣人用物，若用朱丝约刍狗，若为土龙以求雨。"

③国钧：国家权柄。王羲之《遗殷浩书》："任国钧者引咎责躬，深自贬降，以谢百姓。"

④良、乐：王良、伯乐。王良：春秋晋之善御者。《左传·哀公二年》："甲戌，将战，邮无恤御简子，卫大子为右。"杜预注："邮无恤，王良也。"《孟子·滕文公下》："昔者赵简子使王良与嬖奚乘。"伯乐：见《嘉遁》篇"空谷有项领之骏者，孙阳之耻也"句注。

⑤颠踬（zhì）：翻车。

⑥薾（nié）：通"苶"。原指疲倦困乏。《文选·谢灵运〈过始宁墅〉》："缁磷谢清旷，疲薾惭贞坚。"吕向注："疲薾，困极之貌。"引申指羸弱。

⑦庶绩：见《臣节》篇"庶绩其凝"句注。

⑧四凶：见《嘉遁》篇"有虞举则四凶戮"句注。

⑨三皇岂足四：杨明照曰："按'岂足'二字与下句文意不属，疑字有误。"并多有书证。译文姑依"岂止"。

【译文】

"使用的不是恰当的人，就像是给木马披上腹带和颈带，怎么能像追风快马那样驰骋？用土龙来阻拦风雨，怎么能让阳光在天空中照耀呢？如果执掌国政，为皇帝上传下达的人应该像王良和伯乐相马那样审察官吏，不让瘸驴排于骏马之列；大胆而苟且得官，而又缺乏自知之明的人，就考虑到会半路上翻车，不让他们以驽劣疲困之身去驾銮车。那么为何还要担心各项事务不顺利，忧虑四凶不去除呢！三皇岂止可以凑足成四，五帝成为六帝又有什么难的呢！"

卷第二十九　接　疏

题　解

　　本篇讨论的仍然是选拔人才的问题。作者列举了吕尚、毛遂、宁戚、陈平、韩信等人的事例，来说明有"大明"、具"深识"的君主不应以眼前的"沉抑""疏贱"而忽略了"英逸"，因未积素行、未有宿名而失去"长才"。换言之，帝王应以敏锐的眼光，在山野蓬蒿中搜求有出色才学和超凡本领的人。这是"取威定功""成天平地"的前提条件。切忌以嫉妒苛求的心态求全责备。

　　这些虽然并不是葛稚川独创的见解，但他在1700年前，就有此认识，仍然是难能可贵的。只是他恐怕认识不到，如果仅仅依靠极少数的最高统治者的个人眼光，他的主张在绝大多数情况下是不能实现的。所以在魏晋南北朝这一历史阶段之后才产生了科举制度。

【原文】

　　抱朴子曰："以英逸而遭大明，则桑荫未移①，而金兰之协已固矣②；以长才而遇深识，则不待历试，而相知之情已审矣。飘乎犹起鸿之乘劲风，翩乎若胜鳞之蹑惊云也③。若以沉抑而可忽乎，则姜公不用于周矣④；若以疏贱而可距乎，则毛生不贵乎赵矣⑤。若积素行乃托政，则宁戚不显于齐矣⑥；若贵宿名而委任，则陈、韩不录于汉矣⑦。明者举大略细，不忮不求⑧，故能取威定功，成天平地。岂肯称薪而爨，数粒乃炊，并瑕弃璧，披毛索黡哉⑨！"

【注释】

　　①桑荫未移：语本《战国策·赵策四》："昔者尧见舜于草茅之中，席陇亩而荫庇桑，阴移而授天下传。"是"荫"当作"阴"。亦见于《清鉴》篇。
　　②金兰之协：见《交际》篇"《易》美金兰"句注。
　　③胜鳞：杨明照曰："按'胜'字误。当依《藏》本、鲁藩本、吉藩本、慎本、卢本、旧写本、柏筠堂本、文溯本、《丛书》本、崇文本改作'腾'（此平津本写刻之误）。"按此乃胜（勝）、腾（騰）形近致误。
　　④参见《逸民》篇"且吕尚之未遇文王也"以下数句注，《备阙》篇"故姜牙卖煦无所售，而见师于文、武"句注。

⑤毛生：毛遂。事见《史记·平原君虞卿列传》。战国赵惠文王九年，秦师围赵都邯郸，赵使平原君求救于楚。"门下有毛遂者，前，自赞于平原君曰：'遂闻君将合从于楚，约与食客门下二十人偕，不外索。今少一人，愿君即以遂备员而行矣。'平原君曰：'先生处胜之门下，几年于此矣？'毛遂曰：'三年于此矣。'平原君：'夫贤士之处世也，譬若锥之处囊中，其末立见。今先生处胜之门下，三年于此矣，左右未有所称诵，胜未有所闻，是先生无所有也。先生不能，先生留。'毛遂曰：'臣乃今日请处囊中耳。使遂早得处囊中，乃颖脱而出，非特其末见而已。'平原君竟与毛遂偕。……平原君与楚合从，言其利害，日出而言之，日中不决。……毛遂按剑历阶而上，谓平原君曰：'从之利害，两言而决耳。今日出而言从，日中不决，何也？'……毛遂按剑而前曰：'……今十步之内，王不得恃楚国之众也，王之命悬于遂乎。……'遂定从于殿上。……平原君已定从而归，归至于赵，曰：'……毛先生一至楚，而使赵重于九鼎大吕。毛先生以三寸之舌，强于百万之师。胜不敢复相士。'遂以为上客。"

⑥见《嘉遁》篇"或扣角以凤歌"句注。

⑦陈、韩：陈平、韩信。《史记·陈丞相世家》："陈丞相平者，阳武户牖乡人也。少时家贫，好读书。……里中社，平为宰，分肉食甚均。父老曰：'善，陈孺子之为宰！'平曰：'嗟乎，使平得宰天下，亦如是肉矣！'"及陈涉起事，平为其魏王之太仆。后往归项羽，又归刘邦。余参《臣节》篇"羡张、陈之奇画"句注。又《淮阴侯列传》："淮阴侯韩信者，淮阴人也。始为布衣时，贫无行，不得推择为吏，又不能治生商贾，常从人寄饮食，人多厌之者。"曾受漂母之济，受屠中少年胯下之辱。从项羽，不为所用，亡楚归汉，因萧何而被刘邦拜为大将。参《嘉遁》篇"信、布陷功大之刑"句，《逸民》篇"仲尼无攻伐之勋，不可以为不及韩、白矣"句注。

⑧不忮（zhì）不求：出《诗·邶风·雄雉》："不忮不求，何用不臧？"毛传："忮，害。"

⑨黡（yǎo）：黑痣。《史记·高祖本纪》："左股有七十二黑子。"张守节正义："许北人呼为'黡子'，吴楚谓之'誌'。誌，记也。"

【译文】

抱朴子说："以杰出的才智而遇到非常圣明的君主，那么只需短暂的时间，就会结为至亲至近的金兰之好；以出类拔萃的能力而遇到深刻了解的人，那么用不着多次考验，相知的感情就已经很明显了。飘舞就像起飞的鸿雁遇上了强劲的风，奋飞就像腾飞的蛟龙踏上了疾纵的云。如果认为被压抑埋没的人就可以忽视，那么姜尚就不会被周任用；如果认为疏远低贱就可以不接受，那么毛遂就不会在赵国受到尊重。如果平素的德行积累得多了才能投身政事，那么宁戚就不会在齐国显达；如果重视原有的名声委任官职，那么陈平、韩信就不会被汉录用。精明的人成就大事而忽略小行，不嫉妒不苛求，所以能获得威望奠定功业，成就天意平定人事。怎么肯称量柴薪来烧火，数着米粒做饭，因为有瑕斑就把玉璧扔掉，分开毛去寻找黑痣呢！"

卷第三十　钧　世

题　解

葛稚川个人追求的基本倾向是求醇古，去雕饰，正如他的别号"抱朴子"。但在有些问题上，他却是厚今薄古的革新派，对文学创作的态度就是其中最典型的。他激烈地反对"有耳无目""贵远贱近"，盲目地崇拜古人否定今作的观点，认为属于"守株"之类。他认为社会在发展，"舟车代步涉，文墨改结绳"。文章也一样是后代胜过前代。古人并非鬼神，所以古文在当时和今文在现代一样是"露而易见"的。故篇名称《钧世》。后代之所以感觉古文难懂，或因时代久远，或因方言有异，或因简牍缺乱。作者的这些观点无疑是一种大胆反传统的可贵的意见，是符合历史进化观的。

但同时作者也走入了一个误区，即把"雕饰"之美作为评判今文胜于古文的主要标准。因此而得出了汉魏的赋，甚至夏、潘等人的补亡诗超过《诗经》的结论。这种无保留的褒扬会助长当时已很过分的对形式雕琢的追求，而且与葛氏在《辞义》《应嘲》等篇中主张形式与内容统一，反对饰弄华藻的观点也是不一致的。

【原文】

或曰："古之著书者，才大思深，故其文隐而难晓；今人意浅力近，故露而易见。以此易见，比彼难晓，犹沟浍之方江河，蚁垤之并嵩、岱矣。故水不发崐山，则不能扬洪流以东渐；书不出英俊，则不能备致远之弘韵焉。"

【译文】

有人说："古代著书的人，才气大思想深刻，因此他们的文章隐晦不容易理解；现在人思想浅才力低，所以文章外露而容易理解。用这种浅显易解和那种深刻难懂相比较，就像是小沟渠和长江大河相比，蚁穴口的小土堆和嵩山泰山放在一起一样。因此河流如果不是发源于昆仑山，就不能扬起洪波流向东方；书如果不是由英俊之才写出的，就不能具备流传久远的出色神韵。"

【原文】

抱朴子答曰："夫论管穴者①，不可问以九陔之无外②；习拘阂者③，不可督以拔萃之独见。盖往古之士，匪鬼匪神，其形器虽冶铄于畴曩，然其精神布在乎方策，情见乎辞，指归可得。且古书之多隐，未必昔人故欲难晓，或世异语变，或方言不同；经荒历乱，埋藏积久，简编朽绝，亡失者多，或杂续残缺，或脱去章句，是以难知，似若至深耳。且夫《尚书》者，政事之集也④，然未若近代之优文、诏策、军书、奏议之清富赡丽也⑤；《毛诗》者，华彩之辞也⑥，然不及《上林》《羽猎》《二京》《三都》之汪濊博富也⑦。

【注释】

①管穴：《史记·扁鹊仓公列传》载，扁鹊过虢，值虢太子死，自荐能生之，虢之庶子好方技者不之信。扁鹊"仰天叹曰：'夫子之为方也，若以管窥天，以郄视文。'"穴、郄（隙）同义。后以"管穴"喻见识狭隘。

②九陔（gāi）：即"九垓"。见《勖学》篇"玄流沾于九垓"句注。

③拘阂：束缚阻碍。《后汉书·虞诩传》："今其众新盛，难与争锋。兵不厌权，愿宽假辔策，勿令有所拘阂而已。"李贤注："阂与碍同。"

④《尚书》：现存最早古籍，是春秋前历代史官收藏的政府重要文件及政治论文的选编。

⑤优文：褒奖的文告。汉牟融《理惑论》："牟子以为荣爵易让，使命难辞，遂严当行；会被州牧优文，处士辟之，复称疾不起。"《文心雕龙·诏策》："故授官选贤，则义炳重离之辉，优文封策，则气含风雨之润。"按"重（chóng）离"指太阳。诏策：即诏书。乃帝王于朝廷上所用告臣下的文体之一。《文心雕龙·诏策》："皇帝御宇，其言也神。渊嘿黼扆，而响盈四表，唯诏策乎？"按"渊嘿（mò）黼（fú）扆（yǐ）"言深沉静默而内含华美。军书：军事文书。《汉书·息夫躬传》："军书交驰而辐凑，羽檄重迹而押至。"奏议：臣下上奏帝王各类文字的统称。包括表、奏、疏、议、上书、封事等。曹丕《典论·论文》："盖奏议宜雅，书论宜理，铭诔尚实，诗赋欲丽。"

⑥《毛诗》：即《诗经》。汉代传《诗经》者有鲁人申培、齐人辕固、燕人韩婴及鲁人毛亨，合称"齐、鲁、韩、毛"。其中前三家为今文经学，毛《诗》为古文经学。前三家两汉皆立于学官，毛《诗》先传于民间，东汉始盛。《汉书·艺文志》有《毛诗》二十九卷，《毛诗诂训传》三十卷，但称毛公，不著其名。郑玄《诗谱》始称大毛公、小毛公。据三国吴陆玑《毛诗草木鸟兽虫鱼疏》，大毛公为毛亨，汉鲁国人；小毛公为毛苌，汉赵国人。今所传《诗经》，即《汉书·艺文志》之《故训传》。

⑦《上林》《羽猎》《二京》《三都》：皆为赋之名作。《上林赋》，西汉司马相如作，内容是设亡是公之言，极力夸张天子上林苑的广大，游猎的壮观，末归于节俭，含谏田猎之意。《羽猎赋》，东汉扬雄作，极力铺陈夸饰皇帝的游猎，有较明显的对皇帝奢侈的讽喻。《二京赋》，东汉张衡作，内容多模拟班固的《两都赋》，但对西汉末东京洛阳和西京长安的描述更为详备，对统治者腐朽生活的揭露也更具体和激切。《三都赋》，西晋左思作。描述三国时魏都洛阳、蜀都成都和吴都建康，其中以《蜀都》写蜀中富庶和风俗尤为出色。濊：（huì）。

【译文】

抱朴子回答道:"对见识狭窄的人,不能谈论九重天外没有东西;对学习范围狭小受局限的人,不能要求他有出类拔萃的独到见解。古代的人士,不是鬼也不是神,他们的躯体虽然已经消亡于往古,然而他们的精神却记载在典籍中,感情表现在文字上,意旨的趋向是能够知道的。况且古书多数隐晦,不一定是古人故意要让它难懂,有的是因为时代不同语言有变化,有的是因为方言不一样;经历了灾荒战乱,埋藏的时间长了,竹简编成的册籍绳索腐烂断折,丢掉的很多,有的掺杂连接或残缺不全,有的脱落了章节句子,因此难懂,好像深奥罢了。而且《尚书》,是政事文告的集子,但不如近世的褒奖文告、皇帝诏书、军事文书、表奏疏议清新富丽华美;《毛诗》,是华丽光彩的作品,但赶不上《上林》《羽猎》《二京》《三都》这些赋作深广博大。

【原文】

"然则古之子书能胜今之作者何也!然守株之徒①,喽喽所玩②,有耳无目,何肯谓尔!其于古人所作为神,今世所著为浅。贵远贱近,有自来矣。故新剑以诈刻加价,弊方以伪题见宝也③。是以古书虽质朴,而俗儒谓之堕于天也;今文虽金玉,而常人同之于瓦砾也。然古书者虽多,未必尽美,要当以为学者之山渊,使属笔者得采伐渔猎其中。然而譬如东瓯之木④,长洲之林⑤,梓豫虽多⑥,而未可谓之为大厦之壮观,华屋之弘丽也;云梦之泽⑦,孟诸之薮⑧,鱼肉之虽饶⑨,而未可谓之为煎熬之盛膳,渝、狄之嘉味也⑩。

【注释】

①守株:《韩非子·五蠹》:"宋人有耕田者,田中有株,兔走触株,折颈而死,因释其耒而守株,冀复得兔。兔不可复得,而身为宋国笑。"喻死守狭隘经验。

②喽(lóu)喽:形容狭小。

③方:书写文字用的木版。《仪礼·聘礼》:"百名以上书于策,不及百名书于方。"郑玄注:"方,板也。"

④东瓯(ōu):本为族名,为越族一支,传为越王勾践之后。其首领摇汉初封为东海王,都东瓯(今浙江省温州市),后亦称温州及浙南沿海地区为东瓯。

⑤长洲:见《君道》篇"洪潦凌室,而造船于长洲"句注。

⑥梓豫:皆木名。《书·梓材》:"若作梓材,既勤朴斫,惟其涂丹雘。"《本草纲目·木二·梓》:"按陆佃《埤雅》云:梓为百木长,故呼梓为木王,盖木莫良于梓。"又《木六·钓樟》:"相如赋云:楩、楠、豫、章。颜师古注云:豫即枕(chén)木,章即樟木。二木生至七年乃可分别。观此,则豫即《别录》所谓钓樟者也。根似乌药香,故又名乌樟。"此泛指良材。

⑦云梦:见《嘉遁》篇"夫群迷乎云梦者"句注。

⑧孟诸:即孟猪或孟渚。古泽薮。《书·禹贡》:"导菏泽,被孟猪。"《左传·僖公十八年》:"余赐女孟诸之麋。"杜预注:"孟诸,宋泽薮。"在今河南商丘东北,虞城西北。

⑨鱼肉之虽饶：孙星衍曰："（'之'）下脱一字。"杨明照曰："按'之'字乃涉上文误衍者，上'梓豫虽多'句可证。孙说非是。"杨说是也。

⑩渝：渝儿，或作俞儿、臾儿。古善辨味者。《庄子·骈拇》："属其性于五味，虽通如俞儿，非吾所谓臧也。"按"臧"谓智能优异。《淮南子·氾论训》："臾儿易牙，淄渑之水合者，尝一哈水而甘苦知矣。"狄：狄牙，即易牙。《大戴礼记·保傅》："（齐桓公）失管仲，任竖刁、狄牙，身死不葬，而为天下笑。"参《君道》篇"除蒸子之谄"句注。

【译文】

"那么古代的子书能胜过现代的作者在哪儿呢！但那些守株待兔拘泥守旧的人，局限于所欣赏的作品，只有耳朵没有眼光，怎么肯承认这一点呢！他们对于古人的作品认为很神秘，现在的作品则认为浅薄。看重古代而轻视现在，是由来已久的。因此新铸的剑因为伪刻古款而身价倍增，破烂的方版由于假托古人题字而被人珍视。所以古书虽然质朴无华，而庸俗的儒生把它说成是从天上掉下来的；现在的文章即使华美如金玉，但一般人却把它视同瓦砾。但古书虽然很多，不一定都好，重要的是可以作为学习者的高山深潭，让执笔写文的人能从中采集砍伐捕捞猎取。然而就像是东瓯的树木，长洲苑的林子，虽然梓树、豫章这样的好木材很多，但不能就把它说成是壮观的大厦，华美的房屋；云梦泽、孟诸薮，出产鱼肉虽然很丰富，但不能就称之为烹调好的丰盛饭食，渝儿、狄牙做的美味佳肴。

【原文】

"今诗与古诗俱有义理，而盈于差美。方之于士，并有德行，而一人徧长艺文①，不可谓一例也；比之于女，俱体国色，而一人独闲百伎，不可混为无异也。若夫俱论宫室，而奚斯'路寝'之颂②，何如王生之赋灵光乎③！同说游猎，而《叔田》《卢铃》之诗④，何如相如之言上林乎！并美祭祀，而《清庙》《云汉》之辞⑤，何如郭氏《南郊》之艳乎⑥！等称征伐，而《出军》《六月》之作⑦，何如陈琳《武军》之壮乎⑧！则举条可以觉焉。近者夏侯湛、潘安仁并作补亡诗，《白华》《由庚》《南陔》《华黍》之属⑨，诸硕儒高才之赏文者，咸以古诗三百，未有足以偶二贤之所作也。

【注释】

①徧（piān）：通"偏"。

②《诗·鲁颂》有《閟（bì）宫》篇，为鲁大夫公子奚斯所作。《诗序》："《閟宫》，颂僖公能复周公之宇也。"其九章有"路寝孔硕"之句，谓宫之正室很高大。

③王生赋灵光：汉景帝子鲁恭王刘余在周鲁僖公旧宫基址建灵光殿。东汉时王延寿游鲁，作灵光殿赋。《文选·王文考（延寿）〈灵光殿赋〉序》："初，恭王始都下国，好治宫室，遂因鲁僖基兆而营焉。遭汉中微，盗贼奔突，自西京未央、建章之殿皆见隳坏，而灵光岿然独存。"

④《叔田》：《诗·郑风》有《叔于田》《大（tài）叔于田》姊妹篇，内容前后相接，

描写一青年猎手勇猛、善良、精于御射。《卢铃》：《诗·齐风》篇名，今本作《卢令》。《诗序》以为其内容是以赞美古代田猎之事，来讽刺齐襄公"好田猎"，"不修民事"。

⑤《清庙》：《诗·周颂》篇名。《诗序》："《清庙》，祀文王也，周公既成洛邑，朝诸侯，率以祀文王焉。"《云汉》：《诗·大雅》篇名。是大旱之年周宣王为求雨祈神而作。描写了旱象之重及宣王的愁苦焦虑心情。

⑥郭氏《南郊》：指东晋郭璞所作《南郊赋》。今已残。内容为描写天子于南郊圜丘祭天的宏伟场面。

⑦《出军》：孙星衍曰："（'军'）当作'车'。"杨明照曰："按孙说是，吉藩本正作'车'，当据改。"《出车》：《诗·小雅》篇名。写周宣王派大将南仲征伐猃狁，胜利还朝。《六月》：《诗·小雅》篇名。《诗序》："《六月》，宣王北伐也。"写猃狁侵扰甚剧，周宣王派大臣尹吉甫率师征讨，胜利归来，宴请友人。

⑧陈琳：汉末至三国魏人。文名甚著。为袁绍作讨曹操檄文，为操所赏《武军赋》乃其众多赋作之一。

⑨《诗经》除留传下的305篇外，尚有《南陔》《白华》《华黍》《由庚》《崇丘》《由仪》六篇，仅存其目而文辞亡佚。晋代有不止一二家为之补作文辞，称"补亡诗"。夏侯湛、潘岳（字安仁）皆西晋文人，且二人相友善，并有才貌，时京都人称为"双璧"。

【译文】

"现在的诗和古代的诗都有很好的思想内容，差别全在于文辞的华美与否。用士人来作比方，都有好的德行，而一个人在写文章上更有才华，不能说全都一样；用女子作比方，都是举国容貌最美的，而一个人又有娴熟的多方面的技艺才能，不能混为一谈认为没有差别。至于都是描写宫室的，奚斯写的有'路寝孔硕'句子的颂诗，怎么比得上王延寿写的《灵光殿赋》呢！同是述说游猎，《叔于田》《卢铃》这些诗，怎么比得上司马相如描写上林苑的作品呢！都是赞美祭祀，而《清庙》《云汉》的文辞，怎么比得上郭璞的《南郊赋》艳丽！都是称颂出兵征战，《出车》《六月》那种作品，怎么比得上陈琳的《武军赋》雄壮呢！那么任举一项都可以让人感觉到这一点。不久前夏侯湛、潘安仁一起为《诗经》中散失的作品写了补作，《白华》《由庚》《南陔》《华黍》之类，诸位大儒高才善于鉴赏文学作品的人，都认为原来《诗经》中的三百首，没有足以和这二位贤者的作品相提并论的。

【原文】

"且夫古者事事醇素，今则莫不彫饰。时移世改，理自然也。至于罽锦丽而且坚①，未可谓之减于蓑衣；辒輧妍而又牢②，未可谓之不及椎车也③。书犹言也，若入谈语，故为知有④；胡越之接，终不相解，以此教戒，人岂知之哉！若言以易晓为辨，则书何故以难知为好哉？若舟车之代步涉，文墨之改结绳⑤，诸后作而善于前事，其功业相次千万者，不可复缕举也。世人皆知之快于曩矣，何以独文章不及古邪？"

【注释】

①罽(jì):毛织物。《汉书·高帝纪》:"贾人毋得衣锦绣、绮縠、絺紵、罽。"颜师古注:"罽,织毛,若今之氍及氍毹之类也。"按罽、毼(hé)、氍(qú)毹(yú)皆类今之呢子或毯子。

②辎(zī)軿(píng):有帷幕的车子。《汉书·张敞传》:"礼,君母出门则乘辎軿。"颜师古注:"辎軿,衣车也。"

③椎(chuí)车:用整块圆木做车轮的简陋车子。《盐铁论·非鞅》:"椎车之蝉攫,相土之教也。"王利器注引张敦仁曰:"椎车者,但斫一木使外圆,以为车轮,不用三材也。"按"蝉攫"指车轮外圈,相土为商代人。

④孙星衍曰:"('有')疑作'音'。"是。

⑤结绳:见《用刑》篇"而欲结绳以整奸欺"句注。

【译文】

"再有,古代事事都醇厚朴素,现在无论什么都雕画修饰。时间推移时代改变了,这是理所当然的。至于毛呢锦缎漂亮而且结实,不能说它们还不如蓑衣;有帷幕的辎軿车好看而又结实,不能说不如原始的椎车。书面的文字就如同是说话。如果能相互谈话,才能够成为'知音';与胡人、越人相交接,始终不相理解,用我们的语言去教诲告诫,人家怎么能懂得呢?如果语言以易懂与否为区别,那么书为什么以难理解为好呢?又如船和车代替涉水和步行,文字笔墨改变了结绳记事,各种后来产生的都比以前的要好,它们的功劳业绩相差千万倍,不能再一一列举。世上的人都知道这些比以前要好,为什么只认为文章不如古代呢?"

卷第三十一　省　烦

题　解

　　本篇对历来作为儒家经典的《三礼》提出了尖锐的批评。作者认为，"礼"固然是必要的，"安上治民，莫善于礼"，但应以"叙等威而表情敬"为限，不能在"升降揖让""拜起俯伏"上没完没了。礼之所以如此烦琐，是太平时代的"好古官长""无事"而"修之"。其中有"混挠"，有"重出"，后世的解释也往往相互抵触，考校则要浪费大量的时间精力，学习它，实行它都是"至难"的。作者非常赞同墨子对厚葬和烦礼的批评，并以曹操父子的实践来证明墨子主张的可行性。作者从而主张删定《三礼》，创立新的礼制，认为这不但可以"息学者万倍之役，弭诸儒争讼之烦"，而且可以减少用度，减轻人民的负担，是"美于今之视周"的大好事。虽然这可能令"守常之徒""愕然"，但"或因或革"是历史的必然。

　　对葛稚川的具体主张可以另作评价，但他作为立论基础的"三王不相沿乐，五帝不相袭礼"的社会发展观是应当充分肯定的。

【原文】

　　抱朴子曰："安上治民，莫善于礼，弥纶人理①，诚为曲备②。然冠、婚、饮、射，何烦碎之甚邪③！人伦虽以有礼为贵，但当令足以叙等威而表情敬，何在乎升降揖让之繁重，拜起俯伏之无已邪！往者天下乂安④，四方无事，好古官长，时或修之，至乃讲试累月，督以楚挞，昼夜修习，废寝与食。经时学之，一日试之，执卷从事，案文举动，黜谪之罚，又在其间，犹有过误，不得其意。而欲以为以此为生民之常事，至难行也。此墨子所谓累世不能尽其学，当年不能究其事者也⑤。

【注释】

①弥纶：见《逸民》篇"弥纶二仪"句注。
②曲备：完备；周全。蔡邕《玄文先生李子材铭》："鼎俎之礼，节文曲备。"
③冠（guàn）、婚、饮、射：指礼书上有关的仪节规定。其中"冠"指古代为男子满二十岁（天子、诸侯可提前至十二岁）举行加冠之礼。"饮"指乡饮酒礼，周代乡学三年业成举行大比，考德行道艺，优异者荐于诸侯，将行之时，由乡大夫设酒宴以宾礼相

待,谓之乡饮酒礼。所荐之贤者分为"宾""介""次宾"三个层次。"射"指射礼,又有大射、宾射、燕射、乡射之分,将祭择士为大射(所谓以射择士),诸侯朝天子或诸侯相朝为宾射,宴饮之射为燕射,乡大夫举士后所行之射为乡射。婚礼,参见《弭讼》篇"是故大婚之礼古人所重"以下五句注,详见《仪礼·士昏礼》《礼记·昏义》。冠礼,详见《仪礼·士冠礼》《礼记·冠义》。饮礼,详见《仪礼·乡饮酒礼》《礼记·乡饮酒义》。射礼,见《仪礼·乡射礼》及《大射》《礼记·射义》。诸礼之程序、场面安排等皆极繁复,举手投足都有严格规定。文长不赘引。

④乂(yì)安:安定,太平。《史记·孝武本纪》:"汉兴已六十余岁矣,天下乂安。"

⑤《墨子·非儒下》:"累寿不能尽其学,当年不能行其礼,积财不能赡其乐。"

【译文】

抱朴子说:"安定君主治理百姓,没有比礼更好的了,联系贯通人间的伦理关系,实在是很完备的。但是冠礼、婚礼、饮礼、射礼烦琐得多么厉害呀!人的伦理关系虽然以有礼为宝贵,但应该让人们足够以此来排列出尊卑各等的威仪并表现出真诚的敬意就行了,怎么会在于升堂降阶、宾主相见的繁难复杂,下拜起立、俯首伏地的没完没了呢!从前的时候天下太平,四面八方没有事情,喜好古代事物的主要官员,有时学习礼,以至于成年累月地讲解应用,用鞭打来督促,白天黑夜地学习,耽误了睡觉和吃饭。经过一个季节的学习,而试用于一天,捧着书卷做事情,按照条文安排一举一动,其中还包含着罢黜贬官的惩罚,但是仍然有过失错误,不合于礼义的地方。而想要用这个作为人民的日常遵行的东西,是太难施行了。这就是墨子所说的几辈子也不能穷尽这门学问,一年当中不能弄清楚这件事的那种情况。

【原文】

"古人询于蒭荛①,博采童谣②;狂夫之言,犹在择焉③。至于墨子之论,不能非也。但其张刑网④,开涂径⑤,浃人事⑥,备王道⑦,不能曲述耳。至于讥葬厚⑧,刺礼烦⑨,未可弃也。自建安之后,魏之武文,送终之制,务在俭薄⑩。此则墨子之道,有可行矣。

【注释】

①蒭荛(ráo):割草采薪者。句出《诗·大雅·板》:"先民有言,询于刍荛。"毛传:"刍荛,薪采者。""蒭"同"刍"。

②古以为童谣能预示世运人事,故古书中多记采于童谣事。如《左传·僖公五年》:"八月甲午,晋侯围上阳。问于卜偃曰:'吾其济乎?'对曰:'克之。'公曰:'何时?'对曰:'童谣曰:"丙之晨,龙尾伏辰……"其九月十月之交乎?'"《后汉书·方术传上·许扬》:"时有歌谣曰:'败我陂者翟子威,饴我大豆,亨我芋魁。反乎覆,陂当复。'明府今兴立废,富国安民,童谣之言,将有征于此。"

③语出《史记·淮阴侯列传》:"广武君曰:'臣闻智者千虑,必有一失;愚者千虑,必有一得。故曰:"狂夫之言,圣人择焉。"'"

④张刑网:《墨子·尚同上》:"子墨子言曰:'古者民始生,未有刑政之时,盖其语

人异义。……天下之乱，若禽兽然。……天子唯能壹同天下之义，是以天下治也。……是故子墨子言曰：'古者圣王为五刑，请以治其民。譬若丝缕之有纪，网罟之有纲，所连收天下之百姓不尚同其上者也。'""不尚同其上"谓不与上面意见一致。

⑤开涂径：《墨子·尚贤上》："故古者圣王之为政，列德而尚贤。虽在农与工肆之人，有能则举之，高予之爵，重予之禄，任之以事，断之以令。……是故子墨子言曰：'得意，贤士不可不举，不得意，贤士不可不举；尚欲祖述尧、舜、禹、汤之道，将不可以不尚贤。夫尚贤者，政之本也。"墨子主张消除以血缘和种姓为依据的等级观点，代之以"兼爱""尚贤"，广开贤路。见于《墨子》之《亲士》《尚贤》《兼爱》等篇。

⑥浃（jiā）人事：浃：融洽。指墨子的兼爱思想。兼爱，是墨子最有代表性的理论之一，其内容是要求人们爱人如己。墨子认为他所处的战国时代社会混乱的主因是人们不相爱，只有通过"兼相爱，交相利"才能达到社会的安定。其说主要见于《墨子·兼爱》。

⑦备王道：从王道的高度研究政治，是《墨子》的重要特点。如《亲士》："圣人者，事无辞也，物无违也，故能为天下器。是故江河之水，非一源之水也；千镒之裘，非一狐之白也。夫恶有同方取不取同而已者乎？盖非兼王之道也！是故天地不昭昭，大水不潦潦，大火不燎燎，王德不尧尧者，乃千人之长也。"又如《尚贤中》："今王公大人欲王天下、正诸侯，夫无德义，将何以哉？其说将必挟震威强。今王公大人将焉取挟震威强哉？倾者民之死也！民生为甚欲，死为甚憎。所欲不得，而所憎屡至。自古及今，未有尝能以此王天下、正诸侯者也。今大人欲王天下、正诸侯，将欲使意得乎天下，名成乎后世，故不察尚贤为政之本也！此圣人之厚行也。"

⑧讥葬厚：《墨子·节葬》："厚葬久丧，实不可以富贫众寡、定危理乱乎！此非仁非义，非孝子之事也。为人谋者，不可不沮也。"墨子认为，厚葬和久丧不但不能"富家""众人民"，而且也不能"治刑政"，不能"禁止大国之攻小国"，不能"干上帝鬼神之福"。"故子墨子言曰：'今天下之士君子，中请将欲为仁义，求为上士，上欲中圣王之道，下欲中国家百姓之利，故当若节表之为政，而不可不察此者也。'"

⑨刺礼烦：墨子的思想有明显的实用和功利的色彩，对当时各国间的攻伐和统治者的奢侈都有广泛而尖锐的批评，烦琐的礼制也在其中，分见《墨子》之《非攻》《节用》《节葬》《非乐》《节儒》等篇。参上文"此墨子所谓累世不能尽其学，当年不能究其事者也"句注。

⑩《三国志·魏书·武帝纪》："（魏）王崩于洛阳，年六十六。遗令曰：'天下尚未安定，未得遵古也。葬毕，皆除服。其将兵屯戍者，皆不得离屯部。有司各率乃职。敛以时服，无藏金玉珍宝。'"曹操死十五日葬，同时除服。又《文帝纪》："（黄初三年）冬十月甲子，表首阳山东为寿陵，作终制曰：'礼，国君即位为椑，存不忘亡也。昔尧葬谷林，通树之，禹葬会稽，农不易亩。故葬于山林，则合乎山林。封树之制，非上古也，吾无取焉。寿陵因山为体，无为封树，无立寝殿，造园邑，通神道。夫葬也者，藏也，欲人之不得见也。骨无痛痒之知，冢非栖神之宅，礼不墓祭，欲存亡之不黩也，为棺椁足以朽骨，衣衾足以朽肉而已。故吾营此丘墟不食之地，欲使易代之后不知其处。无施苇炭，无藏金银铜铁，一以瓦器，合古涂车、刍灵之义。棺但漆际会三过，饭含无以珠玉，无使珠

襦玉匣，诸愚俗所为也。……若违今诏，妄有所变改造施，吾为戮尸地下，戮而重戮，死而重死。臣子为蔑死君父，不忠不孝，使死者有知，将不福汝。其以此诏藏之宗庙。副在尚书、祕书、三府。'"

【译文】

"古人向牧人樵夫求问，广泛采纳童谣；就是狂放不羁，悖逆胡为者的话，也在采择之列。至于墨子的学说，是不能否定的。只是他的大张刑网，广开仕途，融洽人事，完备王道等等，不能全面叙述罢了。至于讥讽葬礼奢侈，批评礼节烦琐，更不能抛弃。自从汉末建安年间以后，曹魏的武帝文帝送终的制度，致力于俭约节省。这说明墨子的主张是可以施行的。

【原文】

"余以为丧乱既平，朝野无为①，王者所制，自君作古②。可命精学洽闻之士③，才任损益、免于拘愚者，使删定《三礼》④，割弃不要，次其源流，总合其事，类集以相从。其烦重游说，辞异而义同者，存之不可常行，除之无所伤损，卒可断约而举之，勿令沉隐，复有凝滞。其吉凶器用之物，俎、豆、觚、觯之属⑤，衣、冠、车、服之制，旗、章、采色之美，宫室尊卑之品，朝飨宾主之仪，祭、奠、殡、葬之变，郊祀、禘祫之法⑥，社稷、山川之礼⑦，皆可减省，务令约俭。

【注释】

①无为：出《诗·王风·兔爰》："我生之初，尚无为；我生之后，逢此百罹。"郑玄笺："谓军役之事也。"

②作古：谓不拘前例，自行创新。亦作"作故"。《国语·鲁语上》："哀姜至，公使大夫宗妇觌，用币。宗人夏父展曰：'非故也。'公曰：'君作故。'"

③洽闻：多闻博识。《史记·儒林列传》："其令礼官劝学，讲议洽闻兴礼，以为天下先。"

④《三礼》：《周礼》《仪礼》《礼记》的合称。《后汉书·儒林传下·董钧》："中兴，郑众传《周官经》，后马融作《周官传》，授郑玄，玄作《周官注》。玄本习《小戴礼》，后以古经校之，取其义长者，故为郑氏学。玄又注小戴所传《礼记》四十九篇，通为《三礼》焉。"

⑤俎：古代祭祀或燕飨时主要用于陈放牲体的一种礼器。豆：古代食具。多用以盛装肉羹。一般用于祭祀。觚（gū）：青铜制喇叭形饮酒器。盛行于商及西周初。觯（zhì）：饮酒器，多种材质，多为圆腹侈口，或有盖，形似尊而小。

⑥郊祀：于郊外祭祀天地，南郊祭天，北郊祭地。郊为大祀，祀为群祀。禘（dì）、祫（xiá）：均为帝王祭祀始祖的隆重仪礼。禘，帝王或诸侯所行各种大祭的总名，包括祀天、宗庙大祭和宗庙时祭。五年举行一次。祫，集合远近祖先的神主于太祖庙大合祭。三年丧毕时举行一次，次年禘祭后又举行一次，以后每五年一次。

⑦社稷：社，土神；稷，谷神。祭祀土神、谷神也称社、稷。社稷合称，古代用为国

家的代称,帝王、诸侯按时祭祀。山川:名山大川。《书·舜典》:"望于山川,遍于群神。"孔安国传:"九州名山大川,五岳四渎之属,皆一时望祭之。"按四渎(dú)谓江、河、淮、济四水。

【译文】

"我认为动荡混乱平定之后,朝野没有战事,以王道治天下的君主制定礼法,应该从自己开始打破旧规自创先例。可以让精于学问见闻广博的士人,才能可以担负起礼的删减增益、能避免拘谨愚顽的人,让他们删定《周礼》《仪礼》和《礼记》,去掉其中不必要的内容,排列其源与流的先后顺序,总合它们的事类,按照类别集中编排。那些烦琐重复虚浮不实的说法,词句不同而意思相同的,保存它也不可能平时实行,去掉了也没有什么损伤,最后就可以大家商定后去掉它,不让它存留下来,再造成困阻。那些有关于吉礼凶礼所用的器物,俎、豆、舣、觯之类的东西,有关衣服、发冠、车辆、丧服等的制度,旗帜、花纹、色彩等装饰,房屋尊卑的等级规定,朝见、宴飨时宾主的仪节,祭祀祖先、祭奠死者、出殡、下葬的区别,郊祭天地和大祭始祖的办法,祭祀土神、谷神和山川之神的礼仪,都可以减少省略,一定要让它简单节省。

【原文】

"夫约则易从,俭则用少;易从则不烦,用少则费薄;不烦则莅事者无过矣;费薄则调求者无苛矣。拜休揖让之节,升降盘旋之容,使足叙事,无令小碎,条牒各别,令易案用。今五礼混挠①,杂饰纷错,枝分叶散,重出互见,更相贯涉。旧儒寻案②,犹多所滞。驳难渐广③,异同无已④,殊理兼说,岁增月长,自非至精,莫不惑闷,踌躇歧路之衢,愁劳群疑之薮,煎神沥思,考校判例,尝有穷年,竟不豁了,治之勤苦,决嫌无地,呻吟寻析,憔悴决角。修之华首不立,妨费日月,废弃他业,愁困后生,真未央矣。长致章句⑤,多于本书。今若破合杂俗,次比种稷,删削不急,抗其纲,较其令,炳若日月之著明,灼若五色之有定,息学者万倍之役,弭诸儒争讼之烦。将来达者观之,当美于今之视周矣。此亦改烧石去血食之比,无所惮难,而恨恨于惜怀推车迟于去巢居也。

【注释】

①五礼:古代五方面的礼制。《周礼·春官·小宗伯》:"掌五礼之禁令与其用等。"郑玄注引郑众云:"五礼,吉、凶、军、宾、嘉。"《隋书·礼仪志一》:"以吉礼敬鬼神,以凶礼哀邦国,以宾礼亲宾客,以军礼诛不虔,以嘉礼合姻好,谓之五礼。"

②旧儒:犹宿儒。谓年老有名望的学者。《后汉书·樊準传》:"公卿各举明经及旧儒子孙,进其爵位,使缵其业。"

③驳难:疑"难"为"杂"字之误。二字之繁体"難""雜"形近。

④异同:偏义复合词,谓异也。

⑤章句:剖章析句。本为经学家解经的一种体例。此泛指对书籍的注释。

【译文】

"简单就容易使人照此施行,节省就可以减少用度;容易施行就不烦琐,用度少就花费小;不烦琐就使处理公事的人不容易有过失,花费小就使对百姓的征调不苛刻。下拜休礼宾主相见的礼节,升堂降阶进退回环的形式,让它能够使事情进行就可以了,不要过于细碎,要分条区别清楚,让人们容易照此施行。如今五种礼相互混杂搅扰,纷繁而错乱,树枝一般分开树叶一样散布,重复出现几处互见,相互关联涉及。老的儒者寻找查考,尚且经常被阻滞。其混杂不纯越来越厉害,不同的理解没完没了,悬殊的解释并列的说法,与日俱增。如果不是非常精通于此的人,无不迷惑糊涂,像在交叉路口踌躇不前,在有众多困难的渊薮中忧愁劳碌,煎熬精神竭尽思虑,考订校对判断事例,曾经有的用整年的时间,到最后竟不能豁然了结,勤劳辛苦地修治,但解决疑难找不到地方,忧劳艰辛地寻求解释,竭尽心力地去判断衡量。研究它头发白了也无所建树,浪费了时光,耽误了其他事业,令年轻人忧愁困苦,真是没有尽头啊!大量的解释文字,比原书还多。如今如果打破原来礼的系统杂入今天的习俗,分门别类,删除不需要的,提高礼的总纲,检查它的条令,那么其明亮可以像太阳月亮放射光芒,灿烂像五种颜色齐备,可以省去学习者万倍的劳动,消除众多儒生争吵的烦恼。将来的通达者看它,应当比现在看周代还要美好。这也就像是改烧石为炊而脱离带血生食之间的对比,不应有所畏难,而遗憾于对过去的珍惜怀想,认为推车延误了脱离穴居。

【原文】

"然守常之徒而卒闻此义,必将愕然创见,谓之狂生矣。夫三王不相沿乐,五帝不相袭礼①,而其移风易俗,安上治民一也②。或革或因,损益怀善③,何必当乘船以登山④,策马以涉川,被甲以升庙堂,重裘以当隆暑乎!若谓古事终不可变,则棺椁不当代薪埋⑤,衣裳不宜改裸袒矣。"

【注释】

①说本《礼记·乐记》:"五帝殊时,不相沿乐;三王异世,不相袭礼。"郑玄注:"言其有损益也。"《汉书·礼乐志》:"昔黄帝作《咸池》,颛顼作《六茎》,帝喾作《五英》,尧作《大章》,舜作《招》,禹作《夏》,汤作《濩》,武王作《武》,周公作《勺》。"颜师古注:"喾音酷""招读曰韶""濩音护""勺读曰酌"。

②《汉书·礼乐志》:"故孔子曰:'安上治民,莫善于礼;移风易俗,莫善于乐。'"颜师古注:"此《孝经》载孔子之言也。"

③损益怀善:杨明照曰:"按'怀'字误。当依卢本、柏筥堂本、文溯本、《丛书》本、崇文本改作'坏'。"

④何必当乘船以登山:杨明照曰:"按'当'字似不必有,盖涉次行'重裘以当隆暑乎'句误衍。"

⑤《易·系辞下》:"古之葬者,厚衣之以薪,葬之中野,不封不树,丧期无数。后世圣人易之以棺椁。"此为句之所本。

【译文】

"但是拘守常规的人们仓促之间听说这种主张,必然会惊愕于这首次出现的见解,称我为大胆妄为的人了。夏、商、周三代之王音乐不相沿用,上古五位帝王的礼法也不相因袭,但是他们转移风气改变习俗,安居上位治理人民是一样的。有的变革有的因袭,或减少或增加或毁坏或改善,为什么非得乘船去登山,鞭打着马去渡河,身披铠甲上朝廷,穿几层皮衣来阻挡暑热呢!如果认为古代的事始终不能改变,那么用棺椁下葬就不应该代替远古用柴薪埋葬,穿衣裳也不应该代替赤身裸体了。"

卷第三十二　尚　博

题　解

　　本篇的内容是褒扬子书，尤其是汉魏以降的子书。作者认为子书相对于正经来说虽处于佐助的地位，但可以与经典殊途而同归，同样能助人为善，有益教化，因而是可与《韶》《濩》比美，与龙章同价的奇珍异宝。其义深，其辞赡，可以弭祸乱，可以垂福祉。当然，要想达到这样的水平，能够得到圣人的品藻和社会的认可，需要"有远过众者"之处。同时，人们也应具备相应的识别能力，不要"见能染毫画纸者，便概之一例"。

　　作者激烈地抨击了德行为本、文章为末，称"缀文"为"余事"的观点。作者认为是由于"文章微妙"故难识，而文章的作用在于载道——"道未行则不得无文"，所以文章与德行等于是"十尺之与一丈"。篇末则继《钧世》篇之后再次驳斥"神贵古昔而黩贱同时"的历史倒退观。

　　但作者在议论中曾有意无意地将文章之"文"与谥号之"文"、花纹之"文"混为一谈，说明葛洪可能是不自觉地受到魏晋清谈的影响，表现出这样的析理倾向。

【原文】

　　抱朴子曰："正经为道义之渊海，子书为增深之川流。仰而比之，则景星之佐三辰也①；俯而方之，则林薄之裨嵩岳也②。虽津涂殊辟，而进德同归；虽离于举趾，而合于兴化。故通人总源本以括流末，操纲领而得一致焉。古人叹息于才难，故谓百世为随踵③。不以璞非昆山而弃耀夜之宝，不以书不出圣而废助教之言。是以闾陌之拙诗，军旅之鞠誓④，或词鄙喻陋，简不盈十⑤，犹见撰录，亚次典诰。百家之言，与善一揆⑥，譬操水者，器虽异而救火同焉；犹针灸者，术虽殊而攻疾均焉。

【注释】

　　①景星：杂星名。又称瑞星、德星。《史记·天官书》："天精而见景星。景星者，德星也。其状无常，常出于有道之国。"三辰：《左传·桓公二年》："三辰旂旗，昭其明也。"杜预注："三辰，日、月、星也。"

　　②林薄：交错丛生的草木。《楚辞·九章·涉江》："露申辛夷，死林薄兮。"王逸注：

"丛木曰林，草木交错曰薄。"按"露申""辛夷"皆植物名。

③说本《战国策·齐策三》："淳于髡一日而见七人于宣王。王曰：'子来！寡人闻之，千里而一士，是比肩而立；百世而一圣，若随踵而至也。'"

④鞫（jū）：贫乏。《诗·大雅·云汉》："鞫哉庶正，疚哉冢宰。"郑玄笺："鞫，穷也……疚，病也。"

⑤简：古代写字用的竹片。

⑥一揆（kuí）：出《孟子·离娄下》："地之相去也，千有余里；世之相后也，千有余岁。得志行乎中国，若合符节，先圣后圣，其揆一也。"后即以"一揆"言同一道理，同一形式。

【译文】

抱朴子说："如果正统的经典是道义的深渊和大海，诸子的著作则是增加它深度的河流。仰望天空进行比喻，经书与诸子著作的关系就如同景星陪衬日月星辰；俯视大地进行比喻，它们就如同森林草丛辅助嵩岳一样。虽然途径不同，但在通向美德这一点上一致；虽然在举足行步方面有所区别，但在振兴教化上相合。所以，学识渊博的人汇总最根本的东西来囊括次要的东西，抓住大纲要领就能取得一致。古人叹息人才难得，所以曾说百代产生一个人才就已经像脚挨脚走来一样频繁了。他们并不因为璞玉不是从昆仑山出产的就抛弃能照亮黑夜的宝玉，也不因为书籍不是圣人所著就废弃有助于教化的言论。因此，民间巷陌中流传的拙劣诗歌、军旅中枯燥贫乏的誓词，有的言辞庸俗比喻浅陋，短得几乎不够十行，但仍然被古人收集著录下来，其地位仅次于《尚书》中《尧典》《大诰》等重要文献。而诸子百家的著作帮助人们进步的作用与经书是同样的，如同取水，容器虽然不同但能够救火却是相同的；又如同用针刺或用艾条烧灼，方法虽然不同，但能够治疗疾病却是一样的。

【原文】

"汉魏以来，群言弥繁。虽义深于玄渊，辞赡于波涛，施之可以臻征祥于天上①，发嘉瑞于后土，召环、雉于大荒之外②，安圜堵于函夏之内③，近弭祸乱之阶，远垂长世之祉；然时无圣人目其品藻④，故不得骋骅骝之迹于千里之涂，编近世之道于三坟之末也⑤。拘系之徒，桎梏浅隘之中，挈瓶训诂之间⑥，轻奇贱异，谓为不急；或云小道不足观⑦，或云广博乱人思；而不识合锱铢可以齐重于山陵，聚百十可以致数于亿兆⑧，群色会而衮藻丽，众音杂而《韶》《濩》和也⑨。或贵爱诗、赋浅近之细文⑩，忽薄深美富博之子书，以磋切之至言为骏拙，以虚华之小辩为妍巧。真伪颠倒，玉石混淆；同广乐于桑间⑪，钧龙章于卉服⑫。悠悠皆然，可叹可慨者也。"

【注释】

①征祥：祥兆。《说苑·善说》："陛下之身逾盛，天瑞并至，征祥毕见。"

②召环、雉于大荒之外：见《君道》篇"灵禽贡于彤庭""瑶环献自西极"二句注。

③圜堵，即环堵。见《任命》篇"环堵之操不粹者"句注。函夏：全国。出《汉书·扬雄传上》："以函夏之大汉兮，彼曾何足与此功？"颜师古注引服虔曰："函夏，函诸夏也。"

④品藻：见《名实》篇"品藻乖滥"句注。

⑤三坟：传说中我国最古老的典籍。

⑥挈瓶：汲水瓶。比喻小智小慧。出《左传·昭公七年》："虽有挈瓶之知，守不假器，礼也。"

⑦小道：《论语·子张》："虽小道，必有可观者焉。"何晏集解："小道谓异端。"刘宝楠正义："《周官·大司乐》注：'道，多才艺。'此小道亦谓才艺。郑注云：'如今诸子书也。'郑举一端，故云'如'以例之。"

⑧百十：杨明照引证《百家》《任命》二篇及《内篇·极言》，以为当作"百千"。

⑨《韶》：舜时乐曲。《濩》：汤时乐曲。

⑩乘（shèng）：春秋时晋国史书称"乘"。《孟子·离娄下》："晋之《乘》，楚之《梼杌》，鲁之《春秋》，一也。"赵岐注："此三大国史记之名异。《乘》者，兴于田赋乘马之事，因以为名。"

⑪广乐：盛大美雅之乐。《穆天子传》："天子乃奏广乐。"桑间：指淫靡的音乐。《礼记·乐记》："桑间濮上之音，亡国之音也。其政散，其民流，诬上行私而不可止也。"郑玄注："濮水之上，地有桑间者，亡国之音于此之水出也。"

⑫卉服：用葛布做的衣服。《书·禹贡》："岛夷卉服。"孔安国传："南海岛夷，草服葛越。"孔颖达疏："舍人曰：'凡百草一名卉。'知卉服是草服，葛越也。葛越，南方布名，用葛为之。"

【译文】

"汉魏以来，各种学说更加繁多。虽然含义比深渊还深奥，辞藻比波涛还丰富，实践了它们就可以使吉兆出现在天上，使瑞征呈示于大地，能把玉环和白雉从辽远的大荒之外召来，令华夏所有人家安定，从近期来说可以消除祸乱的根由，从长远来讲可以留传永久的幸福；然而当时没有圣人鉴定它们的等级，所以不能使骐骥一样的人才驰骋于千里长途之中，不能使近世出现的学说编纂在'三坟'等古代文献之后。思想保守的人，被浅薄狭隘所捆绑，被拙陋的训诂知识所束缚，轻视新奇的观点，鄙薄不同的学说，说它们不是当前所急需的；有人说它们是礼乐政教之外的无须重视的学说，有人说它们太广博会搅乱人的思想；但是，这些人不懂得汇合一锱一铢能与山陵一样沉重，积聚百千的小数目可以达到亿兆的大数目，各种颜色调配在一起衮衣的花纹就会美丽，各种音色汇合在一起《韶》《濩》的音乐就和谐。有的人重视喜爱诗歌和历史著作这类浅近渺小的文字，忽视鄙薄深刻美妙丰富广博的诸子著作，把商讨研究的至理之言看成愚蠢笨拙的东西，把空洞华丽无关宏旨的辩论看成漂亮灵巧的文字。真和假被颠倒，玉和石被混淆；把盛大美雅的音乐与桑间濮上的靡靡之音一样看待，把帝王所穿的绣着龙形图案的礼服与绨葛制的服装视为同等。世人都是如此，真令人叹息令人感慨啊。"

卷第三十二　尚博

【原文】

或曰："著述虽繁，适可以骋辞耀藻，无补救于得失，未若德行不言之训①。故颜、闵为上，而游、夏乃次；四科之格，学本而行末②。然则缀文固为余事③。而吾子不褒崇其源，而独贵其流，可乎？"

【注释】

①不言：不靠语言。谓以德感化。出《老子》二章："是以圣人居无为之事，行不言之教。"

②"故颜、闵为上"以下四句：见《勖学》篇"遂成升堂之生，而登四科之哲"二句注。

③余事：多余的不重要的事。汉牟融《理惑论》："夫履道者，当虚无澹泊，归志质朴，何为乃道生死以乱志，说鬼神之余事？"

【译文】

有的人说："著述虽多，只可用来尽情炫耀辞藻，对大事的成功毫无增益帮助，比不上德行这种不用语言表达的教诲。所以颜回、闵子骞居于孔门弟子的前列，而子游、子夏居于次要地位；德行、言语、政事、文学四科的标准，以学问为根本而以实践为次要。这样看来，写文章当然就是最次要的小事了。然而您却不赞扬推崇其本源，却偏偏看重其支流，这行吗？"

【原文】

抱朴子答曰："德行为有事，优劣易见；文章微妙①，其体难识。夫易见者粗也，难识者精也。夫唯粗也，故铨衡有定焉；夫唯精也，故品藻难一焉。吾故舍易见之粗，而论难识之精，不亦可乎！"

【注释】

①文疑有误。或为"文章"后脱一字。

【译文】

抱朴子回答说："德行因为有具体的事实，它的优劣容易看到；文章因为微妙，它的实质难以认识。容易看到的东西是粗糙的，难以认识的东西是精细的。正因为粗糙，所以能够准确衡量；正因为精细，所以评定它时就难以一致。我特地抛开容易看到的粗糙，而论及难以认识的精细，不也可以吗？"

【原文】

或曰："德行者，本也；文章者，末也。故四科之序，文不居上。然则著纸者，糟粕之余事①；可传者，祭毕之刍狗②。卑高之格，是可识矣。文之体略，可得闻乎？"

【注释】

①说本《庄子·天道》："桓公读书于堂上。轮扁斫轮于堂下，释椎凿而上，问桓公

曰：'敢问，公之所读者何言邪？'公曰：'圣人之言也。'曰：'圣人在乎？'公曰：'已死矣。'曰：'然则君之所读者，古人之糟魄已夫！'桓公曰：'寡人读书，轮人安得议乎？有说则可，无说则死。'轮扁曰：'臣也以臣之事观之。斲轮，徐则甘而不固，疾则苦而不入。不徐不疾，得之于手而应于心，口不能言，有数存焉于其间。臣不能以喻臣之子，臣之子亦不能受之于臣，是以行年七十而老斲轮。古之人与其不可传也死矣。然则君之所读者，古人之糟魄已夫！'"《经典释文》："司马云：'……糟烂为魄。本又作粕，音同。'"

②刍狗：祭祀用的草扎成的狗。《老子》五章："天地不仁，以万物为刍狗；圣人不仁，以百姓为刍狗。"魏源本义："结刍为狗，用之祭祀，既毕事则弃而践之。"

【译文】

有的人说："德行，是根本；文章，是末节。所以德行、言语、政事、文学的顺序中，文学一科不居于前列。这样说来，在纸上写作，就像是酒糟豆渣一类无价值的次等小事；可以流传的文章，就像祭祀之后弃去的草扎的狗一样毫无价值。低级和高级的标准，是可以辨识的。关于文章的根本之点，您能说给我们听听吗？"

【原文】

抱朴子答曰："荃可以弃①，而鱼未获则不得无荃；文可以废，而道未行则不得无文。若夫翰迹韵略之宏促，属辞比事之疏密，源流至到之修短，蕴藉汲引之深浅，其悬绝也，虽天外毫内，不足以喻其辽邈；其相倾也，虽三光熠耀②，不足以方其巨细。龙渊铅铤，未足譬其锐钝；鸿羽积金，未足比其轻重。清浊参差，所禀有主。朗昧不同科，强弱各殊气。而俗士唯见能染毫画纸者，便概之一例。斯伯牙所以永思钟子③，郢人所以格斤不运也④。盖刻削者比肩，而班、狄擅绝手之称⑤；援琴者至众，而夔、襄专知音之难⑥。厩马千驷，而骐骥有逸群之价；美人万计，而威、施有超世之容⑦。盖有远过众者也。

【注释】

①荃（quán）：通"筌"，捕鱼器。《庄子·外物》："荃者所以在鱼，得鱼而忘荃。"

②熠（yì）耀：亦作"熠燿"。燐火。《诗·豳风·东山》："町畽鹿场，熠燿宵行。"毛传："熠燿，燐也。燐，萤火也。"

③典出《吕氏春秋·本味》："伯牙鼓琴，钟子期听之。方鼓琴而志在太山，钟子期曰：'善哉乎鼓琴，巍巍乎若太山。'少选之间，而志在流水，钟子期又曰：'善哉乎鼓琴，汤汤乎若流水。'钟子期死，伯牙破琴绝弦，终身不复鼓琴，以为世无足复为鼓琴者。"伯牙之名始见于《荀子·劝学》："伯牙鼓琴而六马仰秣。"

④典出《庄子·徐无鬼》："庄子送葬，过惠子之墓，顾谓从者曰：'郢人垩慢其鼻端，若蝇翼，使匠石斲之。匠石运斤成风，听而斲之，尽垩而鼻不伤，郢人立不失容。宋元君闻之，召匠石曰：'尝试为寡人为之。'匠石曰：'臣则尝能斲之。虽然，臣之质死久矣。'自夫子之死也，吾无以为质矣，吾无与言之矣。"

⑤班、狄：公输班、墨狄。见《名实》篇"放斧斤而欲双巧于班、墨"句注。

⑥夔（kuí）：相传舜时乐官。《礼记·乐记》："昔者舜作五弦之琴，以歌《南风》。

夔始制乐，以赏诸侯。"襄：师襄，又称师襄子。春秋卫（或曰鲁）国乐官。传说孔子曾向他学琴。其事见《史记·孔子世家》《韩诗外传》五等。

⑦威：南之威。春秋晋国美女。《战国策·魏策二》："晋文公得南之威，三日不听朝，遂推南之威而远之，曰：'后世必有以色亡其国者。'"施：西施。见《勖学》篇"粉黛至则西施以加丽"句注。

【译文】

抱朴子回答说："竹筌可以丢弃，但未捕到鱼时就不能没有它；文章可以废弃，但好的政治主张未曾施行时就不能没有文章。至于那文笔韵度的宽狭，撰文记事的详略，溯源流布的远近，蕴含容纳的深浅，其差异的悬殊，即使用天际之外与细毛之内二者的差距，也不能比喻出它们之间距离的遥远；其相互的对比，即使用日月星三光与燐火之光，也不能比拟尽它们之间大小的不同。龙渊宝剑与铅制的刀，不足以比喻二者的锋利与粗钝；鸿雁的羽毛与堆积的铜块，不足以比喻他们的轻飘与沉重。清浊有别，为不同的人所承受。明朗和暗淡等级不同，坚强和软弱气质各异。然而浅俗的人却只看到这两种作者都能用笔蘸墨在纸上涂画，就把他们看作是同类。这正是伯牙之所以永远怀念钟子期，郢人所以停斧而不再使用的原因。能砍削的人多得肩挨肩，但是只有公输班和墨翟能独享绝等技艺高手的名声；操琴弹奏的人很多，可是只有夔和师襄专有懂得音乐的难得称号。马厩中有马几千匹，但是只有骐和骥有超群的价值；美人数以万计，可是只有南之威和西施有超过所有人的姿色。这大概是因为他们远远超过了一般人吧。

【原文】

"且文章之与德行，犹十尺之与一丈，谓之余事，未之前闻。夫上天之所以垂象①，唐、虞之所以为称②，大人虎炳，君子豹蔚③，昌、旦定圣谥于一字④，仲尼从周之郁⑤，莫非文也。八卦生鹰隼之所被⑥，六甲出灵龟之所负⑦，文之所在，虽贱犹贵，犬羊之鞹⑧，未得比焉。

【注释】

①谓传说之伏羲作八卦事。《易·系辞下》："古者包牺氏之王天下也，仰则观象于天，俯则观法于地，观鸟兽之文与地之宜，近取诸身，远取诸物，于是始作八卦。"又《系辞上》："是故天生神物，圣人则之；天地变化，圣人效之；天垂象，见吉凶，圣人象之；河出图，洛出书，圣人则之。"皆取天然物之"文"。按包牺即伏羲。

②《书·尧典》："曰若稽古，帝尧曰放勋，钦明文思安安。"又："正月上日，受终于文祖。"又："月正元日，舜格于文祖。"按"安安"谓温和；"文祖"谓尧之庙。《史记·五帝本纪》："虞舜者，名曰重华。"张守节正义："《尚书》云：'重华协于帝。'孔安国云：'华谓文德也。言其光文重合于尧。'"此句言后世称说尧、舜皆有"文"字。

③说本《易·革》："象曰：'大人虎变'，其文炳也。"又："象曰：'君子豹变'，其文蔚也。"高亨注："爻辞云'大人虎变'，言大人之文章如虎之斑文，炳然显明也。""爻辞云'君子豹变'，言君子之文章如豹之斑文，斐然清朗也。"

④言西伯昌、周公旦皆以"文"字为谥。《史记·周本纪》:"西伯盖即位五十年。……诗人道西伯,盖受命之年称王而断虞芮之讼。后十年(正义云:十当为九。)而崩,谥为文王。"《国语·周语上》:"是故周文公之颂曰:'时迈其邦,昊天其子之……'"按其"颂"乃《诗·周颂·时迈》。或以为此诗乃周公所作。故上言"周文公"即周公。《史民·鲁周公世家》:"周公旦者,周武王弟也。"裴骃集解:"谥曰周文公,见《国语》。"按见于《国语》之《周语上》及《周语中》。

⑤说本《论语·八佾》:"子曰:'周监于二代,郁郁乎文哉!吾从周。'"言周代以夏、商为借鉴,所制礼丰富多彩,故孔子赞成。

⑥八卦生鹰隼之所被:见上文"夫上天之所以垂象"句注。"鹰隼"即指《易》"观鸟兽之文"中鸟也。

⑦《书·洪范》:"天乃锡禹洪范九畴,彝伦攸叙。"伪孔安国传:"天与禹,洛出书,神龟负文而出,列于背,有数至于九。"未见有龟负六甲的记载。稚川或别有所本。又"六甲"或指六十甲子,或指遁甲之术,或为道家之神,皆非"八卦"之匹,故"六甲"或乃"九畴"之误。

⑧鞟(kuò):去毛的皮。《论语·颜渊》:"虎豹之鞟,犹犬羊之鞟。"

【译文】

"而且文章与德行相比,就像十尺与一丈的关系,把它说成是末等小事,这是从来未曾听说过的。上天之所以显示八卦之文,尧舜之所以被以'文'称谓,德行高尚者的文章之所以能像虎皮一样显明,君子的文章之所以能像豹皮一样华美,姬昌、姬旦之所以被决定用一个相同的字作为神圣的谥号,孔子之所以盛赞周代文化的多彩,没有不是因为有'文'这一点。八卦产生于鹰隼所披的羽毛,六甲产生于神龟背甲的图案,只要有'文'存在,即使原本低贱的事物也会因此而变得高贵,这是没有花纹的狗皮羊皮所不能相比的。

【原文】

"且夫本不必皆珍,末不必悉薄。譬若锦绣之因素地,珠玉之居蚌石;云雨生于肤寸①,江河始于咫尺。尔则文章虽为德行之弟,未可呼为余事也。"

【注释】

①肤寸:古长度单位。一指宽为寸,四指宽为肤。出《公羊传·僖公三十一年》:"肤寸而后。"何休注:"侧手为肤,案指为寸。"

【译文】

"况且根本性的东西不一定都珍贵,末节性的事物不一定全浅薄。譬如锦绣要依托在白色的质地上,珍珠宝玉要寄身在蚌壳和石块之中;云雨从微小的地方生成,江河从咫尺的源头开始。这说明文章虽是德行的'弟弟',却也不能称它为末等小事。"

【原文】

或曰:"今世所为,多不及古,文章著述,又亦如之。岂气运衰杀,自然之理乎？"

抱朴子答曰："百家之言，虽有步起①，皆出硕儒之思，成才士之手，方之古人，不必悉减也。或有汪濊玄旷，合契作者②，内辟不测之深源，外播不匮之远流，其所祖宗也高，其所紬绎也妙③，变化不系滞于规矩之方圆，旁通不凝阂于一涂之逼促。是以偏嗜酸咸者，莫能知其味；用思有限者，不能得其神也。夫应龙徐举④，顾眄凌云；汗血缓步⑤，呼吸千里。而蛣螬怪其无阶而高致，驽蹇患其过己之不渐也。若夫驰骤于《诗》《论》之中，周旋于传记之间，而以常情览巨异，以褊量测无涯，以至粗求至精，以甚浅揣甚深，虽始自髫龀⑥，讫于振素⑦，犹不得也。

【注释】

①步起：杨明照曰："按'起'字误，当依崇文本作'趋'。"
②作者：指圣人。《礼记·乐记》："作者之谓圣，述者之谓贤。"
③紬（chōu）绎（yì）：本谓引出丝的头绪，引申为阐发。
④应龙：见《逸民》"井蛇之嗤应龙也"句注。
⑤汗血：见《君道》篇"止汗血之求于绝域之外"句注。
⑥髫（tiáo）龀（chèn）：髫谓儿童下垂之发，龀谓儿童换牙。故髫龀谓幼年。
⑦振素：飘动的白发。指老人。

【译文】

有人说："现在的人所做的事情，大多比不上古人，文章著述，也是如此。这是不是时运衰败，自然规律所决定的呢？"

抱朴子回答说："诸子百家的言论，虽然有如慢行与疾走之别，但都出自大儒的思索，完成于才士之手，与古人相比，不一定都不如。有的著作深沉广阔，与圣人的思想相合，向内开辟了深不可测的源头，向外流布出充足长远的水流，它们所师法尊崇的非常高超，它们所阐发叙述的非常巧妙，千变万化而不局限凝滞于圆规方矩之中，融会贯通不拘泥阻隔于一条狭窄的道路上。因此，偏嗜酸味或甜味的人，不能懂得它的味道；运用心思有限的人，不能领会它的精神。应龙徐徐腾空，一顾一眄之间就直上云霄；汗血宝马缓缓迈步，一呼一吸之间已远行千里。可是蛣螬蚂蚁却奇怪应龙不登台阶就达到高空；驽瘸的劣马却恼恨汗血马一下子就超过自己。至于说奔驰于《诗经》《论语》之中，周旋于解释经义记叙史实的文字之间，以一般的情况来看待巨大而不平凡的事物，凭狭小的气量测度浩瀚无边的东西，以最粗糙的心思探寻最精微的事物，凭非常浅薄的知识揣测非常深刻的东西，即使从儿童时开始，一直努力到白发飘动的老年，也是不能有所得的。

【原文】

"夫赏其快者，必誉之以好；而不得晓者，必毁之以恶，自然之理也。于是以其所不解者为虚诞，慺诚以为尔①，未必违情以伤物也。

【注释】

①偻（lóu）：《玉篇·心部》："偻，谨敬也。"

【译文】

"对于能赏玩出其中妙处的东西，肯定会称赞它好；而对自己弄不明白的东西，肯定会诽谤它不好，这是很自然的道理。因此人们把所不了解的事物视为虚幻荒唐，是出自真心以为是那样，不一定是有意违心地对此事物加以伤害。

【原文】

"又世俗率神贵古昔而黩贱同时。虽有追风之骏，犹谓之不及造父之所御也①；虽有连城之珍，犹谓之不及楚人之所泣也②；虽有疑断之剑③，犹谓之不及欧冶之所铸也④；虽有起死之乐⑤，犹谓之不及和、鹊之所合也⑥；虽有超群之人，犹谓之不及竹帛之所载也；虽有益世之书，犹谓之不及前代之遗文也。是以仲尼不见重于当时⑦，《大玄》见蚩薄于比肩也⑧。俗士多云今山不及古山之高，今海不及古海之广，今日不及古日之热，今月不及古月之朗，何肯许今之才士不减古之枯骨！重所闻轻所见，非一世之所患矣。昔之破琴剸弦者⑨，谅有以而然乎！"

【注释】

①造父：见《君道》篇"马不调，造父不能超千里之迹"句注。

②见《擢才》篇"和氏所以抱璞而泣血"句注。

③疑断：杨明照以《藏》本等十种本校"疑"为"拟"，并证以《列士传》等。极确。（"疑"与"拟"之繁体"擬"形近）拟断言一试即断，夸言锋利。

④欧冶：见《崇教》篇"赤刀之矿，不经欧冶之门者也"句注。

⑤起死之乐："乐"乃"药"字之误。（二字之繁体"樂""藥"形近）

⑥和、鹊：医和、扁鹊。分见《用刑》篇"若废和、鹊之方"句，《嘉遁》篇"则无以效越人之绝伎"句注。

⑦仲尼不见重于当时：参见《擢才》篇"昔仲尼上圣也，东受累于齐人，南见塞于子西"三句注。

⑧《大（tài）玄》：《汉书·扬雄传下》："雄之自序云尔：……实好古而乐道，其意欲求文章成名于后世，以为经莫大于《易》，故作《太玄》……用心于内，不求于外，于时人皆忽之，唯刘歆及范逡敬焉，而桓谭以为绝伦。……自雄之没至今四十余年，其《法言》大行，而《玄》终不显，然篇籍具存。"蚩，通嗤。

⑨破琴剸弦：谓伯牙、子期事。见上文"斯伯牙所以永思钟子"句注。

【译文】

"另外世俗之人过分重视古代的东西，而亵渎轻视同时代的东西。即使有追风快马，仍然说它不如造父所驾驭的良驹；即使有价值连城的珍宝，仍然说它不如楚人卞和为之而泣的那块璞玉；即使有比划一下就能斩断东西的好剑，仍然说它不如欧冶子所铸的宝剑；即使有起死回生的良药，仍然说它不如医和和扁鹊所调制的药物；即使有超群的人才，仍然说他不如古书上所记载的古代人才；即使有对社会有益的著作，仍然说它不如前代传下来的文章。因此孔子不被当时人看重，《太玄》一书被同时代的人讥嘲轻视。浅俗的人总是说现今的山不如古时的山高，现今的海不如古时的海宽，现今的太阳不如古时的太阳热，现今的月亮不如古时的月亮亮，怎么会赞同现今的才士不比古时的枯骨差呢！重视耳朵所听到的而轻视眼睛所看到的，这种现象已经不仅是一个时代的忧患了。以前伯牙碎琴断弦以谢知音，确实是有缘故才那样作的！"

卷第三十三　汉　过

题　解

　　作者在开篇即指出，汉末时的正道衰微风俗败坏是历上绝无仅有的。根源是掌权者出于其"吞财多藏""操弄神器"的私心和低劣的眼光，"废正兴邪""汲引奸党"，排斥打击"清白""忠谠"的"翘俊"之才。这导致了整个世风的败坏。各式各样的丑恶人物受到"当涂端右"者颠倒是非的褒奖提掖而在官场上飞黄腾达，大行其道；而"体亮行高、神清量远"者，反倒由于其正直的操守而遭毁谤中伤，或"幽遁"，或"佯愚"，或另择新主，或在朝犹隐。那么，出现政权的危机、强盗的增多、宦官的得势，以至于国家的倾覆败亡和由此而来的人民的苦难，都是不可避免的必然结果。作者带有总结性的话是"失人故也"。

　　本篇虽托名"汉过"，但从"左衽掠于禁省"等的陈述中可以明显地看出，作者实际是在抨击发端于东汉，至魏晋愈演愈烈的用人制度上的不合理，正如他在前面已经多次批评过的一样。

【原文】

　　抱朴子曰："历览前载，逮乎近代，道微俗弊，莫剧汉末也。当涂端右①，阉官之徒，操弄神器，秉国之钧，废正兴邪，残仁害义，蹲踏背憎②，即聋从昧，同恶成群，汲引奸党。吞财多藏，不知纪极③，而不能散锱铢之薄物，施振清廉之穷俭焉④。进官，则非多财者不达也；狱讼，则非厚货者不直也。官高势重，力足拔才，而不能发毫厘之片言，进益时之翘俊也。其所用也，不越于妻妾之戚属；其惠泽也，不出乎近习之庸琐。莫戒臧文窃位之讥⑤，靡追解狐忘私之义⑥。分禄以拟王林⑦，致事以由方回⑧。故列子比屋，而门无郑阳之恤⑨；高概成群，而不遭暴生之荐⑩。抑挫独立，推进附己。此樊姬所以掩口⑪，冯唐所以永慨也⑫。

【注释】

①端右：见《钦士》篇"况于置之于端右乎"句注。
②蹲踏背憎：语出《诗·小雅·十月之交》："噂（zǔn）沓背憎，职竞由人。"毛传：

"噂犹噂噂，沓犹沓沓。"郑玄笺："噂噂沓沓，相对言语，背则相憎。"《说文·口部》："噂，聚语也。"引《诗》"噂沓背憎"。蹲，通噂。踏，通沓。按"职竞由人"言专事竞争非由天降也。

③纪极：终极；限度。出《左传·文公十八年》："聚敛积实，不知纪极。"杨伯峻注："纪极犹言限度也。纪、极同义词连用。"

④施振：杨明照以为"振"当作"赈"。

⑤臧文窃位之讥：臧文乃鲁国大夫臧孙辰，卒谥文仲，臧文为其省。《论语·卫灵公》："子曰：'臧文仲其窃位者与？知柳下惠之贤而不与立也。'"《左传·文公二年》："仲尼曰：'臧文仲，其不仁者三，不知者三。下展禽，废六关，妾织蒲，三不仁也。……'"按展禽即柳下惠。

⑥《韩非子·外储说左下》："解狐荐其仇于（赵）简主以为相，其仇以为且幸释己也，乃因往拜谢。狐乃引弓迎而射之，曰：'夫荐汝，公也，以汝能当之也；夫仇汝，吾私怨也，不以私怨汝之故拥汝于吾君。'"《韩诗外传·九》："魏文侯问于解狐曰：'寡人将立西河之守，谁可用者？'解狐对曰：'荆伯柳者贤人，殆可。'文侯曰：'是非子之仇也？'对曰：'君问可，非问仇。'于是将以荆伯柳为西河守。荆伯柳问左右：'谁言我于吾君？'左右皆曰：'解狐。'荆伯柳往见解狐而谢之曰：'子乃宽臣之过也，言于君。谨再拜谢。'解狐曰：'言子者公也，怨子者私也。公事已行，怨子如故。'"按此事《左传》作祁奚荐其仇解狐于晋悼公代己为中军尉。盖《左传》为史实，《韩非子》《韩诗外传》为寓言耳。

⑦事见《说苑·尊贤》："又有士曰王林，国有贤人，必进而任之，无不达也；不能达，退而与分其禄。"

⑧致事以由方回：杨明照曰："'事'，《藏》本、鲁藩本、旧写本作'士'。按此文上下皆言荐贤事，作'士'是也。《诘鲍》篇'方回叩头以致士'，尤为切证。"其事则未详所出。然观上下文皆讥刺汉末时无人荐贤礼士，此二句显与上下文不惬，疑有误。

⑨典出《庄子·让王》："子列子穷，容貌有饥色。客有言之于郑子阳者曰：'列御寇，盖有道之士也，居君之国而穷，君无乃为不好士乎？'郑子阳即令官遗之粟。子列子见使者，再拜而辞。使者去，子列子入，其妻望之而拊心曰：'妾闻为有道者之妻子，皆得佚乐，今有饥色。君过而遗先生食，先生不受，岂不命邪！'子列子笑谓之曰：'君非自知我也。以人之言而遗我粟，至其罪我也又且以人之言，此吾所以不受也。'"

⑩暴生：暴胜之。《汉书·隽不疑传》："隽不疑字曼倩，勃海人也。治《春秋》，为郡文学，进退必以礼，名闻州郡。武帝末，郡国盗贼群起，暴胜之为直指挥使者……威振州郡。胜之素闻不疑贤，至勃海，遣吏请与相见。……胜之遂表荐不疑，征诣公车，拜为青州刺史。"后擢京兆尹，吏民敬其威信，且临事不惑，为汉昭帝及大将军霍光所嘉。故暴胜之有知人之誉。

⑪樊姬：春秋楚庄王夫人。王即位，好狩猎，姬谏不止，乃不食禽兽之肉，王改过，勤于政事。王听朝罢宴，姬问之，曰与贤者虞丘子语，姬掩口而笑，王问之，姬对曰，虞丘子相楚十余年，未闻进贤退不肖，是蔽君而塞贤路。于是虞丘子乃迎孙叔敖而进之，王以为令尹，三年而霸。见刘向《列女传·楚庄樊姬》。

⑫冯唐：西汉安陵人。文帝时为中郎署长。敢直谏，言汉法赏轻罚重，致将士莫为尽力；又言云中守魏尚削爵之冤。文帝悦，任其为车骑都尉，持节赦尚。景帝时为楚相，寻免。武帝初举贤良，然已九十余，不能复为官，乃以其子遂为郎。《史记》《汉书》皆有传。常用作直谏但生不逢时的典型。

【译文】

抱朴子说："历览前朝，直到近代，正道衰微，风气败坏，没有比汉末更厉害的了。掌握权力的宰辅重臣，宦官之类的人，操纵政权，手握国柄，废正义而兴邪恶，摧残仁德妨害正义，当面说话而背地里憎恶，追随着一些聋子傻子，共同作恶的人成群结队，吸引来一群奸邪的党徒；侵吞财物大量聚敛，贪欲无限但不肯散发一镒一铢的小东西，施舍以帮助清正廉洁而困顿俭朴的人。提拔官员，不是钱财多的不能显达；诉讼案件，不是重施贿赂的不能胜讼。官位高权势重，力量足以选拔人才，但不肯说一句半句的话，来荐举对时代有益的杰出人才。他们所任用的，不超出妻妾亲属的范围；他们所施与恩泽的，不外乎亲近熟悉的平庸猥琐之徒。没人以臧文仲所受窃位的讥讽为戒，也没有人追随解狐的忘却私仇来荐举人的正直。像王林那样分发俸禄，像方回那样荐举贤者。因此列御寇一样的高士比比皆是，但是没有郑子阳那样的慰问；气概高尚的人成群结队，但没遇上暴胜之那样的人来荐举。贬抑压制独立不苟的人，推荐提拔趋附自己的人。这是楚国樊姬那样的人掩口不言，西汉冯唐那样的人永远慨叹的原因哪。

【原文】

"于时率皆素餐偷容①，掩德蔽贤。忌有功而危之，疾清白而排之，讳忠说而陷之，恶特立而摈之。柔媚者受崇饰之祐②，方棱者蒙讪弃之患。养豺狼而奸骐虞，殖枳棘而剪椒桂。于是傲兀不检，丸转萍流者，谓之弘伟大量；苛碎峭峻③，怀螫挟毒者，谓之公方正直；令色謷慧，有貌无心者，谓之机神朗彻；利口小辩，希指巧言者④，谓之标领清妍；猝突萍鶑⑤，骄矜轻傲者⑥，谓之巍峨瑰杰；嗜酒好色，阘茸无疑者⑦，谓之率任不矫；求取不廉，好夺无足者，谓之淹旷远节；蓬发裒服，游集非类者，谓之通美泛爱；反经诡圣⑧，顺非而博者，谓之庄、老之客；嘲弄嗤妍⑨，凌尚侮慢者，谓之萧豁雅韵；毁方投圆，面从响应者，谓之绝伦之秀；凭倚权豪，推货履径者，谓之知变之奇；懒看文书，望空下名者⑩，谓之业大志高；仰赖强亲，位过其才者，谓之四豪之匹⑪；输货势门，以市名爵者，谓之轻财贵义；结党合誉，行与口违者，谓之以文会友；左道邪术⑫，假托鬼怪者，谓之通灵神人；卜占小数，迋饰祸福者，谓之知来之妙；蹩马弄矟⑬，一夫之勇者，谓之上将之元；合离道听，偶俗而言者，谓之英才硕儒。若夫体亮行高，神清量远，不谄笑以取悦，不曲言以负心，含霜履雪，义不苟合，据道推方，巍然不群，风虽疾而枝不挠，身虽困而操不改，进则切辞正论，攻过箴阙，退则端诚杜私，知无不为者，谓之暗骎徒苦；夙兴夜寐，退食自公⑭，忧劳损益，毕力为政者，谓之小器俗吏。

【注释】

①素餐偷容：见《臣节》篇"偷容之厂素也"句注。

②崇饰：出《左传·文公十八年》："毁信废忠，崇饰恶言。"

③峭崄（xiǎn）：以山崖陡峭险峻喻人心之冷酷阴险。

④希指：《汉书·孔光传》："上有所问，据经法，以心所安而对，不希指苟合。"颜师古注："希指，希望天子之旨意也。"

⑤鷽（xué）：《尔雅·释鸟》："鷽，山鹊。"

⑥轻佻（tuō）：轻佻狂放。

⑦闒茸：见《审举》篇"高概耻与闒茸为伍"句注。

⑧诡：违背；相反。《管子·四时》："刑德合于时则生福，诡则生祸。"

⑨嘲弄嗤（chī）妍：杨明照曰："'嗤'，文溯本，崇文本作'媸'。按'媸'字是。此处之'嘲弄媸妍'，犹《疾谬》篇之'评论美丑'也。"

⑩望空（kòng）下名：望空、望白等为当时熟语。《文选·干宝〈晋纪总论〉》："当官者以望空为高，而笑勤恪。"吕延济注："望空谓不识是非，但望空署白而已。"

⑪四豪：指战国四公子。《汉书·游侠传序》："繇是列国公子，魏有信陵，赵有平原，齐有孟尝，楚有春申，皆藉王公之势，竞为游侠，鸡鸣狗盗，无不宾礼……搤擘而游谈者，以四豪为称首。"颜师古注："四豪即魏信陵以下也。"按搤（è）擘（wàn），即今言扼腕。

⑫左道：邪门旁道。多指非正统的巫蛊、方术等。《礼记·王制》："执左道以乱政，杀。"孔颖达疏："地道尊右，右为贵……故正道为右，不正道为左。"

⑬蹩（pán）马弄矟（shuò）：驰马盘旋并熟练地使用长矛。

⑭夙兴夜寐：出《诗·卫风·氓》："夙兴夜寐，靡有朝矣。"退食自公：出《诗·召南·羔羊》："退食自公，委蛇委蛇。"

【译文】

"那时人们都白吃饭而不尽职并苟且取悦于人，遮掩阻滞有德有才之士。忌妒有功劳的人并去危害他，痛恨清白廉洁的人并排挤他，讳忌忠诚直言的人并去陷害他，厌恶操守坚定的人并摈弃他。柔和谄媚的人受到夸饰和保护，刚正不阿的人遭到诋毁和遗弃。豢养豺狼而杀死麒麟和驺虞，繁殖枳树和棘树却消灭椒树和桂树。于是傲慢而不加检点，弹丸一样旋转浮萍一样漂流的人，被称为气度宽广才能巨大；苛刻于琐事居心险恶，有蛇蝎心肠的人，被称为公平正直；表情谄媚伪善，表面敏捷聪慧，外貌如此内心空洞的人，被称为头脑聪明明白透彻；口齿伶俐辩说小事，迎合在上者且语言虚伪的人，被说成是美好的榜样；仓促慌张萍浮鹊噪，傲慢自负轻率浅薄的人，被称为高大巍峨俊美奇伟；好酒贪杯喜好女色，卑贱无疑的人，被称为爽直不造作；索取求要不守廉洁，喜好侵夺永不知足的人，被称为宽广开阔志节高远；头发蓬乱衣裳不整，与身份不相当的人交往聚会，被称为遍存友善广施仁爱；违反经典背叛圣人，在错误的路上走得很远的人，被称为老子庄子的门徒；评议美丑欺压轻慢他人的人，被称为洒脱豁达气韵高雅；抛弃立身准则曲意投合他人，当面服从像回声般应和的人，被称为最为优秀的人才；依靠权贵豪门，行贿赂走门径的人，被称为懂得变通的奇人；懒看文字书籍，只签署文牍不问政务的人，称之为事业大志向高的人；仰仗有权的亲戚，职位超过本人才能的人，称之为战国四公子一类的人；向豪门大族送钱财，来购买名誉爵位的人，称之为轻视财物看重正义的人；勾结党徒一同赞誉，行为言谈不一致的人，称之为以文会友的人；使用旁门左道妖邪方术，假托鬼神之名的人，称之为可通神灵的人；使用卜筮占卦等小术数来胡说吉凶祸福的人，称之为知道将来的玄妙的人；骑马驰骋摆弄刀枪，仅有匹夫之勇的人，称之为上将中的魁首；剪裁取舍道听途说，迎合世俗与人交谈的人，被称为出色的人才和大儒者。至于说是那种为人光明操行高尚，神志清醒器量远大；不用谄媚来取悦于人，不违背真心地说话，品行高洁如霜雪，依据正义不苟合于人，据守正道行为方直，卓然屹立不同凡响，即使风大枝条也不挠曲，即使身困节操也不改变，仕进就以切中的言辞公正的论述抨击过失批评不足，隐退就端正诚恳杜绝私心，知道应做没有不做的人，被人称为愚蠢痴呆白白受苦；起早贪黑，退朝回家进餐，忧愁劳苦于百业兴革，以全部心力治理政事的人，被称为才力低下的平庸官吏。

【原文】

"于是明哲色斯而幽遁①，高俊括囊而佯愚②；疏贱者奋飞以择木③，縶制者曲从而朝隐④；知者不肯吐其秘算，勇者不为致其果毅；忠謇离退，奸凶得志；邪流溢而不可遏也，伪涂辟而不可杜也。以臻乎凌上替下⑤，盗贼多有；宦者夺人主之威，三九死庸竖之手⑥；忠贤望士，谓之党人，囚捕诛锄，天下嗟嗷。无罪无辜，闭门遇祸。微烟起于萧墙⑦，而飙焚遍于宇宙；浅隙发于肤寸⑧，而波涛漂乎四极。金城屠于庶寇，汤池航于一苇⑨。劲锐望尘而冰泮⑩，征人倒戈而奔北。飞锋荐于宸闼⑪，左衽掠于禁省⑫。禾黍生于庙堂，榛莠秀乎玉阶。云观变为狐兔之薮⑬，象魏化为虎豹之蹊⑭。东序烟烬于委灰⑮，生民燋沦于渊火。凶家害国，得罪竹帛⑯。良史无褒言，金石无德音。夫何哉？失人故也。"

【注释】

①色斯：出《论语·乡党》："色斯举矣，翔而后集。"何晏集解引马融曰："见颜色不善则去之。"后因以"色斯"指远遁避世。

②括囊：见《嘉遁》篇"秘六奇以括囊"句注。

③择木：出《左传·哀公十一年》："（孔子）命驾而行，曰：'鸟则择木，木岂能择鸟！'"后以"择木"喻择主而事。

④朝（cháo）隐：见《君道》篇"或披褐而朝隐"句注。

⑤凌上替下：见《君道》篇"陵替之灾"句注。

⑥三、九：见《清鉴》篇"则三、九之才也"句注。

⑦萧墙：见《用刑》篇"或构乎萧墙之内"句注。
⑧肤寸：古代长度单位。一指宽为寸，四指宽为肤。常用以言极小极少。
⑨《汉书·蒯通传》："必将婴城固守，皆为金城汤池，不可攻也。"颜师古注："金以喻坚，汤喻沸热不可近。"一苇：出《诗·卫风·河广》："谁谓河广，一苇杭之。"孔颖达疏："言一苇者，谓一束也，可以浮之水上而渡，若桴栰然，非一根苇也。"夸言渡河之易。
⑩冰泮（pàn）：出《诗·邶风·匏有苦叶》："士如归妻，迨冰未泮。"
⑪扆（yǐ）：《说文·户部》："户牖之间谓之扆。"段玉裁注："凡室，户东牖西，户牖之中间是曰扆。"闼（tà）：指内门，或指门内之地。扆闼指宫廷。
⑫左衽：见《君道》篇"左衽仰之，若众星之系北辰"句注。禁省：帝王所居宫内。蔡邕《独断》："汉天子正号曰皇帝……所居曰禁中，后曰省中。""禁中者，门户有禁，非侍御者不得入，故曰禁中。孝元皇后父大司马阳平侯名禁，当时避之，故曰省中。"
⑬云观（guàn）：宫殿门前两边高台上的楼观。
⑭象魏：天子、诸侯宫门外的一对高建筑，为悬示教令处。因其高，又名观；又因两边高而中缺有路，又名"阙"。《周礼·天官·太宰》："正月之吉，始和，布治于邦国都鄙，乃县治象之法于象魏，使万民观治象，挟日而敛之。"郑玄引郑众曰："象魏，阙也。"贾公彦疏："郑司云'象魏阙也'者，周公谓之象魏——雉门之外，两观阙高魏魏然。孔子谓之观。"
⑮东序：传为夏代大学，后以藏图书秘籍。因在宫室之东，故名。《文心雕龙·正纬》："昔康王河图，陈于东序。"
⑯竹帛：古代有纸之前书于竹简白绢。引申之指书籍、史乘。

【译文】

"于是明智睿哲的人远遁避世，才能杰出的人闭口不言假装愚蠢；疏远而卑微的人展翅飞翔择主而事，被束缚的人委曲顺从，身在朝廷实同退隐；有智谋的人不肯吐露他胸藏的谋略，勇敢的人不肯贡献他的果敢坚毅；忠诚正直的人离朝退隐，奸邪凶恶的人为官得志；邪恶横流漫溢而不能遏止，邪路开辟而不能杜绝。以至于尊卑颠倒世道衰微，强盗到处出现；宦官夺取了君主的威权，三公九卿死在鄙陋者手中。忠诚贤良有声望的士人，被叫做结朋党团伙的人，被捕捉、囚禁、杀戮、消灭，天下都叹息哀号。没有罪过的人，关起门来却遇上灾祸。微微的烟雾从照壁以内开始，而导致烈焰燃遍天下；小小的缝隙自一寸之浅开始，而造成巨大的波涛流至四面八方。坚如钢铁的城市被强盗毁灭，难以逾越的护城河由一束芦苇就可渡过。强劲精锐的军队望见征尘就冰溶一样瓦解了，征讨者倒拖武器奔逃。飞箭丛集于宫门，外族人到宫禁中去抢掠。宫廷中生出了庄稼，殿阶上长出了草穗。入云的宫阙变成狐狸兔子的天地，宫廷的大门化作了老虎豹子的路径。宫中的图书秘籍都被大火烧为灰烬，百姓焦烂于大火沉沦于深渊。危害了国家，将在史书中留下罪名。好的史官不会有褒扬的言辞，钟鼎碑碣上也不会有美好的名声。为什么呢？是错用人才的缘故啊。"

卷第三十四　吴　失

题　解

　　本篇实际上是前一篇《汉过》内容的继续。三国孙吴的后期未能接受汉代的前鉴而重蹈其覆辙。作者借其师郑隐之口，批评吴"尤剧之病"是"贤者不用，滓秽充序"，与汉末并无二致。用人的条件，或有势力，或有财富，或为"母后之亲"，或为"阿谄之人"。这正是魏文帝时开始的"九品中正制"的核心。这样上来的人会耍弄权术，会作威作福，会搜刮财富以充填欲壑，但在狱讼、驳议、奏劾、品藻、征战等等所有的职位上都不胜其任，"体不可力，无自奈何。"而吴主却全无危机之感，只知道追求声色。作者又转左慈之口，言吴本应继汉之后统一天下，但因其不去"四凶"，不举"元凯"，上天以一系列凶象预兆气运的更改，有德者生不逢时，只能眼看着吴将会被晋所取代。这当然有着明显的唯心色彩。作者借二位亲历其事者之口，目的是增加批评的力度，以求后来者戒。

　　葛稚川在当时能假托汉、吴而提出对当时社会的这些大胆而深刻的批评，是难能可贵的。

【原文】

　　抱朴子曰："吴之杪季①，殊代同疾，知前失之于彼，不能改弦于此。鉴乱亡之未远，而蹑倾车之前轨；睹枳首之争莓，而忘同身之祸②。笑虮虱之宴安，不觉事异而患等；见竞济之舟沉，而不知殊涂而溺均也。余生于晋世，所不见，余师郑君具所亲悉③，每诲之云：'吴之晚世，尤剧之病——贤者不用，滓秽充序；纪纲弛紊，吞舟多漏④。贡举以厚货者在前，官人以党强者为右。匪富匪势，穷年无冀。德清行高者，怀英逸而抑沦；有才有力者，蹑云物以官跻⑤。主昏于上，臣欺于下。不党不得，不竞不进。背公之俗弥剧，正直之道遂坏。于是斥鷃因惊风以凌霄⑥，朽舟托迅波而电迈；鸳凤卷六翮于丛棘⑦，鹔首滞潢汙而不擢矣⑧。

【注释】

　　①杪（miǎo）：《说文·木部》："杪，木标末也。"朱骏声通训定声："高远之木枝曰

标,曰杪。"引申指末尾,末叶。

②枳(zhī)首:"枳首蛇"的省称。《尔雅·释地》:"北方有比肩民焉,民迭食而迭望,中有枳首蛇焉。"郭璞注:"岐头蛇也。或曰今江东呼两头蛇。"阮元校勘记:"枳之正字当作岐,作枝。凡作枳,作枳,作贊,并同音假借字也。"苺(méi):"莓"的古字。

③据《晋书·葛洪传》(见"附录一"),葛洪之师名郑隐,乃葛洪从祖葛玄弟子。下文郑隐之师"左先生",据考为左慈,亦葛玄之师。

④吞舟:"吞舟之鱼"的略语。出《庄子·庚桑楚》:"吞舟之鱼,砀而失水,则蚁能苦之。"后常以喻罪大恶极者。《南史·陈庆之传》:"主上屈法申恩,吞舟是漏。"

⑤有才:杨明照据《藏》本等,以为当作"有财",是。又疑"官"乃"高"之误,译文亦从之。

⑥斥鷃:见《逸民》篇"夫斥鷃不以蓬榛易云霄之表"句注。

⑦鸳凤:见《逸民》篇"安知鸳鸾之远指"句注。六翮:见《嘉遁》篇"未有不致群贤为六翮"句注。

⑧鹢(yì)首:古代画鹢鸟于船头,故以"鹢首"泛指船。《淮南子·本经训》:"龙舟鹢首,浮吹以娱。"擢:杨明照校"櫂",是。

【译文】

抱朴子说:"吴国的末叶,与汉为不同的时代而有相同的毛病。前边失误了,后代仍不能改弦更张。看到不久之前混乱败亡,却仍然重蹈前车之覆辙;看到两头蛇争抢莓子,而忘记了身体是共有的。嘲笑蚊子、虱子安逸求乐,没感觉到虽自身情况与之不同但忧患是一样的;看到争抢渡河的船翻沉,而不知道不同的途径而溺水是共同的。我生在晋朝,所看不见的东西,却是我的老师郑先生所亲历详知,他经常教诲说:'吴国的末世尤其厉害的毛病——贤德的士人不被任用,渣滓污秽充斥官位,法纪纲常松弛紊乱,吞舟之鱼常常漏网。贡举士人把多送贿赂的人排在前边,任命官员则是党徒强盛的在先。无财无势,终老也没有一点希望。道德高洁操行卓越的人,胸怀出众的才华而被压抑沉沦;有钱财有势力的人,登云踏雾而列身于高位。君主昏庸,群臣相骗。不结党不得官,不竞争不进职。背弃公德的风习愈演愈烈,正直之道因此而败坏。于是斥鷃凭借疾风而飞上云霄,朽烂的船只依靠急流而迅速前进;鸳凤在荆棘丛中收起翅膀,画舫被滞留在池塘当中不能脱身。

【原文】

"'秉维之佐,牧民之吏,非母后之亲,则阿谄之人也。进无补过拾遗之忠,退无听讼之干。虚谈则口吐冰霜,行己则浊于泥潦。莫愧尸禄之刺①,莫畏致戎之祸②。以毁誉为蚕织,以威福代稼穑③。车服则光可以鉴,丰屋则群乌爱止④。叱咤疾于雷霆,祸福速于鬼神;势利倾于邦君,储积富乎公室。出饰翟黄之卫从⑤,入游玉根之藻棁⑥。僮仆成军,闭门为市。牛羊掩原隰,田池布千里。有鱼沧、濯裘之俭,以窃赵宣、平仲之名⑦。内崇陶侃、文信之赀⑧,实有安昌、董、邓之污⑨。虽造宾不沐嘉旨之侯,饥士不蒙升合之救,而金玉满堂,妓妾溢房,商贩千艘,腐谷万庾,园囿拟上林,馆第僭太极⑩,梁肉余于犬马,积珍陷于帑藏⑪。

【注释】

①尸禄:见《名实》篇"彼己尸禄"句注。

②致戎:用兵征讨。出《国语·周语上》:"商王帝辛,大恶于民。庶民不忍,欣戴武王,以致戎于商牧。"韦昭注:"戎,兵也。"按"牧"指地名"牧野"。

③威福:本《书·洪范》:"惟辟作福,惟辟作威。"孔颖达疏:"惟君作福得专赏人也,惟君作威得专罚人也。"由赏罚之权引申指当权者妄自尊大,恃势弄权。

④爱止:爱,动词词头。

⑤翟黄:据《吕氏春秋》载,战国魏文侯尝问群臣己为何如君,唯任座曰非仁君。文侯怒,问翟黄,翟黄曰乃仁君也。问何以知之,翟黄曰,君仁者其臣直,向任座之言直,是以知。

⑥玉根:杨明照校为"王根"之误。王根,汉元皇后王政君之庶弟,封曲阳侯,其兄弟四人亦俱封侯,世谓"五侯"。《汉书·元后传》:"而五侯群弟,争为奢侈,赂遗珍宝,四面而至;后庭姬妾,各数十人,僮奴以千百数;罗钟磬,舞郑女,作倡优,狗马驰逐;大治第室,起土山渐台,洞门高廊阁道,连属弥望。百姓歌之曰:'五侯初起,曲阳最怒,坏决高都,连竟外杜,土山渐台西白虎。'"高都,水名;外杜,地名。渐台、白虎殿皆汉天子所有。又:"曲阳侯根骄奢僭上,赤墀青琐。"棁(zhuō):梁上短柱。

⑦鱼飧:杨明照曰:"继(昌)曰:'"鱼飧"之"飧",卢本作"餐"。'王校'飡'。按此文所隶故实,'濯裘'为晏平仲事,则'渔飧'为赵宣孟事矣。'飧'字之误,不难判断。《公羊传·宣公六年》:'(晋)灵公望见赵盾,愬而再拜。赵盾逡巡北面再拜稽首,趋而出。灵公心怍焉,欲杀之。于是使勇士某者往杀之。……上其堂,则无人焉;俯而窥其户,方食鱼飧。'此盖稚川所指,……"杨说甚是。飡,餐之异体,餐通飧。《公羊传·宣公六年》又曰:"子为晋国重卿而食鱼飧,是子之俭也。"濯裘:见《逸民》篇"濯裘布被,拔葵去织,独不掩豆,菜肴粝飡,又获逼下邀伪之讥"数句注。

⑧陶侃:杨明照曰:"按此文言及陶侃,殊为可疑。"并据《晋书·陶侃传》《抱朴子·外篇·自序》及佚文详考,《抱朴子·外篇》成书时葛洪年约三十五六岁,"是时侃年方六十三四岁,勋业尚未甚隆,稚川作书,固勿庸称引及之。且本篇所论为吴失,又何必涉及晋人耶?疑原作'陶朱'。"如依此说,"訾"当以资财解。然史称富可与"陶朱"匹者,未闻有"文信"之名。"文信"当为文翁、信臣(已见《臣节》篇"莅众抚民,则希文翁、信臣之德化"句),陶侃与并可也。此句言品行高下,非限时地。陶侃,字士行。早孤贫,为县吏。后举孝廉为南蛮长史。先后讨平张昌、陈敏、杜弢、苏峻。官至侍中太尉,封长沙郡公,拜大将军。在军凡四十一年,雄毅有权,明悟有断。尝曰:"大禹圣人,乃惜寸阴,至于众人,当惜分阴,岂可逸游荒醉,生无益于时,死无闻于后?是自弃也。"诸将以谈戏废事者,侃命取酒器及蒱博之具投于江,鞭扑吏将,称"樗蒱者,牧猪奴戏耳"。其性检厉,勤于事。曾积锯木屑及竹头,后以木屑覆雪后厅前台阶,以竹头作钉造船。见《晋书·陶侃传》及《世说新语·政事》等。

⑨安昌：汉安昌侯张禹。《汉书·张禹传》："（张禹）内殖货财，家以田为业。及富贵，多买田至四百顷，皆泾、渭溉灌，极膏腴上贾。它财物称是。禹性习知音声，内奢淫，身居大第，后堂理丝竹筦弦。……禹虽家居，以特进为天子师，国家每有大政，必与定议。永始、元延之间，日蚀地震尤数，吏民多上书言灾异之应，讥切王氏（按即外威王氏，参上文'入游玉根之藻棁'句注）专政所致。上惧变异数见，意颇然之，未有以明见，乃车驾至禹第，辟左右，亲问禹以天变，因用吏民所言王氏事示禹。禹自见年老，子孙弱，又与曲阳侯不平，恐为所怨。"乃曲为王氏解。又《朱云传》："至成帝时，丞相故安昌侯张禹以帝师位特进，甚尊重。云上书求见，公卿在前。云曰：'今朝廷大臣上不能匡主，下亡以益民，皆尸位素餐，孔子所谓"鄙夫不可与事君"，"苟患失之，亡所不至"者也，臣愿赐尚方斩马剑，断佞臣一人以厉其余。'上问：'谁也？'对曰：'安昌侯张禹。'"董：董贤。《汉书·佞幸传·董贤》："（贤）为人美丽自喜，哀帝望见，说其仪貌，……因引上与语，释为黄门郎，由是始幸。……贤宠幸日甚，为驸马都尉侍中，出则参乘，入御左右，旬月间赏赐累巨万，贵震朝廷。常与上卧起。尝昼寝，偏藉上袖，上欲起，贤未觉，不欲动贤，乃断袖而起。其恩爱至此。贤亦性柔和便辟，善为媚以自固。每赐洗沐，不肯出，常留中视医药。"哀帝又召贤妻入宫，以贤之妹为昭仪。"昭仪及贤与妻旦夕上下，并侍左右。"寻机封贤为高安侯、大司马卫将军，"是时贤年二十二，虽为三公，常给事中，领尚书，百官因贤奏事。"曾欲效法尧禅舜事，让位于董贤，为人谏止。哀帝崩后，为王莽所逼自杀。邓：邓通。《史记·佞幸列传·邓通》："邓通，蜀郡南安人也，以濯（按通'櫂'）船为黄头郎。孝文帝尝梦欲上天，不能，有一黄头郎推之上天，……即见邓通，……梦中所见也。……文帝说焉，尊幸之日异。通亦愿谨，不好外交，虽赐洗沐，不欲出。于是文帝赏赐通巨万以十数，官至上大夫。文帝时时如邓通家游戏。然邓通无他能，不能有所荐士，独自谨其身以媚上而已。……于是赐邓通蜀严道铜山，得自铸钱，'邓氏钱'布天下。其富如此。文帝尝病痈，邓通常为帝唶吮之。"按唶（zé）。《汉书·佞幸传》："赞曰，柔曼之倾意，非独女德，盖亦有男色焉。观籍（孺）、闳（孺）、邓、韩（嫣）之徒非一，而董贤之宠尤盛，……汉世衰于元、成，坏于哀、平之际，国多衅矣。……咎在亲便嬖，所任非仁贤。"

⑩太极：天宫，仙界。阮籍《咏怀》："时路乌足争？太极可翱翔。"《云笈七签》卷八："太极有元景之王，司摄三天之神仙者也。"

⑪帑（tǎng）藏（zàng）：国库。帑，财帛。

【译文】

"'掌管法度的辅佐之臣，治理百姓的官员，不是太后的亲戚，就是阿谀谄媚之徒。在朝廷上没有补查过失纠正缺漏的忠诚，外放也没有听取诉讼审理案件的才干。空谈的时候口中的言辞坚贞清白，立身行事则比泥潭还要污浊。没有人因为空食俸禄的讽刺而惭愧，没有人害怕招致征讨的祸患。把诋毁赞誉来当作养蚕织帛，把滥施威权当作耕种收割。车辆服装光亮可以照人，高大的房屋上可供成群的乌鸦止息。喝叫比雷霆还要迅疾，祸福的到来比鬼神还要快速；权势利益超过国君，财富的积累在王公之上。出门有翟黄那样的侍从护后，家中有王根家那样的雕画花纹的梁柱。奴仆多得可以编成军队，关起门来就像集市一样。牛羊掩盖了原野，田地池塘分布上千里。虽然有时也吃鱼羹，穿洗过的皮裘，但为的是窃取赵盾、晏婴那样的名誉。在内崇尚陶侃、文翁、召信臣那样的资质，实际却有着张禹、董贤、邓通那样污秽的德行。虽然来客人得不到美食的招待，挨饿的士人得不到一升一合粮食的救济，但是金玉满堂、妓妾满屋，经营上千艘船的买卖，腐朽的粮食有上万仓，园林苑囿可与上林苑相比，客馆宅第超过了太极宫，美味的饮食多余喂狗喂马，积存的珍宝要在仓库中收藏。

【原文】

"'其接士也，无葭莩之薄①；其自奉也，有尽理之厚。或有不开律令之篇卷，而窃大理之位②；不识几案之所置③，而处机要之职；不知五经之名目④，而飨儒官之禄；不闲尺纸之寒暑，而坐著作之地⑤；笔不狂简，而受驳议之荣⑥；低眉垂翼，而充奏劾之选；不辨人物之精粗，而委以品藻之政；不知三才之军势⑦，而轩昂节盖之下；屡为奔北之辱将，而不失前锋之显号；不别菽麦之同异，而忝叨顾问之近任⑧。夫鱼质龙文，似是而非，遭水而喜，见獭即悲⑨。虽临之以斧钺之威，诱之以倾城之宝，犹不能奋铅锋于犀兕，骋驽骞以追风。非不忌重诛也，非不悦美赏也，体不可力，无自奈何。而欲与之辑熙百揆⑩，弘济大务，犹托万钧于尺舟之上，求千钟于升合之中，继豸狗而责卢、鹊之效⑪，缚鸡鹜而崇鹰扬之功，其不可用，亦较然矣。

【注释】

①葭（jiā）莩（fú）：芦苇里的薄膜。常以喻关系淡薄疏远。

②大理：掌刑法的官。秦名廷尉，汉景帝时更名大理，本《韩非子·外储说左下》："管仲曰：'辩察于辞，清洁于货，习人情，夷吾不如弦商，请立以为大理。'"陈奇猷集释引太田方曰："《礼·月令》注：'理，治狱官也。有虞氏曰士，夏曰大理，周曰大司寇。'"

③几案：借指文牍工作。

④五经：指儒家的五种经典，即《诗》《书》《易》《礼》《春秋》。

⑤著作：著作郎的省称。曹魏明帝时始置，掌编纂国史。此泛指掌编国史的官员。

⑥狂简：出《论语·公冶长》："吾党之小子狂简，斐然成章，不知所以裁之。"谓志向高远而处事疏阔。

⑦三才：谓天时、地利、人和。《易·说卦》："是以立天之道曰阴与阳，立地之道曰柔与刚，立人之道曰仁与义。兼三才而两之，故《易》六画而成卦。"王符《潜夫论·本训》："是故天本诸阳，地本诸阴，人本中和。三才异务，相待而成。"

⑧顾问：供帝王咨询的侍从之臣。

⑨獭：兽名，善游水，主食鱼类。

⑩辑熙百揆：杨明照曰："按'辑'当作'缉'。慎本、卢本、柏筠堂本、文溯本、《丛书》本、崇文本作'缉'，未误。当据改。"杨说是。《诗·大雅·文王》："穆穆文

王,於缉熙敬止。"毛传:"缉熙,光明也。"又《周颂·昊天有成命》:"於缉熙,单厥心。"毛传:"缉,明;熙,广。"百揆:见《臣节》篇"百揆时序"句注。

⑪卢、鹊:见《崇教》篇"纵卢、猎以噬狡兽"句注。

【译文】

"'他接待士人淡薄得还不如苇膜,对待自己却是丰厚得无微不至。有的人没打开过法律的书卷,但却窃居大理卿的官位;连文牍工作都不懂得,但却处于办理机密要政的职务;不知道"五经"的名目,却享有儒官的俸禄;不熟悉著书立说的甘苦,却坐在著书修史的位置上;没有高远而疏阔的笔法,却有善作驳议之奏的荣耀;低眉顺眼两臂下垂,却充任监察弹劾的官员;不能辨别人物是精良还是低劣,却委任为品评等级的中正之官;不知依据天时地利人和调动军力,但趾高气扬地在伞盖下持节指挥全军;多次当了失败奔逃的受辱之将,但并未失去先锋官的荣显称号;不能分别豆子和麦子的异同,却担任皇帝顾问这样的亲近重臣。鱼的本质而有龙的花纹,似是而非,遇到水很高兴,看到水獭就要悲伤了。即使用斧钺之威来督促,用价值连城的宝物来引诱,仍然不能让铅刀去对付犀牛野兕,让驽劣瘸腿的马像追风骏马一样驰骋。并不是不害怕沉重的惩罚,也不是不喜欢美好的奖赏,力不从心,无可奈何!而希望这种人使各项事务发扬光大,完成多种重大事情,就像把万钧重的东西放到一尺长的小船上,到升斗之中去寻找千钟那么多的东西;结草为狗,却要求它起韩卢宋鹊一样的作用;拴住鸡鸭,就想让它像鹰一样奋飞,其不合用,是非常明显的。

【原文】

"'吴主不此之思,不加夕惕①。佞谄凡庸,委以重任。危机急于彍弩,亡征著于日月,而自谓安于峙岳,唐、虞可仰也。目力疲于绮粲,而不以览庶事之得失;耳聪尽于淫音,而不以证献言之邪正;谷帛靡于不急,而不以赈战士之冻馁;心神悦于爱媚,而不以念存亡之弘理。盖轻乎崇替之源②,而忽乎宗庙之重者也。'

【注释】

①夕惕:出《易·乾》:"君子终日乾乾,夕惕若厉,无咎。"乾(qián)乾言自强不息,夕惕言至夜仍心怀忧惧工作不懈。

②崇替:见《崇教》篇"能独见崇替之理"句注。

【译文】

"'吴国的君主不想这些,又不是终日勤勉谨慎。巧言谄媚的平庸的人,委以重任。危机比拉开的弓弩还要紧急,亡国的征兆比日月还要明显,但是他们自己认为比屹立的山岳还要稳固,可以企盼像唐尧虞舜那样了。目力由于色彩绮丽灿烂而疲劳,但不用来看各项政事的得失;听力完全用于淫靡之音,但不用于分辨进献之言的邪正;粮食布帛都浪费在并不需要的事情上,而不用来赈济受冻挨饿的战士;心神都用于所宠爱的人,而不用于考虑国家存亡的大道理。这是因为轻看兴废盛衰的根源,忽视祭

395

祀宗庙承继祖业的重要。'

【原文】

"郑君又称其师左先生，隐居天柱，出不营禄利①，不友诸侯，然心愿太平，窃忧桑梓。乃慨然永叹于蓬屋之下，告其门生曰：'汉必寝耀②，黄精载起，缵枢纽于太微③，回紫盖于鹑首④。联天理物，光宅东夏，惠风被于区外，玄泽洽乎宇内⑤。重译接武⑥，贡楛盈庭⑦。荡荡巍巍⑧，格于上下；承平守文⑨，因循甚易。而五弦谧响，《南风》不咏⑩，上不获恭己之逸，下不闻"康哉"之歌⑪。飞龙翔而不集，渊虬蟠而不跃。驺虞翳于冥昧⑫，朱华牙而未秀。阴阳相沴⑬，寒燠缪节⑭。七政告凶⑮，陵谷易所。殷雷鞫磕于龙潜之月⑯，凝霜肃杀乎朱明之运⑰。玉烛不照⑱，沉醴不涌，郊场多垒⑲，嘉生不遂⑳。夫岂他哉？诚由四凶不去㉑，元凯不举㉒，用者不贤，贤者不用也。

【注释】

①杨明照曰："按'出'字误（非属下句读），当依各本改作'山'。"是。

②必：杨明照依吉藩本、文溯本、崇文本校"火"。是。依中国的五行学说，汉为火德。如《文选·袁宏〈三国名臣序赞〉》："火德既微，运缠大过。"李善注："火德，谓汉也。班固《汉书·高纪赞》曰：'旗帜尚赤，协于火德。'"以五行相生论，火生土，土色黄，故汉以下的朝代应为土德，尚黄。黄精谓黄土之精，即指土德。《后汉书·李云传》："高祖受命，至今三百六十四岁，君期一周，当有黄精代见。姓陈、项、虞、田、许氏，不可令此人居太尉、太傅典兵之官。"

③缵（zuǎn）：继承。《诗·鲁颂·閟宫》："奄有下土，缵禹之绪。"《礼记·中庸》："武王缵大王、王季、文王之绪，壹戎衣而有天下。"枢纽：指北极星的纽星天枢。《晋书·天文志上》："北极，北辰最尊者也。其纽星，天之枢也。"以喻帝王。太微：星官名，三垣（太微、紫微、天市）之一。位于北斗之南，轸、翼之北，大角之西，轩辕之东。诸星以五帝座为中心，呈屏藩状，故古以为天庭。亦用以指朝廷或帝居。

④紫盖：紫色车盖，帝王仪仗之一。借指帝王。鹑（chún）首：星次名，朱雀七宿中为首的井宿和鬼宿。古以为秦地分野，故以指秦地。汉初都长安，属秦地。

⑤玄泽：《文选·应祯〈晋武帝华林园集诗〉》："玄泽滂流，仁风潜扇。"李善注："玄泽，圣恩也。"

⑥重译：见《君道》篇"感和重译，灵禽贡于彤庭"句注。

⑦贡楛（hù）：本为进贡以楛木为杆的箭。出《国语·鲁语下》："昔武王克商，通道于九夷百蛮，使各以其方贿来贡，使无忘职业，于是肃慎氏贡楛矢。"后借指送给中央政府的贡品。

⑧荡荡巍巍：皆出《论语·泰伯》："子曰：'大哉尧之为君也！巍巍乎，唯天为大，唯尧则之。荡荡乎，民无能名焉。'"

⑨守文：本谓遵循文王法度，后泛指遵循先王法度。《公羊传·文公九年》："继文王之体，守文王之法度。"《史记·外戚世家》："自古受命帝王及继体守文之君，非独内德

茂也，盖亦有外戚之助也。"司马贞索隐："守文犹守法也，谓非受命创制之君，但守先帝法度为之主耳。"

⑩二句本《韩非子·外储说左上》："昔者舜鼓五弦，歌《南风》之诗而天下治。"

⑪恭己：见《嘉遁》篇"重华所以恭己"句注。"康哉"之歌：见《嘉遁》篇"明良之歌不作"句注。

⑫驺虞：见《逸民》篇"不识驺虞之用心"句注。

⑬沴（lì）：天地四时不和而生灾。

⑭燠（yù）：热；暖。《书·洪范》："八，庶征：曰雨，曰旸，曰燠，曰寒，曰风，曰时。"孔颖达疏："《释言》云：'燠，煖也。'"

⑮七政：见《君道》篇"是以七政不乱象于玄极"句注。

⑯龙潜：本《易·乾》："潜龙勿用，阳气潜藏。"此指冬季。

⑰朱明：夏季。《尸子》卷上："春为青阳，夏为朱明，秋为白藏，冬为玄英。"

⑱玉烛：谓四时之气和畅。形容太平盛世。《尸子》卷上："四气和，正光照，此之谓玉烛。"《尔雅·释天》："四气和谓之玉烛。"郭璞注："道光照。"邢昺疏："道光照者，道，言也；言四时和气，温润明照，故曰玉烛。"

⑲埸（yì）：田畔。垒：军垒，防御工事。《礼记·曲礼上》："四郊多垒，此卿大夫之辱也。"

⑳嘉生：茂盛的谷物。《国语·周语下》："阴阳序次，风雨时至，嘉生繁祉，人民和利。"《汉书·郊祀志》"故神降之嘉生"颜注："应劭曰：'嘉谷也。'师古曰：嘉生，谓众瑞也。"

㉑四凶：见《嘉遁》篇"有虞举则四凶戮"句注。

㉒元凯：见《嘉遁》篇"而使圣朝乏乎元凯之用哉"句注。

【译文】

"郑先生又称道他的老师左先生，隐居于天柱山，不追求俸禄利益，不与诸侯交友，但是内心希望天下太平，私下为家乡忧虑。于是在草屋之中慨然长叹，告诉他的学生们说：'汉朝的火焰必将熄灭，具有坤土之德的政权要代之而起，在朝廷继承国家大政，汉代帝王的车辇将要调转方向了。联系天象分析事理，帝王之光在华夏的东部。德惠之风覆盖至域外，圣恩遍施于四海之内。需要辗转翻译的远方国家接踵而至，远方贡献来的物品堆满庭院。有如帝尧般的德业浩荡巍峨，充满天地之间；治平相承，遵循先王之法，沿袭而下很容易。但五弦这种乐器不再弹奏了，《南风》之诗也不再歌唱了，君主得不到恭谨律己的安逸，百姓也听不到歌颂升平的歌声。飞龙在天上飞但不降落，潜龙在水中蜷曲而不跃出。灵兽驺虞由于人们的蒙昧无知而被遮蔽，红花萌芽而不开放。阴阳混乱，寒冷温暖错了季节。日月五星显示了凶象，峰峦和山谷交换了地方。惊雷在蛟龙潜伏的月份轰鸣，冰霜在夏季里显示严酷。四时之气不和，深埋的甘泉也不会涌出。郊外的田界上多有军垒，茂盛的谷物不生长。难道有其他的原因吗？实是因为四凶一样的恶人没有除去，八元八凯一般的贤士不获荐举，任用的人不贤德，贤德的人不任用啊。

【原文】

"'然高概远量,被褐怀玉,守静洁志,无欲于物。藏路渊污①,得意遗世,非礼不动,非时不见,困而无闷②,穷而不悔,乐天任命,混一荣辱,进无悦色,退无戚容者,固有伏死乎瓮牖③,安肯沽衒以进趋,揭其不赀之宝,以竞燕石之售哉④!孔、墨之道,昔曾不行;孟轲、扬雄,亦居困否。有德无时,有自来耳。世无离朱⑤,皂白混焉;时乏管青⑥,骐骞糅焉。碛砾积于金匮,瑾瑶委乎沟洫;匠石缅而遐沦,梓豫忽而莫识。已矣。悲夫!我生不辰,弗先弗后,将见吴土之化为晋域,南民之变成北隶也。'言犹在耳,而孙氏舆榇⑦。"

【注释】

①路:仕途。本《孟子·公孙丑上》:"夫子当路于齐。"赵岐注:"路,仕路。"藏路当言隐居。

②无闷:见《任命》篇"无闷之志也"句注。

③瓮牖(yǒu):出《礼记·儒行》:"筚门圭窬,蓬户瓮牖。"郑玄注:"以瓮为牖。"孔颖达疏:"又云:以败瓮口为牖。"

④燕石:燕山所产一种似玉的石头。《山海经·北山经》:"北百二十里,曰燕山,多婴石。"郭璞注:"言石似玉,有符彩婴带,所谓燕石者。"

⑤离朱:见《用刑》篇"胶离朱之目"句注。

⑥管青:传说中古代善相马者。《吕氏春秋·观表》:"古之善相马者,……管青相䐿肳,陈悲相股脚。"按䐿(fēn)肳(wěn)即唇吻。《淮南子·齐俗训》:"伯乐、韩风、秦牙、管青,所相各异,其知马一也。"

⑦舆榇(chèn):载棺以随,以示已有罪当死。《左传·僖公六年》:"许男面缚衔璧,大夫衰绖,士舆榇。"《三国志·吴书·三嗣主传·孙皓》:"壬申,王濬最先到,于是受皓之降,解缚焚榇,延请相见。"此言归降。

【译文】

"'然而气概高尚器量远大的人,身穿褐衣,胸怀仁德,保持清静无求的高洁志向,对外物无所追求。在深渊中隐居不仕,避开尘世自得其乐,不合于礼不起步,不是恰当的时代不出任,困厄并不苦恼,不得志也并不后悔,乐从天意任凭命运的安排,把荣耀与羞辱看作同样的东西,地位升高没有愉悦之色,地位下降也没有忧愁的表情,这样的人当然有的在贫困之中埋没至死,但怎么肯求售炫耀来获取地位,高举他的不可估价的宝贝,争着按燕石的价钱出售呢!孔子、墨子的学说,当初也曾不能通行;孟轲、扬雄也曾处于困顿不走运之中。有好的品德但没有好的时运,是古已有之的。世上如果没有离朱,黑白就会混淆;时代如果缺少管青,骏马与癞驴就会杂糅。沙石被装在金匣之内,美玉却被抛弃在沟渠里;巧匠被远远地抛开,梓木樟木被忽视而无人认识。算了吧!可悲呀!我生得不是时候,不早不晚,将要看到吴国土地变为晋的疆域,南方的百姓变成北方的奴隶。'话还在耳边,孙氏政权就归降了晋朝。"

【原文】

抱朴子闻之曰:"二君之言,可为来戒,故录于篇,欲后代知有吴失国非降自天也①。若苟讳国恶,纤芥不贬,则董狐无贵于直笔②,贾谊将受讥于过秦乎③!"

【注释】

①有吴:吴国。"有"为名词词头。

②董狐:见《良规》篇"无南史、董狐以证其罪"句注。

③贾谊:参见《擢才》篇"贾谊慷慨,怀经国之术,而武夫排之"句注。著《过秦论》,见于《史记·秦始皇本纪》后及《新书》《文选》。分上、中、下三篇。上篇为《史记·陈涉世家》所引。文章分析秦朝亡国之因。《汉书·贾谊传·赞》引刘向曰:"贾谊言三代与秦治乱之意,其论甚美,通达国体,虽古之伊、管未能远过也。"

【译文】

抱朴子听到以后说:"两位先生的话,可以作为将来的戒鉴,因此把它记录在书中,希望后代知道吴国丧失国家政权不是自天而降的。如果苟且地避讳国家的丑恶方面,一丝一毫不许批评,那么董狐也就不会因秉笔直书而可贵,贾谊也将因批评秦的过失而受到讥刺了!"

卷第三十五　守塉

题　解

本篇以潜居先生与人论辩的形式阐明自己宁守贫塉不易其志的人生准则。

有人对潜居先生"慕寝丘""简塉土""锐精艺文，意忽学稼"的人生态度提出责难，认为对人生必不可少的物质财富的追求古人并不回避，而且予以肯定和赞美。所以真正的奇士应该是仕进则成就霸、王之业，在野则聚千金之财。而潜居先生有的只是"迂阔"的"待兔之志"。

潜居先生则以一系列的讽喻来说明自己有鸥鹏一样的志向和阆风一样的情操，这是责难者没有也不可能理解的。他认为耕与学、逸与清有着不可调和的矛盾，不可兼而得之，因此欲建"道德之功"，必闭"侈靡之门"。这块特殊的道德学业之田收获大至"盈乎天地之间"，还能避免灾祸。它还是至"廉"的体现，正应当是人们努力学习的。所以潜居先生将效法北辰、五岳，坚定不移地做下去。

作者面对侈靡的世风，强调对理想和事业的执着追求，应当说是正确的，虽然言语中不免矫枉过正之处。

【原文】

抱朴子曰："余友人有潜居先生者，慕寝丘之莫争①，简塉土以葺宇，锐精艺文，意忽学稼，屡失有年，饥色在颜。或人难曰：'天知礼在于廪实②，施博由乎货丰；高出于有余，俭生乎不足。故"十千"美于诗人③，食、货首乎八政④，躬稼基克配之业⑤，耦耕有不改之乐。奇士之居也⑥，进则侣鸿鸾以振翮，退则参陶、白之理生⑦；仕必霸王，居必千金。是以昔人必科膏壤以分利⑧，勤四体以稼穑，播原菽之与与，茂嘉蔬之翼翼⑨，收秭秅之千仓⑩，积我庾之惟亿⑪。出连骑以游畋，入侯服而玉食。而先生之宅此也，亢阳则出谷扬尘⑫，重阴则滔天凌丘⑬；陆无含秀之苗，水无吐穗之株；稗粝旷于囷廪⑭，薪爨废于庖厨；怡尔执待兔之志⑮，坦然无去就之谟。吾恐首阳之事⑯，必见于今；丹山之困⑰，可立而须。人为子寒心，子何晏然而弗忧也？夫睹机而不作，不可以言明；安土而不移，众庶之常事。岂玩鲍者忘兰，而大迷者易性乎？何先生未寤之久也？鄙人惑焉，不识所谓。夫衮冕非御锋镝之服，典诰非

· 400 ·

救饥寒之具也。胡不际沃衍于四郊，躬田畯之良业⑱，舍六艺之迂阔⑲，收万箱以赈乏乎⑳？'

【注释】

①寝丘：地名。《吕氏春秋·异宝》："孙叔敖疾，将死，戒其子曰：'王数封我矣，吾不受也。为我死，王则封汝，必受无利地。楚越之间，有寝之丘者，此其地不利，而名甚恶。荆人畏鬼而越人信禨，可长有者唯此也。'"按禨（jī），谓祭鬼求福。

②天：当系"夫"字之误。

③"十千"：出《诗·小雅·甫田》："倬彼甫田，岁取十千。"倬（zhuō）言广大，甫田言天下之田。毛传："十千，言多也。"

④八政：国家施政的八项内容。《书·洪范》："八政：一曰食，二曰货，三曰祀，四曰司空，五曰司徒，六曰司寇，七曰宾，八曰师。"孙星衍疏："《汉书·食货志》云：'《洪范》八政，一曰食，二曰货。食谓农殖嘉谷可食之物；货谓布帛可衣，及金刀龟贝所以分财布利通有无者也。'二者，生民之本。"

⑤躬稼：《论语·宪问》："禹、稷躬稼而有天下。"

⑥奇士之居也：杨明照以为"居"下脱"世"。是。

⑦陶、白：陶朱公与白圭。陶朱公，见《擢才》篇"非陶、猗不能市也"句注。《史记·货殖列传》："白圭，周人也。当魏文侯时，李克务尽地力，而白圭乐观时变，故人弃我取，人取我与。……能薄饮食，忍嗜欲，节衣服，与用事僮仆同苦乐，趋时若猛兽挚鸟之发。故曰：'吾治生产，犹伊尹、吕尚之谋，孙、吴用兵，商鞅行法是也。……'盖天下言治生祖白圭。"理生：犹言治生。疑唐人为避高宗李治讳改而未校复也。

⑧科膏壤：杨明照疑"科"乃"料"字之误。是。

⑨与与、翼翼：出《诗·小雅·楚茨》："我黍与与，我稷翼翼。"

⑩䵖（móu）：大麦；秬（jù）：黑黍。泛指谷物。千仓：出《诗·小雅·甫田》："乃求千斯仓，乃求万斯箱。"形容丰年储粮之多。

⑪句本《诗·小雅·楚茨》："我仓既盈，我庾维亿。"故此处之"惟"以作"维"为是。

⑫亢阳：干旱。曹植《诰咎文》："亢阳害苗。"

⑬重阴：淫雨；涝。曹植《赠王粲》："重阴润万物，何惧泽不周。"《文选·成公绥〈啸赋〉》："济洪灾于炎旱，反亢阳于重阴。"

⑭稗（bài）：稗子，一种似稻谷的草。圌（chuán）：竹或草编的盛米器具。

⑮待兔：典出《韩非子·五蠹》："宋人有耕田者，田中有株，兔走，触柱折颈而死。因释其耒而守株，冀复得兔。兔不可复得，而身为宋国笑。"

⑯首阳之事：见《逸民》篇"夷、齐一介，不合变通"句注。

⑰丹山之困：《吕氏春秋·贵生》："越人三世杀其君。王子搜患之，逃乎丹穴。"

⑱田畯（jùn）：本谓在田间监督农业生产的官员。此泛指农民。

⑲六艺：见《勖学》篇"孤平而精六艺者"句注。

⑳万箱：见本篇上文"收䵖秬之千仓"句注。

【译文】

抱朴子说:"我的友人有一位叫作潜居先生的,追慕寝丘之地无人争抢,简选瘠薄的土地修建房子;专精于文化典籍,而忽视耕种田地,连续几年略于此事,已经面带饥色。有人责难他说:'懂得礼仪在于粮仓充实,施舍广泛是由于财产丰厚;高洁是从生活有余产生的,节俭是从生活不充足产生的。所以"岁取十千"就成了诗人笔下的优美诗句,食、货在八政中占据开头的位置。亲自耕种乃是大禹与后稷可与文王相配的事业的基础,并肩而耕有不能替代的快乐。有突出德才的人处于世上,进仕就与鸿雁鸾凤为伴振翅高飞,退隐就参照陶朱公和白圭治理生计;为官一定要让国家称霸称王,居家一定要富有千金。所以从前的人一定选择肥沃的土壤以求获得利益,勤奋四肢来耕种收获,在原野上播种豆子长得很繁盛,茂密的菜蔬也生得很茁壮,收获的大麦和黍子有千仓之多,上亿的库房都装满了。出门就有众多的骑马仆人跟随游猎,进家就穿列侯的衣服享用精美的食品。而先生住在这里,干旱了走出山谷就尘土飞扬,水涝了就滔天大水淹没丘陵。旱地里没有扬花的禾苗,水田中没有吐穗的植株;粮囤仓房中连稗子粗米都没有,厨房里停止了烧火做饭;抱着守株待兔的态度仍怡然自乐,没有去职就官的谋划还坦然自得。我害怕伯夷叔齐饿死首阳山的事要在今天重演,王子搜出逃困于丹穴的事马上就会发生。别人为您感到寒心,您怎么还安然自得毫无忧虑呢?看到了时机而不奋起,不能叫作头脑清楚;安居本土而不迁移,只是众多平民的常见情况。难道习惯了鲍鱼的腥臭就忘记了兰花的幽香,过度的迷乱改变了本性吗?先生怎么这么久不醒悟啊?在下很糊涂,不知道您怎么想的。礼服和礼帽不是抵御刀刃和箭头的衣服,典籍也不是救饥饿御寒冷的东西。为什么不看一看四郊肥沃平坦的田野,亲身去从事农夫们的良好职业,舍弃迂阔无用的六经,收获万车粮食来解救困乏呢?'

【原文】

"潜居先生曰:'夫聩者不可督之以分雅、郑①,瞽者不可责之以别丹漆②;井蛙不可语以沧海,庸俗不可说以经术。吾子苟知老农之小功,未喻面墙之巨拙③,何异拾琐沙而捐隋、和,向炯烛而背白日也?夫好尚不可以一概枒④,趋舍不可以彼我易也。夫欲阵阆风陟嵩、华者⑤,必不留行于丘垤;意在乎游南溟泛沧海者,岂暇逍遥于潢洿!是以注清听于《九韶》者⑥,《巴人》之声不能悦其耳⑦;烹大牢飨方丈者⑧,茶蓼之味不能甘其口⑨。鹍鹏戾赤霄以高翔,鹖鸲傲蓬林以鼓翼。洿隆殊途,亦飞之极。晦朔甚促,朝菌不识。蟭螟忽忽于寸阴,野马六月而后息⑩。儵鲋泛滥以暴鳞⑪,灵虬勿用乎不测。行业乖舛,意何可得?

【注释】

①郑:言郑音。见《崇教》篇"耳疲乎郑、卫"句注。
②漆:本木名。其汁所制涂料色黑,故引申为黑色。

③面墙：见《劝学》篇"然后觉面墙之至困也"句注。

④枑（gài）：本指量谷物时用以刮平斗斛的刮板。此指刮平。

⑤隮（jī）：登上，升上。阆风：见《逸民》篇"未登阆风而临云霓"句注。

⑥《九韶》：舜时乐曲名。

⑦《巴人》古曲名，即《下里巴人》。见《审举》篇"令濮上巴人"句注。

⑧方丈：见《嘉遁》篇"藜藿不供，而意侈于方丈"句注。"大牢"即"太牢"。见《名实》篇"不以易不义之太牢"句注。

⑨荼（tú）：苦菜。蓼（liǎo）：植物名。味辛辣，可做调料。以上四句本《庄子·至乐》："奏《九韶》以为乐，具太牢以为膳。"

⑩鹍（kūn）鹏：传说中的大鸟。本《庄子·逍遥游》："北冥有鱼，其名为鲲，鲲之大，不知其几千里也。化而为鸟，其名为鹏，鹏之背，不知其几千里也。……是鸟也，海运则将徙于南冥。……《齐谐》者，志怪者也。《谐》之言曰：'鹏之徙于南冥也，水击三千里，抟扶摇而上者九万里，去以六月息者也。'野马也，尘埃也，生物之以息相吹也。……小知不及大知，小年不及大年。奚以知其然也？朝菌不知晦朔，蟪蛄不知春秋，此小年也。楚之南有冥灵者，以五百岁为春，五百岁为秋；上古有大椿者，以八千岁为春，八千岁为秋。……（鹏）且适南冥也。斥鴳笑之曰：'彼且奚适也？我腾跃而上，不过数仞而下，翱翔蓬蒿之间，此亦飞之至也。而彼且奚适也？'此小大之辩也。"鹡（jí）鸰（líng）：一种小鸟。朝菌：见《嘉遁》篇"无朝菌之荣，望大椿之寿"句注。蜉（fú）蝣（yóu）：昆虫名。其成虫生存期极短。《诗·曹风·蜉蝣》："蜉蝣之羽，衣裳楚楚。"毛传："蜉蝣，渠略也，朝生夕死。"野马：《庄子》郭象注曰："野马者，游气也。"成玄英疏："此言青春之时，阳气发动，遥望薮泽之中，犹如奔马，故谓之野马也。"

⑪鲦（tiáo）：鱼名。一种淡水中的白色小鱼。又名白鲦。鲋（fù）：鲫鱼的古称。暴鳞：鱼在水中遭自后而来的水流，导致鳞和鳃被翻开。常致死。

【译文】

潜居先生说：'耳聋的人不能够要求他区分雅正的音乐还是靡靡之音；眼瞎的人不能够要求他辨别颜色是红还是黑；井中之蛙不能够跟它谈论大海，平庸世俗的人不能够和他谈论经学。您只知道农民的小的贡献，却不明白他们无知这大的拙陋，这和拾起了小沙粒但扔掉了隋侯珠、和氏璧，面朝熊熊的火炬却背向明亮的太阳有什么区别呢？人们的爱好崇尚不能整齐划一，取舍也不能互相交换。想登上阆风山、嵩山、华山的人，必然不会在小土丘止步；志在到南方的大海中去漂游泛舟的人，怎么会有空闲在池塘中逗留呢！因此把听力倾注于《九韶》雅乐的人，《下里巴人》的音乐不会让他感到悦耳动听；烹煮牛羊猪享用方丈宴席的人，苦涩的野菜不会让他感到入口甘甜。鹍鹏到了九霄云外才展翅飞翔，鹡鸰小鸟在草丛之中骄傲地拍打双翼。高低悬殊，但各自都是飞翔的极致。每月的末天到下月的初一是很短暂的时间，但是朝菌仍然不懂得。蜉蝣小虫匆匆忙忙度过它的短暂光阴，林中的雾气六月以后就消失了。白鲦和鲫鱼在大水泛滥时就会暴鳃，威灵的虬龙则不到不可预料的地方去。所从事的事业是相互矛盾的，思想怎么能够相互理解呢？

【原文】

　　'余虽藜飧之不充，而足于鼎食矣①！故列子不以其乏，而贪郑阳之禄②；曾参不以其贫，而易晋楚之富③。夫收微言于将坠者，周、孔之遐武也；情孳孳以为利者，孟叟之罪人也④。造远者莫能兼通于岐路，有为者莫能并举于耕、学。体瘁而神豫，亦何病于居约！且又处堉则劳，劳则不学清而清至矣；居沃则逸，逸则不学奢而奢来矣。清者，福之所集也；奢者，祸之所赴也。福集则虽微可著，虽衰可兴焉；祸赴则虽强可弱，虽存可亡焉。此不期而必会，不招而自来者也。故君子欲正其末，必端其本；欲辍其流，则遏其源。故道德之功建，而侈靡之门闭矣。

【注释】

①鼎食：列鼎而食。指大家族的豪华生活。
②见《酒诫》篇"而清节者不纳不义之谷帛矣"句注。
③事见《韩诗外传》卷一："曾子仕于莒，得粟三秉。方是之时，曾子重其禄而轻其身。亲没之后，齐迎以相，楚迎以令尹，晋迎以上卿。方是之时，曾子重其身而轻其禄。"
④说本《孟子·尽心上》："鸡鸣而起，孳孳为善者，舜之徒也；鸡鸣而起，孳孳为利者，跖之徒也。"

【译文】

　　'我虽然野菜都吃不饱，但是比列鼎而食的人还要充实呢！所以列御寇不因为生活困乏而贪图郑子阳给的俸禄，曾参不用他的贫穷和到晋楚为官致富相交换。整理将要失传的古圣贤的隐微之言，是对周公孔子的遥继之功；勤勤恳恳地追求利益的人，是孟老夫子的罪人。能够走远路的人也不能同时走分叉的两条路，有作为的人也不能耕种和学业并举。身体憔悴而精神愉快，又怎么会对身处贫困感到痛苦呢？况且身处困穷就勤劳，勤劳了，不学习高洁，高洁也自然会到来；身处富有就会安逸，安逸了，不学习奢侈，奢侈也会到来。高洁，就会使福气齐集；奢侈，就会使灾祸俱至。福气齐集，那么即使隐微也可以变得显著，就是衰败了也可以兴起；灾祸俱至，那么就是强大也能够变得弱小，就是存在也会灭亡。这都是不用预约必然相会，不用招致自然到来的。因此君子想要端正末梢先要从根本上入手，想要中断水流先要从水源处去阻遏。所以道德的功业成就了，奢侈淫靡的大门就关闭了。

【原文】

　　"'姜望至德而佃不复种①，重华大圣而渔不偿网②。然后玉璜表营丘之祚③，大功有二十之高④。何必讥之以惰懒，而察才以相士乎？夫二人分财，取少为廉。余今让天下之丰沃，处兹邦之褊埆⑤，舍安昌之膏腴⑥，取北郭之无欲⑦，诚万物之可细，亦何往而不足哉！北辰以不改为众星之尊，五岳以不迁为群望之宗；蟋蟀屡移而不贵，禽鱼赞深则逢患⑧。方将垦九典之芜薉，播六德之嘉谷⑨。厥田邈于上土之科，其收盈乎天地之间。何必耕耘为务哉？昔被衣以弃财止盗⑩，庚氏以推璧厉贪⑪，疏广散金以除子孙之祸⑫，叔敖取埆以弭可欲之忧⑬。牛缺以载珍致寇⑭，陶谷以多藏召殃⑮。得失较然，可无鉴乎！'

【注释】

①姜尚事未详，译文亦或未安。

②虞舜事亦未详。

③玉璜（huáng）：半圆形玉璧。《尚书大传》卷一："周文王至磻溪，见吕尚钓。文王拜。尚云：'望钓得玉璜，剜曰：姬受命，吕佐检。德合于今昌来提。'"营丘：《史记·齐太公世家》："于是武王已平商王天下，封师尚父于齐营丘。"是为齐国之都。后春秋时齐献公自薄姑复迁都于此，更名临淄。

④《史记·五帝本纪》："此二十二人咸成厥功：皋陶为大理，平，民各伏得其实；伯夷主礼，上下咸让；垂主工师，百工致功；益主虞，山泽辟；弃主稷，百谷时茂；契主司徒，百姓亲和；龙主宾客，远人至；十二牧行而九州莫敢辟违；唯禹之功为大，披九山，通九泽，决九河，定九州，各以其职来贡，不失厥宜。方五千里，至于荒服，……四海之内，咸戴帝舜之功。"

⑤埆（què）：土地瘠薄。

⑥安昌：见《吴失》篇"实有安昌、董、邓之污"句注。

⑦北郭：见《酒诫》篇"困贱，难居者也，而高尚者不处危乱之荣贵焉"句注。

⑧餍：杨明照据《庄子·庚桑楚》《韩诗外传》十，以为当作"厌"，极是。

⑨六德：《周礼·地官·大司徒》："以乡三物，教万民而宾兴之。一曰六德：知、仁、圣、义、忠、和。"

⑩被（pī）衣：《庄子·天地》："尧之师曰许由，许由之师曰啮缺，啮缺之师曰王倪，王倪之师曰被衣。"其弃财止盗事未详所出。

⑪庚氏：杨明照曰："按《庄子》佚文：'庚市子肩之毁玉也。'（《文选·张协〈七命〉李注引）淮南子《庄子后解》：'庚市子，圣人无欲者也。人有争财相斗者，庚市子毁玉于其间，而斗者止。'（同上）嵇康《圣贤高士传》：'康市子，圣人之无欲者也。见人争财而讼，推千金之璧于其旁，而讼者息。'（《御览》五百九引）据此，则'庚'为'庚'或'康'之误矣（'庚''康'二字必有一误，惜它无可考）。"译文取'庚'字。

⑫疏广：《汉书·疏广传》："疏广字仲翁，东海兰陵人也。少好学，明《春秋》，……征为博士大夫，……广徙为（太子）太傅。……在位五岁，皇太子年十二，通《论语》《孝经》。……广遂称笃，上疏乞骸骨。上以其年笃老，皆许之。……广既归乡里，日令家共具设酒食，请族人故旧宾客，与相娱乐。数问其家金余尚有几所，趣卖以共具。……广曰：'吾岂老悖不念子孙哉？顾自有旧田庐，令子孙勤力其中，足以共衣食，与凡人齐。今复增益之以为赢余，但教子孙怠堕耳。贤而多财，则损其志；愚而多财，则益其过。且夫富者，众人之怨也；吾既亡以教化子孙，不欲益其过而生怨。'"

⑬叔敖：见本篇上文"慕寝丘之莫争"句注。

⑭牛缺：《列子·说符》："牛缺者，上地之大儒也，下之邯郸，遇盗于耦沙之中，尽取其衣装车，牛（缺）步而去，视之欢然无忧吝之色。盗追而问其故。曰：'君子不以所

养害其所养（按下'所'后脱'以'字）。'盗曰：'嘻！贤矣夫！'既而相谓曰：'以彼之贤，往见赵君，使以我为（事），必困我。不如杀之。'乃相与追而杀之。"又见《吕氏春秋·必已》《淮南子·人间训》。

⑮杨明照校引《列女传·贤明·陶荅子妻传》："荅子治陶三年，名誉不兴，家富三倍。其妻数谏不用。居五年，从车百乘归休。宗人击牛而贺之，其妻抱儿而泣。姑怒曰：'何其不祥也！'妇曰：'夫子能薄而官大，是谓婴害；无功而家昌，是谓积殃。……今夫子治陶，家富国贫，君不敬，民不戴，败亡之征见矣。……'处期年，荅子之家果以盗诛。"故"陶谷"当作"陶荅"。

【译文】

"'姜太公道德最为高尚但替人种田没人肯雇他第二次，虞舜最为圣明而打的鱼还不值渔网钱。这之后，玉璜表明了周封吕尚在营丘建立齐国的福祚，虞舜手下建立大功的人有二十人之多。何必要批评人们的懒惰，而凭财产考察和鉴别人才呢！两个人分钱时，拿得少的就算是廉洁。我现在让出了天下的肥沃土地，而处身于邦国的这一偏僻角落里，舍弃了张禹那样的富有，取北郭先生没有名利之欲的态度。这实在是细微的万物都可具备，又有什么不充实的呢！北斗星因为不改方位而成为众多星辰中的首领，五岳因为不变位置而成为群山仰望的宗主；蟋蟀不停地移动所以不尊贵，飞鸟和鱼类憎恶深居所以遭祸患。正准备要像垦荒一样开发古代经典，播种六种道德的好谷子。这个田地超过上等的土地，它的收获可以充满天地之间。为什么一定要以耕耘为最紧要的事情呢？古时贤者被衣用抛弃财物制止盗贼，庚市子以毁掉玉璧来整饬贪婪，疏广用散发金钱来免除子孙的祸患，孙叔敖以要瘠薄的土地来消除产生贪欲的忧虑。牛缺因为用车装着珍宝而招致强盗，陶荅子因为聚敛过多而引来灾殃。得和失相比是非常明显的，能够不以此为借鉴吗！'

【原文】

"于是问者抑然良久，口张而不能噏，首俛而不能仰，慨而嗟乎，始悟立不朽之言者，不以产业汨和；追下帷之绩者，不以窥园涓目①。子以臭雏之甘呼鸳凤，擗蟹之计要猛虎②，岂不陋乎！鄙哉，子之夙知也！"

【注释】

①涓目：杨明照曰："按'涓目'与上文'汨和'不伦类，疑'涓'为'滑'之误。"译文从之。按"滑"音 gǔ。事参《勖学》篇"仲舒命世，不窥园门"句注。

②擗（pǐ）：掰开，分开。

【译文】

"于是问话人沉默了很长时间，嘴张开合不上，头低下去抬不起来，感慨而叹息，这才明白建立不朽言论的人，不以购置产业损伤中和之气；追求闭门治学功业的人，不以看看花园来搅乱自己的眼睛。他用有味的雏鸟为饵呼唤凤凰，用掰开的螃蟹为计来骗猛虎，不是太拙陋无知了吗！多么傻呀，他一直都不理解这个道理！"

卷第三十六　安　贫

题　解

　　本篇假托在三国蜀汉的所谓"乐天先生"与"偶俗公子"的对话，继续其上篇未竟的话题。其中一半以上的篇幅是"偶俗公子"的话，名义上是劝"乐天先生"不要"苦身以为名"，实际上却是在批评当时"力竞""交争"的社会。在这样的社会中，"纯儒""硕生"大都抛弃了"皇道"和"四科"，而崇尚和追求"五霸之术""月旦之评"。只要是"筐箧实""握黄白"，"贽币浓""党援多"，即使是材如"瓦石"，身在草莱，也将"排金门而陟玉堂"；而"龙骏"之士却被委于泥汙、弃之林坰。这种社会大势绝非"泥丸"之力、"独贤"之能所可改变的。

　　"乐天先生"则认为，物质财富与名誉地位之类皆为身外之物，真正的富贵是三坟五典、诸子百家、道德学问。况且有着长远而伟大目标的人，不会和市俗之人"争利""竞达"而走入"诲盗""召贼"的歧途。

　　与《守塉》篇同，本篇中也有时将人生必须的物质需求与豪富奢靡相混淆，是其议论之减色处。

【原文】

　　抱朴子曰："昔汉火寝耀，龙战虎争，九有幅裂，三家鼎据。有乐天先生者，避地蓬转①，播流岷、益②。始处昵于文休③，末见知于孔明。而言高行方，独立不群，时人惮焉，莫之或与。时二公之力，不能违众，遂令斯生沉抑衡荜④。齿渐桑榆⑤，而韦布不改⑥。而时主思贤，不闻不知；当途之士，莫举莫贡。潜侧武之陋巷，窜绳枢之蓬屋。进废经世之务，退忘治生之车⑦。藜飧屡空，朝不谋夕。

【注释】

　　①避地：迁地以避灾祸。《汉书·叙传上》："（班彪）知隗嚣终不悟，乃避墬于河西"。颜师古注："墬，古地字。"

　　②播流：迁徙、流亡。《水经注·淄水》："齐灵公灭莱。莱民播流此谷，邑落荒芜，故曰莱芜。"岷、益：岷山郡与益州。古泛指今四川北部地区。此指蜀国。陆机《辩亡论下》："魏人据中夏，汉氏有岷益，吴制荆扬而奄交广。"

③文休：三国蜀许靖，字文休，汝南人。少与从弟邵俱知名，并有人伦臧否之称。董卓秉政时，与吏部尚书周毖共谋拔用贤才。后举兵欲诛董卓，事败，奔扬州，后入蜀为广汉太守。刘备入蜀，以许靖为太傅。年逾七十，犹爱乐人物，诱纳后进。诸葛亮亦敬事之。

④衡荜：横木编荜以为门户。言房屋简陋。

⑤桑榆：日落时光照桑榆树端，因指日暮，一般以喻晚年。《文选·曹植〈赠白马王彪〉诗》："年在桑榆间，影响不能追。"李善注："日在桑榆，以喻人之将老。"

⑥韦布：韦带布衣，乃平民服饰。借指未仕者或平民。韦带谓熟牛皮所制未加装饰的皮带。

⑦治生之车："车"字疑有误。《藏》本作"事"，当据改。

【译文】

抱朴子说："从前汉代灭亡之时，龙争虎斗，九州分裂，魏、蜀、吴三家鼎立。有一位乐天先生，像飞蓬一样到处跑着避难，流亡到了蜀国境内。开始和许靖相处得很亲密，最后为诸葛亮所了解。但是他言语高深行为方正，独立而不与众人合群，当时的人们都害怕他，没有人与他交好。一时间只有两个人的力量，不能违忤众意，于是使得这位先生被埋没于衡门荜户之中。岁数渐渐大了，但仍然是个布衣。而当时国君思慕贤士，但并不知道他；掌权者当中，也没有人贡举他。幽居在侧身举步才能通过的鄙陋巷子当中，隐身以绳子为门轴的草屋当中。就公事而言他已经废弃了经邦治国的事情，就私事而言又忘记料理生计的办法。野菜的饭食都经常吃不上，早晨不知道晚上有没有饭吃。

【原文】

"于是偶俗公子造而诘之曰：'盖闻有伊、吕之才者，不久滞于穷贱；怀猗顿之术者①，不长处于饥寒。达者贵其知变，智士验乎不匮。故范生出则灭吴霸越②，为命世之佐；入则货殖营生，累万金之赀。天贫在六极③，富在五福④，《诗》美"哿矣"⑤，《易》贵"聚人"⑥。垂饵香则鳣鲔来⑦，悬赏厚则果毅奋。长卿所以解犊鼻而拥朱绋⑧，曲逆所以下席扉而享茅土⑨，不韦所以食十万之邑⑩，绛侯所以拔囹圄之困也⑪。故下乡俭而获悔咎之辰，漂妪丰而蒙千金之报⑫。

【注释】

①猗顿：见《擢才》篇"夫结绿、玄黎，非陶、猗不能市也"句注。

②范生：范蠡。亦见上注①。

③六极：出《书·洪范》："六极：一曰凶、短、折，二曰疾，三曰忧，四曰贫，五曰恶，六曰弱。"按句首"天"字显系"夫"字之误，当依《藏》本正之。

④五福：亦出《书·洪范》："五福：一曰寿，二曰富，三曰康宁，四曰攸好德，五曰寿终命。"

⑤《诗》美"哿（gě）矣"：《诗·小雅·正月》："哿矣富人，哀此惸独。"哿言欢

乐。惸（qióng）为"茕"的异体字。

⑥《易》贵"聚人"：《易·系辞下》："何以聚人？曰财。"

⑦鳣鲔：已见《任命》篇"鳣鲔不居牛迹"句注。

⑧《史记·司马相如列传》："司马相如，蜀郡成都人也，字长卿。"汉景帝时为武骑常侍，因病免。客游梁，不久归蜀。过临邛，客于卓王孙，以琴心挑其寡女卓文君，"文君夜亡奔相如，相如乃与驰归成都。家居徒四壁立。卓王孙大怒曰：'女至不材，我不忍杀，不分一钱也。'……相如与之俱之临邛，尽卖其车骑，买一酒舍酤酒，而令文君当垆。相如自著犊鼻裈，与保庸杂作，涤器于市中。……卓王孙不得已，分予文君僮百人，钱百万，及其嫁时衣被财物。文君乃与相如归成都，买田宅，为富人。"因蜀人杨得意荐于武帝。帝悦其《子虚赋》而以为郎。为通西南夷而拜为中郎将，后又拜为孝文园令。犊鼻：即犊鼻裈（kūn），类今之短裤，以形似犊鼻得名。朱斿：以红色旄牛尾制成的车上旗饰，高官所用，故借指贵官所乘的车子。

⑨曲逆：参见《清鉴》篇"张负知将贵之陈平"句注。《史记·陈丞相世家》："平既娶张氏女，赍用益饶，游道日广。"以功先封户牖侯，后封曲逆侯。享茅土：指王侯封爵。蔡邕《独断》卷下："天子大社以五色土为坛，皇子封为王者受天子之社土以所封之方色，东方受青，南方受赤，他如其方色，归国以立社，故谓之受茅土。"授时包之以白茅，故曰茅土。封诸侯亦如是。

⑩《史记·吕不韦列传》："吕不韦者，阳翟大贾人也。往来贩贱卖贵，家累千金。"时秦庄襄王质赵，以吕不韦之财力得归国嗣位。"庄襄王元年，以吕不韦为丞相，封为文信侯，食河南雒阳十万户。"

⑪绛侯：周勃。参见《臣节》篇"追周勃之尽忠"句注。以功赐爵列侯，食绛八千一百八十户，号绛侯。文帝时为丞相，寻自请免相就国。后有人上书告勃欲反，逮捕勃治之。勃恐，不知置辞。勃以千金与狱吏，狱吏为出计，方得免罪获释。事在《史记·绛侯周勃世家》。

⑫《史记·淮阴侯列传》："淮阴侯韩信者，淮阴人也。始为布衣时，贫无行，不得推择为吏，又不能治生商贾，常从人寄食饮，人多厌之者。常数从其下乡（裴骃集解引张晏曰：'下乡，县，属淮阴也。'）南昌亭长寄食数月，亭长妻患之，乃晨炊蓐食。食时信往，不为具食。信亦知其意，怒，竟绝去。信钓于城下，诸母漂，有一母见信饥，饭信，竟漂数十日。信喜，谓漂母曰：'吾必有以重报母。'母怒曰：'大丈夫不能自食，吾哀王孙而进食，岂望报乎！'……信至国，召所食漂母，赐千金。及下乡亭长，钱百，曰：'公，小人，为德不竟。'"

【译文】

"于是一位偶俗公子登门责难他说：'我大致听说有伊尹、吕尚才能的人，不会长久地滞留在困厄低贱当中；有猗顿那样的致富办法的人，不会总顾虑忍饥挨饿。通达的人可贵之处就在于懂得变通，有智谋的人表现在他不缺乏钱财。所以范蠡出仕就灭掉了吴国使越国称霸，成为闻名于世的辅佐之臣；归隐则从事商业经营生计，积累了万金的资财。贫穷是六种凶事之一，富裕是五种福气之一。《诗经》以"哿矣"赞美富人,《周易》也重视以财"聚人"。垂钓的饵料香那么鲟鱼就会到来,悬赏丰厚那么果敢坚毅的人就会奋起。这就是为什么司马相如能脱了短裤做了高官,为什么陈平能离开以破席为门的穷家而享封侯的待遇,为什么吕不韦能有十万户的封邑,为什么周勃能解脱了牢狱的束缚。下乡南昌亭长对韩信吝啬而有悔恨过失的时候;漂母厚待韩信最终获得了千金的报答。

【原文】

"'先生无少伯之奇略,专锐思乎六经;忽绝粻之实祸①,慕不朽之虚名;耻诡遇以干禄,羞衒沽以要荣;冀西伯之方畋②,俟黄河之将清③;甘列子之菜色,邈全神而遗形。何异图画骐骥,以代徒行之劳;遥指海水,以解口焦之渴;张鱼网于峻极之巅,施钓缗于修木之末④?虽自以为得所,犹未免乎迂阔也。

【注释】

①粻(zhāng):粮食。

②本《史记·齐太公世家》:"吕尚盖尝穷困,年老矣,以渔钓奸周西伯,西伯将出猎,卜之,曰'所获非龙非螭,非虎非羆;所获霸王之辅'。于是周西伯猎,果遇太公于渭之阳,与语大说,……载与俱归,立为师。"

③黄河清:黄河水混。古以其清乃祥瑞。三国魏李康《运命论》:"夫黄河清而圣人生。"此即指圣人出现。

④缗(mín):钓丝。

【译文】

"'先生没有范蠡那样的出奇谋略,专心致志于古代经典;忽视了没饭吃这样的实际灾祸,而思慕不朽的空虚的名誉;耻于以不正当的方法求取俸禄,羞于用卖弄的手段获得荣耀;希望像吕尚那样遇上周文王出外打猎,等待黄河变清圣人出现的难得机会。甘心于像列子那样面带菜色,追求遥远的精神的完善而不顾自己的形骸。这和画一匹骏马来代替徒步行走的辛劳,远远地指着海水来解口干舌燥,在高山顶上撒网捕鱼,在高树的树梢上垂下钓线有什么区别呢?虽然自认为作得很恰当,仍然未能免除迂阔不切实际。

【原文】

"'事无身后之功,物无违时之盛。今海内瓜分,英雄力竞;象恭滔天①,猾夏放命②;驽骞星驰以兼路,豺狼奋口而交争;当途投袂以讼屈③,素士蒙尘以履径;纯儒释皇道而治五霸之术④,硕生弃四科而恤月旦之评⑤。筐筥实者,进于草莱⑥;乏赀地者⑦,退于朝廷。握黄白者,排金门而陟玉堂;诵方策者,结世仇而委泥泞。贽币浓者,瓦石成圭璋;请托薄者,龙骏弃林坰⑧。党援多者,偕惊飙以凌云;交结狭者,侣跛鳖以沉泳。

【注释】

①象恭滔天：出《书·尧典》："静言庸违，象恭滔天。"孔安国传："言共工貌象恭敬，而心傲很若漫天。"

②猾夏放（fǎng）命：猾夏出《书·舜典》："蛮夷猾夏。"放：背逆。

③投袂：甩袖，言激动奋发。《左传·宣公十四年》："楚子闻之，投袂而起。"

④皇道：上古帝王的治国法则。《文选·班固〈西都赋〉》："博我以皇道，弘我以汉京。"李周翰注："皇道，皇王之道。"五霸：指春秋五霸，具体所指有异。《荀子·王霸》指齐桓公、晋文公、楚庄王、吴王阖闾、越王勾践；《吕氏春秋·当务》高诱注指齐桓公、晋文公、宋襄公、楚庄公、秦缪公；《汉书·诸侯王表》颜师古注指齐桓公、宋襄公、晋文公、秦穆公、吴王夫差。总之指凭借武力取得诸侯盟主地位者。

⑤四科：指汉取士之四科。见《审举》篇"然未贡举之士，格以四科"句注。月旦之评：指品评人物。典出《后汉书·许劭传》："初，劭与许靖俱有高名，好共核论乡党人物，每月辄更其品题，故汝南俗有'月旦评'焉。"

⑥筐篚（fěi）：谓礼物。《诗·小雅·鹿鸣序》："鹿鸣，燕群臣嘉宾也，既饮食之，又实币帛筐篚，以将其厚意。"草莱：原指乡野民间，引申指布衣。《文选·王融〈三月三日曲水诗序〉》："草莱乐业，守屏称事。"张铣注："草莱谓山野采樵之人也，守屏谓州牧也。"

⑦杨明照曰："乏资地，与'筐篚实'词性不伦，'乏'字疑当乙在'地'字下。"是。

⑧林坰：见《名实》篇"驵骥委牧乎林坰"句注。

【译文】

"'人不能享受死了以后事业的成功，事物也不会不合时宜地兴盛。如今四海之内四分五裂，英雄人物以实力相竞争，外貌恭敬而心怀狠毒的人铺天盖地，扰乱了华夏违抗了天命；驽劣瘸腿的马像流星一样奔驰而加速前进，豺狼张开大嘴相互竞争；掌权者情绪激烈地相互争吵，寒素的士人蒙受垢辱而奔走门径；纯粹的儒者丢掉了先王之道而去研究春秋五霸的争霸办法，饱学之士放弃了取士四科而去关心人物的品评。礼物丰厚的人，能够从布衣中被提拔；缺少钱财地位的人，能够从朝廷上被贬退。手持黄金、白银的人，可以推开豪奢的金门置身于玉堂；诵读典籍的人，却与人结下累世的冤仇而被抛弃到泥泞之中。礼品贵重的，瓦石也变成美玉；私相嘱托面子薄的，出色的骏马也被丢弃在郊野林地。朋党帮助多的人，能乘着大风登上云端；交际狭窄的人，只能与跛脚的甲鱼一起在水中潜游。

【原文】

"'夫丸泥已不能遏彭蠡之沸腾，独贤亦焉能反流遁之失正？今先生入无儋石之储①，出无束脩之调②，徒含章如龙凤，被文如虎豹；吐之如波涛，陈之如锦绣，而冻饿于环堵。何计疏之可弔！奚不泛轻舟以托迅，御飞帆以远之；交瑰货于朔南③，收金碧于九疑④；迪崔烈之逌武，縻好爵于清时？徒疲

劳于述作,岂蝉蜕之有期也⑤!独苦身以为名,乃黄老之所蚩也⑥!'

【注释】

①儋(dàn)石(shí):均量词。"儋"为"擔"的古字,"擔"简化为"担"。十斗为一石,二石为一儋。

②束脩:十条干肉捆为一束。古为馈赠的一般性礼品。《礼记·少仪》:"其以乘壶酒、束脩、一犬赐人。"郑玄注:"束脩,十脡(tǐng)脯也。"

③朔:北方。《书·舜典》:"五月南巡守,至于南岳……十有一月朔巡守,至于北岳。"孔颖达疏:"《释训》云:'朔,北方也。'"汉曾设朔方郡,治所在今内蒙杭锦旗北。

④九疑:山名,在今湖南南部宁远县以南。后作"九嶷"。

⑤蝉蜕:此以喻摆脱贫贱,获取功名利禄。《后汉书·窦融传论》:"窦融始以豪侠为名,拔起风尘之中,以投天隙,遂蝉蜕王侯之尊,终膺卿相之位。"

⑥杨明照曰:"按'蚩'当作'嗤'。"是。

【译文】

"'一个泥团当然不能遏止鄱阳湖的汹涌澎湃,一位贤者又怎么能够挽回世风失去正道顺流而下呢?如今先生家中连少量的积储都没有,在外连十根干肉条的馈赠也得不到。虽然具有龙凤之章一样的高尚修养,能写出虎豹花纹一样的好文章;能够谈吐像汹涌的波涛,陈言如灿烂的锦绣,但却在狭小的房子里挨冻受饿。用心的空疏是多么值得同情啊!为什么不乘迅疾的流水漂浮轻舟,驾驭快船奔向远方;在朔方之南去贩卖自己的珍奇的货物,到九嶷山去获取黄金和碧玉;遥远地继承前人成就的轰轰烈烈的事业,趁太平盛世抓取高官厚禄呢?白白地在著书立说中吃苦受累,怎么能有日子摆脱贫贱获取功名利禄呢!为了名誉而劳苦自身,乃是道家始祖都嘲笑的!'

【原文】

"乐天先生答曰:'六艺备研,八索必该,斯则富矣;振翰摛藻①,德音无穷,斯则贵矣。求仁仁至,舍旃焉如②?夫栖重渊以颐灵,外万物而自得;遗纷埃于险涂,澄精神于玄默;不窥牖以遐览,判微言而靡惑。虽复设之以台鼎③,犹确尔而弗革也。曷肯忧贫而与贾竖争利④,戚穷而与凡琐竞达哉?吾子苟知商贩可以崇宝,耕也可以免饥,不识逐麋者不顾兔,道远者其到迟也。且夫尚父之鼓刀⑤,素首乃吐奇也。万钧之为重,冲飙不能移;《箫韶》未九成,灵鸟不纡仪也⑥。是以俟扶摇而登苍霄者,不充诎于蓬蒿之杪⑦;骋兰筋以陟六万者,不争途乎蹇驴之群。大孝必畏辱亲之险,故子春战悷于下堂⑧;上智不贵难得之财,故唐虞捐金而抵璧⑨。明哲消祸于未来,知士闻利则虑害。

【注释】

①摛(chī)藻:铺陈辞藻。谓施展文才。班固《答宾戏》:"虽驰辩如涛波,摛藻如春华,犹无益于殿最也。"

②语本《论语·述而》:"(子贡)入曰:'伯夷、叔齐何人也?'(子)曰:'古之贤人也。'曰:'怨乎?'曰:'求仁而得仁,又何怨?'"

③台鼎:古称三公为台鼎,如星之有三台,鼎之有三足。语本蔡邕《太尉汝南李公碑》:"天垂三台,地建五岳,降生我哲,应鼎之足。"

④贾(gǔ)竖:对商人的贱称。《汉书·张良传》:"贾竖易动以利。"颜师古注:"商贾之人,志无远大,譬犹僮竖,故云贾竖。"

⑤《楚辞·离骚》:"吕望之鼓刀兮,遭周文而得举。"王逸注:"鼓,鸣也。或谓吕望太公,姜姓也,未遇之时,鼓刀屠于朝歌也。"

⑥说本《书·益稷》:"《箫韶》九成,凤皇来仪。"《箫韶》,舜乐名。

⑦充诎:得意忘形。《礼记·儒行》:"儒有不陨获于贫贱,不充诎于富贵。"郑玄注:"充诎,喜失节之貌。"二句本《庄子·逍遥游》。

⑧子春:乐正子春。曾子弟子。《大戴礼记·曾子大孝》:"乐正子春下堂而伤其足。伤瘳,数月不出,犹有忧色。门弟子问曰:'夫子伤足瘳矣,数月不出,犹有忧色,何也?'乐正子春曰:'善如尔之问也。吾闻之曾子,曾子闻诸夫子曰:"天之所生,地之所养,人为大矣。父母全而生之,子全而归之,可谓孝矣。不亏其体,可谓全矣。"故君子跬步而不敢忘也。今余忘夫孝之道矣,予是以有忧色。'"

⑨唐、虞捐金而抵璧:未详说之所本。

【译文】

"乐天先生答道:'六经都研究,八索也无疑具备,这就是富有了;能够像展开翅膀一样施展文才,美好的名声可以传于无穷,这就是高贵了。寻求仁义而仁义得到了,除此之外还有什么可追求的?栖身于深渊仍然颐养精神,世间的一切都置于身外而自得其乐。把纷乱的尘埃全都丢弃在险途上,在清静无为中澄清精神。不在窗口窥视以浏览远处,辨别隐微的言谈而没有疑惑。即使让他位列三公,态度仍然坚定不移。怎么肯因忧虑贫困而与商人们争夺利益,因为愁苦于不得志而和平庸猥琐的人竞抢显达呢?您只知道商贩可以聚集宝物,耕种可以免除饥饿,但不知道追逐麋鹿的人不会注意兔子,道路远的人到达目的地肯定要晚。况且吕望敲击屠刀作一名屠夫,到头发白了才显露奇才。作为万钧重的东西,冲天的大风也不能移动它;《箫韶》之乐不演奏九阕,凤凰就不会回旋而有仪容地到来。因此等待大风到来时飞上云霄的大鹏,不会在蓬蒿的草梢上得意忘形;放开四蹄登上六万里远程的骏马,不会和成群的癞驴去争路。大孝的人肯定害怕辱没父母的危险,所以乐正子春战栗于下堂扭伤了脚;有大智谋的人不重视难得的财物,所以唐尧、虞舜扔掉了黄金和玉璧。明智睿哲的人在祸患到来之前就要消除它,有智之士听到利益就会顾虑灾害。

【原文】

"'而吾子讯仆以泛舟,孳孳于润屋①,劝隋珠之弹雀②,探虎口以夺肉,轻遗体于不测,触重险以远至。忘发肤之明戒③,寻干没于难冀④。若夫焚轮倾岩⑤,木拔石飞,阳侯山峙⑥,洪涛崒巍⑦,轻舸尘漂,力与心违,徒嗟泣而罔逮，乃悟达者之见微也。昔回、宪以清苦称高⑧，陈平以无金免危⑨；广汉以好利丧身⑩，牛缺以载宝灰糜⑪。匹夫枉死于怀璧，丰狐召灾于美皮。今吾子督余以海盗之业，敦余以召贼之策，进酖酒以献酬，非养寿之忠益。夫士以"三坟"为金玉，"五典"为琴筝⑫，讲肄为钟鼓⑬，百家为笙簧；使味道者以辞鲍⑭，酣德者以义醒；超流俗以高蹈，轶亿代而扬声；方长驱以独往，何货贿之秽情？夫藏多者亡厚，好谦者忌盈；含夜光者速剖，循覆车者必倾；过载者沉其舟，欲胜者杀其生。盖下士所用心，上德所未营也。'

【注释】

①孳孳：同"孜孜"一心一意地。润屋：使住宅华丽生辉。出《礼记·大学》："富润屋，德润身。"

②隋珠：见《嘉遁》篇"隋珠弹雀"句注。

③说本《孝经·开宗明义》："身体发肤，受之父母，不敢毁伤，孝之始也。"

④干没：见《良规》篇"则不苟且于干没"句注。

⑤焚轮：原作"焚输"，形误也。焚轮：旋风。《诗·小雅·谷风》"维风及颓"毛传："颓，风之焚轮者也。"孔颖达疏引李巡曰："焚轮，暴风从上来降谓之颓。颓，下也。"

⑥阳侯：见《用刑》篇"金舟不能凌阳侯之波"句注。

⑦崒（zuì）巍：连绵词。高峻貌。

⑧回、宪：颜回、原宪。《论语·雍也》："子曰：'贤哉，回也！一箪食，一瓢饮，在陋巷，人不堪其忧，回也不改其乐。贤哉，回也！'"原宪，见《逸民》篇"子贡与原宪同门，而不能模其清苦"句注。

⑨《史记·陈丞相世家》："（陈平）渡河，船人见其美丈夫独行，疑其亡将，要中当有金玉宝器，目之，欲杀平。平恐，乃解衣躶而佐刺船。船人知其无有，乃止。"躶，裸的异体字。

⑩广汉：未详。

⑪牛缺：见《守堉》篇"牛缺以载珍致寇"句注。

⑫三坟、五典：传说中最古老的典籍。《左传·昭公十二年》："是能读三坟、五典、八索、九丘。"杜预注："皆古书名。"解此四种书之说甚多，然其书无存只字，所解皆臆说。

⑬讲肄（yì）：讲论学习。《诗·小雅·甫田》"攸介攸止，烝我髦士"句郑玄笺："闲暇则于庐舍及所止息之处，以道义相讲肄，以进其为俊士之行。"孔颖达疏："相讲论而肄习其业。"

⑭鲍：疑乃"饱"字之误。译文从"饱"。

【译文】

"'而您告诉我要学范蠡泛舟，努力去追求富有，鼓励用隋侯之珠打鸟雀，探到虎口中去夺肉，轻视父母给予自己的躯体到不可知的地方去，冒着重重的危险走向远方。这是忘记头发皮肤都是父母给予不能毁伤的明确告诫，寻求冒险侥幸于难以希冀的东西。至于说旋风吹倒山崖,树木拔起飞沙走石,大浪如山,波涛高峻,轻轻的小船像尘埃一样漂浮,力不从心,白白地叹息哭泣而无能为力,方才领悟到显达者眼光的短浅。当初颜回和原宪以清苦而被称为高尚,陈平因没有钱财而免于危难,广汉因为好利而丧生,牛缺因为车载宝物而遭杀害。匹夫由于怀揣玉璧而冤死,丰腴的狐狸由于美丽的皮毛而招致灾祸。现在您催督我去干教人盗窃的行当,敦促我施行招引强贼的办法,这就像敬饮有毒的鸩酒,并不是怡养长生的有益忠告。士人以"三坟"为金玉,"五典"为琴筝,以讲授和学习为钟鼓,以诸子百家为笙簧管乐;让体味正道的人以文词获得满足,沉浸于道德的人以义来维持清醒;超出流俗登上更高的境界,越过亿万代人播扬声誉;正在独立奔向长远的目标,怎么能让钱财玷污了我的感情呢?积藏多的人会损失巨大,喜好谦逊的人最忌盈满;内含夜光宝玉的璞石要招致剖解,追随翻倒车辆的必定倾覆;超量装载的人会使船沉没,私欲强的人会丧失生命。这都是才德低下者的想法,是品德高尚的人从来不干的。'

【原文】

"于是问者茫然自失,请备门生之末编,永宝长生之良方焉。"

【译文】

"于是询问的人茫茫然无所措,请求排在末尾做一名学生,永远珍重长生的好方法。"

卷第三十七　仁　明

题　解

本篇讨论"仁"与"明"的关系问题。

儒家的"圣人"们历来以"仁"为至高的思想境界，而作者在本篇中提出"明"比"仁"更为重要这一论点。此说虽有前人提及，但都不及葛稚川论述得这样深刻透彻。

葛洪认为，"仁"和"明"是道德的两个方面。"仁"的作用是让人把爱心施于他人及至动物，而"明"的作用是辨明是非并预测未来。二者相比，之所以"明"更重要，是因为人类社会的进步"皆大明之所为"，有仁无明将导致危亡；其次是"仁"可"力为"，人人都可以做到，而明"入于神"需要天才，有仁无明将会"神乱"，会"邪正不识，不逮安危"。所以当"仁""明"出现矛盾时要"舍仁用明"，"仁可时废，而明不可无"。

作者还探讨了孔孟常论"仁"而不论"明"的原因，认为是由于当时社会"下道德""废退让"，需要"仁"来疗救，并举例说明经典中并不缺少涉及"明"的地方。作为一种普遍性的号召，当然只能提人们可以作到的"仁"，而不能要求"必须天授之才"的"明"。作者还认为自己的观点是符合孔子"为仁不好学，其蔽也愚"的论述的。

【原文】

抱朴子曰："门人共论仁、明之先后，各据所见，乃以咨余。余告之曰：'三光垂象者，乾也；厚载无穷者，坤也。乾有仁而兼明①，坤有仁而无明，卑高之数，不以邈乎！夫唯圣人，与天合德，故唐尧以"钦明"冠典②，仲尼以《明义》首篇③。明明在上，元首之尊称也④；"明哲保身"，《大雅》之绝踪也⑤。蜎飞蠕动⑥，亦能有仁，故其意爱弘于长育，哀伤著于啁噍⑦。然赴阬穽而无猜，入罻罗而不觉⑧，有仁无明，故并趋祸而攸失。炽潜景以易咀生⑨，结栋宇以免巢穴，选禾稼以代毒烈，制衣裳以改裸饰，后舟楫以济不通⑩，服牛马以息负步，序等威以镇祸乱，造器械以戒不虞，创书契以治百官，制礼律以肃风教，皆大明之所为，非偏人之所能辨也。夫心不违仁而明不经国，危亡之祸无以杜遏,亦可知矣。

【注释】

①乾有仁而兼明:杨明照曰:"《藏》本、鲁藩本、吉藩本、旧写本作'乾有明而兼仁'。按日月丽天,乾道本明,非兼明也。诸本是,当据正。"译文从杨说。

②《书·尧典》:"曰若稽古帝尧,曰放勋,钦明文思安安,允恭允让。"

③《孝经》首章曰《开宗明义》。《汉书·艺文志》:"《孝经》者,孔子为曾子陈孝道也。"

④《诗·大雅·常武》:"赫赫明明,王命卿士。"古常以"明明"歌颂帝王。

⑤"明哲保身":出《诗·大雅·烝民》:"既明且哲,以保其身。"孔颖达疏:"既能明晓善恶,且又是非辨知,以此明哲择安去危,而保全其身,不有祸败。"

⑥蜎(xuān)飞蠕(rú)动:虫豸之类飞翔或蠕蠕而行。借指能飞能爬的昆虫。

⑦啁(zhōu)噍(jiào):象声词。鸟虫鸣叫声。《荀子·礼论》:"小者是燕爵犹有啁噍之顷焉,然后能去之。"梁启雄简释:"啁噍,小鸟鸣也。"按爵通雀。

⑧罻(wèi):捕鸟网。

⑨潜景(yǐng):此谓火。火光可令影子消失,故称。

⑩后舟楫以济不通:杨明照曰:"陈澧曰:'"后"字疑误。'按《藏》本、鲁藩本、吉藩本、慎本、卢本、柏筠堂本、文溯本、《丛书》本、崇文本作'役',是也。《备阙》篇'而不能役舟楫以凌阳侯',亦其证。"甚确。"后"字繁体作"後",与"役"形近。

【译文】

抱朴子说:"弟子们一起讨论仁和明二者的先后顺序,各自坚持自己的见解,于是来问我。我告诉他们说:'日月星三光能够垂示吉凶的征兆,这就是乾;大地能厚实地托载万物,这就是坤;乾有明也有仁,坤有仁但是没有明。卑下和高尚的道数不是很明显吗!只有圣人的道德,能与天道相合。所以唐尧被以"钦明"称颂于《书·尧典》之首,孔子把《开宗明义》作为《孝经》的第一篇。"明明在上"是对皇帝的尊敬称呼,"既明且哲,以保其身",使得《大雅》成为后代不再出现的作品。飞翔爬行的动物,也能够有仁,所以它的情谊爱心表现在哺育后代,哀伤之情体现于鸣叫中。但是掉进陷阱而没有疑心,落入罗网而没有觉察,因而有仁而无明,所以都走向灾祸而丧失了生命。燃火熟食以代替生食,盖房屋以免于住巢穴,挑选谷物种植以代替有毒的东西,制作衣服来代替赤身露体的文身,运用船只来渡过江海,驾驭牛马来代替徒步背负之劳,安排等级的威仪来震慑祸乱,制造武器来防备不测的灾祸,创立文字来治理百官,制定礼仪法律来整肃风俗教化,这些都是最英明圣人的所作所为,不是偏狭孤陋的人能够辨别得清的。所以如果心虽然不违背仁但明不足以治理国家,危机灭亡的灾祸仍然不能避免,也就可以知道了。

【原文】

"'夫料盛衰于未兆,探机事于无形,指倚伏于理外①,距浸润于根生者,明之功也②。垂恻隐于昆虫,虽见犯而不校,睹彀棘而改牲③,避行苇而不蹈者④，仁之事也。尔则明者才也，仁者行也。杀身成仁之行可力为⑤，而至鉴玄测幽之明难妄假。精粗之分，居然殊矣。夫体不忍之仁，无臧否之明，则心惑伪真，神乱朱紫，思算不分，邪正不识，不逮安危，则一身之不保，何暇立以济物乎⑥？昔姬公非无友于之爱，而涕泣以灭亲⑦；石蜡非无天性之慈，而割私以奉公⑧。盖明见事体，不溺近情，遂为纯臣；以义断恩，舍仁用明，以计抑仁，仁可时废，而明不可无也。汤、武逆取顺守，诚不仁也；应天革命，以其明也。徐偃修仁以朝同班，外坠城池之险，内无戈甲之备，亡国破家，不明之祸也⑨。'

【注释】

①倚伏：本《老子》"祸兮福之所倚，福兮祸之所伏"。
②浸润：见《君道》篇"必清耳于浸润"句注。
③说本《孟子·梁惠王上》："王坐于堂上，有牵牛而过堂下者，王见之曰：'牛何之？'对曰：'将以衅钟。'王曰：'舍之！吾不忍其觳觫，若无罪而就死地。'对曰：'然则废衅钟与？'曰：'何可废也！以羊易之。'"
④行（háng）苇：《诗·大雅·行苇》："敦彼行苇，牛羊勿践履。"《诗序》："周家忠厚，仁及草木，故能内睦九族，外尊事黄耇，养老乞言，以成其福禄焉。"按耇（gǒu），言高龄。
⑤杀身成仁：语本《论语·卫灵公》："志士仁人，无求生以害仁，有杀身以成仁。"
⑥何暇立以济物乎：杨明照以为"立"下当有"仁"字。
⑦参见《用刑》篇："姬公友于兄弟，而不赦二叔"二句注。
⑧参见《用刑》篇："若石碏之割爱以灭亲"句注。
⑨徐偃：相传为周穆王时徐国国君。《韩非子·五蠹》："徐偃王处汉东，地方五百里，行仁义，割地而朝者三十有六国。荆文王恐其害己也，举兵伐徐。"徐偃王爱民不斗，遂为楚所败。

【译文】

"'在事情还没有显示征兆时就预料兴盛还是衰败，在机密之事还没有发生时就探明关键，指明规律之外的祸福，从根本上杜绝谗言的渗透，都是"明"的功劳。对昆虫施以怜悯同情，即使受到冒犯也不计较，看到被宰杀前的恐惧就改换祭祀的牲畜，避开路边的芦苇而不践踏，这是"仁"的事情。这样说来，"明"是属于才能，而"仁"是属于品行。献出生命而达到仁这种行为可以靠努力去做到，而要达到洞察玄妙探测隐幽的"明"却难以随便地借助于什么。精深和粗浅的区别，是明显而悬殊的。如果心存不忍心的"仁"，而没有鉴察善恶的"明"，那么内心就会迷惑真与假，神志就会混淆于纯和杂，感情与策划不分，邪恶与正直不辨，不懂得安危，那么连自身都保不住，哪里还有空闲确立仁心帮助别人呢？过去周公并不是没有手足之情，但却流着泪杀了自己的兄弟；石碏并非没爱子的天性，可为了国家杀死了自己的儿子。大凡明白事理，不沉溺于亲情的人，就能成为最好的臣子；用正义断绝亲人的恩情，舍弃了"仁"而运用了"明",用理智抑制了"仁","仁"有时可以放弃,而"明"是不能没有的。商汤和周武以叛逆夺取天下以顺人保守天下,实在是不仁的;但他们顺应天命以实施变革,这是运用了"明"。徐偃王以修仁政而让诸侯朝拜自己,可在外失去了城墙和护城河的险阻,在内没有武器甲胄的防备,导致国破家亡。这就是不明带来的祸患。'

【原文】

"门人曰:'仲尼叹"仁"为"任重而道远"①,又云:"人而不仁,如礼何②!""若圣与仁,则吾岂敢③?"孟子曰:"仁,宅也。""义,路也④。""人无恻隐之心,非仁也⑤。""三代得天下以仁,失天下以不仁⑥。"此皆圣贤之格言,竹素之显证也。而先生贵明,未见典据。小子蔽暗,窃所惑焉。'

【注释】

① 语在《论语·泰伯》:"曾子曰:'士不可以不弘毅,任重而道远。仁以为己伍,不亦重乎?死而后已,不亦远乎?'"稚川误记为孔子。

②语在《论语·八佾》:"子曰:'人而不仁,如礼何?'"

③语在《论语·述而》:"子曰:'若圣与仁,则吾岂敢?'"

④句本《孟子·公孙丑上》:"夫仁,天之尊爵也,人之安宅也。"又《告子上》:"孟子曰:'仁,人心也;义,人路也。'"又《尽心上》:"居恶在?人是也;路恶在?义是也。"又《离娄上》:"仁,人之安宅也;义,人之正路也。"

⑤《孟子·公孙丑上》:"无恻隐之心,非人也。……恻隐之心,仁之端也。"

⑥语在《孟子·离娄上》:"孟子曰:'三代之得天下也以仁,其失天下也以不仁。'"

【译文】

"弟子们说:'孔子感叹"仁"是"任重而道远",又说:"作为人但是不仁,会怎样对待礼仪制度呢?""至于说'圣'和'仁',那我怎么敢当呢?"孟子说:"'仁'是住宅。""'义'是道路。""人如果没有同情心,那就不能算仁。""夏、商、周三代凭借'仁'取得了天下,因为不仁而失去了天下。"这些都是圣贤们有教益的至理名言,史书上有明确的记载。而先生重视"明",没有看到典籍上有什么依据。学生昏昧无知,私下里感到迷惑不解。'

【原文】

"抱朴子答曰:'古人云:"好仁不好学,其蔽也愚①。"子近之矣。曩六国相吞,豺虎力竞,高权诈而下道德,尚杀伐而废退让。孟生方欲抑顿贪残,褒隆仁义,安得不勤勤谆谆,独称仁邪!然未有片言,云仁胜明也。譬犹疫疠之时,医巫为贵,异口同辞,唯论药石。岂可便谓针、艾之伎,过于长生久视之道乎②!且吾以为仁、明之事,布于方策,直欲切理,示大较精神,举一隅耳。而子犹日用而不知,云明事之无据乎!

【注释】

①语在《论语·阳货》:"好仁不好学,其蔽也愚。"

②久视:长久存在,即长生不老。《老子》:"是谓深根固柢,长生久视之道。"《吕氏春秋·重已》:"世之人主贵人,无贤不肖,莫不欲长生久视。"高诱注:"视,活也。"

【译文】

"抱朴子回答说:'古人说过:"喜好仁德但不喜爱学习,它的毛病就是使人愚蠢。"你就类似于这种情况。从前六国相互并吞,像豺狼虎豹一样靠实力去竞争,重视权变狡诈而轻视道德,崇尚攻杀征伐而抛弃了谦退礼让。孟子当时正想抑制贪婪残酷,褒扬和隆兴仁义,怎么能不勤苦而至诚地专门宣扬仁呢!但是没有一句话,说过'仁'是胜过'明'的。这就像瘟疫流行的时候,医生和巫师就很受重视,异口同声地只讨论药物和针石。但怎么能因此就说针刺、艾灸的方法超过了长生不老之道呢!况且我认为'仁'和'明'的问题,在简册中有很多记载,只是切近事理,显示出大致的精神,举其一端就可以了。然而您每天都在运用却不知道,还说'明'的问题没有依据吗!

【原文】

"'《乾》称"大明终始,六位时成①",是立天以明,无不包也;《坤》云"至哉,万物资生②",是地德仁,承顺而已。先后之理,不亦炳然!《诗》云"明明上天,照临下土③";"明明天子,令问不已④"。《易》曰"王明,并受其福","幽赞神明⑤"。神而明之,此则明之与神合体,诚非纯仁所能企拟也。孔子曰"聪明神武⑥",不云"聪仁"。又曰"昔者明王之治天下⑦",不曰"仁王"。《春秋传》曰"明德惟馨⑧",不云"仁德"。《书》云"元首明哉⑨",不曰"仁哉"。老子叹上士,则曰"明白四达";其说衰薄,则曰"失道而后德,失德而后仁⑩"。《易》曰"王者南面向明⑪",不云"向仁"也。"我欲仁,斯仁至矣",又曰"为仁由己⑫",斯则人人可为之也。至于聪明,何可督哉!故孟子云:"凡见赤子将入井,莫不趋而救之⑬。"以此观之,则莫不有仁心,但厚薄之间。而聪明之分,时而有耳。昔崔杼不杀晏婴,晏婴谓杼"为大不仁而有小仁⑭",然则奸臣贼子犹能有仁矣。'

【注释】

①《易·乾》:"彖曰:……大明终始,六位时成,时乘六龙以御天。"李鼎祚集解引侯果曰:"大明,日也。"

②《易·坤》:"彖曰:至哉坤元,万物资生,乃顺承天。"

③《诗·小雅·小明》:"明明上天,照临下土。"

④《诗·大雅·江汉》:"明明天子,令问不已。"

⑤《易·井》:"象曰:'……九三,……王明,并受其福。'"又《说卦》:"昔者圣人之作易也,幽赞于神明而生蓍。"

⑥《易·系辞上》:"神以知来,知以藏往。其孰能与于此哉!古之聪明睿知神武而不杀者夫!"

⑦出《孝经·孝治》:"子曰:'昔者明王之以孝治天下也,不敢遗小国之臣。'"

⑧《书·君陈》:"至治馨香,感于神明。黍稷非馨,明德惟馨。"《左传·僖公五年》宫之奇言引之。

⑨《书·益稷》:"乃赓载歌曰:'元首明哉,股肱良哉,庶事康哉!'"

⑩《老子》十章:"明白四达,能毋以知乎?"又三十八章:"故失道而后德,失德而后仁,失仁而后义,失义而后礼。"

⑪《易·说卦》:"离也者,明也。……圣人南面而听天下,向明而治,善取诸此也。"

⑫杨明照以为"我欲仁"前当有"孔子曰"三字,否则"又曰"二字无着。《论语·述而》:"子曰:'仁远乎哉?我欲仁,斯仁至矣。'"又《颜渊》:"为仁由己,而由人乎哉!"

⑬《孟子·公孙丑上》:"今人乍见孺子将入于井,皆有怵惕恻隐之心。"

⑭语出《晏子春秋·内杂上》。崔杼既杀齐庄公(参见《官理》篇"晏婴不能遏崔杼之乱"句注),立景公,与庆封共相之,劫将军、大夫及显士、庶人于太宫,迫与之盟,不盟者将杀之。所杀七人,次及晏子。晏子答以"曲刃钩之,直兵推之,婴不革矣"。崔杼以其为有道之臣舍而未杀。晏子称"若大夫为大不仁而为小仁焉"。

【译文】

"'《周易·乾卦》上说"太阳西降东升,上下四方就可以确定了",这是以"明"来确立天,说明它无所不包;《周易·坤卦》上说"伟大呀大地,万物赖之以生存",这就说明大地之德是仁,只是承续顺接罢了,谁先谁后的道理,不是很清楚吗!《诗经》上说"伟大光明的上天哪,普照着大地上的一切";"圣明的天子啊,美好的名声无穷无尽"。《周易》上说:"君王明察,那么王与臣民一起享受其福","神明暗中帮助君王"。说天神用"明",这说明"明"与神是合为一体的,的确不是单纯的"仁"所能企及所能比拟的。孔子说"聪明神武",不说"聪仁"。又说:"从前明王治理天下的时候",不说"仁王"。《春秋》的传解上说"光明完美的德行才是芳香清醇的",不说"仁德"。《尚书》上说"君主圣明啊",而不说"仁德啊"。老子赞美高尚的士人,就说"明白而触类旁通";他说到世风颓败浇薄,就说"失掉了正道后还有德行,失掉了德行后还有仁慈"。《周易》上说"天子朝南面向光明",不说"面向仁德"。孔子说"我想要达到仁,仁就来到了",又说"做到仁要靠自己",这样说来,人人都可以做到仁。至于聪明,怎么能靠后天督促来获得呢!所以孟子说:"凡是看到婴儿要掉进井里,没有人不跑过去救的。"由此看来,没有什么人没有仁爱之心,只是有厚薄的区别。而聪明只是有的时候出现。当初崔杼没有杀晏婴,晏婴说崔杼"做大的不仁爱之事而有小仁爱"。这样说来,就是奸臣坏蛋也能够有仁哪!'

【原文】

"门人又曰:'《易》称"立人之道曰仁与义"①,然则人莫大于仁也?'

"抱朴子答曰:'所以云尔者,以为仁在于行,行可力为,而明入于神,必须天授之才,非所以训故也。'"

【注释】

① 语在《易·说卦》:"立天之道曰阴与阳,立地之道曰柔与刚,立人之道曰仁与义。"

【译文】

"学生们又说:'《周易》说"使人立身于世的方法,叫作仁和义"。那么对人来说,没有比"仁"更高的境界了?'

"抱朴子回答说:'之所以这样说,是因为"仁"在于实际去做,而实际去做是可以靠努力去办到的。而"明"则属于精神范畴,一定得是上天授予的奇才,不是靠后天的教诲能成的。'"

卷第三十八 博 喻

题 解

本篇和下一卷《广譬》与其他各卷有很大的不同，它们不是专门议论某一个问题，而完全是用比喻的形式，来谈论各方面的问题。

本篇设喻近百条，其中较多的内容在作者常常论述的人才的使用问题。作者认为出色人才的使用是成大业的不可缺少的重要条件："元凯分职，而则天之勋就；伊、吕既任，而革命之功成。"当然对人才要能用其所长：韩信用其善战守，周勃用其安社稷。良才不用，不单是埋没了人才，更重要的是庸才当道给国家带来的巨大损失。对于逍遥可使英才免祸的多次论及，实际上也是对社会不能恰当地评价和使用人才的一种批评。以上的内容大约占到三分之一。此外论述稍多的是对人的品评问题，比如从言行、文章判断其学识才能，比如不能仅凭官位和对他的某些赞誉来断定其人的水平，等等。其他如强调学习、强调人在追求上的巨大差别，等等，较为芜杂，难于归纳。

【原文】

抱朴子曰："盈乎万钧，必起于锱铢；竦秀凌霄，必始于分毫。是以行潦集，而南溟就无涯之旷；寻常积，而玄圃致极天之高①。"

【注释】

①玄圃：见《务正》篇"玄圃崇本石以致极天之峻"句注。

【译文】

抱朴子说："达到万钧的重量，必定是从一锱一铢开始积累的；高到耸入云霄，必定是从一分一毫开始增长的。因此洼中的积水汇聚起来，使得南海成就了无边的宽广；一寻一常的累积，使得玄圃仙山达到接天的高度。"

【原文】

抱朴子曰："骋逸策迅者，虽遗景而不劳；因风凌波者，虽济危而不倾。是以元凯分职，而则天之勋就；伊、吕既任，而革命之功成。"

【译文】

抱朴子说："鞭打快马飞奔的人，即使快得能把影子留下也不会感觉疲劳；凭借风力驾驭船只的人,即使渡过危险的河海也不会倾覆。因此八元八凯这样的大臣分担职责,那么可以等同上天的大功就会成就;伊尹、吕尚这样的人物被任用之后,那么顺应天命进行变革就能完成。"

【原文】

抱朴子曰:"琼艘瑶楫,无涉川之用;金弧玉弦,无激矢之能。是以介洁而无政事者,非拨乱之器①;儒雅而乏治略者,非翼亮之才②。"

【注释】

①拨乱:见《嘉遁》篇"英逸者贵于吐奇拨乱"句注。

②翼亮:见《臣节》篇"犹俟群后之翼亮"句注。

【译文】

抱朴子说:"用琼瑶制作的船和桨,不能起到渡河的作用;用金玉制作的弓,没有把箭射出去的功能。因此狷介高洁而没从事过政事的人,不是治理乱世的人才;风度温文尔雅而缺乏治世谋略的人,不是辅佐大业的俊士。"

【原文】

抱朴子曰:"阆风、玄圃①,不借高于丘垤;悬黎、结绿,不假观于琼珉②。是以英伟不群,而幽蕙之芬骇;峻概独立,而众禽之响振。"

【注释】

①阆风:见《逸民》篇"未登阆风而临云霓"句注。玄圃:见《务正》篇"玄圃崇本石以致极天之峻"句注。

②珉(mín):似玉的美石。

【译文】

抱朴子说:"阆风、玄圃这样的仙山,不用向山丘和土堆借取高度;悬黎、结绿这样的名玉,不必向琼玉和珉石去借用外观。因此气度超凡者不合流俗,但清幽兰蕙的芳香惊人;节操出众者独立不群,而众多鸟雀的附和之声能够振响。"

【原文】

抱朴子曰:"冰炭不衒能于冷热,瑾瑜不证珍而体著。是以君子恭己,不恤乎莫与;至人尸居,心遗乎毁誉。"

【译文】

抱朴子说:"冰和炭不在冷和热上炫耀自己的本领,瑾瑜这样的美玉不必验证自己的珍贵而自然价值高昂。因此君子恭谨以律己,不忧虑会没有人赞成自己;道德完美的人清静无为,心中要抛却毁谤和赞誉。"

【原文】

抱朴子曰:"冲飙倾山,而不能效力于拔毫;火铄金石,而不能耀烈以起湿。是以淮阴善战守，而拙理治之策；绛侯安社稷，而乏承对之给。"

【译文】

抱朴子说："飓风可以吹倒山峰，但不能在拔毛上显示力量；烈焰可以熔化金石，但是不能把湿东西点燃。因此淮阴侯韩信善于攻战守卫，但却少有治理国家的方略；绛侯周勃能够使国家安定，但却缺乏应承对答的口才。"

【原文】

抱朴子曰："循名者，不以授命为难；重身者，不以近欲累情。是以纪信甘灰糜而不恨①，杨朱同一毛于连城②。

【注释】

①纪信：见《嘉遁》篇"纪信赴燔以诳楚"句注。
②杨朱：见《嘉遁》篇"杨朱吝其一毛"句注。

【译文】

抱朴子说："追求名声的人，不把献出生命当作一件难事；持重自身的人，不因浅近的欲望牵累自己的感情。所以纪信甘心被烧死而不遗憾，杨朱把一根毫毛看得价值连城。"

【原文】

抱朴子曰："小鲜不解灵虬之远规，凫鹥不知鸿鹄之非匹。是以耦耕者笑陈胜之投耒①，浅识者嗤孔明之抱膝②。"

【注释】

①《史记·陈涉世家》："陈胜者，阳城人也，字涉。……陈涉少时尝与人佣耕，辍耕之垄上，怅恨久之，曰：'苟富贵，无相忘。'庸者笑而应曰：'若为庸耕，何富贵也？'陈涉太息曰：'嗟乎，燕雀安知鸿鹄之志哉！'"
②《三国志·蜀书·诸葛亮传》裴松之注引《魏略》曰："亮在荆州，以建安初与颍川石广元、徐元直、汝南孟公威等俱游学，三人务于精熟，而亮独观其大略。每晨夜从容，常抱膝长啸，而谓三人曰：'卿三人仕进可至刺史郡守也。'三人问其所至，亮但笑而不言。"

【译文】

抱朴子说："小鱼不理解神龙所追求的长远目标，水鸟也不知道天鹅与自己并非一类。所以并肩而耕的农夫嘲笑陈胜扔掉了农具，见识短浅的人讥讽诸葛亮抱膝长啸。"

【原文】

抱朴子曰："淳钧之锋①，验于犀兕；宣慈之良②，效于明试。是以同否则元凯与斗筲无殊③，并任则骐骥与驽骀不异④。"

【注释】

①淳钧：古剑名。见《淮南子·齐俗训》："淳钧之剑不可爱也，而欧冶之巧可贵也。"

②宣慈：出《左传·文公十八年》："高辛氏有才子八人……忠肃共懿，宣慈惠和，天下之民谓之'八元'。"本谓博闻而慈爱。后则泛指博爱众人。

③斗筲（shāo）：斗容十升，筲容十二升，皆量小的容器。以喻才识短浅、气量狭窄者。

④骀（tái）：劣马。

【译文】

抱朴子说："淳钧宝剑的锋利，要在杀犀牛时验证；博爱众人的善良，要在明白的考验中显示。所以，如果不分好坏，那么八元八凯这样的贤臣和才小量窄的小人就没有区别；一同任用，那么良驹与劣马也就都一样了。"

【原文】

抱朴子曰："器非瑚簋①，必进锐而退速；量拟伊、吕，虽发晚而到早。是以鹪鹩倦翩，犹不越乎蓬杪；鸳雏徐起，顾昐而戾苍昊。"

【注释】

①瑚、簋：见《任命》篇"器不陈于瑚、簋之末"句注。

【译文】

抱朴子说："如果不是瑚簋一样的治国良才，必然是晋升迅速罢免也匆忙；如果有伊尹、吕尚那样的器量，即使是起步晚成功也会早。因此小鸟鹪鹩竭尽了翅膀的力量，仍然不能越过蓬草的尖梢；雏凤从容起飞，转眼之间就会飞上苍穹。"

【原文】

抱朴子曰："否终则承之以泰，晦极则清辉晨耀。是以垂耳吴坂者①，骋千里之逸轨；萦鳞九渊者，凌虹霓以高蹈。"

【注释】

①吴坂：见《清鉴》篇"料逸足乎吴坂之间"句注。

【译文】

抱朴子说："厄运到了头就会接上好运，黑夜过了极点明亮的早晨就来到了。因此在吴坂垂耳拉盐车的骏马，一旦脱开桎梏，就会一日千里地驰骋；被束缚在九重深渊中的蛟龙，一旦解开羁绊，就要驾驭云霓彩虹腾上高空。"

【原文】

抱朴子曰："九断四属者，蕴藻所以表灵①；摧柯碎叶者，茝蕙所以增芬。是以夷吾桎梏，而建匡合之绩②；应侯困辱，而著入秦之勋③。"

【注释】

①属：通"劚（zhú）"，砍削。蕴藻：两种水草。古常采水之藻草切碎做饭为祭祀之用。《左传·襄公二十八年》："济泽之阿，行潦之苹藻，置诸公室，季兰尸之，敬也。"又《隐公三年》："苟有明信，涧、溪、沼、沚之毛，苹、蘩、蕴、藻之菜，筐、筥、錡、釜之器，潢、汙、行潦之水，可荐于鬼神，可羞于王公。"

②见《交际》篇"管仲所以免诛戮而立霸功"句注。

③见《任命》篇"范生来辱于溺箦"句注。

【译文】

抱朴子说："反复剁切成为碎末，蕴草水藻因而表现出灵瑞吉祥；枝条折断叶子破碎，白芷和兰蕙因而增加其芬芳。所以管仲曾被囚禁，但建立了匡正天下会合诸侯的功绩；范雎曾受困辱，但成就了入秦后的勋绩。"

【原文】

抱朴子曰："所竞者细，则利同而仇结；善否殊涂，则事异而□生①。是以嫫母、宿瘤恶见西施之艳容②；商臣、小白憎闻延州之退耕③。"

【注释】

①孙星衍曰："《藏》本作'结生'，旧写本空白一字。"杨明照据吉藩本，以为当作"妒"，译文从之。

②嫫（mó）母、宿瘤：皆古丑女。嫫母传为黄帝第四妃。《荀子·赋》："闾娵、子奢，莫之媒也；嫫母、力父，是之喜也。"杨倞注："嫫母，丑女，黄帝时人。"按闾（lú）娵（jú）乃古美女，子奢（当为子都）为古美男，力父当为古丑男。宿瘤、西施：见《勖学》篇"粉黛至则西施以加丽，而宿瘤以藏丑"句注。

③商臣：见《嘉遁》篇"以商臣之凶逆"句注。小白：见《任能》篇"齐桓杀兄而立"句注。延州：见《嘉遁》篇"延州守节，圣人许焉"句注。

【译文】

抱朴子说："争抢微小的东西，那么有相同利益的人就会结成仇敌；善恶好坏的标准完全不同，那么情况不同的人也会产生怨隙。因此，嫫母和宿瘤这样的丑女，讨厌看见西施的艳丽容貌；商臣和公子小白，憎恶听说延陵季子不作国君退而躬耕的事情。"

【原文】

抱朴子曰："精钝舛迹，则凌迟者愧恨；壮弱异科，则扛鼎者见忌。是以淮阴显擢，而庸隶悒懊以疾其超①；武安功高，而范雎饰谈以破其事②。"

【注释】

①淮阴：韩信。刘邦依萧何力荐，拜韩信为大将。汉四年，韩信降平齐，上书欲假王以镇其地。"当是时，楚方急围汉王于荥阳，韩信使者至，发书，汉王大怒，骂曰：'吾困于此，旦暮望若来佐我，乃欲自立为王！'张良、陈平蹑汉王足，因附耳语曰：'汉方不

利，宁能禁信之王乎？不如因而立，善遇之，使自为守。不然，变生。'……乃遣张良往立信为齐王。……汉五年正月，徙齐王信为楚王，都下邳。……汉六年，人有上书告楚王信反。高帝以陈平计"，假游云梦，往擒韩信。"至雒阳，赦信罪，以为淮阴侯。"（《史记·淮阴侯列传》）参见《嘉遁》篇"信、布陷功大之刑"句注。

②《史记·白起王翦列传》："（秦）四十八年十月，秦复定上党郡。秦分军为二：王龁攻皮牢，拔之；司马梗定太原。韩、赵恐，使苏代厚币说秦相应侯（按即范雎）曰：'武安君（按即白起）禽马服子乎？'曰：'然。'又曰：'即围邯郸乎？'曰：'然。''赵亡则秦王王矣，武安君为三公。武安君所为秦战胜攻取者七十余城，南定鄢、郢、汉中，北禽赵括之军，虽周、召、吕望之功不益于此矣。今赵亡，秦王王，则武安君必为三公，君能为之下乎？虽无欲为之下，固不得已矣。秦尝攻韩，围邢丘，困上党，上党之民皆反为赵，天下不乐为秦民久矣。今亡赵，北地入燕，东地入齐，南地入韩、魏，则君之所得民亡几何人。故不如因而割之，无以为武安君功也。'于是应侯言于秦王曰：'秦兵劳，请许韩、魏之割地以和，且休士卒。'王听之。……武安君闻之，由是与应侯有隙。"后白起以忠谏获罪，"于是免武安君为士伍，……秦王乃使人遣白起，不得留咸阳中。武安君既行，……秦昭王与应侯群臣议曰：'白起之迁，其意尚怏怏不服，有余言。'秦王乃使使者赐之剑自裁"。

【译文】

抱朴子说："精良者和驽钝者有了完全相反的作为，那么衰落者就会羞愧恼恨；强壮者与羸弱者等级有了差异，那么力能扛鼎的人就会被嫉妒。因此淮阴侯韩信被提拔而荣显，平庸之辈懊恼并痛恨他地位超过自己；武安君白起功劳大，范雎巧饰谗言来毁坏他。"

【原文】

抱朴子曰："必死之病，不下苦口之药；朽烂之材，不受雕镂之饰；是以比干匪躬，而剖心于精忠①；田丰见微，而夷戮于言直②。"

【注释】

①比干剖心事，见《嘉遁》篇"逢、比有令德之罪"句注。匪躬：谓忠心耿耿而不顾自身。出《易·蹇》："王臣蹇蹇，匪躬之故。"孔颖达疏："尽忠于君，匪以私身之故而不往济君，故曰'匪躬之故'。"精忠：杨明照校，以为当依《藏》本等作"情忠"。

②田丰：汉末袁绍谋士。绍与曹操官渡之战前，"田丰说绍曰：'曹公善用兵，变化无方，众虽少，未可轻也，不如以久持之。将军据山河之固，拥四州之众，外结英雄，内修农战，然后简兵精锐，分为奇兵，乘虚迭出，以扰河南，救右则击其左，救左则击其右，使敌疲于奔命，民不得安业；我未劳而彼已困，不及二年，可坐克也。今释庙胜之策，而决成败于一战，若不如志，悔无及也。'绍不从。丰恳谏，绍怒甚，以为沮众，械系之。绍军既败，或谓丰曰：'君必见重。'丰曰：'若军有利，吾必全；今军败，吾其死矣。'绍还，谓左右曰：'吾不用田丰言，果为所笑。'遂杀之"。《三国志·魏志·袁绍传》裴松之注引《先贤行状》曰："丰字元皓，钜鹿人，或云勃海人。丰天姿瓌杰，权略多

奇,……博览多识,名重州党。……袁绍起义,卑辞厚币以招致丰。丰以王室多难,志存匡救,乃应绍命,以为别驾。劝绍迎天子,绍不纳。绍后用丰谋,以平公孙瓒。逢纪惮丰亮直,数谮之于绍,绍遂忌丰。"

【译文】

抱朴子说:"必定要死的重病,不用再为此使用苦口的药了;朽烂的木料,接受不了雕画和镂刻的装饰。因此比干忠心耿耿,却由于忠诚而被剖心;田丰能看出细微的征兆,但由于直言劝谏而被杀头。"

【原文】

抱朴子曰:"峄阳孤桐①,不能无弦而激哀响;大夏孤竹②,不能莫吹而吐清声。是以官卑者,稷、卨不能康庶绩③;权薄者,伊、周不能臻升平。"

【注释】

①见《擢才》篇"峄阳、云和"句注。

②孤竹:出《周礼·春官·大司乐》:"孤竹之管,云和之琴瑟,云门之舞,冬日至,于地上圜丘奏之。"郑玄注:"孤竹,竹特生者。"大夏:汉西域有大夏国,地当今阿富汗北部。

③稷:卨:见《审举》篇"虽抱稷、卨之器"句注。

【译文】

抱朴子说:"峄山之阳的孤桐木做的琴,不能没有琴弦就弹悲壮的乐曲;大夏国的独生竹造的笙管,不能没有人吹就发出清越的声音。因此,如果官位低微,即使是后稷和后契也不能使诸事顺利;如果权利小,即使是伊尹、周公也不能让国家太平。"

【原文】

抱朴子曰:"登峻者,戒在于穷高;济深者,祸生于舟重。是以西秦有思上蔡之李斯①,东越有悔盈亢之文种②。"

【注释】

①李斯:楚上蔡人。佐始皇统一天下,为丞相。听赵高计废太子扶苏,立胡亥为秦二世。赵高居中用事,构李斯。"二世二年七月,具斯五刑,论腰斩咸阳市。斯出狱,与其中子俱执,顾谓其中子曰:'吾欲与若复牵黄犬俱出上蔡东门逐狡兔,岂可得乎?'遂父子相哭,而夷三族。"(《史记·李斯列传》)

②文种:春秋越大夫,字子禽。与范蠡共佐越王勾践,出计灭吴。功成,范蠡劝其引退,未听,后为勾践赐剑自杀。事见《吴越春秋·勾践伐吴·外传》。

【译文】

抱朴子说:"攀登高山的人,应该在最高处警醒慎重;渡深水的人,祸患就发生在船载过多。所以西方的秦国有死前想到家乡上蔡的李斯,东边的越国有被杀时后悔盈亢进的文种。"

【原文】

抱朴子曰:"刚柔有不易之质,贞桡有天然之性。是以百炼而南金不亏其真①,危困而烈士不失其正。"

【注释】

①南金:出《诗·鲁颂·泮水》:"元龟象齿,大赂南金。"郑玄笺:"荆扬之州,贡金三品。"孔颖达疏:"金即铜也。"此指黄金。

【译文】

抱朴子说:"刚健和柔韧有其不能改变的本质,正直和弯曲有其与生俱来的特性。因此,百炼不会使南方出产的黄金的真性衰退,危险困难不能让壮烈之士改变正直。"

【原文】

抱朴子曰:"不以其道,则富贵不足居;违仁舍义,虽期颐不足吝①。是以卞随负石以投渊②,仲由甘心以赴刃③。"

【注释】

①期颐:语本《礼记·曲礼上》:"百年曰期颐。"郑玄注:"期,犹要也;颐,养也。不知衣服食味,孝子要尽养道而已。"

②卞随:见《逸民》篇"成汤非不能录卞随、务光也"句注。

③见《嘉遁》篇:"仲由投命而菹醢"句注。

【译文】

抱朴子说:"不依照恰当的办法,那么富有和显贵的地位也不值得居处;违背仁德舍弃正义,即使能活一百岁也不值得贪恋。因此卞随抱着石头投水自尽,子路心甘情愿地被人杀死。"

【原文】

抱朴子曰:"卑高不可以一概齐,餐廪不可以劝沮化①。是以惠施患从车之苦少,庄周忧得鱼之方多②。"

【注释】

①廪(lǐn):本义为粮仓,引申指粮食。《管子·问》:"问死事之寡其饩廪何如?"尹知章注:"言给其饩廪……廪,米粟之属。"

②说本《淮南子·齐俗训》:"故所趋各异而皆得所便,故惠子从车百乘以过孟诸,庄子见之,弃其余鱼。"按孟诸为薮泽名,地当今河南商丘东北。

【译文】

抱朴子说:"卑下高尚不能等量齐观,食量大小也不能用鼓励和阻止来改变。因此,惠施为跟随的车辆少而忧虑苦闷,庄子却发愁得到的鱼太多了。"

【原文】

抱朴子曰:"出处有冰炭之殊,躁静有飞沉之异。是以墨翟以重茧怡颜①,

箕叟以遗世得意②。"

【注释】

①见《战国策·宋卫策》："公输般为楚设机，将以攻宋。墨子闻之，百舍重茧往见公输般。"高诱注："百舍，百里一舍也。重茧，累胝也。"

②箕叟：即指许由。《吕氏春秋·求人》："昔尧朝许由于沛泽之中，曰：'……请属天下于夫子。'许由辞曰：'为天下之不治与？而既已治矣，自为与！啁噍巢于林，不过一枝；偃鼠饮于河，不过满腹。归已君乎！恶用天下？'遂之箕山之下，颍水之阳，耕而食，终身无经天下之色。"

【译文】

抱朴子说："出仕与隐居有如冰和炭一样的巨大差别，急切于名利与清静无为像飞天与沉水一样完全不同。所以墨子脚上磨出厚茧仍然很愉快，许由因为远离尘世而心满意足。"

【原文】

抱朴子曰："适心者，交浅而爱深；忤神者，接久而弥乖。是以声同则倾盖而居昵①，道异则白首而无爱。"

【注释】

①倾盖：谓初次相逢。《史记·鲁仲连邹阳列传》："谚曰：'白头如新，倾盖如故。'何则？知与不知也。"司马贞索隐引《志林》曰："倾盖者，道行相遇，軿车对语，两盖相切，小欹之，故曰'倾'。"

【译文】

抱朴子说："内心相合的人，交往的日子短但感情也会深；精神抵触的人，交接日久但矛盾更深。因此如果心声相同，那么初次交往也会相处亲昵；如果遵从的思想不同，那么相识到老也没有感情。"

【原文】

抱朴子曰："艅艎、鹢首①，涉川之良器也；櫂之以北狄②，则沉漂于波流焉。蒲梢、汗血③，迅趋之骏足也；御非造父，则倾偾于崄涂焉。青萍、豪曹④，剡锋之精绝也；操者非羽、越，则有自伤之患焉。劲兵锐卒，拨乱之神物也；用者非明哲，则速自焚之祸焉。"

【注释】

①艅（yú）艎（huáng）：吴王大舰名，后泛称大船。鹢首：古大船画鹢鸟于船头，故以称大船。

②杨明照据徐济忠，并依下文"御非造父"，以为"之"乃衍文。是。

③蒲梢：骏马名。《史记·乐书》："后伐大宛，得千里马，马名蒲梢。"汗血：见《君道》篇"止汗血之求于绝域之外"句注。

④青萍：宝剑名。《文选·陈琳〈答东阿王笺〉》："君侯体高世之才，秉青萍、干将之器。"吕延济注："青萍、干将皆剑名也。"豪曹：见《清鉴》篇"豪曹之剑"句注。

【译文】

抱朴子说："艅艎、鹢首这样的大船，是渡河的好工具；但划着它们到北方去，就会在水流中沉没漂散。蒲梢、汗血这些名驹，是善奔驰的骏马；但不由造父驾驭，就会在险路上倾覆跌倒。青萍、豪曹这些名剑，是武器中的精品；但不是由项羽、彭越一样的名将使用，就会有刺伤自己的忧患。强悍的兵卒军队，是治理乱世的神灵之物；但不是明智睿哲的人使用，就会造成引火烧身的灾祸。"

【原文】

抱朴子曰："天秩有不迁之常尊①，无礼犯蹔死之重刺。是以玄洲之禽兽②，惟能言，而不得厕贵牲③；蛩蛩之负蹶④，虽寄命，而不得为仁义。"

【注释】

①天秩：出《书·皋陶谟》："天秩有礼。"孔颖达疏："天又次叙爵命，使有礼法。"

②玄洲：神话中的十洲之一。《海内十洲记·玄洲》："玄洲，在北海之中，戌亥之地。"

③杨明照据《孝经》《抱朴子内篇》及上文《讥惑》篇，以为"贵牲"当为"贵性"。甚是。又，"惟"字，他本皆作"虽"，乃形近（"虽"繁体为"雖"）致误，当据改。

④蛩（qióng）蛩：传说中一种异兽。《山海经·海外北经》："（北海）有素兽焉，状如马，名曰蛩蛩。"说本《吕氏春秋·不广》："北方有兽，名曰蹶，鼠前而兔后，趋则跲，走则颠，常为蛩蛩距虚取甘草以与之。蹶有患害也，蛩蛩距虚必负而走。此以其所能托其所不能。"郭璞曰："距虚即蛩蛩，变文互言耳。"

【译文】

抱朴子说："上天规定的品秩等级，有不可改变的永远的尊严，无礼的人冒犯了就有速死的重罪。所以玄洲的禽兽虽然能说话，但不能置于人的行列里；蛩蛩兽背负蹶鼠，虽然相依为命，但没有仁义可言。"

【原文】

抱朴子曰："谤讟不可以巧言弭，实恨不可以虚事释。释之非其道，弭之不由理，犹怀冰以遣冷，重炉以却暑，逐光以逃影，穿舟以止漏矣。"

【译文】

抱朴子说："怨恨批评不能用花言巧语来消除，实在的仇恨不能靠虚浮的事情来释解。不按恰当的办法去释解，不从道理上去消除，就像怀中揣冰来驱赶寒冷，生上几个炉子来抵御暑热，追逐光亮来逃避影子，把船凿个洞来制止漏水一样。"

卷第三十八 博喻

【原文】

抱朴子曰:"明主官人,不令出其器;忠臣居位,不敢过其量。非其才而妄授,非所堪而虚任,犹冰碗之盛沸汤,葭莩之包烈火①,缀万钧于腐索,加倍载于扁舟。"

【注释】

①葭(jiá)莩(fú):芦苇里的薄膜。

【译文】

抱朴子说:"贤明的君主授人以官时,不让官职超出他的才能;忠诚的臣子居于官位,不敢越出自己的器量。不是那样的才能而胡乱授官,不是所能承担的而硬去接受,就像用冰碗去盛开水,用苇膜去包烈火,把万钧重的东西缀挂在腐朽的绳索上,往小船上装载加倍的货物一样。"

【原文】

抱朴子曰:"豹狐之裘,不为负薪施;九成六变①,不为聋夫设;高唱远和,不为庸愚吐;忘身致果,不为薄德作。"

【注释】

①九成:犹言九阕。《书·益稷》:"《箫韶》九成,凤凰来仪。"孔颖达疏:"成犹终也。每曲一终,必变更奏。故《经》言九成,《传》言九奏,《周礼》谓之九变,其实一也。"《周礼·春官·大司乐》:"凡六乐者,一变而致羽物,及川泽之示;再变而致臝物,及山林之示;三变而致鳞物,及丘陵之示;四变而致毛物,及坟衍之示;五变而致介物,及土示;六变而致象物,及天神……若乐六变,则天神皆降,可得而礼矣。"按"示"(qí),谓神祇。

【译文】

抱朴子说:"豹狐皮的裘衣,不是为背柴的时候穿的;九阕六章的音乐,不是为聋人设置的;高声领唱远方应和,不是为庸俗愚蠢的人演唱的;舍死忘生去取得成功,不是为德行浅薄的人去做的。"

【原文】

抱朴子曰:"民财匮矣,而求不已;下力竭矣,而役不休,欲怨叹之不生,规其宁之惟永,犹断根以续枝,割背以裨腹,刻目以广明,剟耳以开聪也。"

【译文】

抱朴子说:"百姓财力匮乏,还是不断搜刮;黎民的力气已经用尽了,还在不停地役使,想要怨恨叹息不产生,希望人民永远安定守法,就像截树根来接长枝条,割脊背来补肚子,刻眼睛来开阔视野,剟耳朵来增强听力一样。"

【原文】

抱朴子曰:"法无一定,而慕权宜之随时;功不倍前,而好屡变以偶俗,犹剸高马以适卑车①，削跗踝以就褊履②，断长剑以赴短鞞③，割尺璧以纳促匣也。"

【注释】

①剸（tuán）：割。

②跗踝：杨明照据继昌所引《群书治要》，以为当作"跗踝"。是。

③鞞（bǐng）：刀剑鞘。

【译文】

抱朴子说："法律没有一定之规，而追求随机应变的权宜之计；不下加倍的功夫，而喜欢随时变化以迎合世俗，就像是截断高马的腿来适应矮车，砍削跗面和踝骨迁就小鞋，折断长剑以便装入短鞘，把盈尺的玉璧割小放入狭窄的匣子里一样。"

【原文】

抱朴子曰："止波之修鳞，不出穷谷之隘；鸾栖之峻木，不秀培塿之卑①。九畴之格言②，不吐庸猥之口；《金版》之高算③，不出恒民之怀。睹百抱之枝，则足以知其本之不细；睹汪濊之文，则足以觉其人之渊邃。"

【注释】

①培塿：音 pǒulǒu（篓）。

②九畴：见《尚博》篇"六甲出灵龟之所负"句注。

③《金版》：兵书名。《庄子·徐无鬼》："吾所以说吾君者，横说之则以《诗》《书》《礼》《乐》，从说之则以《金板》《六弢》。"陆德明《经典释文》引司马彪曰："《金版》《六弢》皆《周书》篇名……版，本又作板。"

【译文】

抱朴子说："能够压住波涛的大鱼，不会出自狭窄的深山沟；鸾凤栖息的高大树木，不会长在低矮的土丘上。治理天下的格言不会从平庸猥琐的人口中说出，《金版》中的高明韬略不出自常人的胸怀。看到百抱粗的枝条，就足以知道树干不细；看到汪洋恣肆的文章，就足以感觉作者的深邃。"

【原文】

抱朴子曰："桑林郁蔼，无补柏木之凄冽；膏壤带郭①，无解黔敖之蒙袂②。然茧纩缔纨，此之自出；千仓万箱，于是乎生。故识远者贵本，见近者务末。"

【注释】

①带郭：《史记·货殖列传》："及名国万家之城，带郭千亩亩钟之田。"此语之所出。

②《礼记·檀弓下》："齐大饥。黔敖为食于路，以待饿者而食之。有饿者蒙袂辑屦，贸贸然来。黔敖左奉食，右执饮，曰：'嗟，来食！'扬其目而视之曰：'予唯不食嗟来之食，以至于斯也！'从而谢焉。终不食而死。"是黔敖乃施舍者，稚川误记也。

· 434 ·

【译文】

抱朴子说:"虽然桑林丛郁茂盛,不能弥补柏树的凄怆悲凉;肥沃的土壤围绕城郭,不能解除黔敖遭遇灾荒。然而蚕茧、丝绵和绸帛,是从桑林中生产出来的;千仓万箱的粮食,是在土地上种植收获的。所以见识远的人重视根本,见识浅的人追逐末梢。"

【原文】

抱朴子曰:"体粗者系形,知精者得神。原始见终者,有可推之绪;得之未眹者①,无假物之因。是以昼见天地,未足称明;夜察分毫,乃为绝伦。"

【注释】

①杨明照据《藏》本等三种本及鲁藩本等六种本曰:"按'眹'不成字,当改作'朕'或'朕'。"是。朕、朕皆音zhèn,并有征兆义。

【译文】

抱朴子说:"体会粗略的人只是联系事物的外表,知道精粹的人才得到了事物的神韵。推原起始看出结果的人,有他推导道理的思路;没有征兆能预见事情,并没有可以借助的事物。因此,白天看见天地,不值得称为眼睛明亮;夜间能明察分毫,才是出类拔萃。"

【原文】

抱朴子曰:"芳藻春耀,不能离柯以久鲜;吞舟之鱼,不能舍水而摄生。是以名美而实不副者,必无没世之风;位高而器不称者,不免致寇之败。"

【译文】

抱朴子说:"芳香华美的花朵春天繁盛,但不能离开枝条长久保持鲜艳;能够吞舟的大鱼,不能舍弃水而生存。因此名声美好而实际不相符合的人,必然没有身死之后的长远影响;地位高而才能不相称的人,免不了招致外寇的失败。"

【原文】

抱朴子曰:"忍痛苦之药石者,所以除伐命之疾;婴甲胄之重冷者,所以扞锋镝之集。洁操履之拘苦者,所以全拔萃之业;纳拂心之至言者,所以无易方之惑也①。"

【注释】

①杨明照曰:"(孙人和)《校补》曰:'按"所以无易方之惑",文义不安。承训书院本"无"作"悟",近是。'按《藏》本、吉藩本、旧写本亦并作'悟',当据改。"

【译文】

抱朴子说:"忍受带来痛苦的药物和针石,是为了去除危害生命的疾病;穿戴盔甲这又重又凉的东西,是为了抵御刀枪和飞箭的攻袭。保持节操高洁自我约束刻苦,是为了完成出类拔萃的事业；接受逆耳的至理之言，是为了从改换方略的迷惑中醒悟。"

【原文】

抱朴子曰："鸾、凤竞粒于庭场，则受褻于鸡鹜；龙、麟杂厕于刍豢，则见黩于六牲①。是以商老栖峻②，以播邈世之操；卞随赴深③，以全遗物之声。"

【注释】

①六牲：《周礼·地官·牧人》："掌牧六牲，而阜养其物，以供祭祀之牲牷。"郑玄注："六牲，谓马牛羊豕犬鸡。"

②商老：即商山四皓。见《逸民》篇"虽饥渴四皓"句注。

③卞随：凡《逸民》篇"成汤非不能录卞随、务光也"句注。

【译文】

抱朴子说："鸾凤如果在院子里谷场上去争抢米粒，就要受到鸡鸭的欺侮；蛟龙和麒麟如果和家畜混杂在一起，就会受到六牲的污辱。因此商山四皓栖身于深山，因而远超世人的节操得以播扬；卞随投水自尽，所以成就了传留后世的声誉。"

【原文】

抱朴子曰："浚井不渫①，则泥泞滋积；嘉谷不耘，则荑莠弥蔓。学而不思，则疑阂实繁；讲而不精，则长惑丧功。"

【注释】

①浚（jùn）：深。渫（xiè）：清除污秽。

【译文】

抱朴子说："就是深井，如果不淘，污泥也会积聚；即使是好庄稼，若是不除草，稗子和杂草也要蔓延。学习而不思考，那么疑虑和障碍就会很多；讲解而不精到，就会增加迷惑白耗功夫。"

【原文】

抱朴子曰："积万金于箧匮，虽俭乏而不用，则未知其有异于贫窭①；怀逸藻于胸心，不寄意于翰素，则未知其有别于庸猥。"

【注释】

①窭（jù）：贫穷。《诗·邶风·北门》："终窭且贫，莫知我艰。"

【译文】

抱朴子说："在箱柜中积存万两黄金，即使生活困难了也不使用，那么就不知道他和贫穷的人有什么区别；胸怀超群的才华，但不用笔墨纸张写出来，那么也就不知道他和平庸猥琐的人有什么不同。"

卷第三十八　博喻

【原文】

抱朴子曰："南威、青琴，姣冶之极①，而必俟盛饰以增丽；回、赐、游、夏，虽天才隽朗，而实须坟、诰以广智。"

【注释】

①南威：亦称"南之威"，美女。《战国策·魏策二》："晋文公得南之威，三日不听朝。"青琴：传说中的女神。《史记·司马相如列传》："若夫青琴、宓妃之徒，绝殊离俗，姣冶娴都。"司马贞索隐："伏俨曰：'青琴，古神女也。'"

【译文】

抱朴子说："南威和青琴，妖冶艳丽到极点，但也必须等待华美的装饰来增加她们的漂亮；颜回、子贡、子游、子夏，虽然天资聪明朗彻，但也需要用古代的典籍来拓宽他们的智慧。"

【原文】

抱朴子曰："丹帏接网，组帐重荫①，则丑姿翳矣；朱漆饰致，错涂炫耀，则枯木隐矣。是以六艺备则卑鄙化为君子，众誉集则孤陋邈乎贵游。"

【注释】

①组：华丽。《荀子·乐论》："乱世之征，其服组，其容妇，其俗淫，其志利……"王先谦集解："《书·禹贡》马注：'组，文也。'服组谓华侈。"

【译文】

抱朴子说："红色的罗帏相接，华美的帐子重施，那么丑陋的姿容就被遮挡住了；红漆刷饰美观，金色涂抹得耀眼，那么枯朽的木头就被隐藏了。因此六经具备，卑下鄙野的人也会变化为君子；众多的赞誉集中到一处，孤独浅陋的人也会超过王公贵族。"

【原文】

抱朴子曰："繁林翳荟，则羽族云萃；玄渊浩汗①，则鳞群竞赴。德盛业广，则宅心者众；舍瑕录用，即远怀近集。"

【注释】

①浩汗：水盛大貌。曹丕《济川赋》："漫浩汗而难测，眇不睹其垠际。"

【译文】

抱朴子说："密林茂盛，那么百鸟就像云彩一样汇集；深深的湖水浩荡无边，那么鱼群就争相奔赴。道德高尚事业广阔，诚心归服的人就多；原谅缺点任用人才，就会远人怀想近人会聚。"

【原文】

抱朴子曰："寻飞绝景之足，而不能骋逸放于吕梁①；凌波泳渊之属，而不能陟峻而攀危。故离朱剖秋毫于百步，而不能辨八音之雅俗；子野合通灵之绝响，而不能指白黑于咫尺②。"

【注释】

①吕梁：见《擢才》篇"其渊泽不唯吕梁之深也"句注。

②离朱、子野：见《用刑》篇"胶离朱之目，塞子野之耳"句注。

【译文】

抱朴子说："能够追逐飞鸟甩掉影子的快马，不能在吕梁险川驰骋；能够凌驾波浪漂浮水面的船只，不能攀登险峻的高山。所以离朱可以分辨百步之外秋毫之末，但不能辨别音乐的雅和俗；师旷能调和通达神灵的绝妙音乐，但不能指明近在咫尺的白与黑。"

【原文】

抱朴子曰："四聪广辟，则羲和纳景①；万仞虚己，则行潦交赴。故博采之道弘，则异闻毕集；庭燎之耀辉②，则奇士扣角③；诽谤之木设，则有过必知；敢谏之鼓悬，则直言必献④。"

【注释】

①按此二句"四聪"与"羲和纳景"不惬，疑"聪"乃"窗"之误，"聪"繁体作"聰""窗"异体有"牎"字，形近易误。译文从窗。羲和：见《交际》篇"羲和照则曲影觉矣"句注。

②杨明照曰："'耀辉'，《藏》本、鲁藩本、吉藩本、旧写本作'辉举'。按《嘉遁》篇'庭燎之举'，《广譬》篇'明燎宵举'，又'庭燎攒举'，并足证《藏》本等为是。"

③奇士扣角：见《嘉遁》篇"或扣角以凤歌"句注。

④说见《吕氏春秋·自知》："尧有欲谏之鼓，舜有诽谤之木，汤有司过之士，武王有戒慎之鞀，犹恐不能自知。"高诱注："欲谏者击其鼓也，书其过失于木也。"按"鞀(táo)"为有柄小鼓。

【译文】

抱朴子说："四面窗户大开，那么太阳就会带来光芒；湖海虚心，积水就会交相流入。所以博采众长的精神弘扬，各种不同的见解就都汇集来了；院中的火炬明亮，德才出众的人士就会叩角求仕；树立求批评的木柱，有了过错肯定就会知道；挂起敢于劝谏者敲的鼓，正直的意见必然献纳。"

【原文】

抱朴子曰："能言莫不褒尧，而尧政不必皆得也；举世莫不贬桀，而桀事不必尽失也。故一条之枯，不损繁林之蓊蔼①；荞麦冬生②，无解毕发之肃杀③。西施有所恶，而不能减其美者，美多也；嫫母有所善，而不能救其丑者，丑笃也④。"

【注释】

①蓊（wēng）蔼：形容草木茂盛。

②杨明照据《抱朴子内篇》之《论仙》等、《抱朴子》佚文及《淮南子》之《天文训》，以为"蒿"当作"荠"。甚是。高、齐草书形近。

③毕发（bó）：即"觱（bì）发"。寒风凛冽声。出《诗·豳风·七月》："一之日觱发。"

④嫫母：见本篇上文"是以嫫母、宿瘤恶见西施之艳容"句注。

【译文】

抱朴子说："能说话的人无不赞誉唐尧，而唐尧的政事不一定全都得当；举世的人无不贬斥夏桀，而夏桀做事也不会一无是处。所以一根树枝枯萎，不会损害密林的茂盛；荠菜小麦冬天还在生存，不能解除寒风凛冽肃杀。西施也有不美的地方，但不会减低她的美丽，因为她的美是多方面的；嫫母也有好看的地方，但不能解救她的丑，因为丑陋得太厉害了。"

【原文】

抱朴子曰："身与名难两济，功与神尠并全。支离其德者①，苦而必安；用以适世者，乐而多危。故鸷禽以奋击拘絷，言鸟以智慧见笼。琼瑶以符采剖判，三金以琦玩冶铄。兰茝以芬馨剪刈，文梓以含音受伐②。是以翠虬睹化益而登玄云③，灵凤值孟戏而反丹穴④，子永叹天伦之伟⑤，漆园悲被绣之牺⑥。"

【注释】

①支离其德：出《庄子·人间世》："夫支离其形者，犹足以养其身，终其天年，又况支离其德者乎？"

②文梓，有纹理的梓树。《墨子·公输》："荆有长松、文梓、楩柟、豫章。"

③翠虬："虬"字系"虯"（即"虬"字异体）之误。他本皆作"虯"，当据改。化益：《吕氏春秋·求人》："得陶、化益、真窥、横革、之交五人佐禹。"颜师古曰："化益即伯益。"因佐禹治水，故言青龙见之登云。

④孟戏：传说中驯养百禽的人。《史记·秦本纪》："大廉玄孙曰孟戏、中衍，鸟身人言。"明王志坚《表异录》引《括地图》曰："孟戏人首鸟身，为虞氏训百禽。夏后末，民始食卵，孟戏去之，凤凰随焉，止于丹山。"

⑤子永：未详。

⑥见《嘉遁》篇"同被绣于牺牛哉"句注。

【译文】

抱朴子说："形骸与名声难于两全其美，实效与精神很少能并获成功。使自身道德不合社会之用的人，虽然受苦但必定安全；实用并适于人世的人，虽然快乐但很危险。所以猛禽因为能追逐攻击而被束缚，会说话的鸟因为有智慧被装进笼子。琼瑶因为有纹理光彩而被剖开，金、银、铜三种金属因为珍奇可玩赏而被冶炼熔化。兰花白芷因为芬芳馥郁而被剪断，文理好的梓树因为适宜做乐器而被砍伐。因此碧龙看到伯益后飞上云天，神异的凤凰遇上孟戏就返回丹穴。子永赞美上天安排的秩序的伟大，庄子为披绣帐作祭品的牛而悲伤。"

【原文】

抱朴子曰："万麋倾角，猛虎为之含牙；千禽鳞萃，鸷鸟为之握爪。是以四国流言，公旦不能遏①；谤者盈路，而子产无以塞②。"

【注释】

①见《嘉遁》篇"周成贤而信流言，公旦圣而走南楚，托《鸱鸮》以告悲，赖金縢以仅免"数句注。

②《左传·昭公四年》："郑子产作丘赋，国人谤之曰：'其父死于路，己为虿尾以令于国，国将若之何？'子宽以告。子产曰：'何害？苟利社稷，死生以之。且吾闻为善者不改其度，故能有济也。民不可逞，度不可改。《诗》曰：'礼义不愆，何恤于人言？'吾不迁矣。"又杨明照校"子产"前"而"字为衍文。

【译文】

抱朴子说："万头麋鹿把角伸向前方，猛虎也会因此而收起獠牙；千只鸟雀鱼鳞般聚集在一起，猛禽也将为此握起利爪。因此如果四国流言散布，周公也不能阻止；满路都是批评者，子产也无法杜绝。"

【原文】

抱朴子曰："威，施之艳①，粉黛无以加；二至之气②，吹嘘不能增。是以怀英逸之量者，不务风格以示异；体邈俗之器者，不恤小誉以徇通。"

【注释】

①威、施：南威，西施。南威，见本篇上文"南威、青琴，妖冶之极"句注。

②二至：谓冬至和夏至。《左传·昭公二十一年》："二至二分，日有食之不为灾。"杜预注："二至，冬至、夏至。"

【译文】

抱朴子说："南威、西施的艳丽，擦粉描眉也不能超过；冬至和夏至的寒冷暑热，哈气吹气不能增加。因此怀有出色才能的人，不追求仪容风度来显示与众不同；具备超群器量的人，不考虑小的荣誉来谋求通达。"

【原文】

抱朴子曰："鳞止凤仪①，所患在少；狐鸣枭呼，世忌其多。是以俊乂盈朝，而求贤者未倦；谗佞作威②，而忠贞者切齿。"

【注释】

①鳞：当作"麟"。《藏》本等正作"麟"，当据改。译文从"麟"。

②作威：见《君道》篇"独任则悟鹿马之作威"句注。

【译文】

抱朴子说："麒麟的姿态凤凰的威仪，人们担心它少；狐狸的鸣叫、枭鹰的呼号，世人忌恨它多。因此才德出众者站满朝廷，而寻求贤者的人仍不倦地寻找；进谗巧辩者擅用威权，忠诚坚贞的人切齿痛恨。"

【原文】

抱朴子曰："多力何必孟贲、乌获①？逸容岂唯郑旦，毛嫱②？飙迅非徒骅骝、骐骥③，立断未独沉闾、干将。是以能立素王之业者，不必东鲁之丘④；能洽掩枯之仁者，不必西邻之昌⑤。"

【注释】

①孟贲、乌获：见《臣节》篇"非贲、获之壮，不可以举兼人之重"句注。

②郑旦、毛嫱：皆越国美女。《越绝书·内经九术》："越乃饰美女西施、郑旦，使大夫种献之于吴王。"《庄子·齐物论》："毛嫱、丽姬，人之所美也。"成玄英疏："毛嫱，越王嬖妾；丽姬，晋国之宠嫔。此二人者，姝妍冠世。"

③骅（huá）骝（liú）：周穆王八骏之一。骐骥：已见《官理》篇"若乃臧获之乘骐骥"句注。

④素王：见《刺骄》篇"仲尼陪臣，谓为素王"句注。

⑤见《君道》篇"昔周文掩未埋之骨，天下称其仁"句注。

【译文】

抱朴子说："力量大为什么一定得孟贲、乌获呢？长相美难道只有郑旦、毛嫱吗？能像狂飙一样迅跑的并非只有骅骝驹、骐骥马，能立时砍断的不单是沈闾、干将这些名剑。因此建立素衣之王事业的人，不一定是东鲁的孔子；能广施掩埋枯骨的仁德的人，不一定是西伯姬昌。"

【原文】

抱朴子曰："灵凤振响于朝阳①，未有惠物之益，而莫不澄听于下风焉；鸱枭宵集于垣宇，未有分厘之损，而莫不掩耳而注镝焉。故善言之往，无远不悦；恶辞之来，靡近不忤。犹日月无谢于贞明②，枉矢见忘于暂出③。"

【注释】

①说出《诗·大雅·卷阿》："凤皇鸣矣，于彼高冈；梧桐生矣，于彼朝阳。"

②说本《易·系辞下》："日月之道，贞明者也。"孔颖达疏："言日月照临之道，以贞正得一为明也。"

③枉矢：星名。《史记·天官书》："枉矢，类大流星，蛇行而仓黑，望之如有毛羽然。"

【译文】

抱朴子说："通灵的凤凰在朝阳发出鸣叫时，并没有什么实惠的东西，但没有人不在下风处静耳细听；猫头鹰夜间聚集在墙头檐下，没造成一丝一毫的损失，而没有人不掩住耳向那里射箭。所以好话所到的地方，无论多远都没有人不喜欢；坏话所去的处所，无论多近全没人不反对。就像日月无愧于正大光明，而枉矢星由于出现短暂而被人遗忘。"

【原文】
抱朴子曰："影无违形之状，名无离实之文。故背源之水，必不能扬长流以东渐；非时之华，必不能稽辉藻于冰霜。"

【译文】
抱朴子说："影子没有不合原形的样子，名声没有脱离实情的说法。所以背向水源的河流，肯定不能推动长长的流水奔向东方；不合季节的花朵，肯定不能让它的美丽形象在冰霜中长存。"

【原文】
抱朴子曰："锯牙之兽，虽低伏而见惮；挥斧之虫，虽踡形而不威①。故君子被褐，穷而不可轻；小人轩冕，达而不足重。"

【注释】
①踡（quán）：踢；踹。《说文·足部》："踡，蹴也。"

【译文】
抱朴子说："锯形牙齿的猛兽，即使低身俯伏还是让人害怕；挥动臂斧的螳螂，即使踹腿也没有威风。所以君子就是披褐衣受困窘，也不能轻视；小人就是乘轩车着冠冕，显达也不值得尊重。"

【原文】
抱朴子曰："逸麟逍遥大荒之表，故无机穽之祸；灵鸧振翅玄圃之峰①，以违罩罗之患。何必曲穴而永怀怵惕？何必衔芦而惨惨畏容②？故充乎宰割之用者，必爱乎刍豢者也；给乎煎熬之膳者，必安乎庭立者也③。"

【注释】
①灵鸧（cāng）：即鸧鸹（guā），一种似鹤的鸟。玄圃：见《务正》篇"玄圃崇本（木）石以致极天之峻"句注。
②衔芦：雁口含芦草飞行的一种自卫本领。《淮南子·修务训》："夫雁顺风以爱气力，衔芦而翔以备矰矢。"
③杨明照据《逸民篇》"盛务于庭粒者，安知鸳鸾之远指"及本篇上文"鸾凤竞粒于庭场者，则受亵于鸡鹜"，校"立"当作"粒"。甚是。

【译文】
抱朴子说："自由的麒麟在大荒之外逍遥自在，所以没有机关陷阱的祸患；神异的鹁鸪展翅飞到玄圃仙山上，因而躲开了罗网的威胁。何必蜷曲在洞穴中总是担惊受怕？何必像大雁一样口含芦草忧闷而永存畏惧之色？所以充当宰割之用的牲畜，必然受到豢养者喜欢；满足煎炒烹炸膳食需要的禽兽，必定安然地在庭院中争抢粮食。"

【原文】
抱朴子曰："聪者贵于理遗音于千载之外，而得兴亡之迹；明者珍于鉴逸群于寒瘁之中，而抽匡世之器。若夫聆繁会之响，而顾问于庸工，非延州之清听也①；枉英远之才，而咨之于常人，非独见之奇识也。故与不赏物者而论用凌侪之器，是使瞽者指五色也；与妒胜己者而谋举嫉恶之贤，是与狐议治裘也。"

【注释】
①延州清听：见《清鉴》篇"延州审清浊于千载之外"句注。

【译文】
抱朴子说："耳聪者可贵的是能修治千年之前留下的学说，从而发现兴亡的规律；眼明者可贵的是能在贫穷困厄之中看出超群的人才，从而选拔匡正世俗的贤士。至于聆听多音交响的乐声，去向平庸的工匠咨询，就不是延陵季子善听的耳朵；枉曲出色的人才，而向寻常的人去求问，就没有独特而超人的见识。所以，和不能欣赏事物的人谈论拔萃的人才，等于是让盲人指明五种色彩；和嫉妒超过自己的人商量举荐疾恶如仇的贤士，等于和狐狸商量做裘衣。"

【原文】
抱朴子曰："䮽、驳危苦于嶮峻之端①，不乐咈守之役②；吉光饥渴于冰霜之野③，不愿牺牲之饱。孤竹不以绝粒易鹿台之富④，子廉不以困匮贸铜山之丰⑤。"

【注释】
①䮽（lóng）：《玉篇·马部》："䮽，野马也。"驳：见《清鉴》篇"驳子有吞牛之容"句注。
②杨明照曰："按'咈'当作'吠'。《逸民》篇'夫麟不吠守'，《务正》篇'牛马不能吠守'，并其证。"
③吉光：《海内十洲记·凤麟洲》："吉光毛裘，黄色，盖神马之类也。"
④孤竹：指伯夷、叔齐，见《逸民》篇"夷、齐一介，不合变通"句注。鹿台：古台名，商纣王贮珠玉财帛处。《书·武成》："散鹿台之财，发钜桥之粟。"
⑤子廉：疑为"子康"之误。《后汉书·逸民列传》："逢萌字子康，北海都昌人也。家贫，给事县为亭长。时尉行过亭，萌候迎拜谒，既而掷楯叹曰：'大丈夫安能为人役哉？'遂去之长安学，通《春秋经》。时王莽杀其子宇，萌谓友人曰：'三纲绝矣！不去，祸将及人。'即解冠挂东都城门，归，将家属浮海，客于辽东。"铜山：《史记·佞幸列传》：

"(文帝)于是赐邓通蜀严道铜山,得自铸铜,'邓氏钱'布天下。"

【译文】

抱朴子说:"野马、驳兽宁肯在险峻的山顶上冒危险受痛苦,也不乐于做吠叫守门的事;吉光神兽宁肯在冰霜的旷野里忍受饥渴,也不愿吃饱后充当献祭的牺牲。伯夷叔齐不肯放弃断粮而死以换取商纣那样富有鹿台;子康不愿用他的困顿贫穷换取邓通那样富有铜山。"

【原文】

抱朴子曰:"志合者不以山海为远,道乖者不以咫尺为近。故有跋涉而游集,亦或密迩而不接。"

【译文】

抱朴子说:"心志投合的人不认为山海的阻隔遥远;操守不同的人不认为咫尺之遥是近。所以有的人跋山涉水去交往会聚,有的人就在近旁却不相接触。"

【原文】

抱朴子曰:"华衮粲烂,非只色之功;嵩岱之峻,非一篑之积。故九子任而康凝之绩熙①,四七授而佐命之勋著②。"

【注释】

①九子:《说苑·君道》:"当尧之时,舜为司徒,契为司马,禹为司空,后稷为田畴,夔为乐正,倕为工师,伯夷为秩宗,皋陶为大理,益掌驱禽……尧知九职之事,使九子者各受其事。"

②四七:指东汉开国功臣云台二十八将。《文选·张衡〈东京赋〉》:"我世祖忿之,乃龙飞白水,凤翔参墟,授钺四七,共工是除。"李善注:"四七,二十八将也。"又薛综注:"白水,谓南阳白水县也,世祖所起之处也。"按"参墟"乃参星之分野,当今山西、河南一带,白水县在其内;"世祖"为汉光武帝刘秀之庙号;"共工"借指王莽。

【译文】

抱朴子说:"华丽的衮服灿烂夺目,不是一种颜色的功劳;嵩山泰山高耸入云,不是一筐土积就的。所以尧的九位贤臣任用后,社会安宁的业绩就兴盛了;云台二十八将被授职,佐助天命的功勋就成就了。"

【原文】

抱朴子曰:"翠虬无翅而天飞,螣蛇无足而电骛①;鳖无耳而善闻,蚓无口而扬声。故皋繇暗而与辩者同功②,晋野瞽而与离朱齐明③。"

【注释】

①螣(téng)蛇:即"腾蛇"。见《任命》篇"腾蛇不能无雾而电征"句注。骛(wù):飞驰。

②皋（gāo）繇（yáo）：即皋陶。舜臣。其喑哑未详所出。
③晋野：晋乐师，即师旷，字子野。离朱：见《用刑》篇"胶离朱之目，塞子野之耳"句注。

【译文】

抱朴子说："碧龙没有翅膀能在天上飞，腾蛇没有脚却能像闪电一样的奔驰。甲鱼没有耳朵却善于听声，蚯蚓没有嘴却能发出声音。所以皋陶是哑巴却与雄辩者有同样的作用；师旷虽然眼盲却与离朱同样明白。"

【原文】

抱朴子曰："官达者，才未必当其位；誉美者，实未必副其名。故锯齿不能咀嚼，箕舌不能别味①；壶耳不能理音，屦鼻不能识气②；釜目不能护望舒之景③，床足不能有寻、常之逝④。"

【注释】

①箕舌：指簸箕底部向前伸出的部分，状如舌。《礼记·曲礼上》"坐毋箕"孔颖达疏："坐毋箕者，箕谓舒展两足，状如箕舌也。"
②屦（jué）：草鞋。
③护：《藏》本作"摅"（shū）。"摅"字是，当据改。按二字繁体（"擭""摅"）形近致误。望舒：见《任命》篇"夕照望舒之余耀"句注。
④寻、常：皆古长度单位。八尺为寻，倍寻为常。

【译文】

抱朴子说："官位显达的人，才能未必和他的地位相当；名誉好的人，实际未必和他的声望相符。所以锯子的齿不能咀嚼，簸箕的舌不能辨别味道，壶耳不能听到声音，草鞋的鼻子不能闻气味；锅眼不能望见明月之光，床脚不能走出寻常之遥。"

【原文】

抱朴子曰："路人不能挽劲命中，而识养由之射①，颜子不能控辔振策，而知东野之败②。故有不能下棋，而经目识胜负；不能徽弦，而过耳解郑雅者。"

【注释】

①见《战国策·西周策》："楚有养由基者，善射；去柳叶者百步而射之，百发百中。左右皆曰善。有一人过曰：'善射，可教射也矣。'养由基曰：'人皆（曰）善，子乃曰可教射，子何不代我射之也？'客曰：'我不能教子支左屈右。夫射柳叶者，百发百中而不已善息，少焉气力倦，弓拨矢钩，一发不中，前功尽矣。'"
②见《庄子·达生》："东野稷以御见庄公，进退中绳，左右旋中规。庄公以为文弗过也，使之钩百而反。颜阖遇之，入见曰：'稷之马将败。'公密而不应。少焉，果败而反。公曰：'子何以知之？'曰：'其马力竭矣，而犹求焉，故曰败。'"

【译文】

抱朴子说:"过路人不能拉开硬弓射中目标,但能懂得养由基的射箭技艺;颜阖不能操缰绳挥马鞭,但能知道东野稷驾车会失败。因此有人不能下棋,但一眼就能看出胜负;不会弹琴,但经耳一听就能辨别靡靡之音还是雅正之声。"

【原文】

抱朴子曰:"垂荫万亩者,必出峻极之岭;滔天襄陵者,必发板桐之源①。邈世之勋,必由绝伦之器;定倾之算,必吐冠俗之怀。是以蟭螟之巢②,无乘风之羽;沟浍之中③,无宵朗之琦。"

【注释】

①板桐:《楚辞·严忌〈哀时命〉》:"揽瑶木之橝枝兮,望阆风之板桐。"王逸注:"板桐,山名也。"《水经注·河水一》:"昆仑之山三级:下曰樊铜,一名板桐;二曰玄圃,一名阆风;上曰层城,一名天庭。"

②蟭螟:见《逸民》篇"犹焦螟之笑云鹏"句注。

③浍(kuài):田间水道。

【译文】

抱朴子说:"阴凉可以覆盖万亩的大树,必定出自崇山峻岭;滔天大水漫上山陵的河流,必定源于板桐神山。超卓的功勋,必定由出类拔萃的人才建立;挽救危局的计策,必定出于盖过时俗者的胸怀。因此,蟭螟小虫的巢穴中没有乘风而飞的大鹏,田中的沟渠里没有夜光宝玉。"

【原文】

抱朴子曰:"冲飙焚轮①,原火所以增炽也,而萤烛值之而反灭;甘雨膏泽,嘉生所以繁荣也,而枯木得之以速朽。朱轮华毂②,俊民之大宝也,而负乘窃之而召祸③;鼎食万钟,宣力之弘报也,而近才受之以覆悚④。"

【注释】

①焚轮:见《安贫》篇"若夫焚轮倾岩"句注。

②朱轮华毂:红漆车轮,彩绘车毂。本指显贵者所乘,此借指显贵的地位。

③负乘:见《嘉遁》篇"贪进不虑负乘之祸"句注。

④覆悚:见《嘉遁》篇"言尤悔则讳覆悚而不记"句注。

【译文】

抱朴子说:"龙卷飓风,燎原大火因此而更加猛烈,而萤光火把遇上反倒要熄灭;甘甜的雨水润泽大地,茂盛的谷物因而更茁壮,干枯的木头受到了反而很快腐朽。高官显位,是才智杰出者的宝物,窃居高位的人却会招来祸患;列鼎而食,粮食万钟,是对出力报国者的丰厚奖赏,而才能浅近的人接受了会导致失败。"

卷第三十八　博喻

【原文】

抱朴子曰："屠犀为甲，给乎专征之服；裂翠为华，集乎后妃之首。虽出幽谷，迁于乔木①，然为二物之计，未若栖窜于林薄，摄生乎榛薮也。故灵龟宁曳尾于涂中，而不愿巾笥之宝②；泽雉乐十步之啄，以违鸡鹜之祸③。"

【注释】

①说本《孟子·滕文公上》："吾闻出于幽谷迁于乔木者，未闻下乔木入于幽谷者。"

②典出《庄子·秋水》："庄子钓于濮水，楚王使大夫二人往先焉，曰：'愿以境内累矣。'庄子持竿不顾，曰：'吾闻楚有神龟，死已三千岁矣，王巾笥而藏之庙堂之上。此龟者，宁其死为留骨而贵乎？宁其生而曳尾于涂中乎？'二大夫曰：'宁生而曳尾涂中。'庄子曰：'往矣！吾将曳尾于涂中。'"笥（sì）：方形竹器。

③说本《庄子·养生主》："泽雉十步一啄，百步一饮，不蕲畜乎樊中。"按"蕲（qí）"通"祈"。

【译文】

抱朴子说："屠杀了犀牛制作铠甲，当作受命专门征伐的战服；拔取翠鸟的羽毛作为装饰，集中到后妃们的头上。这虽然就像鸟儿从幽谷出来，飞上高树一样，但是为这两种动物着想，不如隐身于草木丛生的地方，在林荟之中保存生命。所以灵龟宁肯在泥途上摇曳尾巴，也不愿意被人用巾裹了藏到箱里当宝物；沼泽中的雉鸡乐于在十步之内啄食，以躲避遭到鸡鸭一样的灾祸。"

【原文】

抱朴子曰："偏才不足以经周用，只长不足以济众短。是以鸡知将旦，不能究阴阳之历数；鹄识夜半①，不能极晷景之道度；山鸠知晴雨于将来，不能明天文；蛇蟥知潜泉之所居，不能达地理。"

【注释】

①鹄识夜半：杨明照曰："按'鹄'当作'鹤'。《淮南子·说山篇》'鹤知夜半'，《春秋纬·考异邮》'鹤知夜半'（《文选》陆机《拟今日良宴会诗》李注引）并其证。《内篇·至理》'犹鹤知夜半'，尤为切证。慎本、卢本、柏筠堂本、文溯本、丛书本、崇文本作'鹤'，不误，当据改。《论衡·变动篇》'夜及半而鹤唳'，亦可证。"译文从杨说。

【译文】

抱朴子说："偏才不足以经受全面的使用，单纯的长处不够用来弥补众多的不足。因此鸡知道将要天明，不能知道岁时节候的次序；仙鹤懂得夜半，但不能弄清日晷投影上的刻度；斑鸠能知道将要到来的晴雨，但不能知道气象；蛇和蚂蚁能知道深藏的泉水所在的地方，但不能通达地理。"

【原文】

抱朴子曰："禁令不明，而严刑以静乱；庙算不精①，而穷兵以侵邻，犹钐禾以讨蝗虫，伐木以杀蠹蝎，食毒以中蚤、虱，彻舍以逐雀鼠也。"

【注释】

①庙算：战前对战事进行的谋划。《孙子·计》："夫未战而庙算胜者，得算多也；未战而庙算不胜者，得算少也。"张预注："古者兴师命将，必致斋于朝，授以成算，然后遣之，故谓之庙算。"

【译文】

抱朴子说："禁止的法令不明确，而用严刑来镇压混乱；朝廷上的筹划不精到，而滥用武力去侵犯邻国，就像割掉禾苗来消灭蝗虫，砍伐树木来杀死蛀虫，吃毒药来去除跳蚤、虱子，拆掉房子来赶走麻雀老鼠一样。"

【原文】

抱朴子曰："锐锋产乎钝石，明火炽乎暗木，贵珠出乎贱蚌，美玉出乎丑璞。是以不可以父母限重华①，不可以祖祢量卫、霍也②。"

【注释】

①《书·尧典》："师锡帝曰：'有鳏在下，曰虞舜。'帝曰：'俞！予闻，如何？'岳曰：'瞽子，父顽，母嚣（yín），……'"此言其父心术不正，母常说谎。依《史记》，此处之"母"乃舜之继母。

②《史记·卫将军骠骑列传》："大将军卫青者，平阳人也。其父郑季，为吏，给事平阳侯家，与侯妾卫媪通，生青。青同母兄卫长子，而姊卫子夫自平阳公主家得幸天子，故冒姓为卫氏。"又："大将军姊子霍去病。"是卫青与其甥霍去病实际出身皆不高。祖祢（nǐ）：祖父和父亲。"祢"本指奉祀亡父的家庙。

【译文】

抱朴子说："锐利的刀剑产自粗钝的矿石，明亮的火焰燃于不发光的木头。贵重的珍珠出自低贱的蚌壳，美玉出自丑陋的璞石。因此不能依据父母而低看了虞舜，不能根据父祖来衡量卫青、霍去病。"

【原文】

抱朴子曰："志得则颜怡，意失则容戚。本朽则末枯，源浅则流促。有诸中者必形乎表，发乎迩者必著乎远。"

【译文】

抱朴子说："志满意得就神情愉快，想法没实现就面容忧伤。树根腐烂了树枝就会干枯，水源浅河流就短。内在深厚必然现于外表，发生在近期必然显明在长远。"

【原文】

抱朴子曰："妍姿媚貌，形色不齐，而悦情可均；丝竹金石，五声诡韵，而快耳不异；缴飞钩沉①，曾举罾抑②，而有获同功。树勋立言，出处殊涂，而所贵一致。"

【注释】

①缴（zhuó）：有丝绳的箭。

②罾（zēng）：用棍做支架的方形渔网。《楚辞·九歌·湘夫人》："鸟何萃兮苹中，罾何为兮木上！"王逸注："罾，渔网也。"罝（jū）："《诗·周南·兔罝》：'肃肃兔罝，椓之丁丁。'"毛传："兔罝，兔罟也。"泛指捕兽网。依此，"罾"与"罝"当互乙。

【译文】

抱朴子说："美丽的姿态妖媚的容貌，形象虽然不一致，但令人心情怡悦是一样的；丝弦、竹材、金属、石头，演奏出宫、商、角、徵、羽音色高低不同，但听起来顺耳是没有区别的；用箭射用钩钩，兽网架起、渔网入水，可以有猎获的作用是一样的。建功立业还是建立学说，出仕为官还是隐居不仕，而所重视的东西是一样的。"

【原文】

抱朴子曰："利丰者害厚，质美者召灾。是以南禽殀于藻羽，穴豹死于文皮；鳣鲤积而玄渊涸，麋鹿聚而繁林焚，金玉崇而寇盗至，名位高而忧责集。"

【译文】

抱朴子说："利益丰厚的人灾祸深重，本质美好的人招致祸患。所以南来的鸟雀由于美丽的羽毛而被杀，巢穴中的豹子由于有花纹而丧命；鲟鱼鲤鱼积聚，深潭就会被抽干；麋鹿会集，密林就会被焚烧；金玉收藏多了，强盗就会到来；名誉地位高了，烦忧和重任就会加到身上。"

【原文】

抱朴子曰："商风宵肃则绤扇废①，登危陟峻则轻舟弃。干戈云扰则文儒退，丧乱既平则武夫黜。"

【注释】

①商风：古人把五音配四季，商音配秋，故商风即秋风。宵肃：连绵词，犹萧瑟。绤（chī）扇：细葛布所制的扇子。

【译文】

抱朴子说："秋风萧瑟时细布扇就没用了，攀登山峰时轻便的船就丢弃了。战事叠起文人书生就遭斥退，动乱平定武将就被罢黜。"

【原文】

抱朴子曰："价直万金者，不待见其物而好恶可别矣；条枝连抱者，不俟围其木而巨细可论矣。故望洪涛之滔天，则知其不起乎潢汙之中矣；观翰草之汪濊①，则知其不出乎章句之徒矣。"

【注释】

①杨明照据《藏》本等八种本"草"作"章"，以为"'章'字较胜"。按下句有

"章句之徒"字。依稚川行文,当以"草"字为妥,故不取杨说。

【译文】

抱朴子说:"价值万全的东西,不等看见它,好坏就能区别;枝条合抱粗的,不等围量树干,就可知道粗细。所以看到巨浪滔天,就知道它不是从池塘中产生的;看到文稿汪洋恣肆,就知道不出自寻章摘句之徒。"

【原文】

抱朴子曰:"丹华绿草,不拘于曲瘁之株;紫芝芳秀,不限于斥卤之壤①。是以受玄圭以告成者,生于四罪之门②;承历数于文祖者,出于顽嚚之家③。"

【注释】

①斥卤:见《嘉遁》篇"爰躬耕乎斥卤"句注。

②说本《书·禹贡》:"禹锡玄圭,告厥成功。"孔安国传:"禹功尽加于四海,故尧锡玄圭以彰显之。"四罪:即四凶。见《嘉遁》篇"有虞举则四凶戮"句注。禹乃四凶之一鲧之子,故言。

③指舜继尧之事。见《良规》篇"舜、禹历试内外,然后受终文祖"句注、本篇上文"是以不可以父母限重华"句注。

【译文】

抱朴子说:"红花绿草,不会拘存于弯曲枯槁的植株上;紫色灵芝芳香茂盛,不会局限在盐碱荒地上。因此,接受玄圭之赏以宣告大功成就的大禹出生在被治重罪的家庭;在文祖庙承继唐尧基业的虞舜,出身于父亲愚顽母亲不诚实的家庭。"

【原文】

抱朴子曰:"善言居室,则靡远不应;枉直不中,则无近不离。是以宋野有退舍之荧惑①,殷朝有外奔之昵属②,四环至自少广之表③,鹿马变于萧墙之里④。"

【注释】

①退舍:言星辰位置后移,见《吕氏春秋·制乐》:"宋景公时,荧惑在心,公惧,召子韦而问焉,曰:'荧惑在心,何也?'子韦曰:'荧惑者,天罚也;心者,宋之分野也。祸当于君。虽然,可移于宰相。'公曰:'宰相,所与治国家也,而移死焉,不祥。'子韦曰:'可移于民。'公曰:'民死,寡人将谁为君乎!宁独死。'子韦曰:'可移于岁。'公曰:'岁害则民饥,民饥必死。为人君而杀其民以自活也,其谁以我为君乎!是寡人之命固尽已,子无复言矣。'子韦还走,北面载拜曰:'臣敢贺君!天之处高而听卑。君有至德之言三,天必三赏君。今昔荧惑其徙三舍,君延年二十一岁。'……是夕,荧惑果徙三舍。"

②《史记·殷本纪》:"纣愈淫乱不止。微子数谏不听,乃与大师、少师谋,遂去。"依《吕氏春秋》说,微子名开,(《史记》避景帝讳,改为"启")乃纣之母正立前所生,故为纣之同母庶兄。

③杨明照引《世本》等多方材料，校"四"为"白"之误，甚详，文长不引。少广：仙山名。《庄子·大宗师》："西王母得之（按：指'道'），坐乎少广，莫知其始，莫知其终。"成玄英疏："少广，西极山名也。"事已见《君道》篇"瑶环献自西极"句注。

④见《君道》篇"独任，则悟鹿马之作威"句注。萧墙：见《用刑》篇"或构乎萧墙之内"句注。

【译文】

抱朴子说："有益的话就是在屋里说，也无论多远都会应和；邪曲不当的语言，无论多近都无人搭理。因此宋景公时有荧惑之星从宋之分野后移的事情，而商纣王却有逃奔外邦的亲属；西王母把白玉环从少广山之外送给舜，而指鹿为马的事就发生在照壁之内。"

【原文】

抱朴子曰："荆卿、朱亥，不示勇于怯弱之间①；孟贲、冯妇②，不奋戈戟于俚侠之群③。英儒硕生，不饰细辩于浅近之徒；达人伟士，不变皎察于流俗之中④。"

【注释】

①荆卿：见《嘉遁》篇"荆卿绝膑以报燕"句注。朱亥：战国魏力士。本为屠者，侯嬴荐之于魏公子信陵君。及信陵君窃虎符欲夺将军晋鄙之军以救赵，朱亥与俱往。至军，晋鄙欲无听信陵君，朱亥袖四十斤铁锤，锤杀晋鄙。信陵君将其军击退围赵之秦军，遂解赵之危。事在《史记·魏公子列传》。杨明照校，以为"勇"下当有"敢"字。是。

②孟贲：见《臣节》篇"非贲、狧之壮，不可以举兼人之重"句注。冯妇：《孟子·尽心下》："晋人有冯妇者，善搏虎。"

③俚侠：杨明照校，以为《太平御览》所引之"狸豻"为是。译文从之。

④变：通"辩"皎（jiǎo）：本义为明亮，引申谓明白。

【译文】

抱朴子说："荆轲、朱亥，不在怯懦弱小者中显示勇敢，孟贲、冯妇，不在狸猫豻狗中挥动武器。杰出的儒者和饱学之士，不和才学浅近的人争辩细小的问题；通达伟岸的人，不到平庸者中去明察秋毫。"

【原文】

抱朴子曰："盘旋揖让，非御寇之容；擐甲缨胄，非庙堂之饰。垂绅振佩，不可以挥刃争锋；规行矩步，不可以救火拯溺。"

【译文】

抱朴子说："依照礼仪进退来待客，不是抵御敌人的样子；穿上铠甲系上头盔，不是上朝廷应有的服饰。垂大带抖佩饰，不能挥动武器上阵争斗；按规矩行走迈步，不能扑灭火灾拯救溺水者。"

【原文】

抱朴子曰："乾坤陶育，而庶物不识其惠者，由乎其益无方也①；大人神化，而群细不觉其施者，由乎治之于未有也。故可知者小也，易料者少也。"

【注释】

①说本《易·益》："天施地生，其益无方。"言无方所、物类之限。

【译文】

抱朴子说："苍天大地造就培育了万物，但万物并不知道它们的恩德，原因在于施化无所不至；伟大人物神妙地潜移默化，众多平民感觉不出他们的施与，是因为他们的治理是在不知不觉之中。所以可以知道的东西是小的，容易料定的事是少的。"

【原文】

抱朴子曰："娥、英、任、姒①，不以蚕织为首称；汤、武、汉高，不以细行招近誉。故澄视于三辰者②，不遑纡鉴于井谷③；清听于《韶》《濩》者④，岂暇垂耳于桑间⑤！"

【注释】

①娥、英：《书·尧典》："帝曰：'我其试哉！女于时，观厥刑于二女。'厘降二女于妫汭，嫔于虞。"刘向《列女传》："二女，长曰娥皇，次曰女英。"任：文王之母太任。姒：文王之妻、武王之母太姒。《诗·大雅·思齐》："思齐大任，文王之母，……大姒嗣徽音，则百斯男。"大任、大姒之"大"并音 tài。古以此四人为贤惠后妃的典范。

②三辰：见《尚博》篇"仰而比之，则景星之佐三辰也"句注。

③井谷：井底。《易·井》："井谷射鲋，瓮敝漏。"

④《韶》《濩》：见《尚博》篇"众音杂而《韶》《濩》和也"句注。

⑤桑间：见《尚博》篇"同广乐于桑间"句注。

【译文】

抱朴子说："娥皇、女英、太任、太姒，不以养蚕织布为首先称道的优点；商汤、周武王、汉高祖，不用小的行为去争取浅薄的荣誉。所以清楚地看见日月星的人，没有闲暇俯身观看井底；善于欣赏《韶》乐和《濩》乐的人，哪里有时间倾听淫靡的桑间之音呢！"

【原文】

抱朴子曰："肤表或不可以论中，望貌或不可以核能。仲尼似丧家之狗①，公旦类朴斫之材，咎繇面如蒙倛，伊尹形若槁骸②。及龙阳、宋朝③，犹土偶之冠夜光；藉孺、董、邓④，犹锦纨之裹尘埃也。"

【注释】

①说本《史记·孔子世家》："孔子适郑，与弟子相失，孔子独立郭东门。郑人或谓子贡曰：'东门有人，其颡似尧，其项类皋陶，其肩类子产，然自要以下不及禹三寸，累

累若丧家之狗。'"

②《荀子·非相》:"仲尼之状,面如蒙倛;周公之状,身如断菑。"蒙倛(qī):古驱鬼时或出丧时戴的假面具。断菑(zī):截断的枯树干。《庄子·知北游》"啮缺问道乎被衣,……(被衣)言未卒,啮缺睡寐。被衣大悦,行歌而去之,曰:'形若槁骸,心若死灰,……'咎繇如蒙倛,伊尹若槁骸",则未详所出。

③龙阳:战国魏男宠龙阳君。《战国策·魏策四》:"魏王与龙阳君共船而钓,龙阳君得十余鱼而涕下。"王问,对曰:"'臣之始得鱼也,臣甚喜,后得又益大,今臣直欲弃臣前之所得矣。今以臣凶恶,而得为王拂枕席。今臣爵至人君,走人于庭,辟人于途。四海之内美人亦甚多矣,闻臣之得幸于王也,必褰裳而趋王。臣亦犹曩臣之前所得鱼也,臣亦将弃矣,臣安能无涕出乎!'魏王……于是布令于四境之内,曰:'有敢言美人者族。'"宋朝:春秋宋国公子,貌美。《论语·雍也》:"不有祝鲍之佞,而有宋朝之美。"《左传·定公十四年》:"卫侯为夫人南子召宋朝。"

④藉孺:今《史记》《汉书》皆作"籍孺"。《史记·佞幸列传》:"昔以色幸者多矣。至汉兴,高祖至暴抗也,然籍孺以佞幸。"董、邓:见《吴失》篇"实有安昌、董、邓之污"句注。

【译文】

抱朴子说:"看外表有时不能够谈论内在,看相貌有时不能核查能力。孔子像有丧事者家中的狗,周公似刚砍下的枯树干,皋陶脸像蒙上了驱鬼的面具,伊尹样子像是干枯的骨架。至于龙阳君、宋朝,就像是泥做的玩偶头顶夜光宝玉,董贤、邓通,就像锦缎裹着一堆泥土。"

【原文】

抱朴子曰:"勋、华不能化下愚,故教不行于子弟①。辛、癸不能改上智,故恶不染于三仁②。"

【注释】

①《书·尧典》:"帝曰'畴咨若时登庸?'放齐曰:'胤子朱启明。'帝曰:'吁!嚚讼,可乎!'"《史记·五帝本纪》:"尧曰:'谁可顺此事?'放齐曰:'嗣子丹朱开明。'尧曰:'吁,顽凶,不用。'"《书·尧典》:"岳曰:'(舜,)瞽子,父顽,母嚚,象傲,克谐。'"《史记·五帝本纪》:"岳曰:'盲者子。父顽,母嚚,弟傲,能和以孝。……舜父瞽叟盲,而舜母死,瞽叟更娶妻而生象,象傲,……皆欲杀舜。……后瞽叟又使舜穿井,舜穿井为匿空旁出。舜既入深,瞽叟与象共下土实井,舜从匿空出,去,瞽叟、象喜,以舜为已死。'象曰:'本谋者象。'象与其父母分,于是曰:'舜妻尧二女,与琴,象取之。牛羊仓廪予父母。'"

②三仁:见《官理》篇"殷辛之临三仁"句注。

【译文】

抱朴子说:"尧、舜不能教化极愚蠢的人,所以教化没能在他们的儿子弟弟身上起作用。夏桀、商纣不能改变极聪明的人,所以邪恶没有沾染微子、箕子和比干。"

【原文】

抱朴子曰："至大有所不能变，极细有所不能夺。故冰霜肃杀，不能凋菽麦之茂；炽暑郁阴，不能消雪山之冻；飙风荡海，不能使潜泉扬波；春泽荣物，不能使枯卉发华。"

【译文】

抱朴子说："最大的东西也有它不能改变的，极细小的东西也有它不可剥夺的。所以冰霜严酷萧索，但不能让茂盛的豆子麦子凋疏；炎夏暑热正盛，但不能化解雪山的冰冻；大风使海水动荡，但不能使地下的泉水扬起波浪；春天的喜雨繁荣万物，但不能让枯萎的花朵重新开放。"

【原文】

抱朴子曰："泣血之宝，仰礛䃴以摛景①；沉闾、孟劳②，须楚砥以敛锋。骕驲待王、孙而致远③，令质俟隐括而成德④。"

【注释】

①礛（jiān）䃴（zhū）：治玉的石头。

②孟劳：《谷梁传·僖公元年》："孟劳者，鲁之宝刀也。"

③驲（rì）：谓驿车或驿马。杨明照曰："按'驲'字于此不可解，当为'馰'之形误。"考甚详，文长不录。王、孙：王良、孙阳。王良，见《百里》篇"审良、乐之顾盻"句注。孙阳，见《嘉遁》篇"空谷有项领之骏者，孙阳之耻也"句注。

④隐括：即"檃括"，见《交际》篇"檃括修则枉刺之疾消矣"句注。

【译文】

抱朴子说："卞和为之泣血的和氏宝玉，仰仗治玉的磨石才能焕发光彩；沉闾剑、孟劳刀须要楚产的砥石收其锋刃。骏马有待王良、伯乐抵达远方，良好的本质需要纠正不足以成就好的德行。"

【原文】

抱朴子曰："栖鸾戢鸑①，虽饥渴而不愿笼委于庖人之室；乘黄、天鹿②，虽幽饥而不乐秣于濯龙之厩③。是以掇蜩之叟忘万物于芳林④，垂纶之生忽执圭于南楚⑤。"

【注释】

①鸑（yuè）：汉焦赣《易林·乾之井》："鸑鸣岐山，龟应幽渊。"旧注："鸑，凤类。"

②乘黄、天鹿：皆传说中神异之兽。《山海经·海外西经》："（白氏之国）有乘黄，其状如狐，其背上有角，乘之寿二千岁。"《汉书·西域传上·乌弋山离国》："有桃拔、师子、犀牛。"颜师古注引孟康曰："桃拔一名符拔，似鹿，长尾，一角者或为天鹿，两角者或为辟邪。"

③濯龙：汉代宫苑。《后汉书·皇后纪上·明德马皇后》："帝幸濯龙中，并召诸才人。"

④典出《庄子·达生》："仲尼适楚，出于林中，见痀偻者承蜩，犹掇之也。仲尼曰：'子巧乎？有道邪？'曰：'我有道也。五六月累丸二而不坠，则失者锱铢；累三而不坠，则失者十一；累五而不坠，犹掇之也。吾处身也，若厥株拘；吾执臂也，若槁木之枝；虽天地之大，万物之多，而唯蜩翼之知。吾不反不侧，不以万物易蜩之翼，何为而不得！'"

⑤典出《庄子》。见《嘉遁》篇"故漆园垂纶，而不顾卿相之贵"句注。

【译文】

抱朴子说："隐栖的鸾凤，即使忍受饥渴也不愿委身于厨师房中的笼子里；乘黄、天鹿这些神兽，即使幽隐而挨饿也不愿在宫廷的马厩中被饲养。因此，在春天的树林中捕蝉的老人忘掉了世间万物，在南楚垂钓的庄周轻视到楚国执圭为相。"

【原文】

抱朴子曰："方圆殊状，逝止异归。故浑象尊于行健①，坤后贵于安贞②；七政四气以周流成功③，五岳六柱以峙静作镇④。是以宋墨、楚申以载驰存国⑤，干木、胡明以无为折冲⑥。"

【注释】

①浑象：指天。本于浑天说。中国古代关于天的解释大体有三说，浑天说为其一。《书·舜典》"璿玑玉衡"孔疏引三国吴王蕃《浑天说》说："天之形状似鸟卵，天包地外，犹卵之裹黄，圆如弹丸，故曰浑天，言其形体浑浑然也。"行健：出《易·乾》："天行健，君子以自强不息。"孔颖达疏："行者，运动之称……天行健者，谓天体之行昼夜不息，周而复始，无时亏退。"

②坤后：指大地。《易·说卦》："坤也者，地也。"又古有"后土"之说指大地。安贞：《易·坤》："安贞，吉。……《象》曰：安贞之吉，应地无疆。"

③七政：见《君道》篇"是以七政不乱象于玄极"句注。四气：谓春温、夏热、秋冷、冬寒之气。《礼记·乐记》："奋至德之光，动四气之和，以著万物之理。"孔颖达疏："动四气之和，谓感动四时之气，序之和平，使阴阳顺序也。"

④六柱：杨明照曰："按古籍中无言'六柱'者。'六'当作'八'。"引证详辨，文长不引。八柱，古传说地有八柱以承天。

⑤宋墨：墨子。本鲁人，仕于宋，故曰宋墨。事已见本篇上文"墨翟以重茧怡颜"句注。楚申：申包胥。《左传·定公五年》："初，伍员与申包胥友。其亡也，谓申包胥曰：'我必复楚国。'申包胥曰：'勉之！子能复之，我必能兴之。'及昭王在随，申包胥如秦乞师。……秦伯使辞焉……（申包胥）依于庭墙而哭，日夜不绝声，勺饮不入口七日。……秦师乃出。"遂败吴师以救楚。按"复"通"覆"。

⑥干木：见《逸民》篇"轼陋巷以退秦兵"句注。胡明：胡昭，字孔明，故称。《三国志·魏书·管宁传》："昭乃转居陆浑山中，躬耕乐道，以经籍自娱。……民孙狼等因兴兵杀县主簿，作为叛乱……到陆浑南长乐亭，自相约誓，言：'胡居士贤者也，一不得犯

其部落。'一川赖昭，咸无怵惕。"

【译文】

抱朴子说："方与圆形状不同，移动与停止结果有异。所以上天以运行壮健为尊，大地以安泰稳定为贵；日月五星和四季的温热冷寒以周而复始的交替变化完成其功业，五岳八柱这些山峰以屹立静止来镇压大地。因此宋国墨翟、楚国申包胥以驱车驰骋保存了自己的国家，段干木和胡昭凭无所作为而令敌兵退却。"

【原文】

抱朴子曰："得意于丘园者，身否而神泰；役己以恤物者，形逸而心劳。故抱瓮灌园者，欢于台宰①；呕飱茹薇者，美乎鼎食②；仗策去豳者，形如腒腊③；夜以待旦者，勤忧损命④。"

【注释】

①见《庄子·天地》："子贡南游于楚，反于晋，过汉阴，见一丈人方将为圃畦，凿隧而入井，抱瓮而出灌，搰搰然用力多而见功寡。子贡曰：'有械于此，一日浸百畦，用力甚寡而见功多，夫子不欲乎？'为圃者卬而视之曰：'奈何？'曰：'凿木为机，后重前轻，挈水若抽，数如泆汤，其名为槔。'为圃者忿然作色而笑曰：'吾闻之吾师，有机械者必有机事，有机事者必有机心。机心存于胸中，则纯白不备；纯白不备，则神生不定；神生不定者，道之所不载也。吾非不知，羞而不为也。'"

②呕飱（sūn）："飱"通"飧"，水泡饭。事见《列子·说符》："东方有人焉，曰爰旌目，将有适也，而饿于道。狐父之盗曰丘，见而下壶飧以餔之。爰旌目三餔而后能视，曰：'子何为者也？'曰：'我狐父之人丘也。'爰旌目曰：'嘻！汝非盗邪？胡为而食我？吾义不食子之食也。'两手据地而欧之，不出，喀喀然，遂伏而死。"茹薇；见《逸民》篇"夷、齐一介，不合变通"句注。

③杨明照据鲁藩本校"仗"当为"杖"。事已见《逸民》篇"古公杖策而捐之"句注。腒（jū）腊（xī）：干肉。

④当指赵盾事。《左传·宣公二年》："晋灵公不君。……宣子骤谏。公患之，使鉏麑贼之。晨往，寝门辟矣。盛服将朝，尚早，坐而假寐。麑退，叹而言曰：'不忘恭敬，民之主也。'"按"宣子"乃赵盾谥号。

【译文】

抱朴子说："在山丘园林中自得其乐的人，身虽困厄而精神安泰；役使自己去忧虑身外之物的人，形骸安逸而内心劳苦。所以抱水瓮浇灌菜园的老者，比宰相精神愉快；呕吐水泡饭的爰旌目和采薇而食的伯夷叔齐，比列鼎而食的人心中得意；柱杖离开邠地去开创基业的古公亶父，辛劳得犹如干肉；夜以继日勤于政务的赵盾，由于辛勤忧虑而损伤寿命。"

【原文】

抱朴子曰："仁、忍有天渊之绝，善、否犹有无之觉。驺虞侧足以蹈虚①，豺狼掩群以害生。虞卿捐相印以济穷②,华公让三事以推贤③。李斯疾胜己而杀韩非,庞涓患不如而刑孙膑④。"

【注释】

①驺虞:见《逸民》篇"不识驺虞之用心"句注。

②《史记·平原君虞卿列传》:"虞卿者,游说之士也。蹑蹻檐簦说赵孝成王。一见,赐黄金百镒,白璧一双;再见,为赵上卿,故号为虞卿。"范雎受辱于魏齐(已见《任命》篇"范生来辱于溺箦"句注),逃之秦,后为相。《史记·范雎蔡泽列传》:"魏齐恐,亡走赵,匿平原君所。"秦昭王书邀平原君,迫其交出魏齐,平原君辞以"不在臣所"。"昭王乃遗赵王书曰:'王之弟在秦,范君之仇魏齐在平原君之家。王使人疾持其头来。不然,吾举兵而伐赵,又不出王之弟于关。'赵孝成王乃发卒围平原君家,急,魏齐夜亡出,见赵相虞卿。虞卿度赵王终不可说,乃解其相印,与魏齐亡。"

③华公:指华歆。《三国志·魏志·华歆传》:"华歆,字子鱼,平原高唐人也。……东至徐州,诏即拜歆豫章太守,以为政清静不烦,吏民感而爱之。孙策略地江东,歆知策善用兵,乃幅巾奉迎。……后策死。太祖在官渡,表天子征歆。……宾客旧人送之者千余人,赠遗数百金。歆皆无所拒,密各题识,至临去,悉聚诸物,谓诸宾客曰:'本无拒诸君之心,而所受遂多,念单车远行,将以怀璧为罪,愿宾客为之计。'众乃各留所赠,而服其德。……黄初中,诏公卿举独行君子,歆举管宁,帝以安车征之。……歆称病乞退,让位于宁。"又裴松之注引《魏略》曰:"扬州刺史齐繇死,其众愿奉歆为主。歆以为因时擅命,非人臣之宜。众守之连月,卒谢遣之,不从。"又引华峤《谱叙》曰:"歆淡于财欲,前后宠赐,诸公莫及,然终不殖产业。陈群常叹曰:'若华公,可谓通而不泰,清而不介者矣。'"

④二事见《时难》篇"若乃李斯之诛韩非,庞涓之刖孙膑"二句注。

【译文】

抱朴子说:"仁慈与残忍有上天与深渊之别,善良与凶恶则像有与无给人的感觉一样。义兽驺虞在虚无之地尚且侧足敬让,豺狼则是整群地出来杀害生灵,虞卿捐弃了相印解救走投无路的魏齐,华歆在很多事上退让并推举贤能。李斯疾恨胜己者而杀害了韩非,庞涓担心学识不如而施刑于孙膑。"

【原文】

抱朴子曰:"用得其长,则才无或弃;偏诘其短,则触物无可。故轻罗雾縠,冶服之丽也,而不可以御流镝;沉闾、巨阙,断斩之良也,而不可以挑脚刺。"

【译文】

抱朴子说:"能够任用人们的长处,那么人才没有可丢弃的;片面地追究人的短处,那么凡遇到人没有能认可的。所以轻柔的罗绮和似雾的縠纱,可以做漂亮的衣服,但是不能抵御无端飞来的箭;沉闾、巨阙这些名剑,是截断斩杀的好武器,但不能用来挑脚上的刺。"

【原文】

抱朴子曰："小疵不足以损大器，短疢不足以累长才①。日月挟虫鸟之瑕②，不妨丽天之景；黄河合泥滓之浊③，不害凌山之流。树塞不可以弃夷吾④，夺田不可以薄萧何⑤，窃妻不可以废相如⑥，受金不可以斥陈平⑦。"

【注释】

①疢（chèn）：毛病。

②杨明照曰："按'鸟'当作'乌'，字之误也。"并引《淮南子》等以证。《论衡·说日》："儒者曰：'日中有三足乌，月中有兔、蟾蜍。'"

③杨明照曰："'合'，顾校改'含'。按'含'字是。"译文从之。

④见《逸民》篇"树塞反坫"句注。

⑤《史记·萧相国世家》："汉十二年秋，黥布反，上自将击之，数使使问相国何为。相国为上在军，乃拊循勉力百姓，悉以所有佐军，如陈豨时。客有说相国曰：'君灭族不久矣。夫君位为相国，功第一，可复加哉！然君初入关中，得百姓心，十余年矣，皆附君，常复孳孳得民和。上所为数问君者，畏君倾动关中。今君故不多买田地，贱贳贷以自污？上心乃安。'于是相国从其计，上乃大悦。"

⑥见《疾谬》篇"王孙不严，有杜门之辱"句注。

⑦参见《清鉴》篇"张负知将贵之陈平"句注。《史记·陈丞相世家》："（张负）为平贫，乃假贷币以聘，予酒肉之资以内妇。……平既娶张氏女，赍用益饶，游道日广。"

【译文】

抱朴子说："小的疵点不足以损害大的器物，小的毛病不足以牵累杰出的人才。太阳、月亮也杂有兔、蟾蜍、三足乌这些斑点，但不妨碍它们照亮天空的光辉；黄河水含污浊的泥沙，但不妨碍它凌漫山丘的巨流。门内设影壁，不能因此而抛弃管仲；夺人田产，不能因此而鄙薄萧何；窃取妻子，不能因此而否定司马相如；接人金钱，不能因此而贬斥陈平。"

【原文】

抱朴子曰："虎豹不能搏噬于波涛之中，螣蛇不能登凌于不雾之日①。挚雉兔则鸾凤不及鹰鹯，引耕犁则龙麟不逮双峙。故武夫勇士，无用乎晏如之世；硕生逸才，不贵乎力竞之运。"

【注释】

①《尔雅·释鱼》"螣，螣蛇"郭璞注："龙类也，能兴云雾而游其中。"

【译文】

抱朴子说："虎豹不能在波涛之中搏斗吞噬，腾蛇不能在没雾的日子飞上天空。抓雉鸡兔子鸾凤不如鹰雕；拉犁耕地龙和麒麟不如并驾的耕牛。所以武将勇士在太平祥和的时代不能施展，饱学之士杰出人才在靠武力竞争的世运中不受重视。"

卷第三十八　博喻

【原文】

抱朴子曰:"两绊而项领①,则骐骥与蹇驴同矣;失林而居槛,则猨狖与獾貉等矣②;韬锋而不击,则龙泉与铅刀均矣③;才远而任近,则英俊与庸琐比矣④。若乃求千里之迹于絷维之骏,责匡世之勋于剧碎之贤⑤,谓之不惑,吾不信也。"

【注释】

①项领:见《嘉遁》篇"空谷有项领之骏者,孙阳之耻也"句注。

②猨(yuán)狖(yòu):猨,同猿。狖,长尾猿。此泛指猿猴。

③杨明照引《战国策》《史记》《淮南子》《越绝书》及本书《逸民》《任命》《尚博》《文行》四篇,以为"龙泉"应为"龙渊"。是。已见《逸民》篇"屈龙渊为锥钻之用"句注。

④字书未见"琑"字,乃"琐"字之误。稚川屡以"琐"字为文。

⑤匠:当作"匡"。《备阙》篇"则匠世济民之勋不著矣"句已注。

【译文】

抱朴子说:"两道绳索系在脖子上,那么骏马和瘸驴就没有区别了;离开了树林关进笼子,那么猿猴和獾、貉子是同等的;藏起锋刃来不去砍杀,那么龙渊宝剑和铅刀是一样的;才能杰出而任职低微,那么优秀的人才与平庸猥琐之徒就并肩而立了。至于说让拴住的骏马一日千里地飞奔,要求繁杂事务缠身的贤者建立匡正世风的巨大功勋,说它不糊涂,我是不相信的。"

【原文】

抱朴子曰:"捐荼茹蒿者,必无识甘之口;弃琼拾砾者,必无甄珍之明。薄九成而悦北鄙者①,吾知其不能格灵祇而仪翔凤矣②;舍英秀而杖常民者③,吾知其不能叙彝伦而臻升平矣④。"

【注释】

①九成:见《安贫》篇"《箫韶》未九成"句注。北鄙:指北鄙之音。《史记·乐记》:"纣为朝歌北鄙之音,身死国亡……夫朝歌者不时也,北者败也,鄙者陋也。纣乐好之,与万国殊心,诸侯不附,百姓不亲,天下畔之,故身死国亡。"

②格:感动;感通。《书·说命下》:"佑我烈祖,格于皇天。"

③杖:杨明照校"仗"。是。

④叙彝伦:见《嘉遁》篇"攸叙彝伦者"句注。

【译文】

抱朴子说:"扔掉荼菜而吞吃蒿草的人,必然没有识别美食的口味;抛弃美玉捡拾石块的人,必然没有甄别珍宝的眼光。轻视九阕《萧韶》却喜欢亡国的北鄙之音的人,我知道他不能感动神灵,使飞翔的凤凰到来;舍弃杰出的人才而任用普通百姓的人,我知道他不能使社会的基本人伦关系安排有序,使国家达到太平。"

【原文】

抱朴子曰:"达乎通塞之至理者,不悁悒于穷否①;审乎自然之有命者,不逸豫于道行。故萦抑渊汙,则遗愠闷之心;振耀宸扆②,而无得意之色。三仕三已③,则其人也。"

【注释】

①悁(yuān)悒(yì):忧愁郁闷。

②宸(chén)扆(yǐ):"宸"指北极星所居,即紫微垣。借指帝王所居。"扆"指帝王座后的屏风。故"宸扆"指朝廷。

③三仕三已:出《论语·公冶长》:"令尹子文三仕为令尹,无喜色;三已之,无愠色。"按子文乃楚人斗穀於菟之字。

【译文】

抱朴子说:"能够透彻理解显达和困厄的根本道理的人,不会因为运气不好不得志而忧郁;能够深刻懂得命运应听其自然的人,不会为正道行世而安乐。所以被埋没在深渊池塘之中,就会丢开愠怒烦闷的情绪;在朝廷上展现才能,也不会有得意的神色。几次出仕没有喜色,又几次被罢免而不烦恼的,就是这样的人。"

【原文】

抱朴子曰:"否泰系乎运①,穷达不足以论士;得失在乎适偶,营辱不可以才量②。时命不可以力求,遭遇不可以智违。故尚父者,老妇之弃夫③;韩信者,乞食之饿子④;萧公者,斗筲之吏⑤;黥布者,刑黜之亡隶⑥。当其行龙姿于虺蜥之中⑦,卷凤翅乎斥鷃之群⑧,则彼龙后,谓为其伦。"

【注释】

①杨明照曰:"按以下文'得失在乎适偶'例之,此句有脱文(参《应嘲》篇'否泰有命',《穷达》篇'故否泰时也',则合补一'命'字或'时'字)。"译文从补"时"字。

②孙星衍曰:"('才量')当作'量才'。"又"营"当为"荣"字之形误。

③已见《逸民》篇"且吕尚之未遇文王也"以下数句注。

④见《安贫》篇"漂母丰而获千金之报"句注。

⑤按此句当与上下成排比,故"斗筲之吏"定脱一字。或为"吏"前当补"小"字,始与"老妇之弃夫""乞食之饿子""刑黜之亡隶"一律。《史记·萧相国世家》:"萧相国何者,沛丰人也。以文无害,为沛主吏掾。"按主吏为郡首之属官,"掾(yuàn)"乃佐助官吏的通称。

⑥《史记·黥布列传》:"黥布者,六人也,姓英氏。秦时为布衣。少年,有客相之曰:'当刑而王。'及壮,坐法黥。布欣然笑曰:'人相我当刑而王,几是乎'……布已论输丽山,丽山之徒数十万人,布皆与其徒长豪桀交通,乃率其曹偶,亡之江中为群盗。"

⑦虺(huǐ)蜥:蜥蜴。《盐铁论·周秦》引《诗》云:"哀今之人,胡为虺蜥。"今

本《诗·小雅·正月》作"虺蜴"。

⑧斥鷃：见《逸民》篇"夫斥鷃不以蓬榛易云霄之表"句注。

【译文】

抱朴子说："运气的好坏在于时气的安排，因厄与显达不足以用来评论士人；得失在于碰对了机会，获得荣耀还是蒙受屈辱，不能用来衡量才能。时运不能靠人力去谋求，遭遇如何不能靠智慧去改变。所以吕尚是老妇人丢弃的人，韩信是讨饭吃的挨饿者，萧何担任过无足轻重的小官，英布是刑余的逃跑的奴隶。当他们在蜥蜴群中展现出龙的姿态，在斥鷃堆里舒卷凤凰的翅膀的时候，那些龙中之王，也称他们是自己的同类。"

【原文】

抱朴子曰："四灵翳逸①，而为隆平之符；幽人嘉遁，而为有国之宝。何必司晨而衔镳，羁绁于忧责哉②！有用人之用也，无用我之用也。徇身者，不以名汩和；修生者，不以物累己。"

【注释】

①四灵：见《君道》篇"四灵备觌"句注。
②司晨：借指公鸡。

【译文】

抱朴子说："麟、凤、龟、龙四灵虽然隐逸，仍然是隆盛太平的象征；隐者合于时宜地退隐，仍然是国家的宝物。为什么一定要报晓的雄鸡衔上马嚼子，被忧虑和责任所束缚呢！有任用他人的'用'，没有役使自己的'用'。依从自身的人，不为名声而损伤中和之气；养生的人，不因身外之物而牵累自己。"

【原文】

抱朴子曰："量才而授者，不求功于器外；揆能而受者①，不负责于力尽。故灭荧烛者不烦沧海，扛斤两者不事乌获②。运薪辇盐，不宜柱骐骥之脚；碎职琐任③，安足屈独行之俊矣④！"

【注释】

①揆（kuí）：度量；揣度。
②乌获：见《臣节》篇"非贲、获之壮；不可以举兼人之重"句注。
③瑣：当为"琐"字之误。本篇上文"则英俊与庸瑣比矣"句已注。
④独行：谓节操高尚，不随流俗。《礼记·儒行》："世治不轻，世乱不沮……其特立独行有如此者。"

【译文】

抱朴子说："量才而授予官职的人，不谋求才能以外的作用；依据能力接受任用的人，不担负尽力于本职之外的责任。所以，扑灭微弱的烛火用不着大海，扛斤两的重量用不着大力士乌获。运柴拉盐不应该委屈千里马，琐碎的事务哪值得枉用节操高尚的杰出人才呢！"

【原文】

抱朴子曰："甽浍之流①，不能运'大白'之艘②；升合之器，不能容千钟之物。熠燿不能并表微之景③，常才不能别逸伦之器④。盖造化所假，聪明有本根也。"

【注释】

①甽（quǎn）："畎"的古字。甽、浍（kuài）：皆指田间水沟。
②大白：慧琳《一切经音义》卷八九引《庄子》："以木为舟，则称卫舟、大白。"又引司马彪注："大白，亦船名也。"
③熠燿：见《尚博》篇"虽三光熠燿，不足以方其巨细"句注。
④句有误。疑"别"乃"列"之形近而误。译文从"列"。

【译文】

抱朴子说："田间小沟中的水流，不能漂浮'大白'那样的大船；一升一合容量的器皿，不能装下千钟的东西。磷火的微光不能和照亮一切细微末节的阳光相提并论，平庸之才不能与出类拔萃的人排列在一起。这是大自然所给予的，人的聪明是有根源的。"

【原文】

抱朴子曰："郢人美《下里》之淫蛙①，而薄《六茎》之和音②；庸夫好悦耳之华誉，而恶利行之良规。故宋玉舍其延灵之精声③，智士招其独见之远谋④。"

【注释】

①《下里》：见《审举》篇"令濮上《巴人》，反安乐之正音"句注。淫蛙：即淫哇，见《擢才》篇"以竞显于淫哇"句注。
②《六茎》：古乐曲名。《汉书·礼乐志》："昔黄帝作《咸池》，颛顼作《六茎》，帝喾作《五英》。"说又见班固《白虎通》、应劭《风俗通》、蔡邕《独断》。
③延灵：杨明照疑"灵（靈）"为"露"字之误，引证甚详辩，文长不引。译文从"延露"。
④招：束缚；羁绊。《孟子·尽心下》："今之与杨、墨辩者，如追放豚，既入其苙，又从而招之。"赵岐注："譬如追放逸之豕豚，追而还之于栏，又复从而罥（juàn）之。"朱熹集注："招，罥也，羁其足也。"

【译文】

抱朴子说："郢地的人们以《下里巴人》的淫靡音乐为美，却轻视《六茎》中的和谐的音乐；平庸之辈喜欢悦耳的华美赞誉，但厌恶有利于德行的良好规劝。所以宋玉舍弃了他《延露》之曲的精美歌唱，有智谋的人收起了他们独到的远见。"

【原文】

抱朴子曰："琼珉山积①，不能无挟瑕之器；邓林千里②，不能无偏枯之木。论珍，则不可以细疵弃巨美；语大，则不可以少累废其多。故叛主者良、平也③，而吐六奇以安上；群盗者彭越也④，而建弘勋于佐命。"

【注释】

①琼珉（mín）：泛指美玉。

②邓林：见《嘉遁》篇"而锥钻不可以伐邓林"句注。

③此句"良"字恐有误。一则张良无叛主事，与陈平早从魏咎、后归项羽、终事刘邦不同；二则"吐六奇"者乃陈平事，（已见《嘉遁》篇"秘六奇以括囊"句注）与张良无涉；三则对句为彭越一人。故"良"当改为"陈"。

④《史记·魏豹彭越列传》："彭越者，昌邑人也，字仲。常渔巨野泽中，为群盗。"

【译文】

抱朴子说："美玉山一般堆积，不能不夹有带毛病的器具；千里的邓林，不能没有部分枯萎的树木。谈论珍宝，就不能因为小的疵点而抛开总体的美；论述大事，就不能因为稍有毛病而废弃所有的话。陈平是叛离主人的人，但献六条奇计安定了君主；彭越当过结伙的强盗，但建立大功以佐助天命。"

【原文】

抱朴子曰："五岳巍峨，不以藏疾伤其极天之高；沧海混漾，不以含垢累其无涯之广①。故九德尚宽以得众②，宣尼泛爱而与进③。"

【注释】

①藏疾、含垢：见《用刑》篇"诱于含垢"句注。

②九德，贤人所应具备的九种品德。具体内容说法不一。依"尚宽"之义，当为《书·皋陶谟》之"宽而栗，柔而立，愿而恭，乱而敬，扰而毅，直而温，简而廉，刚而塞，强而义"。此当指言此之皋陶。

③宣尼：孔子。《汉书·平帝纪》：元始元年六月，"追谥孔子曰褒成宣尼公"。泛爱：出《论语·学而》："子曰：'弟子，入则孝，出则弟，谨而信，泛爱众而亲仁。行有余力，则以学文。'"与进：赞赏进步。本《论语·述而》："互乡难与言，童子见。门人惑。子曰：'与其进也，不与其退也。唯何甚？人洁己以进，与其洁也，不保其往也。'"

【译文】

抱朴子说："五岳巍峨，不因藏有缺点而损伤它达于上天的高度；大海浩荡，不因含有污垢妨碍它无边的广阔。具有九种品德的皋陶崇尚敦厚而得到众人之心，孔子博施恩爱赞赏进步。"

卷第三十九　广譬

题　解

与上一篇《博喻》的情况相同，《广譬》也是广泛设喻，整篇并无安排，同时也就没有特别侧重的方面。因此本篇中也有些内容与《博喻》篇有重复之处，正如一篇之内也有语句虽异而意义相近处一样，比如对学习古代典籍的强调，对人才需要机遇才能发挥其能力的论述，对隐逸而独善其身的褒崇等。相比之下，本篇的八十多条中较多的是良才高士保持自己德行节操的论述，如"立德践言，行全操清，斯则富矣"，"高尚其志，不降不辱，斯则贵矣"；"澄精神于玄一者，则形器可忘；邈高节以外物者，则富贵可遗"；"志道者不以否滞改图"，"高士不撙其节以同尘于醖俗"等等。其次是涉及君主的修养和统治手段，如"率俗以身，不言而化"；"明主不能舍刑、德以致治"；"明主躬操威恩"等等。

总之，《博喻》《广譬》两篇都不是专守一题，可看作《外篇》各方面思想的荟萃。

【原文】

抱朴子曰："立德践言①，行全操清，斯则富矣，何必玉帛之崇乎！高尚其志，不降不辱②，斯则贵矣，何必青紫之兼扡也③！俗民不能识其度量，庸夫不得揣其铨衡，是则高矣，何必凌云而蹈霓乎！问者莫或测其渊流，求者未有觉其短乏，是则深矣，何必洞河而沧海乎！四海苟备④，虽室有悬磬之窭⑤，可以无羡乎铸山而煮海矣⑥；身处鸟兽之群，可以不渴乎朱轮而华毂矣。"

【注释】

①立德：出《左传·襄公二十四年》："大上有立德，其次有立功，其次有立言，虽久不废，此之谓不朽。"孔颖达疏："立德，谓创制垂法，博施济众，圣德立于上代，惠泽被于无穷。"践言：出《礼记·曲礼上》："修身践言，谓之善行。"

②不降不辱：见《逸民》篇"古人嗟叹，谓不降辱"句注。

③青紫：《汉书·夏侯胜传》："胜每讲授，常谓诸生曰：'士病不明经术；经术苟明，其取青紫如俯拾地芥耳。'"王先谦补注引叶梦得曰："汉丞相大尉，皆金印紫绶；御史大夫，银印青绶；此三府官之极崇者。"故借指高官显爵。扡："拖"的异体字。

· 464 ·

④四海：杨明照曰："'海'，吉藩本、旧写本作'德'。按'德'字极是。"《易·乾》："文言曰：元者，善之长也；亨者，嘉之会也；利者，义之和也；贞者，事之干也。君子体仁足以长人，嘉会足以合礼，利物足以和义，贞固足以干事。君子行此四德者，故曰乾，元亨利贞。"

⑤悬磬：形容家中空无所有，极贫穷。

⑥铸山煮海：谓开采山中铜矿以铸造钱币，烧煮海水获取食盐。代指发财。出《史记·吴王濞列传》："吴有豫章郡铜山，濞则招致天下亡命者盗铸钱，煮海水为盐。"

【译文】

抱朴子说："树立道德实践诺言，行为完美情操高洁，这就是富有了，为什么一定要美玉布帛大批堆积着呢！使自己的志向高洁，不降志不受辱，这就是高贵了，为什么一定要当上大官呢！平庸的百姓不能理解你的度量办法，不能忖度你的权衡尺度，这就是高尚了，为什么一定要登上云端脚踏霞光呢！询问者没有人能揣测到你的思想源流，求教者没有觉得你有什么短缺，这就是深湛了，为什么一定要穿透黄河沉入大海呢！具备了元、亨、利、贞四德，那么即使穷到屋中宜于悬磬，也可不羡慕铸铜山为钱煮海水得盐来致富了；即使身处于禽鸟野兽之群，也可以不渴求显贵者的车乘了。"

【原文】

抱朴子曰："潜灵俟庆云以腾竦，栖鸿阶劲风以凌虚，素鳞须姬发而跃①，白雉待公旦而来②。姜老值西伯而投磻溪之纶③，韩、英遭汉高乃骋拨乱之才。"

【注释】

①《史记·周本纪》："武王渡河，中流，白鱼跃入王舟中，武王俯取以祭。"裴骃集解引马融曰："鱼，介鳞之物，兵象也。白者，殷家之正色。言殷之兵众与周之象也。"又《尚书大传》卷三："八百诸侯俱至孟津，白鱼入舟。"

②《韩诗外传》五："成王之时，有三苗贯桑而生，……比几三年，果有越裳氏重九译而至，献白雉于周公。"又见于《尚书大传》《论衡》。

③磻（bó）溪：《韩诗外传》八："太公望少为人壻，老而见去，屠牛朝歌，赁于棘津，钓于磻溪。"

【译文】

抱朴子说："水中潜藏的龙等待五色祥云竦身腾飞，栖息的鸿雁借助强劲的风升上高空，白鱼等待周武王才跳跃，白雉等待周公旦才到来。姜尚老了遇上周文王才扔掉了磻溪的钓线，韩信、英布碰到汉高祖才施展出平定灾乱的才能。"

【原文】

抱朴子曰："澄精神于玄一者①，则形器可忘；邈高节以外物者②，则富贵可遗。故支离之□③，伟造化而怡颜；北人、箕叟④，栖嵩岫而得意焉。"

【注释】

①玄一：道的本原。《老子》谓道："道可道也，非恒道也。""玄之又玄，众妙之门。""道生一，一生二，二生三，三生万物。"乃说之所本。《抱朴子内篇·地真》："玄一之道，亦要法也。"

②外物：超脱于物欲之外。《庄子·大宗师》："叁日而后能外天下。已外天下矣，吾又守之，七日而后能外物。"

③杨明照校："孙（星衍）曰：（'之'下）旧写本空白一字，《藏》本不空；卢本作'支离瓮䀇'。按吉藩本作'支离之徒'，是也。"并引证《庄子·人间世》："支离疏者，颐隐于脐，肩高于顶，会撮指天，五管在上，两髀为胁。挫针治繲，足以糊口；鼓筴播精，足以食十人。上征武士，则支离攘臂而游于其间；上有大役，则支离以有常疾而不受功；上与病者粟，则受三钟与十束薪。"

④北人：北人无择。《庄子·让王》，"舜以天下让北人无择，北人无择曰：'异哉后之为人也，居于畎亩之中而游尧之门！不若是而已，又欲以其辱行漫我。吾羞见之。'因自投清泠之渊。"箕叟：即许由，或亦即巢父。见《嘉遁》篇"而箕、颍有巢栖之客"句注。

【译文】

抱朴子说："能在道的本原中澄清精神的人，自身的形骸可以忘却；节操高尚超脱于物欲之外的人，财富地位就可以遗弃。因此支离疏之类的人，赞美大自然并且表情愉悦；北人无择和箕山许由，住在高山的洞穴里仍然得意洋洋。"

【原文】

抱朴子曰："粗理不可浃全，能事不可毕兼。故悬象明而可蔽①，山川滞而或移，金玉刚而可柔，坚冰密而可离。公旦不能与伯氏跟絓于冯云之峻②，仲尼不能与吕梁较伎于百仞之溪③。"

【注释】

①悬象：见《擢才》篇"自匪明并悬象"句注。

②伯氏跟絓：《庄子·田子方》："列御寇与伯昏无人射……伯昏无人曰：'是射之射，非不射之射也。尝与汝登高山，履危石，临百仞之渊，若能射乎？'于是无人遂登高山，履危石，临百仞之渊，背逡巡，足二分垂在外，揖御寇而进之。"冯：音 píng。

③《庄子·达生》："孔子观于吕梁，县水三十仞，流沫四十里，鼋鼍鱼鳖之所不能游也。"《淮南子·本经训》"吕梁未发"高诱注："吕梁在彭城吕县，石生水中，禹决而通之，民所由得度也，故曰吕梁也。"

【译文】

抱朴子说："再大的道理不能透彻地说清所有的事情，再有本事的人也不能什么都会干。因此，日月星辰虽然明亮，但会被遮住；山岳江河的地方是停滞的，但有时也会移动；金属玉石是坚硬的，但也可以变得柔软；坚硬的冰虽然致密，但也可以离散。周公旦不能和伯昏无人一样悬脚跟背立在凌云高山上，孔子也不能在百丈深的吕梁溪中显示技艺。"

【原文】

抱朴子曰："震雷不能细其音以协金石之和，日月不能私其耀以就曲照之惠；大川不能促其涯以适速济之情，五岳不能削其峻以副陟者之欲。故广车不能胁其辙以苟通于狭路，高士不能撙其节以同尘于鄙俗。"

【译文】

抱朴子说："震耳的霹雳不能使声音细小来和金石乐器之声相和谐，太阳、月亮不能让光芒偏私只照耀某些地方；大河不能让两岸靠拢以适应想要快渡河者的心情，五岳不能削减高度来满足登山人的要求。因此宽的车子不能缩短车轴来勉强通过狭窄的道路，高尚的士人不能降低自己的节操苟同于鄙陋的世俗。"

【原文】

抱朴子曰："阴阳以广陶济物，三光以普照著明，嵩、华以藏疾为旷，北溟以含垢称大①。硕儒以与进弘道②，远数以博爱容众③。"

【注释】

①藏疾、含垢：见《用刑》篇"诱于含垢"句注。
②与进：见《博喻》篇"宣尼泛爱而与进"句注。
③远数：《中论·务本》："夫小事者味甘，而大道者醇淡；近物者易验，而远数者难效。"

【译文】

抱朴子说："阴阳二气用广泛的化育为万物带来好处，日月星辰以普遍的照耀显示光明，嵩山华山因为能够藏纳缺点成其高大，北海由于能够含容污垢而就其辽阔。饱学大儒以奖掖后进弘扬大道，目标远大者以广博的爱心容纳众多的东西。"

【原文】

抱朴子曰："灵龟之甲，不必为战施；麟角凤爪，不必为斗设。故隽生不释剑于平世，击柝不辍备于思危①。"

【注释】

①击柝（tuò）：巡夜人敲击木梆以报更。《易·系辞下》："重门击柝，以待暴客。"

【译文】

抱朴子说："神龟的甲不一定是为打架才长的，麒麟的角和凤凰的爪不一定是为争斗而生的。因此才华出众的读书人和平时候也不解下佩剑，敲击木梆不停止以利于想到危险。"

【原文】

抱朴子曰："南金不为处幽而自轻①，瑾瑶不以居深而止洁。志道者不以否滞而改图,守正者不以莫赏而苟合。"

【注释】

①南金:见《博喻》篇"是以百炼而南金不亏其真"句注。

【译文】

抱朴子说:"贵重的南金不因身处幽暗而自己轻视自己,洁白的美玉不因埋在深处而改变自己的高洁。有志于真理的人不因仕途阻塞而改变追求,操守正直的人不因无人欣赏而胡乱追随。"

【原文】

抱朴子曰:"登玄圃者悟丘阜之卑①,浮溟海者识池沼之褊。披九典乃觉墙面之笃蔽②,闻至道乃知拘俗之多迷。"

【注释】

①玄圃:见《务正》篇"玄圃崇本(木)石以就极天之峻"句注。
②杨明照校"墙面"当乙作"面墙"。极是。稚川多有以"面墙"为文处。

【译文】

抱朴子说:"登上昆仑仙居的人才能领悟一般山丘的低矮,漂浮在大海上的人才能懂得池塘的狭小。翻阅了多部经典著作才感觉不学无术实在无知,听到了最高的道理才知道拘泥于世俗多有迷惑。"

【原文】

抱朴子曰:"浑沌之原,无皎澄之流①;毫厘之根,无连抱之枝;分寸之烬,无炎远之热;隙穴之中,无炳蔚之群②;钩曲之形,无绳直之影;参差之上,无整齐之下。"

【注释】

①原:"源"的古字。
②《易·革》:"大人虎变,其文炳也……君子豹变,其文蔚也。"故此处"炳蔚"当指虎豹。

【译文】

抱朴子说:"模糊混浊的源泉,不会淌出洁白清澄的流水;毫厘粗细的树根,不会长出合抱粗的树枝;分寸大小的灰烬,没有灼烤远处的热量;缝隙洞穴当中,没有成群的虎豹;弯弯曲曲的形体,没有笔直的影子;上边参差混乱,下边也不会整整齐齐。"

【原文】

抱朴子曰:"不睹琼琨之熠烁,则不觉瓦砾之可贱;不觌虎豹之或蔚①,则不知犬羊之质漫。聆《白雪》之九成②,然后悟《巴人》之极鄙③;识儒雅之汪濊，尔乃悲不学之固陋。

【注释】

① 彧（yù）蔚：文采斑斓貌。

②《白雪》：见《擢才》篇"《白雪》之弦，非灵素不能徽也"句注。九成：已见《安贫》篇"《箫韶》未九成"句注。

③《巴人》：见《审举》篇"令濮上《巴人》，反安乐之正音"句注。

【译文】

抱朴子说："没见过熠熠闪光的美玉，就不觉得瓦砾应该轻贱；没见过虎豹的纹彩斑斓，就不知道狗和羊的皮毛素淡混沌。聆听了九阕《白雪》，然后才体悟出《下里巴人》的极端鄙野；了解了饱学儒生的深广学识，这才会为不学无术的闭塞浅陋而伤心。"

【原文】

抱朴子曰："无当之玉碗，不如全用之埏埴①；寸裂之锦黻，未若坚完之韦布。故夏姬之无礼②，不如孤逐之皎洁③；富贵之多罪，不如贫贱之履道。"

【注释】

① 埏（shān）埴（zhí）：原为和泥制陶。《老子》十一章："埏埴以为器，当其无，有器之用。"河上公注："埏，和也；埴，土也。谓和土以为器也。"此指陶器。

② 夏姬：《左传·宣公九年》："陈灵公与孔宁、仪行父通于夏姬，皆衷其衵服，以戏于朝。"又《宣公十年》："陈灵公与孔宁、仪行父饮酒于夏氏。公谓行父曰：'征舒似父。'对曰：'亦似君。'征舒病之。公出，自其厩射而杀之。二子奔楚。"按夏姬乃郑穆公女，陈大夫御叔之妻，夏征舒之母，"衷其衵（rì）"言内着夏姬之汗衣。又参《清鉴》篇"申童觉窃妻之巫臣"句注。

③ 据《列女传》，齐有孤逐女，孤无父母，其状甚丑。三逐于乡，五逐于里，过时无所容。乃造襄王之门而请见。王辍食而起。左右曰："三逐于乡者，不忠；五逐于里者，少礼。何足为贵？"王曰："子不识也，夫牛鸣而马不应者，异类故也。其人必有与人异者。"遂见与之语。孤逐女请尊相，王善之，尊相而敬事之，并以孤逐女妻之。齐国以治。

【译文】

抱朴子说："不切实用的玉碗，不如多用途的陶器；寸寸开裂的绣花礼服，不如结实完整的皮带布服。无礼淫乱的夏姬，不如洁白无瑕的孤逐女；富有显贵但罪过很多，不如贫穷卑弱但履行正道。"

【原文】

抱朴子曰："猛兽不奋搏于度外，鹰鹯不挥翮以妄击。若庙算既内不揆德，进取又外不量力，犹轻羽之没洪炉，飞雪之委沸镬，朝菌之试干将，羔犊之犯虓虎也①。"

【注释】

①虣（bào）：本指猛兽。此谓凶猛。

【译文】

抱朴子说："猛兽不在范围之外去搏杀，鹰鹞也不扇动翅膀胡乱击打。如果在朝廷上谋划战事不能估量人的品德，在战场上进兵取敌又不能量力而行，那就像轻飘的羽毛投入大熔炉，飞舞的雪花落进滚沸的水锅，朝菌去试宝剑干将的锋刃，羊羔牛犊冒犯凶暴的老虎。"

【原文】

抱朴子曰："三辰蔽于天，则清景暗于地；根荄蹶于此①，则柯条瘁于彼。道失于近，则祸及于远；政缪于上，而民困于下。"

【注释】

①荄（gāi）：草根。

【译文】

抱朴子说："日月星在天上被遮蔽，清亮的光辉就会在地上暗淡；树根在这边被踩踏，枝条就会在那边干枯。现在有失道之举，就会带来长久的祸患；上边施政谬误，下边百姓就会遭受困顿。"

【原文】

抱朴子曰："务于远者或失于近，治其外者或患生乎内。覆头者不必能令足不濡，蔽腹者不必能令背不伤。故秦始筑城遏胡，而祸发帏幄①；汉武悬旌万里，而变起萧墙②。"

【注释】

①《史记·秦始皇本纪》："三十三年，发诸尝逋亡人、赘婿、贾人……西北斥逐匈奴。自榆中并河以东，属之阴山，以为（三）〔四〕十四县，城河上为塞。又使蒙恬渡河取高阙、（陶）〔阳〕山、北假中，筑亭障以逐戎人。……三十四年，適治狱吏不直者，筑长城及南越地。……至平原津而病。始皇恶言死，群臣莫敢言死事。上病益甚，乃为玺书赐公子扶苏曰：'与丧会咸阳而葬。'书已封，在中车府令赵高行符玺事所，未授使者。七月丙寅，始皇崩于沙丘平台。丞相斯为上崩在外，恐诸公子及天下有变，乃秘之，不发丧。……独子胡亥、赵高及所幸宦者五六人知上死。赵高故尝教胡亥书及狱律令法事，胡亥私幸之。高乃与公子胡亥、丞相斯阴谋破去始皇所封书赐公子扶苏者，而更诈为丞相斯受始皇遗诏沙丘，立子胡亥为太子。更为书赐公子扶苏、蒙恬，数以罪，赐死。"

②汉武：汉武帝刘彻。承文、景之业，平南越、东越、朝鲜，下滇及西南夷，斥匈奴，通西域诸国，版图益扩，为一代雄主。见《史记·孝武本纪》及《汉书·武帝纪》。又参见《嘉遁》篇"故江充疏贱，非亲于元储……而掘梗之诬，灭父子之恩"数句注。

【译文】

抱朴子说："致力于远处或许在近处有疏失，治理外部的人或许内部生出祸患。

盖住头的人不一定能让脚不沾湿，遮住肚子的人不一定能让脊背不受伤。因此秦始皇修筑长城阻遏胡人，而祸患就发生在帐幕之中；汉武帝进兵征伐到万里之外，而变乱就发生在照壁之内。"

【原文】

抱朴子曰："人才无定珍，器用无常道。进趋者以适世为奇，役御者以合时为妙。故玄冰结则五明捐①，隆暑炽则裘、炉退；高鸟聚则良弓发，狡兔多则卢、鹊走②；干戈兴则武夫奋，《韶》《夏》作则文儒起③。"

【注释】

①玄冰：厚冰。《文选·李陵〈答苏武书〉》："胡地玄冰，边土惨烈。"刘良注："冰厚故色玄。"五明：五明扇。本为仪仗中的一种掌扇。此泛指扇子。

②卢、鹊：见《崇教》篇"纵卢、猎以噬狡兽"句注。

③《韶》《夏》：皆乐曲名，分指舜乐和禹乐，此以泛指优雅的古乐。《荀子·礼论》："故钟鼓、管磬、琴瑟、竽笙，《韶》《夏》《护》《武》《汋》《桓》《箾》、简《象》，是君子之所以为愡诡其所喜乐之文也。"

【译文】

抱朴子说："人的才能没有固定不变的可珍贵的方面，器物的功用没有恒定不移的衡量角度。追求仕进的人以适应社会为美，供役使的人以合于时代为好。因此隆冬结冰时扇子就扔开了，盛夏酷热时裘衣火炉就收起来了。高处聚集了鸟雀，那么就用好弓去射箭；狡猾的兔子多了，韩卢、宋鹊那样的良犬就要去追逐；打起仗来武将就被重用。奏响《韶》乐、《夏》曲文臣就会兴起。"

【原文】

抱朴子曰："激修流扬朝宗者①，不可以背五城而跨积石②；舒翠叶吐丹葩者，不可以舍洪荄而去繁柯。败源失本，尠不枯汔③；叛圣违经，理不弘济。"

【注释】

①朝宗：见《务正》篇"南溟引朝宗以成不测之深"句注。

②五城：神仙居所。《史记·孝武本纪》："方士有言：黄帝时为五城十二楼，以候神人于执期，命曰迎年。"裴骃集解引应劭曰："昆仑玄圃五城十二楼，此仙人之所常居也。"积石：山名。即阿尼玛卿山，为昆仑山中支，黄河绕其东南。《书·禹贡》："导河积石，至于龙门。"

③汔（qì）：水干涸。

【译文】

抱朴子说："激荡冲湍长流奔向大海的黄河，不能驮负仙居五城跨越积石山；舒展绿叶吐出红花的大树，不能舍掉粗大的根砍去众多的枝条。败坏源头失去根本，很少不枯萎干涸的；背叛圣人违背经典，其道理不能够广泛地救助苍生。"

【原文】

抱朴子曰："四渎辩源①，五河分流②，赴卑注海，殊涂同归。色不均而皆艳，音不同而咸悲；香非一而并芳，味不等而悉美。"

【注释】

①四渎（dú）：《尔雅·释水》："江、河、淮、济为四渎。四渎者，发原注海者也。"其中济（jǐ）水今已湮。

②五河：出《汉书·司马相如传下》："（《大人赋》曰：）遍览八紘而观四海兮，揭度九江越五河。"服虔以为"河有九，今越其五也"，晋灼以为"五河，五湖，取河之声合其音耳"，颜师古以为"五河，五色之河也"。服虔说诂此较合。按九河乃黄河的九条支流。

【译文】

抱朴子说："江、河、淮、济四条大河发源地不同，黄河的五条支流是分别流淌着的，但它们都流向低洼的地方注入大海，殊途而同归。色彩不一样但都鲜艳，乐声不一样但是都悲壮；香气不一样但是都芬芳，味道不一样但是都甜美。"

【原文】

抱朴子曰："物贵济事，而饰为其末；化俗以德，而言非其本。故绵布可以御寒，不必貂狐；淳素可以匠物，不在文辩。"

【译文】

抱朴子说："物品最重要的是有补于事，装饰是细枝末节的；教化风俗要依靠道德，具体的说法不是最根本的。丝绵麻布可以御寒，不一定要貂皮狐裘；敦厚朴素能够解决问题，不在于文采与雄辩。"

【原文】

抱朴子曰："冲飙谧气，则转蓬山峙；修纲既舒，则万目齐理。故未有上好谦而下慢，主贱宝而俗贫。"

【译文】

抱朴子说："暴风如果停止下来，那么随风转的蓬草就会像山一样稳稳地待住；修长的纲绳一伸展开，那么所有的网目都会很有条理。所以没有主上喜好谦逊而臣下却傲慢无礼，君王鄙视宝物而百姓却很贫穷的。"

【原文】

抱朴子曰："事有缘微而成著，物有治近而致远。故修步武之池，而引沉鳞于江海；丰朝阳之林，而延灵禽于丹穴①。设象于槃盂，而翠虬降于玄霄②；委灰于尺水，而望舒变于太极③。是以晋文回轮于勇虫④，而壮士云赴；勾践曲躬于怒蛙⑤，而戎卒轻死。九九显而扣角之俊至⑥，枯骨掩而参分之仁洽⑦。"

【注释】

①朝阳：见《嘉遁》篇"朝阳繁鸣凤之音"句注。

②《论衡·乱云》："楚叶公好龙，墙壁槃盂皆画龙。"此当为句之所本。故"孟"当为"盂"字之误。

③《淮南子·览冥训》："画随灰而月运阙。"高诱注："将有军事相围守，则月运出也。以芦草灰随牖下月光中，令圜画，缺其一面，则月运亦缺于上也。"言敌之包围即松懈易破。

④杨明照校"晋文"当为"齐庄"。是。见《君道》篇"避螳螂以励武"句注。

⑤见《君道》篇"轼怒蛙以劝勇"句注。

⑥扣角：见《嘉遁》篇"或扣角以凤歌"句注。

⑦掩枯骨：见《君道》篇"昔周文掩未埋之骨，天下称其仁"句注。参（sān）分：本《论语·泰伯》："三分天下有其二，以服事殷。周之德，其可谓至德也已矣。"

【译文】

抱朴子说："事物有的从微小发展成巨大，有的治理好近处可以收效于远处。所以修好不大的池塘就能引来江海中的鱼；让朝阳之林茂盛，就能从丹穴请来凤凰。在盘盂当中画上龙，真的翠龙就会从天而降；把灰抛到一尺大的水面上，月亮在天上就会发生变化。因此齐庄公回车避开勇武的螳螂，壮士就像云彩一样趋附而来；勾践伏轼向发怒的青蛙致礼，士兵们就舍死忘生。极为贤明的君主出现了，扣角求仕的杰出人才就会到来；无名的枯骨如果掩埋了，三分天下有其二的仁德就会周遍。"

【原文】

抱朴子曰："膏壤在荄①，而枯叶含荣；率俗以身，则不言而化。故有唐以鹿裘臻太平②，齐桓以捐紫止奢竞③。章华构而丰屋之过成④，露台辍而玄默之风行⑤。"

【注释】

①荄（gāi）：《汉书·礼乐志》："青阳开动，根荄以遂。"颜师古注："草根曰荄。"

②《韩非子·五蠹》："尧之王天下也……冬日麑裘，夏日葛衣。"

③《韩非子·外储说左上》："齐桓公好服紫，一国尽服紫。……桓公患之，谓管仲曰：'寡人好服紫，紫贵甚，一国百姓好服紫不已，寡人奈何？'管仲曰：'君欲止之，何不试勿衣紫也？谓左右曰："吾甚恶紫之臭。"于是左右适有衣紫而进者，公必曰："少却，吾恶紫臭。"'公曰：'诺。'于是日，郎中莫衣紫；其明日，国中莫衣紫；三日，境内莫衣紫也。"

④章华：见《君道》篇"鉴章华之召灾"句注。

⑤露台：见《君道》篇"识露台之不果"句注。玄默：清静无为。《汉书·刑法志》："及孝文即位，躬修玄默。"

【译文】

抱朴子说："如果肥沃的土壤培在根上，即使是叶子干枯也会茂盛起来；如果君王自己作表率，不用说话下边也会形成风气。所以唐尧因为身穿鹿皮裘而使天下太平，齐桓公凭弃掉紫衣而制止了竞相奢侈的风气。章华台建成导致造华丽房子的罪过，没筑露台则形成了清静无为之风。"

【原文】

抱朴子曰："聪者料兴亡于遗音之绝响，明者觌机理于玄微之未形。故越人见齐桓不振之征于未觉之疾①，箕子识殷人鹿台之祸于象箸之初②。"

【注释】

①《史记·扁鹊仓公列传》："扁鹊过齐，齐桓侯客之。入朝见，曰：'君有疾在腠理，不治将深。'桓侯曰：'寡人无疾。'扁鹊出，桓侯谓左右曰：'医之好利也，欲以不疾者为功。'后五日，扁鹊复见，曰：'君有疾在血脉，不治恐深。'桓侯曰：'寡人无疾。'扁鹊出，桓侯不悦。后五日，扁鹊复见，曰：'君有疾在肠胃间，不治将深。'桓侯不应。扁鹊出，桓侯不悦。后五日，扁鹊复见，望见桓侯而退走。桓侯使人问其故。扁鹊曰：'疾之居腠理也，汤熨之所及也；在血脉，针石之所及也；其在肠胃，酒醪之所及也；其在骨髓，虽司命无奈之何。今在骨髓，臣是以无请也。'后五日，桓侯体病，使人召扁鹊，扁鹊已逃去。桓侯遂死。"裴骃集解："傅玄曰：'是时齐无桓侯。'骃谓是齐侯田和之子桓公午也。"

②见《嘉遁》篇"昔箕子睹象箸而流泣"句注，《博喻》篇"孤竹不以绝粒易鹿台之富"句注。

【译文】

抱朴子说："耳聪者能在人们已经忘记了前朝灭亡教训的时候预料兴亡，目明者能在隐微的先兆尚未形成的时候看出事物变化的道理。因此扁鹊在齐桓侯还没感觉到生病时就看到了他不振作的征兆，箕子从纣王使用象牙筷子就看出最后在鹿台的殷商的灭亡。"

【原文】

抱朴子曰："二仪不能废春秋以成岁①，明主不能舍刑德以致治。故诛贵所以立威，赏贱所以劝善。罚上达则奸萌破，而非懦弱所能用也；惠下逮则远人怀，而非俭吝所能办也。"

【注释】

①二仪：天地。《周书·武帝纪上》："二仪创辟，玄象著明。"

【译文】

抱朴子说："天地不能废弃春秋二季而构成一年，贤明的君主不能丢掉刑法和德化达到安定。因此诛杀贵显者可用以建立威望，赏赐低贱者可以勉励向善。惩罚能上及显贵则刚萌发的邪恶就被遏止，但不是懦弱的人所能使用的办法；恩惠下到百姓则远方的人就会归顺，但不是吝啬的人所能做到的。"

【原文】

抱朴子曰:"浮海沧者①,必精占于风气,故保利涉之福;善莅政者,必战战于得失,故享惟永之庆。故暗君之所轻,盖明主之所重也;亡国之所弃,则治世之所行也。"

【注释】

①海沧:按当乙转为沧海。

【译文】

抱朴子说:"在海上漂浮的人,必定准确地预测风向气候,所以才能保证顺利吉祥地航行;善于执政的人,必定对得失小心谨慎,所以能享有长久的福气。因此昏庸的君主所轻视的,正是贤明的君主所重视的;灭亡了的国家所捐弃的,正是安定的时代所施行的。"

【原文】

抱朴子曰:"毫厘蹉于机,则寻常违于的;与夺失于此,则善否乱于彼。邪正混俦,则彝伦攸斁①;功过不料,则庶绩以崩。故明君赏犹春雨,而无霖淫之失;罚拟秋霜,而无诡时之严。"

【注释】

①斁(dù):败坏。《书·洪范》:"帝乃震怒,不畀洪范九畴,彝伦攸斁。"

【译文】

抱朴子说:"在弩机上差一厘一毫,那么到了箭靶上就要差好几尺了;在当时是给予还是夺取的失误,到后来就会造成善恶的混乱。邪恶与正直混同,会造成社会常规的废弛;功过的判别不正确,各项事情会因此崩溃。因此圣明的君主赏赐就像春雨,但没有下得太过分的失误;惩罚则似秋霜,却决无违反季节的严酷。"

【原文】

抱朴子曰:"明铨衡者,所重不可得诬也;仗法度者,所爱不可得私也。故得人者,先得之于己者也;失人者,先失之于己者也。未有得己而失人,失己而得人者也。"

【译文】

抱朴子说:"懂得权衡利害的人,对所看重的也不能言不符实;执掌法度的人,对所喜欢的也不能有所偏私。因此,想得到人才先得从自身做起,失掉人才也是由于自身的原因。没有自己得人心却失掉人才,自己失掉人心却得到人才的。"

【原文】

抱朴子曰:"明主躬操威恩,不假人以利器;暗主倒执干戈,虽名尊而势去。故制庆赏而得众者,田常所以夺齐也①;擅威福而专朝者,王莽所以篡汉也②。"

【注释】

①庆赏：赏赐。《周礼·地官·族师》："刑罚庆赏，相及相共。"田常即田恒，乃汉为避文帝讳而改"恒"为"常"。见《君道》篇"田成盗全齐于帷幄"句注。

②威福：见《君道》篇"独任则悟鹿马之作威"句注。王莽事见《逸民》篇"王莽与二龚共世"句注、《良规》篇"致令王莽之徒，生其奸变"句注、《用刑》篇"王莽之篡汉"句注。

【译文】

抱朴子说："圣明的君主亲自掌握发威施恩，不把这锋利的刃器借给别人；昏昧的君主倒着拿武器，虽然名为至尊而势力已经失去了。因此谋划赏赐而得到众人拥护，正是田成子夺取齐国的办法；在朝廷上擅用威权独掌朝政，正是王莽篡夺汉朝的途径。"

【原文】

抱朴子曰："常制不可以待变化，一涂不可以应无方；刻船不可以索遗剑①，胶柱不可以谐清音②。故翠盖不设于晴朗，朱轮不施于涉川；味淡则加之以盐，沸溢则增水而撤火。"

【注释】

①《吕氏春秋·察今》："楚人有涉江者，其剑自舟中坠于水。遽刻其舟曰：'是吾剑之所从坠。'舟止，从其所契者入水求之。舟已行矣，而剑不行，求剑若此，不亦惑乎？"

②语本《史记·廉颇蔺相如列传》："王以名使括，若胶柱而鼓瑟耳。括徒能读其父书传，不知合变也。"

【译文】

抱朴子说："恒定不变的制度不能适应变化，一条路不能应对无数的方向。在船上刻记号不能够找到丢失的宝剑，粘住了弦柱就不能调出和谐清越的声音。所以，翠羽的华盖不在天晴月朗时设置，红漆轮子的车不用来渡河。味道淡就要加盐，水沸腾溢出就要加水减火。"

【原文】

抱朴子曰："丹书铁券①，刺牲歃血②，不能救违约之弊，则难以结绳检矣；五刑九伐③，赤族之威，不足以止觊觎之奸，则不可以舞干化矣④。是以《书》有世重之文⑤，《易》有随时之宜⑥。"

【注释】

①丹书铁券：帝王赐给功臣世袭的享有免罪等特权的证件。《汉书·高帝纪下》："又与功臣剖符作誓，丹书铁契，金匮石室，藏之宗庙。"《后汉书·祭遵传》："丹书铁券，传于无穷。"

②刺牲歃（shà）血：盟会中于盟约宣读后，参加者以指蘸杀牲之血涂于口旁，以示诚意。《淮南子·齐俗训》："故胡人弹骨，越人契臂，中国歃血也。所由各异，其于信一也。"

③五刑：见《君道》篇"五刑寝厝"句注。九伐：对九种罪恶的讨伐。《周礼·夏官·大司马》："以九伐之法正邦国：冯弱犯寡则眚之，贼贤害民则伐之，暴内陵外则坛之，野荒民散则削之，负固不服则侵之，贼杀其亲则正之，放弑其君则残之，犯令陵政则杜之，外内乱、鸟兽行则灭之。"

④干（gān）：《书·牧誓》："称尔戈，比尔干，立尔矛，予其誓。"孔传："干，楯也。"

⑤《尚书序》："至于夏、商、周之书，虽设教不伦，雅诰奥义，其归一揆，是故历代宝之，以为大训。"

⑥《易·随》："大亨贞，无咎，而天下随时，随时之义大矣哉。"王弼注："得时，则天下随之矣。随之所施，唯在于时也；时异而不随，否之道也。"

【译文】

抱朴子说："丹书铁券，刺取牲血歃血为盟，不能阻止违背誓盟之约的弊病，但也难以用返朴结绳的方法来约束；五种刑罚九种制裁，灭族的威胁，不足以限制非分的希冀，但也不能用挥动盾牌来化解。因此《尚书》上有世间重视的文章，《易经》则有随时代而变化的优点。"

【原文】

抱朴子曰："人有识真之明者，不可欺以伪也；有揣深之智者，不可诳以浅也。不然，以虺蛇为应龙，狐、鸱为麟、凤矣。"

【译文】

抱朴子说："有识别真伪能力的人，不能用假的东西来欺骗他；有估量深湛智慧的人，不能用浅的东西来诳蒙他。否则，就会把毒蛇当作飞龙，把狐狸、鹞鹰当作麒麟、凤凰了。"

【原文】

抱朴子曰："世有雷同之誉，而未必贤也；俗有欢哗之毁，而未必恶也。是以迎而许之者，未若鉴其事而试其用；逆而距之者，未若听其言而课其实。则佞媚不以虚谈进，良能不以孤弱退；驽蹇辍望于大辂，戎虬扬镳而电骋①。则功胡大而不可建！道胡远而不可到！"

【注释】

①戎虬：疑为"玉虬"之误。《汉书·司马相如传上》："于是乎背秋涉冬，天子校猎。乘镂象，六玉虬。"颜师古注引张揖曰："六玉虬，谓驾六马，以玉饰其镳勒，有似玉虬。"按玉虬本谓无角龙。扬镳：本谓提起马嚼子驱动马。

【译文】

抱朴子说:"世上有众口一词的赞誉,但不一定贤德;有多人共同的诋毁,但不一定恶劣。因此初见就认可,不如用事情鉴别,试着用一用;事前就完全拒之门外,不如听一听他的说法,用事实考核一下。这样,巧言谄媚的人就不能凭借空谈而晋升,善良能干的人也不会因为孤僻懦弱而被斥退;糟糕瘸腿的马就会断了去驾大车的想法,有玉勒的良马就可以放开了闪电般奔驰。那么什么样的大功不能建立!多么远的地方不能到达呢!"

【原文】

抱朴子曰:"潜朽之木,不能当倾山之风;含隙之崖①,难以值滔天之涛。故七百之祚,三十之世,非徒牧野之功②;倒戈之败③,鹿台之祸④,不始甲子之朝。其强久矣,其亡尚矣。"

【注释】

①隙:隙之异体。

②此句言周。《史记·周本纪》"东西周皆入于秦,周既不祀",裴骃集解引皇甫谧曰:"周凡三十七王,八百六十七年。"据此,"七百"当为"八百"。牧野:周武王会诸侯之师败纣军处。地当今河南淇县南。《书·牧誓》:"时甲子昧爽,王朝至于商郊牧野,乃誓。"昧爽即拂晓。下文"甲子之朝"亦本此句。

③《书·武成》:"罔有敌于我师,前徒倒戈,攻于后以北,血流漂杵。"

④鹿台:见《博喻》篇"孤竹不以绝粒易鹿台之富"句注。

【译文】

抱朴子说:"内部腐烂的树,不能抵挡可以吹倒大山的风;有了裂缝的山崖,难以经受滔天巨浪。所以享国八百年的福祚,三十代帝王相传,不仅是牧野一仗的力量;士兵倒戈导致的失败,纣王自杀于鹿台的灾祸,不是从甲子日早晨开始的。周代强盛的原因久远,殷商灭亡的原因也要向前追溯。"

【原文】

抱朴子曰:"贵远而贱近者,常人之用情也;信耳而疑目者,古今之所患也。是以秦王叹息于韩非之书而想其为人,汉武慷慨于相如之文而恨不同世。及既得之,终不能拔。或纳谗而诛之,或放之乎冗散①。此盖叶公之好伪形,见真龙而失色也②。"

【注释】

①秦王叹韩非之书,后信谗诛之,已见《时难》篇"若乃李斯之诛韩非"句注。《史记·司马相如列传》:"居久之,蜀人杨得意为狗监,侍上。上读《子虚赋》而善之,曰:'朕独不得与此人同时哉!'得意曰:'臣邑人司马相如自言为此赋。'上惊,乃召问相如。"武帝召之为郎。通西南夷有功,拜为孝文园令(司马贞索隐引《百官志》云:"陵

园令,六百石,掌案行扫除。"),后病免,居茂陵,卒于家。

②《新序·杂事五》:"叶公子高好龙,钩以写龙,凿以写龙,屋室雕文以写龙。于是天龙闻而下之,窥头于牖,施尾于堂。叶公见之,弃而还走,失其魂魄,无色无主。是叶公非好龙也,好夫似龙而非龙者也。"

【译文】

抱朴子说:"重视以往而轻视现实,是一般人常用的思想方法;相信耳朵而怀疑眼睛,是古今常犯的毛病。因此秦王政感叹韩非的书而希望见到这个人,汉武帝感慨司马相如的文章而遗憾不生在同一时代。等得到他们之后,始终不能重用,有的听信谗言杀了贤才,有的放置于冗员散官之中。这大概就是叶公喜欢假的龙形的东西,而见到真龙却大惊失色一类事情。"

【原文】

抱朴子曰:"摩尼不宵朗,则无别于碛砾①;化鲲不凌霄,则靡殊于桃虫②。绵驹吞声③,则与喑人为群;逸才沉抑,则与凡庸为伍。故鲌鳅亵绛虬于渊汙④,驽蹇黩骏骆于坰野者⑤,不识彼物静与之同,动与之异。"

【注释】

①摩尼:梵语"宝珠"的音译。碛(qì)砾:浅水中的沙石。

②桃虫:即鹪鹩。《诗·周颂·小毖》:"肇允彼桃虫,拚飞维鸟。"朱熹集传:"桃虫,鹪鹩,小鸟也。"

③绵驹:春秋善歌者。见于《孟子·告子下》:"緜驹处于高唐,而齐右善歌。""緜""绵"异体字。

④鲌:"鳝"之异体。

⑤坰野:见《崇教》篇"或射勇禽于郊坰"句注。

【译文】

抱朴子说:"珍珠如果不能在夜里发光,那就和沙粒碎石没有区别;鲲化为鹏不能飞上凌霄,那就和鹪鹩小鸟没什么不同。绵驹如果不出声,就和哑人一样;出众的人才如果被埋没压抑,就只能与平庸的人为伍。所以在池塘中鳝鱼泥鳅就会轻慢绛龙,在郊野劣马也会亵渎良驹,不知道对方静的时候和它们一样,动起来就完全不同了。"

【原文】

抱朴子曰:"弃金璧于涂路,则行人止足;委锦纨于泥汙,则见者惊咄。若夫放高世之士于庸卤之伍,捐经国之器于困滞之地,而谈者不讼其屈,达者不拯其穷,或贵其文而忽其身,或用其策而忘其功。斯之为病,由来久矣。"

【译文】

抱朴子说:"把黄金玉璧扔到路上,行人就会止步;把锦缎细绢抛入泥中,看见的人就会惊叹。至于把超乎世俗的士人放到平庸迟钝的人当中,把有治国之才的人抛到艰难窘迫的地方,而谈论者不为他们的冤屈而争辩,显达者不去拯救他们的困顿,有时重视他们的文章而忽视他们本人,有时运用他们的策略而忘掉了他们的功劳。这种毛病,由来已久。"

【原文】
抱朴子曰:"开源不亿仞,则无怀山之流;崇峻不凌霄,则无弥天之云。财不丰,则其惠也不博;才不远,则其辞也不赡。故睹盈丈之牙,则知其不出径寸之口;见百寻之枝,则知其不附毫末之木。"

【译文】
抱朴子说:"开辟水源如果没有上亿丈,那么就不会有包围山峰的水流;高耸的大山如果不是冲破云霄,就见不到满天的云彩。财产不多,那么他施恩惠也不会广泛;才能不出众,他的言词就不丰富。所以如果看见了一丈粗的牙,就知道它不是出自一寸大的口中;看见百寻长的树枝,就知道它不是生长在毫毛之端大的树木上。"

【原文】
抱朴子曰:"灵凤所以晨起丹穴,夕萃轩丘①,日未移晷,周章九陔,凌风蹈云,不蹢不阂者②,以其六翮之轻劲也③。夫良才大智,亦有国之六翮也。"

【注释】
①丹穴:见《交际》篇"丹穴之中"句注。轩丘:即轩辕之丘。《史记·五帝本纪》:"黄帝居轩辕之丘。"
②蹢(zhuó):跌倒;坠落。
③六翮:见《嘉遁》篇"未有不致群贤为六翮"句注。

【译文】
抱朴子说:"凤凰之所以能早晨从丹穴起飞,晚上止息于轩丘,太阳还没怎么移动,就已经周游了九重天,乘风踏云,不坠落也没有阻隔,是因为它的翅膀强劲有力。那些具有良好才能巨大智慧的人,也就是国家的翅膀。"

【原文】
抱朴子曰:"淇卫、忘归不能无弦而远激①,振尘之音不能无器而兴哀。超俗拔萃之德,不能立功于未至之时。"

【注释】
①淇卫:箭竹名。《淮南子·兵略训》:"夫栝淇卫、菌簵,载以银锡,虽有薄缟之幨,腐荷之缯,然犹不能独射也。"高诱注:"淇卫、菌簵,箭之所出也。"忘归:良箭名。《公孙龙子·迹府》:"龙闻楚王张繁弱之弓,载忘归之矢,以射蛟兕于云梦之圃。"又杨明照校"远激"当为"激远",方能与下句"兴哀"相俪。是。

【译文】

抱朴子说:"淇卫、忘归这些名箭不能没有弓弦就到达远处,能振动尘埃的乐音不能没有乐器就响起悲壮的旋律。有超于世俗出类拔萃的品德,也不能在人没到的时候就建立功勋。"

【原文】

抱朴子曰:"朱绿之藻不秀于枯柯,倾山之流不发乎涸源。熠燿之宵焰,不能使万品呈形;志尽势利①,不能使芳风邈世。"

【注释】

①志尽势利:疑"尽"字后当有"于"字,方可与上句"熠燿之宵焰"句对偶。

【译文】

抱朴子说:"色彩华美的红花绿叶不会茂盛地生长在干枯的树枝上,能冲倒大山的水流不会从干涸的源头发出。黑夜当中萤火虫大的火焰,不能使各种东西都呈现出它的形状;把精神放在追求权势利益上,不能让美好的风气流传到后世。"

【原文】

抱朴子曰:"重渊不洞地,则不能含螭龙,吐吞舟;峻山不极天,则不能韬琳琅,播云雨。立德不绝俗,则不能收美声,著厚实;执志不绝群,则不能臻成功,铭弘勋。而凡夫朝为蜩翼之善,夕望丘陵之益,犹立植黍稷,坐索于丰收也。"

【译文】

抱朴子说:"深潭如果不是穿透地面,就不能内藏蛟龙,生出吞舟的大鱼;高山如果不上及天宇,就不能装下各种美玉,行云下雨。树立道德不脱离世俗,就不能得到美好的名声,附着以敦厚坚实;胸怀的志向不超出众人,就不能达到成功,铭刻上巨大的功勋。而凡夫俗子早晨做一点蝉翼那么大的好事,晚上就盼望得到丘陵大的好处,这就像站着种上黄黍谷子,坐下来就想得到丰收一样。"

【原文】

抱朴子曰:"行无邈俗之标,而索高世之称;体无道艺之本,而营朋党之末。欲以收清贵于当世,播德音于将来,犹褰裳以越沧海,企竚而跃九玄。"

【译文】

抱朴子说:"行为没成为远超世俗的榜样,却索要高于世人的名誉;自身没有学问和技能这些根本的东西,却去经营同伙党羽这些末节的事情。想以此在当时收到清高可贵的名誉,在将来播扬品德高尚的声望,就像撩起衣襟要越过大海,踮起脚跟就想跃上九天。"

【原文】

抱朴子曰："泥龙虽藻绘炳蔚，而不堪庆云之招；撩禽虽琱琢玄黄①，而不任凌风之举；刍狗虽饰以金翠②，而不能蹑景以顿逸；近才虽丰其宠禄，而不能令天清而地平。"

【注释】

①撩（liáo）禽："撩"谓招引，故"撩禽"乃招引飞禽的假鸟。杨明照以为当依吉藩本作"橑"。按，橑，有屋椽、伞骨、柴薪等义，"橑禽"难以为言。疑杨说非是。

②刍狗：见《尚博》篇"祭毕之刍狗"句注。

【译文】

抱朴子说："泥塑的龙即使彩绘得鲜艳华丽，也不能接受祥云的召唤；招鸟用的假鸟即使雕刻精致色彩鲜艳，也不能乘风飞起；草扎的狗即使用黄金翠玉装饰起来，也不能踩自己的影子飞快地奔跑；浅陋之才即使受宠并且俸禄丰厚，也不能使政治清明百姓安乐。"

【原文】

抱朴子曰："毒粥既陈，则旁有烂肠之鼠；明燎宵举，则下有聚死之虫。刍豢之丰，则鼎俎承之；才小任大，则泣血涟如①。桑、霍为戒厚矣②，范疏之鉴明矣③。"

【注释】

①泣血涟如：出《易·屯》："乘马班如，泣血涟如。"如，形容词词尾。

②桑、霍：桑弘羊、霍光。桑弘羊，雒阳贾人子。年十三即事汉武帝为侍中。后为治粟都尉，领大农丞，尽管天下盐铁专卖，迁御史大夫，与霍光等受遗诏辅佐昭帝。自以为功大，为子弟争官，怨霍光，与上官桀谋反被诛。霍光事，参见《良规》篇"霍光之废昌邑"及"霍光几于及身，家亦寻灭"二句注。

③范：指范增。见《行品》篇"项羽无嫌范之悔矣"句注。

【译文】

抱朴子说："摆下有毒的粥，那么旁边就会有肠子腐烂的死老鼠；黑夜中举起火把，那么下边就会积聚起烧死的虫子。家禽养得肥了，紧接着就会被屠宰烹煮；才能低任要职，就会经常泪尽继之以血。桑弘羊和霍光的教训是深刻的，范增被疏远的借鉴是明显的。"

【原文】

抱朴子曰："沧海扬万里之涛，不能敛山峰之尘；惊风摧千仞之木，不能拔弱草之荄①。貙虎虓阚②，不能威蚊虻；冠世之才，不能合流俗。"

【注释】

①荄（gāi）：草根。

②貙（chū）虎：兽名。《尔雅·释兽》："貙，似狸。"郭璞注："今貙虎也。大如狗，文如狸。"虓（bào）：凶猛。阚（hǎn）：虎叫。

【译文】

抱朴子说："大海会激扬万里的波涛，但不能收敛山峰上的尘土；飓风能吹断高大的树木，但不能拔出小草的根。貙虎凶猛地吼叫，但不能威吓蚊子蛇虫；天下一流的人才，不能和世俗同流合污。"

【原文】

抱朴子曰："坚志者，功名之主也；不惰者，众善之师也。登山不以艰险而止，则必臻乎峻岭矣；积善不以穷否而怨，则必永其令问矣。"

【译文】

抱朴子说："坚定的志向，是功勋名誉的根本；不怠惰，是众多优点的老师。登山不因为艰难险阻而停止，则必然登上险峻的山峰；积累善行不因为困厄不顺而抱怨，则必然长享美好的名声。"

【原文】

抱朴子曰："和、鹊虽不长生，而针石不可谓非济命之器也；儒者虽多贫贱，而坟典不可谓非进德之具也。播种有不收者矣，而稼穑不可废；仁义有遇祸者矣，而行业不可惰。"

【译文】

抱朴子说："医和与扁鹊虽然没有长生不死，但针石不能说不是救助生命的东西；读书人虽然有很多是贫穷低贱的，但古老的经典不能说不是增进品德的工具。播种有没有收成的时候，但耕种收获不能废弃；仁义之人有遇到祸患的时候，但德行事业不能懈怠。"

【原文】

抱朴子曰："重载不止，所以沉我舟也；昧进忘退，所以危我身也。聚蝎攻本①，虽权安然，必倾之征也。"

【注释】

①蝎（hé）：木中蛀虫。《论衡·商虫》："柱有蠹，桑有蝎。"

【译文】

抱朴子说："不停地增加重载的货物，正是沉船的原因；盲目向前忘记退却，正是危及自身的做法。蠹虫聚集起来吞食树根，虽然暂时安然无恙，但无疑是大树倾倒的征兆。"

【原文】

抱朴子曰："玄云为龙兴，非虺蜓所能招也①；飙风为虎发，非狐狢之能致也②。是以大人受命，则逸伦之士集；玉帛幽求，则丘园之俊起。"

【注释】

①虺（huǐ）蜓（diàn）：蜥蜴和壁虎。

②狢（hé）："貉"之异体。

【译文】

抱朴子说："浓云为龙兴起，不是蜥蜴壁虎能够招致的；狂风是老虎引发的，不是狐狸貉子能够造成的。因此王者接受天命，那么超群的士人就会聚集来；用美玉布帛搜求寻访，那么隐居的贤人就会应聘出仕。"

【原文】

抱朴子曰："金以刚折，水以柔全，山以高陊①，谷以卑安。是以执雌节者无争雄之祸，多尚人者有召怨之患。"

【注释】

①陊（duò）：崩塌。

【译文】

抱朴子说："金属因为刚硬而折断，水凭借柔软而保全，山峰因为高峻而塌落，山谷由于低洼而安定。因此，执守谦退收敛的人没有争强好胜的祸患；经常要胜过他人的人，有招致怨恨的危险。"

【原文】

抱朴子曰："淮阴隐勇于跨下①，不损其龙跃而虎视也；应侯韬奇于溺箦②，不妨其鸾翔而凤起也。或南面称孤③，或宰总台鼎④。故一抑一扬者，轻鸿所以凌虚也；乍屈乍伸者，良才所以俟时也。"

【注释】

①《史记·淮阴侯列传》："淮阴屠中少年有侮信者，曰：'若虽长大，好带刀剑，中情怯耳。'众辱之曰：'信能死，刺我；不能死，出我袴下。'于是信孰视之，俛出袴下，蒲伏。一市人皆笑信，以为怯。"

②见《任命》篇"范生来辱于溺箦（篑）"句注。

③见《任命》篇"则淮阴投竿而称孤"句注。

④台鼎：见《安贫》篇"虽复设之台鼎"句注。范雎入秦始拜客卿，寻为相，封应侯。

【译文】

抱朴子说："韩信藏起勇敢甘受胯下之辱，这并不损害他龙跃沙场虎视强敌；范雎隐匿奇才忍耐在席卷中被人便溺，并不妨碍他发挥才能荣登高位。有的自立为王，有的总揽百官。所以，翅膀一上一下地扇动，是轻捷的鸿雁会飞上高空的原因；有时受屈枉有时得伸展，是出色的人才等待时机应有的见识。"

【原文】

抱朴子曰:"焦螟之卑栖,不肯为衔鼠之唳天①;玄蝉之洁饥②,不愿为蜣螂之秽饱③。是以御寇不纳郑阳之惠④,曾参不美晋楚之宝⑤。"

【注释】

①杨明照校,"唳"当作"戾"。是。
②玄蝉:寒蝉;秋蝉。
③蜣(qiāng)螂:一种黑色甲壳虫。俗称屎壳螂。
④见《酒诫》篇"而清节者不纳不义之谷帛焉"句注。
⑤见《守塉》篇"曾参不以其贫,易晋楚之富"句注。

【译文】

抱朴子说:"微小的蟭螟虽然栖息在卑微的地方,但也不肯像猫头鹰那样口衔腐鼠飞上高空;寒蝉宁肯干干净净地挨饿,也不肯像屎壳螂那样吃脏东西填饱肚子。因此列御寇不接受郑阳的恩惠,曾参不把去晋国楚国为官致富当好东西。"

【原文】

抱朴子曰:"微飙不能扬大海之波,毫芒不能动万钧之钟。是以漆园思惠,有捐斤之叹①;伯氏哀期,有剿弦之愤②。短唱不足以致弘丽之和,势利不足以移淡泊之心。"

【注释】

①见《尚博》篇"郢人所以格斤不运也"句注。
②典出《吕氏春秋·本味》:"伯牙鼓琴,钟子期听之。方鼓琴而志在太山,钟子期曰:'善哉乎鼓琴,巍巍乎若太山。'少选之间,而志在流水。钟子期又曰:'善哉乎鼓琴,汤汤乎若流水。'钟子期死,伯牙破琴绝弦,终身不复鼓琴,以为世无足复为鼓琴者。"

【译文】

抱朴子说:"小风不能掀起大海的波涛,毫毛芒刺不能震动万斤大钟。因此庄子思念惠施,有匠人放下斧子的叹息;伯牙为钟子期哀痛,有扯断琴弦的愤懑。短歌不足以招致宏大华美的唱和,权势利益不足以改变淡泊者的心志。"

【原文】

抱朴子曰:"熊罴不校捷于狐狸①,金鹗不兢击于小鹞②。是以张耳掩壮于抱关③,朱亥窜勇于鼓刀④。"

【注释】

①罴(pí):熊的一种,俗称人熊或马熊。《书·牧誓》:"如虎如貔,如熊如罴。"郭璞注《山海经》曰:"罴似熊而黄白色,猛憨能拔树。"
②鹗(è):即鱼鹰,雕属猛禽。鹞(yào):亦猛禽,似鹰而较小。按"兢"乃"竞

（竞）"字形近之误，当改。

③《史记·张耳陈余列传》："秦灭魏数岁，已闻此两人魏之名士也，购求有得张耳千金，陈余五百金。张耳、陈余乃变名姓，俱之陈，为里监门以自食。"抱关：即监门。

④朱亥：《史记·魏公子列传》："侯生谓公子曰：'臣所过屠者朱亥，此子贤者，世莫能知，故隐屠间耳。'"

【译文】

抱朴子说："熊罴不和狐狸较量矫捷，金鹗不和小鹞比赛攻击。因此张耳掩藏起自己的雄心壮志充当看门人，朱亥隐匿自己的勇敢做个挥刀的屠夫。"

【原文】

抱朴子曰："悬鱼惑于芳饵，槛虎死于笼狐。不可以钓缗致者①，必虬螭也；不可以机穽诱者，必麟、虞也②。"

【注释】

①缗（mín）：钓线。
②虞：驺虞。见《逸民》篇"不识驺虞之用心"句注。

【译文】

抱朴子说："上钩的鱼是由于受到芳香鱼饵的诱惑，被抓住的老虎是死于充当诱物的笼中的狐狸。不能用钓线钓来的一定是虬龙，不能用弩机陷阱诱捕的一定是麒麟和驺虞。"

【原文】

抱朴子曰："夫云翔者，不知泥居之污；处贵者，勘恕群下之劳。然根朽者，寻木不能保千日之茂也①；民怨者，尧舜不能恃其长世之庆也。"

【注释】

①寻木：大树。出《山海经·海外北经》："寻木长千里，在拘缨南，生河上西北。"

【译文】

抱朴子说："在云中飞翔的，不知道处在泥里的污浊；身在高位的，很少能体谅众多百姓的劳苦。但是根已经朽烂，巨大的树木也不能保有上千天的茂盛；百姓怨恨的，即使是尧舜也不能自恃长久吉庆平安。"

【原文】

抱朴子曰："凡木结根于灵山，而匠石为之寝斤斧①；小鲜寓身于龙池，而渔父为之息网罟。蚊集鹰首，则鳸鵅不敢啄②；鼠住虎侧，则狸犬不敢睨。"

【注释】

①匠石：见《尚博》篇"郢人所以格斤不运也"句注。此泛指木匠。
②鳸（hù）：农桑候鸟的通称。鵅（lù）：鸟名。

【译文】

抱朴子说:"平常的树木扎根在灵山上,木匠就要为它们收起斧子;小鱼虾栖身在龙池中,渔翁就要为它们收起渔网。蚊子聚集在鹰的头上,鸟雀就不敢去啄;老鼠停在老虎的旁边,那么狸子和狗都不敢斜看它。"

【原文】

抱朴子曰:"灵蔡默然①,而吉凶昭晳于无形②;春蛙长哗,而丑音见患于聒耳。故声希者响必巨③,辞寡者信必著。"

【注释】

①灵蔡:占卜用的大龟。《左传·襄公二十三年》:"且致大蔡焉。"杜预注:"大蔡,大龟。"

②昭晳:杨明照引《藏》本等八种版本,校"晳"为"晳",甚是。昭晳(zhé,又读zhì):明亮;清楚。《史记·司马相如列传》:"首恶湮没,暗昧昭晳。"袁宏《后汉纪·光武帝纪三》:"符瑞昭晳,宜答天神,以光上帝。"

③说本《老子》四十章:"大方无隅,大器晚成,大音希声。"

【译文】

抱朴子说:"灵龟沉默无声,但无形之中把吉凶显示得非常清楚;春蛙长时间吵闹,而难听的声音嘈杂于耳被人厌恶。所以声音稀疏的响动必定巨大,言辞少的信誉必定卓著。"

【原文】

抱朴子曰:"箕踞之俗①,恶盘旋之容;被发之域,憎章甫之饰②。故忠正者见排于谗胜之世③,雅人不容乎恶直之俗。"

【注释】

①箕踞:伸开两腿而坐,形似簸箕。是一种轻慢不拘礼节的坐姿。

②章甫:商代礼冠。《庄子·逍遥游》:"宋人资章甫而适诸越,越人断发文身,无所用之。"

③杨明照曰:"'者',吉藩本无。按无'者'字,与下句'雅人不容乎恶直之俗'俪。"杨说是。

【译文】

抱朴子说:"习惯伸腿而坐的地方,厌恶回旋进退的仪节;以披散头发为俗的地方,憎恨戴礼帽的装束。所以忠诚正直的人被谗言盛行的社会所排挤,高雅的人被憎恶正直的世俗所不容。"

【原文】

抱朴子曰:"升水不能救八薮之燔爇①,撮壤不能遏砥柱之腾沸②;寸刃不能刊长洲之林③,独是不能止朋党之非。"

【注释】

①燔(fán)爇(ruò):燃烧的大火。

②砥柱:山名。在今河南省三门峡黄河中流,以在激流中矗立如柱得名。

③长洲:见《用刑》篇"而方造舟于长洲之林"句注。

【译文】

抱朴子说:"一升水不能解救八片草泽的大火,一撮土不能阻止砥柱山下澎湃的浪涛,一寸长的刀子不能砍尽长洲的树林,一个人正确不能挡住结党营私的歪风。"

【原文】

抱朴子曰:"千羊不能扞独虎,万雀不能抵一鹰。庭燎攒举①,不及羲和之末景②;百鼓并伐,未若震霆之余声。是以庸夫盈明③,不能使彝伦攸叙④;英俊孤任,足以令庶事根长。"

【注释】

①庭燎:见《嘉遁》篇"庭燎之举"句注。

②羲和:见《交际》篇"羲和照则曲影觉矣"句注。

③盈明:百子本、《藏》本作"盈朝"。按"盈朝"是,当据正。

④彝伦攸叙:见《嘉遁》篇"攸叙彝伦者"句注。

【译文】

抱朴子说:"千头羊也不能抵御住一只老虎,万只鸟也不能阻遏住一只鹰。无数的火把举起来,也赶不上太阳将落时的光芒,百面鼓一起敲响,也不如雷霆的余音。因此平庸之辈站满朝廷,也不能使社会的常规就绪;出色的人才一人任职,足能够让各项事情有根本的进步。"

【原文】

抱朴子曰:"非分之达,犹林卉之冬华也;守道之穷,犹竹柏之履霜也①。故识否泰于独见者,虽劫以锋锐,犹不失正而改涂焉,安肯谄笑以偶俗乎!体方贞以居直者,虽诱以封国,犹不违情以趋时焉,安肯躐径以取容乎②!"

【注释】

①履霜:出《诗·魏风·葛屦》:"纠纠葛屦,可以履霜。"

②躐(liè):踩;踏。

【译文】

抱朴子说:"非分的显达,就像树木花草冬天茂盛;守道而困顿,就像竹子柏树遭遇霜降。所以能够独自看出命运好坏的人,即使用锋利的刀剑威胁他,也不会丢失正道改变路途,怎么肯以谄媚的笑脸来投合世俗呢!自身忠贞正直的人,即使用封以诸侯来诱惑,也不会违背本意趋附时风,怎么会走门径来取悦于人呢!"

【原文】

抱朴子曰："震雷鞠辚，而不能致音乎聋聩之耳；重光丽天①，而不能曲景于幽岫之中。凝冰惨栗②，而不能凋款冬之华③；朱飙铄石，而不能靡萧丘之木④。故至德有所不能移也。"

【注释】

①重光：指日、月。《文选·陆云〈大将军宴会被命作〉诗》："辰晷重光，协风应律。"李善注引张晏曰："重光，谓日、月也。"

②惨栗：极冷。《素问·至真要大论》："岁太阳在泉，寒淫所胜，则凝肃惨栗。"王冰注："惨栗，寒甚也。"

③款冬：植物名。多年生草本，严冬开花。

④萧丘之木：见《嘉遁》篇"尺水不能却萧丘之热"句注。

【译文】

抱朴子说："雷声隆隆，但不能传到耳聋者的耳朵里去；天空中日月明亮，但不能让光线曲折地照入幽深的山洞。结冰的天气极为寒冷，不能让款冬花凋谢；夏天的热风能熔化石头，但不能让萧丘岛上的树木倒下。所以，最高的品德是不能改变的。"

【原文】

抱朴子曰："彍弩危机①，严镞衔弦，至可忌也，而勇雉触之而不猜；暗政乱邦，恶直妒能，甚难测也，而贪人竞之而不避。故飞锋暴集而不觉，祸败奄及而不振。是以愚夫之所悦，乃达者之所悲也；凡才之所趋，乃大智之所去也。"

【注释】

①彍弩：见《名实》篇"彍棘矢而望高手于渠、广"句注。

【译文】

抱朴子说："弓已拉满，箭已上弦，是很可忌怕的，但大胆的雉鸡撞上去却毫不畏惧；昏暗的政治扰乱了国家，厌恶正直嫉妒贤能，前途很难预料，但贪婪的人争抢而不躲避。所以飞箭迅速密集而来还不觉得，祸到临头失败骤降仍不醒悟。因此愚蠢的人所为之喜悦的，正是明白的人所为之悲伤的；凡夫俗子所追求的，正是聪明至极的人所丢弃的。"

【原文】

抱朴子曰："风不辍则扇不用，日不入则烛不明，华不堕则实不结，岸不亏则谷不盈。九有乂安①，则韩、白之功不著；长君继轨，则伊、霍之勋不成②。故病困乃重良医，世乱而贵忠贞。"

【注释】

①九有：见《逸民》篇"其鞭挞九有"句注。乂安：见《省烦》篇"往者天下乂

安"句注。

②长君：年较长之君。《左传·文公六年》："故欲立长君。"盖伊尹、霍光皆曾辅年轻君主，见《良规》篇"伊尹之黜太甲，霍光之废昌邑"二句注。

【译文】

抱朴子说："风不停扇子就闲置不用，太阳不落山火把也不用点燃，花没落果实就结不出来，崖岸不削减山谷就填不平。九州太平，韩信、白起的功劳就无从表现；年龄较大的国君继承基业，伊尹、霍光的勋业也建立不成。所以为重病所困才重视好医生，社会混乱才重视忠诚坚贞之人。"

【原文】

抱朴子曰："好荣，故乐誉之欲多；畏辱，则憎毁之情急。若夫通精元一①，命契造化，混盈虚以同条，齐得失于一指者，爱恶未始有所系，穷通不足以滑和②。"

【注释】

①元一：杨明照曰："按'元'当作'玄'。上文'澄精神于玄一者'，《内篇·地真》'玄一之道，亦要法也'，并其证（'元'盖宋避始祖讳改而未校复者）。"甚确。

②滑（gǔ）和：扰乱中和之道。《庄子·德充符》："故不足以滑和，不可入于灵府。"成玄英疏："滑，乱也。虽复事变命迁，而随形任化，淡然自若，不乱于中和之道也。"

【译文】

抱朴子说："喜好荣耀，所以乐于别人赞誉的欲望多有；害怕耻辱，所以憎恶别人诋毁的情绪急躁。至于透彻地了解道的本源，命运与自然的创造相合，能够把盈满与虚空看成同样的东西，把得到与失去理解成没有区别，这样的人，喜爱和憎恶都不能对他有所牵动，困窘和通达都不足以扰乱他的中和之道。"

【原文】

抱朴子曰："与夺不汨其神者，至粹者也；利害不染其和者，极醇者也。浩浩乎非瓢觯所校矣①，茫茫乎非跬步所寻矣。声希所以为大音②，和寡所以崇我贵③。玄黄辽邈，而不与□其旷④；死生大矣，而不以改其守。常分细碎，将胡恤焉！"

【注释】

①觯（zhì）：《礼记·礼器》："尊者举觯，卑者举角。"郑玄注："凡觞一升曰爵，二升曰觚，三升曰觯，四升曰角，五升曰散。"

②见上文"故声希者响必巨"句注。

③本宋玉《对楚王问》："客有歌于郢中者，其始曰《下里巴人》，国中属而和者数千人。其为《阳阿》《薤露》，国中属而和者数百人。其为《阳春白雪》，国中属而和者不过数十人。引商刻羽，杂以流徵，国中属而和者不过数人而已。是其曲弥高，其和弥寡。"

④孙星衍曰:"('与'字下□)《藏》本挤接,旧写本空白一字。"按依下句"而不以改其守"句例之,"与"字下定有一字,为动词。或是"拟"字?译文从"拟"。

【译文】

抱朴子说:"得到与丧失都不能搅乱他的精神的人,是最精粹的人;利益与损害都不能浸染他的中和之道的人,是最纯一的人。其浩荡无边,不是用瓢和杯子所能计量的;其苍茫无际,不是一步一步所能探究的。没有声音因而被称为最大的声音;唱和的人少因而更显出我的高贵。天地相距遥远,但仍不能比拟其胸怀的宽阔;死生是重大的事情,但不因此而改变他的操守。天分平庸为人琐碎者,又怎么能体会理解呢!"

【原文】

抱朴子曰:"林繁则匠入矣,珠美则蚌裂矣。石含金者焚铄,草任药者剪掘。刃利则先缺,弦哀则速绝。用以适己,真人之宝也①;才合世求,有伎之灾也。"

【注释】

①真人:道家指存养本性及修真得道者。《庄子·大宗师》:"古之真人,其寝不梦,其觉无忧,其食不甘,其息深深……古之真人,不知说生,不知恶死,其出不䜣,其入不距,翛然而往,翛然而来而已矣。"《淮南子·本经训》:"莫死莫生,莫虚莫盈,是谓真人。"

【译文】

抱朴子说:"树林繁茂木匠就会进去砍伐,珍珠漂亮珠蚌就要被掰开。石头含有金子就要被焚烧熔化,草可以入药就要被剪断挖掘。刀刃锋利的先出现缺口,弦音凄清的先被用断。人的本领适用于自身,是得道者的宝贝;才能合于社会的要求,是有技艺者的灾难。"

【原文】

抱朴子曰:"准的陈,则流镝赴焉;美名起,则谤讟攻焉。瑰货多藏,则不招怨而怨至矣;器盈志骄,则不召祸而祸来矣。"

【译文】

抱朴子说:"箭靶摆好了,就有连续不断的箭射向它;有了美好的名声,就会招来很多诽谤攻击的话。珍奇的物品收藏得多了,不招怨,怨恨也会到来;小志偶适得意骄傲,不惹祸,祸患也会及身。"

【原文】

抱朴子曰:"连城之宝,非贫寒所能市也;高世之器,非浅俗所能识也。然盈尺之珍,不以莫知而暗其质;逸伦之士,不以否塞而薄其节。乐天任命,何怨何尤!"

【译文】

抱朴子说:"价值连城的宝贝,不是贫穷的人所能购买的;高出常人的才能,不是浅薄世俗的人所能认识的。但是一尺大的珍宝,不因为没有人知道就改变本质;才能超群的士人,不因为困窘就降低节操。乐于顺应上天听凭命运安排,还有什么可埋怨有什么可指责呢!"

【原文】

抱朴子曰:"大鹏无戒旦之用,巨象无驰逐之才。故蒋琬败绩于百里,而为三台之标①;陈平困瘁于治家,而怀六奇之略②。"

【注释】

①《三国志·蜀书·蒋琬传》:"琬以州书佐随先主入蜀,除广都长。先主尝因游观奄至广都,见琬众事不理,时又沉醉,先主大怒,将加罪戮。军师将军诸葛亮请曰:'蒋琬,社稷之器,非百里之才也……愿主公重加察之。'……亮卒,以琬为尚书令,俄而加行都护,假节,领益州刺史,迁大将军,录尚书事,封安阳亭侯。时新丧元帅,远近危悚。琬出类拔萃,处群僚之右。既无戚容,又无喜色,神守举止,有如平日。由是众望渐服。"三台:见《百里》篇"三台九列,坐而论道"句注。

②《史记·陈丞相世家》:"平为人长(大)美色。人或谓陈平曰:'贫何食而肥若是?'其嫂嫉平之不视家生产,曰:'亦食糠核耳。有叔如此,不如无有。'"又参见《嘉遁》篇"秘六奇以括囊"句注。

【译文】

抱朴子说:"大鹏没有报晓的功用,大象没有奔跑的才能。所以蒋琬治理一县失败,却成为三公的榜样;陈平管理家庭困顿衰败,却怀有六条奇计所显示的韬略。"

【原文】

抱朴子曰:"明暗者,才也,自然而不可饰焉;穷达者,时也,有会而不可力焉。吕尚非早蔽而晚智,然振素而仅遇;韩信非初怯而末勇,然危困而后达。"

【译文】

抱朴子说:"明白还是糊涂,是才能,与生俱来而不能假装;困厄还是显达,靠时机,需要机遇而不能强求。吕尚并不是年轻时糊涂无知而年纪大了就聪明了,但直到头发都白了才遇上文王;韩信并不是开始时怯懦而后来勇敢,但经过很多危险困顿而后才显达。"

【原文】

抱朴子曰:"奔骥不能及既往之失,千金不能救斯言之玷。故博其施者未若防其微，勤其求者不如寡其辞。"

【译文】

抱朴子说："飞奔的骏马不能追上已往的过失，千金不能解救已经说出的错话。所以广泛地施舍不如防范小的过失，勤奋追求不如少说话。"

【原文】

抱朴子曰："烈士之爱国也如家，奉君也如亲，则不忠之事①，不为其罪矣。仁人之视人也如己，待疏也犹密，则不恕之怨，不为其责矣。"

【注释】

①忠：无私；尽心竭力。《左传·成公九年》："无私，忠也。"

【译文】

抱朴子说："有壮志的人热爱祖国就像爱自己家一样，侍奉君主就像侍奉双亲一样，那么他们待人不能尽心竭力，不算是他们的罪过。仁德的人看待别人就像看自己一样，对待疏远的人就像亲人一样，那么他们不原谅并批评别人，不算是他们的不足。"

【原文】

抱朴子曰："玄冰未结，白雪不积，则青松之茂不显；俗化不弊，风教不颓，则皎洁之操不别。在危国而沉贱，故庄、莱抗遗荣之高①；居乱邦而饥寒，故曾、列播忘富之称②。"

【注释】

①庄、莱：庄子、老莱子。见《嘉遁》篇"携庄、莱之友"句、"故不萦翻于腐鼠"句、"故漆园垂纶，而不顾卿相之贵"句注。

②曾、列：曾参、列御寇。曾参，见《守塉》篇"曾参不以其贫，而易晋、楚之富"句注。列御寇，见《酒诫》篇"清节者不纳不义之谷帛焉"句注。

【译文】

抱朴子说："没冻上厚冰，没积聚白雪，那么青松的茂盛就显现不出来；教化不凋敝，风俗不颓败，那么皎洁的操守就不能与其他区别。在国家危难的时候沉于卑贱的地位，所以庄周、老莱子遗留下清高的荣誉；在国家混乱的时候挨饿受冻，所以曾参、列御寇远扬忘富的美名。"

【原文】

抱朴子曰："天居高而鉴卑，故其网虽疏而不漏①；神聪明而正真，故其道赏真而罚伪。是以惠和畅于九区②，则七耀得于玄昊；残害著于品物，则二气谬于四八③。"

【注释】

①说本《老子》七十五章："天网恢恢，疏而不失。"

②惠和：仁爱和顺。《左传·昭公四年》："纣作淫虐，文王惠和，殷是以陨，周是以兴，夫岂争诸侯！"九区：九州。《文选·陆机〈皇太子宴玄圃宣猷堂有令赋诗〉》："九区克咸，谠歌以咏。"刘良注："言九州能和，讴歌以咏我王之德。"

③二气：阴阳。出《易·咸》："象曰：咸，感也，柔上而刚下，二气感应以相与。"按咸之卦象为☷（下艮上兑），兑为阴卦（偶数），艮为阳卦（奇数）。四八：四季八节。八节指立春、立夏、立秋、立冬、春分、夏至、秋分、冬至。

【译文】

抱朴子说："天处在高处能看清下边，所以它的网虽然稀疏但没有漏洞；神耳聪目明并且正直真诚，所以它的准则是奖赏真诚惩罚虚伪。因此仁爱和顺在九州畅施无阻，就能感应天上的日月五星；残害如果施及人和物，那么阴阳二气就会在四季八节混乱颠倒。"

【原文】

抱朴子曰："天秩有罔极之尊，人爵无违德之贵。故仲尼虽匹夫，而缋祀于百代；辛、癸为帝王①，而仆竖不愿以见比。商老身愈贱而名愈贵②，幽、厉位弥重而罪弥著③。故齐王之生，不及柳惠之墓④；秦王之宫，未若康成之闾⑤。"

【注释】

①辛、癸：见《崇教》篇"辛、癸染乎推、崇"句注。

②商老：指商山四皓。见《逸民》篇"虽饥渴四皓，而不逼也"句注。

③幽、厉：周幽王、周厉王。周厉王，公元前878至前842年在位。《史记·周本纪》："厉王即位三十年，好利，近荣夷公。大夫芮良夫谏……厉王不听，卒以荣公为卿士，用事。王以暴虐侈傲，国人谤王。召公谏曰：'民不堪命矣。'王怒，得卫巫，使监谤者，以告则杀之。其谤鲜矣，诸侯不朝。三十四年，王益严，国人莫敢言，道路以目。……于是国莫敢出言。三年，乃相与畔，袭厉王。厉王出奔于彘。"事又见《国语·周语上》。周幽王：公元前781至前771年在位。《史记·周本纪》："（周幽王）三年，幽王嬖爱褒姒。褒姒生子伯服……竟废申后及太子，以褒姒为后，伯服为太子。……褒姒不好笑，幽王欲其笑万方，故不笑。幽王为烽燧大鼓，有寇至则举烽火。诸侯悉至，至而无寇，褒姒乃大笑。幽王说之，为数举烽火。其后不信，诸侯益亦不至。幽王以虢石父为卿，用事，国人皆怨。……申侯怒，与缯、西夷犬戎攻幽王。幽王举烽火征兵，兵莫至。遂杀幽王骊山下，虏褒姒，尽取周赂而去。"西周遂灭。

④见《钦士》篇"柳惠之墓，犹挫元寇之锐"句注。

⑤见《疾谬》篇"康成之里，逆房望拜"句注。

【译文】

抱朴子说："上天给予的品秩等级是最为尊上的，人间的爵位没有违背道德的高贵。所以孔子虽然是普通百姓，但享有百代人的祭祀；商纣夏桀虽然是帝王，而奴隶仆人也不愿意以他们作比拟。商山四皓地位越卑贱而名誉越高贵，周幽王和周厉王地位越重罪行也越大。所以齐王活着赶不上柳下惠的坟墓，秦王的宫殿还不如郑康成住的街巷。"

【原文】

抱朴子曰："影响不能无形声以著，余庆不可以无德而招①。故唐尧为政七十余载，然后景星摘耀②；羊公积行黄发不倦，而乃坠金雨集③。涂远者其至必迟，施后者其报常晚。"

【注释】

①余庆：留给子孙后辈的德泽。出《易·坤》："积善之家，必有余庆。"

②《史记·天官书》："天精而见景星。景星者，德星也。其状无常，常出于有道之国。"又："黄帝时景星见，形如半月，可以夜作。"

③《搜神记》卷十一："杨公伯雍，雒阳县人也。本以侩卖为业。性笃孝。父母亡，葬无终山，遂家焉。山高八十里，上无水，公汲水作义浆于坂头，行者皆饮之。三年，有一人就饮，以一斗石子与之，使至高平好地有石处种之，云'玉当生其中'。杨公未娶，又语云'汝后当得好妇'。语毕不见。乃种其石。数岁，时时往视，见玉子生石上，人莫知也。有徐氏者，右北平著姓，女甚有行，时人求多不许。公乃试求徐氏。徐氏笑以为狂，因戏云：'得白璧一双来，当听为婚。'公至所种玉田中，得白璧五双，以聘。徐氏大惊，遂以女妻公。天子闻而异之，拜为大夫。"《艺文类聚》《太平御览》四七九及八〇五"杨"作"羊"。

【译文】

抱朴子说："影子和回声不能没有形体、没有原声而单独存在，想泽及后人不可能没有道德而造成。所以唐尧治理国家七十多年，然后才使吉祥的瑞星散发光芒。羊公累积善行老了也不停止，于是天上落下金子像雨一样集聚到他那儿。道路遥远的到达一定迟，施恩在后的报答总是晚。"

【原文】

抱朴子曰："理尽者不可责有余，一至者不可求兼济。故洪涛之末不能荡浮萍，冲风之后不能扬轻尘。劲弩之余力不能洞雾縠，西颓之落辉不能照山东。"

【译文】

抱朴子说："正常的力量用尽后的人不能对他有多余的要求，某一方面成功的人不能要求他样样都行。所以巨大波浪的末尾不能漂起浮萍，大风过后的余气吹不起轻轻的尘土。强劲弓弩射出的箭到最后连雾一样轻薄的纱也不能穿透，西落太阳的余晖也照不亮山的东侧。"

【原文】

抱朴子曰："悬象虽薄蚀，不可以比萤烛之贞耀；黄河虽混浑，不可以方沼沚之清澄。山虽崩，犹峻于丘垤；虎虽瘠，犹猛于豺狼。"

【译文】

抱朴子说："日月虽然有微小的黑点，也不能用正亮着的萤光火把来比方；黄河虽然混浊，也不能用清澈的池塘为喻。山岭即使有崩塌，还是比丘陵土堆要高峻；老虎即使瘠瘦，还是比豺狼要凶猛。"

【原文】

抱朴子曰："神农不九疾，则《四经》之道不垂①；大禹不胼胝，则玄圭之庆不集②。故久忧为厚乐之本，暂劳为永逸之始。"

【注释】

①《淮南子·修务训》："于是神农……尝百草之滋味，水泉之甘苦……一日而遇七十毒。"《内篇·仙药》"神农《四经》"，孙星衍校："《博物志》引《神农经》曰'上药养命，中药养性，下药治病'云云，大抵与此相同。"

②胼（pián）胝（zhī）：手掌脚掌生老茧。《史记·李斯列传》："禹凿龙门，通大夏，疏九河，曲九防，决渟水致之海，而股无胈，胫无毛，手足胼胝，面目黎黑。"玄圭：见《博喻》篇"是以受玄圭以告成者，生于四罪之门"句注。

【译文】

抱朴子说："神农若不是为尝百草而多次生病，那么《四经》的药学就不能流传到后代；大禹若不是手脚磨出老茧，治水的极大功业就不能成就。所以长久的忧虑是大欢乐的本源，暂时的辛劳是长远安逸的开始。"

【原文】

抱朴子曰："金钩桂饵虽珍，而不能制九渊之沉鳞；显宠丰禄虽贵，而不能致无欲之幽人。故吕梁有鹄立之夫①，河湄繁伐檀之民②；玉帛徒集于子陵之巷③，蒲轮虚反于徐生之门④。"

【注释】

①《庄子·达生》："孔子观于吕梁，县水三十仞，流沫四十里，鼋鼍鱼鳖之所不能游也。见一丈夫游之，以为有苦而欲死也，使弟子并流而拯之。数百步而出，被发行歌而游于塘下。孔子从而问焉，曰：'……请问，蹈水有道乎？'曰：'亡，吾无道，吾始乎故，长乎性，成乎命。与齐俱入，与汨偕出，从水之道而不为私焉。此吾所以蹈之也。'孔子曰：'何谓始乎故，长乎性，成乎命？'曰：'吾生于陵而安于陵，故也；长于水而安于水，性也；不知吾所以然而然，命也。'"

②见《审举》篇"山林无伐檀、罝兔之贤"句注。

③《后汉书·逸民列传》："严光，字子陵，一名遵，会稽余姚人也。少有高名，与光武同游学。及光武即位，乃变名姓，隐身不见。帝思其贤，乃令以物色访之……乃备安车玄纁，遣使聘之，三反而后至。……车驾即日幸其馆。光卧不起，帝即其卧所……光又眠不应，良久，乃张目熟视曰：'昔唐尧著德，巢父洗耳。士故有志，何至相迫乎。'……

因共偃卧，光以足加帝腹上……除为谏议大夫，不屈，乃耕于富春山。"

④徐生：徐稺。《后汉书·徐稺列传》："徐稺，字孺子，豫章南昌人也。家贫，常自耕稼，非其力不食。恭俭义让，所居服其德。屡辟公府，不起。时陈蕃为太守，以礼请署功曹，稺不免之，既谒而退……后举有道，家拜太原太守，皆不就……桓帝乃以安车玄纁，备礼征之，并不至……稺尝为太尉黄琼所辟，不就……灵帝初，欲蒲轮聘稺，会卒。"

【译文】

抱朴子说："黄金鱼钩和肉桂钓饵虽然珍贵，但不能制服深渊中的龙；荣显受宠的地位和丰厚的俸禄虽然可贵，但不能招致没有欲望的隐士。所以吕梁山上有天鹅般挺立的男子汉，黄河边上有很多砍伐檀树的贤者；美玉布帛空自聚集在严子陵的巷子里，蒲轮之车白白往返于徐孺子的家门。"

【原文】

抱朴子曰："观听殊好，爱憎难同。飞鸟睹西施而惊逝，鱼鳖闻《九韶》而深沉。故衮藻之粲焕，不能悦裸乡之目；《采菱》之清音①，不能快楚隶之耳。古公之仁，不能喻欲地之狄②；端木之辩，不能释系马之庸③。"

【注释】

①《采菱》：《楚辞·招魂》："《涉江》《采菱》，发《扬荷》些。"此其所出。王逸注："楚人歌曲也。"

②古公：见《逸民》篇"古公杖策而捐之"句注。

③《淮南子·人间训》："孔子行游，马失，食农夫之稼。野人怒取马而系之。子贡往说之，卑辞而不能得也。孔子曰：'夫以人之所不能听说人，譬以大牢享野兽，以《九韶》乐飞鸟也。予之罪也。非彼人之过也。'乃使马圉往说之。至见野人曰：'子耕东海而至于西海，吾马之失，安得不食子之苗？'野人大喜，解马而与之。"又见《吕氏春秋》，说有异。

【译文】

抱朴子说："人们眼光耳音的喜好差别悬殊，所爱所憎难以相同。飞鸟看见西施就会吃惊逃走，鱼鳖听到《九韶》的音乐会深深地沉入水中。所以衮服藻饰的灿烂夺目，不能使裸体之乡的人们悦目；《采菱》的清丽音乐不能让楚地奴隶听来快乐。古公亶父的仁慈，不能让有夺地欲望的狄人理解；端木赐的雄辩，也不能令拴走马的野人把马放还。"

【原文】

抱朴子曰："般旋之仪①，见憎于裸踞之乡；绳墨之匠，获忌于曲木之肆。贪婪饕餮者，疾素丝之皎洁；比周实繁者②，仇高操之孤立，犹贾竖之恶同利③，丑女之害国色。"

【注释】

①般（pán）旋：即盘旋。

②比周：见《名实》篇"多则比周而匿瑕"句注。

③同利：出《礼记·哀公问》："国家靡敝，则车不雕几，器不刻镂，食不贰味，以与民同利。"按"雕几"谓刻画为凹凸之花纹。

【译文】

抱朴子说："进退回旋的礼仪，被赤裸身体伸腿而坐的地方憎恶；按墨线工作的木匠，被专营弯曲木头的市肆所忌恨。贪得无厌的人，嫉妒素丝的洁白无瑕；结党营私频繁的人，仇视操守高尚不与人勾结的人，这就像商人厌恶共享利益的同行，丑陋的女人嫉妒最美的女人一样。"

【原文】

抱朴子曰："君子之升腾也，则推贤而散禄；庸人之得志也，则矜贵而忽士。施惠隆于佞幸，用才出乎小惠。①不与智者共其安，而望有危而见救；不与奇士同其欢，而欲有戚之见恤，犹灾火张天，方请雨于名山；洪水凌空，而伐舟于东闽，不亦晚乎！"

【注释】

①孙星衍曰："（'才'）当作'财'。"孙说是，当据正。

【译文】

抱朴子说："君子升上高位，就要推举贤人分散俸禄；庸人得志为官，就会自矜高贵忽视士人。恩惠施舍给予善言词受宠幸的人，钱财也用在小恩小惠上。不和有智慧的人共享平安，但期望他们在有危险时解救自己；不和有奇才的人同享欢乐，但想要他们在有忧患时能帮助自己，就像是火灾漫天才到名山去请雨，洪水滔滔才到东闽去造船，不也太晚了吗？"

卷第四十　辞　义

题　解

本篇讨论文学问题。

有人认为做文章最宝贵的是"至真""天然",所以应有像日月星辰、春华秋兰一样的不同寻常的意义和语言,不能搬用前人现成的东西。作者则认为文章最重要的是"判微析理",天然的材料只有经过高水平的加工才能构成大厦,著为宏文。

作者还认为,由于人的才能有大小之别,又有风格之异,所以文章会有不同的特点,不能按照固定的模式强求一律,所谓"文贵丰赡,何必称善如一口乎",而且文章重要的是能"通疑""赈贫",有实际的价值,"古诗刺过失,故有益而可贵;今诗纯虚誉,故有损而贱也"。这一点显然和《钧世》篇等处为强调今胜于古而对当世诗文的过多褒扬有不一致的地方。

作者在简单评论了"属笔之家"的各种缺点之后,提出了自己的文学主张,即既有光彩夺目的文字,又有深刻的内容,以求"身贱而言贵,千载弥彰"。从中也可以看到作者最为关切的东西:"人事"与"王道"。

【原文】

或曰:"乾坤方圆,非规矩之功;三辰摛景①,非莹磨之力;春华粲焕,非渐染之采②;茝蕙芬馥③,非容气所假④,知夫至真,贵乎天然也。义以罕觏为异,辞以不常为美。而历观古今属文之家,尠能挺逸丽于毫端,多斟酌于前言,何也?"

【注释】

①三辰:日、月、星。摛:音 chī。
②渐(jiān):浸泡。
③茝(chǎi):香草名,即白芷。
④容气:即"容臭",犹香囊。《礼记·内则》:"衿缨,皆佩容臭。"孙希旦集解:"谓为小囊容受香物也。"

【译文】

有人说:"天圆地方,不是圆规方矩的功劳;日月星放射光芒,不是研磨的力量;

春天花卉灿烂，不是浸染的色彩；白芷兰蕙的芳香，不是香袋的气味给予的，由此可知这是完全原本的，其可贵在与生俱来。观念以罕见为奇异，言辞以不寻常为美好。但是历观从古至今写文章的人们，很少有人能够在笔下写出挺秀超绝的文字，多数都是在前人的话语里斟酌取舍，这是为什么呢？"

【原文】

抱朴子曰："清音贵于雅韵克谐，著作珍乎判微析理。故八音形器异而钟律同①，黼黻文物殊而五色均，徒闲涩有主宾，妍媸有步骤②。是则总章无常曲③，大庖无定味④。夫梓豫山积⑤，非班匠不能成机巧；众书无限，非英才不能收膏腴。何必寻木千里乃构大厦⑥，鬼神之言乃著篇章乎？"

【注释】

①八音：见《君道》篇"耳精八音之清浊"句注。钟律：谓音律。蔡邕《弹琴赋》："爰制雅器，协之钟律。"

②步骤：缓行与疾走。

③总章：《后汉书·献帝纪》："总章始备八佾舞。"李贤注："总章，乐官名。"

④大庖：帝王的庖厨。出《诗·小雅·车攻》："徒御不惊，大庖不盈。"朱熹集注："大庖，君庖也。"

⑤梓豫：见《钧世》篇"梓豫虽多"句注。

⑥寻木：见《广譬》篇"根朽者，寻木不能保其千日之茂也"句注。

【译文】

抱朴子说："清丽的音乐贵于韵调雅正声音和谐，撰述文章珍视揭示隐微分析道理。所以八类乐器形状用材不同而音律是相同的，礼服上的花纹纹式材料有别而用多种色彩是一样的，只在演奏的娴熟与生涩之间就能分出主次，在花纹的美丽与丑陋之间就能辨别缓急。这就是说，管理音乐的官没有一成不变的曲目，帝王的厨房没有固定的菜品。梓木樟木多如山积，没有鲁班那样的工匠不能做成巧妙的机械；众多的书籍浩如烟海，不是杰出的才子不能写成内容丰富的文章。为什么一定要千里大的木材才能构筑大厦，一定要鬼斧神工的语言才能撰著文章呢？"

【原文】

抱朴子曰："夫才有清浊，思有修短，虽并属文，参差万品。或浩瀁而不渊潭，或得事情而辞钝，违物理而文工。盖偏长之一致，非兼通之才也。暗于自料，强欲兼之，违才易务，故不免嗤也。"

【译文】

抱朴子说："人的才能有清浊之分，考虑问题有长短之别，虽然都是写文章，但是千差万别。有的浩荡汪洋但不深沉，有的有事有情但文辞笨拙，有的不合事理但语言精巧。都是有某一方面的长处，不是各方面都精通的人才。缺乏自知之明，硬想各方面都精通，脱离了才能把事情看得太容易，所以就不免要被人嘲笑。"

【原文】

抱朴子曰："五味舛而并甘，众色乖而皆丽。近人之情，爱同憎异，贵乎合己，贱于殊途。夫文章之体，尤难详赏，苟以入耳为佳，适心为快，尠知忘味之《九成》①，《雅》《颂》之风流也②。所谓考盐梅之咸酸，不知大羹之不致③；明飘飖之细巧④，蔽于沉深之弘邃也。其英异宏逸者，则网罗乎玄黄之表；其拘束龌龊者⑤，则羁继于笼罩之内。振翅有利钝，则翔集有高卑；骋迹有迟迅，则进趋有远近。驽锐不可……胶柱调也⑥。文贵丰赡，何必称善如一口乎！不能拯风俗之流遁，世涂之凌夷，通疑者之路，赈贫者之乏，何异春华不为肴粮之用，苣蕙不救冰寒之急！古诗刺过失，故有益而贵，今诗纯虚誉，故有损而贱也。"

【注释】

① 说本《论语·述而》："子在齐闻《韶》，三月不知肉味。"

② 《雅》《颂》：《诗经》三部分内容（《风》《雅》《颂》）之二。《雅》为朝廷乐曲，《颂》为宗庙祭祀乐曲。《论语·子罕》："子曰：'吾自卫返鲁，然后乐正，《雅》《颂》各得其所。'"《礼记·乐记》："故听其《雅》《颂》之声，志意得广焉。"

③ 大羹：见《君道》篇"食薄味之大羹"句注。

④ 飘飖（yáo）：飘荡飞扬。

⑤ 龌（wò）龊（chuò）：谓器量局促狭小。

⑥ 孙星衍曰："疑此（'可'字下）有脱文。"杨明照曰："按孙说是。《文选·刘峻〈辨命论〉》李注引《抱朴子》曰：'驽锐不可以一涂验，筝、琴不可以胶柱调也。'所引即此文，当据补。"译文从杨说。

【译文】

抱朴子说："各种味道相互有别但都美味适口，各种颜色彼此不同但都赏心悦目。浅近者的感情，是喜爱与自己相同的而憎恶与自己不同的，看重与自己相合的，轻贱与自己不合的。文章的各种体裁，尤其难以细致地评赏。如果以顺耳合心为好，就很少有人知道令人忘记肉味的《韶》乐，使教化流行的《雅》《颂》了。正像所说的讲求放盐和梅的咸酸味道，但不知道大羹是不放盐梅的；显示了轻飘和细巧，但缺乏深邃和宽广。才能卓异气量宏大的，拒之于天地之外；拘谨局促狭隘猥琐的，则羁绊网罗在手中。展翅飞翔有能力强弱之分，那么降落就有高低的不同；驰骋有快慢的区别，那么走的路就有远有近。驽钝与锐捷不能用同样的路程来查验，筝、琴不能粘住琴柱来调音。文章可贵的是丰富多彩，为什么一定要用相同的声音称赞呢！不能拯救风俗的流荡、尘世的衰颓，不能打通有疑问者的思路，救助知识贫穷者的困乏，那和春花不能当鱼肉粮食用，白芷兰蕙不能解救寒冷有什么区别呢！古诗讥刺过失，所以有益处而珍贵；现在的诗只有浮虚的称誉，所以有害处而低贱。"

【原文】

抱朴子曰:"属笔之家,亦各有病。其深者,则患乎譬烦言冗,申诫广喻,欲弃而惜,不觉成烦也;其浅者,则患乎妍而无据,证援不给,皮肤鲜泽,而骨髓迥弱也。繁华晔晔,则并七曜以高丽;沉微沦妙,则侪玄渊之无测。人事靡细而不浃,王道无微而不惼①,故能身贱而言贵,千载弥彰焉。"

【注释】

①惼:当为"備(备)"字之误。

【译文】

抱朴子说:"执笔写文章的人,也是各有毛病。其中深沉的,就要担心比喻烦琐言语冗长,反复告诫、多方设喻,想丢掉又觉得可惜,不觉之间就累赘啰唆了;其中浮浅的,就要担心文词漂亮但缺乏依据,援引证据不充足,外表艳丽润泽,而骨骼却很软弱。繁盛华丽光彩夺目,就可以和日月五星一起在天空放射光芒;深沉微妙,就能够和不测的深渊并列。人间诸事没有任何细小的地方没全部涉及,为君之道没有任何微末的东西不具备,所以就能够身处低贱而出言高贵,千年之后更加显扬。"

卷第四十一　循　本

题　解

"循本"言追溯原本。作者在本篇中强调凡物皆有"本",必须本根扎实雄厚才能"致其高""茂其末"。人对名誉地位的追求也是如此。这看来是"迂阔"的,但不致有很快就"零瘁""枯株"的危险。而当时社会的实际情况是,人们对古代圣贤的孜孜之勉视而不见,都争相"佻虚誉""窃大宝",而且形成了社会的普遍风气,人们并不觉得这样做有什么不对。唯一的拯救办法是从山野隐逸者中选拔人才。所以本篇开始是在强调人应打好德行、文学,以及"神明"要"玄寂虚静"这些根本,最后还是归结到作者反复论及的国家的用人制度上。

【原文】

抱朴子曰:"玄寂虚静者,神明之本也;阴阳柔刚者,二仪之本也①;巍峨岩岫者,山岳之本也;德行、文学者②,君子之本也。莫或无本而能立焉。是以欲致其高,必丰其基;欲茂其末,必深其根。乡党之友不洽,而勤远方之求;莅官之称不著,而索不次之显。是以虽佻虚誉③,犹狂华干霜以吐曜,不崇朝而零瘁矣④;虽窃大宝于不料⑤,冒惟尘以负乘⑥,犹鲜介附腾波以高凌⑦,顾眄已枯株于危陆矣⑧。圣贤孜孜,勉之若彼;浅近蹐蹐,忽之如此⑨。积习则忘鲍肆之臭,裸乡不觉呈形之丑。自非遁世而无闷⑩,齐物于通塞者⑪,安能弃近易而寻迂阔哉!将救斯弊,其术无他,徒擢民于岩岫,任才而不计也。"

【注释】

①二仪:见《逸民》篇"弥纶二仪"句注。

②德行、文学:见《勖学》篇"而登四科之哲"句注。

③以下句"虽窃大宝于不料,冒惟尘以负乘"例之,"誉"字后似脱九字。

④崇朝:从天亮至上午饭前(古人一日两餐)。"崇"通"终"。出《诗·鄘风·蝃蝀》:"朝隮于西,崇朝而雨。"毛传:"崇,终也。从旦至食时为终朝。"

⑤大宝:《易·系辞下》:"圣人之大宝曰位。"后因以"大宝"指帝位。

⑥惟尘:《诗·小雅·无将大车》:"无将大车,惟尘冥冥。"郑玄笺:"狂进举小人,

蔽伤己之功德。"后因以"惟尘"喻小人、佞人。负乘：见《嘉遁》篇"贪进不虑负乘之祸"句注。

⑦介：所依靠。此指船。

⑧顾昐：顾昐之间。言时间短暂。

⑨蹻（jiǎo）蹻：出《诗·大雅·板》："老夫灌灌，小子蹻蹻。"毛传："蹻蹻，骄貌。"

⑩无闷：见《任命》篇"无闷之志"句注。

⑪齐物：把是非、得失、物我、有无、生死、寿夭等都同等看待的一种思想。见《庄子·齐物论》。

【译文】

抱朴子说："清静无为，是精神明澈的根本；阴柔阳刚，是大地和天空的根本；巍峨的峰峦山谷，是山岳的根本；品德操行、文章博学，是有修养者的根本。没有任何事物可以没有根本而立住。所以，想要达到高大，必先丰厚它的基础；想要树梢茂盛，必先深埋其根。本乡本土的朋友不和谐，而努力到远方去寻找；任官后的名声不出众，却索要越级的显要位置。因此即使窃取了虚浮的声誉，但就像不合季节的花冒霜开放，不到一个早晨就凋零干枯了；即使出人意料窃取了帝位，贸然以小人盗得君子之位，就像没有船只置身于翻腾的波浪以求轻行，转眼间已成为高岸上的干尸。圣人贤者是那样孜孜不倦地努力追求，浮浅的人却这样骄纵自负地忽视这一点。积久成习就会忘掉鱼店中的臭味，裸体之乡的人们也不感觉显露躯体的羞丑。如果不是逃离尘世没有苦恼，把显达和困厄看得没有差别的人，怎么能丢弃近便容易的路而去寻找曲折绕远的路呢！要解救这个弊病，没有其他的办法，只有从隐居者中选拔人才，任用他们而不计其他。"

卷第四十二　应　嘲

题　解

　　本篇的主旨是谈《外篇》中有关君主统治、臣子责任、人才选拔、时俗弊端等论述的写作目的。话题是从有人对作者不求仕进、不交世人，却发表上述议论表示不解开始的。

　　作者认为，人的仕进与否有机遇问题，而自己的在野是由于"才短德薄，干不适治"，这些与人考虑什么问题并无关联。立言著文的目的是"助教"，"匡失弼违，醒迷补过"，而"君臣之大，次于天地"，用人、时俗都存在很多问题，需要"弹断"。写文章既然不是为了"采饰外形""偶俗集誉"，所以也就绝不应该畏惧别人憎恨。作者实际上认为自己的文章有"《白雪》之音""连城之价"，因而决心不"违情曲笔，错滥真伪"，而坚持走"弹断风俗、言苦辞直"的著述之路。

　　本篇还对庄子、公孙龙等的学说予以激烈的抨击，认为是"诞谈"，是"难验无益之辞"，没有存在的价值。

【原文】

　　抱朴子曰："客嘲余云：'先生载营抱一①，韬景灵渊②，背俗独往，邈尔萧然。计决而犹豫不栖于心术，分定而世累无系于胸间。伯阳以"道""德"为首③，庄周以"逍遥"冠篇，用能标峻格于九霄，宣芳烈于罔极也。今先生高尚勿用，身不服事，而著《君道》《臣节》之书；不交于世，而作讥俗救生之论；甚爱舒毛④，而缀用兵战守之法⑤；不营进趋，而有《审举》《穷达》之篇。蒙窃惑焉⑥。'

【注释】

　　①《老子》十章："载营魄抱一，能无离乎？"按马王堆出土帛书《老子》甲本无"魄"字，与《抱朴》此文一致。

　　②灵渊：出扬雄《太玄·去》："初一，去此灵渊，舍彼枯园。"范望注："一为水，最在下，故称灵渊。"

　　③伯阳：《史记·老子韩非列传》张守节正义曰："《朱韬玉札》及《神仙传》云：'老子，楚国苦县濑乡曲仁里人。姓李，名耳，字伯阳；一名重耳，外字聃。'"其《老

子》一书又称《道德经》,分《道》《德》二篇,分别首论"道"和"德"。

④爱骭(gàn)毛:已见《任命》篇"多失骭毛",参《嘉遁》篇"杨朱吝其一毛"句注。

⑤缀:著作。谓组织文字以成篇章。按《补晋志》有《抱朴子·军术》,被认为是《外篇》中佚篇,严可均辑得四十二条,见《附录二》。又葛洪尚著有《兵事方伎短杂奇要》,亦已佚。

⑥蒙:自称谦词,犹言"愚"。

【译文】

抱朴子说:"有客人嘲笑我说:'先生抱持魂魄固守正道,在深渊中藏匿光芒,背离尘俗独来独往,悠然而超脱。意向已决,心中毫无犹豫徘徊;本分既定,而胸间未被世事牵累。老子把"道""德"放在首位,庄子把《逍遥游》当作第一篇,因此能够在九重天上标举高格,在无边的时空中展现美好的业迹。现在先生高尚但不被任用,本身并未担当什么职务,但却撰著了《君道》《臣节》这些书;不与世人交往,却作了讥讽世俗、挽救生灵的论述;吝惜小腿上的一根汗毛,却写了用兵打仗进攻退守的方法;不追求为官晋爵,却作有《审举》《穷达》这样的篇章。我私下里甚为不解。'

【原文】

"抱朴子曰:'君臣之大,次于天地。思乐有道,出处一情,隐显任时,言亦何系!大人君子,与事变通。老子,无为者也①;鬼谷,终隐者也②。而著其书,咸论世务。何必身居其位,然后乃言其事乎!夫器非琼瑶,楚和不泣③;质非潜虬,风云不集。余才短德薄,干不适治;出处同归,行止一致。岂必达官,乃可议政事君,否则不可论治乱乎!常恨庄生言行自伐,桎梏世业,身居漆园,而多诞谈。好画鬼魅,憎图狗马;狭细忠贞,贬毁仁义。可谓彫虎画龙,难以征风云;空板亿万,不能救无钱;孺子之竹马,不免于脚剥;土柈之盈案④,无益于腹虚也。'

【注释】

①《史记·老子韩非列传》:"老子修道德,其学以自隐无名为务。"

②鬼谷:《史记·苏秦列传》裴骃集解:"徐广曰:'颍川阳城有鬼谷,盖是其人所居,因为号。'骃按:'《风俗通义》曰:"鬼谷先生,六国时从横家。"'"据《史记》载,苏秦、张仪俱事鬼谷子。所著《鬼谷子》《汉书·艺文志》不见著录。今本三卷二十一篇,今人多认为伪托。

③见《擢才》篇"和氏所以抱璞而泣血"句注。

④柈(pán):"盘"的古字。

【译文】

抱朴子回答说:"君臣之间关系的重要,仅次于天与地。忧思与求乐都要合乎道,出仕与隐居在感情上是一样的。隐逸和显达要靠时机,言论与此又有什么关系呢!有修养的人，要按照事情的具体情况变通。老子，是主张无所作为的人；鬼谷子，是终生隐居的人。但他们所写的书，都是议论社会上事情的。为什么一定要身居其位，然后才谈这件事呢！如果器物不是美玉，楚国的卞和不会哭泣；本质不是潜伏的龙，风云就不会聚集。我才能短浅德行寡薄，才干不适于治理政事；出仕隐居殊途同归，为官居家结果一致。难道一定要为官显达，才可以议论政事、侍奉国君，否则就不能谈及社会安定还是混乱吗！一直恼恨庄子言行自夸，束缚于世事之外，身居于漆园中，而有很多荒诞的议论。喜爱描述鬼怪，憎恶刻画狗马；抑损忠贞，贬低诋毁仁义。可以说是雕画的龙虎，难以招致风云；空板上写的亿万之数，不能解救没钱；小孩子的竹马，不能免除迈步走路的辛苦；泥土盘盏摆满了桌案，对肚子空空毫无益处。'

【原文】

"或人又曰：'然吾子所著，弹断风俗，言苦辞直。吾恐适足取憎在位，招揆于时，非所以扬声发誉，见贵之道也。'

【译文】

"又有人说：'但是您所撰述的东西，讥评时俗，语言犀利，用词直率。我怕恰恰会使掌权的人憎恨，招致时人的排挤，并不是播扬声誉，令人重视的办法。'

【原文】

"抱朴子曰：'夫制器者，珍于周急，而不以采饰外形为善；立言者，贵于助教，而不以偶俗集誉为高。若徒阿顺谄谀，虚美隐恶，岂所匡失弼违①，醒迷补过者乎！虑寡和而废《白雪》之音②，嫌难售而贱连城之价，余无取焉。非不能属华艳以取悦，非不知抗直言之多咎。然不忍违情曲笔，错滥真伪；欲令心口相契，顾不愧景，冀知音之在后也。否泰有命，通塞听天，何必书行言用，荣及当年乎？'

【注释】

①弼违：见《臣节》篇"匡过弼违者，社稷之鲠也"句注。
②《白雪》：此指《阳春白雪》。见《广譬》篇"和寡所以崇我贵"句注。

【译文】

"抱朴子说：'制造器具的人，可贵的是要解决急用，而不是以外表装饰得很漂亮为好；创立学说的人，可贵的是要协助教化，而不是以迎合世俗获取荣誉为高。如果只是阿谀驯顺谄媚，虚夸优点隐匿丑恶，怎么能算是匡直错误纠正过失，唤醒迷惘补察失误呢！顾虑应和的人少而抛弃《阳春白雪》的音乐，嫌难于出售而降低价值连城宝物的价格，我不取此道。并不是不能用华丽美艳的词句讨得欢心，并不是不知道进上直言会多有艰难。但不忍心违背真心曲笔而书，使真假错乱；想让心和口相一致，回顾时觉得没愧对时光，希望身后能有知音者。走运与否有命的安排，显达和困厄听凭上天，为什么一定要书能流行话被采纳，现在就要荣显呢？'

【原文】

　　"'夫君子之开口动笔，必戒悟蔽，式整雷同之倾邪，磋砻流遁之暗秽①。而著书者，徒饰弄华藻，张磔迂阔②，属难验无益之辞，治靡丽虚言之美，有似坚白厉修之书③，公孙刑名之论④，虽旷笼天地之外，微入无间之内，立解连环⑤，离同合异⑥，鸟影不动，鸡卵有足，犬可为羊，大龟长蛇之言⑦，适足示巧表奇以诳俗，何异乎画敖仓以救饥⑧，仰天汉以解渴！说昆山之多玉，不能赈原宪之贫⑨；观药藏之簿领，不能治危急之疾。墨子刻木鸡以厉天⑩，不如三寸之车辖；管青铸骐骥于金象⑪，不如驽马之周用。言高秋天而不可施者，丘不与易也。'"

【注释】

①磋（cuō）砻（lóng）：琢磨。引申指研究。
②张磔（zhé）：铺排；铺叙引申。
③杨明照曰："按'厉'当作'广'，字之误也。"并引证《公孙龙子》。甚确。《公孙龙子·坚白论》："石之白，石之坚，见与不见，二与三，若广修而相盈也。"此言坚白之石，其白与坚犹物之宽与长，是相互依存的。按"坚白"乃战国时名家的一个命题。"坚白厉（广）修之书"，即指《公孙龙子》。
④《孔丛子·公孙龙》："公孙龙者，平原君之客也。好刑名，以白马为非白。"按后"白"字为衍文。刑名："刑"通"形"。言事物的实体与其名的关系。为古代思想家常用术语。
⑤《战国策·齐策六》："秦始皇（按鲍本'始皇'作'昭王'。是）尝使使者遗君王后玉连环，曰：'齐多知，而解此环不？'君王后以示群臣，群臣不知解。君王后引椎椎破之，谢秦使曰：'谨已解矣。'"后以"解连环"喻解决难题。
⑥《庄子·秋水》："公孙龙问于魏牟曰：'龙少学先王之道，长而明仁义之行；合同异，离坚白；然不然，可不可……'"此语之所本。
⑦《庄子·天下》："惠施多方，其书五车，其道舛驳，其言也不中……惠施以此为大，观于天下而晓辩者，天下之辩者相与乐之；卵有毛，鸡三足，郢有天下，犬可以为羊……龟长于蛇……飞鸟之景未尝动也……"杨明照据此疑"鸡卵有足"句有脱误。按稚川此举公孙龙、惠施表奇诳俗之悖言，似可不必拘泥。
⑧敖仓：《史记·项羽本纪》："汉军荥阳，筑甬道属之河，以取敖仓粟。"
⑨原宪：见《逸民》篇"子贡与原宪同门，而不能模其清苦"句注。
⑩《韩非子·外储说左上》："墨子为木鸢，三年而成，蜚一日而败。"又见《淮南子》等。《墨子·鲁问》作"䨹（按为'鹊'之异体）"。故"木鸡"定有误。真鸡尚不得"戾天"，况木鸡乎！译文从"鹊"。又"厉"当作"戾"。
⑪管青：见《吴失》篇"时乏管青，骐骞粝焉"句注。

【译文】

　　"'君子开口动笔，必须戒除良心悟性被蒙蔽，整饬众人共同的倾颓邪恶，研究昏暗和污秽的流荡。而著书者如果只是装点卖弄华丽的辞藻，铺陈不切实际的内容，撰写难于理解没有益处的文辞，修治浮靡不实的美丽语句，就像讨论坚与白、广与修的书，公孙龙有关"形名"的论述，虽然思路开阔至于天地之外，细致深入到了没有间隙的地方，可立时解开玉连环，把相同的东西看成不同的或把不同的东西看成相同的，认为飞鸟的影子不发生移动，鸡蛋是有脚的，狗可以就是羊，大龟比长蛇还长之类的言论，恰可以展示诈巧表现奇异以诳骗俗人，这和画一个敖仓来解救饥饿，仰观天河来解渴有什么区别呢！说昆仑山上玉很多，不能救助原宪的贫穷；看一看药房文簿上登记的药物，不能治危急的疾病。墨子刻木头喜鹊飞上天，不如三寸长的车辖；管青铸金的骏马，不如驽劣的马有实际用处。言论高妙超过秋天的天空，但不能实用，土丘也不会与之交换。'"

卷第四十三 喻蔽

题　解

　　本篇面对非难王充的《论衡》而为王氏进行辩护。非难集中在两个方面：一是认为《论衡》篇幅太长，"兼箱累袠"；二是思想内容不纯粹。辩护也就围绕这两点进行。

　　作者认为，以多少来评判文之优劣，"贵少贱多"，是一种狭隘的见解，是完全错误的。伟大的东西都是产生于广博之中，对于学识如雷霆如黄河，才华似骐骥似鸿鹄的王充就更不能够用量来限制和衡量。作者在列举了一系列自然现象之后，又以古代圣贤伏羲、周公、孔子的著述为证，明确提出："言少，则至理不备，辞寡，即庶事不畅。"没有一定的量的积累，事物就不能上升到一个新的层次。而真正美好的事物，其价值往往并不在当时被人理解和认同。

　　对"乍出乍入，或儒或墨"的批评，作者认为不纯粹、有权变不但是正常的，而且是必须的。除列举了生活当中的例子以外，还证之以孔子答弟子之问仁、《庄子》的内容和《淮南子》的篇目，强调"因事托规，随时所急"的正确性。

【原文】

　　抱朴子曰："余雅谓王仲任作《论衡》八十余篇①，为冠伦大才。有同门鲁生难余曰：'夫琼瑶以寡为奇，碛砾以多为贱；故庖牺卦不盈十，而弥纶二仪；老氏言不满万，而道、德备举。王充著书，兼箱累袠②，而乍出乍入，或儒或墨，属词比义，又不尽美。所谓陂原之蒿莠③，未若步武之黍稷也。'

【注释】

　　①《后汉书·王充传》："王充，字仲任……充好论说……著《论衡》八十五篇，二十余万言。"按今《论衡》佚《招致》篇。王充生卒年为公元27—约97。

　　②袠（zhì）：书套；书函。书一函亦称一袠。

　　③陂（bēi）：山坡。

【译文】

　　抱朴子说："我一向认为王充作《论衡》八十多篇，是超群的大才。于是有同学鲁生反驳我说：'琼瑶因为量少才奇异，沙石因为量多才低贱；所以伏羲创制的八卦卦数不满十个，却包罗天地的规律；老子的著作字数不到一万，却把道、德问题全都涉及。王充撰写的著作，能装满很多箱很多函，可是其内容却忽此忽彼，有时儒家有时墨家，遣词用语陈述观点，又不完美。这就是所谓布满山地平原的蒿艾和莠草，不如几步之地的黍子和谷子。'

【原文】

"抱朴子答曰：'且夫作者之谓圣，述者之谓贤①，徒见述作之品，未闻多少之限也。吾子所谓窜巢穴之沉昧，不知八纮之无外②；守灯烛之宵曜，不识三光之晃朗；游潢汙之浅狭，未觉南溟之浩汗；滞丘垤之位埤③，不窹嵩岱之峻极也。两仪所以称大者，以其函括八荒，缅邈无表也；山海所以为富者，以其包笼旷阔，含受杂错也。若如雅论，贵少贱多，则穹隆无取乎宏焘④，而旁泊不贵于厚载也⑤。

【注释】

①二句本《礼记·乐记》："作者之谓圣，述者之谓明。"

②八纮：见《逸民》篇"总御八纮"句注。

③埤（bēi）：低矮。

④穹隆：本指天之中间隆起四周下垂貌。扬雄《太玄·玄告》："天穹隆而周乎下。"引申而指天。焘（dào）：覆盖。

⑤旁泊：即"旁薄"。亦出《太玄·玄告》："地旁薄而向乎上。"本指地之广大，引申而指地。

【译文】

抱朴子回答说："创作者人们称之为圣，传承者人们称之为贤，我只看到有传承和创作的品级，没听过有字数多少的限制。您正是人们所说的窜入昏暗巢穴中的人，不知道大地的无边无际；守着夜晚显亮的灯烛的人，不知道日月星三光的明亮；游历浅狭水池的人，没感到南海的浩瀚；阻滞于低矮小丘的人，不懂得嵩山泰山的高峻。天地之所以被称为广大，是因为它包容了八方荒远之地，辽阔无边；山岳大海之所以丰富，是因为它包蕴广阔，容纳了各种不同的东西。如果按您所说的那样，看重少而贱视多，那么覆盖一切的辽阔天宇就毫无足取，承载万物的无边大地也就毫不足贵。

【原文】

"'夫迹水之中，无吞舟之鳞；寸枝之上，无垂天之翼；蚁垤之颠，无扶桑之林①；潢潦之源，无襄陵之流。巨鳌首冠瀛洲②，飞波凌乎方丈③，洪桃盘于度陵④，建水竦于都广⑤，沉鲲横于天池，云鹏戾乎玄象。且夫雷霆之骇，不能细其响；黄河之激，不能局其流；骐骥追风，不能近其迹；鸿鹄奋翅，不能卑其飞。云厚者雨必猛，弓劲者箭必远。王生学博才大，又安省乎⑥？

【注释】

①扶桑：神话中的树名。《山海经·海外东经》："汤谷上有扶桑。"《海内十州记·带

洲》:"多生林木,叶如桑,又有椹,树长者二千丈,大二千余围。树两两同根偶生,更相依倚,是以名为扶桑也。"

②说本《列子·汤问》:"渤海之东不知几亿万里,有大壑焉,实惟无底之谷,其下无底,名曰归墟……其中有五山焉:一曰岱舆,二曰员峤,三曰方壶,四曰瀛洲,五曰蓬莱……而五山之根无所连箸,常随潮波上下往还,不得暂峙焉。仙圣毒之,诉之于帝。帝恐流于西极,失群仙圣之居,乃命禺强使巨鳌十五举首而戴之。迭为三番,六万岁一交焉。五山始峙而不动。"

③方丈:海中神山。《史记·秦始皇本纪》:"齐人徐市等上书,言海中有三神山,名曰蓬莱、方丈、瀛洲,仙人居之。"张守节正义引《汉书·郊祀志》云:"此三神山者……未至,望之如云;及至,三神山乃居水下,临之,患且至,风辄引船而去,终莫能至云。"

④度陵:即度朔山。《论衡·订鬼》引《山海经》曰:"沧海之中,有度朔之山,上有大桃木,其蟠屈三千里。"

⑤孙星衍曰:"('水')当作'木'。"杨明照并证之以卢本等五种本,及《吕氏春秋》《淮南子》《山海经》。是,当据正。建木:传说中的神木。《山海经·海内南经》郭璞注:"建木,青叶、紫茎、黑华、黄实,其下声无响、立无影也。"《淮南子·地形训》:"建木在都广。"都广:传说中的地名。《山海经·海内经》:"西南黑水之间,有都广之野,后稷葬焉。"

⑥又安省乎:疑"又"字前有脱误。

【译文】

"'脚窝的积水中,没有能吞掉船只的大鱼;一寸长的枝条上,没有羽翼垂天的大鸟;蚁冢顶上,没有扶桑树林;水坑大的源头,不会产生淹没山峰的水流。而海中巨鳌能用头顶着神山瀛洲,大海激起的波浪飞溅到仙山方丈之巅,大桃树能把枝干盘旋曲绕于整个度朔山上,通天的建木高耸在都广之野,水中大鲲的身子横在整个天池之中,云中的大鹏能飞到日月星辰之间。而且令人吃惊的雷霆,不能使自己的音响变得轻微;奔腾的黄河,不能限制自己的巨流;骏马追风奔驰,不能使自己跑不远;鸿鹄展翅,不能使自己飞得不高;云厚雨必然下得大,弓有力箭肯定射得远。王充学问渊博才能巨大,那些人又怎么能懂得呢?

【原文】

"'吾子云"玉以少贵,石以多贱"。夫玄圃之下①,荆、华之巅②,九员之泽,折方之渊③,琳琅积而成山,夜光焕而灼天,顾不善也?又引庖牺氏著作不多。若夫周公既繇《大易》④,加之以《礼》《乐》⑤;仲尼作《春秋》⑥,而重之以十篇⑦,过于庖牺,多于老氏,皆当贬也?言少,则至理不备,辞寡,即庶事不畅。是以必须篇累卷积,而纲领举也。羲和升光以启旦,望舒曜景以灼夜⑧。五材并生而异用⑨,百药杂秀而殊治。四时会而岁功成,五色聚而锦绣丽。八音谐而《箫韶》美⑩,群言合而道艺辨。积猗顿之财,而用之甚少，是何异于原宪也⑪！怀无铨之量，而著述约陋，亦何别于琐碌也！音为知者珍，书为识者传。瞽旷之调钟⑫，未必求解于同世；格言高文，岂患莫赏而减之哉！且夫江海之秽物不可胜计，而不损其深也；五岳之曲木不可訾量，而无亏其峻也。夏后之璜，虽有分毫之瑕，晖曜符彩，足相补也；数千万言，虽有不艳之辞，事义高远，足相掩也。故曰：四渎之浊⑬，不方瓮水之清；巨象之瘦，不同羔羊之肥矣。

【注释】

①玄圃：已见《务正》篇"玄圃崇本（木）石以致极天之高"句注。《淮南子·地形训》："（昆仑山）有增城九重……珠树、玉树、璇树、不死树在其西，沙棠、琅玕在其东。"高诱注："（沙棠、琅玕）皆玉名。""增（céng）城"即"层城"。《文选·张衡〈思玄赋〉》："登阆风之层城兮，构不死而为床。"李善注："昆仑虚有三山，阆风、桐版、玄圃，层城九重。"按"桐版"当乙作"版桐"。

②荆：指荆山。传为卞和得璞处。华：华山。《淮南子·地形训》："西南方之美者有华山之金石焉。"高诱注："金，美金也。石，含玉之石也。"

③二句亦本《淮南子·地形训》："水圆折者有珠，方折者有玉。"员：圆的古字。

④孔颖达《周易正义·卷首》："验此诸说，以为卦辞文王，爻辞周公。""繇"通"爻"。

⑤《礼记·明堂位》："武王崩，成王幼，周公践天子之位以治天下。六年，朝诸侯于明堂，制《礼》作《乐》，颁度量，而天下大服。"

⑥《春秋》：编年体史书。传孔子据鲁史修订而成。《孟子·滕文公下》："孔子惧，作《春秋》。"

⑦十篇：《汉书·艺文志》："孔氏为之《彖》《象》《系辞》《文言》《序卦》之属十篇。""十篇"包括《易》之《上彖》《下彖》《上象》《下象》《上系》《下系》《文言》《说卦》《序卦》《杂卦》。又称"十翼"。

⑧羲和：见《交际》篇"羲和照则曲影觉矣"句注。望舒：见《任命》篇"夕照望舒之余耀"句注。

⑨五材：五种物质。此本《左传·襄公二十七年》："天生五材，民并用之，废一不可。"杜预注："五材，金、木、水、火、土也。"

⑩八音：见《君道》篇"耳精八音之清浊"句注。《箫韶》：见《安贫》篇"《箫韶》未九成"句注。

⑪猗顿：见《擢才》篇"夫结绿、玄黎，非陶、猗不能市也"句注。原宪：见《逸民》篇"子贡与原宪同门，而不能模其清苦"句注。

⑫依下"格言高文"律之，此句"之"字当为衍文。

⑬四渎：《尔雅·释水》："江、河、淮、济为四渎。"

【译文】

"'您说："玉因为稀少而珍贵，石因为多而低贱。"而玄圃之下，荆山、华山之巅，多处圆转的湖泽，折方的深渊，美玉堆积如山，夜光珠发出光彩照亮天空，这难道不好？您又引庖牺著作不多作依据。而像周公作《易经》的爻辞以后，又制《礼》作《乐》，孔子作《春秋》，还有辅助《易经》的十篇著作，都超过庖牺，多于老聃，因此都是应当贬斥的了？话少，道理就会讲不全面；词寡，众多的事物就表达不充分。因此必须长篇累卷，大纲和要领才能列举全面。太阳升起带来光明而白天来临；月亮放出光彩而照亮暗夜。五材并存而用途不同，各种药草全都生长但药效各异。四季齐全一年才能构成，五色具备锦绣才更华丽。八音和谐《箫韶》才能演奏得美妙，各种言论都发表出来道理和经义才能辨别清楚。积累了猗顿那样多的财富，却很少使用它，这与原宪的贫穷有什么不同！胸中有无法衡量的学识，但著述却简单浅陋，这与猥琐平庸者又有什么区别！乐曲为知音的人所珍视，书籍为认识其价值的人所流传。盲乐官师旷调整钟音，并不一定要求同时的人们与自己有相同的见解；可作为准则的话和高明的文章，难道会因为担心没有人赏识而减少它的价值吗！况且江海中的脏物多得无法计算，却丝毫不会减少它们的渊深；五岳上弯曲的树木多得不能估量，却丝毫不会损害它们的高峻。夏后氏的玉璜，虽然有微小的瑕疵，但明亮的纹理光彩，足以补救这一缺点；几千万言的著作，虽有不华美的词句，但叙事说理高超深远，足以掩盖这一不足。所以说：长江、黄河、淮河、济水的混浊，也不宜用瓮中的清水来比拟；大象的瘦瘠，也与羔羊的肥腴不能相提并论。

【原文】

"'子又讥云："乍入乍出，或儒或墨。"夫发口为言，著纸为书。书者，所以代言；言者，所以书事。若用笔不宜杂载，是论议当常守一物。昔诸侯访政，弟子问仁，仲尼答之，人人异辞。盖因事托规，随时所急。譬犹治病之方千百，而针灸之处无常，祛寒以温，除热以冷，期于救死存身而已。岂可诣者逐一道如齐、楚，而不改路乎！陶朱、白圭之财不一物者①，丰也；云梦、孟诸所生万殊者②，旷也。故《淮南鸿烈》始于《原道》《俶真》，而亦有《兵略》《主术》③；庄周之书以死生为一，亦有畏牺、慕龟、请粟救饥④。若以所言不纯而弃其文，是治珠翳而刳眼⑤，疗湿痹而刖足⑥，患蓑莠而刈谷⑦，憎枯枝而伐树也。'"

【注释】

①陶朱：见《擢才》篇"非陶、猗不能市也"句注。白圭：见《守塉》篇"退则参陶、白之理生"句注。

②云梦：见《嘉遁》篇"夫群迷乎云梦者"句注。孟诸：见《钧世》篇"孟诸之薮"句注。

③《淮南鸿烈》：《淮南子》本名。汉淮南王刘安并集多人编撰。《汉书·艺文志》归入杂家，内篇二十一，外篇三十三；内篇论道，外篇杂说。今仅存内篇。《隋书·经籍志》始称《淮南子》。《原道》《俶（shù）真》为其第一、二卷，内容以道家的自然天道观为主；《兵略》乃其第十五卷，《主术》乃其第九卷，内容兼有道、儒、法、兵、名各家说。

④畏牺：见《嘉遁》篇"同被绣于牺牛哉"句注。慕龟：见《嘉遁》篇"故漆园垂纶，而不顾卿相之贵"句注。《庄子·外物》："庄周家贫，故往贷粟于监河侯。"

⑤珠翳（yì）：眼病引起的障膜。

⑥湿痹：病名。因风寒湿三邪中以湿邪偏胜，造成肌肤麻木，关节肿痛。

⑦荑（tí）：通"稊"，似稗的一种杂草。莠（yǒu）：狗尾草，样子似谷。

【译文】

"'您又指责说"王充的著作忽此忽彼，有时是儒家观点，有时是墨家观点"。开口说话，落纸为书。书，是用来代替说话的；说话，是用来写事的。如果用笔写作时不宜多方面地记述，这样就会使议论常拘守于某一事物上。从前诸侯咨询政事，弟子求问仁德，孔子回答他们时，因问者的不同而答案也有所不同。这一做法正是按照情况的不同而给予不同的告诫，随着事物的缓急而给予最急需的回答。这就如同治病的方法成千上百，针灸的穴位没有一定，用温法祛除寒邪，以冷敷消除热症，目的仅仅在于救死保命而已。怎么能不论去齐国还是去楚国都走一条道，而不改变路线呢！陶朱公和白圭的财产不是一件东西，因而称为富足；云梦、孟诸二泽生长着上万种生物，因而称为广阔。所以，《淮南鸿烈》一书，以《原道》《俶真》二篇开始，同时也有《兵略》《主术》等篇；庄周的书把死生看得没有区别，但也有畏惧成为牺牲之牛，美慕曳尾于途的乌龟，向人求借粮食解救饥饿的内容。如果因为言论不纯粹就抛弃了他们的著作，这就如同治疗障翳而挖掉眼睛，治疗风湿麻痹而砍去双足，忧虑杂草而割掉谷子，憎恶枯枝而砍断树干一样。'"

卷第四十四　百　家

题　解

　　本篇继《尚博》篇之后，再次称道诸子的著作，很多语句也是一样的。作者认为百家之书虽非皆精粹深湛，但也都是"才士"寄托心志并深刻思考的结果，其价值是口味偏邪、思维浅薄者所不能理解的。子书的作者实际上都是百世方有的难得之才，其书堪与经典异曲同工，人们对此不识不解是非常可惜的。

【原文】

　　抱朴子曰："百家之言，虽不皆清翰锐藻，弘丽汪濊，然悉才士所寄心，一夫澄思也①。正经为道义之渊海，子书为增深之川流。仰而比之，则景星之佐三辰②；俯而方之，则林薄之裨嵩岳③。而学者专守一业，游井忽海，遂蹱踬于泥泞之中④，而沉滞乎不移之困。子书披引玄旷，眇邈泓窈，总不测之源，扬无遗之流；变化不系于规矩之方圆，旁通不沦于违正之邪径；风格高严，重仞难尽。是偏嗜酸甜者⑤，莫能赏其味也；用思有限者，不得辩其神也。

【注释】

　　①一夫澄思：《百子全书》本"夫"后有"所"字。按"夫"后定脱一字，似以"之"字为宜。
　　②景星：见《尚博》篇"则景星之佐三辰也"句注。
　　③林薄：见《尚博》篇"则林薄之裨嵩岳也"句注。
　　④蹱（zhuó）踬（zhì）：跌倒。
　　⑤杨明照校以为当据《尚博》篇，于"是"字后补"以"字。

【译文】

　　抱朴子说："诸子百家的言论，虽然并不全都具有清雅的言辞和出众的文采，壮丽深广的内容，但都是有才能的人心志的寄托，是某个人深湛思考的结果。正统的经典是道义的深广的大海，那么诸子著作就是增加它深度的河流。若仰望天空而进行比喻，就如同景星帮助日月星辰发光；俯视大地而进行比喻，就如同森林草丛补助嵩岳一样。因而，如果求学的人专门拘守一种学业，就像在井中游乐却忽视了大海，结果就会跌入泥泞之中，并沉滞在不能移动的困境中。诸子百家的著作引证的材料极为广泛，内容精妙且高远深沉，总揽远不可测的源泉，翻腾着囊括无遗的水流；千变万化而不为圆规方矩般的准则所限制，融会贯通却不沉沦于违背正道的邪路；风度品格崇高严肃，数仞的高度也难以测尽它的深浅。这是偏嗜酸味或甜味的人，不能欣赏它的味道；思维能力有限的人，不能辨明它的精神的原因。

【原文】

"先民叹息于才难，故百世为随踵①。不以璞不生板桐之岭②，而捐曜夜之宝；不以书不出周、孔之门，而废助教之言。犹彼操水者，器虽异而救火同焉；譬若针灸者，术虽殊而攻疾均焉。狭见之徒，区区执一，去博辞精思而不识。合锱铢可以齐重于山陵，聚百千可以致数于亿兆。惑诗赋琐碎之文，而忽子论深美之言，真伪颠倒，玉石混淆，同广乐于桑间，均龙章于素质③，可悲可慨，岂一条哉！"

【注释】

①杨明照曰："按'故'下当据《尚博》篇补'谓'字，文意始显。"见《尚博》篇"故谓百世为随踵"句注。

②板桐：昆仑山仙山之一。参见《喻蔽》篇"夫玄圃之下"句注。

③二句见《尚博》篇"同广乐于桑间，钧龙章于卉服"二句注。

【译文】

"古时的贤人叹息人才难得，所以曾说百代产生一个人才就已经像脚挨脚走来一样频繁了。他们并不因为璞玉不是产自板桐山，就抛弃能照亮黑夜的宝玉；也不因为书籍不是周公孔子所著，就废弃有助于教化的言论。这就如同那些拿着水的人，容器虽然不同，但能够救火却是相同的；又如同针刺艾灸治病，方法虽然不同，但治疗疾病的效果都是一样的。见解狭隘的人，目光短浅地固执于一个方面，丢弃广博的知识和精深的思想而不认识。会合一点一滴就能与山陵一样沉重，聚积百千的小数目就可以达到亿兆的大数目。迷惑于诗赋之类的琐碎的文字，却忽视诸子文章深刻美妙的言论，把真和假颠倒，把玉和石混淆，把盛大美雅之乐与桑间濮上的靡靡之音一样看待，把帝王所穿的绣着龙形图案的礼服与白色的布帛视为同等，可悲可叹的现象，难道只有这一种吗！"

卷第四十五　文　行

题　解

　　本篇内容大多与《尚博》篇相重，几乎可看作《尚博》篇的节录，故顾广圻、陈其荣认为应当删并改定。他们的说法是有道理的。参见《尚博》篇之"题解"（卷第三十二）。

【原文】

　　或曰："德行者，本也；文章者，末也。故四科之序，文不居上。然则著纸者，糟粕之余事；可传者，祭毕之刍狗。卑高之格，是可讥矣①。"

【注释】

　　①按此段文字与《尚博》篇全重，可参见。顾广圻、陈其荣以为《百家》《文行》二篇大都重复《尚博》篇，"当删并改定，合之《自序》，恰得五十篇，与《自序》所云、《直斋书录》所载自合"，姑备一说。杨明照引徐济忠，以为末句"讥"字当据《尚博》篇改为"识"。是。

【译文】

　　有人说："德行，是根本；文章，是末节。所以孔子门下德行、言语、政事、文学四科中，文学一科不居于前列。这样说来，在纸上写作，是像酒糟豆渣一类无价值的次等小事；可以流传的文章，就像祭祀之后弃去的草扎的狗一样毫无价值。低级和高级的标准，由此就可以知道了。"

【原文】

　　抱朴子答曰："荃可弃，而鱼未获则不得无荃；文可废，而道未行则不得无文。若夫翰迹韵略之广逼，属辞比义之妍媸，源流至到之修短，韫藉汲引之深浅，其悬绝也，虽天外毫内，不足以喻其辽邈；其相倾也，虽三光熠燿，不足以方其巨细；龙渊铅铤，未足以譬其锐钝；鸿羽积金，未足以方其轻重。而俗士唯见能染毫画纸，便概以一例，斯伯氏所以永思钟子，郢人所以格斤不运也。夫斫削者比肩，而班、狄擅绝手之名；援琴者至多，而夔、襄专清声之称；厩马千驷，而骐骥有逸群之价；美人万计，而威、施有超世之色者，盖远过众也①。

【注释】

①此段文字与《尚博》篇基本相同，可参见，不赘注。

【译文】

抱朴子回答说："竹筌可以丢弃，但未捕获到鱼时就不能没有竹筌；文章可以废弃，但道义未行于世就不能没有文章。至于文笔韵度的宽狭，撰文达意的美丑，涉及范围的远近，蕴含引证学问的深浅，其间的悬殊，即使用天际之外与细毛之内二者的差距，也不能比喻出它们之间距离的遥远；其差别的对立，即使用日月星三光与萤火之光的差别，也不能比方尽它们之间大小的不同；龙渊宝剑与铅制的刀，不足以比喻它们的锋利与粗钝；鸿雁的羽毛与堆积的金块，不足以比喻他们的轻飘与沉重。然而浅俗的人却只看到有人能用毛笔蘸墨在纸上涂画，就把他们看成是一样的，这正是伯牙之所以永远怀念钟子期，郢人匠石之所以停斧而不再使用的原因。能砍削的人多得肩挨肩，但是只有公输班和墨翟能独有绝等技艺高手的名声；抚琴的人很多，可是只有夔和师襄专享乐声清越的称号；马厩中有马几千匹，但是只有骐骥有超群的价值；美人数以万计，可是只有南威和西施有超过所有人的姿色，这大概是因为远远超过一般吧。

【原文】

"且文章之与德行，犹十尺之与一丈，谓之余事，未之前闻也。八卦生乎鹰隼之飞①，六甲出于灵龟之负，文之所在，虽且贵②。本不必便疏，末不必皆薄。譬锦绣之因素地，珠玉之托蚌石，云雨生于肤寸，江河始于咫尺。理诚若兹，则雅论病矣。"

【注释】

①杨明照校"飞"字当依《藏》本等及《尚博》篇作"被"。
②孙星衍曰："疑'虽'下有脱误。旧写本作'具贵'，亦有脱。"据《尚博》篇，"虽"下脱"贱"字无疑。

【译文】

"而且文章与德行相比，就像十尺和一丈的关系，把它说成是末等小事，这是从未曾听说过的。八卦产生于鹰隼身披的羽毛，六甲产生于神龟背甲的图案，只要有'文'的存在，即使原来低贱的事物也会变得高贵。根本不一定就粗重，末梢不一定就单薄。譬如锦绣要依托于白色的质地之上，珍珠宝玉要寄身在蚌壳和石块之中，云雨从微小的地方生成，江河从咫尺的源头开始。如果道理确实如此，那么您的说法就有问题了。"

【原文】

又曰："应龙徐举，顾盻而凌云；汗血缓步，呼吸而千里。故蛣蜣怪其无阶而高致，驽蹇惊过已之不渐也①。若夫驰骤《诗》《论》之中，周旋一经之内，以常情览巨异，以褊量测无涯，始自髫龀，诣于振素，不能得也。又世俗率贵古昔而贱当今，敬所闻而黩所见。同时虽有追风绝景之骏，犹谓不及伯乐之所御也；虽有宵朗兼城之璞，犹谓不及楚和之所泣也；虽有断马、指雕之剑②，犹谓不及欧冶之所铸也；虽有生枯起朽之药，犹谓不及和、鹊之所合也；虽有冠群独行之士，犹谓不及于古人也③。"

【注释】

①杨明照校，以为"惊"后当补"其"字。

②《渊鉴类函》引《尸子》曰："水试断鹄雁，陆试断牛马，所以观良剑也。"

③此段与《尚博》篇多重，词语典故可参见《尚博》篇注。

【译文】

抱朴子又说："应龙徐徐腾空，顾盼之间就直上云霄；汗血马缓缓迈步，呼吸之间已远行千里。因此蝼蛄和蚂蚁奇怪应龙不登台阶就达到高空，行动迟缓的劣马惊讶汗血马一下子就超过自己。至于说那种奔波于《诗经》《论语》之中，周旋在一部经书之内，依据一般的情况来看待巨大而不平凡的东西，凭着狭小的气量测度浩瀚无边的事物的人，他们从儿童开始，一直努力到白发飘动，也是不能有所收获的。而且世俗之人都看重古代而轻视当今，敬仰耳朵听到的东西却轻蔑眼睛所见到的东西。当时虽然有能追上风脱离自己影子的快马，这些人仍会说它不如伯乐所驾驭的；虽然有夜晚发光价值连城的璞玉，仍会说它不如楚国卞和为之而泣的；虽然有能斩断马匹、点指则令花凋谢的利剑，仍会说它不及欧冶子所铸的；虽然有起死回生的药物，仍会说它不如医和和扁鹊所调制的；虽然有才能超群不随俗浮沉的高士，仍会说他们比不上古人。"

卷第四十六　正　郭

题　解

郭泰其人在东汉后期及其后很长时间里都享有很高的声誉，一则因其博通坟典，弟子数千；二则因其善于品题人物。蔡邕为之作碑文云："吾为碑铭多矣，皆有惭德，唯郭有道铭无愧色耳。"于此可见一斑。但葛洪在本篇中却对郭泰进行了极其激烈的抨击。

作者认为，郭泰实际上是个既不堪忍受隐逸的苦闷，又害怕乱世为官易有的祸患，"精神内虚""心希荣利""有耀俗之才，无固守之质""巧自抗遇而善用"的小人，"非真隐也"。作者的主张是，为官就要"安上治民，移风易俗"，隐居就应"挥毫属笔，祖述六艺"，因而对郭泰忙碌于"邀集""交关""行自衒耀""收名赫赫"实在看不上眼，不但认为郭氏"未有异庸人"，甚至把他比作焦螟和黄鼠狼。对郭氏的所谓"知人"，作者也认为没给国家荐举过有能为的文官武将、忠烈臣子，没为社会作出有益的贡献，品评人物的目的不过是为自己"扬名养誉"。

总之，作者认为郭泰的作为于世无补，反过来起颠倒是非、败坏世风的作用，使得"大乱滋甚"。最后得出"斯人乃避乱之徒，非全隐之高"的结论。

【原文】

抱朴子曰："嵇生以为太原郭林宗，竟不恭三公之命①，学无不涉，名重于往代。加之以知人。知人则哲②，盖亚圣之器也。及在衰世，栖栖惶惶，席不暇温③，志在乎匡断行道④，与仲尼相似。

【注释】

①嵇生：指嵇含。参见《自叙》篇"会有故人谯国嵇君道"句及注。《后汉书·郭太传》："郭太字林宗……司徒黄琼辟，太常赵典举有道。或劝林宗仕进者，对曰：'吾夜观乾象，昼察人事，天之所废，不可支也。'遂并不应。"按郭太本名"泰"，《后汉书》作者范晔为避父范泰之名讳而改为"太"。又东汉时司徒属三公之列。

②知人则哲：见《审举》篇"知人则哲，上圣所难"句注。

③栖栖：出《论语·宪问》："丘何为是栖栖者与？无乃为佞乎？"席不暇温：语本《淮南子·修务训》："孔子无黔突，墨子无暖席。"按"黔突"谓炊烟熏黑了烟囱。

④匡断：费解。《藏》本、《百子全书》本皆作"匡乱"。《史记·太史公自序》："仲尼悼礼废乐崩，追修经术，以达王道，匡乱世反之于正。"此"匡乱"之所自出。译文从"匡乱"。

【译文】

抱朴子说："嵇生认为太原郭林宗，最终没遵从三公的命令，对学问无不涉猎，名声比前代的任何人都大。而且善于识别人。善于识别人的好坏就是明智，恐怕可以称他是有'亚圣'之才的人。加之正处在国家衰亡的时代，他奔忙不定，忙碌得连坐暖座席的时间都没有，志向在于匡正乱世实行正道，与孔子相似。

【原文】

"余答曰：'夫智与不智，存于一言；枢机之玷，乱乎白圭。愚谓"亚圣"之评，未易以轻有许也。夫所谓"亚圣"者，必具体而微，命世绝伦，与彼周、孔其间无所复容之谓也。若人者，亦何足登斯格哉！林宗拔萃翘特，鉴识朗彻，方之常人，所议固多；引之上及①，实复未足也。此人有机辩风姿，又巧自抗遇而善用。且好事者为之羽翼，延其声誉于四方，故能挟之见准慕于乱世②，而为过听不核实者所推策。及其片言所褒，则重于千金；游涉所经，则贤愚波荡，谓龙凤之集，奇瑞之出也。吐声则余音见法，移足则遗迹见拟。可谓善击建鼓而当揭日月者耳③，非真隐也。盖欲立朝，则世已大乱；欲潜伏，则闷而不堪；或跃则畏祸害，确尔则非所安。彰偟不定④，载肥载臞⑤。而世人逐其华而莫研其实，覘其形而不究其神。故遭雨巾坏，犹复见效⑥，不觉其短，皆是类也。俗民追声，一至于是。故其虽有缺隙，莫之敢指也。

【注释】

①引之上及：杨明照曰："'及'，鲁藩本作'圣'。按'上及'二字费解。上文云'与仲尼相似'，则此以作'圣'为是。《清鉴》篇：'郭泰所论，皆为此人过上圣乎？'亦其证。"杨说是。

②准慕：孙星衍曰："（'准'）各本作'推'。"按二字皆可通。"准"字较长。

③建鼓：亦称植鼓，鼓身长，一木柱贯鼓身并植于地。

④彰偟（huáng）："偟"通"惶"。

⑤臞：音 qú，同癯。

⑥《后汉书·郭太传》："尝于陈梁间行遇雨，巾一角垫，时人乃故折巾一角，以为'林宗巾'。"按"垫"谓下垂。

【译文】

"我回答说：'聪明不聪明，只有一字之差；关键性的瑕斑，就会损坏一块白玉。愚意认为，对于"亚圣"的称号，不能轻易地给予。所谓"亚圣"，必须具备圣人的特征而稍有逊色，在当代的名声非常高而无人能比，与从前周公、孔子之间不能再插入其他的人。像郭泰那类人，又怎么能登上这一层次呢！郭泰才能出众，审查识别人物高明深透，与一般人相比，他的议论固然要强许多；但如果把他与孔子相比，其水平确实还是不够的。这个人机智善辩、有风采仪表，又很能巧妙地拒绝别人推荐他作官的恩遇并善于利用这一点。而且有好事的人作他的羽翼，到处为他传播声誉。所以能依仗着这些在动荡不安的时代被人们效法仰慕，并被错误地听信而不核实的人所举荐任官。甚至他说出的一句褒奖他人的话，就被看得比千金还珍贵；他每到一个地方，不论贤人还是愚人，都会被他吸引得沸沸扬扬，认为龙凤飞落到此地了，奇异的吉祥征兆出现了。他说一句话，就连余音都被人效法；走一步路，就连脚印都被人模仿。他可以说是善于敲击建鼓并会使鼓声远播于日月的人，并不是真正的隐士。大概是想立于朝廷做官，但天下已经大乱；想潜伏隐居，却又感到烦闷而不能忍受；如果出仕则畏惧祸害临头，要是坚持在野却又不能安心。因此仓皇不定，既想胖又想瘦。可是世人追逐其虚名却不能考察他的实质，欣赏他的形貌而不探究他的精神。所以连他遇雨时头巾淋坏，都被人仿效。人们不能发现他的缺点，都是这种情况。世俗的人追随有声望的人，竟然到了这种地步。因此他虽然有缺点，却无人敢于指出。

【原文】

"'夫林宗学涉知人，非无分也。然而未能避过实之名，而暗于自料也。或劝之以出仕进者，林宗对曰："吾昼察人事，夜看乾象，天之所废，不可支也。方今运在明夷之爻，值勿用之位①，盖盘桓潜居之时，非在天利见之会也②。虽在原陆，犹恐沧海横流，吾其鱼也③，况可冒冲风而乘奔波乎！未若岩岫颐神，娱心彭、老④，优哉游哉⑤，聊以卒岁。"按林宗之言，其知汉之不可救，非其才之所辨审矣⑥。法当仰陟商洛⑦，俯泛五湖⑧，追巢父于峻岭⑨，寻渔父于沧浪⑩。若不能结踪山客⑪，离群独往，则当掩景渊汙，韬鳞括囊⑫；而乃自西徂东，席不暇温，欲慕孔、墨栖栖之事。圣者忧世，周流四方，犹为退士所见讥弹。林宗才非应期，器不绝伦，出不能安上治民，移风易俗；入不能挥毫属笔⑬，祖述六艺。行自衒耀，亦既过差；收名赫赫，受饶颇多。然卒进无补于治乱，退无迹于竹帛，观倾视汩，冰泮草靡，未有异庸人也。

【注释】

①明夷：六十四卦之一。卦形为☷，即离下坤上。《易·明夷》："明夷，利艰贞。"孙星衍集解引郑玄曰："夷，伤也。日出地上，其明乃光，至其入地，明则伤矣，故谓之明夷。"以喻昏君在上，贤人遭难或不得志。勿用：《易·乾》："初九，潜龙勿用。"

②在天利见：本《易·乾》："九五：飞龙在天，利见大人。"

③语本《左传·昭公元年》："微禹，吾其鱼乎！"

④彭、老：彭祖、老子。彭祖为传说中人物，善养生，有导引术，活到八百岁。《荀子·修身》："以治气养生，则身后彭祖；以修身自强，则名配尧禹。"又见《庄子·逍遥游》。刘向《列仙传》有《彭祖》篇。

⑤出《诗·小雅·采菽》："优哉游哉，亦是戾矣。"

⑥辨（办）审：当依《藏》本、《百子》本作"辩审"。
⑦仰阶（jī）商洛："商洛"乃四皓隐居处，故以代指四皓。见《逸民》篇"虽饥渴四皓，而不逼也"句注。
⑧《国语》载范蠡佐勾践灭吴后，辞王而乘舟浮于五湖。
⑨巢父：见《嘉遁》篇"箕、颍有巢栖之客"句注。
⑩渔父：本《楚辞·渔父》中人物，借指隐者。
⑪山客：杨明照校以为当作"山谷"，译文从之。
⑫括囊：见《嘉遁》篇"秘六奇以括囊"句注。
⑬杨明照校以为"挥毫"当作"殚毫"。殚（dān）：竭尽。

【译文】

"'郭泰的学问涉及识别人物，就这点而言，他不是没有天分，但是其名声亦未免言过其实，并且缺乏正确的自我估计。有人劝说他出来做官，郭泰回答说："我白昼观察人世间的事情，夜晚审视天象，上天想要废弃的东西，是不可支撑的。当今的世运处在'明夷'卦的爻象上，正碰到'潜龙勿用'的卦位，这正是贤人应该停步不进潜藏隐居的时代，不是出仕为官的时机。即使处在平原陆地，尚且畏惧大海的水四处泛滥，而我们恐怕将变成鱼，更何况顶着猛烈的风在奔腾的波涛中乘船呢！不如在山洞中颐养精神，快乐地享有彭祖和老聃那样长的寿命，悠闲自得，姑且逍遥自在地度过岁月。"根据郭泰的话就能明白，他是因为知道了汉朝的危局不能挽救才拒绝作官的，而不是因为自己的才能能够明辨是非。按说他应该像四皓一样登上商洛山，像范蠡一样泛舟五湖，到高山峻岭追随巢父，到汉水之滨追寻渔父。如果不能云游山中，远离人群独往独来，那么也应当隐匿于深池，像鱼一样藏身深水闭口不言；可是郭泰却从西跑到东，忙碌得连把座席坐暖的时间都没有，一心向往做孔子、墨子为国事奔忙的事。圣人为人世忧虑而走遍天下，尚且被隐士所评论抨击。而郭泰的才能不能适应时代的变化，也不出类拔萃，在外不能安定天子治理百姓，移风易俗；在家不能尽力地挥笔写作，师法并传授"六经"。做事自我炫耀，已经很过分了；获得显赫的名声，收益很多。然而最终在当时对乱世毫无补救之功，于将来不会在历史上留下痕迹，旁观着国家倾覆混乱，看着它像冰块融化小草倾倒一样衰颓，与庸人没有什么区别。

【原文】

"'无故沉浮于波涛之间，倒屣于埃尘之中①，邀集京邑，交关贵游②，轮刓策弊③，匪遑启处④，遂使声誉翕熠⑤，秦、胡景附，巷结朱轮之轨，堂列赤绂之客⑥，轺车盈街⑦，载奏连车。诚为游侠之徒，未合逸隐之科也。有道之世而臻此者，犹不得复厕高洁之条贯⑧，为秘丘之俊民。而修兹在于危乱之运，奚足多哉！孰不谓之暗于天人之否泰，蔽于自量之优劣乎！空背恬默之涂，竟无有为之益，不值祸败，盖其幸耳。以此为忧世念国，希拟素王⑨，有似蹇足之寻龙骐，斥鷃之逐鸿鹄，焦冥之方云鹏，鼩鼬之比巨象也⑩。

【注释】

①倒屣：言匆忙急躁。

②贵游：原指无官职的王公贵族。后亦泛指显贵。

③刓（wán）：磨损；残缺。

④句本《诗·小雅·四牡》："王事靡盬，不遑启处。"按"盬（gǔ），谓止息。

⑤翕熠：杨明照据《藏》本等五种版本，并证以《后汉书》《文选》等，以为当作"翕习"。是。翕习谓隆盛。

⑥赤绂：见《逸民》篇"何必纡朱曳紫"句注。

⑦轺（yáo）车：《史记·季布栾布列传》："朱家乃乘轺车之洛阳。"司马贞索隐："谓轻车，一马车也。"

⑧条贯：系统；序列。《史记·屈原贾生列传》："明道德之广崇，治乱之条贯，靡不毕见。"

⑨素王：见《刺骄》篇"仲尼陪臣，谓为素王"句注。

⑩鼷（xī）：鼠中最小的一种。《庄子·达生》："譬之若载鼷以车马，乐𪃹以钟鼓也，彼又奚能无惊乎哉！"鼬（yòu）：黄鼬。俗称黄鼠狼。

【译文】

"他无缘无故地随波逐流，在尘埃中急切地奔波，遨游聚会于京都，结交王公贵族，车轮因此而磨损，马鞭因此而用坏，没有片刻的闲暇安居，终于使声誉隆盛，甚至使秦地、胡地的人像影子似的追随，街巷中大官乘坐的车辆络绎不绝，厅堂里坐满了高官贵客，轻便的马车挤满道路，一辆紧跟一辆。这实在是游侠一类人，不符合隐逸者的标准。在政治清明的时代这么做的人，尚且不能置身于高洁之列，成为隐居山林的贤明的人。而郭泰处于国运危乱的时代却做这样的事，还哪里值得称赞呢！谁能不说他是一个既不明白天运和人事的顺逆，又不懂得正确估价自己优劣的人呢！空有走恬静无为道路的名声，最终没有做出有所作为的好事，没有遇到祸害与失败，恐怕已是他的幸运了。把这种人看成是忧虑天下惦念国家的人，并想把他比作孔子，这就像跛马追寻骏马，鹌鹑追赶鸿鹄，把极小的蠛蠓虫比作云中的大鹏，把鼷鼠黄鼬比作大象一样。

【原文】

"'然则林宗可谓有耀俗之才，无固守之质；见无不了，庶几大用，符采外发，精神内虚，不胜烦躁，言行相伐，口称静退，心希荣利，未得□玄圃之栖禽①，九渊之潜灵也。自衒自媒，士、女之丑事也，知其不可而尤效尤师。亚圣之器，其安在乎！

【注释】

①孙星衍曰："（'得'字后）旧写本空白一字。"或是"方"字。译文从"方"。玄圃：见《务正》篇"玄圃崇本（木）石以致极天之峻"句注。

【译文】

"这说明郭泰可以说只具有对世俗的人显示的才能,而没有固守节操的实质;他于所见没有不明白的,似乎可委以重任,然而他光彩外露,精神空虚,烦躁不安,言行不一,嘴里说着恬静退隐,心中希冀荣誉利益,根本不能与栖息在昆仑山顶的凤凰和潜伏在水最深处的龙相比拟。这就像自我炫耀自我做媒,是士人、女子的丑事,而郭泰知道不能这么做却仿效师法。所谓的'亚圣'之才,到底表现在什么地方呢!

【原文】

"'虽云知人,知人之明,乃唐、虞之所难,尼父之所病①。夫以明并日月,原始见终,且犹有失,不能常中,况于林宗,萤烛之明,得失半解,已为不少矣。然则名称重于当世,美谈盛于既没,故其所得者,则世共传闻;而所失者,则莫之有识尔。虽颇甄无名之士于草莱,指未剖之璞于丘园,然未能进忠烈于朝廷,立御侮于壇埸②,解亡徵于倒悬,折逆谋之竞逐,若鲍子之推管生③,平仲之达穰苴④。林宗名振于朝廷,敬于一时,三、九、肉食⑤,莫不钦重,力足以拔才,言足以起滞。而但养疾京辇,招合宾客,无所进致,以匡危蔽。徒能知人,不肯荐举,何异知沃壤之任良田,议直木之中梁柱,而终不垦之以播嘉谷,伐之以构梁栋!奚解于不粒,何救于露居哉!其距贡举者,诚高操也;其走不休者,亦其疾也。'

【注释】

①以上数句参见《审举》篇"知人则哲,上圣所难"句注。
②壇埸:见《臣节》篇"蕃扞壇埸"句注。
③见《交际》篇"管仲所以免诛戮而立霸功"句注。
④平仲:晏婴之字。穰(ráng)苴(jū):人名。《史记·司马穰苴列传》:"司马穰苴者,田完之苗裔也。齐景公时,晋伐阿、甄,而燕侵河上,齐师败绩。景公患之。晏婴乃荐田穰苴曰:'穰苴虽田氏庶孽,然其人文能附众,武能威敌,愿君试之。'景公召穰苴,与语兵事,大说之,以为将军,将兵扞燕晋之师。"穰苴依法严肃军纪,厚待士卒。晋、燕之师闻而罢兵,齐尽复失地。
⑤三、九:见《清鉴》篇"洽闻治乱者,则三、九之才也"句注。肉食:见《逸民》篇"退士不居肉食之列"句注。

【译文】

"'虽然人们都说他有知人的才能,但真正具有知人之明,就连尧、舜也认为是件难事,连孔子也认为自己做不到。这些圣人的眼光高明得可与日月相比,能洞察一个人的过去并预见他的未来,尚且会有错失,不能每次都正确,何况郭泰那萤火烛光般的微光,他能说对一半,就已算不少了。然而因为他的声望在当时很大,人们对他的赞美比起前人来也更多,所以他说对的,世人就一起为他传播;而他说错的,就没有人知道了。他虽然从草野中鉴别出一些无名的人才,从荒地园圃中指出几个像未雕琢的璞玉一样的隐者，但是，他未能给朝廷推荐忠烈的文士，也未推荐能挺立于国境以抵御侵侮的武将，他未能从极其困苦危急的处境中解救已露出灭亡征兆的国家，挫败纷纷而起的叛逆阴谋，就如同鲍叔牙推荐管仲、晏婴使田穰苴被任用那样。郭泰名震朝廷，受当时人尊敬，三公、九卿、厚禄高官，没有不钦佩敬重他的，他的能力足以提拔人才，言论足以举用怀才不遇的人。但是他只是养病于京城，招引聚集宾客，没有举荐什么人才，来匡正危害弊端。只能鉴别人的优劣，而不愿推荐举用，这与知道沃土可以作良田，议论直木适于作梁柱，却始终不开垦它以播撒良种，始终不砍伐它以构筑栋梁有什么两样！怎么能解救饥饿，怎么能免除露天居住呢！他拒绝别人的推荐举用，确实是高尚的情操；但奔走不休，也是他的缺点。'

【原文】

"嵇生又曰：'林宗存为一世之所式，没则遗芳永播。硕儒俊士，未或指点，而吾生独评其短，无乃见嗤于将来乎？'

【译文】

"嵇生又说：'郭泰活着是一代人的模范，死了也会流芳千古。大儒和贤人，都没人对他有什么指责，而独有您却评论他的缺点，恐怕会被将来的人嗤笑吧？'

【原文】

"抱朴子曰：'曷为其然哉！苟吾言之允者，当付之于后；后之识者，何恤于寡和乎！且前贤多亦讥之①，独皇生褒过耳②。故太傅诸葛元逊亦曰③："林宗隐不修遁，出不益时，实欲扬名养誉而已。街谈巷议以为辩，讪上谤政以为高。时俗贵之歙然④，犹郭解、原涉见趋于曩时也⑤。后进慕声者，未能考之于圣王之典，论之于先贤之行，徒惑华名，咸竞准的。学之者如不及，谈之者则盈耳，中人犹不觉，童蒙安能知！"'

【注释】

①杨明照曰："按'多亦'二字当互乙。"
②皇生：未详所指。
③孙星衍曰："（'曷'下）《藏》本有'公'字，从旧写本删。"杨明照据下文殷伯绪、周恭远之加称"府君""生"，以为此处以有"公"字为是。诸葛恪，字元逊，诸葛亮兄诸葛瑾长子，孙亮为吴主时拜太傅。
④歙（xī）然：聚集貌。
⑤郭解：西汉人。年轻时常因睚眦小事杀人，并铸钱掘冢等事。及长，折节为俭，以德报怨，人争慕附之，徒党甚众。《史记》《汉书》皆载于《游侠传》。原涉：西汉人。以父死让还赙送并庐墓三年而显名。后又自劾去官为叔父报仇，有豪杰为之杀仇人。涉亡命岁余，遇赦出，专以赈施贫者、赴人之急为务。为气节者皆归慕之。《汉书》载《游侠传》。

【译文】

"抱朴子说:'怎么会这样呢!如果我的话令人信服,那就会流传到后代;而后代有见识的人,怎么会担心赞同我的观点的人不多呢!况且以前的贤人已有很多人批评他了,只有皇生赞美过分。原吴国太傅诸葛恪也说过:"郭泰隐居都不作隐遁的事,出门在外也没作出有益于时代的事,实际上不过是想扬名获誉而已。人们把他在街巷中的谈论看作善辩,把诽谤帝王讥评时政视为高明。当时的俗人看重他,趋附他就像从前的游侠郭解和原涉被人趋附一样。后辈仰慕其声名的人,未能用圣王的经典考核他,用先代贤人的行为研究他,只是迷惑于他虚华的名声,全都竞相把他看作榜样。仿效他的人总好像自己赶不上,谈论他的话充满人们的耳朵。中等资质的人尚且不能省悟,小孩子怎么能知道他这种行为的虚伪呢!"

【原文】

"'故零陵太守殷府君伯绪①,高才笃论之士也,亦曰:"林宗入交将相,出游方国,崇私议以动众,关毁誉于朝廷。其所善则风腾雨骤,改价易姿;其所恶则摧顿陆沉,士人不齿。□其名贤②,遭乱隐遁,含光匿景,未为远矣。君子行道,以匡君也,以正俗也。于时君不可匡,俗不可正;林宗周旋,清谈间阎,无救于世道之陵迟③,无解于天民之憔悴也④。"

【注释】

①府君:汉代太守自辟公府及僚属,故尊称为府君。查三国时为零陵太守殷姓者有殷礼。然据《三国志》裴注引礼子殷基所作《通语》,礼字德嗣,与此处之"伯绪"不合。待查。
②孙星衍曰:"('其'字前)《藏》本作'折',旧写本空白一字。"或为"矜"字?
③陵迟:见《用刑》篇"故无陵迟之政也"句注。
④天民:指贤者。因明天理、顺天性,故称。出《庄子·庚桑楚》:"人之所舍,谓之天民;天之所助,谓之天子。"

【译文】

"'前零陵太守殷伯绪府君,是位有很高才能能讲出恰当评论的人士,他也说过:"郭泰入京结交将相,出京遨游各个郡国,夸大个人的见解以哗众取宠,关涉到朝廷对人的批评与赞扬。他认为某人好,那么某人就会像风驰雨急一样,改变身价提高地位;他认为某人坏,那么某人就会受挫折遭困顿被埋没,让士人看不起他。仰仗着自己的好名声,在遭逢乱世的时候隐没民间,掩藏起自己的锋芒,但行而未远。君子推行正道,是用来辅助君主的,是用来匡正世俗的。当时君主已不能辅助,世俗已不能匡正;郭泰盘桓辗转,清淡于里巷,是不能挽救社会风气的衰落,不能解除贤者的困顿的。"

【原文】

"'又故中书郎周生恭远,英伟名儒也①,亦曰:"夫遇治而赞之,则谓之乐道；遭乱而救之，则谓之忧道；乱不可救而避之，则谓之守道。虞舜，乐道者也；仲尼，忧道者也；微子，守道者也②。汉世将倾③，世务交游，林宗法当慨然虚心，要同契君子④，共矫而正之；而身栖栖为之雄伯，非救世之宜也。"

【注释】
①周生：周昭字恭远。三国吴中书郎。曾与韦曜等人并述《吴书》。
②微子：纣同母庶兄。数谏纣不听，遂去之。
③杨明照校"汉世"当作"汉室"。
④契：合；投合。曹植《玄畅赋》："上同契于稷、卨，降合颖于伊、望。"

【译文】
"'还有前中书郎周昭周恭远，是位才德出众见识卓越的名儒，他也说："遇到天下太平而加以赞美，这种作法可称为乐道；遭逢天下混乱而加以挽救，这种作法可称为忧道；天下大乱不能挽救而远远避开，这种作法可称为守道。虞舜，就是乐道者。孔子，就是忧道者；微子，就是守道者。汉朝即将倾覆，当世之人却致力于社会交往，郭泰按道理本应情绪激昂虚心下气，邀集志趣相同的人，共同矫正危局；可是，他却忙忙碌碌地一心要当领袖，这并不是拯救社会所应做的事。"

【原文】
"'于时虽诸黄门——六畜自寓耳①，其陈蕃、窦武之徒——虽鼎司牧伯②，皆贵重林宗，信其言论，臧否取定。于匡危易俗，不亦可冀乎！而林宗既不能荐有为之士，立毫毛之益。而逋逃不仕者，则方之巢、许③；废职待客者，则比之周公；养徒避役者，则拟之仲尼；弃亲依豪者，则同之游、夏。是以世眩名实，而大乱滋甚也。若谓林宗不知，则无以称聪明；若谓知之而不改，则无以言忧道。昔四豪似周公而不能为周公④，今林宗似仲尼而不得为仲尼也。'

于是问者慨而叹曰：'然则斯人乃避乱之徒，非全隐之高矣。'"

【注释】
①黄门：宦官。东汉时，给事宫禁之官如黄门令等皆为宦者充任，故得名。
②陈蕃、窦武：已见《嘉遁》篇"以蕃、武为厚诫"句注。陈蕃官拜太傅，窦武拜大将军，皆在三公之列。鼎司：指三公，以三足鼎立为喻。
③巢、许：见《嘉遁》篇"而箕、颍有巢栖之客"句注。
④四豪：见《汉过》篇"位过其才者，谓之四豪之匹"句注。

【译文】
"'当时就连宦官们——其实不过是寄生于牲畜之列，以及陈蕃、窦武那些人——虽然位列三公或任刺史太守，都看重郭林宗，相信他的言论，评论人物的优劣拿他的话作为定论。对于挽救危亡移易风俗，不也是很有希望的吗！然而，郭林宗既不能推荐有作为的人，又不能做出微小的有利的事情。而对于他逃避做官的行为，有人却比之于巢父、许由；对于他废弃职责接待宾客的行为，有人却比之于周公；对于他教养门徒躲避兵役的行为，有人却比之于孔子；对于他抛离亲人依附豪门的行为，有人却看得与子游、子夏一样。因此，世人分不清名声和实情，以致天下的大乱就更严重了。如果说郭林宗不知道这一点，那么就没法说他聪明；如果说他知道而不改正，那么就没法说他是个忧道者。从前战国四公子虽类似周公而不能成为周公，那么今天郭林宗虽类似孔子也是不能成为孔子的。'

　　于是，向我问难的人感慨叹息说：'如此看来，这个人只是个避乱的人，并不是彻底隐退的高士啊。'"

卷第四十七　弹　祢

题　解

汉末祢衡既是一位名士，又是一位狂士。虽然"其文章多亡"，然从仅存的《文选·鹦鹉赋》亦可见其才之一斑。作者在本篇中用了较多的篇幅叙述祢衡的一系列近乎不通人情的狂悖言行。从叙述中可以看出，作者是奇其才而又怒其狂。在随后的分析中，作者认为，祢衡外表虽刚傲不羁，内心深处却是急切地企盼着名誉和地位。这两者的强烈反差，再加上"修己驳刺，迷而不觉"，所以才"开口见憎，举足蹈祸"。作者的目的很清楚，就是让"才士"们不要迷惑于祢衡的"虚名"，而以其"实病"为戒。

从今天的角度看，祢衡的悲剧固然有不愿放弃对"荣显"的追求这样的原因，但根本的原因似乎应该是如何对待自己与如何对待别人的伦理道德问题，甚至有些是心理障碍问题。当然这就超出了我们应该讨论问题的范围了。

【原文】

抱朴子曰："汉末有祢衡者，年二十有三。孔文举齿过知命，身居九列，文学冠群，少长称誉，名位殊绝，而友衡于布衣，又表荐之于汉朝，以为宜起家作台郎，云：'惟岳降神，异人并出。目所一见，辄诵于口；耳所瞥闻，不忘于心；性与道合，思若有神。'其叹之如此。衡游许下，自公卿国士以下，衡初不称其官，皆名之云'阿某'；或以姓呼之为'某儿'；呼孔融为'大儿'，呼杨修为'小儿'。'荀彧犹强可与语，过此以往，皆木梗泥偶，似人而无人气，皆酒瓮饭囊耳①。'百官大会，衡时在坐，忽颦蹙悽怆，哀叹忼慨。或讥之曰：'英豪乐集，非所叹也。'衡顾昤历视稠众而答曰：'在此积尸列柩之间，仁人安能不悲乎②！'

【注释】

①祢：音 mí。文举：为孔融之字。知命：出《论语·为政》："子曰：'吾十有五而志于学，三十而立，四十而不惑，五十而知天命，六十而耳顺，七十而从心所欲，不逾矩。'"《后汉书·文苑传·祢衡》："祢衡字正平，平原般人也，少有才辩，而尚气刚傲，好矫时慢物。兴平中，避难荆州。建安初，来游许下。……是时许都新建，贤士大夫四方来集。或问衡曰：'盍从陈长文、司马伯达乎？'对曰：'吾焉能从屠沽儿耶！'又问：'荀

文若、赵稚长云何？'衡曰：'文若可借面吊丧，稚长可使监厨请客。'唯善鲁国孔融及弘农杨修，常称曰：'大儿孔文举，小儿杨德祖。余子碌碌，莫足数也。'融亦深爱其才。衡始弱冠，而融年四十，遂与为交友。上疏荐之曰：'……惟岳降神，异人并出。窃见处士平原祢衡，年二十四，字正平，淑质贞亮，英才卓砾。初涉艺文，升堂睹奥，目所一见，辄诵于口，耳所瞥闻，不忘于心。性与道合，思若有神……'""又表荐于汉朝"句，杨明照校以为篇首已有"汉"字，当依《太平御览》所引删"汉"。

②《三国志·魏书·荀彧传》裴松之注引《典略》曰："衡知众不悦，将南还荆州，装束临发，众人为祖道，先设供帐于城南，自共相诫曰：'衡数不逊，今因其后到，以不起报之。'及衡至，众人皆坐不起，衡乃号咷大哭。众人问其故，衡曰：'行尸柩之间，能不悲乎？'"

【译文】

抱朴子说："东汉末年有个叫祢衡的人，年纪二十三岁。孔文举年过五十，身居九卿的地位，文学超群，被所有人称赞，名誉地位非同一般，然而却在祢衡身为平民时与他结为朋友，又上表向朝廷推荐祢衡，认为他开始作官即应任尚书郎的官职，表文写道：'秦、霍、华、恒四座大山降其神灵，不平凡的人才同时出现。祢衡用眼一看，就能把文章背诵于口；耳朵一听，就能记忆在心。他的天性与道义相合，他的思想高超仿佛有神灵帮助。'他就是这样赞叹祢衡。祢衡到许都游学，从公卿与贤士以下的人，他初次见面就不称呼他们的官职，对他们都用'阿某'称呼，或者以姓氏称呼他们为'某儿'：呼孔融为'大儿'，呼杨修为'小儿'，并扬言：'只有荀彧尚勉强可与他交谈，其他的人都是木偶泥胎，像人却没有人的气息，全是些酒囊饭袋而已。'一次百官聚会的时候，祢衡在座，他忽然皱眉悲伤，哀叹感慨。有人非难他说：'英豪们快乐地聚会，这不是哀叹的时候。'祢衡环顾众人而回答说：'处于这堆积着尸体排列着灵柩的地方，仁德的人怎能不悲伤呢？'

【原文】

"曹公尝切齿欲杀之，然复无正有入法应死之罪，又惜有杀儒生之名，乃谪作鼓吏。衡了无悔情耻色，乃缚角于柱，口就吹之，乃有异声；并摇鼗击鼓，闻者不知其一人也①；而论更剧，无所顾忌。寻亡走投荆州牧刘表。表欲作书与孙权——讨逆于时已全据江东，带甲百万——欲结辅车之援②，与共距中国。使诸文士立草，尽思而不得表意，乃示衡。衡省之，曰：'但欲使孙左右持刀儿视之者，此可用尔；倘令张子布见此，大辱人也。'即摧坏投地。表怅然有怪色，谓衡曰：'为了不中芸锄乎？惜之也。'衡索纸笔，便更书之。众所作有十余通，衡凡一历视之而已，暗记书之，毕以还表，表以还主。或有录所作之本也，以比校之，无一字错，乃各大惊。表乃请衡更作。衡即作成，手不停辍，表甚以为佳而施用焉。衡骄傲转甚，一州人士，莫不憎恚，而表亦不复堪，欲杀之。或谏以为曹公名为严酷，犹能容忍；衡少有虚名，若一朝杀之，则天下游士，莫复拟足于荆楚者也。表遂遣之。

【注释】

①鼗（táo）：摇鼓，拨浪鼓。祢衡击鼓辱曹事《后汉书·文苑传·祢衡》及李注引《文士传》有载，文与稚川所记有异。文长不引。

②孙权于其兄孙策建安五年遇刺身死后获封讨虏将军，而祢衡见杀于建安三年，时孙策拜为讨逆将军，故此文定然有误。杨明照据《三国志·吴书·张昭传》裴松之注引《典略》："余曩闻刘荆州（即刘表）尝自作书欲与孙伯符（孙策字），以示祢正平，正平嗤之，言'如是为欲使孙策帐下儿读之邪？将使张子布见乎'？"以为"权"当为"策"。极是。事又见《后汉书·文苑传·祢衡》，文有异。译文从"策"。辅车：出《左传·僖公五年》："谚所谓'辅车相依，唇亡齿寒'者，其虞虢之谓也。"杜预注："辅，颊辅；车，牙车。"

【译文】

"曹操曾咬牙切齿地要杀掉他，但因为还没有适合的法律条文和应处死的罪名，又担心会有杀儒生的坏名声，于是就把祢衡贬为鼓吏。祢衡毫无后悔的心情和羞愧的神色，竟然在曹操大会宾客的时候把号角绑在柱子上，用嘴靠近它吹奏，于是发出奇特的音响，他同时摇动拨浪鼓，敲击大鼓，听者不知道是他一个人演奏的；于是祢衡的言论更加激烈，无所顾忌。不久他逃离许都投奔荆州牧刘表。刘表想给孙策写一封信——当时讨逆将军孙策已全部占据了江东，有甲士百万人——打算缔结唇齿相依互相援助的关系，与孙权共同抵抗位处中原的曹操。他让各位文士起草，文士们费尽心思却不能满足刘表的心意，于是刘表把文稿拿给祢衡看。祢衡看了后说：'如果只是想让孙权左右持刀小儿看的话，这种文章还可以一用；如果让张昭张子布看到，就太不光彩了。'说着，就把文稿毁坏扔在地上。刘表很不痛快并面有嗔怪的表情，对祢衡说：'你认为全都不值得修改吗？太可惜了。'祢衡就索取纸笔，立即重新书写。众人所写有十余篇，祢衡只是一一看过一遍，就凭着默记而书写出来，写完之后还给刘表，刘表又还给各位起草文士。文士中有人记录了文稿的底本，于是用它与祢衡所写的校对，没有一个字错误，于是所有的人都很惊讶。刘表于是请祢衡重新写一篇。祢衡立即写成，手不停笔，刘表认为写得非常好并采用了。祢衡的骄傲变得更严重，一州人士.没有不憎恨他的，而刘表也不再能忍受，要杀掉他。有人进谏认为曹操有严厉残酷的名声，尚且能容忍；祢衡从小就有虚名，如果一旦杀掉他，那么天下的云游之士，就再也没有打算到荆楚一带来的人了。刘表于是把祢衡打发走了。

【原文】

"衡走到夏口，依将军黄祖，祖待以上宾。祖大儿黄射与衡偕行，过人墓下，俱读碑铭，一过而去。久之，射曰：'前所视碑文大佳，恨不写也。'衡曰：'卿存其名耳，我一览尚记之。'即为暗书之。末有一字，石缺乃不分明，衡与半字，曰：'疑此当作某字，恐不审也。'射省可……①

【注释】

①孙星衍曰："（'可'字）下缺数行。"后文有"终陷极害"，现移录《后汉书·文苑传·祢衡》有关部分以明之："祖长子射为章陵太守，尤善于衡。尝与衡俱游，共读蔡邕所作碑文，射爱其辞，还，恨不缮写。衡曰：'吾虽一览，犹能识之，唯其中石缺二字为不明耳。'因书出之，射驰使写碑还校，如衡所书，莫不叹伏。……后黄祖在蒙冲船上大会宾客，而衡言不逊顺，祖惭，乃诃之，衡更熟视曰：'死公，云等道？'祖大怒，令五百将出，欲加箠，衡方大骂，祖恚，遂令杀之。"按"等道"犹今言"什么话"；"五百"乃引车役卒。

【译文】

"祢衡跑到夏口，依附将军黄祖，黄祖用上宾之礼对待他。黄祖的长子黄射，曾与祢衡一块出行，从某人的坟墓下经过，他俩同读墓碑的铭文，看过一遍后就离开了。过了很久，黄射说：'上次所看到的碑文写得很好，遗憾没有记下来。'祢衡说：'您只是记得碑文的名称而已，我读过一遍还记得它。'就为黄射默写碑文。碑文末尾有一个字，因碑石残破所以不清楚，祢衡写半个字，说：'我怀疑这个字应作某字，担心猜测的不准确。'黄射仔细察看……

【原文】

"虽言行轻人，密愿荣显，是以高游凤林，不能幽翳蒿莱。然修己驳刺，迷而不觉，故开口见憎，举足蹈祸，赍如此之伎俩①，亦何理容于天下而得其死哉！犹枭鸣狐嚾②，人皆不喜，音响不改，易处何益？许下，人物之海也，文举为之主任，苟之足为至到，于此不安，已可知矣。犹必死之病，俞附、越人所无如何③；朽木铅铤，班输、欧冶所不能匠也。而复走投荆楚间，终陷极害。此乃衡憎蔽之效也。盖欲之而不能得，非能得而弗用者矣。於戏才士④，可勿戒哉！"

【注释】

①赍：音 jī，怀着。

②嚾（huān）：啼叫。

③俞附：《史记·扁鹊仓公列传》作"俞跗"，言其医病不以汤药、外敷、针刺、按摩等法，而是割皮解肌洗涤内脏。《文选·孙子荆〈为石仲容与孙皓书〉》作"俞附"。越人：见《嘉遁》篇"则无以效越人之绝伎"句注。

④於（wū）戏（hū）：叹词。

【译文】

"祢衡虽然在言行上轻视别人，但暗中却希望荣耀显达，因此只在凤林高飞，不能幽栖隐居在蒿莱杂草之中。然而他在修养自己方面杂乱而矛盾，内心迷乱而不能觉悟，所以一张口就被人憎恨，一举足就会踏入灾祸。带着如此的想法，哪能有被天下人容忍而得到好死的道理呢！这就如同枭鸟的鸣声和狐狸的啼叫人们都不喜欢一样，如果声音不改变，只是改变所处的地方，那又有什么用处呢？许都，是人才荟萃的大海，孔融就是这些人才的首领，被他一力保举足以到达任何地方，在这种情况下不能安身，其为人也就可想而知了。这就像肯定会死的疾病，俞附和扁鹊也对它没办法；朽木和铅块，公输班和欧冶子对它也不能进行加工。而祢衡又投奔荆楚一带，终于陷入被杀的境地。这是祢衡糊涂所导致的。这真是想任用他而不能够，并非得到而不用他啊。啊，才士们，能不以此为戒吗！

【原文】

嵇生曰①："吾所惑者，衡之虚名也；子所论者，衡之实病也。敢不寤寐于指南②，投杖于折中乎③！"

【注释】

①嵇生：见于《正郭》篇"嵇生以为太原郭林宗竟不恭三公之命"句，并参《自叙》篇"会有故人谯国嵇君道"句及注。杨明照曰："按篇中无君道问难之词，而突有此数句，疑有阙脱。"

②寤寐：醒与睡。常以指日夜。出《诗·周南·关雎》："窈窕淑女，寤寐求之。"指南：指导；教导。《文选·张衡〈东京赋〉》："鄙哉予乎！习非而遂迷也，幸见指南于吾子。"恭综注："言己之惑，不知南北，今先生指以示我，我足以三隅反也。"

③投杖：犹言投戈，谓缴械投降。

【译文】

嵇先生说："我被迷惑的，是祢衡的虚名；您所议论的，是祢衡真正的弊病。我岂敢不日夜记住这一教导，赞同您的非常公允的判断呢？"

卷第四十八　诘　鲍

题　解

魏晋玄学中由阮籍、嵇康所代表的一派从崇尚自然、否定违背自然的尊卑等级制度开始，进一步发展成为无君论。鲍敬言其人虽史无记载，难考其是否确有，但在本篇中是作为无君论的代表出现的。

鲍敬言的观点是："穿井而饮，耕田而食，日出而作，日入而息，泛然不系，恢尔自得，不竞不营，无荣无辱"的原始朴素的生活是合乎人的本性的；天地、阴阳、刚柔之间并不存在尊卑之别，所以君主制不是人性所需要的；君主是在人们之间分化出强弱、智愚之后才产生的，君主的产生给人民带来了无穷的苦难，因而必然地激起了人民的反抗，导致了社会的动荡不安。鲍敬言的观点在揭露君主制的剥削压迫本质方面是尖锐的，但他否认从无君到有君是社会的进步，因而主张倒退到原始社会去，却是错误的，而且也正是在这一点上授人以批判之柄。

作者是在"人伦之体""君臣之序"永恒这一认识基础上展开他的批判的。他认为人的本性是恶的，因而"争夺靡惮"；君主"受命自天"，来为人们的争斗充当仲裁人，并为百姓"去害兴利"。这种美化君主的理论当然是错误的，但是却多多少少地、模糊地猜测到了君主和国家是社会矛盾不可调和的产物，其产生有其历史必然性。作者还批判了鲍氏"唯贵自然"，美化原始社会，并进而主张历史退倒的观点，认为"万物群分"强予"太极混沌"，有"庇体广厦，粳粱嘉旨"强于"巢栖穴窜，毛血是茹"，而且没人会赞成回到那个时代去。

葛洪对鲍氏的批判，目的是对名教纲常的维护，但其中透露的坚持社会进化的观点还是应当肯定的。

【原文】

鲍生敬言，好老、庄之书，治剧辩之言。以为古者无君，胜于今世。故其著论云："儒者曰：'天生烝民而树之君①。'岂其皇天谆谆言②？亦将欲之者为辞哉？夫强者凌弱，则弱者服之矣；智者诈愚，则愚者事之矣。服之，故君臣之道起焉；事之，故力寡之民制焉。然则隶属役御，由乎争强弱而校愚智，彼苍天果无事也。夫混茫以无名为贵③，群生以得意为欢。故剥桂刻漆，非木之愿；拔鹖裂翠④，非鸟所欲；促辔衔镳⑤，非马之性；荷轭运重⑥，非牛之乐。诈巧之萌，任力违真。伐生之根以饰无用⑦，捕飞禽以供华玩；穿本完之鼻，绊天放之脚，盖非万物并生之意。夫役彼黎烝，养此在官，贵者禄厚，而民亦困矣。

【注释】

①烝（zhēng）民：民众；百姓。《书·益稷》："烝民乃粒，万邦作乂。"

②谆谆：出《诗·大雅·抑》："诲尔谆谆，听我藐藐。"

③混茫：《庄子·缮性》："古之人在混芒之中。"成玄英疏："其时淳风未散，故处在混沌芒昧之中。""茫"与"芒"同。

④鹖（hé）：鸟名，即鹖鸡。似雉而大，雄者尾羽长而美，可作装饰品。翠：见《崇教》篇"或建翠翳之青葱"句注。

⑤镳（biāo）：马嚼子。

⑥轭（yuè）：牛马拉车或耕地时套在颈上的人字形器具。

⑦伐生之根以饰无用：杨明照曰："以下句'捕飞禽以供华玩'例之，疑本作'伐生根以饰无用'。"是。

【译文】

鲍先生鲍敬言，喜好老子、庄子的书，研究雄辩的语言。认为古时候没有国君，比现在要强。因此他在论著中写道："儒家人士说：'上天造就了众多的百姓并为他们立了国君。'难道真的是上天反复告诫要这样？还是想作国君的人在制造借口呢？强者欺凌弱者，那么弱者只好服从他们了；聪明人欺骗愚笨的人，那么愚笨的人只好为他们服务了。服从强者，所以君臣的关系就产生了；侍奉聪明人，所以能力低的人就受制于人了。这说明统属服从役使驾驭等，都是由于强弱的竞争和愚智的较量导致的，苍天最终是与此无关的。在混沌蒙昧之中，人们以声名不显于世为贵，大家以能任意行事为快乐。所以剥下桂皮割取漆汁不是树木的愿望；拔下野鸡的翎尾撕取翠鸟的羽毛，不是鸟所愿意的；勒上缰绳咬上嚼子，不合马的本性；套上车去运输重物，不是牛的乐事。奸诈巧伪的产生，是依靠暴力而违背天性。砍断天性的根本去装饰无用的东西，捕捉飞鸟以供浮华的观赏；穿透原本完整的牛鼻子，绊住天生开放的马蹄，全都不是各种生物同生在世的本意。役使那些众多的百姓，养活身在官位的人，有地位的人俸禄越是丰厚，那百姓就越走入困境。

【原文】

"夫死而得生，欣喜无量，则不如向无死也；让爵辞禄，以钓虚名，则不如本无让也。天下逆乱焉而忠义显矣，六亲不和焉而孝慈彰矣。曩古之世，无君无臣，穿井而饮，耕田而食，日出而作，日入而息；泛然不系，恢尔自得，不竞不营，无荣无辱；山无蹊径，泽无舟梁。川谷不通，则不相并兼；士众不聚，则不相攻伐。是高巢不探，深渊不漉；凤鸾栖息于庭宇，龙鳞群游于园池①；饥虎可履，虺蛇可执；涉泽而鸥鸟不飞，入林而狐兔不惊。势利不萌，祸乱不作，干戈不用，城池不设；万物玄同，相忘于道；疫疠不流，民获考终；纯白在胸，机心不生；含哺而熙，鼓腹而游；其言不华，其行不饰。安得聚敛以夺民财！安得严刑以为坑穽！

【注释】

①杨明照校，"龙鳞"当作"龙、麟"，以与"园、池"分别相应。极是。

【译文】

"人死而能够复活，当然会高兴到极点，但不如当初就没死；辞掉爵位让出俸禄，以钓取虚名，那还不如当初爵禄没有辞让。天下发生叛乱忠义就显现出来了，六亲不和睦孝顺慈祥就显现出来了。上古时代，没有君没有臣，凿井饮水，种地吃饭，太阳出来就去劳动，太阳落下就去休息，无拘无束，悠然自得，没有竞争没有谋求，没有荣耀没有耻辱；山里没有路径，湖上没有舟桥。河流和山谷都不通，那就不能相互兼并；士卒不聚集在一起，那就不能相互攻打。这就会高处的鸟巢无人去掏，深渊的水没人去排放；鸾凤就会在院中檐下栖息，龙和麒麟就会成群地在园子里和池塘中游动；饥饿的老虎可以踩踏，蛇也可以用手捉；渡过湖面水鸟不会飞离，进入树林狐狸兔子也不会受惊。权势利益的概念没有萌发，祸患混乱就不会发生；用不着武器，也不用设置城墙和护城河；万物浑然一体，人们在路上相互忘却；瘟疫不流行，百姓能够长寿而终；内心纯洁坦荡，不萌生诡诈之心；口中吃着食物嬉戏，肚子饱饱地到处游逛；人们的言辞并不华美，人们的行为也不矫饰。这还怎么会搜刮抢夺百姓钱财呢！还怎么会施严刑作为陷阱呢？

【原文】

"降及杪季，智用巧生，道德既衰，尊卑有序。繁升降损益之礼，饰绂冕玄黄之服。起土木于凌霄，构丹绿于梦橑①。倾峻搜宝，泳渊采珠。聚玉如林，不足以极其变；积金成山，不足以赡其费。澶漫于淫荒之域②，而叛其大始之本③。去宗日远④，背朴弥增。尚贤则民争名，贵货则盗贼起。见可欲则真正之心乱⑤，势利陈则劫夺之涂开。造铦锐之器，长侵割之患。弩恐不劲，甲恐不坚，铄恐不利，盾恐不厚。若无凌暴，此皆可弃也。故曰：'白玉不毁，孰为珪璋！道德不废，安取仁义⑥！'

【注释】

①棼（fén）橑："撩"系"橑"字之误。《藏》本等皆作"橑"，当据正。棼橑（lǎo）：楼阁的栋和椽。

②澶（dàn）漫：出《庄子·马蹄》："澶漫为乐，摘僻为礼。"陆德明释文引李颐曰："澶漫，犹纵逸也。"

③大（tài）始：本指开始形成万物的混沌之气。
④去宗日远：杨明照校，以为当依吉藩本等作"去古日远"。
⑤真正之心：杨明照曰："按'真'当作'贞'。《行品篇》'不倾志于可欲者，贞人也'是其证。"
⑥句出《庄子·马蹄》。

【译文】

"到了衰末之世，使用智谋生出诡诈，道德衰落以后，有了地位高低的次序。地位升降和制度兴革的礼仪日渐烦琐，人们用祭服、礼冠和彩帛的衣服装饰起来。建起高入云霄的楼阁，在房梁屋椽上绘以彩饰。推倒大山来搜求宝贝，潜入深渊采收珍珠。聚集的玉石像树林一样多，也不够用来满足他们的需求变化；积攒的金子像山一样高，不足以供给他们的费用。在荒淫的领域里放纵无忌，完全违背了造物初始的本性。脱离古风日益遥远，违背朴厚更加厉害。尊崇贤者，百姓就要多争名誉；注重钱财，盗劫之风就要兴起。看见了可要的东西就迷乱了原本正直的内心，摆列着权势利益就开辟了争权夺利的道路。制造锋利的武器，就会使侵害人的祸患增加。弓弩唯恐不强劲，铠甲唯恐不坚实，枪矛唯恐不锐利，盾牌唯恐不厚实。如果根本没有欺凌和残暴，这些东西全都可以扔掉。因此庄子说：'如果原来的白玉不毁掉，用什么做成珪璋呢！如果道德不废弃，从哪里去取得仁义呢！'

【原文】

"使夫桀、纣之徒得燔人①，辜谏者②，脯诸侯，菹方伯③，剖人心，破人胫；穷骄淫之恶，用炮烙之虐④。若令斯人并为匹夫，性虽凶奢，安得施之？使彼肆酷恣欲，屠割天下，由于为君，故得纵意也。君臣既立，众慝日滋⑤，而欲攘臂乎桎梏之间⑥，愁劳于涂炭之中⑦；人主忧栗于庙堂之上，百姓煎扰乎困苦之中，闲之以礼度，整之以刑罚。是犹辟滔天之源，激不测之流，塞之以撮壤，障之以指掌也。"

【注释】

①燔（fán）：焚烧。
②辜：磔（zhé）刑，即分裂肢体。《周礼·秋官·掌戮》："杀王之亲者辜之。"郑玄注："辜之言枯也，谓磔之。"
③脯（fǔ）、菹（zū）：本分别指肉干、肉酱。后用为酷刑之名，分别为制成肉干、剁成肉酱。
④炮（bāo）烙（luò）：《史记·殷本纪》："于是纣乃重刑辟，有炮格之法。"裴骃集解引《列女传》："青铜柱，下加之炭，令有罪者行焉，辄堕炭中。妲己笑，名曰炮格之刑。"烙与格（luò）同。
⑤慝（tè）：邪恶。出《书·大禹谟》："（舜）负罪引慝，祗载见瞽瞍。"孔安国传："慝，恶。"

⑥攘（rǎng）臂：捋胳膊挽袖子。形容激奋。
⑦涂炭：喻极困苦的境遇。出《书·仲虺之诰》："有夏昏德，民坠涂炭。"孔安国传："民之危险，若陷泥坠火。"

【译文】

"让那些夏桀商纣之辈能够用火烧人，裂解进谏者，把诸侯做成肉干，把一方的诸侯之长制成肉酱，挖人心，剖开人的小腿；骄横恶毒到了极点，甚至使用炮烙的酷刑。假如这些人都只是与他人一样的平常人，性情即使凶恶得很，又怎么能干这些坏事呢？使他们放肆暴虐恣意行事，屠杀宰割天下人，就是由于做了国君，所以能任意胡为。君臣的关系建立之后，各种邪恶日渐滋长，而这才要在桎梏下愤激，在艰难中忧愁；国君在朝廷上忧虑恐惧，百姓在困苦中煎熬，又用礼度来防范，用刑罚来整治，这就像是打开了一个滔天的水源，激发了一个不知多大的水流，却要用一撮土填塞，一只手挡住一样。"

【原文】

抱朴子难曰："盖闻冲昧既辟，降浊升清，穹隆仰焘，旁泊俯停①，乾坤定位，上下以形。远取诸物，则天尊地卑，以着人伦之体；近取诸身，则元首股肱，以表君臣之序②。降杀之轨③，有自来矣。若夫太极混沌，两仪无质④，则未若玄黄剖判，七耀垂象，阴阳陶冶，万物群分也。由兹以言，亦知鸟聚兽散，巢栖穴窜，毛血是茹，结草斯服；入无六亲之尊卑，出无阶级之等威，未若庇体广厦，粳粱嘉旨⑤，黼黻绮纨⑥，御冬当暑，明辟莅物，良宰匠世⑦，设官分职，宇宙穆如也。贵贱有章，则慕赏畏罚；势齐力均，则争夺靡惮。是以有圣人作，受命自天，或结罟以畋渔，或瞻辰而钻燧，或尝卉以选粒，或构宇以仰蔽⑧。备物致用，去害兴利。百姓欣戴，奉而尊之。君臣之道，于是乎生。安有诈愚凌弱之理！

【注释】

①旁泊：见《喻蔽》篇"而旁泊不贵于厚载也"句注。
②元首、股肱：见《臣节》篇"喻之元首，方之股肱"句注。
③降杀：递减。出《左传·襄公二十六年》："自上以下，降杀以两，礼也。"
④两仪：见《逸民》篇"江海之外，弥纶二仪"句注。
⑤粳（jīng）：稻之不黏者。"粳粱"即粳米。
⑥黼黻：见《用刑》篇"夫德教者，黼黻之祭服也"句注。
⑦孙星衍曰："（'匠'）旧写本作'匡'。""匡"字是，当据正。
⑧以上四事分指伏羲氏、燧人氏、神农氏、有巢氏。皆为传说中的上古帝王。参见《易·系辞下》《韩非子·五蠹》及晋皇甫谧《帝王世纪》。

【译文】

抱朴子反驳道："似乎听说混沌的状态打破以后，浊物降为地，清气升为天，天穹在上面覆盖着，大地在下静止不动，天地有了固定的位置，上下的关系也因此而形成。从远处取法于事物，那么上天高贵大地卑贱，就显示了人与人之间的关系；从近处取法于人体，那么人的头和四肢，就表明了君臣间的次序。人自上而下依次降低的法度，是由来已久的。至于说原始状态混沌为一的时候，天与地的实体都还不存在，那就不如玄天黄地分开，日月和五星向人们显示征兆，阴阳显示其陶冶之功，万物分门别类。由此说来，也就知道了像鸟兽般聚散，在巢穴中栖身，连毛带血地生吃猎物，把草编结起来当作衣服；在内没有亲属间的尊卑关系，在外没有不同等级间的威仪，就不如用高大的房屋遮蔽身体，吃粳米饭和美味食品，穿有纹饰的绸缎衣服抵御冬寒抵挡暑热，圣明的君主统御天下，贤良的官吏匡正世风，设立官府分别职能，天下安宁和谐。有了高贵和卑贱的章法，人们就会向往赏赐畏惧责罚；而如果权势力量都一样，那么争夺起来就会肆无忌惮。因此有圣人产生，这是从上天受命的，有的教人结网打猎捕鱼，有的观察星辰教人钻木取火，有的品尝百草选取种子教人播种粮食，有的教人构筑房屋以便靠它遮蔽风雨。准备万物以便使用，消除祸害兴办有利的事业。百姓高高兴兴地拥戴他们，尊奉他们。君臣之道，从这时产生。哪里有欺骗愚人凌辱弱者的道理呢！

【原文】

"三、五迭兴①，道教遂隆，辩章劝沮②，德盛刑清。明良之歌作③，荡荡之化成④。太阶既平⑤，七政遵度⑥。梧禽激响于朝阳⑦，麟、虞觌灵而来出⑧。龟、龙吐藻于河湄⑨，景、老摘耀于天路⑩。皇风振于九域⑪，凶器戢乎府库。是以礼制则君安，乐作而刑厝也。若夫奢淫狂暴，由乎人已，岂必有君便应尔乎！而鲍生独举衰世之罪，不论至治之义，何也？

【注释】

①三、五：见《君道》篇"三、五之轨躅也"句注。

②辩章：出《书·尧典》："九族既睦，平章百姓。""平"通"辩"。《史记·五帝本纪》司马贞索隐："《古文尚书》作'平'，……其今文作'辩章'。"

③明良之歌：见《嘉遁》"明良之歌不作"句注。

④荡荡之化：言王道广大。出《书·洪范》："无偏无党，王道荡荡。"

⑤太阶：又作"泰阶"。星名，即"三台"。上台、中台、下台各二星，分层斜上如阶，故名。《文选·扬雄〈长杨赋〉》："是以玉衡正而太阶平也。"李善注："泰阶者，天之三阶也。上阶上星为天子，下星为女主；中阶上星为诸侯三公，下星为卿大夫；下阶上星为元士，下星为庶人。三阶平则阴阳和，风雨时，岁大登，民人息，天下平，是谓太平。"

⑥七政：见《君道》篇"是以七政不乱象于玄极"句注。

⑦句参《嘉遁》篇"朝阳繁鸣凤之音"句注。

⑧虞：驺虞。见《逸民》篇"不识驺虞之用心"句注。

⑨湄（méi）：岸。

⑩景:景星。见《尚博》篇"则景星之佐三辰也"句注。老:老人星。《史记·天官书》:"狼比地有大星,曰南极老人。老人见,治安;不见,兵起。"

⑪皇风:皇帝的教化之风。班固《东都赋》:"扬缉熙,宣皇风。"

【译文】

"三皇、五帝相继兴起,道德教化于是昌盛起来。令百姓清楚明白并有鼓励有阻止,道德繁盛刑罚清明。颂扬贤君良臣的歌声响起,伟大的教化成就了。太阶六星显示了天下太平,日月五星都遵循法度运行。凤凰在朝阳之坡发出激越的鸣叫,麒麟和驺虞见到吉祥仁瑞而显现,神龟和蛟龙在岸边吐出华美的花纹,景星和老人星在天空中发出明亮的光辉。皇帝的德化之风吹遍九州,武器都收藏到了仓库里。因此礼的制度建立起来君主的地位就安定了,音乐兴起刑罚就可以废弃了。至于骄奢淫逸疯狂暴虐,只是由于人自己,为什么一定是由于有了国君就会如此呢!而鲍生单单举那些衰败时代的罪恶,而不谈治理最出色时的好事,是为什么呢?

【原文】

"且夫远古质朴,盖其未变,民尚童蒙,机心不动。譬夫婴孩,智慧未萌,非为知而不为,欲而忍之也。若人与人争草莱之利,家与家讼巢窟之地,上无治枉之官,下有重类之党,则私斗过于公战,木石锐于干戈,交尸布野,流血绛路。久而无君,噍类尽矣①。至于扰龙驯凤②,河图洛书,或麟衔甲负③,或黄鱼波涌④,或丹禽翔授⑤,或回风三集⑥,皆在有君之世,不出无王之时也。夫祥瑞之征,指发玄极,或以表革命之符⑦,或以彰至治之盛。若令有君不合天意,彼嘉应之来,孰使之哉!

【注释】

①噍(jiào)类:《汉书·高帝纪上》:"项羽为人僄悍祸贼,尝攻襄城,襄城无噍类,所过无不残灭。"颜师古注引如淳曰:"无复有活而噍食者也。"

②扰:驯养。《周礼·夏官·服不氏》:"服不氏掌养猛兽而教扰之。"郑玄注:"扰,驯也。教习使之驯服。"

③《易·系辞上》:"河出图,洛出书,圣人则之。"据汉儒孔安国、刘歆等的解释,伏羲时有龙马出于黄河,其背有星点之纹,称龙图,伏羲取之以画八卦生蓍法。禹治水时有神龟出洛水,背有纹如文字,禹取法而作《书·洪范》之"九畴"。杨明照校"麟"当作"鳞",是。"鳞"即指龙马。

④《渊鉴类涵》卷四四二引《诗正义中候》曰:"汤沉璧洛水,黄鱼双跃出,跻于坛,化为黑玉。"

⑤《渊鉴类涵》卷四一八引《春秋合诚图》:"黄帝游雒水上,与大司马容光等临观。凤凰衔图置帝前,帝再拜受图。"又"尧坐舟中,与太尉舜临观。凤凰负图授尧"。

⑥回风三集:未详。

⑦革命:见《嘉遁》篇"姬发所以革命"句注。

【译文】

"再说远古时代风气质朴,是因为人民还没开化,还处在蒙昧时期,机巧之心不动。就像是个婴孩,智慧还没萌发,并不是知道而不去做,想要却又忍住了。如果人与人争夺一棵小草般的小利,家与家为鸟巢兽窟之类的地方而争吵,上边没有治理冤枉的官员,下边却有偏向自己人的同伙,那么将会私人的殴斗比公家的战争还要厉害,木棍石块比武器更为锋利,尸横遍野、流血染红道路。如果长时间没有国君,生灵就会灭绝了。至于驯服龙凤,黄河出图洛河出书,或是龙马衔河图、灵龟背负洛书,或是黄鱼双跃化为黑玉,或是凤凰负图飞来授予唐尧,或是瑞风回旋多次到来,全都出现在有国君的时代,而不出现在没有帝王的时候。祥瑞的征兆,意旨出于上天,有的是表明将要改朝换代的符命,有的是用来彰明治理最好的盛世。如果有国君就不合天意,那么是谁让那些好的征兆到来的呢?

【原文】

"子若以混冥为美乎,则乾坤不宜分矣;若以无名为高乎,则八卦不当画矣。岂造化有谬,而太昊之暗哉!雅论所尚,唯贵自然。请问夫识母忘父,群生之性也;拜伏之敬,世之末饰也①。然性不可任,必尊父焉;饰不可废,必有拜焉。任之废之,子安乎?古者,生无栋宇,死无殡葬;川无舟楫之器,陆无车马之用;吞啖毒烈,以至殒毙;疾无医术,枉死无限。后世圣人,改而垂之,民到于今,赖其厚惠。机巧之利,未易败矣。今使子居则反巢穴之陋,死则捐之中野;限水则泳之游之,山行则徒步负载;弃鼎铉而为生臊之食,废针石而任自然之病;裸以为饰,不用衣裳;逢女为偶,不假行媒,吾子亦将曰不可也。况于无君乎!

【注释】

①世之末饰:杨明照曰:"疑当乙作'末世之饰'。"译文从杨说。

【译文】

"您如果把混沌蒙昧当作美,那么天地就不应该分开;如果认为无名是最高尚的,那么八卦就不该创制。难道大自然有谬误,伏羲氏也昏昧不明吗!您的高论所崇尚的,只以自然为贵。那么请问,记得母亲不知父亲,是群居时的常情;跪拜俯伏的礼敬,是后来才产生的仪节。但不能任情而为,必须尊敬父亲;仪节也不能废掉,必须得有跪拜之礼。如果任情废礼,您心安吗?古时候,人活着没有房子住,死了也不停灵下葬;河上没有舟船,陆地没有车马;吞吃剧毒的东西,以至于死掉;病了没有医治的办法,白白死去的人不计其数。后来有了圣人,改变了情况并流传下来,百姓到现在还依靠这巨大的恩惠。聪明灵巧带来的好处,不应轻易否定。假如现在让您住就住到古代的简陋巢穴里去,死了就抛尸在荒野中;遇到水的阻隔就游泳渡过,逢山路就背着东西徒步走;放弃用鼎镬烹煮而生吃食物,有病不用针石治疗任其自然;裸露身体当作装饰,不穿衣服;遇到女人就结为配偶,不求媒人,您也将会说不行吧。

更何况没有国君呢!

【原文】

"若令上世人如木石,玄冰结而不寒,资粮绝而不饥者①,可也。衣食之情,苟在其心,则所争岂必金玉,所竞岂必荣位! 橡芧可以生斗讼②,藜藿足用致侵夺矣③。夫有欲之性,萌于受气之初;厚己之情,著于成形之日。贼杀并兼,起于自然。必也不乱,其理何居?

【注释】

①资粮:杨明照据《辞义》篇"何异春华不为肴粮之用",《内篇·杂应》"断谷人止可息肴粮之费",以为《藏》本之作"肴粮"是。

②橡芧(xù):橡子。

③藜藿:见《嘉遁》篇"藜藿不供"句注。

【译文】

"如果远古时代的人像树木石头一样,冻了厚冰不觉寒冷,饭食没了也不感到饥饿,那是可以的。如果心里有了求取衣食的想法,那么所竞争的岂止是金玉,所抢夺的又岂止是名誉地位呢! 一颗橡子可以引起争吵,野菜豆叶足能导致侵夺。人有欲望这种本性,产生于得到气息之初;人们厚待自己的感情,形成于身体成形之时。侵害他人吞并财产,是自然产生的。一定让它不乱。道理何在呢?

【原文】

"夫明王在上,群后尽规①,坐以待旦②,昧朝旰食③;延诽谤以攻过,责昵属之补察;听舆谣以属省,鉴履尾而夕惕④;扬清风以扫秽,厉秋威以肃物。制峻网密,有犯无赦;刑戮以惩小罪,九伐以讨大憝⑤。犹惧豺狼之当路,感彝伦之不叙⑥;忧作威之凶家⑦,恐奸宄之害国⑧,故严司鹰扬以弹违⑨,虎臣杖钺于方岳⑩。而狂狡之变,莫世乏之。而令放之,使无所惮,则盗跖将横行以掠杀⑪,而良善端拱以待祸⑫,无主所诉,无强所凭。而冀家为夷、齐⑬,人皆柳惠⑭,何异负豕而欲无臭,凭河而欲不濡,无箠策而御奔马,弃柁橹而乘轻舟? 未见其可也。"

【注释】

①群后:《书·舜典》:"乃日觐四岳群牧,班瑞于群后。"蔡沈集传:"群后,即侯牧也。"

②句出《书·太甲》:"先王昧爽丕显,坐以待旦。"

③昧朝:以昧为朝。旰食:晚食,迟食。

④履尾:"履虎尾"之省。出《易·履》:"履虎尾,不咥人,亨。"王弼注:"履虎尾者,言其危也。"夕惕:见《吴失》篇"吴主不此之思,不加夕惕"句注。

⑤九伐:见《广譬》"五刑九伐"句注。憝(duì):《广雅·释诂三》:"憝,恶也。"

王念孙疏证："凡人凶恶亦谓之憝。"

⑥见《嘉遁》篇"攸叙彝伦者，非英伟也"句注。
⑦作威：见《君道》篇"独任则悟鹿马之作威"句注。
⑧奸宄：见《用刑》"宽而无严，则奸宄并作"句注。
⑨鹰扬：出《诗·大雅·大明》："维师尚父，时维鹰扬。"毛传："鹰扬，如鹰之飞扬也。"此言逞威。
⑩方岳：尧初命羲和四子分掌四岳，称四伯。后又分岳置八伯，掌八州之事。因以"方岳"称任专一方之重臣。
⑪盗跖：见《审举》篇"孔、墨蒙盗跖之垢"句注。
⑫端拱：指恭敬有礼，庄重不苟。
⑬夷、齐：见《逸民》篇"夷、齐一介，不合变通"句注。
⑭柳惠：柳下惠。见《疾谬》篇"若使柳下惠洁……高行"句注。

【译文】

"如果有圣明的君主在上，众多的诸侯都效法于他，日以继夜，废寝忘食；请别人来批评自己的过失，要求亲近的人监视自己的不足；听取众论和民谣来自我省察，以踩虎尾为借鉴早晚警惕；像扬起的清风一样扫荡污秽，像严厉的秋天一样清理万物。制度严格法网细密，敢有犯者绝不宽容；用刑罚惩治小罪犯，以讨伐来对待大恶人。仍然担心贪暴的官员当权，感慨正常的人伦关系没安排妥当；忧虑作威作福的大臣侵夺君权，害怕奸邪的人危害国家，因此一丝不苟的官员严厉地弹劾违法的官吏，威武的臣子执利刃监督诸侯。但那种疯狂狡猾的人没有哪一个时代没有。如果听之任之，让他们无所顾忌，那么盗跖那样的强盗将会横行不法杀人掠财，则善良的人只能拱手端立等待祸患的到来，没有君主可以去投诉，没有强权可以依靠。而希望每家都有伯夷叔齐，每人都是柳下惠，那和背猪而想没有臭味，蹈河而想不沾上水，没有缰绳和马鞭而去驾驭飞跑的马，扔掉舵和船桨而乘坐小船有什么区别呢？看不出怎么会行得通。"

【原文】

鲍生又难曰："夫天地之位，二气范物。乐阳则云飞，好阴则川处。承柔刚以率性，随四、八而化生①。各附所安，本无尊卑也。君臣既立，而变化遂滋。獭多则鱼扰，鹰众则鸟乱；有司设则百姓困，奉上厚则下民贫。壅崇宝货，饰玩台榭；食则方丈②，衣则龙章；内聚旷女，外多鳏男；采难得之宝，贵奇怪之物，造无益之器，恣不已之欲。非鬼非神，财力安出哉！夫谷帛积则民有饥寒之俭，百官备则坐糜供奉之费。宿卫有徒食之众，百姓养游手之人。民乏衣食，自给已剧，况加赋敛，重以苦役。下不堪命，且冻且饥，冒法斯滥，于是乎在。王者忧劳于上，台鼎颦蹙于下③，临深履薄④，惧祸之及。恐智勇之不用，故厚爵重禄以诱之；恐奸衅之不虞，故严城深池以备之。而不知禄厚则民匮而臣骑⑤，城严则役重而攻巧。故散鹿台之金，发钜桥之粟⑥，莫不欢然，况乎本不聚金而不敛民粟乎！休牛桃林，放马华山⑦，载戢干戈，载櫜弓矢⑧，犹以为泰，况乎本无军旅而不战不成乎！

【注释】

①四、八：见《广譬》篇"则二气谬于四、八"句注。

②方丈：见《嘉遁》篇"藜藿不供，而意伏于方丈"句注。

③台鼎：见《安贫》篇"虽复设之以台鼎"句注。

④临深履薄：见《君道》篇"临深履冰"句注。

⑤臣骑：杨明照校："陈澧曰：''骑'当作'骄'。'按'骑'字乃平津本写刻之误，各本均作'骄'，当据改。"杨说是，译文从之。

⑥鹿台：见《博喻》篇"孤竹不以绝粒易鹿台之富"句注。《书·武成》："散鹿台之财，发钜桥之粟。"《史记·殷本纪》裴骃集解引服虔曰："钜桥，仓名。许慎曰钜鹿水之大桥也，有漕粟也。"

⑦二句本《书·武成》："乃偃武修文，归马于华山之阳，放牛于桃林之野，示天下弗服。"

⑧二句见《勖学》篇"戢干戈，櫜（櫜）弓矢"二句注。

【译文】

鲍敬言又反驳道："天地之间，阴阳二气铸成了万物。偏于阳就有飞云，偏于阴就有河流。承受或刚或柔而都有自己的特性，随四季八节而化育生存。各自依附在它的安适之地，本来是没有地位高低之分的。君臣的关系出现以后，变化就发生了。水獭多了鱼就受到骚扰，鹰多了群鸟就会发生混乱；设置了官吏百姓就陷入了困境，对上奉献丰厚那下边百姓就会贫穷。财宝堆积得很多，台榭都用玩物装饰起来，吃饭就要摆满一丈见方，穿衣就有龙的花纹；宫室内聚集了很多未嫁的女子，外边就有很多独身的男人；收集难得的宝贝，珍藏稀奇特异的东西，制造没有益处的器物，放纵那没有尽头的欲望。不是鬼也不是神，财力从哪儿出呢！积存粮食丝绸老百姓就有挨饿受冻的匮乏，百官齐备就白白消耗百姓的供奉。众多的禁军是白吃饭的，百姓要养活这些不劳动的人。百姓自己还缺吃少穿，自我满足已很艰难，何况要上缴赋税，还要加上沉重的劳役。下边实在忍受不了，又受冻又挨饿，犯法胡为于是产生了。君王在上忧愁劳碌，大臣在下皱眉蹙额，像临深渊踏薄冰一样，害怕灾祸的到来。唯恐有智有勇的人不为其所用，所以给高官厚禄引诱他们；害怕奸诈不轨的事不能防范，所以加厚城墙加深护城河来防备。但是他们不知道，俸禄丰厚使百姓穷困大臣骄横，城墙坚厚要耗用大批人力并使攻城手段更加巧妙。因此武王散发商纣王鹿台所藏的钱财和钜桥储存的粮食，百姓没有不高兴的，更何况当初就不聚敛金钱不收缴粮食呢！武王把军用的牛放牧于桃林，把马匹归之于华山，收藏起兵器，把弓箭收入袋中，人民尚且会觉得天下太平，更何况当初就没有军队并且不用打仗不用防御呢！

【原文】

"茅茨土阶①，弃织拔葵②，杂囊为帏③，濯裘布被④，妻不衣帛，马不秣粟，俭以率物，以为美谈，所谓盗跖分财，取少为让；陆处之鱼，相煦以沫也⑤。夫身无在公之役，家无输调之费；安土乐业，顺天分地；内足衣食之用，外无势利之争。操杖攻劫，非人情也。象刑之教⑥，民莫之犯；法令滋彰，盗贼多有⑦。岂彼无利性而此专贪残？盖我清静则民自正，下疲怨则智巧生也。任之自然，犹虑凌暴；劳之不休，夺之无已，田芜仓虚，杼柚之空⑧，食不充口，衣不周身，欲令勿乱，其可得乎！所以救祸而祸弥深，峻禁而禁不止也。关梁所以禁非⑨，而猾吏因之以为非焉；衡量所以检伪，而邪人因之以为伪焉。大臣所以扶危，而奸臣恐主之不危；兵革所以静难，而寇者盗之以为难。此皆有君之所致也。

【注释】

①见《崇教》篇"笑茅茨为不肖，以土阶为朴骎"二句注。

②见《逸民》篇"拔葵去织"句注。

③《汉书·东方朔传》："上（武帝）从容问朔曰：'吾欲化民，岂有道乎？'朔对曰：'……愿近述孝文皇帝之时，……身衣弋绨，足履革舄，以韦带剑，莞蒲为席，兵木无刃，衣缊无文，集上书囊以为殿帷。'""帏"通"帷"。

④见《逸民》篇"濯裘布被"句注。

⑤相煦（xù）以沫：本《庄子·大宗师》："泉涸，鱼相与处于陆，相呴以湿，相濡以沫。"

⑥象刑：见《用刑》篇"唐、虞之盛，象天用刑"句注。

⑦二句出《老子》五十七章。

⑧杼（zhù）柚（zhóu）：本指织布梭与织机筘，代指织机。句本《诗·小雅·大东》："小东大东，杼柚其空。"形容生产废弛，贫无所有。

⑨关梁：关口和桥梁。古代常为设防戍守处。

【译文】

"茅草的房顶泥土的台阶，放弃自家织布拔掉自种葵菜，把书袋拼起来当帷帐，穿洗过的裘衣盖麻布被子，妻子不穿丝绸，马不用粮食喂养，以节俭做表率，人们把这当作美谈，这就是所说的盗跖分财物，拿得少就算谦让；到了陆地的鱼，口吐泡沫互相润湿。那种自己不服务于公事，家中不必缴纳户税；安居乐业，顺应天时分封土地；在家中够吃穿用度，在外与人无权势利益之争。拿起兵器害人劫财，是不合人情的。施象征性的刑罚，百姓就都不去犯罪，而法令越增加显明，盗贼却越多了。是不是古时的人们没有利益的想法，而单单现在的人贪婪残忍呢？恐怕是自身清正恬静，那么百姓自然就正；如果下边疲惫怨恨，那么用智谋使诈巧就会产生了。任其自然，尚且要顾虑欺凌施暴；假如不断地劳累百姓，无休止地侵夺人民，令其田地荒芜仓库空虚，生产废弛，食物填不饱肚子，衣服遮不住身体，想要让不混乱，难道可能吗！

目的是想解救祸患但祸患更深了，严厉地对待非法的事而非法的事却止不住。关口桥梁本来是禁来坏事的，但刁猾的官吏却用它来为非作歹；衡器量器本来是用来检验做假的，而奸邪的人却利用它来做假；大臣本是扶助危难的，但奸臣却唯恐君主不危难；武器甲胄本是用来平定灾祸的，但强盗却劫掠了它制造灾祸。这全都是有君主所导致的。

【原文】

"民有所利，则有争心。富贵之家，所利重矣。且夫细民之争，不过小小；匹夫校力，亦何所至？无疆土之可贪，无城郭之可利，无金宝之可欲，无权柄之可竞。势不能以合徒众，威不足以驱异人。孰与王赫斯怒①？陈师鞠旅②，推无仇之民，攻无罪之国。僵尸则动以万计，流血则漂橹丹野。无道之君，无世不有，肆其虐乱，天下无邦。忠良见害于内，黎民暴骨于外。岂徒小小争夺之患邪！至于移父事君，废孝为忠，申令无君，亦同有之耳！

【注释】

①语出《诗·大雅·皇矣》："王赫斯怒，爰整其旅。"郑玄笺："赫，怒意。""斯"为词尾。后因以"赫斯"指帝王盛怒。

②鞠旅：向军队发出出征号令。犹誓师。出《诗·小雅·采芑》："钲人伐鼓，陈师鞠旅。"毛传："鞠，告也。"

【译文】

"百姓有可获利的东西，就会有争夺之心。富贵的家庭，可获利的东西更贵重。另外小百姓争夺的，不过是小而又小的东西；一般人较量力气，又能到哪里呢？没有疆土可以贪求，没有城郭可以占有，没有金银财宝可以期望，没有权柄可以争夺。他们的权势不能把众人集合起来，威风不足以驱使他人。这如果和帝王赫然发怒相比怎么样？摆开军队以誓言相告诫，把本无仇恨的百姓推上战场，攻击没有罪过的国家。死尸动辄数以万计，流血可以漂起盾牌染红原野。无道的君主没有哪个朝代没有，肆意胡作非为，天下连邦国都没有了。忠臣良将被杀害在朝廷之内，黎民百姓抛露尸骨在野外。怎么会仅仅是小小争夺的祸患呢！至于说抛开自己的父亲去侍奉国君，废弃孝顺去作忠臣，即使声明没有国君，也和有国君是相同的！

【原文】

"古之为屋，足以蔽风雨，而今则被以朱紫，饰以金玉；古之为衣，足以掩身形，而今则玄黄黼黻①，锦绮罗纨；古之为乐，足以定人情，而今则烦乎淫声②，惊魂伤和；古之饮食，足以充饥虚，而今则焚林漉渊，宰割群生……③"

【注释】

①黼黻：见《用刑》篇："夫德教者，黼黻之祭服也"句注。

②烦乎淫声：杨明照据王国维校，并《左传·昭公元年》"于是有烦手淫声，慆堙心耳"，及后《重言》篇"伯牙谨于操弦，故终无烦手之累"句，以为当作"烦手淫声"。

③孙星衍曰："（'群生'后）有脱文。此下乃抱朴子驳难之辞。"

【译文】

"古代所盖房子，足够用来遮蔽风雨了，而现在却要涂覆上红色紫色，用金玉装饰起来；古代做衣服，足够遮掩住身体了，而现在却要有玄色黄色绣上花纹，用上各种丝织品；古代演奏音乐，足够安定人的情感了，而现在却用复杂的手法演奏靡靡之言，惊人魂魄有伤和谐；古代的饮食，足够用来充饥了，而现在却焚林而猎竭泽而渔，宰杀大量生灵。……"

【原文】

"……岂可以事之有过而都觉之乎①！若虞在上②，稷、卨赞事③，卑宫薄赋，使民以时；崇节俭之清风，肃玉食之明禁；质素简约者，贵而显之；乱化侵民者，黜而戮之，则颂声作而黎庶安矣。何必虑火灾而坏屋室，畏风波而填大川乎！"

【注释】

①"觉"字可疑。以下文看，似以作"绝"较安。译文从"绝"。

②按"虞"字前当脱一"唐"字。

③稷、卨：见《审举》篇"虽抱稷、卨之器"句注。

【译文】

"……怎么能因为事中有过失就一切都禁绝了呢！如果唐尧、虞舜做君主，后稷、契来辅佐，宫室简陋赋税减轻，让百姓能按季节耕作；崇尚节俭清廉的风气，严格禁止珍馐美味；质朴素淡生活简约的人，尊重他让他扬名；扰乱教化侵害百姓的人，贬黜并且杀掉他，那么颂扬之声就会振响，百姓就安定了。为什么一定要顾虑火灾而毁掉房屋，害怕风浪就填塞大河呢！"

【原文】

抱朴子曰："鲍生贵上古无君之论，余既驳之矣。后所答余，文多不能尽载，余稍条其论而牒诘之云①：

【注释】

①稍条：杨明照以为当依旧写本作"条抄"，孙星衍据卢本改作"稍条"非是。

【译文】

抱朴子说："鲍生以上古无君为贵的论点，我已经反驳过了。后边答复我的文字，内容很多不能完整地记载在这里。我大略把他的论点条分缕析逐条反驳如下：

【原文】

'鲍生曰："人君采难得之宝，聚奇怪之物，饰无益之用，猷无已之求①。"

【注释】

①猒（yàn）："厌"的古字。

【译文】

'鲍生说："君主采收难得的宝贝，聚集稀奇怪异的东西，装饰没有益处的用具，来满足没尽头的要求。"

【原文】

'抱朴子诘曰："请问，古今帝王尽采难得之宝，聚奇怪之物乎？有不尔者也。余闻唐尧之为君也，捐金于山；虞舜之禅也，捐璧于谷①；疏食菲服，方之监门。其不汔渊剖珠②，倾岩刊玉；凿石铄黄白之矿，越海裂翡翠之羽；网瑇瑁于绝域③，掘丹青于嶍汉④，亦可知矣。夫服章无殊⑤，则威重不著；名位不同，则礼物异数。是以周公辨贵贱上下之异式⑥——宫室居处，则有堵雉之限⑦；冠盖旌旗，则有文物之饰；车服器用，则有多少之制；庖厨供羞，则有法膳之品。年凶灾眚⑧，又减撤之。无已之欲，不在有道。子之所云，可以声桀纣之罪，不足以定雅论之证也。"

【注释】

①说已见于《守堵》篇"唐、虞捐金而抵璧"句。未详所出。

②汔（qì）：干涸。

③瑇（dài）瑁：一种似龟的爬行动物。甲壳黄褐色，有黑斑及光泽，可做装饰品。

④丹青：丹砂与青䨼（wò）。丹砂即朱砂；青䨼即空青，亦即孔雀石。皆可为颜料。嶍（mín）汉：古岷山郡与汉中郡所在地。当今四川北部及陕西西南一带。"嶍"同"岷"。

⑤服章：表示官阶身份的服饰。《左传·宣公十二年》："君子小人，物有服章。"杜预注："尊卑别也。"

⑥异式：杨明照据《藏》本等十一种本校为"典式"。異（异）、典形近而误。

⑦堵雉：皆古代计算面积的单位。古以版筑法筑土墙。五版（一版长，五版高）为一堵，五堵为一雉。古于各级城垣大小有制度上的规定。如《左传·隐公元年》："都，城过百雉，国之害也。先王之制：大都不过参国之一，中五之一，小九之一。"按"都"谓城邑，"国"指国都。

⑧灾眚（shěng）：灾殃祸患。出《易·复》："上六，迷复，凶，有灾眚。"

【译文】

'抱朴子反驳道："请问，从古至今的帝王全都采收难得的宝贝，聚集稀奇怪异的东西吗？有不这样做的。我听说唐尧做国君的时候，把黄金抛弃在山上；虞舜接受禅让后，把玉璧扔到山谷里；他们吃粗糙的饭食穿单薄的衣服，与看门人相差无几。他们不会排尽潭水剖蚌获取珍珠，推倒山崖挖掘宝玉；不会凿开石头熔炼金银矿石，渡海去拔翠鸟的羽毛；不会到极远的地方去捕捉玳瑁，到岷山汉水去挖朱砂和空青，也就可以知道了。如果服饰没有什么特殊之处，那么他的威严就不显著；名分爵位不同，所用的典礼之物也有区别。因此周公区分高低贵贱的形式差别——所居住的房子城邑，有规模大小的限制；发冠车盖旗子，有装饰上的不同；车辆、服装和用具，有数量上的规矩；厨房供应饭食，依品级而有区别。遇到有灾荒的年头，又有所减少。所以那些没有尽头的欲望，在政治清明的时代是不存在的。您所说的，可以用来声讨夏桀商纣的罪过，但不足以作为您的高论的证据。"

【原文】

"'鲍生曰："人君后宫三千，岂皆天意？谷帛积则民饥寒矣。"

"'抱朴子诘曰："王者妃妾之数，圣人之所制也。圣人，与天地合其德者也。其德与天地合，岂徒异哉！夫岂徒欲以顺情盈欲而已乎！乃所以佐六宫①，理阴阳，教尔崇奉祖庙，祗承大祭②，供玄纮之服③，广本支之路④。且案《周典》九土之记，及汉氏地理之书，天下女数多于男焉⑤。王者所宗，岂足以逼当娶者哉！姬公思之，似已审矣。帝王帅百僚以藉田⑥，后妃将命妇以蚕织。下及黎庶，农课有限，力佃有赏，怠惰有罚，什一而税，以奉公用。家有备凶之储，国有九年之积。各得顺天分地，不夺其时，调薄役希，民无饥寒，衣食既足，礼让以兴。昔文、景之世，百姓务农。家给户丰。官仓之米，至腐赤不可胜计。然而士庶犹侯服鼎食，牛马盖泽。由于赋敛有节，不足损下也⑦。至于季世，官失佃课之制，私务浮末之业，生谷之道不广，而游食之徒滋多，故上下同之，而犯非者众。鲍生乃归咎有君。若夫讥采择之过限，刺农课之不实，责牛饮之三千⑧，贬履亩与太半⑨，但使后宫依《周礼》，租调不横加，斯则可矣。必无君乎！夫一日晏起，则事有失所，即鹿无虞，维入于林中⑩，安可终已！靡所宗统，则君子失所仰，凶人得其志。网疏犹漏，可都无网乎！"

【注释】

①六宫：皇后的寝宫，正寝一，燕寝五，合为六宫。《礼记·昏义》："古者天子后立六宫，三夫人、九嫔、二十七世妇、八十一御妻，以听天下之内治，以明章妇顺，故天下内和而家理。"

②祗（zhī）承：敬奉。《书·大禹谟》："文命敷于四海，祗承于帝。"大祭：重大祭祀，包括天地之祭、禘袷之祭等。

③玄纮：见《疾谬》篇"废其玄纮之务"句注。

④本支：同一家族中嫡出为本，庶出为支。

⑤《周典》：此处系指《周礼》。九土：指九州。《周礼·夏官·职方氏》记有九州各自男女之比，仅雍州为"三男二女"，冀州"五男三女"，余七州皆女多于男。（青州"二男二女"，孔疏以为乃二男三女之误）汉氏地理之书：当指《汉书·地理志》。然今《汉

书·地理志》有人口总计，未言男女之比。

⑥藉（jí）田：天子、诸侯征用民力耕种的田。每春耕前，天子、诸侯躬耕藉田以奉宗庙，且寓劝农之意。藉，借也。平时借民力耕种。

⑦汉文帝、景帝时，轻民赋税，"民遂乐业。至武帝之初七十年间，……则民人给家足，都鄙廪庾尽满，而府库余财。京师之钱累百巨万，贯朽而不可校。太仓之粟陈陈相因，充溢露积于外，腐败不可食。众庶街巷有马，仟佰之间成群"（《汉书·食货志》）。

⑧牛饮三千：本《韩诗外传》卷四："桀为酒池，可以运舟，糟丘足以望十里，一鼓而牛饮者三千人。"

⑨说本《公羊传·宣公十五年》："税亩者何？履亩而税也。"何休注："履践案行，择其善亩、谷最好者税取之。"

⑩二句出《易·屯》："即鹿无虞，惟入于林中；君子几不如舍，往吝。"孔颖达疏："即，就也。虞，谓虞官。"

【译文】

"'鲍生说："国君的后宫有三千妃嫔，难道都是天意吗？粮食布匹囤积起来，那么百姓就要挨饿受冻了。"

"'抱朴子反驳说："帝王妃嫔的数目，是圣人定的。圣人是道德与天地相合的人。他们的道德合于天地，怎么会只在这一点上与天意不同呢！难道只是以此来顺从国君的感情满足欲望吗！乃是以此佐助皇后，调理阴阳，使他们崇奉祖庙，虔诚地辅助重大的祭祀，供给帝王帽子和衣服，使后代嫡庶子孙昌盛。另外，按照《周礼》有关九州的记载，以及汉代地理书的说法，天下女子的数目多于男子。帝王所宗奉的做法，怎么会威胁到正当嫁娶的人呢！周公所考虑的似乎已经很周详了。帝王带领众多的僚属在春天里带头耕种田地，后妃带领有封号的妇女们养蚕织布。落到百姓身上，田租有限额，努力耕种者有奖赏，懒惰的人要惩罚，按十分之一的比例抽税，来供给公用。每家都有防备灾荒的积蓄，国家有九年的储备。人们都能顺应天意获得土地，不会去侵夺他们的农时，征税微薄徭役稀少，百姓不会挨饿受冻，丰衣足食之后，礼让之风就可以兴起了。从前汉代文帝景帝的时候，百姓努力从事农业生产，家家户户都很富足。官府粮仓中的粮食，至于腐败的就不计其数。而士人百姓还穿着华美的服装，列鼎而食，牛马盖满水草交错的地方。这是由于赋税有节制，不足以对下有所损害。到了汉朝末世，官府破坏了租地收税的制度，私人又都致力于工商浮末行业，生产粮食的途径没有拓宽，而游荡谋食的人越来越多，因此上下都是这样，于是犯法为非的人多了。鲍生却归罪于有国君。至于说讥讽选用东西越过了限度，批评农业抽税不适合实际情况，责备过度的饮食消耗，贬斥按亩数征税和税率达到三分之二，只想让后宫之制符合《周礼》，田租户税不要无理施加，这是可以的。一定要没有国君吗！国君一天起床晚了，事情就有安排不妥当的地方，就像追鹿而没有看林官指路，就进入林中，怎么能有个终了呢！没有了所宗法统领的东西，君子就失去了依靠，凶恶的人就会实现其志愿。网眼稀疏尚且有漏洞，怎么能完全没有网呢！"

【原文】

"'鲍生曰:"人之生也,衣食已剧,况又加之以敛赋,重之以力役。饥寒并至,下不堪命,冒法犯非,于是乎生。"

"'抱朴子诘曰:"蜘蛛张网,蚤虱不馁;使人智巧,役用万物,食口衣身,何足剧乎!但患富者无知止之心,贵者有无限之用耳。岂可以一蹶之故,而终身不行;以桀纣之虐,思乎无主也!夫言主事弥张,赋敛之重于往古,民力之疲于末务,饥寒所缘,以讥之可也;而言有役有赋使国乱者,请问唐虞升平之世,三代有道之时,为无赋役以相供奉,元首股肱躬耕以自给邪①?鲍生乃唯知饥寒并至,莫能固穷②,独不知衣食并足,而民知荣辱乎③!"

【注释】

①元首股肱:见《臣节》篇"喻之元首,方之股肱"句注。
②固穷:出《论语·卫灵公》:"子曰:'君子固穷,小人穷斯滥矣。'"
③说本《管子·牧民》:"仓廪实则知礼节,衣食足则知荣辱,上服度则六亲固,四维张则君令行。"

【译文】

"'鲍生说:"人活在世上,顾上自身的穿衣吃饭已经很困难了,何况又要收赋税,还加上徭役。饥饿寒冷一齐到来,下边忍受不了,违犯法律为非作歹的事情,于是就发生了。"

"'抱朴子反驳说:"蜘蛛张网捕食,跳蚤虱子也就够吃了;凭人的智慧机敏,驱使世上的各种东西,吃一口饭穿一身衣服,怎么会有困难呢!只是担心富人没有知足的想法,有地位的人有无限的用度。怎么能因为跌倒一次的缘故,一辈子都不走路了;因为夏桀商纣的暴虐,就想不要君主呢!如果说主事官员督求过紧,赋税比古代沉重,百姓的力量都消耗在无关紧要的琐事上,这是造成饥寒的缘由,讥刺它是可以的;但是说有劳役有赋税就使得国家混乱,请问您,唐尧虞舜天下太平的时代,夏、商、周三代政治清明的时候,是没有赋税供奉国家,君主大臣都亲自去耕种来满足自己的需求吗?鲍生只是知道饥寒一起来到,没有人会安守困顿,但却不知道衣食充足,百姓才能知道荣耀和耻辱啊!"

【原文】

"'鲍生曰:"王者,临深履尾,不足喻危。假寐待旦,日昃旰食①,将何为惧祸及也?"

【注释】

①以上数句,见本篇上文"夫明王在上……鉴履尾而夕惕"数句注。

【译文】

鲍生说:"做国君的人,面临深渊踩上虎尾,也不足以比喻危险。但只要坐着打盹等待天亮,太阳西落才吃饭,为什么要害怕灾祸到来呢?"

【原文】

抱朴子难曰:"审能如此,乃圣主也。王者所病,在乎骄奢,贤者不用,用者不贤。夏癸指天日以自喻①,秦始忧万世之同谥②,故致倾亡,取笑将来。若能惧危夕惕③,广纳规谏,询刍荛以待听④,养黄发以乞言,何忧机事之有违?何患百揆之不康⑤?夫战兢则彝伦叙⑥,怠荒则奸宄作。岂况无君,能无乱乎!"

【注释】

①夏癸:夏桀。其以天日自喻见《君道》篇"而自比于天日"句注。

②《史记·秦始皇本纪》:"制曰:'朕闻太古有号毋谥,中古有号,死而以行为谥。如此,则子议父,臣议君也,甚无谓,朕弗取焉。自今以来,除谥法。朕为始皇帝。后世以计数,二世三世至于万世,传之无穷。'"同谥,即无谥。

③夕惕:见《吴失》篇"不加夕惕"句注。

④见《省烦》篇"询于刍荛"句注。

⑤百揆:见《臣节》篇"百揆时序"句注。

⑥见《嘉遁》篇"攸叙彝伦者,非英伟也"句注。

【译文】

抱朴子驳斥道:"果真能够这样,就是圣明的君主了。做帝王的人常犯的毛病,在于骄横和奢侈,在于贤能的人不用,而任用的人不贤能。夏桀把自己比作天上的太阳,秦始皇关心的是万代帝王用同一个谥号,因此导致灭亡,被后代人取笑。如果能够惧怕危险早晚警惕,广泛地接受规劝,向樵夫询问意见并准备听取,奉养老人并向他们访求看法,为什么还要忧虑国家大事有不顺利?为什么还担心宰相治理不好呢?小心谨慎则正常的人伦关系就可以按部就班,惰怠荒疏就会使奸邪作乱的事发生。更何况没有国君,能够不混乱吗!"

【原文】

"'鲍生曰:"王者钦想奇瑞,引诱幽荒①,欲以崇德迈威,厌耀未服②。白雉玉环③,何益齐民乎④?"

【注释】

①幽荒:《文选·张衡〈东京赋〉》:"惠风广被,泽洎幽荒。"薛综注:"幽荒,九州外,谓四夷也。"

②厌(yā)耀:施压耀武。厌,压的古字。

③白雉玉环:见《君道》篇"感和重译,灵禽贡于彤庭,瑶环献自西极"三句注。

④齐民:犹平民。《庄子·渔父》:"上以忠于世主,下以化于齐民。"

【译文】

"'鲍生说:"做帝王的总想发生祥瑞的事,诱导四夷的人们,想以此使自己的德威提高超拔,向未服的方国施压显耀。但所得的白雉和玉环,对普通百姓有什么好处呢?"

【原文】

抱朴子诘曰:"夫王者德及天则有天瑞,德及地则有地应。若乃景星摛光以佐望舒之耀①,冠日含彩以表羲和之晷②;灵禽噰喈于阿阁③,金象煜晃乎清沼④,此岂卑辞所致,厚币所诱哉!王莽奸猾,包藏祸心,文致太平,诳眩朝野,贶遗外域,使送瑞物⑤。岂可以此谓古皆然乎?夫见盈丈之尾,则知非咫尺之躯;睹寻仞之牙,则知非肤寸之口。故王母之遣使,明其玄化通灵,无远不怀也;越裳之重译,足知惠沾殊方,泽被无外也。夫绝域不可以力服,蛮、貊不可以威慑⑥。自非至治,焉能然哉!何者,鲍生谓为不用?夫周室非乏玉,而须王母之环以为富也⑦;非俭膳,而渴越裳之雉以充庖也。所以贵之者,诚以斯物为太平,则上无苛虐之政,下无失所之人,蜎飞蠕动,咸得其懽。有国之美⑧,孰多于斯?而云不用,无益于齐民。源远体大,固未易见,鲍生之言,不亦宜乎!"

【注释】

①景星:见《尚博》篇"则景星之佐三辰也"句注。望舒:见《任命》篇"夕照望舒之余耀"句注。

②冠日:当指日珥(ěr),为突出于太阳边缘之外的发光气团。羲和:见《交际》篇"羲和照则曲影觉矣"句注。

③噰(yōng)喈(jiē):众鸟和鸣声。《渊鉴类函》卷四百十八引《尚书中侯》曰:"尧即政七十载,凤凰止庭巢阿阁欢树。"

④《渊鉴类函》卷四百三十引《帝王世纪》曰:"禹葬会稽,祠下有群象耕田。"

⑤贶(kuàng)遗(wèi):馈赠。《汉书·王莽传》上:"莽既致太平,北化匈奴,东致海外,南怀黄支,唯西方未有加。乃遣中郎将平宪等多持金币诱塞外羌,使献地,愿内属。宪等奏言:'羌豪良愿等种,人口可万二千人,愿为内臣,献鲜水海、允谷盐池,平地美草皆予汉民,自居险阻处为藩蔽。问良愿降意,对曰:"太皇太后圣明,安汉公至仁,天下太平,五谷成熟,或禾长丈余,或一粟三米,或不种自生,或茧不蚕自成,甘露从天下,醴泉自地出,凤皇来仪,神爵降集。从四岁以来,羌人无所疾苦,故思乐内属。"宜以时处业,置属国领护。'事下莽,莽复奏曰:'太后秉统数年,恩泽洋溢,和气四塞,绝域殊俗,靡不慕义。越裳氏重译献白雉,黄支自三万里贡生犀,东夷王度大海奉国珍,匈奴单于顺制作,去二名,今西域良愿复举地为臣妾,昔唐尧横被四表,亦亡以加之。'"

⑥蛮、貊:见《君道》篇"凡誉重则蛮、貊归怀"句注。

⑦杨明照校,以为《世本》《帝王世纪》皆载西王母献玉环事在舜时,故非"周室"二字当在"非俭膳"前,而"非乏玉"前当另补二字,即"周室"二字有误。译文从杨说。

⑧有国:"有"乃词头。

【译文】

"'抱朴子责问说:"做帝王的道德上达于天则天有瑞兆,道德下及于地则地有嘉应。至于说景星发出亮光来陪衬月亮的光芒,日珥具有五彩来显示太阳的明亮;凤凰在高阁中发出和谐的鸣叫,金象在清池中闪耀灿烂的光辉,这些难道是卑下的言辞所导致,丰厚的礼物所诱惑的吗!王莽奸诈狡猾,心怀作恶的想法,粉饰太平,欺骗迷惑朝廷内外的人,用向外邦赐予馈赠的办法,让他们送来祥瑞的东西。怎么能因此就说古时候都是这样呢?见到足有一丈长的尾巴,就知道身子不是一尺上下;见到七八尺的牙齿,就知道嘴巴不是一寸大小。因此,西王母派遣使者而来,证明舜的圣德教化通于神灵,无论多远都怀想他;越裳国辗转翻译贡献,足以知道恩惠远达异国,教化的覆盖概莫能外。非常遥远的地方不能靠武力征服,蛮荒之地的民族不能靠威权来统摄。除非治理最完美的时候,怎么能这样呢!为什么,鲍生说是没有用处?虞舜并不是缺少玉而等待西王母的玉环来致富,周王室也不是饭食贫乏而渴望越裳国的野鸡充实厨房。所以珍贵它们,实在是把这些东西作为太平的象征,说明上边没有苛刻暴虐的国政,下边也没有失去住处的百姓,即使是飞行蠕动的小虫,也全都得以欢乐。国家的美盛,哪能超过这样呢?反说要不用,对普通百姓是没有好处的。这种说法溯源很远体系庞大,肯定不容易有此见解,鲍生的话,不也就可以理解了吗!"

【原文】

"'鲍生曰:"人君恐奸衅之不虞,故严城以备之也。"

"'抱朴子诘曰:"侯王设险,《大易》所贵①,不审严城何讥焉尔。夫两仪肇辟,万物化生,则邪正存焉尔。夫圣人知凶丑之自然,下愚之难移,犹春阳之不能荣枯朽,炎景之不能铄金石。冶容慢藏,诲淫召盗。故取法乎习坎,备豫于未萌。重门有击柝之警,治戎遏暴客之变。而欲除之,其理何居?虺之角也,凤之距也,天实假之,何必日用哉!蜂虿挟毒以卫身,智禽衔芦以扞网②。貐曲其穴,以备径至之锋;水牛结阵,以却虎豹之暴。而鲍生欲弃甲胄以遏利刃,堕城池以止冲锋③。若令甲胄既捐而利刃不住,城池既坏而冲锋犹集,公输、墨翟犹不自全④,不审吾生计将安出乎?"

【注释】

①《易·习坎》:"彖曰:习坎,重险也。……天险,不可升也;地险,山川丘陵也。王公设险,以守其国。险之时用大矣哉。"按"习坎"为六十四卦之一,卦形为☵,即上坎下坎。象征险阻。

②雁自卫的一种本能,口衔芦草而飞。《尸子》卷下:"雁衔芦以捍网,牛结阵以却虎。"

③堕(huī):毁坏。

④公输、墨翟:见《名实》篇"放斧斤而欲双巧予班、墨"句注。

【译文】

"'鲍生说:"君主害怕无法预料的邪恶和灾祸,所以用厚实的墙城来防备。"

"'抱朴子驳斥道:"王公侯爵设立险阻,是《周易》所赞扬的。不清楚坚厚的城墙有什么可讥刺的。天地初开、万物刚刚产生的时候,正直和邪恶就都存在了。圣人知道凶恶和丑陋出于自然天性,极愚蠢的人是难于改变的,就像是春天的太阳不能使枯萎腐朽的草木茂盛,炎热的日光不能熔化金属和石头一样。妖艳的容貌和疏于保管,会招致淫荡或引来盗贼。因此要从习坎之卦取法,在事情萌发前作准备。要用两道大门并有敲击木梆的警戒,组织军队阻挡住强盗来犯。而鲍生想要除去不用,其中的道理何在呢?犀牛的角,凤凰的爪,实际上是上天借给它们的,为什么要每天应用呢!蜜蜂蝎子带毒是为保卫自身,聪明的大雁衔芦苇飞行是为了抵御罗网。獾子把巢穴挖成曲折的形式,为防备直来的刀剑;水牛结成阵,来打退虎豹进攻。而鲍生要抛弃盔甲来阻止利刃的击刺,毁掉城墙和护城河来阻止敌人的攻击。如果盔甲扔掉后刺来的利刃并不停,城池毁坏后攻击的人仍蜂拥而至,那么即使是公输和墨翟也是连自身都保不住,不清楚您能想出什么办法?"

【原文】

"'或曰:"苟无可欲之物,虽无城池之固,敌亦不来者也。"

"'抱朴子答曰:"夫可欲之物,何必金玉?锥刀之末,愚民竞焉。越人之大战,由乎分蚺蛇之不钧①;吴楚之交兵,起乎一株之桑叶②。饥荒之世,人人相食,素手裸跣。……③

【注释】

①蚺(rán)蛇:一种三四丈至五六丈长的大蛇。嵇康《答难养生论》:"蚺蛇珍于越土,中国见而恶之。"

②杨明照校,以为"起乎"后当补"争"字。是。事见《吕氏春秋·察微》:"楚之边邑曰卑梁,其处女与吴之边邑处女桑于境上,戏而伤卑梁之处女。卑梁人操其伤子以让吴人。吴人应之不恭。怒,杀而去之。吴人往报之,尽屠其家。卑梁公怒,曰:'吴人焉敢攻吾邑!'举兵反攻之,老弱尽杀之矣。吴王夷昧闻之怒,使人举兵侵楚之边邑,克夷而后去之。吴、楚以此大隆。"按"隆"通"哄"。

③孙星衍曰:"('裸跣')下有脱文。疑缺一二叶。"

【译文】

"'还说:"如果没有可要的东西,那么即使没有坚固的城池,敌人也不会到来。"

"'抱朴子回答说:"可要的东西,为什么一定是金玉呢?就是锥尖刀刃那么小的东西,愚蠢的百姓也会争夺的。越地人的大战,是从蟒蛇分得不平均开始;吴楚两国打仗,是由一棵桑树的叶子引起。灾荒的年头,人与人你吃我我吃你,空着手光着脚。……

【原文】

"……远则甫侯、子羔①,近则于公、释之②,探情审罚,剖毫析芒,受戮者吞声而歌德,刖劓者没齿无怨言。此皆非无君之时也。昔有鳏在下而四岳不蔽③,明扬仄陋而元凯毕举④。或投屠刀而排金门⑤,或释版筑而蹑玉堂⑥,或委刍豢而登卿相⑦,或自亡命而为上将⑧。伯柳达仇人,解狐荐怨家⑨,方回叩头以致士⑩,禽息碎首以推贤⑪。敢问于时有君否邪?

【注释】

① 《书·吕刑》:"吕命穆王训夏赎刑,作《吕刑》。"《史记·周本纪》:"诸侯有不睦者,甫侯言于王,作修刑辟。……命曰《甫刑》。"吕侯后为甫侯,《史记》裴骃集解引郑玄曰:"《书说》云,周穆王以甫侯为相。"子羔:孔子弟子高柴,字子羔。也作子皋。《韩非子·外储说左下》:"孔子相卫,弟子子皋为狱吏,刖人足,所刖者守门。人有恶孔子于卫君者,曰:'尼欲作乱。'卫君欲执孔子,孔子走,弟子皆逃。子皋从出门,刖危引之而逃之门下室中,吏追不得。夜半,子皋问刖危曰:'吾不能亏主之法令而亲刖子之足,是子报仇之时也,而子何故乃肯逃我?吾何故得此于子?'刖危者:'吾断足也,固吾罪当之,不可奈何。然方公之欲治臣也,公倾侧法令,先后臣以言,欲臣之免也甚,而臣知之。及狱决罪定,公愀然不悦,形于颜色,臣见又知之。非私臣而然也,夫天性仁心固然也。此臣之所以悦而德公也。'"《说苑·至公》记此事作"子羔",《孔子家语·致思》与《说苑》同,文长不引。据考,孔子未曾相卫,仅子羔曾为卫之士师(刑狱官)。

② 于公、释之:见《用刑》篇"但当简于、张之徒,任以法理世"句注。

③ 有鳏:指虞舜。出《书·尧典》:"有鳏在下,曰虞舜。"

④ 元凯:见《嘉遁》篇"而使圣朝乏元凯之用哉"句注。

⑤ 金门:即"金马门"之省言。金马门为汉代宫门名。《史记·滑稽列传》:"金马门者,宦(者)署门也。门傍有铜马,故谓之曰'金马门'。"此仅指将为高官。"投屠刀"事指伊尹,见《嘉遁》篇"或负鼎而龙跃"句注。按古屠、庖为一业,故此言"投屠刀"云。

⑥ 见《时难》篇"岩间傅说之属"句注。

⑦ 见《名实》篇"或举于牛口之下,而加之于群僚之上"二句注。

⑧ 见《嘉遁》篇"伍员所以怀忠而漂尸"句注。

⑨ 二句见《汉过》篇"麋追解狐忘私之义"句注。

⑩ 《汉过》篇"致事以由方回"句已注明未详。

⑪ 见《擢才》篇"禽息所以发愤而碎首也"句注。

【译文】

"……古代有吕侯和子羔,近世有于定国和张释之,他们探究实情,审慎处罚,精细得像是剖开毫毛和芒刺一样,被杀的人认罪而赞扬他们的德行,受刑的人终生都没有怨言。这全都不是在没有国君的时候。从前虞舜在民间时,四方诸侯之长并未掩盖其才能;荐举有才德的地位卑微的人,八元和八凯都被提拔上来。有的扔开屠牛刀推开了官署的大门,有的抛却了筑墙工具走上了朝廷的台阶,有的放弃养牛而升为卿相,有的逃出国门做了大将军。荆伯柳被自己的仇人通开了仕途,解狐举荐与自己有积怨的人。方回叩头来荐引士人,禽息碰碎头骨来推举贤者。我大胆问一问,那时有国君,还是没有?

【原文】

"又云田芜廪虚,皆由有君。夫君非塞田之蔓草,臣非秏仓之雀鼠也①。其芜其虚,卒由厄运,水旱疫疠,以臻凶荒,岂在赋税,令其然乎!至于八政首食②,谓之民天③;后稷躬稼④,有虞亲耕⑤;'丰年多黍多稌⑥','我庾惟亿⑦',民食其陈;白渠开而斥卤膏壤⑧。邵父起阳陵之陂⑨,而积谷为山;叔敖创期思⑩,而家有腐粟。赵过造三犁之巧⑪,而关右以丰;任延教九真之佃⑫,而黔庶殷饱⑬。此岂无君之时乎⑭?'"

【注释】

①秏:通"耗"。

②见《守塉》篇"食、货首乎八政"句注。

③民天:本《史记·郦生陆贾列传》:"王者以民人为天,而民人以食为天。"

④《史记·周本纪》:"周后稷,名弃。……弃为儿时,屹如巨人之志。其游戏,好种树麻、菽,麻、菽美。及为成人,遂好耕农,相地之宜,宜谷者稼穑焉,民皆法则之。帝尧闻之,举弃为农师,天下得其利,有功。"

⑤《书·大禹谟》:"帝初于历山,往于田。"《史记·五帝本纪》:"舜耕历山,历山之人皆让畔。"

⑥句出《诗·周颂·丰年》:"丰年多黍多稌(tú),亦有高廪,万亿及秭。"毛传:"稌,稻也。"

⑦句出《诗·小雅·楚茨》:"我仓既盈,我庾维亿。"

⑧《汉书·沟洫志》:"太始二年,赵中大夫白公,复奏穿渠引泾水,首起谷口,尾入栎阳,注渭中。袤二百里,溉田四千五百余顷,因名曰白渠。"

⑨邵父:邵信臣。荀悦《汉纪·成帝纪一》:"信臣字翁卿,九江人也。始为南阳太守,乃为民兴利,开通沟渠水门,灌溉三万余顷,禁止嫁娶送终奢靡,其化大行。吏民亲爱之曰:'邵父'。"依下句"期思"之例,"阳陵"当为邵氏所修水利工程名。未详所出。

⑩杨明照曰:"按以上文'邵父起阳陵之陂,而积谷为山'例之,'期思'下当再有二字。"并证以《淮南子·人间训》《论衡·超奇》及《孙叔敖碑》。甚确。《淮南子·人间训》:"孙叔敖绝期思之水,而灌雩娄之野。"

⑪汉崔寔《政论》:"武帝以赵过为搜粟都尉。教民耕殖。其法三犁共一牛,一人将之,下种挽耧,皆取备焉,日种一顷。至今三辅赖其利。"

⑫《后汉书·循吏列传》:"任延字长孙,南阳宛人也。……建武初……诏征为九真太守……九真俗以射猎为业,不知牛耕……延乃令铸作田器,教之垦辟。田畴岁岁开广,百姓充给。"按九真郡在今越南境内。

⑬黔庶:庶民百姓。"黔"本谓黑色,后以"黔首"、"黔民"称平民。

⑭孙星衍曰:"从'远则甫侯'以下二百七十字,疑当在本篇前半,未敢辄移。"

【译文】

"又说田地荒芜粮库空虚,全由于有国君。国君并非占据田地的蔓草,臣子也不是消耗仓粮的麻雀老鼠。田地荒芜和粮仓空虚,最终是由于坏运气,水灾旱灾瘟疫,以致造成欠收,难道是赋税使年成这样吗!至于八政之中首先是吃饭,叫作民以食为天;后稷和虞舜都亲自耕种,'丰收之年有多余的粮食','我们的粮仓非常充足',百姓要吃隔年陈粮;白渠开掘使盐碱地成为肥沃的良田。邵信臣修建起阳陵的堤防,打的粮食堆积如山;孙叔敖修建期思的水利,各家粮食都多到有腐败的;赵过创造了巧妙的三铧犁,关西地方因此丰收;任延教九真人耕种方法,使平民百姓富足起来。这难道是没有国君的时候吗?'"

卷第四十九　知　止

题　解

从篇名可知，本篇意在阐发一种知足知止的人生态度。作者认为，人对自己内在的修养学识的要求应该是"抱盈"，即求充实；而对名、利等外物则应"居冲"，即求淡泊。他希望人们要学习善卷，巢父等古贤者，像他们那样"纯粹""清澄"和"自然"。人们并非不能出仕为官，但一是"决在择主"，"值明时则优于济四海，遇险世则劣于保一身"；二是在成功之后要"告退避贤"。但是能做到这一点的"万未有一"，往往是在功成名就、志满意得时忘记了"无炽不灭，靡溢不损"的道理，更听不进旁观者的"逆耳之言"，以至多少人重蹈前人的覆车之辙。他希望人们看到周公尚且被放逐，孔子尚且周游列国，从而做到"以道制情，以计遣欲"，急流勇退，迷途知返，以便免祸全身。

作者在本篇中表达的思想与《嘉遁》《逸民》等篇中的思想多有相连处。

【原文】

抱朴子曰："祸莫大于无足，福莫厚乎知止①。抱盈居冲者，必全之算也；宴安盛满者，难保之危也。若夫善卷、巢、许、管、胡之徒②，咸蹈云物以高骛，依龙凤以竦迹；觇韬锋于香饵之中③，寤覆车乎来轫之路；违险涂以遐济，故能免詹何之钓缗④。可谓善料微景于形外，觌坚冰于未霜⑤；徙薪曲突于方炽之火⑥，纚舟弭楫于冲风之前⑦，瞻九辖而深沉⑧，望密蔚而曾逝⑨；不托巢于苇苕之末⑩，不偃寝乎崩山之崖者也。斯皆器大量弘，审机识致，凌傥独往，不牵常欲，神参造化，心遗万物。可欲不能蚤介其纯粹⑪，近理不能耗滑其清澄。

【注释】

①福莫：杨明照校，以为《藏》本等之"福无"避与上句"祸莫"重出，较胜。杨说是。

②善卷：见《逸民》篇"虞舜非不能胁善卷、石户也"句注。巢、许见《嘉遁》篇"各守洗耳之高"及"箕、颖有巢栖之客"句注。管、管宁。见《逸民》篇"魏文帝征管幼安不至"句注。胡：胡昭。见《嘉遁》篇"胡子甘心于退耕"句注。

③觇（chān）：察看，看清。
④詹何：见《逸民》篇"吞詹何之香饵"句注。按句首之"故能"似当乙于上句"违"字之前，译文从"故能"在前。
⑤觌（dí）：看见。
⑥见《君道》篇"勿惮徙薪之烦，以省焦烂之费"句注。
⑦纚（lí）舟弭檝（jí）：纚：系。"檝"为"楫"之异体。
⑧犗（jiè）：犍牛，阉割过的牛。《庄子·外物》："任公子为大钩巨缁，五十犗以为饵。"
⑨曾（céng）逝：《淮南子·览冥训》："还至其曾逝万仞之上，翱翔四海之外。"
⑩说本《荀子·劝学》："南方有鸟焉，名曰蒙鸠，以羽为巢，而编之以发，系之苇苕。风至苕折，卵破子死。"
⑪虿（chài）介：犹芥蒂。积存在心里的小小不快。

【译文】

抱朴子说："祸患没有比不知满足更巨大的，幸福没有比懂得适可而止更丰厚的。内心充实而自居淡泊，这肯定是万全的办法；逸乐而物欲强烈，这是难以保全自己的危险。至于善卷、巢父、许由、管宁、胡昭之类的人，他们全都踏着云气而高驰，依傍着龙凤而飞腾；能察觉香饵中所隐藏的锋刃，能从刚一出发就发现翻车的迹象；所以能避开危险的道路以达到远方的目的地，能避开善钓鱼的詹何的钓线。可以说，他们都是善于从形体之外来估计事物隐微的影子，善于从未下霜的时候就见到坚硬的冰层；能在火烧旺之前搬走柴薪改曲烟囱，能在大风刮起之前就系船收桨；看到用极多的犍牛作成的鱼饵就深深沉入水中，望见弥漫的浓云就高飞远逝；不在芦苇的叶梢上筑巢，不在将要崩裂的山崖下睡觉的人。这些人全都才能巨大气度宽宏，能审视关键辨识精微，出类拔萃，独来独往，不被凡人的欲望牵扯，精神能参验大自然的创造化育，而心灵总是不计较种种具体的事物。可以诱发人欲念的东西丝毫不能改变他们心灵的纯净，浅近的道理不能耗费扰乱他们精神的清朗。

【原文】

"苟无若人之自然，诚难企及乎绝轨也，徒令知功成者身退，虑劳大者不赏；狡兔讫则知猎犬之不用，高鸟尽则觉良弓之将弃，鉴彭、韩之明镜，而念抽簪之术①；睹越种之暗机②，则识金象之贵③。若范公泛艘以绝景④，薛生逊乱以全洁⑤，二疏投印于方盈⑥，田豫释绂于漏尽⑦；进脱亢悔之咎⑧，退无濡尾之吝⑨；清风足以扬千载之尘，德音足以祛将来之惑。方之陈、窦⑩，不亦邈乎！或智小败于谋大，或辕弱折于载重，或独是陷于众非，或尽忠忤于兼会。或倡高算而受晁错之祸⑪，或竭心力而遭吴起之害⑫。故有跼高蹐厚⑬，犹不免焉。公旦之放⑭，仲尼之行⑮；贾生逊摈于下士⑯，子长熏胥乎无辜⑰；乐毅平齐⑱，伍员破楚⑲；白起以百胜拓疆⑳，文子以九术霸越㉑；韩信功盖于天下㉒，黥布灭家以佐命㉓。荣不移晷，辱已及之。不避其祸，岂智者哉！

【注释】

①彭：彭越。昌邑人，字仲。初事项羽，后归汉，略定梁地，多建奇功，封梁王。刘邦征兵于梁以讨陈豨，彭越称疾未从，遭刘邦责让。梁之太仆获罪，走汉告越谋反，彭越被废为庶人。刘邦又听吕后之谋，枭其首，夷其三族。详见《史记·魏豹彭越列传》。韩：韩信。见《嘉遁》篇"信、布陷功大之刑"句注。抽簪：谓弃官引退。因作官者须束发整冠，用簪连冠于发，故称引退为抽簪。

②越种：越国文种。参《钦士》篇"种、蠡入而越霸"句注。《史记·越王勾践世家》："范蠡遂去，自齐遗大夫种书曰：'蜚鸟尽，良弓藏；狡兔死，走狗烹。越王为人长颈鸟喙，可与共患难，不可与共乐。子何不去？'种见书，称病不朝。人或谗种且作乱，越王乃赐种剑曰：'子教寡人伐吴七术，寡人用其三而败吴，其四在子，子为我从先王试之。'种遂自杀。"

③金象：范蠡去越，越王勾践思之，以良金铸其形。事见《吴越春秋·伐吴外传》。

④见《擢才》篇"夫结绿、玄黎，非陶、猗不能市也"句注。

⑤薛生：汉代薛方。《汉书·鲍宣传》："及（王）莽安车迎方，方因使者辞谢曰：'尧、舜在上，下有巢、由。今明主方隆唐、虞之德，小臣欲守箕山之节也。'使者以闻。莽说其言，不强致。"杨明照校"乱"为"辞"，是也。

⑥二疏：疏广、疏受。疏广：见《守塉》篇"疏广散金以除子孙之祸"句注。《汉书·疏广疏受传》："广兄子受字公子，亦以贤良举为太子家令。……顷之，拜受为少傅。"其后听疏广之言，并上疏乞骸归乡里。

⑦《三国志·魏书·田豫传》："田豫，字国让，渔阳雍奴人也。……正始初，迁使持节护匈奴中郎将，加振威将军，领并州刺史。……屡乞逊位。太傅司马宣王（按即司马懿）以为豫克壮，书喻未听。豫书答曰：'年过七十而以居位，譬犹钟鸣漏尽而夜行不休，是罪人也。'遂固称疾笃。拜太中大夫，食卿禄。"

⑧亢悔：见《嘉遁》篇"言亢悔则讳覆悚而不记"句注。

⑨濡尾：见《嘉遁》篇"退无濡尾之累"句注。

⑩陈、窦：陈蕃、窦武。见《嘉遁》篇"以蕃、武为厚诫"句注。

⑪晁错：汉景帝时为内史，后迁御史大夫。请收诸侯枝郡，遭疾恨。吴楚七国反，以诛晁错、清君侧为名，加以窦婴，袁盎等进说，景帝令晁错衣朝衣斩东市。见《史记·袁盎晁错列传》。又参《时难》篇"袁盎之中晁错"句注。

⑫吴起：战国卫人。善用兵，初仕鲁，以魏文侯贤而归之，遭魏相公叔之谮而奔楚。相楚悼王，南平百越，北却三晋，西伐秦。诸侯患楚之强。及悼王死，楚之贵戚大臣作乱而攻起，起伏悼王尸而死。见《史记·孙子吴起列传》。

⑬跼（jú）高蹐（jí）厚：语本《诗·小雅·正月》："谓天盖高，不敢不局；谓地盖厚，不敢不蹐。"本谓蜷曲不敢伸展，后以指小心谨慎，惶惶不安。局、跼古今字。

⑭见《嘉遁》篇"周成贤而信流言，公旦圣而走南楚"以下数句注。

⑮见《擢才》篇"昔仲尼上圣也，东受累于齐人，南见塞于子西"三句注。

⑯见《擢才》篇"贾谊慷慨，怀经国之术，而武夫排之"三句注。

⑰子长：司马迁字子长。因替降匈奴的李陵辩解而获罪，受宫刑而免死。见《汉书·司马迁传》中所载司马迁《报任安书》。熏胥：谓株连坐罪。见《后汉书·蔡邕传》李贤注："《前书》曰：'史迁熏胥以刑。'"

⑱见《钦士》篇"乐毅出而燕坏"句注。

⑲伍员：字子胥。本楚人，以父兄见杀于楚平王而辗转归吴。吴王阖庐用伍员，兴兵伐楚。自此伍员率吴师连年破楚军，至于兵进郢都。见《史记·伍子胥列传》。

⑳见《嘉遁》篇"白起所以秉义而刎颈也"句注。

㉑文子：文种。见本篇上文"睹越种之暗机"句注。所引《史记》之"七术"，张守节正义引《越绝书》作"九术"。

㉒见《嘉遁》篇"信、布陷功大之刑"句、《逸民》篇"仲尼无攻伐之勋，不可以为不及于韩、白矣"句注。

㉓黥布：亦参《嘉遁》篇"信、布陷功大之刑"句注。黥布背楚归汉。"楚已使项伯收九江兵，尽杀布妻子。"（《史记·黥布列传》）

【译文】

"如果没有这些人自然无为的精神境界，确实难以追赶上这些先贤的高行，只是使人懂得大功告成应及早隐退，要想到功劳大的人将得不到赏赐；狡猾的兔子捕杀完了就知道猎犬将不再有用，高空的飞鸟捕杀完了就知道良弓将被扔掉；照照彭越、韩信这面镜子，就会想到弃官隐退；看到越国文种不明白时机，就懂得了勾践为范蠡铸金像的可贵。像范蠡泛舟江湖而不见踪影，薛方以逊让之辞保全了高洁，疏广、疏受叔侄官位达到最高点而辞官归隐，田豫以漏尽自喻而引退；进身作官避免了'亢龙有悔'的过失，退职闲居不会有'濡其尾'的危险；高洁的风足以吹走千年的尘埃，德操之音足以除去将来的疑惑。这种人比起陈蕃、窦武来，不是远远胜过吗！有的是智力低，因谋划大事而失败；有的是车辕不坚牢，因装载物沉重而折断；有的是个人正确，而陷入众人错误的不幸之中；有的是竭尽忠诚，而被左右逢源的人攻击。有的人倡言高明的策略而蒙受像晁错被杀那样的灾祸；有的人竭尽智慧能力而遭到像吴起被乱箭射死那样的杀害。所以即使每走一步都极端谨慎的人，也有不免受困的时候。例如周公旦因谗言而逃到楚国，孔子因政见不合而周游列国；贾谊被下等士人排挤，司马迁因株连无辜受刑；乐毅削平齐国，伍子胥攻破楚都；白起以百战百胜的战绩开拓了疆土，文种凭着九项策略使越国称霸；韩信的功劳超过天下人，英布毁家而成为辅佐刘邦的大臣。他们的荣耀为时不长，屈辱就已来临。不能避开祸患，哪里能说得上是聪明人呢！

【原文】

"为臣不易，岂将一涂！要而言之，决在择主。我不足赖，其验如此。告退避贤，洁而且安，美名厚实，福莫大焉。能修此术，万未有一。吉凶由人，可勿思乎！逆耳之言，乐之者希。献纳期荣，将速身祸，救诽谤其不暇，何信受之可必哉！夫矰缴纷纭，则鸳雏徊翶；坑穽充蹊，则麟、虞敛迹。情不可极，欲不可满。达人以道制情，以计遣欲。为谋者犹宜使忠，况自为策而不详哉！盖知足者常足也，不知足者无足也。常足者，福之所赴也；无足者，祸之所钟也。生生之厚，杀哉生矣。宋氏引苗①，郢人张革②，诚欲其快，而实速萎裂。知进忘退，斯之以乎③？夫策奔而不止者，尠不倾坠；凌波而无休者，希不沉溺。弄刃不息者，伤刺之由也；斫击不辍者，缺毁之原也。盈则有损，自然之理；周庙之器④，岂欺我哉！故养由之射，行人识以弛弦⑤；东野之御，颜子知其方败⑥。成功之下，未易久处也。

【注释】

①典见《孟子·公孙丑上》："宋人有闵其苗之不长而揠之者，芒芒然归，谓其人曰：'今日病矣，予助苗长矣。'其子趋而往视之，苗则槁矣。"

②郢人张革：未详所出。

③斯之以：孙星衍曰："（'以'）旧写本作'谓'。"作"谓"近是。

④典见《荀子·宥坐》："孔子观于鲁桓公之庙，有欹器焉。孔子问于守庙者曰：'此为何器？'守庙者曰：'此盖为宥坐之器。'孔子曰：'吾闻宥坐之器者，虚则欹，中则正，满则覆。'孔子顾谓弟子曰：'注水焉。'弟子挹水而注之。中而正，满而覆，虚而欹。孔子喟然而叹曰：'吁！恶有满而不覆者哉！'"

⑤《战国策·西周策》："楚有养由基者，善射，去柳叶者百步而射之，百发百中。左右皆曰善。有一人过曰'善射，可教射'也矣。养由基曰：'人皆（曰）善，子乃曰可教射，子何不代我射之也？'客曰：'我不能教子支左屈右。夫射柳叶者，百发百中而不已善息，少焉气力倦，弓拨矢钩，一发不中，前功尽矣。'"

⑥《庄子·达生》："东野稷以御见庄公，进退中绳，左右旋中规。庄公以为文弗过也，使之钩百而反。颜阖遇之，入见曰：'稷之马将败。'公密而不应。少焉，果败而反。公曰：'子何以知之？'曰：'其马力竭矣，而犹求焉，故曰败。'"

【译文】

"作臣子不容易，难道只在这一个方面吗！择要而言之，这决定于他们对主人的选择。我的话不值得相信，事实可以证明。及时告退为贤人让路，动机高洁而且结果安全，名声美好实利丰厚，幸福没有比这更大的了。但是能学到这种方法的，一万个人里也没有一个。自己的吉祥凶险由他人掌握，对此能不深思吗！逆耳的话，爱听的人少。贡献自己的智慧力量而期望得到荣耀，将给自身招来祸害，把自己从诽谤中解救出来都来不及做，哪里还谈得上肯定能受到信任和任用呢！弓箭一多起来，鸾凤就会转头飞走；陷阱充满小路，麒麟和驺虞就会藏身不出。感情不能发泄到极点，欲望不能达到最大限度。通达知命的人用理智控制感情，用方法遣散欲望。为别人制定计谋尚且应竭尽忠诚，为自己制定策略怎能不更为详尽呢！知足的人永远是满足的，不知足的人是没有满足的。永远知足的人，是幸福奔赴的目标；不知足的人，是祸害聚积的处所。人生活的条件过分丰厚，就是杀害生命了。宋国人拔苗助长，郢都人抻拉皮革，确实是想使它们快长、变大，然而实际上却招致禾苗的枯萎和皮革的断裂。只知前进而忘记后退，指的就是这一类事吧？策马奔驰而不停止的人，很少有不摔下来的；游水而无休止的人，很少有不被淹没的；耍弄利刃而不停息，正是被刺伤的原因；砍击而不停止，正是缺损毁坏的根源。太满了就会有缺损，这是很自然的道理；周宗庙中的礼器，难道会欺骗我们吗！所以，养由基射箭，行人就预知他的弓弦会松懈；东野稷驾车，颜阖就知道他的马将会被累垮。成功之后，是不容易长久地安处的。

【原文】

"夫饮酒者不必尽乱，而乱者多焉；富贵者岂其皆危？而危者有焉。智者料事于倚伏之表①，伐木于毫末之初，吐高言不于累棋之际，议治裘不于群狐之中。古人佯狂为愚，岂所乐哉！时之宜然，不获已也。亦有深逃而陆遭涛波，幽遁而水被焚烧。若龚胜之绝粒以殒命②，李业煎蘖以吞酖③，由乎迹之有朕④，景之不灭也。若使行如蹈冰，身如居阴，动无遗踪可寻，静与无为为一，岂有斯患乎！又况乎揭日月以隐形骸，击建鼓以徇利器者哉⑤！夫值明时则优于济四海，遇险世则劣于保一身。为此永慨，非一士也。

【注释】

①倚伏：见《仁明》篇"指倚伏于理外"句注。
②见《逸民》篇"王莽与二龚共世"句注。
③《后汉书·独行列传》："李业，字巨游，广汉梓潼人也。少有志操，介特。……会王莽居摄，业以病去官，杜门不应州郡之命……王莽以为酒士，病不之官，遂隐藏山谷，绝匿名迹，终莽之世。及公孙述僭号，素闻业贤，征之，欲以为博士，业固疾不起。数年，述羞不致之，乃使大鸿胪尹融持毒酒奉诏以劫业；若起，则受公卿之位；不起，赐之以药。……遂饮毒而死。"
④朕（zhèn）：征兆；迹象。
⑤建鼓：古用以指挥作战的鼓。

【译文】

"饮酒的人不一定都昏乱，但昏乱的人很多；富贵的人难道都会有危险吗？但有危险的人还是有的。明智的人在祸福之前就能料到，在树木的幼芽刚刚长出的时候就砍伐。他们不在叠高棋子的危险时候口吐狂言，不在狐群之中议论制作皮衣的事。古人装疯装傻，难道因为喜欢这么做吗！这是时运要求他们要这么做，是不得已啊。也有人远远地逃避却在陆地遭逢波涛，深深地隐遁却在水中被火焚烧。至于龚胜绝食丧命，李业被逼迫喝下毒酒，是由于他们隐身的踪迹显露，身影没有隐藏严密而造成的。如果他们行动像踩冰一样无痕迹，身子像处在阴影中一样没有影子，动作无遗踪可追寻，静处与无所作为融为一体，怎么会有这种祸患呢！更何况那些高举着太阳月亮来隐藏形体，敲击发号施令的大鼓炫耀自己本领的人呢！碰到太平盛世就晋身仕途做好救助天下的事业，遇上险恶的世道就隐身草莽做好保全自身的事情。为此而长叹的，并不只是一个人呀。

【原文】

"吾闻无炽不灭，靡溢不损；焕赫有委灰之兆，春草为秋瘁之端；日中则昃，月盈则蚀①；四时之序，成功者退。远取诸物，则构高崇峻之无限，则颓坏惟忧矣；近取诸身，则嘉膳旨酒之不节，则结疾伤性矣。况乎其高概云霄而积之犹不止，其威震人主而加崇又不息者乎！蚊虻堕山，适足翱翔；兕虎之坠，碎而为聱，此言大物不可失所也。且夫正色弹违，直道而行，打扑干纪，不虑仇隙，则怨深恨积。若舍法容非，属托如响，吐刚茹柔②，委曲绳墨，则忠□丧败③。居此地者，不亦劳乎！是以身名并全者甚希，而折足覆悚者不乏也④。

【注释】

①《易·丰》："日中则昃，月盈则食，天地盈虚，与时消息。"此为语之所出。孔颖达疏："盛必有衰，自然常理。"食、蚀古今字。

②语本《诗·大雅·烝民》："人亦有言：柔则茹之，刚则吐之。维仲山甫，柔亦不茹，刚亦不吐；不侮矜寡，不畏强御。"喻欺软怕硬。

③孙星衍曰："（'忠'字下）旧写本空白一字。"

④折足覆悚：见《嘉遁》篇"言亢悔则讳覆悚而不记"句注。

【译文】

"我听说从来没有旺火不熄灭的，从来没有满溢的水不减少的；光明的东西有成为被委弃为灰烬的预兆，春草的嫩绿是秋天枯黄的开始；太阳升到天空中央就会西斜，月亮圆了就会亏缺；春夏秋冬四季，按顺序完成使命而逐一退去。如果以远处的事物来比附，那么建筑高楼如果没有限度，就会有倾倒的忧虑了；如果以近处自己的身体比附，那么佳肴美酒不加节制就会患病伤身了。何况那种高度与云霄相等却积累高度仍然不停，那种威势震慑人君却升高地位不止的人呢！蚊子牛虻坠下山崖，恰恰适于飞翔；而犀牛、老虎跌落，就会碎为粉末，这说的是庞大的东西不能失其所在。再说，如果严正地弹劾邪恶，直道而行，打击违法犯纪，不顾虑裂痕产生，那就会积累下深深的仇恨。如果抛弃法纪容忍错误，像回声一样应允请托者，欺软怕硬，徇情枉法，那就会使忠诚完全丧失败坏。处于这种两难境地的人，大概是很吃力的吧！因此，生命和名誉两全的人很少，但不能胜任政事而失败的人却不缺。

【原文】

"然而入则兰房窈窕，朱帷组帐；文茵兼舒于华第，艳容粲烂于左右。轻体柔声，清歌妙舞，宋、蔡之巧①，阳阿之妍②。口吐《采菱》《延露》之曲③，足蹑《渌水》《七槃》之节④；知音悦耳⑤，冶姿娱心。密宴继集，醻酬不撤。仰登绮阁，俯映清渊；游果林之丹翠，戏蕙圃之芬馥；文鳞瀺灂⑥，朱羽颉颃⑦；飞缴堕云鸿⑧，沉纶引魴鲤。远珍不索而交集，玩弄纷华而自至。出则朱轮耀路，高盖接轸，丹旗云蔚，麾节翕赫⑨；金口嘈囋⑩，戈甲璀错。得意托于后乘，嘉旨盈乎属车。穷游观之娱，极畋渔之懂。圣明之誉，满耳而入；谄悦之言，异口同辞。于时眇然，意蔑古人，谓伊、吕、管、晏不足算也。岂觉崇替之相为首尾⑪，哀乐之相为朝暮，肯谢贵盛，乞骸骨，背朱门，而反丘园哉！若乃圣明在上，大贤赞事，百揆非我则不叙⑫，兆民非我则不济，高而不以危为忧，满而不以溢为虑者，所不论也。"

【注释】

①晋孙琼《箜篌赋》："宋女挥丝，秦娥抚节。"（《初学记》卷十六引）《楚辞·刘向〈九叹·愍命〉》："蔡女黜而出帷兮，戎妇入而彩绣服。"巧：美好。《诗·正风·项人》："巧笑倩兮，美目盼兮。"

②《淮南子·俶真训》："足蹀阳阿之舞。"高诱注："阳阿，古之名倡也。"

③《采菱》：乐府清商曲名。郭璞《江赋》："忽忘夕而宵归，咏《采菱》以叩舷。"《延露》：古俚曲名。《淮南子·人间训》："夫歌《采菱》发《阳阿》，鄙人听之，不若此《延路》《阳局》。"高诱注："《延路》《阳局》，鄙歌曲也。"《文选·马融〈长笛赋〉》李善注引《淮南子》作《延露》。

④《渌水》：古曲名。《文选·马融〈长笛赋〉》："中取度于《白雪》《渌水》。"李周翰注："《白雪》《渌水》，雅曲名。"《七槃》：古舞名。在地上的七个盘上或周围舞蹈。说见《宋书·乐志一》《旧唐书·音乐志二》。

⑤知音：《藏本》等作"和音"。按"和音"是，当据正。

⑥瀺（chán）濯（zhuó）：鱼等出没游动貌。嵇康《赠秀才入军》诗之三："鱼龙瀺濯，山鸟群飞。"

⑦颉（xié）颃（háng）：鸟上下翻飞貌。语本《诗·邶风·燕燕》："燕燕于飞，颉之颃之。"

⑧缴（zhuó）：系着丝绳的箭。

⑨翕赫：《文选·扬雄〈甘泉赋〉》："翕赫召霍（hū）。"李善注："翕赫，盛貌。召霍，疾貌。"

⑩嘈囋（zá）：即今言嘈杂。

⑪崇替：见《崇教》篇"能独见崇替之理"句注。

⑫百揆：见《臣节》篇"百揆时序"句注。

【译文】

"然而在家他们就住在香气弥散的房间里，挂着红帷华帐；有花纹的坐席重叠地辅在华丽的宅第中，艳丽的容颜在左右发出夺目的光彩。这些女子们姿态轻盈话语柔和，歌声清脆舞蹈美妙，像宋国和蔡国女子一样美好，像著名歌女阳阿一样漂亮。她们口中唱着《采菱》《延露》等歌曲，双脚踏着《渌水》曲《七槃》舞的节拍；和谐的乐声悦耳动听，美女的舞姿使心情欢畅；频繁的宴会不断举行，醺醸美酒始终摆放。

向上登上绮丽的楼阁，向下俯视着清澈的深潭；游览果林的红果绿叶，游戏于兰圃的芬芳气息中；鱼群出没游动，燕雀上下翻飞；飞箭射下云中的鸿雁，钓丝钓上水里的鲂鲤。远方的珍宝不用找寻都来聚集，玩赏之物繁多华美却不求自来。他们出门在外时坐着的朱轮大车映照着道路，高敞的车盖连接不断，红色的旗子像云彩一样密集，旌旗和符节十分繁盛；贵人的言语喧闹嘈杂，戟戈甲胄光泽闪耀。喜爱的女色托乘于后，精美的食品装满了随同的车子。享受尽了游览的欢娱，体验尽了畋猎垂钓的快乐。圣明的赞誉，充满双耳；谄媚动听的话，异口同声。于是他们对当代的人全都视为渺小，心中轻视古人，认为伊尹、太公望、管仲、晏婴都不值得一提。他们怎么能觉察到隆盛与灭亡互为首尾，悲哀和快乐互为早晚，因此而肯于辞去高贵的官位，请求退休，离开王侯的宅第，而返回民间呢！至于圣明的天子在位，非常贤明的人辅佐天子，各种政务没有其人就会没有秩序，天下百姓没有其人就不会得到拯救，不把处于高位的危险看作烦愁，不把水满溢出的现象当成忧虑的人，就不在我所议论的范围之中了。"

卷第五十　穷　达①

【注释】

① 《穷达》《重言》二篇《诸子集成》本附列于《知止》篇后，今依《百子全书》本均另立一卷。

题　解

本篇旨在探讨"器业""一流"的人才"或穷或达"的原因。作者在依照其论证习惯做了一系列的比附之后，又列举了从舜至三国时代诸葛亮、甘宁的历史事例，来说明人才需要慧眼来识别并荐举；而"俊逸絷滞"的根源是"无知己也"。接下来则调转笔锋，像前边多次做过的那样，借讥评汉末吴季来抨击晋人在用人制度上的弊病：仕进与否完全由亲疏远近来决定，因而被任用者往往是"庸猥"之徒；而嫉贤妒能之心则使"寒素""独立"者被弃。在感叹了"邈俗之士"遭"抑顿""斥退"之后，作者倡导一种道家对策——"齐通塞于一涂，付荣辱于自然"。

作者的批判是深刻的，但将人才之用归之于宿命，尤其寄托于当权者的个人识别，则又难别于朋党了。

【原文】

或问："一流之才，而或穷或达，其故何也？俊逸絷滞，其有憾乎？"

抱朴子答曰："夫器业不异，而有抑有扬者，无知己也。故否泰，时也；通塞，命也。审时者何怨于沉潜！知命者何恨于卑瘁乎！故沉闾、淳钧，精劲之良也，而不以击，则朝菌不能断焉；珧华、黎绿，连城之宝也，委之泥泞，则瓦砾积其上焉。故可珍而不必见珍也，可用而不必见用也。庸俗之夫，暗于别物，不分朱紫，不辨菽麦，唯以达者为贤，而不知侥求者之所达也；唯以穷者为劣，而不详守道者之所穷也。且夫悬象不丽天①，则不能扬大明灼无外；嵩、岱不托地，则不能竦峻极概云霄。兔足因夷涂以骋迅，龙艘泛激流以效速。离光非燧人不炽②，楚金非欧冶不铩③。丰华俟发春而表艳，栖鸿待冲飙而轻矤。四岳不明扬，则有鳏不登庸④；叔牙不推贤，则夷吾不式厚⑤。穰苴赖平仲以超踔⑥，淮阴因萧公以鹰扬⑦。隽生由胜之之谈⑧，曲逆缘无知之荐⑨。元直起龙萦之孔明⑩，公瑾贡虎卧之兴霸⑪。故能美名垂于帝籍，弘勋著于当世也。

【注释】

①悬象：见《擢才》篇"自匪明并悬象"句注。

②离光：此谓火。"离"作为八卦之一，代表火。

③欧冶：见《崇教》篇"赤刀之矿，不经欧冶之门者也"句注。

④见《诘鲍》篇"昔有鲧在下而四岳不蔽"句注。

⑤见《交际》篇"管仲所以免诛戮而立霸功"句注。

⑥《史记·司马穰苴列传》："司马穰苴者，田完之苗裔也。齐景公时，晋伐阿、甄，而燕侵河上，齐师败绩。景公患之。晏婴乃荐田穰苴……晋师闻之，为罢去；燕师闻之，度水而解。"

⑦《史记·淮阴侯列传》："信数与萧何语，何奇之。至南郑，诸将行道亡者数十人，信度何等已数言上，上不我用，即亡。何闻信亡，不及以闻，自追之……何来谒上……何曰：'诸将易得耳。至如信者，国士无双……'……王曰：'吾为公以为将。'何曰：'虽为将，信必不留。'王曰：'以为大将。'何曰：'幸甚。'于是王欲召信拜之。何曰：'王素慢无礼，今拜大将如呼小儿耳，此乃信所以去也。王必欲拜之，择良日，斋戒，设坛场，具礼，乃可耳。'王许之。诸将皆喜，人人各自以为得大将。至拜大将，乃韩信也，一军皆惊。"

⑧见《汉过》篇"而不遭暴生之荐"句注。

⑨《史记·陈丞相世家》："平遂至修武降汉，因魏无知求见汉王……于是汉王与语而说之，问曰：'子之居楚何官？'曰：'为都尉。'是日乃拜平为都尉，使为参乘，典护军。"

⑩《三国志·蜀书·诸葛亮传》："诸葛亮字孔明，琅邪阳都人也。……（亮）每自比于管仲、乐毅，时人莫之许也。唯博陵崔州平、颍川徐庶元直与亮友善，谓为信然。时先主屯新野。徐庶见先主，先主器之。谓先主曰：'诸葛孔明者，卧龙也，将军岂愿见之乎？'先主曰：'君与俱来。'庶曰：'此人可就见，不可屈致也。将军宜枉驾顾之。'由是先主遂诣亮，凡三往，乃见。"

⑪《三国志·吴书·甘宁传》："甘宁字兴霸，巴郡临江人也。……于是归吴。周瑜、吕蒙皆共荐达，孙权加异，同于旧臣。"

【译文】

有人问道："一流的人才，而有人困顿有人显达，其中的原因是什么呢？出色的人才被束缚阻滞，是不是有所遗憾呢？"

抱朴子回答说："人的才能学识没有区别，而有人被压抑有人腾达显扬，是因为没有真正知己者。因此困厄与安泰，要靠时机；通达与阻滞，得凭命运。懂得时机的作用怎么会抱怨沉滞不仕呢！了解命运的安排怎么会遗憾于身份卑微枯槁憔悴呢！所以沉闾、淳钧之类的名剑，虽是精良劲锐的武器，但不用于击杀，那么即使是朝菌也不能截断；珧华、黎绿一流的美玉，虽是价值连城的宝物，但扔到泥污之中，那么瓦片石块都将堆在它上边。所以值得珍视的东西不一定被珍视，值得任用的人才不一定被任用。平庸的人们，缺乏辨别事物的能力，分不清红色与紫色，不能辨别豆子和麦子，只是把显达者当作贤人，而不清楚非分贪求者是如何显达的；只是把困顿者当作无能之辈，而不了解遵守道义的人困顿的原因。况且日月如不附着于天，就不能施放光芒普照无边；嵩山、岱岳不依托于地，就不能竦身万丈与云霄看齐。兔子是在平坦之路上迅跑，龙船是在激流中勇进。火焰不是燧人氏不会炽烈地燃烧，楚地的精铜不经欧冶子的锻炼不会锋利。茂盛的花朵要等到春天才显现其艳丽，栖息的鸿雁必须得大风才飞翔上天。四方诸侯如不举荐，舜不会被提拔任用；鲍叔牙不推举，管夷吾不会被委以重任。司马穰苴靠晏婴而得以超拔，淮阴侯韩信凭萧何方能显扬。隽不疑由于暴胜之的表举，曲逆侯陈平靠魏无知的推荐。徐元直举如龙萦飞的诸葛亮，周公瑾荐似虎卧野的甘兴霸。因而能够让美名存留于帝王之册，在当时建立伟大的功勋。

【原文】

"汉之末年，吴之季世，则不然焉。举士也，必附己者为前；取人也，必多党者为决。而附己者不必足进之器也，同乎我，故不能遗焉；而多党者不必逸群之才也，信众口，故谓其可焉。或信此之庸猥，而不能遣所念之近情；或识彼之英异，而不能平心于至公。于是释铨衡，而以疏数为轻重矣①；弃度量，而以纶集为多少矣②。于时之所谓雅人高韵，秉国之钧，黜陟决己，褒贬由口者，尠哉免乎斯累也。又况于胸中率有憎独立，疾非党，忌胜己，忽寒素者乎！

【注释】

①疏数（shuò）：犹远近。《谷梁传·隐公九年》："庚辰，大雨雪，志疏数也。"范宁注："谓灾有远近。远者为疏，近者为数也。"引申指人关系的远近。

②纶集：当指被任为官与否。纶，指帝王的诏书旨意。出《礼记·缁衣》："王言如丝，其出如纶。"集，栖落于野。

【译文】

"汉朝末年，孙吴后期，可不是这样。举荐士人，一定把依附自己的摆在前边；选拔人才，必然以多有同党作为先决。但依附自己的人不一定有值得仕进的能力，因与自己意见相同，所以不能遗漏；多有同党的不一定是超众的人才，但听信众人之言，所以说他可用。有时确信某些人是平庸猥琐之徒，但不能排开顾念他的浅近之情；有时清楚某些人是出色的俊士，但不能以公正无私之心来对待。于是就放弃了用秤来称量，而用疏远亲近作为轻重的标准；丢掉了尺量斗装，而用被策命与否作为多少的尺度。当时的所谓韵格高雅，掌握国家大权，罢黜升迁由他来决定，表彰批评由其口出的人们，很少有能免除这个问题的。更何况在他们的头脑中几乎全都有憎恨独立不群，痛恶不是自己一伙儿，忌妒胜过自己，忽视寒素之士这些感情呢！

【原文】

"悲夫，邈俗之士，不群之人，所以比肩不遇，不可胜计，或抑顿于薮泽，或立朝而斥退也，盖修德而道不行，藏器而时不会。或俟河清而齿已没①，或竭忠勤而不见知；远行不骋于一世，勋泽不加于生民；席上之珍郁于泥汙②，济物之才终于无施；操筑而不值武丁，抱竿而不遇西伯③。自曩迄今，将有何限！而独悲之，不亦陋哉！瞻径路之远④，而耻由之；知大道之否，而不改之。齐通塞于一涂，付荣辱于自然者，岂怀悒闷于知希，兴永叹于川逝乎⑤！疑其有憾，是未识至人之用心也。小年之不知大年，井蛙之不晓沧海⑥，自有来矣⑦。"

【注释】

①河清：古称黄河千年一清，因以河清喻时机难得。王粲《登楼赋》："惟日月之逾迈兮，俟河清其未极。"齿没：出《论语·宪问》："夺伯氏骈邑三百，饭疏食，没齿无怨言。"

②郁：见《良规》篇"饥者之取饱于郁肉漏脯也"句注。

③二句见《时难》篇"吾知渭滨吕尚之俦，岩间傅说之属"以下数句注。

④瞻径路之远：依上下文意，"远"似应为"近"。译文从"近"。

⑤见《嘉遁》篇"忘川逝于大耋之嗟"句注。

⑥三句分别本之于《庄子》之《逍遥游》及《秋水》篇。

⑦杨明照曰："按'自有'当据旧写本、文溯本乙作'有自'。《用刑》《名实》《钧世》《诘鲍》四篇并有'有自来矣'之文。"杨说是。

【译文】

"可悲呀！远超俗者的士人，不合大众的俊才，之所以一个接一个不被赏识，数都数不过来，有的被压抑于山野蓬蒿，有的立于朝廷而被斥退，其原因在于本人有良好的道德修养而正道不行于世，身怀超凡的本领而时机不遇。有人等待难得的机遇而至死未有，有人竭尽忠诚勤奋而不被了解；行为高远而不能施展于世，功勋恩泽不能加于百姓之身；席上的珍馐美味却在泥汙中腐烂掉，救助他人的能力终于无所施用；手执捣杵而不能像傅说那样遇上武丁，怀抱钓竿而不能像吕尚那样遇上文王。这种事自古至今，该有多少啊！而单单为此而伤心，不也太傻了吗！看到门径虽近，而耻于沿路而行；明知大道不通，但又不改初衷。如果把通达与阻塞看得并无二致，把荣耀羞辱都付与自然，怎么还会由于知己稀有而闷闷不乐，像孔子那样由于大江流逝而发出长叹呢！以为会有所遗憾，是因为不了解境界最高者的用心。寿命短的不能理解寿命长的，井中之蛙不能懂得大海，这是由来已久了。"

卷第五十一　重　言

题　解

　　"重言",是说要慎重地发言。一位勤奋饱学而又好剧谈屈人的士子,忽然悟到应该括锋韬翰,抑华辩而怀金玉,于是变得终日无一言,也就是体味到了"重言""玄泊"的真谛。他对学生的答话实际上代表了作者在这方面的主张:不求当时就被人理解,而希望在遥远的将来找到知己获得名声。原因是"身卑而言高","清商之谈"所面对的却只是些"木梗""土偶",因而于"流遁"的社会无补,却会给自己招来灾祸。这些都透露出了作者对世风,对当权者的不满之情。

　　论述中涉及的某些具体观点,如自己的优点无须自我表白;言多难免语失,以及"六十笑五十九"这种一生中不断自我省察的精神等,对今天的读者仍是颇多教益的。

【原文】

　　抱朴子曰:"余友人玄泊先生者①,齿在志学。固已穷览六略②,旁综河、洛③。昼竞羲和之末景④,夕照望舒之余辉⑤。道靡远而不究,言无微而不测。以儒、墨为城池,以机神为干戈。故谈者莫不望尘而衔璧⑥,文士寅目而格笔⑦。俄而寤智者之不言,觉寸一之无咎⑧,意得则齐荃蹄之可弃⑨,道乖则觉唱高而和寡。于是奉老氏多败之戒⑩,思金人三缄之义⑪,括锋颖而如讷,韬修翰于彤管,含金怀玉,抑谧华辩,终日弥夕,或无一言。

【注释】

　　①玄泊:幽远恬淡。应劭《风俗通·皇霸·三皇》:"三皇垂拱无为,设言而民不违,道德玄泊,有似皇天,故称曰皇。"吴树平校释:"玄泊,幽远寂泊,默然无为。"

　　②六略:指各类典籍。汉刘歆著有《七略》:《辑略》《六艺略》《诸子略》《诗赋略》《兵书略》《术数略》《方技略》。其中《辑略》为总目,故实将图书分为"六艺"以下六类。《汉书·艺文志》:"六略三十八种,五百九十六家,万三千二百六十九卷。"

　　③河、洛:河图、洛书。详下《自叙》篇"其河、洛、图、纬"句注。

　　④羲和:见《交际》篇"羲和照则曲影觉矣"句注。

　　⑤望舒:见《任命》篇"夕照望舒之余耀"句注。

⑥衔璧：出《左传·僖公六年》："许男面缚衔璧，大夫衰绖，士舆榇。"杜预注："缚手于后，唯见其面，以璧为贽，手缚故衔之。"后因称投降为"衔璧"。

⑦寅目："寅"谓恭敬。《书·尧典》："寅宾出日，平秩东作。"孔安国传："寅，敬。宾，导。"

⑧寸一：当系"守一"之误。

⑨说本《庄子·外物》："荃者所以在鱼，得鱼则忘荃；蹄者所以在兔，得兔而忘蹄。""荃"通"筌"（quán），竹编捕鱼篓，又称鱼笱（gǒu），口插逆向竹片，鱼入即不得出。蹄：兔罝，挂兔脚，故曰蹄。"荃蹄"后常以指达到某种目的的手段。

⑩《老子》六十四章："为之者败之，执者失之。是以圣人无为也，故无败也；无执也，故无失也。"

⑪见《疾谬》篇"三缄之戒，岂欺我哉"句注。

【译文】

抱朴子说："我的朋友玄泊先生，对有志于学问很重视。虽然已经遍览各类典籍，旁涉河图洛书，仍然白天抓住最末一缕阳光，晚上还用月亮的余晖照明来学习。没有哪些深奥的道理没探究过，没有哪些隐微的学问没涉猎过。以儒家和墨家的思想为防守的城池，以自己的机智敏锐作为进攻的干戈。因而对答者无不望尘而降，文人全都敬视而搁笔。不久省悟到聪明人是不多说话的，感觉到专一于内在修养才不会有祸患，因为目的达到了就会和渔网兔笼一样被丢弃，根本思想相左就会感到唱的曲调高雅而随唱的人少。于是遵奉老子有为则多败的告诫，想到金人三缄其口的意义，收敛锋芒就像笨嘴拙舌，把长羽纳入笔管，把金玉般的学识藏入胸中，压抑住雄辩的锋芒，有时从早到晚，一言不发。

【原文】

"门人进曰：'先生默然，小子胡述？且与庸夫无殊焉。窃谓号钟不鸣①，则不异于积铜；浮磬息音，则未别乎聚石也②。'

【注释】

①号钟：本为古琴名。见于《淮南子·修务训》及刘向《九叹·悯命》。在此是作为钟名。

②浮磬：出《书·禹贡》："泗滨浮磬。"孔颖达疏："石在水旁，水中见石，似若水中浮然。此石可以为磬，故谓之浮磬也。"聚石：杨明照校作"众石"。然"聚"与上句"积"更惬。译文从"聚"。

【译文】

"学生进言道：'先生沉默不语，晚生遵循什么呢？再说与平庸之辈也没有区别呀。我自己觉得号钟如果不鸣响，就和堆积的铜块无异；浮磬如果不出声，则与累聚的石块不分。'

【原文】

"玄泊先生答曰：'吾特收远名于万代，求知己于将来，岂能竞见知于今日，标格于一时乎①！陶甄以盛酒，虽美不见酤；身卑而言高，虽是不见信，徒卷舌而竭声，将何救于流遁！古人六十笑五十九，不远迷复，乃觉有以也。夫玉之坚也，金之刚也，冰之冷也，火之热也，岂须自言然后明哉！且八音九奏②，不能无长短之病；养由百发不能止，将有一失之疏③。甄凭河者，数溺于水；好剧谈者，多漏于口。伯牙谨于操弦，故终无烦手之累；儒者敬其辞令，故终无枢机之辱④。浅近之徒则不然焉，辩虚无之不急，争细事以费言；论"广修""坚白"无用之说⑤，诵诸子非圣过正之书；损教益惑，谓之深远，委弃正经，竞治邪学。或与暗见者较唇吻之胜负，为不识者吐清商之谈对。非敌力之人⑥，旁无赏解之客。何异奏雅乐于木梗之侧，陈玄黄于土偶之前哉！徒口枯气乏，椎杭抵掌⑦；斤斧缺坏而槃节不破，勃然战色而乖忤愈远。致令恚容表颜，丑言自口，偷薄之变，生乎其间；既玷之谬，不可救磨。未若希声不全大音⑧，约说以俟识者矣。'"

【注释】

①标格：杨明照以为"格"前当补"峻"字。
②八音：见《君道》篇"耳精八音之清浊"句注。九奏：即九成。古行礼奏乐九曲。
③二句见《知止》篇："故养由之射，行人识以弛弦"句注。
④枢机：《易·系辞上》："言行，君子之枢机。"后因以"枢机"指言语。
⑤见《应嘲》篇"有似'坚白''厉（广）修'之书"句注。
⑥非敌力之人：此句与下句"旁无赏解之客"不俪。《百子》本"非"字前有"此"字，近是。
⑦椎杭：陈其荣校，疑作"椎机"。极是。
⑧语本《老子》四十章："大音希声，大象无形。"

【译文】

"玄泊先生回答说：'我就是要万代之后的长远名声，在未来求得知己者，哪能够争着在今天被人理解，只在一时之间作出色的楷模呢！用陶罐盛酒，即使味美也不被认为很醇厚；身份卑微而言谈高深，即使正确也不被人信任，白白在那里卷动舌头声嘶力竭，对流荡衰败的世风会有什么补救呢！古人六十岁时嘲笑自己五十九岁时的幼稚，迷途不远即返，现在感觉他们是有道理的。玉石的坚硬，金属的刚强，冰的寒冷，火的炽热，难道还要自己言明别人才能知道吗！况且八种乐器演奏九支曲子，不可能没有长长短短的不整齐；养由基射箭不止，终将会有一次疏失。喜好蹚河的人，多有溺水的；喜好畅谈的人，多有失言的。伯牙严肃谨慎地对待抚琴，所以最终没有变换复杂手法的牵累；儒者慎重地把握自己的言谈，所以最终没有因言语而带来的羞辱。浅薄卑俗的人就不是这样了，辩论那些虚无不切急的事情，为一些细枝末节而浪费口舌；议论什么"广修""坚白"等无用的题目，诵读诸子中否定圣人攻击正道的书籍；损害教化增加迷惑，还称此为深刻远大，丢弃正统的经典，竞相修治邪辟的学问。有的与喑昧无知者在口舌上较量胜负，为不懂行的人谈论凄清高雅的内容。面对的不是水平相当的人，旁边也没有欣赏理解的听众。这和在木人旁边演奏高雅的音乐，在泥偶面前陈列玄黄色彩有什么区别呢！白白地口干舌燥浪费气力，白白地捶打几案拍击手掌；就是把斧刃砍得有了缺口，盘根错节的地方也不能破解；激动得勃然变色，而乖戾违忤却更加严重。致使愤怒之情形之于色，难听的言语自口而出，人情浇薄的变化，由此开始；谬误已然铸成污点，想要去掉也不可能。不如少出声音并且不追求巨大的声响，少说话以等待知音者。'"

卷第五十二 自 叙

题 解

本篇是作者自述家世并自表胸怀。

除虚无缥缈的葛天氏外，其家世详述其远祖的两个儿子浦庐和文的一段颇具传奇色彩的谦让侯爵的故事，又谈及父祖二辈的德能。看来，稚川对自己的家世是颇引以为自豪的。

葛洪自己十三岁丧父，少年孤贫，但仍苦读广览；信守"抱朴"，誓不出身，故少交官长，不求闻达。深恶玩物丧志，尤其痛恨博弈之类会引发竞斗之心的东西。他自矜于自己的两个方面：一是虽身体尪羸多疾，但少曾习武，上阵不乏勇力，在镇压石冰起义中建立过武功。二是自己的文才，并因而把创作一部"立一家之言"的子书当作一生的重大目标。

葛洪在本篇中宣称："自有识以逮将老，口不及人之非，不说人之私"，"未尝评论人物之优劣。"但综观《外篇》，可以看到多处与此不相一致的地方。

【原文】

抱朴子者，姓葛名洪，字稚川，丹阳句容人也①。其先葛天氏②，盖古之有天下者也。后降为列国，因以为姓焉③。

【注释】

①丹阳句（jù）容：丹阳郡句容县。郡、县皆汉置，汉时属扬州。见《汉书·地理志上》。《通典·一二八州郡·十一润州》："句容，汉旧县，有茅山，一名句容山，言山形如'句'字之曲，县名取其义。"地在今江苏省句容县。

②葛天氏：传说中的远古帝王，在伏羲氏之前。《吕氏春秋·古乐》："昔葛天氏之舞，三人操牛尾，投足以歌八阕。"《史记·司马相如列传》："奏陶唐氏之舞，听葛天氏之歌。"宋罗泌《路史·禅通记》："葛天者，权天也。爰儗旋穹作权象，故以葛天为号。其为治也，不言而自信，不化而自行，荡荡乎无能名之。"古人以为理想中的自然、淳朴之世。

③《姓纂》："葛伯，夏诸侯。为商所灭，子孙因以为氏。"

【译文】

抱朴子,姓葛名洪,字稚川,是丹阳郡句容县人。他的祖先葛天氏,大约是古代拥有天下的。后来下降为诸侯国之一,于是就以葛为姓了。

【原文】

洪曩祖为荆州刺史①。王莽之篡②,君耻事国贼,弃官而归,与东郡太守翟义共起兵③,将以诛莽,为莽所败,遇赦免祸,遂称疾自绝于世。莽以君宗强,虑终有变,乃徙君于琅邪④。

【注释】

①荆州:此荆州治所当为汉寿,在今湖南常德。
②见《逸民》篇"王莽与二龚共世"句及《良规》篇"致令王莽之徒生其奸变"句注。
③翟义:字文仲,翟方进之子,以父任为郎,累迁至东郡太守。王莽居摄,义举兵讨伐,立刘信为天子,自称大司马、柱天大将军。移檄郡国三辅,豪杰多起应之。兵败死。见《汉书·儒林传》及《翟方进传》。前者作"翟谊"。
④琅邪(yé,今读 yá):郡名,在今山东诸城一带。

【译文】

葛洪的远祖做荆州刺史。王莽篡位的时候,他耻于为国贼做事,放弃官职回归故乡,和东郡太守翟义共同起兵,准备去讨伐王莽,被王莽打败了,遇到大赦免除了灾祸,于是就称病断绝了和世上的往来。王莽因为他宗族强盛,顾虑终究会生变故,于是让他迁居到琅邪郡。

【原文】

君之子浦庐,起兵以佐光武,有大功。光武践阼①,以庐为车骑②,又迁骠骑大将军③,封下邳僮县侯④,食邑五千户。开国初,侯之弟文,随侯征讨,屡有大捷。侯比上书为文讼功⑤,而官以文私从兄行,无军名,遂不为论。侯曰:"弟与我同冒矢石,疮痍周身,伤失右眼,不得尺寸之报,吾乃重金累紫⑥,何心以安!"乃自表乞转封于弟。书至上请报。汉朝欲成君高义,故特听焉。文辞不获已,受爵即第,为骠骑营立宅舍于博望里。于今基兆石础存焉。又分割租秩,以供奉吏士,给如二君焉。骠骑殷勤止之而不从。骠骑曰:"此更烦役国人⑦,何以为让?"乃托他行。遂南渡江,而家于句容。子弟躬耕,以典籍自娱。文累使奉迎骠骑,骠骑终不还。又令人守护博望宅舍,以冀骠骑之反,至于累世无居之者。

【注释】

①践阼:原作"践阼"。《礼记·曲礼下》:"践阼,临祭祀,内事曰孝王某,外事曰嗣王某。"指皇帝新即位,升宗庙之东阶以主祭。阼即指东阶。后径指皇帝登极,亦作

"践阼"。《史记·太始公自序》："汉既初兴，继嗣不明，迎王践阼，天下归心。"

②车骑：将军名号，即车骑将军。

③骠骑将军：将军名号。汉代为霍去病始置，地位很高，东汉时仅在三公之下。

④下邳僮县侯：查下邳汉代亦为县，故"下邳僮县侯"当领此二县。地当今江苏宿迁县与安徽泗县之间。

⑤讼："颂"的古字。

⑥重金累紫：金谓金印；紫谓紫绶，即紫色的系印环的丝带。《汉书·百官公卿表上》："相国、丞相皆秦官，金印紫绶。"此用于代指官高爵显。

⑦国人："国"此指侯爵的食邑。实际仅可比郡，"国"为诸侯王所有，然汉常"郡国"连称，故言。

【译文】

他的儿子浦庐，起兵来协助汉光武帝，有很大的功劳。光武帝即位，拜浦庐为车骑将军，后又升为骠骑大将军，封为下邳僮县侯，食邑有五千户。开国之初，侯爷的弟弟葛文，随同侯爷四方征讨，多次打了大胜仗。侯爷连续上书为葛文争功，而官府认为葛文是私自跟随哥哥打仗，名字没有列入军籍，于是不予论功行赏。侯爷说："弟弟和我一同冒着箭石征战，满身是伤，由于受伤而失掉了右眼，但得不到点滴回报，我却是官高爵显，怎么能心安呢？"于是，亲自上表请求把自己的爵位转封给弟弟。书上达皇帝请求答复。汉朝廷愿意成全他的高尚行为，因此破例准了他的奏请。葛文辞让但没有被答应，只得接受了爵位住进了宅第，为骠骑大将军在博望里另外营建住宅。直到现在地基界域的础石还在那里。又把自己所得的赋税和俸禄分出一部分供给大将军的官吏士卒，充足供应就好像有两个主人一样。骠骑大将军恳切地制止但葛文不听。骠骑大将军说："这样就更烦扰劳累了采邑中的百姓，哪里还有谦让之德？"就找了个另外的借口走了。于是向南渡过长江，定居在了句容。子弟们亲自耕种，以阅读典籍自娱自乐。葛文屡次派人去接骠骑大将军，骠骑大将军始终不回来。又命人守护博望里的住客，希望骠骑大将军能够返回，以至于许多代都没有人居住。

【原文】

洪祖父学无不涉①，究测精微，文艺之高，一时莫伦，有经国之才。仕吴，历宰海盐、临安、山阴三县②，入为吏部侍郎、御史中丞、庐陵太守、吏部尚书、太子少傅、中书、大鸿胪、侍中、光禄勋、辅吴将军，封吴寿县侯③。

【注释】

①据《晋书·葛洪传》，洪之祖名系。

②海盐、临安、山阴：三县均在今浙江省境内。前二者沿至今，山阴即今绍兴。

③吏部：汉尚书有常侍曹，主管丞相公卿之事。东汉改为吏曹，主管选举官吏等事，后改为选部。魏、晋之后改称吏部，主管官吏任免、考课、升降、调动等事。班次在各部之上。尚书、侍郎为其正、副长官。御史中丞：东汉设御史台，主管对官吏的纠察弹劾，并管理图书秘籍。其长官是位列三公的御史大夫，御史中丞则为其助理。庐陵：郡名，在

今江西省中部吉水县。太子少傅：专事辅导太子的官员，为太子太傅的副职。中书：中书令的省称。汉代职掌为传宣诏令。东汉及以后多以名望之士任之。大鸿胪：九卿之一，由秦代的典客改名而来，掌接待宾客等。侍中：两汉的侍中是列侯至郎中的加官，侍从皇帝，应对顾问，出入宫禁。东汉以后其地位日渐重要，魏晋以后已相当于宰相。光禄勋：九卿之一，由秦及汉初的郎中令改名而来。居宫中，为皇帝近身的高官，掌管理侍从官员和宫廷宿卫。寿县：当即今安徽寿县。

【译文】

葛洪的祖父在学问上无不涉猎，研究深入细致，写作文章的水平之高，一时间无人能比，有治理国家的才能。在吴国做官，接连主持海盐、临安，山阴三县，入朝做吏部侍郎、御史中丞、庐陵太守、吏部尚书、太子少傅、中书、大鸿胪、侍中、光禄勋、辅吴将军，封为吴寿县侯。

【原文】

洪父以孝友闻①，行为士表。方册所载②，罔不穷览。仕吴五官郎、中正③，建城、南昌二县令④，中书郎、廷尉平、中护军⑤，拜会稽太守⑥。未辞，而晋军顺流，西境不守。博简秉文经武之才，朝野之论，佥然推君⑦，于是转为五郡赴警。大都督给亲兵五千，总统征军，戍遏疆场⑧。天之所坏，人不能支，故主钦若⑨，九有同宾⑩。君以故官赴，除郎中⑪，稍迁至大中大夫⑫，历位大中正、肥乡令⑬。县户二万，举州最治，德化尤异，恩洽刑清，野有颂声，路无奸迹，不佃公田，越界如市。秋毫之赠，不入于门；纸笔之用，皆出私财。刑厝而禁止，不言而化行。以疾去官，发诏见用为吴王郎令⑭，正色弼违⑮，进可替不，举善弹枉，军国肃雍。迁邵陵太守⑯，卒于官。

【注释】

①据《晋书·葛洪传》，洪父名悌。孝友：见《行品》篇"士有孝友温淑"句注。

②见《良规》篇"方策所载"句注，"策"通"册"。

③主管宫廷侍卫的五官中郎将署下的属官有五官中郎、五官侍郎、五官郎中，泛称为五官郎。中正：秦末陈胜始置。三国魏亦置，由朝廷选择"贤有识鉴"的官员兼任。负责察访郡内士人，按九品藻别人物，作为吏部任官的依据。晋仍之。

④建城：汉始置县，地在今江西省高安县。南昌：亦汉始置县，地即今南昌市。

⑤中书郎：中书令的属官。廷尉平：廷尉的属官之一。廷尉为九卿之一，主管刑狱，为最高司法官。中护军：东汉始置，隶于将军幕府，掌军职选用，亦与领军、将军同掌中央军队。

⑥会稽：郡名。秦始置，治所在吴县，地当今江苏东南及浙江西部。

⑦佥（qiān）：皆；都。

⑧戍遏疆场：杨明照曰："按'戍'当依旧写本作'式'。'式遏'连文，出《诗·大雅·民劳》。《君道》《用刑》两篇及《内篇·释滞》并用之。"疆场：见《臣节》篇

"蕃扞壃场，则慕魏绛、李牧之高踪"句注。

⑨钦若：本谓敬顺。出《书·尧典》："乃命羲和，钦若昊天，历象日月星辰，敬授民时。"此为归降之婉辞。

⑩九有：见《逸民》篇"其鞭挞九有"句注。同宾即同主。

⑪除：拜官；授职。颜师古《汉书注》引如淳曰："凡言除者，除故官就新官也。"郎中：是最早产生的郎官。本意为"廊中"，指供职于王宫殿前左右廊庑之中，引申为官名。秦汉分而为三：禁中的中郎、宫中的郎中和宫外的外郎。东汉郎中属光禄勋，掌管车骑、门户，充任侍卫，外从作战。

⑫大中大夫：汉代始置，位在光禄大夫和谏议大夫之间，与中散大夫、议郎同属光禄勋，掌议论。

⑬大中正：朝廷所派到州郡巡察九品中正制执行情况的官员。参上文"仕吴为五官郎、中正"句注。肥乡：县名。今属河北省，在邯郸以东。

⑭郎中令：为上文"除郎中"句注中所列三种郎官的最高长官。汉时曾更名光禄勋。

⑮弼违：见《臣节》篇"匡过弼违者，社稷之梗也"句注。

⑯邵陵：地名。旧城在今河南省郾城县东。原作"召陵"，汉置县，晋改为"邵陵"，并置郡。

【译文】

葛洪的父亲以孝顺父母、亲爱兄弟而闻名，他的行为是士人的表率。典籍上记载的东西，遍览无遗。在吴国做官为五官郎、中正、建城和南昌两县的县令、中书郎、廷尉平、中护军，拜为会稽太守。未曾辞官，晋军顺江流而下，西边边境守不住了。朝廷广泛地选拔有文韬武略的人才，朝廷内外的意见，一致推举他，于是转而为吴国五郡奔赴危急的地方。大都督给足他五千随身卫兵，他统领全军防守在边境上。上天毁坏的东西，人力不能支撑。原来的国君恭敬归顺，九州统一了。先父以原有的官阶投奔，被授予郎中，逐渐升至大中大夫，历任大中正、肥乡县令。该县户数二万，是全州治理得最好的，德行教化尤其出色。施恩允当刑法清廉，田野中都有颂扬之声，路上没有邪恶行为的痕迹，农民不耕作公家的田地，外县的人们都越过县界来本县的集市。一点一滴的馈赠，都不收入家中；所用的纸笔，都是花自己的钱购买。刑罚不施而令禁则止，不用多言而教化得行。他因为生病失去了官职，皇帝又发诏书任用他为吴王郎中令，他非常严肃地矫正过失，提拔合格之人废弃不称职者，荐举善人善事弹劾枉法之官，军队和国家都严正和谐。后升职为邵陵太守，在官任上去世。

【原文】

洪者，君之第三子也。生晚，为二亲所娇饶，不早见督以书史。年十有三，而慈父见背①。夙失庭训，饥寒困瘁，躬执耕穑，承星履草，密勿畴袭②。又累遭兵火，先人典籍荡尽，农隙之暇无所读。乃负笈徒步行借③，又卒于一家，少得全部之书。益破功日伐薪卖之，以给纸笔，就营田园处，以柴火写书。坐此之故，不得早涉艺文。常乏纸，每所写，反覆有字，人鲜能读也。年十六,始读《孝经》《论语》《诗》《易》。贫乏无以远寻师友,孤陋寡闻,明浅思短,大义多所不通。但贪广览,于众书乃无不暗诵精持。曾所披涉,自正经诸史百家之言,下至短杂文章,近万卷④。既性暗善忘,又少文,意志不专,所识者甚薄,亦不免惑。而著述时犹得有所引用,竟不成纯儒,不中为传授之师。其河、洛、图、纬⑤,一视便止,不得留意也。不喜星书及算术、九宫、三棋、太一、飞符之属⑥,了不从焉,由其苦人而少气味也。晚学风角、望气、三元、遁甲、六壬、太一之法⑦,粗知其旨,又不研精。亦计此辈率是为人用之事,同出身情,无急以此自劳役,不如省子书之有益,遂又废焉。

【注释】

①慈父见背:语出李密《陈情表》:"生孩六月,慈父见背。"

②密勿:《诗·小雅·十月之交》:"黾勉从事,不敢告劳。"《汉书·刘向传》引作"密勿从事,不敢告劳。"王先谦《诗三家义集疏》:"鲁谓'黾勉'作'密勿'。""鲁"指《鲁诗》。颜师古《汉书注》:"密勿,犹黾勉从事也。"畴袭,未详;疑为"畴垄"之误,谓田亩。

③笈(jí):竹或藤编织的书箱。

④杨明照校"近"字后当有"将"字。

⑤河、洛:河图、洛书。这是古代关于《周易》卦形来源及《尚书·洪范》"九畴"创作过程的传说。《易·系辞上》:"河出图,洛出书,圣人则之。"河、洛分指黄河、洛水。据孔国安、刘歆等的解说,伏羲时有龙马出于黄河,马背有旋毛如星点,称为龙图,伏羲取法以画八卦。禹治水时有神龟出于洛水,背有裂纹如文字,禹取法而作《尚书·洪范》之"九畴"。古代把河图洛书的出现看作圣者受命的祥瑞。图:图谶。是古代方士等所编造的有关帝王受命征兆的书,多为隐语、预言,始于秦,盛于东汉。纬:纬书,是依托儒家经义宣扬符箓瑞应占验的书,内容言人事吉凶、预言治乱兴废,颇多荒诞,但也记录和保存了一些天文、历法、地理知识以及神话、传说等。相对于经书而称纬书。兴于西汉末,盛于东汉。

⑥星书:依据星相进行占卜的书。九宫:术数家以指九个方位,即离、艮、兑、乾、坤、坎、震、巽八卦之宫加上中央宫。古代认为北辰之神太一下行八卦之宫,还于中央宫。又道家称天之三光(日、月、星)、地之三宝(珠、玉、金)和人之三生(耳、鼻、口)为九宫。三棋:即灵旗,以三级九枚棋子测吉凶的方法。太一:术数家流派之一,大抵本《易纬乾凿度》太一行九宫法,占内外祸福、古今治乱等。道家则以太一指"道",即宇宙万物的本原。《庄子·天下》:"建之以常无有,主之以太一。"飞符:盖指行符,将符箓付人佩于身以辟邪。

⑦风角:古占卜法。以五音占四方之风而定吉凶。李贤《后汉书·郎𫖮传》注:"风角谓候四方四隅之风以占吉凶也。"望气:古占卜法。观察云气以预测吉凶。《墨子·迎敌祠》:"凡望,有大将气,有小将气,有往气,有来气,有败气,能得明此者,可知成败吉凶。"三元:术数家以六十甲子配九宫,一百八十年为一周始,其第一甲子称"上元",第二甲子称"中元",第三甲子称"下元",合称"三元"。遁甲:古代方士术数之一。以

天干的乙、丙、丁为三奇，以戊、己、庚、辛、壬、癸为六仪，三奇六仪分置九宫，以甲统之，视其吉凶以为趋避。或以为"遁甲"当云"循甲"，以六甲循环推算吉凶。六壬：运用阴阳五行占卜吉凶的方法之一。五行（水、火、木、金、土）中以水为首。天干中，壬、癸属水，壬为阳水，癸为阴水，舍阴取阳，故名壬。六十甲子中共有六壬（壬申、壬午、壬辰、壬寅、壬子、壬戌），以此占卜吉凶的方法亦称之。

【译文】

葛洪，是先父的第三个儿子。出生晚，被双亲所娇养，没有很早就被督促着学习经史典籍。十三岁的时候，父亲去世了。过早地失去了父亲的教诲，生活饥寒困苦，要亲身参加耕作收割，披着星光踏着草丛，勤勉地劳作在田地中。又连续遭受战乱，先人的典籍荡然无存，干农活的空闲时间也无书可读。于是就背着书籍步行去借，又终于在一处人家差不多得到了全部书籍。再更下功夫地砍柴卖掉，满足纸笔之需。在种田种菜的地方，就用柴点火照明写字读书。因为这个缘故，不能早早涉猎经史典籍。经常缺乏纸张，所写的每张纸，都反反复复写上字，很少有人能读。十六岁时，才开始读《孝经》《论语》《诗经》《周易》。由于贫困不能去远处寻师觅友，因此孤陋寡闻，理解思考都很浮浅，很多重要的道理都不懂得。只是追求广泛阅览，对众多的书籍无不暗暗地记诵精心去掌握。曾经翻阅涉猎的，上自五经正典、诸史书、诸子百家的学说，下至各种短文章，将近万卷。既本性昏昧忘性大，又缺少文采，意志不专一，所知道的很浅薄，也免不了有疑惑不解之处。但著述的时候还是能够有所引用，但终不是个纯粹的儒生，不适合做向人传授的老师。那些河图、洛书、图谶、纬书之类，看看就算了，没能留意于它们。不喜欢星象书以及算术、九宫、三棋、太一、飞符这一类东西，一点都追随不上，由于它们枯燥缺少趣味。岁数大些学习风角、望气、三元、遁甲、六壬、太一等方法，大略知道了其中的意思，又没有研究得很精深。也是想到这类东西都是为别人服务的事情，同是出于人之常情，没有急于用这些自己劳累自己，不如弄明白诸子百家的书有好处，于是又停止了。

【原文】

案《别录》《艺文志》①，众有万三千二百九十九卷②；而魏代以来，群文滋长，倍于往者，乃自知所未见之多也。江表书籍，通同不具。昔欲诣京师，索奇异，而正值大乱，半道而还，每自叹恨。今齿近不惑③，素志衰颓，但念损之又损，为乎无为，偶耕薮泽④，苟存性命耳。博涉之业，于是日沮矣。

【注释】

① 《别录》：汉刘向所编目录书《七略别录》的省称。汉建始年间，朝廷征集图书文献，命刘向等校勘整理。每校一书，由刘向加以编次，写出提要，抄录上报，是成《七略别录》。其子刘歆之《七略》即据此写成。参见《重言》"固已穷览六略"句注。"别录"则演化为目录解题式的文体。《艺文志》指《汉书·艺文志》。它以《七略》为蓝本编写而成，而由于《七略》已亡佚，《艺文志》成为现存最早的收录其当时及以前图书典籍的

目录书。

②据杨明照引《汉书·艺文志》《汉纪·成帝纪》等校证,"万三千二百九十九卷"当作"万三千二百六十九卷"。

③《论语·为政》:"吾十有五而志于学,三十而立,四十而不惑,……"后因以"不惑"为四十岁的代称。

④偶耕:同耦耕。见《嘉遁》篇"人执耦耕之分"句注。

【译文】

按照《别录》和《汉书·文艺志》的记载,古籍有一万三千二百六十九卷之数。而魏代以来,文章大量增长,比以前多了一倍,这才知道自己没见过的有多么多。长江以南的书籍,全都没有。以前想到京城去搜求奇异的书籍,但正遇大乱,半路上回来了,常常自己叹息遗憾。如今年龄接近四十岁,平素的志向衰退了,只想志向降低又降低,干些无所作为的事情,在山野中耕种田地,仅仅是苟存性命。广泛涉猎的事业,于是日渐衰败了。

【原文】

洪之为人也,……①而騃野②,性钝口讷,形貌丑陋,而终不辩自矜饰也。冠履垢弊,衣或纜褛,而或不耻焉。俗之服用,俄而屡改。或忽广领而大带,或促身而修袖,或长裾曳地,或短不蔽脚。洪期于守常,不随世变。言则率实,杜绝嘲戏,不得其人,终日默然。故邦人咸称之为"抱朴之士",是以洪著书因以自号焉。

【注释】

①孙星衍曰:"('人也'后)有脱文。"

②騃(ái):《汉书·息夫躬传》:"左将军公孙禄、司隶鲍宣皆外有直项之名,内实騃不晓政事。"颜师古注:"騃,愚也。"

【译文】

葛洪的为人……而愚呆粗野,性情迟钝口不善言,相貌丑陋,但始终不自我辩解、怜悯和掩饰。帽子和鞋肮脏破烂,衣服有时也是破烂的,但或许并不觉得羞耻。世俗的衣服穿戴,不长的时间就接连变化,有时忽然领子和衣带都很宽大,有时是窄腰身长袖子,有时长衣襟拖到地上,有时又短得盖不住脚。葛洪希望的是保持老规矩,不随世上潮流改变。说话就全是实话,完全不要调笑嘲弄,不遇到适当的人,会整天沉默不语。因此本地方的人都称之为"抱朴之士",所以葛洪著书就以它作为自己的号了。

【原文】

洪禀性尫羸①,兼之多疾,贫无车马,不堪徒行,行亦性所不好。又患弊俗,舍本逐末,交游过差,故遂抚笔闲居,守静荜门②,而无趋从之所。至于权豪之徒，虽在密迹，而莫或相识焉。衣不辟寒，室不免漏，食不充虚，名不出户，不能忧也。贫无僮仆，篱落顿决③，荆棘丛于庭宇，蓬莠塞乎阶霤④，披榛出门，排草入室。论者以为意远忽近，而不恕其乏役也。不晓谒……⑤以故初不修见官长。至于吊大丧⑥，省困疾，乃心欲自勉强，令无不必至，而居疾少健，恒复不周，每见讥责于论者，洪引咎而不恤也。意苟无余，而病使心违，顾不愧己而已，亦何理于人之不见亮乎⑦！唯明鉴之士，乃恕其信"抱朴"，非以养高也。

【注释】

①尫（wāng）羸（léi）：瘦弱。

②荜（bì）门：用竹、荆等编织的门。常以指房屋简陋。

③顿决：杨明照曰："'顿'，《初学记》引作'颓'。按'颓'字较胜，当据改。"

④霤（liù）：本指屋檐水，引申指屋檐。

⑤孙星衍曰："（'谒'字后）有脱文。"

⑥大丧：《国语·晋语二》："父母死为大丧。"

⑦亮：通"谅"。

【译文】

葛洪天生瘦弱，加上多病，因为贫穷而没有车马，又禁不起步行，出门远行也是本性不喜欢的。又怕沾染上庸俗的毛病，舍弃根本而追求末节，与人交往太差，因此就握笔闲居，静守竹门，而没有可去的地方。至于有权有势的人，即使他拜望者众多，有时也不认识。衣服不能御寒，屋子不免漏雨，饭食不果腹，名声不出家门，都不值得忧虑。因为穷困没有仆人，篱笆颓坏开豁，荆棘在院中檐下丛生，蓬蒿野草盖住了台阶，分开榛莽才能出门，推倒野草方可进屋。议论者认为是葛洪志向高远忽视了身边的小事，而没想到是他缺少仆役。不懂得拜谒……因此从一开始就不被官员们赏识。至于吊唁他人父母之丧，问候困苦和生病的人，是心中希望尽力而为，要求自己一定要到。但常生病少有壮健之时，总还是有不周到的地方，常常被议论的人讥诮责备，葛洪都承认过失不自顾惜。假如没有其他的想法，而是因病使得未能如愿，只是自己于心无愧而已，又有什么理由对别人不谅解自己不满呢！希望善于分辨事物的人们，体谅他只是信从"抱朴"，不是以此培养自己的傲气。

【原文】

世人多慕豫亲之好，推暗室之密。洪以为知人甚未易，上圣之所难①，浮杂之交，口合神疜②，无益有损。虽不能如朱公叔一切绝之③，且必须清澄详悉，乃处意焉。又为此见憎者甚众而不改也。驰逐苟达，侧立势门者，又共疾洪之异于己而见疵毁，谓洪为傲物轻俗④。而洪之为人，信心而行，毁誉皆置于不闻，至患近人或恃其所长而轻人所短。

【注释】
①参见《审举》篇"知人则哲,上圣所难"句注。
②疕(bǐ):离。
③朱公叔:见《交际》篇"于是公叔、伟长疾其若彼"句注。
④憿:"傲"的异体字。

【译文】
世上的人多羡慕欢快亲好的交情,推崇可谈知心话的友谊。葛洪认为了解人是很不容易的,即使对于圣人也是很困难的事。浮泛驳杂的交情,嘴上一致却心有芥蒂,没有好处只有坏处。虽然不能像朱穆朱公叔那样断绝一切交往,也必须要一切都了解得透彻细致,才真心相处。又因为这一点被很多人恼恨但也不悔改。那些追随人后苟且求进,侧身站立于有势者之门的人,又都恨葛洪与他们不同而挑毛病诽谤,说葛洪是自负看不起一般人。而葛洪的为人,是按照自己的想法去行事,诋毁赞誉全都放在一边像没听见一样,对现在有的人依仗自己的长处轻视别人的短处很担忧。

【原文】
洪忝为儒者之末。每与人言,常度其所知而论之,不强引之以造彼所不闻也。及与学士有所辩识,每举纲领。若值惜短,难解心义,但粗说意之与向,使足以发寤而已,不致苦理,使彼率不得自还也。彼静心者存详而思之①,则多自觉而得之者焉。度不可与言者,虽或有问,常辞以不知,以免辞费之过也。

【注释】
①孙星衍曰:"旧写本'存'字空白。疑是衍文。"

【译文】
葛洪我勉强也算个读书人。每和别人谈话,总是估计他所知道的来说,不强拉着人到他所没听说过的领域。至于和有学之士有所辩论,每次都举出大纲与要领。如果遇上护短的人,难于理解他的真心想法,就只大略说说自己的意思和倾向,使其能对人有所启发而已,不下功夫极力深究,使对方完全没有返身的余地。那些静下心来的人能够审慎地去思考,那就多数能自己理解而有所收获。估计不值得和他说话的人,即使有时提出问题,也总是以不知道推辞,免得浪费唇舌。

【原文】
洪性深不好干烦官长,自少及长,曾救知己之抑者数人,不得已有言于在位者。然其人皆不知洪之恤也,不忍见其陷于非理,密自营之耳。其余虽亲至者,在事秉势,与洪无惜者,终不以片言半字少累之也。至于粮用穷匮,急合汤药,则唤求朋类,或见济,亦不让也。受人之施,必皆久久渐有以报之,不令觉也。非类则不妄受其馈致焉。洪所食有旬日之储,则分以济人之乏;若殊自不足，亦不割己也。不为皎皎之细行，不治察察之小廉。村里凡人之谓良守善者①，用时或赍酒肴候洪②，虽非俦匹，亦不拒也。后有以答之，亦不登时也。洪尝谓史云不食于昆弟③，华生治洁于昵客④，盖邀名之伪行，非廊庙之远量也。

【注释】

①孙星衍曰："旧写本'谓'字空白，疑有误。"

②孙星衍曰："旧写本'用'字空白，疑有误。"赍（jī）：拿着东西送给人。

③《后汉书·独行列传》："范冉字史云，陈留外黄人也。……冉好违时绝俗，为激诡之行。……与汉中李固、河内王奂亲善，而鄙贾伟节、郭林宗焉。奂后为考城令，境接外黄，屡遣书请冉，冉不至。及奂迁汉阳太守，将行，冉乃与弟协步赍麦酒，于道侧设坛以待之。冉见奂车徒骆驿，遂不自闻，惟与弟共辩论于路。奂识其声，即下车与相揖对。奂曰：'行路仓卒，非陈（契）阔之所，可共到前亭宿息，以叙分隔。'冉曰：'子前在考城，思欲相从，以贱质自绝豪友耳。今子远适千里，会面无期，故轻行相候，以展诀别。如其相追，将有慕贵之讥矣。'便起告违，拂衣而去。奂瞻望弗及，冉长逝不顾。……遭党人禁锢。遂推鹿车，载妻子，捃拾自资。"李贤注引袁山松《书》曰："冉去官，尝使儿捃麦，得五斛。邻人尹台遗之一斛，嘱儿莫道。冉后知，即令并送六斛，言麦已杂矣，遂誓不敢受。"其不食昆弟事未详。

④华生：《三国志·魏书·华歆传》："华歆，字子鱼，平原高唐人也。……诏即拜歆豫章太守，以为政清静不烦，吏民感而爱之。孙策略地江东，歆知策善用兵，乃幅巾奉迎。……后策死，太祖在官渡，表天子征歆。……宾客旧人送之者千余人，赠遗数百金。歆皆无所拒，密各题识。至临去，悉聚诸物，谓诸宾客曰：'本无拒诸君之心，而所受遂多，念单车远行，将以怀璧为罪，愿宾客为之计。'众乃各留所赠，而服其德。"

【译文】

葛洪本性非常不喜欢麻烦当官的，从年轻到年长，曾经救助几位知己而受冤屈的人，不得已才向当权者去说。然而这些人都不知道葛洪怜惜他们，我是不忍心看着他们陷入冤屈之中，暗地里设法援救的。其他的人即使亲自上门，当权有势，但与葛洪不相互看重的，始终不去用只言片语稍稍劳累他们一下。至于自己粮食和费用不足，或急着配齐药剂，就呼求朋友们，有时接受人家的接济，也不辞让。受人的恩惠，一定都慢慢地逐渐报答人家，不让人感觉到。如果不是一类人，就不胡乱接受他的赠送。葛洪的食物如果有十天的储备，就分出来接济那些缺少的人；如果自己还很不足，也不分自己的。不干那种完全一清二楚的小事，不致力于分辨极细小的清廉。村里人凡真正善良的，时常带些酒菜来问候葛洪，虽然不属同一类人，也不拒绝。以后会答谢他们，也不在当时。葛洪曾说，范冉(范史云)不吃亲兄弟的饭，华歆对非常亲近的客人搞廉洁，都是沽名钓誉的虚伪行为，不是登朝廷做大事的人应有的宽广胸怀。

【原文】

洪尤疾无义之人，不勤农桑之本业，而慕非义之奸利。持乡论者，则卖选举以取谢；有威势者，则解符疏以索财①。或有罪人之赂②，或枉有理之家③；或为逋逃之薮，而飨亡命之人④。或挟使民丁以妨公役，或强收钱物以求贵价。或占锢市肆，夺百姓之利；或割人田地，劫孤弱之业。愡恫官府之间⑤，以窥掊克之益⑥。内以夸妻妾，外以钓名位。其如此者，不与交焉。由是俗人憎洪疾己，自然疏绝。故巷无车马之迹，堂无异志之宾，庭可设雀罗⑦，而几筵积尘焉。

【注释】

①符疏：疑为"符敕"之误。（"疏"之异体"疎"与"敕"形近）符敕，敕命文书。此句言卖官索财。译文从"符敕"。

②孙星衍曰："'有'字当误。旧写本空白。"

③孙星衍曰："（'或'）当作'而'。"

④孙星衍曰："（'人'）疑作'入'。"

⑤愡（còng）恫：奔走钻营。

⑥掊（póu）克：搜刮；聚敛。

⑦语出《史记·汲郑列传·论》："始翟公为廷尉，宾客阗门；及废，门外可设雀罗。"

【译文】

葛洪尤其痛恨无义的人，不努力去从事农桑这样的根本之业，而追求不正当的利益。握有乡中品藻之权的人，就靠荐举人获取酬劳；有地位权势的人，就靠任官的敕命文书索取财物。有的收取真正罪犯的贿赂，而屈枉了有理的人家；有的给逃跑的人准备了避难处，而获得了亡命者给予的钱财。有的挟使民丁妨害官府的差役，有的强迫收取钱财物品寻求高的报酬。有的强霸市场，抢夺百姓的利益；有的侵割别人的田地，劫夺孤单软弱者的产业。在官府之间奔走钻营，伺机攫取利益。在家中向妻妾炫耀，在外钓取名誉地位。凡这样的人，不和他交往。由此庸俗的人们恼怒葛洪对他们的痛恨，自然疏远断绝了往来。故此小巷中没有车马的痕迹，堂上没有志向不同的宾客，院里几乎可架设捕鸟的网，而几案上和坐席上都积满了尘土。

【原文】

洪自有识以逮将老，口不及人之非，不说人之私，乃自然也。虽仆竖有其所短所羞之事，不以戏之也。未尝论评人物之优劣，不喜诃谴人交之好恶。或为尊长所逼问，辞不获已，其论人也，则独举彼体中之胜事而已。其论文也，则撮其所得之佳者，而不指摘其病累，故无毁誉之怨。贵人时或问官、吏、民甲乙何如。其清高闲能者，洪指说其快事；其贪暴暗塞者，对以偶不识悉。洪由此颇见讥责，以顾护太多，不能明辨臧否，使皂白区分，而洪终不敢改也。

【译文】

葛洪从懂事一直到将要老了，嘴上不谈别人的过失，不说别人的隐私，是天性如此。即使是童仆有短处有可羞的事，也不拿来和他们开玩笑。未曾议论品评过别人的优劣，也不喜欢批评别人交往的好坏。有的时候被位尊辈长的人所逼问，推辞也推辞不掉，那么谈论人时，就仅仅列举出人家的好事；谈论文章时，拣人家写就的好文章，而不挑人家有毛病的地方加以指责。因此没有因诽谤赞誉招致怨恨。有地位的人有时问及官员、部吏、百姓某人某人怎么样。其中清高有能力不显露的人，葛洪就述说他们令人满意称心的事；其中贪婪残暴昏乱愚昧的人，就用碰巧不认识不熟悉回答。葛洪因此很是受到讥诮责难，认为是照顾庇护的太多，不能明辨善恶，使黑白分明，但葛洪始终不敢改变。

【原文】
每见世人有好论人物者，比方伦匹，未必当允，而褒贬与夺，或失准格。见誉者自谓己分，未必信德也；见侵者则恨之入骨，剧于血仇。洪益以为戒，遂不复言及世人矣。虽门宗子弟，其称两皆以付邦族，不为轻乎其价数也①。或以讥洪。洪答曰："我身在我者也，法当易知。设令有人问我，使自比古人，及同时令我自求辈，则我实不能自知可与谁为匹也，况非我安可为取而评定之耶？汉末俗弊，朋党分部，许子将之徒以口舌取戒，争讼论议，门宗成仇。故汝南人士无复定价，而有月旦之评。魏武帝深亦疾之，欲取其首，尔乃奔波亡走，殆至屠灭②。前鉴不远，可以得师矣。且人之未易知也，虽父兄不必尽子弟也。同乎我者遽是乎？异于我者遽非乎？或有始无卒，唐尧、公旦、仲尼、季札，皆有不全得之恨③，无以近人信其喽喽管见荧烛之明，而轻评人物，是皆卖彼上圣大贤乎④！"

【注释】
①轻乎其价数：孙星衍曰："（'乎'）当作'平'。旧写本作'评'。"
②许子将：许邵字子将。见《安贫》篇"硕生弃四科而恤月旦之评"句注。《后汉书·许邵传》："曹操微时，常卑辞厚礼，求为己目。邵鄙其人而不肯对，操乃伺隙胁邵，邵不得已，曰：'君清平之奸贼，乱世之英雄。'操大悦而去。"曹操追杀许邵事未详所出。又"深亦"二字，杨明照校当乙作"亦深"。是。
③见《清鉴》篇"陶唐稽古而失任，姬公钦明而谬授。尼父远得崇替于未兆，近失澹台于形骸；延州审清浊于千载之外，而蔽奇士于咫尺之内"数句注。
④陈澧疑"卖"当作"迈"，是。

【译文】
经常见到世上有人好评论人，打比方划类别不一定妥当，而褒贬取舍有时也没有一个恰当固定的标准。受赞誉的自认为应该如此，实际未必确有这份德行；被侵害的则恨之入骨，比有杀人之仇还厉害。葛洪更加以此为戒，于是再不谈论士人们。即使是同门同宗的子弟，对他们的衡量也全都交给地方宗族，不轻易作出评价。有人以此讥笑葛洪。葛洪回答说："只有自己对自己知道的最清楚，按说应当是最容易了解的。

假如有人问我，让我用一位古人自比，又让我在现在的人中自己找一个与我类似的人，那么我自己实在不知道能够和谁相当了，更何况不是我，怎么可以为我选取而加以评定呢？汉朝末年的坏风气，同类人相互勾结分成宗派，许邵许子将之类的人，把口舌当作武器，争辩议论，门派宗族间成为仇敌。因此汝南地方的人士不再有一定不变的标准，而有每月初一改换议题的评论。魏武帝曹操也很恨许邵，想要取他的头，他于是到处奔跑逃脱，几乎至于被杀死。前面的借鉴还不久远，我们可以从中得到师教了。况且人是很不容易了解的，即使是父亲哥哥也不一定对儿子弟弟知道得很透彻。和自己相同的就正确吗？和自己不同的就不正确吗？有的人有始而无终，唐尧、周公旦、孔仲尼、吴季札，都有非完人的遗憾，不要因为晚近以来的人相信许邵等人的啰里啰唆的一管之见和微弱火炬一样的聪明，而轻易地评论人，他们难道都超过了那些上圣大贤了吗？"

【原文】

昔大安中①，石冰作乱，六州之地，柯振叶靡，违正党逆。义军大都督邀洪为将兵都尉②，累见敦迫。既桑梓恐虏③，祸深忧大，古人有急疾之义；又畏军法，不敢任志。遂募合数百人，与诸军旅进。曾攻贼之别将，破之日，钱帛山积，珍玩蔽地。诸军莫不放兵收拾财物，继毂连担。洪独约令所领，不得妄离行阵。士有摭得众者④，洪即斩之以徇，于是无敢委杖。而果有伏贼数百，出伤诸军。诸军悉发，无部队，皆人马负重，无复战心，遂致惊乱，死伤狼藉，殆欲不振。独洪军整齐毂张⑤，无所损伤，以救诸军之大崩，洪有力焉。后别战，斩贼小帅，多获甲首，而献捷幕府。于是大都督加洪伏波将军。例给布百匹，诸将多封闭之，或送还家。而洪分赐将士，及施知故之贫者。余之十匹，又径以市肉酤酒，以飨将吏。于时窃擅一日之美谈焉。

【注释】

①大（tài）安：西晋惠帝司马衷年号，公元 302—303 年，《晋书》及其他年表均作"太安"。

②据《晋书·葛洪传》，义军大都督为吴兴太守顾秘。

③桑梓：出《诗·小雅·小弁》："维桑与梓，必恭敬止。"朱熹集传："桑、梓二木。古者五亩之宅，树之墙下，以遗子孙给蚕食、具器用者也。……桑梓，父母所植。"后以"桑梓"借指故乡。

④摭（zhí）：拾取。

⑤毂张：以车毂之紧凑和弓弦之拉紧喻军容严整。

【译文】

以前在晋惠帝太安年间，石冰作乱，有六个州的地方，闹得树枝震颤树叶飘落，很多人背离正路而与叛乱者勾结。义军的大都督邀请葛洪去做将兵都尉，多次催促。一方面本乡本土的人害怕这些强盗，祸深忧重，而古人有解决紧急危难的道德传统；

另一方面又畏惧军法，不敢任意行事。于是就募集了几百人，与各路军队共同进兵。曾经攻打过强盗的一个部将，破敌之日，钱币布帛堆积得像山一样，珠宝珍玩遍地都是。各路军队都放任士兵收拣财物，一车接一车，一担连一担。只有葛洪约束命令所统领的队伍，不能随便离开队列。兵士有拾取财物多的，葛洪就斩首示众，使得当时没人敢扔掉武器。后来，果然有几百名埋伏的强盗出来攻打各路军队。各路军队虽然全都发起攻击，但没有部伍队列，人和马都背负着很重的东西，不再有一点儿斗志，于是导致惊慌混乱，死伤者杂乱不堪，简直要整顿不起来了。只有葛洪的军队整整齐齐严阵以待，没有什么损失，并因此而挽救了各路军兵的大溃败，葛洪是出了大力的。后来另遇征战，斩杀了强盗的一个小的带兵将领，杀死了很多敌人，缴获了很多甲胄，向帅营报捷。当时，大都督就加封葛洪为伏波将军。按例发给各将领一百匹麻布，各位将领多数都收起来，或者送回家去。而葛洪则分赐给手下的将士们，以及送给熟人旧友中贫困的人。剩下的十四，又直接去换成酒肉来犒劳将官们。一时间，私下里传为美谈。

【原文】

事平，洪投戈释甲，径诣洛阳，欲广寻异书，了不论战功。窃慕鲁连不受聊城之金①，包胥不纳存楚之赏②，成功不处之义焉。正遇上国大乱，北道不通，而陈敏又反于江东③，归涂隔塞。会有故人谯国嵇君道④，见用为广州刺史，乃表请洪为参军，虽非所乐，然利可避地于南，故黾勉就焉⑤。见遣先行催兵，而君道于后遇害，遂停广州。频为节将见邀用⑥，皆不就。永惟富贵可以渐得，而不可顿合，其间屑屑亦足以劳人。且荣位势利，譬如寄客，既非常物，又其去不可得留也。隆隆者绝，赫赫者灭，有若春华，须臾凋落。得之不喜，失之安悲？悔吝百端⑦，忧惧兢战，不可胜言，不足为也。且自度性笃懒而才至短，以笃懒而御短才，虽翕肩屈膝，趋走风尘，犹必不办大致名位而免患累⑧，况不能乎！未若修松、乔之道⑨，在我而已，不由于人焉。

【注释】

① 《史记·鲁仲连邹阳列传》："燕将攻下聊城，聊城人或谗之燕，燕将惧诛，因保守聊城，不敢归，齐田单攻聊城岁余，士卒多死而聊城不下。鲁连乃为书，约之矢以射城中，遗燕将。……燕将见鲁连书，泣三日，犹豫不能自决。……乃自杀。聊城乱，田单遂居聊城。归而言鲁连，欲爵之。鲁连逃隐于海上，曰：'吾与富贵而诎于人，宁贫贱而轻世肆志焉。'"

② 《左传·定公四年》："初，伍员与申包胥友。其亡也，谓申包胥曰：'我必复楚国。'申包胥曰：'勉之！子能复之，我必能兴之。'及昭王在随，申包胥如秦乞师。……秦伯使辞焉。……（申包胥）立，依于庭墙而哭，日夜不绝声，勺饮不入口七日，九顿首而坐，秦师乃出。"《吴越春秋》记此事谓楚昭王返国欲赏其功，申包胥逃而不受。

③ 陈敏：字令通，庐江（今属安徽）人。以郡廉吏补尚书仓部令史，出为广陵度支，

迁广陵相。晋惠帝幸长安,四方交争。敏自谓勇略无敌,遂据历阳(今安徽和县境内)以反,据有吴越之地,并假顾荣等为将军。后荣等以其刑政无章、子弟凶暴,密告征东将军刘准攻敏,敏兵溃被斩。

④嵇君道:嵇含,字君道。好学能属文,以居巩县亳丘而自号亳(bó)丘子。举秀才,除郎中。时王粹以贵公子尚主,馆宇甚盛,图庄子于室,广延朝士,使嵇含为赞,含为吊文以讥之。累官至襄城太守,后依镇南将军刘弘,弘以其通敏,好荐达贤才而待以上宾之礼,并表之为平越中郎将、广州刺史。未发而刘弘卒,嵇含为刘弘司马郭劢所杀。见《晋书·忠义列传》。谯国:地名,当今河南省鹿邑县与安徽省亳县一带。

⑤黾勉:见本篇上文"密勿畴袭"句注。

⑥节将:持节大将。泛指总军戎者。

⑦悔吝:见《崇教》篇"故能多远悔吝"句注。

⑧办:成功。

⑨松、乔:传说中的仙人赤松子与王子乔。司马贞《史记索隐》引《列仙传》称赤松子为神农时雨师,能入火自烧,昆仑山上随风雨上下。高诱《淮南子·齐俗训》注(作"赤诵子")为上谷人,病疠入山,导引轻举。刘向《列仙传·王子乔》:"王子乔者,周王太子晋也。好吹笙作凤凰鸣。游伊、洛间,道士浮丘公接上嵩高山。三十余年后,求之于山上,见柏良曰:'告我家,七月七日待我于缑氏山颠。'至时果乘鹤驻山头,望之不可到。举手谢时人,数日而去。"

【译文】

事情平息以后,葛洪离开了军队,直接去了洛阳,想广泛搜集奇异的书籍,而完全不谈自己的战功。私下里敬慕鲁仲连没接受因破聊城而赐的黄金,申包胥没收下保存楚国而给予的赏赐,那种成功而不居功的精神。正好遇上北方大乱,北边的道路不通,而陈敏又在江南造反,回去的路也被阻隔了。恰巧有个老熟人谯国郡的嵇含字君道,被任命为广州刺史,于是上表请求让葛洪做参军,这虽然不是我所乐意的事,但好处是可以躲避到南方去,所以就勉强就职了。葛洪被派遣先去催兵,而嵇君道在此之后就遇害了,于是停留在广州。屡次被驻军将领所邀请去任职,全都没去就任。我一直觉得富贵可以逐渐得到,但不能一下子获取,而且其中琐碎的事情也足够累人的了。再说荣耀地位权势利益,就好像寄宿的客人,一则不是长久的东西,二则它的离去也不能留住。正值隆盛的人会倒台,显赫一时的人也会消灭,就像春天的花朵一样,很快就会凋落。如果得到时不觉高兴,那么失掉时又怎么会悲伤呢?那种百般的后悔,担忧害怕,小心战栗,一言难尽,实在不值得去干。而且自我估量非常懒惰而才能又低到极点,凭懒惰之身驾驭着低下的才能,即使是缩肩屈膝,跟着别人马后的扬尘跑,仍然达不到获取很高的名誉地位并免除祸患牵累,何况还不肯那样呢!不如修行赤松子、王子乔的隐逸之道,自己支配自己,不受制于人。

【原文】

将登名山,服食养性①。非有废也,事不兼济,自非绝弃世务,则曷缘修习玄静哉！且知之诚难，亦不得惜问而与人议也。是以车马之迹，不经贵势之域；片字之书，不交在位之家。又士林之中，虽不可出，而见造之宾，意不能拒，妨人所作，不得专一。乃叹曰：山林之中无道也，而古之修道者必入山林者，诚欲以违远欢哗，使心不乱也。今将遂本志，委桑梓②，适嵩岳，以寻方平、梁公之轨③。先所作子书内外篇，幸已用功夫，聊复撰次，以示将来云尔。

【注释】

①服食：专指服食丹药。道家养生术之一。《古诗十九首·驱车上东门》："服食求神仙，多为药所误。"

②桑梓：见本篇上文"既桑梓恐虏"句注。

③方平：东汉王远，字方平。举孝廉，官至中散大夫。后弃官入山得道。桓帝时连征不出，令郡国逼载进京，闭口不语，乃题四百余字于宫门，皆言方外之事，削而复现。后还乡，居太守陈耽家四十余年，一夕蝉蜕去。见葛洪《神仙传》，其所本未详。梁公：梁鸿，字伯鸾。自幼家贫而尚节介。及长，博览多通。娶同县丑女孟光为妻，共入霸陵山中，以耕织为业，咏《诗》《书》、弹琴以自娱。东出关，居齐鲁，又适吴，为人赁舂为生。大家皋伯通异之，舍于家，闭户著书十余篇。事见《后汉书·逸民传》等。

【译文】

准备登上有名的山峰，服食丹药涵养本性。这并非有所偏废，凡事不能两全，如果不能断绝世上的俗事，那么有什么机缘修炼学习这种神妙专一的道行呢！况且了解它是很难的，也就不能吝惜求问而去和别人议论了。因此，我的车马的行迹不经过有权势者住的地方，即使是几个字的信也不与在位者之家相交递。再有士人们当中虽然不必出入交往，但是客人来访，想来总不能拒绝，妨碍人家做事情，不能专心一意。于是感叹道：山林之中虽然并没有真理，但是古代追求真理的人，一定要入山林，就是因为确实想以此远离喧闹的地方，使心神不乱。现在我就准备按内心的想法去做，离开故乡，到高山中去，以寻求王方平、梁鸿的足迹。以前所写的子书内外篇，幸亏已下了很大功夫，再略加编排，以便让后人看看，如此而已。

【原文】

洪年十五六时，所作诗赋杂文，当时自谓可行于代①。至于弱冠②，更详省之，殊多不称意。天才未必为增也，直所览差广，而觉妍媸之别。于是大有所制，弃十不存一。今除所作子书，但杂尚余百所卷，犹未尽损益之理，而多惨愤③，不遑复料护之。他人文成，便呼快意，余才钝思迟，实不能尔。做文章每一更字，辄自转胜，但患懒，又所作多，不能数省之耳。

【注释】

①可行于代："代"当为"世"。盖唐代避太宗李世民讳改而未校复者。

②弱冠：古以男子二十岁为成人，初加冠时体犹未壮，故称弱冠。后遂称男子二十岁或二十多岁的年龄为弱冠。

③惨愦：疑当作"惨愦"，形容心情烦乱。应玚《愁霖赋》："情惨愦而含欷兮，起披衣而游庭。"

【译文】

葛洪十五六岁所写的诗、赋和各色文章，当时自认为可以流行于世。到了年近二十岁，再仔细看看，有很多不满意的。天生的才能未必有什么增长，只是所见的东西有了多少的不同，才觉出写的东西有美丑的差别。于是写了大量的作品，但扔掉十份也存不下一份。现在除了所写的子书，只剩下各色作品一百卷左右，还没完全进行筛选，而经常心情烦乱，没空再去拣选整理它。别人的文章写成，便表示非常高兴，我自己才能差文思慢，实在写不成这样。写文章每改一个字，就自觉比原来强了，只是犯懒，写的东西又多，所以不能反复察看。

【原文】

洪年二十余，乃计作细碎小文，妨弃功日，未若立一家之言，乃草创子书。会遇兵乱，流离播越①，有所亡失，连在道路，不复投笔十余年②，至建武中乃定③。凡著《内篇》二十卷，《外篇》五十卷，《碑颂诗赋》百卷，《军书檄移章表笺记》三十卷。又撰俗所不列者为《神仙传》十卷，又撰高尚不仕者为《隐逸传》十卷④。又抄五经七史百家之言，《兵事方伎短杂奇要》三百一十卷，别有目录。其《内篇》言神仙方药鬼怪变化养生延年禳邪却祸之事⑤，属道家；其《外篇》言人间得失，世事臧否，属儒家。

【注释】

①播越：《左传·昭公二十六年》："兹不穀震荡播越，窜在荆蛮。"李贤《后汉书·袁术传》注曰："播，迁也；越，逸也。言失所居。"

②投笔：陈澧曰："'投'字疑误。"杨明照以为当作"役笔"。

③建武：晋元帝年号，公元317年（仅一年）。

④高尚不仕：杨明照以为"尚"字当依吉藩本作"士"。

⑤禳（ráng）：本指消灾除邪的祭祀，引申为却除。

【译文】

葛洪二十多岁，才考虑到写小篇的文章，白白浪费时间，不如建立一家学说，于是开始起草子书。恰好遇上兵荒马乱，离散流亡，有些稿子丢失了，在连续流亡的路上，不再执笔写作有十几年时间，到了元帝建武年间才定稿。总共写成《内篇》二十卷，《外篇》五十卷，《碑颂诗赋》一百卷，《军书檄移章表笺记》三十卷。又为一般不列入者撰写《神仙传》十卷，又为品德高尚但隐居的士人撰写《隐逸传》十卷。还抄写五经七史诸子百家的学说，《兵事方伎短杂奇要》三百一十卷，另有目录。其中《内篇》说的是神仙方药鬼怪变化养生延年却除邪祸的事，属于道家思想；其中《外篇》对世上事情的得失善恶做一些评价，属儒家思想。

【原文】

洪见魏文帝《典论·自叙》，末及弹棋击剑之事①，有意于略说所知，而实属少所便能，不可虚自称扬，今将具言所不闲焉。

【注释】

①魏文帝曹丕作《典论》，《隋志》著录为五卷，今仅《论文》存于《文选》，《自叙》存于《三国志·魏书·文帝纪》裴松之注。《自叙》后半言及善击剑、喜弹棋事，文长不赘引。弹棋：见《崇教》篇"校弹棋樗蒲之长短"句注。

【译文】

葛洪看魏文帝曹丕的《典论·自叙》，其末尾处谈及弹棋、击剑之类的事，有意略微说一下自己所知道的，但这实际上并不属于我从小就熟习的事情之列，不能自己虚张显扬，如今将要详细说说这我所不熟悉的事。

【原文】

洪体钝性驽，寡所玩好，自总发垂髫，……①又掷瓦手搏，不及儿童之群。未曾斗鸡鹜走狗马。见人博戏，了不目眄，或强牵引观之，殊不入神，有若昼睡。是以至今不知棋局上有几道，樗蒲齿名。亦念此辈末伎，乱意思而妨日月，在位有损政事，儒者则废讲诵，凡民则忘稼穑，商人则失货财。至于胜负未分，交争都市，心热于中，颜愁于外，名之为乐，而实煎悴。丧廉耻之操，兴争竞之端，相取重货，密结怨隙。昔宋闵公、吴太子致碎首之祸，生叛乱之变，覆灭七国，几倾天朝，作戒百代，其鉴明矣②。

【注释】

①总发：即束发。将头发束扎为髻，为古代男孩子的打扮。垂髫（tiáo）："髫"指儿童垂下的头发。总发、垂髫皆以指儿童或童年时。……孙星衍曰："（'髫'字后）有脱文。"

②《史记·宋微子世家》："（湣公）十年夏，宋伐鲁，战于乘丘，鲁生虏宋南宫万。宋人请万，万归宋。十一年秋，湣公与南宫万猎，因博争行，湣公怒，辱之曰：'始吾敬若；今若，鲁虏也。'万有力，病此言，遂以局杀湣公于蒙泽。"《左传·庄公十一年》作"闵公"，而记此事未言"因博争行"。"局"谓棋盘。《史记·吴王濞列传》："孝文时，吴太子入见，得侍皇太子饮博。吴太子师傅皆楚人，轻悍，又素骄，博，争道，不恭，皇太子引博局提吴太子，杀之。"后又加之以削藩事引发吴楚七国之乱，兵败国除。

【译文】

葛洪身体笨拙天赋低下，所喜好的所玩的东西很少，从儿童时代，……而且抛掷瓦片、徒手搏打，也不如众多的其他儿童。从没斗过鸡鸭、跑过狗马。看见人家以棋赌输赢，连斜眼看一眼都不肯。有人强拉着去看，可我太不能集中精神，就像白天睡着了一样。因此到现在不知道棋盘上有几条线，樗蒲上齿的名称是什么。又觉得这是些末流小技，扰乱思想而且耽误时间，如果是有职位的人就会损害政事，是读书人就得停止讲诵经典，一般百姓会忘记耕种收获，商人会失掉很多钱财。至于分不出输赢时，在城里街市上互相争吵，体内心火上升，外表愁容满面，名义上是取乐，实际上却是挨煎受罪。它使人丢掉了懂得廉耻的操守，而引发争斗的开端。相互赢取了大量钱财，但也结下了深深的怨仇。从前春秋时的宋闵公、西汉时的吴太子都因此而招致杀身的祸患，后者甚至引发了叛乱，导致七国的灭亡，几乎颠覆了汉中央王朝。无数代后人都应引以为戒，它的借鉴作用是明显的。

【原文】

每观戏者，惭恚交集，手足相及，丑詈相加，绝交坏友，往往有焉。怨不在大，亦不在小，多召悔吝①，不足为也。仲尼虽有昼寝之戒②，以洪较之，洪实未许其贤于昼寝。何者？昼寝但无益，而未有怨恨之忧，斗讼之变。圣者犹韦编三绝③，以勤经业，凡才近人，安得兼修！惟诸戏尽不如示一尺之书，故因本不喜而不为，盖此俗人所亲焉。

【注释】

①悔吝：见《崇教》篇"故能多远悔吝"句注。

②《论语·公冶长》："宰予昼寝。子曰：'朽木不可雕也，粪土之墙不可杇也。于予与何诛！'"古人一日两餐，昼在两餐之间，至多有六七个小时，故孔子责昼寝。

③韦编三绝：见《勖学》篇"仲尼天纵，而韦编三绝"句注。

【译文】

每次观看博戏，那种羞惭恼怒交加，手脚并用的互斗，用丑话相骂，断绝交情败坏友谊的情况，往往存在。仇怨不在大，也不在小，凡会招致后悔和羞耻的，就不应该去做。孔子虽然有不该白天睡觉的告诫，让葛洪来比较，葛洪实在不会赞成博戏比白天睡觉强。为什么呢？白天睡觉只是没有好处，但不会有招致怨恨的忧虑，不会发生殴斗争吵的变故。孔子这样的圣人尚且多次读断了编竹简的皮条，以勤奋于研究经典的事业，才能普通智力浅近的人，怎么能全顾到呢！考虑到各种博戏全都不如给人一尺长的书籍看看，故此，因为我从根本上就不喜欢而不去做，总认为这是俗人们亲近的东西。

【原文】

少尝学射，但力少不能挽强，若颜高之弓耳①。意为射既在六艺，又可以御寇辟劫，及取鸟兽，是以习之。昔在军旅，曾手射追骑，应弦而倒，杀二贼一马，遂以得免死。又曾受刀楯及单刀、双戟，皆有口诀要术，以待取人，乃有秘法，其巧入神。若以此道与不晓者对，便可以当全独胜，所向无前矣。晚又学七尺杖术，可以入白刃，取大戟。然亦是不急之末学，知之譬如麟角凤距，何必用之！过此已往，未之或知。

【注释】

①颜高之弓：《左传·定公八年》："公侵齐，门于阳州。士皆坐列，曰：'颜高之弓

六钧。'皆取而传观之。"

【译文】

　　年轻时曾学过射箭，但力气小，拉不开硬弓，像颜高用的那种。想到射箭既然是"六艺"之一，又可以抵御敌寇防备盗劫，以及射取鸟兽，所以学习它。以前在军队里，曾亲手射追赶的骑兵，使其应弦声而倒，杀死了两个强盗一匹马，于是得以免除一死。还曾经学习一刀一盾和单刀、双戟，都有口诀和技术要领，等到以此捉拿敌人，则有神秘的办法，其巧妙达到神奇的程度。如果用它来和不懂此道的人对打，就可以获得全胜，所向无敌了。后来又学了七尺棍术，可凭它入白刃战，获取大戟。但这也是不急用的末流本事，懂得它就像麒麟有角凤凰有爪，为什么一定要用它呢！除此以外，就不知道什么了。

【原文】

　　洪少有定志，决不出身。每览巢、许、子州、北人、石户、二姜、两袁、法真、子龙之传①，尝废书前席，慕其为人。念精治五经，著一部子书，令后世知其为文儒而已。后州郡及车骑大将军辟，皆不就。荐名琅邪王丞相府。昔起义兵，贼平之后，了不修名，诣府论功，主者永无赏报之冀。晋王应天顺人，拨乱反正，结皇纲于垂绝，修宗庙之废祀，念先朝之滞赏，并无报以劝来。洪随例就彼。庚寅诏书，赐爵关中侯，食句容之邑二百户。窃谓讨贼以救桑梓，劳不足录，金紫之命，非其始愿。本欲远慕鲁连②，近引田畴③，上书固辞，以遂微志。适有大例，同不见许。昔仲由让应受之赐，而沮为善④。丑虏未夷，天下多事，国家方欲明赏必罚，以彰宪典，小子岂敢苟洁区区之懦志，而距私通之大制⑤？故遂息意而恭承诏命焉。

【注释】

　　①巢、许：见《嘉遯》篇"故尧、舜在上，而箕、颍有巢栖之客"句注。子州：子州支父之省。《庄子·让王》："尧以天下让许由，许由不受。又让于子州支父，子州支父对曰：'以我为天子犹之可也。虽然，我适有幽忧之病，方且治之，未暇治天下也。'"北人：北人无择之省。《庄子·让王》："舜以天下让其友北人无择，北人无择曰：'异哉后之为人也，居于畎亩之中而游尧之门！不若是而已，又欲以其辱行漫我。吾羞见之。'因自投清泠之渊。"石户：见《逸民》篇"虞舜非不能胁善卷、石户也"句注。二姜：东汉姜肱与姜岐。姜肱：见《逸民》篇"以玄纁玉帛、安车轺轮聘姜伯淮（淮）"句注。姜岐：事见《后汉书·桥玄列传》："郡人上邽姜岐，守道隐居，名闻西州。玄召以为吏，称疾不就。玄怒，敕督邮尹益逼致之，曰：'岐若不至，趣嫁其母。'益固争不能得，遽晓譬岐。岐坚卧不起。"二袁：袁忠、袁弘兄弟。《后汉书·袁张韩周列传》："忠字正甫。……初平中，为沛相，乘苇车到官，以清亮称。及天下大乱，忠弃官客会稽上虞。一见太守王朗徒从整饰，心嫌之，遂称病自绝。后孙策破会稽，忠等浮海南投交阯。献帝都许，征为卫尉，未到，卒。弘字邵甫，耻其门族贵势，乃变姓名，徒步师门，不应征辟，

终于家。"李贤注引谢承书曰:"弘尝入京师太学,其从父逢为太尉,呼弘与相见。遇逢宴会作乐,弘伏称头痛,不听音(呼)声而退,遂不复往。"按袁逢为袁术之父,袁绍之叔。法真:见《逸民》篇"法高卿再举孝廉"句注。子龙:龙丘苌。《后汉书·循吏列传·任延》:"吴有龙丘苌者,隐居太末,志不降辱。王莽时,四辅三公连辟,不到。掾史白请召之。(任)延曰:'龙丘先生躬德履义,有原宪、伯夷之节。都尉扫洒其门,犹惧辱焉。召之不可。'遣功曹奉谒,修书记,致医药,吏使相望于道。积一岁,苌乃乘辇诣府门,愿得先死备录。"

②鲁连:见本篇上文"窃慕鲁连不受聊城之金"句注。

③田畴:《后汉书·刘虞传》裴松之注引《魏志》曰:"畴,字子春,右北平无终人。好读书,善击剑。刘虞署为从事。太祖北征乌桓,令畴将众止徐无,出卢龙,历平刚,登白狼堆。去柳城二百余里,虏乃惊。太祖与战,大斩获。论功封畴,畴上疏自陈,太祖令夏侯惇喻之。畴曰:'岂可卖卢龙塞以易赏禄哉!'"今《三国志·魏书·田畴传》所记有异,文长不引。又《三国志》记:"田畴字子泰。"依"畴"推之,"泰"字是。

④仲由让赐事,未详所出。

⑤私通:《藏》本、《百子全书》本及王明《抱朴子内篇校释》所附《外篇·自叙》皆作"弘通"。"弘通"是。

【译文】

葛洪年轻时就有个坚定的志向,决不出仕为官。每次看到巢父、许由、子州支父、北人无择、石户之农、姜肱、姜岐、袁忠、袁弘、法真、龙丘苌这些人的传记,曾扔掉书本离席向前,敬慕他们的为人。我想精心研究"五经",写成一部子书,让后代人知道葛洪是个读书人也就够了。后来州、郡和车骑大将军辟请,我都没去就职。后来被人推荐到琅琊王导王丞相府。以前拉起义兵,直到强盗平息后,我完全不追求名声,到府中评论功劳,主观上从来没有受赏赐得答报的希冀。晋朝皇帝秉承天命,顺应人心,治理乱世,恢复安定;重振将要颓坏的皇帝统治的纲纪,把废掉的宗庙祭祀又恢复起来;惦记着前朝未颁的奖赏,对前朝旧人并未报复以便鼓励后人。葛洪按照通例就任了官职。庚寅年的皇帝诏书赐予我关中侯的爵位,以句容二百户作为食邑。我自己觉得讨伐强盗拯救家乡,其功劳不值得记录在册,金印紫绶,也并非我最初的愿望。本来想远效鲁仲连,近学田畴,上书坚决推辞,以顺从自己的小小志向。正遇有统一的规定,全都不被批准。当初仲由辞让应得的奖赏,因而阻止了人们做好事。现在丑恶的敌寇尚未平息,天下战事很多,国家正要赏罚分明,以便彰明国家的法典,我怎么敢随便地为保全自己小小的怯懦的志向,而抗拒伟大的通行天下的法律呢?因此就收起自己的想法而恭敬地接受了诏书的任命。

【原文】

洪既著《自叙》之篇,或人难曰:"昔王充年在耳顺①,道穷望绝,惧身名之偕灭,故《自纪》终篇。先生以始立之盛②,值乎有道之运,方将解申公之束帛③,登穆生之蒲轮④,耀藻九五⑤,绝声昆吾⑥,何憾芬芳之不扬,而务老生之彼务!"

【注释】

①《论语·为政》:"六十而耳顺。"后遂以之为六十岁代称。王充历三十年著成《论衡》,凡八十五篇(今佚第四十四《招致》一篇),《自纪》为其末。

②始立:三十岁刚过。本《论语·为政》:"三十而立。"

③申公:《史记·儒林列传》:"申公者,鲁人也。……弟子自远方至受业者百余人。申公独以《诗》经为训以教。……于是天子(武帝)使使束帛加璧安车驷马迎申公。"

④穆生:孙星衍曰:"('穆')《藏》本作'枚',从旧写本改。"杨明照曰:"按孙改非是。鲁藩本、卢本、柏筠堂本、文溯本、《丛书》本、蜀《藏》本、崇文本亦并作'枚'。吉藩本、慎本作'牧',若原是'穆'字,无缘误为'牧'矣。"庞按疑"枚"以形误为"牧",又以音误为"穆"(二字中古以后音同)。"枚"谓枚乘,字叔,淮阴人。景帝时为吴王濞郎中,谏阻吴王谋逆不纳,去之梁,梁孝王尊为上客。景帝召拜弘农都尉,以病去官。善作赋,曾作《七发》。"武帝自为太子闻乘名,及即位,乘年高,乃以安车蒲轮征乘,道死。"(《汉书·枚乘传》)

⑤九五:九,阳爻;五,第五爻,指卦象自下而上第五位。《易·乾》:"九五,飞龙在天,利见大人。"孔颖达疏:"言九五,阳气盛至于天,故云'飞龙在天'。此自然之象,犹若圣人有龙德,飞腾而居天位。"后因以指帝位。

⑥昆吾:《淮南子·天文训》:"日出于旸谷……至于昆吾,是谓正中。"高诱注:"昆吾丘,在南方。"

【译文】

葛洪写了《自叙》篇之后,有人非难道:"当初王充到六十岁的时候,穷途末路不见希望,怕自己身与名一起消失,所以用《自纪》作为《论衡》的最后一篇。先生在三十刚过的隆盛年龄,赶上朝政清明的时运,正要解开皇帝送给申公的那种束帛,登上枚乘曾坐的那种蒲轮安车,在皇帝那里增光添彩,名声遍海内,怎么会有好名声不传扬的遗憾,而致力于老头子干的那种事情呢?"

【原文】

洪答曰:"夫二仪弥邈①,而人居若寓。以朝菌之耀秀②,不移暑而殄瘁;类春华之暂荣,未改旬而凋坠。虽飞飙之经霄,激电之乍照,未必速也。夫期颐犹奔星之腾烟③,黄发如激箭之过隙④,况或未萌而殒箨⑤,逆秋而零瘁者哉!故项子有含穗之叹⑥,扬乌有夙折之哀⑦。历览远古逸伦之士,或以文艺而龙跃,或以武功而虎踞,高勋著于盟府⑧,德音被乎管弦,形器虽沉铄于渊壤,美谈飘飘而日载,故虽千百代,犹穆如也。余以庸陋,沉抑婆娑,用不合时,行舛于世;发音则响与俗乖,抗足则迹与众迕⑨;内无金张之援⑩,外乏弹冠之友⑪。循涂虽坦,而足无骐骥;六虚虽旷,而翼非大鹏。上不能鹰扬匡国,下无以显亲垂名。美不寄于良史,声不附乎钟鼎。故因著述之余,而为

《自叙》之篇，虽无补于穷达，亦赖将来之有述焉。"

【注释】

①二仪：见《逸民》篇"弥纶二仪"句注。

②朝菌：见《嘉遁》篇"无朝菌之荣，望大椿之寿"句注。

③期颐：语本《礼记·曲礼上》："百年曰期颐。"郑玄注："期，犹要也；颐，犹养也。不知衣服食味，孝子要尽养道而已。"

④黄发：见《名实》篇"黄发终否"句注。

⑤殒（yǔn）萚（tuò）：草木脱落叶子等。出《诗·豳风·七月》："八月其获，十月陨萚。"殒，通陨。

⑥项子：当谓项橐。《战国策·秦策五》："甘罗曰：'夫项橐生七岁而为孔子师。'"又见于《淮南子》之《说林训》《修务训》《史记·甘茂传》所附甘罗，《汉书·董仲舒传》颜注引孟康，《论衡·实知》《新序·杂事五》。

⑦扬乌：扬雄之子，少聪颖，号神童，九岁而夭。

⑧盟府：《左传·僖公五年》："（虢仲、虢叔）为文王卿士，勋在王府，藏于盟府。"孔颖达疏："以勋受封，必有盟要。其辞当藏于司盟之府也。"

⑨迕（wǔ）：违反；背逆。

⑩金张：汉代金日磾（dí）家七世为内侍，张安世后人为侍人、中常侍者十余人。后世用为显宦的代称。《汉书·盖宽饶传》："上无许、史之属，下无金、张之托。"颜师古注引应劭曰："金，金日磾也；张，张安世也。"

⑪弹冠：出《汉书·王吉传》："吉与贡禹为友，世称'王阳在位，贡公弹冠'，言其取舍同也。"后以喻友善者援引出仕。

【译文】

葛洪回答说："天地是非常久远的，而人不过是寄居其间。凭朝菌那么光彩照人，日影还未移动就蔫了死了；就像春天的花朵一样，一时间很茂盛，没过十天就凋谢了。相比之下，即使是疾风吹过高空，闪电短暂照亮，也未必显得很快。人活百岁就像流星在云上飞过，老人高寿有如飞箭经过一条缝隙。何况花儿有的没等萌发就死掉了，有的一到秋天就零落了呢！所以项橐有禾苗吐穗就临近成熟凋落的慨叹，扬乌有过早夭折的悲哀。一一看过远古以来的超群人才，有的凭写文章而像龙一样跃出，有的靠武功像虎一样雄踞。巨大的功勋在官府中有记载，道德之音体现在音乐之中，形骸虽然消失在深土中，而令人称颂的事情却会一直存留，每日传颂，所以即使是千百代以后，还是令人肃然起敬。我因为是个平庸鄙陋的人，徘徊不前而且保守，所掌握的学问不合于时代，行事与世人相违背；说出话来与众人不和谐，迈开步子就和大家相抵触，在内没有功臣世族提供帮助，外边也缺少当官的朋友。所走的道路虽然平坦，但没有代步的骏马；上下四方虽然开阔，但没有大鹏那样的翅膀。对上不能大展雄才匡正国家，对下不能使亲人显达，使自己垂名后世。优点不能记载在史书中，名字不能铸刻在钟鼎上。因此乘著述的剩余时间，写了这篇《自叙》，虽然对于仕途得志与否不起作用，但也希望将来有人记述它。"

附录一　葛洪传（《晋书》）

葛洪，字稚川，丹杨句容人也。祖系，吴大鸿胪。父悌，吴平后入晋，为邵陵太守。

洪少好学，家贫，躬自伐薪以贸纸笔，夜辄写书诵习，遂以儒学知名。性寡欲，无所爱玩，不知棋局几道，樗蒲齿名。为人木讷，不好荣利，闭门却扫，未尝交游。于余杭山见何幼道、郭文举，目击而已，各无所言。时或寻书问义，不远数千里，崎岖冒涉，期于必得。遂究览典籍，尤好神仙导养之法。从祖玄，吴时学道得仙，号曰葛仙公，以其炼丹秘术授弟子郑隐。洪就隐学，悉得其法焉。后师事南海太守上党鲍玄。玄亦内学，逆占将来，见洪，深重之，以女妻洪。洪传玄业，兼综练医术，凡所著撰，皆精核是非，而才章富赡。

太安中，石冰作乱。吴兴太守顾秘为义军都督，与周玘等起兵讨之。秘檄洪为将兵都尉，攻冰别率，破之，迁伏波将军。冰平，洪不论功赏，径至洛阳，欲搜求异书以广其学。

洪见天下已乱，欲避地南土，乃参广州刺史嵇含军事。及含遇害，遂停南土多年，征镇檄命，一无所就。后还乡里，礼辟皆不赴。元帝为丞相，辟为掾，以平贼功，赐爵关内侯。咸和初，司徒导召补州主簿，转司徒掾，迁咨议参军。干宝深相亲友，荐洪才堪国史，选为散骑常侍，领大著作，洪固辞不就。以年老，欲炼丹以祈遐寿。闻交阯出丹，求为句漏令。帝以洪资高，不许。洪曰："非欲为荣，以有丹耳。"帝从之。洪遂将子侄俱行。至广州，刺史邓岳留，不听，去，洪乃止罗浮山炼丹。岳表补东官太守，又辞不就。岳乃以洪兄子望为记室参军。在山积年，优游闲养，著述不辍。其自序曰：

洪体乏进趣之才，偶好无为之业。假令奋翅则能陵厉玄霄，骋足则能追风蹑景，犹欲戢劲翮于鹪鹩之群，藏逸迹于跛驴之伍，岂况大块禀我以寻常之短羽，造化假我以至驽之蹇足？自卜者审，不能者止，又岂敢力苍蝇而慕冲天之举，策跛鳖而追飞兔之轨；饰嫫母之笃陋，求媒阳之美谈；推沙砾之贱质，索千金于和肆哉！夫僬侥之步而企及夸父之踪，近才所以踬碍也；要离之羸而强赴扛鼎之势，秦人所以断筋也。是以望绝于荣华之途，而志安乎穷圯之域；藜藿有八珍之甘，蓬荜有藻棁之乐也。故权贵之家，虽咫尺弗从也；知道之士，虽艰远必造也。考览奇书，既不少矣，率多隐语，难可卒解，自非至精，不能寻究；自非笃勤，不能悉见也。

道士弘博洽闻者寡，而意断妄说者众。至于时有好事者，欲有所修为，仓卒不知所从，而意之所疑又无足咨。今为此书，粗举长生之理。其至妙者不得宣之于翰墨，盖粗言较略，以示一隅，冀悱愤之徒省之，可以思过半矣。岂谓暗塞必能穷微畅远乎？聊论其所先觉者耳。世儒徒知服膺周、孔，莫信神仙之书，不但大而笑之，又将谤毁真正。故予所著子，言黄白之事，名曰《内篇》；其余驳难通释，名曰《外篇》，大凡内外一百一十六篇。虽不足藏诸名山，且欲缄之金匮，以示识者。

自号抱朴子，因以名书。其余所著《碑诔诗赋》百卷，《移檄章表》三十卷。《神仙》《良吏》《隐逸》《集异》等传各十卷，又抄《五经》《史》《汉》、百家之言、方技杂事三百一十卷，《金匮药方》一百卷，《肘后要急方》四卷。

洪博闻深洽，江左绝伦。著述篇章富于班、马。又精辩玄赜，析理入微。后忽与岳疏云："当远行寻师，克期便发。"岳得疏，狼狈往别。而洪坐至日中，兀然若睡而卒。岳至，遂不及见。时年八十一。视其颜色如生，体亦柔软，举尸入棺，甚轻，如空衣，世以为尸解得仙云。

史臣曰："……稚川束发从师，老而忘倦。紬奇册府，总百代之遗编；纪化仙都，究九丹之秘术。谢浮荣而捐杂艺，财尺宝而贵分阴，游德栖真，超然事外。仝生之道，其最优乎！"

附录二 《抱朴子外篇》佚文

（按此佚文自严可均《全晋文》移录，标点为笔者所加）

备 阙

识珍者必拾浊水之明珠，赏气者必采《意林》作将秽薮之芳蕙。《意林》《初学记》二十七、《御览》八百三。又《白孔六帖》七引上一句。案《意林》在《备阙》后，知是《备阙》佚句也。

篇名阙

狐白不可以当暑，龙艘不可以乘陆。《意林》。又《御览》六百九十四引上一句。案自此以下数十事，《意林》并在《刺骄》后《重言》前。

军 术

篇名见《北堂书钞》一百二十、《艺文类聚》九十、《文选·江淹〈诣建平王书〉》注、《御览》七十四、三百四十、又九百十四

大将，民之司命，社稷存亡于是乎在。《艺文类聚》五十九、《御览》二百七十三

大将者，凛凛乎若负重而履薄冰，战战若登朽木而临万仞也。《北堂书钞》一百十五

夫良将，刚则法天，可望而不可干；柔则象渊，可观而不可入。去如收电，可见而不可追；住《御览》作"立"，又作"留"如丘山，可瞻而不可动。《意林》《御览》二、又十三、二百七十三、二百七十五

兵家以计为主，以力为末。《书钞》一百十五

昔鲁连射书以下聊城，是分毫之力，过百万之众也。《书钞》一百三

韩信传檄而定千里，是以尺素之功，胜于云梯之械也。《书钞》一百十五

鸡有专栖之雄，雉有擅泽之鹨，蚁有兼弱之智，蜂有攻寡《御览》一作

"收窠"之计。人相役御，亦犹是耳。《艺文类聚》九十七、《御览》九百十七、九百四十七

羊群犬聚，转攻略地，而所向无坚敌，所摧无坚垒，皆望景如狼骇，承响而鹿走。柯折叶落，本根亦仆。婴城者云彻，带邑者席卷，猛乎黄帝五行之战，严乎孙吴率然之众也。《书钞》一百十七。又十三引"婴城者"二句

武王将兴，天给之旗。《书钞》一百二十

春以长矛在前，夏以大戟在前，秋以弓弩在前，冬以刀盾在前，此行军四时应天法也。《意林》。又《御览》三百四十八引"秋以弓弩"一句

军之所以欲乘山依谷，视生处高也。《书钞》一百十三。案"生"字当有误

淮南王所著兵书，皆魁冈之阵，风气之占，及军中之变象征祥触物之候；知敌胜衰俟时而动之术；知行止不测，天心之去就，使进则百胜，退则安全也。《书钞》一百十三引两条

承阴阳以并势，协五行之自然，从计约以奋击，常背孤而攻虚，则黄帝、吕尚、范蠡、伍员、魏武帝所据同也。《书钞》一百十八

太公云："从孤击虚，万人无余，一女子当百丈夫。"《意林》

大将军当明按九宫，视年在宫，当就三居五。五为死，三为生。能知三、五，横行天下。《文选·江文通〈诣建平王上书〉》注

昔太安二年，京邑始乱，三国举兵攻长沙王乂。小民张昌反于荆州，奉刘尼为汉主，乃遣石冰击定扬州，屯于建业。宋道衡说冰，求为丹阳太守，到郡发兵以攻冰，召余为将兵都尉。余年二十一。见军旅此句有脱字不得已而就之。宋侯不用吾计，数败。吾令宋侯从月建住华盖下，遂收合余烬，从吾计破石冰焉。《御览》三百二十八

凡始立军竖牙，春出城西门，立牙门西向，出时令登明大吉，加东方吉。夏出城北门，立牙门北向，出时令右登明大吉，加南方吉。秋出城东门，立牙门东向，出时令神后登明大吉，加西方吉。冬出城南门，立牙门南向，出时令神后登明大吉，加北方吉也。《书钞》一百二十

雷，天之鼓也。《初学记》一、《御览》十三。又《白孔六帖》引作"雷者，天地之鼓"

用兵之要，雄风为急。扶摇、独鹿之风大起军中，军中必有反者。风高者道远，风下者道近。风鸣叶者贼在十里，鸣条者百里，摇枝者四百里，大枝五百里，仆大木千里，折大木五千里。三日三夕天下尽风，二日二夕天下半风，一日一夕万里风。《御览》九。又《意林》引"风鸣叶"至"四百里"三句。又《书钞》一百五十一引作"拔木必千里也"

金器自鸣，及焦器鸣者，军疲也。《意林》

凡战，观云气如走惊鹿者，败军之气也。《意林》。又《御览》三百二十八

军始出，举牙立旗，风气和调，旛动飘飘，终日不息者，其军有功也。《书钞》一百二十、《艺文类聚》六十、《御览》三百三十九

军始发，大风甚雨起于后，旌旗前指，金鼓清鸣，则大胜之征也。若旌旗乱而相绕，逆风雨，败之象也。军始出，而旌旗绕竿者，急住，更待善时而出军。《书钞》一百二十引四条，又一百二十一。《御览》十，又三百三十八、三百三十九、三百四十

军始出，雨霑衣裳者，是谓润兵，其军有功。雨不足霑衣裳者，是谓泣军，必败。《意林》《初学记》二、《御览》十

无云而雨，是谓雨泣，将军当扬兵讲武以应之。大雨，军中尤甚者，将军战必无功也。《御览》十，又八百七十七。《开元占经》九十二末句作"将军败死"

白雾四面围城，不出百日，大兵必至城下。《书钞》一百五十一、《初学记》二、《御览》十五、《开元占经》一百一

大雾绕军，雾之所住，非常而数，臣下擅行威也。《书钞》一百五十一。又《初学记》作"雾之所在，其下有塞将军之令"

军上气黑如楼，将军移军必败。其将勇则气如火炎，势如张弩。云如日月，赤气绕之，所见之地大胜，不可攻也。《御览》十五

太一在玉帐之中，不可攻也。《意林》，又《御览》九百四十二

兵地生蟹者，宜速移军。《意林》，又《御览》九百四十二

军中地裂，急徙居，否则军败。地震必大战，或有谋反。《御览》八百八十、《开元占经》四

麋兔入军中，当迁徙之。《御览》九百七

蚯蚓见军中尤多者，军罢，天宜备反叛。《御览》九百四十七，严可均校："天当作又。"

军行卒逢飞蜂及蛰虫，若蜂尤多者，必大战惊于藏伏之贼。《御览》九百五十

有黑气如牛马入其军者，名天狗下食血，其军必败。《开元占经》八十六

屈虹见城上，其下必大战流血。屈虹从城外入城中者，三日内城可屠。《开元占经》九十八

赤虹见城上，其下必大战流血。《开元占经》九十八

白虹见城上，其下必大战流血。《开元占经》九十八

有赤光如火，从天来下入，军乱将死。《开元占经》九十九

若濛起围城，或入于城，则外兵得入。若濛气从内出，主人出战。《开元占经》一百一

有狼、狐绕军而鸣者，军败。《开元占经》一百十六

军无道，则狼食人。同上

蝼蛄见军中尤多有，军罢，又宜备叛。《开元占经》一百二十严可均校："有当作者。"

地生瓦砾，不去有大祸。《御览》七十四

众鸟群飞，徘徊军上，不过三日，有暴兵至。鸟聚军中，将军当赏功增秩。鸟集将军之旗，将军增官。鸟集军中，莫知其名，军败。《艺文类聚》九十、《御览》九百十四

以下篇名并阙

余尝问嵇君道曰："左太冲张茂先可谓通人乎？"君道答曰："通人者，圣人之次也，其间无所复容。"《意林》

欧阳生曰："张茂先、潘正叔、潘安仁，文远过二陆。"或曰："张、潘与二陆为比，不徒步骤之间也。"欧阳曰："二陆文词源流，不出俗检。"《御览》五百九十九

友人腾永叔问曰："嵇君道何如人？"余答曰："一代伟器也，摛毫英观难与并驱也。"《书钞》一百

余问班班云："吕氏望云而知高祖所在，天岂独开吕氏之目，而掩众人之目邪？"《意林》。严可均校："'问'当作'闻'，'班班'当作'班固'。"

阉官无情，不得谓贞；倡独不饮，不可谓廉。《意林》

文王食子羹，佯不知非甘也。《意林》

董仲舒学见深而天才钝。以蜉蜂是神龙者，非但不识神龙，亦不识蜉蜂。《意林》。又《御览》九百四十六作"谓蜥蜴为神龙者，非但不识神龙，亦不识蜥蜴"。

王仲任抚班固背曰："此儿必为天下知名。"《意林》

王充所作《论衡》，此方都未有得之者。蔡伯喈尝到江东，见之，叹为高文，度越诸子，恒爱玩而独秘之。及还中国，诸儒觉其谈论更远，嫌得异书，搜求其帐中，至隐处果得《论衡》，捉取数卷将去。伯喈曰："唯与尔共之，勿广也。"《书钞》九十八、《艺文类聚》五十五、《御览》六百二、六百十七、六百九十九

谢尧卿，东南书士。句有脱误说王充，以为一代英伟，汉兴以来，未有充比。若所著文，时有小疵，犹邓林之枯枝，又若沧海之流芥，未易贬者也。《书钞》一百、《御览》五百九十九

五岭无冬殒之木，南海晋安有九熟之稻。《意林》《初学记》二十七

案老君《玉策记》云："松脂入地，千年变为茯苓，茯苓千年变为琥珀，琥珀千年变为石胆，石胆千年变为威喜。千岁之狐，豫知将来；千岁之狸，变为好女；千岁之猿，变为老人。"《意林》引止"威喜"。《御览》八百八十八。案此似《内篇》佚文，"茯苓、威喜"与《仙药》篇相涉，而《意林》列此于《外篇》，姑从之。"狐、狸"等语与《对俗》篇相涉，而文全异。

炙鼓使鸣，绞弦令急，实鼓使速穿，弦早绝。磨刀杀马，立可验也。《意林》

烧泥为瓦，燔木为炭，蜂窠为蜡，水沫为浮石。凡此皆去其柔脆，变为坚刚。《意林》《初学记》五、《御览》五十一

落星冈，谓吴时星落。《意林》

《汲郡家中竹书》言："黄帝既仙去，其臣有左彻者，削木为黄帝之像，帅诸侯而朝奉之。"故司空张茂先撰《博物志》，亦云："黄帝仙去，其臣思恋罔极，或刻木立像而朝之，或取其衣冠而葬之，或立庙而四时祀之。"《意林》《御览》七十九、三百九十六。案《内篇·极言》与此全异，《意林》列于外篇，今从之。

食鹄胎，令人能夜书。《意林》

英葱，实天雄鹤脑，服之令人能夜书。《御览》七百四十七。案此即上条。未可合并，或有一谈，故分录之。

河伯，华阴人，以八月上庚日渡河溺死，天帝署作河伯。《意林》

案《九鼎记》及《青灵经》言，人、物之死，皆有鬼也。马鬼常时以晦夜出行，状如炎火。《御览》八百八十三

鹅鬼。吴景帝有疾，召巫觋，帝试之，乃杀鹅，埋于苑中，架小屋，施床帐，以妇人履着其前。巫云："但见一白鹅，不见妇人也。"帝乃重之。《意林》

猕猴鬼。余友人腾《意林》作胶永叔尝养一大猕猴，以铁锁锁之，著床间。而犬忽啮杀之。永叔使合锁埋之。后百许日，有若鬼者，见猕猴走上承尘上，不悟是猕猴鬼也，惊指之曰："猕猴何以被伤流血断走乎？"永叔曰："始乃知猕猴死复有鬼也。"《意林》《御览》七百一、九百十严可均校："若当作见。"

猕猴之鬼，令人病疟。《御览》七百四十三

龟、鳖、鼍之鬼，令人病欬。《御览》七百四十三

余从祖得道，能分形。座上有一葛公与人谈话，又一葛公迎来送去。《意林》。案《内篇·地真》有此，略同。《抱朴》《意林》二书皆烂缺不全，因有跳误耳。今姑录入《外篇》。

嵇君道曰："吾在洛与二陆雕施如意，兄弟并能观况身于泥蚌之中，识清意于未口之口。诸谈客与二陆言者，辞少理畅，言约事举，莫不豁然，如春日之泮薄冰，秋风之扫枯叶也。"《书钞》九十八

嵇君道问二陆优劣。抱朴子曰："吾见二陆之文百许卷，似未尽也。朱淮南尝言，二陆重规沓矩，无多少也。一手之中，不无利钝，方之他人，若江汉之与潢汙。及其精处妙绝，汉魏之人也。"《意林》《书钞》一百、《御览》六百二

嵇君道曰："每读二陆之文，未尝不废书而叹，恐其卷尽也。《陆子》十篇，案《隋志·道家》'梁有《陆子》十卷'，陆云撰即此。诚为快书。其辞之富者，虽覃《意林》作'精'思不可损也；其理之约者，虽鸿笔不可益也。观此二人，岂徒文雅之士，文章之人也。"《意林》《书钞》一百、《御览》六百二

陆平原作子书未成。吾门生有在陆君军中，常在左右，说陆君临亡曰："穷通，时也；遭遇，命也。古人贵立言以为不朽。吾所作子书未成，以此为恨耳。"余谓仲长统作《昌言》，未竟而亡，后缪袭撰次之；桓谭《新论》未备而终，班固为其成瑟道。今才士何不赞成陆公子书？《御览》六百二。严可均校："'瑟'当作'琴'。"

抱朴子曰："秦时不觉无鼻之丑，阳翟憎无瘿之人。陆君深疾文士放荡流遁，遂往不为虚诞之言，非不能也。陆君之文，犹玄圃之积玉，无非夜光。吾生之不别陆文，犹侏儒测海，非所长也。却后数百年，若有千迹如二陆，犹比肩也，不谓疏矣。"《意林》《书钞》一百、《御览》五百五十九

卢生问曰："蔡伯喈、张平子，才足以著书，正恐言远旨深，世人不解，故不著也。"余难曰："如来言，子云亦不应作《太玄经》也。瓦甀木杯，比门所饶；金觞玉爵，万家无也。"《御览》六百二

孔、郑之门，耳听口受者，皆已灭绝，唯托竹素者，可为世宝也。《意林》《御览》六百二

羁鞍仁义，缨锁礼乐。《意林》

仲尼经成，紫微降光。《书钞》九十九

汝南郡邵陵王申为郡五官掾。太守盗割官钱，密寄申。太守暴亡，申尽买黄金还太守。汝南欲以列于先贤画像。抱朴子曰不宜者也。《书钞》七十七

屈原没汨罗之日，人并命舟楫以迎之，至今以为口渡，或谓之飞凫。亦有脱文曰州将士庶，悉临观之。《书钞》一百三十七

太极初构，清浊始分，故天先成而地后定。《初学记》《御览》三十六

太精之气，乘云也。《书钞》一百五十一

甄荣河者，若浮南滨而涉天汉。《书钞》一百五十

宣夜之书亡，而郄萌记先师相传宣夜说云：天穹无质，仰而瞻之，高远无极，苍苍然也。譬旁望远道黄山而皆青，俯察千仞之谷而黝黑。天青冥色黑，非有体也。日月星辰浮空中，行止皆须气焉。故七曜或住或游，逆顺伏见无常，进退不同，由无所根系，故各异也。辰极常居其所，北斗不与众星西没焉。七曜皆东行，日日行一度，月日行十三度，迟疾任性，若缀附天体，不得尔也。《书钞》一百四十九、《御览》二

周髀家云：天圆如张盖，地方如棋局。天旁转如推磨而左行，日月右行。随天左转，天牵之西没，譬如蚁行磨石之上，磨左旋而蚁右去，磨疾而蚁迟，故蚁不得不随磨以左回焉。《白孔六帖》八十四、《御览》七百六十二、九百四十七

虞洪《造穹天论》云：天形穹隆，如笠冒地，若谓天北方远者，是北方星宜细于三方矣。《御览》五百九十五

《浑天仪注》云：天如鸡子，地如中黄，孤居于天内。天大而地小。天表里有水。天地各乘气而立，载水而行。周天三百六十五度四分度之一。又中分之，则半覆地上，半绕地下，故二十八宿半见半隐。天转如车毂之运也。诸论天者虽多，然精于阴阳者少。张平子、陆公纪之徒，咸以为推步七曜之道，以度厩象昏明之证候，校以四八之气，考以晷刻之分，占晷影之往来，求形验于事情，莫密于浑象也。张平子既作铜浑天仪，于密室中以漏水转之，与天皆合，如符契也。崔子玉为其碑铭曰：数术穷天地，制作侔造化，高才伟艺，与神合契，盖由于平子浑仪及地动仪之有验故也。若天果如浑者，则天之出入行于水中，为必然矣。故黄帝书曰：天在地外，水在天外，水浮天而载地者也。又《易》曰：时乘六龙。夫阳爻称龙。龙者，居水之物，以喻天；天，阳物也，又出入水中，与龙相似，故比以龙也。圣人仰观俯察，审其如此，故《晋》卦坤下离上，以证日出于地也；又《明夷》之卦离下坤上，以证日入于地也；又《需》卦乾下坎上，此亦天入水中之象也。天为金；金，水相生之物也。天出入水中，当有何损，而谓为不可乎？然则天之出入水中，无复疑矣。又今视诸星出于东者，初但去地少许耳，渐而西行，先径人上，后遂转西而下焉，不旁旋也。其先在西之星，亦稍下而没，无北转者。日之出入亦然。若谓天如磨右转者，众星日月，宜随天而回，初在于东，次经于南，次到于

西，次及于北，而复还于东，不应横过去也。今日出于东，冉冉转上，及其入西，亦复渐渐稍下，都不绕北边去。了了如此。王生必固谓为不然者，疏矣。今日径千里，其中足以当小星之数十也，若日以转远之故，但当光曜不能复来照及人耳。宜犹望见其体，不应都失其所在也。日光既盛，其体又大于星，今见极北之小星，而不见日之在北者，明其不北行也。若日以转远之故，不复可见，其北入之间，应当稍小，而日方入之时，反乃更大，此非转远之征也。王生以火炬喻日，吾亦将借子之矛，以刺子之盾焉。把火之人，去人转远，其光转微，而日月自出至入，不渐小也。王生以火喻之，谬矣。又日之入西方，视之稍稍去，初尚有半，如横破镜之状，须臾沦没矣。若如王生之言，日转北去者，其北都没之顷，宜先如坚破镜之状，不应如横破镜也。如此言之，日入北方，不亦孤子乎！又月之光微，不及日远矣。月盛之时，虽有重云蔽之，不见月体，而夕犹朗然。是月光犹以云中而照外也。日若绕西及北者，其光故应如月在云中之状，不得夜便大暗也。又日入则星月出焉，明知天以日月分主昼夜，相代而照也。若日常出者，不应日始入而星月出也。又案《河》《洛》之文，皆云水火者，阴阳之余气也。夫言余气，则不能生日月可知也。顾当言日精生火者，可耳。若水火是日月所生，则亦何得尽如日月之圆乎？今火出于阳燧，阳燧圆而火不圆也；水出于方诸，方诸方而水不方也。又阳燧可以取火于日，而无取日于火之理，此则日精之生火明矣；方诸可以取水于月，而无取月于水之道，此则月精之生水了矣。王生又云：月不圆；望之圆者，远，故望之圆。若审然者，月初生之时，及既亏之后，视之宜如三寸镜，稍稍转大，不当如初当乙作"初如"——庞按破镜，渐渐满也。"月不圆"以下，《隋志》约文，从《初学记》《御览》改补。而日食或上或下，从侧而起，或如钩至尽。若远望见圆，不宜见其残缺左右所起也。此则浑大之体，信而有征矣。《隋书·天文志》上、《初学记》一、《御览》四，又五十八引两条，又八百六十九引两条

麋氏云：潮者，据朝来也；汐者，言夕至也。见潮来去或有早晚，辄言有参差，非也。水从天边来，一月之中，天再东再西，故潮来再大再小也。又夏时日居南宿，阴消阳盛，而天高一万五千里，故夏潮大也；冬时日居北宿，阴盛阳消，而天卑一万五千里，故冬潮小也；春日居东宿，天高一万五千里，故春潮再起也；秋日居西宿，天卑一万五千里，故秋潮渐减也。《御览》二十三，又六十八

天河从西北极分为两头。至于南极，其一经南斗中过，其一经东井中过。河者，天之水也，两河随天而转，入地下过，而与下水相得，又与口水合，三水相荡，而天转排之，故激涌而成潮水。《御览》八、又六十八

月之精生水，是以月盛满而潮涛大。《御览》四

涛水者潮。取物多者其力盛，来远者其势大。今浙水从东，地广道远，乍入狭彪，陵山触岸，从直赴曲，其势不泄，故隆崇涌起而为涛。俗人云"涛是伍子胥所作"，妄也。子胥始死耳，天地开辟已有涛水矣。《御览》六十八。严可均校："'彪'当作'处'。"

何以知天上不有甘露之渊，须太平而洒之；地中不有醴泉之源，待有道而涌之邪？《艺文类聚》九十八

夏时龙生于太庙之中。《御览》九百二十九

夫木行为仁为青，凤头上青，故曰戴仁也；金行为义为白，凤颈白，故曰缨义也；火行为礼为赤，凤背赤，故曰负礼也；水行为智为黑，凤胸黑，故曰向智也；土行为信为黄，凤足下黄，故曰蹈信也。夫麟、凤以形状为别，圣人以心神为异。古者太平之世，凤皇常居其国而生乳焉。至夏后始食卵，凤去之。此则凤有种明矣。《艺文类聚》九十，《御览》九百十五引两条、又九百二十八，《〈事类赋〉注》十八

《昆仑图》曰："鸾鸟似凤而白缨，闻乐则蹈节而舞，至则国安宁。"《艺文类聚》九十九、《初学记》十五、《白孔六帖》九十四、《御览》九百十六

白雉自有种，南越尤多。案《地镜图》，今之九德，则古之越裳也，盖白雉之所出。周成王所以为瑞者，贵其所自来之远，明其德化所被之广，非谓此为奇也。《艺文类聚》九十、《御览》九百十七。案《诘鲍》篇与此全异，故是佚文。

《青泠传》云："辰星、水精生玄武，岁星、木精生青龙，荧惑、火精生朱鸟。《古今注》所谓赤乌者，朱鸟也。其所居高远，日中三足乌之精。三足乌何以三足？阳数奇也。以是有虞至孝，三足乌集其庭；曾参锄瓜，三足乌集其冠，孝故也。"《艺文类聚》九十二、《御览》六、又九百二十、又九百七十八

麟，兽之圣也，寿二千岁。《开元占经》一百十九

通天犀，角有一白理如綖者，以盛米置群鸡中，鸡辄惊，故名曰骇鸡犀。得其通天以刻为鱼，衔以入水，当为开方三尺所得气息。同上。

当有"应邵云"或"《风俗通》云"等字予祖彬为汲令，以夏至日请主簿杜宣饮酒。北壁上有悬赤弩，照于杯中，形如蛇。宣恶之，及饮得疾。后彬知之，使于宣当乙作"宣于"——庞按旧处设酒，于杯中犹见有蛇，因谓宣曰："此弩影耳。"宣遂意解。《御览》二十三

人知药理病，不知学理身。□□□□□□□□平焉，故曰物生而蒙，事屯而养。造昧此语有脱字抑有攸适，犹金之销炉，水之从器也。是以圣人实之于

文，铸之于学。夫文学也者，人伦之首，大教之本也。《御览》六百七。案此疑《勖学》篇或《尚博》篇佚文。

今头虱著身，皆稍变而白；身虱著头，皆渐化而黑。则玄素果无定质，移易在乎所渐也。《御览》九百五十一

附录三　葛洪撰述书目表

（按此表自王明《抱朴子内篇校释》移录）

《抱朴子内篇》二十卷　《抱朴子内篇》序。《抱朴子外篇·自叙》。《隋志》作二十一卷。今存。

《抱朴子外篇》五十卷　《自叙》。《隋志》作三十卷，并云梁有五十一卷。今存。

《碑颂诗赋》百卷　《自叙》。《晋书》本传颂作诔。《仙苑编珠》引陈马枢《道学传》同。

《军书檄移章表笺记》三十卷　《自叙》。本传作檄移章表。

《神仙传》十卷　《自叙》。本传。今存。

《隐逸传》十卷　《自叙》。本传。

《兵事方伎短杂奇要》三百一十卷　《自叙》。本传作方伎杂事。

《金匮药方》一百卷　本传。

《玉函方》一百卷　《抱朴子·杂应篇》。疑即前《金匮药方》。《肘后备急方·序》云："凡为百卷。名曰《玉函》。"

《肘后要急方》四卷　本传。《杂应篇》作《救卒方》三卷。《隋志》作《肘后方》六卷。《旧唐志》作《肘后救卒方》四卷。《四库全书目录》作《肘后备急方》八卷。今存。《道藏》正一部《肘后备急方》八卷，误题作葛仙翁。

《神仙服食药方》十卷　《隋志》

《太清神仙服食经》五卷　《新唐志》

《服食方》四卷　唐释法琳《辨正论》卷九。

《玉函煎方》五卷　《隋志》

《黑发酒方》一卷　《崇文总目》。《通志略》。

《浑天论》　《晋书·天文志》。文廷式《补晋书·艺文志》。（简称《补晋志》）

《幙阜山记》一卷　《补晋志》。

《潮说》　《补晋志》。略见于《外篇》佚文。

《兵法孤虚月时秘要法》一卷　《新唐志》。

《阴符十德经》一卷　《新唐志》。

《抱朴子·军术》　《补晋志》。云此《外篇》中佚篇也，严可均《全晋文》辑得四十二条。今别录其目。

《金木万灵诀》一卷　《宋志》。《通志略》。今存《道藏》洞神部众术类。盖删改《金丹》篇而成。

《太清玉碑子》一卷　《宋志》。葛洪与郑思远问答。今存《道藏》洞神部众术类。

《大丹问答》一卷　今存《道藏》洞神部众术类。

《还丹肘后诀》三卷　今存《道藏》洞神部众术类。

《四家要诀》一卷　《通志略》。集刘向、陵阳子、抱朴子、狐刚子所记炼丹事。

《抱朴子·养生论》一卷　《宋志》。今存《道藏》洞神部方法类。

《稚川真人校证术》一卷　今存《道藏》洞神部众术类。

《神仙金汋经》三卷　《通志略》不著撰人。今存《道藏》洞神部众术类。

> 严可均曰：《抱朴子·养生论》，前半即《地真》篇也，后半与《极言》篇相辅。《稚川真人校证术》是后人所演。《神仙金汋经》三卷，其中下二卷，即《金丹》篇也。见《铁桥漫稿》卷六《代继莲龛为抱朴子叙》。孙诒让《札迻》十《抱朴子微旨》条云：《金汋经》，晋宋间人依傅抱朴子假托为之。

《要用字苑》一卷　《旧唐志》。《颜氏家训·书证》篇作《字苑》。马国翰有辑佚本。

《史记钞》十四卷　《新唐志》

《汉书钞》三十卷　《隋志》

《后汉书钞》三十卷　《旧唐志》

《良吏传》十卷　本传。

《集异传》十卷　本传。

《西京杂记》六卷　《旧唐志》。《四库全书简明目录》子部十二云：旧本或题汉刘歆撰，或题晋葛洪撰，实则梁吴均撰。但余嘉锡《四库提要辨证》子部七考定为葛洪作。今存。

《汉武内传》一卷　《隋志》不著撰人。文廷式《补晋志》云："《日本见在书目》题葛洪，今从之。"余嘉锡《四库提要辨证》子部七考定为晋葛洪撰。今存《道藏》洞真部记传类。

《老子道德经序诀》二卷　《旧唐志》。明案应题葛洪撰。

《修撰庄子》十七卷　释法琳《辨正论》。《补晋志》。

《丧服变除》一卷　《隋志》

《遁甲肘后立成囊中秘》一卷　《隋志》。《登涉》篇作《囊中立成》。

《遁甲返覆图》一卷　《隋志》。

《遁甲要用》四卷　《隋志》。

《遁甲秘要》一卷　《隋志》。

《遁甲要》一卷　《隋志》。

《三元遁甲图》三卷　《隋志》。

《龟决》二卷　《隋志》。

《周易杂占》十卷　《隋志》。

《抱朴君书》一卷　《隋志集部》。

《序房内秘术》一卷　《隋志》称葛氏撰。《新唐志》。或即葛洪。

《太一真君固命歌》一卷　《宋志》

《抱朴子别旨》一篇　《通志略》。今存《道藏》太清部。盖后人掇辑吐纳导引之诀而成，殆与《胎息术》相类。

《胎息要诀》一卷　《通志略》。

《胎息术》一卷　《补晋志》。

《郭文传》　《补晋志》。明案：郭文，字文举，河内轵人。与葛洪同时亦遭世乱而隐者。先洪卒。见《晋书·隐逸本传》。

《五金龙虎歌》一卷　《崇文总目》。

《五岳真形图文》一卷　《崇文总目》。

《老子戒经》一卷　《通志略》。

《关中记》一卷　《宋志》。《玉海》引《中兴书目》。

《马阴二君内传》一卷　《宋志》。

《隐沦杂诀》一卷　《宋志》。明案《抱朴子·杂应》篇答问隐沦之道，或为《杂诀》之所本。

《元始上真众仙记》一卷　《宋志》。今存《道藏》洞真部谱箓类。刘师培《读道藏记》云：此书"次行题'葛洪《枕中记》'五字，中志各仙官位号及治所，即今所传《枕中记》也"。明案《道藏》洞神部方法类另有《枕中记》一卷，言养生接命之术，与《众仙记》内容迥异。《通志略》著录唐孙思邈《枕中书》一卷，未知孰是。《四库全书总目提要》云：《枕中书》一卷，旧本题晋葛洪撰。考隋、唐、宋《艺文志》但有《墨子枕中记》及《枕中素书》，而无葛洪《枕中书》。此本（《枕中书》）一名《元始上真众仙记》。余嘉锡《四库提要辨证》卷十九谓《枕中书》提到许穆与许玉斧，而洪当长于穆，许玉斧更其后辈，二人之去世，洪皆不及见，安得取而著之书中。是《枕中书》(《上真众仙记》)之"不出于（葛）洪亦明矣"。余先生之说是。

《抱朴子玉策记》　　《补晋志》。明案此盖《抱朴子》引《玉策记》，非葛洪所撰之《玉策记》也。徐坚《初学记》卷二十九狐引第十三条引《抱朴子》《玉策记》曰："狐及狸狼，皆寿八百岁，满三百岁暂变为人形。"正是《抱朴子·对俗》篇引《玉策记》之语（参校敦煌残卷文字）。《遐览》篇已著录《玉策记》一卷，足征葛洪曾见其书。而《初学记》始误以《玉策记》属《抱朴子》。严可均《铁桥漫稿》卷六云此记恐后人依托之书。亦不确。余意并非后人有意假托，实乃唐人徐坚辈误题耳。

后 记

　　1991年8月，我贸然接受了朋友替我应下的为王宁教授主编的《评析本白话诸子集成》在四个月内翻译《抱朴子外篇》全文的工作。真正一入手方才知道，此书向无注本行世，没有资料可以参考，且"书中征事数典之处比比皆是"，实在困难。但既然已经应允，只能硬着头皮将事情做完。稿子虽然按时交出，心里却知道错误很多，漏洞百出。其时，杨明照先生的《抱朴子外篇校证》已于《文史》第二十三、二十四辑上连载过，只可惜因孤陋寡闻而未见到，不然会少走很多弯路，少犯很多错误。不久，有友人编《简注本百子全书》，其中的《抱朴子外篇》也由我承担。这回不但参考了杨先生的上述文章，而且收入中华书局《新编诸子集成》的《抱朴子外篇校笺》（上）也已面市，助我颇多。所以算起来，这次承担贵州人民出版社的《抱朴子外篇全译》，已是第三次接触葛稚川其书了。本书在译注过程中，基本参考杨先生大作。只可惜下册至今未出版，虽努力仿效杨先生治学精神，力图周到完备，寻根究源地去解决原著中的问题，无奈学识功力远不能望杨先生之项背，故付阙处不少，不当则恐更数倍于此。诚望诸方家及同道指我迷津，以便日后补正。

　　在撰注过程中，同窗好友张鹏志多次助我查找疑难事典，花费不少心血；妻子李正伟在工作之余，不但承担了繁重的家务，而且为我校阅全稿；个别问题并曾请教王宁教授、张亚新教授；又蒙王明先生应允，将王先生《抱朴子内篇校释》中的《葛洪撰述书目表》收入拙作作为附录；贵州人民出版社程小铭先生作为本书的责编，花费了很多心血。在此一并致衷心的谢意。

庞月光
1996年6月1日

再版后记

二十年前，我的先生庞月光在斗室奋笔疾书到深夜的情景至今历历在目，每晚在灯下与一千七百年前东晋的葛洪对话，句句引经据典、字字晦涩难懂。他当初敢于接受王宁老师推荐的几乎无人敢接的棘手活儿，还真是要有些胆量，也需要惊人的毅力。

月光在前言中对葛洪的各种观点做了辩证的分析，并强调了他的思想对当时造成的进步影响，钦佩葛洪作为有社会抱负和人生理想的思想家在文中振聋发聩、惊世骇俗的理论！

此书的出版在教育部获得了多项奖励。

月光一向治学严谨，容不得一点儿马虎，他以忘我的精神企图将"文革"损失的十年找回来，故绝不虚度光阴。月光的一生正像他在1981年全国大学生书法比赛中获奖作品所写的一样"锲而不舍"，他始终以此四字激励自己。可以说他这一生都是在不断地拼搏，他对生命质量的重视超过了生命本身。

终因工作繁忙，积劳成疾，于55岁精彩年华英年早逝。

今年是月光70岁冥祭，也是他去世十五周年的纪念日，还是他译注的《抱朴子外篇全译》出版二十周年的日子。若非好友李燕大哥和孙燕华大姐夫妇提出要为月光再版《抱朴子外篇全译》并办月光书法展以示纪念，我是绝无勇气去触碰这刚刚结痂的伤疤的。

1997年版月光译注的抱朴子，因已无法与当初出版社联系，并找不到电子版，燕华大姐帮我将全书逐页扫描，并找来七十多岁高龄北方交大的马慧英老师帮我做了第一次校对，以纠正扫描过程中满篇的错误，并指点我在电脑上又进行了二校，女儿利用业余时间对部分文字进行了三校。

校对过程中逐字逐句地聆听这位与王羲之同时代的葛洪的高论。钦佩其越世高谈及与众说迥异的见解、不慕仕途针砭时弊的犀利言辞之精辟！所引典故用于当今仍不为过。书中典故层出不穷，怪僻字极多，可以想象月光是如何艰难地逐个攻克的。

感谢王宁老师对月光的赏识与器重，于81岁高龄在百忙中欣然为月光此书再版书写纪念文章；感谢李燕、孙燕华夫妇对月光——他们的好友"小庞"

的真挚情谊，提出再版此书及举办月光书法展的纪念活动的建议，并在策划过程中鼎力相助，联系出版社，筹办展览；感谢马慧英老师；感谢学苑出版社孟白社长和编辑同人，在图书市场不景气的情况下，敢于接受这本小众的古籍作品。

我们再版此书，以希读者更加了解祖国的传统文化，以史为鉴，启迪后人，增强民族自信。我们常说"天意巧合"，令人欣慰的是《抱朴子外篇译注》的再版，正是迎合了习近平主席"文化兴则国运兴"的号召。如果说葛洪是中华民族文化中的一座丰碑，月光的译注即成为推动此书与当代人接轨的扶梯，因此我相信月光在天堂一定会非常欣慰的。

本书的再版由家人参与校对，尽量遵照原著，尽力做到继承月光严谨、执着的治学风格，无奈水平所限，书中必然还有不足、遗漏，望读者朋友海涵。

李正伟

2017 年 10 月 4 日中秋